Droit civil

Introduction

Les personnes

Les biens

Domat droit privé

Droit civil
Introduction
Les personnes
Les biens

GÉRARD CORNU
Professeur émérite de l'Université
de Paris II (Panthéon-Assas)
Doyen honoraire
de la Faculté de Droit de Poitiers

11e édition

Montchrestien

DU MÊME AUTEUR

Droit civil, T. II : *La famille*, Montchrestien, 8e éd. 2003.

Procédure civile, coll. Thémis, P.U.F., 1996, en collaboration avec Jean FOYER.

Les régimes matrimoniaux, coll. Thémis, P.U.F., 9e éd. 1997.

Vocabulaire juridique, P.U.F., 1987, sous l'égide de l'Association H. Capitant (et coll.), 8e éd. 2000 (coll. Quadrige, 4e éd. 2003).

Linguistique juridique, Montchrestien, 2e éd., 2000.

L'art du droit en quête de sagesse, coll. Doctrine Juridique, P.U.F., 1998.

31, rue Falguière, 75741 Paris Cedex 15

I.S.B.N. : 2-7076-1348-7

ABRÉVIATIONS PRINCIPALES

al. = alinéa
A.N. = Assemblée Nationale
arg. = argument
art. ou a. = article
Bull. = Bulletin des arrêts de la cour de cassation (chambres civiles)
Cass. = cassation (cour de ou arrêt de)
Civ. = civil(e) (chambre, code, droit)
chron. = chronique (doctrine)
C. = Code
C. civ. = Code civil (Code Napoléon, 1804)
C. com. = Code de commerce (1807)
C.E.D.H. = Cour européenne des droits de l'homme
C.E.S.D.H. = Convention européenne de sauvegarde des droits de l'homme et des libertés fondamentales
C. min. = Code minier
C.O.J. = Code d'organisation judiciaire (1978 : codification formelle)
C. pén. = Code pénal (également cité N.C.P., nouveau code pénal, entré en vigueur le 1er mars 1994)
C. pr. civ. = Code de procédure civile (désigne le nouveau code, également cité N.C.P.C.)
C. pr. pén. = Code de procédure pénale
C. p. i. = Code de la propriété intellectuelle (1992)
C. rur. = Code rural
C. sant. publ. = Code de la santé publique
C. séc. soc. = Code de la sécurité sociale
C. trav. = Code du travail
C. urb. = Code de l'urbanisme
N.C.P.C. = nouveau Code de procédure civile (1975)
Com. = commentaire

Comp. = comparez
Cf. = *confer* (rapprochez)
d. = décret
d.-l. = décret-loi
D = Dalloz (recueil Dalloz-Sirey)
Doct. = Doctrine (partie doctrinale d'un recueil)
eod. loc. = *eodem loco* (au même endroit, déjà cité)
Gaz. Pal. = Gazette du Palais (recueil) ; également cité G.P.
I.R. = Informations rapides (dans les recueils)
J.C.P. = Jurisclasseurs périodiques (Semaine Juridique, recueil)
J.J.A. = Journaux judiciaires associés (Petites affiches ; La loi ; Le Quotidien Juridique).
J.O. = Journal officiel
loc. cit. = loco citato (à l'endroit cité)
L. = législatif (partie législative d'un code)
l. = loi
n. = note (de jurisprudence)
obs. = observations
op. cit. = *opere citato* (dans l'ouvrage cité)
o. = ordonnance
Pan. = Panorama de Jurisprudence (Gazette du Palais)
préc. = précité
R. = réglementaire (partie réglementaire d'un Code)
rej. = rejet (arrêt de)
Rép. = Répertoire
Req. = Requêtes (Chambre des)
Rés. = Résumés d'arrêts
Rev. = Revue
Rev. int. dr. comp. = Revue internationale de droit comparé
Rev. trim. dr. civ. = Revue trimestrielle de droit civil, également citée R.T.
S. = Sirey
s. = et suivantes
Sén. = Sénat
som. = sommaire (de jurisprudence)
th. = thèse de doctorat en droit
v. = voir
V° = *verbo* (au mot)
Vis = *verbis* (aux mots)

INTRODUCTION

1 **Le droit civil** — le droit civil français, unique objet de notre étude — est, dans l'ensemble du droit et dans l'enseignement du droit, une matière parmi d'autres : une partie du droit qui se définit justement *(ratione materiae)*, par la matière sur laquelle il porte : il régit les personnes, les biens, les obligations (y compris les contrats), la famille (dont les régimes matrimoniaux et les successions), les sûretés.

Mais la matière ne révèle ni en quoi le droit civil est un droit, comme les autres branches du droit, ni en quoi, dans l'ensemble de celles-ci, il constitue une branche originale. On est donc fondé, à propos du droit civil, à prendre une idée du **droit en général** (Titre I), avant de caractériser en particulier le **droit civil français** (Titre II).

Cette tradition d'enseignement tire aujourd'hui encore sa force d'une raison historique toujours vivace : **Le droit civil est fondamental**. Conceptuellement, par les notions qu'il a forgées, il est pour beaucoup **à la source de la théorie générale du droit**, car ce sont des données essentielles de la pensée juridique. Positivement, le droit civil demeure, pour l'ensemble des citoyens, un **droit commun**. L'efflorescence des branches du droit ne contrarie pas mais, au contraire, confirme, en toute matière, cette vocation résiduelle qui est, tout en douceur, la force supplétive toujours prête à l'assistance des autres droits.

BIBLIOGRAPHIE GÉNÉRALE (1)

I. TRAITÉS ET OUVRAGES (contenant une introduction générale à l'étude du droit, dans leur premier tome ou un volume distinct)

MAZEAUD (H.-L.) et (J.), 11e éd. par CHABAS (F.), 1996 (4e et 5e éd. par M. de Juglart), *Leçons de droit civil,* T. 1, 1er vol.

MARTY (G.), RAYNAUD (P.) et JESTAZ (Ph.), *Droit civil,* T. 1, 3e éd. 1988.

CARBONNIER (J.), *Droit civil,* Thémis, Introduction, 27e éd. refondue, P.U.F., 2002.

AUBRY et RAU, 7e éd., T. 1 par Ponsard, 1964.

GHESTIN (J.) et GOUBEAUX (G.), avec le concours de M. Fabre-Magnan, L.G.D.J., *Traité de droit civil,* T. 1, *Introduction générale,* 4e éd., 1994.

TERRÉ (F.), Introduction générale au droit, coll. Précis Dalloz, 5e éd. 2000.

STARCK (B.), Introduction au droit, 5e éd. par ROLAND H. et BOYER L., Librairies techniques, 2000.

MALAURIE (Ph.), Introduction générale, Cujas, 1995.

LEGEAIS (R.), *Droit civil,* T. I, *Introduction – Personnes – Famille,* 1971.

LARROUMET (Chr.), *Droit civil,* T. 1, *Introduction à l'étude du Droit privé,* 1984, Économica.

II. MONOGRAPHIES

1) Consacrées à une introduction à l'étude du droit

ACOLLAS (E.), Introduction à l'étude du droit, 1885 (sous la devise Droit et Liberté).

CAPITANT (H.), 5e éd. 1929.

BONNECASE (J.), 3e éd. 1939.

BRETHE (J.) DELA GRESSAYE et LABORDE-LACOSTE (M.), 1948.

ROUBIER P., Sirey, 2e éd. 1951 (Théorie générale du droit).

JULLIOTDELA MORANDIÈRE, ESMEIN (P.), LÉVY-BRUHL (H.), SCELLE (G.), LEBRAS (G.), PRÉLOT (M.), BYÉ (M.), MARCHAL (A.), 2 vol. 1951, 1953, Rousseau.

DABIN, (J.), 2 éd. 1969 (Théorie générale du droit).

COULOMBEL (J.), L.G.D.J., 1969.

MALINVAUD (Ph.), Introduction à l'étude du droit, cadre juridique des relations économiques, 6e éd., Paris, Litec, 1992.

AUBERT (J.-L.), *Introduction au Droit et thèmes fondamentaux du droit civil,* 6e éd. 1995, A. Colin.

RIGAUX (F.), *Introduction à la science du droit,* 1974 (ouvrage belge).

MIAILLE, *Une introduction critique au droit,* Maspero, 1976.

SOURIOUX (J.-L.), *Introduction au Droit,* P.U.F., coll. Droit fondamental, 2e éd. 1990.

BERGEL (J.-L.), *Théorie générale du Droit,* 3e éd. 1999, Dalloz (Méthodes du Droit).

JESTAZ (Ph.),*Le Droit,* 1996, Dalloz.

CABRILLAC (R.), *Introduction générale au droit,* 4e éd. 2001, Dalloz (cours).

Adde CHARFI (M.), *Introduction à l'étude du Droit,* Tunis, 1983 (ouvrage général qui n'introduit pas seulement au Droit tunisien).

2) Approches thématiques d'ensemble (en forme de recueils d'articles)

CARBONNIER (J.), Flexible *droit* (pour une sociologie du droit sans rigueur), 10e éd. L.G.D.J. 2001.

CATALA (P.), *Le droit à l'épreuve du numérique, Jus ex machina,* P.U.F, 1998, coll. Droit, Éthique et société (dir. F. Terré et M.-A. Frison-Roche).

OPPETIT (D.), *Droit et modernité,* P.U.F. 1998, coll. Doctrine Juridique (dir. C. Labrusse-Riou et D. Truchet).

CORNU (G.), *L'art du droit en quête de sagesse,* P.U.F. 1998 (même coll.) ; cité « *L'art du droit* ».

(1) V. *infra,* n° 454 et n° 837. Ouvrages cités par nom d'auteur.

3) Textes, thèmes, documents, exercices

RUBELLIN-DEVICHI (J.), TRILLAT (B.), (Textes présentés par) *Le Droit. 1. Fondements et pratiques,* Belin, 1988.

FRISON-ROCHE (M.-A.), Introduction générale au droit, coll. Travaux dirigés, 2e éd. 1994, Dalloz.

4) Hors-série

CARBONNIER (J.), Droit et passion du droit sous la Ve République, coll. Forum, Flammarion, 1996, Essai passionnant et grave, essentiel, cité « *Droit et passion* ». V. bibl. RT 1996.1033.

5) Vade mecum

Vocabulaire Juridique, G. Cornu et *al.*, sous l'égide de l'Association H. Capitant, *Collection Les grands dictionnaires,* P.U.F. 1987, 8e éd. 2000 ; 4e éd. 2003, *in Quadrige,* cité *Vocabulaire Juridique*.

6) Outil de travail : un Code civil dans une édition récente (2).

(2) *Mode d'emploi.* Dans les éditions privées du Code, l'appareil scientifique placé sous chaque article est très substantiel (références jurisprudentielles et doctrinales, divisions, titres, plan). Mais sa richesse a un revers. Elle rompt le fil de la lecture des articles qui, séparés les uns des autres souvent par plusieurs pages, ne forment plus une suite. C'est peu dire que les arbres cachent la forêt. Le lecteur est prisonnier de taillis. Comment prendre une vue d'ensemble, suivre les idées d'une disposition à l'autre, éprouver la cohérence du tout ? Les articles sont décortiqués et déconnectés ce qui donne un effet de décomposition et de décodification. Une telle présentation risque d'induire, dans l'interprétation, une démarche parcellaire, pointilliste, vétilleuse, sans hauteur de vue. Il serait utile qu'au début ou à la fin de l'édition, figurât le texte intégral ininterrompu. À défaut de quoi l'effort que le lecteur ferait pour une lecture continue serait salutaire. V. sur l'article en son contexte (no 75) et son incorporation à un ensemble (no 77 s.) *Linguistique juridique* (Montchrestien, 2000), étude du discours législatif. On saluera *Le Code civil français*, Évolution des textes depuis 1804 (Dalloz, Sirey 2000) qui précisément dégage le texte de loi de la jurisprudence et, sous chaque article, indique la date de la loi dont sa teneur est issue.

TITRE I
LE DROIT

2 **Les Droits et le Droit :** Ce que nous apercevons d'emblée, comme sur une mappemonde, si l'on convoque la terre, c'est le tapis bariolé des droits : le droit chinois, le droit suisse, le droit allemand, le droit anglo-saxon,...le droit français, le droit de chaque pays, de chaque peuple, de chaque nation, de chaque État. Vision universelle, **la diversité des droits du globe** est devant nous — sans coïncidence nécessaire — comme l'est celle des langues, des ethnies, des cultures, éléments de civilisation parmi d'autres. *Cujus regio, ejus jus.* Cependant cette diversité est le produit, en chaque lieu, d'un aboutissement : le pluralisme actuel le résultat d'une évolution. Autant que l'éventail des droits modernes (en vigueur), nous identifions, pour chacun, la série des antécédents dont il est issu : droit babylonien, droit romain, Ancien droit français, etc. Le planisphère juridique est historique. Sur quels pans de droit la mondialisation établira-t-elle son empire ? Dans cette entreprise, ce n'est pas le passé des droits qui est en cause, mais pour chacun, son être, son existence, son génie, son identité, son originalité, son adaptation historique et géographique, profusion de richesses appropriées à son espace et à son temps. Montaigne et Montesqieu ont eu le génie de la diversité des climats qui font fleurir les droits.

3 L'observation de cette dispersion géographique et de cet enracinement historique fait reconnaître, que toute vie sociale repose, en partie, sur une organisation juridique. *Ubi societas, ibi jus.* Pas de société sans droit. L'anarchie qui règne parfois n'est pas l'anomie. Même lorsqu'elle est table rase, la révolution institue, pour remplacer ce qu'elle abolit, un nouvel ordre juridique. Une société n'est jamais vide de droit.

4 L'existence historique des droits ne révèle cependant pas ce qu'est, par essence, le droit. Sans paradoxe, le droit est d'abord vécu comme un fait. C'est une pratique, une coutume (« on fait comme ça »). Mais l'idée de droit ? Le droit pensé comme tel ?

Le droit, sous ce rapport, est une abstraction. La définition de cette entité abstraite n'est pas un fait brut d'observation, mais le fruit d'une réflexion millénaire qui, émanant de jurisconsultes, d'initiés, de juristes (eux-mêmes agents et produits de l'ordre juridique) se transmet, se polit, se décante, se déplace et se remet en cause, d'âge en âge. Si bien que le droit ne cesse de se définir et de se redéfinir lui-même, tel qu'il est sans doute (ou tel qu'on voudrait qu'il fût).

C'est cette donnée commune — trésor affiné mais jamais fini — qu'il faudrait discerner.

Cependant, même si l'on ne suppose, dans cette auto-définition, ni excès de complaisance ni défaut de clairvoyance, on peut affirmer que le *droit est fait pour nous*. Avant de pénétrer dans le droit en soi, peut-être n'est-il pas superflu d'ouvrir une parenthèse, de mettre en nous (pour n'y plus revenir, mais pour s'en souvenir) une question : *Pour nous, qu'est-ce que le droit ?*

5 **Le droit pour les autres :** En observateur, on pourrait commencer par se demander ce qu'est le droit pour les autres, surtout pour les non-juristes, immense majorité de ceux que concerne le droit. Quelle est la perception profane du droit ?

Quelle image le droit donne-t-il de lui-même dans la conscience collective ? un C.R.S. ? un juge ? un législateur ? un glaive ? une balance ? ou la femme au regard serein qui les porte ? une prison ? un palais ? un chêne ? des chaînes ? pourquoi pas une colombe ?

Au-delà des allégories, quelle idée a-t-on couramment du droit (comme valeur ou non-valeur) ? Est-ce la justice ? l'inégalité ? la rigueur ? l'équité ? la liberté ou la contrainte ? l'ordre, la sécurité, la stabilité ou l'évolution, le progrès, l'adaptation ? la vérité ou l'hypocrisie ? la protection ou la répression ? la force ou la délivrance ? L'ennui, peut-être ?

Plus concrètement, comment le droit est-il perçu ? comme des formalités (des papiers surtout) à remplir ? du temps à perdre ? de l'argent (des impôts, des amendes) à payer ? des interdictions ? ou parfois comme une sauvegarde à attendre, des avantages, aide, secours, assistance, prestation, réparation, indemnité ? peut-être aussi comme un langage (un jargon ?) ou de mystérieuses professions ?

Comment enfin le droit est-il vécu ? A-t-on conscience, dans l'un ou l'autre cas, de vivre conformément ou contrairement au droit ou même, tout simplement, d'avoir, par certains de ses aspects, une vie juridique et si cette conscience juridique existe, est-ce un souci de vivre en règle avec le droit ou un bonheur de vivre, sinon hors la loi, au moins en marge du droit, sans droit, sans problème ?

6 **Le droit pour moi :** Les mêmes questions prennent une résonance plus profonde, si chacun, s'examinant, veut bien s'interroger : Pour moi, au fond, qu'est-ce que le droit ?

Je sais bien reconnaître ou revendiquer un droit comme le mien, voir mon bien, mon dû, donnée intense de ma possessivité naturelle. J'ai en moi, naturellement, d'ardentes prétentions juridiques.

Sais-je aussi reconnaître (je n'ai pas encore dit respecter) le droit d'autrui, le bien d'autrui et peut-être ma dette envers lui, mon devoir, mes charges, mes obligations ?

Et au-dessus du tien et du mien, est-ce que je perçois une règle — pour tous —, une règle objective qui protège ou contraint, permet ou interdit ?

Et au-dessus de cette règle, est-ce que je me réfère, pour juger de sa valeur, à un ordre que je lui crois supérieur, conception philosophique, morale, religion ?

Enfin (et peut-être surtout, car la question n'est pas la plus naturelle) le droit a-t-il, en toute vérité, dans ma vie, la moindre place ? Ne serait-il pas saugrenu que je me demande si je respecte la loi ou même (un comble) si je l'aime ? Ai-je, même en passant, une vision juridique des choses ? N'est-il pas absurde de me demander, lorsque j'achète une livre de raisins muscats, si j'ai conscience de conclure un contrat ?

7 **Le non-droit :** Ces questions enfouies — mais non refoulées — pourraient avoir, si l'on voulait se les poser, quelqu'intérêt. Elles font sentir **les limites du droit.** Or — dès le seuil — le sentiment de cette limite n'est pas seulement salutaire pour la santé des juristes (1). Il

(1) *Ein jurist der nicht mehr ein jurist ist, ist ein armes ding* (mot de Luther passé en dicton allemand qui rejoint un apophtegme de Galien : « Un médecin qui ne connaît que la médecine ne connaît même pas la médecine »).

écarte toute tentation de panjurisme (2). À la vérité, nous nous laisserions assez facilement convaincre que le droit n'est pas tout et que tout n'est pas droit dans la vie sociale. Le non-droit (selon la vision de Jean Carbonnier) n'est pas seulement une hypothèse explicative, mais une réalité que nous vivons par pans ou par bribes (surtout au cœur du privé de nos vies) : Le non-droit est un « espace de liberté » qui échappe au droit, non par violation (comme ce qui est hors la loi), mais par non-appartenance, même si celle-ci résulte, de la part du droit, d'une intention de retrait ou de non-ingérence. ; tout ce qui, dans le concret (sous le couvert d'une trêve ou d'un asile) ou dans la transcendance (la conscience, l'amour) tient le droit en respect et se trouve en dehors de lui par non immixtion.'

Dans le prolongement de cette réflexion, la conscience du décalage entre le droit et la façon dont il est vu, perçu, reçu, vécu, appliqué — c'est-à-dire d'un mot — entre le droit et la vie est une attitude intellectuelle stimulante et féconde : une réserve mentale, viatique des juristes.

8 **Le droit en soi :** le cheminement de ces questions aide à discerner ce qu'est, en substance, le droit.

Au moins trouve-t-on, dans la conscience populaire, comme une donnée, **la distinction fondamentale des deux composantes du droit** : **le Droit** (souvent avec une majuscule) et **le droit** (avec une minuscule), **Droit objectif** et **droit subjectif :** distinction majeure pour une association. Si le droit constitue un ordre, un **système juridique**, c'est par la coordination de ces deux éléments fondamentaux (Chap. I).

Cependant cet ordre n'est ni immanent ni statique. Il naît, s'accomplit, devient. Naissant, mouvant, vivant, mortel, il a une origine, un développement, une destinée, bref une histoire. Dans sa création, sa communication, sa réalisation, l'ordre juridique apparaît comme un **phénomène de la vie sociale** (Chap. II).

Le droit est aussi objet de réflexion de la part de ceux qui, participant ou non à son élaboration ou à son application, s'interrogent sur ses moyens et ses fins, sa valeur, ses fondements : méditation d'où est née une **pensée juridique** (Chap. III), troisième face d'une même réalité.

---

(2) V. là-dessus J. Carbonnier, initiateur d'une réflexion fondamentale sur le thème du droit et du non-droit, dans son ouvrage *Flexible droit* (pour une sociologie du droit sans rigueur) 2000, 10e éd., p. 9 s., spéc. p. 25 s. Le non-droit, précise l'auteur (Intro. 63) est tout à la fois une théorie sociologique, une hypothèse explicative et une politique juridique (de moindre intervention judiciaire ou législative). Dans la fresque qu'il brosse de l'histoire du droit français de 1958 à 1995, « Droit et passion du droit sous la Ve République (coll. *Forum,* Flammarion, 1996) le doyen Carbonnier dénonce l'excès de droit qui accable la société française sous l'effet d'une passion effrenée à produire toujours plus de droit et à en changer : D'où, entre autres méfaits, l'invasion du droit par le droit technocratique et bureaucratique, le culte et la prolifération des textes. Cette charge pour moins de droit et un autre droit résonne comme un appel à l'histoire, à la coutume, aux lois qui entrent dans les mœurs. V. aussi *infra,* n° 9.

CHAPITRE I
LE SYSTÈME JURIDIQUE

9 **En tant que système** (1), **le droit peut être regardé sous deux angles complémentaires** qui correspondent, dans l'intuition commune, aux deux acceptions courantes du mot.

Le système juridique apparaît comme un ensemble de règles qui gouvernent la vie sociale. Ce **corps de règles,** « *corpus juris* », s'appelle **Droit objectif**.

Dans ce système, chaque individu jouit (ou peut espérer jouir) de prérogatives juridiques qui lui sont reconnues, au moins à titre primordial, pour la satisfaction de ses propres intérêts (un droit de propriété, une créance). Nommées **droits subjectifs** (par accent mis sur le titulaire, le bénéficiaire, le sujet de droit) ces **prérogatives individuelles** font partie du système juridique. Les droits subjectifs naissent et se réalisent **sous l'égide du droit objectif** et, dans un système juridique individualiste comme l'est demeuré partiellement le nôtre, le droit objectif **porteur de l'intérêt général et synthèse de l'ensemble des intérêts en présence,** est, dans cette mesure, également ordonné à la satisfaction des intérêts particuliers.

NOTE

« Le droit objectif est fait des règles, des institutions du droit » ; **« de lui découlent ensuite des droits subjectifs »** (Carbonnier). Tel est le modèle classique. Il est aujourd'hui menacé d'éclatement par le pullulement des droits subjectifs lié à l'exaltation individualiste des droits de l'homme. Cette subjectivisation du droit objectif est un puissant facteur d'inflation pour le droit et les conflits, en ce qu'elle attise la rivalité des passions individuelles, et source d'illusion, car le droit objectif possède seul la force immédiate de la règle de droit, quand le droit subjectif n'est qu'accès à la règle. N'ayant pas de débiteur, le droit à l'enfant, le droit au bonheur, le droit au logement ne sont que promesses fallacieuses. V. ce thème puissamment démontré dans « *Droit et passion...* » du doyen Carbonnier (p. 106, 121 s.). L'erreur radicale de perspective est de n'apercevoir dans le droit que des droits subjectifs, d'oblitérer les institutions en les ramenant à un réseau de droits subjectifs. Entre beaucoup d'exemples, l'institution du mariage est la preuve du contraire. Le mariage engendre pour mari et femme — en parfaite égalité — tout un ensemble de droits et de devoirs. Mais il est institué sur trois principes fondateurs : l'exogamie, la monogamie et la dualité des sexes. Ce sont des **choix de société**, non des **droits subjectifs** qui président à son établissement. L'organisation des pouvoirs publics repose sur un faisceau d'institutions (parlementaires, administratives, judiciaires, etc.). Il en va de même pour le droit privé. Mariage, divorce, adoption, tutelle, autorité parentale, assistance éducative, personnalité morale, etc. ne sont pas des nœuds de droits subjectifs. Ce sont des **institutions de droit**

---

(1) V. *Le Système Juridique,* Archives de philosophie du droit, sous la direction de F. Terré, vol. 81, Paris, Sirey, 1986.

privé (parmi beaucoup d'autres). Les plus importantes sont les **piliers du droit** (V. Carbonnier, *Flexible droit*, préc. p. 223 s. : Famille, contrat, propriété ; et la monnaie ?).

Fondementalement, **les droits subjectifs naissent et s'exercent sous l'égide et dans le respect du Droit objectif.**

SECTION I **LE DROIT OBJECTIF**

10 Le droit objectif englobe **l'ensemble des règles juridiques qui régissent la vie en société ;** vu dans sa totalité cohérente, il est l'ordre juridique ; il constitue (autre terminologie familière) l'ordonnancement juridique. C'est le droit qui institue (ou au sens passif, qui est institué), le droit des institutions.

Ce corps de droit se caractérise d'abord par l'unité élémentaire dont il est constitué : il est composé de **règles juridiques** (§ 1).

Cependant, entre cet élément de base et la composition d'ensemble, s'opèrent et s'intercalent des regroupements internes qui présentent, eux aussi, un certain degré de cohérence et de généralité. À ne considérer que les regroupements de masse, le droit se ramifie en branches maîtresses, **les divisions du droit** (§ 2).

§ 1. LA RÈGLE DE DROIT

11 L'article 215 du Code civil dispose : « Les époux s'obligent mutuellement à une communauté de vie ». Ce texte édicte une règle de droit qui est aussi règle de vie.

L'article 371 du Code civil énonce une règle qui, cette fois, évoque un commandement du Décalogue : « L'enfant, à tout âge, doit honneur et respect à ses père et mère ».

L'article 161 du Code civil prohibe le mariage entre ascendants et descendants, et la morale commune réprouve aussi l'inceste.

Comment distinguer la règle juridique d'un précepte religieux ou d'une obligation morale, plus généralement (puisqu'il y a parfois coïncidence, au moins apparente) des **autres normes** qui gouvernent la vie sociale, jusqu'aux usages mondains ?

12 Ce qui est sûr c'est que le **droit n'est pas le seul régulateur de la vie en société.** Ensemble de règles gouvernant la vie sociale, ce n'est pas l'ensemble de toutes les règles qui gouvernent celle-ci. D'autres sources — morales, religions, etc. — ont, chacune dans son ordre, vocation à constituer des normes sociales de comportement, de conduite, à énoncer des règles (de vie, de mœurs, de pensée).

Comment, si elle existe, s'opère la distinction entre ces diverses normes ? L'analyse des rapports du droit et, d'autre part, de la morale, de la religion ou d'autres règles est une question classique.

13 Des signes extérieurs permettent, en général, de repérer la règle de droit parce que celle-ci est consacrée par un texte de loi ou par une coutume que tout le monde connaît. Sources formelles du droit, lois et coutumes en sont deux révélateurs.

Mais, au fond, existe-t-il un critère intrinsèque qui distinguerait en substance la règle de droit de toutes les autres règles de la vie sociale ?

Etymologiquement, « règle de droit » est une double métaphore et un pléonasme : la règle (« *regula* ») est l'objet rigide et rectiligne qui empêche de dévier, et « droit », venant de « direct » *(directum, dirigere* composé de *regere)* signifie à la fois « en ligne droite » (suivant la règle) et, au figuré, « conforme à la règle ». Pourtant, la définition juridique donne un sens à chaque mot.

A. UNE RÈGLE

14 Une règle est l'énoncé d'une obligation générale (2). C'est une disposition (3) obligatoire et générale. Cela est vrai de toutes les règles de conduite humaine mais, d'abord, des règles de droit.

15 **a) Caractère obligatoire :** Toute règle se définit par son caractère obligatoire (v. n° 334 s. le développement de l'analyse). Elle est un commandement ; elle veut être obéie ; elle exprime un ordre, soit qu'elle prescrive l'accomplissement d'un acte (porter secours à une personne en détresse, fournir des aliments à un ascendant dans le besoin), soit qu'elle interdise d'en accomplir un autre (voler le bien d'autrui, causer un dommage à autrui). Même lorsqu'elle est libérale, permissive, par exemple lorsqu'elle ouvre, pour un individu, une faculté ou établit un droit, la règle de droit est un ordre adressé à tous les autres de respecter cette liberté ou ce droit. Le caractère obligatoire de la règle n'apparaît pas seulement dans une interdiction ou dans une prescription, mais dans une permission (elle-même garantie, au demeurant, par une interdiction, etc.), ou dans l'affirmation d'un droit.

---

(2) Une analyse logique et linguistique fait reconnaître que toute règle donne à un problème une solution. Toute règle est la réponse à une question. **Toute règle consiste à rendre applicable la solution qu'elle pose au problème qu'elle suppose.** Une règle de droit est ainsi la réponse à la question « *Quid juris in casu ?* » : elle énonce le droit dans une hypothèse. **Il y a donc dans la structure de la règle une double détermination : celle du cas à régir et celle de la conséquence que l'autorité normative y attache :** la détermination de l'*hypothèse* et celle de l'*effet* qu'il lui est donné d'engendrer. Cette double détermination correspond à la distinction de la « présupposition » *(Voraussetzung)* et de l'« effet juridique » *(Rechtsfolge)* que propose Stammler et que retiennent Henri Motulsky (*Principes d'une réalisation méthodique du droit privé,* Sirey, 1948, n° 16, p. 18) et Jean Dabin (*Théorie générale du droit,* n° 42, p. 55). V. aussi *Linguistique Juridique,* Montchrestien, n° 71. A considérer les dispositions de la loi, l'énoncé législatif porte les marques de cette double détermination normative : la détermination du cas est souvent introduite dans le texte par les mots : « si », « quand », « lorsque », « en cas de », « en matière », etc. la détermination de la conséquence est, sous des formulations très diverses, celle de l'effet de droit que la loi attache à la situation prévue. Pour plus de détails. V. *Linguistique Juridique, loc. cit.*

Une telle analyse se concilie parfaitement avec l'affirmation classique reprise au texte selon laquelle une règle a pour caractères distinctifs d'être obligatoire et générale. La règle est une détermination. Les deux caractères sont les attributs de cette détermination. Car le cas est déterminé *in abstracto* en général, et l'effet lui est attaché. La règle, la norme, la mesure est dans cette double détermination.

(3) Avant même d'être caractérisée, la règle se définit donc, à la base, comme un énoncé doté de sens, un tout logique. C'est cette disposition — articulée ou non dans un texte — qui constitue l'unité élémentaire de l'ordre juridique, l'élément de base dont se compose le droit positif. Par ce trait, la règle se distingue de ce que l'on pourrait appeler un **canon législatif,** lequel n'est pas lui-même une composante positive, mais un procédé d'harmonisation législative (v. *infra,* n° 222). A la vérité, le terme « canon » vient du grec κανών qui signifie « règle » et désigne encore, en droit canonique, chacune des dispositions du code qui porte ce droit. Mais ce dernier emploi est si spécifique qu'il n'élève aucune contre-indication à l'emploi du même terme dans un sens générique qui perpétue un autre sens de κανών (mesure, d'où modèle).

16 **b) Caractère général :** Toute règle se définit par un certain caractère de généralité. Non point qu'il n'y ait de règle qu'universelle et éternelle : **la généralité de la règle est relative** (4).

— Sous cette précision, la vocation de la règle est de s'appliquer — c'est une première dimension — à un **groupe d'individus** (tous les citoyens d'un État, tous les membres d'une Église ou d'une profession, tous les représentants d'une catégorie sociale), non à une personne déterminée. La loi qui ordonne des funérailles nationales pour les obsèques d'un homme d'État n'est pas une règle ; celle qui accordait à Edouard Herriot l'usage gratuit du téléphone n'était pas une véritable règle, mais une disposition *ad personam.* La loi est une « précepte commun », une norme impersonnelle. C'est le contraire d'une mesure individuelle. La généralité de la règle s'affirme, quant aux personnes auxquelles s'adresse l'obligation, comme une aptitude à régir un ensemble de sujets.

— La même observation vaut quant aux **situations** que la règle est destinée à régir. Une règle n'est pas la décision d'un cas. Elle est apte à gouverner un **type de situation.** Là encore apparaissent des distinctions de degré. Certaines règles ont vocation de principe, d'autres valeur d'exception. Mais **l'exception aussi est une règle,** car elle a vocation à saisir une série de cas, non à donner, dans un cas singulier, une solution individuelle.

— La vocation générale de la règle se traduit enfin dans **le temps**. Douée d'une certaine permanence, la règle a vocation à **régir l'avenir,** à durer un certain temps (ce qui demeure exact même pour les règles temporaires). C'est toujours un projet, un acte de prévision, un **précepte pour le futur** (même s'il est établi, dès le départ, que la règle ne régira qu'une période transitoire). Il existe, sous ce rapport, des degrés : aux règles permanentes (établies sans limitation de temps) s'opposent des règles de circonstances (édictées pour la durée des hostilités ou pour un temps de pénurie ; v. plus loin, n° 331 s., 363, 412). Sous cette nuance, la généralité de la règle se définit comme une aptitude à maîtriser l'avenir, au moins pendant une certaine durée (et ce, d'autant plus que — sous l'écrasement du temps — toutes les règles nées de volonté d'homme — même celles qui avaient été posées pour toujours — aux générations des générations — sont, finalement, mortelles).

17 **c) Caractère bénéfique :** À côté de ces deux caractères, on aimerait pouvoir exalter, en troisième trait, que toute règle est un **bienfait** (5) ; que toute règle (même comme mal nécessaire) porte en elle, pour justification, le progrès, l'amélioration, la charge de bien qu'elle apporte (ce serait la « bonté » de la règle, le bon droit, le juste droit). L'histoire, dans tous les domaines — juridique, religieux, moral — dément cette attente optimiste : il y a de bonnes règles, il en est de moins bonnes, parfois de franchement critiquables (6). La coïncidence entre l'ordre et la justice, la réforme et le progrès existe

---

(4) V. plus loin, l'approfondissement de ce point, n° 327 s.

(5) Comp. l'antithèse de la loi vue comme un mal : J. Carbonnier, *Essais sur les lois,* p. 281. Dans « Droit et passion », le même auteur ne remet en cause ni le droit ni le respect du droit, mais la passion insatiable pour toujours plus d'un certain droit (technocratique et impérieux) qui envahit tout le champ juridique, et la prolifération des « droits illusions ». Dans la passion de changer de droit règne l'illusion du progrès.

(6) La bonté d'une loi — qui est un mérite — ne doit pas être confondue avec la bonté du législateur qui est un sentiment. Ce sentiment de bonté (qui risque lui aussi de provoquer des sarcasmes) n'a rien à voir avec la question toute différente de la valeur (souvent douteuse) de la loi. Il inspire spécifiquement au législateur des attentions particulières à des situations douloureuses, des égards, des marques de compassion dans une épreuve. Absurde quand on pense à l'abstraction et à la froideur de l'Etat (*frigor, rigor*), la supposition personnificatrice et paternaliste que le législateur aime les sujets de droit comme un père (comme naguère le monarque ses sujets) remonte à la tradition biblique. On la retrouve dans une expression touchante chez Bentham, t. 3, p. 497 (*Traités de législation civile et pénale,* 2e éd. par E. Dumont). Elle ne prête pas seulement, au législateur, l'intention générale de vouloir le bien des citoyens (discours politique banal) ; elle est à la racine d'un type particulier de lois ou de mesures, celles qui vont, par surabondance, au-delà de ce qui est dû :

à l'état de vœu, dans la conscience de chacun et la bonne volonté de beaucoup, mais les vues d'un législateur peuvent être impénétrables ou discutables et les résultats de son action malheureux. De bonnes intentions peuvent avoir des effets pervers. C'est, sans illusion, le contrepoint réaliste d'un modèle législatif idéal que personnifie Solon : *εὐνομία*, désigne les bienfaits d'une bonne législation, rêve antique fascinant et fuyant.

Note sur le temps dans la législation. — Le temps est toujours, par hypothèse, une dimension essentielle de la loi qui régit l'avenir : le législateur prévoit. Par performance, il advient même que le souci primordial, pour une action urgente, soit la sauvegarde d'un avenir lointain. La création, en matière d'environnement, d'un conseil (consultatif) « pour les droits des générations futures » (d. 8 mars 1993) avec mission d'agir, par ses recommandations, en faveur de la protection de la nature, milieu de vie des générations à venir, en est l'illustration plus que symbolique, peut-on espérer ; plus fondamentalement, l'interdiction lancée à la science de porter atteinte à l'intégrité de l'espèce humaine (art. 16-4).

B. UNE RÈGLE DE DROIT

18 À ces caractères génériques, communs à toutes les règles, la règle de droit associe des **caractères spécifiques** qui la distinguent des autres règles de vie sociale.

19 **a) Marque externe : la contrainte étatique :** Le trait le plus spécifique et manifeste de la règle de droit est celui de la contrainte étatique. Si l'ordre juridique exclut la justice privée — qui serait le pouvoir, pour le titulaire d'un droit, de se faire justice à soi-même — c'est parce que, par compensation, il assume lui-même la fonction de justice (ou s'y applique). La règle de droit est celle dont le respect est assuré, s'il le faut, par l'autorité publique (7). La justice est une dette publique, un devoir de l'État envers les citoyens, et il faut bien voir que le recours à la justice englobe le recours à la force publique car il comprend : 1. Le droit, pour un citoyen, de faire reconnaître son droit en justice par une action en justice (v. *infra*, n° 152 s.) ; 2. Le droit d'en obtenir ensuite l'exécution forcée, par les voies légales d'exécution, si besoin est (8). Cette **contrainte potentielle** plane sur tout le droit.

Ce n'est pas dire que préceptes religieux, obligations morales ou même règles de bienséance, soient dépourvus de sanction. Les sanctions qui les assortissent peuvent être vivement ressenties par ceux qu'elles frappent (réprobation sociale, discrédit, mise à l'écart, quarantaine). Dans les sociétés particulières les mieux organisées — les églises, les partis — la sanction peut aller loin (blâme public, exclusion, excommunication). Mais l'État — qui n'est plus bras séculier — ne prête pas main forte à ces règlements intérieurs, au moins dans les systèmes juridiques qui admettent la séparation des Églises et de l'État. Dans un

---

d'un côté, les bienfaits de la loi, faveurs que le législateur-même dispense de plein droit (gains de survie, C. civ. a. 1481 anc., cf. aujourd'hui art. 763 ; légitimation par mariage (a. 331) ; de l'autre, les bienveillances qu'il permet ou même encourage, lorsqu'il ouvre la miséricorde du juge (délai de grâce, clause de dureté) ou stimule le pardon de l'homme (réconciliation entre époux dans le divorce, a. 244) : issues marginales. Par ces bribes de mansuétude, le droit regagne un peu de la longueur que la charité a sur la justice. V. *La bonté du législateur,* Conférence à l'Université de Louvain-la-Neuve, mai 1989, Annales de l'UCL, *L'art du droit en quête de sagesse,* P.U.F. 1998, p. 347.

(7) Méditer, à la recherche du « critère du juridique », la distinction de la contrainte commune aux mœurs et au droit et de la contrainte spécifique du droit, *in Sociologie Juridique,* J. Carbonnier, p. 318 s., Coll. *Quadrige*, P.U.F. 1994.

(8) La loi du 9 juillet 1991, sans innover, marque bien : 1) Le droit, pour tout créancier, de contraindre le débiteur à exécuter ses obligations, conformément à la loi (art. 1er) ; 2) Le devoir, pour l'Etat, de prêter son concours à l'exécution des jugements et des autres titres exécutoires (art. 16).

État laïque — le nôtre en est un — **toutes les règles de droit, mais seules les règles de droit, peuvent bénéficier pour leur application d'une sanction étatique :** la force publique est au service exclusif du droit ; le droit en a le monopole.

Ce critère appelle, cependant, plusieurs observations.

20 — À première vue, la force du droit éclate dans la **diversité des sanctions** qu'il peut mettre en œuvre. Il est des sanctions préventives (le président du tribunal ordonne le huis clos pour prévenir des troubles à l'audience). D'autres sont répressives : ainsi les sanctions pénales (emprisonnement, amende). D'autres sont réparatrices (ce sont, en général, les sanctions civiles). Un contrat est-il contraire à l'ordre public ? un jugement d'annulation l'anéantira. Un dommage est-il causé à autrui ? l'auteur du dommage sera condamné à indemniser la victime en lui versant, à titre de réparation, des dommages et intérêts. Dans cette gamme riche, le vœu du législateur est, en général, que soit préférée (sous l'appréciation du juge) la sanction la plus adéquate (9). La profusion des sanctions civiles, fiscales, administratives, disciplinaires, montre bien que la loi pénale qui a le monopole des sanctions pénales n'a pas celui de la sanction. L'éventail des sanctions juridiques est largement ouvert, panoplie intimidante (V. *La sanction du droit*, Mélanges en l'honneur de Pierre Couvrat, PUF, 2001).

21 Mais la **limite** — la faiblesse — du droit apparaît aussi dans cette quête dont les résultats bornés sont décevants. La sanction peut être plus ou moins parfaite. Le versement d'une somme d'argent pour la réparation d'un préjudice corporel ou d'un dommage moral peut être juridiquement adéquat. Humainement, est-il satisfactoire ? Ce n'est qu'une compensation souvent dérisoire. Le divorce, sanction d'une infidélité conjugale, n'est qu'un pis-aller, et, pour des époux, on ne trouvera sans doute jamais de sanction harmonieuse à l'obligation de vivre ensemble (v. *infra*, n° 67).

22 — Aussi bien ne faudrait-il pas exagérer l'importance de la coercition en action dans la règle juridique. En fait, la mise en œuvre effective des sanctions demeure un accident, une exception dans la réalisation du droit. Le droit ne vit pas toujours sur pied de guerre ; sous la contrainte virtuelle, **la sanction étatique reste souvent à l'état de menace**. Armée de sa vertu dissuasive, la valeur comminatoire de la règle juridique n'est peut-être même pas le ressort le plus énergique de l'observation spontanée de la règle de droit. Statistiquement, le respect volontaire du droit demeure, sans doute, si l'on peut dire, la règle, et ce n'est pas seulement la peur du gendarme qui l'inspire. Entre époux qui s'aiment, la fidélité repose-t-elle sur la crainte des sanctions de l'adultère ? Est-il risible de supposer que, même face aux loups du siècle, les hommes de bonne volonté ont, dans leur cœur, le respect de la parole donnée qu'ordonne l'article 1134 C. civ. ? N'y aurait-il pas une dilection particulière à observer le droit, à rendre à César... ? Vision idyllique. Au moins peut-on espérer que les sujets de droit adhèrent volontiers à ce qu'ils aperçoivent de juste et de bon dans la règle de droit. Le critère externe de la force — qui serait intolérable au service d'ambitions

(9) Très marginalement, certaines règles incorporent à leur établissement la sanction qui en impose le respect. Ainsi l'interdiction de stationner lorsqu'elle se matérialise non pas seulement par un signe (v. *infra*, n° 109) mais par un obstacle (mur, borne, butoir). Epousant son modèle, la règle de droit se dresse alors (que de pléonasmes pour l'étymologie) comme « ce qui empêche de dévier » (v. *supra*, n° 13). Ces **règles-obstacles** attestent que les règles de droit, à toute extrémité, peuvent devenir corporelles comme les choses, lorsque le seul moyen d'échapper aux violations qui les assaillent est de les prévenir par la force (Pascal...). Performance de l'efficacité, cette alliance apparemment réaliste, n'est pas un progrès du Droit (lequel a pour vocation d'élever ses sujets dans le respect de sa règle).

démesurées — devient au demeurant supportable dans un programme raisonnablement modéré.

23 **b) Finalité profonde : la vocation mesurée du droit relativement à la religion et à la morale :** Le critère fondamental de la distinction ressort de la finalité du droit. Le droit borne ses ambitions à régler les relations extérieures des hommes entre eux, pour y faire régner une certaine paix sociale. Fondée sur un rapport transcendant, la religion présente ses commandements comme venant de Dieu. Ouverte aux impératifs de la conscience, la morale est plus exigeante que le droit, elle qui attend de l'homme un dépassement : *Non omne quod licet honestum est* (maxime de Paul, jurisconsulte romain).

Plus terre à terre, le précepte juridique n'est ni une règle de salut, ni une loi d'amour (10) : c'est un facteur d'ordre, **un régulateur de la vie sociale, un modérateur, un dénominateur commun,** une norme moyenne, et c'est déjà beaucoup.

24 Sans doute y aurait-il excès à séparer radicalement **droit et morale**, comme deux ordres étrangers (11). Pour certains devoirs élémentaires qui ont été juridiquement consacrés, le domaine du droit et celui de la morale entrent en coïncidence. Certains préceptes, piété filiale (art. 371), respect de la parole (art. 1134), sont à la fois juridiques et moraux. La conformité aux bonnes mœurs est une condition de validité du contrat, référence morale (art. 6 et 1133 C. civ.). La bonne foi doit régner dans l'exécution du contrat (art. 1134, al. 3). Il arrive que le droit prenne en considération des états de conscience. Mouvements intimes, attitudes psychologiques, la loyauté, la mauvaise foi, l'esprit de fraude, sont des données que prend en compte le droit ; l'intention de nuire ou l'intention de rendre service ont des conséquences juridiques. **Il y a de la sève morale dans le droit.**

25 Même alors, cependant, droit et morale sont assez souvent de faux amis. Le droit demeure moins exigeant que la morale, même lorsqu'il couvre un devoir moral ; les bonnes mœurs constituent un minimum garanti de décence et d'honnêteté publique, non un idéal qui exalte la conscience, règle de comportement extérieur (12). Quant aux mobiles, le droit

(10) Lors du centenaire du Code civil, Paul Hervieux, homme de lettres, proposa d'ajouter à l'article 212 du Code civil : « Les époux se doivent mutuellement *amour,* fidélité, etc. », En vain. A l'article 371, la piété filiale est honneur, respect, non amour. On a cependant vu que, parfois, avec la pudeur qui sied, la loi même est amour, quand justement, par touches discrètes, elle prend le parti de la bonté (*supra* n° 17, note 2). *Lex, sed etiam lex dulcis.* Dans l'ouverture du droit de visite à des non parents, *caritas* passe *veritas* (C. civ. a. 311-13, a. 371-4, al. 2). *Dura lex* est une annonce salutaire, mais toute loi n'est pas d'acier.

(11) **Sous un regard philosophique,** droit, morale et religion appartiennent au même ordre. Ils sont d'ordre normatif et moral (au sens générique du terme). La pensée commune les reconnaît à la fois comme les exigences basiques de la vie sociale et comme des normes supérieures que leur valeur idéale met au-dessus des faits. Il semble qu'à ses débuts, toute société cherche les assises de son organisation dans ces trois fondements, sans trop les séparer. En ce sens, la réflexion morale (*lato sensu*) est nécessairement première. Dans la Grèce antique, les sages (Solon et les autres) ne sont ni des savants ni des philosophes. Ce sont des hommes de sens commun et des législateurs. La pensée philosophique et scientifique vient ensuite. V. *La pensée grecque*, Léon Robin, p. 26 s. Solon (594) précède Socrate (470), et Socrate respecte la loi. Même distincts et autonomes, droit et morale se reconnaissent mutuellement. La morale reconnaît la loi, au moins comme mal nécessaire (Rendez à César ce qui est à César) ; le droit reconnaît la morale comme un bien (il prescrit aux parents de veiller à la moralité de leur enfant, autant qu'à sa sécurité et à sa santé (art. 371-2).

(12) Comp. Senn, *Des origines et du contenu de la notion de bonnes mœurs, in* Etudes Geny I, p. 53 s. **La notion est évolutive** (et donc fluctuant l'étiage de ses exigences). Senèque l'avait déjà noté : « *Quae fuerant vitia, mores sunt.* » (les vices d'antan sont les mœurs d'aujourd'hui)... et (si l'on en croit certains) les lois de demain.

ne les considère jamais isolément. Je peux haïr intensément autrui, éprouver dans mon cœur les passions les plus agressives, le droit ne s'en préoccupe pas, jusqu'au jour où ces sentiments se concrétisent dans une violence matérielle. Le droit ne prend en considération ces états d'âme qu'à l'occasion du passage à l'acte, du geste qui leur donne une existence et une portée sociales (13). Dans cet acte, le droit tient compte du mobile qui l'a inspiré, qu'il soit bon ou mauvais, pour en faire une circonstance atténuante ou aggravante, mais toujours à propos d'un agissement extérieur. Un œil de désir ne consomme pas, civilement, l'adultère. Nulle intention n'est en soi punissable (*cogitationis poenam nemo patitur*).

Voilà qui borne la vocation du droit. Sans doute n'est-ce pas rien que l'ambition de faire régner **une certaine harmonie sociale** (14). Le droit n'est pas sublime. Nous nous contenterions bien qu'il veuille demeurer modeste, prudent, mesuré, avisé, raisonnable, joli fonds de sagesse, lui que la manie du changement risque d'emporter dans la frénésie des turbulences.

BIBLIOGRAPHIE ET NOTES

1° *La règle de droit.* CARBONNIER (V.), sur le caractère primitif de la règle de droit, *Mélanges Roubier,* T. I, p. 110 s., et sur le critère du juridique, *Sociologie du droit,* p. 318, Coll. Quadrige, P.U.F. 1994 ; *La règle de droit.* Études publiées par PERELMAN (Ch.), Bruxelles, 1971.

2° ***Droit et morale*** : RIPERT (G.), *La règle morale dans les obligations civiles,* 1927, 1re éd. ; VILLEY (M.), *Morale et Droit,* dans Seize essais de philosophie du droit, 1969, p. 197 s. ; CHOUCRI CARDAHI, *Droit et morale,* 1961, 3 vol. St. DARMAISIN, *Le contrat moral*, L.G.D.J. 2000, essai sur la coexistence au sein de tout contrat, d'obligations « structurelles » et d'obligations « morales » et l'hypothèse d'un contrat moral, comme concept juridique opérationnel, dans les relations contractuelles. **Terminologie.** Nous disons morale, non éthique, car c'est la même chose (Michel Serres) ou, si l'on veut, une manière plus raffinée de se référer à un idéal que l'on voit plus épuré. Façon plus gratifiante, il est vrai, de se démarquer de « l'ordre moral » (si justement honni) et de la « morale bourgeoise » dont on soupçonne le droit d'être le gardien hypocrite (en songeant aux prétentions de certains régimes politiques et à la morale sexuelle). Il y a pourtant une **morale républicaine**, une morale commune, et, dans la disgrâce de la morale (du mot et de la chose), un aveuglement de mode stupéfiant. Au nom de quoi, dans le jaillissement des consciences, seraient stigmatisés les crimes contre l'humanité, sinon de la morale universelle ?

■ (13) V. Choucri Cardahi, *Nos sentiments et nos passions devant la justice et la loi,* 1951 ; Comp. notre étude *« Du sentiment en droit civil »,* Annales Fac. Droit Liège, 1964, p. 189. *L'art du droit en quête de sagesse,* p. 71.

■ (14) Sur les rapports législatifs du droit et de la morale V. Carbonnier, *Variations sur la loi pédagogique, in* SOCIETA, NORME E VALORI, *Scritti in* onore di Renato Treves. 1984. Chez le même auteur (dans *Droit et passion,* « le droit en quête de morale », p. 114) un rebondissement, un **nouvel éclairage** : la Ve République a bouleversé les rapports du droit et de la morale, d'une part, en se mettant « en retrait de la morale des mœurs » sous un vent de permissivité (« La morale est encore moins sûre que le droit » p. 118), d'autre part en propulsant une **morale d'Etat** — une **éthique étatique** et une religion d'Etat (celle des droits de l'homme) — légalisation qui raidit ce qu'elle consacre (progrès récessif). Comp. Oppetit, *Droit et modernité,* p. 261 s., sur le retour, en force de la morale sous la forme de l'éthique, surtout d'une éthique des affaires. La philosophie célèbre parfois « la relation intime » du droit et de la morale (Jürgen Habermas, *Droit et Morale*, Seuil, coll. Traces écrites, 1996).

Évacuation de la référence morale dans l'appréciation judiciaire ? Serait-ce une tendance dans certains jugements ? Une décision fixe la résidence d'une enfant chez son père et non chez sa mère « qui s'adonne à l'activité de péripatéticienne », non pas à cause des dangers pour l'enfant de la prostitution de la mère, mais parce que celle-ci « a des horaires de travail qui ne lui permettent pas de s'occuper elle-même de son enfant » (Toulouse, 3 mars 1999, J.C.P. 1999.IV.2805). Délicatesse ? discrétion ? hypocrisie ? démission ? Il n'est pas exclu qu'une femme prostituée soit une bonne mère, mais le contraire n'est pas exclu (à l'idée que l'exemple maternel n'est pas un modèle et que ses clients peuvent ne pas s'intéresser qu'à elle). Faire silence sur le critère moral c'est se dispenser de poser une question qui est pourtant ouverte. Silence sur un nouveau tabou, la morale ? Objectiva-t-on qu'il y a plusieurs morales ? Ce serait oublier qu'une société laïque a des références morales communes, et même des **assises**, qui ne sont marquées ni confessionnellement, ni politiquement, une **morale citoyenne,** socle républicain.
Décalage entre droit et morale. Lorsqu'un acheteur averti acquiert, pour un prix dérisoire, des œuvres de grand prix (clichés d'auteur célèbres) auprès d'une personne qui en ignore la valeur sur le marché de l'art, et qu'il réalise un énorme bénéfice en les vendant aux enchères publiques, il réussit un joli coup. Il est douteux que la morale le trouve reluisant. À la lueur d'un arrêt notable, le droit n'y voit aucun mal : aucune obligation d'information ne pesait sur l'acheteur, aucun dol dans son mutisme (visa de l'art. 1116 : Civ. 1re, 3 mai 2000, Bull. civ. I, n° 131, p. 88). L'achat a-t-il été fait dans la bonne foi ? À cette question, la morale et le droit peuvent répondre différemment. Chacun pour soi. Tant mieux pour le plus malin, nous dit cet arrêt. C'est la sécurité des affaires.

3° *Droit et religion :* COULOMBEL, *Le droit privé français devant le fait religieux,* Rev. trim. dr. civ. 1956, p. 1 s. ; *Dimensions religieuses du droit,* T. XVIII, **Archives de philosophie du droit,** 1973 ; *La révélation chrétienne et le droit,* **Annales de la Faculté de Droit de Strasbourg,** 1961 ; LOUIS de NAUROIS, *La liberté religieuse,* R.T. 1962, p. 241. ROBERT (J.), *La liberté religieuse et le régime des cultes, 1977.* **Actes** du IVe Colloque National des juristes catholiques.

4° *Droit et conscience individuelle :* LASZLO-FENOUILLET (D.), *La conscience*, Bibl. de dr. priv., T. 235, L.G.D.J. 1993.

5° *Droit et systèmes :* VANDE KERCHOVE (M.), OST (F.), *Le système juridique entre ordre et désordre*, P.U.F., Coll. Les voies du droit, 1989.

6° ***Droit et décence :*** La décence est un souci, une norme moyenne (et même minimale) que le droit intègre plus facilement que les exigences les plus hautes de la morale. Non seulement dans la définition des bonnes mœurs, mais comme critère afin de mesurer un devoir, apprécier une faute, évaluer un dommage. Il advient que la loi se réfère expressément à la décence, ainsi quand elle exige des médecins qui ont procédé au prélèvement d'un organe sur une personne décédée qu'ils s'assurent de la restauration décente de son corps (C. Sant. publ. art. 671-11, l. 29 juillet 1994). **Licet, decet** ce n'est pas seulement une rime. Savoir et faire ce qui convient. C'est la face positive du respect humain ou plutôt du respect d'autrui, **précepte de droit**. L'esprit gaulois n'est pas au mieux de son inspiration lorsqu'il se moque de la décence ennuyeuse et grise. Elle est surtout humble et modeste, discrète.

7° *Droit et utilité* : V. GAUTIER (P.-Y.), *L'inutile et le droit*, RT 95, 797 s.

§ 2. LES DIVISIONS DU DROIT

26 L'ordre juridique n'est pas d'une seule pièce. **Le droit objectif se divise en branches** dont chacune se subdivise en rameaux. À la base, les règles de droit ne sont pas isolées : elles se réunissent pour former des ensembles dotés d'un degré croissant de généralité. Ainsi, les règles relatives aux droits et devoirs respectifs des époux (art. 212 à 226 C. civ.) concourent à définir l'institution du mariage, laquelle est un élément du droit de la famille, lequel est une partie du droit civil, etc. Entre l'unité et le tout, il suffit de présenter les **branches maîtresses du droit.**

Cependant, les classifications s'exposent toujours à être remises en question ; d'où la nécessité de décrire les distinctions en place, avant d'analyser les tendances qui travaillent à en déplacer les frontières.

A. DISTINCTIONS TRADITIONNELLES

Il est classique d'en combiner deux.

27 **a) Distinction du droit public et du droit privé :** Ancienne, antique, cette distinction demeure, en France, la division majeure. Au moins est-elle, au seuil d'une classification, essentielle à mettre en ordre, comme plan de masses.

Le droit public a pour objet l'organisation et le fonctionnement des pouvoirs publics, considérés tant dans leur constitution interne que dans leurs rapports avec les particuliers ; il comprend, traditionnellement, le droit constitutionnel, le droit administratif, les finances publiques.

Le droit privé régit les rapports des particuliers entre eux. C'est le droit des personnes privées (personnes physiques, mais aussi personnes morales de droit privé).

Outre le droit civil, qui est considéré, aujourd'hui encore, comme le droit commun, le droit privé englobe le droit commercial (celui-ci règle le statut des commerçants et les opérations commerciales que ceux-ci accomplissent dans l'exercice de leur profession), le droit agricole — rural ou agraire — (droit des structures foncières agricoles, statut des baux ruraux, etc.), le droit social (celui-ci recouvre le droit du travail et la sécurité sociale).

28 Au-delà de cette mise en place sommaire, la distinction du droit public et du droit privé correspond, selon le point de vue auquel on l'envisage, à trois distinctions non nécessairement concordantes : en théorie générale, répond-elle à un critère scientifique (15) ? C'est une question — une querelle — dont l'intérêt doctrinal naît de la recherche des caractères spécifiques de chaque discipline. La distinction prend un tour plus technique (plus politique aussi ?) dans la jurisprudence du Conseil d'État, de la Cour de cassation ou du Tribunal des conflits, lorsqu'il s'agit de délimiter la compétence des juridictions de l'ordre administratif et celle des juridictions de l'ordre judiciaire. Enfin, dans une perspective universitaire, la distinction revêt un caractère historique et coutumier — beaucoup plus que scientifique — dans la mesure où elle préside à la répartition, parfois arbitraire, des enseignements de droit public et des enseignements de droit privé.

Ainsi est-il traditionnel de rattacher au droit privé le droit pénal et la procédure civile, bien que ces deux matières se rapportent au service public de la justice. Un tel rattachement peut, il est vrai, se justifier par la finalité de ces droits.

29 **b) Distinction des droits substantiels et des droits non substantiels :** Complémentaire, cette division répond à un critère finaliste. Certains droits sont dits substantiels ou matériels, parce qu'ils se définissent en eux-mêmes, à titre principal et sans référence à un autre droit, par leur substance, la matière sur laquelle ils portent : ainsi le droit civil (droit des relations privées) (v. *supra*, n° 1), le droit commercial (droit du commerce), le droit du travail... Relativement à ceux-ci d'autres droits sont dits non substantiels ou parfois nommés

(15) Qui chercherait à définir le droit public comme droit des personnes morales de droit public ou des services publics, à défaut de pouvoir l'identifier au droit d'intérêt public, moins encore au droit impératif.

régulateurs, sanctionnateurs (on dit aussi réalisateurs). Ces qualificatifs d'évocation font naître l'idée que les droits de la seconde catégorie ont pour fonction spécifique de régler l'application, la sanction, la mise en œuvre des droits de la première. Les droits non substantiels sont établis au service des droits substantiels. Ce sont des systèmes auxiliaires, des droits au second degré, *« jura supra jura »*, des droits au service d'autres droits.

30 Le droit international privé règle ainsi l'application dans l'espace du droit privé (droit civil, droit commercial) ; il a pour objet principal de résoudre des conflits de lois (conflits de lois étrangères ou conflits entre la loi française et la loi étrangère) en déterminant la loi applicable aux rapports de droit privé qui présentent un élément international : deux Espagnols résidant en France peuvent-ils divorcer en vertu de la loi française ou sont-ils soumis, pour leur statut personnel, à leur loi nationale ? C'est un exemple, entre d'innombrables autres, de conflit à résoudre.

De son côté, le droit pénal a pour objet traditionnel la répression des infractions pénales (les délits définis et punis par la loi pénale). Ainsi apparaît-il, dans sa fonction générale de droit-sanction, comme l'auxiliaire des droits substantiels, spécialement comme un renfort donné au droit privé, puisqu'il protège les particuliers dans leurs intérêts primordiaux (vie, patrimoine, etc.). Portalis a pu dire que le droit pénal constitue moins une espèce particulière de loi que la sanction de toutes les autres.

Enfin, la procédure civile règle l'action en justice et le déroulement du procès devant les tribunaux civils : destinée à assurer la protection judiciaire des droits privés, on l'a toujours dite *ancilla juris,* « servante du droit civil » (du droit privé) (16).

B. TENDANCES NOUVELLES

31 La classification des droits tend aujourd'hui à être reconsidérée sous l'effet de divers facteurs dont, pour l'essentiel, le développement global — le gonflement — du droit objectif, phénomène de croissance et même de prolifération qui affecte l'ensemble de l'ordre juridique (17), et en rapport avec l'apparition de sciences nouvelles ou l'ouverture à de nouvelles curiosités.

---

(16) Cette fonction — auxiliaire plus qu'ancillaire — ne devrait pas faire imaginer de césure entre la procédure et le fond. Non seulement parce que, de toute évidence, certaines matières sont à cheval sur les deux, ainsi la preuve dont l'admissibilité (ex. C. civ. a. 1341), la charge (ex. C. civ. a. 1315) et la force probante (ex. a. 1356) sont réglées par le droit substantiel, et l'administration judiciaire par le droit procédural (N.C.P.C. a. 132 s.) ou semblablement la protection possessoire (c. civ. a. 2282, N.C.P.C. a. 1264 s.) ou la juridiction gracieuse ; mais aussi parce que certaines notions procédurales ont, en réalité, un caractère fondamental (l'action en justice est un droit, N.C.P.C. a. 30 ; l'acte de procédure est un acte juridique subordonné à des conditions de fond, N.C.P.C. a. 117) ; enfin, et peut-être surtout, parce que, même lorsqu'elles sont de pure forme, les règles de procédure sont des moyens dont le choix et l'agencement sont si importants dans la réalisation des fins, que celui qui décide de celles-ci ne peut se désintéresser de ceux-là (d'où l'annexion de beaucoup de procédure par le droit substantiel du divorce ou de la filiation). Le droit civil reste largement un droit judiciaire. L'irréductible articulation réagit, comme piquée au vif, lorsqu'elle doit se concilier, comme en certains pays, avec un partage de compétences législatives, ainsi, en Suisse, pour le droit privé fédéral et les procédures cantonales. V. J.-F. Poudret, Rev. int. dr. comp. 1987, p. 433.

(17) V. Carbonnier, *L'inflation des lois, Essais sur les lois,* 1979, p. 271 s. et « Droit et passion » où est mis en saisissant relief le **« trop de droit » qui tue le droit**. Comment endiguer ce déluge ? Peut-on dissiper, atténuer au moins cette **pollution normative** ? Il faudrait une révolution dans les

Les tendances qui en résultent, dans un reclassement général, ne vont pas toutes dans le même sens.

32 **a) La spécialisation du droit :** C'est l'un des phénomènes marquants de l'évolution contemporaine du droit dans le système juridique français.

De plus en plus poussée, cette spécialisation se manifeste par l'apparition et le développement de branches particulières du droit qui prennent et affirment leur autonomie. Leur spécificité prend corps, au départ, dans la réglementation spéciale dont elles sont dotées par le législateur. Mais l'institution de juridictions spécialisées, appelées à régler le contentieux né de l'application de ces textes, vient souvent renforcer le particularisme de ces droits. C'est ce qui s'est produit pour la sécurité sociale. Cette branche du droit social a ses textes codifiés, mais aussi ses juridictions propres, au moins au premier degré de la hiérarchie de l'ordre judiciaire (les commissions du contentieux de la sécurité sociale) et cette spécialisation juridictionnelle, qui accentue la spécialisation matérielle, se prolonge, au second degré de juridiction, par l'existence d'une chambre sociale, formation particulière de la cour d'appel et, au sein de la cour de cassation, par l'institution d'une chambre sociale. La même observation vaut pour d'autres matières, notamment pour le droit du travail, fort du capital que représente, à la base, le Code du travail et sous l'action spécialisatrice des juridictions prud'homales, appelées à trancher les conflits individuels du travail.

33 **b) L'interdisciplinarité :** Dans la plupart des branches du droit se manifeste une tendance aux échanges entre disciplines diverses.

À son objet principal, chaque matière tend à annexer l'apport de sciences et de techniques auxiliaires pour réviser ses méthodes et, parfois, ses objectifs. L'ouverture du droit pénal moderne aux méthodes des sciences humaines et médicales (psychologie, psychiatrie, psychanalyse, etc.), et à celles des sciences sociales (statistiques, sociologie) n'est qu'une illustration entre beaucoup d'autres de cette évolution. Celle-ci intéresse sans doute davantage l'enseignement de la matière que le contenu de la règle de droit. Mais dans l'orientation de la recherche, cette réflexion est essentielle.

34 **c) L'émergence d'un droit privé fondamental :** Les tendances séparatistes sont en partie équilibrées par la remise en place d'un droit commun aux diverses matières de droit privé. Si le développement du droit commercial masque parfois la vocation de droit commun qu'a traditionnellement le droit civil, ce risque tient à l'habitude de mettre en avant, dans le droit civil, le droit de la famille. Cette présentation peut abusivement accréditer l'idée que l'opposition majeure s'établirait désormais entre le droit de la famille, d'une part, et, d'autre part, ce qu'il est convenu d'appeler le droit des affaires.

Il importe, au contraire, de réaffirmer deux propositions capitales : 1°) le droit civil comprend le droit de la famille, le droit du patrimoine et un **fonds de théorie générale ;** 2°) ces deux derniers éléments sont porteurs d'un **droit commun à toutes les matières du droit privé.** Ils recèlent **un véritable droit privé fondamental.** Le droit du patrimoine y contribue dans la mesure où il comprend la théorie des obligations et quelques autres éléments essentiels que l'on trouve, sous-jacents, un peu partout, non seulement dans le droit des affaires, mais dans le droit des relations civiles du patrimoine, et même dans le droit (patrimonial) de la famille. La théorie générale regroupe, comme en un **fonds**

mentalités. A tout le moins faudrait-il que préside au droit écrit un **« esprit d'économie législative ».** V. là-dessus « propos » en hommage à Pierre Harmel, Liège 1992. *L'art du droit en quête de sagesse,* p. 323.

commun, les concepts fondamentaux, les notions juridiques essentielles qui rayonnent dans tout le droit privé (droit subjectif, acte juridique, contrat, etc.) et même, bien au-delà, dans l'ensemble du droit (18). **La maîtrise de ce droit privé fondamental est l'acquisition essentielle qui donne son assise à l'étude et à la science du droit.**

Il serait heureux de proclamer en bonne place que le **Code civil constitue, dans les relations privées, le droit commun de la France.** On rêverait qu'il reste au moins de la célébration fugace de son bicentenaire cette affirmation positive d'avenir.

BIBLIOGRAPHIE SOMMAIRE

Droit public et Droit privé : sur le thème de la publicisation du droit privé, v. SAVATIER R., *Du droit civil au droit public,* 1945 ; RIPERT G., *Le déclin du droit,* 1949, p. 37 s. ; MAZEAUD L., *Défense du droit privé,* D. 46, chron. 17 ; J. RIVERO J., *Droit public, droit privé : conquête ou statu quo ?* D. 46, chron. 25. CARBONNIER J., *Droit et passion...,* p. 19 s. Ce n'est pas le droit public en soi, mais l'abus de sa domination qui crée le risque. Imprégnés de la conception volontariste et autoritaire du droit qui est celle du droit public, les « enfants de l'École Nationale d'administration » qui se sont saisis de l'État ont été « les agents inconscients d'un panjuridisme sous lequel le droit a été en péril de se noyer ».

L'unité de la science du droit. Sur l'indivisibilité de la science du droit, au-delà de la segmentation de celui-ci, lire le credo livré, en leçon d'adieu, par GROSSEN J.-M., accent mis sur le fonds commun des systèmes juridiques, à partir des rapports entre droit civil et droit international public (Rev. de dr. Suisse 1993, 1 s.). Dans le même esprit, l'un des apports essentiels du nouveau **Vocabulaire Juridique** est de cultiver ce fonds commun d'une part en faisant une place aux termes qui sont communs à toutes les disciplines, d'autre part en mettant en relief, dans la définition des termes qui ont des emplois particuliers dans plusieurs disciplines, le sens fondamental auquel se rattachent souvent ces variantes.

SECTION II — LES DROITS SUBJECTIFS

35 Sous diverses nuances, on définit en général le droit subjectif comme une **prérogative reconnue à une personne par le droit objectif, pour la satisfaction d'un intérêt personnel.** Cette définition approximative (comme les variantes multiples qu'on en a données) est doctrinale. En droit français, il n'existe pas de définition légale du droit subjectif.

(18) La disposition préliminaire par laquelle s'ouvre le nouveau Code civil du Québec (1991) fait une référence expresse au **droit commun** (V. *infra* réf. n° 285). Il y est affirmé que, dans toutes les matières auxquelles se rapportent ses dispositions, le Code civil établit le droit commun (al. 2). Dans le contexte canadien, la proclamation au Québec, pays de droit civil, d'un droit commun codifié, prend une valeur emblématique (relativement au droit fédéral et à l'environnement de la *common law*). Mais elle n'est pas seulement symbolique. Positivement, c'est un droit d'application générale et supplétive qui est placé au fondement des autres lois. En France, on pourrait admettre que le droit civil a la même vocation générale, fondamentale et résiduelle, au moins relativement aux autres matières de droit privé. Le droit public puise seulement au fonds commun ce qu'il veut, quand il veut.

36 Mais les droits subjectifs ont une **base positive** et même légale. À défaut de notion générale, la loi consacre les types essentiels de droits subjectifs. L'article 544 du Code civil donne la définition justement célèbre de la propriété privée.

Les droits subjectifs ont aussi une **assise populaire**. En chacun de nous, ce fondement, cet attachement est presque viscéral. L'affirmation d'un droit individuel (ceci est à moi, c'est mon droit, c'est ma chose) est, dès le plus jeune âge, l'une des aspirations les plus vivaces et les plus spontanées de la personnalité. L'instinct possessif est, sans doute, à la racine du droit subjectif.

La vérité est que le droit subjectif, même malaisé à ériger en concept, existe comme notion élémentaire du droit positif français et constitue **l'une des réalités fondamentales de notre système juridique.** Même imparfaites, les définitions doctrinales aident à discerner les deux aspects du droit subjectif.

37 En soi, le droit subjectif constitue une **prérogative individuelle**. Il a un titulaire : le *sujet* de droit (d'où son nom). À ce bénéficiaire, il confère une certaine liberté, une faculté, un pouvoir (19), « un pouvoir d'agir » ; il lui ouvre et lui réserve « une certaine sphère d'activité ». Il lui procure la satisfaction individuelle d'un intérêt personnel (certains mettant l'accent sur la notion de pouvoir, d'autres sur celle d'intérêt).

38 Cependant cette prérogative individuelle est placée **sous l'égide du droit objectif** : pouvoir reconnu et consacré par le droit objectif, le droit subjectif se définit comme un intérêt légitime ou encore (formule célèbre) comme un *« intérêt juridiquement protégé »*. Le droit objectif apporte au droit subjectif sa protection. Il le sanctionne. Il concourt à en assurer le respect (20).

Mais cette tutelle n'est pas inconditionnelle. Le droit objectif est aussi, pour le droit subjectif, une limite, une source de contrôle. Prérogative individuelle mais non absolue, le droit subjectif est assujetti, lors de sa création et dans sa réalisation, à des règles qui en tempèrent l'absolutisme et atténuent l'excès d'individualisme que ce droit pourrait développer. Le droit objectif ne consacre que les droits subjectifs légalement créés. Il interdit au titulaire d'un droit d'en abuser. Il offre une garantie sous contrôle, une sanction sous condition. Les droits subjectifs s'exercent dans le respect du droit objectif.

39 Indications générales très abstraites : la notion de droit subjectif ne s'éclaire que par la considération concrète du domaine dans lequel le droit se développe. Sous ce rapport, la distinction majeure divise les droits subjectifs en droits patrimoniaux et droits extrapatrimo-

---

▒ (19) Le terme pouvoir est pris ici dans son sens courant, *irréductible*. V. *Vocabulaire Juridique*, V° *pouvoir.* On a proposé, par opposition au droit subjectif, de lui donner, aussi, un sens technique de précision pour désigner « le pouvoir qui permet à un individu d'agir sur la personne ou le patrimoine d'autrui » (Carbonnier, I, 40). C'est également un sens de précision (voisin ? identique ?) que revêt le terme pouvoir quand on l'emploie pour désigner, en matière de régimes matrimoniaux, par exemple sous le régime de la communauté, les prérogatives que le régime confère ou laisse à chaque époux à l'effet de gérer telle ou telle masse de biens (y compris ses biens personnels). Le pouvoir en ce sens n'est pas un droit subjectif. Il n'empêche que la polysémie ne peut être ici réduite (et qu'il demeure légitime d'apercevoir un pouvoir *lato sensu* dans le droit subjectif). Pour l'élaboration scientifique de la notion de pouvoir comme prérogative ordonnée, chez son titulaire, à la satisfaction d'un intérêt au moins partiellement distinct du sien, v. la thèse magistrale d'Emmanuel Gaillard, *Le pouvoir en droit privé,* Economica, 1985.

▒ (20) Transposé dans ce rapport, l'aphorisme de Bacon (Tractatus de Justitia universali, aph. III) conserve sa force : « *Jus privatum sub tutela Juris publici latet* ».

niaux : ces deux catégories fondamentales correspondent à deux ordres de valeur irréductibles l'un à l'autre (21).

BIBLIOGRAPHIE

DABIN (J.), *Le droit subjectif*, 1952.
ROUBIER, *Droits subjectifs et situations juridiques*, 1963.
T. IX, 1964, Archives de Phil. du droit, *Le droit subjectif en question.*
GINOSSAR, *Droit réel, propriété et créance.* Élaboration d'un système rationnel des droits patrimoniaux, L.G.D.J. 1960.
VILLEY (M.), *Leçons d'histoire de la phil. du droit,* p. 221 s., Rev. hist. du droit, 1946, p. 201 s.
MICHAËLIDES-NOUAROS, *L'évolution récente de la notion de droit subjectif,* R.T., 1966, 216 s.
GHESTIN et GOUBEAUX, *Tr. de dr. civ., Introduction générale*, n° 162 s.
GAILLARD (E.), *Le pouvoir en droit privé,* 1985, Éditions Économica.

§ 1. LES DROITS PATRIMONIAUX

40 On nomme ainsi les droits qui représentent, dans le patrimoine de leur titulaire, **un avantage appréciable en argent.** Les droits patrimoniaux ont, principalement, **un intérêt pécuniaire.** Ils constituent, pour qui les possède, des valeurs économiques. Biens de la terre, ils correspondent à des richesses matérielles. Quel que soit leur objet (magot d'or, capitaux, créance de somme d'argent, propriété d'un terrain, parts de société, jouissance d'un appartement), les droits patrimoniaux, ont, directement ou par évaluation, une expression monétaire. Ils représentent une valeur-argent. Tout droit de ce type vaut tant : est monnaie.

Répartis en diverses espèces qui appellent une classification, ils ont, en commun, quelques caractères généraux qui permettent d'en faire la théorie.

A. CLASSIFICATION DES DROITS PATRIMONIAUX

41 Traditionnelle (et souvent contestée), elle demeure essentielle (et commode). Certains droits patrimoniaux confèrent à leur titulaire un **pouvoir direct sur une chose** : on les appelle **droits réels** (*« jus in re » :* droit sur une chose). D'autres confèrent à une personne le **droit d'exiger d'une autre une certaine prestation** : on les nomme **droits de créance** ou droits personnels (bien que le mot « personnel » soit amphibologique). Ce droit de créance correspond à un *« jus ad personam »* (droit à l'encontre d'une personne dont on attend une somme d'argent ou un service).

(21) V. cep. F. Hage-Chahine, *Essai d'une nouvelle classification des droits privés*, R.T. 1982, 705 s., intéressante redistribution des droits privés en une nouvelle division majeure : droits à réalisation immédiate et droit à réalisation médiate.

a) Les droits réels

42 Pouvoirs sur une chose, les droits de ce type permettent à leur titulaire de retirer de cette chose **tout ou partie de son utilité économique.**

Mais quelle chose ? Quel pouvoir ?

Les choses sur lesquelles peuvent porter les droits réels sont dans une grande diversité et les pouvoirs que l'on peut avoir sur elles sont variables.

Même sommaire, la première vue descriptive des droits réels passe par la combinaison des deux séries de distinctions.

43 **1° La distinction des choses :** En dépit de leur diversité naturelle, les choses qui peuvent faire l'objet d'un droit ont été recouvertes d'une qualification uniforme et reclassées au sein de cette qualification : **Toutes les choses sont des biens** et il en existe plusieurs classifications.

44 α) **Meubles et immeubles** (v. *infra*, n° 906) : Le Code civil présente la division majeure des biens (C. civ. art. 516) : « Tous les biens sont meubles ou immeubles ». Cette distinction légale repose, à la base, sur un fondement physique. Les immeubles sont, en principe, les biens que l'on ne peut déplacer (fonds de terre, bâtiments, art. 518 C. civ.), les meubles ceux qui peuvent être déplacés (art. 528 C. civ.). Mais ce critère n'a pas une portée absolue. Certaines choses qui sont, par nature, des meubles sont considérés par la loi comme des immeubles, des immeubles par destination (un critère de finalité apparaît). Ainsi, les instruments d'exploitation qui sont affectés par le propriétaire à la mise en valeur de son domaine rural sont immeubles par destination (C. civ. art. 524) ; ils suivent le sort du domaine.

— Il existe aussi des meubles par détermination de la loi (voilà une fiction légale) : c'est le cas des valeurs mobilières (C. civ. art. 529).

— Enfin, extension historique, certains biens sont meubles ou immeubles par l'objet auquel ils s'appliquent. Générale, la distinction des meubles et des immeubles s'est déplacée des choses matérielles aux droits eux-mêmes. Ceux-ci sont mobiliers ou immobiliers selon qu'ils portent sur des meubles ou sur des immeubles.

45 β) **Biens corporels et incorporels ; capitaux et revenus :** La « summa divisio » des meubles et des immeubles n'est ni la seule, ni peut-être dans la conception moderne du patrimoine la plus importante. D'autres classifications, d'origine parfois fort ancienne, prennent de plus en plus de relief. Ainsi celle des *biens corporels* (tangibles, ils correspondent à des choses — meubles ou immeubles par nature — que l'on peut matériellement toucher) et des *biens incorporels*. Dans cette dernière catégorie, entrent d'une manière générale tous les droits considérés en eux-mêmes (car le droit ne se confond pas avec son objet). Mais y figurent plus spécifiquement les droits purement intellectuels qui sont dépourvus de tout support matériel. Ainsi le monopole d'exploitation que la loi reconnaît au créateur d'une œuvre littéraire ou artistique sur son œuvre. Droit exclusif de tirer de la création tous les profits pécuniaires qu'elle peut rapporter à son auteur (reproduction, édition, représentation, etc.), ce monopole constitue l'un des attributs (d'ordre patrimonial) de ce qu'il est convenu d'appeler la propriété littéraire et artistique (C. p. i., art. L. 111-1).

Enfin, la distinction économique du *capital* et des *revenus* (du travail ou du capital) tend à prendre une portée considérable dans les classifications juridiques.

46 **2° La distinction des droits réels :** Il faut surtout prendre une idée de la *diversité des pouvoirs sur les choses*. Ainsi apparaît la distinction des divers droits réels. Si en effet tout droit réel met son titulaire au contact d'une chose, le titulaire du droit n'est pas toujours doté, sur cette chose, des mêmes prérogatives.

47 La classification des droits met en tête le **droit de propriété**. Dans sa plénitude, la propriété (**la pleine propriété**) confère à son titulaire le pouvoir exclusif de tirer de sa chose toutes les utilités économiques qu'elle comporte. Telle que la définit l'art. 544 C. civ., elle comprend le droit d'user de la chose (*usus*, droit de s'en servir), le droit d'en jouir (*fructus,* droit d'en percevoir les fruits et revenus et de les consommer), et le droit de disposition (*abusus,* droit de vendre ou de donner la chose, droit de la transformer, de la remodeler ou de la détruire).

48 À ce droit plénier, s'opposent les **droits réels démembrés**, qui confèrent à leur titulaire certaines seulement des utilités économiques de la chose, certains des attributs de la pleine propriété. Droit réel sur la chose d'autrui, **l'usufruit** n'investit son bénéficiaire que du droit d'usage et du droit de jouissance, à l'exclusion du droit de disposition (C. civ. art. 578). C'est le nu-propriétaire (nu, parce que dépouillé des droits d'usage et de jouissance) qui demeure titulaire du droit de propriété (de la nue-propriété). On pourrait encore citer, parmi les démembrements de la propriété, **les servitudes** (C. civ. art. 637).

49 Enfin il existe des **droits réels accessoires** qui s'opposent aux deux types précédents. Attribués à leur bénéficiaire pour sûreté d'une dette, ils sont l'accessoire de la créance dont ils garantissent le paiement. Ils portent sur la chose d'autrui (celle du débiteur en général), mais plutôt comme une menace, pour le cas où le débiteur ne paierait pas, le créancier étant alors fondé à se payer sur la valeur des biens donnés en garantie. Ainsi **l'hypothèque** et le **nantissement** confèrent au créancier hypothécaire ou au créancier nanti (d'un gage notamment) certains droits sur le patrimoine de son débiteur, mais uniquement à titre de garantie (v. art. 2071 et 2115 C. civ.). Les droits réels accessoires sont des instruments de crédit.

b) Le droit de créance

50 Le droit de créance est le droit pour une personne, nommée « créancier », d'exiger d'une autre personne, nommée « débiteur », l'exécution d'une certaine prestation.

51 **Rapport entre créancier et débiteur :** Cette définition met en relief le caractère spécifique du droit de créance : Donné à l'encontre d'une personne — et non plus sur une chose — ce droit se développe dans une relation humaine, individuelle ; il s'établit entre deux personnes dont l'une est obligée envers l'autre. Ce rapport juridique, ce rapport fondamental, ce **lien de droit,** ce *« vinculum juris »*, c'est, précisément, **l'obligation**. Tout le droit des obligations retrace l'histoire des deux protagonistes de l'obligation : le créancier (celui à qui l'on doit quelque chose), sujet actif de l'obligation, et le débiteur (celui qui doit quelque chose à autrui), sujet passif de l'obligation. C'est pourquoi ce lien de droit porte deux autres noms : vue du côté actif, l'obligation se nomme créance, vue du côté passif, dette. **Créance, dette, obligation :** trois mots pour désigner le même rapport, vu sous des angles différents.

52 **Prestation :** L'obligation se définit aussi par son *objet*.

C'est le droit, pour une personne, d'exiger d'une autre l'exécution d'une certaine *prestation*. Générique, le terme désigne toute sorte de services (22). De même que le

(22) Prestation a un sens générique. V. G. Pignarre, R.T.2001, 41 s., pour une réflexion *« À la redécouverte de l'obligation de praestare »*, celle-ci étant conçue comme distincte par son objet, de l'obligation de donner et de l'obligation de faire, et prise dans un sens spécifique bien déterminé comme une obligation de mise à disposition.

tableau des droits réels regroupe l'ensemble des utilités qu'un individu peut tirer d'une chose, de même les prestations englobent l'ensemble des services qu'un homme peut rendre à un autre (services humains). La classification traditionnelle distingue l'obligation de faire (livrer une marchandise, réparer un véhicule, construire un édifice), l'obligation de ne pas faire (engagement pour le commerçant qui vend son fonds de ne pas se rétablir dans un périmètre déterminé) et l'obligation de donner (le terme a ici un sens de précision : transférer la propriété d'un bien, *dare* et non *donare*). L'essentiel est dans l'utilité spécifique de la créance : la prestation a toujours une valeur pécuniaire ; mais c'est une valeur médiate que le créancier de l'obligation attend toujours de l'obligé par l'intermédiaire duquel le service lui est rendu.

53 **Exécution :** Aussi bien, l'exécution forcée de l'obligation pose-t-elle des problèmes. Parfois l'exécution en nature est possible (destruction d'un mur élevé sans droit, art. 1143 C. civ.) ; d'autres fois (lorsqu'il s'agit notamment d'une obligation de faire ayant un caractère personnel : soigner, peindre, etc.), la liberté individuelle, le respect de la personnalité (et le bon sens) excluent que l'on exerce une contrainte sur la personne même du débiteur. L'obligation inexécutée se résout alors, comme le précise l'art. 1142 C. civ., en dommages et intérêts, c'est-à-dire par le versement d'une somme d'argent, à titre de dédommagement. En matière civile, la contrainte ne s'exerce plus sur la personne elle-même, sur son corps (on a supprimé la prison pour dettes, la contrainte par corps). On a, il est vrai, inventé les astreintes d'où résulte une pression indirecte énergique. Mais, en définitive, la contrainte porte, par le moyen des saisies, sur le patrimoine du débiteur.

B. THÉORIE DES DROITS PATRIMONIAUX

54 Dans leur diversité, tous les droits patrimoniaux (réels ou personnels) présentent des caractères communs. Chacun représente une **valeur économique** (v. plus haut, n° 40), caractère qui crée entre tous de profondes affinités ; ils font un tout et suivent, sous certains rapports, le même régime ; ils forment le patrimoine et sont en principe dans le commerce.

a) Le patrimoine (23)

55 **Théorie juridique :** Les droits patrimoniaux d'une personne constituent, par leur réunion, son patrimoine. La théorie s'est emparée de cette observation courante pour systématiser la notion.

Le patrimoine d'une personne englobe tous ses droits d'ordre pécuniaire. Il constitue une entité distincte des éléments qui la composent, une unité juridique, une universalité de droit (V. *infra*, n° 861).

Cela veut dire que le patrimoine d'une personne comprend non seulement la totalité des droits qu'elle possède à un moment donné (ses biens présents) mais l'ensemble de ses biens à venir. Le patrimoine apparaît, en somme, comme une enveloppe ouverte. Il se caractérise par sa vocation à recevoir les biens futurs, lesquels viennent se fondre dans cet ensemble, tandis que d'autres biens (aliénés ou perdus) peuvent en être sortis : le patrimoine est l'ensemble des biens présents et à venir d'une personne (C. civ. art. 2092).

(23) V. plus loin, n° 839 s., 806 s.

56 Sous une autre coupe que perçoit la conscience populaire, le patrimoine est constitué de deux éléments, de deux compartiments (communicants) : il comprend **un actif** qui englobe tous les droits de la personne (droits de propriété, créances) ; en regard, il embrasse des éléments négatifs qui forment **un passif**. Celui-ci comprend toutes les dettes, toutes les obligations de cette personne. Or bien entendu, si, à un moment donné, l'on arrête tous les comptes en évaluant biens et dettes, le patrimoine n'est jamais que la différence (positive ou négative) entre l'actif et le passif. Le patrimoine n'en existe pas moins, en dehors de toute balance, comme entité en mouvement, fluctuant au jour le jour en fonction des entrées et des sorties de valeurs.

57 **Intérêts pratiques :** L'intérêt de la théorie apparait dans deux séries de circonstances.

En pratique, l'idée d'universalité ressort de façon saisissante, dans son intérêt majeur, lorsque meurt le titulaire du patrimoine. Elle explique que le **défunt laisse à ses héritiers l'universalité de ses biens et de ses dettes.** Il leur transmet l'intégralité de ce qu'il a et de ce qu'il doit. La mort est une occasion de totaliser cet ensemble. Le patrimoine devient l'hérédité (le patrimoine successoral ou héréditaire).

Du vivant même d'une personne, le droit de saisie de ses créanciers donne un autre intérêt pratique à concevoir son patrimoine comme une entité distincte des éléments qui le composent. **L'actif répond du passif.** Le passif grève l'actif. Les créanciers d'une personne qui ne tient pas ses engagements (qui ne les exécute pas volontairement) ont le droit de saisir, par les voies légales, les biens qui sont ou qui entrent dans le patrimoine du débiteur, d'en provoquer la vente en justice et de se faire attribuer le produit de cette vente forcée, jusqu'à concurrence du montant de leur créance (C. civ. art. 2092, 2092-1, 2093).

58 Ces deux mécanismes sont parfois, cependant, partiellement bloqués. Il faut réserver **deux tempéraments marginaux**.

Par exception, certains biens patrimoniaux sont **intransmissibles à cause de mort**. Ils sont tellement attachés à la personne de leur titulaire qu'ils expirent avec elle, droits viagers, non héréditaires. Ainsi le droit à une pension alimentaire, droit pourtant patrimonial, est tellement inhérent au besoin de vivre qu'éprouve, en personne, le créancier d'aliments qu'à la mort de ce dernier il disparaît avec sa raison d'être.

D'un autre côté, certains droits patrimoniaux sont, **par exception, insaisissables**. La loi les dérobe, en tout ou en partie, à l'action forcée des créanciers, parce qu'ils représentent pour le débiteur des biens de nécessité vitale : ainsi, dans les limites fixées par le droit de l'exécution, les biens mobiliers nécessaires à la vie et au travail du saisi et de sa famille, si ce n'est pour le paiement de leur prix (l. 9 juill. 1991, art. 14 ; d. 31 juill. 1992, art. 38 s.).

b) Les choses dans le commerce

59 En principe, les droits patrimoniaux sont dits dans le commerce (au sens de l'art. 1128 C. civ.) : leur titulaire peut en disposer par un acte de sa volonté, soit à titre onéreux (par vente, échange, etc.), soit même, s'il veut faire une libéralité, à titre gratuit (notamment par donation). Les droits patrimoniaux sont en **principe cessibles entre vifs**.

Cependant, là non plus, la règle n'est pas absolue. **Par exception**, certains droits, bien que patrimoniaux, sont frappés d'**indisponibilité** (n'étant cessibles entre vifs, ni à titre onéreux, ni à titre gratuit). Ils sont hors commerce : tellement inhérents à la personne de leur titulaire que celui-ci perd le droit, même par un acte de sa volonté, de les transmettre à un tiers. Ainsi le droit à une pension alimentaire est-il indisponible parce qu'il est de son essence d'être finalisé par le besoin personnel qu'en éprouve son titulaire. Aussi bien ces droits patrimoniaux, qui ne sont pas dans la ligne des caractères ordinaires des droits patrimoniaux, ont-ils emprunté certains de ceux des droits extrapatrimoniaux auxquels ils sont étroitement liés (V. *infra*, n° 65).

§ 2. LES DROITS EXTRAPATRIMONIAUX

60 Ces droits se définissent, de façon négative, par opposition aux précédents : ils ne représentent pas, par eux-mêmes, un avantage évaluable en argent. Ils ne sont pas dans le patrimoine d'une personne, parce qu'ils n'appartiennent pas, en eux-mêmes, à l'ordre des valeurs patrimoniales. Ils ne sont pas « du » patrimoine (24). Ils ne sont pas d'ordre matériel.

Positivement, ils relèvent d'**un autre ordre de valeur**. On dit volontiers que les droits extrapatrimoniaux correspondent à des intérêts moraux : terme vague. Les multiples espèces de droits extrapatrimoniaux montrent que la personne y est, elle-même, concernée dans son mode de vie, ses sentiments intimes (d'affection, d'honneur), sa vie intellectuelle, ou même, physiquement, dans son corps ; diversité qui n'exclut pas certains caractères généraux.

A. DIVERSES ESPÈCES

Il existe deux catégories de droits extrapatrimoniaux.

a) Certains droits de famille (25)

61 **Les relations d'ordre personnel** entre membres d'une même famille forment la trame de certains droits extrapatrimoniaux. Ces rapports personnels ne relèvent sans doute, ni exclusivement ni même principalement, du droit, mais le droit aussi les saisit. Il reconnaît l'autorité des parents sur la personne de leurs enfants et les investit, à l'égard de ceux-ci, d'un droit de garde, de surveillance, d'éducation (C. civ. art. 371-2). Dans le mariage, le droit règle les relations personnelles des époux. De la communauté de vie, de la fidélité, de l'assistance (en ce que celle-ci est soutien moral, soins, etc.) il fait des devoirs mutuels entre époux, donc, pour chacun relativement à l'autre, des droits dont le caractère extrapatrimonial est évident.

Cependant tous les droits de famille ne sont pas extrapatrimoniaux. Il existe un droit patrimonial de la famille : c'est le droit qui régit les relations pécuniaires entre parents ou entre époux. Ainsi la vocation héréditaire en tant qu'elle appelle un successible à recueillir le patrimoine du défunt constitue-t-elle un droit de famille d'ordre patrimonial. De même le régime matrimonial qui s'établit entre époux appartient au droit patrimonial du mariage puisqu'il règle le sort des biens des époux. Sous cette réserve, il demeure que les droits de famille, touchant aux relations d'ordre personnel entre membres de la famille, sont extrapatrimoniaux.

---

(24) V. la thèse classique de R. Nerson, *Les droits extrapatrimoniaux,* Lyon, 1939.
(25) V. *Droit civil* T. II, *La Famille,* Montchrestien 2003.

b) Les droits de la personnalité

62 On classe dans cette seconde catégorie divers droits extrapatrimoniaux : les droits d'une personne sur son propre corps (en vie ou *post mortem*) ; le droit consacré par la loi du 17 juillet 1970 (C. civ. art. 9) au respect de la vie privée ; le droit moral du créateur d'une œuvre littéraire ou artistique sur son œuvre. En effet le monopole d'exploitation dont l'auteur jouit sur son œuvre n'est qu'un des attributs de la propriété littéraire et artistique. En plus de cet attribut d'ordre pécuniaire, celle-ci comprend un autre attribut, d'ordre extrapatrimonial. Le droit moral confère à l'auteur, en toute exclusivité, le privilège de défendre son œuvre, le droit de la supprimer, d'interdire sa publication (v. C. p. i., art. L. 111-1 et *infra*, n° 1696).

B. CARACTÈRES GÉNÉRAUX

Les droits extrapatrimoniaux présentent des caractères qui sont liés à la nature des intérêts auxquels ils correspondent. Mais ces caractères n'ont pas toujours la même portée.

a) Certains de ces caractères sont, sous diverses nuances, communs à tous les droits extrapatrimoniaux.

63 1° On dit parfois que les droits extrapatrimoniaux sont *l'apanage des personnes physiques,* des êtres humains, ce qui serait une façon d'en refuser la jouissance à ces autres personnes de la société civile que sont les personnes morales (sociétés, associations). L'exclusive se vérifie pour ceux des droits extrapatrimoniaux qui ont un rapport avec le corps humain, ou pour les droits de famille. D'autres droits extrapatrimoniaux peuvent, au contraire, avoir pour titulaire une personne morale. Les personnes morales ont l'équivalent (approximatif) du droit au respect de la vie privée dans le droit au respect de la vie interne de la société : protection qui a pour prolongement un droit au secret des affaires. Le droit de réponse (dans la presse) appartient aux personnes morales. Un droit à l'honneur leur est accordé (26).

64 2° Les droits extrapatrimoniaux sont plus étroitement placés sous la **protection de la loi**. Ce n'est pas dire que la volonté privée n'ait, sur eux, aucune prise. Le mariage se fonde par un acte de liberté, un contrat. Mais, une fois fondé, il est institution. Au moins en ce sens, le contenu des devoirs et des droits est au-dessus des volontés individuelles. Les droits extrapatrimoniaux, une fois nés, correspondent à des situations légales.

65 3° Dans le prolongement de cette sauvegarde, les droits extrapatrimoniaux ne **sont pas en principe dans le commerce** : ils sont en principe indisponibles. La protection d'ordre public dont la loi les enveloppe prive leur bénéficiaire du pouvoir d'en disposer (de les céder, de les aliéner). Protégé malgré lui, il ne peut y renoncer. Il faut cependant réserver la place importante faite, par la législation moderne, aux arrangements amiables dans la vie de famille (notamment aux pactes entre époux divorçants sur la garde de leurs enfants). Mais,

(26) L'honneur, c'est aussi ce qui fonde la parole, la dignité (v. *Vocabulaire juridique,* V° Honneur). D'où l'aptitude d'une personne morale à prêter serment, mais seulement par son représentant légal en exercice, non par un simple préposé. V. Cass. com. 10 févr. 1987 Bull. IV, n° 41, p. 31 (pour un serment décisoire abusivement déféré à un préposé). V. *infra,* n° 814. Comp. n° 523.

si l'on met à part le divorce par consentement mutuel (qui est bien hors série), ce ne sont pas des actes de disposition (27).

66 4° À cette indisponibilité on ajoute parfois **l'imprescriptibilité** (28) **et l'intransmissibilité** à cause de mort. Inhérents à la personnalité, les droits extrapatrimoniaux ne s'éteignent pas par non-usage ; ils expirent, en principe, avec leur titulaire. Ces règles souffrent cependant des tempéraments : investis d'un « héritage moral », les héritiers sont en droit de défendre la mémoire du défunt ; le droit au respect d'une œuvre de l'esprit est héréditaire (v. n° 1696).

67 5° Les droits extrapatrimoniaux posent de délicats problèmes de **sanction** (V. *supra*, n° 20 s.). Il advient sans doute que la sanction offerte par la loi soit satisfactoire. Avant la diffusion d'un journal qui révèle un secret de sa vie privée, la victime, prévenue, peut obtenir du juge des référés la saisie du journal (C. civ. art. 9, al. 2). Une fois le mal fait, le droit avoue sa faiblesse. Les droits extrapatrimoniaux manquent souvent de sanction adéquate. Une injure ne se répare qu'en faisant retenir la responsabilité civile de son auteur, c'est-à-dire par le versement d'une somme d'argent, compensation pécuniaire par où les droits extrapatrimoniaux se trouvent ramenés à un autre ordre de valeur.

b) D'autres caractères varient selon qu'il s'agit de droits de famille ou de droits de la personnalité.

68 1° D'une catégorie à l'autre, on ne peut soutenir que le droit subjectif soit aussi exactement ordonné à la satisfaction d'un intérêt personnel. Dans les droits de famille, le droit subjectif n'est pas centré sur un intérêt strictement individuel. Une perspective plus communautaire y mêle la considération de l'intérêt du groupe (intérêt de la famille).

Les droits de la personnalité sont fondés sur la protection individuelle exclusive de la personne envisagée pour elle-même, isolément.

69 2° Dans la mesure où tout droit subjectif confère à son titulaire un certain pouvoir (au sens courant du terme), une distinction s'affirme entre droits de famille et droits de la personnalité. La plupart des droits de famille sont doublés d'une obligation. Pour leur titulaire, le droit a pour contrepartie un devoir. En matière d'autorité parentale, l'article 371-2 (al. 2) énonce de façon saisissante qu'à l'égard de l'enfant, les père et mère ont « droit et devoir de garde, de surveillance et d'éducation ». Le droit devient plus spécifiquement un pouvoir au service d'une fonction et l'on parle volontiers pour désigner les droits de ce genre de **droits-fonctions** (29). Le terme de prérogative sonne plus fort pour les droits de la personnalité qui, pour leur titulaire, sont, sans contrepartie, des **droits individuels.**

(27) V. G. Loiseau « *Typologie des choses hors du commerce* », R.T. 2000.47 s. pour une réflexion sur les raisons communes de rattacher des choses apparemment disparates à la catégorie des choses hors de commerce. Mais cette catégorie se reconnaît-elle à des traits de nature ou à des convergences de régime ? La notion de choses hors du commerce est ambiguë (V. *infra*, n° 481, note 14). Comp., pour le corps humain, le principe de non-patrimonalité qui est, à n'en pas douter, affirmation de nature (*ibid.*).

(28) V. notamment, *infra*, n° 608.

(29) V. sur l'ensemble de cette question E. Gaillard, *Le pouvoir en droit privé*, thèse préc.

CHAPITRE II
LES PHÉNOMÈNES JURIDIQUES

70 Le système juridique n'est pas un ordre immanent et immuable. L'ordre juridique est dans l'histoire, en instance, en devenir. C'est un **phénomène social** que l'on peut observer dans ses origines, son élaboration, sa communication, son application, ses modifications, son adaptation. La vie du droit est non seulement dans son évolution (passage d'une règle ancienne à un droit nouveau), mais dans sa connaissance (sa diffusion auprès de ses destinataires) et sa mise en œuvre (cheminement de la règle abstraite à son application concrète). La vie du droit — ordre vivant non figé — va de ses sources à son accomplissement.

On pourrait appeler « phénomènes juridiques » les facteurs qui président à la création ou à la réalisation du système juridique. Certains de ces phénomènes intéressent exclusivement le droit objectif : ce sont des **phénomènes collectifs** (Section I). D'autres concernent seulement les droits subjectifs : ce sont des **phénomènes individuels** (Section II). Un dernier phénomène intéresse à la fois le destin du droit objectif et le sort des droits subjectifs : le **phénomène judiciaire**. L'intervention du juge dans la création et dans la réalisation du droit est au point de jonction (Section III).

SECTION I LES PHÉNOMÈNES COLLECTIFS

71 Le destin du droit objectif résulte d'actions et de réactions collectives (parfois d'exactions !) qui expriment, plus ou moins directement, l'attitude d'une société à l'égard de son droit. Ces attitudes peuvent consister en des refus, des rejets. On pourrait évoquer ici le phénomène de l'anarchie, de la révolution, de la négation de l'ordre juridique dans la vie sociale, de la non-réception du droit, du désordre, de la subversion, de la rébellion ou seulement de la protestation et de la résistance : ces accidents historiques — souvent révélateurs et parfois porteurs d'avenir — relèvent, principalement, de la sociologie juridique.

Mais la vie sociale tend aussi à s'organiser, à se donner un ordre juridique (fût-ce en intégrant l'apport des oppositions). Ce sont ces **phénomènes créateurs** qu'il y a lieu de présenter ici. On les nomme, justement, les **« sources du droit »** (§ 1).

Cependant le droit est un message. Il a une destination sociale. **Tout droit est social.** S'il veut être entendu et obéi, encore faut-il qu'il se fasse comprendre et connaître de ceux auxquels il destine ses règles. La réalisation du droit commence par sa **communication** (§ 2).

§ 1. LES SOURCES DU DROIT (1)

72 Le terme « source » revêt **deux sens principaux** entre beaucoup d'autres non négligeables (2). Parfois il désigne l'ensemble des données économiques, sociales, politiques, psychologiques qui déterminent l'évolution du droit ; l'ensemble des facteurs de tous ordres (besoins, aspirations, mouvements d'opinion, situations nouvelles, événements, etc.) que le législateur prend en considération pour édicter une règle de droit. Ces données de base, ces facteurs d'évolution, ces causes historiques, que Ripert a nommées d'une formule évocatrice **« les forces créatrices du droit »**, correspondent à ce qu'il est convenu d'appeler, dans la genèse du droit, les **« sources réelles du droit ».** Par exemple, la réforme des régimes matrimoniaux du 13 juillet 1965 est l'expression juridique d'une poussée sociale en faveur de l'émancipation de la femme mariée ; elle résulte également de la prise en considération des conditions actuelles de vie des ménages français et des transformations du patrimoine. Consistance du patrimoine, égalité des sexes, conditions de la vie moderne constituent les facteurs psycho-socio-économiques déterminants de la réforme matrimoniale de 1965. Ce n'est pas en ce sens que nous prendrons, ici, le mot « source » ; nous le côtoierons constamment (3).

73 À ces sources réelles s'opposent les **sources dites « formelles »** (ou productrices) **du droit objectif.** On désigne par là les formes sous lesquelles naissent les règles de droit, les différentes façons dont les règles juridiques sont établies. Or ces règles peuvent principalement s'exprimer sous deux formes ; elles s'établissent de deux façons : la société **se donne des lois ; elle suit des coutumes. La loi et la coutume sont les deux sources formelles du droit objectif** (4). Il serait équivalent de dire que, par leur source, les règles de droit se

---

(1) À ne pas confondre, s'agissant ici du droit objectif, avec les sources de droit (subjectif) ou d'obligation qui sont, principalement les contrats (sources contractuelles) d'une part, d'autre part les quasi-contrats et les délits civils (sources extracontractuelles). V. *infra* n° 123 ; *Vocabulaire Juridique,* V° *Source.* Aujourd'hui, on parle vilainement parfois de production du droit au lieu de source. Mais ce n'est que justice quand on désigne la prolifération législative et réglementaire des normes, production intensive et souvent de médiocre qualité.

(2) On parle encore de sources — de **sources documentaires ou instrumentaires** — pour désigner les documents divers (recueils, ouvrages, registres, actes, titres) dans lesquels sont écrites ou consignées les sources formelles du droit, chaque document étant considéré concrètement comme support matériel, *instrumentum.* Ces mêmes sources documentaires sont nommées sources historiques lorsqu'elles se rapportent à des législations révolues ou abolies. En un autre sens, beaucoup plus vague, le terme source englobe tous les facteurs qui contribuent à la germination du Droit, y compris pratique contractuelle, usages, théories doctrinales, etc. V. *Vocabulaire Juridique,* V° *source,* sens 1, *c.*

(3) V. plus loin, n° 221 et 230.

(4) **La jurisprudence et la doctrine** ont **une part éminente dans l'élaboration du Droit.** Attestée, cette influence historique et toujours active en fait, au minimum, des **autorités** (v. plus loin, n° 418 et 437). À considérer, dans le temps, leur contribution à l'évolution du droit, il n'est pas exagéré de retenir les constructions jurisprudentielles, ou même doctrinales, comme des éléments de l'ordre juridique et de tenir *ex post facto* la jurisprudence et la doctrine comme sources de droit, en un sens large et vague, *sources historiques* pourrait-on dire. Dans notre système juridique la **définition précise donnée à la source formelle ne permet pas d'étendre cette qualification à la jurisprudence et à la doctrine** (ceci dit en réservant toutefois la question hors-série des **décisions du Conseil**

divisent en règles légales et en règles coutumières (5). Les présenter séparément conduit à revenir sur leurs rapports.

Le temps serait venu en France, comme en d'autres pays (Italie, Portugal), d'énoncer une vérité déjà acquise. Les normes collectives sont une source de droit. Si l'on dressait le tableau des sources, on pourrait écrire : le droit s'entend des règles qui découlent de la loi, de la coutume et des normes collectives. La jurisprudence n'y figure pas. Ce n'est pas une source formelle. **Le juge dit le droit, il ne l'édicte pas.**

A. LA LOI

a) Origine étatique

74 En tant que **source formelle,** la loi répond à un critère primordial. Elle se caractérise par son mode d'établissement. La loi a une origine étatique. Elle est établie par l'État. La loi, en ce sens, est une déclaration de volonté émanant d'un organe de l'État, un acte du Prince, la **manifestation d'une volonté étatique.** Cette définition n'exclut pas la classification plus précise dans laquelle la loi s'oppose au décret. Une loi, au sens strict du terme, se définit

---

Constitutionnel. V. *infra,* n° 73, note 5). Car, à cette réserve près, ce qui sort de la plume du juge ou de l'auteur, au moment de la décision ou de l'avis, n'est pas, à la source, un élément constituant de l'ordre juridique, un morceau de droit positif émanant d'une volonté dotée du pouvoir autonome d'en décider (C. civ. art. 5). **Aucun juge ne donne, par décision, l'être à une règle**. Même dans le silence de la loi, il invoque le droit, il le dit : donc il s'y réfère. À cette référence, le succès donne ensuite parfois, de surcroît, une valeur ajoutée qui l'incorpore au droit. V. *infra*, n° 158 s. et 438 s. Dans le nouveau titre préliminaire du Code civil du Costa Rica, la jurisprudence n'est pas retenue au chapitre des sources du droit (chap. I), mais son rôle éminent est marqué dans le chap. II (Interpretacion y aplicacion de las normas juridicas, a-9). V. réf. *infra,* n° 85, note 8.

(5) Le droit social annonce la percée d'une autre source de droit, la **convention collective.** Sur son pouvoir autonome de créer une norme, v. Nikitas Aliprantis, *La place de la convention collective dans la hiérarchie des normes* L.G.D.J. Paris 1980 (Comp. C. civ. italien, art. 1, 5 s. ; C. civ. portugais, art. 1 et 3). De plus haut, les **décisions du Conseil constitutionnel** prennent place dans le paysage des sources. En vertu de l'article 62 de la Constitution, elles « s'imposent aux pouvoirs publics et à toutes les autorités administratives et pouvoirs publics et à toutes les autorités administratives et juridictionnelles ». À la vérité, ce texte peut être lu comme leur conférant « l'équivalent de l'autorité de la chose jugée » (Carbonnier, *Introduction,* 120). De toute façon, on parle couramment aujourd'hui de la jurisprudence du Conseil constitutionnel. Voilà donc au moins une jurisprudence qui est, sans contredit, source de droit. Voilà même, dans notre système juridique, une jurisprudence supérieure à la loi (sans extrapolation possible aux autres jurisprudences, considération faite de la position insigne du Conseil constitutionnel). Toute qualification réservée, l'influence réelle du Conseil est l'un des phénomènes de pointe de ces quinze dernières années dans l'ordonnancement juridique français. Le développement du contrôle de la conformité des lois aux principes fondamentaux de la République française s'est affirmé dans tous les domaines, même en matière civile. V. Jean Foyer, de l'influence de la Constitution sur le droit privé en France, Rev. int. dr. comp. 1981, 539 ; Luchaire, les fondements constitutionnels du droit civil, R.T. 1982, 245 ; Carbonnier, *Introduction*, 117, 124 ; *adde,* plus généralement, Guillaume Drago, l'exécution des décisions du Conseil Constitutionnel, th. Paris II, 1989 et Nicolas Molfessis, *Le Conseil constitutionnel et le Droit privé,* L.G.D.J. 1997, préf. de Michelle Gobert. Est-ce un bien, est-ce un mal ? « Dans une société souffrant d'un trop-plein de droit qui est trop plein de jurisprudence autant que de lois, était-il bon de verser une jurisprudence de plus ? » (Carbonnier, *Introduction*, 118). À cette question inquiète, nous répondons par l'inquiétude. La foudre qui, épisodiquement, tombera sur le droit, dans les tensions politiques, y laissera des failles dont la structure oligarchique du Conseil ne pourra maîtriser ni la propagation ni les prolongements. Cette surcharge potentielle en tête du système juridique est plus qu'une épée. V. *infra,* n° 1011. Dans *Droit et passion,* le doyen Carbonnier déplore que « l'attitude du Conseil aboutisse à une **production supplémentaire de normes** », « alors que la **société en est déjà saturée** » (p. 34) (nous soulignons).

comme un acte émanant du pouvoir législatif, par opposition au décret qui émane du pouvoir exécutif (v. *infra,* n° 316 s. et les neuf sens fondamentaux distingués par le Vocabulaire Juridique, v° loi). Ce n'est pas en ce sens que nous prenons ici le terme « loi », mais dans son **sens générique**. Dans ce dernier sens, la loi englobe aussi bien les actes législatifs que les actes réglementaires.

Ce qui compte, dans l'opposition avec la coutume, c'est que la loi, comme on dit, vient d'en haut. Elle est imposée par l'État aux sujets de droit. Exprimée par une loi, la règle de droit passe au moule d'un mécanisme d'État. Cela ne signifie pas que la loi ne convienne pas aux sujets de droit, qu'elle n'était pas attendue, si la réforme est bonne. Ce n'est pas dire que la loi soit un acte de despotisme, de tyrannie, de dictature. Dans un régime parlementaire, la loi votée par les assemblées est censée être l'expression de la volonté populaire, en vertu de la théorie de la représentation. Il reste qu'en la forme, la loi n'est pas élaborée « à la base ». Elle est **édictée** (décrétée ; en ce sens, c'est toujours un diktat, jamais un dicton).

b) Caractères secondaires

75 Associés à ce caractère primordial, divers caractères secondaires achèvent de spécifier la loi en tant que source formelle. La loi correspond à une mutation officielle : mutation brusque qui se traduit, à un moment donné, **date historique,** par un acte d'autorité. La loi fait l'objet d'une promulgation, d'une publication officielle ; elle entre en vigueur à une date qui est déterminée par l'État (par rapport à la publication de la loi — art. 1 C. civ., ou par une disposition spéciale de la loi). Il en existe un texte authentique. La règle légale revêt nécessairement (6) une **forme écrite et solennelle**. C'est pourquoi le droit qui prend sa source dans la loi est, parfois encore, nommé **droit écrit** *(jus scriptum)* (7).

B. LA COUTUME (8)

76 La coutume est la deuxième forme que peut revêtir une règle de droit. **La coutume**, comme la loi, **exprime une règle de droit**. Cela apparaissait nettement dans les anciennes définitions. « On appelle coutume, écrivait Pothier, des lois que l'usage a établies et qui se sont conservées sans écrit par une longue tradition » *(« lex non scripta, diuturni mores, consensu utentium comprobati »).* Le Grand Coutumier de France donnait, dans son titre II, chapitre III, la définition suivante : « Coutume est raisonnable établissement non écrit et,

(6) Sous une réserve : l'écrit n'est pas de l'essence de la loi. La loi peut être parole : non pas seulement donnée sous forme de tables, mais dictée par une voix à qui la reçoit et l'écrit (au moins si l'on ne se réfère pas exclusivement à notre système juridique). Dans ce système même, on pourrait s'interroger sur la valeur juridique de l'ordre qui serait donné à la Nation ou aux chefs militaires par un Chef d'État parlant à un poste de radio ou apparaissant en personne sur un écran de télévision (s'appuyant ou non sur quelque appel historique...).

(7) Au souvenir de l'époque où la loi était gravée sur des tables de bronze ou de marbre, conservées au Capitole dans le *Tabularium.* À partir de la loi *Julia Licinia,* (62 av. J.-C.) les textes de lois furent conservés, avec les archives de l'État, dans l'*aerarium* (trésor public) *senatus* (ou *populi romani*) encore nommé *aerarium Saturni* parce qu'il se trouvait, au pied du Capitole, dans le temple de Saturne : Honneur que rendait possible le nombre peu élevé de lois adoptées du début de la République à l'établissement de l'Empire, par Octave devenu Auguste, en 27 (800 lois dont 26 de droit privé).

(8) V. aussi plus loin, n° 419 s. (en matière civile).

pour le commun profit mis au pays et par le Prince gardé, et approuvé notoirement par le cours de 40 ans ».

Énoncées pour les coutumes de l'Ancien Droit français, ces définitions historiques, antérieures au Code civil, conservent une certaine valeur pour ce qui reste aujourd'hui de la coutume. Mais, dans le lot des caractères traditionnels de la coutume, il convient de discerner ce qui est toujours essentiel et ce qui est, aujourd'hui, devenu secondaire.

a) Éléments constitutifs

77 Quels sont les **éléments nécessaires** de la coutume comme source formelle du droit positif français ? Phénomène collectif comme la loi, la coutume — à la différence de la loi — n'émane pas de l'État ; elle « sourd » spontanément, par un **long usage,** de la vie du groupe social. C'est encore son mode d'élaboration qui la caractérise comme source du droit ; mais il s'agit, cette fois, d'une **élaboration lente, populaire, spontanée**. La règle coutumière, à la différence de la règle légale, n'est pas imposée d'un coup aux sujets de droit ; elle repose sur un consentement populaire, sur un **consensus social** *(« consensus utentium »)*, sur le comportement des intéressés et se développe progressivement dans le temps jusqu'à se raffermir ; elle s'établit par habitude. La coutume est une habitude sociale. De fait, « coutume » vient de *« consuetudo »* et n'est jamais qu'un doublet de « costume » *(suescere, suum,* faire sien). Comme un costume, la coutume est ce à quoi l'on est habitué ; ce que l'on a fait sien. La coutume est « le droit enfanté par le temps » (Carbonnier).

Mais, dira-t-on, comment y reconnaître une règle de droit ? L'élaboration de la coutume, à la base, permet-elle de retrouver les caractéristiques spécifiques de la règle de droit, disposition obligatoire et générale (v. plus haut, n° 14) ?

Une coutume exprime une règle de droit à **deux conditions traditionnelles** qui correspondent à ses éléments constitutifs.

78 **1° Usage ancien :** Une coutume repose sur un usage ancien *(diuturnus usus)*. Elle correspond à **une pratique** suivie depuis longtemps, à des mœurs bien établies *(« diuturni mores »)*. Dans un langage plus moderne, on dira que la coutume a pour assise **un comportement social traditionnel,** une façon d'agir collective fondée sur la répétition (et l'imitation) : une fois n'est pas coutume. Ici commence l'élimination d'éléments secondaires. Il n'est pas nécessaire que la coutume soit immémoriale ni séculaire ; pas indispensable qu'elle soit prescrite par plus de 40 ans. Il faut que l'usage soit établi, mais il pourrait y avoir des traditions de création relativement récente. La coutume est constituée quand on peut dire « tout le monde fait comme cela ». Cette pratique établie constitue l'élément matériel de la coutume : base nécessaire, non suffisante.

79 **2° Conviction juridique :** À cette donnée s'ajoute, pour constituer la coutume, un élément psychologique. Ce facteur intellectuel n'apparaît pas nettement dans les définitions traditionnelles : on l'appelle cependant, d'une formule consacrée, *opinio necessitatis* (le **sentiment de l'obligatoire** ; on dit encore *opinio juris*). Pour qu'il y ait coutume, il faut, qu'en agissant d'une certaine manière, les sujets de droit aient **la conviction de se conformer au droit.** L'*« opinio necessitatis »* réside dans la certitude du caractère obligatoire de la pratique suivie. Elle apparaît avec le sentiment populaire que l'acte accompli correspond à une règle de droit. C'est une croyance enracinée (élément psycho-sociologique qui appelle une comparaison avec le mythe). Pour qu'il y ait coutume, il faut que tout le monde, en agissant d'une certaine façon, croie se conformer au droit ou, si l'on préfère, que **chacun croie que les autres aussi font de même,** que « cela se fait » (l'esprit d'imitation est un des ressorts de la coutume ; on pourrait dire aussi le conformisme). Par exemple, en France, la femme mariée prend l'usage du nom de son mari, mais aucun texte

de loi ne l'énonce directement (v. *infra*, n° 591). Tout le monde est persuadé que le droit est ainsi : c'est une règle coutumière. Lorsque la coutume est ainsi constituée par un comportement social enraciné en une croyance populaire, c'est à dire, au fond, sur le **tacite consentement du peuple** (Bartole), il y a règle (coutumière) de droit.

b) Éléments variables

Les autres éléments sont *contingents*. On l'a vu pour l'ancienneté de la coutume. Il en va de même pour son caractère non écrit *(lex non scripta)*.

80 Il existe des coutumes **non écrites.** Elles constituent le droit coutumier à l'état pur (et originaire). C'est sous cette forme que le droit coutumier revêt toute sa souplesse et présente ses plus grands avantages d'adaptation aux besoins sociaux ; sous cette forme aussi qu'il offre quelques-uns de ses inconvénients spécifiques (manque de précision, fluctuations, variations régionales).

Au demeurant, même à l'époque où les coutumes n'étaient pas rédigées, cela signifiait seulement qu'il n'y en avait pas de texte officiel. Il existait, malgré tout, des recueils privés de coutumes et celles-ci faisaient l'objet d'application dans les sentences des juridictions.

81 Mais la coutume peut être écrite. C'est ce qui se produisit en France lorsqu'en vertu de l'ordonnance de Montils-les-Tours (1453) la rédaction des coutumes fut prescrite. Les coutumes rédigées furent ensuite corrigées et réformées à la fin du XVIe siècle. Cependant, le droit coutumier officiellement rédigé conserva, au moins théoriquement, son caractère coutumier : lors d'un procès, un plaideur était recevable à soutenir, à condition de le prouver, qu'une coutume était tombée en désuétude ou au contraire qu'une nouvelle coutume s'était établie. La rédaction officielle des coutumes n'en avait pas fait des lois.

C. LES RAPPORTS DE LA COUTUME ET DE LA LOI

82 a) Ces rapports dépendent d'abord d'un **critère d'ensemble** : du point de savoir quelle est, dans un système juridique, la dominante. Les rapports de la coutume et de la loi varient selon qu'à la base le système est, principalement, coutumier ou légal.

Dans les pays dits de coutume (les pays du Nord), l'Ancienne France a connu avant 1789 un droit coutumier (qui n'excluait pas l'emprise du droit monarchique, des ordonnances royales). Depuis les grandes codifications napoléoniennes du début XIXe siècle, les rapports sont inversés. Nous vivons en France dans un **système légaliste**. La coutume ne peut être, par rapport à la loi source principale, qu'une source d'appoint : le complément ou le correctif de la loi.

b) Au sein d'un tel système, comment désormais se règlent les rapports de la loi et de la coutume ? Il ne faudrait pas croire les deux sources toujours rivales, dans un système de concurrence. Traditionnellement, trois sortes de rapports peuvent s'établir entre la loi et la coutume ou même quatre si l'on admet que la loi s'interprète à la lumière de la coutume (très proche ici de la jurisprudence) et qu'elle n'a peut être pas de meilleur interprète qu'elle *(consuetudo optima legum interpres*, Paul, D. 1, 3, 37 ; comp. l'interprétation par l'usage d'une convention ambiguë, art. 1159).

83 **1° La coutume peut s'appliquer en accord avec la loi (sous le sceau d'un renvoi de la loi) :** On l'appelle coutume *secundum legem* (suivant la loi, selon la loi, conformément à la loi). Il est assez fréquent que la loi, d'elle-même, **renvoie expressément** aux usages pour le règlement d'un point. L'application de la coutume est alors, par hypothèse, conforme à la loi,, plus précisément consacrée par la loi comme un complément nécessaire à ses dispositions. Ainsi le droit de la tutelle consacre, pour les mineurs de 18 ans, une capacité juridique d'usage. Elle substitue à la représentation et à l'assistance des mineurs le droit d'agir seul pour tous les actes que l'usage les autorise à accomplir eux-mêmes (C. civ. art. 389-3). De lui-même, le code de la santé publique (art. L. 665-16) soustrait à la réglementation stricte qui enserre la collecte, la cession et l'utilisation des produits du corps humain, ceux de ces produits « pour lesquels il est d'usage » de ne pas appliquer l'ensemble des principes légaux, et c'est sur l'usage qui les fait échapper à la gratuité et à l'anonymat que repose ainsi la licéité de la vente de lait humain ou de cheveux (il est vrai qu'un décret annoncé — récupérant l'usage — fixera la liste de ces produits). Pourtant si pointilleuse, la loi fiscale elle-même renvoie parfois à l'usage (par ex. l'art. 39-1°, 2° du Code général des impôts fait entrer dans les charges déductibles les amortissements réellement effectués par l'entreprise « dans la limite de ceux qui sont généralement admis d'après les usages de chaque nature d'industrie ou de commerce »). En dehors des cas dans lesquels le renvoi exprès à la coutume résulte d'une disposition spéciale de la loi, la coutume prend le relais de la loi chaque fois que celle-ci, d'un mot, se fonde sur une notion coutumière (ex. les bonnes mœurs, C. civ. art. 6). (V. aussi plus loin n° 436). Comblant une lacune intentionnelle de la loi, la coutume vient alors, au sein même de celle-ci (*intra legem*) en animer et en guider l'application (s'agissant par hypothèse d'une notion directive). Phénomène de symbiose et finalement de prépondérance de la coutume (qui rend la loi coutumière).

84 2° Dans d'autres cas, **la coutume s'applique à défaut de loi, en l'absence de solution légale**. ; Elle supplée la loi, comble une lacune (non intentionnelle) du législateur, ; complète la loi sur des points que celle-ci ne règle pas'. La coutume se développe alors dans les interstices de la loi, pour en combler les vides. On l'appelle coutume *praeter legem* (au-delà de ce que comporte la loi et, par extension, à défaut de la loi). On la nomme parfois fondatrice (*conditrix*). Elle est alors autonome en effet. L'usage, par la femme mariée, du nom de son mari en est un exemple typique. Le pullulement des dispositions de détail, dans les lois et règlements, rend ce cas de figure plus rare. La société respirerait plus à l'aise dans les non-dits de la loi. En législation comme en musique, les silences sont des valeurs. Il est vrai que la coutume, on l'a vu, entre aussi dans la mise en œuvre des lacunes *intra legem*, notamment, dans la détermination du contenu des notions-cadres (bonnes-mœurs).

85 3° Parfois, **une contrariété surgit entre loi et coutume**. Une loi nouvelle peut abroger une coutume. L'article 7 de la loi du 30 ventôse an XII qui abroge toutes les coutumes antérieures dans ce qu'elles ont de contraire au droit civil établi par le Code civil atteste la priorité de la loi sur la coutume dans la hiérarchie des normes. Mais cette vision, plus théorique qu'historique, ne saisit qu'un aspect des conflits. Certaines coutumes résistent à la loi (elles subsistent ou renaissent). D'autres s'instaurent contre la loi. On les appelle coutumes *contra legem*. Or, dans ce conflit, la loi n'est pas assurée de prévaloir. Il arrive que la coutume l'emporte. À force de temps, le non-usage pourrait même entraîner la désuétude d'une loi, lettre morte ; mais ce cas d'abrogation tacite de la loi est discuté (v. *infra*, n° 364). La coutume a plus d'un tour dans son sac. Enracinée dans les terroirs, elle est irréductible au système légaliste que développe le droit européen. Championne des franchises locales, gardienne des identités régionales, elle s'oppose directement au nivellement technocratique (et pas seulement pour le salut des traditions taurines et la défense des palombières qui, dans l'attente festive d'un hypothétique passage, se dressent plus modestement que l'orgueilleuse Babel). Sur la résistance de la coutume face au droit européen, v. les « *variations sociologiques* » de M. Carbonnier, au seuil des Mélanges Levasseur,

p. XIX. On aurait tort de sous-estimer la force des climats. C'est un signe que Montaigue et Montesquieu s'accordent là-dessus (v. *infra,* 263).

La coutume étant une règle juridique née d'un fait social, la pérennité de la règle dépend de la vitalité de l'usage. Précisément, ce peut être un problème de savoir si l'usage se maintient (question sociologique) ou tombe en désuétude. V., pour l'appréciation du maintien d'une tradition taurine (critère décisif) dans le cadre d'un ensemble démographique, Toulouse, 3 avril 2000, J.C.P. 2000.II.10390, n. P. Deumier.

BIBLIOGRAPHIE

Sur la loi : Archives de philo. du Droit, T. 25, 1980, La loi. BECANE J.-Cl., COUDERC M., *La loi, Méthodes du Droit,* Dalloz, 1994, étude systématique de la loi, sa place prééminente et contestée, sa genèse, son écriture, par deux connaisseurs du travail (et du sérail) législatif.

Sur la coutume : GENY, *Méthode d'interprétation et source en droit privé positif,* T. 1, n° 1091 s.

LEBRUN A., *La coutume* (ses sources, son autorité en droit privé), th. Paris, 1932.

CARBONNIER, T. 1, 5.

J.-M. CARBASSSE, *Coutume, temps, interprétation*, Rev. *Droits*, n° 30, févr. 2000, 15 s.

KOSCHEMBAHR-LYSKOWSKI, *Le code civil et la coutume,* Études Capitant, 1937, 403.

MOREL Ch., *Le droit coutumier social dans l'entreprise,* Droit social, 1979, p. 279 s.

KASSIS A., *Théorie générale des usages du Commerce,* Paris, 1984, L.G.D.J.

Trav. de l'Ass. Capitant, T. XXXIV, 1983, *Le rôle de la pratique dans la formation du Droit.*

Revue *Droits,* n° 3, mars 1986, *La coutume.*

Sur les sources en général : Archives de philo. du Droit, T. 27, 1982, « Sources » du Droit, spéc. J.-L. Sourioux, « Source du droit » en droit privé, p. 33 s. Chacun ordonne à sa manière la diversité irréductible des sources. V. Jestaz, R.T. 1993, 73 s., Vanderlinden, R.T. 95, 69 s. ; F. Osman ; R.T. 95, 509 s. *adde* Pascale Deumier, *Le droit spontané, contribution à l'étude des sources du droit*, th. Toulouse, 2000, dact.

La question du pluralisme. Dans les théories doctrinales, elle met en cause la vision du droit. Sur le monopole étatique du droit positif (et, à partir de Jean Bodin, sur le cheminement de la souveraineté, de l'État monarchique à l'État démocratique), v. BEAUD Olivier, *État et Souveraineté, éléments pour une théorie de l'État,* th. Paris, 1989. Aujourd'hui le pluralisme juridique est une pierre de touche de la sociologie juridique. V. Georges Gurvitch (*L'expérience juridique et la philosophie pluraliste du droit,* 1935) et, dès 1918, Santi Romano (*L'ordre juridique,* trad. L. François et P. Gothot, 1975). Pour un bilan, v. Carbonnier, *Sociologie juridique*, Quadrige, 1994, p. 356 s. C'est bien, en effet, dans les faits sociaux que s'inscrit la pluralité des systèmes juridiques : En chaque État, un ordre juridique national, au sein de celui-ci, coexistence de plusieurs sources autonomes (dont la coutume), au-dessus de chaque État, un ordre juridique international, en Europe, un ordre juridique communautaire, etc. Le phénomène est toujours en instance, à partir de l'entreprise, du syndicalisme, des corporations. La communauté des savants (en blouse blanche) est sur les rangs. V. R. Encinas de Munagorri « *La communauté scientifique est-elle un ordre juridique ?* » R.T. 1998, 247 s.

Mais pour quelle conséquence ? Reconstruire une vue globale systématique ? Ce serait thèse et antithèse. D'un côté, l'émiettement ou la négation de toute souveraineté nationale, anti-étatisme de base, de l'autre, la recomposition intellectuelle d'un système par hiérarchie, coordination, intégration, prouesses de la théorie. Le véritable pluralisme juridique ne serait-il pas, en définitive, selon la suggestion de M. Carbonnier (*op. cit.,* p. 361), dans la profondeur des faits, c'est-à-dire non dans l'opposition entre des règles, mais dans celle des différentes manières d'appliquer une même règle (chez les juges ou les citoyens) ? On retrouve la diversité des coutumes.

NOTE

Le thème de la coutume a été approfondi par de récents travaux interdisciplinaires (v. Revue *Droits* préc.). Ceux-ci font notamment ressortir :

1) Que la portée de la coutume varie sensiblement d'une matière à l'autre (comp. *infra,* n° 420). Elle va du point d'excellence où elle s'épanouit librement (relations commerciales internationales) au point critique où son admission même est en question (droit constitutionnel). V. Combacau, Troper (rev. préc.).

2) Que, non sans rapport sans doute avec une telle gradation, le nom de coutume recouvre des notions diverses, sous deux rapports principaux. La mise en place de la coutume relativement à l'usage passe par des modes variés (distinction, nuances, rapprochement, non-différenciation) v. *infra,* n° 420 s. La base psychologique de la coutume n'est constante ni en étendue ni en énergie. Elle se déplace de son aire la plus grande de réception non critique (assise populaire) à des supports plus restreints et plus actifs (correspondant à des impulsions de milieux et d'initiés dans les usages professionnels).

Le regain d'intérêt en faveur de la coutume réjouit ceux qui l'ont toujours (et chaleureusement) reconnue, aux côtés de la loi, comme une source formelle (v. le texte) ; à une seule réserve : que l'hommage à la coutume ne soit pas, indirectement et sans discernement, une hostilité à la loi. La coutume mérite d'être aimée pour elle-même et non contre la loi. Surtout, il y a autant d'injustice que d'aveuglement à décrier la loi en dehors du domaine courant où elle s'abandonne à l'instabilité et au détail (ou plus encore du décret dans sa propansion à la technocratie et à la prolifération), et à ne pas voir, dans l'amalgame, que la coutume n'aurait jamais réalisé la réforme et la rénovation du droit de la famille et de vastes pans du droit civil, ni donné à la France un nouveau code de procédure civile pour remplacer celui de 1807. On retrouvera la même réserve pour la jurisprudence (*infra,* sous n° 452).

En vérité, l'**éclairage nouveau** que M. Carbonnier donne des rapports de la coutume et de la loi dans « *Droit et passion* » (p. 28, 104) est propre à les réconcilier. Car, bien au-delà des coutumes et usages ponctuellement repérés, la coutume s'y étend jusqu'à englober tout ce qui, dans le droit écrit, a été reçu par les citoyens, au point d'être « entré dans les mœurs », comme le Code Napoléon et les lois postérieures de la République (jusqu'à la Ve). **L'entrée dans les mœurs** devient « l'apothéose de la loi », son destin de **« se muer en coutume »**. Ce que le législateur ne peut espérer que s'il sent « en amont » « les contraintes de l'histoire longue et « en aval » « les obstacles de l'ineffectivité » (p. 19) : vision historique et sociologique de la loi, non légaliste mais réaliste. Que souhaiter de mieux à la loi, en effet, que de recueillir le *consensus utentium* ? D'autant plus que, d'être muée en coutume, assumée par le droit coutumier, peut lui valoir d'être affranchie, comme la coutume, de la prédominance des traités. V. *infra*, n° 263.

§ 2. LA COMMUNICATION DU DROIT

86 Établi dans une société, le droit est fait par et pour les membres de cette société : pour tous, pour nous. Autant que de savoir d'où il est issu, il importe de chercher *comment il est reçu.*

À la suivre dans ses ultimes prolongements, l'étude de la *réception du droit* conduirait à se demander comment le droit est *appliqué par les agents chargés de son exécution* (tribunaux, auxiliaires de justice) et comment, dans la réalité, il est *observé par les sujets de droit* (simples particuliers ou organismes professionnels). L'étude des applications sera présentée soit, de manière générale, en approfondissant la théorie des sources du droit (ainsi pour la jurisprudence), soit, matière par matière, en échantillonnant pour chacune la pratique des tribunaux (pratique judiciaire) ou la pratique de telle ou telle profession (pratique notariale, etc.). Quant à l'étude des comportements sociaux à l'égard de la règle de droit, elle relève de la sociologie juridique (v. n° 226 s.).

87 Cependant, pour être appliqué, le droit a d'abord besoin d'être **compris et connu**. Entre l'émission et l'application du droit s'intercale la phase indispensable de sa **communication au public**. Comment s'opère-t-elle ? Comment le droit, message social, parvient-il à son destinataire, touche-t-il son public ?

Le droit se communique par un **langage**, véhicule intellectuel de la communication. Mais la **connaissance** qu'on peut en prendre passe par celle des supports, documents ou signes sur lesquels il se fixe, instruments concrets de la communication.

A. LE LANGAGE DU DROIT (9)

88 Moyen nécessaire de la communication, le langage juridique pose un problème de **compréhension**. On a beau affirmer en principe que la langue du droit est la langue française (10), le fait est que, relativement au langage courant, le langage juridique est un **langage spécialisé** et, de surcroît, dit-on, ésotérique parce que savant, technique, parfois archaïque et souvent compliqué (non sans complaisance).

89 La question du langage juridique est aujourd'hui le lieu d'une querelle à la mode, ou plutôt d'une charge contre le jargon des spécialistes, au nom de la compréhension des non initiés. Cet effort, judicieusement appliqué, est salutaire. Mais le problème ainsi schématisé est un faux problème qu'il est essentiel de dépasser, en affirmant avec autant de force (sans contradiction et sans lâcher d'aucun côté) : 1° qu'il est souhaitable, chaque fois que cela est possible, que la règle de droit (plus généralement tout énoncé de droit) soit exprimée de manière à être comprise par tous ; 2° que le droit, pour exprimer les concepts qui lui sont propres en liaison avec les fonctions spécifiques qu'il remplit, ne peut se passer, dans sa terminologie et dans ses énoncés, d'un langage de précision (dont la technicité est source de clarté, facteur de sécurité et garantie de liberté).

90 Dans ce double souci — et au-delà de fausses polémiques — il est plus important de chercher à savoir *ce qu'est le langage du droit.* Il est commode de le désigner comme un tout. Mais ce tout présente de multiples facettes. Dans ce fait de langage, l'observation fait voir plusieurs *niveaux* et, à chaque niveau, divers *éléments.*

a) Les niveaux du langage juridique

91 Poser que le langage juridique est commun à tous ceux qui l'emploient est une simplification. Il y a bien, dans le langage juridique, un **fonds commun** à tous ceux qui le parlent : un stock de termes, de formules, d'énoncés, etc. qu'il serait intéressant d'étudier et de traiter comme la trame générale de ce langage spécialisé (tout est relatif).

Mais l'existence de ce noyau ne saurait masquer, au sein du langage du droit, la pluralité des langages, des niveaux de langage.

---

(9) Bibliographie, v. *infra*, n° 240. *Adde, Linguistique Juridique,* Montchrestien, 2000. V. dans *Français juridique et science du droit,* dir. G. Snow et J. Vanderlinden, Bruylant, Bruxelles 1995, l'étude des rapports du droit et de la langue, tous deux phénomènes coutumiers, idiomatiques.

(10) Ordonnance de Villers-Cotterêts (1539) par laquelle François Ier prescrivit que la procédure civile fut écrite en « langage maternel français » : il n'y a jamais que quatre cent cinquante ans.

92 1° Du côté de celui qui parle (locuteur, émetteur) la diversification des niveaux du langage est une première donnée d'observation. L'énoncé juridique n'a pas toujours le même auteur. Celui-ci peut être législateur, juge, administration, avocat, notaire, huissier, parties contractantes, etc. Le fait est que le législateur, le juge, l'avocat, etc. ne parlent pas exactement le même langage. Sans doute serait-il exagéré de poser que le **langage législatif**, le **langage judiciaire** (sous ses diverses manifestations), le **langage administratif**, le langage notarial ne communiquent point. Il serait cependant fécond de chercher à dégager les caractères spécifiques de chacun, en prenant pour hypothèse fondamentale que, *la fonction influant sur le langage*, il existe un rapport entre la fonction législative et la rédaction des lois, entre les fonctions juridictionnelles et la rédaction des arrêts, etc.

93 3° Du côté de celui à qui l'on parle (qui n'est pas nécessairement interlocuteur, s'il reçoit sans émettre) d'autres distinctions (non sans recoupements) font apparaître, mieux encore que des niveaux, des **relations de langage**.

94 Parfois le langage se développe d'initié à initié entre membres d'une même profession ou d'un même milieu (entre avocats, gens du Palais, etc.). Ce langage à usage interne est fortement imprégné par les usages et l'habitude de se comprendre (à demi-mot). Il tend à se particulariser (exemple : style des conclusions d'avocat à avocat).

95 Le langage à non initié pose, au contraire, le problème spécifique de la communication du message juridique à un profane. Or le fait est que cette relation existe. Bien entendu, le droit tout entier a une destination sociale. Mais la nécessité d'une compréhension populaire n'a pas toujours la même intensité. Il est capital que tout le monde puisse saisir dans nos lois, notre Constitution, l'énoncé de principes fondamentaux ; primordial que le destinataire d'un acte qui le convoque à comparaître en justice puisse comprendre le texte qui lui est notifié ; il est moins important qu'il puisse entrer dans le détail d'une réglementation qui exigera, de toute façon, l'intervention d'un technicien (le classement des privilèges, C. civ. art. 2101). Il devient évident que l'effort de clarification et de simplification du langage doit, tout spécialement, porter sur ce langage ouvert à destination populaire et se fonder sur le discernement judicieux des cas dans lesquels le message juridique a un destinataire non initié qui a besoin (et droit) de comprendre (sur l'accessibilité et la simplification du langage du droit, v. *Linguistique juridique*, préc. p. 16 et réf.).

b) Les éléments du langage juridique

96 Sur le langage du droit — comme sur le langage courant ou tout autre langage spécialisé — la linguistique générale pourrait développer, sous ses multiples aspects, ses analyses. Dans une approche juridique, tout le problème est de mettre en relief ceux des aspects du langage juridique dans lesquels celui-ci affirme sa spécificité. Quels sont les *éléments caractéristiques du langage juridique ?* Ils sont d'autant plus significatifs qu'ils ne sont pas seulement le lieu des différences entre langage juridique et langage courant, mais aussi celui dans lequel, à chaque niveau, se développe le particularisme du langage (législatif, judiciaire, etc.).

Ces éléments sont le vocabulaire et le style.

1° Le vocabulaire juridique (11)

97 L'existence, au sein du vocabulaire général de la langue française, d'un vocabulaire juridique comme vocabulaire spécialisé est une donnée linguistique immédiate (à considérer l'impression d'écran linguistique que ressentent d'emblée les non initiés). C'est aussi une donnée scientifique confirmée. Non pas seulement parce que l'on identifie des termes spécifiquement juridiques : antichrèse, nantissement, hypothèque, legs, tribunal, juridiction, etc. Mais encore et surtout parce que les éléments qui constituent ce vocabulaire forment un ensemble assez cohérent, et du point de vue organique et du point de vue fonctionnel : dans notre société, c'est un vocabulaire de groupe et de fonction. Employé couramment par les juristes, il sert à l'élaboration et à l'application du droit.

98 Cet ensemble de plus de dix mille mots (y compris les mots-composés) (12) pourrait être étudié sous de multiples rapports (v., plus loin n° 232 s., les diverses approches de la linguistique juridique et la préface du Vocabulaire). Comme instrument de communication sociale, il suffit de le présenter sous le rapport de la compréhension, plus précisément de son intelligibilité. Or ce point de vue est directement lié au problème de la signification des termes juridiques, c'est-à-dire au discernement de leur sens.

Comment les termes juridiques livrent-ils leur sens ? Comment remplissent-ils cette fonction — de communication — qui est la leur ?

Mot à mot, la réponse ne peut être apportée que par la solution donnée à diverses difficultés qui peuvent se présenter ensemble ou séparément.

99 **Certains termes n'ont qu'une signification juridique :** Leur appartenance au vocabulaire juridique est exclusive (exemple : synallagmatique, chirographaire). Cette particularité fait imaginer que leur compréhension est barrée par un obstacle technique. Mais cela ne signifie pas nécessairement que, lorsqu'il existe, cet obstacle technique soit toujours aussi difficile à lever. Comme, en ce cas, la notion juridique répond souvent à un sens de précision, il suffira, dans la loi, ou de la part de la doctrine, d'un effort de définition dans les termes du langage courant pour que la « traduction » populaire du terme technique s'opère. Encore l'obstacle technique n'existe-t-il pas toujours. Certains termes spécifiquement juridiques sont d'emblée ouverts (tribunal, contrat, amende) et il faut compter, pour beaucoup d'autres, avec une culture juridique populaire plus riche qu'on ne pense (en chantant son testament, Brassens lui a donné un codicille).

100 D'autres termes, en plus grand nombre, **revêtent un sens et dans le langage courant et dans le vocabulaire juridique**. Le risque de confusion que crée leur double appartenance

(11) Le Vocabulaire Juridique publié en 1987 (P.U.F.) sous l'égide de l'Association H. Capitant (et notre direction) fait suite au Vocabulaire Capitant (publié en 1936). Il a pour traits spécifiques principaux : 1) de définir des verbes et des adjectifs et pas seulement des substantifs ; 2) d'insister sur les rapports entre les mots et sur les familles de mots en établissant des champs de référence et des renvois de mot à mot ; 3) de mettre en valeur le ou les sens fondamentaux ; 4) de faire état de la polysémie des termes juridiques, phénomène marquant.

(12) Le nouveau Vocabulaire comprend (dans sa première édition, 1987) la définition de 9 078 mots (dont 4 076 entrées principales et 5 002 entrées secondaires ou sous-mots), alors que son devancier comptait 2 825 entrées. Cette augmentation considérable ne correspond que très partiellement à un accroissement du vocabulaire juridique, en cinquante ans. À la faveur des éditions postérieures, le Vocabulaire juridique s'est enrichi de plusieurs centaines de mots correspondant surtout à des lacunes, plus rarement à des néologismes ou autres apports. (v. cep. prudentiel, titrisation, cagnotte, etc.). La huitième édition (2000) contient plus de 10 000 mots. Quatre éditions la suivent dans la collection Quadrige (2003).

devient alors l'obstacle à lever, chaque fois que le sens ordinaire diffère du sens technique. Il est vrai qu'assez fréquemment un rapport évident de filiation permet d'identifier sans peine le sens propre et le sens figuré, le sens originaire et le sens dérivé : immeuble hypothéqué, situation hypothéquée ; s'inscrire en faux (procédure), s'inscrire en faux (métaphore de discussion). Mais, très souvent, la distinction du sens juridique et du sens commun constitue la difficulté majeure d'accès au vocabulaire juridique (notion de cause, d'objet, d'effet, de substance, de matière, etc.).

101 Dans chacune de ces hypothèses une difficulté supplémentaire vient parfois compliquer la compréhension : **Certains termes revêtent plusieurs sens dans le vocabulaire juridique même**. Ce phénomène de *polysémie interne* est peut-être le plus important de tous. Il est rare qu'un terme juridique n'ait, au regard du droit, qu'un sens (ex. mystique, C. civ. a. 976). Il est beaucoup plus fréquent qu'un même terme en ait deux ou trois (on en dénombre parfois jusqu'à dix : exemple, l'adjectif *matériel ;* l'adjectif *libre* en compte dix-neuf), sans exclure que l'un d'eux coïncide avec le sens courant : pluralité qui, si elle était souhaitable, permettrait des variations littéraires. **La polysémie est une marque essentielle du vocabulaire juridique** (v. la préface de l'ouvrage précité).

2° Le style juridique

102 Le style est une autre marque spécifique du langage juridique. Tout justiciable en fait l'épreuve lorsqu'il reçoit une assignation. Aussi évidente que celle du vocabulaire, la spécificité du style pourrait même être plus significative, dans la mesure où l'on admettrait qu'elle est liée à la démarche de l'esprit juridique. Toute généralisation en ce sens serait cependant hâtive. Avant d'affirmer que tel style est inhérent à l'organisation de la pensée juridique, il faudrait le débarrasser des archaïsmes qui, bien souvent, l'encombrent et faire la vérification sur ce qui reste.

La vérité est qu'il existe non pas un, mais plusieurs styles juridiques et même que chacune des opérations fondamentales de l'esprit juridique donne naissance à plusieurs styles, à plusieurs genres.

103 **L'énoncé du droit** (13), dans ses diverses manifestations, est à l'origine de quatre styles assez nettement différenciés : le style législatif (au sens large du terme) lorsque l'énoncé du droit est l'énoncé d'une règle ; le style judiciaire, pour l'énoncé d'une décision ; le style notarial, pour l'énoncé des stipulations d'un contrat ; et l'on devrait y ajouter, soit dans les conclusions des parties, soit dans la motivation des jugements, le style de l'argumentation juridique celui qui naît du développement des moyens de droit ou des motifs de droit.

104 **L'exposé du fait** (autre activité fondamentale de l'esprit juridique) est aussi à l'origine de plusieurs genres : le style narratif des constatations dans les actes (les constats) d'huissiers, le style des moyens de fait ou des motifs de fait dans les conclusions des parties ou dans les décisions de justice (autre élément du style judiciaire).

105 **La notification :** est, hors série, une autre opération essentielle, dans le fonctionnement de la justice, à laquelle est lié un style. S'agissant, par hypothèse, de l'acte consistant à porter à la connaissance d'un intéressé une information qui le concerne, c'est, paradoxalement, ce style qui est aujourd'hui le plus archaïsant et celui sur lequel devrait porter le

---

(13) Nous appellerons ainsi la formulation d'une proposition juridique, soit en forme de règle, soit en forme de décision, soit en forme de moyen ou de raisonnement.

principal effort de clarification et de simplification du langage judiciaire. Entreprise d'autant plus nécessaire que le maquis du langage n'est qu'un obstacle, entre beaucoup d'autres, sur la voie de la connaissance du droit.

B. LA CONNAISSANCE DU DROIT

106 À supposer qu'un texte juridique soit intelligible, sa communication sociale pose, en amont de la compréhension, un problème élémentaire **d'information**. Comment la règle de droit parvient-elle à la connaissance de son public ? Cette question qui, sous certaines nuances (14), est naturellement résolue pour la coutume (que l'on suppose ancrée dans la conscience populaire) surgit avec acuité pour la loi sous toutes ses formes (lois, décrets, arrêtés, etc.). La prolifération des textes la rend accablante. Ce phénomène de croissance du droit écrit (15) pèse sur tous, d'abord sur les spécialistes du droit. Mais, compte tenu de la différence que crée, dans l'information, une inégale formation juridique et professionnelle, il grève de diverses façons la connaissance populaire et la documentation technique.

a) La connaissance populaire

107 Sur quoi repose, pour l'ensemble des citoyens (parmi lesquels une immense majorité de profanes) la connaissance du droit ?

La réponse est inquiétante : sur des lambeaux de connaissance réelle et sur un principe de connaissance présumée.

1° Fragments de connaissance effective

Dans la prise de conscience qui paraît aujourd'hui s'opérer, le grand public dispose de deux moyens partiels.

108 α) **L'information élémentaire :** Un certain effort est fait pour populariser — vulgariser — une connaissance juridique sommaire (au moins en vue d'un conseil d'aiguillage). Venant des pouvoirs publics, des professions judiciaires, des associations (de consommateurs, de locataires), des entreprises, cet effort revêt principalement la forme de consultations gratuites (not. dans certaines municipalités) ou de publications schématiques, parfois fort bien présentées, mais nécessairement succinctes (exemple : les dépliants du bureau d'information et des relations publiques du Ministère de la Justice sur l'aide judiciaire, les pensions alimentaires, etc. ; les bulletins d'information diffusés à leurs adhérents par les associations ou les syndicats, etc.).

109 β) **La signalisation :** Plus concrètement, le public peut parfois avoir la perception directe d'une règle de droit grâce au signe par lequel cette règle se manifeste à ses yeux (16). Il est assez fréquent que la règle de droit s'annonce à vue, qu'elle se concrétise par un signe apparent. Le rouge des feux de circulation est une interdiction ; le vert une permission. Le Code de la route est, spécialement, un code de signes, de signaux juridiques. Les moyens de la signalisation routière rivalisent dans la recherche du message perceptible. Certains sont encore tributaires de la langue (une difficulté pour les étrangers)

(14) La connaissance réelle des usages locaux ou professionnels est problématique.
(15) Déjà signalé n° 31.
(16) V. Jean-Pierre Gridel, *Le signe et le droit,* préface J. Carbonnier, L.G.D.J. 1979 ; comp. Laurent L'huillier, *Des signes conventionnels à l'usage du Droit ? Essai de symbolique juridique, in* Mélanges offerts à Claudius P. Terrier, Fac. des Sciences écon. et soc. de l'Université de Genève, vol. XIX, 1968, p. 159 s. où, tout différemment, des signes conventionnels sont proposés pour la représentation graphique des droits ou des actes.

ou d'un chiffre (panneaux portant un texte, une abréviation ou une indication chiffrée : exemple : une limitation de vitesse). Mais d'autres ont pour seul symbole et pour unique support la couleur ou le dessin (feux, lignes blanches médianes continues ou discontinues). Dans ce droit en image (en bandes dessinées...), la règle juridique est visualisée, matérialisée, offerte au regard (17). En dehors même du droit de la circulation, les signes ont une certaine importance comme avertissements (affiches, panonceaux, pancartes ; exemple : « propriété privée, défense d'entrer », « la direction ne répond pas des vols commis pendant la projection du film »), ou comme signe de reconnaissance (exemple les insignes, les uniformes), etc. (18). Ces signes ont une portée juridique (notamment pour la constatation et la sanction des infractions). Cependant, pour couvrir le reste des informations juridiques, notre système juridique se repose sur une disposition-balai.

2° Principe de connaissance présumée

110 Le principe — nul ne l'ignore, si l'on entre dans l'hypothèse — est que « **nul n'est censé ignorer la loi** » (19). L'adage paraît (20) énoncer une **présomption de connaissance** de la loi. Mais comme cette présomption ne souffre pas de preuve contraire (on dit qu'elle est **irréfragable**), la maxime signifie en réalité : celui qui ignore la loi demeure, malgré son ignorance, soumis à la loi. S'il viole la loi, son ignorance de la loi ne le justifie pas. Autant dire qu'il n'est même pas recevable à offrir de prouver qu'il ne connaissait pas la loi car son ignorance, à la supposer démontrée, ne constituerait pas pour lui une cause justificative. À l'excuse prétendue : « Je ne savais pas... », « je croyais que... », l'État répond : « je ne veux pas le savoir... ». La règle s'applique tout spécialement, en matière pénale, au délinquant qui ne peut échapper à l'application de la loi, même en démontrant qu'il ne se savait pas en infraction (et se croyait dans son droit). V. cep. ci-après n° 112.

111 **Positivement,** la présomption est générale. Mais, dans l'interprétation de nos tribunaux, elle n'est pas absolue (21). Elle s'applique à tous les citoyens (même aux moins initiés : « Nul... »). Elle est commune à toutes les règles (lois, décrets, arrêtés, etc. : loi a un sens générique). Cependant, elle connaît sur certains points des tempéraments : l'ignorance prend — même en matière pénale — une valeur absolutoire si elle résulte d'une force majeure (fait de guerre empêchant la diffusion du Journal officiel ou la possibilité d'en avoir connaissance). En matière civile, on admet plus libéralement que la bonne foi (à laquelle s'attachent de nombreux effets) peut tenir à une erreur de droit. Plus spécialement, l'erreur du contractant qui, en tant que vice du consentement, entraîne la nullité du contrat, peut aussi consister en une erreur de droit.

---

(17) Il arrive même — ultime performance de la matérialisation — que la règle prenne corps à trois dimensions dans l'espace, prévenant l'acte et pas seulement l'œil. V. *supra*, n° 20, note 7.

(18) La réglementation de l'utilisation d'insignes et d'uniformes par les entreprises privées de surveillance et de gardiennage fait miroiter toutes les fonctions du signe pour situer dans l'esprit public cette police parallèle (à ne pas décourager mais à contrôler) : 1. Éviter la confusion avec des agents de la force publique. 2. Marquer leur appartenance à une entreprise reconnaissable et autorisée (sur le risque que les plus grands loups montrent patte blanche). V. d. n° 86-1099, 10 oct. 1986.

(19) *Nemo censetur legem ignorare.* Le droit est bien obligé de poser cette « présomption de science infuse » (Carbonnier, *Droit et passion...*, p. 95). C'est « **une nécessité pratique** ».

(20) Mais s'agit-il vraiment d'une présomption ? Est censé, « est réputé », ne serait-ce pas plutôt le **langage de la fiction** ? Ou encore le terme ne reprendrait-il pas sa valeur populaire : nul n'est justifié par son ignorance, nul ne peut s'en faire un titre, être reconnu fondé à ignorer, être à bon droit considéré comme ignorant, admis comme tel ? Ainsi le seul mot d'apparence technique de la maxime, aurait, comme les six autres, un sens courant ; v. plus loin, n° 343, 351, 355 s.

(21) Compte tenu de l'atténuation très marginale qu'apporte le décret du 5 nov. 1870 (art. 4) en matière pénale : l'excuse d'ignorance est admise en faveur de celui qui commet une contravention dans le délai de trois jours francs à compter de la publication de la loi créant l'incrimination. V. *infra*.

112 En dépit de ces atténuations, la valeur du principe, **en législation**, est discutable : au moins la rigueur de sa généralité. À la vérité, **l'idée d'une connaissance présumée n'est pas toujours factice**. La maxime a toute sa force dans un système juridique où les lois sont simples et en petit nombre (utopie). Même dans un système complexe, elle la conserve **pour les grands principes** qui parlent d'eux-mêmes à la conscience de chacun (Ne vole pas, ne tue pas, ne cause pas de dommage à autrui, respecte la parole donnée, exécute tes engagements de bonne foi, etc. : pour ceux des principes — de droit naturel ? — que l'on dit gravés au cœur de l'homme). L'absurde est dans l'application indifférenciée de la même règle à tous les détails de la réglementation (au moindre arrêté ministériel, préfectoral, municipal). La présomption dégénère alors en fiction. Or, de toute évidence, il serait exclu de renverser le principe (ériger en règle que l'ignorance a valeur d'excuse). Au moins, devrait-on permettre au juge d'écarter, par exception, l'application de la maxime dans le cas où il apparaîtrait, compte tenu de la nature et de la date du texte, de la personnalité de l'intéressé et des circonstances, que cette application serait manifestement trop rigoureuse : **mesure exorbitante de modération**. En admettant « une erreur sur le droit » au rang des causes d'irresponsabilité, l'art. 122-3 du N.C.P. va-t-il en ce sens ? Cette référence grossoyée à un critère banal et peu éclairant n'a rien à voir avec l'individualisation fine et circonstanciée qui, dans le discernement, caractérise le pouvoir modérateur. On comprend qu'en cet état brut, elle inspire des réticences (Crim. 15 nov. 1995. Bull. n° 350). La greffe d'un véritable pouvoir modérateur serait-elle vouée, en France, à ne jamais prendre ? Il ne s'agirait pas d'une trouée par où s'engouffreraient tous les mécontents, mais d'un soulagement des iniquités manifestes.

REMISE EN QUESTION ?

1. Avalanche de principes

a) Décision du 16 déc. 1999 du Conseil constitutionnel : **Valeur constitutionnelle de l'objectif d'accessibilité et d'intelligibilité de la loi**. Le Conseil constitutionnel a reconnu la conformité à la Constitution de la codification par ordonnance de matières législatives (v. *infra*, n° 223), en considérant que l'urgence est au nombre des causes, qui justifient les lois d'habilitation prises sur le fondement de l'art. 38 de la Constitution, et en ajoutant « que cette finalité répond au demeurant à l'objectif de valeur constitutionnelle d'accessibilité et d'intelligibilité de la loi ; qu'en effet, l'égalité devant la loi énoncé par l'art. 6 de la Déclaration des droits de l'homme et du citoyen et la garantie des droits requise par son art. 16 pourraient ne pas effectives si les citoyens ne disposent pas d'une connaissance suffisante des normes qui leur sont applicables ; qu'une telle connaissance est en outre nécessaire à l'exercice des droits et libertés garanti tant par l'art. 4 de la déclaration, en vertu quel cet exercice n'a de bornes que celles déterminées par la loi, que par son art. 5, aux termes duquel tout ce qui n'est pas défendu par la loi ne peut être empêché, et nul ne peut être contraint à faire ce qu'elle n'ordonne pas. »

b) Loi du 2 avril 2000 (D. lég. 221) : **Droits des citoyens dans leurs relations avec les administrations**. L'art. 2 du chap. 1er de la loi (intitulé « Dispositions relatives aux règles de droit ») énonce : « Le droit de toute personne à l'information est précisé et garanti par le présent chapitre en ce qui concerne la liberté d'accès aux règles de droit applicables aux citoyens. Les autorités administratives sont tenues d'organiser un accès simple aux règles de droit qu'elles édictent. La mise à la disposition et la diffusion des textes juridiques constituent une mission de service public au bon accomplissement de laquelle il appartient aux autorités administratives de veiller ».

2. Effets pervers

a) **Divergences d'interprétation**. Sur ce constat V. Judith Rochfeld, RT 2000, p. 659. S'agit-il ou non de nouveaux droits subjectifs ? La décision du Conseil constitutionnel empêche-t-elle les particuliers de s'en prévaloir ? Faut-il admettre l'inapplicabilité de la loi à celui qui l'ignore ? Comp. l'opinion de M.A. Frison-Roche et W. Baranes (D. 2000, chron. 368) et celle de N. Molfessis (RT 2000, p. 189, et 660 s.). Le Conseil constitutionnel a-t-il implicitement consacré le principe de sécurité juridique ? V. B. Mathieu, D. 2000, point de vue, p. VII. V. aussi Thierry Revet (RT 1999.220) sur le « droit au droit », nouveau « credo », et l'accès au droit « dernier né des droits-créances » « sous l'égide de l'État-providence ». Belle floraison d'analyses.

b) **Accroissement de l'inaccessibilité et de l'inintelligibilité du droit**. Si les plus savants discutent, que voulez-vous que le citoyen comprenne (notamment en lisant le considérant de la décision du 16 déc. 1999) ? L'opacification du droit (par exemple sur la portée à donner à la maxime « Nul n'est censé ignorer la loi ») tient sans doute à la longueur révélatrice des phrases, mais surtout à la carence de l'appareil conceptuel lié à l'emploi de mots non définis : Qu'est-ce que l'accessibilité ? l'intelligibilité ? l'accès au droit ? l'accès aux règles de droit ? la sécurité juridique ? Qu'y a-t-il dans ces bulles, dans ces urnes ? Rien n'est clair, rien n'est sûr, et c'est un comble pour la constitutionnalisation de la clarté et de la sécurité. Que dire du « droit au droit » qui court la galerie : un droit subjectif au droit objectif ? Ce n'est même pas certain (peut-être seulement un gargarisme sur un barbarisme). Quel contre-exemple.

3. *Réflexions brèves.* Qui serait contre la sécurité juridique (22) ? Qui ne souhaiterait que les citoyens comprennent le sens des lois ? Ces bienfaits n'ont que des partisans. C'est leur consécration dogmatique qui les rend malfaisants. Car les principes et, par dessus le marché, leur constitutionnalisation, les bloquent. Une fois posés dans l'absolu, il faut les appliquer. Comment échapper à la logique qui commande d'en tirer toutes les conséquences, fusent-elles impraticables ou subversives ? Quel législateur responsable voudrait pourtant tirer du principe d'accessibilité et de sécurité qu'un citoyen est fondé à se soustraire à une loi, sous le prétexte qu'il l'ignore ? L'idée peut un instant séduire en songeant à un détail de réglementation, mais appliquée à toutes les règles, elle offrirait à chacun le moyen d'éluder ses devoirs, ses engagements, ses responsabilités. Ce serait l'insécurité généralisée.

À quoi assistons-nous ? Au courant ascensionnel qui emporte les règles de droit au plus haut du système juridique. Quel est le principe premier, le plus fort, le plus élevé ? De toutes parts, à qui mieux c'est l'escalade, l'échafaudage du château de principes, la course au faîte de la hiérarchie des normes, spectacle navrant. La loi du 12 avril 2000 devrait tomber de haut. C'est une circulaire. L'accessibilité ne se décrète pas. Elle s'applique. Elle se prouve en écrivant. Pratique la clarté.

En vérité, les principes proclamés sont l'effet d'un excès d'idéalisme. On ne leur reprochera pas d'être sublimes, ordonnés à l'avènement d'un système radieux. On n'ira pas jusqu'à dire, soupçon de narcissisme, que sous des noms de prestige (charte par exemple) le feu d'artifices des principes fait surtout plaisir à ceux qui le tirent. On regrettera seulement que leur expression soit surtout kérigmatique, déclamatoire, c'est-à-dire coupée des conséquences, planant sans train d'atterrissage. D'un mot, la pensée qui s'y attache est incomplète. Elle n'assume pas les données de la réalisation du droit. Elle n'intègre pas, à sa place, modeste, le praticable, le socialement réalisable, l'humainement accessible (!). Le droit est l'art de marier des exigences et des contingences. Dans la recherche des valeurs, il est urgent de revenir à la conciliation du souhaitable et du possible. Quant à l'accessibilité elle-même nous y revendrons tout à l'heure (n° 121).

BIBLIOGRAPHIE

1° En général :

GUILLIEN R., *Nul n'est censé ignorer la loi*, Mélanges Roubier, T. I, p. 253 ; TERRÉ, *Le rôle actuel de la maxime : nul n'est censé ignorer la loi,* Travaux de l'Institut de droit comparé de l'Université de Paris, t. XXX, p. 91. A. Cristau, *L'exigence de sécurité juridique,* D. 2002. Chron. 2814.

2° En matière pénale :

FRANÇON, *L'erreur en droit pénal*, Études sur l'autonomie du droit pénal, sous la direction de G. Stefani, p. 234 ; COUTURIER, *L'erreur de droit invincible en matière pénale*, Rev. Science crim., 1968, p. 547.

(22) Qui serait contre la justice ? Mais au fait, la justice, comme idéal, ne serait-elle pas au dessus de la sécurité ? Dans la hiérarchie de nos valeurs, ne faudrait-il pas, *a fortiori*, la constitutionnaliser ? Mais alors, quelle serait la conséquence de la décision qui proclamerait que l'objectif de justice a une valeur constitutionnelle ? Faudrait-il ajouter à la libre critique du droit, de la part des citoyens, (par leur plume ou leurs représentants) un droit à la justice, les admettre à venir plaider, devant les tribunaux, que le droit n'est pas juste ? On invoquerait l'exception d'injustice et tout se résoudrait en équité (moyennant quoi l'on pourrait faire l'économie de tout de système juridique... et se demander ce que deviendrait la sécurité juridique...).

b) La documentation technique

113 Pour les juristes — chez lesquels on suppose une formation de base éprouvée par une expérience professionnelle — la question de la connaissance du droit se déplace. Est-ce à dire qu'elle se simplifie ? La présomption générale de connaissance se double, en ce qui les concerne, d'une présomption spéciale de qualification. *Jura novit curia : Le juge connaît le droit qu'il a mission de dire* (juridiction, *jurisdictio, jus dicere*). Mais la même présomption pèse sur les auxiliaires de justice (avocat, notaire, etc.) dont les devoirs — et la responsabilité — sont lourds envers ceux qui font appel à leurs services.

Or, en France peut-être plus qu'ailleurs, plusieurs phénomènes concourent à compliquer la tâche des praticiens du droit : la prolifération des lois, aggravée d'une certaine instabilité (les lois se multiplient et elles changent) ; la spécialisation des connaissances qui en approfondit mais en limite le champ ; et, pour les réformes fondamentales (du droit civil), que l'on peut espérer durables, l'ampleur du renouvellement en une quinzaine d'années (1964 à 1979). Pour les praticiens et chercheurs qui ont à relever ce défi, la maîtrise et la mise à jour des connaissances passe par une documentation technique. Mais l'acuité du problème fait que la documentation juridique — qui tend comme méthode de recherche à s'ériger en science — s'efforce, à partir de moyens classiques, de diversifier et de renouveler ses procédés.

1° La documentation traditionnelle

114 Elle demeure — pour un temps — l'outil dominant, le plus communément répandu. On l'appelle documentation ou recherche manuelle parce que, pour l'utilisateur, elle repose sur le maniement et la consultation d'ouvrages de lecture dans lesquels sont publiés des textes juridiques (*in extenso* ou par extraits). Il existe plusieurs types d'ouvrages de documentation (mis à part les ouvrages de doctrine) (23).

α) Les recueils périodiques

115 Les plus importants sont :

— Le recueil Dalloz (et Sirey) (hebdomadaire).

— La Semaine juridique (Jurisclasseur périodique), donnée dans plusieurs éditions (édition générale, édition notariale).

— La Gazette du Palais.

Leur principe est la publication périodique de fascicules (destinés, pour les deux premiers, à se réunir par année) comprenant principalement trois sortes de textes : des études doctrinales (dans la partie doctrine), des textes législatifs et réglementaires (partie législation) et des décisions de justice annotées (partie jurisprudence), auxquels s'ajoutent des sommaires et des informations rapides, notamment consacrées à des panoramas de jurisprudence (résumés de nombreuses décisions). Fondés sur la chronologie, ces recueils font des regroupements par tranche, sans synthèse possible entre les périodes.

— Les Petites affiches (édition des Journaux, Judiciaires associés) publiant des études doctrinales et de nombreuses décisions de justice commentées.

(23) V. hors-série (à cheval sur la doctrine et la jurisprudence) *Les Grands arrêts de la jurisprudence civile,* H. Capitant, 9e éd. par F. Terré et Y. Lequette, 1991 (sélection des grandes décisions de la jurisprudence de 1804 à nos jours dont chacune est accompagnée d'observations).

β) Les répertoires

116 Dépassant la chronologie, ils sont fondés sur un autre principe. Ce sont des ouvrages de synthèse destinés à faire, par domaine, la somme des connaissances pratiques à un moment donné et à la tenir au courant par des procédés variables de mise à jour. Ils suivent, parfois en les combinant, plusieurs méthodes de classement : par discipline, par matière, par article de Code. Les principaux sont : les Jurisclasseurs (notamment le jurisclasseur civil en 29 volumes) ; les répertoires Dalloz, à savoir l'Encyclopédie (comprenant un répertoire civil en 7 volumes) et le nouveau répertoire (répertoire usuel en 4 volumes).

γ) Les codes

117 Ce sont, dans des éditions privées, des recueils de textes (législatifs, réglementaires), qui ne comprennent pas seulement les textes codifiés par le législateur, mais les lois spéciales extérieures à cette codification qui se rapportent à la matière. Les plus importants sont les Codes Dalloz (Code civil, Code de commerce, Code du travail, Code de procédure civile, etc.) et, dans les mêmes matières, les Codes Litec.

2° La documentation automatisée

118 C'est une nouvelle méthode, dont l'usage tend à se généraliser. Entre beaucoup d'initiatives intéressantes (24), le Centre de recherche et développement en informatique juridique (C.E.D.I.J.) a réalisé la mise en mémoire sur ordinateur des principaux codes et d'une partie de la jurisprudence récente de la Cour de cassation et du Conseil d'État. C'est une application de l'informatique à la documentation juridique.

119 On l'appelle automatisée parce qu'entre la masse des documents juridiques et l'utilisateur s'interpose une machine dotée d'une mémoire (en général un ordinateur) capable de restituer, quand on l'interroge, les données documentaires sélectionnées qui avaient été stockées dans la machine. De fait, elle dispense l'utilisateur de procéder lui-même à des recherches directes dans la documentation de base. Elle lui livre automatiquement des *données présélectionnées* (et traitées par l'ordinateur) : soit des références (aux éléments de la documentation traditionnelle), soit les textes dans leur teneur intégrale, soit des extraits ou des résumés de ces documents, soit des solutions, soit des données statistiques, etc.

120 C'est d'abord dire que ce service automatique est fondé sur les opérations intellectuelles qui président à l'alimentation de la machine. Or ces opérations découlent du principe retenu pour le classement du stockage. Le principe du système est que les données sont classées par mot. *Le stockage par mot* suppose que des techniciens de l'informatique juridique : 1° choisissent dans la documentation de base les documents à traiter (sélection) ; 2° retien-

(24) Divers instituts de recherche traitent la jurisprudence de la Cour de cassation ou des Cours d'appel. V. P. Catala et J. Falgueirettes, *Le traitement de l'information juridique sur ordinateurs,* J.C.P. 1967.1.2052 ; E. Bertrand, *Une expérience aixoise : de la documentation et de l'information juridique à l'informatique,* J.C.P. 1968.1.2195 : Bertrand et P. Julian, *Vers une informatique judiciaire : l'analyse des arrêts de la Cour d'appel d'Aix-en-Provence,* D. 1972, chron., 123 : J.M.M., Juris-data, J.C.P. 74.1.2629 (service de renseignements par abonnement) ; H. Mignot, *La réalisation du Cridon de Lyon : recherche documentaire notariale,* Informatique et Gestion, nov. 1970. *Adde*, pour quelques renseignements pratiques sur les banques de données juridiques L. Barbet, G. P. 1983.I, chron. 2 ; Les banques de données juridiques après le rapport Leclercq, par H. Manzanarès, G. P. 1985, I, Doct., 211 ; Carrefour des ateliers régionaux de jurisprudence (sur la mise en place du Fichier national de jurisprudence), G. P. 1986, II, Doct. 582. Pour une vue d'ensemble, l'essentiel est à chercher dans le recueil d'essais de P. Catala, maître et pionnier en la matière, *Le droit à l'épreuve du numérique, Jus ex Machina*, PUF, 1998.

nent, par analyse des textes retenus, les mots (25) sous lesquels les données seront classées (analyse) ; 3° déterminent le genre des données à classer sous les mots (programme).

121 Cependant toute l'efficacité de cette méthode de documentation dépend, lors de l'utilisation, de la connaissance, par l'utilisateur, du principe de classement. Pour qu'il puisse interroger (ou faire interroger) utilement l'appareil, il faut que soit trouvé le mot sous lequel ont été classés et mis en mémoire les renseignements qu'il attend. À la vérité, c'est une difficulté que connaissent déjà, dans la documentation traditionnelle, l'auteur et les utilisateurs de l'index d'un ouvrage. Mais la recherche d'une correspondance entre l'index de classement automatique et les indications pour interroger l'appareil revêt une importance accrue. Elle est facilitée par la constitution d'une sorte de dictionnaire des synonymes et des familles de mots mis à la disposition de l'utilisateur (le thésaurus). L'informatique a l'avenir pour elle. Mais elle contribue (dans les juridictions) à « faire de la jurisprudence un automatisme », et l'on a pu se « demander si le flux de l'information n'étrangle pas la connaissance » (Carbonnier, *Droit et passion,* p. 60, 61).

BIBLIOGRAPHIE

1° *Documentation traditionnelle :* DUNES A., *Documentation Juridique,* Dalloz (Coll. Méthodes du droit), 1977.

2° *Informatique juridique : L'informatique juridique : Du rêve à la réalité* (ouvrage collectif), Montréal, 1977 ; CATALA P., *L'informatique et la rationalité du droit,* Arch. phil. du droit, 1978, p. 296 ; *Le fichier national informatisé de la Jurisprudence française (dixième anniversaire),* J.C.P. 1995. I. 3873 ; et la gerbe des études et réflexions du même auteur sur les rapports du droit, de l'information et de l'informatique dans l'ouvrage qui les réunit : *Le droit à l'épreuve du numérique, Jus ex machina,* P.U.F 1998. COSNARD H.-D., *Pour une informatique judiciaire, réflexions sur l'expérience aixoise,* D. 1978, chron., 22 ; CHOURAQUI A., *L'informatique au service du droit,* P.U.F., Coll. S.U.P. 1974 ; BUFFELAN, *Initiation à l'informatique juridique,* D. 1969, chron., 211 ; Rép. dr. civ. (Encycl. Dalloz), V° Informatique juridique ; LEMINOR P., *Traitement et production des actes notariés par l'automation,* J.C.P. 1969.1.2240 ; *adde,* GHESTIN et GOUBEAUX, *Introduction générale,* n° 65 s.

Sur l'ensemble de la question, v. TANGUY Yann, *La recherche documentaire en droit,* P.U.F., Droit fondamental, 1991.

RETOUR À L'ACCESSIBILITÉ

Au lieu de couler l'accessibilité dans le bloc de constitutionnalité, il eut mieux valu réfléchir et approfondir l'analyse de la notion polymorphe et polyvalente d'accessibilité. Le terme est polysémique.

(25) L'ensemble des « mots-clés » retenus comme représentatifs (descripteurs) du texte analysé constitue un « abstrat » ; v. A. Dunes, « *L'abstrat : problème de l'informatique en droit* », G. P. 1969.I, Doct., 119.

— *Accessibilité (matérielle) de la législation.* Au niveau de l'information (de ses moyens), l'accessibilité est d'abord la faculté (et la plus ou moins grande facilité) pour les citoyens d'avoir sous les yeux et entre les mains le texte officiel intégral de la loi. C'est l'accès aux sources documentaires. Liée à la publication de la loi, la question est ouverte à la recherche des moyens pratiques d'assurer la diffusion populaire des textes et d'améliorer leur publicité par des moyens efficaces et fidèles en donnant des compléments modernes au Journal officiel. C'est une question (politique et technique) de communication (elle se pose aussi pour les décisions juridictionnelles et administratives).

— *Accessibilité de la justice.* Sur le plan judiciaire, l'accessibilité est la faculté donnée aux justiciables de saisir les tribunaux pour faire valoir leurs droits. Cet accès à la justice est commandé par trois données : le principe fondamental de libre accès à la justice, liberté publique (V. *Procédure civile*, Thémis, n° 72 175, p. 311 et 322) ; l'action en justice (le droit d'agir au sens de l'art. 30 du C. pr. civ.) qui gouverne la recevabilité de la demande en justice sous les conditions d'intérêt, de qualité, de délai) ; l'aide juridictionnelle qui apporte aux justiciables dont les ressources sont insuffisantes, les moyens d'assumer la charge du procès (parfois associée aux autres formes d'aide juridique, aide à la consultation, à la rédaction, etc. V. *Vocabulaire juridique*, v° aide).

— *Accessibilité du langage du droit.* Dans le domaine linguistique, c'est la qualité qui appartient au langage juridique lorsqu'il est suffisamment compréhensible, son intelligibilité, sa lisibilité. Réussite de la communication linguistique que s'obtient par un travail sur la terminologie et la phraséologie (emploi de la langue commune, usage de termes courants, de tournures claires, d'énoncés simples, concis, choix d'un style sobre, chasse aux archaïsmes de vocabulaire ou de construction, définition en termes usuels des termes techniques nécessaires). Autant de directives qui gouvernent la rédaction des lois et celle des jugements, le style administratif, etc.

— *Accessibilité active.* Donnée subjective et relative, l'accessibilité est aussi, de la part des citoyens, l'aptitude variable à comprendre le droit et son langage, selon leur degré d'instruction, leur formation juridique, leur expérience professionnelle, et radicalement leur maîtrise de la langue française. L'accessibilité dépend alors des politiques de l'éducation et de la culture, de la diffusion de l'instruction, de l'accès aux études, de droit et à la formation professionnelle, etc.

— *Accessibilité du droit.* C'est le problème fondamental, crucial, insoluble sauf renversement radical. Ce qui sépare les citoyens de leur droit, plus encore que le langage de celui-ci, c'est la **monstruosité intrinsèque du droit**, le gigantisme de la masse des normes, la complexité du système juridique, la prolifération des lois, des règlements, des directives, en deux mots, la pollution normative. On ne peut définir l'accessibilité du droit que comme le rêve irréalisable de la simplification du droit. On ne voit que son contraire, constat incontestable : l'inaccessibilité du droit. Affirmer en bloc la constitutionnalité de l'objectif d'accessibilité n'a pas de sens. Dans chacun des plans où l'accessibilité peut être envisagée (hors le dernier où la situation est désespérante) la carrière est seulement ouverte à la recherche de mesures concrètes pertinentes.

Ultimes remarques : 1. *Jura novit curia* ? Il est impossible (aux plus savants) de connaître tout le droit, *a fortiori* impensable que, dans le droit et son langage, tous les citoyens comprennent tout ; 2. La citoyenneté ne doit pas être seulement invoquée pour protéger le justiciable comme un consommateur. Elle crée en chaque citoyen un certain devoir d'information, au moins celui de n'être pas entièrement passif, pour ce qui est raisonnablement à sa portée ; 3. l'accessibilité n'est ni la vulgarisation ni l'éradication du vocabulaire juridique dans lequel on retrouve le réseau des concepts fondamentaux du droit. V. *Linguistique juridique*, p. 16 s., 25 s., 318 s.

SECTION II LES PHÉNOMÈNES INDIVIDUELS

122 Si le Droit objectif est œuvre collective, la vie des droits subjectifs se déroule à une échelle individuelle. Elle naît de l'activité des intéressés. Elle résulte de comportements individuels. Événements particuliers, ces phénomènes juridiques forment, dans leur diversité, le tissu quotidien de la vie sociale. Les uns président à la naissance des droits subjectifs ; les autres en règlent la mise en œuvre : La **création** et **l'exercice des droits** subjectifs sont les phénomènes principaux à considérer.

§ 1. LA CRÉATION DES DROITS SUBJECTIFS

123 D'où, comment, naissent les droits subjectifs ? À cette question la théorie traditionnelle des sources d'obligations (26) donne une réponse partielle. Un individu s'oblige par ses contrats, ses délits ou ses quasi-contrats. Consacrée par l'article 1370 du Code civil, cette trilogie classique est parfois réduite (par la doctrine) à deux facteurs : la loi et la volonté individuelle seraient les deux sources d'obligations.

Cependant, il ne faut pas seulement raisonner sur la source des obligations (des dettes, des créances), mais, plus généralement, sur la création des droits de toutes sortes (droits patrimoniaux, réels ou personnels, et droits extrapatrimoniaux). Dans cette vue, la théorie élaborée pour les obligations doit être étendue à l'ensemble des droits subjectifs.

D'un autre côté, il est artificiel d'opposer la loi à la volonté individuelle, au moins de façon tranchée. La volonté de l'homme n'est créatrice de droits que si elle est conforme à la loi (l'art. 1134 C. civ. ne reconnaît force obligatoire qu'à la convention « légalement formée »). Réciproquement, lorsque la loi fait naître, sur la tête d'un individu, un droit subjectif, en général elle ne le crée pas *ex nihilo ;* elle prend en considération un fait (souvent un fait de l'homme) auquel elle attache un effet de droit.

124 En définitive, la classification aujourd'hui dominante des sources créatrices de droits subjectifs oppose aux **actes juridiques** les **faits juridiques**. Cette nouvelle distinction majeure trouve une base dans une autre lecture du texte fondamental de l'article 1370 du Code civil. Désormais classique, elle conduit à dissocier, à la source des droits subjectifs, deux modes de création : l'acte juridique et le fait juridique.

A. L'ACTE JURIDIQUE

125 Dans le commerce juridique, grande est la variété des opérations juridiques. Une vue descriptive des diverses espèces d'actes juridiques aide à dégager un critère générique de l'acte juridique en tant que source créatrice de droits subjectifs.

a) Diversité des actes juridiques

Elle peut être appréhendée sous divers rapports d'où ressortent *plusieurs classifications* (à combiner).

126 D'après les parties à l'acte juridique, on oppose d'abord **l'acte unilatéral à l'acte plurilatéral** ou multilatéral (parfois bilatéral). Le testament, acte par lequel une personne dispose, pour le temps où elle ne sera plus, de tout ou partie de ses biens (art. 895, C. civ.) donne un bon exemple d'acte juridique unilatéral. Le contrat que l'article 1101 du Code civil définit comme une convention tendant à créer une obligation à la charge d'une ou plusieurs personnes envers une ou plusieurs autres est, de son côté, le type de l'acte bilatéral (ou multilatéral si plus de deux personnes sont parties à cet acte).

Ces deux figures d'actes conduiraient à penser que le critère de la distinction tient au nombre des parties : L'acte unilatéral émane d'une volonté unique ; il a un seul auteur. L'acte plurilatéral résulte de

(26) À ne pas confondre, s'agissant ici des obligations et droits subjectifs, avec les sources du Droit objectif. V. *supra*, n° 72 s.

la rencontre de plusieurs volontés. Une analyse plus raffinée a cependant montré que le critère se déplace, au moins dans les cas marginaux, de la considération quantitative du nombre des parties, à la considération substantielle des intérêts en cause. Ainsi, dans un contrat avec soi-même, une seule personne, soutenant des qualités distinctes, compose entre les deux séries d'intérêts différents qu'elle représente. Bien qu'émanant d'un seul individu, le produit de cette conciliation d'intérêts n'est pas un acte unilatéral. Quand, au contraire, plusieurs personnes réunies (dans un conseil, une assemblée) poursuivent le même intérêt, l'acte juridique issu de leur délibération constitue ce que l'on appelle un *acte-union : bien qu'émanant d'une pluralité de personnes, cette décision n'est pas* considérée comme un acte multilatéral.

127 Sous un autre rapport (économie générale de l'opération), on oppose volontiers les **actes à titre gratuit et les actes à titre onéreux.** Une donation (C. civ. art. 894), un testament, constituent des actes à titre gratuit. Une vente (C. civ. art. 1582), un bail (C. civ. art. 1709), sont des actes à titre onéreux.

De ces exemples, se dégage un critère sommaire : un acte à titre gratuit procède d'une intention libérale. Acte de bienfaisance, il est inspiré par le désir de rendre service à autrui : c'est un acte désintéressé, animé par un esprit altruiste. Cependant l'acte gratuit ne se définit pas seulement par cet élément psychologique. S'y associe un critère économique lié à la matérialité de l'acte (à son économie). Un acte à titre gratuit produit en général un mouvement de valeur, sans contrepartie, du patrimoine de l'auteur de l'acte (qui s'appauvrit) au patrimoine de son bénéficiaire (qui s'enrichit). Parfois cependant (simple nuance), cet avantage ne consiste pas dans le transfert d'un bien d'un patrimoine à un autre, mais seulement dans la fourniture d'un service gratuit. C'est le cas notamment du mandataire ou du dépositaire qui, acceptant la charge d'un mandat ou d'un dépôt gratuit, rendent à autrui un service sans contrepartie.

Dans l'acte à titre onéreux au contraire, chaque partie poursuit un intérêt personnel et retire de l'opération un avantage (bien ou service) en contrepartie de celui qu'il fournit.

128 On distingue encore, du point de vue de la gravité de l'acte (et dans un ordre de gravité décroissante), **les actes de disposition, les actes d'administration et les actes purement conservatoires.**

Un acte de disposition engage le capital ou engage l'avenir. L'opération risque d'aboutir à une perte de substance dans le patrimoine de son auteur. La vente d'un immeuble constitue le type le plus achevé et le plus simple de l'acte de disposition. Plus généralement, celui qui aliène un immeuble en dispose, que cette aliénation soit faite à titre gratuit ou à titre onéreux. Cependant, tous les actes de disposition ne sont pas des aliénations : ainsi la constitution d'hypothèque. Le propriétaire qui (pour emprunter) grève un immeuble d'une hypothèque fait peser sur son bien une charge qui engage l'avenir (le créancier hypothécaire pourra, en cas de non-paiement, faire vendre l'immeuble hypothéqué et se faire payer par préférence sur le prix) ; il accomplit un acte de disposition ; de même, en raison de la gravité des droits qu'il confère à autrui sur son bien, celui qui consent, sur ce bien, un bail de plus de neuf ans.

Réciproquement, certains actes d'aliénation, de moindre gravité, n'entrent pas dans la catégorie des actes de disposition, mais dans celle des actes d'administration.

129 *L'acte d'administration* correspond — au deuxième degré de l'échelle des actes — aux opérations de gestion normale d'un patrimoine. Cette gestion englobe l'expédition des affaires courantes. Un acte d'administration constitue une opération normale de mise en valeur d'un patrimoine, un acte ordinaire d'exploitation. Louer un immeuble pour une durée inférieure à neuf ans, passer les contrats relatifs à son entretien, vendre une récolte sont des actes d'administration (en ce dernier cas, la vente, acte d'aliénation, n'est pas un acte de disposition). L'acte d'administration prend, dans cette vue, un caractère courant qui l'oppose à l'acte de disposition, plus rare ; il a aussi un caractère dynamique qui, cette fois, le distingue des actes purement conservatoires.

L'acte conservatoire s'oppose aux deux précédents. Il réserve l'avenir, ménage le futur en assurant jusqu'à nouvel ordre, le *statu quo*. Purement statique, il conserve, en l'état, les droits des parties, dans l'attente de l'événement ultérieur (souvent l'issue d'un procès) qui les fixera définitivement. L'inscription d'hypothèque, l'apposition de scellés en sont des exemples courants : provisoires, ces mesures d'attente ne préjugent pas de la solution à venir, mais, quelle que soit cette solution, préservent, à tout événement, les droits des intéressés (v. Cl. Brenner, *L'acte conservatoire,* th. Paris II, 1996). L'acte conservatoire est un acte neutre, de pure vigilance, toutes fins réservées.

130 La doctrine distingue encore **les actes entre vifs et les actes à cause de mort**. Les premiers sont destinés à produire leurs effets juridiques du vivant de leurs auteurs. La donation entre vifs emporte le dépouillement immédiat et irrévocable du donateur (donner et retenir ne vaut). Au contraire, l'acte à cause de mort est destiné à produire ses effets au décès de l'une des parties. Le testament est un acte de dépouillement différé que son auteur élabore en prévision du jour où il ne sera plus et qui ne produit son effet qu'au décès de celui-ci (s'il n'a pas été révoqué).

131 Une dernière classification se fonde sur l'intensité de la force créatrice de l'acte juridique. Dans l'acte juridique ordinaire les parties elles-mêmes modèlent les effets de droit que l'acte doit engendrer. C'est le cas normal en matière d'**autonomie de la volonté** : les auteurs de l'acte élaborent le contenu de l'acte. Ils déterminent eux-mêmes leurs droits et leurs obligations (prix, qualité, garantie, etc.).

Mais (assez rarement en matière patrimoniale, plus fréquemment en matière extrapatrimoniale) les auteurs d'un acte sont parfois impuissants à déterminer les effets de droit que doit produire l'acte dont ils prennent l'initiative. L'acte juridique n'est alors que la manifestation de volonté qui déclenche l'application d'un statut prédéterminé (presque toujours par la loi). Les auteurs de cet acte sont censés en connaître les effets légaux et se les approprier, mais la manifestation de la volonté n'est qu'un déclic. Ainsi, dans le mariage, acte de liberté, la détermination des droits et devoirs des époux ne dépend pas d'une discussion individuelle des fiancés, lesquels entrent dans l'institution avec le désir de les vivre, mais sans le pouvoir de les négocier, de les élaborer eux-mêmes (27). On appelle **acte-condition** cet acte-déclic qui est bien une manifestation de volonté, une initiative volontaire, sans être la source productrice des effets de droits qu'il déclenche.

À chaque distinction correspondent des intérêts pratiques. Le régime juridique des actes varie de façon non négligeable en fonction de ces classifications. L'idée sommaire de la diversité des activités juridiques n'est ici donnée que pour chercher à élaborer, de façon plus systématique, un critère général de l'acte juridique en tant que source créatrice de droits.

(27) En réalité — mais c'est une autre question — les époux retrouvent beaucoup de liberté dans la façon qu'ils adoptent ou qu'ils créent — jour après jour — de vivre leur mariage.

b) Critère de l'acte juridique

L'acte juridique se définit, de manière générique, par la réunion de deux éléments.

132 1° Il constitue, en toutes circonstances, **un acte de volonté**. L'acte qui forme la matière de l'acte juridique est, par hypothèse, un agissement volontaire. L'acte juridique est toujours l'expression d'une ou plusieurs volontés (c'est bien ce que voulait signifier la doctrine synthétique qui voyait dans la volonté individuelle l'une des deux sources du droit subjectif). Cette affirmation contient virtuellement, en elle, l'essentiel du régime de l'acte juridique, acte libre et conscient. Elle postule la liberté du consentement qui préside à la formation de l'acte ; elle suppose qu'en pleine conscience l'auteur de l'acte a pris en considération l'objet de celui-ci. Qui dit acte dit volonté et même intention, donc liberté et lucidité. L'acte juridique est une **opération volontaire.**

Ainsi défini, l'acte juridique se distingue du document qui, souvent, est rédigé pour constater l'opération juridique. En un autre sens, l'acte juridique désigne, non l'acte de volonté, mais l'instrument pratique, le titre établi, l'écrit dressé lors de la formation de l'acte *(instrumentum)*. L'acte juridique nous intéresse ici en tant qu'opération juridique : opération intellectuelle que l'on nomme, par opposition au titre, *negotium*.

133 2° Volontaire, l'acte est dit **juridique**. Ce qualitatif lui est appliqué parce qu'il produit des effets de droit. Il est source de droits ; il crée des obligations ; il transfère des droits réels, etc.

Mais le trait le plus spécifique est, ici encore, subjectif, intellectuel, psychologique. L'acte juridique est une opération dans laquelle les parties prennent en considération les effets de l'acte pour se les approprier (en toute liberté et pleine conscience). L'acte juridique se caractérise, de la part de son auteur (ou de ses auteurs), dans une vue finaliste, comme la poursuite volontaire, la recherche intentionnelle des effets de droit que l'acte doit objectivement produire. Dans un contrat de vente, le vendeur attend le versement du prix qui est, en effet, la conséquence de la vente, et l'acheteur l'acquisition de la propriété. **L'effet de droit n'est pas seulement l'objet de l'acte, mais le but que recherche l'auteur de l'acte ; pas seulement la conséquence objective de l'acte, mais la fin poursuivie par l'auteur.**

En conclusion : **L'acte juridique est un acte de volonté destiné à produire un effet de droit** (notamment à créer un droit subjectif) **consciemment et librement recherché par son ou ses auteurs** (V. cette idée développée n°s 142 et 143).

B. LE FAIT JURIDIQUE

134 C'est **un fait que la loi prend en considération pour y attacher un effet de droit** (spécialement la création d'un droit subjectif). La source créatrice du droit ne réside plus, ici, dans la volonté de l'homme, mais dans la loi. Cependant, la loi n'intervient que pour attacher un effet de droit à un fait brut, extérieur à elle, qui est souvent un fait de l'homme.

Pour dégager cette notion générale avec plus de précision, le délit civil qui en est un exemple typique, offre un point de départ.

a) Le délit civil

135 La disposition générale de l'article 1382 en donne une première idée : « Tout fait quelconque de l'homme qui cause à autrui un dommage oblige celui par la faute duquel il est arrivé à le réparer ». Cette faute dommageable est un délit (civil). L'article 1384, al. 1er, fait la synthèse des autres applications du délit civil : on est responsable non seulement de son propre fait, mais encore du fait des personnes dont on doit répondre ou des choses dont on a la garde.

1° Éléments constitutifs

136 Ces textes permettent de déterminer les éléments constitutifs du délit civil (c'est-à-dire, on le verra, les conditions de la responsabilité civile). Un délit est constitué, de la part d'un individu, lorsque, contrairement au droit, celui-ci cause à autrui un dommage, soit par son fait personnel, soit par le fait d'une personne dont il répond, soit par le fait d'une chose dont il a la garde. Trois mots-clés, trois éléments constitutifs : **fait illicite, dommage, lien de causalité**.

— Un délit suppose, à sa base, *un fait originaire illicite* qui peut consister soit dans le comportement fautif de l'auteur du délit (coups et blessures), soit, pour la personne qui répond d'autrui (parent, employeur), dans le comportement de la personne dont elle répond (enfant sous sa garde, salarié dans l'exercice de ses fonctions), soit dans le fait d'une chose dont on a la garde (accident de véhicules).

— Cependant, le délit n'est constitué que lorsque ce fait cause à autrui *un dommage*, que le préjudice subi par le tiers victime soit corporel, matériel ou moral.

— Encore faut-il que le fait initial soit la *cause* du dommage. En bref, le délit civil consiste en un fait illicite dommageable.

2° Conséquences juridiques

137 Les textes conduisent à discerner les effets du délit civil (les conséquences que la loi attache au fait dommageable) : c'est la responsabilité civile (plus précisément, la responsabilité délictuelle). L'auteur du délit est civilement responsable du dommage qu'il a causé. Il engage sa responsabilité civile envers la victime du préjudice (28). Or, être civilement responsable, c'est être obligé de réparer, chez la victime, le dommage qu'elle a subi. Voilà l'équivalence : obligation de réparation, la responsabilité civile (délictuelle) rend l'auteur du délit débiteur de la réparation et la victime du dommage créancière de celle-ci. Quant au mode de réparation, le plus adéquat doit être retenu. Le plus souvent, ce sera le versement à la victime d'une somme d'argent à titre de dommages et intérêts (indemnité).

b) La notion générale

L'exemple du délit civil conduit à systématiser la notion de fait juridique.

(28) Si le fait est prévu et réprimé par la loi pénale, son auteur engage aussi, pour ce même fait — et cumulativement — sa responsabilité pénale. Mais celle-ci l'expose à une peine (prison, amende versée à l'État), non à l'obligation d'indemniser la victime, effet spécifique de la responsabilité délictuelle civile.

1° Un fait de base

138 Dans tout fait juridique existe, à la base, **un fait initial**. Cet élément brut, donnée originaire, peut consister, on l'a vu, en un fait de l'homme. Celui-ci peut-être intentionnel (l'auteur du dommage a eu l'intention de nuire ou, du moins, l'a causé sciemment ; on parle, en ce cas, de **délit** *stricto sensu*). Mais le fait peut être non intentionnel (le dommage a été causé, sans le faire exprès, par négligence ou imprudence ; on parle de **quasi-délit**, sauf à noter que celui-ci à quelques nuances près, a les mêmes conséquences civiles que le délit).

Cependant le fait originaire peut, également, consister en un fait matériel, naturel ou social. La loi prend en considération l'écoulement du temps, la situation géographique d'une propriété par rapport à une autre, un lien de parenté, un cas de force majeure, un état de besoin, un événement économique, une situation politique, etc. (diversité qui fait imaginer l'universalité de la théorie du fait juridique).

2° Des effets de droit

139 Dans ses conséquences, le fait juridique a pour caractéristique commune avec l'acte juridique de produire des effets de droit ; il engendre **des conséquences juridiques**. Il est créateur de droits subjectifs. Dans l'exemple choisi, le délit engendre la responsabilité civile ; il fait naître, sur la tête de la victime, un droit à réparation, une créance délictuelle, et, de la même manière, il met une dette, il crée une obligation civile, à la charge de l'auteur du délit.

140 Mais la conséquence du fait originaire est attachée à ce dernier par la loi. C'est **toujours la loi, qui, prenant en considération une donnée de fait, lui fait produire une conséquence de droit.** Ainsi a-t-on pu dire que, dans les faits juridiques, la source du droit résidait dans la loi, non dans la volonté de l'homme (en vérité, les deux éléments jouent : aussi bien parle-t-on, à propos du délit, de fait générateur).

141 Un autre trait distingue le fait de l'acte juridique. Le fait juridique n'a pas toujours un caractère volontaire (alors que l'acte juridique constitue nécessairement un acte intentionnel). Parmi les faits juridiques, beaucoup ne tiennent pas à une activité de l'homme. Par exemple, la loi attache un effet de droit à l'écoulement du temps (la prescription extinctive C. civ. art. 2262) ; elle crée une obligation alimentaire entre certains parents ou alliés ; elle établit une servitude entre deux héritages voisins, en obligeant le fonds qui est situé en contrebas à recevoir les eaux qui découlent naturellement de l'héritage supérieur (C. civ. art. 640). Quand même il s'agit d'un fait de l'homme, ce fait n'est pas toujours intentionnel (quasi-délit).

142 Il ne reste, dès lors, à dissiper qu'une dernière confusion. Comment distinguer le fait juridique, lorsqu'il est intentionnel, de l'acte juridique qui est toujours intentionnel ? En se référant à la direction prise par l'intention (à l'objet auquel elle s'applique). L'intention de l'auteur d'un acte juridique embrasse l'effet que cet acte doit produire. C'est cet effet de droit qui est connu, considéré, désiré, recherché, voulu, poursuivi par anticipation. Dans le fait juridique intentionnel, l'intention ne s'attache pas, sauf cas atypique, aux conséquences juridiques que le législateur lui fait produire. Pourrait-on dire que l'auteur d'un délit (avec intention de nuire) le commet pour être déclaré responsable ? Même s'il a conscience des conséquences de son acte, de toute évidence, il n'agit pas dans ce but.

143 En réservant certaines hypothèses aberrantes, on peut énoncer en définitive que, **dans l'acte juridique, il y a toujours, de la part de son auteur, prise en considération et recherche volontaire des effets de droit que produira l'acte, tandis que, dans le fait**

juridique, le mécanisme légal producteur d'effet se développe objectivement, sous la forme d'une conséquence attachée à un fait, que celui-ci soit ou non intentionnel (29).

§ 2. L'EXERCICE DES DROITS SUBJECTIFS

144 Lorsque, par l'effet d'un acte ou d'un fait juridique, un droit subjectif est né sur la tête d'un individu, il reste à déterminer comment le titulaire du droit peut l'exercer.

L'exercice d'un droit correspond à ce que le langage courant nommerait la jouissance de ce droit. Mais il faut user de ce dernier terme par simple évocation car, dans un sens technique de précision, la langue juridique définit la jouissance d'un droit comme l'aptitude — que nous avons présumée — à devenir titulaire d'un droit (C. civ. art. 7). Ici, il s'agit tout différemment de savoir comment le titulaire (supposé apte) d'un droit (supposé acquis) peut effectivement profiter des avantages que lui confère virtuellement son droit.

145 **La vie non contentieuse des droits subjectifs :** L'exercice des droits subjectifs donne lieu à des phénomènes juridiques divers : deux sortes de situations s'opposent radicalement.

Dans l'immense majorité des cas, l'exercice des droits individuels n'a pas d'histoire. Chaque jour, chaque citoyen « jouit » paisiblement de ses droits, dans la gestion de son patrimoine, dans sa vie de famille, dans l'exercice de sa profession, sans s'exposer aux rigueurs de la justice ni avoir besoin de ses services. L'usage non contentieux des droits demeure le quotidien de la vie juridique. Dans chaque ville, sur chaque marché, chaque matin fait naître, par milliers, ventes, contrats de transports, prêts, dépôts, etc. innombrables contrats usuels de la vie courante.

Entendu largement, l'exercice normal des droits subjectifs embrasse d'ailleurs diverses éventualités. Le titulaire du droit en use personnellement — c'est le cas ordinaire. Il peut aussi, sauf exception, transférer ce droit à autrui. Les transferts de droits (soit à titre onéreux, soit à titre gratuit) constituent le fond courant du commerce juridique non contentieux. On pourrait le dire aussi de l'extinction des droits qui résulte de l'écoulement du temps (par la prescription extinctive) ou de la mort du titulaire (pour les droits viagers). Le cours naturel de ces opérations non contentieuses autorise à ne pas s'appesantir sur ces situations. Leur banalité explique que le silence les enveloppe, une fois notée l'importance primordiale qu'elles revêtent en pratique dans la vie de tous les jours.

146 **La vie contentieuse des droits subjectifs :** Il est naturel de s'attacher davantage aux phénomènes, plus rares, qui font difficulté. L'exercice des droits subjectifs peut suivre un cours plus tourmenté. Par accident, il devient contentieux.

Il en est ainsi lorsque l'exercice du droit provoque un litige (une contestation) soit en raison du comportement du titulaire du droit, soit à cause de l'opposition d'un tiers à l'exercice normal de ce droit. **L'abus du droit et l'action en justice** répondent à deux situations de crise dans l'exercice des droits subjectifs.

---

(29) En vérité, cette opposition s'atténue : 1° Pour les actes-condition (v. plus haut, n° 131) dont les effets sont déterminés par la loi ; 2° Pour les obligations accessoires implicites que la loi, l'usage ou l'équité attache à un contrat (C. civ. art. 1135), sans que les parties les aient, nécessairement, pris en considération. Pour un approfondissement interdisciplinaire de ce thème, v. le n° 7 que la revue *Droits* consacre à l'acte juridique, 1988. En dépit de ces atténuations marginales, l'opposition de l'acte juridique et du fait juridique demeure fondamentale.

A. **L'ABUS DU DROIT** (30)

147 Prétorienne et doctrinale à ses origines, la théorie de l'abus du droit a été expressément consacrée par la loi dans divers domaines particuliers (par exemple, la rupture abusive par l'employeur du contrat de travail ; dans le droit de l'exécution, la saisie abusive de la part du créancier ou la résistance abusive de la part du débiteur, art. 22 et 23, l. 9, juillet 1991). Mais c'est **dans toute sa généralité,** en dehors même de ces applications légales spéciales, qu'elle fait aujourd'hui **partie intégrante du droit positif français**. Très élaborée, cette théorie désormais classique est fermement établie non seulement dans son *principe* mais dans sa mise en œuvre, qu'il s'agisse du *critère* ou des *conséquences* de l'abus.

a) Principe

148 Il est acquis, en règle générale, que tout droit est susceptible d'abus. **Le titulaire d'un droit** (qu'il faut supposer non contesté) **engage sa responsabilité civile s'il cause un préjudice à un tiers en exerçant abusivement son droit.** L'exercice des droits est soumis, dans notre droit positif contemporain, à un **contrôle judiciaire en cas d'abus**. Ce contrôle s'étend, en principe, à l'ensemble des droits subjectifs. Peut ainsi être taxé d'abus (à la condition, ou va le voir, que celui-ci soit nettement caractérisé) l'exercice du droit de propriété, du droit d'agir en justice ou même, dans le droit du travail et des affaires, l'exercice du droit de démissionner pour le salarié ou de la liberté pourtant fondamentale de s'approvisionner chez un fournisseur de son choix. Sauf exception (31), **les droits subjectifs ne sont donc pas discrétionnaires** mais contrôlés. Bien qu'ordonnés à la satisfaction d'un intérêt individuel, les droits subjectifs ordinaires, appelés parfois droits égoïstes (par opposition aux droits-fonction, v. *supra,* n° 69) ne sont cependant pas, pour leur titulaire, des prérogatives absolues (v. *supra,* n° 38). Un individu, lors même qu'il est reconnu titulaire incontesté d'un droit, se met néanmoins dans son tort, s'il use de son droit d'une façon abusive. L'idée d'une limite à l'absolutisme des droits individuels est entrée dans les principes du droit. Faute d'avoir été consacrée par une disposition générale de la loi, la théorie de l'abus du droit est rattachée par les arrêts (qui visent l'art. 1382 C. civ.) au droit de la responsabilité délictuelle. Constante et ferme sur ses assises jurisprudentielles et doctrinales, la théorie de l'abus du droit a, en vérité, conquis son statut de coutume. Son principe est donc consacré. Mais sa portée dépend du point de savoir à quel signe on reconnaît que l'exercice d'un droit devient abusif.

b) Critère

149 Le critère de l'abus résout le paradoxe — apparent — d'un abus dans l'exercice d'un droit. **Le titulaire d'un droit abuse de celui-ci, tout en restant dans les limites objectives de son droit, s'il l'exerce dans l'unique intention de nuire à autrui. L'intention malveillante** est le critère incontesté de l'abus, au moins dans la théorie générale qui règne en jurisprudence. Encore faut-il que l'intention de nuire soit suffisamment caractérisée. (V. la cassation pour défaut de base légale d'une décision qui avait

(30) V. *infra* n° 1080 s. l'étude de l'abus du droit de propriété et la bibliographie sous le n° 1123.
(31) Elles sont rares, V. par ex. le droit conféré par l'art. 334-7 C. civ. au conjoint du parent naturel.

admis, sans le caractériser, un abus de retrait de clientèle : Com. 5 juill. 1994, G. P. 1995.1.9).

À la vérité, même à défaut d'animosité malicieuse, le titulaire d'un droit se met dans son tort, si, dans l'exercice de ce droit, il cause à autrui un préjudice anormal, excessif, disproportionné, d'une part, avec la gêne courante qui découlerait de l'exercice normal du droit, d'autre part, avec le profit qu'il en retire.

Mais ce critère objectif, tiré de la démesure du dommage (abstraction faite de la psychologie du titulaire du droit), est pris en compte, au moins pour certains droits, par une **théorie distincte et voisine de la théorie de l'abus du droit (la théorie des inconvénients anormaux de voisinage**. V. plus loin, n° 1094.) et, en dehors de cette théorie, le critère de l'exercice antisocial d'un droit est controversé. Il faut également réserver les **cas particuliers** dans lesquels l'abus répond, en vertu d'une disposition spéciale, à un critère spécifique (et, en certaines matières, le critère de l'abus est plus ondoyant, par ex. pour l'appréciation de la démission abusive : Soc. 18 janv. 1995, D. 96.27. n. C. Puigelier ; comp. aussi, en matière de droit d'auteur, le particularisme de la notion d'abus notoire du droit de divulgation, de la part des héritiers de l'auteur, *infra*, n° 1696).

150 De nombreuses applications illustrent ces critères. Un plaideur abuse de son droit d'agir en justice s'il intente un procès sans aucun fondement, dans l'intention manifeste et le seul dessein d'inquiéter son adversaire. L'abus du droit d'agir en justice expose son auteur à diverses sanctions (32). Un propriétaire abuse de son droit, tout en restant dans les limites objectives de celui-ci, s'il élève aux limites de son champ d'immenses tiges de fer seulement destinées à gêner son voisin qui se livre à des exercices d'aviation. Tel autre exerce abusivement son droit s'il installe sur son fonds une pompe aspirante dans l'unique but de tarir une source voisine laissant, chez lui, s'écouler l'eau en pure perte, et gênant l'exploitation de son voisin. La théorie distincte des inconvénients de voisinage connaît, en parallèle, on le verra, d'innombrables applications. Lorsque, par les odeurs, les fumées, les bruits qui s'échappent de son établissement, un industriel cause à ses voisins un préjudice démesuré qui excède la limite raisonnable des inconvénients de voisinage, il engage sa responsabilité envers eux. Le problème de la réparation devient seulement plus délicat (chaque fois que l'arrêt de l'activité préjudiciable est exclu et que la modification des installations est impossible, le versement de dommages et intérêts devient la seule issue).

c) Conséquence

151 La conséquence de l'abus du droit (une fois reconnu) est, elle aussi, classique. L'auteur de l'abus — bien que titulaire d'un droit — engage envers la victime sa **responsabilité délictuelle** : il est tenu de réparer, de la façon la plus adéquate, le dommage que cause

(32) Celui qui agit d'une manière abusive peut être condamné (cumulativement ou non) : 1° à une amende civile de 100 F à 10 000 F ; 2° à des dommages-intérêts, si son adversaire en réclame ; N.C.P.C. art. 32-1. L'abus du droit d'agir en justice a son prolongement naturel dans l'abus du droit d'exécution forcée (c'est-à-dire du droit pour tout créancier de contraindre son débiteur à exécuter ses obligations et, par extension, de pratiquer une mesure conservatoire, art. 1er, l. 9 juillet 1991). L'exécution de ces mesures a une mesure : Elle ne peut excéder ce qui est nécessaire à la satisfaction du créancier (obtenir le paiement de l'obligation, art. 22, al. 1, l. 9 juillet 1991). D'où ici encore, deux sanctions spécifiques (au pouvoir du juge de l'exécution) : la mainlevée de « toute mesure inutile ou abusive » et la condamnation du créancier à des dommages-intérêts en cas de saisie abusive (art. 22, al. 2). Le débiteur s'expose réciproquement à des dommages-intérêts, en cas de résistance abusive (art. 23).

l'exercice de son droit. L'exercice abusif d'un droit est générateur de responsabilité civile. Le titulaire du droit qui exerce abusivement son droit est condamné soit à cesser ou à modifier son activité, soit, si ce remède est hors de portée, à indemniser la victime, à titre de compensation, en lui versant des dommages et intérêts.

Aujourd'hui bien enraciné, le critère de l'abus du droit (proprement dit) pourrait-il être remis en question ? Pourrait-on écrire (plus ouvertement mais dans les limites d'une prudence raisonnable) : l'exercice d'un droit est abusif lorsqu'il inflige à des intérêts légitimes un sacrifice manifestement disproportionné avec la satisfaction qu'il procure à son titulaire ?

B. L'ACTION EN JUSTICE

152 L'action en justice est, au sens large du terme (33), le moyen, pour le titulaire d'un droit prétendu et contesté, de faire reconnaître son droit en justice : en demandant à un juge de consacrer ce droit dans sa décision (son jugement), afin de le faire respecter par autrui. L'action apparaît, dans sa finalité générale, comme une garantie de justice, une voie de droit : le moyen de lever l'obstacle qui entrave l'exercice normal d'un droit en faisant écarter, par un recours au juge, la prétention qui s'y oppose. Prolongement et protection du droit subjectif, l'action en justice ouvre *l'exercice contentieux du droit.*

a) Principe

153 En règle, tout droit est muni d'action. Il n'y a lieu de s'arrêter ici ni aux droits qui, par exception, sont dépourvus d'action (plus tard viendra la théorie des obligations naturelles) ni aux actions qui sont ouvertes pour la sauvegarde de simples intérêts (non pour la protection de véritables droits subjectifs). En dehors de ces discordances mineures, tout droit est, normalement, sanctionné par une action en justice et l'action est normalement ordonnée à la reconnaissance d'un droit.

Au demeurant, l'action n'est pas liée à la position procédurale des parties. Si, prenant l'initiative, le titulaire du droit prétendu se porte demandeur au procès, il agit en justice. Il agit de même si, assigné par un tiers qui conteste son droit, il a dans le procès la position de défendeur. Dans ce cas comme dans le précédent, il exerce une action en justice. L'action est le moyen de faire valoir en justice ses droits (au moins ses prétentions), en demande ou en défense. Autant que le demandeur, le défendeur agit en justice pour la défense de ses droits et de ses intérêts (N.C.P.C. art. 30).

b) Mise en œuvre

154 Il reste à préciser de quelle protection l'exercice de l'action en justice couvre le droit subjectif. Il n'est pas question de présenter ici, même sommairement, le déroulement du procès civil. Il suffit de savoir que **le procès est constitué par une série d'actes qui ont pour objet d'introduire, d'instruire et de juger la cause suivant certaines formes.**

En revanche, il est nécessaire de connaître à quelles conditions le titulaire du droit déduit en justice peut triompher. **Les conditions du succès de la demande,** et plus généralement de toute prétention, s'ordonnent en **trois séries.** Même en cas de défaut (N.C.P.C., art. 472,

(33) V. ci-dessous n° 156, un sens technique plus précis.

al. 2), un « juge ne fait droit à la demande que s'il l'estime **régulière, recevable** et **bien fondée** », trois **conditions cumulatives.** Il est capital d'enregistrer aussitôt ces trois **notions fondamentales.** Ces trois clés, ces trois seuils, ces trois cols font voir qu'il y a loin du droit à sa réalisation, du droit prétendu à sa consécration judiciaire.

155 **1° La régularité de la procédure :** La demande initiale (et les actes subséquents de procédure) doit être *régulière* (« valable »). La régularité de l'instance suppose (sans entrer dans le détail) :

— que la demande revête la forme exigée par la loi (assignation, requête, etc.) ;
— qu'elle émane d'une personne capable et dotée du pouvoir d'agir en justice ;
— qu'elle soit portée devant la juridiction compétente pour en connaître.

L'appréciation de cette régularité correspond à un premier niveau de discussion. L'adversaire qui soutient que la demande n'est pas régulière pour inobservation d'une des conditions précédentes fait valoir un **moyen de défense** spécifique que l'on appelle une **exception de procédure** ; il soulève une exception de nullité (pour vice de forme, défaut de capacité ou de pouvoir) ou une exception d'incompétence. *Le moyen tend seulement à faire déclarer la procédure irrégulière* (sans examiner le fond du litige) (N.C.P.C. art. 73). Ce n'est qu'un premier cap.

156 **2° La recevabilité de la demande :** À supposer la demande régulière, encore faut-il qu'elle soit *recevable.* **La recevabilité de la demande,** et plus généralement de toute prétention, **suppose que son auteur est investi, au sens le plus technique du terme, du droit d'agir en justice pour discuter au fond de la question litigieuse.** Cette condition de recevabilité s'apprécie en effet, puisqu'il y a deux plaideurs, aussi bien du côté passif que du côté actif. Il faut que le demandeur et le défendeur soient l'un et l'autre qualifiés pour discuter au fond de l'objet du litige (personnellement intéressés à sa solution) (34). Alors seulement, ils ont droit d'agir en justice, au sens le plus précis du terme (35). Si l'un des plaideurs soutient que son adversaire n'est pas pourvu du droit d'action (c'est-à-dire du droit de discuter au fond de la question litigieuse) il fait valoir un autre *moyen de défense* qu'il est convenu d'appeler une **fin de non-recevoir** (N.C.P.C. art. 32 et 122 s.). Cette fin de non-recevoir sera tirée, par exemple, soit du défaut d'intérêt (pas d'intérêt, pas d'action), soit du défaut de qualité (le divorce ne pouvant être demandé que par un époux, les parents de l'un des époux ne seraient pas recevables à le demander ; leur demande, irrecevable, serait rejetée sans examen du fond du droit).

La fin de non-recevoir est donc un moyen de défense qui tend à faire déclarer l'adversaire irrecevable en sa demande (en raison notamment d'un défaut de qualité ou d'intérêt) **sans examen du fond du droit** (36). C'est un deuxième niveau de discussion, distinct du précédent et du suivant : savoir qui a voix au chapitre, titre à discuter.

157 **3° Le bien-fondé de la prétention :** Si la demande, régulièrement formée, est par ailleurs recevable, elle ne sera cependant accueillie que si elle est **bien-fondée** c'est-à-dire **justifiée**

(34) L'action est ouverte à tous ceux qui ont un intérêt légitime au succès ou au rejet d'une prétention (N.C.P.C. art. 30) : la condition d'intérêt est au premier plan. Mais il faut réserver les cas dans lesquels la loi attribue le droit d'agir aux seules personnes qu'elle qualifie (et pour lesquelles leur qualité fait présumer leur intérêt : *actions attitrées*), v. Thémis, *Procédure civile,* Cornu et Foyer, 77, 80.

(35) Le nouveau Code de procédure civile définit l'action : « Le droit, pour l'auteur d'une prétention, d'être entendu sur le fond de celle-ci, afin que le juge la dise bien ou mal fondée ».

(36) Définition donnée par l'art. 122 N.C.P.C.

en fait et en droit. Elle sera rejetée si elle est mal-fondée (en fait ou en droit). À ce troisième stade de la discussion, s'ouvre le **débat au fond** (37). Sur ce terrain, relatif à l'objet principal du litige, chaque plaideur développe un autre type de moyens de défense que l'on appelle **moyens de défense au fond** (ils se rapportent à une question de fait, ou à une question de droit). *Constitue une défense au fond tout moyen qui tend à faire débouter l'adversaire de sa prétention comme non justifiée,* **après examen du fond du droit** (N.C.P.C. art. 71). Là encore, en toute réciprocité, l'exigence du bien-fondé (comme condition du succès de la prétention) s'applique à toute prétention qu'elle émane du demandeur initial ou du défendeur : Elle s'applique aux prétentions formulées par le demandeur (dans sa demande originaire dite principale ou initiale ou dans ses demandes additionnelles) et aux prétentions formulées par le défendeur dans la demande reconventionnelle (s'il en forme une).

Il existe donc **trois sortes de moyens de défense** correspondant à trois ordres de discussion :

— Les exceptions de procédure ;
— Les fins de non-recevoir ;
— Les défenses au fond.

Ces trois notions font comprendre comment le droit subjectif, par le canal de l'action en justice, peut être ou ne pas être, consacré judiciairement.

SECTION III LE PHÉNOMÈNE JUDICIAIRE

158 Dans la réalisation du droit, le phénomène judiciaire, marqué par **l'intervention du juge** dans les rapports sociaux, a une place hors série. **Affaire par affaire, cas par cas, espèce par espèce, le juge ne connaît que les causes qui lui sont soumises par les plaideurs**. Son intervention est ponctuelle et provoquée (38). Dans les affaires soumises à son examen, il ne peut prendre que des **décisions individuelles** dont la portée se limite à l'affaire examinée, plus précisément dont l'autorité ne couvre que ce qui a fait l'objet du jugement (c'est le principe de l'autorité relative de la chose jugée : C. civ.

(37) Le fond du droit, pour une prétention, est constitué du fait et du droit qui s'y rapportent : du fait qui la fonde et la justifie, si ce fait est vérifié, du droit qui la fonde et la justifie si la prétention y est conforme. Le juge du fond est encore appelé juge du fait parce qu'il est juge du fait et du droit. Le débat au fond est un débat sur le fait litigieux et le droit applicable. **Une prétention n'est bien fondée que si elle est justifiée en fait et en droit.**

(38) La loi et le jugement sont deux « phénomènes primaires irréductibles l'un à l'autre » (Carbonnier, Introduction, 4). Nous ajouterions volontiers que, s'ils pouvaient émaner d'un seul (qui serait à la fois législateur et juge), loi et jugement n'en seraient pas moins nécessairement dissociés comme le sont, dans l'histoire (de l'humanité ou d'un homme) l'α et l'o. **La loi est au commencement** (avertissement ou alliance). **Le jugement à la fin,** en dernier (rétribution ou grâce). La loi ne peut se passer du jugement, car elle serait, *déjà,* condamnation. La même raison justifie que le jugement soit autre chose que la loi pour tenir compte de la réponse de chacun à la loi (entre la loi et le jugement s'intercale la liberté). C'est pourquoi le jugement est, d'abord et irréductiblement, **la décision d'un cas. Le juge est fait pour rendre justice, non pour faire ou refaire la loi.** Cette fonction primordiale n'empêche pas que se forme une jurisprudence, mais elle veut que la jurisprudence vienne au juge et au jugement, comme par surcroît. Si le jugement établissait la loi, il l'appliquerait sans avertissement et par surprise, à un fait antérieur. Il aurait un effet rétroactif.

a. 1351). **L'article 5 du Code civil interdit au juge de prononcer par voie de disposition générale**. Le juge n'a pas le pouvoir de prendre une décision applicable en dehors de l'espèce qui lui est soumise. **Les arrêts de règlement sont interdits** (v. *infra*, n° 442). À ce titre, le phénomène judiciaire centré, coup par coup, sur les affaires à l'occasion desquelles se jouent les droits de justiciables, constitue une série de phénomènes individuels.

159 Mais la justice est une émanation de l'État. C'est l'un des pouvoirs qui constituent l'État. Chaque État institue des organes (des tribunaux) qu'il investit d'une fonction spécifique : la **fonction juridictionnelle** (39). Dans l'exercice de cette fonction, le juge fait application du droit objectif : il remplit un rôle qui finit par dépasser le cadre des espèces dont il connaît. Enfin, la justice est un milieu qui a ses traditions et prend des habitudes. Les usages judiciaires, la formation de la jurisprudence, ne sont plus des phénomènes individuels. L'activité judiciaire contribue au développement du droit objectif.

À la charnière de la réalisation des droits subjectifs et de celle du droit objectif, le juge assume, dans notre système juridique, un rôle spécifique qui mérite d'être saisi dans sa diversité.

---

(39) À la vérité, **les juridictions étatiques n'ont pas le monopole de la fonction juridictionnelle.** Plus précisément, les tribunaux judiciaires n'ont pas le monopole de cette fonction en matière de droit privé, au moins en principe. Ils ne l'ont, par exception, que dans les cas spécifiés où la loi exige l'intervention de la juridiction étatique, soit pour trancher un litige (divorces contentieux ou contestations relatives à la filiation par ex.), soit pour exercer un contrôle sur un acte de volonté privée (matière gracieuse). Dans les autres cas (c'est-à-dire dans les droits dont les particuliers ont la libre disposition), les parties entre lesquelles surgit un litige ont la faculté de choisir entre deux autres voies (à la condition de s'accorder sur ce choix) : 1ᵉ ou bien 'transiger (en se consentant des sacrifices mutuels), ce qui est une façon de résoudre elles-mêmes leur litige (avant le procès ou même en cours d'instance) par une convention nommée **transaction** (C. civ. 2044), laquelle possède par elle-même l'autorité de la chose jugée (C. civ. a. 2052) et peut obtenir force exécutoire du président du tribunal de grande instance, sur requête d'une partie (N.C.P.C. a. 1441-4 ; d. 28 XII 98) ; 2ᵉ ou bien confier la mission de trancher leur litige à un particulier qu'elles choisissent d'un commun accord. Le particulier investi conventionnellement de cette fonction s'appelle **un arbitre**. Choisi *intuitu personae* (c'est nécessairement une personne physique, N.C.P.C. a. 1451) l'arbitre tient son pouvoir de la volonté des intéressés. Le recours à l'arbitrage n'est possible qu'en vertu d'une convention que l'on nomme *compromis* (C. civ. art. 2059 N.C.P.C. a. 1447), si elle est conclue par des personnes entre lesquelles, le litige a déjà éclaté (sur litige né), ou *clause compromissoire* (N.C.P.C. a. 1442), si elle est stipulée par les parties à un contrat principal pour les litiges éventuels qui pourraient naître relativement à ce contrat. Conventionnellement choisi, l'arbitre n'en est pas moins, **un véritable juge**, investi du pouvoir de résoudre le litige par une sentence qui s'impose aux parties : c'est une décision juridictionnelle dotée par elle-même de l'autorité de la chose jugée relativement à la contestation qu'elle tranche (N.C.P.C. a. 1476). **D'origine conventionnelle, l'arbitrage est, cependant, un véritable mode juridictionnel de solution des litiges** (v. Ch. Jarrosson, *La notion d'arbitrage,* th. Paris II, 1987, biblioth. de dr. privé, T. CXCVIII). Ainsi donc, dans le domaine ouvert à l'arbitrage, les intéressés ont devant eux trois modes de solutions : le mode amiable de la transaction (si elles parviennent à élaborer la solution), le mode mi-conventionnel mi-juridictionnel (si elles s'entendent au moins sur le recours à la juridiction arbitrale et la désignation d'un arbitre), dans les autres cas, le recours à la juridiction étatique. Sur cet éventail, diverses modalités s'ouvrent d'ailleurs, secondairement, aux parties. Celles-ci peuvent notamment dispenser l'arbitre de trancher le litige conformément aux règles de droit, et lui confier la mission de statuer comme amiable compositeur (N.C.P.C. a. 1474), c'est-à-dire de statuer en équité (avec pouvoir d'écarter l'application de la règle de droit qui aurait en l'espèce des conséquences iniques). Sur ce modèle, les parties à un litige devant les tribunaux d'État ont également cette faculté (N.C.P.C. art. 12, al. 4) v. *infra*, n° 172, et, sur l'ensemble de la question, Thémis, *Procédure civile,* 8 et 10 s.

160 De fait, **l'activité du juge est multiforme.** La fonction juridictionnelle se diversifie (40). Dans la multiplicité des tâches judiciaires, il est raisonnable de laisser de côté — parce qu'elle pose des problèmes irréductibles — la fonction répressive qu'exerce la justice pénale. Pour la justice civile, une distinction entre les **modes d'intervention** du juge et ses **sources d'inspiration** montre et ordonne **les facettes multiples de la fonction juridictionnelle.**

§ 1. LES MODES D'INTERVENTION DU JUGE

Ils correspondent aux **deux fonctions élémentaires** (41) du juge. Principalement, le juge intervient soit pour **trancher un litige,** soit pour **consacrer un acte.** La fonction juridictionnelle comprend la *juridiction contentieuse* et la *juridiction gracieuse.*

A. LA JURIDICTION CONTENTIEUSE

161 Elle constitue la **fonction originaire, primordiale :** les juges ont été établis pour remplir cette fonction. La juridiction contentieuse est la juridiction proprement dite. La nature de la fonction commande le régime des actes par lesquels elle s'exerce (le jugement contentieux).

a) Nature de la fonction

162 La juridiction contentieuse se caractérise par la mission impartie au juge. **En matière contentieuse, la fonction du juge est de trancher une contestation par application du droit**. Cette formule réunit les deux critères de la juridiction contentieuse.

163 **1° Existence d'un litige :** À la base, la juridiction contentieuse suppose *l'existence d'un litige* porté devant le juge. En matière contentieuse, les plaideurs sont en litige. La réalité qui caractérise les rapports des parties au procès — et qui fait d'elles des adversaires (des parties adverses) — est une situation conflictuelle. Ce différend, ce conflit, ce désaccord est indifféremment nommé litige ou

---

(40) Trait essentiel, **la diversité des fonctions du juge** fait comprendre que l'office de dire le droit n'est qu'une part de son office (qu'il s'agisse de l'interprétation ou de l'application de la règle de droit, *a fortiori* de la création prétorienne). Tous les jours, sa fonction attend de lui la connaissance des faits (établissement des preuves, appréciations, évaluations), les missions de conciliation, les contrôles de juridiction gracieuse, les impulsions procédurales, l'administration judiciaire, etc. V. *Les rôles respectifs du juge et du technicien dans l'administration de la preuve*, rapport de synthèse du Xe Colloque des Instituts d'études judiciaires, 1975, p. 107 s.

(41) En réalité, le juge exerce **beaucoup d'autres fonctions annexes** : 1° d'ordre juridictionnel (il ordonne des *mesures d'instruction* ou des *mesures conservatoires*) ; 2° de caractère purement administratif (il prend, pour assurer le fonctionnement de la juridiction, des *mesures d'administration judiciaire* : désignation des juges de la mise en état et des magistrats appelés à statuer comme juge unique, N.C.P.C. a. 817 s., 963 s.', détermination d'un délai, appel d'une affaire à l'audience, jonction et disjonction d'instances, a. 363 ; radiation et retrait du rôle, a. 383, etc.). Dépourvues de tout caractère juridictionnel, de telles mesures ne sont pas soumises aux règles qui gouvernent les jugements (a. 499) et ne sont sujettes à aucun recours (a. 537). Il suffit ici de présenter les deux modèles principaux.

contestation (42). Globalement la contestation se présente comme un heurt de prétentions contraires. Le différend résulte de l'opposition de deux prétentions adverses : l'un prétend que..., l'autre objecte et soutient que...

Cependant le litige peut avoir divers objets : il peut porter soit sur un point de fait (l'existence ou l'importance d'un dommage, la réalité d'une paternité, le versement d'une somme d'argent, la remise d'un objet, etc.), soit sur un point de droit (le principe de la responsabilité, la nature juridique d'un type de contrat, la portée d'une obligation légale, l'interprétation d'un texte, etc.). **La contestation est un désaccord sur un ou plusieurs points de fait ou/et de droit**. Or c'est la contestation portée devant le juge qui, au contentieux, forme la matière de la juridiction ; c'est sur cette matière plus ou moins complexe que s'exerce l'activité intellectuelle du juge : on devine que la nature de la fonction juridictionnelle en ce cas (la nature du service attendu de la justice) est elle-même déterminée par la nature de la situation dont il est saisi.

164 **2° Fonction du juge :** La juridiction du juge, au sens étymologique du terme *(jus dicere)*, consiste à **trancher ce litige par application du Droit**. La fonction du juge est de dire le Droit pour mettre fin au litige. Mais il faut voir tout ce que cela comporte (43). L'exercice de la juridiction contentieuse comprend :

— **La constatation du fait** (que les faits soient ou non contestés) : opération qui consiste non seulement à prendre parti sur l'existence d'un fait (dommage, paternité), mais le cas échéant à porter sur ce fait (notamment sur sa gravité) une appréciation (la faute est-elle lourde ou légère ?, etc.). La constatation et l'appréciation des faits de l'espèce forment l'assise nécessaire et la base concrète du jugement.

— **L'application du droit aux faits constatés :** opération qui comporte l'énoncé de la règle de Droit, la qualification (44) des faits et aboutit à l'application de la règle aux faits de l'espèce.

— Sur chaque point contesté, une **décision judiciaire :** opération qui consiste, pour le juge, **à statuer en fait et en droit** (45), donc à trancher le litige, à le résoudre, à lui donner une **solution** qui est censée faire cesser le conflit et ramener la paix entre adversaires.

Ce schéma logique se traduit par de rigoureuses exigences de forme qui en sont la synthèse naturelle et traditionnelle. Le jugement doit être rédigé en deux parties : **les motifs et le dispositif** (N.C.P.C. a. 455). Tout jugement doit d'abord être motivé (46). Plus ou

---

(42) Lorsque la contestation, à l'initiative du demandeur, est portée devant le juge, elle devient la matière du procès ; elle devient une cause dont un tribunal est saisi. Mais la contestation existe avant d'être portée en justice. Née d'un désaccord, elle peut faire l'objet d'une transaction dès avant la demande en justice (laquelle n'est souvent formée qu'à défaut d'arrangement). C'est ce qu'exprime (dans une terminologie contestable) l'art. 2044 C. civ.

(43) V. plus loin n° 191 s. l'approfondissement de ce point, à propos du syllogisme judiciaire.

(44) V. n° 172 et n° 194.

(45) Cette double vocation est source d'une réflexion toujours renouvelée (v. not. Mario Rotondi. *« Considérations « en fait » et « en droit »,* R.T. 1977, p. 1). **Distinction irréductible** à laquelle on revient toujours et nécessairement, une fois bouclé le tour de tous les **phénomènes d'interférence** : phénomènes de passage (usucapion, usage, coutume), d'articulation et de revêtement (qualification), de modelage artificiel (fictions, présomptions légales), de remaniement politique (expédient de la juridicisation à l'effet d'étendre le contrôle de la Cour de cassation). etc. La distinction toujours rémanente du fait et du droit forme le socle sur lequel les dispositions liminaires du nouveau code de procédure ont été édifiées.

(46) Générale, **l'obligation de motivation** s'impose à tout juge. Commune à toutes les juridictions de l'ordre judiciaire (N.C.P.C. a. 749), la disposition de l'a. 455 s'applique devant toute juridiction quelle qu'en soit la nature (civile, commerciale, sociale, rurale, prud'homale) et le degré (première instance, appel, cassation). Seulement, les décisions des juges du fond doivent être motivées en fait et en droit, tandis que les arrêts de la Cour de cassation n'ont à l'être qu'en droit. Par sa généralité, le droit interne français est, dès l'origine, conforme aux exigences de la Convention européenne de sauvegarde des droits de l'homme (l'obligation de motivation étant inhérente au procès équitable).

moins développée, la motivation est la partie explicative dans laquelle le juge expose les raisons qu'il retient ou relève de statuer dans tel ou tel sens et donc propose (de façon plus ou moins convaincante) la justification de sa décision. Pour finir, le jugement doit, « par ces motifs » conclure, décider, énoncer la décision sous une forme plus brève, nommée dispositif.

b) Régime de l'acte

165 Dans son régime juridique, l'acte de juridiction contentieuse porte la marque de la fonction exercée par le juge. **Le jugement contentieux met fin au litige.** Lorsqu'il est rendu, son existence empêche qu'entre les mêmes parties le même litige soit à nouveau porté devant le même juge ou un autre juge (en dehors des voies de recours). Le jugement est revêtu par la loi de l'autorité de la chose jugée (C. civ. art. 1351) en tant qu'il a jugé le fond de l'affaire. Relativement à la question de fond qu'il a jugée, à la contestation qu'il a tranchée, le jugement (nommé, pour cette raison, jugement sur le fond ou jugement définitif) a **l'autorité de la chose jugée** (N.C.P.C. art. 480). Si l'une des parties saisit la justice de la même question, l'autre est en droit d'invoquer l'irrecevabilité de la demande et de soulever, comme moyen de défense, la fin de non-recevoir tirée de l'autorité de la chose jugée (N.C.P.C. art. 122 et 125). Si le moyen est accueilli, la demande sera rejetée sans nouvel examen de la chose déjà jugée. Cette autorité est relative. L'article 1351 du Code Civil est comme le siège d'une théorie classique des trois unités : la chose jugée n'existe relativement au même objet et a la même cause qu'entre les mêmes parties agissant en la même qualité.

B. LA JURIDICTION GRACIEUSE

166 Historiquement, la juridiction dite gracieuse constitue une **extension de la fonction juridictionnelle.** Les juges n'ont pas été établis pour cela, mais, les ayant établis, l'État leur a confié, en raison de leur autorité, d'autres fonctions. Dérivée mais pluriséculaire, **cette fonction traditionnelle est aujourd'hui en plein essor.** En toute ampleur, la juridiction gracieuse est l'un des deux versants primordiaux de la fonction juridictionnelle.

En matière gracieuse, le juge intervient, non pour trancher un litige, mais pour consacrer de son autorité un acte juridique privé que lui soumettent, volontairement, les parties (d'où le nom de juridiction volontaire qui lui est parfois donnée) (47).

Ici encore, la situation commande la fonction.

V. C.E.D.H. 19 févr. 1998, D. 98. som. 369 com. Natalie Fricero déclarant la violation de l'a. 6 de la Convention par la Cour de cassation pour une décision de renvoi, selon elle, insuffisamment motivée. Pour une vue d'ensemble, v. les articles consacrés à la motivation des actes juridictionnels (spéc. Normand, p. 17 s.) dans les actes de la journée nationale de Limoges, 1998, consacrée en général à *« La motivation »*, trav. de l'Acs. Capitant, t. III, 2000.

(47) Mot ambigu ; car, si les parties sont d'accord pour se présenter devant le juge, la loi exige qu'elles soumettent leur accord au contrôle du juge, si elles veulent lui donner effet.

a) La matière gracieuse

L'article 25 du Nouveau Code de procédure civile (48) caractérise, par deux éléments qui l'opposent à la situation conflictuelle, la situation qui règne en matière gracieuse.

167 1° La matière gracieuse se caractérise, négativement, par **l'absence de litige**. Par hypothèse, les parties qui se présentent devant le juge ne sont pas en litige ; il n'y a pas entre elles de contestation. Elles n'émettent pas de prétentions opposées. Elles sont d'accord. Elles veulent et demandent la même chose. Elles veulent divorcer par consentement mutuel, adopter ou émanciper un enfant, changer de régime matrimonial, etc. Elles s'entendent pour demander ensemble au juge (par requête conjointe) l'autorisation, l'homologation, l'approbation qui est nécessaire pour consacrer leur accord (parfois même, l'acte émane d'une seule personne, qualifiée pour soumettre unilatéralement une demande au juge ; ex. l'émancipation demandée par un seul des père et mère C. civ. art. 477, al. 2).

168 2° Positivement, la matière gracieuse se caractérise par un autre trait. En matière gracieuse, les requérants ont la charge de soumettre au juge leur volonté (accord ou acte unilatéral), ce qui implique, dans la plupart des cas, non seulement une volonté de principe, mais un projet de règlement des conséquences de cette volonté (par ex. dans le divorce par consentement mutuel, un projet de convention réglant l'ensemble des conséquences patrimoniales et extrapatrimoniales du divorce, C. civ. art. 232, al. 1). **Le juge exerce sa juridiction**, non sur une contestation, mais **sur un acte juridique privé que lui soumettent les intéressés**. La matière de sa juridiction est, non un litige, mais un projet d'acte juridique bilatéral ou unilatéral : une initiative ou un accord, non un désaccord (au moins dans la juridiction gracieuse à l'état pur ou par nature. Des procédures qui composent cette dernière, le nouveau Code de procédure dit, d'une formule consacrée, qu'elles « relèvent de la matière gracieuse » : divorce sur demande conjointe, N.C.P.C. art. 1088 ; légitimation, art. 1151 changement de nom de l'enfant naturel par déclaration conjointe, art. 1153 ; action aux fins d'adoption, art. 1167 ; homologation d'un changement de régime matrimonial, art. 1501, etc. Cependant, d'autres procédures sont jugées « comme en matière gracieuse », autre formule consacrée ; ex. la demande relative à la déclaration d'absence, art. 1067, les demandes d'autorisation et d'habilitation prévues aux art. 217 et 219 C. civ. Les éléments de la juridiction gracieuse n'y sont pas aussi caractérisés et l'absence de litige est supposée plus que patente : c'est la juridiction gracieuse par rattachement.

b) L'office du juge

169 Ainsi apparaît l'office spécifique du juge en la matière : en matière gracieuse, le juge a pour mission originale **d'exercer un contrôle sur l'acte privé qui lui est soumis**. Le juge intervient pour officialiser, après l'avoir contrôlé, un acte que la loi n'a pas voulu abandonner à la seule volonté des particuliers. Le juge prend une décision. Il autorise, il homologue ou il refuse de le faire (le jugement gracieux est une décision de justice) : manifestation du contrôle étatique sur un acte privé.

(48) Art. 25 N.C.P.C. : « Le juge statue en matière gracieuse, lorsqu'*en l'absence de litige* il est saisi d'une demande dont la loi exige, en raison de la nature de l'affaire ou de la qualité du requérant, qu'elle soit soumise à son *contrôle* ».

170 Seulement, le **critère et l'étendue de son contrôle varient sensiblement,** d'une application à l'autre de la juridiction gracieuse. Pour donner sa consécration, le juge vérifie toujours, au moins, si les conditions légales de l'acte sont remplies (conditions d'âge, de délai, de pouvoir, de qualité, de forme,...). Dans l'exercice de la juridiction gracieuse, le juge est **toujours juge de la légalité :** c'est un contrôle minimal et c'est parfois le seul contrôle qu'il appartient au juge d'exercer. Dans ce cas, il est seulement appelé à recevoir un acte, après avoir constaté que celui-ci remplit les conditions exigées par la loi (on dit que le juge intervient sans connaissance de cause : *sine cognitione causae)* (ex. C. civ. art. 334-2, al. 1, 334-5, al. 1) (v. *infra,* n° 578).

Parfois, il est aussi érigé en juge de l'opportunité de l'acte ou, au moins, en **arbitre des intérêts en présence**. Il doit alors apprécier (en pleine connaissance de cause) si l'acte projeté est **conforme aux intérêts dont la loi lui confie la sauvegarde** (intérêt de l'enfant, intérêt de la famille)... Le juge ne prononce l'émancipation que si elle répond à de justes motifs (C. civ. art. 477, al. 2). Il n'homologue la convention par laquelle les époux modifient leur régime matrimonial que si le changement projeté est conforme à l'intérêt de la famille (C. civ. art. 1397, al. 1). Lorsque le divorce est demandé conjointement par les époux, le juge ne le prononce que s'il a acquis la conviction que, de la part de chaque époux, la volonté de divorcer est réelle et libre (C. civ. art. 232, al. 1). Il peut aussi refuser d'homologuer la convention réglant les conséquences du divorce si elle préserve insuffisamment les intérêts des enfants ou de l'un des époux (C. civ. art. 23, al. 2). Dans ce compartiment éminent de la juridiction gracieuse (dont on verra toute l'ampleur dans le droit de la famille) le juge n'est pas seulement **juge de la légalité,** mais juge et appréciateur de la conformité de l'acte que les parties lui soumettent aux intérêts dont la loi lui confie la sauvegarde, **juge de sa légitimité.** Déjà, naît l'idée que le juge ne trouve pas son unique inspiration dans la loi.

§ 2. LES SOURCES D'INSPIRATION DU JUGE

171 C'est une autre façon de poser le problème de la fonction juridictionnelle : de quelles sources s'inspire le juge dans l'exercice de ses fonctions (gracieuses ou contentieuses) ? N'a-t-il qu'à dire le droit ? N'est-il qu'un serviteur de la loi ? Ne serait-il pas lui-même **source de droit, ou, au moins, de justice ?**

Il a mission d'appliquer le droit. Dans l'accomplissement de cette tâche, son apport personnel est cependant considérable, et « la valeur » qu'il ajoute au droit apparaît, plus nettement encore, dans l'exercice de missions qui dépassent l'application pure et simple du droit.

La gradation apparaît lorsqu'on distingue du rôle ordinaire, traditionnel (bien que toujours renouvelé) du juge dans l'application du droit, le rôle plus marginal mais stimulant et fécond, que le juge assume dans ce que l'on pourrait appeler le « complètement » du droit.

A. LE RÔLE DU JUGE DANS L'APPLICATION ORDINAIRE DU DROIT

a) Principe

172 D'institution, le juge a **mission** (49) — c'est-à-dire **pouvoir et devoir** — d'appliquer le droit positif. **La fonction juridictionnelle est une fonction d'application du droit**, le juge un agent d'exécution de la règle de droit, le jugement une application de la loi (au sens le plus large du terme). Dans cet esprit, l'article 12 (al. 1) du N.C.P.C. énonce, comme un **principe directeur du procès civil** : « Le juge tranche le litige conformément aux règles de droit qui lui sont applicables. » L'obligation, pour le juge, d'appliquer les règles du droit est sanctionnée par les voies de recours (50). La violation d'une règle de droit est non seulement, en appel, un motif de réformation, mais, devant la Cour de cassation, un cas d'ouverture du pourvoi en cassation. Le jugement doit être *fondé en droit :* **conforme aux règles du droit**. Les jugements ne sont pas abandonnées à la jugeote du juge, à son sentiment personnel, fût-ce à son sens de l'équité. Les capitulaires de Charlemagne énoncent à leur tour cet impératif millénaire : *Judices secundum legem scriptam judicent, non seduncum arbitrium suum.*

Dans toute cette mesure, les sources d'inspiration du juge sont les sources même du droit (loi, coutume).

b) Mise en œuvre

Mais cette vocation générale ne prend sa véritable portée, dans notre système juridique, qu'en introduisant les trois propositions qui président à sa mise en œuvre.

173 **1° L'interprétation de la règle de droit :** Le juge est souvent placé devant la nécessité d'interpréter la loi (écrite) ou la règle de droit parce que le texte de la loi est obscur ou équivoque, la règle incertaine. **Le juge est interprète de la loi, oracle de la coutume**. La mission lui incombe, notamment, de rechercher la volonté réelle du législateur, plus généralement le sens et la portée de la règle. Il existe, pour mener cette recherche à bien,

---

(49) Intentionnellement, ce terme a été employé, en ce sens, par le nouveau Code de procédure civile, notamment dans les dispositions liminaires, pour désigner soit une fonction qui entre dans la vocation naturelle du juge (la mission de conciliation, N.C.P.C. art. 21), soit une fonction qui lui est spécialement conférée (mission de statuer comme amiable compositeur, art. 12, al. 4) mais qui, en tous les cas, présente pour lui, **la double face d'un pouvoir et d'un devoir** ; comp. office.

(50) Il faut seulement réserver les cas dans lesquels le juge est (dans l'exercice de ses fonctions comme juridiction d'État) investi, par les parties, de la mission de statuer comme **amiable compositeur** (N.C.P.C., art. 12, al. 4). Dans les droits dont elles ont la disposition (par ex. une vente litigieuse), les parties ont en effet, si elles sont d'accord et à la condition d'exprimer clairement leur accord, la faculté de dispenser le juge de l'obligation d'appliquer strictement les règles du droit pour trancher le litige. Lorsqu'il est ainsi régulièrement constitué amiable compositeur, le juge a mission (pouvoir et devoir) de statuer *ex aequo et bono* : il lui demeure permis de trancher le litige par application des règles du droit, mais il acquiert spécifiquement vocation à écarter, en l'espèce, l'application du droit, pour donner au litige une solution équitable, si l'application stricte du droit lui paraît, dans le cas, engendrer des résultats iniques : cette dispense légitime est l'effet spécifique de l'amiable composition, mission calquée sur celle qui peut être confiée à un arbitre (V. Bellet et Cornu, Rapports sur les diverses formes de missions arbitrales confiées à un juge d'État, *in* Travaux du colloque d'études judiciaires de Dijon, Rev. *Arbitrage,* 1980, n° 2). V. *supra*, n° 159 et Thémis, *Procédure civile,* 98 et 99.

des méthodes d'interprétation (v. plus loin n° 217 et 386 s.). Quand on sait que la portée d'un texte peut dépendre du sens d'un mot, on devine la richesse de l'apport du juge dans l'exercice de sa mission d'interprète. (Il ne s'agit pas ici de « l'interprétation » des faits, au sens où Giraudoux l'entendait, v. n° 196, comp. Ivainer, cité n° 193, c'est-à-dire du « traitement » — parfois déformant ? — auquel le juge soumet les faits de l'espèce dans la constatation, l'appréciation et la qualification de ceux-ci.)

174 **2° L'obligation de statuer :** Le juge commettrait un **déni de justice** s'il refusait de juger, sous prétexte du silence, de l'obscurité ou de l'insuffisance de la loi (C. civ. art. 4) (51). Fonction étatique, service public, la justice est une dette d'État. Le juge ne doit pas refuser de la rendre. Il est obligé de statuer même s'il ne trouve, directement ou par interprétation, aucune solution dans la loi ou les autres règles du droit. Il faudra bien, en ce cas, qu'il élabore une solution et, dans la motivation de son jugement, qu'il cherche à la justifier. Ce n'est pas à dire qu'en ce cas, il énoncera, comme s'il était législateur (de suppléance), une nouvelle règle de droit. Aussi bien raisonnera-t-il par analogie ou cherchera-t-il un fondement de raccroc. Mais il lui faudra parfois inventer, innover. Qu'il échafaude une solution d'espèce ou énonce une proposition plus générale, on voit la part créatrice que lui offre, à l'occasion, l'obligation de répondre, de statuer, de *rendre justice* à qui a *demandé* justice (même s'il rejette sa demande).

175 **3° La formation de la jurisprudence :** La troisième observation est **historique :** elle fait apparaître que, dans l'exercice de ses fonctions, d'une affaire à l'autre, le juge prend **l'habitude de statuer dans un sens ou dans un autre**. **Là réside, en son germe, la formation de la jurisprudence**. Née de l'accumulation de précédents, la jurisprudence devient, pour le juge, une collection de modèles, une mine de références vers laquelle se déplacent, par attraction naturelle, les sources d'inspiration du juge. Ainsi devient-il évident que, même dans le cadre traditionnel de l'application du droit, le juge trouve l'occasion de remplir un **rôle créateur** (v. plus loin, n° 442).

B. LE RÔLE DU JUGE DANS LE « COMPLÈTEMENT » DU DROIT

176 Moins apparent, moins habituel, ce rôle complémentaire est important dans les limites que lui assigne le système juridique français. **En certains cas spécifiés**, le juge est appelé, non plus à appliquer les règles du droit, mais à en **compléter les lacunes intentionnelles**, ou à en **corriger la rigueur excessive**. Dans l'une et l'autre de ces voies — secondaires mais typiques — le juge en vient ouvertement à puiser à des sources non strictement juridiques (52). Ses sources d'inspiration jaillissent de données étrangères aux prescriptions formelles de l'ordre juridique.

(51) La faculté qu'a désormais le juge du fond, à certaines conditions, de surseoir à statuer sur le fond de l'affaire pour solliciter l'avis de la Cour de cassation sur une question de droit nouvelle délicate et fréquente n'affecte pas en son principe, mais seulement dans le temps, son obligation de statuer. V. *infra*, n° 445.

(52) V. pour l'approfondissement de l'une de ces références, G. Khairallah, *Le « raisonnable » en Droit privé français, développements récents,* R.T. 1984. 439 s.

a) Le comblement des lacunes « intra legem »

177 Intentionnellement, le législateur laisse parfois des vides dans l'ordre juridique ; il emploie à dessein des notions indéterminées, qui lui paraissent convenir en raison même de leur vague ; il use de **« notions-cadre »,** qu'il laisse au juge le soin de remplir. Il appartient, à celui-ci de les modeler au gré des espèces, en fonction des circonstances. Ainsi, l'article 6 du Code civil interdit de déroger, par des conventions particulières, aux lois qui intéressent *l'ordre public* et les *bonnes mœurs*. Il n'existe pas de définition légale de ces deux notions que le juge a pour mission **d'actualiser en les précisant**. L'ordre public et les bonnes mœurs n'ont sans doute pas, à la fin du XXe siècle, le même contenu qu'au XIXe siècle. De même, en vertu du contrat de bail, le preneur doit user de la chose louée (C. civ. art. 1728) en *« bon père de famille »*. Ce critère correspond à une **notion vague mais directive**. La législation plus récente marque une tendance à multiplier les critères de ce genre, notamment dans le droit de la famille. Par exemple, les époux peuvent convenir de changer de régime matrimonial pendant le mariage à la condition que le changement se justifie dans *l'intérêt de la famille* (C. civ. art. 1396 *in fine*) : la notion d'intérêt appartient typiquement à la catégorie des notions indéterminées.

178 Pour les préciser, le juge est appelé à s'inspirer de considérations extrajuridiques : il tient compte des usages, des mœurs, de considérations sociales ou économiques, des circonstances, etc. (53).

C'est cette souplesse qui fait, en législation, l'avantage de ces notions générales **évolutives**. Dans cet emploi, le juge n'apparaît pas seulement comme un serviteur de la loi, dont il comble les lacunes intentionnelles. Investi par la loi d'une sorte de délégation, il est, beaucoup plus qu'un interprète, l'agent sur lequel la loi compte pour déterminer le contenu de la règle et dont l'intervention est nécessaire, puisque la **détermination de la notion-clé de la règle ne peut être faite sans lui :** Mission dont le législateur escompte non seulement **l'adaptation de la règle à la diversité des cas particuliers**, mais, d'une époque à l'autre, son **adaptation aux besoins nouveaux.**

b) Le jugement d'équité

179 Position du problème : Plus exceptionnelle, cette hypothèse revêt une valeur symbolique, parfois aussi une portée pratique. Le jugement d'équité est une illustration du rôle salutaire — salvateur — que peut remplir le juge, hors de l'application ordinaire du droit. Le juge statue en équité, lorsqu'il décide **au nom de l'équité d'écarter, dans un cas particulier, l'application normale de la loi, en considérant que celle-ci serait, dans la circonstance, trop rigoureuse.** Apparaissant dans l'exercice de ce que l'on pourrait appeler, au sens précis du terme (54), un **pouvoir modérateur,** le juge fait fléchir la rigueur, jugée excessive, du droit strict. Il s'inspire de considérations d'équité (parfois d'humanité). Or l'équité n'est pas le produit d'un sentiment vague de justice, donnée subjective et variable

(53) La loi l'aide parfois par des exemples. V. *infra*, n° 215 bis.

(54) **Le pouvoir modérateur se caractérise très précisément par la réunion de plusieurs traits :** 1° Pouvoir de déroger à la règle normale (pouvoir **dérogatoire** exorbitant) ; 2° donné au juge par la loi (pouvoir **légal**) ; 3° dans des cas limitativement spécifiés (pouvoir **exceptionnel**) ; 4° au nom de l'équité (pouvoir **modérateur**) ; 5° par une décision individuelle (mesure **d'individualisation** dans une espèce singulière). V. Brunet, *Le pouvoir modérateur du juge en droit civil français,* th. Paris 1973, dact. ; et notre cours de droit civil approfondi, *L'apport des réformes récentes du Code civil à la théorie du droit civil,* Paris 1970-71 cours de droit ; *adde Vocabulaire juridique, hoc verbo.*

abandonnée à l'arbitraire du juge. Même si l'on croit que le sens de l'équité est — dans une conscience droite, éclairée, vigilante — une donnée de réflexion ; même si le jugement d'équité passe nécessairement, cas par cas, par une décision individuelle, cette source d'inspiration ne dépend pas de lui. Elle est en lui, elle passe par lui, elle ne vient pas de lui. L'équité est une **donnée objective et universelle qui exige que les choses semblables soient traitées semblablement** ou, au moins, qu'il n'y ait pas, dans le traitement de choses semblables, de différences excessives. De cet excès, de cette démesure, naît l'iniquité que le juge a vocation, non à consacrer, mais à corriger. La tradition romaine et le droit canonique nous ont légué cette formule de relâchement, en faveur d'un droit bien tempéré, qu'est la *« relaxatio legis »*.

Cependant la **place du jugement d'équité, dans le droit positif français,** demeure étroitement limitée, au moins à considérer ses applications officielles : il faut très soigneusement distinguer **le principe, les exceptions** ouvertement admises dans des cas spécifiés et, par dessous, plus généralement, une **aspiration irréductible.** D'où **quatre propositions.**

180 **1. Principe : L'obligation de statuer en droit**. À la différence de certaines législations étrangères, le droit français, par crainte de l'arbitraire judiciaire, **n'a pas investi le juge d'un pouvoir général d'équité** (55). Notre système juridique interdit au juge, en principe, de déroger à la loi pour raisons d'équité. En règle générale, le juge ne peut refuser de faire application de la loi en se fondant sur les conséquences iniques que celle-ci emporterait dans une espèce particulière. Héritage de la Révolution française, cette position dure de stricte légalité se réclame, sans paradoxe, de l'égalité, car elle se réfère à une autre conception de l'équité : elle voit, dans la décision d'équité, un jugement de faveur, une dérogation arbitraire en faveur d'un privilégié. Sa crainte (la sagesse qui l'inspire ?) est qu'en rapport avec un tempérament national, chaque citoyen nourrisse l'espoir d'être le bénéficiaire légitime d'une dérogation individuelle. L'équivoque est donc dans la conception même de l'équité. Dans l'autre conception, **le pouvoir modérateur est, par hypothèse, un pouvoir dérogatoire exceptionnel.**

181 **2. Cas spécifiés : consécration du pouvoir modérateur dans les cas limitativement déterminés par la loi.** Ce pouvoir dérogatoire, le juge français le reçoit de la loi, par exception, dans divers **cas spécifiés**. Par exemple, l'article 1579 du Code civil relatif au nouveau régime de participation aux acquêts, permet au juge de corriger, après coup, les règles d'évaluation relativement compliquées de ce régime matrimonial. Dans ces limites, le juge détient le pouvoir spécial de corriger l'application stricte de la loi, pour en écarter les résultats, lorsque ceux-ci s'avèrent manifestement contraires à l'équité. Le pouvoir modérateur a conquis, en 1975, une position forte en matière contractuelle. La loi du 9 juillet 1975 (mod. l'art. 1152, al. 2 C. civ.) relative à la clause pénale, confère au juge le pouvoir de modérer, lorsqu'elle est manifestement excessive, la peine qui avait été convenue. Fondée sur un tel critère, la modération judiciaire de la pénalité conventionnelle

(55) Même en droit suisse, le pouvoir de statuer en équité n'est pas abandonné à l'arbitraire du juge. Celui-ci ne peut l'exercer que dans les limites tracées par la loi. Mais celles-ci sont assez larges et le titre préliminaire du Code civil suisse consacre une disposition fondamentale aux décisions d'équité. Article 4 : « Le juge applique les règles de droit et de l'équité, lorsque la loi réserve son pouvoir d'appréciation ou qu'elle le charge de prononcer en tenant compte soit des circonstances, soit de justes motifs ». V. J.-M. Grossen, *Le pouvoir modérateur du juge civil suisse, in* Écrits à G. Cornu, p. 193 s. Le nouveau titre préliminaire du Code civil du Costa Rica (1986) contient une règle comparable. Articulo 11 : La equidad habrá de ponderarse en la aplicación de las normas, si bien las resoluciones de los Tribunales solo podrán descansar de manera exclusiva en ella cuando la ley expresamente lo permita. V. réf., *infra,* n° 286.

est, typiquement, un jugement d'équité. La réforme du divorce en a consacré diverses autres applications (not. en édictant une clause de dureté, cause de rejet du divorce pour rupture de la vie commune : C. civ. art. 240 ; *adde*, C. civ. art. 280-1, al. 2).

Malgré ces applications (et parce qu'elles sont **limitatives**), **le pouvoir modérateur demeure, en droit français, exorbitant**. Il est **exceptionnel**. Légalement encadré, le pouvoir modérateur est canalisé, non banalisé. Ce n'est pas un pouvoir ordinaire. Mais d'autres facteurs, plus vagues et englobants, interviennent.

3. Silence de la loi : Dans le silence du droit écrit et du droit coutumier, le juge est fondé à statuer en raison et en équité. Dans ce cas, le recours au raisonnement analogique est de bon secours (v. n° 410).

182 **4. Aspiration générale :** D'une manière indirecte mais plus générale et diffuse, le sentiment de devoir rendre une justice d'équité est ancré, comme une exigence fondamentale, dans la conscience du juge. Si bien qu'**en dehors des cas limitativement déterminés dans lesquels ils sont fondés, en vertu d'une disposition spéciale, à statuer en équité** (à s'y référer expressément) **les juges se sentent appelés et ont à cœur de rendre une justice conforme à l'équité** (56). On comprend qu'un juge, comme il est dit, veuille « pratiquer le droit et la justice ». Dans cet esprit, certains jugements d'équité se déclarent ouvertement comme tels. Aussi bien risquent-ils, pour cette imprudente sincérité, d'encourir la censure des juridictions qui les contrôlent. Plus souvent, le juge rend, sans le proclamer, une décision qu'il estime conforme à l'équité. De nombreux jugements d'équité empruntent ainsi une motivation juridique propre à leur donner, en droit, une justification et à leur éviter une réformation en appel ou une cassation par la cour suprême : gymnastique intellectuelle à laquelle le juge doit se plier (est-ce un bon système ?) et qui requiert de lui le maniement habile (la manipulation ?) du raisonnement juridique. Par bonheur, d'innombrables solutions de droit sont aussi des solutions d'équité. Qui voudrait poser, *a priori,* l'antinomie de droit et de l'équité ? Même si ses calculs sont faillibles ou faussés, la loi, au départ, se veut juste.

Pour consacrer, à sa juste place, le pouvoir modérateur, on pourrait écrire : « Lorsqu'une disposition spéciale de la loi l'y autorise, le juge peut écarter la règle de droit normalement applicable si l'application stricte de celle-ci à l'espèce qui lui est soumise entraînerait des conséquences manifestement contraires à l'équité. »

BIBLIOGRAPHIE

1° Sur l'acte juridictionnel (et la fonction juridictionnelle) : WALINE, Revue *dr. publ.,* 1933, 565 s ; LAMPUE, Rev. dr. publ., 1946, 5 s. ; HEBRAUD, Rev. académie lég., Toulouse, 1949, p. 131 et s. ; CORNU et FOYER, *Procédure civile,* Thémis 1996 (spéc. sur la juridiction gracieuse) ; HERON, *Droit judiciaire privé,* 1991, Montchrestien, 254 s. ; CADIET, *Droit juridiciaire privé,* 1992, Litec, 86 s.

2° Sur les notions-cadre et les lacunes *intra-legem* ; nos cours de doctorat, 1970-71 et 1976-1977, cours de droit. RIALS, *Le juge administratif français et la technique du standard (essai sur le traitement juridictionnel de l'idée de normalité),* th. Paris, L.G.D.J. 1980 ; KHAIRALLAH, *Le « raisonnable » en droit privé français,* R.T., 1984, p. 439 s. ; COET, *Les notions-cadres dans le Code civil,* Études des lacunes *intra legem,* Thèse Paris II 1985 (v. Les petites Affiches juillet-

(56) V. la belle étude de Patrick Healy *« La retenue en droit pénal »* (la retenue comme vertu de modération) *in* Essais sur la rédaction législative, Bergeron *et al.* 1999, p. 205 s.

septembre 1986, nº 91 à 105) ; Céline CASTETS, *Notions à contenu variable et droit d'auteur,* th. Paris XI, 2001, dact.

3° Sur l'équité : DESSENS, *Essai sur la notion d'équité*, th. Toulouse, 1934 ; BOYER, *La notion d'équité et son rôle dans la jurisprudence des Parlements,* Mélanges Maury, 1960, t. 2, p. 257 et s. ; notre cours 1970-71 préc. ; *adde. Les jugements du Président Magnaud (« Le bon juge » de Château-Thierry)* réunis et commentés par Henry Leyret, Paris, Stock, 1900 et, à son sujet, *Le phénomène Magnaud, Geny, Méthode d'interprétation et sources,* t. I, p. 196 s. ; COET, Thèse ci-dessus citée, et **sur le pouvoir modérateur**, *La Famille, Droit civil II,* Montchrestien, nos 318, 331, 378. GROSSEN Jacques-Michel, *Le pouvoir modérateur du Juge civil suisse, in* Écrits à G. Cornu, p. 193 s. ; DION, *Le Juge et le désir du juste,* D. 99. chron. 195 ; THERY, *La dispense en droit privé,* Rev. *Droits,* 25, 1997, 59 s. ; KAYSER, *L'équité modératrice et créatrice de règles juridiques en droit privé français,* Rev. rech. Jur. Dr. prospectif 1999-1, 13 s. (Aix-en-Provence). ALBIGES, *De l'équité en droit privé*, préf. R. Cabrillac, L.G.D.J. 2000, Bibl. Dr. Pr., t. 329.

4° *Sur la jurisprudence :* V. la bibliographie sous le nº 442.

CHAPITRE III
LA PENSÉE JURIDIQUE

183 Système positif, phénomène social, le droit est objet d'étude. Le travail de l'esprit humain en matière juridique a fait fleurir une pensée juridique qui embrasse diverses disciplines intellectuelles.

Le droit est objet de connaissance technique. L'élaboration et l'application du droit ont donné naissance à une **science du droit**.

Le droit est objet de réflexion philosophique. La recherche des fondements du droit, de la place de l'ordre juridique dans l'univers des valeurs, est le principe de la **philosophie du droit** : efforts toujours recommencés pour édifier le droit comme savoir et comme sagesse (1).

SECTION I LA SCIENCE DU DROIT

184 Appliqué au Droit, le mot « science » répond au sens C) du vocabulaire philosophique de Lalande : « un ensemble de connaissances ordonnées d'après des

(1) On pourrait y ajouter, en troisième ordre, la **pensée thématique,** carrière ouverte à la réflexion personnelle. La pensée y traverse librement le Droit sur une idée explicative ou un thème dominant. *Flexible Droit* du doyen J. Carbonnier en est le modèle justement célèbre et, aujourd'hui, *Droit et passion... Adde,* M. Delmas-Marty, *Le flou du droit,* 1986, P.U.F. ; G. Timsit, *Thèmes et systèmes de droit,* 1986, P.U.F. ; P. Catala, *Le droit à l'épreuve du numérique*, 1998, P.U.F. ; B. Oppetit, *Droit et modernité,* 1998, P.U.F. ; Revue Droits (octobre 1986) : *Crises dans le droit ; Le droit et le futur*, Trav. Univ. Paris II, préf. F. Terré, P.U.F. 1985. Les thèmes de colloque sont souvent dans le fil de cette inspiration. Ex. *« La Vérité et le Droit »,* Journées canadiennes 1987 de l'Association Capitant. *Droit et esthétique (le juste et le beau),* Arch. phil. du droit, 1996 ; *« Le formalisme »*, Journée Jacques Flour, Ass. Capitant, Defrénois 2000, p. 867 s. ; *La solitude en droit privé*, Centre de recherche en droit privé et comparé du Québec, dir. N. Kasirer, éd. Thémis, 2002. Autant de rapprochements, autant d'ouvertures qui font voir le droit, face à tout le reste, sous toutes ses couleurs. Les grands thèmes traversiers sont en général interdisciplinaires, *ratione personae et ratione materiae*, en forme de fresque. Ainsi *« La motivation »*, thème des Journées nationales de Limoges 1998, est elle considérée dans les actes juridictionnels, administratifs, juridiques et dans les lois, Trav. Ass. Capitant, t. III 2000, L.G.D.J.

principes ». Plusieurs éléments coexistent dans ce corps de connaissances cohérentes : des fondements, des applications, des auxiliaires.

Autour de la science fondamentale du droit, s'ordonnent, comme autant de disciplines complémentaires, les sciences appliquées et les sciences dites auxiliaires (ou collatérales V. Carbonnier, Intr., 26 ; *Vocabulaire Juridique*, V° Science).

§ 1. LA SCIENCE FONDAMENTALE

185 Élémentaire, la science fondamentale constitue l'ABC de la pensée juridique (et peut-être le critère même de l'esprit juridique). Celui-ci a forgé ses **catégories de base**, ses **modes de raisonnement** et toute une série de **procédés techniques**. Ces éléments sont les instruments usuels de la pensée juridique, ses outils de base ; ils présentent, à la fois, une valeur scientifique et une valeur pratique (2).

A. LES CATÉGORIES JURIDIQUES

186 Les catégories juridiques sont les compartiments de base de la science du droit. Elles forment la matière élémentaire du système juridique. Celui-ci est constitué de **notions fondamentales**. Si le droit correspond à une structure de pensée, c'est qu'il est sous-tendu par un réseau de concepts qui lui donne son organisation intellectuelle : c'est, en ce sens, un univers rationnel, un ensemble systématique. Le droit procède par catégories (on a déjà vu la notion de droit subjectif, de droit réel, de droit personnel, etc.).

187 **1° Définition :** La catégorie juridique est le lieu d'un concept. Chaque catégorie correspond à une **notion abstraite qui se caractérise par la réunion d'éléments constants et nécessaires**. Ainsi le juriste est-il voué à la recherche des **éléments constitutifs de la notion,** éléments caractéristiques qui forment, par leur association, **le critère de la catégorie juridique.** Par exemple, le dol est un vice du consentement justifiant l'annulation du contrat conclu sous l'empire de l'erreur qu'il a provoquée (C. civ. art. 1116). Pour le définir, il faut d'abord analyser le comportement de celui des contractants qui a trompé l'autre (de sa part, deux éléments constitutifs caractérisent le dol : des manœuvres dolosives et l'intention de tromper). Mais, étant aussi à considérer dans son résultat, le dol ne sera constitué que s'il s'opère dans l'esprit de l'autre contractant une erreur qui l'a déterminé à contracter. En définitive, le dol est, de la part d'un contractant en pourparlers, une tromperie consistant à créer dans l'esprit de l'autre une erreur qui le décide à conclure. En finesse et probité, c'est le travail de l'analyse juridique de discerner et ordonner les divers éléments qui s'unissent pour constituer une notion en catégorie juridique.

(2) Il ne s'agit ici que de rudiments. Telle est la vitalité de la pensée juridique qu'elle ne cesse de redéfinir la connaissance du droit : épistémologie juridique, théorie générale, méthodologie juridique et bien d'autres démarches. Sous les noms qui changent, on retrouve, mêlés aux apports, les recoupements, les déplacements, les remplois, mais sous de nouveaux éclairages. La classification des sciences est en perpétuelle instance et chaque chercheur, sur le champ qu'il balise, plante le drapeau du premier occupant. V. bibliographie, sous 215 *bis*.

188 **2° Traits variables :** Diverses, les catégories juridiques présentent, au sein de cette définition, des caractères différents qui rendent leur maniement souvent malaisé.

Formellement, les notions de base ne sont pas toujours définies par la loi, et la définition légale, lorsqu'elle existe, n'est pas toujours appropriée. Beaucoup de notions juridiques sont le produit plus ou moins abouti d'une élaboration prétorienne ou doctrinale : phénomène qui produit et entretient une incertitude sur le contenu de la notion.

Au fond, la difficulté tient au degré variable de détermination que présente, par nature, la catégorie juridique. Certaines notions, très élaborées, sont aujourd'hui fixées, avec une rigueur presque mathématique, dans un sens technique de précision. Ainsi les notions de solidarité passive, subrogation, compensation. À l'opposé, d'autres, dont le contenu est intentionnellement laissé dans le vague, ont pour vocation naturelle d'être indéterminées, et donc toujours déterminables et remodelables, suivant les circonstances et les époques, notions souples et évolutives dont l'indétermination intrinsèque est un facteur d'adaptation : ainsi les notions de bonne foi, de fraude, de bon père de famille, de bonnes mœurs, d'équité, de bonne justice, d'ordre public qui sont — s'il existe dans la structure juridique une distinction entre le dur et le mou — les organes souples du système. Cependant entre les deux types de notions — l'ossature et la chair — s'égrène la kyrielle des notions dont on attendrait une définition précise et qui, lieu de controverses, sont toujours à la recherche de celle-ci : faute, garde, opposabilité, rétroactivité, droits éventuels ; catégories qui sont parfois trompeuses dans la mesure où le terme technique qui les recouvre annonce une précision qu'elles n'ont pas (indivisibilité, connexité, etc.).

B. LE RAISONNEMENT JURIDIQUE (3)

189 Raisonner constitue l'un des principaux exercices de la pensée juridique. Souverain, le législateur dispose (il affirme). Mais l'avocat raisonne pour convaincre. Le juge raisonne pour motiver sa décision. Dans ces deux cas (entre beaucoup d'autres), la pensée juridique suit une démarche démonstrative et le raisonnement demande la force de sa démonstration à la logique. **Le raisonnement juridique est, principalement, logique**. Mais il n'est pas que cela. Pour corriger la rigueur de la logique élémentaire, l'esprit juridique a inventé (avec plus ou moins de bonheur) des **correctifs.**

a) Le raisonnement logique

190 Le but de la démonstration juridique est d'établir qu'une thèse est **conforme** (4) **au droit**, qu'une prétention ou une solution est bien (ou mal) fondée en droit. C'est ce qui fait que le raisonnement juridique le plus pur, le plus strict, revêt la forme d'un syllogisme.

On a spécialement observé qu'une décision de justice est un syllogisme et que le syllogisme judiciaire, au moins dans la forme traditionnelle de rédaction des jugements (5), est monophrasique : D'un seul jet, il développe sa motivation (par une série « d'attendus ») et (« par ces motifs... ») énonce, dans son dispositif, la décision. La plupart des décisions sont construites en forme de raisonnement (6). Cependant les travaux qui les précèdent (conclusions, plaidoiries, réquisitions du ministère public) ont aussi une construction

(3) V. *Vocabulaire juridique,* V° Raisonnement juridique.
(4) Ou contraire, démarche parallèle.
(5) V. cep. pour le nouveau style judiciaire, Schroeder, Dalloz, 1978. *Adde,* plus généralement, sur le discours juridictionnel, *Linguistique Juridique*, Montchrestien, 2000, n° 90 s.
(6) Surtout, à la vérité, en matière contentieuse, v. plus haut, n° 164.

logique. Le syllogisme fournit la structure normale du raisonnement juridique. Il convient d'en présenter le schéma avant de souligner les opérations principales qui y conduisent.

191 **1° Schéma du syllogisme judiciaire :** Parmi les prémisses, la majeure énonce le droit. La première proposition consiste à poser la règle de droit applicable au cas particulier (par exemple à énoncer que la violation, par un époux, du devoir de fidélité constitue une faute, cause de divorce, aux conditions de l'art. 242 C. civ.). La mineure, le cas échéant, se dédouble. Sa première branche, toujours nécessaire, expose le fait (le juge constate que les faits reprochés à un époux sont établis ou non) ; la seconde, à supposer le fait établi, est consacrée à la qualification juridique du fait (les faits constituent-ils une infidélité assez grave pour justifier le divorce, en vertu de l'art. 242 ?). Enfin, la conclusion du syllogisme tire, en forme de décision, les conséquences des propositions qui précèdent (des prémisses). Elle en déduit l'application à l'espèce de la règle de droit énoncée : le juge prononce le divorce si les conditions légales sont réunies, ou rejette la demande en divorce dans le cas contraire (si les faits ne sont pas constants, ou s'il ne peut les qualifier de faute).

192 **2° Opérations principales :** Pour poser le syllogisme, le travail de l'esprit juridique se développe dans **trois plans principaux** : Affirmation du droit, établissement du fait, qualification juridique des faits et actes en cause.

La première tâche consiste à **rechercher la règle de droit applicable à l'espèce**. Cette recherche relève de la science du droit. Dans certains cas, la détermination est simple. Elle se complique pour peu qu'un élément international rende nécessaire de trancher un conflit de lois. Même en droit interne, l'énoncé de la règle est souvent une opération délicate (chaque fois notamment que surgit une difficulté d'interprétation sur l'existence, le sens ou la portée de la règle).

193 Le deuxième travail de l'esprit juridique se développe sur un terrain radicalement différent : celui du fait. Or cette fonction est capitale (7). Si le juge a pour mission de dire le droit, il a aussi — et d'abord — pour tâche essentielle de **constater le fait** : d'examiner les faits, de juger s'ils sont établis par des preuves suffisantes, d'en apprécier la portée et la gravité (de trancher toutes les questions de fait en litige). *Le juge statue en droit et en fait.* À la racine, **le jugement du fait est souvent décisif.** Ce travail de base exige des qualités particulières : observation, bon sens, exactitude, objectivité, justesse et finesse dans la pesée des éléments de fait et des moyens de preuve (8).

---

(7) Comp. T. Ivainer, *L'interprétation des faits en droit,* J.C.P. 1986. 1. 3235. Sous le même titre, M. Ivainer donne toute son ampleur à ce thème, dans sa thèse (L.G.D.J. 1988, 362 p. préf. J. Carbonnier). Il montre l'importance capitale des « faits de la cause » dans la décision du juge. Dans « l'interprétation » de ces faits (leur traitement juridictionnel), il décompose méthodiquement les cinq étapes du parcours opératoire : 1. Sélection des faits pertinents ; 2. Jugement d'existence ; 3. Jugement de valeur ; 4. Introduction de divers paramètres ; 5. Coefficients de pondération. Présentation enrichie (et modélisée) du schéma classique : constatation, appréciation, qualification (moyennant l'interposition de la « préqualification »).

(8) C'est dans l'ordre de **la connaissance du fait** que la recherche de la vérité s'affirme, pour la justice, comme une exigence fondamentale. « La Vérité et le Droit » est le thème des journées canadiennes de l'Association Capitant 1987 (T. 38, 1989). L'accent placé sur la connaissance du fait (au plein sens du terme) est l'une des **leçons essentielles des dispositions liminaires du N.C.P.C.** (Section III les faits, art. 6 à 8 ; section IV les preuves, art. 9 à 11) et des dispositions relatives à l'administration judiciaire de la preuve (N.C.P.C. art. 132 à 322, spéc. art. 143, 179, 199, 222, 232). Sur l'importance de cette directive, v. rapport de synthèse au Xe colloque des Instituts d'études judiciaires, Poitiers, 1975.

94 Enfin, la troisième opération de l'esprit juridique (l'opération de transition qui correspond à la deuxième branche de la mineure du syllogisme) est la **qualification juridique**. Spécifique, cette opération intellectuelle est **l'une des plus fondamentales de la science juridique. Elle consiste à prendre en considération un fait** (supposé établi dans sa matérialité) **pour le revêtir intellectuellement de la qualité juridique qui va lui faire produire ses effets de droit**. Dans cette opération se situe, pour la pensée juridique, un seuil critique. La pensée y fait un saut du fait brut au fait qualifié (9). La qualification correspond à la « juridicisation » du fait. Sur le vif, s'opère le passage du fait au droit. Avant la qualification, il y a une donnée brute ; après, une notion juridique. Une dispute entre époux à la terrasse d'un café, une gifle, voilà le fait brut. Est-ce une violation assez grave des devoirs du mariage, une faute cause de divorce ? Ce passage du fait à la faute, voilà la qualification. Opération d'habillage, elle revêt un fait d'une qualité juridique, **elle le fait entrer dans une catégorie juridique**. Or, cette entrée suppose qu'**à chaque élément constitutif** de la notion abstraite (élément matériel, élément intellectuel, etc.) correspond, dans les circonstances de l'espèce, **une constatation de fait :** réunion par laquelle la notion juridique est constituée. La qualification apparaît ainsi dans toute sa virtuosité, comme une opération intellectuelle, parfois acrobatique, qui, pour appliquer le droit au fait, rattache à la catégorie juridique qui gouverne cette application, les données factuelles tirées de l'espèce, lorsqu'elle y repère les critères de la catégorie. La qualification marque donc à la fois le passage du particulier au général et le passage du concret à l'abstrait. La pensée juridique est comme en mouvement perpétuel entre les constatations de fait et les propositions de droit, entre les éléments du fait brut et ceux de la catégorie juridique, entre le concret et l'abstrait (10). La qualification exige autant de finesse que de géométrie.

Ainsi ordonné (et s'il est honnête), le raisonnement logique peut donc être un instrument démonstratif d'une grande rigueur intellectuelle. Mais, dans sa rigueur même, il peut conduire à des conséquences qui paraissent choquantes (ou que l'on croit telles). D'où un effort (plus ou moins heureux dans son inspiration ou ses moyens) pour éluder la conséquence, en corrigeant le raisonnement.

b) Les correctifs du raisonnement logique

195 Nul n'empêchera jamais que celui qui raisonne, l'ayant fait en toute honnêteté, éprouve la conséquence à laquelle le conduit la logique à d'autres critères (l'équité, un sentiment de justice, des considérations humanitaires, etc.). **Il double sa démarche logique d'une autre démarche** qui peut renforcer ou ébranler sa conviction. Dans ce dernier cas, il cherchera à échapper à la logique. Il serait hypocrite de méconnaître cette tentation. Mais on voit mieux

(9) Saisie ici dans son application radicale à la matière brute des faits, **la qualification juridique s'exerce aussi sur les actes juridiques** (contrat, décision, N.C.P.C. art. 12, al. 2) **et même sur les règles de droit**, pour peu que leur nature ou leur caractère soient discutés. Elle remplit alors la même fonction d'intercession (le rattachement d'un élément au régime juridique qui lui convient) et par le moyen de la même méthode maïeutique (tirer des données mêmes de l'élément à qualifier les traits de nature qui le situent dans l'ordre juridique). Là encore son succès passe, grâce au jeu des correspondances spécifiques, par la réduction de l'élément à qualifier à la catégorie de rattachement, lorsque les critères abstraits de cette catégorie juridique se trouvent concrètement réunis dans cet élément.

(10) V. *infra*, n° 213, le rapport entre qualification et définition, *adde* sur l'agencement des définitions, des catégories juridiques et le jeu de la qualification J.-L. Bergel, *Différence de nature (égale), différence de régime*, R.T., 1984, 255 s. Sur le rapprochement de la qualification et de la présomption (comme démarches de l'esprit) v. *infra,* n° 200, note 16.

les dangers d'arbitraire que recèle à son tour cette intention (11), lorsqu'on suit les voies qu'elle emprunte.

196 **1° Les correctifs empiriques :** Moyens d'expédient, ce sont des procédés déformants. Ils agissent sur le syllogisme lui-même dont ils modifient (altèrent) une donnée pour en changer le résultat. Cependant la règle de droit et la matérialité des faits sont des données qui ne dépendent pas de la volonté de celui qui raisonne. L'effort pourra, il est vrai, porter sur le domaine de la règle ou sa portée. Mais la cible d'élection du correctif est la qualification. Celle-ci permet en effet assez souvent, à partir de faits équivoques ou autrement présentés, d'éluder les effets de la catégorie juridique à laquelle on les a d'abord rattachés, en les ramenant (par glissement, et en forçant, au besoin) à une autre catégorie. **La qualification est le lieu des principales déviations.** On se souvient du dialogue que Giraudoux met entre Busiris et Hector (qui ne veut pas la guerre) dans « La guerre de Troie n'aura pas lieu » : « Quant à toi, Busiris, apprends que notre ville n'entend d'aucune façon avoir été insultée par les Grecs » — « Quelle est cette plaisanterie ? C'est contre les faits ». Et Hector de répliquer : « Mon cher Busiris, nous savons tous ici que le droit est la plus puissante des écoles de l'imagination. Jamais poète n'a interprété la nature aussi librement qu'un juriste la réalité ». Nier le *casus belli,* pour avoir la paix : la diplomatie est un art de qualification. Mais que devient, à ce jeu, l'esprit scientifique ? On y risque trop d'en venir à la dénaturation des faits et à l'amalgame des situations. Quand on sait en effet, que les données de fait fourmillent dans le chaos d'un cas et, que les catégories de référence potentielles s'ouvrent en large éventail dans le droit, les rattachements arbitraires risquent de maltraiter et le fait et le droit. Avec un peu d'invention, on peut faire entrer les paillettes du fait que l'on choisit dans les facettes du droit que l'on préfère... L'intention corrective originaire peut n'être pas la bonne intention que nous supposions. Il a suffi de faire aux incroyants ou aux fidèles d'une autre confession des procès de sorcellerie pour les condamner. Il est trop facile de condamner des otages comme espions. Pour un procureur dit indépendant, ce n'est sans doute pas un comble d'impartialité (surtout quand on appartient au parti politique opposé) de poursuivre la destitution d'un chef d'État en dénonçant comme crime d'État une infidélité relevant de la vie privée (dont le conjoint, maître des poursuites, ne se plaint même pas). La qualification, art pur, devenant vil artifice, c'est notre vigilance.

197 **2° Le correctif dialectique :** Proposé par un auteur (12), c'est une autre approche — systématique et ostensible — destinée non à déformer subrepticement le syllogisme, mais à le dépasser ouvertement. La dialectique agit non pas sur le syllogisme, mais en dehors et en amont de celui-ci. Elle le dédouble à la racine : « La méthode dialectique impliquerait qu'aucun principe, en aucune matière, ne soit proclamé ou accepté, sans l'acceptation, au même moment, du principe contraire ». Prétendant libérer le raisonnement logique du principe de non-contradiction, le raisonnement dialectique postule qu'un même fait est susceptible de qualifications contraires. Une fois retenue une première qualification sur laquelle s'échafaude un premier syllogisme, la qualification inverse permet de déduire d'autres conséquences des mêmes faits, pris sous d'autres rapports, en posant un syllogisme antithétique. Les exemples choisis par l'auteur attestent que la pensée juridique procède parfois ainsi. La pension que l'un des époux pouvait être condamné à verser à l'autre après divorce offrait un « double visage » (13) : alimentaire, elle était aussi indemnitaire. Ces deux qualifications contradictoires emportaient, chacune, une série de conséquences juridiques. Sous certains rapports, la pension alimentaire suivait le régime d'une créance d'aliments, sous d'autres celui d'une dette d'indemnité.

Mais ce mouvement de l'esprit ne se justifie que pour rendre compte de réalités qui sont, en elles-mêmes, complexes. Systématique (et aveugle) le procédé institutionnalise l'incertitude et tombe dans l'excès d'une relativité généralisée. Apparemment plus scientifique, il risque de couvrir et de cautionner les manipulations politiques du raisonnement.

198 **3° Observations complémentaires :** Si toute systématisation paraît dangereuse et artificielle, la mise à l'épreuve du raisonnement juridique résulte, dans la réalité (au moins devant le juge), d'autres facteurs.

---

(11) Et l'intention originaire peut n'être pas louable.
(12) Bertrand, *Le rôle de la dialectique en droit privé positif,* D. 1951, chron. 151.
(13) Exemple donné avant la réforme du divorce (en 1975).

— En matière contentieuse, le procès naît de la contradiction entre les prétentions adverses des plaideurs (l'un soutient le pour, l'autre le contre). Le juge est donc placé devant plusieurs interprétations possibles de la réalité. Principe directeur du procès civil (N.C.P.C. art. 14, 15 et 16), la contradiction entre les parties est, devant le juge, le moyen le plus radical d'éprouver et d'épurer le raisonnement juridique, en offrant la comparaison des deux syllogismes proposés (14).

— D'un autre côté (mais peut-être est-ce l'essentiel), la connaissance des véritables correctifs du raisonnement logique n'apparaîtrait qu'avec celle du **« processus décisionnel »** du juge. Comment une solution s'impose-t-elle à l'intime conviction du juge ? On a souvent l'impression qu'elle procède, d'abord, d'une intuition et que cette justice intuitive se revêt, ensuite, d'une armure juridique. Mais l'analyse de ce phénomène de conscience relève de la psycho-sociologie judiciaire (15).

C. LES PROCÉDÉS TECHNIQUES USUELS

199 La pensée juridique use de **procédés techniques consacrés**. Classiques, éprouvés par la tradition, ces « procédés intellectuels de la technique du droit » (F. Gény) forment un éventail (un attirail ?) dans lequel se détachent **la présomption, la fiction** et **divers autres moyens.**

a) La présomption (16)

200 C'est l'opération de l'esprit par laquelle on admet l'existence d'un fait incertain dont on cherche la preuve, à partir d'un fait dont on a la preuve et qui rend le premier vraisemblable : procédé dont la loi et le juge, comme chacun en quête de vérité, font grand

(14) D'office, le juge est fondé à agir, en deux points principaux, sur le syllogisme : 1) **Dans l'ordre de la qualification** c'est un devoir, pour lui, de restituer d'office aux faits et actes litigieux leur véritable qualification (N.C.P.C. art. 12, al. 2) ; 2) **Dans l'ordre de l'énoncé de la règle de droit** : c'est un pouvoir, pour lui, de relever d'office un moyen de pur droit, sans être cantonné aux seuls moyens de droit que soulèvent les parties. Cette faculté lui est ouverte par l'art. 12, al. 3 du N.C.P.C. Mais, quand il prend cette initiative (qui entre dans son office), le juge doit respecter le principe de la contradiction (il ne peut fonder sa décision sur les moyens de droit qu'il a relevés d'office sans avoir au préalable invité les parties à présenter leurs observations, N.C.P.C. art. 16 *in fine* 3). Si enfin, en vertu du principe dispositif, le juge ne peut fonder sa décision que sur les faits qui sont dans le débat (N.C.P.C. art. 7, al. 1) — apport des parties, donnée intangible pour le juge — ce dernier dispose cependant d'un dernier moyen d'action sur le syllogisme, **dans l'ordre des faits** : Non pas tellement en ce qu'il a pour mission de les *constater* dans leur matérialité (question de preuve), ou de les *apprécier,* mais parce que, dans l'ensemble des données de fait introduites par les parties dans le débat (notamment par leurs dossiers), le juge peut prendre en considération même les *éléments que les parties n'auraient pas spécialement allégués* (comme moyens de fait) (N.C.P.C., art. 7, al. 2). Pour plus de précisions, v. *Procédure civile,* Thémis, 99, 100.

(15) V. Gorphe, *Les décisions de Justice,* 1952 ; Comp., chez les Anglo-Saxons, Hutcheson, *Le jugement intuitif ; la fonction du « hunch » dans la décision judiciaire, in* Études Geny, T. 2, p. 531 s.

(16) V. *Vocabulaire Juridique*, V° Présomption. La définition légale vient de Domat qui met en lumière le mécanisme intellectuel et la fonction probatoire de la présomption (Lois civiles, III, T. VI, L. IV « Les présomptions sont des conséquences qu'on tire d'un fait connu pour servir à faire connaître la **vérité** d'un fait incertain dont on cherche la **preuve** ». Le « par conséquent » qu'apporte la présomption fait voir le chemin que l'esprit fait ici d'un fait à un autre fait, tandis que la qualification va du fait au droit. La qualification juridique d'un fait brut fait entrer le fait dans le droit (la catégorie juridique). La présomption fait sortir un fait d'un fait. Elle relève de l'interprétation des faits. V. *supra,* n° 194.

usage. Traditionnelles et parfois célèbres ou plus nouvelles (17), les présomptions les plus diverses sont présentes dans de nombreuses lois, et la pratique judiciaire la mieux éprouvée s'appuie couramment, aujourd'hui comme hier, sur des présomptions et indices. Saisissant la pluralité des présomptions légales et juridictionnelles, l'article 1349 C. civ. en propose une **définition commune générique** réduite à l'essentiel et dotée d'une portée générale, en ce qu'elle est applicable en toute matière à la preuve de tous les faits (bien qu'elle soit énoncée au titre de la preuve des obligations et du paiement) : « Les présomptions sont des conséquences que la loi ou le magistrat tire d'un fait connu à un fait inconnu. »

Dans la définition modèle de Domat, la référence à la connaissance de la vérité et à la recherche de la preuve met justement l'accent sur la **fonction toujours actuelle** de la présomption. Aujourd'hui encore, la présomption est un **mode de preuve** ; c'est une façon de prouver un fait, entre beaucoup d'autres (preuve par témoins, écrit, etc.) de prouver un fait. Mais, comme moyen de preuve, elle tire son originalité de son *mécanisme intellectuel.* La présomption prouve en raisonnant. Elle correspond à un *mode de démonstration*, plus précisément à un *raisonnement par induction* dont la valeur (c'est-à-dire aussi la limite) apparaît quand on le décompose.

1° Caractéristiques générales

Comme procédé technique, la présomption se définit par la réunion de quelques *traits constants* qui en dessinent la figure immémoriale et font de la présomption un mode intemporel de l'ordre juridique.

201 Elle suppose, à sa base, **un déplacement du fait à prouver. Preuve indirecte,** elle se caractérise par un changement de direction imprimé à la recherche de la preuve. L'objet de la preuve glisse du fait qu'il s'agit en définitive d'établir à **un autre fait** qu'il suffira de démontrer **à sa place.** Au lieu de prouver directement le fait A, on se contente de la preuve du fait B qui rend A vraisemblable : Quand un étudiant descend la rue de l'Université, cinq minutes avant le début d'un cours, on peut supposer qu'il s'y rend (18).

202 Précisément, la substitution postule qu'il existe **un lien** entre le fait retenu et le fait non directement appréhendé. Plus spécifiquement, elle suppose que **le premier fait rend vraisemblable le second**. Le fait prouvé (souvent patent) doit être **l'indice** du fait à prouver. Ainsi se découvre le fondement de la présomption (la justification du déplacement qu'elle opère). **La présomption est fondée sur la probabilité**. Elle se fonde sur une corrélation. Elle se nourrit de ce qui advient le plus souvent : *« Praesumptio sumitur eo quod plerumque fit »*. **Indirecte, la présomption procède par induction. Elle tire d'un fait établi la preuve d'un autre fait à établir.** Mais, dans le passage, elle se contente d'une probabilité. On retrouve le sens courant de présomption. Présumer c'est tenir pour certain ce qui n'est que probable (19). La présomption est par nature une **preuve indiciaire**

(17) Innovation taillée dans un habit classique, la loi du 13 mars 2000 consacre une nouvelle présomption légale réfragable dans l'article 1316-4, une présomption de fiabilité, de l'identification de la signature électronique. Dans sa pérennité, la présomption est à l'aise dans la modernité. À cet outil pluriséculaire, viennent naturellement de nouvelles utilités. Il est vrai que, par un mouvement inverse, les preuves scientifiques modernes pourraient être vues comme refoulant les présomptions. Mais elles interviennent pour administrer la preuve contraire plutôt que pour évincer les présomptions (d'autant plus que, parfois, les présomptions leur servent encore d'adminicules. Ex. art. 340).

(18) Exemple que donnait à Montpellier, dans son enseignement magistral, le doyen Morin... sans trop y croire. « Quand l'herbe bouge, c'est qu'il y a du vent » dit un proverbe chinois.

(19) D'où le risque d'erreur inhérent à la présomption. L'étymologie de « présumer » (lat. *prae, sumere*, « prendre d'avance », d'où le sens courant « accueillir une idée avant d'avoir une certitude »)

(d'où la réunion des « présomptions et indices » dans la formule courante qui les associe comme éléments de preuve d'un même genre). Ce trait est en pleine lumière dans le raisonnement judiciaire (les présomptions de l'homme). Cependant l'induction est aussi le ressort des présomptions de la loi.

03 La raison qui conduit à opérer le déplacement éclaire la présomption sous un dernier angle. Elle constitue un **avantage probatoire**. Par hypothèse, le fait substitué en preuve est plus facile à prouver que l'autre. L'un est connu ou connaissable, l'autre inconnu et souvent inconnaissable. La présomption est un **remède à une difficulté de preuve**.

Le bénéficiaire de la présomption jouit d'une **dispense de preuve**, du moins d'une facilité de preuve (20). Il est dispensé d'avoir à prouver directement un fait difficile ou impossible à établir ; il est fondé à offrir une **preuve indirecte** plus simple. C'est un allégement de la charge de la preuve. À la vérité, en offrant à son bénéficiaire, un avantage de départ, la présomption légale on va le voir, ne suit pas seulement une **probabilité**, mais une **politique**. Dans certaines présomptions, la présomption d'innocence, la présomption de bonne foi, la loi marque d'emblée une faveur pour une valeur. L'innocence et la bonne foi sont présumées non pas seulement parce qu'elles sont difficiles à prouver, mais parce que la liberté et la confiance qui sont au principe du contrat social commandent d'en faire une donnée de départ. **L'avantage probatoire a une valeur symbolique et pratique**.

2° Caractères variables

À ses caractères constants, la présomption associe divers traits variables.

04 **Présomptions légales :** Les présomptions n'ont pas toutes la même *origine* : certaines sont établies par la loi ; c'est la loi qui infère d'un fait connu un fait inconnu. Ces présomptions légales sont nombreuses, dans les domaines les plus variés (présomption de survie entre comourants, C. civ. art. 720 s. ; présomptions de pouvoir, art. 221, al. 2, 222 ; présomption d'interposition de personne, art. 911, al. 2 ; présomption d'acquêts, art. 1402 ; présomption de mitoyenneté, art. 654 (v. *infra,* n° 1525) ; présomption de libération, art. 1282, 1283 ; présomption de bonne foi, art. 2268 ; présomptions relatives à la filiation, art. 311 s.). L'une des plus célèbres est la présomption de paternité légitime : le mari d'une femme est présumé être le père des enfants de cette femme (C. civ. art. 312). Le législateur suppose (la présomption se dédouble) : 1° que les époux ont des rapports intimes (c'est la présomption de consommation du mariage) ; 2° que ces rapports sont exclusifs (c'est la présomption de fidélité de la femme). La présomption est ici un **bienfait de la loi**. Par l'avantage probatoire, le législateur marque sa faveur envers des intérêts qu'il encourage. Attachée à un type de situation, la présomption légale est établie *a priori*, *in abstracto* et en général. C'est une règle. En quoi elle s'oppose à la présomption de l'homme.

05 **Présomptions de l'homme :** La loi ouvre au juge, dans le débat sur l'établissement des faits de l'espèce qui lui est soumise, la voie des présomptions. À certaines conditions, elle

---

souligne bien l'anticipation : anticipation simple (avant le décès des père et mère leur enfant n'est qu'un héritier présomptif) ; anticipation parfois aventureuse (il est présomptueux à un certain âge de trop présumer de ses forces et la présomption de caractère n'est, en société, ni une sagesse ni un agrément).

(20) Comp. la formule catégorique de l'art. 1352, al. 1. C. civ. Elle est excessive : Pour que joue la présomption de paternité légitime, il faut que la maternité légitime soit établie. Mais il suffit pour cela (sans entrer dans le détail de ses mentions) de l'acte de naissance. La preuve substituée n'est en général pas contentieuse. Sa simplicité est le bénéfice même de la présomption. La charge de la première preuve est allégée.

l'autorise à procéder lui-même par présomption (ou à statuer sur les indices que lui proposent les plaideurs). Elle admet la preuve par présomption chaque fois que la preuve testimoniale est admissible (C. civ. art. 1353). Autant dire qu'en ce cas elle l'encourage, puisqu'alors elle s'en contente. *Sufficit praesumptiva probatio per conjecturas (verisimiles conjecturae).* Lorsqu'ainsi la preuve par présomption est admissible, la loi l'abandonne aux lumières et à la prudence des magistrats, mais en leur enjoignant de n'admettre que des présomptions graves, précises et concordantes *(verisimiles conjecturae)* : directives et recommandations qui démontrent que la présomption correspond toujours à la même démarche intellectuelle, mais que — opérée dans un cas par le juge et non plus établie en général par la loi — elle doit être conduite, dans chaque cas, avec vigilance. **Preuve judiciaire**, la présomption devient, par espèce, **la pesée circonstanciée de la valeur d'un fait connu comme indice d'un fait inconnu** (21). Dans le débat judiciaire, la présomption se déploie *in concreto, a posteriori, in casu*, démarche individuelle particulière. Par opposition à la présomption légale (présomption de droit), la présomption judiciaire (examen individuel d'éléments de fait) est justement nommée *« présomption de l'homme »* : dénomination qui marque bien la facture humaine, la façon individuelle de ce jugement de probabilité (22). Présumer c'est conjecturer, art de finesse et de discernement, de clairvoyance et de sagacité. Les conseils prodigués aux magistrats dans le ton d'une mercuriale de d'Aguesseau dessinent comme une éthique de l'induction.

206 **Présomptions simples :** Légales ou judiciaires, les présomptions n'ont pas toujours la même **force probante**. Certaines souffrent la preuve contraire. Elles peuvent être combattues et renversées par d'autres modes de preuve : recevable, la contre-preuve peut l'emporter et ruiner la présomption, si elle est plus convaincante (ex. la preuve de la non-paternité est apportée). La présomption n'est pas irréfragable. On l'appelle, parfois encore, présomption *« juris tantum »*, ou présomption simple (on dit aussi réfragable). Cette distinction ne coïncide pas avec la précédente. Si, en effet, toutes les présomptions de l'homme souffrent la preuve contraire, c'est aussi le cas de certaines présomptions légales (la présomption de paternité, la présomption d'acquêts, v. aussi C. civ. art. 1283, 2230 et 2231, etc.). Lorsque **la preuve contraire est admissible**, il est exact d'énoncer que la présomption opère un **renversement de la charge de la preuve.** C'est l'autre avantage probatoire de la présomption (le bénéfice du doute). Le risque de la non-preuve pèse sur celui dont la preuve contraire est attendue. Encore est-ce une chance, pour lui, qu'elle soit ouverte.

207 **Présomptions irréfragables :** D'autres présomptions légales sont au contraire irréfragables, inattaquables, inébranlables. **Elles ne sont pas susceptibles de preuve contraire**. Irrecevable, l'offre d'une telle preuve est exclue sans examen. La présomption est dite *« juris et de jure »* ou absolue.

À la vérité, la détermination générale des cas dans lesquels la présomption légale est irréfragable n'est pas claire (critère contestable dans C. civ. art. 1352, al 2). Ce caractère est

---

(21) Question de fait qui relève de l'appréciation souveraine des juges du fond. Ainsi est-il clair que la preuve par présomption (« par présomptions et indices ») appartient au genre de la preuve indiciaire ; à la preuve par faisceau d'indices (*« circumstantial evidence »*). C'est une haute tradition. L'ouvrage célèbre de Menochius (Lugd. 1608) a pour titre : *« De praesumptionibus, conjecturis, signis et indicis »*.

(22) V. par ex. *infra*, n° 1613 s. (preuve de la propriété immobilière, exemple typique). On comprend tout à fait ici que la vertu de la présomption dépende « de la certitude ou de l'incertitude des faits dont on tire les présomptions et de la justesse des conséquences qu'on tire de ces faits » (Domat). Esprit de vérité, esprit de finesse. Pascal est proche.

parfois certain (C. civ. art. 911, 1100, 1908, 1351, etc.) parfois plus discuté (art. 918, au moins en doctrine). Mais surtout, lorsque la loi ne dit rien, la solution évolue (passage d'une présomption de faute à une présomption de responsabilité) ou se nuance (exclusion d'une preuve contraire d'un certain type, non d'une autre).

L'irréfragabilité renforce la certitude de la présomption (ce qui peut être salutaire en législation). Rigide (érigée en règle autonome ?), la présomption irréfragable confine à la fiction.

b) La fiction

208 C'est l'opération par laquelle le législateur admet l'existence d'un fait qui est, pourtant, démenti par la réalité.

C'est aussi, parfois, le résultat ou le moyen de cette opération intellectuelle, chaque fois au moins que la fiction ne se borne pas à faire abstraction de la réalité, mais y substitue une construction de l'esprit : la fiction désigne alors le concept arbitrairement forgé qui remplace la situation naturelle. Une **construction intellectuelle**.

Le caractère artificiel, arbitraire de la fiction pourrait faire imaginer qu'elle constitue un procédé exorbitant (23) : C'est **l'un des procédés les plus courants de la technique juridique** et même, spécifiquement, de technique législative. Les fictions les plus illustres sont des monuments familiers. (v. *Vocabulaire juridique,* v° Fiction).

209 **1° Applications multiples : Un choix d'exemples montre la fréquence de son emploi.**

En vertu d'une vieille maxime (24), l'enfant conçu est considéré comme né chaque fois que tel est son intérêt : Si, au moment où meurt le mari de sa mère, il est conçu (et s'il naît viable), il sera appelé comme héritier à la succession de son père avec part entière, comme s'il était né au jour du décès de celui-ci. Le droit successoral est d'ailleurs, pour les fictions juridiques, un milieu de faveur. Il en agence plusieurs et parfois les articule : représentation successorale (v. ci-dessous, n° 211), rétroactivité de l'option héréditaire (C. civ. art. 883, al. 1). Dans ce dernier exemple, la fiction est d'envergure. Lorsque le partage intervient entre héritiers, l'effet déclaratif que la loi lui attribue signifie que, même s'ils sont restés des années dans l'indivision (ce qui est fréquent dans les familles), chaque héritier attributaire d'un bien divis, est censé l'avoir reçu directement du défunt. La théorie générale du droit ou des obligations connaît bien d'autres exemples de fictions : rétroactivité de la condition, C. civ. art. 1179 ; subrogation ; personnalité morale(?) etc. Entre tous, la représentation (légale, judiciaire ou conventionnelle) est un modèle du genre : c'est le mécanisme fictif en vertu duquel le représenté (mandant, mineur, etc.) est censé avoir agi lui-même (alors qu'en réalité il n'est pas intervenu en personne sur la scène juridique) de telle sorte que les effets de l'acte juridique accompli par représentation vont directement se produire sur sa tête (la personnalité du représentant qui a effectivement agi — mandataire, tuteur — étant au contraire effacée du point de vue des effets de l'acte). C'est comme par un effet de théâtre que celui qui agit sur la scène juridique (dans son rôle de représentant d'acteur) rend

---

(23) Si l'on peut dire que ce procédé répandu est, malgré sa fréquence, exceptionnel, c'est seulement en ce sens que les fictions — apanage du législateur — sont de droit étroit et n'existent que dans les cas spécifiés par la loi. V. ci-dessous, n° 210. Il n'empêche que la fiction trouve aussi, dans l'imagination doctrinale, une inépuisable carrière. C'est la source de maintes explications ingénieuses. Mais cette invention relève, au fil des talents, de la libre recherche.

(24) *Infans conceptus pro nato habetur quoties de commodo ejus agitur ;* v. *infra,* n° 461.

présent celui au nom et au lieu duquel il agit, au point que celui-ci est censé agir lui-même. *Qui mandat dicatur ipso vere facere* (Bartole ; qui donne mandat est réputé agir vraiment lui-même).

210 **2° Caractères spécifiques :** Ces exemples font ressortir les caractères spécifiques de ce procédé technique.

Opération intellectuelle, la fiction est un **artifice juridique**. Elle consiste à faire « comme si » (elle s'annonce souvent, dans la loi, par les expressions : « est censé », « est réputé »). La fiction n'est pas la réalité ; elle méconnaît la réalité.

Mais elle la méconnaît sciemment, sans dissimulation, de façon patente. La fiction juridique se donne **ouvertement** comme une méconnaissance intentionnelle de la réalité : le meuble est considéré comme immeuble (ameublissement), ou au contraire l'immeuble comme meuble (immobilisation). Délibéré, l'artifice s'affiche sans feinte, sans fard : travesti manifeste. La fiction donne corps à une version construite, à une vision sociale : donnée pour être reçue (réputé... censé...).

Cependant, cet artifice au grand jour est à l'abri des contestations. La contre-vérité s'impose comme une **vérité officielle** qui ne souffre aucun démenti. Nul n'est admis à faire prévaloir la réalité sur la fiction (comp. la présomption irréfragable) : *sic volo, sic jubeo, sit pro ratione voluntas*. On « fait comme si », mais c'est « comme ça » et pas autrement.

Ainsi la fiction procède-t-elle d'un tel arbitraire qu'elle constitue **l'apanage du législateur**. Seul le législateur (non le juge) est, dans sa souveraineté, en situation de prendre avec les faits de telles libertés. Construction de l'esprit, vision arbitraire, la fiction est un acte de souveraineté, un effet d'artificialisme souverain (il n'y a pas, au moins officiellement, de fictions de l'homme).

211 **3° Politique juridique :** Ce monopole législatif pourrait-il engendrer des excès (25) ? Force est de reconnaître que les fictions légales — au moins les plus célèbres — répondent, à un but éminent qui les justifie, en politique juridique. Établies dans un intérêt légitime, et même supérieur, ce sont des **bienfaits de la loi**. Sans être des traitements de faveur, les « irréalités » de la loi sont des effets de justice, au bénéfice desquels il est avantageux de prétendre. Le législateur fait naître, avant l'heure, un enfant conçu, pour le plus grand avantage de celui-ci ; il fait survivre le défunt dans la personne de ses héritiers, ou même fait revivre fictivement le successible prédécédé grâce à la représentation successorale. Il jongle avec l'heure de la naissance ou de la mort : la fiction cherche « le juste » « au rebours du vrai » (Gény). L'article 739 affirme sans détours : « La représentation successorale est une fiction de la loi dont l'effet est de faire entrer les représentants dans la place, dans le degré et dans les droits du représenté ». Si, dans une famille qui compte plusieurs frères l'un d'eux décède avant son père, laissant une postérité, lorsque le père de famille meurt à son tour, on fait comme si le successible prédécédé prématurément vivait encore et on le compte dans la succession paternelle, pour que sa postérité puisse recueillir la part qu'il aurait recueillie de son père s'il lui avait survécu. Le partage a lieu par souche. La fiction rachète un accident de la nature. Elle est plus juste que la réalité. Elle rétablit l'ordre naturel des décès et l'égalité des frères. À la limite, elle est plus vraie que la réalité, l'effet de théâtre plus réel que la vie, la représentation plus forte que la mort. La fiction dans ses inventions consacrées, est un correctif bienfaisant.

Ainsi la fiction légale répond-elle, au moins en ces cas, à une finalité qui la fonde et la justifie. Fiction légale, fiction légitime, c'est au moins le verdict du droit privé.

---

(25) On a parlé de « la puissance diabolique des fictions ».

c) Autres procédés intellectuels

212 **1° La définition :** Définir est une activité doctrinale (fondée sur la recherche, dans un esprit scientifique, du sens exact d'un mot ou d'une notion). Donner le ou les divers sens d'un terme de droit, à partir des usages du langage juridique, est l'objet d'un dictionnaire juridique. Cependant la définition ne prend vraiment corps, comme procédé intellectuel de technique juridique, que si elle est donnée par la loi (ou par la jurisprudence, dans le cas de définitions prétoriennes consacrées). Un double préjugé règne sur les définitions légales : Rares, elles ne seraient pas légitimes.

Elles sont, en vérité, très nombreuses (plus de cent dans le C. civ., plus de trente dans le N.C.P.C., innombrables dans le Code pénal) et le trésor des définitions légales va en s'amplifiant (26). Fondée sur la haute tradition du Digeste (le *De verborum significatione* en compte 246), la définition légale n'empiète ni sur la doctrine, ni sur les usages. Elle n'exclut pas les autres usages (la polysémie est une donnée linguistique fondamentale, irréductible). *Elle privilégie un sens* dans un domaine déterminé. Elle s'efforce d'éliminer l'équivoque et d'introduire clarté et précision dans l'application d'une règle ou d'un corps de règles.

213 Cependant, grande est la diversité (en la forme) des définitions légales. Dans cette diversité, on voit cependant s'affirmer (au moins dans les codes français) un archétype de définition, *un modèle français de définition* : la **définition réelle** qui cherche à caractériser une notion, une catégorie juridique, c'est-à-dire à la caractériser, comme concept, par des critères associés. Elle ne consiste pas à donner le sens d'un mot pour l'application de la loi dans le texte de laquelle le mot est employé (27) mais à poser, dans le système juridique, une définition doctrinale qui a vocation à être reçue dans l'ensemble de celui-ci, comme une notion constante.

Ainsi définie, la définition est un énoncé de droit, une règle de droit positif (28). En tant que **donnée légale permanente,** elle se distingue radicalement de la qualification qui s'appuie sur elle, *in casu,* pour s'opérer. La définition légale est, en attente, la référence de base à partir de laquelle s'exerce et s'anime, cas par cas, la qualification juridique (v. *supra*, n° 194). La définition est statique et générale, la qualification dynamique et ponctuelle. Énoncé conceptuel, la définition se distingue de l'énumération.

214 **2° L'énumération :** C'est un procédé courant de technique législative qui consiste à énoncer la règle non sous la forme (globale) d'une formule générale (ex. *clausula generalis* de l'art. 1382 C. civ.), mais sous la forme (détaillée) d'une **série de cas spécifiés** (ex. naguère les cas dans lesquels la recherche de la paternité naturelle était admise).

---

(26) V. dans le Code civil, les art. 338, 427, 516, 528, 529, 544, 546, 578, 583, 584, 637, 688, 689, etc. ; dans le Nouveau Code de procédure civile, les art. 25, 30, 53, 57, 63, 64, 65, 66, 71, 73, 117, 122, etc. ; v. notre article *« Les définitions dans la loi »,* in Études en l'honneur de J. Vincent et *« L'art du droit »*... 259 s. *Adde* Serge Balian, *Essai sur la définition dans la loi,* Thèse Paris II, 1986 et les travaux de l'atelier de méthodologie juridique (Aix-en-Provence 1986, 1987) sous la direction de M.J.-L. Bergel.

(27) En quoi la définition *réelle* se distingue de la définition *terminologique* de type anglo-saxon, dont le maniement est plus arbitraire. v. *« Les définitions dans la loi »,* préc.

(28) La méconnaissance d'une définition légale est une violation de la loi.

Il y a deux sortes d'énumération : l'énumération est énonciative ou **indicative** (29), lorsque l'indication des cas est donnée à titre d'exemple (ainsi, notamment,...), sans exclure l'application de la règle à des cas semblables ou analogues non énoncés (30). L'énumération est **limitative**, lorsque la liste des cas spécifiés est arrêtée, sans extension possible, de telle sorte que la règle ne peut être appliquée analogiquement à d'autres cas même voisins ou comparables et doit être strictement renfermée dans le domaine des cas limitativement énoncés (31).

Il reste que, sous une forme ou une autre, l'énoncé des cas peut être lui-même plus ou moins précis. Le pourvoi en cassation n'est ouvert que dans des cas limitativement déterminés, mais, parmi ces cas d'ouverture, la violation de la règle de droit est une notion large, générique, très ouverte (art. 604, C. pr. civ.).

215 **3° L'assimilation :** C'est un **procédé législatif** assez fréquent qui consiste à soumettre deux sujets ou deux objets distincts au même régime juridique, en faisant abstraction de leurs différences (ex. assimiler un étranger à un autochtone ; un meuble à un immeuble, un mandat à un contrat d'entreprise, etc.).

L'assimilation est une fiction lorsque la non-différenciation est obtenue par la confusion des deux catégories juridiques initiales. Mais, le plus souvent, l'assimilation se distingue de la fiction en ce que, maintenant la distinction des catégories (sans dénaturer l'une en la ramenant à l'autre), **elle se borne à étendre à la catégorie rattachée tout ou partie du régime juridique de la catégorie de rattachement :** elle est alors uniformisation totale ou partielle de régime, sans identification de nature (ex. C. civ. art. 1792-1) ; assimilation quant aux conséquences juridiques (et souvent limitée, sous tel ou tel rapport, à l'application d'une règle spécifiée) (32). Ainsi la moelle osseuse — qui n'est pas un organe du corps humain — est-elle considérée comme un organe par le Code de la santé publique (art. L. 671-1, l. du 29 juillet 1994) pour l'application des règles qui gouvernent le prélèvement d'organes. La forme la moins déformante de l'assimilation légale relative (celle qui procède par extension partielle de régime sans confusion de nature) a toujours les faveurs du législateur. Ainsi dans l'a. 1386-8 C. civ. issu de la loi du 19 mai 1998 : Est assimilé à un producteur, pour l'application des règles de la responsabilité du fait des produits défectueux, toute personne qui se présente comme producteur (bien qu'elle ne le soit pas) ou importe un produit en vue de sa distribution. Il y a dans l'assimilation une équivalence dictée par l'équité, ce qui n'exclut pas, pragmatiquement, que ce soit un expédient commode.

---

(29) Ex. l'énumération des immeubles par destination, C. civ. art. 524 ; celle des réparations locatives, art. 1754 ; celle des conventions matrimoniales, art. 1497.

(30) L'exemplarité est souvent employée en dehors d'une énumération (v. n° 215 bis) et dans une énumération non limitative elle se prête à l'extension analogique (v. n° 410).

(31) Ex. l'énumération des cas dans lesquels le recours en révision peut être formé : N.C.P.C. art. 595 ; celle des causes de divorce, C. civ. 229 ; *adde :* C. civ. art. 285-1 (concession judiciaire de bail) ; 727 (cas d'indignité successorale) ; 955 (cas de révocation des donations pour cause d'ingratitude), etc.

(32) V. not. *infra,* n° 1131 note (1), l'extension de la protection possessoire au détenteur précaire (à l'égard des tiers) qui est une assimilation relative du détenteur précaire au possesseur (au moins dans les rapports du détenteur avec tout autre que son auteur), sans remise en cause des concepts de possession et de détention précaire ; C. civ. art. 2282, al. 2. Autre exemple, l'assimilation aux bateaux, pour les règles de l'immatriculation, des hydroglisseurs, bacs, dragues, grues et autres engins flottants de nature analogue, art. 1, 6, d. 10 mars 1983. *Adde, Vocabulaire Juridique*, V° Assimilation.

15 *bis* **4° L'exemple :** Un exemple n'est pas seulement, dans un enseignement magistral, une illustration typique qui fait comprendre. Il existe, **dans la loi**, tout un assortiment d'exemples qui s'annoncent par diverses formules (« ainsi », « notamment », « par exemple », « en particulier », etc. V. C. civ. a. 700, 1404, 1433, 1437, 1940 ancien, 2012) et dont certains ont, dans le fil de l'usage doctrinal, une valeur pédagogique (C. civ. a. 737, 738), explicative (a. 700). Cependant **l'exemple légal est, en soi, une norme** (en l'attestant, l'article 565 C. civ. — trésor législatif — permet à lui seul de construire la théorie juridique de l'exemplarité). La marque première de la norme-exemple est d'être si concrètement spécifiée qu'elle constitue pour l'interprète une donnée certaine dont l'application directe et immédiate n'a nul besoin, quant à elle, d'interprétation. En quoi l'exemple se différencie du modèle abstrait qui a besoin d'exemple (ainsi le modèle du bon père de famille ; comp. les vêtements de l'a. 1404). Mais ce point sûr n'est qu'un point de départ (étymologiquement un exemplaire...), une norme partielle qui ne couvre pas tout. D'où l'évidence que l'exemple, application parmi d'autres, n'est pas une norme principale, autonome, mais **l'auxiliaire d'une règle générale** (il est typique que la loi donne l'exemple à l'appui d'une telle règle. V. not. a. 1433, 1437). Ainsi se dessine la fonction de l'exemple. **L'exemplarité est une espèce d'analogie** (v. *infra*, n° 410). Fondée sur l'appréciation des similitudes, elle permet de passer d'un cas énoncé (monté en épingle) — en se laissant porter par sa valeur exemplaire — à un cas non prévu, d'aller du certain au nouveau (il y a du mouvement comme dans la présomption v. n° 201). Dans cette démarche de l'esprit, l'exemplarité a cependant pour originalité profonde d'être préposée à libérer le potentiel d'une règle, donc de procéder **en compréhension** et non par extension : méthode de compréhension analogique qui voue l'exemple à l'exploration des normes-cadre, au comblement des lacunes *intra legem* (V. n° 178), guide pratique **dans** l'application judicieuse d'une norme abstraite (comp. n° 214, l'énumération indicative).

BIBLIOGRAPHIE

1° Raisonnement juridique

— *Archives de philosophie du droit,* 1966.

— *Année sociologique,* 1965, p. 365 s.

— PERELMAN Ch. et OLBRECHTS-TYTECA, *Traité de l'argumentation,* 1958. PERELMAN ET AUTRES, *Le champ de l'argumentation*, 1970, *Le raisonnement juridique*, 1971.

— GHESTIN et GOUBEAUX, *Introduction générale,* 1977, n° 35 s.

— PERELMAN, *Logique juridique, nouvelle rhétorique,* coll. Méthodes du droit, 2° éd., Dalloz, 1979.

— *La logique judiciaire*, travaux du 5e colloque des Instituts d'études judiciaires, préface P. Raynaud. P.U.F., Paris 1967.

— MOTULSKY H., *Principes d'une réalisation méthodique du droit privé*, Lyon, 1948.

— KALINOWSKI, *Introduction à la logique juridique*, 1965 ; *adde* D. 1988, chron. 547.

— BERGEL J.-L., *étude* R.T. 1984, 255 s ; *Théorie générale du droit,* n° 244 s.

— TIMSIT G., *Thèmes et systèmes de droit,* Paris, 1986, P.U.F.

— CORNU G., *Le règne discret de l'analogie,* Mélanges COLOMER A., 129 s. ; *Propos sur l'esprit d'économie législative,* Mélanges en hommage à Pierre Harmel, Liège, 1992 et *« L'art du droit... »,* p. 331 s., 323 s.

— *Arguments d'autorité et arguments de raison en droit,* Trav. du Centre National de Recherche de Logique, Bruxelles, 1988, éd. Némésis.

— SAMUEL G., *Entre les mots et les choses : les raisonnements et les méthodes en tant que sources du droit,* R.T. 1995, 509 s.

2° Catégories juridiques, présomptions et fictions

L'ouvrage fondamental demeure celui de François GÉNY, *Science et technique en droit privé positif* (nouvelle contribution à la critique de la méthode juridique), T. III, *Élaboration technique du droit positif,* Sirey, 1921, v. spéc. p. 123 s. ; p. 258 s. ; p. 360 s. ; PELEMAN et autres, *Les présomptions et les fictions de droit,* 1974. Ph. WOODLAND, *Le procédé de la fiction dans la pensée juridique,* th. Paris II, 1981 ; G. WICKER, *Les fictions juridiques, Contribution à l'analyse de l'acte juridique,* th. Perpignan, 1994, Bill. de droit privé, t. 253 ; *Rev. Droits,* n° 21, janv. 1995, *La fiction* Anne-Marie LEROYER, *Les fictions juridiques,* Th. Paris II, 1997. *Les fictions juridiques en droit administratif,* Delphine Costa, th. Paris I, 2000 (Bibl. dr. publ.).

3° Méthodologie juridique

Regards sur la méthodologie juridique, J.-L. BERGEL et al., *Cahiers de Méthodologie juridique,* 1990-4 ; *La découverte du sens en droit,* F. PAYCHÈRE (éd.), 1992, Franz Steiner Verlag Stuttgart.

§ 2. LES SCIENCES APPLIQUÉES

216 Elles mettent en œuvre, à des fins pratiques, les données de la science fondamentale. Certaines tendent à la réalisation du droit existant, d'autres à l'élaboration d'un droit nouveau.

A. LES SCIENCES JURIDIQUES APPLIQUÉES À LA RÉALISATION DU DROIT EXISTANT

Ces sciences et ces arts d'application sont dans le domaine des auteurs et des magistrats, interprètes du droit et dans la main des auxiliaires de la justice, praticiens du droit.

a) La science de l'interprétation du droit

217 Traditionnelle, bien que toujours en quête d'un dépassement, elle peut être une science d'anticipation (pour le commentateur d'une loi nouvelle). Mais elle est souvent la compagne des procès, science de l'espoir ou du désespoir, abondamment exercée en matière contentieuse : elle a toujours le même objet. L'application du droit se heurte à des difficultés d'interprétation, chaque fois que **la règle de droit n'est pas claire ou pas complète.** Les obscurités et insuffisances de la loi soulèvent des problèmes que la science de l'interprétation a pour objet de résoudre. L'interprétation a ainsi donné naissance à un corps de connaissances — à un ensemble de règles, de procédés, de méthodes — que l'on appelle, d'un terme consacré, les *principes et méthodes d'interprétation du droit* (v. plus loin n° 386 s.). Cependant, il advient souvent, dans une perspective utilitariste, que, dévoyée de sa fin (et de sa fidélité au droit), l'interprétation n'œuvre pas à faire prévaloir le

sens véritable des règles, mais manœuvre à leur faire dire ce qui peut servir au triomphe d'une cause. La science de l'interprétation dégénère alors en trituration textuelle.

b) La pratique de l'élaboration des actes (33)

218 Les sciences de la réalisation du droit englobent l'art de dresser des actes juridiques (au sens instrumentaire du terme). Cet **art de rédiger** (un acte de société, un contrat de mariage, etc.) relève de la « science du parfait notaire » et des conseils juridiques (34). Mais il est inséparable de l'élaboration intellectuelle de l'acte (qui postule la maîtrise des opérations juridiques) : branche d'activité capitale dans la mesure où, destinée à créer, prévoir, régler, constituer, établir, elle est constructive et — normalement — non contentieuse. À une époque où certains rêvent à une profession unique — qui ne serait pas seulement judiciaire mais juridique — l'art de l'élaboration des actes a vocation à être possédé par tous les juristes professionnels. Il existe des formulaires d'actes (pour les jugements, les contrats, etc.). À partir du fonds que lègue la tradition, la pratique ne cesse de rénover, d'affiner, de mettre au point ses formules. L'imagination y a une forte part, mais sous la garantie d'une exploration méthodique. Avant de proposer une formule nouvelle (par ex. l'insertion dans une donation d'une clause ouvrant au donateur, la faculté unilatérale d'en modifier l'objet. V. Grimaldi et Gentilhomme, Defrénois, 1999, 129) il faut l'avoir éprouvée sous toutes ses facettes (validité, utilité, aspects civils et fiscaux, etc.). « L'imagination, à bon droit ? » C'était une question posée à la 2e conférence Albert Mayrand) (Ed. Thémis, Université de Montréal 1998).

B. LES SCIENCES JURIDIQUES APPLIQUÉES À L'ÉLABORATION D'UN DROIT NOUVEAU

219 On les réunit sous le terme consacré de **« science de la législation »** (35). Liée à la fonction du législateur, sans en être l'apanage (c'est le souci de tous ceux qu'anime un esprit de progrès : sociétés d'études, auteurs), elle a pour objet d'œuvrer à l'amélioration du droit, de proposer des réformes.

Considérée dans tous ses rameaux, la science législative (ou art législatif) est une technique au service d'une politique, à partir d'une critique (36).

---

(33) V. plus généralement, sur le rôle de la pratique dans la formation du Droit, Trav. de l'ass. Capitant, T. XXXIV, 1983 ; *adde.* J. Charlin, *La participation du notaire à la création de la règle de droit,* th. Lyon, 1981.

(34) V. par ex. Lainey, *Formulaire des actes usuels sous seings privés,* 14e éd. par Bernard Lecourt, Paris, 1977.

(35) On nomme parfois légistique, la partie de cette science qui s'attache à la rédaction des lois. V. *Vocabulaire juridique,* vº Légistique. V. A. Viandier, *Recherche de légistique comparée,* Springer, 1988.

(36) V. *Vocabulaire juridique,* vis Législation, Législative (politique), Législative (science), Législative (technique). *cf* Paul Delnoy, *L'évaluation législative en Belgique,* Rev. rech. jur. dr. prospectif, 1994-4, 1318 s., nº XIX (Aix-en-Provence).

a) La critique législative

220 En son principe, la législation s'oppose à l'interprétation. Fondée sur le respect du droit établi, l'interprétation a pour fil directeur la fidélité au droit existant (sous réserve des tempéraments mentionnés). Sa démarche ne remet pas la règle en question, mais tend à l'appliquer (moyennant une clarification, parfois aussi, il est vrai, une adaptation). L'interprète raisonne *« de lege lata »* (en droit positif). Au contraire, la science législative a pour principe de raisonner *« de lege ferenda »* (au sujet d'une loi à établir). Sa vocation, sa raison d'être est la remise en question du droit existant. Elle prend sa source dans une attitude critique (non polémique, mais scientifique), la **critique législative** : celle-ci consiste à **repérer les lacunes, les insuffisances, les obscurités de la loi,** à discerner les inconvénients pratiques d'une règle, les orientations discutables de droit positif et à se demander s'il est possible et opportun de corriger les défauts existants (peut-on faire mieux ? le remède n'est-il pas pire que le mal ? la jurisprudence ne suffirait-elle pas à dispenser le législateur d'intervenir ?, etc.). Le plus souvent, une telle pesée est, en toute liberté, une réflexion doctrinale. Le rapport annuel de la Cour de cassation contient assez souvent des suggestions d'un tel ordre. Créé par une loi du 14 juin 1996, l'office parlementaire d'évaluation de la législation est censé assumer aussi cette fonction critique. La perspective de **réformation** du droit procède d'un **jugement de valeur sur l'état du droit,** à partir duquel la science de la législation forge sa politique.

b) La politique législative

221 C'est la considération des **fins désirables** et des **moyens possibles**, donc des **options à prendre**. Sélective, la politique législative est la partie de la science législative qui, une fois rassemblées toutes les données utiles de la législation, considérations d'ordre social, économique, psychologique, etc. a pour objet d'orienter les réformes, d'en déterminer les objectifs, de ménager les intérêts en présence, de fixer des priorités, d'opérer des choix. La politique législative embrasse et ordonne les sources réelles du droit (37). Quand il s'efforce ainsi de mettre en œuvre ces données directives, le législateur projette le droit nouveau dans l'avenir. Science des progrès de la législation, vue d'avenir, acte de prévision, la science législative est œuvre d'imagination (elle suppute à l'avance et met à l'épreuve les conséquences de la règle envisagée, anticipe, si possible, ses effets pervers). Science comparative, sens du possible, elle se décide, compte tenu des moyens offerts, sur une comparaison du présent connu et du futur souhaité. Elle n'a de chance de réussir que si elle tient compte (en amont de l'intervention) « des contraintes de l'histoire longue », et (en aval) « des obstacles de l'ineffectivité » (Carbonnier). On souhaite ardemment que le nouvel office parlementaire d'évaluation de la législation ne soit pas un nouvel agent de l'inflation du droit, mais un modèle d'ascèse législative, dans la sobriété.

c) La technique législative

222 La science de la législation n'est pas seulement acte préparatoire de recherche, de réflexion, d'imagination. **Acte complet d'élaboration**, elle est aussi formulation, énonciation, art. **d'expression.** Elle n'est pas seulement suggestion, idée directrice, choix, décision, mais mise en forme de la loi : œuvre littéraire. Cette mise en forme est l'objet propre de la

(37) V. plus haut, n° 72 et plus bas, n° 230.

technique législative. Mais c'est dans cet ouvrage plus peut-être qu'ailleurs que la science législative est un **art législatif**.

L'œuvre de formulation (au sens large du terme) comprend deux opérations de base : 1° **l'expression linguistique** (choix des mots, énoncés des phrases) qui est à la fois un exercice de vocabulaire et un exercice de style (style législatif). La législation est un savoir-dire ; 2° **la composition d'ensemble** qui consiste non seulement à ordonner (soit dans une loi, soit dans un code) les éléments de l'ensemble, c'est-à-dire, à établir un plan, à marquer des divisions, à choisir des titres, mais, de façon plus fondamentale, à harmoniser les éléments de cet ensemble (38) et à en contrôler la cohérence (non-contradiction, complémentarité des dispositions, unité de style, etc.). La législation culmine dans la codification, au moins dans **la codification dite réelle** (39), composition d'un corps cohérent de règles nouvelles (40) ou renovées (41), construction d'ensemble dont la vocation propre est d'instaurer ou de renouveler un ordre juridique. À la vérité — c'est une toute autre entreprise — codifier (le terme est polysémique) peut également signifier réunir des textes préexistants en un livre unique. L'essentiel est de ne pas confondre cette compilation avec l'instauration d'un code. Le Québec s'est doté en 1994 d'un Code civil qui est, substantiellement, un nouveau code, non une codification formelle.

223 Ainsi devient-il évident que la rédaction de la loi ne se réduit pas à une technique formelle. Elle est cela au sens le plus étroit du terme, dans la mesure où elle est l'écriture en français d'un texte législatif. Dans cet ordre, la tradition nous a légué des canons d'écriture législative. Le style lapidaire est, originellement, le style législatif (celui des tables de la loi) : à graver dans la pierre et la mémoire. Jérémie Bentham (42) l'a réaffirmé en formules définitives :« Les paroles de la loi doivent se peser comme des diamants » ; « clarté, brièveté, voilà donc les deux qualités essentielles ». *Aurea brevitas*, règle d'or. Mais cette

---

(38) L'un des ciments de la cohérence législative est le maniement du **canon législatif.** Un tel canon désigne non une règle (v. *supra,* n° 14) mais un type de règle érigé en modèle dont le législateur, par harmonisation, établit des applications cohérentes en diverses matières. Les présomptions légales de pouvoir correspondent ainsi à un canon législatif dans l'ordre matrimonial (art. 221, 222) ou parental (art. 372-2, 389-4) et dans le droit de l'indivision (art. 815-2, al. 2, 815-3, al. 2). V. *Vocabulaire juridique*, V° Canon législatif.

(39) **À la codification réelle, œuvre législative, s'oppose la codification dite formelle, opération purement administrative** (en son objet) dont l'unique objet est de réunir des textes législatifs ou réglementaires **préexistants**, sous l'interdiction d'en modifier non seulement le fond mais, sauf détails, la forme : c'est la codification dite **« à droit constant ».** À la différence du nouveau Code de procédure civile (1975), œuvre nouvelle dans son ensemble, le code de l'organisation judiciaire (1978) résulte d'une codification purement formelle. Du même chantier sont entre autres sortis le code de la consommation (1993), le code de l'environnement (1996), **simples compilations**. V. *infra* les notes.

(40) C'est le cas du Nouveau Code de procédure civile qui, sur le fondement des principes directeurs du procès et de la juridiction gracieuse, se divise, suivant un plan rationnel, en dispositions communes à toutes juridictions, dispositions particulières à chaque juridiction et dispositions particulières à certaines matières. V., dans les travaux précités de l'I.D.E.F., *la codification en France de la procédure civile* et *l'élaboration du Code de procédure civile, in « L'art du droit... »* 385 s.

(41) C'est le cas du mouvement législatif exemplaire qui, de 1964 à 1977, a entièrement refondu le droit de la famille (par titres entiers), mais sans bouleverser les divisions majeures du Code civil, remarquable promesse. V. dans les travaux ci-dessus (I.D.E.F. 1985) « La refonte dans le Code civil français du Droit des personnes et de la famille » *in « L'art du droit... »,* 371 s...

(42) *Traités de législation civile et pénale,* 2e éd., par E. Dumont, T. III, p. 591 s. Le génie du droit écrit tient aussi à cultiver l'esprit d'économie dans la rédaction des lois, surtout à unifier, concentrer et simplifier le droit codifié, en réduisant et en harmonisant le nombre des énoncés et les types de règle (antidotes parmi d'autres de l'inflation législative). V. *« Propos sur l'esprit d'économie législative »*, Mélanges en hommage à Pierre Harmel, Liège, 1992.

maîtrise formelle repose sur une maîtrise fondamentale qui est l'essentiel de la technique législative : la connaissance (ou au moins la recherche) des caractères spécifiques de l'énoncé législatif, c'est-à-dire de la spécificité de l'énoncé de la norme en forme de loi, compte tenu de la fonction législative, de l'objet de la loi et de sa destination (43). Du fond à la forme, le législateur aurait des raisons de suivre l'itinéraire que l'on disait être celui de Montesquieu, « du labyrinthe de la réflexion » à « l'alchimie de l'écriture ».

NOTE

1. **Sur la codification en général.** V. *Codification : valeurs et langage,* colloque de Montréal 1981 (Crépeau, Terré, Ph. Rémy, Cornu *et al.*) V. « *L'art du droit...* 357 s. » ; travaux du XVIIIe Congrès de l'I.D.E.F., 1985 (la codification), n°s 3 et 4, 1986 de la Revue juridique et politique, spéc. Bisson, sur « l'effet de codification » ; *La codification,* colloque Toulouse, oct. 1995, Dalloz, 1996 ; R. Cabrillac, *Les codifications*, Droit, éthique, société, P.U.F. 2002 ; *Recodifier*, RTD civ. 2001, 833 s.

2. **Sur la codification formelle** (« à droit constant »). V. les rapports de la commission supérieure de codification (auprès du Premier ministre), 6e rapp. annuel 1996 et la circulaire du 30 mai 1996 relative à la codification des textes législatifs et réglementaires (J.O. 5 juin ; G. P. 1996, lég. I. 424) qui, en invoquant les cinq grands codes napoléoniens, a l'air d'ignorer la **différence fondamentale qui sépare la codification réelle et la codification formelle à droit constant**, et dote celle-ci d'un pesant appareil méthodologique. C'est un édifice abstrait de bureaucratie technocratique. Le danger de ces codifications en série c'est que ceux qui les confectionnent sont dans l'impossibilité de maîtriser intellectuellement l'ensemble si divers des matières qu'ils codifient. La méthodologie supplée-t-elle la science ? Penser que le « savoir mettre en forme » peut aller de l'avant sans la connaissance du fond du droit c'est imprudemment se reposer sur le fragile postulat de la séparation de la forme et du fond. V. *infra* la codification par expédient ; *adde* H. Moysan, *La codification à droit constant ne résiste pas à l'épreuve de la consolidation*, J.C.P. 2002.1.147.

3. **Sur l'évaluation des lois.** V. la loi n° 96-516 du 14 juin 1996, tendant à créer un office parlementaire d'évaluation de la législation, J.C.P. 1996. III. 68017 et un premier commentaire, G. Drago, J.C.P. 1996.1.3953 ; L. Bergel *et al., Contrôle parlementaire et évaluation,* La Documentation française, 1995.

4. **Sur la rédaction des lois.** V. *Les mots de la loi* (Lyon-Caen, Leveneur, Molfessis *et al.*). Économica, 1999. Sur l'esprit d'économie législative (base d'une écologie juridique ?) V. *« L'art. du droit... »* 323, *adde* (*op. cit..* 283). *Le langage du législateur.*

CODIFICATION PAR EXPÉDIENT

Une loi du 16 déc. 1999 (D. 2000 lég. 18) a habilité le Gouvernement à procéder, par ordonnance, à l'adoption de la partie législative de neuf codes dont le code de la santé publique, le code de commerce, le code de justice administrative, en arrêtant le calendrier du train des ordonnances (une par code) dans les douze mois de sa publication. Ainsi ont été notamment publiés, dans leur partie législative, le code de commerce (18 sept. 2000), le code monétaire et financier (14 déc. 2000).

Il s'agit bien de codification à **droit constant**. La loi d'habilitation (art. 1er) pose en principe que « les dispositions codifiées sont celles en vigueur au moment de la publication des ordonnances ». Il s'agit bien de codification **purement formelle**, puisque la loi d'habilitation (*ibid.*) lui assigne pour fin de regrouper et organiser la matière à codifier. De fait la codification de la législation commerciale a consisté à incorporer dans le code de commerce (qui, vidé de substance au cours des âges, ne comprenait plus que quelques 150 articles) la multitude des textes épars qui étaient demeurés extérieurs au code de 1807. Le rassemblement s'est opéré selon un certain ordre qui apparaît dans le

(43) V. *Le langage du législateur,* Annales 1977-1978, de l'Université de Neuchâtel, et plus généralement l'étude du discours législatif, *Linguistique Juridique,* Montchrestien, 1990, n° 65 s.

plan des codes (ainsi le code de commerce est-il divisé en 9 livres, dont le livre I, « Du commerce en général », le livre II, « Des sociétés commerciales », etc. ; le code monétaire et financier en sept livres, dont « la monnaie », livre I, « Les produits » livre II, etc.).

Cependant, la mission de codification à droit constant est donnée sous **une réserve** (une « seule », mais elle a des ramifications dont certaines ne sont pas négligeables) : celle d'apporter les modifications qui seraient nécessaires pour assurer le respect de la hiérarchie des normes, améliorer la cohérence rédactionnelle et harmoniser l'état du droit (loi 16 déc. 1999 ; comp. la reprise dans la loi du 12 avr. 2000 relative aux droits des citoyens dans leurs relations avec les administratives, D. 2000, lég. 221). La référence à la hiérarchie des normes (sous ce nom ronflant) allait de soi, puisque, par hypothèse, la codification de la partie législative des textes rassemblés (complétée, en parallèle, par la codification de la partie réglementaire) présuppose que soit opéré, à la base, le tri des dispositions de nature législative et des dispositions de nature réglementaire, par application des règles de la Constitution). Toute formelle, la recherche de plus de cohérence rédactionnelle tend seulement à améliorer l'expression de la loi, sans en altérer le contenu, par un travail de simplification, de clarification et d'adaptation appliqué pour l'essentiel aux termes de la loi. L'harmonisation de l'état du droit débouche sur une carrière plus vague et plus intimidante dont on ne sait jusqu'où elle peut aller.

Du point de vue méthodologique qui seul nous retient ici, ce procédé appelle une **critique radicale**. La codification n'est pas seulement formelle par son objet (et en ce premier sens administrative) en ce qu'elle n'œuvre en rien à l'élaboration d'un nouveau droit. Elle est encore administrative (en un autre sens) par l'organe dont elle émane, à savoir l'exécutif au lieu du législatif. Procédé exorbitant, le Parlement s'est déchargé de la codification sur le Gouvernement. Et il est trop évident que la ratification qu'il est appelé à donner n'est qu'une pure formalité d'entérinement. Le travail n'est pas législatif. **La codification par ordonnance est une codification par expédient**.

Cependant, la démission du Parlement a été couverte par le Conseil constitutionnel (déc. n° 99-421 DC 16 déc. 1999) qui explique que l'achèvement des codes répond à « l'objectif de valeur constitutionnelle d'accessibilité et d'intelligibilité de la loi ». On ne contestera pas la valeur d'une telle intention (sans aborder celle des résultats). Mais la raison est-elle pertinente ? Elle légitime la codification, non la codification par ordonnance (à moins de poser qu'accessibilité et intelligibilité sont inaccessibles au Parlement). Comp. Molfessis, RT 2000 186 ; A. Lienhard et C. Rondey, D. (aff.) 2000, chron. 521 ; D. Bureau et N. Molfessis, *Le Nouveau Code de commerce ? une mystification,* D. (aff.) 2001, chron. 361 (v. *supra*, n° 112 et 121).

§ 3. LES SCIENCES AUXILIAIRES

224 On appelle ainsi des sciences auxquelles le juriste demande des lumières pour l'éclairer sur son propre savoir. Autonomes, ces sciences trouvent en elles-mêmes leur intérêt primordial (leur intérêt scientifique). Mais de surcroît, les sciences juridiques en attendent, pour leur propre approfondissement, des services : informations, suggestions, inspirations, éclairage nouveau, ouvertures (v. *Vocabulaire juridique,* v° Science).

Dans cet ensemble, certaines, traditionnelles ou plus nouvelles, sont éprouvées. Relativement à elles, la linguistique juridique, hors série, prend place.

A. SCIENCES AUXILIAIRES CONFIRMÉES

Différentes par leur objet (et leur méthode), les sciences consacrées sur lesquelles s'appuie le droit remplissent, comme auxiliaires, des fonctions comparables.

a) Classification

Elles se répartissent en deux groupes (44).

225 **1° Histoire du droit et droit comparé :** Certaines ont pour objet l'observation de systèmes juridiques historiques ou étrangers : l'histoire du droit fait revivre un ordre juridique révolu ; le droit comparé rapproche les législations étrangères (dans des comparaisons multilatérales ou bilatérales). Leurs réflexions sont parallèles ; ces deux sciences s'attachent à des systèmes juridiques qui, en France, ne sont pas ou ne sont plus en vigueur. Elles ont certes pour objet des règles qui ont formé, autrefois, ou qui forment ailleurs, de véritables systèmes juridiques. Mais les anciennes législations ou les législations étrangères ne sont pas traitées comme éléments de droit positif. Elles sont étudiées comme **fait social**, éventuellement comme **modèle législatif.**

226 **2° Sociologie juridique :** D'autres sciences auxiliaires s'attachent à observer la vie juridique d'un pays donné. Sciences d'observation des réalités juridiques elles considèrent la règle de droit telle qu'elle est perçue, reçue, vécue, rêvée par les intéressés. C'est une définition possible de la sociologie juridique. La sociologie juridique est la **science d'observation des phénomènes juridiques** (collectifs ou même individuels, si l'on ne veut pas la séparer de la psychologie juridique). Elle se propose d'étudier, d'une part, le **comportement** juridique effectif des sujets de droit, d'autre part, les **opinions**, **aspirations, croyances** qui se développent dans le milieu social relativement aux questions qui peuvent avoir une incidence juridique. Elle associe l'étude de l'état des mœurs (comportements sociaux) et du mouvement des idées (opinions répandues), saisis, à un moment donné de leur évolution, dans une société donnée (aujourd'hui, de préférence, la société actuelle), par rapport aux prescriptions de l'ordre juridique.

227 Pour atteindre ses objectifs, la sociologie dispose de moyens divers. Elle met en œuvre des études quantitatives. Elle compte. **La statistique** fait partie de ses techniques ordinaires d'information. Ainsi, lorsqu'il a été question, dans les années 1960, de préparer la réforme des régimes matrimoniaux, il a paru opportun de faire la statistique des contrats de mariage (de dénombrer les ménages qui s'établissent en rédigeant, avant de se marier, un contrat de mariage, par rapport aux époux qui, se mariant sans faire de contrat de mariage, se trouvent de plein droit placés sous le régime de la communauté légale). L'enquête conduite auprès des notaires qui rédigent les contrats de mariage a fait apparaître qu'à peu près 75 % des Français faisaient confiance à la loi et se mariaient sans contrat de mariage. Pour ceux qui avaient fait un contrat de mariage, les réponses ont permis de déterminer dans quelles proportions les futurs époux choisissaient la séparation de biens ou tel autre type de régime ; on a eu la confirmation statistique que le régime dotal, considéré comme un régime méridional traditionnel (ce régime des pays de Droit écrit que Portalis avait si fort défendu lors de la rédaction du Code civil), n'était presque jamais adopté, même dans le Midi ; il était tombé en désuétude. La loi en a tiré la conséquence : elle ne propose plus ce type de régime dans le Code civil.

---

(44) L'informatique juridique est également une science auxiliaire du droit, non seulement dans sa fonction documentaire (v. plus haut n° 118 s.), mais, à d'autres titres, notamment, dans l'élaboration des actes de la pratique notariale, ou même dans l'établissement de certaines décisions de justice, plus généralement par son action sur le langage juridique et son influence sur l'évolution (ou la fixation) de la jurisprudence. La philosophie du droit peut aussi être saisie dans sa fonction d'auxiliaire de la législation (v. plus loin, n° 246).

228 La sociologie juridique procède, surtout, par voie **d'enquête**. Le procédé combine le point de vue qualitatif et le point de vue quantitatif. Elle use de moyens d'investigation aujourd'hui bien connus (sondages d'opinion sur échantillon représentatif, entretiens individuels d'approfondissement). Ainsi s'efforce-t-elle de recueillir des renseignements sur la façon (plus ou moins claire) dont les intéressés se représentent les questions juridiques, sur leur degré de connaissance (ou d'ignorance) de ces questions, sur l'avis qu'ils se forment (ou le sentiment qu'ils éprouvent), sur ce par quoi ces questions se traduisent concrètement dans leur vie personnelle (sauf la réticence à livrer ce qui peut être considéré comme révélation de vie privée, bien que les informations recueillies se fondent dans l'anonymat), sur ce qu'ils souhaitent, etc.

b) Usage des sciences auxiliaires

De quel secours les données de recherches scientifiques, autonomes et libres, peuvent-elles être dans l'intelligence et le destin du droit positif ? (45). Les services que de telles données peuvent prodiguer aux juristes se déploient *de lege lata* et *de lege ferenda.*

229 **1° En droit positif :** Les sciences auxiliaires aident à prendre une meilleure compréhension du droit existant. Une perspective historique ou comparative ouvre à l'interprète l'esprit des institutions. Le droit successoral français est impénétrable si l'on ne connaît ses antécédents dans le Droit romain, l'Ancien Droit, et le Droit intermédiaire. La comparaison de législations étrangères est stimulante pour l'intelligence du droit français. Le système juridique anglo-saxon, principalement fondé sur le respect du précédent jurisprudentiel, aide à mesurer, par contraste, quelle valeur peut avoir néanmoins, en France, la jurisprudence comme source d'appoint dans un système légaliste de droit codifié. De l'histoire et du droit comparé viennent des lumières, des éclairages pour la lecture du droit positif français.

230 **2° En législation :** Les sciences auxiliaires ont leur part dans la préparation des réformes (46), dans la réflexion législative.

Expériences passées, exemples étrangers, données sociologiques sont au nombre des sources réelles du droit (v. plus haut, n° 72 et 222) : éléments (attractifs ou dissuasifs) qu'une législation éclairée est fondée à prendre en considération, pour y puiser des idées,

(45) En dehors de leur intérêt scientifique propre. V. Archives de philosophie du droit, Droit et histoire, 1959 ; H. Batiffol, P. Ourliac et P.-C. Timbal, *Histoire du Droit et Droit comparé dans l'enseignement des Facultés de droit,* D. 1957. chron., 205 ; René David, *Les grands systèmes de droit contemporains (Droit comparé).* Dalloz, 7e éd. 1978 ; R. Rodière, *Introduction au droit comparé,* 1979, Dalloz ; R. David, *Traité élém. de droit cont. comparé,* 1950 ; H.-C. Gutteridge, *Le droit comparé,* trad. 1953 ; Livre du Centenaire de la Société de législation comparée, 2 vol. 1969-1971 ; L.-J. Constantinesco, *Traité de droit comparé,* 2 vol. 1969-1971 ; P. Legrand, *Le droit comparé,* P.U.F., Que sais-je ? 1999. *La circulation du modèle juridique français dans le monde* (trav. Ass. Capitant) Litec 1994. À suivre : La revue internationale de droit comparé, spéc. le n° 2 de 1996, *Le droit comparé aujourd'hui et demain,* 268 s. et, dans le n° 4 de 2000, une série d'articles sur l'histoire et les méthodes du droit comparé, spéc., J.-L. Halperin, *L'approche historique et la problématique du jus commune*, p. 717 s. ; Chr. Jamin, *Le vieux rêve de Saleilles et Lambert révisité ; à propos du centenaire du congrès international de droit comparé de Paris*, p. 733 s., B. Fauvarque-Cosson, *Droit comparé et droit international privé : la confrontation de deux logiques à travers l'exemple des droits fondamentaux*, p. 797 s.

(46) V. Carbonnier, *La sociologie juridique et son emploi en législation,* Rec. ac. sc. morales et politique, 1968, p. 91 s. Comp. *Essais sur les lois,* p. 191, « À beau mentir qui vient de loin... ».

parfois des modèles (47), ou des motifs de prudence et d'abstention. Les travaux préparatoires et l'exposé des motifs des lois s'y réfèrent souvent. L'histoire du droit, le droit comparé, la sociologie juridique sont ainsi, pour le législateur, des sources d'inspiration : de précieux auxiliaires de législation (s'agissant de la législation interne, en sa réforme *moto proprio* ; on verra plus bas, en note, l'apport du droit comparé à la construction d'un droit privé européen).

231 Y aurait-il place, aujourd'hui, pour une querelle sur le bon usage (par le législateur) de ces sciences ? Les sociologues ne revendiquent pas la sociologie comme science normative. Les indications tirées de sondages d'opinion ou d'enquêtes n'ont aucune portée contraignante pour le législateur. La sociologie (*a fortiori* le droit comparé ou l'histoire) n'a qu'une **valeur indicative**. Une législation qui se nourrit de données sociologiques — comme l'est aujourd'hui la législation civile — s'annonce, de l'aveu du législateur, comme le fruit d'une œuvre sélective. La réforme des régimes matrimoniaux a été précédée d'une enquête d'opinion publique, qui a été conduite par l'Institut français d'opinion publique. Dans la postface de l'étude consacrée aux résultats de cette enquête par la revue « Sondages » (1967, n° 1, « Réforme des régimes matrimoniaux »), le doyen Jean Carbonnier affirme : « L'enquête n'a pas légiféré ». Le législateur n'a pas écrit sous la dictée du sondage. Au moins en législation (laissons la force du temps qui passe, autre problème) le fait ne devient pas droit *ipso facto*. Entre fait et droit, un acte décisif, qui pèse et assume toute donnée, règle le passage : la réflexion.

La législation civile française contemporaine est sociologique ; elle ne met en œuvre qu'une sociologie sélective et indicative de valeur consultative, sans prétention normative.

Vœu. Ce pacte risquerait-il d'être déchiré ? Des signes — fugitifs on le souhaite — pourraient faire craindre qu'une dérive, politisée et complaisamment médiatisée, ne trahisse la sérénité et la science de la sociologie, en y mêlant l'idéologie et l'ambition hors-mesure de n'être pas seulement législative mais législatrice. La fascination de faire la loi pervertira-t-elle l'observatoire ? La neutralité a-t-elle cessé d'être une vertu ou seulement cessé, dans le mouvement, d'être accessible ? On sent monter dans les têtes, comme une religion du chiffre qui respire l'intolérance.

BIBLIOGRAPHIE

1° Sociologie juridique

CARBONNIER, *Sociologie juridique,* coll. Quadrige, P.U.F., 1994 (c'est l'ouvrage fondamental. La sociologie juridique vue dans son développement historique, ses applications pratiques et la question qu'elle suggère sur le droit même).

GURVITCH G., Éléments *de sociologie juridique,* 1940.

H. LÉVY-BRUHL, ***Aspects sociologiques du droit,*** 1955, Sociologie du droit, coll. Que sais-je ?, P.U.F., 1976.

(47) Parfois pour des emprunts limités à une règle. Du Droit néerlandais nous viennent, au moins comme exemple d'emploi d'un procédé technique, les présomptions de pouvoir du régime matrimonial primaire. Le régime matrimonial français de la participation aux acquêts est la transposition (au rang d'un régime conventionnel) du régime légal allemand de la *Zugewinngemeinschaft*, mais moyennant une adaptation (les différences sont marquées entre la conception germanique et la version française. V. A. Rieg, Mélanges Marty, 921 s ; Thémis, *Les régimes matrimoniaux*, 9e éd. p. 647 s, n° 324). La législation comparée procède par libres emprunts ; elle butine et fait, de son miel, ce qu'elle veut.

Sondages, Revue française de l'opinion publique. L'année sociologique.

WEBER M., *Sociologie du droit,* P.U.F., 1986.

COMMAILLE J., *L'esprit sociologique des lois*, P.U.F., 1995.

2° Science législative

CARBONNIER, *Essais sur les lois, Répertoire du Notariat Defrénois,* 1979, spécialement la seconde partie *(Le jeu des lois renouvelé des Grecs),* not. les tendances actuelles de l'art législatif en France, p. 231 s. : ouvrage essentiel qui, par le recul pris — de si haut — est, en un sens, le contraire d'une leçon de législation (cet art ne s'apprend pas ?) ; du même auteur *Droit et passion...,* préc. (d'aussi haut, une leçon de sagesse, de modération, de liberté, de sobriété, d'histoire). « Le silence législatif est d'or. »

LE FASCINANT REBOND DU DROIT COMPARÉ

1° *La recherche comparative.* Le débat est ouvert sur ses méthodes, non sur la rigueur de ses exigences : connaître non seulement les droits en présence mais la langue dans laquelle chacun est né (pour contourner, si possible, la trahison diabolique des traductions) sachant que la maîtrise d'un droit ne se réduit pas à la connaissance de la législation. Le droit d'un pays ne se révèle qu'à travers sa pratique et sa littérature. Plus radicalement, la connaissance d'un droit dépend de celle de son histoire (origine, développement, évolution). Ce sont les historiens du droit qui ont les clés du droit comparé. Ainsi dans l'actuel débat sur le **jus commune**. Il a existé du XIIe au XVIIe s. mais sous quelle réalité ? Doctrinale plus que positive (V. les éclairantes réflexions de J.-C. Halpérin, RIDC 2000, 717 s.). Le droit comparé est sans doute, dans la science juridique, un point culminant et une porte étroite.

Devant ces difficultés, les études bilatérales ont plus de chance que les fresques universelles ou à composantes multiples, en danger de vulgarisation superficielle. D'où le succès actuel de thèmes ciblés : 1. La comparaison du droit français et du droit anglais (sujet de colloques et de recherches conjointes) ; 2. Le spectre de l'américanisation du droit (dans le droit comparé, il y a celui qu'on cultive et celui qu'on subit). V. *L'américanisation du droit : Mythes ou réalités ?*, coll. de l'Ass. fr. de philosophie du droit, juin 2000.

2° *La fonction du droit comparé.* La construction du droit européen et la mondialisation du droit feraient-elles entrer le droit comparé dans sa phase opérationnelle ? Le droit comparé est doctrinal. Deviendrait-il (la doctrine aidant) la source même d'un droit commun entre pays concernés ? C'était le vœu d'illustres comparatistes (V. Chr. Jamin, *Le vieux rêve de Salleilles et Lambert révisité*, RIDC 2000, 733 s.) ? C'est déjà, dans certains secteurs, une réalité. Est-ce, pour le droit privé, l'avenir des droits internes au sein de l'Europe ? Le programme est ouvert (V. *European civil code(s)*, nov. 2000, Académie de droit européen de Trèves). Le postulat des travaux en ce sens serait-il que l'avènement d'un droit uniforme est un souverain bien ? Beaucoup peuvent le penser. Nous en doutons fort. Dans un ensemble de 15, 27 ou 33 États, l'élaboration en commission (dans quelle(s) langue(s) ?) de règles communes produirait en la forme, une fantastique déperdition linguistique et, au fond, un habit d'Arlequin. Quand on pense aux concessions, sacrifices, compromissions (?) qu'exigeraient des textes de compromis et de transaction, on imagine que la France serait mieux assurée de garantir à son peuple un droit dans lequel il reconnaisse, en esprit et en pratique, ses aspirations et ses marques, en ne le frustrant pas du droit issu de sa Révolution, de ses lois et de sa jurisprudence, au cœur duquel le Code civil, entre autres monuments, est devenu coutume générale de France et constitution civile du pays, pour reprendre des références du doyen Carbonnier. On ne voudrait pas que ce qu'a pu être historiquement le *jus commune* fût brandi, un peu comme le pendant, en droit privé, du Saint-Empire romain germanique, ou tout simplement que l'orgueil de Babel l'emporte sur le génie de la langue française et les sources vives de notre droit, sur l'histoire et la raison, sur notre culture (cf. *infra*, n° 263).

B. LA LINGUISTIQUE JURIDIQUE

232 La linguistique juridique entre, après d'autres, dans la nomenclature des sciences sociales. A partir du vif intérêt que suscite le langage juridique, on peut esquisser son objet et sa fonction (48).

a) Objet de la linguistique juridique

233 Principalement perçue comme l'étude du *langage du droit,* la linguistique juridique aspire à devenir, secondairement, l'étude du *droit du langage.*

234 **1° L'étude du langage du droit :** Objet principal de la linguistique juridique, c'est un objet limité, relativement au traitement que la linguistique générale pourrait appliquer au langage du droit, comme à tous les autres éléments de la langue.

Pour un juriste, il n'est pertinent de rechercher que ce qui fait la spécificité du langage du droit, **langage spécial** à plusieurs titres : langage de groupe (et pour une forte part professionnel), langage technique, langage traditionnel, langage pratique mais aussi langage civique, dans sa fonction de communication du droit à l'ensemble des citoyens (« nul n'est censé ignorer la loi »). Néanmoins, dans l'approfondissement de cette spécificité, il est essentiel de relever que le langage du droit n'est pas seulement un tout, mais un ensemble diversifié.

α) **Étude des éléments spécifiques du langage du droit.** Nous avons indiqué ces éléments (v. plus haut, n° 96 s). Il est nécessaire d'ajouter sous quel angle la linguistique juridique se propose de les saisir.

235 **Pour le vocabulaire :** la tâche la plus évidente est ponctuellement — mot à mot — de rechercher le sens des mots. La linguistique juridique est principalement, sous ce rapport, une **étude sémantique** (sans exclure les apports de l'étymologie) (49). Mais le vocabulaire est un ensemble qui se prête, globalement, à beaucoup d'autres recherches dans lesquelles l'aspect morphologique et l'aspect sémantique se mêlent (études des mots-clés, des dérivations, des formules, des mots composés, des familles morphologiques et sémantiques de mots).

236 **Pour les énoncés juridiques :** les discours du droit (ensembles composés : loi, décision de justice, contrat, etc.), la linguistique juridique a vocation à combiner l'analyse élémentaire des énoncés qui composent le texte et l'analyse globale de l'ensemble de l'œuvre. Elle a pour objet d'étudier les éléments ou l'ensemble sous de multiples rapports : présentation formelle (divisions, construction, etc.) ; style et surtout analyse de la *fonction des énoncés* (énoncé de droit, énoncé de fait) et du développement logique de la pensée (sans omettre l'étude du vocabulaire *du texte,* sous les rapports ci-dessus précisés). Cependant l'appartenance du texte commande de faire ces recherches par niveaux.

237 β) **Étude des niveaux et des relations de langage :** L'une des tâches principales de la linguistique juridique est de conduire ses recherches suivant les distinctions qui apparaissent au sein du langage juridique. Plural, le langage du droit est tout à la fois plurifonctionnel et pluridimensionnel.

La première distinction suggère d'isoler du **fonds commun** qui constitue la base de ce langage, les emplois spécifiques qui en sont faits soit par le législateur, soit par le juge, soit par la pratique notariale, etc. afin de mener en parallèle l'étude du fonds commun et celle de ce qu'on peut appeler *le* **discours législatif**, le **discours juridictionnel**, le **discours coutumier que font entendre les adages**, etc.

---

(48) Pour l'approfondissement de tous ces points, v. *Linguistique Juridique*, Montchrestien, 2e éd. 2000.

(49) D'abord en synchronie, un jour, peut-être, en diachronie.

238 La seconde distinction conduit — en introduisant la personnalité du récepteur — à discerner deux niveaux de communication et à étudier non seulement ce qui est, en fait, discours d'initié à initié (par ex. le langage du Palais), mais ce qui est (ou devrait être) à considérer le destinataire naturel du message juridique, langage à profane (v. plus haut, n° 91 s.).

239 **2° L'étude du droit du langage :** La linguistique juridique — science juridique — est fondée à appréhender ce que nous proposons d'appeler le droit du langage. Nous désignons par-là l'ensemble des règles qui gouvernent l'emploi de la langue.

On peut d'abord observer que l'emploi de certains termes de droit engendre des conséquences juridiques, plus précisément que certains termes juridiques sont porteurs d'un effet de droit (le cas du performatif entre dans cette voie de recherche).

De façon plus générale, la langue — et pas seulement le langage juridique — est parfois l'objet même de la règle de droit. Le formalisme juridique en est une manifestation. La loi du 31 décembre 1975 et, à sa suite, la loi du 4 août 1994 relatives à l'emploi de la langue française (son emploi obligatoire notamment dans les contrats de travail) en sont d'autres manifestations (50).

La langue française est, en France, la seule langue officielle. C'est le principe que proclame aujourd'hui (depuis 1992) l'art. 2 de la Constitution française, au titre de la souveraineté : « La langue de la République est le français. » Le Conseil constitutionnel a décidé que la Charte européenne des langues régionales ou minoritaires est contraire à ce principe (et pas seulement à l'indivisibilité de la République, à l'égalité devant la loi et à l'unité du peuple français) en ce qu'elle tend à reconnaître un droit à pratiquer une langue autre que le français, non seulement dans la vie privée mais également dans la vie publique, dont relèvent la justice, les autorités administratives et les services publics (15 juin 1999, déc. n° 99-412 D.C.). Si, officiellement, la France est un pays unilingue, le droit français fait une place importante aux libertés linguistiques (v. *Linguistique juridique*, préc. n° 127). La francisation des termes étrangers est une autre manifestation de l'intervention de l'État en matière de langage (v. *op. cit.*, *ibid.*).

b) Fonctions de la linguistique juridique

240 Ainsi conçue la linguistique juridique aspire à être, à plusieurs titres, une science auxiliaire du droit :

1° Une science auxiliaire de la science fondamentale (l'étude des énoncés de droit et de fait contribue à la connaissance du développement de la pensée juridique).

2° Une science auxiliaire de la législation. L'étude du style législatif peut apporter quelque chose à l'art de rédiger les lois.

3° Une science auxiliaire de la fonction juridictionnelle. L'approfondissement du style judiciaire débouche directement sur la rédaction de la décision de justice.

4° Une science auxiliaire de l'interprétation (apport de la sémantique et de l'étymologie).

5° Une science auxiliaire de la pratique conventionnelle (notariale notamment), plus généralement de la rédaction des actes.

BIBLIOGRAPHIE

1° Divers

BENVÉNISTE E., *Le vocabulaire des institutions indo-européennes*, t. 2, 1969.

Le langage du droit, Archives de philosophie du droit, T. XIX, **Sirey,** 1974.

Le langage du droit, SOURIOUX J.-L. et Lerat P., P.U.F. 1975.

(50) V. C.E. 20 déc. 2000, Géniteau, pour une application notable, par le Conseil d'État, des exigences de la loi du 4 août 1994 aux prospectus émis à l'occasion des opérations de bourse.

Le langage du législateur, Annales 1977-1978, de l'Université de Neuchâtel, « *L'art du droit...* » 283 s. CORNU G.

Vocabulaire juridique,. CORNU G. *et al.*, P.U.F. 1987, 8e éd., 2000, Ass. CAPITANT H.

Linguistique Juridique, CORNU G., Montchrestien, 2e éd., 2000, précis Domat.

Français juridique et science du droit, actes du colloque du C.I.C.L.E.F., sous la dir. de SNOW G. et J. VANDERLINDEN, Bruylant, Bruxelles, dans la synthèse, étude des rapports du droit et de la langue.

Les mots de la loi (Lyon-Caen, Leveneur, Molfessis *et al.*) Économica, 1999.

Le statut juridique de la langue française, F.X. TESTU, *in* Écrits offerts à G.C., p. 441.

2° Langage et style judiciaires

MIMIN, *Le style des jugements,* 1962 ; SCHROEDER F.-M., *Le nouveau style judiciaire,* Dalloz 1978 ; **RAYMONDIS et LE GUERN,** *Le langage de la justice pénale,* 1976.

SECTION II LA PHILOSOPHIE DU DROIT

« *Je festoie et caresse la vérité en quelque main que je la trouve* », Montaigne.

241 La philosophie du droit s'interroge, traditionnellement, sur les **fondements du droit**. Elle est classiquement centrée sur « l'éternel problème » du **droit naturel.** De toute évidence, la question du droit naturel n'épuise pas l'objet de la philosophie du droit. On pourrait même considérer que la véritable philosophie du droit n'est pas « à côté » du droit (extérieure aux autres activités de la pensée juridique) mais *dans l'imprégnation de ces activités,* c'est-à-dire *dans la façon même d'enseigner, d'interpréter, d'élaborer le droit*, philosophie en action plutôt qu'en système. De plus la philosophie du droit a d'innombrables ouvertures. Elle saisit le droit comme phénomène ou comme système, dans l'ensemble de ses rapports avec les autres faits sociaux et avec les autres normes. Il est remarquable qu'une idée du droit suffise — l'idée abstraite que tout profane peut s'en faire — pour que — sans la connaissance du droit positif — une pensée philosophique s'édifie dans la liberté. Autant de têtes, autant de doctrines.

C'est dans cette conviction que nous nous en tiendrons ici à des vues très sommaires, schématiques et approximatives sur l'exercice d'école traditionnel de la philosophie du droit. Dans ces limites, on oppose volontiers le positivisme à l'idéalisme. Mais ce n'est qu'une première option entre deux courants de pensée. Que l'on cherche sa voie dans l'une ou dans l'autre direction, l'éventail s'ouvre entre les diverses écoles positivistes et les diverses doctrines du droit naturel.

§ 1. POSITIVISME OU IDÉALISME

242 Posivitisme et idéalisme sont, en face du droit, deux attitudes philosophiques irréductibles : deux positions dogmatiquement inconciliables. Exposer la démarche fondamentale qui, radicalement, les oppose pourrait inviter chacun à faire un choix (qui, lié à tant de convictions intimes, est peut-être, en chacun, déjà déterminé). Terre à terre, une curiosité impénitente suggère de se demander — au-delà des choix et de tout jugement sur leur valeur — quel est, s'il existe, l'enjeu de l'option.

A. THÈSES EN PRÉSENCE

43 L'existence du droit positif — droit en vigueur à un moment donné dans un pays donné — est un fait d'observation incontestable. Tout le problème est de savoir si, dans l'ordre juridique, il y a quelque chose en dehors et au-dessus du droit positif, ou s'il n'y a rien. Si l'on croit qu'il n'y a rien, on affirme par là que **tout l'ordre juridique est dans le droit positif**. C'est la définition élémentaire du positivisme juridique. Ce positivisme repose donc sur une négation associée à une affirmation : il n'y a rien au-dessus du droit positif ; pleinement suffisant, le droit positif n'a nul besoin d'être fondé sur un ordre supérieur ; il n'a pas à être refondu dans un ordre de valeurs qui le transcenderaient. Le positivisme juridique affirme **l'autarcie** et revendique la **plénitude du droit positif** ; celui-ci est nécessairement plein, autonome, non subordonné à des valeurs supérieures.

44 La thèse adverse soutient, au contraire, que tout l'ordre juridique ne se réduit pas au droit positif. Elle affirme l'existence, au sein de **l'ordre juridique**, d'un **droit supérieur** qu'elle appelle, justement, le **droit naturel**. Si l'on néglige un instant la diversité des innombrables doctrines du droit naturel, celles-ci se retrouvent dans cette affirmation commune : il existe, au-dessus du droit positif, des lois immuables et universelles que personne n'a établies et qu'aucun législateur ne pourrait abolir. Antigone lançait à Créon : « Je ne pensais pas que vos ordres pussent prévaloir sur la volonté des immortels, sur ces lois qui ne sont pas écrites et ne sauraient être effacées ; ce n'est pas d'aujourd'hui, ce n'est pas d'hier que ces lois existent : elles sont de tous les temps et personne ne pourrait dire quand elles ont pris naissance ».

Schématique, le parallèle est saisissant : les lois positives sont « arbitraires » ; elles ont besoin d'être promulguées ; elles peuvent être effacées. Immuables, les lois naturelles n'ont nul besoin d'être publiées, nulle autorité humaine ne saurait les abolir. Elles ne sont pas dans l'histoire. Elles sont au-dessus de la volonté des princes. Mais elles sont bien dans le droit. Elles en forment l'inamovible sommet, le rocher émergeant des marais.

B. ENJEU DE L'OPTION

45 Y a-t-il — en dehors de l'exigence intellectuelle qui peut dicter, en conscience, un choix — un intérêt positif à entrer dans cette opposition ?

a) Au premier examen, les conséquences pratiques de ce choix paraissent importantes. Ceux qui admettent l'existence d'un droit naturel lui reconnaissent, en tant qu'élément supérieur de l'ordre juridique, vocation à intervenir dans le développement et la réalisation du droit positif. Il faut donc rechercher ce que sont ces irruptions du droit naturel dans le droit positif, telles que les admettent les tenants du droit naturel (les « jus-naturalistes »).

46 1° Le droit naturel peut être conçu comme un **auxiliaire de la législation**. Il constitue, dans cette vue, une sorte de **référence idéale** dont les législateurs ont le devoir de s'inspirer dans leurs réformes. Il existerait — connaissables par la raison — des lois immuables, idéales, proposées en modèle aux législateurs. De même que, grâce aux sciences auxiliaires, le législateur glane des suggestions dans les précédents historiques, les exemples étrangers, les aspirations sociales, de même, aurait-il à chercher ses inspirations dans une sorte de **modèle universel et éternel de législation idéale** : intervention *de lege ferenda* (v. plus haut, n° 72, 222, 230).

247 2° *De lege lata,* le droit naturel serait, aussi, pour l'interprète, une **source complémentaire**. Le droit naturel aurait vocation à combler les lacunes du droit positif, y compris les lacunes *intra legem* (51). Dans l'application même du droit existant (et non pas seulement dans la perspective d'un droit nouveau) le juriste aurait ainsi à se référer au droit naturel, pour compléter le droit positif, lorsque la règle de droit est insuffisante ou incomplète.

248 **3° En cas de contrariété entre le droit naturel et le droit positif** : la supériorité éminente du premier fonderait, pour le juge et pour les justiciables, le *droit — et le devoir — de se rebeller contre le droit positif* et de faire prévaloir, dans le conflit, le droit naturel. Ainsi la Déclaration des droits de 1789 (art. 2) affirme l'existence de « droits naturels et imprescriptibles » : la liberté, la propriété, la sûreté et la résistance à l'oppression. Ce dernier a pu être interprété comme fondant un droit à l'insurrection contre une règle positive qui paraîtrait, dans la conscience collective, violer le droit naturel. Toutes ces conséquences, les positivistes, théoriquement, les refusent. L'intérêt de choisir paraît considérable.

249 b) Un examen plus approfondi fait apparaître qu'à partir de positions dogmatiques incompatibles, les attitudes pratiques et les choix de comportement sont, sous divers énoncés intellectuels, beaucoup plus proches.

Si d'abord les positivistes rejettent comme modèle législatif tout prétendu droit naturel, ils n'en affirment pas moins avoir le sens du progrès du droit. Et comme le progrès n'est pas une résultante mécanique de la réalité économique et sociale, ils admettent que le progrès est œuvre de volonté, effort humain, recherche d'un mieux. Dans cette tension créatrice, dans cette quête permanente, ils introduisent quelque chose d'indéfinissable, un substitut, qui n'est pas le droit naturel, mais qui demeure le fruit d'un jugement de valeur et d'une volonté de progrès.

De même, s'il proclame la plénitude de l'ordre positif, le positivisme n'affirme pas nécessairement que tout le droit est dans la loi. Il peut admettre qu'en dehors des textes, il existe, pour l'interprète, des sources complémentaires d'inspiration (coutume, équité, etc.).

Enfin, si le positivisme refuse un droit à l'insurrection qui serait fondé sur la violation du droit naturel, beaucoup de positivistes n'excluraient sans doute pas, en cas d'injustice flagrante, de résister aux prescriptions du droit positif. Le paradoxe est que si les deux tendances, théoriquement inconciliables, se rapprochent en pratique, des divergences doctrinales refleurissent au sein de chacune.

§ 2. LES DIVERSES ÉCOLES POSITIVISTES

250 Unis pour nier l'existence d'un droit naturel, les positivistes se divisent sur la conception du droit positif (spécialement sur ses sources). Trois rameaux suivent des inspirations radicalement différentes.

(51) Comp., sur un renvoi exprès de la loi, la référence à l'équité naturelle comme principe de solution, en matière d'accession mobilière, C. civ. art. 565 ; v. *infra,* n° 1667.

A. LE POSITIVISME ÉTATIQUE (OU JURIDIQUE)

251 C'est historiquement le premier. L'État est source de tout droit et de toute justice. Si l'ordre juridique se réduit au droit positif, le droit positif est tout entier dans la volonté étatique. Ce qui vient de l'État, ce que veut l'État, tel est le droit (*« jus est quod jussum est » :* le droit est ce qui est ordonné). Le droit est considéré comme un phénomène exclusivement étatique, une émanation de l'État (Hobbes et, plus près de nous, non sans nuances, Kelsen).

B. LE POSITIVISME SOCIOLOGIQUE

252 On le nomme parfois scientifique ou historique. Le droit positif est un phénomène social : produit historique de données réelles, il peut être appréhendé scientifiquement. Le sens de l'absolu, de l'idéal, qu'avaient les auteurs de droit naturel est détrôné, mais non plus au profit de l'État : l'histoire le confisque. Le droit est totalement dans l'histoire. Il est produit par elle. Dans cette tendance, se retrouvent — chacune avec ses particularités — l'École historique et romantique allemande (Savigny), l'école sociologique française (Auguste Comte, Durckheim, Duguit) et, bien sûr, la conception marxiste du droit. Mais ce ne sont pas les mêmes éléments générateurs qui sont pris en considération dans la détermination historique du droit. L'école allemande insiste davantage sur des données psychologiques et même sentimentales liées aux mouvements et aux aspirations de la conscience populaire, l'école française sur les besoins sociaux, la thèse marxiste sur les facteurs économiques qui détermineraient l'évolution du droit, épiphénomène.

C. LE POSITIVISME DIT THÉOCRATIQUE

253 Il est fondé sur la reconnaissance d'un droit divin révélé. Tout le droit est fondé sur un droit positif, mais sur un droit qui vient de Dieu (qui l'a dicté), sur des lois qu'il a établies. Ce droit positif divin correspond, pour l'essentiel, au contenu de la révélation : révélation que les musulmans cherchent dans le Coran, d'autres (Israélites, chrétiens) dans la Bible. Dans cette vue, de nombreux préceptes coraniques ou bibliques constituent des prescriptions juridiques. Droit et religion sont, dans cette mesure, indivisibles.

Une diversité comparable règne entre les doctrines du droit naturel.

§ 3. LES DIVERSES DOCTRINES DU DROIT NATUREL

254 Parmi les auteurs qui ont affirmé l'existence du droit naturel, se côtoient ou se relaient des philosophes grecs (Platon, Aristote), des jurisconsultes romains (Paul, Ulpien), les théologiens catholiques traditionnels (St Thomas), les membres de « l'école du droit naturel et du droit des gens », aux XVIe et XVIIe siècles (Grotius, Pufendorf), les philosophes du XVIIIe siècle (Voltaire, Montesquieu), les hommes de la Révolution française (Déclaration des droits de l'homme) et, au XXe siècle (sans épuiser la liste) le catholicisme social et le socialisme humaniste.

Unité d'affirmation (il existe un droit naturel), pluralité de doctrines ; celles-ci, en gros plan, s'opposent sous deux rapports.

A. INSPIRATION FONDAMENTALE

255 D'âge en âge, se pérennise une distinction entre une conception chrétienne et une conception laïque du droit naturel (de même qu'il y a un positivisme athée et un positivisme théocratique). Il y a toujours, comme chante le poète, ceux qui croyaient en Dieu et ceux qui n'y croyaient pas. En perspective, une commune quête de l'Absolu les rapproche (l'espérance en une justice immanente, sans Dieu, étant « une manière de laïciser la divinité » ; Carbonnier, *Flexible droit*, 9e éd., p. 442).

Il faut relire, pour avoir une idée de la conception chrétienne traditionnelle (mais il est essentiel de noter, qu'au sein de la Chrétienté, la Réforme marque fortement sa différence, v. Carbonnier, *op. cit.*, p. 442 et 443), les passages que Domat, ami de Pascal, nous a laissés (*Les lois civiles dans leur ordre naturel* ; v. réf. *infra*, n° 272 et 287). Le droit naturel ne se confond pas avec la loi divine révélée. Dieu a marqué la nature humaine pour y imprimer (y graver) un certain nombre de lois naturelles que l'homme peut discerner par le seul exercice de sa raison. Le droit naturel n'a pas été révélé à la manière du droit divin comme *jus scriptum* (sur les tables de la loi et dans les Écritures), il se révèle à la conscience droite et claire de toute créature, comme *jus in mente.*

On voit aussitôt comment certains des tenants du droit naturel — purement rationalistes — font l'économie de l'origine divine du droit naturel. Sautant le doigt de Dieu, ils affirment, pour une même conclusion, que le droit naturel est un droit rationnel, connaissable par la raison, un droit auquel la conscience individuelle donne accès. Cicéron l'enseignait déjà : *Non scripta sed nata lex* (une loi non écrite mais innée, Mil. 10). *Est quidem vera lex, recta ratio*, c'est une autre maxime : une raison droite c'est à n'en pas douter la véritable loi.

B. CONTENU DU DROIT NATUREL

256 Les doctrines du droit naturel s'opposent encore sur cette détermination. Quelles sont les lois naturelles ? Là-dessus règne la plus grande diversité. Est-ce le droit commun aux hommes et aux animaux ? *(Jus naturale est quod natura omnia animalia docuit) ?* D'autres diront que le droit naturel, lié aux phénomènes de la nature, est inscrit dans les lois du monde physique (l'heure légale est arbitraire, l'heure solaire est de droit naturel). Il existe un *Jus ex natura ortum* (un droit issu de la nature). Certains entrent dans le détail. Domat donne une liste de droits naturels : les obligations du tuteur envers le mineur, l'obligation, pour les parents, de laisser après leur mort leurs biens à leurs enfants, etc.

Au contraire, la plupart des « jusnaturalistes » modernes n'y englobent que de grands principes *(Honeste vivere, suumquique tribuere, neminem loedere).* À la limite, on a même avancé que, suivant les époques, le droit naturel a un contenu variable (c'est la thèse de Stammler). « La *crux juris* du droit naturel, en général, ce n'est pas tellement qu'il n'en existe pas, c'est qu'il en existe plus d'un. » (Carbonnier). Au demeurant, le *droit positif a expressément consacré tant de principes supérieurs que l'antithèse, la distinction même du droit positif et du droit naturel donne à réfléchir*. Intégrés au *Jus scriptum*, de vastes pans du droit dit naturel sont aujourd'hui de droit positif...

BIBLIOGRAPHIE

Archives de philosophie du droit (Sirey), not. : t. VI, *La réforme des études du droit, le droit naturel,* 1961 ; t. VII, *Qu'est-ce que la philosophie du droit ?* 1962 ; t. VIII, *Le dépassement du droit,* 1963 ; t. X, *Philosophes d'aujourd'hui en présence du droit,* 1965 ; t. XV, *Philosophies du droit anglaises et américaines et divers essais,* 1970 ; t. XXIII, *Formes de rationalité du droit,* 1978 ; t. XXXI, *Le Système juridique,* 1986 ; *adde*, Rev. *Droits*, 1989, n° 10.

OPPETIT Bruno, *Philosophie du droit,* Dalloz 1999.

VILLEY Michel, *Leçons d'histoire de la philosophie du droit,* Dalloz, 1957 ; Philosophie du droit, vol. 1. Définitions et fins du droit, précis Dalloz, 4e éd., Paris, 1986.

DIJON Xavier, *Droit naturel, Les questions du droit,* P.U.F., coll. Thémis, Droit privé, 1998.

ARNAUD A.-J., *Entre modernité et mondialisation,* cinq leçons d'histoire de la philosophie du droit et de l'État, L.G.D.J., coll. Droit et société 1998.

CLAM Jean, *Droit et société chez Niklas Luhman. La contingence des normes,* P.U.F., coll. Droit, Éthique, société, 1997.

DEL VECCHIO G., *Philosophie du droit,* 1953.

DEL VECCHIO G., *La justice — La vérité,* 1955.

BATIFFOL H., *Problèmes de base de philosophie du droit,* L.G.D.J. 1980 ; *La philosophie du droit,* coll. Que sais-je ?

KELSEN H., *La théorie pure du droit* (trad. Eisenman, 1962).

ELLU J., *Le fondement théologique du droit* (Cahiers théologiques de l'actualité protestante, 1946).

ROUBIER P., *Théorie générale du droit,* Sirey, 1946.

BRIMO A., *Les grands courants de la philosophie du droit et de l'État,* 2e éd., 1968.

VIRALLY H., *La pensée juridique,* 1960.

CHARMONT J., *La renaissance du droit naturel,* 2e éd., 1927.

RENARD G., *Le droit, la justice et la volonté,* 1924 (Conférences).

SCHMITT C., *Les trois types de pensée juridique* (trad. française) P.U.F. 1995, avec une substantielle présentation de D. Séglard.

JESTAZ, Ph., *L'avenir du droit naturel ou le droit seconde nature,* R.T. 1983, 234 s.

ATIAS Chr., *Épistémologie juridique,* 1985. P.U.F., 2002, Dalloz.

ATIAS Chr., *Philosophie du droit,* P.U.F., coll. Thémis, 1999.

GOYARD-FABRE Simone, SÈVE René (Recueil de textes choisis et présentés par) Les grandes questions de la philosophie du droit, P.U.F., coll. « Questions ».

IVe Colloque de l'Association française de philosophie du droit : *Droit, Nature et Histoire. Michel Villey, Philosophe du Droit,* P.U. d'Aix-Marseille, 1985.

CABRILLAC R., FRISON-ROCHE M.-A. et REVET T. (dir.), *Droits et libertés fondamentales,* 2e éd. Dalloz, 1995.

RÉMY Ph., « La thémis et le droit naturel », Rev. d'histoire des Facultés de Droit et de la science juridique, 1987, p. 145 s.

TRIGEAUD J.-M., *Essais de philosophie du droit,* Genova, Studio Editoriale di Cultura, 1987 (Éd. Bière).

HUISMAN B. et RIBES F., *Les philosophes et le droit,* Bordas, 1988.

LEGEAIS R., PLANTY-BONJOUR G. et al., « L'évolution de la philosophie du droit en Allemagne et en France depuis la fin de la Seconde Guerre mondiale » (Trav. du Colloque d'octobre 1988), P.U.F., 1991.

CARBONNIER J. (*in fine*). On trouvera : 1. Dans l'*Introduction* (37 à 63) le tableau raisonné des tendances et des idées dans leur diversité et leur actualité ; 2. Dans *Flexible Droit*, quelques phrases éclairantes sur la pensée de l'auteur, sa vision du droit et de la justice : « Le droit n'est pas cet absolu dont souvent nous rêvons » (p. 440). « Le droit est droit, sans doute, mais les hommes le plient en tous sens » (*ibid.*) : « Flexible droit, droit sans rigueur... Il est peut-être salutaire que le droit ne soit pas cette massue, ce sceptre qu'on voudrait qu'il fût. » (*ibid.*). Essentielle est la référence à la Réforme, spécialement à Luther, sur l'Épître aux Romains (1, 17 ; 5, 16), à la « Justice passive » : « L'homme pécheur est justifié par Dieu... *rendu juste* par... grâce pure ». Du coup « la justification au sens de la Bible met en déroute non pas seulement toutes les lois positives, mais tout le droit naturel » (*op. cit.*, p. 442) : scepticisme, relativisme, pessimisme, mais « pessimisme actif » : « Les lois positives, comme toute œuvre humaine, sont probablement injustes... mais... il parait conservatoire, malgré tout, d'assurer en général leur règne provisoire. » (p. 443), derniers mots du « *Codicille du juste et de l'injuste.* »

TITRE II
LE DROIT CIVIL FRANÇAIS

257 L'introduction au droit civil français, par une vue d'ensemble de ce qui fait son originalité, pourrait emprunter deux voies.

La plus profonde donne à contempler le droit civil comme le produit d'une histoire, fruit d'une culture, **expression d'une civilisation**. Fondamentalement, le droit civil français est le pays de France considéré sous un certain rapport. Comme il existe une France politique, une France économique (judiciaire, administrative, militaire) ainsi une **France civile**. Le droit civil donne au peuple français une organisation d'ensemble qui contribue à forger un type de société. L'ordre interne de cette société, exprimé dans le Code civil est ce que l'on a pu appeler, au sens matériel, **« la véritable constitution de la France »** (Carbonnier). Il est temps de la célébrer.

La voie classique introduit au droit civil français par ses sources. Le droit civil est constitué par l'ensemble des règles de droit, des décisions de justice, des opinions d'auteurs qui émanent, respectivement, du Code civil et des coutumes civiles, de la jurisprudence civile et de la doctrine civiliste. Ce droit « exprimé » forme un corps de règles, un corps de jurisprudence et un corps de doctrine. Il importe donc, positivement, de **prendre une vue d'ensemble du droit civil, par une présentation approfondie de ses sources**.

258 **La véritable constitution de la France :** S'il faut auparavant y revenir d'un mot, c'est que le droit positif trouve, sous cette lumière, avec le recul et l'attestation de l'histoire, sa vraie place, sa figure et sa fonction. La France civile est une réalité historique et vive. Le droit civil exprime et accompagne une façon de vivre. Nous sommes foncièrement, sentimentalement, viscéralement, attachés à ce mode de vie (la douce France civile). Sans doute est-ce d'abord parce que le droit civil, consciemment ou non, est vécu, dans le quotidien, par chacun d'entre nous. Le droit civil est banal, basique, ordinaire, familier, commun, fondamental. Il est de tous les jours, de toute la vie, de l'acte de naissance aux dernières volontés. C'est aussi parce qu'il touche à des valeurs intimes primordiales. Albert Camus trouve le fin mot de son désarroi lorsqu'il écrit : « Celui qui aura tort, c'est le premier qui attaquera ma mère ». On pourrait se demander si, au-delà de leur attachement aux libertés publiques et au système politique, les Français, au tréfonds d'eux-mêmes, ne seraient pas plus encore attachés à leurs **institutions civiles.** Nous changerions plus facilement de constitution politique que de constitution civile, parce que le droit civil est à la fois un « chez-nous », un « quant-à-soi », un « tous les jours », un « toute la vie » : ce qui reste quand on a tout oublié ; le refuge quand le reste s'effrite ou s'effondre.

S'il fallait affiner cette intuition, on dirait plus juridiquement que le droit civil donne à la société une organisation de base. La « véritable constitution » de la France est, à travers le Code civil, **l'ensemble de nos institutions civiles fondamentales.**

En droit français, aujourd'hui encore, ces institutions fondamentales sont la **famille**, la **propriété privée**, la **volonté individuelle**, la **responsabilité personnelle** (1). Ce sont bien des institutions ; non des droits subjectifs (fusent-ils qualifiés de fondamentaux) mais, objectivement, les « piliers » de la société. Pourquoi des institutions fondamentales ? À double titre.

Elles sont établies par le législateur comme des **valeurs :** valeurs essentielles dans lesquelles un droit affirme ses idéaux et livre son esprit. Le modèle de la famille, le respect de la propriété, l'exaltation de la volonté et le sens de la responsabilité proclament ce qu'on pourrait au moins appeler (vision idyllique ?) l'idéal du droit civil français. **La civilité de notre droit est l'une des assises de notre civilisation.**

Elles sont saisies par le législateur comme des **réalités** : réalités quotidiennes dans lesquelles toute personne reconnaît l'essentiel de sa vie (privée). Si tous les citoyens ne sont pas mariés, pères de famille, propriétaires, conscients, actifs et responsables, les événements de famille, l'aspiration à la propriété privée, les engagements et les responsabilités constituent bien le fond de la vie civile réelle (et des rêves) de la majorité des Français. Ces références sont dans les mœurs et les mentalités, au plus profond.

259 **Les sources du droit civil :** La tradition française en distingue quatre (sans donner une place à part aux principes généraux du droit qui se rattachent à la coutume. V. n°s 408 et 421) :

— la loi ;
— la coutume ;
— la jurisprudence ;
— la doctrine.

Elles ne sont pas sur le même plan.

Scientifiquement, **seules la loi et la coutume constituent de véritables sources formelles de droit**. Seules elles énoncent des règles de droit. Quelle que soit leur autorité, la jurisprudence et la doctrine ne sont des sources de droit qu'en un sens très large et dérivé de ce mot.

Mais, à considérer le volume des sources, **la loi**, se détache de toutes les autres, dans le système légaliste français. À côté de cette **source principale**, les autres ont un rôle non négligeable mais complémentaire. Les **lois civiles** (Chap. I) se distinguent du groupe des **sources complémentaires** du droit civil (Chap. II).

260 Cet ordonnancement de base correspond aux **sources d'origine** du droit français, au **droit de source française**.

Mais ce droit de souche, autochtone (plus qu'autonome à l'avenir, en raison des atteintes portées à la souveraineté nationale) et historique (plutôt que classique et traditionnel, animé qu'il est par le propre mouvement de ses réformes) est **aujourd'hui surplombé par des textes issus d'instances internationales**. Il y est même **subordonné**.

Bien que ces « textes venus d'ailleurs » (Carbonnier) soient **postérieurs et extérieurs au corps historique du droit français**, il est utile de donner d'emblée, hors-série, un bref aperçu de leurs potentialités (faute d'en pouvoir suivre ici les développements puisqu'ils recouvrent, omniprésents, toutes les branches du droit).

(1) Cf. Carbonnier, *Flexible droit,* 9e éd. 1998, p. 221 s., les trois piliers du droit.

Hors-série : Les sources internationales introduites dans le droit français

261 C'est en vertu de la Constitution de 1958 (au moins de la lecture qui a été faite de son article 55) que s'est opérée la pénétration de textes internationaux dans le système juridique français. Quand l'article 55 prévoit qu'à la condition d'avoir été « régulièrement ratifiés ou approuvés, les traités et accords internationaux ont dès leur publication, une autorité supérieure à celle des lois », on considère généralement, dans l'interprétation qui l'a emporté, que ce texte ne s'applique pas seulement à des traités bilatéraux (espèce de convention moyennant contrepartie pour laquelle l'article 55 a été conçu, dans la logique du respect des contrats ; en ce sens Carbonnier, Intro. 139), mais s'applique aussi aux traités qui instituent un nouvel ordre juridique : De telle sorte que **cet ordre, directement intégré dans le système juridique français, a vocation à y devenir une source législative autonome et prédominante, un superlégislateur**.

Dans la mouvance de la construction européenne, c'est, pour l'essentiel, à deux sources européennes qu'une telle interprétation a frayé la voie.

1° **Le droit communautaire.** C'est le droit de l'Union européenne, à 15 et peut-être un jour à 33 États (à l'origine, celui de la Communauté économique européenne, C.E.E., instituée par le traité de Rome, 1957). Il procède de plusieurs traités, Rome (1957), l'Acte Unique (1986), Maastricht (1992), Amsterdam (1997), Nice (2000). Cette source est, théoriquement, subsidiaire. En effet, la compétence législative de la Communauté est tenue en respect par le **principe de subsidiarité**, en vertu duquel la Communauté n'agit — en dehors des domaines de sa compétence exclusive — que si et dans la mesure où les objectifs de l'action envisagée ne peuvent être réalisés de manière suffisante par les États membres : Frein qui laisse au droit français l'espérance légitime de conserver son droit des personnes, son droit de la famille (rénové en profondeur) et de parachever la réforme du droit des successions.

Dans ces limites, cette source projette au cœur du droit français, deux sortes de textes, des règlements et des directives, qui sont animés d'une inégale force de pénétration :

— Les **règlements** sont applicables de plein droit (les règlements en vigueur qui concernent le marché intérieur sont actuellement au nombre de 324).

— Les **directives** (qui ne portent pas de règles directement applicables) sont, à l'adresse des États membres, des invitations à légiférer dans le sens qu'elles indiquent, les instances nationales ayant le choix des formes et des moyens propres à produire le résultat fixé : mécanisme placé sous l'égide de la Cour de Justice des Communautés européennes (C.J.C.E.) siégeant à Luxembourg (2).

262 2° **La Convention européenne de sauvegarde des droits de l'homme et des libertés fondamentales, C.E.S.D.H.** (ratifiée par la France en 1973) : Incorporée au droit français, cette autre source (droit européen conventionnel ; mouvance du Conseil de l'Europe à 43 pays membres) s'y manifeste, dans deux plans, par l'application et l'interprétation qu'en

(2) Une loi du 3 janv. 2001 (n° 2001-1) habilite le Gouvernement à transposer dans notre droit, par ordonnances, 46 directives communautaires (sur 176 en instance). Cette loi de pleins pouvoirs ne consomme pas seulement la démission du Parlement, comme pour la codification à droit constant (V. *supra*, n° 223), elle livre d'importantes matières à une invasion massive. Fin 2002, la France accusait un retard record dans la transposition des directives, « taux de déficit de transposition » que relève la Commission européenne, sans qu'on sache au juste ce qui reste à transposer des 1 475 directives en vigueur qui portent sur le marché intérieur. Récemment encore, la Cour de justice des Communautés européennes a condamné la France pour ne pas avoir transposé dans les délais une directive européenne : 26 sept. 2002, D. 2003.J.725 n. Clergerie.

donnent, d'une part, la Cour européenne des droits de l'homme (C.E.D.H., siégeant à Strasbourg) d'autre part les juridictions françaises.

— La C.E.D.H. connaît, sur le recours de la victime (et moyennant un filtrage préalable des recours individuels par la Commission européenne des droits de l'homme) de la violation des droits garantis par la Convention. Cependant, ce recours n'est ouvert qu'après épuisement de toutes les voies de droit interne, et, la violation constatée, il n'entre pas dans le pouvoir de la C.E.D.H. d'annuler l'acte (jugement, loi, etc.) qui l'a consommée. C'est sur le gouvernement de la France (ou de l'État membre concerné) que se concentre la condamnation (blâme, indemnisation de la victime). Pendant l'année 2000, la France a été condamnée 73 fois par la Cour de Strasbourg.

— Devant une juridiction française, la Convention peut être directement invoquée par une partie. La question devient alors de savoir, par dessus toutes les règles du droit français, s'il y a eu violation d'un droit de l'homme, par exemple du droit au respect de la vie privée (art. 8) ou du droit à un procès équitable (art. 6), etc. Dans l'affirmative, l'application du droit français est enrayée. Effectué par le juge judiciaire à l'occasion du litige qui lui est soumis (et non, à titre principal, devant le Conseil constitutionnel), le contrôle de la conformité des règles du droit français aux textes de valeur supralégislative est, en ce sens, incident. Il va sans dire que la décision rendue dans une espèce n'a que l'autorité relative de la chose jugée, et que la contrariété qu'elle aperçoit dans une règle a pour seul effet d'en écarter l'application à l'espèce, sans en affecter la valeur et la vigueur en dehors de celle-ci. Dans ces limites, la mise à l'écart de la règle nationale jugée inconventionnelle est pour le juge une obligation.

Le contrôle de conventionnalité (de la conformité à la C.E.S.D.H.) **s'enfle dangereusement**. Sous couvert de principes sublimes, la chicane trouve abondante nourriture. Les plus clairvoyants dénoncent la dérive (N. P. Kamer, *Trop de procédure tue la procédure*, D. 2001, Point de vue, p. 244, montrant « les risques de détournement des droits de l'homme » et le « recul de l'état de droit » ; dans son discours de rentrée de l'an 2001 M. J.-F. Burgelin, Procureur général de la Cour de cassation regrette que « quelques brefs articles de la Convention européenne de sauvegarde des droits de l'homme bouleversent nos traditions juridiques les plus assises » et que « notre législation nationale soit subvertie par un droit européen dont la formation ne dépend plus du Parlement français mais d'instances européennes. » Navrante illustration de la théorie du progrès récessif (3). Relire *Droit et passion...* Que fera le cri de quelques uns face aux forces majoritaires de l'illusion, de l'utopie, de l'aveuglement, et de la présomption ?

263 **3° Observations et questions :** a) C'est la Cour de cassation qui, dans sa lecture de l'art. 55, a fait prévaloir « la thèse maximaliste » (Carbonnier) selon laquelle « le traité (de Rome) a institué un ordre juridique propre, intégré à celui des États membres » (Chambre mixte 24 mai 1975, D. 1975.497, J.C.P. 1975.II.18190bis) : trouée par laquelle s'est engouffré tout le droit communautaire. Après une réaction de prudence (22 déc. 1978, D. 79.155 n. Pacteau) le Conseil d'État a épousé la même doctrine (20 oct. 1989, arrêt *Nicolo*, J.C.P. 1989.II.21371 et, 28 févr. 1992, arrêt *Rothmans*, J.C.P.

(3) Importante réserve : Dans un arrêt du 2 juin 2000 (Bull. Ass. plén., n° 4, p. 7) l'Assemblée plénière de la Cour de cassation énonce que « la suprématie conférée aux engagements internationaux ne s'applique pas, dans l'ordre interne, aux dispositions de valeur constitutionnelle ». Elle décide donc que la loi du 19 mars 1999 relative à la Nouvelle-Calédonie ayant une telle valeur, échappe, devant les tribunaux judiciaires français, au contrôle juridictionnel de conventionnalité, de sorte que la contrariété prétendue de cette loi à la C.E.S.D.H. n'a pas à être prise en considération. L'Assemblée plénière rejoint ainsi le Conseil d'État pour affirmer, dans l'ordre interne, la supériorité de la Constitution sur les traités (arrêt Sarran, C.E. 30 oct. 1998). *Usque tandem* ? L'ordre international a une autre conception de la hiérarchie des normes (qui l'emporterait dans une Europe fusionniste). Comp. Puig, *Hiérarchie des normes : du système au principe*, RTD civ. 2001, 749 s.

1992.II.21859). L'autre pan du droit européen jouit de la même position dominante. La Cour de cassation admet qu'en cas de contradiction entre le Droit français et la Convention, le juge est tenu de faire prévaloir celle-ci quand elle est directement invoquée devant lui (en matière pénale, Crim. 5 déc. 1978. D. 1979.50 ou civile, Civ. 2e, 23 mars 1987, Bull. nº 76 ; Civ. 1re, 18 mai 1989, Bull., nº 198). Invasion pléthorique et pullulante du droit français, dénaturation du système juridique, trouble du cours de la justice sont, on va le voir, les fruits amers de la primauté donnée à un droit exogène et à un juge de l'extérieur. b) Le développement du corps de droit introduit en son sein soumet le droit français à **une pression qui ne cessera de croître**. Elle deviendra de plus en plus intolérable par la simple conjonction des trois caractères de cette inclusion : c'est une véritable ordre juridique qui s'implante ; une source surabondante qui fait **proliférer les normes** ; c'est un corps étranger, un « **droit venu d'ailleurs** » qui n'a « **ni pays ni histoire** ». Ces thèmes ont été fortement marquées par le doyen Carbonnier (Intr. 139 à 141) qui relève encore « le paradoxe essentiel : que nos juges, qui se déclarent incompétents pour vérifier la conformité des lois françaises à la Constitution nationale s'attribuent le pouvoir de les neutraliser ou motif qu'elles ne sont pas conformes aux axiomes passe-partout d'une pseudo-constitution étrangère (non nationale en tout cas). » c) L'ingestion (et l'indigestion) d'un corps d'importation s'aggrave d'un risque de **dégénérescence pour le système juridique français**. Les incursions du droit européen procèdent par à coup et souvent à coup d'arrêt. Processus qui, jouant au désordre plus qu'à la cohérence et à l'exaltation d'une jurisprudence incontrôlable, prospère **au mépris du génie du droit français, de celui du droit civil** en particulier. Autre ravage : Les questions étant toujours envisagées à partir de droits subjectifs, c'est aussi à leur exaltation que travaille le mécanisme, **au mépris, cette fois, du droit objectif porteur de l'équilibre des institutions**. Ces actions néfastes ont été clairement identifiées par M. Carbonnier (notamment dans son ouvrage « *Droit et passion...* »). d) À cette action sur le fond du droit et le système juridique qui ravale la loi et le Parlement (et conduit à sa démission) s'ajoute la **perturbation de l'ordre judiciaire** et même, plus généralement, de l'organisation juridictionnelle, en ses deux ordres. L'érection d'un quatrième degré de juridiction dégrade les deux plus hautes juridictions, Cour de Cassation et Conseil d'État, confisque leur rôle régulateur et trouble le cours de la justice par ses interventions obliques qui donnent aux procès une rallonge souvent chicanière. V. not. à propos de la condamnation de la loi Verdeille par la C.E.D.H., Jacques Foyer, *in Mélanges offerts à J.-Cl. Soyer*, L.G.D.J. 2001, p. 210, *adde*, ci-après le diabolisme du pouvoir. e) Quelle langueur, quel ennui dans la référence lancinante aux art. 6 et 8 de la Convention ! Le travail du caoutchouc sur le procès équitable, le juge impartial et le délai raisonnable ne lassera-t-il jamais ? Si, pour certains, ce **leitmotiv** est, on l'a dit, un « fonds de commerce » et souvent un motif de style des causes désespérées, c'est, pour tous, un **pont-aux-ânes** qui débouche sur des terrains vagues. La dévaluation des idéaux incombe à ceux qui les banalisent. f) Il n'y a dans la question ni complaisance ni autosatisfaction (simplement une naïve prise à témoin de la probité) : comment faire à qui mieux mieux sortir des obstacles au procès équitable et au respect de la vie privée de l'application du droit français de la famille et du procès civil, après la réaffirmation de leurs valeurs et de leurs idéaux ? On ne pourrait qu'approuver des performances justes et pertinentes. g) À la différence des deux sources européennes, la **Convention des Nations unies sur les droits de l'enfant** (dite Convention de New-York, 26 janv. 1990. v. d. 9 oct. 1990) ne peut être directement invoquée devant les juridictions françaises. C'est la **position ferme et courageuse** que la Cour de cassation a retenue (Civ. 1re 2 juin et 15 juill. 1993, D. 1993. IR. 153, J.C.P. 1993.IV.2353) et, en dépit d'acerbes critiques (V. C. Neirinck et P.M. Martin, J.C.P. 1993.I.3677) maintenue (Soc. 13 juill. 1994, J.C.P. 1994, J.C.P. 1996.II.22363, n. Benhamou ; Civ. 1re Bull. nº 2). L'idée de jeter les enfants dans la fournaise des procès entre leurs parents (ou contre ceux-ci) n'est pas une sagesse (v. Massip, *Defrénois*, 1993.I.1370 ; 1995.I.1030). Née sous d'autres climats où sévit une processivité débridée, cette vogue démagogique qui draine des intérêts souvent moins sublimes que les principes dont elle se drape est plutôt, chez nous, un discours de mode. Autre chose est de faire à la parole de l'enfant sa juste place. Ce qu'avait fait le droit français dès 1975, en invitant le juge, dans le divorce, à tenir compte des sentiments exprimés par les enfants mineurs (a. 290). La loi du 8 janv. 1993 (a. 388-1 et 290) est allée plus loin pour faire écho, justement, à la Convention de New York et, telle est bien, dans le principe, la vocation naturelle (et même la fonction exclusive) de la Convention, comme guide de législation. Dans le cas particulier, le risque est cependant que, de surenchère en surenchère, et sous le coup d'une idéologie abstraite, on en vienne à enfourner le mineur dans la machine judiciaire, comme partie à la procédure (ce qu'il n'est pas pour l'heure, a. 388-1, *in fine*) dans l'oubli de ce qui caractérise, en droit et en fait, la situation et sa condition : sa minorité, son âge, sa sensibilité, les chances d'un apaisement familial, etc. h) **La coutume échappe, en tant que telle, à la précellence des traités**. C'est aux traits qui la caractérisent comme source autonome de droit que la coutume doit, à la différence de la loi, d'être affranchie de la prédominance des traités. Dans la démonstration de principe qu'en donne M. Carbonnier (Intro. 141), deux raisons se rejoignent. Dans l'art. 55, le mot loi est employé non dans le sens générique de règle de droit, mais spécifiquement, comme il l'est tout au long de la Constitution, dans le sens organique et formel où il désigne la loi votée par le Parlement, la loi écrite. L'art. 55 qui établit une hiérarchie « entre deux droits écrits » **n'a pas de prise sur un droit non écrit**. Il est étranger à la coutume.

Si la coutume échappe à l'étau de la communautarisation, c'est aussi parce qu'elle est, en quintessence, un **fait de culture**, le produit, dans les mœurs et les mentalités, de l'histoire d'un peuple, la coulée vive de ses traditions. Or le respect d'un tel patrimoine est, précisément, un **engagement formel** que les membres de l'Union européenne ont pris, après Maastricht, dans le point 3 de la Déclaration de Birmingham, le 12 octobre 1992 (Carbonnier, Intro. 141) : Pacte de paix sociale.

C'est une supériorité de la coutume sur la loi.

Mince consolation ? La question est ouverte. Nous apprendrons à discerner tout ce que la coutume englobe, anime et sauvegarde au sein du droit français et à le faire respecter avec la force que confère à un enracinement historique sa légitimité populaire. i) **Code civil européen ? Droit privé européen ?** La réflexion est ouverte sur ces questions mêlées mais non indivisibles. V. Reiner Schulze (prof. à l'Université de Munster). *Le droit privé commun européen*, RIDC 1995, 7 s. ; Pierre Legrand (prof. à l'Université de Tilburg) *Sens et non-sens d'un code civil européen*, RIDC 1996, 779 ; P. Varreilles-Sommières (sous la direction de), *Le droit privé européen*, Économica, coll. Études juridiques, 1998. V. *supra*, n° 231, le scepticisme qu'inspire l'objectif de l'unification vue comme panacée dans une Europe à composantes multiples et fortement contrastées.

L'hypothèse maximaliste (l'élaboration d'un code civil européen) est vertigineuse. Non seulement parce qu'elle aurait, par la codification, à enfermer le (ou la) *commun law* dans le droit écrit (si l'Angleterre y participait) mais parce qu'elle postulerait, et cette fois entre tous les partenaires européens, une unification de tous les systèmes juridiques en présence, ce qui engloberait non seulement les droits substantiels mais les droits judiciaires qui président à leur réalisation. Qui ? quoi ? quand ? où ? comment ? **en quelle(s) langue(s)** ? qui le veut ? qui le pourrait ? On laissera chacun approfondir ces questions, à commencer par la plus radicale : les peuples en veulent-ils ? en voudraient-ils ? sont-ils consultés ?

La recherche de principes communs en droit privé européen serait une autre carrière. C'est déjà une réflexion doctrinale en histoire et en droit comparé. Que les historiens nous disent ce qu'a été véritablement ce *jus commune* auquel on se réfère (complaisamment) et que les comparatistes cherchent ce que pourraient être les éléments d'un nouveau *jus commune*. Dans les matières qui s'y prêteraient le moins mal (le droit des contrats ?). Mais en travaillant, en quintessence, au degré le plus épuré de la théorie générale (ce serait une autre entreprise, au niveau réglementaire, de vouloir par exemple compiler les règles européennes du droit de la consommation).

Il demeure que, face à la diversité des droits, la communautarisation a pour rival majeur la mondialisation, tant il est vrai que l'universalisme n'a pas de borne (dans ses rêves).

On s'affaire au pied de la tour de Babel, Gn 11, 1-9.

Sur la perspective d'un **Code européen des contrats**, voire d'un Code civil européen, *adde* diverses autres études avec leurs références : Lequette, D. 2002, chron. 2202 ; Malinvaud, D. 2002, chron. 2545 ; Malaurie, J.C.P. 2002.1.110 ; B. Fauvarque-Cosson, RTD civ. 2002.463 ; Cornu, D. 2002, chron. 351 et le numéro spécial de la Société de législation comparée 2003, *Pensée juridique française et harmonisation européenne du droit.*

DIABOLISME DU POUVOIR

Tout détenteur d'une parcelle de pouvoir tend, dit-on, à en abuser. La C.E.D.H. est sous le joug de cette loi diabolique lorsqu'elle affirme devoir s'assurer que l'irrecevabilité d'un moyen prononcée par la Cour de cassation n'est pas, de la part de celle-ci, le résultat d'une erreur. S'arrogeant le contrôle de la nouveauté des moyens de cassation, elle a décidé qu'en rejetant un moyen comme nouveau, « la Cour de cassation avait commis un erreur manifeste d'appréciation et n'avait pas assuré au requérant son droit à un procès équitable » (21 mars 2000, D. 2000.2.883). Il doit y avoir quelque ivresse dans l'arrogance de corriger la plus haute juridiction de l'ordre judiciaire en France. *Quis custodiet ipsos custodes ?* Qui contrôlera ceux qui s'érigent en contrôleur de la juridiction de contrôle ? La doctrine, libre, pourrait y veiller. Mais pour quel résultat ? Il y a hélas trop de laudateurs aveugles de la machinerie qui défonce notre système juridique et fausse nos institutions.

CHAPITRE I
LES LOIS CIVILES

64 Si, comme source de droit, la loi est toujours active, la législation passée a laissé son œuvre. Résultat de cette formation historique toujours renouvelée, l'ensemble des lois civiles constitue un monument, un monument législatif séculaire qu'il faut d'abord présenter sommairement : ce sera l'objet d'une **histoire brève de la législation civile.**

Mais l'activité jamais lassée du législateur donne son intérêt à la **théorie générale de la loi**, c'est-à-dire à l'ensemble des normes positives qui gouverne l'élaboration, l'application et l'interprétation de la loi civile (qui règlent la loi en tant que source active et actuelle du droit). Ce point de vue positif complètera le point de vue historique.

SECTION I HISTOIRE SOMMAIRE DE LA LÉGISLATION CIVILE

65 En France, elle est centrée sur la codification de 1804, date historique, événement majeur, point d'excellence de la législation civile. Cependant, le Code civil — le Code Napoléon — n'est pas né de rien et il n'est pas tout. Le droit civil a une histoire avant et après 1804. En prenant le Code civil pour pivot, on peut l'encadrer d'un regard sur ses antécédents et sur son destin.

§ 1. LES ANTÉCÉDENTS DU CODE CIVIL

66 L'histoire du droit français oppose deux périodes : l'une, très longue, patiemment attelée à la formation lente, persévérante, progressive, coutumière du droit, élaboration semblable au dépôt d'une tradition, période au long de laquelle s'est constitué, peu à peu, des origines de la Gaule à 1789, ce que l'on appelle **l'Ancien Droit français** ; l'autre, brève, brutale, fulgurante, mouvementée, foudroyante, fiévreuse, palpitante, passionnée, tourmentée comme une cristallisation : celle de la Révolution française où, d'un

coup, s'est forgé, dans une activité intense, le droit révolutionnaire que l'on appelle, d'un terme consacré, **le Droit intermédiaire** (1789-1804).

Le code civil a puisé à ces deux sources.

A. L'ANCIEN DROIT FRANÇAIS

Il est marqué par la diversité des lois civiles. Mais le défaut d'uniformité de la législation civile est tempéré par quelques éléments d'unification.

a) Éléments de diversité

267 Le manque d'uniformité tient, pour l'essentiel, à **la division de l'ancienne France en pays de coutume et en pays de droit écrit**. La division territoriale de la France civile a de lointaines origines. À l'époque de la décomposition de la monarchie franque (fin du IXe siècle), le système des lois personnelles (lois barbares, lois romaines) qui (en s'effritant) avait tenu jusqu'alors, s'effondre. Il fait place au système de la territorialité des coutumes pendant deux siècles (jusqu'à la fin du XIe siècle). Alors se produit l'événement qui est à l'origine de la scission de la France : la première renaissance du droit romain. Ce droit fut reçu comme *loi écrite, « jus scriptum »,* dans le midi de la France (où, d'ailleurs, les coutumes territoriales qui s'étaient établies dans les siècles précédents avaient été déjà profondément imprégnées par le droit romain antérieur ; ce n'était qu'une résurgence). Cependant, cette réception globale du droit romain (comme droit positif) ne se produisit que dans le midi de la France. Dans la partie centre et nord de la France, les coutumes territoriales continuèrent à se développer. La France fut partagée en deux, suivant une ligne de démarcation qui la coupait d'est en ouest, à peu près par moitié. De cette époque date l'opposition entre pays de droit écrit et pays de coutume : division juridique durable, accentuée par une distinction linguistique (les pays de droit écrit étant de langue d'oc).

268 À cette cause principale de division s'associent plusieurs facteurs secondaires. La diversité se développe entre pays de coutume, pour produire, dans chaque région, des coutumes particulières. Le même phénomène s'opère dans les pays du midi, où, régionalement, se forment ou se maintiennent des coutumes d'appoint.

Enfin, dans les matières qu'il régit (mariage), le droit canonique introduit un ordre juridique de plus. Mais ce n'est qu'un aspect de son influence.

b) Facteurs d'unification

Dans ce système où dominait la diversité, certains facteurs d'unification étaient à l'œuvre.

269 **1° Le droit canonique** a exercé une influence unifiante sur le droit séculier de l'ancienne France. Ainsi rapporte-t-on à la tradition canonique certains principes (prohibition du prêt à intérêt). Plus perfectionnée, plus savante, plus civilisée (notamment dans ses modes de preuve) la procédure canonique, de son côté, a influé sur la procédure suivie devant les cours séculières, lorsque l'ancienne procédure féodale s'altéra. Enfin, les juridictions royales ayant empiété sur la compétence des juridictions ecclésiastiques, en leur enlevant certaines de leurs attributions, le droit canonique, appliqué par les juridictions royales, devint, dans toute la France, un élément d'unification.

270 2° **Le droit romain** fut un autre facteur d'unité. Reçu comme *« jus scriptum »* dans le midi de la France, il rayonna partout ailleurs à un autre titre. Plus élaboré, plus savant, plus cohérent, plus complet, comme système juridique, il devint dans les pays de coutume, non pas *« jus scriptum »* mais *« ratio scripta » : raison écrite,* source dotée d'une valeur supplétive dans le silence des coutumes. À la faveur de la seconde renaissance du droit romain (XIVe siècle), celui-ci élimine le droit coutumier, dans certaines matières, notamment dans le droit des obligations (ce dernier, à la différence du droit de la famille, se prêtant plus facilement à une unification sur le modèle romain plus achevé).

271 3° **Les ordonnances royales :** Ce sont aussi des éléments d'unification. Émanant du pouvoir monarchique, elles ont vocation à s'appliquer dans toute la France. Deux grandes séries d'ordonnances se détachent. Au XVIIe siècle, celles de Colbert : l'Ordonnance sur la procédure civile (1667) (que le Code de procédure civile de 1806 a recopiée à quelques nuances près) ; l'Ordonnance criminelle (1670) ; l'Ordonnance sur le commerce (1673) ; et surtout l'Ordonnance sur la marine (1681) que Colbert — un des premiers sans doute à avoir pratiqué la « physique expérimentale de la législation » — avait fait précéder d'une enquête dans les ports. Au siècle suivant, le Chancelier d'Aguesseau laisse, en d'autres matières, plusieurs grandes ordonnances : l'Ordonnance sur les donations (1731), l'Ordonnance sur les testaments (1735), l'Ordonnance sur les substitutions (1747), l'Ordonnance sur la purge des hypothèques.

272 4° **Les travaux des jurisconsultes :** Charles Du Moulin est une figure du XVIe siècle (1515-1566). Avocat au Parlement de Paris, il a laissé, entre autres œuvres, de célèbres consultations. **Domat** domine le XVIIe siècle. Avocat du Roi au Siège Présidial de Clermont en Auvergne, il est l'auteur d'un ouvrage de synthèse qui est l'un des fondements du droit français : « Les lois civiles dans leur ordre naturel » (1777, Nouvelle édition revue, corrigée et augmentée des notes de divers autres jurisconsultes, Paris, chez Cellot ; *adde* l'édition citée n° 287). Au XVIIIe siècle, **Pothier** (1699-1772), professeur à l'Université d'Orléans et Conseiller au Présidial de la même ville, embrasse, dans son œuvre, sous forme de traités, l'ensemble des matières du droit civil, de la procédure civile, etc. Ses travaux ont inspiré les rédacteurs du Code civil (1). On a pu dire qu'ils constituaient un commentaire par anticipation du Code Napoléon. Ils demeurent un guide pour l'interprétation des textes d'origine (v. l'édition de Bugnet, dans laquelle les œuvres de Pothier sont mises en corrélation avec le Code civil, 2e édition, 1861).

En dépit de ces éléments, l'ancienne France restait profondément divisée et le défaut d'uniformité demeurait une des plaies de la législation (en raison notamment des conflits inter-provinciaux qu'elle suscitait). Surmonter la diversité civile, c'était sortir de la nuit.

B. LE DROIT INTERMÉDIAIRE

Brève, l'œuvre de la Révolution française laisse deux marques, en matière civile.

(1) Le tricentenaire de la naissance de Pothier a été célébré les 10 et 11 déc. 1999 à Orléans. V. les actes de ces journées *Robert-Joseph Pothier, d'hier à aujourd'hui,* sous la dir. de Joël Monéger, Jean-Louis Sourioux, Aline Terrasson de Fougères, Etudes juridiques 13, Economica, 2001.

a) Établissement des principes

273 En ce domaine, comme en matière politique, la Révolution de 1789 a posé de **grands principes**. Elle bouleverse radicalement l'ordre civil. Le décret du 4-11 août 1789, décret de table rase, porte abolition du régime féodal. Tout l'ancien droit civil inégalitaire s'effondre : la hiérarchie des terres et la hiérarchie des personnes sont abolies. Le décret du 14-17 juin 1791 porte anéantissement de toutes les espèces de corporations de citoyens de même état et de même profession. Le principe de laïcité est proclamé.

274 Positivement, la Révolution française pose, en matière civile, trois grands principes (ils sont exposés dans la Déclaration des droits de l'homme et du citoyen, qui sert de préambule à la Constitution du 3 septembre 1791) :

1° le principe de **l'égalité civile** (2) — art. 1er : « Les hommes naissent et demeurent libres et égaux en droit » (c'est une égalité juridique, égalité abstraite, de principe, non une égalité concrète, économique et sociale, comme on dit aujourd'hui, mais une égalité radicale, naturelle, originelle, pour tout dire « de naissance », mot capital) ;

2° le principe de **liberté individuelle** — art. 19 : « Nul ne peut être inquiété pour ses opinions même religieuses, pourvu que leur manifestation ne trouble pas l'ordre public établi par la loi » ; avec une définition de la liberté d'action : art. 4 : « La liberté consiste à pouvoir faire tout ce qui ne nuit pas à autrui » ; et l'article 5, qui le complète, énonce : « La loi n'a le droit de défendre que les actions nuisibles à la société » ;

3° **le respect de la propriété privée**. L'abolition de la féodalité débouche sur la consécration solennelle de la propriété, comme droit « inviolable et sacré », par la Déclaration des droits dont l'article 17 est ainsi conçu : « La propriété étant un droit inviolable et sacré, nul ne peut en être privé, si ce n'est lorsque la nécessité publique légalement constatée l'exige évidemment et sous la condition d'une juste et préalable indemnité ». (La réserve finale fonde l'expropriation pour cause d'utilité publique, sous contrôle judiciaire et moyennant le versement d'une indemnité préalable).

b) Essai de codification

275 Si elle a proclamé les principes, la Révolution n'a pas rédigé les codes : le travail de codification civile lui a échappé. Elle en a pourtant conçu le dessein. La codification des lois civiles a été un des vœux originaires de la Révolution française. Le 16 août 1790, un décret ordonne : « Les lois civiles seront revues et réformées par les législatures, et il sera fait un Code général de lois, simples, claires et appropriées à la Constitution ». La même résolution revient dans la Constitution du 3 septembre 1791 : « Il sera fait un Code de lois civiles communes à tout le Royaume ». Mais les trois tentatives faites par la Convention ont échoué. Ce sont les trois projets Cambacérès. Le premier (1793) est repoussé comme trop compliqué. Le deuxième (celui de l'an II) porte une marque originale. La Convention, considérant que les juristes ne sont pas suffisamment inspirés par les principes révolution-

(2) V. Marcel Garaud, *La Révolution et l'égalité civile,* Sirey, 1953. Entre tous les retours qu'elle a suscités sur l'ensemble de l'œuvre et les replis de l'événement, la célébration du bicentenaire de la Révolution française a ravivé tout l'intérêt d'un regard sur le Droit dit intermédiaire, qu'il faudrait renommer « fondateur », « si l'on acceptait de voir dans les lois civiles de la Révolution une adolescence du Code Napoléon » (Carbonnier, R.T. 1988, p. 616). Le colloque d'Orléans a dressé, avec un peu d'avance, en mémorial, ce monument des sources où se côtoient thèmes et méthodes : *La Révolution et l'ordre juridique privé. Rationalité en scandale ?* Actes du colloque d'Orléans, sept. 1986, Collection Université d'Orléans, P.U.F., 1988, 2 vol. ; *La philosophie et la Révolution française,* actes du colloque de la Société française de philosophie (mai, juin 1989) publiés sur la direction de B. Bourgeois et J. D'Hondt, Libraire philosophique J. Vrin, 1993.

naires, décide de leur adjoindre des philosophes. Il en résulte, dans un style lapidaire, une œuvre inspirée d'une haute qualité littéraire. Mais le Code est, cette fois, trop laconique. Repris des précédents, moyennant des corrections, le troisième projet (celui de l'an VIII) est la victime des lenteurs, puis celle des événements politiques (18 Brumaire). Une dernière tentative donne corps, en l'an VIII, au projet Jacqueminot, plus tempéré. Lui non plus, n'aboutit pas.

Ainsi, la Révolution française n'a-t-elle pas réussi à faire un Code civil. Elle a cependant laissé d'importantes lois civiles : loi successorales, lois sur la propriété foncière et le régime hypothécaire, loi sur le mariage (c'est la sécularisation), organisation de l'état civil. Mais elle n'a pu remplir le vœu d'uniformité législative. Il y faudra, entre autres facteurs historiques, la volonté de Napoléon.

§ 2. LE CODE CIVIL

Comment a-t-il été élaboré ? Qu'a-t-il apporté ?

Au moment où l'on s'apprête à solenniser le bicentenaire du Code Napoléon (2004), ce sont des faits à commémorer. Aujourd'hui encore, le Code civil est, parmi nous, un monument du « patrimoine français ». Il a déjà été célébré comme tel, lieu de mémoire et source vive. V. *« Le Code Civil »*, Carbonnier, *in* Nora *et al.*, *Les lieux de mémoire*, t. II : La Nation, 1986, p. 293. C'est dans ce château de Versailles républicain qu'habite toujours le droit civil.

A. L'ÉLABORATION DU CODE CIVIL

a) Les travaux préparatoires

276 Ils sont connus par deux collections parallèles : « La législation civile, commerciale et criminelle de la France », du Baron Locré ; le Recueil Fenet.

Avec le Consulat, tout change dans la méthode législative, au souvenir des tentatives infructueuses de la Convention et du Directoire. Le 24 Thermidor, an VIII, Bonaparte, Premier Consul, arrête que le Ministre de la Justice, Abrial, réunira, au Ministère, Tronchet, Président du Tribunal de Cassation, Bigot de Préameneu, Commissaire du Gouvernement près de ce Tribunal, Portalis, Commissaire au Conseil des Prises, pour y tenir des conférences sur la rédaction du Code civil. Maleville, membre du Tribunal de Cassation, est appelé à ces conférences pour y remplir les fonctions de secrétaire. (Les trois premiers étant spécialement nommés commissaires du Gouvernement pour la rédaction du Code civil) (3). En quatre mois, la Commission rédige un projet complet de Code civil. Celui-ci est présenté au Gouvernement, précédé du célèbre discours préliminaire que Portalis signe (mais qu'il n'a pas seul composé). Pour l'entourer des lumières désirables, le projet est communiqué au Tribunal de Cassation et aux tribunaux d'appel afin de recueillir leurs observations (elles sont fort intéressantes). Mais pour que le projet devînt loi, il fallait suivre la procédure législative complexe que la Constitution de l'an VIII avait organisée. (Bonaparte avait créé le Conseil d'État le 22 primaire au VIII, 13 déc. 1799).

(3) Bressolles, *Études sur les rédacteurs du Code Napoléon,* Rev. hist. 1860, VI, p. 159. Sur Portalis, Beignier, Rev. hist. fac. dr. 1988 (6) ; Oppetit, *Portalis philosophe*, D. 1995, chr. 331 ; Carbonnier, Bull. soc. hist. protestantisme, 1979, 66 s.

277 Le Conseil d'État, le Corps législatif, le Tribunal, concouraient à la formation des lois. La filière législative comprend quatre phases :

— *La rédaction définitive :* le Conseil d'État est chargé de l'établir, à partir du projet communiqué en présence des trois commissaires du Gouvernement (les séances du Conseil d'État sont consacrées à une discussion générale, et à une lecture article par article, comme cela se fait encore aujourd'hui). Dans le Locré, on retrouve, par extraits, le procès-verbal des séances avec les interventions des participants.

— *La présentation au corps législatif* (deuxième phase). Ainsi établi, le texte est présenté au corps législatif par trois conseillers d'État (nommés à cet effet) dont l'un expose les motifs. L'exposé des motifs de chaque loi est, encore, une source précieuse.

— *La communication officielle au Tribunat.* Dans cette troisième phase, le projet est communiqué au Tribunat, lequel nomme, parmi ses membres, un rapporteur (un tribun chargé de présenter, sur le projet, un rapport, autre source digne d'intérêt).

— *La discussion au Corps législatif.* Le projet revient en discussion devant le Corps législatif où, fort souvent, se livre un duel entre les orateurs du Gouvernement et les tribuns. Pour l'arbitrer, le Corps législatif ne constitue qu'une « assemblée de muets » seulement chargée d'adopter ou de repousser le projet en bloc.

278 Ce système a fonctionné, pour le Code civil, sous réserve de deux précisions : la filière a été compliquée pour permettre au Tribunat (qui, lui non plus, lors de la communication officielle, ne pouvait proposer d'amendements), de suggérer des modifications ; d'où la *communication officieuse* au Tribunat, après la discussion en Conseil d'État.

Le Tribunat, pour diverses raisons (d'ordre politique) choisit de manifester son hostilité à Bonaparte en entravant la discussion sur le Code civil. Le projet de Code était divisé en 36 lois. Dès la première, la discussion traîne en longueur. Bonaparte réagit : il suspend les travaux législatifs pendant six mois, épure le Tribunat, le réduisant à 50 membres qui lui sont favorables. Puis la procédure législative recommence. Les 36 lois sont discutées et votées séparément du 5 mars 1803 au 15 mars 1804, en un peu plus d'un an. Toutes les lois civiles sont alors réunies en un seul corps de lois sous le titre de Code civil des Français, par une loi du 30 Ventôse, an XII (dont on trouve quelques articles en tête du Code civil).

b) Quelques questions

279 **Quel fut le rôle des membres de la commission** (la contribution respective des juristes de droit écrit et des juristes formés dans les pays de coutume) ? En dépit de la personnalité de Portalis, l'influence prépondérante pourrait avoir été, finalement, celle des juristes de droit coutumier. Le choix d'un régime légal commun à tous les Français (mariés sans contrat) en serait un bon exemple. Il fallait bien en choisir un et un seul. Lequel ? Après un « stupéfiant combat », c'est la communauté qui l'emporta. À Portalis échut une compensation de façade. Dans le Code civil originaire, le régime de la communauté et le régime dotal — les deux grands régimes — font, chacun, l'objet d'un chapitre, comme s'ils étaient sur le même pied. Symétrie à l'italienne. Un article, au passage, énonce que tous ceux qui n'ont pas fait de contrat avant mariage se trouvent mariés sous le régime de la communauté : simple disposition qui fait encore, après presque deux siècles, que 75 à 80 % des Français sont mariés sous le régime de la communauté.

280 **Quel fut le rôle personnel de Bonaparte dans l'élaboration du Code civil ?** Le fait est qu'il assistait — quand ses campagnes militaires le lui permettaient — aux séances du Conseil d'État (mais les procès-verbaux ont été expurgés...) (4).

(4) V. J. Bourdon, *Napoléon au Conseil d'État* (Notes et procès verbaux inédits de Jean-Guillaume Locré), 1963. Carbonnier, *Le Code Napoléon en tant que phénomène sociologique*, Dr. pros. Aix, 81-3, 327 et *Sociologie juridique* (« Quadrige ») 1994, 78 s. L'auteur montre la figure et la stature de Napoléon sous un angle qui échappe souvent au regard. Ayant évoqué le rôle des forces diffuses d'une société dans la genèse de ses lois, il ajoute : « Il fallait, toutefois, *un médiateur charismatique*, pour accoucher la société française du C.C. dont elle était grosse, et ce fut Bonaparte » (Introduction, 76). « Rendez à César... ».

Dans cette œuvre, Bonaparte a été la volonté. Une loi est un acte de volonté. Le Code civil, Bonaparte l'a voulu dans son existence et ses grandes lignes. On a pu dire que, sans Bonaparte, le Code civil n'aurait pu conserver ce qu'il nous a transmis de la Révolution française. Dans « *Droit et passion* », M. Carbonnier se réfère souvent à Bonaparte, « fils de la Révolution française » et salue en lui un vrai, un grand législateur (p. 14, 93, 185, 219). Rôle historique.

Il est plus malaisé de mesurer, au fond, l'influence qu'il a exercée sur l'orientation de la législation civile. Certaines de ses positions sont cependant connues : sa faveur pour l'adoption, liée à ses préoccupations dynastiques, sa conception autoritaire des rapports de famille (sur les deux piliers de la puissance maritale et de la puissance paternelle).

281 **Quel enseignement tirer de l'élaboration du Code civil pour le législateur moderne ?** Les travaux préparatoires sont encore une leçon de méthode législative. Le discours préliminaire contient des maximes de législation civile : « Il ne faut point de lois inutiles ; elles affaiblissent les lois nécessaires ». « L'office de la loi est de fixer par de grandes vues les maximes générales du droit ; d'établir des principes féconds en conséquences, non de descendre dans le détail des questions qui peuvent naître sur chaque matière ». « Nous nous sommes également préservés de la dangereuse ambition de vouloir tout régler et de tout prévoir » : pensées à méditer, conseils à suivre en période d'inflation législative.

B. L'APPORT DU CODE CIVIL

Le style du Code a séduit Stendhal (5) entre beaucoup d'autres : clarté, précision, concision, sobriété, dépouillement sont les marques — au moins les tendances — et les qualités qu'en général on lui reconnaît (6).

Au fond, qu'a donc apporté le Code civil ?

a) L'unité de législation

282 Remplissant le vœu de la Nation, le Code civil réalise l'unité législative en matière civile. Il donne à la France un droit civil unique et uniforme. Etendant son application à tout le territoire, il fait régner, en France, les mêmes lois civiles.

283 1° Principalement tourné vers le *passé,* l'effet radical de l'unification ressort de l'article 7 de la loi du 30 ventôse, an XII. Cette disposition porte abrogation de tout droit antérieur (lois romaines, ordonnances, coutumes générales ou locales, etc.) dans toutes les parties de l'État français, sans distinction entre pays de coutume et pays de droit écrit. Générale, l'abrogation opère l'unité territoriale en effaçant la très ancienne division de la France en deux parties, tarissant ainsi la source des conflits de lois civiles entre régions (7).

---

(5) « En composant la » Chartreuse », pour prendre le ton, je lisais chaque matin deux ou trois pages du Code civil » (Lettre à Balzac, de Civita Vecchia, le 30 octobre 1840).

(6) Deux querelles demeurent ouvertes dans l'analyse du style du Code Napoléon : 1° Le style est-il concret ou abstrait ? Selon certains, un parti d'austérité, de gravité et de sérénité a engendré un style neutre, impersonnel, froid, sans liberté, hardiesse ni originalité (pour y voir d'ailleurs, suivant les goûts, un défaut ou une qualité). Mais tout est relatif. Relativement aux abstractions de style germanique (B.G.B.), le style du Code paraît, en maints passages, imagé. 2° Quelle y est la part du langage technique et du langage courant ? Bien fin qui dosera le mélange. Mais, au-delà des déclarations de principe, le texte ne porte la marque d'aucune exclusive et le mélange, globalement, paraît assez heureux.

(7) Rares mais notables, certains fragments de l'Ancien Droit ont en réalité survécu ou repris vie pour combler un vide, ou par la force obscure d'un attachement coutumier, et il arrive que le juge civil

284 2° Est-ce à dire, pour *l'avenir*, que par l'effet de la codification, le Code civil soit devenu la source unique exclusive du droit civil français ? Au début, on l'a cru. Mais, en droit, le Code civil n'a pas abrogé la coutume en tant que source vive de droit (même si la fécondité de la coutume s'est, en fait, trouvée ralentie par la codification) (v. *infra*, n° 433 s.). L'abolition du droit antérieur a d'ailleurs épargné d'importants éléments coutumiers (par ex. le fonds de maximes savantes légué par la tradition). En lui-même, le Code civil n'a pas été conçu par ses auteurs comme une œuvre finie, figée, immuable, « parfaite » : « On ne fait pas un code ; il se fait avec le temps » (Portalis).

Dans le même esprit, les rédacteurs du Code ne l'ont pas vu comme un monument pleinement suffisant qui pourrait se passer du juge. Ils ont reconnu à la jurisprudence et à la doctrine un rôle à exercer dans l'élaboration du droit. « Comme jamais la loi ne pourra se plier à toutes les circonstances, il faut bien une main qui l'assouplisse... La loi qui n'a ni yeux, ni oreille, doit pouvoir être modifiée d'après ce que l'équité exige, suivant les circonstances et suivant les inconvénients qu'elle produit dans les cas particuliers » (Portalis, Fenet, T. IX, p. 33).

Il faut seulement reconnaître que, si la codification n'a pas exclu ni stérilisé à jamais le renouvellement du droit, elle l'a cependant paralysé dans les premiers temps.

b) L'esprit du Code

Apport substantiel de la codification, l'esprit du Code civil ressort des quatre caractères dominants qui marquent l'œuvre.

285 **1° Œuvre pratique :** Le Code civil est en général présenté comme une œuvre pratique. Il n'affiche ni ambition dogmatique, ni tournure systématique. Il est sans prétention scientifique. C'est l'œuvre de praticiens formés à l'Ancien droit, surtout soucieux d'énoncer des règles claires, précises et des solutions pratiques. Ce « parti » se traduit par deux signes.

Le titre préliminaire du Code civil ne contient que six dispositions relatives à la théorie de la loi (de la publication, des effets et de l'application des lois en général) à l'exclusion de maximes ou de principes de théorie générale réglant les sources du droit (place de la coutume, recours à l'équité) ou l'exercice des droits (devoir et présomption de bonne foi, abus du droit) (8). Sous la Convention, l'idée était venue de placer au seuil du Code certaines proclamations générales : « La loi règle les actions ; elle ne scrute pas les

---

s'y réfère (ainsi l'ordonnance de Villers-Cotterêts, 1539). En Catalogne, la *lex stratae* (XIIe s.) serait un exemple de cette pérennité, notamment en ce qui touche l'usage des forêts. V. L. Assier-Andrieu, *Le peuple et la loi, Anthropologie historique des droits paysans en Catalogne française,* L.G.D.J. 1987, préf. Ourliac.

(8) Comp. les principes énoncés au titre préliminaire du Code civil suisse (art. 1,2,3,4). Le nouveau titre préliminaire dont le Costa Rica a doté son code civil, à l'occasion du centenaire de celui-ci, contient au contraire d'importantes dispositions sur les sources du droit et leur agencement (chap. I), sur l'interprétation et l'application des normes juridiques (chap. II où sont marqués le rôle de la jurisprudence et de la doctrine, celui de l'équité et du pouvoir modérateur, art. 11, et où est consacré, dans la conception exégétique, le principe de l'extension analogique, a-12). V. El nuevo titulo preliminar del Codigo civil de Costa Rica, Editorial juricentro, San José, 1987. V. *« L'art du droit en quête de sagesse »*, 409 s. V. aussi, contée par Alain-François Bisson, la passionnante histoire de l'unique disposition préliminaire du nouveau code civil québécois *« La disposition préliminaire du Code civil du Québec »*, Rev. de dr. de McGill 1999, n° 3, p. 539 s. L'auteur explique : « Le codificateur québécois de 1991 a choisi d'exprimer l'effet de codification dans une seule disposition préliminaire de deux alinéas riche de contenu et potentiellement de grandes conséquences, sous ses apparences lapidaires. » La disposition est ainsi conçue :

« Le Code civil du Québec régit, en harmonie avec la Charte des droits et libertés de la personne, les principes généraux du droit et le droit international privé, les personnes, l'exercice des droits civils, les rapports entre les personnes ainsi que les biens.

Le Code est constitué d'un ensemble de règles qui, en toutes matières auxquelles se rapportent la lettre, l'esprit ou l'objet de ses dispositions, établit, en termes exprès ou par implication, le droit pensées » ; « Elle répute licite tout ce qu'elle ne défend pas ». À quelques nuances près (C. civ. art. 6), de telles déclarations inaugurales font défaut dans le Code civil.

Le plan est un autre signe. Celui du code est clair, il n'est pas rationnel. Trop de matières sont présentées, au livre troisième, comme autant de manières d'acquérir la propriété (même le contrat de mariage). Cette hypertrophie (révélatrice) n'est pas intellectuellement satisfaisante.

286 **2° Œuvre transactionnelle :** Le Code civil est le plus souvent considéré comme le fruit d'une transaction. Composant entre diverses influences, ses auteurs ont refondu et associé, en lui, les apports que ses antécédents fournissaient. C'est une œuvre composite (9). Ainsi, ont-ils parfois accommodé (par arrangement ou partage) l'Ancien Droit français et le droit intermédiaire. Quand ils puisent aux sources historiques de l'Ancien Droit français, ils parviennent souvent à forger une combinaison entre le droit des pays de coutume et celui des pays de droit écrit. Dans certains cas, il est vrai, il faut bien choisir, sans pouvoir composer, entre des systèmes rivaux inconciliables (on a déjà cité le choix d'un régime légal unique, en matière matrimoniale). La tendance du code est de composer entre les éléments divers de la tradition.

287 **3° Œuvre cohérente :** L'aspect pratique de l'œuvre et la multiplicité de ses sources ne masquent pas la cohérence du tout. Les imperfections de la présentation formelle (selon nos critères) ne sauraient faire oublier qu'historiquement le code de 1804 est la systématisation du droit civil de son temps. Il est l'aboutissement d'un rêve et d'un effort continu de *mise en ordre* auquel, depuis Domat (Les lois civiles dans leur *ordre* naturel), s'étaient essayé les jurisconsultes (10). Corps de règles, il consacre un ordre, fruit d'une conquête progressive de la rationalité du droit.

La diversité des éléments du Code n'en fait pas un amalgame hétérogène, leur fusion dans le code était préparée, on l'a bien montré (11), par des siècles de vie juridique, dans la pensée même des jurisconsultes qui étaient aussi bons romanistes que versés dans la connaissance du droit coutumier. Ce n'est pas une mosaïque sans unité.

À considérer sa structure fondamentale, le Code civil forme un tout. Il constitue un ensemble cohérent. Il a une structure logique, dans la mesure où il met en œuvre des éléments raisonnés (des représentations de l'homme, de la société, de la nature et des notions fondamentales, catégories et concepts) dans un ensemble construit (plan, division, classification). Le ciment de cette ordonnance est, plus substantiellement, dans la pensée qui l'inspire.

---

commun. En ces matières, il fonde les autres lois qui peuvent elles-mêmes ajouter au code ou y déroger. » *Adde infra*, n° 314 et *supra*, n° 34.

(9) Il est caractéristique que, dès après la publication du Code, certains auteurs aient cherché à démêler l'écheveau de ses sources. d'où des ouvrages de concordance et de conférence : H.J. Dard, Code civil avec des notes indicatives des lois romaines, coutumes, ordonnances, édits et déclarations, qui ont rapport à chaque article ; ou Conférence du Code civil avec les lois anciennes, 3e éd. Paris 1827 (la 1re éd. remonte à l'an XIII) ; Julien-Michel Dufour, Code civil des Français, avec les sources où toutes ses dispositions ont été puisées, 3 vol. Paris, 1806.

(10) L'influence capitale de Domat sur la rédaction du Code civil apparaît en toute netteté dans l'édition de ses « Œuvres complètes » donnée par Joseph Rémy, en 1828, 4 vol., Paris, L'effort. *Adde,* l'édition de 1777, citée n° 272. V. P.-Y. Gautier, *Jean Domat : l'un de ces messieurs de Port-Royal,* R.T. 1992.529. C'est un portrait et un hommage.

(11) J. Ray, *Essai sur la structure logique du Code civil*, Alcan, 1926, p. 17. Comp. Olivier Martin, La coutume de Paris, trait d'union entre le droit romain et les législations modernes, Sirey, 1925.

288 **4° Œuvre inspirée :** Œuvre pratique, transactionnelle, mais cohérente, le Code civil est, enfin, une *œuvre inspirée.* Parfois discuté, ce trait paraît incontestable. Pour l'essentiel, les rédacteurs du Code ont marié deux inspirations qui donnent à l'œuvre une base idéologique.

289 D'un côté, le Code civil **a consacré certains des grands principes du droit révolutionnaire** (12). Qu'il ne leur ait pas donné leur plein aboutissement est une autre question : il n'a pas consacré l'égalité des sexes en mariage. Sous cette réserve, l'égalité civile constitue l'un des postulats du Code civil. Surtout, le respect de la liberté et de la volonté individuelle a valeur de dogme. On a dit que les auteurs du Code civil s'étaient inspiré d'une conception spiritualiste de l'homme. Le sujet de droit est esprit, raison, volonté. Le Code exalte le pouvoir de la volonté de l'homme. Il affirme sa liberté. Le Code civil est un hymne à l'individu. Être libre et doué de raison, l'individu est la référence de ses valeurs (pour autant qu'il est en possession de ses facultés mentales). Lui faire confiance est une maxime, l'autonomie de la volonté l'un des fondements de l'ordre civil (art. 1134). Ce n'est pas le lieu de juger cet acte de philosophie, mais de discerner ce ferment dans la pâte.

290 Le Code civil **a conservé les structures traditionnelles** : la famille et la propriété (que le droit intermédiaire avait, d'ailleurs, respectées). Or sans doute, le Code n'est-il pas, au sens où nous l'entendons aujourd'hui, une législation familiale (nous pensons aux aspects sociaux de cette législation). Au sein de la famille, il se préoccupe de la conservation des biens plutôt que de la liberté des personnes. Il organise les rapports de famille sur un mode autoritaire en les fondant sur la puissance paternelle et l'autorité maritale. Mais la famille est déjà (sous ce modèle qui évoluera) l'un des piliers de la législation civile.

Le respect de la propriété individuelle est une autre inspiration fondamentale. La propriété privée trouve dans le Code (art. 544) une consécration solennelle et une place éminente. Composite mais non disparate, le Code civil assume en partie la tradition et la Révolution.

Synthèse historique, ensemble constitué, corps cohérent de règles, point d'orgue, le Code civil a, pour un temps, arrêté l'évolution du droit. C'est le contrecoup, la contrepartie de la codification. Mais ce frein temporaire, après une longue pause, a laissé le droit civil reprendre le cours de son histoire.

BIBLIOGRAPHIE

LE CODE CIVIL

CARBONNIER, *Le Code civil in* Nora *et al., Les lieux de mémoire,* t. II : *La Nation,* 1986, p. 293.

RAY J., *Essai sur la structure logique du Code civil,* Alcan, 1926.

ARNAUD A.-J., *Les origines doctrinales du Code civil français,* L.G.D.J., 1969, Bibl. de philosophie du droit, vol. IX.

ARNAUD A.-J., *Essai d'analyse structurale du Code civil français* (La règle du jeu dans la paix bourgeoise), L.G.D.J., 1973, Biblioth. phil. droit, vol. XVI.

(12) V. Carbonnier, *La sécularisation du droit civil par le Code civil des Français,* in *Cristianesimo Secolarizzazione et diritto moderno,* p. 1007 s.

BONNECASE Julien, *La philosophie du Code Napoléon appliquée au droit de la famille,* 2e éd. 1928.

Adde le portrait d'un illustre commentateur, *Un célèbre jurisconsulte caennais du XIXe s. : Demolombe,* MUSSET J., R.T. 1995. 85 s.

§ 3. LE DESTIN DU CODE CIVIL

On peut le suivre en France et le chercher à l'étranger, car le Code Napoléon a une histoire même en dehors de nos frontières.

A. EN FRANCE

291 Publié en 1804, sous le titre « Code civil des Français », le Code civil prend, dès 1807, le titre de Code Napoléon. À la Restauration, il devient « Code civil » pour redevenir, sous le IIe Empire, « Code Napoléon », en 1852. La République ne l'a pas rebaptisé ; mais la coutume y a suppléé. L'expression officielle est aujourd'hui « Code civil ».

Les variations de titre sont symboliques. Mais le *contenu* du code a changé. En 1963, sur 2 281 articles (13), 1 636 avaient conservé leur teneur originaire, 120 avaient été abrogés, laissant des vides, 525 avaient été modifiés, une ou plusieurs fois. *Plus de 150 ans après la publication du code, celui-ci était, aux trois quarts, intact.*

Cependant, le Code civil a subi, depuis longtemps, des transformations partielles ; et le constat de 1963 (14) est fait au seuil d'une ère de renouvellement législatif qui donne corps au projet de révision générale agité depuis le début du siècle.

a) Les transformations partielles (de 1804 à 1963)

292 **1° Chronologie générale :** Trois grandes périodes divisent, sur plus d'un siècle et demi, l'histoire de la législation civile napoléonienne. *De 1804 à 1884,* les modifications apportées au texte du Code civil sont très rares : 10 lois dont 4 abolitives (notamment l'abolition du divorce et de la mort civile). Trois quarts de siècle de stabilité civile. La deuxième période s'étend de *1884 à 1937.* Marquée à ses origines par l'impulsion de la IIIe République, cette phase de révision fait aboutir le message révolutionnaire sur divers points : rétablissement du divorce (1884), amélioration du sort des enfants naturels (25 mars 1896, 16 novembre 1912), promotion successorale du conjoint survivant (9 mars 1891). C'est le début du mouvement moderne de la législation civile. En *1938,* commence une troisième période. Idéologiquement moins cohérente, elle se traduit par de substantiels bouleversements répondant à des considérations diverses (d'ordre économique, social, moral). De vastes matières (successions, divorce, hypothèques, adoption) sont reprises, par

(13) Le Code civil en compte désormais 2 283 : c'est l'effet de la loi du 9 juillet 1975 qui lui donne un chapitre ultime « De la protection possessoire » (et pour mot de la fin — exhortation non épitaphe — : « paisiblement »...).

(14) V. *La lettre du Code à l'épreuve du temps, in* Mélanges R. Savatier (1965), p. 157.

tranches, dans le texte même du code, sans néanmoins qu'il soit toujours procédé à de véritables refontes.

293 **2° Observations complémentaires :** Pour prendre la mesure des transformations qui ont affecté le texte même du Code civil, il convient de comparer ces modifications internes aux autres transformations du droit civil. De ce rapprochement ressortent deux constatations.

— Beaucoup de *lois* civiles *postérieures* à 1804 sont restées *extérieures au code.* Elles n'y ont pas été incorporées (loi du 11 mars 1957 sur la propriété littéraire et artistique, loi sur les assurances terrestres du 13 juillet 1930, lois sur la copropriété des immeubles bâtis, en 1938 et en 1965, etc.).

— De même, la plupart des *constructions prétoriennes* élaborées à la fin du XIXe siècle et au début du XXe siècle, sont demeurées en dehors du Code civil. Ces apports jurisprudentiels, qui constituent, pour le droit civil, des progrès considérables (théorie de l'abus du droit ; théorie de l'enrichissement sans cause) *n'ont pas été* intégrés au code.

Ces deux phénomènes ont concouru à produire le même résultat : depuis le début du XXe siècle, un *décalage* s'est introduit et accentué entre le Code civil et le droit civil. Plus que jamais, on peut dire : *tout le droit civil n'est pas dans le Code civil.* Ce décalage, en s'accusant, a renforcé une vieille idée : la nécessité d'une révision générale du code.

b) La révision du Code civil

294 On en parle depuis le milieu du XIXe siècle. C'est déjà le thème (académique à l'époque) d'une communication de Rossi, en 1837, à l'Académie des Sciences morales et politiques. Mais on commence sérieusement à en discuter au début du XXe siècle, lorsque la France fête le centenaire du Code civil (il en est resté une publication importante en deux volumes : le *Livre du Centenaire du Code civil*, 1904). À cette époque, une commission extraparlementaire est nommée par le ministre de la Justice pour préparer un avant-projet de Code civil. On y appelle, pour siéger aux côtés des représentants du monde judiciaire et des jurisconsultes, le « tout-Paris » littéraire et mondain (dans une apostrophe célèbre, Paul Hervieu, homme de lettres, propose d'ajouter l'amour à l'article 212 du Code civil, pour que soit fait aux époux devoir de s'aimer...). Les travaux de la commission n'aboutissent pas...

Depuis lors, le problème de la révision a été considéré sur de plus solides bases. Deux méthodes de révision ont été successivement expérimentées.

295 **1° Les travaux de la Commission de 1945 (un essai) :** La première est d'une grande ambition : réaliser une nouvelle codification, élaborer un code tout neuf sur un plan différent. C'est sur ce parti qu'en 1945, au lendemain de la Libération, le Gouvernement provisoire de la République institue auprès du Ministère de la Justice une commission extraparlementaire de 12 membres présidée par le Doyen Julliot de la Morandière. Les travaux importants de cette commission sont consignés en 8 volumes publiés chez Sirey. De ces délibérations sortit un avant-projet de Code civil (Sirey, 1955) comprenant un livre préliminaire étoffé par rapport à celui du Code civil et un livre 1er des personnes physiques et de la famille. Cet avant-projet fut présenté en 1953 au Gouvernement avec un rapport préliminaire ; il n'a jamais été pris en considération par le Parlement. Son caractère incomplet y est, sans doute, pour quelque chose. De plus, il y avait quelque paradoxe à vouloir refaire un Code tout neuf sans avoir, substantiellement, beaucoup d'idées neuves. Si l'avant-projet constituait une intéressante mise au point du droit civil contemporain, intégrant certaines créations prétoriennes ou la substance de lois extérieures, il ne reposait pas sur des choix idéologiques très assurés. Il n'opérait pas de véritable rénovation du droit civil. Ce manque de souffle s'est traduit, dans le texte, par un style neutre. L'ambition a été abandonnée. Les travaux demeurent une source de réflexions. Une autre méthode législative a été suivie : moins ambitieuse (dans ses déclarations) mais plus fructueuse, elle est à l'origine de la refonte dont le Code a été l'objet, dans plusieurs de ses parties, depuis 1964.

296 **2° La refonte du Code civil depuis 1964 (un essor) :** 1964 est une grande date dans l'histoire de la législation civile française. Elle marque le début d'une **ère de renouvellement radical de notre droit civil. En moins de quinze ans, le droit civil français a été fondamentalement rénové**. Cette période est historique. Nous en sommes les témoins. Or sans doute, ne s'étend-elle pas à toutes les parties du Code. L'ensemble du Code n'a pas été refondu dans son texte. Certaines de ses parties sont (jusques à quand ?) restées à l'écart (15). À quelques retouches près, le droit des obligations attend son heure (peu savent quand elle sonnera). En ce sens, 1964 n'est pas l'avènement d'une nouvelle codification à la manière dont 1804 avait été l'achèvement d'une telle entreprise.

297 Cependant, le mouvement législatif qui s'amorce en 1964 a remanié, par pans entiers, plusieurs tranches du Code civil. De 1964 à 1968, **neuf lois fondamentales** de la même veine ont touché à plusieurs des plus importantes de nos institutions civiles : 1964 (l. 14 déc.) réforme de la tutelle (1re de série), 1965 (13 juill.) réforme des régimes matrimoniaux, 1968 (3 janv.) loi sur la protection des incapables majeurs (réforme des incapacités), 1970, l'autorité parentale remplace la puissance paternelle (refonte du droit parental), 1972 (3 janv.) réforme de la filiation, 1975 (11 juill.) réforme du divorce, 1977 (28 déc.) réforme de l'absence, 1978 (10 juin) réforme de l'indivision. À ce développement s'ajoutent d'importants compléments : 1966 et 1976 (11 juill. 1966, 22 déc. 1976) réforme de l'adoption, 1971 (3 juill.) réforme, en matière successorale, des rapports à succession et de la réduction des libéralités, 1974 (5 juill.) modification de l'âge de la majorité.

Tout compte fait, ces lois successives ont — à quelques éléments près (not. les règles de dévolution successorale) — presque intégralement refondu, dans l'ordre patrimonial et extrapatrimonial, les rapports de famille. Sous cette réserve, ce mouvement législatif a donné à la France **un nouveau droit de la famille**. Pour l'essentiel, *la réforme du droit familial français a été, en 14 ans, réalisée*. On ne le voit pas assez (parce que la succession de réformes apportées au texte même du code ne le met pas en vedette). Mais, en vérité, nous avons — incorporé au code, en pointillé — *un nouveau code de la famille* (16).

298 À cet ensemble s'ajoutent encore, d'autres matières, notamment dans le droit des contrats, beaucoup d'autres réformes, d'origine variée, mais, elles aussi, incorporées au Code civil : la loi sur certaines modalités de ventes immobilières (en matière de construction, 3 janv. 1967), la loi sur le contrat de promotion immobilière et diverses opérations de construction (16 juill. 1971), la réforme de la clause pénale (9 juill. 1975), la réforme de la responsabilité du constructeur (4 janv. 1978, v. not. C. civ. art. 1972 s.) l'édiction dans le Code civil (art. 1386-1 s.) par la loi du 19 mai 1998, de la responsabilité du fait des produits défectueux, et surtout, par son ampleur, la refonte du titre IX du livre III du C. civ. (art. 1832 à 1873) en matière de société (retouchant le droit commun du contrat de société et de statut général des sociétés civiles).

299 La somme est, quantitativement, non négligeable. Dans le lot, les réformes familiales appellent une *réflexion plus approfondie*. Elles forment un tout. Elles constituent, à plusieurs titres, un *ensemble cohérent*. Elles appartiennent à un mouvement législatif qu'il

---

(15) Notamment, la théorie générale des contrats et des obligations. V. *Regards sur le titre III du livre III du Code civil « Des contrats ou des obligations conventionnelles en général »*, D.E.A. Droit privé, Cours de droit, 1976-1977.

(16) V. *« La refonte dans le Code civil français du droit des personnes et de la famille »*, Communication au congrès de l'I.D.E.F. sur la codification (Louisiane, 1985), Rev. jur. et pol. 1986, nos 3 et 4. et *« l'art du droit... »* 371 s.

est historique d'isoler dans sa spécificité. On peut en ébaucher les caractères sous le double rapport des apports de fond et de la méthode législative.

300 **Fondamentalement :** Les réformes de cette veine portent en elles **le renouvellement substantiel du droit civil français**. Non seulement parce que les institutions familiales ont été, elles-mêmes, remodelées selon de nouveaux principes, mais parce que l'ensemble qu'elle forme fait apparaître un système de règles et de tendances qui porte en germe, le renouvellement des autres parties du droit civil français (non encore retouchées). Du premier point de vue, on relèvera par exemple (sans pouvoir ici tout évoquer) que la loi propose un nouveau modèle familial marqué par l'égalité des époux et des parents. Elle affirme l'égalité des enfants quelle que soit leur naissance. Sur tous ces points, il est clair que les réformes récentes, entre autres tendances, ont fait aboutir le principe de l'égalité civile.

301 Mais, par leur façon d'aborder et de résoudre les problèmes, les *réformes réalisées préfigurent, plus généralement,* **un nouveau type de législation civile**. Rénovation qui se manifeste par d'innombrables signes : souci des solutions simples de la vie courante (dans la perspective d'un droit civil quotidien), attention aux situations de crise, adaptation de la règle à la diversité des situations, établissement, en des cas spécifiés, d'un pouvoir modérateur donné au juge, renouveau des modes d'expression : effort d'assouplissement, attitude réaliste, recherche d'équilibre. Nous avons essayé — dès 1970 — de donner une idée de **l'apport substantiel des réformes familiales aux autres branches du droit civil et à l'ensemble du droit civil**. Le mouvement législatif a continué d'opérer ce que nous appelions **la révolution tranquille du droit civil contemporain** (17). Plus directement, un grand livre nous permet, aujourd'hui, d'aller aux sources. L'introduction au corps — et au cœur — des réformes est dans les « *Essais sur les lois* » (18). Mais M. Jean Carbonnier en avait déjà signé l'inspiration dans « *Flexible droit* » (19).

302 **Méthodologiquement :** Le mouvement législatif présente aussi quelques caractères spécifiques. La technique législative suivie depuis 1964 se caractérise par trois traits principaux.

303 Au lieu d'être demandée à une commission, la rédaction originaire des projets de loi a été confiée à un seul auteur : c'est au Doyen Carbonnier que l'on doit, dans l'ensemble considéré, la rédaction des avant-projets : unité de plume, unité de facture, unité d'inspiration. Bien entendu, les textes originels ont subi diverses modifications au cours de la filière législative qu'ils ont régulièrement suivie. Mais l'esprit de l'œuvre a été conservé.

304 Grâce à des prouesses de rédaction, le plan du Code et (chaque fois que cela était possible) la numérotation des articles ont été respectés. Le Code civil a été repris par vastes pans ; mais le plan global du Code est resté le même, ainsi que, dans chaque partie, le

---

(17) « *L'apport des réformes récentes du Code civil à la théorie du droit civil* », D.E.S. Droit privé, 1970-1971, Cours de droit, *adde*, D. 1971, Chron. 165.

(18) J. Carbonnier, *Essais sur les lois,* Répertoire du Notariat Defrenois, 1979. Sous ce titre (qui marie Montaigne et Montesquieu) cet ouvrage capital accède à une méditation fondamentale sur *la loi* (2e partie), par une introduction à l'esprit *des lois* (qui donne des clés, loi par loi, pour l'ensemble du mouvement de réforme de 1964 à 1977 : (1re partie) : facettes du même diamant (comme aurait dit Bentham).

(19) *Flexible droit* (Textes pour une sociologie du droit sans rigueur), L.G.D.J. 1998 (9e éd. revue et augmentée) *adde Droit et passion...* 1996, préc.

numérotage des textes (au moins pour ceux des articles qui vivent, dans la mémoire des interprètes, attachés à un numéro).

305 La méthode législative se caractérise enfin et surtout par **un renouvellement de ses sources d'inspiration**. Le renouveau est dû, au moins en partie, à *l'utilisation judicieuse des sciences auxiliaires de la législation,* spécialement au bon usage des données sociologiques. Si les résultats des recherches de cet ordre n'ont pas dicté au législateur ses solutions, elles ont été un guide, un signe d'orientation, une source d'information. La législation civile française est entrée dans son ère sociologique. Il semblerait également que les ressources du droit comparé aient contribué, au moins par touches, à orienter des choix. Il serait intéressant de repérer, dans les lois nouvelles, les éléments d'emprunt venant, moyennant leur adaptation, de législations étrangères (sinon de modèles antiques : V. la légitimation par autorité de justice).

C'est déjà évoquer, en un sens, les rapports du droit français et du droit étranger. Revenant en arrière, on peut essayer de suivre le destin du Code civil français à l'étranger (20).

B. À L'ÉTRANGER

306 Il est des lieux où le Code civil n'a jamais pénétré (où il n'a exercé qu'une influence négligeable). Ainsi est-il resté étranger à certains systèmes juridiques (not. en Orient et en Extrême-Orient). Plus près de nous, le système juridique anglo-saxon est demeuré imperméable à notre influence. La vérité est que la tradition de *common law* correspond à une mentalité juridique foncièrement différente de la nôtre. Alors que le système français, surtout depuis la Révolution, tend à être un ordre rationnel, légaliste, établi dans les principes, déductif, cohérent, le droit britannique est, tout à l'opposé, empirique, coutumier, analogique, inductif et pragmatique. En France, nous posons des principes et nous en déduisons des conséquences. Les Anglo-Saxons partent de solutions données à des cas. Dans chaque espèce, surgit la question de savoir si elle se rapporte à un cas semblable ou analogue auquel il convient d'appliquer ou d'étendre la solution précédemment donnée en un cas du même genre, ou si la distinction des cas (par « *distinguishing* ») permet d'échapper à la maxime « *stare decisis* ». Les deux démarches intellectuelles diffèrent radicalement.

Ailleurs, le problème se pose cependant. Le Code civil a eu un rayonnement considérable dans l'Europe continentale, dans les pays musulmans et en Amérique latine, au moins au XIXe siècle. Le problème se pose différemment au XXe siècle.

a) Au XIXe siècle

307 Le Code civil français exerce, en diverses parties du globe, une influence prépondérante ; il jouit d'une position dominante. Dans certains pays, le Code de 1804 a sans doute été introduit d'autorité. Suivant les armées de Napoléon, il est entré en vigueur comme loi d'Empire. Ainsi s'est-il appliqué d'un bloc (et comme une suite des conquêtes impériales) en Belgique, au Luxembourg, aux Pays-Bas, dans certains États d'Allemagne (Rhénanie, Grand-Duché de Bade), en Italie du Nord et dans certains cantons suisses. Au cours du XIXe siècle, la plupart de ces pays se sont, plus ou moins rapidement, affranchi de l'importation française, certains écartant le Code civil pour y substituer d'autres lois civiles. Quelles que soient la date et la mesure de l'élimination, l'influence du Code civil y est sans doute demeurée profonde, mais, partout, l'évolution législative ultérieure a recouvert l'apport français originaire (ou ce qu'il en restait) d'éléments nationaux autonomes et originaux. V. Reiner Schulze,

(20) D'autres lois qui n'appartiennent pas au mouvement législatif présenté ont introduit dans le Code civil de nouvelles dispositions, notamment la loi du 29 juill. 1994 sur le respect du corps humain (art. 16 s.) et la procréation médicalement assistée (art. 311-19).

« Französisches Zivilrecht » *in Europa Während des 19 Jahrhunderts, éd. Duncker et Humblot, Berlin, 1994, citant l'ouvrage consacré en 1808 par Johann Friedrich Reitmeier au droit napoléonien en tant que droit commun en Europe, spécialement en Allemagne.*

308 Dans d'autres pays, le Code civil a librement servi de modèle. C'est le cas de l'Amérique latine au XIXe siècle : le Code brésilien en 1831, le Code du Chili en 1835 ; ceux du Venezuela, de l'Uruguay et de la République Argentine, en 1869, s'inspirent du Code civil de 1804. Le Code roumain de 1865 était presque une reproduction intégrale du Code Napoléon. Ailleurs encore (par ex. en Égypte) le Code civil français jouissait, au XIXe siècle, d'un grand prestige. Hors série, on peut citer le cas de la Province de Québec. Dans les années 1860, il fut demandé aux commissaires, nommés à cet effet, de rédiger un Code civil aussi proche que possible, en la forme, du Code Napoléon. Formellement, le Code civil québécois, de cette époque (*Code civil du Bas Canada*), est le décalque du Code de 1804. Mais les commissaires avaient reçu mission de faire le point, en 1860, des solutions québécoises (déjà reçues et dégagées), et donc, quant au fond, non pas d'emprunter la solution française, mais de vérifier si on pouvait, sous l'énoncé modèle, maintenir le droit québécois (lequel était, d'ailleurs, en partie, fondé sur l'ancienne coutume de Paris). Dans ce miroir nous contemplons un code frère, qui est en réalité (et en toute amitié) un « faux frère », à en juger par l'importance des différences spécifiques (V. ci-après n° 314). La célébration du centenaire de ces Codes nous vaut aujourd'hui de noter les évolutions (refontes accomplies ou en projet, adjonctions, etc.). V. Le Centenaire du Code Civil colombien (nov. 1987), Rev. int. dr. comp. 1988, 159, Chr. Larroumet. À l'occasion du centième anniversaire de la promulgation de son Code civil, le Costa Rica a doté celui-ci d'un nouveau titre préliminaire riche et novateur (1986). V. *El nuevo titulo preliminar del Codigo civil de Costa Rica*, Editorial Juricentro, San José, 1987. V. *supra*, n° 285.

b) Au XXe siècle

309 L'influence du Code civil français à l'étranger s'est considérablement atténuée. On a bien fêté à New York le cent cinquantenaire du Code civil (qui, en France, est passé inaperçu). L'influence du Code s'est encore un peu manifestée, notamment au Moyen-Orient. Quand l'Iran se donne un Code civil, de 1928 à 1935, l'œuvre s'inspire, en partie, de notre droit, par la médiation de personnalités françaises. C'est également ce qui se produit au Liban avec le Code des obligations et des contrats (1930) : la personnalité de juristes français n'y est pas étrangère (en particulier celle de Josserand). Partout ailleurs, c'est le déclin. Cette baisse d'influence est liée, dans le monde, à trois séries d'événements décisifs.

310 1° Les premiers événements se produisent en Europe continentale. Il s'agit de *la rédaction du Code civil allemand et du Code civil suisse.* En 1900, entre en vigueur en Allemagne le Code civil (le B.G.B.), dernier fruit de l'unification politique allemande. Du point de vue scientifique, il constitue un progrès, surtout pour son époque ; il comporte une partie générale où sont présentées les personnes (y compris les personnes morales) et les actes juridiques (v. Michel Pédamon, *Le Centenaire du BGB*, D. 1997. chron. 107 ; R. Franck, Le centenaire du BGB : *le droit de la famille face aux exigences du raisonnement politique, de la constitution et de la cohérence du système juridique*, R.I.D.C. 2000, p. 819 s.). De son côté, la Suisse édifie deux « monuments législatifs » qui sont le couronnement de l'œuvre fédérale. Elle se donne, d'abord, un Code des obligations (1881), qui entre en vigueur en 1883 (il sera plusieurs fois révisé, notamment par la plume du Professeur Huber). À la fin du XIXe siècle, la Suisse confie à ce même professeur le soin de rédiger un Code civil comprenant l'ensemble du droit civil (le droit des obligations y sera, plus tard, rattaché, sous le titre de Code des obligations, formant un livre V du Code civil). Approuvé par le Conseil national et le Conseil des États en 1907, il entre en vigueur le 1er janvier 1912. Ces deux grandes codifications étrangères qui réalisent l'unification du droit privé dans un système fédéral, ne sont pas seulement, pour chaque pays, un bienfait national. Dès le début du siècle, elles prennent, dans le monde, le relais du Code Napoléon pour l'influence internationale.

311 En Amérique latine, le Brésil (1916), le Mexique (1928), le Pérou (1936), s'inspirent du Code allemand. D'autres pays le choisissent aussi pour modèle : Le Siam, en 1935, et le Japon. Au Japon, à la fin du XIXe siècle, l'influence française est pourtant bien ancrée. Les Japonais invitent un professeur français, Boissonnade de Fontarabie, pour préparer un projet de Code civil. Paraît alors le B.G.B. D'un coup, l'influence germanique supplante l'influence française (au moins sur l'heure, et sans nier l'héritage que Boissonade laisse au Japon. V. E. Hoshino entre autres communications au Colloque « Boissonade et la réception du droit français au Japon », Rev. int. dr. comp. 1991, p. 327 s.

Le Code civil suisse exerce aussi un grand rayonnement. Il est même adopté d'un bloc par un pays étranger, de tradition totalement différente. Kemal Ataturk a osé, pour la Turquie, adopter, dans son ensemble, le Code civil suisse (1926), exemple typique de réception globale d'un droit étranger.

12 2° Le deuxième événement qui domine l'histoire des influences en matière de législation civile, est *la Révolution d'octobre*. La Russie soviétique se dote, dès l'origine (en 1918) d'un code du mariage qui sera fréquemment révisé. Suivant une distinction qui tend à se répandre, elle se donne, en 1923, un Code civil. Son exemple est imité dans les républiques populaires partout où son influence devient prépondérante. Tour à tour, les républiques socialistes adoptent, dans le même esprit, d'une part, un Code de la famille, d'autre part, un Code des obligations : ainsi la Pologne (où le Code de la famille est adopté en 1950), la Tchécoslovaquie, la Yougoslavie, la Roumanie. Il est prématuré de supputer les inéluctables conséquences que l'effondrement politique du bloc soviétique produira dans l'ordre de la législation civile. On imagine que, si l'étau du dogmatisme marxiste se desserre vraiment, le droit civil s'ouvrira, avec l'économie, à des principes libéraux, ou à leur version russe, au travers des tourments des grandes transitions.

13 3° Le troisième événement historique est le réveil de l'Islam et, plus généralement, *l'essor des pays du Tiers Monde* en voie de développement. Dans ces derniers, l'accession à l'indépendance produit, comme il est naturel, une émancipation juridique. Les législations civiles prennent leur autonomie. À la vérité, ces pays n'avaient pas tellement besoin de l'affirmer (relativement à une influence étrangère) dans l'ordre du statut personnel, déjà réglé, traditionnellement, par le droit coutumier. L'évolution est plus nette dans deux autres domaines de la législation civile : le statut réel (le régime foncier), et le droit des obligations et des contrats. L'Égypte adopte, en 1948, un Code civil éclectique qui puise à diverses sources, parmi lesquelles les législations allemande, suisse et française. Sans abus de prophétie, on peut prédire que l'histoire civile des pays africains consistera à reforger leur statut personnel et leur régime foncier dans un code civil et (dans ce même code, ou un autre, séparé) à se donner un droit moderne des obligations.

14 Quelques années après la célébration du centenaire du Code civil du Bas Canada (1866-1966), le Québec s'est donné en 1991 un nouveau Code civil. C'est l'accomplissement exemplaire d'une véritable **recodification réelle** de la loi civile. V. *Le nouveau Code civil — Interprétation et application*, Les journées Maximinen-Caron, Montréal, Éditions Thémis, 1993 ; *Conférences sur le nouveau Code civil du Québec*, Actes des Journées Louisianaises de l'Institut canadien d'études juridiques supérieures, Éd. Y. Blais, 1991 ; J.-L. Baudonier et Y. Renaud, *Code civil du Québec, Code de procédure civile*, Montréal, Wilson et Lafleur, 1998 ; R. Carbillac, *Le nouveau code civil du Québec*, D. 1993, chron. 267 ; A.-Fr. Bisson, *La disposition préliminaire du Code civil du Québec*, Rev. de Dr. de McGill 1999, 539 s. ; Jean Pineau, *Le nouveau Code civil et les intentions du législateur*, 3e conférence Albert-Mayrand 1999, Montréal, Les éd. Thémis. Il est remarquable que, sous le portique de sa disposition préliminaire, le nouveau Code civil du Québec ne soit pas un code de droit privé, mais un *code de droit commun* qui n'a pas le droit privé pour objet exclusif (il est constitué d'un ensemble de règles qui établit le droit commun, 2e al.). Il est enviable qu'au sein du Canada, le Québec ait la souveraineté de ses lois civiles (V. le 1er alinéa de la disposition préliminaire cité *supra*, n° 285 note (8).)

BIBLIOGRAPHIE

« Travaux de la Semaine Internationale de Droit », Paris, 1950, *« L'influence du Code civil dans le monde »*, Pédone, 1954 et, plus récemment *« La circulation du modèle juridique français dans le monde »* (Trav. de l'Ass. Capitant) Litec, 1994.

CARBONNIER, *Le Code civil des Français a-t-il changé la société européenne ?* (programme pour une recherche sociologique sur l'influence du code de 1804) D. 1975, chron., 171.

HALPERIN J.-L., *Histoire du droit privé français depuis 1804*, PUF, Coll. Droit fondamental, 1996.

NIORT, J.-Fr., *Homo civilis, repères pour une histoire politique du C. civ.* th. Paris I, 1996, ronéo.

SECTION II THÉORIE GÉNÉRALE DE LA LOI

315 Principalement, elle relève du **droit public interne.** Le droit constitutionnel règle la procédure législative, fixe les rapports de la loi et de la Constitution, délimite le domaine de la loi et celui des règlements ; le droit administratif organise le contrôle de la légalité des règlements et des actes administratifs (par le recours pour excès de pouvoir porté devant les juridictions de l'ordre administratif).

Sous d'autres rapports, la théorie de la loi ressortit au **droit international.** Le droit international public détermine les rapports entre les lois internes et les sources internationales de droit. Quant au droit international privé, dans la mesure où son objet essentiel porte sur les conflits de lois, il règle l'application de la loi dans l'espace. Enfin, le **droit communautaire** prend, dans la théorie de la loi, plus généralement (on l'a vu *supra* 261 s.) dans notre ordonnancement juridique, une importance grandissante qui est directement fonction des progrès de l'Union européenne. C'est en vertu de nos règles constitutionnelles (Constitution de 1958, a. 53, 55) que le traité instituant la Communauté économique européenne (Traité de Rome, 1957) et l'Acte unique européen sont applicables en France et prévalent sur la loi française. Assurés de **la primauté** et d'**un effet direct**, **les règlements du droit communautaire font partie de l'ordre juridique interne** (21).

À partir du titre préliminaire (intitulé, dans le Code civil, « De la publication, des effets et de l'application des lois, en général »), **le droit civil** a cependant un titre à se préoccuper aussi de la théorie de la loi.

(21) Textes : v. « Traités instituant les communautés européennes » éd. abrégée, office des publications officielles des communautés européennes, 1987 ; L. Dubouis et Ch. Gueydan, *Grands textes de droit communautaire,* Paris, Dalloz, 1988. Sur l'ordre juridique communautaire, v., sous ce titre, Jean-Victor Louis (spéc. chap. III les rapports avec le droit national) ; J. Boulouis, *Droit institutionnel des communautés européennes,* Éd. Montchrestien. Sur la jurisprudence communautaire (celle de la Cour de justice des communautés européennes, mais aussi celle qui résulte des applications du droit communautaire par les juridictions françaises) v. Marie-Chantal Boutard-Labarde, *Chronique de jurisprudence communautaire,* J.C.P. 1988.II.20934 ; J. Boulouis et R.M. Chevallier, *Grands arrêts de la Cour de justice des communautés européennes,* Paris, Dalloz. Sur les ombres de la réception du droit communautaire, v. Carbonnier, Introduction, 116. Dans *Droit et passion...,* le même auteur s'étonne que, par l'acte unique, « voté à l'aveugle par notre Parlement », la France ait si facilement renoncé à « tout un système ancestral de droit » et réduit le droit français à l'« infranationalité », subordonné au « législateur apatride » d'une « République de nulle part ». Le grave est que doté d'un « potentiel d'explosion juridique » au sein même de l'ordre juridique français, le droit communautaire « **intrus par excellence** » est « **nettement inflationniste** ». Le tout sans illusion (« il faudrait rien de moins qu'une éruption de volcan pour faire crouler ces babylones juridiques »). Un seul espoir fragile : À Birmingham, après Maastricht (le 12 oct. 1992), une déclaration par laquelle « **les Douze, se sont solennellement engagés, au nom de l'Europe, à respecter l'histoire, la culture, les traditions de chaque nation** » (V. p. 48 à 52), parmi lesquelles, la famille « sanctuaire de traditions nationales » (p. 52). Bien d'autres piliers de notre droit, ajouterions-nous. Fermée à l'histoire, aux coutumes, étrangère au vrai droit, l'abstraction des normativistes, nouvelle barbarie, détruira-t-elle la constitution civile de la France ?

Sa contribution porte sur quatre points :

1) une définition de la loi ;
2) la détermination des lois en vigueur ;
3) l'application des lois dans le temps ;
4) l'interprétation des lois.

§ 1. LA DÉFINITION DE LA LOI

La loi, prise en tant que source de droit, a déjà été définie, en un sens générique, par opposition à la règle coutumière, comme une règle d'origine étatique (v. plus haut, n° 74).

Cette définition générique n'est pas la seule (v. les neuf sens fondamentaux que distingue le *Vocabulaire Juridique* ; V° loi).

316 **Du point de vue organique et formel,** la loi se définit comme un acte émanant du pouvoir législatif (le Parlement) et pris conformément à la procédure définie par la Constitution française (la procédure législative). *Stricto sensu*, la loi se définit par l'autorité dont elle émane (c'est le point de vue organique) et par son mode d'élaboration (c'est le point de vue formel). Or, tous les actes qui ont une origine étatique ne sont pas des lois au sens organique et formel. Il existe, de ces deux points de vue conjugués, une pyramide de normes dont la loi, au sens strict, n'est qu'un élément. Il faut, au moins brièvement, présenter cette **hiérarchie formelle.**

317 Sous un autre rapport, la loi, au sens générique du terme, ne présente pas toujours, au même degré, les caractères de la règle de droit : généralité et force obligatoire. À considérer leur contenu, leur matière, les lois se distinguent suivant qu'elles présentent ces caractères de façon plus ou moins accomplie. Il existe, **de ce point de vue matériel**, une classification des lois comme source de droit.

A. LA HIÉRARCHIE FORMELLE DES LOIS EN TANT QU'ACTE DE L'AUTORITÉ ÉTATIQUE

318 Tous les actes émanant de l'autorité étatique s'ordonnent, d'un point de vue organique et formel, dans un ensemble hiérarchique cohérent que l'on appelle la **« pyramide des normes »**. Cette pyramide comprend plusieurs étages dont chacun correspond aux degrés d'une hiérarchie, de telle sorte que, dans cet ensemble, chaque élément doit respecter l'acte du degré supérieur (il lui est subordonné) et s'impose à son tour aux actes du degré inférieur.

La hiérarchie actuelle ne se comprend que sous le bénéfice d'une double observation.

a) Observations préliminaires

319 Dans la pureté des principes, *la tradition constitutionnelle française* établit une hiérarchie simple. Cette hiérarchie classique prend la forme d'une pyramide à trois degrés : 1° la Constitution établie par une Assemblée Constituante en est le sommet ; 2° la loi votée par les assemblées législatives en est le deuxième degré ; elle est subordonnée à la Constitution (mais le système juridique ne connaît pas de contrôle juridictionnel de la constitutionnalité des lois) ; 3° les règlements qui émanent de l'exécutif dans l'exercice du pouvoir réglemen-

taire forment le troisième et dernier degré. Actes d'exécution, ils sont pris en application de la loi à laquelle ils sont subordonnés. Le contrôle de la légalité des règlements et des actes administratifs est organisé (par la voie du recours pour excès de pouvoir). Il existe, de plus, entre ces règlements, une hiérarchie secondaire : décret, arrêté ministériel, arrêté préfectoral, arrêté municipal.

320 Dans *la pratique française,* cette hiérarchie s'est, cependant, depuis longtemps dégradée. Entre autres causes, la pratique des décrets-lois a contribué à dénaturer la hiérarchie traditionnelle. Acte du pouvoir exécutif, le décret-loi est en effet doté d'une force légale. Cet expédient a été le moyen, pour le pouvoir exécutif, de réaliser, par trains, des réformes que le régime parlementaire ne parvenait pas à faire aboutir. Parmi les facteurs d'altération de la pureté originelle de la hiérarchie, figurent aussi les actes des gouvernements de l'époque troublée de 1940 à 1945 (le gouvernement de Vichy, et le gouvernement provisoire de la République).

b) Hiérarchie actuelle

Quelle est aujourd'hui, dans la Constitution de 1958, la pyramide des normes ? Institutionnalisant en partie certaines des altérations historiques, la hiérarchie classique a été doublement remodelée.

321 1° *La hiérarchie s'est diversifiée.* Au faîte demeure **la Constitution** (elle est aujourd'hui assortie du contrôle du Conseil constitutionnel (art. 61). Mais, entre la Constitution et **les lois ordinaires** s'intercalent, désormais, deux degrés intermédiaires : prolongements de la loi constitutionnelle, **les lois organiques** ont pour objet de doter les pouvoirs publics, chacun en particulier, d'un statut plus élaboré ; émanant du Président de la République ou du Gouvernement (selon les cas), **les ordonnances** ont force de loi, même dans le domaine de la loi (c'est la consécration du mode exceptionnel de légiférer qu'avaient connu les gouvernements provisoires, mais dans des cas spécifiés : art. 16, 38 et 92 de la Constitution) (22).

322 2° *La hiérarchie s'est infléchie* (et relativisée). En 1958, les rapports de la loi et du règlement ont été repensés. L'innovation principale a consisté à réserver au pouvoir législatif un domaine en dehors duquel la compétence ordinaire appartient au pouvoir réglementaire (nous vivions sur l'idée que la source du pouvoir réside dans le Parlement). Or, sans doute, le domaine réservé à la loi est-il immense. Le pouvoir normatif général appartient, cependant, à titre résiduel, au pouvoir réglementaire (art. 37 : « *Les matières autres que celles qui sont du domaine de la loi ont un caractère réglementaire* ».

Trois ordres de rapports ont été établis, dans la mise en œuvre de cette idée, entre la loi et le règlement (23).

(22) V. Jean Fourré, *Le recours aux ordonnances en vertu de l'article 38 de la Constitution,* Les petites Affiches, 10 nov. 1986, n° 135. L'intervention du pouvoir réglementaire dans des matières qui relèvent de la loi suppose que le Parlement l'y habilite. Il faut une loi d'habilitation. Suivant la jurisprudence du Conseil constitutionnel, l'habilitation est subordonnée à la justification par le Gouvernement de la fin qu'il poursuit (v. not. Décis, n° 86-207 D.C., 25-26 juin 1986). V. *supra,* n° 112.

(23) Sur les règles constitutionnelles attributives de compétence en matière de droit civil et la répartition des règles de celui-ci dans les deux groupes suivants, V. F. Luchaire, *Les fondements constitutionnels du Droit civil,* R.T. 1982, 245. Sur la place de la jurisprudence du Conseil

23 **Dans les matières purement législatives** (art. 34, 2e al.), spécifiées par la Constitution, c'est la **loi qui fixe les règles** (et qui seule peut modifier les lois antérieures qui s'y rapportent). Dans ce domaine, prévaut la hiérarchie classique. Le pouvoir réglementaire est fondé à intervenir, mais par des **décrets d'application**. S'il prend, en ces matières, des initiatives, c'est à la condition de respecter la loi (avec, à la clé, un contrôle de légalité). Entre la loi et le règlement existe un rapport de subordination. Dans les matières pleinement réservées à la loi figurent **la nationalité, l'état et la capacité des personnes, les régimes matrimoniaux, les successions et les libéralités** (art. 34).

À la vérité, le pouvoir réglementaire n'a pas seulement le droit mais aussi l'obligation de prendre, dans un délai raisonnable, les mesures qu'implique l'application de la loi (hors le cas où le respect des engagements internationaux de la France y ferait obstacle : en ce sens C.E. 28 juill. 2000, *Ass. France Nature Environnement* ; injonction faite au Premier Ministre de prendre les décrets prévus dans un délai de six mois).

24 **Dans les matières dites semi-législatives**, un autre rapport s'établit entre loi et règlement. Spécifiées à l'art. 34, ces matières font partie du domaine réservé ; mais, dans ce domaine, **la loi** est appelée à déterminer **les principes fondamentaux**, le pouvoir réglementaire à faire le reste. La subordination du décret à la loi demeure pour le respect des principes fondamentaux ; mais l'initiative complémentaire du pouvoir réglementaire est plus ample (d'autant plus qu'il est malaisé de donner une définition précise du principe fondamental). **Le droit des biens et des obligations** figure, à ce titre, dans l'article 34 : la loi détermine les principes fondamentaux du régime de la propriété, des droits réels, des obligations civiles et commerciales.

25 **Dans toutes les autres matières** (celles qui ne sont énumérées à l'article 34, ni au titre des matières législatives, ni au titre des matières semi-législatives) règne **le règlement autonome**. Une troisième sorte de rapport s'instaure entre les lois antérieures et les règlements : un règlement peut modifier la loi (c'est le décret-loi, institutionnalisé pour toutes ces matières). Ainsi, **la procédure civile** appartient-elle au domaine réglementaire. Sa réforme et l'institution du nouveau code de procédure civile ont été réalisées par décret (décret du 5 déc. 1975). L'achèvement du code s'est ainsi poursuivi (v. notamment la réforme du pourvoi en cassation et de la procédure devant la Cour de cassation, par le décret du 7 novembre 1979 ; la réforme de l'arbitrage, par le décret du 14 mai 1980, destiné à s'intégrer dans le nouveau code de procédure civile et la réunion en un livre troisième des dispositions relatives à certaines matières par le décret du 12 mai 1981).

NOTE

La hiérarchie formelle des normes structure tout le système juridique. Elle ordonne les règles à leur rang dans tous les domaines. Elle s'impose à tous les interprètes. Cependant les débats qui entourent son application tourmentée deviennent assourdissants. Un peu comme les conflits de compétence, ils accaparent la tribune. L'enjeu des rivalités l'explique. Il faut en passer par là. Il y a cependant là une immense déperdition d'énergie, et, pour déterminantes qu'elles soient positivement, ces considérations n'ont pas de titre à envahir le champ de notre conscience. La sauvegarde de la pensée juridique

---

Constitutionnel dans l'ensemble des sources du droit et l'importance de son rôle, v. plus haut, n° 73, note 5. Quant à la **hiérarchie interne des normes**, le **Conseil d'État** veille à son respect. Ainsi a-t-il annulé, pour méconnaissance de la loi, des arrêtés ministériels et circulaires qui avaient mis en place un enseignement bilingue par « immersion » en langues régionales et, de façon laxiste, un enseignement bilingue « à parité horaire », ces ouvertures excédant les exceptions strictes que la loi permet d'apporter au principe en vertu duquel « la langue de l'enseignement est le français » (art. L. 121-3, Code de l'éducation) C.E. 29 nov. 2002, 2 arrêts.

demande que la lumière vienne sur un autre terrain. Pour la formation de l'esprit juridique, l'essentiel n'est pas de classer formellement les règles, mais d'en approfondir fondamentalement l'analyse. C'est leur **valeur intrinsèque** plus que leur rang qui, pour la connaissance, est primordiale. La réflexion ne s'aiguise, le jugement ne s'affine et ne s'affermit qu'à chercher, au fond, dans les règles, leur raison d'être, leur charge conceptuelle, leur intérêt pratique, leurs aspects économiques et sociaux d'où ressort leur plus ou moins grande valeur, en croisant toute sorte de critères juridiques et extrajuridiques.

L'esprit civiliste a toujours privilégié cette démarche. On évoquera, sans céder à la nostalgie, l'époque où, le Code civil n'étant surplombé ni par les question de constitutionnalité ni par celle de la conventionnalité, il n'y avait qu'à réfléchir sur les règles mêmes. On peut, on doit encore cultiver cet esprit.

B. LA CLASSIFICATION MATÉRIELLE DES LOIS EN TANT QUE SOURCE DE DROIT

326 La loi (au sens générique) se définit par sa portée générale et sa force obligatoire (24). Source de droit, elle a les caractères de la règle qu'elle porte (v. *supra*, n° 11 s.). Cependant, elle ne les présente pas toujours au même degré.

a) Classification des lois suivant leur généralité

327 On peut prendre pour « canon » le modèle le plus achevé de loi générale. La loi remplit en plénitude sa vocation générale lorsqu'elle associe trois caractères :

1° elle s'applique **à tous les citoyens,** ou elle régit, dans une matière donnée, **toutes les situations ;**

2° elle statue sur le « cours ordinaire des choses » (expression de Portalis, discours préliminaire) ; traduisons : elle établit **le droit commun,** elle pose la règle ordinaire, elle instaure l'ordre juridique normal. Le droit commun est applicable à toutes les matières qu'une loi spéciale ne soustrait pas à son empire. Il a, en ce sens, une vocation générale et résiduelle, une valeur supplétive. Le mot de Portalis est aussi l'écho d'une maxime latine : *Lex statuit de eo quod plerumque fit* (La loi dispose sur ce qui se produit le plus souvent, entendons aussi, sur la généralité des cas et des situations).

3° elle décide pour l'avenir (pour toujours ?), du moins sans limite de temps ; elle instaure un ordre durable. **La permanence** qui est, dans le vœu de la loi, est un élément de sa généralité (25).

Au plein sens du terme, une loi générale énonce une règle normale, durable, applicable à tous. La loi du 4 juin 1970, qui refond les rapports juridiques entre parents et enfants, est

---

(24) V. plus haut, n° 74 s.

(25) Cette vocation est parfois altérée par une **clause dite de réexamen**. Il advient en effet qu'une loi prévoie expressément, dans l'une de ses dispositions finales, qu'après une évaluation de son application, elle sera l'objet par le Parlement d'un nouvel examen à une date qu'elle détermine. Cet engagement n'en fait pas une loi temporaire (V. ci-dessous, n° 331) et rien n'assure qu'elle sortira modifiée de cette nouvelle lecture. Mais c'est un engagement que le Parlement prend dans une matière évolutive (et aussi bien pour faciliter, au départ, son adoption et apaiser des réticences en faisant miroiter une occasion de révision). Pourtant on sait bien que, sans un tel engagement, le Parlement pourrait toujours, de lui-même, défaire ce qu'il a fait. Qu'adviendrait-il, au demeurant, s'il ne tenait pas sa promesse ? Cette pratique n'est pas courante. On y a recours dans des matières « sensibles » (par exemple, les lois dites « bioethiques », v. *infra*, n° 495ter).

générale en ce qu'elle instaure pour tous, pour le présent et l'avenir, un nouveau droit commun des rapports parentaux.

28 Par référence à ce parangon législatif, certaines lois perdent tel ou tel de ces caractères ou les présentent de façon atténuée. Sous l'un ou l'autre rapport, la généralité de la loi s'en trouve affectée.

29 Certaines lois ne s'apliquent qu'à une *catégorie de personnes* (commerçants, artisans, professions judiciaires), ou de situations. On dit que la loi est **spéciale** ou encore *particulière.* Si par exemple le Code civil, établissant le régime du bail en général, édicte des règles communes à toutes les locations (quelles que soient la nature et la destination de la chose louée), ces règles générales se combinent avec les règles particulières à chaque espèce de location (règles spéciales aux baux à loyer des maisons pour l'habitation des particuliers, règles propres aux baux commerciaux, statut des baux ruraux, du fermage et du métayage). Cependant, dans cette articulation d'ensemble, les dispositions spéciales prévalent, dans leurs limites particulières, sur les règles générales. C'est le principe de leur coordination, en forme d'adge, *« speciala genéralibus derogant »* (26), et la réciproque *« Generalia specialibus non derogant ».*

30 Certaines lois n'établissent qu'un statut d'exception. (La distinction coïncide souvent avec la précédente, mais lui imprime une valeur originale). Prises sous l'empire de nécessités plus ou moins durables, mais un peu extraordinaires, ces lois dérogent au droit commun. Spéciales (au sens précédent), ces lois sont, de plus, **exceptionnelles**, *dérogatoires, exorbitantes du droit commun* (elles relèvent du *« jus singulare »).* Ainsi, pour les baux d'habitation, il existe, dans le Code civil, des règles de droit commun. Mais la loi du 1er septembre 1948 — prise sous l'empire de la crise du logement —, a instauré un droit exorbitant, qui, dans les locaux construits avant le 1er septembre 1948, confère au locataire, à l'expiration du bail, le droit de se maintenir dans les lieux (sous diverses conditions). Spéciale (elle ne s'applique qu'à certains baux d'habitation), la loi édicte des règles qui — matériellement (par leur caractère) — *dérogent au droit commun du bail à loyer.*

31 Enfin, certaines lois ne sont pas permanentes ; au moins n'ont-elles pas vocation à l'être. **Temporaires**, elles instaurent un droit de transition provisoirement applicable en raison de circonstances passagères, de nécessités historiques (guerre, crise économique ou sociale : ex. une loi de rationnement alimentaire, en période de pénurie, des moratoires en faveur des débiteurs en cas de grève générale paralysant le pays). Certaines de ces *« lois de circonstances »* sont établies pour une durée déterminée. À l'expiration de la période que le législateur a fixée, elles cessent de plein droit d'être en vigueur (sauf, le cas échéant, à être prorogées par une nouvelle disposition qui en diffère l'expiration). D'autres sont établies, sans limitation dans le temps, pour une durée indéterminée. Il est alors difficile de savoir si une loi de cette espèce est encore en vigueur, ou si elle cesse de s'appliquer dès lors que disparaissent les circonstances qui avaient présidé à son adoption. On pourrait soutenir que la *« ratio legis »* — la cause historique de la loi ayant disparu — la loi cesse de s'appliquer (v. n°s 363, 412).

(26) Cependant, l'application de cette maxime donne parfois lieu à controverse (car il y va de l'éviction du droit commun). Ainsi a-t-il été jugé que la loi du 29 juillet 1881 sur la liberté de la presse était le seul fondement en vertu duquel les abus de la liberté d'expression pouvaient être réparés, à l'exclusion du régime général de la responsabilité civile édicté à l'article 1382 du Code civil. Série de décisions Cass. Ass. plén. 12 juillet 2000, Pet. aff. 14 août, n° 161, p. 4, n. crit. Derieux ; Civ. 2e, 8 mars 2001 (2 arrêts), 29 mars, 10 mai, 5 juill. 2001, Pet. aff. 24 sept. 2001, n° 190, p. 8 et réf.

332 **Remarques :** Dans les dégradés de la généralité, il reste à marquer une **limite** et une nuance. Lorsqu'une loi, au sens formel du terme, ne régit qu'un individu, elle ne constitue pas une loi au sens matériel du terme, elle n'est pas une règle de droit. C'est un cas-limite. Dotée d'un effet juridique, elle apporte bien, dans l'ordonnancement juridique, une modification obligatoire. Mais c'est un acte individuel. La loi qui a accordé une pension à la veuve de Clémenceau est une loi au sens formel du terme (elle a été votée par le Parlement). Elle n'édicte pas une règle de droit.

Autre **dérive** : il advient (trop souvent aujourd'hui) que la loi prenne un ton incantatoire et une valeur qu'elle veut symbolique. Elle affiche avec complaisance (notamment dans ses articles de tête) les idées gratifiantes qui peuvent rehausser son renom, façade valorisante qui introduit dans le texte des inspirations, en général généreuses, qui auraient leur siège dans l'exposé des motifs.

333 En revanche, lorsque la généralité de la loi est seulement affectée comme il a été montré, elle constitue une règle. Il est important d'y insister pour les règles exceptionnelles. Dans le langage courant, on oppose volontiers la règle à l'exception. **L'exception aussi est une règle**. Elle est seulement plus particulière que la règle ordinaire (on pourrait même citer des exemples dans lesquels l'« exception » est plus importante que le « principe » ; des cas où l'exception a été établie pour la sauvegarde d'intérêts primordiaux). Une loi d'exception a vocation à être appliquée dans la pleine mesure de sa raison d'être.

Ces distinctions revêtent un intérêt pratique dans la détermination des modes d'abrogation et le jeu des méthodes d'interprétation de la loi (v. plus loin n° 415 s.).

b) Classification des lois suivant leur force obligatoire

Émanant de l'autorité étatique, expression d'une règle de droit, la loi a une force obligatoire : c'est **la vertu** de la loi (« en vertu de la loi... »).

Mais la loi ne s'impose pas toujours avec la même intensité.

334 **1° Principe :** Le principe d'une classification est constant : on distingue les **lois impératives ou d'ordre public** et les lois **interprétatives ou supplétives**.

Les premières s'imposent avec une force absolue. La loi interdit aux individus d'y déroger par leurs accords. L'article 6 du Code civil énonce : « On ne peut déroger, par des conventions particulières, aux lois qui intéressent l'ordre public ou les bonnes mœurs » (27).

335 Les **lois supplétives** ne s'appliquent qu'à défaut de manifestation de volonté contraire de la part des sujets de droit. La loi ne s'impose qu'à ceux qui n'ont pas usé de la faculté de régler eux-mêmes le point. À titre supplétif, la loi propose une « solution-modèle » destinée à s'appliquer dans le silence des parties, c'est-à-dire dans le vide qu'elles laissent, plus ou moins intentionnellement. Ainsi le régime de la communauté (réduite aux acquêts) choisi par le législateur comme régime matrimonial de droit commun, régime légal, s'applique de plein droit aux époux qui se marient sans avoir fait, au préalable, par devant notaire, un contrat de mariage. Mais la communauté légale n'est établie que par une loi supplétive. La loi laisse aux fiancés la liberté de choisir, par contrat de mariage, dans la gamme des régimes conventionnels, la combinaison qui convient le mieux, pour la gestion de leurs

(27) V. là-dessus, Ph. Malaurie, *L'ordre public et le contrat,* th. Paris 1950 ; Farjat, *L'ordre public économique,* th. Dijon, 1963 ; comp. P. Bernard, *La notion d'ordre public en droit administratif,* Paris 1962. *Adde « L'ordre public, aspects nouveaux »*, Trav. de l'Association Capitant, Liban, 1999 ; M.-C. Vincent-Legoux, *L'ordre public – Étude de droit comparé interne*, Th. Dijon, P.U.F. 2002.

biens, à leur goût, à leurs besoins, à leurs ressources. La manifestation de leur volonté (dans les formes requises par la loi) suffit à écarter le régime légal.

36 Les lois supplétives sont parfois dites **interprétatives de volonté**. Le qualificatif donne à entendre que la prescription de la loi exprime la volonté présumée des intéressés. L'on prête au législateur la pensée d'interpréter par avance cette volonté. Le modèle que le législateur offre serait conforme à la volonté probable des particuliers. Fondée sur une présomption de volonté, la règle supplétive correspondrait à ce que les intéressés auraient choisi, en majorité, s'ils avaient effectivement exercé leur choix. Cette façon de voir est parfois anodine ; les faits ne la démentent pas toujours. Mais elle donne au choix du modèle légal une base subjective qui prend souvent un tour fictif, sinon divinatoire. Surtout, elle méconnaît l'idée que, dans ces lois supplétives, le législateur prend en considération, non seulement la volonté probable des intéressés, mais tout un ensemble de considérations sociales, économiques, historiques, qui n'ont pas leur source dans la pensée supposée des intéressés. En fonction de ces données, il forge un modèle idéal, c'est-à-dire une solution-type qui lui paraît la mieux adaptée — tous facteurs considérés — au milieu social auquel il le destine.

37 **2° Critère :** Si le principe de la distinction est clair, le critère de celle-ci est plus malaisé à saisir. Parfois, le caractère impératif ou supplétif de la loi résulte expressément d'une disposition de la loi. Cette disposition spécifie que la règle est d'ordre public ou, au contraire, qu'elle n'est destinée à s'appliquer qu'à défaut de volonté contraire des intéressés. L'article 1388 interdit aux époux, dans leur contrat de mariage, de déroger aux droits et aux devoirs qui résultent pour eux du mariage, aux règles de l'autorité parentale, ou à celles de la tutelle et de l'administration légale. Ces matières relèvent de **l'ordre public exprès**. Dans d'autres cas, une disposition spéciale laisse aux parties leur autonomie (art. 1387 : « La loi ne régit l'association conjugale qu'à défaut de conventions spéciales que les époux peuvent faire comme ils le jugent à propos »).

38 Mais il est beaucoup plus fréquent que la loi ne donne aucune précision sur son caractère. Or on admet unanimement aujourd'hui que toutes les règles d'ordre public ne sont pas dans les lois qui sont expressément qualifiées d'ordre public. Une règle peut être reconnue d'ordre public, même si ce caractère ne résulte d'aucune disposition expresse. À défaut de précision dans la loi, il appartient au juge de trancher, à propos du procès qui lui est soumis, la question de savoir si la règle dont l'application est en jeu est d'ordre public ou purement supplétive (souvent, il y va de la validité du contrat litigieux). Il faut bien alors, dans le silence de la loi, que le juge qualifie la loi, pour admettre, le cas échéant, qu'elle est d'ordre public. **Le problème se déplace** : l'existence d'un **ordre public virtuel** suppose que soit éclairée la **notion d'ordre public**.

39 Toute la difficulté est ainsi rejetée sur la **définition de l'ordre public** ou, au moins, sur la **détermination de son contenu**. Il s'agit d'une « *notion-cadre* », intentionnellement vague.

La première idée est de rapprocher *ordre public et droit public*. En général les règles de droit public (ex. celles qui organisent les pouvoirs publics) sont d'ordre public. Mais la réciproque n'est pas exacte. **Beaucoup de règles de droit privé sont d'ordre public** (ainsi les droits et devoirs respectifs des époux, tels qu'ils résultent des articles 212 à 226 du C. civ. ; ou les droits et devoirs de garde, de surveillance et d'éducation, que l'autorité parentale confère aux père et mère relativement à la personne de leur enfant, C. civ. art. 371-2). On ne peut identifier ordre public et droit public.

40 Une autre comparaison vient naturellement *entre ordre public et intérêt général.* Les lois d'ordre public sont dit-on d'intérêt général. Peut-être faudrait-il préciser qu'elles s'inspi-

rent, dans cet ordre, d'un intérêt renforcé : **Une loi est d'ordre public lorsqu'elle intéresse les principes fondamentaux de l'ordre social (public ou privé)**, lorsqu'elle répond à *des besoins* primordiaux du corps social. Cependant ce ne sont là que des standards, de larges formules destinées à guider le juge : *des directives pour la détermination judiciaire de l'ordre public implicite.*

341 Une dernière précision : il ne faudrait pas confondre ordre public *et intérêt commun* ou *intérêt public.* **Un intérêt privé peut être d'ordre public**. La loi qui prohibe les pactes sur successions futures, interdit à un particulier de renoncer à l'avance à la succession de ses parents. Si un père ou une mère de famille fait une donation à l'un de ses enfants, sous la condition que celui-ci renonce à sa succession future, la clause (la renonciation anticipée) est nulle. Or l'interdiction protège, chez le successible (dans l'intérêt personnel de celui-ci), sa vocation successorale (le droit de venir à la succession lorsqu'elle s'ouvrira), droit individuel et patrimonial. Mais le droit tient pour essentiel que l'option successorale soit exercée en toute liberté et en pleine connaissance de cause, une fois la succession ouverte. Il existe ainsi un **ordre public de protection individuelle**. Un intérêt privé est d'ordre public lorsqu'il procède d'une valeur à laquelle la société accorde une importance fondamentale (28).

§ 2. LA DÉTERMINATION DES LOIS EN VIGUEUR

Une loi n'est applicable que si elle est *en vigueur.* D'où la nécessité de préciser comment elle entre en vigueur et comment elle expire.

A. L'ENTRÉE EN VIGUEUR DE LA LOI

342 Rationnellement, elle devrait être subordonnée à deux exigences : 1° que l'auteur de la loi — l'État — la proclame (déclaration officielle) ; 2° que le destinataire de la loi — le sujet de droit — la connaisse (connaissance personnelle). L'article 1er du Code civil paraît faire la part de ces deux conditions : « Les lois sont exécutoires dans tout le territoire français en vertu de la promulgation qui en est faite par le roi. Elles seront exécutées dans chaque partie du royaume du moment où la promulgation en pourra être connue. »

(28) V. not. *infra,* n° 488, la protection du corps humain et, n° 472, l'attribution à l'être humain de la personnalité juridique. Ces deux exemples font voir les **deux faces de l'ordre public** qui en sont, indivisiblement, l'endroit et l'envers. L'ordre public érige des **interdits**. En lui on voit d'abord les barrières qu'il élève, les limites qu'il marque (l'interdiction de déroger conventionnellement à une règle, C. civ. art. 6). C'est sa face négative. Mais, en sa face positive, c'est le **marqueur d'une valeur fondamentale**. Il postule et proclame une valeur essentielle. Quelle valeur ? Y a-t-il aujourd'hui un consensus sur l'essentiel ? Il n'est pas exclu que ce repère soit évolutif, au moins en partie. La conscience de l'heure exalte tout particulièrement la protection du consentement, de sa liberté, d'où le renforcement d'un ordre public individuel (ce souci cependant a toujours existé). **Mais en vérité, il y a en l'ordre public un socle primaire qui court sous tout le droit** : exogamie, monogamie, droits et devoirs des parents, obligation alimentaire, réserve successorale, etc. Ce sont des roches dures et durables. Plus dures, paradoxalement, que la sanction de la violation des règles d'ordre public qui n'est pas toujours la nullité. La perspective réductrice est d'apercevoir l'ordre public comme un bloc, quand son contenu se prête à certaines variations et sa défense à la recherche de sanctions adéquates.

43 En réalité, la loi n'a nul besoin d'être effectivement connue des citoyens pour être obligatoire. L'entrée en vigueur d'une loi n'est pas subordonnée à la connaissance réelle qu'en auraient les sujets de droit. L'applicabilité de la loi à un individu n'est pas subordonnée à la connaissance personnelle que celui-ci pourrait en avoir. Si, un contribuable ignorait l'obligation de déclarer ses revenus, il ne pourrait invoquer l'exception d'ignorance pour se soustraire à cette obligation et à la pénalité qui sanctionne l'inobservation de la loi. *Nul n'est censé ignorer la loi* (v. plus haut, n° 110 s. et ci-dessous, n° 351, 355). La maxime répond à « une nécessité pratique » (Carbonnier).L'entrée en vigueur de la loi demeure subordonnée à deux conditions : **la promulgation et la publication de la loi.**

44 Étymologiquement, promulgation et publication dérivent de souches voisines. Promulgation vient de *« promulgare »* (corruption de *pro vulgare, vulgus*) qui signifie « annoncer au peuple ». De même, publier se rattache à *« populum »* et signifie « révéler au peuple ». Ces deux sens sont tellement proches que, parfois, le législateur lui-même s'y trompe et vise la promulgation pour désigner la publication (ainsi dans le décret du 5 nov. 1870). Cependant, les deux termes ont acquis des sens techniques différents et correspondent à deux conditions distinctes.

a) La promulgation

45 **1° Autorité : C'est une prérogative du Président de la République** (art. 10 Constitution). Celui-ci, par déclaration solennelle, promulgue les lois dans les 15 jours qui suivent la transmission au Gouvernement de la loi définitivement votée par le Parlement. Le Président de la République peut, avant l'expiration du délai, demander au Parlement — qui ne peut le lui refuser — une nouvelle délibération. Les textes ne précisent pas que la promulgation est une obligation pour le Président de la République ; mais la coutume constitutionnelle l'admet (si le Président de la République s'y refuse, il ouvre une crise politique).

46 **2° Forme :** Le décret du 19 mai 1959 détermine *la forme* de cet acte présidentiel. Si l'on néglige les variantes, la formule ordinaire de promulgation est : (en tête) « *L'Assemblée nationale et le Sénat ont adopté, le Président de la République promulgue la loi dont la teneur suit* » (suit le texte de la loi) ; (au pied du texte) « *La présente loi sera exécutée comme loi de l'État* ». — « *Fait à..., le...* » — « *Par le Président de la République, le Premier Ministre* » (signature, avec le contreseing du ministre intéressé) (un d. du 8 mars 1990, mod. le d. 19 mai 1959 règle la forme de la promulgation dans les cas particuliers où le Conseil constitutionnel intervient : loi organique, loi soumise au référendum, etc.). Conçue en termes sacramentels, cette formule accolée à la loi a la fonction auxiliaire d'un discours sur un discours (linguistiquement un métalangage). Elle prononce sur la loi une parole solennelle et en un sens libératoire.

47 **3° Effets :** Acte de nature complexe, la promulgation engendre trois *effets spécifiques* de parachèvement qui agissent tous en vue de l'application future de la loi.

La promulgation :

— constate les conditions d'élaboration de la loi. Elle atteste la **régularité de la procédure législative** (« L'Assemblée nationale et le Sénat *ont adopté...* » ;

— confère au texte voté le **caractère authentique.** Authentifiant le texte, la promulgation certifie la teneur de la loi (« promulgue la loi *dont la teneur* suit ») ;

— constitue un **ordre d'exécution,** un commandement. C'est elle qui rend la loi exécutoire (« La présente loi *sera exécutée* comme loi de l'État »). Exécutoire, la loi n'est pas encore obligatoire ; elle le devient par la publication.

b) La publication

348 La publication est un **acte matériel** d'exécution de la promulgation qui consiste à imprimer, dans un document officiel, le texte promulgué par le Président de la République (v. d. 5 nov. 1870). La publication de la loi résulte de son **insertion au Journal officiel.**

349 Cette impression officielle est une **formalité nécessaire**. Un texte promulgué mais non publié, n'est pas obligatoire. En pratique, le problème ne se pose pas pour l'ensemble du texte, mais seulement pour tel fragment du texte promulgué, qui par ailleurs n'aurait pas été publié.

350 **Cette formalité n'est cependant pas suffisante :** La loi n'est pas obligatoire le jour même de sa publication au Journal officiel. La date de la publication fait courir un **délai d'attente** à l'expiration duquel la loi devient obligatoire. L'article 2 du décret du 5 novembre 1870 détermine ce délai : « Les lois et décrets seront obligatoires, à **Paris**, **un jour franc après** la promulgation (**la publication** au J.O.), et partout ailleurs, dans l'étendue de chaque arrondissement, **un jour franc après** que le *Journal officiel* qui les contient sera **parvenu au chef-lieu de la circonscription** ». L'application de la loi nouvelle, ailleurs qu'à Paris, n'est pas subordonnée à la condition que l'arrivée, au chef-lieu d'arrondissement, du journal officiel qui la contient soit constatée sur un registre ouvert à cet effet dans les services de la préfecture ou de la sous-préfecture (29). La preuve que le texte a été mis à la disposition du public peut être rapportée par tout moyen à la charge de celui qui l'invoque (Crim. 26 janv. 1938, D.H.1938.147). Le système est archaïque (une règle uniforme aurait sans doute sa place : l'ubiquité en France de la connaissance présumée de la loi est une hypothèse à explorer).

351 **Explications :** Qu'est-ce qu'un **jour franc** ? C'est un intervalle de 24 heures compté de minuit à minuit, sans tenir compte de la journée au cours de laquelle se produit l'événement qui fait courir le délai (on dit qu'on ne tient pas compte du *dies a quo,* jour à partir duquel...). Exemple : une loi publiée au Journal officiel du 30 novembre au matin, est obligatoire à Paris le 2 décembre à 0 heure ; cette loi n'est applicable à Paris ni le 30 novembre ni le 1er décembre (le jour franc se place du 30 novembre à minuit au 1er décembre à minuit). Si l'on imagine que le Journal officiel du 30 novembre arrive à la Préfecture de Lyon le 1er décembre, le 1er décembre ne sera pas compté (ni le 2, jour franc). C'est le 3 décembre que la loi sera applicable dans le département du Rhône.

A la publication s'ajoute ainsi, comme condition d'entrée en vigueur de la loi, un **délai durant lequel les sujets de droit sont censés prendre connaissance de la loi nouvelle**... Après quoi *« Nul n'est censé ignorer la loi »* (promulguée et publiée) : présomption proche d'une fiction (Il faudrait feindre de croire que les particuliers s'adonnent à la lecture du Journal officiel et qu'ils en pénètrent immédiatement le sens ; v. plus haut, n° 110 s. et ci-dessous, n° 355).

---

(29) En ce sens, Civ. 1re, 6 janv. 1994, *J.C.P.* 1994.II.22216, n. Y. Gaudemet ; D. 1994. I.R. 39. Il serait disproportionné et sans grande bonne foi (dans une matière où celle-ci est de si haute considération) de tenir en échec l'application de la loi, pour la seule inobservation d'une formalité administrative dont tout le monde sait que jamais elle ne constitue la source réelle de l'information des justiciables et de leurs conseils. Qu'un registre prétexte — fantôme de surcroît — permette d'éluder la loi, c'est à quoi la sécurité juridique ne gagnerait guère, à la différence de la chicane.

52 **Tempéraments :** Le délai d'information est si bref que parfois, pour les lois dont il est raisonnable de permettre aux praticiens l'étude préalable, le législateur prend la précaution d'en différer l'entrée en vigueur, en précisant dans une disposition finale, le jour parfois éloigné (de plusieurs mois) où la loi entrera en vigueur. La même pratique vaut pour les décrets importants. Aussi le décret du 5 déc. 1975 édictant le nouveau code de procédure civile n'est-il entré en vigueur dans les trois départements d'Alsace-Moselle (jusqu'alors régis par le droit local) que le 1er janvier 1977 (plus d'un an plus tard). La sagesse eut commandé d'accorder le même délai aux praticiens de « Vieille France »...

Autre tempérament, il advient aussi que le législateur subordonne expressément l'entrée en vigueur de la loi à la publication d'un décret d'application à élaborer par le pouvoir exécutif (mais il ne suffirait pas que la loi prévoie seulement l'élaboration d'un tel décret). Ainsi le législateur a-t-il, dans ces deux cas, à la condition de le prévoir par une disposition spéciale, le pouvoir d'assouplir le mécanisme normal de l'entrée en vigueur.

Rattrapage d'une publication tardive. L'arrêté qui détermine lui-même sa date d'entrée en vigueur, ne peut entrer en vigueur à cette date si sa publication au J.O. n'intervient pas en temps utile (le jour même !). Il est néanmoins déclaré immédiatement opposable pour avoir fait l'objet, dans les délais, d'un communiqué à l'Agence France Presse, mode de publicité (plus médiatique...) reconnu, pour la circonstance, à titre supplétif (C.E. 24 févr. 1999, D. 99. IR. 97). Décision d'expédient.

c) Questions pratiques

53 **1° Rectificatifs au Journal officiel** (30) **:** Il est fréquent que le Journal officiel rectifie le texte d'une loi antérieure et corrige ce qui est présenté comme une erreur de publication : c'est la pratique des « errata » (ils se présentent ainsi : « Au lieu de lire..., lire... »).

Quelle est, juridiquement, la valeur du rectificatif ? Le principe est relativement simple, dans l'opinion la plus répandue (Chambres réunies, Cour de cassation, 5 février 1947, D. 1947, 177). Un rectificatif est légitime lorsqu'il a pour objet de réparer une erreur matérielle (erreur typographique, faute d'impression, omission d'un mot, d'une référence, d'un article, erreur de calcul). Dans ce cas, le rectificatif s'incorpore à la loi corrigée et revêt la même force. La pratique du rectificatif est légale. Le juge applique le texte corrigé (il pourrait même, dans les cas les plus évidents, neutraliser *motu proprio*, sans attendre de rectificatif, une erreur manifeste).

54 Au contraire, il est interdit au législateur de prendre, par voie de rectificatif, une disposition qui aurait pour résultat de modifier la portée du texte voté. À l'issue de débats confus, il pourrait être expédient de mettre en harmonie certaines dispositions de la loi avec les amendements votés. Cela est interdit. On redoute que, sous couvert d'errata, une modification plus importante ne soit introduite. De fait, dans l'espèce citée, un rectificatif apporté à une loi d'amnistie pleine et entière était venu restreindre la portée de l'amnistie en matière de pénalité fiscale (en déclarant que seules les condamnations inférieures ou égales à une certaine somme pouvaient bénéficier de l'amnistie). Dans ce cas typique, le rectificatif litigieux aboutissait, par une précision chiffrée, à modifier, dans un sens restrictif, le domaine de l'amnistie fiscale.

55 **2° Exception d'ignorance :** Un citoyen de bonne foi qui contrevient à la loi est-il en droit, pour se justifier, d'invoquer son ignorance de la loi ? C'est le problème de *l'exception d'ignorance* (pris au sens générique de moyen de défense, le terme recouvre ici un moyen de défense au fond). En principe, l'ignorance de la loi ne vaut pas excuse légitime. Le principe souffre cependant divers tempéraments.

56 Lorsqu'il s'agit d'une *loi nouvelle*, le décret du 5 nov. 1870, en matière pénale, permet au citoyen, pendant un délai de 3 jours à compter de la publication, d'alléguer l'exception d'ignorance comme cause d'atténuation de sa responsabilité (le texte laisse un pouvoir d'appréciation aux autorités compétentes). À ce tempérament légal s'ajouterait, selon certains, une exception coutumière tirée de la force majeure. Un sujet de droit pourrait ainsi

(30) V. Frejaville, *La pratique des errata,* J.C.P. 48.II.677.

invoquer à sa décharge l'impossibilité dans laquelle il était (du fait de circonstances imprévisibles, extérieures à lui et invincibles) de connaître la loi (question controversée).

357 Que la loi soit ancienne ou nouvelle, les particuliers peuvent, en certains cas, faire valoir leur bonne foi (et leur bonne foi peut naître d'une erreur de droit), mais seulement pour en déduire certaines conséquences juridiques limitées (v. plus haut, n° 110 s.).

B. L'EXPIRATION DE LA LOI

a) Mode normal

358 C'est **l'abrogation** de la loi ancienne par une loi nouvelle. Le terme a un sens de précision qui le distingue de l'annulation. Une loi abrogée n'est pas rétroactivement anéantie (la loi nouvelle ne remet pas en question les actes valablement accomplis sous l'empire de la loi ancienne). L'abrogation est l'abolition de la loi pour l'avenir seulement.

359 Le mécanisme est simple lorsque la loi nouvelle contient une disposition spéciale d'abrogation de la loi ancienne.

Cependant, à défaut d'abrogation expresse, **l'abrogation peut être implicite** : il en est ainsi pour les dispositions de la loi ancienne qui sont incompatibles avec celles de la loi nouvelle. Mais il est parfois difficile d'apprécier le caractère inconciliable des dispositions. Certaines de ces difficultés trouvent leur solution dans une distinction coutumière.

360 On admet qu'**une loi spéciale déroge** (même en l'absence de dispositions particulières) **à une loi générale**. En cas de contradiction entre une loi générale et une loi spéciale, celle-ci prévaut dans le domaine particulier de son application (la loi générale demeure applicable pour le reste). Par exemple, la règle générale, qui, sous le régime de la communauté, interdit à chacun des époux, s'il agit seul, sans le consentement de son conjoint, de disposer entre vifs à titre gratuit d'un bien commun (art. 1422) est tenue en échec pour une catégorie particulière de biens communs, les gains et salaires, par la règle spéciale qui permet à chaque époux de disposer seul, même à titre gratuit, de ses gains et salaires (art. 223). Une maxime énonce cette règle : « *Specialia generalibus derogant* ».

361 « *Legi speciali per generalem non derogatur* » : la réciproque ne joue pas. Lorsque la loi postérieure est plus générale, elle n'abroge pas la règle spéciale antérieure, si elle ne le spécifie pas. À une loi spéciale, il n'est pas dérogé par une loi générale (sous réserve d'une abrogation expresse).

Sur le jeu des abrogations dans la codification à droit constant, V. A. Lienhard et C. Rondey, D. (dr. aff.) 2000, chron. 523 ; N. Bureau et N. Molfessis, *Le nouveau code de commerce ? une mystification*, D. 2001 (dr. aff.) chron. 361.

b) Modes exceptionnels

Il en existe trois.

362 **1° Annulation :** Dans certaines circonstances troublées, une loi peut être frappée d'annulation, c'est-à-dire d'abolition rétroactive. Lorsqu'un régime politique succède à un autre, il arrive qu'il annule certaines lois établies par le régime antérieur (au nom de principes que le nouveau régime réprouve). Ainsi, les lois du gouvernement de Vichy portant confiscation des biens possédés par les Israélites ont été annulées, à la Libération, par le Gouvernement provisoire. Les biens, qui avaient été confisqués, en vertu de ces lois de spoliation, ont été restitués à leurs légitimes propriétaires (les actes

accomplis, en vertu de ces lois de confiscation, sont devenus caducs). La loi annulée est abolie, pour le passé, comme si elle n'avait jamais existé.

63 **2° Expiration du délai d'application :** La loi peut expirer par l'écoulement d'un certain laps de temps (au moins pour les lois transitoires, à durée déterminée). Le problème est plus délicat en ce qui concerne les lois de circonstances dont la durée n'a pas été déterminée. Il semblerait justifié de faire alors jouer la maxime *« Cessante ratione legis, cessat lex »* (disparue la raison de la loi, la loi cesse). Le point est discuté (V. plus loin n° 412, *adde* n° 16 et 331).

Les États-Unis et l'Australie connaissent la pratique des « lois de temporisation » qui prévoient l'abrogation automatique d'un texte à l'expiration d'un délai déterminé. Mais ces expériences controversées répondent spécifiquement au désir de limiter la durée de vie des organismes gouvernementaux (V. J. Sigouin, *in Essais sur la rédaction législative*, Bergeron, Ottawa, 1999, p. 191).

64 **3° Désuétude :** Une loi peut tomber en *désuétude*. Elle peut être abrogée par une pratique contraire, à condition que celle-ci soit fortement enracinée (mais le point est discuté ; la jurisprudence se prononce plutôt en sens contraire, surtout en matière pénale) (31).

§ 3. LES CONFLITS DE LOIS DANS LE TEMPS (questions de droit transitoire)

65 Ce sont les conflits qui surgissent entre une loi nouvelle et la loi ancienne pour la détermination de leur domaine respectif d'application dans le temps : conflits qu'il faut bien résoudre pour que soient réglés le passage (critique), la transition (souvent douloureuse) du droit ancien au droit nouveau (d'où le nom de droit transitoire qui les gouverne). L'article 2 du Code civil pose **la règle générale de solution des conflits de lois dans le temps** : *« La loi ne dispose que pour l'avenir ; elle n'a point d'effet rétroactif »*. Ce texte énonce le **principe de la non-rétroactivité des lois.**

À première vue, l'énoncé est clair, la solution juste. La loi règle l'avenir : « Le passé n'est plus en son pouvoir » (Portalis). « Que deviendrait la liberté civile, si le citoyen pouvait craindre qu'après coup il serait exposé au danger d'être recherché dans ses actions ou troublé dans ses droits acquis par une loi postérieure ? ». « L'homme serait un être bien malheureux s'il ne pouvait pas se croire en sûreté même pour sa vie passée ». La rétroactivité serait un principe de trouble, d'insécurité et d'injustice.

66 Tout n'est pas aussi simple. Mettons hors-série (nul ne le conteste) un type de situation dans lequel la non-rétroactivité, de toute évidence, s'impose. Une loi nouvelle ne saurait remettre en question une opération juridique passée qui a déjà produit tous ses effets de droit (qui les a épuisés une fois pour toutes). Exemple : une loi nouvelle subordonne la validité de la vente immobilière à une autorisation administrative (laquelle devient une formalité exigée à peine de nullité). Voilà, supposons-le, le droit nouveau. Personne n'ira soutenir (32) que toutes les ventes antérieurement conclues sans autorisation administrative (à une époque où la loi n'exigeait pas celle-ci) sont annulables.

---

(31) Crim. 4 févr. 1898. D. 98.1.369 ; Ch. Réun. 31 janv. 1901, D. 1901.1.169 ; Comp. Crim. 31 mai 1962, J.C.P. 62.12760 ; en matière civile, Montpellier, 23 févr. 1949. som. 41 ; v. plus loin, n° 436 et plus haut, n° 85.

(32) Sauf à réserver, marginalement, les « accidents » historiques, liés aux époques troublées de grands bouleversements politiques et sociaux. Cf. plus haut n° 359.

367 Sent-on la même force pour affirmer la même solution dans d'autres types de situation ? Le législateur décide, en période de crise du logement, de taxer les loyers. Va-t-il renoncer à appliquer la taxation aux baux en cours ? Une loi accorde de nouveaux droits aux enfants naturels. Le bénéfice de cette loi sera-t-il réservé aux enfants naturels qui naîtront après l'entrée en vigueur de la loi ? Sera-t-il accordé même aux enfants naturels qui étaient déjà nés à cette date ?

368 Le problème des conflits de lois est complexe. Le conflit prend tout son intérêt lorsqu'il s'agit de décider *si la loi nouvelle saisit ou renonce à saisir des situations juridiques déjà établies au jour de son entrée en vigueur, mais appelées, postérieurement à cette date, à produire d'autres effets de droit qui se développent dans le temps* (par exemple, un contrat à exécutions successives comme le bail, ou une situation légale vouée à engendrer des conséquences juridiques échelonnées).

Le législateur qui opère une réforme peut-il renoncer à régir, dans leurs effets à venir, les situations établies et durables ? Il se condamnerait à l'impuissance s'il se l'interdisait systématiquement. Avec le passé, c'est le présent qui lui échapperait. Poussée à l'extrême, la non-rétroactivité engendrerait un système juridique à stratifications décalées, extraordinairement complexe et cloisonné, où chacun vivrait avec le droit de sa génération, à la dérive de son âge.

Aussi bien la question des conflits de lois est-elle le lieu de controverses ou, au moins, de **constructions doctrinales**. Mais, si les thèses s'affrontent, le **droit positif** fait prospérer des solutions éclectiques.

A. CONSTRUCTIONS DOCTRINALES

Deux théories se disputent l'interprétation de l'article 2 du Code civil.

a) L'interprétation traditionnelle (La théorie des droits acquis)

369 Elle est libérale et conservatrice (je n'ai pas dit « réactionnaire »). Elle tend à conserver la loi ancienne. Elle cherche à lui donner, en dépit de l'entrée en vigueur de la loi nouvelle, un maximum de survie. Cette thèse traditionnelle s'exprime dans **la théorie des droits acquis**. Le législateur doit respecter le passé. La loi n'a pas d'effet rétroactif signifie : une loi nouvelle ne prive pas les individus de droits valablement acquis sous l'empire de la loi antérieure. La non-rétroactivité de la loi se ramène au **respect des droits acquis.**

370 **Qu'est-ce qu'un droit acquis ?** Les anciens jurisconsultes répondent (v. le Répertoire de Merlin au mot « effet rétroactif ») : *« Les droits acquis sont ceux qui sont entrés dans notre domaine* (il faut entendre notre « patrimoine ») *et que ne peut plus nous ôter celui de qui nous les tenons ».* Par exemple, les droits qui résultent, pour l'une des parties contractantes, d'un contrat passé sous l'empire de la loi ancienne sont acquis (ils sont entrés dans son patrimoine ; il n'appartient pas à l'autre partie de les lui retirer unilatéralement). De même (l'exemple puisé dans Merlin prend son relief, après les audaces du droit révolutionnaire qui avait rendu ses réformes successorales applicables aux successions déjà ouvertes) les droits qu'un héritier tient d'une succession ouverte lui sont acquis : la loi nouvelle qui viendrait modifier l'ordre successoral en supprimant, par exemple, un droit d'aînesse, ne s'appliquerait pas aux successions déjà ouvertes, lesquelles demeurent régies par la loi en

vigueur au jour de l'ouverture de la succession, date du transfert de la propriété des biens de la succession, date d'acquisition de ces biens par l'héritier.

1 **Que saisit donc la loi nouvelle** à défaut de remettre en question les droits acquis ? Elle régit ce que l'on appelle les **« expectatives »**, les « situations en suspens ». Elle s'applique aux simples « espérances », aux droits qui ne sont pas acquis au moment de l'entrée en vigueur de la loi, mais seulement **éventuels**. Ainsi la loi qui modifie l'ordre successoral s'applique aux héritiers présomptifs, aux simples successibles, qui n'ont encore qu'un droit éventuel à la succession. Si, par exemple, le droit successoral est modifié avant la mort de celui dont ils « espèrent » (!) les biens, les successibles, devenus héritiers, ne pourront pas se plaindre d'avoir été privés du bienfait d'un ordre successoral ancien qui leur était plus favorable, à l'époque où ils n'avaient à la succession qu'une simple vocation, droit éventuel. Ils n'avaient qu'une espérance, une expectative, exposées aux modifications d'une loi nouvelle, mais non pas de droits acquis, intangibles.

2 **Observations.** D'un point de vue politique, cette théorie fait la part belle au « passé respectable » ; elle conserve volontiers la loi ancienne. Sécurité, stabilité, le moins de changement possible, tel est son vœu. Du point de vue technique, elle offre une imperfection : **elle s'adapte mal aux situations non contractuelles**. Elle ne convient pas aux situations qui découlent d'un statut légal. Comment transposer la théorie des droits acquis dans l'application des réformes relatives au statut du mariage ou au statut des personnes ? Faut-il poser que les gens mariés ont un droit acquis aux règles du statut conjugal qui était en vigueur au jour où ils se sont mariés ? Si une loi qui prohibe le divorce est abolie, faut-il dire que tous ceux qui étaient mariés à l'époque où le divorce n'était pas admis ne pourront pas divorcer (ou ne pourront divorcer par consentement mutuel, si cette cause est nouvelle) ? Les époux ont-ils un droit acquis au statut matrimonial du jour de leur mariage ? De même, un tuteur déjà nommé doit-il conserver les droits que lui donnait la tutelle au moment où elle a été établie, si une loi postérieure restreint les pouvoirs des tuteurs ? Le tuteur nommé a-t-il un droit acquis à la conservation de ses pouvoirs originaires ? **Dans ces situations légales, la transposition de la thèse traditionnelle s'avère délicate**, car en vérité celle-ci a été **principalement pensée pour l'exécution des contrats**. La thèse moderne, ayant relevé cette faiblesse, est partie de là.

b) L'interprétation nouvelle (La théorie de l'effet immédiat de la loi)

3 Elle est due, pour l'essentiel, à l'effort doctrinal d'un auteur (Roubier) dans un ouvrage fondamental (*« Les conflits de lois dans le temps »*, 1re éd., 1929-1933). Cette thèse est parfois appelée, par opposition à la précédente, **la théorie de l'effet immédiat de la loi**.

Elle repose sur une nouvelle lecture de l'article 2 du Code civil. Là où les interprètes n'avaient vu qu'une redondance (« La loi ne dispose que pour l'avenir ; elle n'a point d'effet rétroactif »), Roubier discerne **deux propositions**. La seconde phrase énonce le principe classique de la non-rétroactivité des lois ; mais la première affirme (en la sollicitant un peu) que la loi (pour le moins) régit l'avenir. D'où l'auteur tire **le principe de l'application immédiate de la loi**.

Pour concilier les deux propositions, il faut commencer par affirmer (l'article 2 commence par là) que la loi nouvelle a une vocation de principe à saisir, du jour où elle entre en vigueur, toutes les situations juridiques déjà établies (cela est capital pour les situations juridiques existantes destinées à produire des effets de droit postérieurement à cette entrée en vigueur). Mais précisément, **la nouvelle thèse a été élaborée en contemplation des situations légales**, point faible de l'ancienne. Dans la théorie de l'effet immédiat, la loi qui réforme la tutelle s'applique même aux tutelles déjà établies. Si la loi nouvelle restreint les pouvoirs des tuteurs, les tuteurs en fonction perdent les pouvoirs qu'ils avaient.

374 Que devient alors *le respect du passé ?* Quelle portée conserve le principe de la non-rétroactivité ? Que régit-il ? Ceci : La loi nouvelle ne remet pas en question les conséquences juridiques que la situation considérée avait valablement produites avant l'entrée en vigueur de la loi. **Si la loi nouvelle saisit la situation juridique elle-même pour en régler les effets à venir, elle n'en remet pas en cause les conséquences passées.** Le tuteur perd ses pouvoirs pour l'avenir ; sa gestion passée n'est pas remise en question si elle était régulière (au regard de l'ancienne loi). L'acte accompli en vertu de pouvoirs qu'il avait (sous l'empire de la loi ancienne), mais qu'il a perdus (par l'effet de la loi nouvelle), n'est pas annulable. La distinction s'opère entre la situation juridique elle-même (qui, immédiatement saisie par la loi nouvelle, développe conformément à celle-ci ses effets futurs) et les effets passés de la situation qui sont hors d'atteinte de la loi nouvelle. La théorie fait à la loi nouvelle une part plus considérable.

Et pourtant rien n'est parfait.

375 Séduisante, ingénieuse, rationnelle, la thèse présente, du point de vue de la cohérence, une imperfection (une heureuse imperfection). Elle fait une concession (peu logique en théorie, mais bienvenue en pratique). **Le principe énoncé ne s'applique pas aux situations contractuelles**. Pour celles-ci, on en revient (ou on en reste) à l'idée que, sauf exception, la loi nouvelle ne saisit pas les situations en cours : **le contrat demeure, en principe, sous l'empire de la loi contemporaine de sa formation**. Voilà un pas que la théorie nouvelle fait vers l'ancienne. Chacune, en vérité, a aperçu l'élément d'un ensemble qui mérite sans doute de servir de modèle à une synthèse. De façon empirique, c'est en partie ce qu'a fait notre droit positif.

B. SOLUTIONS POSITIVES

376 Le droit positif est fondé sur une distinction qui, dépassant par le haut l'opposition doctrinale, élargit le débat. L'article 2 du Code civil n'a pas la même portée pour le **législateur** et pour le **juge.**

a) Portée de l'article 2 du Code civil à l'égard du législateur

Deux règles la déterminent.

377 **1° Une règle particulière :** On admet la rétroactivité des lois purement explicatives que l'on appelle encore lois d'interprétation (elles sont rares). Lorsqu'une loi a pour objet d'expliquer une loi précédente, les dispositions interprétatives viennent, en quelque sorte, s'incorporer à la loi interprétée (v. *infra*, n° 386).

378 **2° La règle générale : le législateur n'est pas assujetti au principe de la non-rétroactivité des lois.** La non-rétroactivité s'impose toujours au pouvoir réglementaire qui doit respecter en elle un principe fondamental appartenant au domaine réservé de la loi (Const. a. 34, v. *supra*, n° 324), mais ce n'est pas, en France, un principe constitutionnel qui s'imposerait au législateur lui-même (la Constitution actuelle se réfère à la Déclaration des Droits de 1789 qui n'en fait mention qu'en matière criminelle, à la différence de la

Constitution de l'an III qui énonçait : « Aucune loi ni criminelle, ni civile ne peut avoir d'effet rétroactif »).

79 La portée de cette proposition est fondamentale. Lorsqu'il opère une réforme, le législateur moderne n'omet presque jamais de régler l'application dans le temps de la loi nouvelle. Dans la plupart des lois nouvelles figurent, *in fine*, **des dispositions spéciales de droit transitoire**. Par ces dispositions expresses, le législateur, dans sa souveraineté, peut tout faire : il n'est pas tenu par le principe de la non-rétroactivité. Pourquoi ne le dit-on pas assez ? Sans doute est-ce parce qu'en France, nous aimons raisonner. Cependant, on risquerait d'oublier que **le problème de droit transitoire est un élément essentiel de la politique législative**. **Le législateur qui opère une réforme ne se désintéresse pas de savoir à qui elle va s'appliquer**. La question de droit transitoire fait partie intégrante de la réforme. Tous les systèmes doctrinaux sont intéressants. Il est légitime que les interprètes, à l'affût, se demandent quelle thèse a été consacrée. Mais la démarche du législateur est diamétralement opposée. Il ne se demande pas s'il va consacrer la thèse nouvelle ou la thèse traditionnelle. Dans le choix de politique législative qu'il fait, il détermine la sphère qu'il lui paraît bon, en fonction des besoins et aspirations de son temps, de donner à l'application de la loi nouvelle afin que celle-ci remplisse son vœu et produise les résultats qu'il en attend.

80 Un pas de plus : en partant du principe (démenti ou non) que *la réforme constitue un progrès*, le législateur a naturellement tendance à élargir le domaine de son application (33). Ainsi, la réforme matrimoniale a-t-elle conféré à la femme mariée plus d'indépendance. La nouvelle autonomie qui résulte des règles du régime primaire impératif (art. 216 et 226) est donnée à tous les couples (même à ceux qui étaient déjà unis lors de l'entrée en vigueur de la réforme). De même, le surcroît de pouvoirs qui résulte, pour la femme, du nouveau régime légal, dans la gestion des biens communs ou des biens propres, s'applique si les époux étaient mariés avant l'entrée en vigueur de la loi, sous l'ancienne communauté légale (art. 10, *in fine*, l. 13 juill. 1965). La loi a même étendu, sauf déclaration conjointe contraire, ces pouvoirs nouveaux aux époux mariés sous l'empire de régimes communautaires conventionnels (à un régime ayant son origine dans un contrat de mariage, donc à une situation contractuelle ; art. 11) parce qu'il a pensé que le cadeau fait à la fille, il ne pouvait pas ne pas le faire aussi à la mère... et que le bénéfice de l'indépendance devait être offert à toutes les générations. Le législateur choisit. Libre à chacun de critiquer sa politique. Mais ces dispositions transitoires ne tirent pas leur inspiration du respect systématique d'une doctrine. On y chercherait en vain la consécration absolue de telle théorie. Aussi bien, **la jurisprudence avait-elle déjà marié les thèses en présence**.

b) Portée de l'article 2 du Code civil à l'égard du juge

81 L'existence, dans la plupart des lois, de dispositions spéciales de droit transitoire, restreint l'intérêt pratique de cette question. Lorsqu'il y a des dispositions expresses, il faut les appliquer. **À défaut de dispositions spéciales, il appartient au juge d'appliquer la règle générale énoncée à l'article 2 du Code civil.**

(33) Sur la position de la jurisprudence face à cette tendance, V. la thèse de M. Thierry Bonneau, *La Cour de cassation et l'application de la loi dans le temps,* Paris II, 1987.

La jurisprudence, dans sa tendance dominante, est imprégnée de la doctrine traditionnelle. Dans son vocabulaire, elle fait cependant des concessions à la thèse moderne qu'elle a même l'air, à l'occasion, de consacrer. La jurisprudence déroute parfois par sa terminologie. En profondeur, le droit jurisprudentiel est néanmoins dominé par une distinction — heureuse — qui fait la **synthèse des deux inspirations** (34).

382 **1° En matière contractuelle :** Les tribunaux posent un principe et l'assortissent d'un tempérament :

Le principe. Il est emprunté à la théorie traditionnelle des droits acquis. Le contrat est régi par la loi qui est en vigueur au jour de sa formation. Lorsqu'il s'agit de savoir si le contrat est valable ou non, sa validité s'apprécie au regard de la loi contemporaine de la conclusion de l'accord. Lorsqu'il s'agit de savoir quels sont les effets du contrat, il faut également se reporter à la loi d'origine (Civ. 7 juin 1901, D.P. 1902, I, 105 : « Attendu que les effets d'un contrat sont régis, en principe, par la loi en vigueur à l'époque où il a été passé... »).

383 **Le tempérament :** La jurisprudence admet que **l'ordre public commande de faire exception à la règle**. Une loi d'ordre public (alors même qu'elle ne le spécifierait pas) s'applique aux contrats en cours. En raison de l'intérêt qui s'attache à la mesure prise, la loi nouvelle est applicable aux situations contractuelles déjà établies (pour que tous les intéressés bénéficient aussitôt des améliorations que cette loi tend à introduire). Ainsi, les lois qui confèrent des avantages sociaux aux salariés (alors même qu'elles ne contiendraient en ce sens aucune disposition expresse) sont applicables aux contrats de travail en cours. C'est une exception au principe que les contrats vivent sous l'empire de la loi de leur formation. Mais le progrès social n'attend pas. L'intérêt poursuivi justifie que le bienfait de la loi s'étende même aux contrats déjà conclus (en ce sens Civ. 22 avril 1929, S. 1932, I, 129 ; D.H. 1929, 281). Pour la même raison, les lois d'ordre public relatives à la fixation des loyers sont applicables aux baux en cours (aux locataires en place).

384 **2° En matière extracontractuelle :** Il s'agit surtout de **situations légales**, spécialement en matière d'état des personnes. En ces matières, la jurisprudence admet deux propositions (d'où résulte un renversement du principe et du tempérament).

— *1re proposition.* Il est de principe que **la loi s'applique immédiatement aux situations juridiques établies** lors de son entrée en vigueur. Par exemple, la loi nouvelle s'applique au tuteur déjà nommé ou aux personnes déjà mariées, si c'est le statut de la tutelle ou le statut du mariage qui est modifié.

— *2e proposition.* Elle corrige le principe. **La loi nouvelle ne remet pas en cause les effets juridiques passés de ces situations établies** (lorsque ceux-ci procèdent régulièrement de la loi antérieure).

385 La jurisprudence traditionnelle, dans une terminologie non encore cohérente, avait découvert (et même énoncé) la bonne solution (v. Civ. 20 févr. 1917, D.P. 1917, I, 81). La loi de 1912 (modifiant l'art 340 C. civ.) ayant amélioré le sort des enfants naturels, la Cour de cassation décida que ces avantages étaient applicables même aux enfants naturels qui étaient déjà nés lors de l'entrée en vigueur de la loi. L'arrêt énonce : *« Toute loi nouvelle régit en principe même les situations établies ou les rapports juridiques déjà formés dès avant sa promulgation »*. Évidemment, on peut lire, dans la suite de l'arrêt, que le père naturel n'avait *aucun droit acquis* à opposer, à l'enfant déjà né, la fin de non recevoir tirée

(34) V. Dans le même sens, T. Bonneau, th. préc.

de l'ancien article 340 C. civ. (et que la réforme de 1912 le prive d'une expectative). Mais cette concession à la terminologie traditionnelle recouvre une juste inspiration et repose sur une analyse qui préfigure la théorie moderne.

BIBLIOGRAPHIE

— ROUBIER, *Le droit transitoire,* 2e éd., 1960.

— LEVEL P., *Essai sur les conflits de lois dans le temps,* th. Paris, 1959.

— DEKEUWER-DÉFOSSEZ Françoise, *Les dispositions transitoires dans la législation civile contemporaine,* th. Lille, Bibl. de dr. privé, T. 151, 1977, préf. M. Gobert.

— BACH L., *Contribution à l'étude du problème de l'application des lois dans le temps,* R.T., 1969, p. 413 s. ; *contribution à l'étude de la notion de rétroactivité de la loi, in* Fertschrift für Karl H. Neumayer, p. 47 s., Baden-Baden 1986 et surtout l'étude d'ensemble substantielle et approfondie, des « *Conflits de lois dans le temps* », 1996, au Répertoire de droit civil Dalloz.

— HAGE-CHAHINE, *Les conflits dans l'espace et dans le temps en matière de prescription,* th. Paris II 1973, Bibl. dr. internat. privé, t. XXI.

— HÉRON J., *Étude structurale de l'application de la loi dans le temps (à partir du droit civil),* Rev. trim. dr. civ., 1985, p. 277 s. *adde*, dans la coll. Philosophie et théorie générale du droit, *Principes du droit transitoire*, Dalloz 1996, l'approfondissement de la lecture structurale de la règle de droit.

— GHESTIN et GOUBEAUX, *Introduction générale,* n° 330 s.

— BONNEAU T., *La Cour de cassation et l'application de la loi dans le temps,* th. Paris II 1987.

NOTE

La question de la rétroactivité a de vibrantes implications philosophiques et sociologiques. V. Carbonnier, Intr., 133. Quand le droit des peuples civilisés fait de la non-rétroactivité et de la légalité des délits et des peines le rempart de la liberté et de la sécurité des personnes contre l'arbitraire, comment situer, relativement à ces principes, la condamnation des criminels de guerre nazis, par le Tribunal de Nuremberg, à l'issue de la deuxième guerre mondiale, pour des crimes qu'aucun texte n'avait prévus ? La réponse est simple : c'est la solution de jaillissement qui s'est, d'elle-même, imposée à la conscience universelle, comme la seule imaginable, devant l'horreur des faits. Faudrait-il comprendre que cette condamnation historique est — hors-norme — l'exception fulgurante qui confirme la règle, ou, pour la concilier avec les principes, que c'est la réponse même d'Antigone (et de Domat, cité par M. Carbonnier) par référence à ces lois éternelles qui n'ont nul besoin d'être promulguées (v. *supra*, 244), non rétroactives parce que toujours actives ? Comme si l'innommable était écrit sur la table des cœurs et l'inqualifiable, en elle, préqualifié. Cela est peut-être aussi dans le « mais pourtant » de Paul : « La faute ne peut être sanctionnée quand il n'y a pas de loi, mais pourtant... » (Épître aux Romains 5, 13). Le « pourtant » est étroit, mais il est.

§ 4. L'INTERPRÉTATION DES LOIS (35)

386 Le fait est que la loi n'est pas toujours claire, ni précise. Elle peut être confuse, équivoque ou incomplète. Son obscurité, ses insuffisances font naître des difficultés d'interprétation. Il faut alors interpréter la loi. Interpréter, c'est décrypter le message de la loi, en dissiper l'ambiguïté, de manière a choisir, entre les divers sens possibles d'un texte, celui qui doit prévaloir.

Mais en vertu de quels critères ? Comment choisir ? Quel sens préférer aux autres ? **Le sens exact, le véritable sens** de la loi, on l'entend bien : **Relativement à quoi** ? La question se déplace :

Existe-t-il **des règles d'interprétation** ? Le juge (36) (ou le commentateur) doit-il, pour pénétrer le sens exact de la loi, se conformer à des principes ? La loi trace-t-elle des règles à l'interprète pour le guider dans sa recherche ?

387 Il existe, en droit positif français, des principes et des méthodes d'interprétation qui ont valeur de règles de droit, plus précisément de **règles directives**. Mais, à la différence de certaines législations étrangères, la loi française ne règle pas, elle-même, son interprétation. Tout au plus, le Code civil précise-t-il aux articles 1156 s. les règles à suivre pour

---

(35) Il s'agit, ici de **l'interprétation judiciaire (ou doctinale)** de la loi. C'est le mode principal, mais ce n'est pas le seul. Il en existe diverses autres. *1°* **Les lois interprétatives** : c'est un **mode marginal**, en droit et en fait. Il a ses dangers (conférer subrepticement une rétroactivité à une loi qui, sous couvert d'interprétation, modifie, v. plus haut, n° 377). Mais, lorsqu'il est soutenu qu'une loi prétendument interprétative est modificative, les tribunaux vérifient le caractère interprétatif (ex. Cass. com. 27 févr. 1996, Pet. aff. n° 25, 26 mars 1996, p. 7). Cette éventualité n'a rien à voir avec le système révolu du référé législatif qui a fonctionné de 1790 à 1837, pour les assemblées parlementaires ; Comp. Hufteau. *Le référé législatif et les pouvoirs du juge dans le silence de la loi*, 1965. Activité provoquée, le référé était fondé sur l'idée philosophique que nul n'est mieux placé que l'auteur d'une règle pour en dévoiler le sens. *Ejus est interpretari cujus est condere legem.* La réserve des lois interprétatives est, tout différemment, un mode occasionnel de « réparation » qui reconnaît, en principe, l'interprétation comme l'office du juge (sur les vicissitudes d'une loi interprétative, v. Versailles, 6 févr. 2003, D. 2003.J.720, n. P.-Y. Gautier). 2° **Les réponses ministérielles aux questions écrites des parlementaires** : c'est un mode **exorbitant en droit**, et, par l'amplification de cette pratique, abusif en fait, v. pour une critique du procédé. Oppetit, *les réponses ministérielles aux questions écrites des parlementaires et l'interprétation des lois*, D. 74, chron. 107. C'est une tâche pour les bureaux de la chancellerie. Mais il y a des formules toutes faites et surtout des réponses toujours les mêmes aux questions identiques qui, sciemment ou non, reviennent périodiquement (beaucoup sont des non-réponses). *3°* **Réserves d'interprétation du Conseil constitutionnel**. Il faut surtout compter aujourd'hui avec la pratique qui consiste, de la part du Conseil constitutionnel, à déclarer une loi conforme à la Constitution sous réserve qu'elle soit interprétée de la manière qu'il indique. V. A. Viala *« Les réserves d'interprétation dans la jurisprudence du Conseil constitutionnel »*, Bibl. constitutionnelle et de science politique, L.G.D.J. 1999. Cet augment de pouvoir que s'arroge le Conseil constitutionnel lui permet de récrire la loi et de brider l'interprétation du juge, préinterprétation qui consomme un empiétement sur le pouvoir législatif et une restriction du pouvoir juridictionnel. Comp. N. Molfessis *« La réécriture de la loi relative au pacs par le Conseil constitutionnel*, J.C.P. 2000.1.210. L'anticipation peut être utile. Il n'est pas sûr qu'elle tombe toujours juste (v. par ex. pour le pacs, *La Famille*, Montchrestien, n° 53).

(36) **C'est le juge saisi d'un litige**. Le juge n'est appelé à interpréter la loi qu'à l'occasion du différend qui lui est soumis, dans l'exercice de sa fonction juridictionnelle. Ce n'est pas du tout postuler que les circonstances de l'espèce soient des éléments d'interprétation. Les conséquences de telle interprétation dans une espèce sont seulement pour le juge des éléments d'information. On avait cependant proposé d'instituer un recours *in abstracto,* soit à l'occasion d'un procès, soit en dehors de tout procès pour avis (en ce dernier sens, V. Oppetit, chron. préc.). Aujourd'hui existe la **saisine pour avis de la Cour de cassation**. V. *infra,* n° 445.

interpréter les conventions. Il n'est pas interdit de s'en inspirer, par analogie, pour l'interprétation de la loi. On ne peut cependant oublier que ces dispositions ne s'y appliquent pas directement.

388 Dans le silence de la loi, les principes et les méthodes d'interprétation font partie d'un **ensemble coutumier** qui (en dépit de quelques controverses) recueille, dans ses éléments essentiels, l'accord des esprits raisonnables. Il y a là, souvent sous forme d'adages et de maximes, tout un **fonds traditionnel de directives.**

Cependant la **doctrine** a aussi contribué à élaborer les principes et à en renouveler les méthodes (voir F. Gény, *« Méthodes d'interprétation et sources en droit privé positif »*, 2 vol.).

De ces diverses sources, une distinction se dégage. Une orientation cardinale cherche à donner un **principe général d'interprétation**. Des règles plus spéciales développent les principes en donnant corps à des **procédés d'interprétation** (37).

A. LE PRINCIPE GÉNÉRAL D'INTERPRÉTATION (38)

L'existence d'une directive générale d'interprétation est, académiquement, le lieu d'une controverse célèbre. À la conception dite traditionnelle s'opposeraient de nouvelles méthodes d'interprétation. Mais il ne faudrait pas forcer l'opposition (nous reviendrons plusieurs fois sur ce point) et, surtout à l'étranger, l'éventail des méthodes est plus largement ouvert.

a) Conception traditionnelle : la méthode exégétique

389 La tradition a forgé une méthode classique que l'on appelle **méthode exégétique**. Base du système français, cette théorie a pour fondement **l'exégèse du texte de loi.** Cependant, l'esprit de la méthode n'apparaît qu'avec le sens du mot (terme savant souvent et à tort pris

(37) Il existe même, plus rarement, des règles d'interprétation plus spéciales encore : des règles *ad legem* pourrait-on dire (posées par une loi pour l'interprétation de cette loi). Ainsi la loi du 3 juillet 1985. En instituant la protection des droits voisins du droit d'auteur (V. *infra,* n° 1701), elle entend que ceux-ci ne portent pas atteinte aux droits des auteurs. Et, pour donner corps à ce vœu, elle énonce qu'aucune disposition du titre des droits voisins « ne doit être interprétée de manière à limiter l'exercice du droit d'auteur par ses titulaires » (art. 15). Voilà une loi assortie de sa directive d'interprétation, *in auctoris favorem* (pour ne pas dire hostile aux droits voisins).

(38) En dehors des principes et des procédés d'interprétation, la psychosociologie judiciaire devrait faire une place aux tendances et aux mentalités (inclinations et réactions). Cette investigation mettrait peut-être à jour que l'un des principes obscurs les plus puissants est (subconsciemment ou non) ce que l'on pourrait appeler le principe d'interprétation stricte (ou même restrictive) des lois nouvelles. *Novissima restringenda :* Tout ce qui est nouveau est de droit étroit. Merveilleux champ d'épreuve de l'interprétation minimisante dans l'application des réformes du droit de famille. « L'arbre dit non..., il dit non... ». Cette résistance du premier mouvement fait parfois place, il est vrai (exceptions limitées, mais notables) à un esprit remarquable d'anticipation qui interprète la loi actuelle à la lumière d'un projet de loi non encore adopté, mais déjà diffusé et connu de milieux éclairés, ou qui relit la loi ancienne, encore applicable en vertu du droit transitoire, à la lumière de la loi nouvelle non applicable à l'espèce (v. not. en matière de filiation, Civ. 1re 25 avril 1974 Bull. n° 116, p. 98).

dans un tour péjoratif) (39). On a tendance à **confondre méthode exégétique et interprétation littérale** (40) comme si le principe de la méthode exégétique était de faire prévaloir la lettre sur l'esprit du texte. À une nuance près, c'est un **contresens**, car c'est tout le contraire. L'exégèse, à l'état pur, se définit par trois propositions (dont la deuxième, fondamentale, est seule typique).

390 **1re proposition :** *« Quand la loi est claire, il faut la suivre ».* La loi ne doit être interprétée que si son texte fait naître un doute, par suite de l'emploi d'un terme amphibologique, d'une maladresse de rédaction, d'une imprécision, etc. L'interprète ne doit pas solliciter un texte clair. **L'interprétation ne doit commencer qu'avec l'obscurité ou l'insuffisance de la loi** (peut-être est-ce une différence à marquer — il y a tellement d'affinités — entre l'interprétation littéraire, musicale ou théâtrale et l'interprétation juridique qui naît du défi de l'ambiguïté). Il ne faut pas faire subir au texte le « traitement intellectuel » de l'interprétation, s'il ne recèle aucune réelle difficulté.

391 Cette proposition paraît évidente. Certaines de ses conséquences pratiques pourraient cependant devenir contestables, si on leur donnait une valeur absolue (elles risqueraient alors d'enfermer la méthode exégétique dans l'interprétation littérale) :

— « Quand une loi est claire, il ne faut pas en éluder la lettre sous prétexte d'en pénétrer l'esprit » (Portalis) ;

— Et surtout « Il ne nous est pas permis de distinguer, là où la loi ne distingue pas » *(« Ubi lex non distinguit nec nos distinguere debemus »)* (41).

Ce qui est sûr — première démarche — c'est qu'**il faut toujours partir du texte, Mais pour aller à la raison du texte**. Seule cette deuxième démarche introduit au cœur de la doctrine (sous la condition loyale, il est vrai, que l'invocation de l'esprit ne soit pas, de façon perverse, un **prétexte** pour tourner la loi : la bonne foi de l'interprète est en cause).

392 **2e proposition :** *« Quand la loi est obscure* (entendons aussi insuffisante, ambiguë, équivoque ou même incomplète), *il faut en approfondir les dispositions pour en pénétrer*

---

(39) Étymologiquement, l'exégète agit sur les mots (ège, de *agere,* agir, découlant de la racine grecque *agon, agein),* comme le chorège mène les chœurs et le stratège les armées. L'exégèse est, spécifiquement, une extraction de sens (dont la dérive est de le mettre à la torture).

(40) La méthode littérale a pour principe de donner à un texte — énoncé autonome échappant à la volonté de son auteur — **tous les sens grammaticalement corrects que ce texte peut revêtir** ; et donc, aussi bien, à retenir un sens que l'auteur n'avait pas vu (prévu). Enfermée dans une opposition fondamentalement juste (« La lettre tue, l'esprit vivifie »), la valeur respective des deux méthodes mérite, secondairement, d'être relativisée. C'est l'une des propositions de synthèse du Colloque *« La découverte du sens en droit »* (Paris 1991, Actes Stuttgart 1992). V. *« L'art du droit... »* p. 313 s. La méthode littérale peut être, à l'occasion, facteur de progrès. Elle a découvert dans le premier alinéa de l'article 1384 du Code civil la base légale d'une responsabilité générale d'abord du fait des choses, tout récemment du fait d'autrui, double conquête d'un sens potentiel. Pour une recherche méthodique dans l'interprétation d'une loi nouvelle, v. H. Périnet-Marquet, J.C.P. 2002.1.129.

(41) V. Civ. 3e, 24 mars 1999, *Pet. Aff.* 11 mai 1999, n° 93, p. 9 pour une application de cette idée à l'article 595, al. 4 : puisque le texte ne comporte aucune distinction entre renouvellement et conclusion du bail initial, il n'y a pas lieu de marquer cette distinction. Loin d'être un précepte rigide, cette directive de départ souffre cependant des **exceptions** lorsque l'intelligence du texte ou d'autres considérations décisives le commandent. Plusieurs exemples : lorsque l'art. 713 énonce « Les biens sans maître appartiennent à l'État », l'interprète entend : il n'y a pas *d'immeubles* vacants ; présentée sans restriction aux art. 2282 et 2283, la protection possessoire ne concerne également que les immeubles ; *adde,* plus loin, n° 412, 599, 1599. Les **exclusions rationnelles** ont en elles leur force persuasive et leur légitimité.

l'esprit ». Or, **en pénétrer l'esprit** c'est **rechercher l'intention du législateur** (42). L'interprète, dans la difficulté, doit donc **rechercher ce que le législateur a voulu dire** : Tel est **le principe de la méthode exégétique**. Sur le postulat que la loi est un acte de volonté, cette méthode a pour objet de rechercher le sens qui correspond à l'intention de l'auteur du texte. C'est pourquoi on la qualifie de psychologique (elle voue l'interprète à la recherche d'une intention). Volontiers, on la qualifie encore d'historique (elle prescrit à l'interprète de restituer l'intention originelle du législateur qui a posé la loi, législateur historique). La fidélité à cette intention est la règle de l'interprète. En toute lumière, se détache une maxime dans laquelle on doit reconnaître **le fondement de la méthode exégétique** à l'état pur : **L'esprit l'emporte sur la lettre**. Loin de s'en remettre à l'interprétation littérale, la méthode exégétique, dans la difficulté, fait tout au contraire prévaloir l'esprit de la loi sur sa lettre.

93 Le principe admis, l'essentiel devient de préciser **les moyens de cette recherche**. Très élaborée, la méthode exégétique souffle à l'interprète, dans sa recherche d'intention, divers procédés plus ou moins expédients, plus ou moins sûrs.

L'interprète est fondé à consulter le préambule de la loi ou *l'exposé des motifs*. Le législateur est censé y avoir révélé les raisons de la loi. L'interprète, avec prudence, peut également puiser dans les *travaux préparatoires* (rapports présentés au nom des commissions devant les assemblées parlementaires ; débats parlementaires) (43). L'interprète est encore appelé, si la règle a des antécédents, à s'inspirer de l'interprétation historique du texte litigieux (il peut être utile de revenir à Domat ou à Pothier pour éclairer des textes qui ont été inspirés par leurs travaux) : *Optima est legum interpres consuetudo* (Callistrate).

94 L'interprète peut et doit donner sa valeur au *contexte* de la disposition à interpréter (transposition de la règle énoncée pour les contrats à l'article 1161 du Code civil). Pour fixer le sens d'une partie de la loi, il faut en combiner et en réunir toutes les dispositions ; prendre une vue globale du système de règles dans lequel s'insère la disposition litigieuse. *La cohérence que l'on suppose de la part du législateur,* permet, grâce à des rapprochements, d'interpréter les dispositions les unes par les autres : *incivile est, nisi tota lege perspecta, judicare.*

Dans le doute, l'interprète inclinera légitimement à retenir *l'interprétation la plus équitable* (en présumant que le législateur a cherché à poser une règle d'équité).

95 Tous ces moyens exigent beaucoup de sagacité et de probité. Leur utilisation judicieuse commande de ne pas identifier ces éléments extérieurs avec le texte même de la loi, support

---

(42) En raffinant, il ne serait pas impossible cependant, de faire passer le fil d'une distinction entre ce qu'a voulu l'auteur de la loi (message imprégné du mouvement et de l'expression de sa pensée) et, moins subjectivement, les idées inspiratrices qui animent une réforme, *ses objectifs*. cf. note D. 1985, 265. Nuance possible entre esprit et intention. V. A.-M. Leroyer, La motivation des lois, *in « La motivation »*, p. 87 s., Actes des Journées nationales de Limoges, 1998, Trav. de l'Ass. Capitant, t. III, 2000, L.G.D.J.

(43) V. en des sens opposés, H. Capitant, *L'interprétation des lois d'après les travaux préparatoires,* D.H. 1935, chron. 77 ; M. Couder, *Les travaux préparatoires de la loi ou la remontée des enfers,* D. 1975, chron. 249. Il arrive que l'esprit de la réforme soit indiqué, après coup, par des « travaux exécutoires » (si l'on peut dire), ainsi par une circulaire d'application (par ex. la circulaire ministérielle du 12 juill. 1982 relative à l'application des décrets du 10 mai 1982 définissant les pouvoirs des commissaires de la République. J.O. 13 juill. 1982). Pour être officielle, cette analyse n'en est pas moins, elle-même, un acte d'interprétation.

principal de la pensée du législateur. On peut aller chercher avant, ailleurs, autour : le noyau essentiel de l'interprétation demeure le support textuel.

396 **3e proposition : « Si l'on manque de lois, il faut consulter l'usage ou l'équité »**. C'est le troisième énoncé de la trilogie. Cependant la carence légale ne relève plus, pour le plus grave, de l'interprétation. Dans le silence de la loi, l'activité du juge n'est plus seulement (44) celle d'un interprète : c'est déjà et surtout celle d'un créateur. **La proposition ne règle pas un problème d'interprétation, mais un problème de source**. Elle affirme seulement — et avec raison — que tout n'est pas dans la loi. Lorsque celle-ci est muette, il faut puiser à d'autres sources dotées d'une valeur autonome.

397 On retrouvera ce **recours complémentaire à la coutume ou à l'équité**. En admettre le principe suffit, on va le voir, à tempérer les critiques que la méthode traditionnelle a encourues. La doctrine qui s'est élaborée par opposition à l'école de l'exégèse a surtout réagi, contre les abus qui en avaient été faits (ou qu'on lui a prêtés).

b) Conception doctrinale moderne : la libre recherche scientifique

Conception célèbre, en France, depuis le travail fondamental de François Gény, on l'appelle **méthode de la libre recherche scientifique**.

398 **1° Aspect critique :** Elle prend appui sur une critique de la méthode exégétique. Elle remet en question certaines des propositions de celle-ci, mais aussi et surtout les déviations qu'on lui impute au XIXe siècle. La doctrine du XXe siècle a ainsi reproché à l'école de l'exégèse (et à la doctrine même de l'exégèse) la stérilité de sa démarche. N'est-il pas desséchant de rechercher dans le passé, pour s'y conformer, l'intention historique du législateur ? Absurde, à la fin du XXe siècle (mais on le disait déjà en 1920), de se lier à l'intention du législateur de 1804 ? Vain de se reférer à l'intention d'un législateur qui ne pouvait avoir idée de problèmes non encore surgis lors de l'élaboration de la loi ? Il peut, d'ailleurs, devenir plus malaisé, avec le temps, de pénétrer l'intention de ce législateur.

399 Enfin (cependant, critique cette fois tournée non contre un principe inhérent à l'exégèse, mais seulement contre une pratique aberrante de cette méthode), il est pernicieux d'abuser, dans l'interprétation de la loi, de la méthode déductive. Purement logique, l'exégèse présuppose que tout est dans la loi et que l'interprète peut toujours, par un raisonnement, faire découler de la loi toutes les solutions. Au XIXe siècle une certaine doctrine s'est affirmée sur le postulat de l'omniprésence de la loi et le dogme de l'infaillibilité du Code (la codification de 1804 ayant produit des commentateurs trop enclins à considérer que tout est dans le Code Napoléon). La doctrine moderne a rejeté ce postulat. Un législateur ne peut tout prévoir. Le législateur de 1804 n'avait pas prévu la révolution industrielle et économique de la fin du XIXe et les bouleversements sociaux et politiques de notre temps : il n'avait pu prévoir les transformations de la société.

(44) Le partage entre les deux activités dépend notamment de l'importance de la lacune : il y a matière à interprétation s'il y a lieu de statuer sur un cas non prévu, à partir d'autres hypothèses réglées par la loi (faut-il étendre analogiquement la solution légale ?) v. ci-dessous, n° 410. Pour relever le défi d'un silence « principal », sans références de secours, un effort créateur à partir des sources non écrites devient nécessaire.

400 **2º Éléments constructifs :** Positivement, Gény a exposé de façon magistrale la thèse de la libre recherche scientifique.

Elle part d'une affirmation fondamentale qui éclaire tout le reste : *Il arrive un moment où l'interprète doit reconnaître que le législateur n'a rien prévu* et qu'il devient artificiel de solliciter une intention supposée, fictive, divinatoire. Gény a eu la révélation du **seuil de l'interprétation**. Il est un point (de rupture) où il ne faut plus interpréter, si interpréter est rechercher une intention. Passée une certaine limite, il faut savoir reconnaître que le législateur n'a plus de pensée à mettre à jour.

401 **Au-delà de l'interprétation, commence la recherche :** C'est l'école de la libre recherche scientifique.

La recherche est libre. Le juge n'a plus le soutien du texte. Il lui manque, plus généralement, l'appui des sources formelles. Son activité devient plus créatrice, sa recherche plus libre. Il s'aventure au-delà du texte, sans texte, sans les liens qui rattachent l'interprète au texte. Cette liberté n'est cependant ni arbitraire, ni anarchique, ni purement subjective (François Gény a voulu se démarquer par rapport à une certaine doctrine allemande, l'école du droit libre — *Freirechtschule* — purement subjectiviste et d'ailleurs assez révolutionnaire, non seulement au regard des règles d'interprétation,mais aussi au regard de la théorie des sources, puisqu'elle affirme que, dans la difficulté, le juge est fondé à faire prévaloir son sentiment personnel). François Gény attend de l'interprète un effort scientifique, sur des bases objectives.

402 Libre, **la recherche doit être scientifique**. Il faut sans doute que l'interprète interroge la raison, l'équité, pour puiser en notre nature intime les éléments d'une solution équitable. Mais il faut surtout (en quoi la recherche scientifique devient plus objective) que le juge s'attache à toutes les **données de la réalité de son époque** (données sociales, économiques, psychologiques), « pour opérer une élaboration technique des données objectives de la réalité sociale et poser la règle la mieux adaptée aux besoins actuels qu'il aura observés ».

403 Ainsi voit-on plus clairement en quoi s'opposent la méthode exégétique et la méthode de la libre recherche scientifique. L'opposition concerne la remise en cause de l'intention historique du législateur. Mais, sous deux rapports, les thèses se rapprochent :

1º Il est faux de poser que l'exégèse, à l'état pur, postule l'omniprésence et le culte aveugle de la loi. Le dogme de l'infaillibilité du code relève d'une conception — reconnue abusive — de la théorie des sources. Nous savons tous que tout n'est pas dans la loi. L'affirmation contraire est (peut-être) une aberration historique de la théorie de l'exégèse (encore a-t-on pu en douter, v. Ph. Rémy, point d'histoire). Elle n'est certainement pas une proposition inhérente à la méthode exégétique (point de doctrine).

2º On n'a pas suffisamment observé (l'attention se portant sur l'apport original de la théorie de la libre recherche), qu'avant d'arriver au seuil de l'interprétation, les tenants de la libre recherche commencent par l'exégèse des textes et leur font subir une interprétation fondée sur les mêmes principes. **Il y a un « long bout de chemin » à faire ensemble, quel que soit le choix de la méthode.**

Si, d'ailleurs, en France, l'opposition semble se restreindre à ces deux théories dominantes, la doctrine étrangère propose d'autres méthodes intéressantes.

c) Autres méthodes d'interprétation

404 **1º La méthode dite du but social :** La loi est conçue comme une « déclaration de volonté » qui, dès le moment où elle est promulguée, se sépare de la volonté du législateur.

Détachée de son auteur, elle se charge d'une valeur propre et vit un destin autonome. L'interprète n'est pas voué à rechercher l'intention du législateur historique. Il est appelé à rechercher le but social de la loi pour appliquer celle-ci dans toute la mesure de son but. Or, le but social d'une loi est une notion plus objective que l'intention du législateur, et surtout plus évolutive. L'interprète est fondé à rechercher le but de la loi non pas tel qu'il a été poursuivi à l'origine, mais tel qu'on peut le dégager au moment où surgit la difficulté d'interprétation. L'important est de mettre en évidence et en œuvre la justification sociale actuelle de la loi. Ainsi *« le sens de la loi peut évoluer avec ses finalités »*. Ce qui est décisif, ce n'est pas ce que le législateur d'un jour a voulu, mais ce qui résulte de la loi (conçue comme une *« enveloppe à contenu variable »*), compte tenu des circonstances, du développement de la technique, des besoins sociaux, etc., au jour de l'interprétation.

405 **2° La méthode « historique » parfois dite « évolutive »** (45) : Voisine de la précédente, elle renforce encore la liberté de l'interprète. Dans la recherche du but social, la formule littérale de la loi conserve une importance notable : c'est sur le support de la déclaration de volonté que l'interprète greffe la considération du but social. La méthode évolutive affranchit carrément l'interprète des contraintes formelles. Elle l'invite à rechercher ce que serait, au moment où surgit la difficulté d'interprétation, la volonté probable du législateur, si celui-ci avait à régler le point. L'interprète se demande quelle règle poserait le législateur de son époque, en fonction des données présentes de la vie sociale. Il se donne pour guide l'intention hypothétique du législateur actuel.

OPINION

Quelles orientations dégager de ce débat théorique ? Quel parti adopter dans les difficultés d'interprétation ? J'aventurerais, volontiers, trois opinions et une proposition.

406 1° La tâche du juriste (en tout cas des civilistes) pourrait être, aujourd'hui, de **revenir à l'exégèse, du moins pour l'ensemble cohérent des lois fondamentales qui ont réformé le Code civil.** Depuis 1964, des réformes considérables ont été réalisées dans le Code civil (46). Que l'interprète se libère de la crainte de subir les reproches que la méthode scientifique a adressés (avec ou sans raison) aux exégètes du XIXe siècle : ces critiques ne nous concernent pas. À situation nouvelle, position nouvelle. À la fin du XIXe et au début du XXe siècle, c'est avec bonheur que des juristes se sont levés, non seulement pour rejeter le culte aveugle de la loi, mais pour dépasser l'interprétation exégétique des textes de 1804. Pour ceux de ces textes qui demeurent en vigueur, l'attitude demeure — *a fortiori* — valable. Aujourd'hui, nous avons, cependant, *d'autres textes* forgés sur des données nouvelles. Pour ce corps de lois repensé et refondu, notre rapport à la loi est carrément inversé. À partir de 1964, s'est développée un mouvement législatif dont les juristes contemporains ont à se pénétrer. **La jouvence de l'interprétation** consiste à **revenir à l'exégèse** des textes de cette veine, à en prendre l'intelligence et, sur cette assise, à rendre sa force à l'analogie (mais il faut bien reconnaître que cette veine historique — dans laquelle on reconnaîtra sans doute, avec le temps, qu'elle fût **un âge d'or de la législation civile** — s'est aujourd'hui tarie et que la technique législative, dans son ensemble, s'est affaissée dans la médiocrité).

(45) Ces qualificatifs peuvent être source de confusion dès lors que la méthode exégétique, à la recherche de l'intention originelle du législateur, est, parfois aussi, nommée historique.
(46) V. plus haut, n° 296 s.

407 2° Il est prudent de garder en mémoire les dérives possibles d'un regard uniquement fixé sur la loi.

— **Tout n'est pas dans la loi.** Qui voudrait réinstaurer une infaillibilité de la loi ? Par l'autoscepticisme qu'il affiche, le législateur auquel on doit le mouvement exemplaire des réformes des années 60-70 en refuse, par avance, l'embarrassant hommage. Il y a toujours du travail pour la jurisprudence et des plages ouvertes à la coutume.

— La loi, **intentionnellement**, utilise **lacunes** *intra legem* et **« notions-cadre »** qui, par définition, attendent de l'interprète un travail créateur (v. plus haut, n° 177 s). Souvent appelé à concrétiser des notions indéterminées (« justes motifs », « intérêt de la famille », etc.), à en déterminer le contenu, **l'interprète est nécessairement associé à l'application et à la création d'une loi qui s'est elle-même voulue incomplète**. Au nom de la loi, il est urgent de considérer que la loi n'a pas tout dit. Elle est, par avance, ouverte aux adaptations nécessaires : prête à évoluer. Le non-dit de la loi n'est pas du non-droit, mais un droit potentiel, embryonnaire, qui aspire à prendre corps.

3° L'image du droit positif tient sans doute en **trois observations récapitulatives** (qui sont au nombre des **propositions de synthèse** du colloque *« La découverte du sens en droit »* 1991).

a) Notre jurisprudence ne se lie, *a priori*, par **aucune adhésion systématique à un unique principe** d'interprétation. Elle est sous le signe de l'éclectisme et du pragmatisme (B. Oppetit). Cette ouverture est salutaire.

b) Il règne entre les diverses méthodes **un certain partage d'influence**. Là prévaut la méthode exégétique (ex. C. civ. art. 1156), ici la référence aux finalités (notamment dans l'interprétation des traités et conventions internationales, J.-L. Bergel).

c) L'opposition des méthodes n'est pas aussi tranchée qu'on le dit. **Toute interprétation commence par le texte** (on revient au « bout de chemin » à faire ensemble), et la distinction même des critères demande à être nuancée (il y a des **liens entre lettre et esprit, intention et finalités**, etc.). L'interprétation proprement dite a enfin un seuil au-delà duquel commence **l'appel aux autres sources**, équité, coutume, etc.

Proposition. Pourrait-on écrire : L'esprit du droit préside à son interprétation ; la raison d'une règle en éclaire le sens et en mesure la portée ?

Quand une loi est claire, il ne faut pas en triturer la lettre pour en éluder l'application. Dans le doute, l'équité l'emporte ?

NOTE

M. Carbonnier écrit (en forme de sentence — ou de boutade — philosophique) : « L'interprétation est la forme intellectuelle de la désobéissance » (Intro. 158). Art de dérobade qui, dans la nécessité, peut être de bon secours. Serait-ce une dérive occasionnelle de l'interprétation ou le génie domestique qui l'habite ? Quand, idéalement, l'herméneutique est si belle, et fascinante l'exégèse au souffle de l'esprit, ce réalisme dissipe les illusions. Trop souvent (ce serait triste de dire toujours), interpréter c'est tordre ; tordre le droit, tordre le fait à nos propres vues, à nos désirs, à nos intérêts (Jr 23, 36). Désenchantement de notre probité supposée. Nous lisons nos pensées dans le texte de la loi, prompts à surfer sur le vague de son écriture. V. *L'imagination, à bon droit ?* 2e conférence Albert Mayrand, Université de Montréal, Éd. Thémis, 1998.

BIBLIOGRAPHIE

GÉNY F., *Méthode d'interprétation et sources en droit privé positif.* 2e éd., 1932, L.G.D.J.

L'interprétation dans le droit, **Archives de philosophie du droit,** t. 17. 1972.

CARBONNIER, *Droit civil,* Introduction, 24, 154.

L'apport des réformes récentes du Code civil à la théorie du droit civil, Cours de doctorat, Paris II, 1970-1971, Cours de droit.

BONNECASE J., *L'École de l'Exégèse en droit civil,* 2e éd., 1924.

PACLOT Y., *Recherche sur l'interprétation juridique,* Th. Paris, 1988.

Actes du Colloque, « La découverte du sens en droit », Assoc. fr. de philosophie du Droit, 1992 Franz Steiner Verlag Stuttgart (Bergel, Landowski, Oppetit, Paclot, Paychère, Terré, Cornu).

Le règne discret de l'analogie, Mélanges offerts à André Colomer, Litec, 1993, 129 s, « *L'art du droit...* » p. 331 s.

Analogie et méthodologie juridique, Cahiers de méthodologie juridique (J.-L. Bergel *et al.*), n° 10, 1995-4.

CÔTÉ P.-A., *Interprétation des lois,* 2e éd., 1990, Éd. Yvon Blais (ouvrage québécois).

CRÉPEAU P.-A., *Essai de lecture du message législatif, in* Mélanges Jean Beetz, 199 s.

B. LES PROCÉDÉS D'INTERPRÉTATION

408 De portée plus restreinte, ils ont une valeur complémentaire. Cependant, dans les limites qui sont les leurs, ces procédés sont, en jurisprudence comme en doctrine, d'usage courant. Ils n'ont, le plus souvent, aucune base dans la loi. Souvent appuyés sur des **maximes** familières, ils ont un **fondement coutumier** (47). Ils appartiennent, en réalité, à la rhétorique. C'est ce qui fait leur attrait, leur séduction, parfois leur maléfice. Ils ne font pas toujours l'objet d'un emploi judicieux. Porté par la facilité, leur usage recèle certains dangers. On peut en distinguer deux séries, qui présentent à des degrés divers ces risques.

a) Procédés d'interprétation rationnelle

409 Tous se fondent sur l'analyse de la raison d'être de la loi. Leur principe commun est qu'**une règle doit être appliquée dans toute la mesure de sa raison d'être et seulement dans cette mesure.** La raison d'une règle donne la mesure de son application. La *ratio legis* est le véhicule de l'interprétation. Il s'agit toujours, en présence de la règle énoncée par un texte, d'en dégager la raison d'être, et, étant remonté par induction à cette raison, d'en déduire d'autres conséquences que celles énoncées au texte.

410 **1° Interprétation analogique :** La méthode rationnelle justifie l'extension analogique d'une règle par l'emploi de l'argument *« a pari »*. L'analogie est l'opération intellectuelle de comparaison qui consiste à étendre la règle énoncée pour un cas, à un cas reconnu analogue pour lequel aucune solution expresse n'avait été donnée. Comparaison opérée à la lumière de la raison de la loi, l'analogie est à la limite de l'interprétation, dans la mesure où

(47) V. *Linguistique Juridique*, n° 108, p. 372, un aperçu des adages porteurs de directives d'interprétation. Ces directives sont parfois contradictoires. C'est sans doute que les maximes et sentences saisissent des **vérités relatives partielles**. V. *op. cit.*, n° 114. Cette faiblesse fait la force du droit coutumier (sa souplesse). Complémentaires plus que contradictoires, les directives opposées entrent comme des éclairages croisés dans la discussion juridique où elles ont vocation, comme argument d'appoint, à soutenir avec discernement le pour et le contre. **L'adage stimule et nourrit la contradiction** plutôt qu'il ne la clôt. Il anime le raisonnement. Il inspire plus qu'il n'impose. Il excite la pensée. Si les adages, les siècles passant, n'ont pris aucune ride, c'est qu'ils accompagnent la pensée dans sa démarche dialectique.

elle est extension de la solution posée pour un cas à un cas non prévu par la loi (48). L'argument *« a pari »* est fondé sur la maxime *« ubi eadem ratio, ibi idem jus »* (49). Parfois la loi civile elle-même autorise l'interprète à raisonner analogiquement. Ainsi l'article 1578 du Code civil invite le juge à transposer *« en tant que de raison »* les règles prescrites pour le partage judiciaire des successions et communautés à la liquidation du régime de participation aux acquêts. En dehors de ces invitations expresses, précieux est l'usage de l'extension analogique, guidé par le seul secours de la raison (50). Source de progrès et facteur d'économie législative, l'analogie permet d'adapter la loi sans avoir à la modifier, dans la fidélité à sa raison d'être. Là où un littéralisme pressé et paresseux jette mécaniquement l'esprit vers l'argument *a contrario*, l'intelligence de la règle prend le temps d'examiner l'éventualité et la légitimité, cas par cas, de l'argument *a pari* : le temps de raisonner et le mal qu'on s'y donne.

Pourrait-on écrire : Dans le silence du droit écrit et du droit coutumier, le juge statue en raison et en équité ; il s'attache à l'analogie des règles applicables à des cas semblables ?

411 **2° Interprétation *a fortiori* :** La méthode rationnelle autorise l'argument *« a fortiori »*. L'interprète argumente ainsi lorsqu'il tire d'une proposition énoncée une proposition qui, quoique non exprimée, mérite d'être admise « à plus forte raison », parce que la raison qui justifie la première se retrouve avec plus de force, dans la seconde. « Qui peut le plus, peut le moins » (51). Lorsqu'un mandataire a reçu le pouvoir d'accomplir des actes d'administration, on doit admettre qu'il a, à plus forte raison, celui d'accomplir des actes moins graves (les actes simplement conservatoires) (v. aussi, *infra*, n° 1024).

---

(48) Comp. le mécanisme de l'exemplarité (v. *supra*, n° 215 *bis*) et le procédé de l'énumération indicative, n° 214.

(49) Ou encore *Ubi eadem est legis ratio, ibi eadem est legis dispositio*.

(50) V. par ex. Paris 11 juill. 1978, D. 79.422. Dans son article 12, le nouveau titre préliminaire du Code civil de Costa Rica consacre la légitimité de l'extension analogique (*por identidad de razón*). V. réf. *supra*, n°s 285, 308. V. *Le règne discret de l'analogie*, *Mélanges Colomer*, 129 s. *« L'art du droit... »* p. 331 s. **L'usage judiciaire du raisonnement analogique est trop rare**. D'où l'intérêt et le relief d'une de ses applications topiques : l'extension à l'action en nullité du mariage d'un majeur protégé, par le curateur dont le consentement était requis, du délai d'action établi à l'article 183 C. civ., pour le mariage des mineurs, qui limite à un an à compter du mariage sans réclamation de leur part, le droit pour les parents dont le consentement était requis de demander la nullité du mariage. Transposition rationnelle au curateur *loco parentis*. Civ. 1re, 5 mai 1993, J.J.A., Les petites Affiches, n° 135, p. 16 (n° du 10 nov. 1993) n. Massip. V. aussi, par analogie des dispositions des art. 46, 55 et 58 C. civ., la constitution de l'état civil d'une personne amnésique, par un jugement attributif d'identité provisoire à transcrire sur les registres de l'état civil, TGI Lille, 28 sept. 1995, D. 1997.29 n. X. Labbé. V. au contraire, pour le refus d'étendre au contrat d'assurance vie l'art. 504 écrit pour le testament du majeur protège, Civ. 1re, 11 juin 1996, D. 1998.20. n. crit. Ph. Delmas Saint-Hilaire, R. T. 1996.877, chron. Hauser, *Defrénois* 1996.1355, obs. Massip. Il serait souhaitable que l'esprit souffle du coté de l'analogie. V. aussi pour une interprétation littérale restrictive sans force devant une identité de raison Civ 1re 9 janv. 1996 critiqué *infra* n° 587 et 642ter. Encore un regret pour le refus d'étendre l'application des art. 490 et 508 au-delà des termes du texte, application littérale stricte ; il y avait pourtant une raison d'étendre la protection de la curatelle de l'altération des facultés mentales pour cause de maladie à une autre espèce d'altération, médicalement contestée, des facultés personnelles : Civ. 1re, 2 oct. 2001, *Pet. aff.* 24 mai 2002, n° 104, n. Chaillé de Néré (il est vrai qu'il s'agissait de troubles consécutifs à l'adhésion à un mouvement sectaire, question sensible : *Favor libertalis ?*). V. au contraire un recours de bon aloi à l'analogie (sans le mot) *in* C.E.D.H. 30 janv. 2001, *Pet. aff.* 19 nov. 2001, n° 230, n. Massip (l'individu considéré comme incapable d'agir seul dans les actes de la vie civile devrait l'être également dans une procédure pénale conduite contre lui).

(51) V. cep. pour un renversement insolite, *infra*, n° 1470.

412 **3° Exclusion des cas rationnellement non compris dans les prévisions de la loi :** Un troisième effet de l'interprétation rationnelle résulte de la maxime *« cessante ratione legis, cessat lex » :* lorsque disparaît la raison de la loi, la loi aussi doit être écartée. S'il est, sans doute, excessif, selon beaucoup d'auteurs (52), de faire découler de cette maxime l'abrogation même de la loi, on peut au contraire admettre en vertu de cette maxime, qu'une loi ne doit pas être appliquée à des cas qui, à la lettre, paraissent compris dans ses dispositions, mais sont rationnellement exclus en tant qu'ils sont étrangers à la raison de la loi. Limite à l'interprétation littérale, cette restriction rationnelle tient en échec un autre adage *(Ubi lex non distinguit nec nos distinguere debemus),* au moins dans le cas où l'application aveugle des termes de la loi dépasserait évidemment le motif de celle-ci : opposition manifeste qui se résout en faveur de l'esprit de la loi (53). Ainsi admet-on qu'en dépit de la généralité des termes de l'art. 2232 du C. civ., la prescription extinctive de toutes les actions tant réelles que personnelles ne s'applique pas à l'action en revendication de propriété immobilière qui est considérée comme imprescriptible (la propriété ne se perd pas par le non-usage, v. Req. 12 juill. 1905. D.P. 1907.1.141). Cette restriction rationnelle est un mécanisme comparable à l'extension analogique, mais de sens contraire.

b) Procédés d'interprétation formelle (ou littérale) (54)

413 Ils conduisent l'interprète à travailler sur des données plus superficielles : à considérer, à traiter (sinon à manipuler) la **formule littérale de la loi**. Ils s'appuient, non plus sur la raison de la loi, mais sur la formulation légale (parfois par une « trituration » du texte).

414 **1° Interprétation *a contrario :* L'argument *a contrario sensu* consiste à poser que si la loi a énoncé une règle, elle a, par là même, exclu la proposition contraire. *Qui dicit de uno, de altero negat. Inclusio unius fit exclusio alterius.* Le législateur est-il toujours aussi rigoureusement régi par le principe de non-contradiction ? C'est ce qu'il faudrait démontrer. L'argument *a contrario* n'est pas toujours convaincant.**

Aussi bien la doctrine traditionnelle ne lui reconnaît-elle de caractère concluant que pour aller d'une disposition exceptionnelle au droit commun (par retour au principe) (55). On

(52) Aubry et Rau, *Droit civil français,* 7e éd., T. I. par A. Ponsard, 1964, & 40, n° 170, p. 313 ; v. plus haut, n° 163.

(53) V. aussi, plus haut, n° 391 et plus loin n° 599, 1591, 1662 (autres cas typiques d'exclusion rationnelle) ; comp. n° 1570.

(54) **Le raisonnement gigogne.** Conceptuellement simpliste, déjà assis sur d'innombrables applications et promis au permier rang dans la mouvance de la C.E.S.D.H., c'est l'opération qui consiste à faire entrer dans une notion fourre-tout la foule de toutes les situations dans lesquelles on peut déceler le moindre motif de les y annexer. Ces notions d'accueil ont une façade légitime. Qui voudrait nier, dans le principe, la valeur de ces idéaux : respect de la vie privée, respect de la vie familiale, respect des biens, procès équitable, juge impartial, délai raisonnable, etc. ? Ces notions englobantes ne sont pas génériques ; elles sont géantes, si bien qu'on peut tout enfourner en elles, pour peu qu'on en prenne la peine (les rattachements sont souvent laborieux). Tout se dilue en elles et la pensée se décale. On ne se demande pas quelle est la valeur en soi de l'aspiration à connaître ses origines personnelles, mais si on peut la rattacher au respect de la vie privée. L'esprit ne va pas *in medias res* ; il extravague. Il aspire et envoûte toutes les notions qui demanderaient à être considérées en elles-mêmes.

(55) V. Aubry et Rau, *op. cit.*, p. 315, citant Merlin, Rép. et Quest., V° Argument *a contrario sensu.* V. en Toulouse 20 juin 2001 l'empoi convaincant de l'argument *a contrario* : si, en vertu de l'art. 61-3, un changement de nom est subordonné au consentement personnel de l'enfant de plus de

retrouve un peu la même démarche dans l'affirmation que tout ce qui n'est pas défendu est permis.

Pourtant, même en dehors de ces cas, l'argument peut servir. Ainsi pouvait-on tirer un argument *a contrario* de l'article 299 du Code civil. (« Par l'effet du divorce, chacun des époux reprend l'usage de son nom » ; d'où l'on déduit que, par effet du mariage, la femme est en droit de prendre l'usage du nom du mari). Un raisonnement analogue peut être fait sur l'article 336 C. civ. pour peu que l'on remplace le mot « sans » par le mot « avec » (*adde infra*, n° 1036, 1638).

La vérité est que, l'argument *a contrario*, expédient commode, est rarement, en lui-même, suffisant (56). La prudence recommanderait de l'utiliser comme argument d'appoint (parmi d'autres) ou d'acompte (à corroborer).

15 **2° Interprétation stricte des dispositions d'exception :** Il est de maxime que « les exceptions sont d'interprétation stricte » (« *exceptio est strictissimae interpretationis* »).

Cependant, cette directive ne peut être admise que sous le bénéfice d'une distinction (57). Elle trouve sa justification et son application pour des règles que l'on peut considérer soit comme « odieuses », ou au moins rigoureuses (lois pénales d'aggravation), soit comme exorbitantes en ce qu'elles s'écartent de principes essentiels (liberté, égalité) du fait, par exemple, qu'elles confèrent un privilège ou édictent une pénalité civile. *Odiosa restringenda.* Le principe d'interprétation stricte commande de renfermer les règles « odieuses » (ou assimilées) dans les limites que la loi leur assigne. Il exclut l'extension analogique de ces règles aux exceptions qui ne sont point dans la loi. Celles-ci ne doivent pas être suppléées. les exceptions énoncées sont limitatives. Elles sont de droit étroit. L'interprète ne doit pas étendre le droit exorbitant. L'exception confirme la règle dans les cas non exceptés *(exceptio firmat regulam in casibus non exceptis)*. Le doute et le silence profitent au droit commun. La défaveur est sur le *jus singulare*.

16 Cependant, beaucoup de règles d'exception ne sont ni odieuses ni assimilables aux lois odieuses.

Partiellement justifié, le préjugé historique ne doit pas être abusivement généralisé. L'abus consisterait à poser que toute règle d'exception est de droit étroit : application mécanique et aveugle (58).

---

treize ans, quand ce changement ne résulte pas d'un changement d'état, le consentement de l'enfant n'est pas exigé (jusqu'à sa majorité) si le changement de son nom résulte d'un changement d'état. *Pet. aff.* 17 mai 2002, n° 99, n. Massip. Une autre partie de la motivation du même arrêt s'appuie d'ailleurs, judicieusement, sur la maxime *Ubi lex non distinguit, nec nos distinguere debemus*, en ne distinguant pas selon que le changement affecte le nom d'un grand-père ou celui du père.

(56) V. par ex. l'interprétation *a contrario* de l'article 322, al. 2 C. civ. étayée par une référence aux objectifs essentiels de la réforme de la filiation (Civ. 1re 27 févr. 1985, 2 arrêts, D. 1985, 265, spéc. p. 268). *« Jurisprudence a contrario ? »* (Chr. Atias, D. 1997, chron. 297). C'est la question de savoir si, comme une disposition légale, un arrêt pourrait « fonder l'application, à une espèce contraire, de la solution inverse de celle qu'il avait retenue. » Pourquoi n'en tirerait-on pas un argument d'autorité ? Mais si, dans une espèce semblable, une décision de justice n'a pas, en droit français, valeur de précédent, comment aurait-elle valeur de précédent *a contrario* dans une espèce antithétique ? La jurisprudence n'est pas une source formelle. « Pour motiver sa décision, le juge ne peut se borner à se référer à une décision antérieure intervenue dans une autre cause, » Civ. 2e, 2 avril 1997, G. P. 1997.II.Pan.235 (v. *infra*, n° 440).

(57) Cf. la thèse de M. Luc Robine, *L'interprétation des textes exceptionnels en droit civil français,* Bordeaux, 1933, Préface J. Bonnecase.

(58) V. par ex. pour le changement de prénom, *infra*, n° 634.

En réalité, **l'exception est une règle**. Comme pour toute règle, **il faut entrer dans la raison de la loi** sans se laisser enfermer dans une vue formelle (dans le fait que cette loi est énoncée sous forme d'exception). Aussi bien, découvre-t-on, alors, que, dans la hiérarchie des intérêts, la règle exceptionnelle a une valeur primordiale. La raison qui justifie la dérogation aux règles ordinaires apparaît, parfois, comme la défense d'un principe fondamental, d'un intérêt supérieur (not. d'un intérêt commun). Par exemple, l'article 215, 3e alinéa C. civ. énonce que les époux ne peuvent l'un sans l'autre disposer des droits par lesquels le logement de la famille est assuré. Aucun époux, quels que soient les pouvoirs qu'il tient de son régime matrimonial, ne peut disposer seul de tels droits. De toute évidence, la règle primordiale est dans cette exception que le législateur a placée au cœur du régime primaire impératif pour l'imposer à tous les ménages. Dérogatoire au fonctionnement normal du régime, la règle du double consentement est, en valeur sociale, en force juridique, la plus importante. L'interprète qui assujettirait cette règle à une interprétation stricte serait aveugle : il ne verrait pas que sur l'exception reposent la sécurité du ménage et la sauvegarde de la valeur capitale que représente, pour le couple, le logement familial.

417 Lorsqu'une règle est énoncée sous forme d'exception, il faut donc aller à sa raison et celle-ci peut faire reconnaître « l'exception » comme la sauvegarde d'un principe supérieur. **Une exception de cette nature mérite d'être appliquée dans toute la mesure de sa raison d'être**. Non seulement il ne faut rien en retrancher, mais la plénitude de son application doit être garantie, fût-ce au prix d'un raisonnement analogique.

Interprétation stricte et interprétation restrictive

« Le principe de la légalité des délits et des peines qui impose une interprétation stricte de la loi pénale s'oppose à ce que l'incrimination d'homicide involontaire s'applique au cas de l'enfant qui n'est pas né vivant » (59). Ce motif s'apppuie sur un principe général du droit pénal : « La loi pénale est d'interprétation stricte » (art. 111-4 C. pén.). L'interprétation stricte d'une règle en renferme étroitement l'application à l'intérieur des limites de son domaine ; elle exclut que la règle soit étendue en dehors de son domaine d'application ; l'interprétation stricte de la loi pénale interdit que son application soit étendue à d'autres incriminations que celles qu'elle prévoit. Cet obstacle est, pour les citoyens, le garant de leur liberté et de leur sécurité.

Cependant, l'interprétation stricte d'une règle lui laisse tout le champ de son application. Elle n'interdit pas, mais suppose, au contraire, que la loi soit appliquée dans toute l'étendue de son domaine, **dans la plénitude de son sens. Elle n'en retranche rien.** C'est toute la différence avec une interprétation restrictive qui soustrait à la loi une parcelle de son empire et, en cela, la viole.

Dans le raisonnement des arrêts cités, la faille est de glisser d'une interprétation stricte à une interprétation restrictive. Dans le Code pénal, la disposition de l'article 221-6 vient en tête des **« atteintes involontaires à la vie »** (titre de la section II). L'incrimination d'homicide volontaire **inclut** l'acte involontaire d'ôter la vie à un enfant à naître, l'action d'en provoquer accidentellement la mort. Cette atteinte involontaire à la vie est **comprise dans l'incrimination légale ;** elle n'en est pas l'extension. Son exclusion de la protection de la loi est en revanche un retranchement à la loi. Il y a de la vie dans un enfant à naître, et, après l'action, la mort. Peut-on faire abstraction et de cette vie et de cette mort ? (v. *infra*, n° 461).

(59) Cass. crim. 25 juin 2002, D. 2002.J.3099, n. Pradel ; J.C.P. 2002.II.10155, n. M.-L. Rassat. *Dr. fam.* 2002.25.6, n. Vigneau ; dans la ligne de la jurisprudence antérieure (not. Cass. Ass. plén. 29 juin 2001, *Dr. fam.* 2001.21.4, n. Vigneau et réf.). La jurisprudence est fixée. C'est un grand dommage.

CHAPITRE II
LES SOURCES COMPLÉMENTAIRES DU DROIT CIVIL

418 Elles sont trois :

— la **coutume**, source secondaire mais vivace, et source de droit proprement dite ;

— la **jurisprudence** et la **doctrine** dont l'importance est considérable bien qu'elles ne soient pas, au sens strict du terme, de véritables sources, des sources formelles (1), mais seulement des **« autorités »** (v., en faveur de cette analyse, J. Carbonnier, cf. Merlin, *Répertoire*, V° Autorités).

SECTION I LA COUTUME EN MATIÈRE CIVILE

« *Usus efficacissimus rerum omnibus magister* » (Pline).

419 En matière civile, la coutume répond à la définition générique donnée plus haut (n° 76 s). Le fonds coutumier est le fruit d'une **longue suite d'actes constamment répétés qui, par la pratique commune et l'assentiment populaire, font naître une règle de droit**. Elle nous vient aussi, du fond des âges, sous forme d'adages toujours vivaces que cultive la communauté des interprètes. Concrètement, les coutumes civiles apparaissent dans la diversité de leur nature et de leur force (2).

§ 1. DIVERSES ESPÈCES DE COUTUMES CIVILES

420 La diversité des coutumes tient, pour l'essentiel, à leur **assiette sociologique**. Une coutume se rapporte à **un milieu** dans lequel elle se forme, s'affermit et

(1) V. *supra,* n° 73, texte et note 4.

(2) L'approfondissement de ces points est proposé dans la *Linguistique Juridique* (Montchrestien), n° 102 s. Le discours coutumier qu'expriment les maximes et adages y est présenté comme énoncé linguistique et comme discours juridique (dans ses caractères intrinsèques et dans ses rapports avec le droit, le droit positif et la loi). La diversité des coutumes y apparaît dans le trésor des adages. **Si le droit est une culture, c'est en partie grâce à la tradition coutumière.**

se pérennise. Or ce terrain de germination et de développement, ce terreau, ce terroir n'est pas toujours le même.

Sous un premier rapport, on oppose volontiers les coutumes d'origine populaire et les coutumes d'origine savante (distinction qui évoque la distinction faite Outre-Rhin entre le *« Volksrecht »* — le droit populaire — et le droit, plus élaboré, plus savant, qui s'exprime par l'organe des juristes, des jurisconsultes, *« Juristenrecht »*). Cependant le droit coutumier, dit d'origine savante, regroupe un fonds de maximes juridiques qui, assez souvent, ont, en la forme et au fond, un caractère populaire. Elles ont donné corps à des proverbes, adages familiers, qui reposent sur le simple bon sens. Beaucoup de ces brocards ont, par leur frappe et leur sens ouvert, une saveur populaire : « Qui ne dit mot consent », « Est bien père qui me nourrit », « À l'impossible nul n'est tenu », « Aliéné n'aliène » ; certains un tour poétique : « Fille mariée est suffisamment dotée d'un chapel de roses ou d'un bouquet de fleurs ». Savants ou populaires, **adages et maximes** enchâssent une pensée dans une formule mémorable. Souvent, ils cristallisent des règles éthiques ou des maximes d'interprétation (v. *supra*, n° 408 s.).

La distinction majeure passe entre les coutumes proprement dites et les usages (3).

A. LES COUTUMES

Elles réunissent tous les éléments qui concourent à la définition ordinaire de la coutume. Leur **généralité** présente, malgré tout, des degrés.

421 a) **Principes généraux du droit.** Certaines coutumes ont une **valeur quasi universelle** et sont géographiquement assurées d'une très large audience. Communes aux systèmes juridiques occidentaux, elles constituent une sorte de fonds commun international. Elles énoncent des principes généraux dont beaucoup viennent du droit romain et dont la plupart, mais non pas tous (4), sont frappées en forme de maxime : « Nul ne doit s'enrichir injustement au détriment d'autrui », *« Fraus omnia corrumpit », « Non omne quod licet honestum est », « Nemo plus juris ad alium transfere potest quam ipse habet », « Res judicata pro veritate accipitur ». « Nemo auditur propriam turpitudinem allegans », « error communis facit jus »,* etc. Les coutumes de ce genre donnent à l'Europe les éléments d'un

(3) **La pratique** n'est pas au même rang que la coutume et les usages dans les sources du droit (ce n'est pas une source formelle) mais le tissu des usages sort, pour une large part, de ses ateliers. Sa contribution à la formation des usages n'est qu'un des aspects de son rôle. Sur celui-ci en général, v. Trav. de l'Assoc. Capitant, T. XXXIV, 1983, *Le rôle de la pratique dans la formation du Droit,* spéc. le rapport de M. J.-L. Sourioux, p. 85 s. ; J. Charlin, *La participation du notaire à la création de la règle de droit, Th.* Lyon, 1981. V. J.-Ph. Lévy, *Les actes de la pratique, expression du droit,* Rev. hist. de dr. fr. et étranger, 1988, p. 151 s., synthèse sans limite chronologique des rapports des actes de la pratique et du droit où il est exposé que les actes peuvent être soit l'expression d'une pratique conforme à la règle de droit, soit l'unique expression du droit, soit l'expression d'un conflit entre la pratique et la règle de droit (*secundum, praeter, contra legem*), éventail classique.

(4) D'où la distinction souvent faite entre les maximes et les autres principes généraux du droit non énoncés en formule (par ex. la liberté du mariage) ; v. *infra*, n° 503 : il est dans l'ordre que, peu à peu, ces principes généraux pénètrent dans le droit écrit, lorsque la loi, cueillant le fruit de la coutume, les consacre. V. C. civ. art. 9, pour le respect de la vie privée, *infra*, n° 509. Même non énoncés sous forme d'adages, les **principes généraux du droit tirent leur force de la coutume avec la consécration de la jurisprudence.** V. Gridel *La Cour de cassation française et les principes généraux du droit privé,* D. 2002. chron. p. 228 et 345.

Jus commune non écrit. Les maximes qui les pérennisent véhiculent des **éléments essentiels de la science du droit et de la procédure.**

2 b) D'autres constituent, en France, **des coutumes générales**. Elles offrent un caractère national plus marqué. Elles sont, plus typiquement, françaises. Entrent dans ce groupe les coutumes relatives au nom de famille (celle qui, naguère, faisait porter aux enfants le nom de leur père, et celle qui permet à la femme mariée de prendre l'usage du nom de son mari ; v. *infra*, n° 591), la notion de bonnes mœurs, les coutumes qui règlent le sort particulier des souvenirs de famille dans la dévolution successorale, le droit coutumier d'où découle le respect dû aux morts et aux sépultures. Liées à des traditions nationales, ces coutumes peuvent varier d'un pays à l'autre.

B. LES USAGES

3 Les usages réunissent à une autre échelle les éléments constitutifs de la coutume. Ils se développent dans un **milieu plus restreint**. Ils ont une aire d'extension plus limitée. Ce sont des diminutifs de la coutume. On peut en distinguer trois catégories particulières (5) sans exclure d'ailleurs qu'un même usage, considéré sous ses diverses facettes, puisse être à la fois local, professionnel et conventionnel.

a) Les usages locaux (« Autant de villes, autant de guises »)

4 Ils prennent corps et racine dans une **région déterminée** (6), parfois dans une ville. À l'intérieur de ces limites géographiques, ils reproduisent, en modèle réduit, les caractères de la coutume. Ce sont des pratiques suivies avec la conviction, ancrée, qu'ils sont obligatoires. Lorsqu'ils sont « constants et reconnus », ces usages locaux sont particulièrement importants en matière foncière, surtout en milieu rural et dans le statut des locaux d'habitation. Par exemple, l'usage en certaines régions, de laisser entre les jardins une « rouille » (passage de brouette entre deux parcelles) tient en échec le droit de se clore (chaque riverain devant laisser libre la largeur de la « rouille », Civ. 3e, 4 nov. 1987, inéd.). Dans les Charentes, les ventes d'eaux-de-vie se font verbalement en vertu d'un usage si constant et notoire qu'il serait offensant d'exiger un écrit, impossibilité morale (art. 1348) qui permet de prouver par tout moyen la vente sur parole (Poitiers, 25 nov. 1992, D. 1993.I.R. 117). Le Code civil renvoie souvent à l'usage des lieux, notamment pour déterminer la hauteur des clôtures (C. civ. art. 664), la distance des plantations (C. civ. art. 671), le délai de congé en matière de baux, etc. (v. art. 1736, 1745, 1748, 1753, 1757,

---

(5) Certaines pratiques, même traditionnelles, ne sont pas toujours reconnues comme usage. A été jugé sans force légale l'usage confraternel, entre médecins, de ne pas verser d'honoraires. Civ. 1re, 26 nov. 1981. D. 82.562, n. Agostini. Soumis à une révocabilité encadrée et contrôlée, **l'usage d'entreprise** est hors-série. V. Ch. Soc. 25 févr. 1988, et Anne Penneau, Droit social, 1989, p. 86. V. aussi, Soc. 10 févr. 1998, Ann. Seine 1998 (suppl. an n° 40, 8 juin) admettant que l'employeur peut supprimer un avantage résultant d'un simple usage dès lors que celui-ci n'était pas incorporé au contrat de travail (C. civ. art. 1134) et qu'il est en droit de mettre fin à l'usage d'entreprise en le dénonçant régulièrement (au regard des règles régissant la dénonciation de tels usages).

(6) Par ex. en Touraine, sur le droit des caves troglodytes, notamment pour l'épaisseur à laisser en plein roc entre des caves contiguës qui abritent les barriques de vin : 1 à 5 mètres selon les lieux.

1759, 1762, 1777 C. civ.). Au moins pour les corridas avec mise à mort, la tauromachie ne peut se pérenniser que sur les places où elle s'autorise d'une tradition locale ininterrompue (Cass. Crim. 16 sept. 1997, Pet. Aff. 1998, n° 125, 9, n. H. Peroz ; *adde* Toulouse, 3 avr. 2000 préc. n° 85 ; J.-M. Lattes, D. 2002.3083, point de vue).

b) Les usages professionnels

425 Ils se développent **au sein d'une profession déterminée** et tendent à régir les **rapports des membres de la même profession** dans l'exercice de celle-ci. Ce sont des pratiques de métier. Initiés à ces pratiques, les professionnels sont censés s'y référer dans leurs relations d'affaires. Cependant, il arrive que la loi y renvoie expressément (ainsi la loi du 3 juillet 1985 pour la définition de l'artiste de complément qui, à la différence de l'artiste-interprète, ne jouit pas du droit voisin du droit d'auteur qu'institue la loi nouvelle. V. *infra*, n° 1701). Autant que les usages locaux, ils offrent un exemple historique de formation particulière du droit (7). On connaissait autrefois les usages de la forêt, les usages de la rivière. Aujourd'hui, demeurent vivaces les usages du commerce et de l'industrie (par branche), ceux de la bourse, du notariat, des professions médicales (8), etc. C'est dans l'ensemble largement conçu des usages professionnels que se situent, pour les professionnels, **les règles de l'art**, données traditionnelles. Mais, dans l'application, celles-ci doivent désormais, de plus en plus souvent, se marier avec des éléments d'origine étatique et d'expression écrite, les normes techniques (v. Anne Penneau, *Règles de l'art et normes techniques*, L.G.D.J. 1988).

Recoupement. Un usage professionnel peut être qualifié de contractuel dans les rapports d'un membre de la profession et d'un tiers, d'où résulte son inopposabilité à celui qui n'y a pas adhéré (V. Com. 4 mai 1999, D. 2000 (dr. aff.) J. 191, n. J. Djoudi, pour un usage bancaire déclaré inopposable à l'épouse d'un client).

c) Les usages conventionnels

426 Destinés à régir des **relations contractuelles**, ils servent à déterminer, dans certains contrats, des obligations secondaires qui demeurent implicites (on passe un contrat sans tout dire). Aux obligations principales, exprimées, viennent s'ajouter diverses obligations accessoires sur lesquelles les parties, en contractant, ne se prononcent pas formellement (9). Les usages conventionnels concourent ainsi à déterminer le contenu des obligations découlant d'un contrat et varient d'un type de convention à l'autre (le principe de cette détermination complémentaire du contenu du contrat par les usages conventionnels est énoncé à l'art. 1135 C. civ. ; ajoutez, pour l'interprétation des contrats, les articles 1159 et 1160 C. civ.).

---

(7) Ex. : l'obligation, pour les commissaires-priseurs, sauf dérogation spéciale, d'effectuer les ventes aux enchères volontaires dans les locaux de leur compagnie a la force d'une coutume, en tant qu'usage professionnel accepté par l'ensemble de la profession (T.G.I. Paris 23 mars 1983, inéd.).

(8) V. pour les règles de préavis à respecter, en vertu des usages de la profession, dans la rupture unilatérale du contrat avec une clinique privée, Civ. 1re, 17 juill. 1985, Bull. 85, p. 205, n° 231.

(9) Entre professionnels, ils peuvent entrer en coïncidence avec les usages de la profession. La référence aux façons habituelles d'agir dans l'exécution d'un contrat peut éclairer sur l'étendue des obligations des parties, par exemple, dégager la responsabilité du moniteur d'équitation qui, après une leçon collective, laisse à chaque enfant (non débutant) le soin d'attacher sa monture, opération qualifiée « d'habituelle dans la pratique d'un club hippique » (Civ. 1re, 28 nov. 2000, J.C.P. 2001.IV.1146).

Aussi bien ces usages conventionnels sont-ils sous le coup d'une certaine ambiguïté. Ils participent à la nature de la règle de droit ; mais (au moins dans l'explication traditionnelle) ils trouvent leur fondement dans la volonté tacite des contractants et paraissent tirer leur force obligatoire de la volonté implicite (10) des parties contractantes (comme si ces dernières, en gardant le silence, étaient censées s'être tacitement référées à des usages qu'elles sont présumées connaître). Pareille ambiguïté explique, entre autres raisons, la force variable des us et coutumes en matière civile.

Pour marquer les nuances, on pourrait écrire : Les usages ont force de coutume dans le lieu ou le milieu où ils sont reçus.

§ 2. FORCE VARIABLE DES COUTUMES CIVILES

27 Plusieurs adages enseignent que la coutume constituée a force de loi. *« Pro jure et lege tenetur », « legis vim habet ».* Ces formules absolues doivent être nuancées. La force de la coutume mérite d'être éprouvée, d'une manière générique, relativement à la règle de droit, plus spécifiquement, par rapport à la loi. De quoi relativiser la pensée de Pline qui, en tout, voyait dans l'usage le meilleur maître.

A. RAPPORTS DE LA COUTUME ET DE LA RÈGLE DE DROIT

28 En principe, une coutume constitue **une règle de droit** (11). Le moment vient d'éprouver le principe à ses conséquences. L'application de la coutume pose-t-elle toujours une question de droit (non de fait) ?

29 a) Pour **la preuve en justice des coutumes et usages**, l'application de ceux-ci comme règle de droit est, à une réserve près, générale. Le justiciable qui invoque devant le juge une coutume ou un usage n'est tenu d'en démontrer ni la teneur ni la persistance. Si c'était une question de fait, il en aurait la charge. La maxime *« jura novit curia »* (le juge connaît le droit) dispense les justiciables d'avoir à prouver en justice l'existence des règles de droit qu'ils invoquent. La dispense vaut pour l'ensemble des coutumes à l'exclusion, semble-t-il, de certains usages professionnels très particuliers et des usages internationaux (c'est la réserve annoncée).

30 b) La maxime *« Nul n'est censé ignorer la loi »* ne couvre pas uniformément toutes les coutumes. **La présomption de connaissance** vaut pour les coutumes générales, les usages locaux ou conventionnels. Pour les usages professionnels, la présomption ne joue qu'entre membres de la profession. Les personnes étrangères à la profession ne sont pas censées les connaître.

31 c) On se demande parfois s'il entre dans la mission de la Cour de cassation, juge du droit, de **contrôler l'exacte application des coutumes** comme il lui appartient de veiller au

(10) À la condition qu'elle soit certaine : d'où même parfois l'exigence d'une référence expresse après un changement de législation, Com. 15 juin 1981, Bull. IV, n° 272, p. 216.
(11) V. n° 73, 76.

respect de la loi. Contrairement à la jurisprudence légaliste de la fin du XIXe siècle, l'opinion la plus répandue est aujourd'hui que la violation d'une coutume proprement dite donne ouverture à cassation, comme la violation de la loi : c'est la **violation d'une règle de droit** (12). Mais l'affirmation contraire prévaut pour les usages locaux (en raison de leur particularisme ?) et les usages conventionnels, en raison du fondement contractuel qui leur est prêté (il s'agirait de questions de fait abandonnées à la souveraine appréciation des juges du fond. On peut cependant en douter pour les obligations accessoires implicites prévues à l'art. 1135 C. civ., chaque fois au moins qu'elles se déduisent de la nature du contrat par d'autres critères que l'usage).

432 d) Le juge civil ayant le pouvoir de **relever d'office les moyens de « pur droit »** (à la condition de respecter le principe de contradiction), la question se pose de savoir si le juge pourrait relever d'office un moyen tiré de l'application d'une coutume. L'affirmative doit être admise pour les coutumes générales, les usages locaux ou professionnels. Le doute est permis pour les usages conventionnels (encore que l'affirmative soit tentante pour les obligations implicites de l'art. 1135 C. civ.).

B. RAPPORTS DE LA COUTUME ET DE LA LOI

433 La coutume a-t-elle autant de force que la loi ? Là encore, il faut distinguer. Les rapports de la coutume et de la loi s'ordonnent de façon différente dans chacune des hypothèses suivantes.

a) Coutume secundum legem

434 Il est fréquent que la loi elle-même renvoie à la coutume ou aux usages. Dans ce cas, la coutume s'applique *« secundum legem »* (conformément à la loi, en vertu de la loi). L'usage prend une partie de sa force dans la disposition expresse de la loi qui s'y réfère. Ce renvoi légal répond d'ailleurs, en législation, à des préoccupations variables. Parfois, la loi demande à la coutume une précision supplémentaire (la hauteur des clôtures, la durée du congé en matière de bail). Lorsque la loi emploie des notions-cadres, notions vagues et coutumières qui sont dans « l'air du temps » (le « bon père de famille », les « bonnes mœurs », « l'ordre public »), il appartient au juge, relais entre la loi et la coutume, de préciser ces approximations coutumières, populaires, confuses, et d'être, en somme, l'oracle de la coutume.

(12) Substituée, dans l'interprétation dominante, à la violation de la loi, la **violation de la règle de droit** est le plus large cas d'ouverture du pourvoi en cassation. C'est ce que consacrait le projet de décret portant réforme de la procédure devant la Cour de cassation devenu — mais sans cette précision le décret n° 79-941 du 7 nov. 1979. **Le nouvel article 604 N.C.P.C.** précise cependant que l'objet du pourvoi en cassation — et donc la **fonction de la Cour suprême** — est la censure de la non-conformité du jugement attaqué **« aux règles de droit ».** À la même idée se rattache l'affirmation que les **bonnes mœurs, notion coutumière**, sont une **notion de droit** sous le contrôle de la Cour de cassation. Ainsi la Première Chambre civile a-t-elle énoncé, pour valider une libéralité entre concubins, que la cause de la libéralité dont l'auteur entend maintenir la relation adultère qu'il entretient avec le bénéficiaire, n'est pas contraire aux bonnes mœurs (3 févr. 1999, Bull. civ. 1, n° 43, p. 29).

b) Coutume praeter legem

5 En d'autres circonstances, la coutume se développe dans le vide de la loi, en l'absence de disposition légale expresse. La coutume prend alors, dans le silence de la loi, une valeur supplétive. Elle s'applique *« præter legem »*, à défaut de loi. Prenant une valeur complémentaire, elle devient un instrument de comblement de la loi (deux exemples déjà cités : les coutumes relatives au nom de famille et aux sépultures).

c) Coutume contra legem

6 Une rivalité surgit parfois entre le « pli » de la coutume et les dispositions contraires de la loi (qu'il faut supposer impérative). Cette contrariété pose le problème de savoir quelle source doit, alors, prévaloir. À cette question, il n'existe pas de réponse invariable (*« Coutume passe loi »*, c'est un ancien adage). En théorie (et en pratique, si le problème se pose au lendemain d'une loi récente) la supériorité appartient à la loi. Une loi peut abroger une coutume antérieure (v. *supra,* n° 283 s.). Mais le recul de l'histoire peut ouvrir une autre issue. Si la coutume contraire s'enracine, elle a des chances de l'emporter sur la loi. Ancien, l'usage bancaire qui réduit l'année à 360 jours ne prévaut pas sur les textes (il s'agit même de décrets) qui exigent que le taux annuel de l'intérêt soit déterminé par référence à l'année civile (365 ou 366 jours) : Cass. com. 10 janv. 1995, Pet. aff. n° 9, 31 janv. 1995, p. 4 (v. déjà Cass. 20 juin 1848, S. 1848.434 et 14 janv. 1876, S. 1876, 65). Plus discutée est l'abrogation de la loi par un non-usage prolongé (désuétude) phénomène purement négatif (v. plus haut, n° 364 et 85).

BIBLIOGRAPHIE

1° **Maximes et adages**

Compilation romaine : V. Digeste, 50, 17, Titre *de diversis regulis juris antiqui.*

Ancien droit : Institutes coutumières de Loysel.

Recueils modernes : ROLAND H. et BOYER L., *Adages du droit français*, 4e éd. 1999. *; Locutions latines du droit français, 4e éd. 1998 ;* DAGUIN, *Axiomes, aphorismes et brocards français du droit,* 1926. **Vocabulaire juridique** (*in fine*), 8e éd. 2000. Quadrige, 4e éd., 2003.

Linguistique Juridique, Montchrestien, précis Domat, 2e éd. 2000, n° 102 s.

Adages et brocards, in Dictionnaire de la culture juridique, V^{is}, P.U.F. 2003.

2° **Coutumes et usages (distinction) :** V. **Ghestin et Goubeaux,** *Introduction générale,* n° 485 s. **Pédamon,** *Rev. trim. dr. com.,* 1959, 335. V. *supra,* la note qui suit la bibliographie sous le n° 85.

3° **Principes généraux du droit :** BOULANGER J., Études Ripert., I, 51.

4° **Désuétude :** CRUET J., *La vie du droit et l'impuissance des lois,* 1908.

SECTION II LES AUTORITÉS EN DROIT CIVIL

437 Inséparables, **jurisprudence et doctrine constituent, non des sources formelles du droit civil, mais des autorités** (13).

Il faudrait pouvoir retracer **l'histoire de la jurisprudence civile et de la doctrine civiliste** de 1804 à nos jours (14). Il est stimulant de suivre les grands arrêts de la jurisprudence civile au XIXe siècle et les grands courants de la pensée juridique (v. Bonnecase, *« La pensée juridique française de 1804 à l'heure présente »*, 2 tomes, 1933). Il est seulement possible, ici, d'exposer **la théorie de la jurisprudence et de la doctrine en tant qu'autorités.**

§ 1. LA JURISPRUDENCE

A. DÉFINITION

438 La jurisprudence n'est pas ce que l'étymologie annoncerait (*« prudentia juris »* la science du droit). Dans un sens anthropomorphique, elle personnifie l'action des tribunaux dans l'application du droit : on parle d'elle comme on évoque la figure du législateur ou la voix de la doctrine. Dans un sens plus précis (ici retenu), la jurisprudence se définit comme **« l'habitude prise par les tribunaux d'appliquer une règle de droit d'une certaine façon »** (15). La jurisprudence est une **façon habituelle de juger dans tel ou tel sens**. Ainsi dira-t-on d'un arrêt important qu'il « a fait jurisprudence » (s'il a amorcé un processus d'imitation). Le terme a le même sens quand on parle de « revirement de jurisprudence » ou dans maintes expressions consacrées (« il est de jurisprudence constante », « la jurisprudence est établie », etc.). « La répétition dans le temps est un élément de la jurisprudence » (Carbonnier).

---

(13) V. *supra*, n° 73, texte et note 3. Comp. Sourioux, « *Source du droit » en droit privé*, Arch. de philo. du Droit, T. 27, 1982, p. 33 s.

(14) C'était l'un des thèmes suggérés pour les mélanges en l'honneur du doyen Savatier. V. dans cette ligne : Blaise, *La formation au XIXe siècle de la jurisprudence sur les donations déguisées*, 89 s.

(15) Le terme jurisprudence est chargé de **plusieurs autres sens** (v. *Vocabulaire juridique*, V° Jurisprudence) : a) (sens concret) Ensemble des décisions de justice rendues pendant une certaine période soit dans l'ensemble du Droit, soit dans une matière (jurisprudence immobilière) ou une branche du Droit (jurisprudence commerciale) ; b) (sens substantiel mais descriptif) Ensemble des solutions apportées par les décisions de justice dans l'application du Droit ; répertoire des solutions jurisprudentielles par opposition aux solutions légales ; c) (sens sociologique) Pratique judiciaire ; habitude de procéder ou d'opérer de telle ou telle manière, en dehors des questions de droit, dans la façon de conduire les mesures d'instruction, les conciliations, les évaluations, etc. En ce sens, la jurisprudence n'est pas source de droit, mais facteur de régulation dans la réalisation pratique du droit et la vie quotidienne. Prenant le terme jurisprudence dans un sens large (comme « produit de l'activité judiciaire »), Mme Marianne Saluden a intégré cet aspect à son étude *« Le phénomène de la jurisprudence : étude sociologique »*, Th. Paris II, 1983, *Adde*. Travaux de l'Ass. Capitant, T. XXXIV, 1983, *Le rôle de la pratique dans la formation du Droit*. Brochant sur le tout — mais c'est une dérive et même un renversement pervers — ce que l'on entend trop souvent aujourd'hui par jurisprudence « c'est une solution inédite, tranchant sur ce qui était ordinairement reçu » (Carbonnier, *Droit et passion...* p. 62).

Habitude de juger, la jurisprudence est le produit spécifique de la fonction juridictionnelle, plus spécialement le résultat du travail du juge dans l'exercice de la juridiction contentieuse (v. plus haut, n° 158, note (33)).

159 Ainsi se dégage **la façon dont se forme la jurisprudence.**

Elle est faite de décisions de justice rendues, **espèce par espèce**, dans des causes particulières. La jurisprudence s'élabore et se construit à partir d'éléments qui correspondent à diverses décisions rendues dans des affaires distinctes. La jurisprudence résulte d'une **succession de jugements.**

Mais elle ne se constitue vraiment comme telle que par l'accumulation de décisions rendues **dans le même sens**. Seule **la similitude des solutions** crée une jurisprudence (16).

La jurisprudence s'établit donc par la répétition de décisions distinctes qui finissent par former une suite, une série, une tendance, parce qu'elles sont toutes orientées dans le même sens (on parlera volontiers de la ligne, de la direction, du sens, de la tendance, de l'orientation de la jurisprudence). **La jurisprudence a l'autorité qui s'attache aux choses constamment jugées de la même manière** *(« auctoritate rerum similiter judicatarum »).* C'est ce qui apparente la jurisprudence à la coutume et explique qu'elle soit « souvent analysée comme une coutume judiciaire » (Carbonnier). Ainsi la fonction juridictionnelle est-elle la source de la fonction jurisprudentielle. La fonction juridictionnelle est première, principale, primordiale ; la fonction jurisprudentielle seconde, dérivée, gratuite (par dessus le marché).

B. FORCE DE LA JURISPRUDENCE

La conception française de la jurisprudence, pièce essentielle de notre système juridique, s'oppose radicalement à la conception anglosaxonne du précédent judiciaire qui caractérise de son coté les systèmes de *common law*. Mais le principe qui est à sa racine est, en fait et en droit, tempéré par divers correctifs.

a) Principe

160 **Le droit français ne reconnaît pas la jurisprudence, ainsi définie, comme source formelle de droit, comme porteuse d'une règle de droit**. Cette affirmation de droit positif résulte de trois propositions.

1re proposition. **Le juge français est lié par la loi :** Principalement appelé à appliquer la règle de droit, il a pour vocation de **dire le droit**, non de le créer. Sans nier son rôle

(16) On a tendance à confondre jurisprudence et Cour de cassation. Les juridictions du fond ont un rôle essentiel dans la formation d'une jurisprudence et parfois dans son évolution (résistance, revirement). Il est seulement vrai que, sur les questions de droit, une jurisprudence n'est vraiment fixée qu'à partir du moment où la Cour suprême l'a consacrée. Encore attend-on souvent plusieurs arrêts concordants pour parler de jurisprudence, tant il est vrai que, même à ce niveau, jurisprudence est habitude. V. Christiane Larher-Loyer, *La jurisprudence d'appel*, J.C.P. 1989.I.3407. L'institution de la saisine pour avis de la Cour de cassation remet au moins partiellement en cause ces perspectives puisqu'elle fait entrevoir la fixation instantanée de la jurisprudence sur un avis de la Cour suprême. V. *infra,* n° 445. Nuance pour nuance, forte était déjà, en fait, l'influence de la Cour de cassation sur des juridictions du fond qui n'en aiment pas la censure, et en droit au moins, ses avis sur saisine ne s'imposent pas à elles. V. *L'image doctrinale de la Cour de cassation* (actes du colloque, déc. 1993), La Documentation française, 1994.

complémentaire (il est associé à la création d'un certain nombre de notions vagues ; il peut en certains cas spécifiés par la loi rendre des jugements d'équité...), le juge est d'abord subordonné à la loi (17). **Le juge civil statue en droit**. Il « tranche le litige conformément aux règles de droit qui lui sont applicables » (NCPC art. 12) et la **Cour de cassation a pour fonction** (lorsquelle est saisie d'un pourvoi en cassation contre un jugement en dernier ressort) de **censurer la non-conformité du jugement attaqué aux règles de droit** (NCPC art. 604 et 605). Bien mieux, la Cour de Cassation, elle-même, statue en droit, comme l'atteste le visa de ses arrêts.

2e proposition. **Le juge français n'est pas lié par les précédents judiciaires** (18). Lorsqu'un juge statue sur la cause qui lui est soumise, il est libre de retenir une solution différente de celle qui aurait été antérieurement consacrée dans des litiges semblables, fût-ce avec l'approbation de la Cour suprême. Cette règle a pour corollaire la **prohibition des arrêts de règlement** (C. civ. art. 5) (19). Dans la conception britannique, le précédent judiciaire a, pour le juge, une force obligatoire. Devant un cas particulier analogue à un cas précédemment tranché par un autre juge, le juge anglo-saxon est obligé de s'en tenir à la solution qui avait été donnée : *stare decisis.* En France, le juge n'est tenu, par aucun principe, de se conformer à une décision antérieure, émanât-elle d'une juridiction supérieure, ni même de suivre le courant d'une jurisprudence dominante ou unanime. Quand même la jurisprudence serait-elle fixée de façon constante (quand même pourrait-on citer à l'appui un arrêt de la Cour de cassation en Assemblée plénière), n'importe quel juge, statuant **dans une nouvelle espèce**, pourrait, au moins théoriquement, adopter une **solution différente** : principe salubre et salutaire de libre et permanente remise en question des solutions jurisprudentielles par les juridictions du fond (du terrain). *A fortiori,* une même juridiction est-elle libre de changer de jurisprudence (y compris la Cour de cassation). Au sein de la Cour suprême des **revirements de jurisprudence** (20) sont d'ailleurs parfois la

---

(17) V. déjà plus haut, n° 172 s.

(18) V. cette claire affirmation (en droit et en fait) dans un motif de Paris 29 juin 1965, J.C.P. 1965.II.14296. Sur le précédent, v. Sauvel, *Essai sur la notion du précédent,* D. 1955. chron. 93 ; Fragistas, *Les précédents judiciaires en Europe continentale,* Mélanges Maury, 1960, II, 139 s. ; Sergenne, *Le précédent judiciaire au Moyen Âge,* Rev. hist. dr. 1961, 224, 359.

(19) Sur la question : Deteix, *Les arrêts de règlement,* th. Paris, 1930 ; H. Sinay, *La résurgence des arrêts de règlement,* D. 58, chron. 85 ; A. Audinet, *Faut-il ressusciter les arrêts de règlement ?* Mélanges Brethe de la Gressaye, 1967, 99 : v. plus haut, n° 158. On veut espérer que l'institution de la saisine pour avis de la Cour de cassation n'y tend pas et n'y réussira pas. V. *infra,* n° 445.

(20) **Le revirement de jurisprudence** est un phénomène déjà bien repéré (v. bibliographie). Le véritable revirement est un tournant (ex. l'application de l'art. 1384, al. 1 C. civ. au transport bénévole et l'exemple fameux de l'arrêt Moinet, Ch. réun. 16 janv. 1858, S. 1858.1.9, concl. Dupin, lequel cite l'abnégation de Papinien, rallié à l'opinion contraire : *« Nobis aliquando placebat, sel in contrarium me vocat Sabini sentencia. »*). Il ne se confond pas avec les flottements et les variations d'une jurisprudence hésitante, mal fixée ou de pure opportunité. Comp., pour l'étude systématique des « arrêts (de principe) contraires », Contradiction et continuité dans la jurisprudence de la Cour de cassation, Sophie Marguery, th. Bordeaux-1, 1984. V. *Vocabulaire juridique,* V° Jurisprudence (revirement de -). On reproche volontiers au revirement jurisprudentiel d'être l'équivalent d'une loi rétroactive (V. not. Ch. Mouly, *Le revirement pour l'avenir*, J.C.P. 1994.1.3776). Mais les **justiciables ont-ils un droit acquis à la fixité de la jurisprudence ?** Un arrêt affirme clairement le contraire (Civ. 1re 9 oct. 2001, Bull. civ. I, n° 249, p. 157). Admettre qu'un changement ne se décide que pour l'avenir, en dehors de l'espèce dont le juge est saisi, serait consacrer les arrêts de règlement contrairement à l'interdiction qui les frappe (C. civ. art. 5) : changement autrement perturbateur dans le système juridique français. En fait, les revirements sont relativement rares. Le remède serait pire que le mal. V. le caractère contractuel reconnu à la responsabilité du constructeur en cas de dol (c'était une proposition doctrinale, et c'est un progrès) Civ. 3e, 27 juin 2001, J.C.P. 2001.II.10626, n. Malinvaud ; *adde* l'option ouverte à la victime d'un dommage causé par la ruine d'un bâtiment entre

suite d'une résistance des juridictions, ou, pour telle chambre, l'issue donnée à une divergence qui l'opposait à une autre. La fréquence des revirements menacerait la sécurité juridique. Leur exclusion ferait peser sur la justice une charge de plomb. La stabilité de la jurisprudence est un bienfait. Un revirement peut être, à l'occasion, une issue heureuse. En droit, cette voie est ouverte. Raisonnablement, il est souhaitable qu'elle soit étroite.

3e proposition. **Le juge ne peut se contenter, pour justifier sa décision, d'invoquer un précédent judiciaire**. Pour motiver sa décision, il ne peut se borner à se référer à une décision antérieure intervenue dans une autre cause (Civ. 2e, 2 avril 1997, GP 1997.II.Pan.235). Un précédent ne suffit pas à donner un fondement juridique à une décision ultérieure rendue dans une cause semblable (V. aussi *supra*, n° 414, n° 55). **La motivation requise** pour la validité du jugement (C. pr. civ. a. 455) **s'entend de la référence au droit**, non à la jurisprudence, de la référence directe à la règle de droit, non de l'appui sur un autre jugement (mais rien n'interdit à un juge, dans une espèce, d'adopter les motifs d'un jugement rendu dans une autre espèce, à la condition de les faire siens, de les présenter comme son propre raisonnement, non comme une citation. Il y a plus qu'une nuance formelle entre cette sorte d'imitation, effet d'influence, et une référence non raisonnée, non revisitée, comme appui d'autorité).

Ces trois propositions associées font voir combien **cette conception de la jurisprudence caractérise le système juridique français qui porte un sceau « civiliste » de droit codifié**, relativement à la *common law.*

b) Correctifs

L'opposition des systèmes est cependant atténuée par divers **tempéraments** qui rapprochent la conception française de la conception anglosaxonne (elle-même plus nuancée que ne l'annonce la maxime *stare decisis*).

41 1° Une première atténuation peut résulter de l'application de l'article 4 du Code civil. Puisque, sans commettre un déni de justice (21), **le juge ne peut refuser de juger sous prétexte du silence de la loi**, l'occasion s'offre à lui en ce cas, de jouer un rôle créateur. Il faut cependant bien comprendre que, même lorsque le juge statue dans le silence de la loi, il ne fait pas nécessairement œuvre créatrice. Aussi bien se contente-t-il de donner une **solution d'équité (ou d'expédient)** qui a seulement une valeur d'espèce. Le jugement n'est alors qu'une décision d'espèce. On doit admettre que, **dans le silence du droit, le juge statue en raison et en équité.**

42 2° Le véritable démenti ressort de **l'histoire de la jurisprudence civile.** En fait, la jurisprudence française a eu (et assume encore parfois) un **rôle créateur**. Elle a fait **œuvre prétorienne**. Elle a élaboré plusieurs constructions qui sont devenues parties intégrantes du système juridique français. C'est une œuvre historique. À la fin du XIXe siècle et au début du XXe, se situe le « siècle d'or », « l'ère » de la **jurisprudence créatrice :** c'est à cette époque que les tribunaux ont élaboré nombre de théories aujourd'hui reconnues et consacrées : théorie de l'abus du droit, théorie de la stipulation pour autrui, théorie de l'enrichissement sans cause, et, bien entendu, l'interprétation hardie de l'article 1384,

---

l'action de l'art. 1386 contre le propriétaire et l'action de l'art. 1384, al. 1 contre le gardien (garantie renforcée) Civ. 2e, 23 mars 2000, Bull. civ. II, n° 54, p. 37, G. Viney, J.C.P. 2000.I.280, n° 22.

(21) Favoreu, *Du déni de justice en droit public français*, 1964 ; Mme Contamine-Raynaud, note D. 70.474.

al. 1er, du Code civil, qui a permis d'édifier l'ensemble colossal qu'est devenue la responsabilité du fait des choses inanimées. Quand on a pris une vision théorique de la conception française, il faut se rendre à cette vue réaliste. La **jurisprudence civile a historiquement donné au système juridique français des règles prétoriennes qui sont de droit positif.** (N'entrons pas dans l'explication théorique : la pratique judiciaire, en se formant, a fait naître une coutume).

L'observation est ancienne. « La jurisprudence est portée à s'attribuer le rôle du préteur romain ; elle intervient souvent *juris civilis adjuvandi, corrigendi vel supplendi gratiâ* » (Acollas, *Introduction à l'étude du droit,* 1815, p. 27). *Nihil novi sub sole.* Il est cependant honnête de reconnaître que les praticiens ont été souvent les inspirateurs des décisions du juge et que les idées doctrinales ont joué un rôle essentiel dans l'élaboration des grandes théories. Il faudrait parler d'un rôle créateur associé. Les influences extérieures sur le processus décisionnel du juge sont ouvertes.

443 3° Un troisième correctif tient au fait que, lorsqu'elle est établie, la jurisprudence jouit d'une **autorité morale**, autorité qui atteint son plus haut degré lorsqu'il s'agit de la jurisprudence de la Cour de cassation (22). Une série d'arrêts rendus dans le même sens exerce, **en fait**, sur la solution des espèces analogues, une **influence souvent décisive.** Esprit d'imitation, respect des opinions acquises maintiennent en ce sens leur pression.

Mais il demeure salutaire qu'une jurisprudence établie puisse évoluer ou même connaître des renversements. Le phénomène de « rébellion » des cours d'appel est un facteur de progrès. Certains revirements de jurisprudence sont suscités par la résistance d'un juge qui ose braver la censure de la Cour suprême. Il y a là une règle essentielle à conserver (comme une réserve de progrès, de souplesse et de liberté), même si le conseil de prudence que prodiguait Merlin coserve sa vertu : « lorsque la jurisprudence est établie, pour la remettre en cause, il faut avoir une raison sérieuse ». **La présomption est en faveur des précédents** (23). C'est une présomption simple.

444 On pourrait penser qu'ainsi conçue la conception française est supérieure à la conception britannique. Elle l'est, en effet, au sein du système juridique français, comme étant seule compatible avec sa conception des sources formelles, notamment de la primauté de la loi. Mais, de son coté, le système anglo-saxon connaît des tempéraments et prend toute la souplesse désirable grâce au *« distinguishing »*. Cette opération intellectuelle est propre à desserrer la tenaille du précédent judiciaire (24). Pour se libérer de l'obligation de respecter

---

(22) Cette autorité est cependant variable. La jurisprudence (même celle de la Cour suprême) a ses démons (ou ses défis) : 1° L'incertitude tenant à la prolifération de décisions d'espèce ; 2° L'incertitude tenant au laconisme de la rédaction des arrêts ; 3° La difficulté de mesurer la portée des arrêts rendus sur pourvoi pour dénaturation, contradiction de motifs, etc. 4° Plus généralement, l'antinomie entre la quantité et la qualité. Une juridiction qui rend chaque année des arrêts pas milliers (7 000 ? 8 000 ? 9 000 ? pour les chambres civiles) n'est-elle pas gravement handicapée dans sa haute mission ? 5° Les contradictions dans l'énoncé même des principes, v. S. Marguery, th. préc.

(23) Devant la Cour suprême, l'examen d'une question semble être abordé différemment selon que cette question a ou non été déjà tranchée par un arrêt (même très ancien) de la Cour de cassation. Dans l'affirmative, les rapports publiés partent en général du précédent et cherchent s'il y a une raison de changer (démarche qui renforce le poids de « l'auto-autorité »).

(24) V. aussi en ce sens, Dworkin, *Un adoucissement de la théorie du « Stare decisis » à la Chambre des Lords*, Rev. int. dr. comp. 1967.185 ; *adde* Bulier, *« La common law »*, Dalloz. Il faut surtout comprendre que, d'un pays anglo-saxon à un autre, le poids reconnu au précédent est plus ou moins lourd (plus rigide en Angleterre, la règle est plus souple aux États-Unis) et que, dans l'ensemble américain, le sens et la portée de la règle sont loin d'être compris et proclamés de la même manière par tous les auteurs et par tous les juges, et plus loin encore sans doute d'être constants dans

le précédent, le juge s'efforce de montrer qu'il est invité à trancher un cas différent. Ainsi, s'insinue, avec parfois beaucoup de subtilité, la distinction du cas nouveau et du cas ancien. Ainsi se forme une sorte de **casuistique judiciaire pragmatique,** empirique et, au fond, très fine (mais moins amie de la sécurité). Chaque système trouve sa voie moyenne.

Dans le principe, l'opposition des systèmes demeure cependant. Rapprochement n'est pas fusion qui serait confusion (bien que notre système subisse, au hasard des espèces, des perfusions).

C. INFLÉCHISSEMENT LIÉ À L'INSTITUTION DE LA SAISINE POUR AVIS DE LA COUR DE CASSATION

45 Répondant à un vœu parfois émis en doctrine (25), une loi du 15 mai 1991 a institué une **saisine juridictionnelle pour avis préalable de la Cour de cassation** (loi n° 91-491 insérant un titre V dans le livre 1er, première partie du Code de l'organisation judiciaire, art. L. 151-1 à L. 151-3). « Avant de statuer sur une demande soulevant une question de droit nouvelle, présentant une difficulté sérieuse et se posant dans de nombreux litiges, les juridictions de l'ordre judiciaire peuvent, par une décision non susceptible de recours, solliciter l'avis de la Cour de cassation qui se prononce dans le délai de trois mois de sa saisine » (art. L. 151-1, al. 1).

a) Économie générale

1° La demande d'avis

— *Objet.* C'est une **consultation juridique** qui peut porter, à l'exclusion de la matière pénale, sur toute question de droit relevant de la compétence des juridictions de l'ordre judiciaire, mais à la condition que cette **question** soit **nouvelle** (en jurisprudence), **fréquente** et de **difficulté sérieuse**, triple exigence dissuasive ou au moins modératrice répondant à des critères vagues. Il s'agit bien d'une **demande en interprétation du droit**, de la part d'un juge du fond au juge du droit.

— *Auteur, circonstances, forme.* La demande d'avis peut émaner de **toute juridiction** de l'ordre judiciaire (quels qu'en soient le degré et la nature), **mais seulement à l'occasion d'un litige dont elle est saisie**. Elle prend la forme d'une **décision avant dire droit** (en quête de droit) que le juge, avant de statuer sur le fond de l'affaire, peut prendre d'office : Il jouit d'une **faculté** et d'un **monopole**, les parties, en dehors de suggestions possibles,

---

l'application qu'en fait la Cour suprême à ses propres précédents ou dans celle que les Cours inférieures en font, soit relativement à ces derniers, soit relativement à d'autres précédents. V. Ugo Mattei. *Stare decisis. Il valore del precedente giudiziario negli Stati Uniti d'America,* Milan, Giuffre, 1988. Compte tenu des poussées internes qui la travaillent, la maxime forgée en latin est en train de devenir une auberge espagnole. Ce n'est pas un modèle à l'exportation.
Les nuances qui adoucissent les angles de chaque système ne devraient pas accréditer l'idée qu'une fusion est possible entre droits codifiés et *common law*. Comment s'accomplirait-elle sans que l'un ou l'autre y sacrifie son principe et son esprit ? Les illusions courent là-dessus (ou les approches insidieuses). Ce qui est sûr, dès maintenant (on l'a vu, *supra*, n° 263) c'est qu'au cas par cas, les arrêts de la C.E.D.H. criblent le droit français, selon une démarche occasionnelle, ponctuelle et non ordonnée qui entame la cohérence du système juridique.

(25) Et en dépit de réserves exprimées (v. T. 1, Introduction, 4e éd., n° 440, note 21).

n'ayant ni initiative autonome, ni accord à donner, ni recours ouvert (contre la décision de demande). Avant de prendre sa décision, le juge doit cependant **aviser les parties et le ministère public** et recueillir, dans le délai qu'il fixe, leurs observations éventuelles (lesquelles sont adressées par le secrétariat de la juridiction au greffe de la Cour de cassation, avec la décision sollicitant l'avis ; N.C.P.C. a. 1031 et 1031-2). La décision est notifiée aux parties.

— *Mesures d'accompagnement.* La juridiction **sursoit à statuer** sur le fond jusqu'à la réception de l'avis de la Cour de cassation ou, à défaut, jusqu'à l'expiration d'un délai de trois mois à compter de la saisine, mais des mesures d'urgence ou conservatoires peuvent être ordonnées.

2° La réponse

— C'est l'apanage de la Cour de cassation dans une formation éminente (sous la présidence du premier président, tous les présidents de chambre et deux conseillers désignés par chaque chambre spécialement concernée ; art. L. 151-2).

— Cette formation n'a que **trois mois** (à compter de la réception du dossier) pour se prononcer, l'expiration de ce délai marquant la fin du sursis à statuer (N.C.P.C. a. 1031-1 et 1031-3). L'affaire est communiquée au procureur général près la Cour de cassation (a. 1031-5).

— **L'avis de la Cour de cassation ne lie pas la juridiction qui l'a sollicité** (art. L. 151-1, al. 3). Il est notifié aux parties par la greffe de la Cour de cassation (a. 1031-7). L'avis peut mentionner qu'il sera publié au Journal officiel de la République française (la Cour de cassation étant ainsi maîtresse de donner à ses avis une publicité comparable à celle de la loi, ce qui est un privilège, sinon une promotion).

b) Observations

1° Aspects théoriques (sauvegarde des principes)

L'innovation tempère, sans l'abolir, l'interdiction pour le juge de refuser de statuer « sous prétexte du silence, de l'obscurité ou de l'insuffisance de la loi » (C. civ. art. 4). Le sursis à statuer n'est pas un déni, mais un délai de justice. À cette atténuation près, les principes sont saufs, au moins en apparence : juge du droit, la Cour de cassation n'est consultée qu'en droit ; juge du fond, la juridiction saisie de l'affaire est dans le devoir d'appliquer le droit à l'espèce et, n'étant pas liée par l'avis de la Cour de cassation, elle peut dire le droit autrement que ce qui lui est proposé. Le jeu normal des voies de recours (appel, pourvoi en cassation) demeure ouvert. *A fortiori,* en d'autres espèces, les juridictions ne sont pas liées par les avis de la Cour de cassation. Ce ne sont pas, en droit, des arrêts de règlement (C. civ. art. 5).

2° Interprétation

— Il s'agit d'une consultation *in abstracto*. Mais on peut se demander ce que la Cour de cassation connaîtra du cas concret à propos duquel la question de droit est posée (donc des intérêts en cause).

— Question de droit, nouveauté de la question, difficulté sérieuse, fréquence, il est évident que la Cour de cassation appréciera souverainement ces conditions de recevabilité et qu'un silence de trois mois équivaudra à un rejet de la demande d'avis. Mais la demande devra-t-elle être motivée et y aura-t-il, avant les trois mois, des rejets exprès et motivés ?

3° Effets pratiques et conséquences

La réduction du nombre des pourvois et de la période d'incertitude qui précède la fixation de la jurisprudence sont les bienfaits escomptés de cette mesure préventive. L'eau coulera longtemps quai de l'horloge avant que l'on sache vraiment si les avis tuent assez de pourvois dans l'œuf.

L'effet pervers de cette assistance juridique pourrait être de dévaloriser le rôle éminent des juridictions du fond dans la formation de la jurisprudence, d'abord en leur offrant une solution de facilité qui les démobilise. N'y a-t-il pas un risque à fixer prématurément la jurisprudence et d'en haut, sans attendre qu'au fil des espèces les questions nouvelles fassent voir tous leurs jours ? Faudra-t-il renoncer à voir la jurisprudence comme habitude, similitude, expérience ? Notre époque impatiente voudrait-elle chasser le temps de la jurisprudence ? Nous aimerions être sûr qu'à la louable intention de désencombrer la Cour suprême ne se mêle pas la nostalgie des arrêts de règlement qui se profilent en ombre sous des avis aussi intimidants. Une jurisprudence ne se décrète pas, elle se fait avec le temps, soufflerait Portalis. Un genre littéraire va naître : Le commentaire d'avis.

D. DESTIN DE LA JURISPRUDENCE

46 La pluralité des sources et des autorités fait que, dans leur concert, ne règne pas toujours l'harmonie. Relativement à la loi, le destin de la jurisprudence se forge, dans une certaine mesure, par interactions.

a) Action de la loi sur la jurisprudence

Il arrive que le législateur se détermine en fonction d'une jurisprudence établie. Mais ce peut-être soit pour la consacrer (loi sur le respect de la vie privée) soit pour la redresser (bris de jurisprudence). Une autre façon de s'y référer est d'abandonner une question aux lumières du juge, soit tacitement (par non intervention), soit implicitement (par emploi de notions indéterminées), soit par renvoi exprès : confiance canalisée.

b) Action de la jurisprudence sur la loi

Elle peut d'abord s'exprimer **en jugeant**, soit par provocation (en appliquant à la lettre une disposition fâcheuse plutôt que de chercher à la corriger par expédient : politique du pire ou de l'aiguillon) soit par réaction (en stérilisant, par des interprétations littérales ou restrictives, les impulsions d'un législateur dont les réformes inquiètent ou contrarient). Mais ce sont deux attitudes différentes : dans un cas, action pour obtenir un changement législatif, dans l'autre, réaction pour neutraliser une réforme législative. On ne peut que souhaiter que de telles positions soient exceptionnelles. Utile dans des cas critiques, une jurisprudence *contra legem* est à contresens de sa vocation de principe.

Aussi bien ceux qui font la jurisprudence ont-ils, **en dehors de leurs décisions**, la ressource d'exprimer leurs vœux : c'est l'un des intérêts du rapport annuel sur les activités de la Cour de cassation. D'autres jeux d'influence se développent entre la jurisprudence et la doctrine.

Effets pervers de la subordination de la loi française aux sources supralégislatives

Compter cette subordination, en son principe, effet direct de la hiérarchie régnante des normes, au nombre des effets pervers serait une vaine pensée, négation folle d'une écrasante vérité positive.

La C.E.S.D.H. (pour ne prendre que cet exemple opérationnel) est aux mains des juges ordinaires (et pas seulement de la C.E.D.H.) comme un pied-de-biche à faire sauter la loi. Pour le progrès diront les *laudatores temporis acti*. Les abus sont-ils exclus ?

Laissons un premier risque : on discrédite la loi à force de critiquer des lois. Après tout, dans la liberté de la pensée, la critique des lois est ouverte comme celle des arrêts. Mais jusqu'où aller pour un juge et pour quelle conséquence ? Peut-on lire dans un arrêt : « la loi du... n'a répondu à aucun motif d'intérêt général, mais votée à l'instigation des bailleurs, elle n'a pas eu d'autre objet que de mettre un terme à une jurisprudence qui déplaisait à ceux-ci »... et entendre dire, en conséquence, que « la loi du... n'est pas applicable » à l'espèce (Versailles, 6 févr. 2003, D. 2003.J.720, n. P.-Y. Gautier) ? Sans doute s'agissait-il d'une loi interprétative intempestive. Mais la C.E.S.D.H. était ici manifestement un levier prétexte, pour un règlement de compte dans le climat malsain qui s'était établi entre le Parlement et la justice. Voilà l'effet pervers du système. Il envenime les rapports de la loi et du juge (qu'il serait navrant de voir dégénérer en rivalité de corps). En vérité, la décision n'est qu'un accident médiocre de la jurisprudence, et il est plutôt ridicule de voir un juge s'ériger en censeur de la loi (arrogance, dérogeance). Mais, au-delà de cette vanité d'espèce, c'est un risque certain. Le système flatte l'orgueil des juges. Il induit la subversion de notre ordre juridique. Au moins fait-il naître la tentation de l'interversion des sources. Le juge ne fait pas la loi ? Il la défait ; il se voit donc au-dessus de la loi. Le nouvel ordre, qui se profile, attise les ambitions judiciaires. Le moins européen des États aurait réussi, par le truchement de l'Europe, à inféoder le droit civil à la *common law* (Comp. Zenati, D. 2002. chron. 15). Il faut se faire à l'idée qu'en France, comme disait le poète, on peut impunément « battre le chien devant le lion ».

§ 2. LA DOCTRINE

Qui oserait proférer : « Mes lèvres s'ouvrent
pour enseigner ce qui est droit » Pr 8,6 ?
Au risque de s'entendre répondre :
« Écoutez!... vous qui rendez abominable le droit » Mi 3,9.

447 La doctrine, au sens large, personnifie **l'œuvre des auteurs**. C'est en ce sens que l'on parle de l'œuvre de la doctrine comme on parle de l'action du législateur ou des tendances de la jurisprudence. Dans un sens plus restreint, le terme désigne l'opinion personnelle d'un jurisconsulte sur un point de droit, la réponse qu'il donne à une question controversée *(Gaïus dixit aut respondit...)*. Le terme, polysémique, brille secondairement de bien d'autres facettes (v. *Vocabulaire juridique*, *hoc verbo*). Comment situer la doctrine dans les sources de droit, au sens large du terme ? La nature de **ses activités** donne une idée de **son autorité.**

A. LES ACTIVITÉS DE LA DOCTRINE

448 Elles se caractérisent, par rapport à la jurisprudence, par deux traits. La doctrine a d'abord, pour elle, **la liberté**. L'activité doctrinale est, fondamentalement, libre. Elle l'est par la personnalité de ses auteurs (tout le monde peut être jurisconsulte, chacun peut avoir son opinion) ; elle l'est surtout par le contenu des opinions (souvent divisée, rarement unanime : ce pluralisme est salutaire). Elle jouit de la liberté d'expression (26). Enfin, la doctrine est libre (la différence est notable avec l'activité juridictionnelle) parce qu'elle est spontanée, non provoquée. Le juge est obligé de répondre et il ne répond que lorsqu'on le questionne. La doctrine intervient quand elle veut et sans attendre d'être consultée. À sa guise et sur ce qui lui plait.

S'agissant de l'**enseignement**, la liberté des professeurs trouve cependant une limite dans leur **devoir d'état** qui est, « dans l'amphithéâtre » au moins, d'expliquer le « droit utile ». « Le positivisme juridique a été [et demeure] très simplement un acte de conscience

(26) Cette liberté n'a d'autres limites que celle de la presse. V. sur les conditions du droit de réponse, Paris 13 juill. 1988, J.C.P. 1988.II.21079, G. P. 28-29 oct. 1988. La critique du droit existant, **mission doctrinale**, n'a d'autres limites que celles que commandent le droit commun et la raison. Pour tout dire, elle est **coutumière**. Elle tient debout par la seule force de sa tradition. V. Ph. le Tourneau, *La plume professorale est libre,* D. 1995, chron. 273, à propos d'une décision qui reconnaît ce droit de critique (T.G.I. Paris, 21 déc. 1994. D. 95.511).

professionnelle envers les étudiants », qui « sont pour la plupart de futurs praticiens » (Carbonnier, préface aux *dialogues avec Michel Jeantin*, Dalloz 1999). En ce sens, la référence au droit établi entre, comme pour la jurisprudence, dans la mission officielle de la doctrine qui, même si elle s'en évade, commence par raisonner *de lege lata*. La même qualité d'interprète est donné aux auteurs et aux juges. Profession = professeur de droit.

49 L'activité doctrinale se caractérise aussi par sa **diversité**. Grande est la variété des genres, dans la littérature juridique (V. *Linguistique juridique*, n° 64).

En tête viennent, naturellement, traités et manuels (27) auxquels on peut associer les grandes monographies (étude d'un thème, d'une institution).

En dehors des grands ouvrages, les principaux (28) genres littéraires sont :

— le *commentaire législatif* (étude d'une loi nouvelle) (29) ;

— le *commentaire d'arrêt,* ou note de jurisprudence (analyse d'une décision par un « arrêtiste ») (30) ; demain le *commentaire d'avis* (en attendant — avis aux éditeurs... — « les grands avis de la jurisprudence »).

— la *chronique de doctrine* et les *articles de fond* dans la partie doctrinale des revues et publications ;

— les *chroniques de jurisprudence* à la Revue trimestrielle de droit civil ou en d'autres périodiques (commentaires qui suivent l'évolution de la jurisprudence, matière par matière).

Au travers de ces genres divers, la doctrine assume traditionnellement **deux missions principales** : **la critique de la jurisprudence** (qui peut être approbative) et la **critique de la loi** (agissant « comme un corps critique au flanc du droit positif. » Carbonnier *ibid.*). Sans oublier que, dans le chaos des arrêts et des textes, le premier défi de la doctrine est, tout simplement, de faire si possible « d'un magna confus une source claire » (*ibid.*)

50 Peut-être faut-il donner aussi sa place à une distinction notable. Les travaux dits « scientifiques » cherchent à exprimer aussi exactement que possible l'état du droit. Les exercices orientés (ils ont une grande importance dans la vie judiciaire) sont plutôt destinés à persuader, à convaincre (la plaidoirie en est le type). S'agit-il encore de doctrine ? De célèbres plaidoyers l'attestent, comme jadis à leur manière les mercuriales et aujourd'hui encore, au civil, les réquisitions approfondies du ministère public. Une consultation

(27) Entre beaucoup d'autres directions de recherches, sans doute faudrait-il prêter attention, dans les ouvrages, à la distinction du *corps du texte* (en gros caractères) et des *notes* ou *états des questions* ; séparation dans laquelle il faut saisir, à travers une différence de style et de ton (et un inégal accueil aux détails ou aux pointes personnelles) une directive de lecture (une convention d'interprétation) : Le droit ayant une fonction sociale, il est sain et salutaire, en présentant (dans le texte) l'essentiel, de l'assurer en le simplifiant un peu au besoin, les notes prenant, pour les ouvertures et les doutes, la revanche de l'esprit critique (ou poétique).

(28) Il faudrait donner une place aux *préfaces* (en tête ?), art d'introduire sans déflorer, de balayer l'œuvre d'un regard de lumière, de réparer parfois, et surtout de faire un grand voyage autour du sujet. Existent aussi des *post-faces*. V., pour un assortiment, *Essais sur les lois*, J. Carbonnier.

(29) Genre auquel le mouvement des réformes a donné une ampleur méritée : exercice aventureux pour les premiers commentateurs, mais stimulant, si le « commentateur » est bien « celui qui pense avec » (Carbonnier, *Essais sur les lois*, 166), qui est avec l'esprit de l'auteur *(cum mente).*

(30) **Dans toute décision,** il y a **trois choses** : 1) **une histoire** (le cas, la cause, l'espèce, le donné concret — faits et procédure — qui donne la couleur et, parfois, la clé) ; 2) **une solution** (dans le dispositif ; c'est tout ce qui intéresse le plaideur : il reçoit ou doit tant, etc.) ; 3) entre les deux, **un raisonnement** (la motivation de fait et de droit qui va donner corps au commentaire, mais qui n'aura peut-être été que remplissage ou justification *a posteriori).* Aller toujours, d'abord, aux faits et à la décision, pour ne pas être dupe. Ensuite seulement, s'adonner aux délices de la discussion. Avant tout, préciser ce qui a été décidé et sur quoi, puis ouvrir la porte du « pourquoi ? ».

juridique peut faire avancer la science du droit. La probité ne serait elle pas, au demeurant, leur loi commune ? Quant à l'enseignement, la doctrine qui a mille bouches et mille talents aurait-elle une pédagogie à proposer ? La maxime pourrait être d'aller aux sources, et de prendre d'emblée directement une connaissance personnelle du texte de la loi, de l'arrêt, de l'ouvrage. Chaque enseignant a ses secrets et ses clés de lecture.

B. L'AUTORITÉ DE LA DOCTRINE

La doctrine **n'est pas une source de droit** proprement dite (une source formelle). Ce peut être **une autorité**. On dira, d'une formule commode, qu'elle vaut *« non ratione auctoritatis, sed auctoritate rationis »* (31).

a) « Non ratione auctoritatis » (non par raison d'autorité)

451 La doctrine n'est pas revêtue d'une autorité extrinsèque qui lui donnerait, de l'extérieur, force de droit. Même une doctrine unanime *(communis opinio doctorum)* n'a pas la valeur d'une règle de droit. Une opinion doctrinale n'est ni nécessaire ni suffisante pour fonder une décision de justice. La méconnaissance d'une opinion communément admise ne donnera jamais ouverture à cassation. Nul n'est censé connaître la doctrine (chacun est fondé à l'ignorer). La doctrine est d'ailleurs souvent divisée : Hippocrate dit oui, mais Galien dit non.

b) « Sed auctoritate rationis » (mais par l'autorité de la raison)

452 La doctrine ne peut avoir qu'une valeur intrinsèque, et, comme elle ne parle pas *ore uno* (d'une seule voix) l'observation vaut pour les opinions de chaque auteur. **Une opinion doctrinale vaut par l'autorité de la raison qui émane d'elle, si elle en a**. Abandonnée à ses seules vertus, une telle opinion peut exercer, comme la jurisprudence, et parfois sur la jurisprudence ou même sur la législation, une certaine influence, par argument d'autorité par effet de persuasion. La doctrine peut éclairer, parfois rayonner. Avant de faire front contre une opinion dominante, un avis dissident sera prudent de s'assurer. Mais un seul peut faire autorité. La doctrine est à découvert : « C'est le public qui décide » (Jean Cocteau).

BIBLIOGRAPHIE

I. Jurisprudence

1° *Théorie générale :* AUBRY et RAU, T. I., 7e éd. par Ponsard, § 5 bis, n° 36 ; CHRÉTIEN, *Les règles de droit d'origine juridictionnelle,* th. Lille 1936. Imposante littérature sur la jurisprudence source de

(31) V., sur cette variation, *Arguments d'autorité et arguments de raison*, Trav. du Centre National de Recherche de Logique, Bruxelles, 1988, éd. Némésis. V. Nader Hakim, *L'autorité de la doctrine civiliste française au XIXe s.*, préf. Vidal, L.G.D.J., 2002.

droit (avec, en majorité, un fort engouement pour la reconnaissance de son pouvoir normatif) **v. cep.** DUPEYROUX O., *La jurisprudence, source abusive de droit,* Mélanges Maury, II, 349 ; *La doctrine française et le problème de la jurisprudence source de droit,* Études Marty, 1978 ; CARBONNIER, Introduction, 34 ; J. HÉRON, *L'infériorité technique de la norme jurisprudentielle*, R.R.J. 1993.4, p. 1083 s. ; en faveur de la reconnaissance : BELAID, *Essai sur le pouvoir créateur et normatif du juge,* th. Paris 1974 ; WALINE, *Le pouvoir normatif de la jurisprudence.* Études G. Scelle, II, 613 ; MAURY, *Observations sur la jurisprudence en tant que source de droit,* Études Ripert, I, 28 ; HÉBRAUD, *Le juge et la jurisprudence,* Mélanges Couzinet, 1974, 329 ; Comp. BOULANGER, *Notations sur le pouvoir créateur de la jurisprudence civile,* R.T., 1961, 417 ; SAVATIER R., Mélanges Dabin, II, 1963 ; DEPREZ, R.T., 1978, 503 ; *adde* KERNALÉGUEN, l'extension du rôle des juges de cassation, th. Rennes 1979, DELON Dominique, *La jurisprudence, source de droit,* th. Paris 1980. SALUDEN Marianne, *Le phénomène de la Jurisprudence : étude sociologique,* th. Paris II, 1983. SERVERIN Evelyne, *De la jurisprudence en droit privé, théorie d'une pratique,* Presses Universitaires de Lyon, 1985, collection « Critique du droit ». **Archives de philosophie du droit,** *La Jurisprudence,* t. XXX, Sirey, Paris 1985 ; **9e Journées Juridiques franco-soviétiques** (mars 1986, société de législation comparée) : le rôle de la jurisprudence dans le développement du droit ; JESTAZ Ph., *La Jurisprudence : réflexions sur un malentendu,* D. 1987, chron., 11. Le thème de la jurisprudence est cyclique. Le début du siècle en fut friand. C'était une façon de célébrer le centenaire du Code civil en marquant le rôle du juge : H. Langlois, *Essai sur le pouvoir prétorien de la jurisprudence,* th. Caen 1897 ; M. Sauzay, Essai sur les procédés d'élaboration de la jurisprudence, th. Lyon, 1904 ; M. Mornet, *Du rôle et des droits de la jurisprudence en matière civile,* th. Paris 1904 ; J. Lefort, *De la jurisprudence et de son rôle,* Rev. gén. lég. et jur., 1905, p. 63 s. Les opinions furent toujours partagées. Demolombe fut un chantre de la jurisprudence (« cette partie animée, je dirais presque dramatique de la législation, cette *viva vox juris civilis,* Dig. L. 8, *De justicia et Jure* », T. I., préf. p. IV. Dans la préface du traité de l'usufruit, Proud'hon est plus réservé. *Adde, La jurisprudence aujourd'hui,* libres propos sur une institution controversée, (AUBERT, BANDRAC M., BRETON A., CARBONNIER, CORNU, GOBERT M., TERRÉ, TUNC, ZÉNATI) R.T. 1992, 337 et les actes du VIIe Colloque du Centre de recherches critiques sur le droit, *« Des décisions de justice à la jurisprudence »* (Sept. 1993, Université Jean Monnet de Saint-Etienne). V. encore, *« L'image doctrinale de la Cour de cassation »* (déc. 1993), La Documentation française, 1994 ; Louis Bach, *Jurisprudence, in* Rép. de Droit civil, Dalloz, 2000.

2° Questions diverses :

Loi et jurisprudence : MALAURIE V., *La jurisprudence combattue par la loi,* Mélanges Savatier, 603 ; ESMEIN P., *La jurisprudence et la loi.* R.T., 1952, 17 ; LESAGE, *Les interventions du législateur dans le fonctionnement de la justice,* th. Lille 1960.

Jurisprudence et doctrine : *Les réactions de la Doctrine à la création du Droit par la Jurisprudence,* Trav. de l'Ass. Capitant T. XXI, 1980, spéc. le rapport français de MALAURIE Ph., p. 81 s.

Revirements de jurisprudence : VOIRIN, *Les revirements de jurisprudence et leurs conséquences,* J.C.P. 59 1467 ; BATIFFOL, *Notes sur les revirements de jurisprudence,* Arch. phil. droit 1967, 335 s. ; VANWELKENHUYSEN, « La motivation des revirements de jurisprudence », *in La motivation des décisions de justice.* Trav. cent. nat. logique, Bruxelles, 1978, 251 s. ; LANDRAUD D., *A propos des revirements de jurisprudence,* J.C.P. 82. I, 3093 ; Ch. Mouly, *Les revirements de la jurisprudence de la Cour de cassation, in* L'image doctrinale de la Cour de cassation, préc. p. 123. *Adde,* sur les « arrêts contraires », MARGUERY Sophie, *Contradiction et continuité dans la jurisprudence de la Cour de cassation,* th. Bordeaux-1, 1984.

Motivation des décisions de justice : PERELMAN et FORIERS, *La motivation des décisions de justice,* Bruxelles préc. ; TOUFFAIT et TUNC A., *Pour une motivation plus explicite des décisions de justice, notamment de celles de la Cour de cassation,*R.T., 1974, 487 ; BRETON A., *L'arrêt de la Cour de cassation,* Ann. Université Toulouse, 1975, T. XXIII, 730 s.

Jurisprudence et pratique : *Travaux de l'Ass.* CAPITANT, *Le rôle de la pratique dans la formation du Droit.* T. XXXIV, 1983.

II. Doctrine

1° Les principaux traités et ouvrages (doctrine moderne) sont cités dans les trois bibliographies générales, n° 1, 454, 837.

2° *Histoire de la doctrine :* L'ouvrage fondamental demeure (dans sa surabondante richesse) celui de J. Bonnecase *La pensée juridique française de 1804 à l'heure présente,* 2 tomes, 1933 ; cf.

CHARMONT et CHAUSSE, « *Les interprètes du Code civil* », in Livre du Centenaire, t. 1, p. 131, 172. V. THIREAU J.-L., « *La doctrine civiliste avant le droit civil* », *in* La Doctrine juridique, p. 135, P.U.F. 1993. Meynial, *Les Recueils d'arrêts et les Arrêtistes, in* Livre du Centenaire, t. 1, p. 202 s. Le XIXe s., que les civilistes auraient grand profit à ne pas abandonner aux seuls historiens, revient comme une source vive (qu'il est) dans d'érudites études consacrées à de hautes figures. V. *Relire Labbé et ses lectures*, par Christophe Jamin, Arch. phil. du Dr. 1992, 247 s. ; *Préfaces de Troplong, préface aux préfaces*, par Philippe Rémy, Rev. d'hist. des Fac. de Droit et de la science jur. 1998, 161. De ce dernier auteur, il est fondamental de lire, pour une vue d'ensemble, *Éloge de l'Exégèse*, Rev. rech. jur. 1982, 254 s.

3° *Ouvrages méthodologiques sur les genres littéraires :* MENDEGRIS R. et VERMELLE G., *Le commentaire d'arrêt en droit privé,* Dalloz ; SOURIOUX J.-L. et LERAT P., *L'analyse de texte (méthode générale et applications au droit),* Dalloz, 1980 ; GRIDEL J.-P., *La dissertation et le cas pratique en droit privé,* Dalloz.

4° *Discours sur la doctrine :* Comme la jurisprudence, la doctrine fait naître la curiosité de l'observer globalement comme phénomène. Mais une approche globale, faute de pouvoir être, sauf échantillons, une analyse de contenu, est fonctionnelle, méthodologique et sociologique. V. sur ce thème, issu d'une recherche collective, *La Doctrine juridique* (POIRMEUR Y., BERNARD A. *et al.*) P.U.F. 1993 : variations sur les rapports de la « production doctrinale » et de la « production normative ». Symboliquement le terme production, répétitif, y remplace celui de source. C'est que la docrine (tant ses « producteurs » que ses « produits ») y est saisie dans des rapports de concurrence (et presque de marché). Surtout la doctrine civiliste qui est replacée face à ses devancières de l'Ancien droit (vue d'ensemble et monographies) et dans le concert où se mèlent de nouvelles voix doctinales (doctrine constitutionnelle, comité national d'éthique). À la vérité la doctrine publiciste a toujours eu sa belle part (songeons à la théorie de l'acte juridique et à celle de la juridiction) et la doctrine civiliste aurait tort de se décourager, elle qui a, depuis 1964, renouvelé la législation, et c'est par manque d'information qu'on voudrait la dire étrangère à la genèse de la bioéthique, car c'est elle qui, en forgeant son vocabulaire (par exemple en nommant la procréation médicalement assistée), a, la première, travaillé à l'élaboration des principes que les lois du 29 juillet 1994 ont consacrés, notamment en matière de filiation. Au demeurant l'air frais de la concurrence est tonique, et tout est toujours à recommencer. V. sur cette vision de la doctrine, MAZEAUD Denis, R.T. 1993.926. *Adde,* BREDIN J.-D., *Remarques sur la doctrine,* Mélange Hébraud ; PERROT Annick, *« La doctrine et l'hypothèse du déclin du droit », in La Doctrine juridique,* P.U.F. 1993. JESTAZ Ph. et JAMIN Ch., *« L'entité doctrinale française »,* D. 1997, chron. 165, et la réponse AYNÈS L., GAUTIER P.-Y. et TERRÉ F., *Antithèse de l'entité*, D. 1997, chron. 229). La place que chaque système juridique fait à la doctrine appelle des études comparatives — V. CROMBEZ V., *La doctrine en droit français et en Common law,* Th. Lyon III 1995, doct. Au second degré, la doctrine sur la doctrine creuse tel ou tel aspect du phénomène. V. BOUDOT Michel qui, dans sa « *contribution à une théorie de la doctrine en droit privé* », considère en elle « *Le dogme de la solution unique* » th. Aix-en-Provence, 1999, dact. Avec MALAURIE Philippe, la personnalité des jurisconsultes revient au premier plan. V. *« Anthologie de la pensée juridique »*, Cujas 1997. C'est une galerie de portraits.

Pour la fête de l'esprit, le centenaire de la Revue trimestrielle de droit civil a été célébré. On le revivra dans le numéro 4 de la Revue (octobre-décembre 2002). C'est une fête conjointe de la doctrine et de la jurisprudence dans la fidélité à l'esprit de sa fondation : impulsion donnée à l'approche historique et scientifique de la jurisprudence, ouverture des études doctrinales au droit comparé. On y cultive aussi le commentaire législatif et la revue des ouvrages et des thèses.

NOTES

1. L'engouement en faveur de la jurisprudence ne va pas sans réserves :

a. Il n'est pas pur, s'il faut entendre l'encensement de la jurisprudence comme un abaissement de la loi. S'il y a trop de lois et trop de mauvaises, il y a aussi beaucoup trop d'arrêts, et trop peu de bons.

b. Il se méprend sur la capacité créatrice (réelle mais limitée) de la jurisprudence, laquelle n'aurait jamais pu rénover notre droit, par exemple celui de la famille. À moins encore qu'on ne s'en réjouisse, ce qui est dans la liberté des opinions. Mais cette voix qui refuse l'œuvre législative accomplie sonne faux sous l'exaltation de la créativité prétorienne.

c. La célébration de la jurisprudence comme source de droit déforme la vue d'ensemble des fonctions du juge. Elle grossit la marge d'apparat et rétrécit tout « le reste » qui est pourtant l'essentiel : l'intelligence de la règle et la connaissance du fait, pour la juste application du droit à chacun des cas, et toute l'œuvre de justice en ses immenses tâches qui consistent, pour le juge, en sa façon d'entendre justiciables, avocats, experts, puis en sa façon de parler, de raisonner, d'apprécier, de calculer, d'écrire, etc. métier de juge. Le prétorien est une parcelle prestigieuse mais infime de l'œuvre du juge. Entre les principes, combien d'espèces enfouies dans le lit de la jurisprudence dont nous sommes les orpailleurs.

2. D'âge en âge, on n'en finirait pas de fêter, dans la littérature, ceux de ses auteurs qui sont des écrivains, de les citer, de les avoir à la bouche (*in ore habere auctorem*), de les chanter. Le privilège insigne de Montesquieu est que, sur *l'Esprit des lois,* un oratorio ait été composé, œuvre en cinq tableaux sur une partition de Jean-Paul G. Noguès (1999).

LIVRE PREMIER
LES PERSONNES

53 **Distinction des personnes physiques et des personnes morales :** Nous sommes des citoyens, des administrés, des contribuables, des justiciables, des consommateurs, parfois des soldats ; **au regard du droit civil,** nous sommes **des personnes** ; **tous les êtres humains, tous les individus, hommes et femmes, sont des personnes. Cependant, toutes les personnes que reconnaît le droit civil ne sont pas des êtres humains.** Quand il dénombre ses sujets, le droit civil fait d'emblée une **distinction majeure** : Il reconnaît Pierre, Paul, Jeanne, Marie, chacun, chacune d'entre vous et moi, chaque individu, comme personne physique ; mais il reconnaît également comme personnes juridiques — nommées personnes morales par opposition aux précédentes — certains groupements comme, par exemple, les sociétés, les associations, les syndicats. Il existe ainsi, dans le monde juridique, tel que le considère le droit civil, **deux catégories de personnes**, deux espèces de sujets de droit, deux types de membres participants dotés de la personnalité juridique : les **personnes physiques** et les **personnes morales.**

54 **Primauté de la personne humaine :** Il importe peu — pour la distinction — qu'une personne morale soit nécessairement animée par des personnes physiques (1) et que, rarement, une personne physique ne soit membre d'aucune personne morale. Naturelle, l'opposition des êtres de chair et des entités morales est, au moins dans notre droit, irréductible. L'individu a des droits sur sa tête et les groupements en ont qui n'appartiennent pas, individuellement, à leurs membres.

Le véritable problème pourrait être, un jour, celui de la coexistence — pacifique — des personnes physiques et des personnes morales. Dans les systèmes juridiques individualistes — comme le nôtre — on le résout par référence **au primat de la personne humaine,** réalité première, valeur éminente. Mais, sous des formes diverses (communautés, collectivités, etc.) les groupes sociaux ont, dans d'autres systèmes, la place maîtresse. En France même, les sociétés chassent subrepticement les habitants du cœur des villes (qui dort dans la tour Montparnasse ?) et, dans les trains d'affaires ou de vacances, les places sont en masse réservées par les entreprises et les groupements. Sous des formes différentes, il ne serait pas exclu — vision de droit-fiction — que capitalisme et collectivisme préparent en parallèle la domination — ou la domestication (par affiliation nécessaire) — et un jour la révolte des individus isolés.

---

(1) Ou même, à la limite, par une seule (dans l'entreprise unipersonnelle à responsabilité limitée). Cette éventualité n'affaiblit ni l'opposition majeure (V. *infra,* n° 731), ni la distinction radicale de la personne physique et de la personnalité morale.

Affirmation symbolique, satisfaction au moins morale, la loi proclame aujourd'hui la **primauté de la personne** (elle affirme même qu'elle l'assure), hommage dont on ne peut douter qu'il s'adresse à la personne physique puisqu'il figure, dans le code civil, en tête du chapitre consacré au respect du corps humain (art. 16).

Serait-ce un manifeste individualiste, et même la consécration juridique du primat social de l'individu ? Certains pourraient y voir plutôt une référence au personnalisme humaniste. Ce qui est sûr c'est que le droit civil n'oppose pas la personne et la famille, il s'y réfère comme à des valeurs fondamentales et rapproche, sous sa sauvegarde, des réalités souvent interférentes et interactives. La personne est omniprésente dans le droit de la famille, la famille souvent agissante et vigilante dans le droit des personnes. Le droit des personnes et le droit de la famille sont deux hauts lieux du droit civil. La primauté de la personne n'affirme pas sa supériorité sur la famille, mais sa prééminence relativement à des valeurs d'un autre ordre (V. *infra,* n° 457, note 1).

BIBLIOGRAPHIE GÉNÉRALE (II) (2)

AUBRY et RAU, *Droit civil français*, 7e éd., I, par PONSARD, 1964.

MARTY et RAYNAUD, *Les personnes,* 3e éd. 1976.

MAZEAUD H. L. J. et CHABAS, *Leçons de droit civil,* t. I, vol. 2, *La personnalité,* 8e éd. 1997, par LAROCHE-GISSEROT.

PLANIOL et RIPERT, *Traité pratique de droit civil français,* T. I., 2e éd., 1952, *Les personnes* par R. et J. SAVATIER.

CARBONNIER, *Droit civil, I, Les personnes,* Thémis, 21e éd., 2000.

TERRE F. et FENOUILLET D., *Les personnes, la famille, les incapacités,* Dalloz, 6e éd., 1996.

GOUBEAUX G., *Les personnes,* 1991, Tr. droit civil J. Ghestin et coll., L.G.D.J.

MALAURIE Ph., *Les personnes, les incapacités,* 5e éd. 2000, Cujas.

LEGEAIS R., *Droit civil, I,* 1971.

TEYSSIÉ B., *Les personnes,* 3e éd. Litec 1998.

LABRUSSE-RIOU C., *Les personnes,* 1984.

ATIAS Ch., *Les personnes, les incapacités,* 1985, P.U.F., coll. « Droit fondamental ».

SÉRIAUX A., *Les personnes*, P.U.F. Que sais-je ? 2e éd. 1997.

MAYAUX L., *Droit civil, les personnes*, éd. Ellipses, 1997.

GARÉ Th., *Le droit des personnes*, Dalloz, coll. connaissance du droit, 1998.

HENRI DE PAGE, *Traité élémentaire de droit civil belge,* t. 2, *Les personnes,* 4e éd., par Jean-Pol Masson, Bruxelles, Bruylant, 1990.

HAUSER J., Chronique des personnes à la Revue trimestrielle de droit civil.

MASSIP J., Chronique des personnes au Rép. Defrénois.

TEYSSIÉ B., Chronique du droit des personnes, au J.C.P.

LEFEBVRE-TEILLARD A., *Introduction historique au droit des personnes et de la famille*, P.U.F., coll. Droit fondamental, 1996.

(2) V. *supra,* n° 1 et *infra,* n° 837.

TITRE I
LES PERSONNES PHYSIQUES

55 *Pares magis quam similes.* Nous avons tous l'intuition (revendication profonde) que, du seul fait que nous vivons, que nous respirons — du premier cri au dernier soupir — nous avons des droits, des droits innés, des droits inhérents à notre être, indissolublement liés à notre existence, chevillés à notre corps (1), et nous sentons bien que, dans cette perspective universaliste, tout être humain a, naturellement, de naissance, les mêmes droits.

Mais nous éprouvons aussi le sentiment que chacun est unique et que nous sommes tous différents, que notre situation est particulière, notre condition singulière et que chacun, suivant son âge, son sexe, sa famille, son origine, sa nationalité, sa profession, parfois sa religion, est différent des autres, affirmation identitaire (2).

56 **Le statut juridique que le droit civil donne aux personnes physiques confirme cette double aspiration et reflète cette dualité :** Sous certains rapports, tous les êtres humains sont semblables. Ce sont des personnes dotées, en tant que telles, des mêmes droits fondamentaux et qui ont, sous le couvert de **l'égalité civile**, la même **personnalité juridique**.

---

(1) V. la thèse de M^r Ph. Dubois, *Le physique de la personne,* Paris II, 1983, Litec, 1986, où apparaît en pleine lumière dans l'ensemble de ses manifestations — apparence, état, présence — l'importance fondamentale de ce qui, en la personne, est physique. Comparez la thèse, complémentaire (et non l'antithèse) de Mme D. Laszlo-Fenouillet, *La conscience,* Paris II, Panthéon-Assas, 1991, où se dresse en contrepoint, face au droit, ce qui, en toute personne, est conscience morale. Autre pensée sur l'essentiel.

(2) Dans ces deux directions, la base de la personne et de la personnalité est, naturellement, dans l'être physique. Toute personne tire de son être et porte dans la vérité de son corps le support de sa personnalité et les marques dont le droit fait les éléments de son état (âge, sexe, filiation), de telle sorte que son identité physique est constitutive de son identité civile et que sa ligne généalogique est constitutive de son lien de filiation. **Le socle est dans la vérité biologique.**

Mais il n'y a pas qu'elle. Çà et là se glissent des vérités éclatées (quand la maternité génétique et la maternité gestatrice se dissocient ou quand les composantes du sexe discordent) et des vérités travesties (si l'on admet que, dans le transsexualisme, le primat donné au sexe psychique sur le sexe physique opère un tel travestissement). Mais il y a surtout, en divers domaines, notamment en matière de filiation, de larges effets reconnus par le droit à des **vérités sociales,** construites, sociologiques, affectives (non sans nuances) par les moyens les plus divers : fins de non recevoir, possession d'état, fictions, adoption, etc.

Pour l'approfondissement de ce thème. V. Journées canadiennes 1987 de l'Ass. Capitant. *La Vérité et le droit,* T. 38 et *« L'art du droit »,* 211 s.

Sous d'autres rapports, les personnes physiques se différencient et le droit civil attache des conséquences juridiques à ces différences. Il consacre une **distinction civile** des personnes. Chaque individu est dans une situation personnelle qui constitue ce qu'il est convenu d'appeler son état, son **état civil. Chaque personne a un état.**

Le droit des personnes renvoie une double image de la société qu'il représente. On y voit ce qui est commun à tous et ce qui est propre à chacun ; sous un angle, **la personnalité juridique et l'égalité civile** (chap. I), sous un autre, **la distinction des personnes et l'état civil** (Chap. II).

RÉFÉRENCE

D'AGUESSEAU, *Essai sur l'état des personnes,* œuvres complètes, 1767, T. 5, p. 416 à 467. *« L'étude du droit des personnes est le principe et la fin de toute la jurisprudence. »* (p. 416). *« Tous les hommes sont sortis égaux des mains de la nature, également libres, également nobles ; » La nature » a néanmoins marqué entre eux certaines différences, et l'on peut dire que s'ils sont tous égaux, ils ne sont pas tous semblables. »* (p. 417).

CHAPITRE I
LA PERSONNALITÉ JURIDIQUE ET L'ÉGALITÉ CIVILE

57 Le principe, en droit civil, le principe constitutionnel qui l'irrigue, est que tous les hommes sont égaux en droit. Cette égalité juridique est abstraite. Virtuelle, elle n'assure pas concrètement à tous la jouissance effective des mêmes avantages économiques et des mêmes positions sociales. Elle est à la fois fondamentale et potentielle.

L'égalité civile a pour base la personnalité juridique : elle est à la fois dans **la reconnaissance de la personnalité juridique** et dans **l'affirmation de droits inhérents à cette personnalité**. Dire que tous les individus sont égaux en droit, c'est : 1° poser que tous jouissent de la personnalité et sont ainsi des personnes juridiques ; 2° affirmer qu'ils ont, en cette seule qualité, comme attributs de la personnalité, certains droits primordiaux.

La reconnaissance de la personnalité juridique et les attributs de la personnalité sont **les deux assises fondamentales du droit des personnes** qui consacrent positivement en droit civil français, la **valeur éminente de la personne humaine.**

L'affirmation de cette valeur est aujourd'hui écrite dans le code. La loi proclame **la primauté et la dignité de la personne** (art. 16). Bien qu'une telle déclaration figure en tête du chapitre consacré au respect du corps humain (et que le corps soit la personne même en son physique) on ne peut douter, qu'elle concerne la personne en son entier (esprit et corps). La vérité est qu'avant même cette consécration formelle, le respect de la personne humaine était déjà le principe inspirateur de tout le droit des personnes, le postulat de la reconnaissance générale et des droits primordiaux de la personnalité (1).

(1) **Primauté de la personne (art. 16).** Ce n'est pas seulement une valeur que la loi affirme mais une **hiérarchie** qu'elle établit. Relativement à quoi ? Il n'est pas interdit de penser que le primat appartient à la personne **dans toutes les échelles de valeur** : relativement aux **choses,** il règne sur la distinction des personnes et des biens ; relativement aux **personnes morales,** il exalte la prééminence de la personne physique ; plus globalement dans le concert des intérêts, il donne la priorité à la protection de l'être humain **contre tout ce qui le menace,** non seulement les maux millénaires de la violence et de la misère, mais parfois les forces même du progrès qui bousculent sa fragilité. C'est l'un des soucis de la bioéthique devant les avancées de la science. V. *infra,* n° 467, *in fine,* la note sur le respect de la dignité de la personne. On retrouve dans la Convention du Conseil de l'Europe sur les droits de l'homme et la biomédecine (Oviedo, 1997) le même souci de la primauté de l'être humain de cette perspective : « L'intérêt et le bien de l'être humain doivent prévaloir sur le seul intérêt de la société ou de la science » (art. 2).

SECTION I LA RECONNAISSANCE DE LA PERSONNALITÉ JURIDIQUE

458 **La personnalité juridique est reconnue par la loi civile à tout être humain :** elle appartient à **tout individu**. Elle lui vient avec la vie. Fondé sur la nature, sur la biologie, le droit civil répond ici aux exigences de la vie, il l'entérine : **c'est la vie qui réclame — qui exige dès qu'elle existe et tant qu'elle dure** — d'être reconnue. Fort de sa conformité à la nature (au droit naturel), ce principe de droit positif gouverne l'acquisition et la perte de la personnalité juridique.

La loi consacre la personnalité juridique. Mais elle **ne l'attribue pas, elle la reconnait**. Sur la façon dont la personnalité juridique vient aux personnes morales, on peut discuter. Ce qui est sûr, c'est que la personnalité juridique des personnes physiques ne relève pas du bon vouloir du législateur. Ce n'est pas une création arbitraire. La distinction entre, d'une part, **être humain** et **vie humaine**, réalités biologiques, d'autre part, **personnalité juridique** ne doit donc pas être exagérée. La reconnaissance légale de l'être humain et le respect que lui garantit le droit dès le début de sa vie en est, d'un côté, une preuve. De son côté, la personnalité juridique n'est pas une construction artificielle, mais la consécration légale d'une donnée naturelle.

C'est la mort qui éclaire la question. Elle démontre et la limite du pouvoir de la loi et la coïncidence qu'elle fait régner entre être humain, vie humaine et personnalité juridique. L'abolition de la mort civile a arraché la mort au pouvoir de la loi, et, à l'heure de la mort, être humain, vie humaine et personnalité s'éteignent ensemble. À l'autre extrémité de la vie, cette synchronisation ne peut être parfaite, parce que la vie se manifeste en trois temps — conception, gestation, naissance — et que la personnalité juridique ne peut s'accomplir en plénitude qu'à la naissance. Mais dès la conception, elle s'accroche à la vie. Ce qui, à ce moment, l'empêche de produire tous ses effets ne l'empêche pas d'exister dès ce moment, moins que parfaite mais réelle et digne d'être considérée en son état.

§ 1. L'ACQUISITION DE LA PERSONNALITÉ

459 **Principe :** Pris à l'origine dans sa conséquence première, le principe d'attribution universelle conduit à une proposition primordiale : **Tout homme acquiert, en naissant, la personnalité juridique**. La personnalité juridique est un don de naissance, un droit inné, un bienfait originel. **Tout homme naît sujet de droit** (2). Le principe, en droit français, ne souffre, actuellement, aucune exception. Il n'en a pas toujours été ainsi (mais, pour retrouver des exceptions, il faut remonter au temps de l'esclavage (3) où certains hommes n'étaient pas considérés comme des personnes, mais comme des choses, éléments du patrimoine de leurs maîtres). Aujourd'hui, le droit français n'admet aucune exclusion qui serait fondée sur des particularités biologiques (sexe, âge, état de santé) ou sur des

---

(2) Naître. V. sur ce thème splendide le n° 21 de Corps écrit. P.U.F. 1987, spécialement, de Michelle Gobert, *« Naître, que d'interrogations ! »* p. 85, et de Catherine Labrusse-Riou, *« Faire naître : ordre ou chaos du droit »* p. 97. V. sous le titre *« La personne humaine, sujet de droit »*, l'approfondissement de l'ensemble de leurs rapports, lors des quatrièmes journées René Savatier, Poitiers 1993, P.U.F. 1994 et *« L'art du droit... »*, 13 s.

(3) Sauf à noter cependant que l'esclavage n'a été aboli dans les colonies qu'au milieu du XIXe siècle (d. 27 avril 1848 ; Const. 4-10 nov. 1848). Dès avant cette abolition, il était admis que les esclaves devenaient libres lorsqu'ils touchaient le sol continental. V. Merlin, Rép., V° *Esclavage*, et l'art. 1.1.28 sept-6 oct. 1791. Comp. Annales, Fac droit Liège, 1957, 53 s., *L'esclavage sous le régime du Code civil.*

considérations sociales (origine, situation de famille, niveau de fortune, indignité). La personnalité juridique n'est pas un don de la loi (qu'il dépendrait de celle-ci d'accorder ou de retirer à qui elle veut, quand elle veut) mais, pour chacun et pour la vie de chacun, une exigence naturelle, commune et viagère en quelque sorte.

60 **Précisions :** Dire que la personnalité s'acquiert par la naissance est un raccourci historique (« Les hommes **naissent** libres et égaux »). **C'est la vie** (fait biologique) **qui, en vérité, gouverne la personnalité** (de son commencement à sa fin). Il devient essentiel de préciser à partir de quel moment et à quelles conditions un être peut être reconnu en vie, et donc comme une personne. La reconnaissance de la vie et l'acquisition de la personnalité : 1° remontent à la conception de l'enfant ; 2° sont subordonnées à la condition que l'enfant naisse vivant et viable.

A. L'ACQUISITION DE LA PERSONNALITÉ À LA CONCEPTION

61 **L'enfant acquiert la personnalité juridique dès avant sa naissance du seul fait de la conception :** au moins dans sa primeur, plus précisément dans la mesure où son intérêt personnel le réclame. Par l'effet de ce que l'on présente volontiers comme une fiction favorable à l'enfant (4), le droit moderne demeure fidèle à la maxime coutumière : *« Infans conceptus pro nato habetur quoties de commodo ejus agitur »* (L'enfant conçu est considéré comme né chaque fois que tel est son intérêt).

Aujourd'hui, la loi civile double cette règle traditionnelle d'un précepte général parallèle : Elle **« garantit le respect de l'être humain dès le commencement de sa vie »** (C. civ. art. 16, l. 29 juill. 1994). Elle proclame donc que **le respect de l'être humain, comme la personnalité, commence avec sa vie**. L'affirmation, plus directe, plus concrète, est complémentaire. Précisément, cette commune origine, cette commune généralité et cette complémentarité conduisent à considérer que, naissant au même moment et porteuses des mêmes valeurs, la reconnaissance de la personnalité et le respect de l'être humain conjuguent positivement leurs conséquences dans des limites liées à leur caractère prénatal.

Respect de l'être humain dès le commencement de sa vie : Cet engagement solennel de la société contient l'affirmation de **trois principes** : 1. **Que l'embryon humain appartient au genre humain** (être humain, non pas chose, ni animal) ; 2. **Qu'il est humain dès sa conception** *(ab ovo)* non sa naissance (laquelle n'ajoute rien à son humanité). L'être est dans l'œuf, en œuf et en vie (la vie ne commence pas à la naissance ;

---

(4) V. plus haut, n° 209. C'est la présentation traditionnelle qui, en assimilant la conception à la naissance, paraît établir une fiction (alors qu'on pourrait y voir plutôt un pari pour l'espérance, en faveur d'un heureux événement, une anticipation optimiste donc, plutôt une présomption). De toute façon, le recours à ce procédé technique n'est qu'une des analyses possibles : la reconnaissance de la personnalité à l'enfant conçu paraît plus naturelle — sans l'artifice de l'assimilation — lorsque, partant du **principe que la personnalité est liée à la vie, on reconnaît, dans l'enfant conçu, un être vivant**, *ab ovo.* Cette explication a l'avantage d'être radicale ; comp. Carbonnier, I, 52, citant d'Aguesseau, *Essai sur l'état des personnes.* Se référant à l'Exode, à Saint-Augustin, à Hippocrate et à son serment, l'auteur de la dissertation fait poindre, du fond des âges, la distinction entre « l'expulsion d'un fœtus informe avant l'animation » *(effluxiones)* et l'élimination d'un fœtus formé et animé *(abortiones)* et s'y rallie, *de lege ferenda,* pour conclure (T. V, *Œuvres complètes,* 1767, p. 453). Distinction qui ferait entendre que la vie ne commence pas à la conception, mais à l'animation. Mais l'idée que la vie commence à la fécondation prévaut aujourd'hui.

la femme qui a conçu ne porte ni la mort ni le néant ; sauf accident, il y a la vie en elle) ; 3. **Que, dès le commencement de la vie, la loi garantit son respect**. Non pas cependant un respect absolu : un respect entamé dans la pesée de l'ensemble des droits et intérêts en présence (dont ceux de la femme). Sur ces principes, v. *in* « *L'embryon humain* » (dir. B. Le Mintier, Economica, 1996) le rapport de synthèse, p. 330.

Acquisition de la personnalité : De son côté, **la personnalité juridique** reconnue à l'être humain avant sa naissance **ne peut être plénière** (v. *infra*, n° 467). Les contraintes de la nature empêchent que ce soit, pendant la période intra-utérine, une personnalité complète, apte à se déployer dans la plénitude de ses attributs. **Mais elle engendre dès cette période des effets juridiques essentiels.** Elle permet à l'enfant conçu de bénéficier de certains droits, notamment celui de fixer sur sa tête une **vocation successorale** afin d'être compté dans la succession comme un héritier). L'enfant déjà conçu lorsque survient la mort du *de cujus* est apte à lui succéder, si toutefois il naît viable (art. 725) (5). De même, il suffit d'être conçu au moment de la donation pour être capable de recevoir entre vifs ou semblablement, d'être conçu à l'époque du décès du testateur pour être capable de recevoir par testament. Mais dans l'un ou l'autre cas, la donation ou le testament n'auront leur effet qu'autant que l'enfant sera né viable (art. 906). Ainsi voit-on comment une **vocation prénatale certaine en son principe** (la vocation successorale de l'enfant conçu ou sa capacité à recevoir à titre gratuit) est cependant suspendue, dans sa réalisation, à l'événement, à l'avènement qui la confirme, la naissance en état de viabilité (v. n° 462).

Protection pénale de l'enfant à naître : On ne peut douter que sa protection soit garantie dans tous les plans et pas seulement dans l'ordre des droits patrimoniaux. Lui aussi a **droit au respect de son corps** (art. 16-1), **le respect lui est dû dès le commencement de sa vie** (art. 16), c'est-à-dire **dès avant sa naissance :** Ce qui implique que lorsqu'un enfant porté par sa mère subit du fait d'un tiers un traumatisme involontaire qui entraîne sa mort, ce fait constitue, pénalement, un homicide involontaire (C. pén. art. 221-6).

La jurisprudence était naguère très généralement en ce sens, encore que non harmonisée sur le moment où commence la protection pénale du fœtus. Mais, un arrêt de la Chambre criminelle (30 juin 1999) a renversé la tendance en cassant un arrêt de la cour de Lyon (13 mars 1997) qui avait retenu comme homicide involontaire l'acte médical qui avait entraîné, par négligence, la mort d'un fœtus d'au moins 20 semaines en parfaite santé. C'est depuis lors la position constante de la jurisprudence de la Cour de cassation. Consacrée par l'Assemblée plénière (29 juin 2001), réaffirmée par la Chambre criminelle (25 juin 2002), elle s'appuie sur le **principe d'interprétation stricte de la loi pénale** (art. 111-4, C. pén.). Le principe est incontestable, mais il exige d'être appliqué dans son sens. L'interprétation stricte interdit d'appliquer la loi à un cas non prévu par la loi ; elle ne commande pas de

---

(5) L'enfant conçu est également compté pour le calcul de la majoration du capital-décès (ce qui n'est pas fait dans son seul intérêt, sans nier cependant que la majoration est destinée à faciliter son entretien ; il y va aussi de son intérêt). Civ. 1re 10 déc. 1985, *Defrénois* 1986, 668 et D. 87.449, note G. Paire. Comp. CE 29 mars 1996, G. P. 1997. II. 15, pour lequel la reconnaissance prénatale d'un enfant à naître d'une compagne française n'épargne pas à son auteur une reconduite à la frontière (la présomption *infans conceptus...* serait-elle neutralisée par une présomption de reconnaissance mensongère ou par un doute sur l'intérêt de l'enfant ?). Autre facette du sort de l'enfant conçu : La concubine enceinte des œuvres d'une personne ensuite victime d'un accident mortel a été autorisée à faire prélever sur le corps du défunt les tissus nécessaires à un éventuel examen génétique, ayant l'intention de « diligenter une procédure en reconnaissance *post mortem* ». T.G.I. Lille. 19 nov. 1997 D. 1998.467, n. X. Labbée. S'il faut comprendre qu'il s'agit d'une action en recherche de paternité naturelle qui ne s'ouvre qu'à la naissance de l'enfant (art. 340-4, al. 1), on retiendra que, dès la conception, la recherche de la preuve est ouverte. C'est l'intérêt de l'enfant, mais au prix d'une effraction macabre. V. *La Famille*, Montchrestien, n° 201.

soustraire à la loi un cas compris dans les prévisions de la loi. Or l'homicide involontaire formellement incriminé comme **« atteinte à la vie »** est consommé quand il y a atteinte à la vie du fœtus, au moins quand il est établi qu'avant l'accident l'enfant était vivant dans le sein de sa mère, et que l'accident est la cause de sa mort (v. *supra,* n° 417).

L'enfant que porte sa mère **est, en elle, une autre vie**, et la vie de cet enfant ne commence pas à sa naissance. **C'est la vie, dès son commencement, que la loi civile commande de respecter** (art. 16) et c'est l'atteinte à la vie qui constitue un homicide involontaire au sens de la loi pénale (art. 221-6) lorsqu'elle est donnée involontairement.

Objectera-t-on que ce point de vue remettrait en cause les règles qui gouvernent l'interruption volontaire de la grossesse ? De toute évidence, cette crainte a pesé sur le débat et l'a sans doute même emporté. Pourtant une telle éventualité est exclue. **Légalement encadrée, l'IVG est la règle qui fait exception aux principes** énoncés, l'exception qui confirme ces principes, et que, réciproquement, ces principes confirment (ils la reconnaissent en son domaine). La coordination est claire.

Plus délicate est la question de savoir si, comme l'admettent certaines décisions, la protection pénale du fœtus serait subordonnée à sa viabilité (sans doute est-ce pour ne pas l'avoir exigé que l'arrêt précité de la cour de Lyon a été cassé). À la réflexion, cette exigence n'est pas pertinente. L'exigence de la viabilité est posée à la place de celle de la vie (ce n'est pas la même chose). Ce qu'ont à chercher les juges (ce qui compte en définitive), c'est que l'enfant ait donné *in utero* **les signes de la vie**, manifestant la vie que postule l'homicide (à cela correspondaient les justes observations de la cour de Lyon).

C'est d'ailleurs la survenance de la mort, par hypothèse, qui décale la protection pénale du fœtus relativement aux autres droits de l'enfant conçu, lesquels sont subordonnés à deux conditions supplémentaires **(qu'il serait absurde d'appliquer à l'homicide)**.

Références. V. Crim. 30 juin 1999 (Bull. crim., n° 174 ; D. 1999.J.710, n. D. VIGNEAU ; D. 2000, som. com. 27, Y. MAYAUD) cassant Lyon, 13 mars 1997, D. 97.557, n. S. SÉVERIN ; J.C.P. 97.II.22955, n. FAURÉ). Comp. Reims, 3 févr. 2000, *Defrénois* 2000.J.568, n. M.-C. FORGEARD ; Dr. fam. 2000, chron. 21, D. VIGNEAU ; D. 2000, n. J.-Y. CHEVALLIER, reconnaissant en l'enfant porté par sa mère une personne humaine bénéficiant, en tant que telle, de la protection pénale, mais en se référant au seuil de viabilité, la conception de l'enfant remontant à huit mois). Pour les précédents, v. Douai, 2 juin 1987, G. P. 89.I.145, n. DOUCET (fœtus extrait mort né de fraîche date — confirmation de viabilité et de causalité extérieure — après accident de circulation). Amiens, 28 avr. 1964, G. P. 1964.II.167 (accident d'accouchement). V. G. PUIGELIER, *« L'homicide involontaire d'un fœtus »*, Dr. pén. 1997, chron. 22, et, pour l'état présent de la jurisprudence de la Cour de cassation, Ass. plén. 29 juin 2001, cond. av. gén. Sainte-Rose, rapp. SARGOS, Bull. crim., n° 165 ; D. 2001, chron. 2907, PRADEL ; J.C.P. 2001.II.10569, n. RASSAT ; Crim. 25 juin 2002, D. 2002.J.3099, n. PRADEL. **Fixée, la jurisprudence est critiquable.** Le motif qu'elle invoque procède d'une confusion sur la notion même d'interprétation stricte (v. n° 417). En profondeur, le parti pris résulte de la grande peur d'une remise en cause des lois sur l'avortement. Cet acquis est pourtant, à l'évidence, irréversible et compatible, fort de la loi qui en son domaine le garantit, avec une autre interprétation de la loi pénale. Ainsi sacrifie-t-on la protection de l'enfant à naître à la crainte vaine d'un impossible contrecoup, décision de politique juridique inavouée et peu clairvoyante. Qui ne voit que « le roi est nu » ? La mort suppose la vie. Or voici un enfant reconnu mort, et qui n'aurait pas été en vie, qui n'aurait pas perdu la vie, auquel on aurait pas oté la vie, et qui, en définitive, n'aurait connu ni la vie ni la mort, mais le néant (pour la tranquilité de certains, et l'impunité de l'auteur de l'homicide, un chauffard imprégné dans l'affaire de 2001). Venez et voyez si le pseudo-droit est beau : un mort qui n'a pas été vif (6).

---

(6) Sous couvert d'une autre qualification, la protection pénale du fœtus serait indirectement assurée si, comme il en est question, l'interruption de la grossesse résultant, involontairement, d'une maladresse ou d'une imprudence (notamment d'un accident de la route ou d'une erreur médicale) était incriminée par la loi, créant ainsi le délit d'interruption involontaire de grossesse. L'interruption consommée, on n'empêchera personne de dire que la mère « a perdu son enfant » mais, dans la loi, les mots tabous n'auront pas été prononcés : démarche « profil bas », pragmatique.

B. LA CONFIRMATION DE LA PERSONNALITÉ SUR LA TÊTE DE L'ENFANT NÉ VIVANT ET VIABLE

462 Il ne suffit pas d'avoir été conçu et de naître pour être en plénitude une personne : **encore faut-il naître vivant et viable.** Les enfants mort-nés ne sont pas des personnes. Les enfants nés vivants mais non viables, sont censés n'avoir jamais eu la personnalité juridique. Naître vivant, naître viable, c'est à la survenance de ces deux conditions cumulatives qu'est subordonnée la confirmation (l'affirmation en plénitude) de la personnalité juridique.

a) Enfant vivant

463 Un enfant naît vivant lorsqu'à sa naissance il respire complètement. La respiration après l'accouchement est le signe postnatal de la vie (v. Montpellier, 25 juill. 1872, S. 1872.2.189) : question de fait dont la preuve, libre, repose sur les témoignages et les observations de la médecine légale.

b) Enfant viable

464 **La viabilité est la capacité naturelle de vivre, l'aptitude à la vie. Tout enfant né vivant est présumé viable**, même s'il est mort rapidement après. Une présomption de viabilité s'attache au premier signe de vie. La moindre fréquence des morts périnatales renforce la vraisemblance de la présomption de viabilité, comme donnée de départ.

Mais **cette présomption souffre la preuve contraire** (à rapporter par tous ceux qui ont intérêt à démontrer que cet enfant n'était pas viable). Ce peut être le cas pour certains enfants nés trop prématurément ou mal conformés (ceux également qu'on appelait autrefois des monstres *monstra vel prodigia).* Plus précisément (et jusqu'à nouvel ordre), **un enfant est considéré comme non viable (bien que né vivant), lorsque, étant dépourvu d'un organe essentiel à la vie, il est nécessairement voué à disparaître.** La non-viabilité est donc liée, pour l'heure, aux malformations congénitales ou aux anomalies originelles qui rendent la mort inéluctable. Cependant, ce critère traditionnel est en passe d'être évincé par un critère technique quantifié : avançant le seuil de viabilité, l'organisation mondiale de la santé recommande d'admettre la viabilité au « terme de 22 semaines d'aménorrhée ou au poids de 500 g », en faisant abstraction des malformations et de tout autre critère. Le droit a besoin de ces repères pour des raisons pratiques : il s'agit de savoir s'il faut compter cet enfant dans la succession, C. civ. art. 725, 2° ; sa capacité de recevoir à titre gratuit est également subordonnée à sa viabilité. C. civ. art. 906. Autre effet radical : aucune action relative à la filiation d'un enfant qui n'est pas né viable n'est recevable, C. civ. art. 311-4.

§ 2. LA PERTE DE LA PERSONNALITÉ

Pris dans son développement, le principe d'attribution universelle conduit à une seconde proposition : **Tout homme conserve sa personnalité jusqu'à sa mort**. La personnalité dure autant que la vie. Elle ne s'éteint qu'à l'instant de la mort (7).

(7) **L'heure de la mort**. La mort, en général, sait bien se faire toute seule reconnaître. Aux proches, aux simples témoins, un arrêt cardiaque et respiratoire (le dernier soupir et l'abandon du

La règle est absolue en ce sens qu'aucun autre événement n'entraîne la perte totale de la personnalité. Il n'y a plus de morts civils et les incapables sont et demeurent des personnes. Exclue la mort civile, les incapacités civiles n'emportent que des restrictions (d'ailleurs non négligeables) à la personnalité.

A. EXCLUSION DE LA MORT CIVILE

5 Le terme de la personnalité juridique coïncide nécessairement avec celui de la vie humaine, la mort naturelle. **Le droit français ne connaît plus de mort civile**. Les morts civils, êtres vivants, étaient morts au monde : **ils n'étaient plus sujets de droit**. La mort civile résultait, dans l'Ancien droit, de causes diverses. Elle résultait, volontairement, de la « *professio religiosa* » (le religieux profés ayant résolu de mourir au siècle). La mort civile était également la conséquence de certaines condamnations à des peines criminelles. Ayant aboli les conséquences juridiques de la profession religieuse, la Révolution française laissa subsister la mort civile comme peine accessoire à certaines condamnations pénales. Il fallut attendre le milieu du XIXe siècle (c'est une des rares interventions du législateur au XIXe siècle) pour que la mort civile fût abolie par la loi du 31 mai 1854. La mort dite naturelle (qui englobe ici la mort accidentelle) par opposition à la mort civile (v. encore C. civ. art. 718) demeure la seule cause d'extinction de la personnalité. Comp. dans une autre perspective (le statut marginal de l'embryon et de la personne en état végétatif). A. Terrasson de Fougères, *La résurrection de la mort civile,* R.T. 1997.893, qui reviendrait ainsi rôder « aux frontières de la vie et de la mort ».

Précisions relatives à l'état civil (C. civ. art. 79-1, l. 8 janv. 1993). 1. Lorsqu'un enfant décède avant que sa naissance ait été déclarée à l'état civil, l'officier de l'état civil dresse un acte de naissance et un acte de décès, mais à la condition que soit produit un certificat médical attestant que l'enfant est né vivant et viable (art. 79-1, al. 1). Sa personnalité juridique est officiellement constatée. 2. À défaut d'un tel certificat, l'officier de l'état civil n'établit ni acte de naissance ni acte de décès. Mais il dresse un acte dit **« d'enfant sans vie »** qui constate au moins l'existence de cet enfant. La règle s'applique

---

corps) ne laissent guère de doute. Mais avant l'irréparable, la loi exige toujours, pour la preuve du fait biologique, l'attestation d'un médecin. L'autorisation de fermer le cercueil est subordonnée à l'établissement d'un **certificat médical de décès**. Cependant le constat de la mort se heurte à de **graves problèmes** dans les cas toujours plus nombreux où la personne, d'elle-même ou par l'effet d'une assistance sophistiquée, se trouve **entre la vie et la mort**, à l'un des divers paliers du coma. La nécessité de déterminer précisément l'heure de la mort, et donc de définir la mort, s'impose alors d'autant plus impérieusement que se profile la perspective d'un prélèvement d'organes, de tissus ou de cellules *post mortem*. Dans cette perspective, le code de la santé publique (art. R. 671-7-1 s., d. 2 déc. 1996) subordonne le constat de la mort d'une personne qui présente un arrêt cardiaque et respiratoire persistant à la réunion de **trois critères cliniques** : 1. L'absence totale de conscience et d'activité motrice spontanée ; 2. L'abolition de tous les réflexes du tronc cérébral ; 3. L'absence totale de ventilation spontanée. Et quand la personne dont le décès est constaté cliniquement bénéficie d'une assistance respiratoire, la vérification de la mort exige des épreuves complémentaires renforcées. De l'ensemble de ces prescriptions, il ressort que la **mort cérébrale** marque seule le terme de la vie. D'où l'évidence (mais aussi l'impérieuse nécessité d'affirmer) que les personnes qui sont — et parfois durablement — en état de vie végétative (dans un coma profond) sont bien du côté de la vie, même s'ils sont l'objet de régimes de protection, lesquels n'affectent ni leur personnalité ni leur capacité de jouissance, ni tout particulièrement le droit à réparation intégrale des dommages qu'ils ont subis (Civ. 22 févr. 1995, D. 1996.69, n. Chartier). V. A. Terrasson de Fougères, étude citée n° 465.

Précision. Dans un cas où l'ordre des décès enregistré à l'état civil établissait qu'un fils avait survécu quelques heures à son père, victime du même accident (recueillant ainsi sa succession pour la transmettre à sa mère, dès lors préférée aux ascendants du père), un arrêt de la Première Chambre civile (19 octobre 1999, Bull. civ. I, n° 283) a justement reconnu que les conditions particulières de la constatation de la mort exigées par le Code de la santé publique dans la perspective d'un prélèvement d'organes ne s'imposent qu'en cette hypothèse (ce n'était pas le cas en l'espèce). L'arrêt apporte surtout une précision : l'acte de décès n'établit, quant à l'heure de la mort, qu'une présomption simple, et c'est à ceux qui la conteste qu'il appartient d'en démontrer l'inexactitude.

d'une part à l'enfant mort *in utero* après un terme de 22 semaines d'aménorrhée ou pesant plus de 500 grammes (Circ. 30 nov. 2001) — c'est l'enfant **mort-né** — d'autre part à **l'enfant né vivant mais non viable** (certificat médical à l'appui) quelle que soit la durée de la gestation. À la demande des parents, l'enfant peut être inscrit sur le livret de famille comme « enfant déclaré présentement sans vie » (d. 15 mai 1974, art. 9). 3. Dans l'épreuve des parents, c'est une délicatesse d'avancer, autant qu'il est raisonnable, le seuil de reconnaissance de l'existence de leur enfant (ne s'agissant pas de la personnalité juridique). V. P. Murat, chron. 48, *Dr. fam.* 2002.

B. RESTRICTIONS TENANT AUX INCAPACITÉS CIVILES

466 Les restrictions dont un individu peut être l'objet n'affectent pas toujours sa personnalité et, lorsqu'elles l'affectent, **elles ne la font jamais disparaître**. Certaines ne sont que des **incapacités d'exercice**. Celui qui est sous le coup d'une telle incapacité **peut acquérir des droits** ; seulement, en raison de son âge ou de l'altération de ses facultés mentales, **il n'est pas considéré comme apte à les exercer lui-même.** Par protection, c'est un représentant légal qui les exerce à sa place. L'incapable conserve, en plénitude, sa personnalité, son aptitude à l'acquisition des droits. **L'incapacité d'exercice n'entame en rien la personnalité juridique** de celui qu'elle protège et ne le retranche pas du commerce juridique. Elle pourvoie à ses intérêts par la représentation ou parfois l'assistance (ou même, on le verra — *infra,* 539 s. — par la faculté d'agir seul dans certaines limites).

467 Au contraire, les **incapacités de jouissance privent radicalement l'individu qu'elles frappent de l'aptitude à acquérir un droit déterminé.** C'est la jouissance même du droit (et donc l'aptitude à l'acquérir) qui lui est refusée. Une incapacité de jouissance fait donc nécessairement obstacle au plein épanouissement de la personnalité juridique. Cependant, une telle incapacité est **toujours spéciale**. Établie pour **un droit en particulier**, elle n'oblitère pas l'aptitude générale à devenir sujet de droit. Elle ne l'écorne qu'en partie. Elle ne tient en échec la personnalité juridique que dans les limites précises de l'inaptitude particulière qu'elle crée. Il n'existe pas d'incapacité de jouissance générale : ce serait la négation de la personnalité juridique. Cette négation est exclue (v. ci-dessous, n° 473 s.). L'existence des incapacités spéciales de jouissance atteste en revanche que la personnalité juridique n'est pas toujours pleine et entière. Elle peut être marginalement entamée pas des **restrictions légalement et limitativement spécifiées**. La place mineure et exceptionnelle faite à cette éventualité renforce l'idée que la personnalité juridique commence avec la vie, mais ne peut être plénière avant la naissance (v. *supra*, n° 461). Comp., sur le thème de l'indivisibilité, A. Levasseur *« Qui suis-je ? Un être vivant pour certains, mais sans morphologie pour d'autres : Mon nom ? Fœtus »* R.I.D.C. 1.2000, 179 s. et, sur la comparaison du fœtus *in utero* et de l'embryon *in vitro,* l'analyse de A. NEIRINCK, *L'embryon humain : une catégorie juridique à dimension variable,* D. 2003. chron. 841.

BIBLIOGRAPHIE

1° Acquisition et perte de la personnalité

SEBAG, *La condition juridique des personnes physiques et des personnes morales avant leur naissance,* th. Paris, 1938.

CAZALS J., *Age et droit privé*, th. Paris, 1976.

MÉMETEAU G., *La situation juridique de l'enfant conçu,* R.T. 1990.611.

SALVAGE Ph., *La viabilité de l'enfant nouveau-né*, R.T., 1976. 725 ; et Catherine PHILIPPE, même titre, D. 1996, chron. 29.

BALESTRIERO V., *La situation de l'enfant mort-né*, D. 1999, chron. 81.

MURAT P., *Décès périnatal et individualisation juridique de l'être humain*, Rev. Dr. san. soc. 1995, 451.

FRANÇOIS J., *Contribution à l'étude de la personnalité*, Rev. gén. de droit, de lég. et de jur., 1931, 286, 1932, 13.

LABBÉE X., *La condition juridique du corps humain avant la naissance et après la mort*, Press. Univ. Lille, 1991.

BEIGNIER B., *Le Droit de la personnalité*, Que sais-je ? 1992.

BAUDOUIN J.-L. et BLONDEAU D., *Éthique de la mort et droit à la mort*, P.U.F., 1993.

LEBRETON G., *Le droit, la médecine et la mort*, D. 1994. chron. 352.

GRIDEL *et al. Quelques aspects du droit de la mort*, Journée Paris, v. Droit 1999, D. 2000, n° spéc. suppl. au n° 16.

2° Égalité civile

Sur l'œuvre de la Révolution, v. GARAUD M., *La Révolution et l'égalité civile*, 1953.

DANEY, *Le principe d'égalité en droit public*, th. Bordeaux. 1927.

GOUTIERRE P.-H., *Le principe d'égalité devant la loi dans les rapports salariés-employeurs*, th. Paris, 1977.

DEKEUWER-DÉFOSSEZ Fr., *L'égalité des sexes*, Dalloz, 1998.

Trav. ass. Capitant, 1961, 62, T. XIV, *Les notions d'égalité et de discrimination en droit interne et en droit international*, not. pour le droit civil français, rapp. G. Cornu, p. 87 s.

MAYAUX L., *L'égalité en droit civil*, J.C.P. 1992.I.3611.

NOTE
Du respect de la dignité de la personne

C'est un article d'une certaine philosophie morale que la dignité est un attribut de la personne, proposition qui repose sur une conception laudative de l'homme, l'affirmation de son éminente valeur (quand d'autres pourraient le voir misérable et corrompu). Mais on ne peut douter que, depuis 1994, le droit ait fait sienne cette haute appréciation. Introduite par la loi du 29 juill. 1994 relative au respect du corps humain qui l'a incorporée au Code civil (art. 16), elle a reçu l'onction originelle et quasi-baptismale du Conseil constitutionnel (consulté à cette occasion : 27 juill. 1994, D. 95.237, n. Mathieu et som. 299, obs. Favoreu). D'un principe idéal, il nous plaît aujourd'hui de faire du droit positif. C'est cette « juridicisation » qui s'est produite. Depuis longtemps inspiratrice transcendante de maintes règles, l'éminente dignité de la personne humaine est elle-même devenue, par focalisation, l'objet immanent et ciblé de dispositions expresses de droit civil et de droit constitutionnel. Son rayonnement est d'ailleurs beaucoup plus vaste. Dans le nouveau code pénal, plusieurs incriminations spécifiques (discriminations, proxénétisme, etc. V. art. 225-18) sont regroupées sous le titre générique d'« atteintes à la dignité de la personne » (chap. V, t. II, L. I). Des références comparables apparaissent dans diverses Constitutions étrangères, en droit européen, en droit international, etc. (V. sur tous ces aspects, V. *La dignité de la personne humaine*, (dir. M.-L. Pavia et Th. Revet, Économica, 1999). Cette proclamation est, dans l'air du temps, une aspiration de la conscience universelle. Sur les voies diverses où elle pose sa marque, elle connaîtra sans doute des cheminements divers (notamment en droit pénal où l'enserre le principe de légalité).

En matière civile, son développement est sous la dépendance de deux idées. 1. **La protection est de droit objectif.** L'art. 16 C. civ. édicte un interdit : « **La loi**... **interdit** toute atteinte à la dignité de [la personne] », et, en concordance, le Conseil constitutionnel reconnaît « **la sauvegarde** de la dignité de la personne humaine contre toute forme d'asservissement et de dégradation... » comme « un **principe à valeur constitutionnelle** » (déc. préc.). La dignité de la personne est l'objet direct d'une norme de droit objectif. Il n'existe pas de droit subjectif à la dignité. C'est la loi qui la protège, qui en impose le respect, garantie immédiate et directe acquise *de plano*. 2. **La dignité est une notion directive.** La dignité, objet de cette sauvegarde, n'est pas un mérite, ce n'est ni un mérite exceptionnel, distinction insigne qui serait décernée comme un honneur ou une haute charge à un dignitaire, ni même, pour tous, un mérite ordinaire, car, à la vérité, le terme peut être péjoratif (en ce sens, on peut être digne de blâme autant que de louange). Se rattachant au verbe *decet* (souvent associé à *oportet,* il convient), l'adjectif *dignus* d'où dérive *dignitas* suggère que la dignité est ce qu'il convient de faire respecter en l'homme en tant que tel, ce que la condition humaine postule et exige, en elle même, pour chacun : liberté, identité, pudeur, honneur, quant à soi. D'où il ressort d'ailleurs que tous les hommes sont égaux en dignité (les plus indignes apparemment ayant aussi la leur : on n'outrage pas un condamné). La dignité de la personne humaine est le respect en chaque personne de son humanité.

Notion englobante, la dignité ne renvoie pas seulement aux atteintes les plus flagrantes qui lui sont infligées (asservissement), aux traitements qui ravaleraient la personne au rang d'animal ou de chose, mais à toutes les actions, avanies, vexations qui, au témoignage de la conscience collective, dégradent, avilissent ou humilient la personne humaine. On peut en donner des **exemples** : l'indignité peut être dans les conditions de travail, d'hébergement, de logement, de détention, de transport, dans les circonstances d'un interrogatoire (prévenu dont on découvre la nudité dans les locaux de la police. Comp. Crim. 10 janv. 1995, D. 1996. IR. 173), dans l'affichage et la publicité (Paris 28 mai 1996. D. 96.617, image tatouée et fractionnée du corps humain au signe HIV), dans des émissions radio-diffusées (propos racistes et antisémites, C.E. 9 oct. 1996, D. 97.81 ; joie manifestée à l'assassinat d'un policier, TGI, Paris 5 févr. 1996. D. 97. som. 82. obs. Hassler et Lapp) ; a été jugée illicite la publication de la photographie représentant le corps et le visage d'une personne assassinée gisant sur la chaussée d'une rue, cette image étant dite attentatoire à la dignité de la personne humaine (Civ. 1re, 20 déc. 2000, J.C.P. 2001.IV.1319 ; D. 2001.885). Mais l'énumération est ouverte et **la notion refuse une définition bloquée**. Autant dire que la dignité de la personne est une notion d'évocation (l'indignité est voisine de l'indécence insolente), une notion-cadre, à l'instar de l'ordre public et des bonnes mœurs dont elle est parfois présentée comme une application (en deux arrêts remarqués relatifs à l'attraction dite du « lancer de nains », le Conseil d'État a jugé que « le respect de la dignité de la personne humaine étant une composante de l'ordre public », l'autorité investie du pouvoir de police était fondée à interdire un spectacle attentatoire à cette dignité : 27 oct. 1995, Commune de Morsang-sur-orge et Ville d'Aix en Provence, D. 96.177, n. Lebreton ; J.C.P. 96. II. 22630, n. F. Hamon ; D. 95. IR. 257). La loi du 30 sept. 1986 relative à la liberté de communication se réfère aussi, pour la limiter, à l'ordre public (art. 1er). Ce qui est sûr c'est que la dignité est une notion directive, mais d'autant plus sujette à appréciations divergentes qu'établie, rayonnante, en surimpression, elle interfère avec d'autres notions. *Formosa sed litigiosa :* Descendue du ciel des inspirations dans la pâte des interprétations.

V. *Ethique, Droit et Dignité de la personne*, Mélanges Christian Bolze, dir. Ph. Pedrot.

Heurt de principes. Le respect dû aux morts (précepte qui rejoint ici la sauvegarde de la dignité) et **la liberté de la communication** s'opposent. Qui voudrait sacrifier l'un à l'autre ces deux principes éminents ? Qui trouvera, pour les concilier, une formule générale ? Existe-t-il d'autres issues que des arbitrages *in casu* ? (v. un cas où la dignité a été jugée sauve, Civ. 1re, 20 févr. 2001, D. 2001.IR.908). Pour une réflexion suggestive sur la part de l'histoire et celle de l'information d'actualité, v. J.-P. Gridel, Ch. D. 2001.872. De fait, l'histoire s'écrit aussi avec des drames (dans les albums des photographies du XXe s., plus de la moitié sont des images de mort). Les vivants aiment voir les morts, et l'actualité, comme Kronos, s'en nourrit. Dans la balance, en dernière analyse, **le respect dû au deuil des proches** devrait peser de tout son poids. Ce sont les survivants que l'on assassine.

SECTION II — LES ATTRIBUTS DE LA PERSONNALITÉ JURIDIQUE

468 Qu'est-ce qu'une personne ? Quels sont les attributs juridiques de la personnalité ? Le droit civil fait régner une vision dualiste. D'un côté, la personne civile est un personnage abstrait, un être doué d'une aptitude : **l'aptitude à être sujet de droit**. D'un autre côté, le droit civil saisit la personne concrètement, corps et âme, et consacre **les droits primordiaux de la personne humaine.**

§ 1. L'APTITUDE À DEVENIR SUJET DE DROIT

69 Tout droit subjectif suppose un titulaire, un sujet de droit qui est le support (tête, chef) sur lequel vient se fixer le droit subjectif. La personnalité juridique, dans son abstraction, peut se définir **« l'aptitude à devenir sujet de droit ».** Dans une terminologie plus traditionnelle, la personnalité juridique correspond à la jouissance des droits telle que l'entend le Code civil au chapitre premier, art. 7, « De la jouissance des droits civils ». Ainsi définie, la personnalité juridique présente trois caractères spécifiques qui permettent de la mettre en rapport avec une autre notion fondamentale, la capacité.

A. CARACTÈRES SPÉCIFIQUES DE LA PERSONNALITÉ JURIDIQUE

70 **a) La personnalité juridique n'est qu'une aptitude :** La « jouissance » s'oppose aussi bien à l'acquisition effective qu'à l'exercice des droits. La personnalité juridique n'offre qu'une virtualité. Potentielle, elle existe, en chaque individu, à l'état de vocation : c'est la **vocation** à devenir titulaire d'un droit (propriétaire, créancier, etc.) ou, semblablement, sujet d'une obligation (débiteur).

71 **b) Cette vocation est générale** (ouverte, permanente) : La personnalité est l'aptitude à devenir, sauf exception, titulaire d'un droit quelconque (patrimonial ou extrapatrimonial). Elle a aussi un aspect passif. Une personne est, en tant que telle, apte à devenir sujet actif ou passif de droit (créancier ou débiteur, si nous raisonnons sur l'exemple des obligations) ; bénéficiaire d'un droit ou tenu d'une obligation.

72 **c) La personnalité juridique est inhérente à l'être humain** : Toute personne physique a la personnalité juridique. Celle-ci lui est reconnue comme un attribut inséparable d'elle, indisponible, comme une prérogative d'ordre public, hors d'atteinte des volontés individuelles (unilatérales ou accordées). Nul ne pourrait renoncer à sa personnalité. Nul n'est en droit d'aliéner sa personnalité (de s'aliéner, de se réifier). La personnalité est un attribut de l'être humain. **Elle est hors commerce.** Toute convention attentatoire à la personnalité juridique est nulle de nullité absolue, même avec le consentement de l'intéressé. La personnalité juridique est sous l'aile de **l'ordre public**, ici saisi dans sa fonction de **protection individuelle** (v. *supra*, n° 341 et *infra*, n° 488). Il ne faut pas confondre l'indisponibilité radicale de la personnalité juridique avec la prétendue indisponibilité du corps humain qui est contestable en son principe et qui, de toute façon, si l'on s'attardait à l'admettre, souffrirait de larges et multiples exceptions. (v. *infra*, n° 488 s.). L'indisponibilité de la personnalité n'en souffre aucune. Elle est absolue. Sur la scène juridique, pour un être humain vivant, le rôle d'une non-personne n'existe pas.

B. RAPPORTS DE LA PERSONNALITÉ JURIDIQUE ET DE LA CAPACITÉ

73 La capacité juridique est un élément de l'état des personnes. Elle se définit comme l'aptitude *à devenir titulaire de droits ou d'obligations et à les exercer.*

Il devient ainsi évident que la capacité juridique et la personnalité juridique *entrent partiellement en coïncidence.*

Les deux notions ne se superposent cependant pas. La capacité juridique se subdivise en capacité d'exercice et en capacité de jouissance. La personnalité juridique n'entretient pas les mêmes rapports avec chacune de ces deux notions.

a) Personnalité juridique et capacité d'exercice

474 La capacité d'exercice est **l'aptitude à exercer soi-même un droit** que l'on a, à le faire valoir par soi-même. Elle suppose que l'individu doté d'une telle capacité a la personnalité juridique.

Mais la réciproque n'est pas vraie. Aptitude à devenir sujet de droit, la personnalité juridique existe, abstraction faite de la capacité d'exercice. La reconnaissance de la personnalité juridique laisse entière la question de savoir si le sujet de droit est ou non capable d'exercer lui-même ses droits. Les incapables (mineur de 18 ans, majeur en tutelle) demeurent des sujets de droit. Dans l'ordre patrimonial (pour aller au plus simple), ils peuvent devenir propriétaires, créanciers, débiteurs. Les incapacités d'exercice n'entament pas la personnalité juridique de ceux qu'elles couvrent. Se développant dans le seul plan de l'aptitude à l'acquisition des droits, la personnalité juridique n'est pas affectée par la question de l'exercice des droits. Il reste que les incapacités d'exercice constituent un handicap pour ceux qu'elles concernent, et que la pleine capacité d'exercice est le complément naturel de la personnalité juridique. C'est pourquoi les incapacités d'exercice sont des exceptions, et sont de droit étroit (art. 1124). La capacité d'exercice est de principe (art. 1123).

b) Personnalité juridique et capacité de jouissance

475 Se développant dans le même plan, les deux notions se rencontrent nécessairement.

L'absence de personnalité juridique se définirait comme une incapacité générale de jouissance. Si on l'admettait, une incapacité générale de jouissance équivaudrait à l'absence de personnalité juridique. Dans leurs limites, les incapacités spéciales de jouissance sont des atteintes à la personnalité juridique (v. *supra*, n° 467), des amputations partielles de celle-ci.

Est-ce à dire que les deux notions se confondent ? La différence spécifique est double.

476 1° La capacité de jouissance comporte des *compartiments*. On distingue la capacité politique (aptitude à jouir des droits civiques) et la capacité civile (aptitude à jouir des droits civils). Or ces deux capacités sont indépendantes l'une de l'autre. Sous une terminologie fâcheuse, l'art. 7 du C. civ. énonce que l'exercice (entendons la jouissance) des droits civils est indépendante de l'exercice (la jouissance) des droits politiques. Ainsi les étrangers ne jouissent pas, en principe, des droits civiques réservés aux citoyens français. Mais ils jouissent de tous les droits civils qui ne leur sont pas spécialement refusés par une disposition expresse. La capacité de jouissance est donc divisible. La personnalité juridique est nécessairement indivisible.

477 2° La capacité (not. la capacité civile) est susceptible de *degrés*. Elle souffre des exceptions particulières qui résultent précisément des incapacités spéciales de jouissance (par ex. une incapacité de recevoir une libéralité, soit en général, soit d'une personne déterminée ; ex. C. civ. art. 909). Ces incapacités de jouissance tiennent en échec, dans leurs limites, la personnalité juridique. Mais celle-ci, en tant qu'aptitude générique à être

sujet de droit, est inaltérable. Les personnes frappées d'une incapacité de jouissance demeurent des sujets de droit.

§ 2. LES DROITS PRIMORDIAUX DE LA PERSONNE HUMAINE

8 Le droit civil envisage la personne physique, de façon concrète, comme être de chair et de sang. Mais en vérité, il considère la personne humaine dans sa totalité, corps et âme. D'une protection primordiale, il enveloppe le corps humain et les valeurs éminentes qui font le prix de la vie et la dignité de l'homme. Il est commode de saisir d'abord ce qui touche au corps, physiquement, mais ce qui touche au corps de l'individu touche à sa liberté et réciproquement la sauvegarde des libertés a des aspects physiques. Étudiée avec les libertés, la protection qui accompagne l'hospitalisation d'une personne en raison des troubles mentaux qui l'affectent montre bien dans ses implications et ses retentissements que tout se tient (V. *infra,* n° 505bis). Tout fait corps.

A. LE RESPECT DU CORPS HUMAIN

> « Oui, mon corps est moi-même, et j'en veux prendre soin :
> Guenille si l'on veut, ma guenille m'est chère ».
> Molière, *Les femmes savantes,* II, 7, Chrysale.

a) Économie générale

9 **1° La personne considérée en son corps : Son** corps ? La personne serait-elle propriétaire de son corps ou, simplement, usufruitière ? Cette discussion scolastique transpose abusivement à la personne la terminologie forgée pour le patrimoine et mélange deux ordres de valeur. **Le corps humain n'est pas une chose ; c'est la personne même.** Il s'agit **de l'être, non de l'avoir**. Le corps constitue la personne. La personne humaine existe et consiste dans cette réalité : le droit est ici naturel ; la personne est physique (que l'étymologie est belle). Le droit ne fait qu'entériner ce que le fait rend évident : Que le corps est la personne en chair et en os, la personne incarnée.

Il serait vain d'objecter que, dans une vision spiritualiste ou rationaliste — qui est aussi celle de notre droit — la personne est esprit, raison, volonté, consentement. La personne n'est pas pur esprit. **Le propre de la personne physique est d'être, inséparablement, chair et esprit. Support nécessaire de la personne,** le corps en est la réalité de base : celle qui existe dès avant que l'esprit ne s'affermisse et qui demeure même si l'esprit vient à s'altérer ; celle qui appelle protection même et surtout lorsque les forces de l'esprit lui manquent pour se défendre elle-même (enfant en bas âge ou naufrage du grand âge). **La protection de la personne dépend donc, en amont de toutes les sauvegardes qu'elle exige, de la protection primordiale du corps humain,** comme si cette protection physique conditionnait ou même englobait, en tout cas préparait et favorisait toutes les autres. *Primum corpus*. Gare et garde au corps. Toute atteinte au corps est une atteinte à la personne (8).

---

(8) Que la réciproque ne soit pas vraie, que la personne puisse subir des atteintes autres que corporelles (dans son honneur, ses sentiments, son esprit, etc.) signifie seulement qu'il y a en la

480 **2° La déclaration des principes qui gouvernent le statut du corps humain :** Il y aurait grave injustice à reprocher au droit des personnes d'avoir ignoré le corps humain jusqu'à nos jours. Il le désignait rarement (distinctement de la personne), mais il le protégeait à travers elle (l'art. 1382 et, dans la loi pénale, tous les délits contre la personne l'attestent). Rempli d'une **force coutumière immémoriale,** le **principe de l'inviolabilité du corps humain** est de la plus haute tradition. *Noli me tangere.* Mais aujourd'hui, la prise de conscience est claire et claironnante. La loi civile proclame solennellement la valeur qu'elle reconnaît au corps humain. **Une loi du 29 juillet 1994 a incorporé au Code civil les trois principes qui président à sa protection : « Chacun a droit au respect de son corps. Le corps humain est inviolable. Le corps humain, ses éléments et ses produits ne peuvent faire l'objet d'un droit patrimonial ».** (C. civ. art. 16-1).

L'énergie de ces principes tient aux caractères (communs) qui les marquent. **Généraux,** ils protègent toute personne contre toute atteinte à son corps. **D'ordre public,** ils défient toute convention contraire, frappée de nullité absolue (art. 16-5 et 16-9). Assortis, sur le modèle de l'article 9, **d'un éventail de sanctions** qui prend un air comminatoire, ils sont tout spécialement placés sous vigilance judiciaire. Érigé en gardien du corps humain — comme il l'est déjà de la vie privée (et de la propriété privée) — « le juge peut prescrire toutes mesures propres à empêcher ou faire cesser une atteinte illicite au corps humain ou des agissements illicites portant sur des éléments ou des produits de celui-ci » (art. 16-2). Dans la trouée du droit commun (N.C.P.C. art. 809), la carrière est ouverte aux procédures d'urgence. Enfin, ces trois principes que la loi a voulu réunir en un frontispice, règnent sur une double série de règles, les unes dans le Code civil (art. 16 à 16-12, issus de la loi n° 94-653 du 29 juillet 1994), les autres dans le code de la santé publique (art. L. 665-10 s., L. 671-1 s., L. 672-1 s., issus de la loi n° 94-654 du 29 juillet 1994). Ensemble, ces règles constituent **le statut civil du corps humain : statut de protection** qui entoure tout être humain pris dans sa réalité la plus tangible (ou plutôt la plus intangible) (9).

3° La complexité du statut (domaine et finalités) : Au delà des principes dont la simplicité est en façade, le statut du corps humain se dresse dans toute sa complexité. La racine de celle-ci est dans l'emprise de la loi. La tutelle du statut est tentaculaire. Elle ne se contente pas, comme dans l'approche classique, de protéger **le corps humain dans son entier.** Elle le décompose, elle l'anatomise. Au moins en partie, sa protection s'étend aux **éléments et aux produits du corps humain**, termes génériques ordinaires qui renvoient à des distinctions médicales : **les éléments** englobent les organes, les tissus et les cellules du corps humain (Titre I et T. III, liv. IV C. sant. publ.), **les produits,** pour l'essentiel, les

---

personne — et sous la protection du droit — autre chose que le corps. Qui voudrait le nier ? Cette évidence n'empêche nullement, mais réclame au contraire, que le corps soit reconnu et honoré comme l'enveloppe charnelle de la personne.

(9) Le droit civil se sépare ici du droit de la puissance publique. Le droit pénal fonde les autorités légitimes à faire subir au condamné, dans son corps, des atteintes parfois irréversibles : il connaît encore en certains pays la peine de mort, et s'il ne pratique plus de châtiments corporels, de mutilations, il inflige des peines privatives de liberté. Par mesure de défense, la législation contre l'alcoolisme prévoit que soient pratiquées d'office sur la personne de l'auteur présumé de l'accident (et sur la victime) des vérifications médicales cliniques et biologiques (notamment un examen médical avec prise de sang). La loi du 3 septembre 1986 prévoit que les contrôles et vérifications d'identité peuvent, après autorisation du procureur de la République ou du juge d'instruction, donner lieu à la prise d'empreintes digitales ou de photographies, lorsqu'une personne interpellée refuse de justifier de son identité ou fournit des éléments d'identité manifestement inexacts. C. pr. pén. art. 78-3. Le refus de se prêter à une telle prise exposant son auteur à une peine (d'emprisonnement et d'amende) en vertu de l'art. 78-5 C. pr. pén., il faut entendre que les autorités ne peuvent, de force, y passer outre (Le Conseil constitutionnel a décidé le 26 août 1986 que cette loi n'est pas contraire à la Constitution).

gamètes sans oublier l'élément pilote : le sang. *Et c'est toute la perspective du droit moderne qui se découvre.* Les nouvelles dispositions constituent une sorte de **pacte social sur l'utilisation du corps humain, en toutes ses potentialités, à des fins médicales.** Le fait déterminant de l'intervention législative est l'ouverture toujours plus ample des possibilités de transfert à un être humain, dans l'intérêt de sa santé, des organes, tissus, cellules, produits du corps d'un autre être humain, vivant ou mort. La loi réagit aux performances de la science et de la technologie.

Mais il en découle toute une série de difficultés (10).

— **Fondamentalement,** il n'est pas sûr qu'un **équilibre** satisfaisant parvienne à s'établir entre des **finalités** aussi **multiples**. Si l'on met hors-série la procréation médicalement assistée qui a sa propre cohérence (11), le reste de l'ensemble législatif s'efforce de **concilier deux objectifs très différents :** d'un coté, accroître, chez les receveurs en attente, les chances de sauver des vies, en ne contrariant ni le savoir-faire des praticiens, ni la recherche scientifique, ni le sentiment de solidarité, discours de santé publique ; de l'autre ne jamais permettre que l'utilisation du corps humain porte atteinte à sa dignité qui est la dignité même de la personne humaine. Peut-on être à la fois pour et contre la science ? Encourager ses progrès et enrayer ses abus ? (Rabelais avait répondu). Les proclamations de principe suffisent-elles ?

— **Techniquement,** il n'est pas simple de coordonner des règles qui sont loin d'avoir toutes le même domaine. Certaines sont propres au corps humain (le principe d'inviolabilité, C. civ. art. 16-1, al. 2) ; d'autres communes au corps et à ses éléments et produits (art. 16-1, al. 3, 16-2, 16-5, 16-6). Certaines sont communes à tous les organes (art. L. 671-1 s. C. sant. publ.), d'autres respectivement particulières au prélèvement d'organes sur une personne vivante (art. L. 671-3 à 671-6) et au prélèvement d'organes sur une personne décédée (art. L. 671-7 s.). L'ensemble des principes généraux applicables au don et à l'utilisation des éléments et produits du corps humain (art. L. 665-10 s.) n'est cependant pas applicable à ceux de ces produits qu'il est d'usage de soustraire à certains de ces principes et non des moindres (art. L. 665-16). On pourrait multiplier les exemples de complication dans le réseau des règles. Brochant sur le tout, le statut réserve une protection renforcée aux mineurs et aux majeurs protégés.

81 **4° La distinction-clé :** Pour ordonner la kyrielle de ces applications, il faut remonter à la distinction — clé qui, aujourd'hui comme hier, les gouverne. **La première question est de savoir s'il est permis de porter atteinte au corps d'une personne sans le consentement**

(10) Tel qu'il est saisi par la loi, le respect du corps humain assume au moins deux fonctions. En le prenant pour titre, la loi n° 94-653 du 29 juillet 1994 fait d'un tel respect — d'un tel programme — l'intention générale qui oriente **l'interprétation** de l'ensemble de ses dispositions, observation qui vaut également, dans le Code civil, pour l'intitulé du chapitre II (« respect du corps humain ») du titre 1er du livre 1er du Code civil sous lequel sont regroupés les articles 16 à 16-12. Dans l'article 16-1, al. 1er, le droit, pour chacun, au respect de son corps devient un principe dont l'inviolabilité et la non patrimonialité du corps humain ont été présentées lors des travaux préparatoires comme les conséquences. La question est de savoir si, en dehors de ces fonctions englobantes et directives de proclamation et d'annonce, le droit au respect du corps humain constitue un **droit subjectif distinct** capable d'engendrer, comme le droit au respect de la vie privée sur le modèle duquel il a été élaboré, d'autres conséquences. À la différence de l'inviolabilité du corps humain qui a la précision d'un interdit, le droit au respect du corps humain aurait, si on l'admettait, l'élasticité d'un précepte positif à contenu indéterminé dont les applications pourraient aller dans bien des sens. Verra-t-on fleurir, sur cette hypothèse, un contentieux de bon aloi ? Ce qui est sûr c'est que la loi pénale, précise, n'attache aucune sanction au non respect du corps humain, mais établit, pour la protection de celui-ci, des incriminations spécifiques (C. pén. art. 511-2 à 511-14). Comp. *supra,* n° 467 *in fine,* la question voisine mais distincte du respect de la dignité de la personne.

(11) L'étude en est faite avec le droit de la famille.

de celle-ci. Le principe d'inviolabilité du corps d'autrui s'y oppose. Mais il convient de mesurer son exacte portée, application par application, car il souffre divers tempéraments.

L'autre question, contre-épreuve de la première, est de savoir quelles opérations une personne est en droit de permettre sur son propre corps (ou sur les éléments et produits de celui-ci) si elle y consent. Le principe inverse est que chacun jouit, dans une large mesure, du pouvoir de disposer de lui-même ainsi que des éléments et produits de son propre corps. Mais cette liberté, loin d'être absolue, s'exerce aux conditions et dans les limites que l'ordre public de protection individuelle lui assigne. Il faudra donc, là encore, application par application, mesurer la portée du principe, c'est-à-dire du **pouvoir de l'individu sur son corps.**

À la vérité, le principe de disposition de soi-même n'est pas expressement énoncé par la loi. Mais il est nécessairement impliqué par la longue série des actes que le consentement d'une personne permet d'accomplir sur le corps de celle-ci, à certaines conditions. Cette liberté est le postulat même des conditions protectrices de la loi. C'est d'ailleurs pourquoi, on l'aura remarqué, **la loi, dans sa teneur dernière, n'énonce plus le principe d'indisponibilité du corps humain** qui était démenti — et infirmé — par tous les actes qu'elle permet.

Aussi bien la loi a-t-elle substitué à ce pseudo-principe, celui de la **non-patrimonialité du corps humain et de ses éléments et produits** (sauf exception pour certains de ces derniers). Pour le corps en son entier, cela allait de soi, puisque c'est la chair même de la personne et que **la division des personnes et des choses — de l'être et de l'avoir — est la vérité première qui ordonne tout le système juridique** (12). Mais c'est une façon d'introduire la non-patrimonialité des éléments et produits du corps humain, en affirmant que, même séparés de celui-ci, ces « pièces détachées » ne sont pas des éléments du patrimoine. Ce principe de non confusion, analyse fondamentale, répond d'abord à l'idée supérieure que, même alors, ils appellent un respect comparable à celui qu'exige le corps humain et ce, non seulement parce que l'acte même qui les sépare du corps touche directement (et parfois douloureusement) celui-ci, mais parce que, même séparés du corps, ils gardent l'empreinte de leur humanité (13). D'un autre coté, la non-patrimonialité échappe, positivement, aux contradictions de l'indisponibilité prétendue du corps humain, car elle s'harmonise parfaitement, d'une part, avec le pouvoir de chacun sur son corps, d'autre part, avec le principe de gratuité. Associée à ce dernier, elle **exclut électivement le droit de disposer à titre onéreux des éléments et produits du corps humain** et leur introduction dans un marché mercantile (14), mais, accordée au premier principe, elle n'exclut pas, pour chacun, la disposition à titre de don (et aux conditions de la loi) des éléments et produits de son corps.

---

(12) L'évidence naturelle qui engendre, dans le code civil, la division de ses deux premiers livres n'avait pas, en ce sens, a être rappelée par une disposition particulière.

(13) La non-patrimonialité des éléments et produits du corps humain est l'affirmation radicale de leur non-animalité (ce ne sont pas des quartiers de bête) et de leur non-matérialité pure et simple (ce ne sont pas de banales substances physico-chimiques). La mémoire de leur humanité leur est indéfectiblement attachée. L'approche moléculaire est non pertinente (et aussi barbare que l'anthropophagie : si la chair humaine était aussi savoureuse que d'autres, la mangerions-nous ?).

(14) On aurait pu se contenter d'énoncer que les éléments et produits du corps humain sont hors commerce au sens de l'article 1128 du Code civil, si la mise hors commerce était renfermée, *stricto sensu,* dans l'interdiction de disposer à titre onéreux. Il fallait une autre approche, dès lors que la mise hors commerce risquait d'être entendue, avec beaucoup d'interprêtes, comme une indisponibilité générale de disposer soit à titre onéreux, soit à titre gratuit (cette dernière conséquence étant incompatible avec les autres règles du droit positif et la légitimité des dons).

On reprendra donc la distinction-clé annoncée, en regroupant ensuite les règles qui prodiguent une protection renforcée aux mineurs et aux majeurs protégés, et en plaçant hors-série la protection du patrimoine génétique.

b) Les atteintes au corps humain sans le consentement de celui qui les subit

2 **Principe : Le corps humain est inviolable (art. 16-1). Sont illicites, en tant qu'elles enfreignent le principe de l'inviolabilité du corps humain,** les atteintes à l'intégrité physique de la personne sans le consentement de celle-ci. Ce principe a de multiples **applications**, mais souffre des **tempéraments traditionnels** et connait des **atteintes indirectes.**

1° **Applications.** La protection traditionnelle de la personne contre les dommages corporels qu'elle subit s'est enrichie en 1994 de dispositions spéciales aux prélèvements d'organes et d'autres parties du corps humain qui ne sont, d'ailleurs, dans leur principe, que des applications d'une règle plus générale — déjà admise mais réaffirmée à la même date, relative aux interventions thérapeutiques.

• **Dommages corporels.** Le droit civil sanctionne les atteintes à l'intégrité corporelle d'un individu qu'elles lui soient infligées par un tiers ou par un cocontractant (C. civ. art. 1382 s. et 1146 s.). Les coups et blessures (viols, violence, etc.) engagent la responsabilité pénale de leur auteur et ouvrent à la victime du dommage corporel un droit à réparation (15). Plus généralement, la protection civile du corps humain est assurée par la responsabilité délictuelle de l'auteur d'un dommage corporel (dans tous les compartiments de celle-ci) et, suivant la nature du contrat, par la responsabilité contractuelle du débiteur d'une obligation de diligence ou de sécurité ; sa protection pénale est assurée par la sanction des infractions que la loi pénale définit et punit suivant la gravité de l'atteinte, le caractère volontaire ou involontaire de celle-ci, etc. Ce droit pénal spécial s'est augmenté (16) d'incriminations nouvelles.

3 • **Prélèvements d'éléments et de produits du corps humain sur une personne vivante majeure non consentante :** Les prélèvements de parties du corps humain sur une personne vivante majeure sont **illicites** (entre autres causes) du seul fait qu'ils sont pratiqués **sans le consentement** de celle-ci (plus précisément, sans que le consentement de cette personne ait été recueilli conformément à la loi). Ainsi sont punis, à défaut d'un tel consentement, sur une telle personne : le fait de prélever un organe (sept ans d'emprisonnement, 700 000 F d'amende, C. pén. art. 511-3, al. 1) ; le fait de prélever un tissu ou des cellules ou de collecter un produit (cinq ans d'emprisonnement, 500 000 F d'amende, C. pén. art. 511-5, al. 1) ; le fait de recueillir ou de prélever des gamètes (mêmes peines) ; le fait de prélever du sang (cinq ans d'emprisonnement, 1 million de francs, C. pén. art. 671-2, al. 1).

(15) V. R. Savatier, *Le dommage et la personne,* D. 1955, chron. 5 ; J.-P. Doucet, *La protection pénale de la personne humaine.*

(16) En revanche, l'excision et l'infibulation, atteintes irreversibles à l'intégrité physique (sexuelle) et psychologique de la personne ne font pas (encore) l'objet en France d'incriminations spécifiques. Elles sont sanctionnées sous les qualifications du droit commun, variables (entre autres causes) selon leurs conséquences (coups et blessures volontaires ayant entraîné la mort sans intention de la donner, mutilation, etc.). V. D. Duval-Arnould, *Le corps de l'enfant,* th. Paris II, L.G.D.J. 1994, p. 217.

• **Interventions thérapeutiques.** Hors le cas qu'elle excepte (V. ci-dessous) **la loi interdit qu'une intervention thérapeutique soit pratiquée sur une personne sans le consentement préalable** de celle-ci, règle élémentaire déjà admise, mais aujourd'hui proclamée dans le Code civil (art. 16-3) et par le Code de la santé publique (art. L. 1111-4). *A fortiori* est-il exclu qu'une telle intervention soit mise à exécution contre le gré d'un patient, atteinte intolérable.

Le refus de l'intéressé doit-il être respecté même dans les cas où, moyennant une intervention chirurgicale, son état pourrait s'améliorer et son incapacité diminuer ? Ne perdra-t-il pas par sa faute son droit à réparation intégrale, si l'on retient comme une faute le fait de se soustraire à une opération qui ne paraît pas présenter de grands risques pour de fortes chances d'amélioration ? Sans entrer dans des distinctions (mais sans qu'il soit certain qu'elle excluerait d'éventuelles nuances) la Cour de cassation énonce (à propos de la pose d'une prothèse), en se référant à l'article 16-3 du Code civil, « que nul ne peut être contraint, hors les cas prévus par la loi, de subir une intervention chirurgicale » (Civ. 2e, 19 mars 1997, Bull. II. n° 86, p. 48). Dans la teneur que lui a donnée la loi du 4 mars 2002, l'art. L. 1111-4 du Code de la santé publique ne laisse aucun doute sur l'interdiction de toute intervention sans le consentement libre et éclairé de l'intéressé : « Aucun acte médical ni aucun traitement ne peut être pratiqué sans le consentement libre et éclairé de la personne, et ce consentement peut être retiré à tout moment ». On peut y voir une liberté fondamentale. Elle souffre pourtant un tempérament.

484 **2° Tempéraments traditionnels :** Primordial mais non absolu, le principe d'intangibilité du corps humain supporte **quelques atténuations** dont les unes, très générales, sont admises dans l'intérêt même de toute personne majeure ou mineure et dont les autres, particulières aux mineurs, sont tolérées en raison de leur modération relative.

• **Intervention chirurgicale d'urgence.** En cas d'urgence (appréciée dans l'intérêt thérapeutique du patient), un chirurgien est fondé à pratiquer une intervention sur un individu sans le consentement de celui-ci et sans le consentement de sa famille, s'il n'est pas possible de recueillir en temps utile l'un ou l'autre et si l'état du patient rend nécessaire une intervention thérapeutique (C. civ. art. 16-3, al. 2). Lorsque de telles circonstances sont réellement caractérisées, la décision d'intervenir appartient aux autorités médicales. Celles-ci n'engagent pas, du seul fait de leur intervention, leur responsabilité (civile ou pénale). C'est une **exception** au principe ci-dessus énoncé.

La même immunité (non-indemnisation du préjudice moral) a été admise en faveur du chirurgien qui, malgré la volonté contraire manifestée par le patient, témoin de Jéhovah, avait pratiqué sur lui une transfusion sanguine au cours de l'opération, l'obligation pour lui de respecter la volonté du malade et l'intégrité de son corps fléchissant devant son devoir de sauver *in extremis* une vie humaine en péril (Cour adm. Paris, 9 juin 1998, D. 1999.277, n. Pellissier ; dans le même sens, C.E. 26 oct. 2001, D. 2001.I.R.3253 ; C.E., réf. 16 août 2002).

Sans couvrir expressément cette intervention à toute extrémité, la loi exige du médecin qu'il mette « tout en œuvre pour convaincre » le patient d'accepter les soins indispensables, lorsque son refus met sa vie en danger (C. sant. publ. art. L. 1111-4).

• **Circoncision.** Elle n'est pas seulement admise, à l'évidence, lorsqu'elle répond, sur prescription médicale, à une finalité thérapeutique. Elle est tolérée en elle-même, lorsqu'elle est pratiquée sur un enfant, à l'initiative de ses parents, afin de se conformer aux exigences rituelles de leur culte (ainsi dans les communautés israélites et musulmanes). C'est une exception véritable à l'intangibilité du corps humain, puisque la circoncision consomme une atteinte irréversible (section du prépuce) à l'intégrité corporelle d'un garçon et qu'elle intervient en toute hypothèse (qu'il soit en bas-âge ou en âge d'exprimer sa volonté) sans le consentement de celui-ci. On considère que, l'opération ne mettant pas en péril (estime-t-on en général) la santé de l'enfant, le respect des convictions religieuses doit prévaloir, alors même qu'il s'agit d'une détermination parentale non anodine. Il est sûr, en effet, qu'une telle décision n'est pas un acte usuel de l'autorité parentale, mais un acte grave qui requiert le consentement des deux parents (en ce sens Civ. 1re, 26 janv. 1994, D. 1995. J. 226, n. Ch. Choain, sanctionnant par un retrait du droit de visite une décision paternelle unilatérale).

• **Correction parentale.** Traditionnellement, **le droit coutumier familial** inclut dans l'autorité parentale, entre divers attributs, un droit de correction manuelle des parents sur la personne de leurs enfants (arg. C. civ. art. 371, droit de se faire respecter, 371-1, devoir d'éducation, 375, modération). Cette entorse à l'inviolabilité du corps de l'enfant n'est évidemment tolérable que si elle est vénielle. La modération est de l'essence du droit de châtier (apanage de qui aime bien). Sa mesure se situe bien en-deçà du seuil qui déclencherait les sanctions de l'assistance éducative. Nos mœurs veulent la douceur dans la fermeté et la fermeté dans la douceur.

35 **3° Atteintes indirectes :** Sans être écarté, le principe de l'inviolabilité du corps d'autrui souffre, en divers cas spécifiés, d'atteintes indirectes et voilées, soit parce que le consentement, en principe exigé, est, en droit, présumé, soit parce qu'il est, en fait, sollicité.

36 • **Prélèvement d'organe sur une personne majeure décédée :** Notre droit permet qu'après le constat de la mort établi conformément aux exigences de la loi (C. sant. publ. art. L. 671-7, al. 1 et L. 671-10) des prélèvements d'organes soient effectués, **à des fins thérapeutiques** (17), **sur le cadavre d'une personne qui n'aurait pas fait connaître, de son vivant, son refus d'un tel prélèvement** (art. L. 671-7, al. 2). Le prélèvement ne peut donc avoir lieu contre la volonté exprimée, avant sa mort, par le *de cujus* et ce refus peut avoir été exprimé par tout moyen, notamment par l'indication de sa volonté sur un registre national automatisé (art. L. 671-7, al. 3). Si le médecin n'a pas directement connaissance de la volonté du défunt, il doit s'efforcer de recueillir le témoignage de sa famille (18), lequel n'est donc pas un consentement familial autonome, mais la preuve subsidiaire et indirecte du refus personnel du défunt (19). **À défaut de manifestation de refus ainsi établie, un prélèvement est possible.** Un prélèvement posthume n'exige donc pas d'autorisation anticipée.

À la vérité, ce régime souffre deux exceptions de sens contraire : L'autopsie, « dernier acte thérapeutique » (prélèvement effectué en vue de rechercher les causes du décès) exige seulement que la famille, après coup, soit informée (art. L. 671-9 *in fine*) ; au contraire tout autre prélèvement effectué à des fins purement scientifiques (autres que l'autopsie ; prélèvement en vue de la recherche) exige le consentement préalable du défunt (consentement exprimé directement ou par le témoignage de sa famille, art. L. 671-9, al. 1).

---

(17) Comp., plus loin, n° 493, v., avant la loi, J. Savatier, D. 68 chron. 89 ; Charaf-Eldine, *Droit de la transplantation d'organes,* th. Paris 1975 (dact.).

(18) C'est-à-dire, entre autres, le témoignage de son conjoint ou de son concubin, car on ne comprendrait pas que le groupe familial, défini sans limite de degré, fût seulement exclusif du conjoint ou du compagnon survivant. V. Trib. adm. Amiens, 14 déc. 2000, D. 2001.J.3310 n. Egéa : un prélèvement de cornée *post mortem* sans accord préalable est licite, mais le centre hospitalier engage sa responsabilité envers les parents faute de les en avoir informés.

(19) Nous pensions qu'à défaut de volonté exprimée, de son vivant, par la personne décédée, les membres de sa famille auraient non seulement la faculté de témoigner que leur parent refusait tout prélèvement, mais aussi celle de refuser celui-ci de leur chef, par vocation coutumière des familles à régler le respect dû à leurs morts. Pour l'attente des vivants et les progrès de la science, l'interprétation contraire a prévalu. en jurisprudence, C.E. 18 mars 1983. J.C.P. 83.II.2011, n. Auby et dans la loi. Nous le déplorons vivement, au moins lorsqu'il s'agit d'un conjoint, d'un ascendant ou d'un descendant (dans ces trois rapports, l'*unitas carnis* est foncière). V. le d. d'application du 30 mai 1997 (n° 97-704) relatif au registre national automatisé des refus de prélèvement, R.T. 1997.769, obs. Th. Revet.

Sous cette double réserve, le législateur a maintenu, pour l'essentiel — c'est-à-dire pour les **greffes d'organes** — le système dit du **« consentement présumé »** qui (selon l'exposé des motifs) réaliserait un bon équilibre. Proche de la fiction, la présomption, même réfragable, de consentement, fait en vérité pencher la balance en faveur de la greffe d'organes qui reçoit 90 % de ses moyens d'organes prélevés sur des personnes décédées (donneurs supposés et muets, bien morts, on l'espère, au constat de médecins autres que ceux qui opèrent art. L. 671-10). La présomption légale fait tomber pêle-mêle dans la liberté de prélèvement, tous les silences intentionnels ou non, tous les cas de non-opposition par ignorance, négligence, indifférence ou manque de preuve : solidarité sollicitée pour la « bonne cause ». Atteinte, *favor vitae*, à l'exigence d'un véritable consentement.

Strictement réglementé (C. sant. publ. art. R. 671-7-1 s., d. 2 déc. 1996) le constat de la mort préalable au prélèvement d'organes, de tissus et de cellules à des fins thérapeutiques ou scientifiques ne peut être établi que sur le fondement de plusieurs vérifications cliniques concordantes, d'où ressort la définition légale de la mort. V. *supra,* n° 464, note (6).

487 • **Mesures d'instruction (régime général) :** Lorsque (dans un procès civil) le juge ordonne une mesure d'instruction impliquant une atteinte à l'intégrité corporelle d'un plaideur (par exemple, une expertise comportant une visite médicale ou une analyse, donc une prise de sang) son pouvoir est limité. Ce qui est sûr c'est que, si l'intéressé s'y oppose, cette mesure d'instruction ne doit pas être ramenée à exécution par la force. Le droit civil exclut toute coercition pour l'exécution de ces mesures (20). Il ne tolère pas de violence physique. La question se pose seulement de savoir si le refus de se prêter à la mesure ordonnée par le juge peut avoir pour conséquence de permettre au tribunal de tirer de ce refus l'équivalent d'un aveu (l'auteur du refus étant censé reconnaître les faits allégués contre lui). Le droit civil admet-il cette pression indirecte ? Le point était discutable (21). L'obligation, pour chaque citoyen, d'apporter son concours à la justice pour la manifestation de la vérité (C. civ. art. 10, al. 1) sauf au juge à tirer toute conséquence d'une abstention ou d'un refus (N.C.P.C. art. 11, al. 1 et 198) donne un argument en faveur de l'affirmative. Cependant ces dispositions n'ont nullement pour objet de permettre au juge de condamner sous astreinte un individu à subir l'investigation corporelle qu'il refuse. Toute coercition fût-elle pécuniaire, qui porte en elle la contrainte de subir une atteinte physique même légère se heurte radicalement au principe fondamental de l'inviolabilité du corps d'autrui (Paris, 24 nov. 1981, D. 1982.355, n. Massip).

• **Empreintes génétiques, études génétiques.** La loi consacre ce genre d'investigation en l'ordonnant à **deux finalités spécifiques**. Elle ne l'admet qu'à deux titres distincts, d'une part comme moyen de preuve judiciaire, d'autre part comme intervention de santé publique (v. C. civ. art. 16-10 à 16-12, sous le chap. III du titre I du livre I du C. civ. « De l'étude génétique des caractéristiques d'une personne et de l'identification d'une personne par ses empreintes génétiques »). a) **Mesure judiciaire d'identification**. L'identification d'une personne par ses empreintes génétiques peut être ordonnée par le juge soit dans un procès pénal, comme mesure d'enquête (sans que le texte spécifie de limites ni de condition préalable) soit, comme mesure d'instruction, dans certains **procès civils**. En matière civile, une telle recherche ne peut être ordonnée que dans les actions relatives à la **filiation** (en vue de l'établissement ou de la contestation de celle-ci) et dans l'action à fins de subsides et elle

---

(20) V. Trib. civ. Rambouillet, 25 juill. 1956, G. P. 56.2.340 ; Rouast, n. J.C.P. 49.5102 ; Barbier, R.T. 1949, 345. Comp. Montpellier, 15 déc. 1948 D. 49.200.

(21) V. Carbonnier, note D. 1947.509 ; comp. Civ. 25 juill. 1949. D. 49.585 ; Civ 17 juin 1953. J.C.P. 53.7822, n. J. Savatier.

ne peut être exécutée sans que le **consentement** exprès de l'intéressé ait été préalablement recueilli. Il faut comprendre que cette mesure ne peut être exécutée de force : ce qui exclut que l'identification soit ordonnée sous astreinte, mais non, par harmonisation avec les autres mesures d'instruction (v. ci-dessus) que le juge tire des conséquences probatoires d'un refus (22). b) **Test médical ou scientifique**. L'étude génétique des caractéristiques d'une personne peut être entreprise à des fins médicales ou de recherche scientifique, mais elle ne peut l'être qu'à de telles fins. Son exécution est subordonnée au **consentement préalable** de la personne (C. civ. art. 16-10 et 16-11 *in fine* ; C. sant. publ. art. L. 145-15, avec une exception ; C. pén. art. 226-25), par où l'on en vient au pouvoir de la volonté individuelle.

c) La mesure du pouvoir de l'individu sur son propre corps

8 Le droit est bien forcé de reconnaître, comme une évidence, que **chacun, dans une large mesure, est maître de son corps, mais il affirme, comme une exigence de l'ordre public de protection individuelle** (v. plus haut, n° 341), **que le corps d'un individu mérite d'être protégé contre les maux abusifs que cet individu s'infligerait lui-même, ou consentirait sur lui-même** (23). La liberté naturelle et légitime que chacun possède sur son propre corps, soit par sa propre action, soit par les conventions qu'il passe relativement à son corps, est mesurée : toujours encadrée, elle est parfois exclue. Son exercice est toujours subordonnée à des conditions qui portent pour l'essentiel sur **la finalité de l'opération et la qualité du consentement, et certaines opérations intrinsèquement illicites, lui échappent.**

Le principe d'autodisposition existe donc positivement mais il est soumis à diverses exigences et se heurte à d'irréductibles limites. La délimitation de ce qui est permis et de ce qui est défendu résulte parfois de la loi. Elle ressort, plus ou moins intuitivement, dans les autres cas (en doctrine et en jurisprudence) de données diverses (gravité de l'atteinte, finalité de l'opération, intérêts en présence, etc.) dont l'agencement ne s'ordonne que situation par situation. En autorisant sur les éléments et produits du corps humain des actes qui seraient inimaginables et intolérables sur le corps entier en vie (don, prélèvement,

(22) **Identification post mortem**. S'agissant de rechercher un lien de filiation entre une personne vivante et une personne décédée, diverses décisions ont ordonné, en vue de l'identification d'un défunt par examen génétique, un prélèvement de tissus sur son cadavre après exhumation : T.G.I. Lille, 19 nov. 1997, D. 98.467, n. X. Labbée. Paris 6 nov. 1997, D. 97.122, n. Malaurie ; J.C.P. 1998.II.1101, n° 3, obs. J. Rubellin-Devichi. En ne soufflant mot d'un consentement préalable, la première décision donne implicitement à entendre qu'une investigation n'y est pas subordonnée, et la seconde — en ne s'arrêtant pas à une opposition préalable — que celle-ci n'y fait pas obstacle. Comme si elle était seule à considérer, **la recherche de la vérité biologique** l'emporte sans discussion. Il n'est rien dit d'un autre principe dont la force coutumière est toujours vive. **Le respect dû aux morts** est passé sous silence. Il est regrettable qu'avant de trancher, le juge n'ait pas au moins élevé la contradiction entre **deux principes incontestables** et, chacun en son ordre, forts. On devine que l'accord de tous les intéressés (tous demandeurs à la vérité) a fait pencher la balance en faveur de celle-ci. Comme si le juge n'avait pas voulu être plus respectueux du défunt que ses proches. V. *La Famille*, Montchrestien, 199 et 202.

(23) V. Jack, *Les conventions relatives à la personne physique,* Revue critique de Législation et de Jurisprudence, 1933, p. 362 ; Josserand, *La personne humaine dans le commerce juridique,* D.H., 1932, chron. 1 ; St. Prieur, *La disposition par l'individu de son corps*, th. Dijon, 1998. Le droit de l'individu sur son corps vient au contact de cette autre facette du droit de la personnalité qu'est le droit de chacun sur son apparence physique. V. *infra,* n° 503 et la thèse de Ph. Dubois, *Le physique de la personne,* Paris II, 1983.

cessions) le statut du corps humain met notamment en relief que l'individu dispose sur les premiers de pouvoirs plus étendus que sur sa personne vivante.

489 1° **Manifestations positives du droit d'autodisposition.**

• **Engagements périlleux (activités dangereuses).** Nombre de conventions qui sont de nature à mettre la vie humaine en péril sont valables. Couramment, l'individu accepte pour lui des risques en contractant des engagements dans l'exécution desquels sa vie court un danger. Ces conventions aléatoires sont licites (le contrat d'engagement militaire en période de guerre ; la participation à un vol spatial, à une exploration sous-marine ou, plus banalement, à des sports dangereux). Dans l'industrie même, nombreux sont les contrats de travail ou les entreprises à hauts risques. Il faudrait, cependant, réputer non écrites les clauses par lesquelles un individu renoncerait, par avance, au droit d'être indemnisé, en cas de dommage corporel. Mais, de sa part, l'acceptation d'un risque aboutit, en fait, assez souvent, à diminuer le montant de l'indemnité à laquelle il peut prétendre.

490 **Essais de nouveaux traitements chez l'homme ; expérimentation sur la personne ; Recherches biomédicales :** Cette pratique existait en dehors de toute réglementation. La loi l'a consacrée en « l'encadrant ». C'est la loi du 20 décembre 1988 (24) relative à la protection des personnes qui « se prêtent » à des recherches biomédicales, soit dans leur propre intérêt (ces recherches dites à finalité thérapeutique directe sont celles dont on attend un bénéfice thérapeutique direct pour la personne qui s'y soumet) soit dans l'intérêt de la science (ces recherches pratiquées sur une personne, malade ou non, en vue du seul développement des connaissances biologiques ou médicales sont dites sans finalité thérapeutique directe). En toute recherche, **le consentement** de celui qui s'y soumet est la condition élémentaire toujours nécessaire de sa licéité (a. L. 209-19, C. sant. publ.). Et quel consentement : il doit être libre, éclairé, exprès, donné par écrit après information sur la recherche ; il est personnel, même pour le mineur ou le majeur en tutelle, si celui-ci est apte à exprimer sa volonté, en plus de celui du tuteur (a. L. 209-9 et L. 209-10). Cependant le consentement des intéressés n'est pas une garantie suffisante dans une entreprise qui intéresse l'ordre public au double titre de la santé publique et de la protection individuelle, et pour des conventions particulières qui combinent des intérêts aussi divers : d'un côté une convention accessoire au contrat médical dans l'intérêt principal supposé du malade, d'un autre côté une convention autonome et principale d'expérimentation dans l'unique intérêt de la science. C'est pourquoi le consentement individuel ne suffit pas à légitimer la recherche. **La loi subordonne toute recherche** ; 1. à des **conditions de finalité** (a. L. 209-2) ; 2. à des **conditions de réalisation** (direction et surveillance d'un médecin justifiant d'une expérience appropriée, notamment, a. L. 209-3) ; 3. à **l'avis préalable** d'un comité régional consultatif spécialisé (a. L. 209-11).

Les **recherches sans finalité thérapeutique** directe sont assujetties de surcroît à un **régime restrictif** : 1. Elles sont exclues pour certaines catégories de personnes (a. L. 209-4 à 209-6) ; 2. engagent, même sans faute, la responsabilité civile du promoteur de la recherche, lequel est tenu de

(24) Loi n° 88-1138, J.C.P. 1989.III.62.199 et décret d'application du 27 septembre 1990. V. le commentaire de cette loi par M. J.-M. Auby, J.C.P. 1989.I.3384. *Adde* Zenati et Cœuret, R.T. 1989, lég., 150 et Borricand, D. 1989, chron. 167. La loi n° 94-630 du 25 juillet 1994 renforce la protection des personnes qui se prêtent à des recherches biomédicales, en particulier les personnes enceintes et certaines catégories de personnes (mineurs, majeurs protégés, personnes privées de liberté). Elle interdit toute recherche biomédicale sur une personne en état de mort cérébrale sans son consentement exprimé directement ou par le témoignage de sa famille (C. sant. publ. art. L. 209-18-1). La mort attend. Ce n'est pas encore le moment du consentement présumé (V. n° 486).

s'assurer contre ce risque (a. L. 209-7). V. encore l'a. L. 209-16. Par une concession discutable aux pressions du milieu, et par exception au principe de gratuité (qui a pourtant un si grand rayonnement dans la conception française, et qui exclut toute contrepartie financière, hormis le remboursement des frais, a. L. 209-8), la personne qui se prête à une telle recherche est en droit d'attendre du promoteur une indemnité en compensation des contraintes subies (a. L. 209-15). Le contrat à titre onéreux d'expérimentation crée un bénévolat rémunéré (!).

1 **Contrat médical :** D'autres actes juridiques (comme, immémorialement, le contrat médical) sont reconnus valables, alors qu'il en résulte une atteinte directe au corps humain, en raison du fait que cette atteinte se fonde sur un intérêt légitime qui la justifie et le consentement de celui qui la subit. Depuis 1994, la loi subordonne l'atteinte à l'intégrité du corps humain à la double condition qu'elle réponde à une nécessité thérapeutique pour la personne et qu'elle procède du consentement préalable de l'intéressé (C. civ. art. 16-3) (25). Le contrat médical en vue d'une intervention chirurgicale est licite, lors même que l'opération envisagée présenterait un risque considérable pour le patient qui y consent (on présuppose qu'elle est une nécessité, ou un moindre mal). Nécessaire (hors le cas excepté par la loi, v. *supra* n° 483, 484), le **consentement du patient** (majeur et capable) **est suffisant**. Si le patient est un mineur ou un majeur protégé, le consentement de celui qui assume le gouvernement de sa personne est exigé, mais on doit admettre que l'opération ne peut être pratiquée contre le gré du mineur ou du majeur protégé, si celui-ci est apte à exprimer sa volonté (arg. C. sant. publ. art. L. 209-9 s.).

Dans tous les cas, le consentement doit être éclairé. Un chirurgien risque d'engager sa responsabilité pour les conséquences qui résultent de l'opération (par ex. la perte totale de l'usage d'un bras) si, avant d'intervenir, il n'informe pas le malade du risque que celui-ci court, de manière à ce qu'il donne son consentement en pleine connaissance de cause (Civ. 1re, 27 oct. 1953. D. 1953.658 ; comp. Civ. 1re, 7 juill. 1964, D. 64.625 ; et ce devoir d'information lui incombe même si l'intervention est médicalement nécessaire, Civ. 1re, 18 juill. 2000, inéd.). Dans la chirurgie esthétique où la beauté est en cause et pas seulement la santé, l'obligation d'information englobe la perspective des conséquences et pas seulement les risques d'intervention (d'où la responsabilité du praticien pour l'ablation d'un « œuf colonial » qui laisse deux incisions abdominales au lieu d'une annoncée. Civ. 1re, 17 févr. 1998, inéd.). En revanche, si le patient, informé par le praticien des risques d'une modalité d'intervention (anesthésie locale) s'obstine à refuser celle qui lui est conseillée (anesthésie générale), il ne peut reprocher au médecin de ne pas avoir réussi à le convaincre (Civ. 1re, 18 janv. 2000, J.C.P. 2000.IV.1397). On voit la pointe de son choix.

2 **Disposition des produits du corps et du sang :** Diverses conventions permettent à un individu de disposer des produits de son corps : contrat de nourrice, vente de cheveux, contrat de prélèvement sanguin (don du sang), don de sperme (plus généralement de gamètes). Toutes ces opérations reposent sur **le consentement** du donneur. **La règle est générale**. Aucun prélèvement d'éléments du corps humain, aucune collecte de ses produits ne peut être pratiqué sans le consentement préalable du donneur, et ce consentement est révocable à tout moment (C. sant. publ. art. L. 665-11, L. 666-3). La violation de cette exigence est assortie de lourdes sanctions pénales (C. pén. art. 511-5, 511-6).

De telles conventions sont licites, mais les plus importantes d'entre elles ne sont admises, au moins en droit français, que sous forme de **don.** Dans la tradition à laquelle notre système juridique est très attaché, à la différence de certains autres, le **bénévolat** est de

(25) Le Code la santé publique (art. L. 1111-4) précise que l'intéressé prend les décisions qui concernent sa santé « avec le professionnel de santé et compte tenu des informations et des préconisations qu'il fournit », ce qui donne à penser que son consentement sera éclairé... et orienté. Mais le texte ajoute : « le médecin doit respecter la volonté de la personne après l'avoir informée des conséquences de son choix » (v. n° 483 et 484).

rigueur et la **gratuité** de l'essence de la fourniture de sang, de forces génétiques ou des autres produits du corps humain, le donneur recevant, à l'exclusion de toute rémunération, une indemnité pour remboursement de ses frais. Disponibles à titre gratuit, **ces produits sont** — *stricto sensu* — **hors commerce**, dans la conception française (26). Pour le sang, la loi du 4 janv. 1993 a réaffirmé avec énergie le principe de gratuité, sous la menace de sanctions pénales et la loi du 29 juillet 1994 (n° 94-654 ; art. L. 665-13, C. sant. publ.) montre la même insistance pour l'ensemble des éléments et produits du corps humain : Sauf si l'usage en décide autrement, aucun paiement quel qu'en soit la forme ne peut être alloué à celui qui se prête au prélèvement d'éléments de son corps ou à la collecte de ses produits, ce qui n'exclut pas le remboursement des frais (C. sant. publ. art. L. 665-13). **Rejet de tout mercantilisme**, **faveur aux gestes philanthropiques** sont, au négatif et au positif, deux objectifs majeurs du droit français.

La réglementation de la cession et de l'utilisation des éléments et produits du corps humain dépasse ces règles fondamentales. En dehors des prescriptions sanitaires, ces opérations sont soumises au **principe d'anonymat** (C. sant. publ. art. L. 665-14) et à l'interdiction de toute publicité personnalisée (art. L. 665-12). Les exceptions d'usage concernent les ventes de cheveux, d'ongles, de lait.

On s'est demandé — juristes impénitents — s'il fallait appliquer le droit de la vente et la **garantie des vices cachés en matière de prélèvement de sang**. La garantie est exclue de la part du donneur de sang (Paris, 26 avril 1948, D. 48.272). Mais le malade contaminé peut poursuivre la responsabilité contractuelle tant de l'établissement (clinique ou hôpital) dans lequel il a subi la transfusion que du centre de transfusion qui a fourni le sang, et cette responsabilité, fondée sur une obligation de résultat, celle de livrer un sang exempt de vices, ne peut être écartée que par la preuve d'une cause étrangère (ce que ne constitue pas le vice interne même indécelable du sang (27). En vertu de l'article 1386-12 du Code civil, (l. 19 mai 1998) le producteur, responsable de plein droit du dommage causé par un produit défectueux issu du corps humain, n'est pas admis à s'exonérer de cette responsabilité en prouvant que l'état des connaissances scientifiques, au moment où il a mis le produit en circulation, ne permettait pas de déceler l'existence du défaut.

---

(26) Hors série, parce que porteurs de vie, les produits *sui generis* que sont, pour l'individu qui les sécrète, ses forces génétiques (sperme, ovule) appelleraient une réflexion approfondie. Que chacun use de son cru pour procréer, c'est l'évidence ; ou même pour contribuer par apport libre, bénévole et anonyme à la procréation assistée : reverser à tout vent dans le giron de l'humanité des semences démarquées n'est, en humilité, qu'abandon altruiste. Faudrait-il permettre à celui qui les produit de « donner » ou « léguer » ses forces génétiques à personne déterminée ? Est-il en son pouvoir de signer comme géniteur historique une perturbation de la généalogie ? Procréateur responsable oui, donneur effacé oui. Autrement, il n'est qu'intermédiaire outrecuidant par abus de position dominante et détournement des sources de vie dont il n'est que dépositaire. Comp. *La famille,* Montchrestien, n° 306 ; Actes du Colloque génétique procréation et Droit, 1985, p. 487. La loi du 29 juillet 1994 (n° 94-654 ; art. L. 665-14, C. sant. publ.) consacre le principe d'anonymat, mais réserve le cas de nécessité thérapeutique (l'interdiction de divulguer l'information qui permet d'identifier le donneur et le receveur étant alors levée dans les limites de la recherche médicale).

(27) V. déjà Civ. 17 déc. 1954, J.C.P. 55.8490, n. R. Savatier (atteinte de syphilis). V. aujourd'hui (virus du SIDA) Paris, 28 nov. 1991, J.C.P. 1992.II.21797, n. M. Harichaux et réf. La jurisprudence se fixe en ce sens ; v. aussi pour la responsabilité du médecin, Trib. Paris, 19 mars 1974, J.C.P. 75.18046, n. Charaf-Eldine ; comp. R. Savatier, *De sanguine jus,* D. 1954, chron. 141. Dans la jurisprudence qui s'affirme, la personne reconnue civilement responsable d'un accident à la suite duquel une transfusion sanguine a contaminé la victime de l'accident est condamnée à réparer l'intégralité des dommages subis par celle-ci, comme ayant concouru à les causer (équivalence des conditions) : Rennes 23 oct. 1990, G. P. 1991.I. 7-9 avril ; T.G.I. Bobigny, 19 déc. 1990 *ibid.* Mais il est évident que la personne condamnée a un recours contre les hôpitaux, cliniques et centres de transfusion (qui n'étaient pas en cause). C'est devenu une affaire d'État. Un fonds d'indemnisation pour les victimes d'une contamination par le virus du SIDA causée par une transfusion sanguine a été institué. Propre aux victimes de cette maladie, ce mécanisme d'indemnisation n'exclut pas, même en son domaine, le jeu de la responsabilité civile (v. l. 31 déc. 1991 et d. 26 février 1992).

93 **Prélèvement d'organes sur une personne vivante :** La loi française (28) autorise un tel prélèvement, mais l'a, dès l'origine, subordonné à de strictes conditions (29). Sur une personne vivante, **le prélèvement n'est évidemment possible qu'en vertu du consentement exprès** de cette personne (comp. n° 486 pour le prélèvement *post mortem*) et le prélèvement n'est licite qu'en vue d'une greffe ayant un **intérêt thérapeutique direct pour le receveur** (mesure d'assistance à un autre être humain, il tire sa justification de cette seule fin, seule cause légitime de la convention : un but scientifique n'y suffirait pas).

Certains silences de la loi appellent de graves interprétations : Faut-il que le receveur soit en danger ? Faut-il que le prélèvement soit sans danger pour le donneur ? De quels organes peut-il s'agir ? À l'intérieur des limites que déterminent les données actuelles de la science et de la pratique médicales en matière de greffe, les solutions à ces questions sont celles que dictent le bon sens et la déontologie professionnelle (30).

Cependant, **la loi du 29 juillet 1994** (n° 94-654) a encore aggravé le système. Elle a réaménagé dans un sens restrictif les dispositions de la loi de 1976. 1° À l'exception du prélèvement de moelle osseuse (dont quiconque peut bénéficier) **elle renferme le don d'organe entre proches parents.** Elle n'admet entre vifs un tel sacrifice qu'en faveur d'un père, d'une mère, d'un fils, d'une fille, d'un frère, d'une sœur (C. sant. publ. art. L. 671-3). L'échange *inter vivos* est un privilège de paternité, de maternité, de filiation ou de fraternité dans lequel la biologie et l'affection ont chacune leur part (en cas d'urgence, le donneur peut cependant être le conjoint). 2° Elle solennise le consentement et « consensualise » la révocation de ce consentement. Le consentement est exprimé devant le président du tribunal de grande instance (ou recueilli en cas d'urgence par le procureur de la République). Jusqu'au dernier moment, le consentement est révocable sans forme (art. L. 671-3).

94 **Legs du corps et crémation après décès :** Le pouvoir de l'homme sur son corps s'étend en effet lorsqu'il s'agit du temps où il n'existera plus, puisqu'il peut porter sur le corps tout entier, et que celui-ci est alors livré au pouvoir d'autrui (mais aux fins et aux conditions de la loi). Celle-ci autorise en effet un individu à **léguer** (31) son corps à un établissement d'hospitalisation, d'enseignement ou de recherche (ce qui spécifie les bénéficiaires immédiats et la destination supérieure du legs ; on lègue son cadavre à la science). La loi exige

(28) Loi n° 76-1181 du 22 déc. 1976, art. 1er D. 1977, lég., 13, revue et incorporée au statut du corps humain version 1994.

(29) Il va de soi que, de la part du donneur, l'acte est **essentiellement gratuit**. L'art. L. 665-13 C. sant. publ. réaffirme naturellement la gratuité du don d'organe. Aucune rémunération ne peut être versée à celui qui se prête au prélévement d'éléments de son corps. On retrouve dans la Convention du Conseil de l'Europe sur les droits de l'homme et la biomédecine (Oviedo, 1997) l'affirmation que le corps humain et ses parties ne doivent pas être source de profit (art. 21).

(30) La comparaison des intérêts qui permet de donner une limite à l'esprit de sacrifice évoque un peu, mais en sens inverse, la démarche qui fait juger de la valeur de *l'exception de nécessité* invoquée par celui qui sacrifie autrui pour sauver sa vie (hypothèse contraire).

(31) Acte patrimonial, le legs pourrait faire entendre qu'après la mort le corps est — ici au moins — assimilé à une chose. Le fait est que ce corps « encore tout proche de sa mort » devient un objet de dissection offert au prélèvement, à l'examen, à l'expérimentation et à l'enseignement des carabins (la leçon d'anatomie). Il est cependant certain que **le respect dû au corps humain s'étend au-delà de la mort**. Le code pénal incrime et punit toute atteinte à l'intégrité du cadavre, et la violation ou la profanation des tombeaux et sépultures (art. 225-17, 225-18). **Le devoir de décence** veille aussi sur la restauration des corps (C. sant. publ. art. L. 671-11). Dans le code des communes, la réglementation macabre des opérations funéraires marque ce **respect funèbre** et va jusqu'à prévoir ce qui voue le corps à redevenir poussière (art. R. 363-16 et 363-26). Cependant l'esprit d'efficacité veille : l'établissement légataire délivre à l'intéressé une carte de « donateur » *(sic)* que celui-ci s'engage à porter sur lui en permanence : un testament portatif en somme...

que cet acte de disposition à titre gratuit et à cause de mort, acte de dernière volonté, acte grave, revête la forme d'une **déclaration écrite en entier, datée et signée de la main du testateur** (décret n° 76-435 du 18 mai 1976, art. 7 ; dans le même sens, d. n° 96-141 du 21 févr. 1996 mod. l'a R. 363-10 du code des communes) : figure originale de testament olographe (comp. C. civ. art. 970).

Le droit de faire incinérer son cadavre et de disposer de ses cendres (32) marque, en parallèle, le pouvoir de l'individu sur sa dépouille mortelle, mais sous la même condition : La crémation après décès ne peut avoir lieu qu'en vertu de la volonté exprimée par le *de cujus* avant sa mort (code des communes, art. R. 363-16). Deux formes d'*abusus* à cause de mort.

Tatouage et percement *(piercing)* : Considérées comme superficielles (cutanées ou sous-cutanées) ces modifications corporelles (parfois irréversibles) sont abandonnées au goût (bon ou mauvais) de chacun (la vogue aidant, les officines prolifèrent). Régressives, mais symboliques de la liberté de marquer sa différence et de régner sur son apparence, comme la liberté capillaire (et vestimentaire), ces pratiques ne peuvent qu'être tolérées sous l'égide du droit commun (la santé publique s'intéresse aux conditions d'hygiène). Populaires et surtout prisées par des adolescents (réservés le cirque, la marine et le milieu carcéral), elles ont pour pendant, à un autre âge et en d'autres quartiers, les attraits plus dispendieux et parfois déceptifs de la chirurgie plastique. On se fait ou on se refait l'apparence que l'on peut. V. Ph. Dubois, *Le physique de la personne*, th. préc.

495 **2° Limites du droit d'autodisposition. Opérations illicites. Mutilations volontaires :** Certaines interdictions marquent que le **pouvoir de l'individu sur son corps n'est pas absolu :** Il connaît les **limites** que lui assigne l'**ordre public**. Le droit français considère les mutilations volontaires comme intrinsèquement illicites (et pas seulement comme moyens frauduleux de percevoir une indemnité d'assurance ou d'éluder une obligation militaire) (33). Récemment encore, il n'admettait pas les **stérilisations volontaires** (par des moyens irréversibles), et la Cour de cassation avait émis un avis en ce sens (6 juill. 1998, Bull. civ. n° 10, p. 11). Mais la loi du 4 juillet 2001 a en grande partie levé l'interdiction de

---

(32) **Le sort des cendres** du défunt dépend (principe incontesté) de la destination qu'il leur avait imprimée de son vivant : libre à lui d'en ordonner la conservation dans un lieu de son choix ou la dispersion (par exemple aux quatre vents de la mer) ou encore le partage entre divers membres de sa famille (c'était une tradition, chez les anciens rois, que leur cœur et leurs entrailles soient recueillis en un autre lieu que leur corps, et peut être en écho à la dispersion des reliques de saints ; naguère, lors d'une exposition itinérante sur la colline Sainte-Geneviève, on a pu méditer devant le reposoir de pierre qui avait contenu le cœur de Richard Cœur de lion). Encore faut-il que la destination de ses cendres ait été réglée par le *de cujus* avant sa mort de façon claire et non douteuse, notamment par une manifestation expresse de sa volonté. On admet cependant que, si elle est certaine, sa volonté tacite, tirée de toutes les circonstances du cas, doit aussi être respectée (V. pour un partage des cendres ordonné sur le fondement d'une interprétation de volonté : Paris, 27 mars 1998, Pet. Aff. 4 oct. 1999, n° 197, p. 11). Il n'y a pas lieu d'ordonner un tel partage lorsque le défunt ne l'avait d'aucune manière voulu, surtout si ses héritiers sont en litige (en ce sens, dans un tel cas, Douai, 7 juill. 1998, J.C.P. 1998.II.10173, n. X. Labbée) ; mais il n'est pas convaincant, pour rejeter le partage, de se fonder sur le singulier employé par le Code des communes (« une urne », art. R. 361-45), argument purement littéral). Plurielles et divisibles, les cendres se prêtent naturellement à une division qui ne démembre pas un corps, mais multiplie, entre ceux qui aspirent à les recueillir, le symbole qui fait leur valeur. Ce partage de cendres est une communion, et leur matérialité quasi impalpable est plus spirituelle que corporelle.

(33) Dans une espèce singulière, la mutilation, par un détenu, de son auriculaire, ne le prive pas de la « propriété » de la phalange amputée mais seulement, pour le temps de la détention, de la disposition (à des fins postales) de ce membre disjoint ou de l'utilisation (à des fins suicidaires ?) du liquide dans lequel il est conservé (dans un récipient déposé au greffe...). V. T.G.I. Avignon, 24 sept. 1985, G. P. 1986, II, 91. V. Crim. 19 déc. 1990, G. P. 1992.I.108 pour la condamnation d'un appelé reconnu coupable du délit de mutilation volontaire.

la stérilisation volontaire à visée contraceptive (ligature des trompes ou des canaux déférents). Les personnes majeures peuvent, à certaines conditions, y avoir accès (C. santé publ. art. L. 2123-1), et même les majeures protégées à d'autres conditions (art. L. 2123-2). C'est seulement sur les mineurs que l'opération demeure interdite (*ibid.*). L'ordre public s'est ici singulièrement rétréci, et la liberté de confort d'autant agrandie. Quant aux opérations chirurgicales destinées à modifier, à sa demande, le sexe d'une personne, elles étaient naguère tenues pour illicites et ne semblent aujourd'hui encore tolérées, dans le cas particulier du **transsexualisme** (v. *infra*, n° 564bis s.) qu'à de strictes conditions (34). Enfin, la participation à des pratiques sadomasochistes n'empêche pas que les lésions graves qui en résultent engagent la responsabilité de leurs auteurs, en dépit du consentement des victimes (CEDH 19 févr. 1997, D. 1998.97, n. Larralde). De telles outrances excèdent les limites que **l'ordre public de protection individuelle** impose au pouvoir de la personne sur son corps.

bis **Illiceité de toute convention portant sur la procréation ou la gestation pour le compte d'autrui :** La convention par laquelle une femme s'engage, fût-ce à titre gratuit, à concevoir et à porter un enfant pour l'abandonner à sa naissance avait été déclarée nulle, d'une **nullité d'ordre public**, par la jurisprudence, en ce qu'elle « contrevient tant au principe d'ordre public de l'indisponibilité du corps humain qu'à celui de l'indisponibilité de l'état des personnes » (Cass. Ass. Plén. 31 mai 1991, D. 1991.417, rapport Y. Chartier). L'indisponibilité du corps humain avait sa part dans le fondement de la prohibition : l'indisponibilité du corps de l'enfant pour la mère (on l'a vu, n° 484bis) mais aussi, pour la femme, la limite au droit de disposer de son propre corps : pour une femme, promettre de concevoir et de porter un enfant pour l'abandonner à sa naissance est une disposition illicite de son corps, une soumission à une fin contraire au droit, de ses facultés physiques de procréation. L'indisponibilité de l'état avait cependant aussi sa place au soutien de la nullité (v. *infra,* 564bis). Sans surprise, l'article 16-7 du Code civil frappe de nullité toutes les conventions de procréation ou de gestation, pour le compte d'autrui. C'était en 1988 une proposition de l'étude du Conseil d'État (n° 27). V. pour une application, Rennes, 4 juill. 2002, D. 2002. I.R. 2848.

ter **3° Hors-série :**

— **Suicide.** Le principe de la légalité des délits et des peines (C. pén. art. 111-3) laisse en dehors de la répression les actes que la loi pénale n'incrimine pas. En droit français, le suicide n'est pas une infraction pénale (en cas d'échec la tentative de suicide n'est pas punissable) (35).

---

(34) Comp., pour une expérience médicale, Lyon 27 juin 1973, D. 1914.2.73 ; Trib. Seine 16 mai 1935. S. 35.2.202. La proposition énoncée au texte est en partie démentie par l'impunité dont paraissent jouir ces pratiques, sous couvert de l'opportunité des poursuites ou de certaines interprétations. Pour dégager la responsabilité pénale du chirurgien qui opère une conversion sexuelle, un célèbre jugement du tribunal correctionnel de Bruxelles (27 sept. 1969) se rallie à la thèse de l'immunité par permission de la loi (justifiant l'atteinte par le bienfait espéré. V. le rapport de M.-T. Meulders-Klein, Journées canadiennes 1987 de l'Ass. Capitant). Comp. Crim. 30 mai 1991, G. P. 1992.I.17 : il appartient aux juges du fond d'apprécier souverainement si une telle intervention chirurgicale répond à un objectif thérapeutique qui seul la justifie. Un arrêt retient à bon droit la culpabilité d'un chirurgien du chef de coups et blessures volontaires avec préméditation, s'il considère, par appréciation souveraine, que l'opération (ablation de l'appareil génital externe masculin) n'a pas un objectif thérapeutique, ce qui la prive du fait justificatif de l'autorisation de la loi. V. aussi T.G.I. Lille, 16 janv. 2001, D. 2001.1913, n. P. Labbée (double castration d'un transsexuel). V. *infra,* n° 564bis s.

(35) V. F. Terre, *Du suicide en droit civil,* Études dédiées à Alex Weill, p. 523 s. Le caractère non délictueux du suicide exclut toute complicité de suicide (Garraud, Tr. Dr. Pénal., 3e éd., n° 1946, Crim.

— **Contraception et interruption volontaire de grossesse.** C'est dans le droit de la femme sur son corps que ces interventions trouvent leur fondement (à l'intérieur des limites de la loi en ce qui concerne la seconde). En mariage, l'obstacle qu'elles font à la procréation, fin du mariage (parmi d'autres) leur font rencontrer d'autres limites (v. *La famille*, Montchrestien, n° 159). Même hors mariage, ce qui contient le pouvoir de la femme, dans l'interruption volontaire de la grossesse, est qu'elle ne dispose pas seulement d'elle-même. C'est un pouvoir encadré par la loi (v. la loi du 4 juill. 2001, J.C.P. 2001.III.20528, mod. le Code de la santé publique, art. L. 2212-1 s.).

— **Fin de vie. Euthanasie.** Au confluent de tant de valeurs à respecter, (la vie des malades, leur dignité, leur volonté et leur indépendance, l'aide à leur détresse, la lutte contre leur souffrance, les sentiments de leurs proches) la question divise les esprits, non sur chacune en particulier, mais sur la hiérarchie à établir entre elles et les conséquences à en tirer. Les comités d'éthique et les législateurs s'interrogent. 1. **Les éléments de certains consensus** se dessinent. On s'accorde à dénier à un tiers le droit de mettre fin, de lui-même et délibérément, à la vie d'une personne qui n'a pas sollicité son assistance, même s'il agit dans la seule intention d'abréger ses souffrances. Nul ne propose sérieusement de dépénaliser cette forme radicale d'euthanasie qui demeure, en droit, un homicide volontaire. Positivement, un assentiment quasi unanime se dégage également sur la façon de considérer et **d'accompagner la fin de la vie**, sur la manière la plus douce, la plus humaine, la plus raisonnable d'entourer les personnes dont on a lieu de craindre la mort prochaine. Les points forts de cette politique sont : 1° leur prodiguer des soins palliatifs quand l'heure n'est plus aux soins curatifs (c'est l'un des principes de la loi du 9 juin 1999 sur la garantie du droit à l'accès à ce genre de soins) ; 2° leur épargner des souffrances cruelles, par la lutte contre la douleur (au risque d'abréger leur vie) ; 3° leur épargner l'obstination déraisonnable de l'acharnement thérapeutique (ce qui peut impliquer l'arrêt d'une assistance respiratoire ou cardiaque) ; 4° dans le même sens, respecter, de la part du malade qui veut qu'on le laisse tranquille, le droit qu'il a de s'opposer à une investigation ou à une thérapeutique ; 5° favoriser l'accompagnement affectif et psychologique des mourants par leur proches et amis. 2. **Les oppositions** surgissent et les positions se raidissent quand il s'agit de savoir s'il faut aller plus loin et modifier la loi pénale. Une thèse radicale revendique la reconnaissance, pour chacun, du droit de mourir dans la dignité, c'est-à-dire en définitive, de la liberté de choisir l'heure et les moyens de sa mort, ce qui légitimerait de la part d'un tiers, en réponse à une demande claire, l'assistance à une mort consentie. Il en résulterait la dépénalisation de l'aide au suicide et même, sous diverses conditions, celle de certaines formes d'euthanasie dite active. Craignant les dérives du système et l'arrêt des efforts (financiers) nécessaires au développement des soins palliatifs, une thèse contraire proclame la nécessité impérieuse de ne pas renverser le principe et de marquer, comme un seuil infranchissable, le respect de la vie d'autrui, s'opposant ainsi à la dépénalisation de l'euthanasie active sous toutes ses formes. Cependant les tenants de cette thèse catégorique, dans l'ordre des principes, sont ouverts à l'idée non d'une modification de la loi pénale, mais, cas par cas, à un adoucissement de son application, des circonstances exceptionnelles pouvant justifier, dans toutes ces marges, l'indulgence des juges.

---

23 avril 1971, Bull. n° 16, p. 301). Cependant la vie de celui qui nourrit un projet suicidaire est d'un tel prix que le correspondant auquel il s'en ouvre s'expose à commettre le délit de non-assistance à personne en péril, s'il ne fait rien pour dissuader le désespéré de passer à l'acte et si, auteur d'un ouvrage sur le mode d'emploi, il en précise les conditions d'efficacité dans sa réponse (T.G.I. Paris, 20 nov. 1985, D. 86, p. 369, n. Calais et, pour le rejet après arrêt confirmatif, Crim. 26 avril 1988, G. P. 1988.II.844, note Doucet). Par où l'on se rapproche de l'interdiction de l'euthanasie, mais avec une raison supplémentaire de décourager tout acte qui seconde, non pas la mort dans son œuvre, mais un vivant dans sa quête de la mort. Plus carrément, **la loi pénale incrimine aujourd'hui la provocation au suicide.** La loi du 31 décembre 1987 (J.C.P. 1988.II.61.029) punit de peines d'emprisonnement et d'amende la provocation au suicide (tenté ou consommé), peines applicables à quiconque fait, d'une manière ou d'une autre, de la propagande ou de la publicité en faveur de produits, d'objets ou de méthodes préconisés comme moyens de se donner la mort ; v. les art. 223-13 s. du nouveau Code pénal.

Dans le même esprit (mais au prix d'un infléchissement de la loi pénale) le Comité consultatif national d'éthique suggère, comme une troisième voie, de maintenir les principes, mais d'instituer une *« exception d'euthanasie »*. Ce serait le moyen, dans le cas d'extrême détresse, devant l'inéluctable et la souffrance insupportable, de soustraite aux rigueurs de la loi pénale les auteurs d'un acte de compassion, à la condition que la décision soit l'œuvre solidaire d'une équipe associée à l'entourage du malade. V. C.C.N.E., Rapport n° 63 : *« Fin de vie, arrêt de vie, euthanasie »*, 3 mars 2000. L'inspiration est intéressante. À peine ébauché techniquement, le mécanisme modérateur devrait cependant être étudié avec le plus grand soin, notamment le souci d'en investir effectivement le juge lui-même. La question est en instance, avec toujours plus d'acuité. La durée de la vie humaine s'allonge et, pour un nombre croissant de personnes, c'est à l'hôpital que se profile la fin de leur vie.

La C.E.D.H. a considéré, dans une décision du 29 avril 2002, que le droit au suicide ne constitue pas un droit de l'homme garanti par la C.E.S.D.H. (*Diane Pretty c/ Royaume-Uni*). V. E. Chvika, *Dr. fam.* 2003, chron. 9, étude d'ensemble ; J.C.P. 2003.II.10062, n. C. Girault.

— **Cryogénisation.** Ce n'est pas un modèle légal d'inhumation.

Ainsi en a jugé le Conseil d'État (29 juill. 2002, D. 2002, I.R. 2583). La conservation du corps d'un défunt par un procédé de congélation ne constitue pas un mode d'inhumation prévu par les art. L. 2223 et R. 2213-32 C.G.C.T. Le préfet est fondé à refuser l'autorisation sollicitée par les enfants (de conserver le corps de leur mère dans un appareil de congélation placé dans le sous-sol de leur villa). Cependant, l'interdiction de la cryogénisation est énoncée en général, de telle sorte que celle-ci serait exclue même si, de son vivant, le défunt en avait exprimé la volonté. Mis devant le fait accompli (un veuf avait placé la dépouille de son épouse dans un congélateur situé dans la crypte du château familial), le préfet du département obtint, en référé, du juge, l'autorisation de faire procéder, dans le domaine, sous dalle scellée, à l'inhumation des deux corps (le mari ayant rejoint son épouse dans la mort) : T.G.I. Saumur, réf. 13 mars 2002, *Pet. aff.* 4 oct. 2002, n° 199, 15, n. B. Rolland. Laissons le point de compétence. Au fond, cette extravagance macabre qui se heurte au silence de la loi n'est pas davantage dans nos coutumes, et le précédent exotique de la momification (d'ailleurs moins sensible aux coupures de courant) a peu de chance de l'introduire dans nos mœurs. Cette façon d'attendre la réssurection de la chair ou les progrès de la science a, pour tout dire, quelque chose de morbide, et le désir excentrique et narcissique de se pérenniser *in frigore* aux frais de la postérité est loin — s'il faut aller à l'étymologie — de toute humilité et de toute humanité (puisqu'il y a de l'*humus* dans les deux termes, comme dans inhumation). La cryogénisation est le contraire de l'inhumation. Il est douteux que cette pratique dispendieuse soit promise à un avenir populaire (36).

95 ter **d) Protection renforcée des mineurs et des majeurs protégés :** Les mineurs (37) et les majeurs qui sont l'objet d'une mesure de protection légale (notamment la tutelle, la curatelle et la sauvegarde de justice) bénéficient d'un surcroît de protection qui se traduit, de leur vivant, par deux mesures de sauvegarde.

Certaines opérations sont purement et simplement interdites sur ces deux catégories de personnes, ainsi le prélèvement d'organes en vue d'un don (C. sant. publ. art. L. 671-4), le prélèvement, en vue d'un don, de tissus ou de cellules ainsi que la collecte aux mêmes fins de produits du

(36) Aussi respectueuse des morts (!) et aussi bien accordée à nos sensibilités (!), la « plastination » est encore plus marginale, si possible. Inventée vers 1970 par un anatomiste allemand, cette performance technique qui substitue du silicone à l'eau et aux graisses d'un cadavre se donne comme un art, une singularité dans la liberté de l'art qui expose, à jamais figée, l'anatomie d'un corps mort, sans sa peau. On imagine que les « plastinés » avaient légué leur corps à cette fin.

(37) Sur l'ensemble de la protection que le droit prodigue au mineur, V. D. Duval-Arnould, *Le corps de l'enfant sous le regard du droit,* th. Paris II, L.G.D.J., 1994 ; du même auteur, v. *Minorité et interruption volontaire de grossesse,* D. 1999, chron. 471. Comp. aujourd'hui, dans la teneur que lui a donné la loi du 4 juill. 2001, l'art. L. 2212-7, C. santé publ. qui permet, en définitive, à certaines conditions (et dans les limites de la loi) que l'interruption volontaire soit pratiquée sur une mineure, à la seule demande de celle-ci. La stérilisation volontaire à visée contraceptive est en revanche interdite pour les mineurs (C. santé publ., art. L. 2123-2).

corps humain (art. L. 672-5), enfin, au moins en principe, le prélèvement de sang ou de ses composants en vue d'une utilisation thérapeutique pour autrui (art. L. 666-5). À titre exceptionnel, ce dernier prélèvement peut avoir lieu lorsque l'urgence thérapeutique l'exige (*ibid.*). Autre exception, mais plus étroite encore, un prélèvement de moelle osseuse peut être effectué sur un mineur, mais au seul bénéfice de son frère ou de sa sœur (38).

Les rares opérations qui soient permises sont subordonnées à un double assentiment. Le prélèvement de mœlle osseuse ou de sang ne peut avoir lieu que si chacun des titulaires de l'autorité parentale y consent et sous une forme solennelle, par écrit (pour le prélèvement de sang, art. L. 666-5 *in fine*), devant le président du tribunal de grande instance (pour le prélèvement de mœlle osseuse, art. L. 671-5). Dans l'un et l'autre cas, le refus du mineur fait obstacle au prélèvement (*ibid.*).

Hors-série et par égard pour la famille, le prélèvement d'organes en vue d'un don **sur un mineur décédé** est soustrait à la règle ordinaire du consentement présumé et ne peut avoir lieu que de consentement de chacun des titulaires de l'autorité parentale (art. L. 671-8). Le consentement de l'un au moins des titulaires de l'autorité parentale est exigé si le prélèvement répond à des fins scientifiques autres que la recherche des causes du décès (art. L. 671-9).

495 *quinquies* **e) Protection du patrimoine génétique :** C'est une préoccupation atypique et nouvelle. Elle a deux points d'application.

1. Dans son application à l'individu, elle ajoute une pièce au statut du corps humain. **La loi protège le patrimoine génétique de chacun.** Elle interdit en principe que les caractères génétiques d'une personne soient l'objet d'une transformation recherchée pour elle-même, c'est-à-dire dans le but de modifier la descendance d'une personne (art. 16-4, al. 2). Cependant, l'intangibilité du patrimoine génétique souffre une exception. Si l'intérêt thérapeutique d'une personne exige sur elle des recherches tendant, en sa faveur même, à la prévention et au traitement des maladies génétiques, cette intervention génétique est admise. Si elle y consent (C. civ. art. 16-10, C. pén. art. 226-25). Le souci de ne pas affecter la descendance du patient montre bien que la protection, devenant héréditaire, dépasse déjà l'individu pour regarder sa postérité. (Comp. dans le même sens la déclaration sur le génome humain et les droits de l'homme élaborée à l'UNESCO entre 1994 et 1997 et adoptée par l'Assemblée générale de l'ONU, J.C.P. 1998, Act. 2197).

2. Elle rayonne en plénitude lorsque la loi, avec insistance, affirme en général qu'**elle protège l'intégrité du patrimoine humain**. Elle interdit à quiconque de porter atteinte à l'intégrité de l'espèce humaine (art. 16-4, al. 1) : déclaration à tout entendeur, chargée de funestes réminiscences, qu'elle adresse à tout apprenti sorcier ou autre manipulateur, agissant *motu proprio* ou à la solde de gouvernants scélérats. Cependant, en spécifiant qu'elle prohibe « toute pratique eugénique tendant à l'organisation de la sélection des personnes » (art. 16-4, al. 2), elle laisse entendre qu'il existe, tendant à d'autres fins, des pratiques légitimes (39). C'est à l'échelon de l'espèce humaine que la norme hisse alors son objet, dans une vision universaliste de sauvegarde d'un patrimoine de l'humanité qui appellerait, en prolongement d'une impulsion nationale, un accord universel. Si l'on y croit.

(38) La loi fait ainsi du prélèvement un privilège de fraternité, pour des raisons où la biologie et le sentiment se mêlent.

(39) Cette restriction laisse ouverte la recherche lorsqu'elle se couvre d'autres finalités. Sans doute retenu sous la pression de la communauté savante, le refus de la mise hors la loi de toute pratique eugénique repose sur une distinction non transparente que le citoyen de base reçoit avec scepticisme et appréhension.

RÉFLEXION

I. *LE CORPS HUMAIN*

Le corps est tout à la fois, pour un être, le socle et le support de sa santé, de sa vie et de sa liberté.

1. C'est donc tout cela que chacun doit respecter **chez autrui**, s'il agit sans ou contre le gré d'autrui. **L'inviolabilité du corps d'autrui** ne souffre que de rares exceptions, dans l'intérêt de celui qui subit (opération d'urgence) ou même de celui qui agit (état de nécessité, légitime défense). C'est une norme fondamentale évidente.

2. Quant à ce que chacun peut faire **de lui-même ou sur lui-même et par lui-même** (sans l'assistance d'autrui et en dehors de tout acte juridique), **le principe inverse est que chacun est libre et maître de son corps** (de ses mouvements, de ses plaisirs et même de sa vie pour l'exposer ou à la limite la perdre). Mais cette autonomie souffre les restrictions que dicte **l'ordre public de protection individuelle** (interdiction de mutilations volontaires).

3. Dans l'harmonisation des deux principes précédents, tout est de savoir ce qu'une personne peut **volontairement communiquer à une autre personne de son pouvoir sur elle-même par un acte juridique.** Qu'il soit absolument interdit de l'aliéner, en remettant à autrui la disposition **par convention** de sa vie ou de sa liberté, qu'il soit au contraire licite de demander à des tiers soins, assistance ou intervention médicale sont deux certitudes extrêmes.

Entre ces deux évidences, la réflexion s'intensifie, avec le doute, pour des opérations marginales mais d'une exceptionnelle gravité : stérilisation volontaire, essais de traitements, prélèvement d'organes sur une personne vivante etc. Peut-on se rassurer avec des conditions (exigence du consentement, gratuité, etc.) ? Leur efficacité est controversée. Un débat est donc toujours ouvert. Dans le principe, la proclamation de l'indisponibilité du corps humain était une approche globale trop rigide et de pure façade, compte tenu des manifestations positives multiples du pouvoir primordial et irréductible de l'individu sur son propre corps. Partant de ce dernier principe, il est plus juste, plus clair et plus sûr d'être toujours prêt à restreindre l'autonomie de la volonté par référence au critère souple de l'ordre public de protection individuelle (ou parfois de santé publique).

II. *L'EMBRYON HUMAIN*

Dans une législation qui l'admet, l'interruption volontaire de la grossesse pèse sur le débat. Cependant, l'admission de celle-ci n'empêche nullement de rechercher ce qu'est l'embryon humain : une personne potentielle ? Une potentialité de personne (analyse du Comité Consultatif National d'Éthique) ? A tout le moins une entité vivante du règne humain. L'essentiel est d'ériger **en principe que le respect dû à la vie humaine couvre l'embryon hors les cas où la loi y déroge** (I.V.G.). En dehors de l'exception que la loi lui apporte en consacrant, tout en le mesurant, le pouvoir de la femme parce que l'embryon est dans son corps (*in utero*), le respect dû à la vie doit prévaloir. **Aujourd'hui, le principe est clair : la loi garantit le respect de l'être humain dès le commencement de sa vie** (art. 16), ce qui ne remet pas en question les règles qui gouvernent l'I.V.G. : *legi speciali per generalem non derogatur*. Cependant, ce respect *ab ovo* n'est pas absolu. Si l'on admet la fécondation *in vitro,* il semble en effet difficile de refuser aux auteurs des gamètes le droit d'exiger que les embryons surnuméraires soient détruits. L'embryon *in vitro* ou congelé n'est pas mieux traité que l'embryon *in utero* (autre cas spécifié). Mais faut-il admettre le don d'embryon et la recherche sur l'embryon humain ?

1. **Le don d'embryon,** ne peut être, si l'on l'admet, que l'affaire conjointe des apporteurs de gamètes et pour des embryons surnuméraires. Même à ces conditions, peut-on l'admettre ? C'est ici que le respect de la vie prend une autre lumière, car *l'embryon c'est déjà autrui.* Si donc les auteurs de l'embryon n'ont pas de projet parental quant à celui-ci, il paraît excessif que leur volonté détermine le destin parental de l'être auquel ils se rendent parentalement étrangers : ce qui exclut de leur part un don personnalisé (à une personne déterminée) mais non, à la rigueur, un abandon anonyme, en faveur de la procréation assistée (à l'exclusion de la recherche). **C'est le parti que retient la loi du 29 juillet 1994.** Un embryon peut être conçu *in vitro* mais ne peut être l'être que dans le cadre et selon les finalités de la procréation médicalement assistée, et les deux membres du couple peuvent consentir à ce que les embryons conservés soient accueillis par un autre couple (art. L. 152-4) et à la condition

toute particulière de respecter, sous peine de sanctions graves, le principe de gratuité (C. sant. publ. art. L. 152-5, C. pén. art. 511-15) et le principe d'anonymat (C. sant. publ. art. L. 152-5, C. pén. art. 511-23) (40).

2. **La recherche sur l'embryon humain in vitro** serait l'affaire de la communauté savante. Faut-il lui laisser libre carrière ? Le respect dû à la vie prend, ici, une autre force, car la *vie devient, ici, celle de l'espèce humaine* qui est affectée dans le principe même de son règne et de sa reproduction. L'interdiction des manipulations génétiques fait l'unanimité. Mais qu'autorisent les fins thérapeutiques ? La question est béante, elle est diabolique. **La loi du 29 juillet 1994 pose un double interdit, sous de rudes sanctions pénales :** un embryon humain ne peut être conçu ni utilisé à des fins commerciales ou industrielles (C. sant. publ. art. L. 152-7 ; C. pén. art. 511-17) ; la conception *in vitro* d'embryons humains à des fins d'étude, de recherche ou d'expérimentation est interdite (art. L. 152-8, al. 1 C. pén. art. 511-18). Cependant, l'interdiction de toute expérimentation sur l'embryon (conçu) est moins catégorique. Elle est pourtant de principe (art. L. 152-8, al. 2). Mais **à titre exceptionnel**, l'homme et la femme formant le couple peuvent accepter que, sur leurs embryons, soient menées des études à finalité médicale et à la condition qu'elles ne portent pas atteinte à l'embryon (*ibid.* al. 3 et s. ; C. pén. art. 511-19), conditions à peine rassurantes. V. d. n° 97-613 du 27 mai 1997, relatif aux études menées sur des embryons humains *in vitro*. La Louisiane a résolu radicalement la question : La loi n° 964 du 14 juillet 1986 déclare que l'embryon humain conçu dans une fiole ou un tube de verre *est une personne* au même titre que l'embryon conçu *in utero* ou préservé en état de congélation (V. Nina Nichols Pugh, *La Vérité dans le droit des personnes : Aspects nouveaux,* rapport de La Louisiane aux Journées canadiennes 1987 de l'Ass. Capitant). V. Pedrot, *Le Statut juridique de l'embryon et du fœtus en droit comparé,* J.C.P. 1991. I-3483 ; Br. Le Mintier (sous la dir. de), *L'embryon humain,* Economica, 1996 (mesure et légitimité (?) de trois pouvoirs — de protection et d'intervention — sur l'embryon : pouvoir médical, pouvoir parental, pouvoir institutionnel).

L'ENGAGEMENT DE RÉEXAMEN (1999)

En 1994, le Parlement a expressément prévu que, dans les cinq ans de son entrée en vigueur, la seconde des lois du 29 juillet 1994 (n° 94-654, v. art. 29), celle dont les dispositions sont entrées dans le code de la santé publique, ferait l'objet d'un nouvel examen par le Parlement « après évaluation de son application par l'Office parlementaire d'évaluation des choix scientifiques et technologiques. » De fait l'application de cette loi a fait l'objet d'une double étude : 1. Le rapport de cet office et une étude du Centre de recherche juridique de l'Ouest sous la direction de B. Le Mintier (octobre 1998, Mission de recherche « Droit et justice », Ministère de la Justice, 349 p.). Le Parlement sera saisi d'un projet de loi. En novembre 1998 (Actes à paraître), un colloque organisé à Rennes par le C.R.J.O., sous le titre « Les lois bioéthiques » à l'épreuve des faits : réalités et perspectives », a fait le point sur ce thème. Au centre des discussions viendront d'une part les prélèvements et transplantations d'organes, d'autre part la recherche sur l'embryon *in vitro* (sur la clause de réexamen, v. *supra,* 327). Le réexamen prévu pour 1999 a été différé et aura sans doute lieu en 2003. Sur le projet de la loi, v. M.-I. Malauzat, D. 2002, chron. 2688 ; il a été adopté (et modifié) par le Sénat en première lecture (30 janvier 2003).

DOCUMENTS DE RÉFLEXION

1. *Étude du Conseil d'État* (1988) : De l'éthique au droit, Documentation française, n° 4855, 1988-5. Réalisée à la demande du gouvernement (déc. 1986), elle contient des éléments de réflexion

(40) V. *La Famille,* Montchrestien, n° 300.

sur diverses questions concernant le corps humain : Essais sur l'homme, utilisation des éléments et des produits du corps humain, procréation médicalement assistée, diagnostic prénatal, utilisation de l'embryon humain. Après une introduction générale, chaque question est l'objet d'un exposé des motifs et de propositions préparatoires à la discussion, dans la perspective d'une intervention législative à laquelle l'étude est, dans cette mesure, favorable. Cette étude a constitué la **base du travail législatif**.

2. *Avant-projet de loi sur les sciences de la vie et les droits de l'homme* (1989). Rédigé par un groupe interministériel à la demande du Premier Ministre après approbation des suggestions de l'étude précédente (septembre 1988), il est précédé d'un rapport qui reprend les principes qui avaient inspiré cette étude. C'est une première mise en forme (plus concise) des propositions énoncées par celle-ci. Elle reprend toutes les questions abordées en 1988, à l'exclusion des essais sur l'homme, lesquels ont été l'objet, sur une initiative sénatoriale, de la loi du 20 décembre 1988 (relatives aux recherches biomédicales auxquelles se prête l'être humain. V. *supra*, n° 490bis). V. P. Kayser, *Documents sur l'embryon humain et la procréation médicalement assistée*, D. 1989, chron. 193.

3. *Convention sur les droits de l'homme et la biomédecine signée à Oviedo le 4 avril 1997* (*Conseil de l'Europe*). Ordonnée à la protection sans discrimination de l'être humain dans sa dignité et son identité et au respect de son intégrité face au développement de la biologie et de la médecine, affirmant dans cet ordre, la primauté de l'être humain, cette convention consacre des dispositions au consentement, au génome humain, à la recherche scientifique, au prélèvement à des fins de transplantations d'organes et de tissus sur des donneurs vivants, et à l'interdiction du profit, qui sont, dans leur esprit et souvent leur lettre, en large concordance avec les règles du droit français. *Adde*, le Protocole additionnel portant interdiction du clonage d'êtres humains (signé le 12 janv. 1998 par la France).

TRAVAUX PRÉPARATOIRES DE LA LOI RELATIVE AU RESPECT DU CORPS HUMAIN (loi n° 94-653, du 29 juillet 1994)

1re lecture A.N. :Projet de loi n° 2599 ; Rapport de M. Bioulac.

1re lecture Sénat : Rapport de M. Cabanel, n° 230.

2e lecture A.N. : Rapport de M. Bignon, n° 1062.

2e lecture Sénat : Rapport de M. Cabanel, n° 39.

Commision mixte paritaire : A.N., Rapport de M. Bignon, n° 1386 ; Sénat, Rapport de M. Cabanel, n° 515 *Adde,* **pour les travaux préparatoires de la loi relative au don et à l'utilisation des éléments et produits du corps humain, à l'assistance médicale à la procération et au diagnostic prénatal** (loi n° 94-654 du 29 juillet 1994) : Sénat : 1re lecture, Rapport de M. Chérioux, n° 236 ; 2e lecture, Rapport de M. Chérioux, n° 395. A.N. : 1re lecture, Rapport de M. Mattei, n° 1057.

Commission mixte paritaire : Rapport de M. Mattei, n° 1369 ; Rapport de M. Chérioux, n° 497.

BIBLIOGRAPHIE

Le corps humain et le droit, Trav. de l'Ass. Capitant, T. XXVI, 1975.

NERSON, *L'influence de la biologie et de la médecine moderne sur le droit civil,* R.T., 1970, 661.

DAVID Aurel, *Structure de la personne humaine* (limite actuelle entre la personne et la chose), th. Paris, 1953.

DECOCQ A., *Essai d'une théorie générale des droits sur la personne,* préf. Levasseur, L.G.D.J. 1960.

MAYRAND Albert, *L'inviolabilité de la personne humaine,* Montréal, 1975.

MEULDERS-KLEIN M.-Th. (avec la collaboration de B. MAINGAIN) *Le droit de disposer de soi-même, étendue et limites en droit comparé, in* Licéité en droit positif et références légales aux valeurs, Xes Journées d'études juridiques Jean DABIN, Bruxelles, Bruylant, 1982, T. XIV, p. 215 s. Bibl. Fac. Droit Université Catholique de Louvain.

DOUCET J.-P., *La protection pénale de la vie humaine.*

BEIGNIER B., *Le droit de la personnalité,* Que sais-je ? 1992.

LABBÉE X., *Condition juridique du corps humain avant la naissance et après la mort,* Press. Univ. Lille, 1990.

DUBOIS Ph., *Le physique de la personne,* th. Paris II, Litec, 1986.

GROMB Sophie, *Le droit de l'expérimentation sur l'homme,* droit français, règles supranationales, Litec, 1991.

GALLOUX J.-Chr., *Essai de définition d'un statut juridique pour le matériel génétique,* th. Bordeaux I, 1988 ; *L'utilisation des matériels biologiques humains : vers un droit de destination ?* D. 1999, chron. 13.

GUILLOD O., *Tests génétiques et protection de la personnalité. Quelques réflexions,* Mélanges en l'honneur de J.-M. Grossen, 1992, 55 s.

GIUDICELLI A., *Génétique humaine et droit,* À la redécouverte de l'homme, th. Poitiers, 1993.

MEULDERS-KLEIN M.-Th., *L'analyse génétique à des fins de preuve et les droits de l'homme*, Trav. Fac. Dr. UCL, Bruylant, 1997, p. 397 s.

DUVAL-ARNOULD D., *Le corps de l'enfant sous le regard du droit,* th. Paris II, L.G.D.J. 1994.

MASSIP J., *L'insertion dans le Code civil de dispositions relatives au corps humain, à l'identification génétique et à la procréation médicalement assistée,* Defrénois, 1995, 65.

FEUILLET-LE MINTIER Br. (sous la dir.) *L'embryon humain,* approche multidisciplinaire (actes du colloque de nov. 1995), Economica, 1996.

ANDORNO R., *La distinction juridique entre les personnes et les choses à l'épreuve des procréations artificielles*, L.G.D.J. 1996, t. 263.

MOINE I., *Les choses hors commerce, une approche de la personne humaine juridique*, L.G.D.J. 1997, préf. E. Loquin.

B. LA PROTECTION DES AUTRES DROITS PRIMORDIAUX DE LA PERSONNALITÉ

496 L'idée s'est imposée à la conscience universelle que, tout être humain ayant besoin de liberté et de tranquillité pour **l'épanouissement de sa personnalité,** ce besoin primordial fonde, en chacun, le droit à jouir de ces bienfaits sous la protection de la loi. Cette préoccupation est dans l'air du siècle. Elle inspire la Déclaration universelle des droits de l'homme « Nul ne sera l'objet d'immixtions arbitraires dans sa vie privée, sa famille, son domicile ou sa correspondance, ni d'atteintes à son honneur et à sa réputation. Toute personne a droit à la protection de la loi contre de telles immixtions ou de telles atteintes » (art. 12). La Convention européenne de sauvegarde des droits de l'homme et des libertés fondamentales proclame : « Toute personne a droit au respect de sa vie privée et familiale, de son domicile et de sa correspondance » (art. 8, § 1). Chacune à leur manière, de nombreuses législations étrangères (41) consacrent le droit pour l'individu au respect de sa vie privée ou de sa personnalité. Autant que par la convergence des inspirations, ce souci quasi-universel est frappant par la diversité des moyens nationaux ou internationaux de sa mise en œuvre.

97 Comment le **droit positif français** répond-il à ces exigences ? Là encore, droit public et droit privé affirment leur complémentarité. Il dépend du *droit public* de garantir les citoyens dans leurs libertés et les droits de leur personnalité **contre les atteintes de l'État** (c'est l'objet des libertés publiques, v. Tsiklitiras, *La protection effective des libertés publiques par le juge judiciaire en droit français*, th. Paris II. 1988). **Il appartient au droit privé — surtout au droit civil — de faire régner le respect des droits primordiaux de la personne humaine, dans les relations entre particuliers.**

98 Dans cette voie, le droit civil contemporain a réalisé de notables progrès. Il n'a pas trouvé son harmonie. Aucune disposition générale (42) n'ordonne l'ensemble des droits primordiaux de la personne humaine. Certains ont été consacrés par la loi, d'autres reconnus par la jurisprudence. La doctrine propose classement et mise en ordre, mais, comme il est naturel, dans la diversité.

Cependant le défaut d'harmonie tient aussi irréductiblement à la matière. La généralité des droits primordiaux de la personne humaine, dans les rapports entre particuliers, fonde leur réciprocité. Or la réciprocité fait que, dans la vie sociale, il s'agit d'harmoniser des droits semblables et concurrents. Dans le respect mutuel que se doivent les titulaires de droits égaux et rivaux, chacun est débiteur et créancier : de telle sorte que le droit arrête le droit, la liberté la liberté.

L'harmonie est encore à trouver entre la protection montante des droits de la personnalité et le maintien de libertés qui, conquête de la fin du XIXe siècle, viennent à l'encontre des autres : la liberté d'expression et celle de la presse (43).

99 Tout essai d'harmonisation dans une matière en développement où les questions demeurent ouvertes et les intérêts complexes, passe par un esprit de conciliation. Une chose est de mettre en place, dans un tableau d'ensemble, les divers droits primordiaux de la personne humaine, autre chose de suivre, sur quelques questions complémentaires communes, les difficultés de leur mise en œuvre.

a) Vue d'ensemble des droits de la personnalité

00 **Leur liste** n'est pas nettement arrêtée. Mais cet inconvénient est plus théorique que pratique.

(41) La législation de la plupart des États-Unis d'Amérique consacre le *« right of privacy » ;* v. W.-J. Wagner, *« Le droit à l'intimité aux États-Unis »,* R.I.D.C. 1965, 365 s. Le droit allemand et les législations scandinaves protègent les droits de la personnalité.

(42) Dans la loi civile. Aujourd'hui, le code civil affirme la primauté de la personne (art. 16). Mais cette proclamation symbolique règne de haut sur la personnalité.

(43) V. P. Kayser, *La protection de la vie privée,* T. I, Protection du secret de la vie privée, n° 120 s. ; P. Auvret, *La liberté d'expression du journaliste et le respect dû aux personnes,* th. Paris II, 1982 ; P. Kayser, *Les pouvoirs du juge des référés civil à l'égard de la liberté de communication et d'expression,* D. 1989, chron. 11.

Dans les droits primordiaux de la personne humaine on s'accorde généralement à classer le droit à l'honneur, le droit à sa propre image, l'inviolabilité du domicile, le droit au respect de la vie privée. On y compte aussi le droit au nom (dont l'étude se rattache aux autres règles relatives au nom), le droit à l'intégrité corporelle (qui entre dans l'étude des droits relatifs au corps humain ; v. ci-dessus n° 479 s.), le droit à sa propre apparence (v. ci-dessous n° 503, note (45)).

À ces droits on oppose parfois les libertés que consacre le droit civil (liberté d'aller et venir, liberté de se marier ou de rester célibataire, etc.). Les premiers seraient de véritables droits subjectifs. Les libertés civiles n'auraient pas d'objet assez déterminé pour constituer, techniquement, des droits subjectifs. Ce seraient des facultés, des virtualités.

501 Les libertés civiles et les autres droits énumérés présentent trop *de caractères communs* fondamentaux pour donner à cette différence technique secondaire le pouvoir de les séparer. Ce sont tous des **droits extrapatrimoniaux** (v. plus haut, n° 60 s.). Dans cet ordre, ce sont tous des droits essentiels, également ordonnés à l'épanouissement de la personnalité. Ainsi finalisés, ils se rattachent tous à la catégorie des **droits de la personnalité. Innés, inhérents à la personnalité, ils sont reconnus à toute personne, sans distinction. Ils sont opposables à tous. Enfin, ces droits sont protégés en eux-mêmes.** En cas d'atteinte, le titulaire du droit est fondé à obtenir la protection de la loi sur la seule justification de cette atteinte, sans avoir à démontrer un autre préjudice à son détriment ou une autre faute à la charge de l'auteur (même bien intentionné) de la violation du droit (44).

502 **1° Les libertés civiles :** La liberté consiste à faire ce que l'on veut (c'est-à-dire aussi à ne pas faire ce que l'on ne veut pas). Cela est vague. Concrètement, le droit civil reconnaît à chacun : la liberté de conscience (liberté confessionnelle et philosophique, liberté de pratiquer la religion de sa foi) (45) ; la liberté de déplacement et d'établissement (liberté d'aller et venir, et d'habiter où il veut) (46) ; la liberté d'exercer la profession de son choix ; la liberté de se marier ou de rester célibataire (47), celle de vivre seul, en union libre ou en communauté, d'avoir une famille nombreuse, un enfant unique ou pas d'enfant, d'adopter ou d'accueillir d'autres enfants, d'adhérer au syndicat de son choix ou de ne pas se

(44) V. *infra,* n° 525, les limites de leur indisponibilité.

(45) La protection de la liberté de conscience a pour prolongement celle du respect des croyances (religieuses ou philosophiques). V. Paris 26 oct. 1984, G. P. 1984, II, p. 728 et *infra,* n° 523 bis. Sur la conscience (conscience morale au sens du *Vocabulaire juridique*, V° conscience), V. la thèse de Mme Laszlo-Fenouillet, *La Conscience,* Paris II, Panthéon-Assas, 1991, synthèse essentielle dans la profondeur de ses analyses.

(46) *En France,* la liberté d'aller et venir couvre même le nomadisme, c'est-à-dire, sous l'obligation d'un rattachement à une commune, même la circulation de personnes sans domicile, ni résidence fixe, ni ressources régulières, *a fortiori* l'activité des marchands ambulants et le travail, de chantier en chantier, des « caravaniers ». À tous ces non-sédentaires y compris les nomades, la loi qui fixe leur statut (l. 3 janv. 1969, D. 69, lég. 48, v. P.-J. Doll, D. 1970, chron., 25) garantit un droit de séjour et de stationnement que les arrêtés municipaux peuvent réglementer mais non rendre impraticables (v. pour l'illégalité d'interdictions trop générales, C.E. 2 déc. 1983, ville de Lille C. Ackermann). Cependant la liberté d'aller et venir comporte aussi le droit de quitter le territoire national. Constitue donc, de la part de l'administration, une voie de fait, le refus de délivrer ou de renouveler un passeport qui, mettant obstacle à l'exercice effectif de ce droit, porte atteinte à cette liberté fondamentale : Civ. 1re 28 nov. 1984, G. P. 1985. 1. 200, J.C.P. 1986. II. 20600, n. Martine Lombard ; dans le même sens Trib. des Conflits, 9 juin 1986, J.C.P. 1987. II. 20746, n. Pacteau ; solution différente en cas de condamnation pénale antérieure, Trib. des Conflits, 12 janv. 1987, G. P. 1987, I, 243.

(47) *La Famille,* Montchrestien, n° 156 et 157.

syndiquer, de choisir à sa guise ses amis, ses loisirs, son parti, sa coiffure, sa mode vestimentaire, son régime alimentaire, de régler ses funérailles (48), etc.

03 À la vérité, ces libertés ne sont, pour la plupart, consacrées par aucune disposition expresse de la loi civile. Elles ont la valeur de **principes généraux du droit** dont la **force coutumière** est toujours vivace (49). C'est principalement dans *la jurisprudence* que l'on en trouve le rappel et la consécration pratique (50). Cependant, la jurisprudence n'assure pas aux libertés civiles de protection absolue. Elle admet, pour la sauvegarde d'autres intérêts, que ces libertés soient restreintes, parfois exclues.

04 **En pratique,** la question qui se pose au juge est souvent de savoir **s'il convient de valider, dans les rapports privés, les limites que les actes juridiques apportent aux libertés civiles**. Parfois, la restriction aux libertés résulte des dispositions d'un acte unilatéral : quelle est, en droit, la valeur d'un legs dont le mari gratifie sa femme sous la condition qu'elle ne se remarie pas ? La condition de viduité est-elle licite ? Le testateur est-il fondé à subordonner la libéralité à la condition que le bénéficiaire exerce telle profession ou n'épouse pas telle personne ? D'autres fois, la limite aux libertés est — au moins formellement — acceptée par celui qu'elle brime. Elle découle de la clause d'un contrat (mais il y a des contrats d'adhésion). L'employeur est-il en droit, dans les stipulations du contrat d'engagement, d'exiger de l'hôtesse de l'air ou de l'ingénieur envoyé en mission outre-mer qu'il garde le célibat ? Est-il valable, dans un bail, que, par la clause d'habitation bourgeoise, le locataire s'engage à ne pas exercer de profession dans le local loué ? L'institution catholique d'enseignement privé est-elle justifiée à exiger des professeurs qu'elle engage qu'ils ne se remarient pas après divorce ? Quelle est la valeur de la clause de non-rétablissement par laquelle une personne s'engage à ne pas exercer d'activité professionnelle concurrente de celle de son contractant ?

La liberté, dans tous ces cas, ne l'a pas toujours emporté. Diverses de ces clauses ont été validées par les tribunaux : la clause d'habitation bourgeoise, ou d'exclusion des chiens (dans les baux), la clause de non-rétablissement dans les cessions de fonds de commerce de clientèle ou les contrats de travail, sous la condition qu'elle n'empêche pas l'intéressé de gagner sa vie ; la condition de célibat dans les libéralités lorsqu'un intérêt légitime l'inspire (51).

05 La loi de son côté a marqué, en diverses dispositions, la limite, dans le temps, des atteintes conventionnelles à la liberté. Elle prohibe les engagements perpétuels. Au moins

(48) Chambéry, 23 nov. 1985, G. P. 1986. I. 118 (s'agissant ici d'un prêtre).

(49) V. *supra,* n° 421.

(50) Par raffinement progressif, l'analyse découvre dans les replis de la personnalité tous les attributs qui appellent protection. Si le propre de la personne physique est d'être physique, n'y a-t-il pas en chacun un droit sur sa propre apparence qui contient sans doute un droit incorporel à son image et un droit « réel » sur son corps (coiffure, tatouage) sans cependant se réduire à ces prérogatives, dans la mesure où il est radicalement droit de l'individu sur son « paraître », mise en scène (costumière et décorative) de son être social ? Maîtrise formelle à concevoir comme liberté (de modelage) et droit à respecter, dans les limites que marque l'ordre public de la protection du corps humain et de la décence sociale. Sur ces thèmes, v. les riches développements de l'ouvrage original de M. Philippe Dubois, *Le physique de la personne,* th. Paris II, 1983 éd. Litec. *Adde* note ci-dessous.

(51) Comp., pour une atteinte pertinente à la libre disposition de son mode de vie et de son apparence, la licéité reconnue, en fonction de l'emploi occupé, à la clause imposant un poids limite dit « poids santé » à l'animatrice (obèse impénitente) d'un club dont c'était la raison d'être. Douai, 20 oct. 1983, inéd.

interdit-elle à un individu d'engager ses services à tout jamais. Le contrat de travail ne peut être conclu à vie. Il ne peut être conclu que pour une durée déterminée ou une durée indéterminée. Mais, dans ce dernier cas, il peut toujours cesser par la volonté unilatérale de l'une des parties contractantes (C. civ. art. 1780, al. 1 et 2). De même une servitude (foncière) — par hypothèse perpétuelle — ne peut consister en un service imposé à la personne (ce qui aboutirait même à l'imposer à tous les propriétaires successifs de l'immeuble assujetti).

505 *bis* **2° Les garanties fondamentales qui accompagnent l'hospitalisation des personnes en raison de troubles mentaux :** En dehors de ses perspectives tutélaires (mise en place éventuelle d'un régime de protection : sauvegarde de justice, curatelle, tutelle, C. sant. publ. art. L. 327 s.) et médicales (traitement, ex. art. L. 326-4) la loi du 27 juin 1990 sur les droits et la protection des personnes hospitalisées en raison de troubles mentaux (52) manifeste le souci des droits primordiaux de la personne dans cette épreuve :

— Elle affirme **le principe de liberté quant à l'hospitalisation même** (entrée et sortie de l'établissement ; on parlait naguère d'internement) : Hormis les cas exceptés par la loi, nul ne peut être hospitalisé ou maintenu dans un tel établissement, sans son consentement (art. L. 326-1). À la vérité, la loi admet cependant (par exception, par force) deux modes non volontaires d'hospitalisation : l'hospitalisation sur demande d'un tiers (art. L. 333 s.) ; l'hospitalisation d'office (art. L. 342 s., ordre public, sûreté des personnes). Mais elle soumet chaque mode à de strictes conditions. Une hospitalisation libre prend place (art. L. 326-2).

— Elle proclame les **droits primordiaux de la personne, à l'intérieur même de l'établissement et pendant son hospitalisation** : Libre choix du praticien (art. L. 326-1, al. 2) ; respect de sa dignité (art. L. 326-3) ; libre choix des activités religieuses et philosophiques (art. L. 326-3, 7°). Au soutien de ces déclarations supérieures, idéalistes, viennent concrètement des préoccupations réalistes : droit d'information, de consultation, de communication (art. L. 326-3), et, avec la mise en place des garanties institutionnelles (contrôle étatique judiciaire et administratif, art. L. 332-2 ; institution d'une commission départementale des hospitalisations psychiatriques, art. L. 332-3), l'ouverture des voies et moyens de recourir à ces protections de l'extérieur (communication, art. L. 326-3, 1° ; simple requête au président du tribunal de grande instance art. L. 351). La faveur à la liberté est dans l'esprit de la loi (restreindre au minimum nécessaire l'exercice des libertés individuelles, art. L. 326-3 ; rendre dès que possible le malade au libre exercice de tous ses droits, art. L. 330, 2° ; le verbe « adoucir » sonne juste dans le même article) : Inspiration fondamentale tirée de l'économie de la loi qui mériterait de remplir sa fonction symbolique et pratique de réaffirmation et d'application des droits primordiaux de la personne dans une situation de détresse (sous le double signe de la nécessité et de l'espoir).

506 **3° L'inviolabilité du domicile :** C'est une **règle de mise en défense** qui fait interdiction à toute personne de s'introduire ou de se maintenir dans les lieux où habite une autre personne sans l'autorisation de celle-ci, *a fortiori* contre son gré, par menaces, voies de fait ou contrainte (53). Pour la personne à son domicile, c'est le droit de défendre à autrui

---

(52) Modifiant le code de la santé publique. La loi nouvelle remplace la loi centcinquantenaire du 30 juin 1838 loi sur l'internement des aliénés qui avait été en son temps un grand progrès et dont les assises sont encore présentes sous les remplois dont elle a été l'objet.

(53) Ou par fraude, manœuvres (C. pén. a. 226-4). Exemple : prise d'un rendez-vous fictif (et irruption dans un cabinet médical de vingt protestataires accompagnés de dix journalistes) : Cass. Crim. 13 oct. 1986, G. P. 1987, I, som., 103.

l'accès de sa maison, plus positivement le droit pour chacun de faire de sa demeure un lieu d'asile et de retraite (de retrait) où il puisse, s'il le désire, vivre seul et tranquille à l'abri des intrusions, immixtions et interventions. Aussi bien l'inviolabilité du domicile n'est-elle pas la protection d'une chose relevant du régime juridique d'un bien. Dans le droit des personnes, c'est **un droit de la personnalité**. La protection dont elle entoure la personne dans le lieu où elle habite a pour but de permettre à qui veut, dans le périmètre protégé, de vivre en paix et comme il l'entend, à sa guise. Dans cette vue, l'inviolabilité du domicile se relie à d'autres droits primordiaux, notamment aux libertés civiles (v. ci-dessus) et au droit au respect de la vie privée (v. ci-dessous). C'est la liberté d'avoir la paix chez soi. C'est l'un des moyens de faire respecter sa vie privée (la violation de domicile est réprimée à l'article 226-4 du Code pénal au rang des atteintes à la personnalité et plus spécialement comme atteinte à la vie privée au même titre que l'atteinte à l'intimité de la vie privée, C. pén. art. 226-1 s.). Ce qui est spécifique, c'est que la protection de la liberté et de l'intimité prend ici un **caractère géographique**. Elle se matérialise par la reconnaissance d'un **territoire** aux frontières duquel s'arrête le pouvoir d'autrui et au sein duquel règne une petite souveraineté. Chacun chez soi, maître chez soi, libre de rester sur son quant à soi. (« Ils habiteront chacun sous sa vigne et sous son figuier, et il n'y aura personne pour les troubler » Mi 4, 4). Le domicile, un asile et une île.

À cette portion concrète de territoire n'ont pas été assimilées, comme « domicile virtuel » protégé au titre de la vie privée, les pages d'un serveur numérique disposant d'un site sur le réseau internet : D'où la régularité d'un procès-verbal de constat d'une contrefaçon dressé devant son écran d'ordinateur par un agent assermenté (sans violation de domicile, T.G.I. 14 août 1996, D. 96.490, n. P.-Y. Gautier).

07 Ainsi conçue, la protection est à tous égards **générale**. Elle est accordée **à toute personne dans le lieu où elle demeure** (pas seulement dans ce qui est au sens technique son domicile, mais aussi dans sa résidence) (54). Elle n'est pas réservée à celui qui habite une maison dont il est propriétaire. Elle appartient aussi au locataire dans le local d'habitation (55) : ce n'est pas une prérogative de la propriété, mais un attribut de la personnalité. La sauvegarde couvre plus généralement tout lieu où une personne est en droit de se dire chez elle, quel que soit le titre juridique de son occupation (et même l'affectation donnée au local, par ex. le bureau d'un avocat, v. note 54).

Elle s'impose de même à **tous les tiers** : non seulement aux simples particuliers (C. pén. art. 226-4 s.), mais aux auxiliaires de justice (notamment aux huissiers) qui se présenteraient au nom des premiers pour exercer leurs fonctions (pour faire des constatations) plus généralement à tout dépositaire de l'autorité publique, hors les cas prévus par la loi (56). Le

---

(54) V. sur la **notion large de domicile** pour l'application du principe d'inviolabilité : Crim. 4 janv. 1977, D. 1977, I.R., 63. Les voitures des nomades sont, à ce titre, couvertes par l'inviolabilité du domicile. D'où l'illégalité d'un arrêté municipal qui confère au maire pouvoir de libre visite : C.E. 2 déc. 1983, préc. n° 502, note (36). Mais cette extension demeure dans les **limites raisonnables** du critère d'habitabilité. Le domicile est une demeure de la personne, un lieu habitable, un lieu de vie. Une voiture automobile n'est pas en général un domicile (Crim. 24 févr. 1960, Bull. Crim., n° 108, p. 218). Dans un immeuble sinistré ayant fait l'objet d'un arrêté d'interdiction d'habiter, un studio ravagé par l'incendie au point de n'être plus habitable a été considéré comme n'étant plus un domicile protégé : Versailles 9 oct. 1992, G. P. 1993.I.10-12 janv. ; c'est aussi le cas d'une simple hutte de chasse, Crim. 9 janv. 1992, G. P. 1992.II.15-16 juill. Diogène eût-il bénéficié de la protection pour son tonneau ? Oui, sans doute, car il y vivait.

(55) Ou semblablement au malade dans la chambre d'hôpital qu'il occupe : Paris, 17 mars 1986, G. P. 1986, II, 429.

(56) C. pén. art. 432-7. Les cas d'intervention des *autorités* au domicile d'une personne sont spécifiés par diverses dispositions (perquisitions, visites domiciliaires, arrestation, etc.). Constitue une

propriétaire d'un local loué doit lui-même respecter l'indépendance du locataire dans son habitation. L'inviolabilité du domicile lui est opposable.

508 Générale, cette inviolabilité **n'est cependant pas absolue** (57). À condition d'en user modérément et de se conformer aux usages, le propriétaire des lieux loués conserve, à intervalle raisonnable, le droit d'y pénétrer pour se rendre compte de l'état des lieux et du besoin de réparation ou, s'il veut vendre, celui de les faire visiter à d'éventuels acquéreurs. Mais surtout le droit de pénétrer dans le domicile (la demeure) d'une personne est, par exception, reconnu à un huissier pour dresser un constat lorsqu'à la demande d'un particulier, il a été *autorisé* à le faire par une ordonnance du président du tribunal de grande instance (statuant en référés, ou même sur requête, dans des cas où la nécessité commande que la mesure soit ordonnée à l'insu d'une partie — N.C.P.C., art. 17 — notamment pour un constat d'adultère). Encore faut-il que l'huissier n'agisse pas de nuit (celle-ci étant, un peu, abandonnée au non-droit) (58). Cette pratique prétorienne, implicitement consacrée par l'art. 17 du N.C.P.C. l'est plus nettement par l'art. 259-2 du Code civil en matière de divorce. Cependant ce texte prescrit d'écarter les constats dressés sur autorisation de justice à la demande d'un époux, s'il y a eu violation de domicile (ex. intervention en dehors des heures légales) ou atteinte illicite à l'intimité de la vie privée. Le constat d'adultère (en pratique visé) portant nécessairement atteinte à l'intimité de la vie privée, il s'agit de savoir dans quelles circonstances cette atteinte peut être qualifiée d'illicite (on admet en général qu'elle le devient notamment lorsque l'adultère a lieu au domicile du complice).

509 **4° Le droit au respect de la vie privée :** Introduit en France par la loi du 17 juillet 1970, le droit au respect de la vie privée a, désormais, son fondement dans la loi. Enoncé en forme de **maxime** à l'art. 9, al. 1er du Code civil, il a **valeur de principe : « Chacun a droit au respect de sa vie privée »**. Cependant, cette **disposition générale** s'accompagne, aujourd'hui, de **diverses dispositions spéciales** qui organisent, en divers domaines particuliers, la protection de la vie privée ou de l'intimité de celle-ci. Dans un procès civil, ce souci fonde le juge à faire exception au principe de publicité des débats (il peut ordonner que ceux-ci aient lieu en chambre du conseil, sans admission du public, s'il doit résulter de leur publicité une atteinte à l'intimité de la vie privée) (l. 5 juin 1972, N.C.P.C. art. 435). En matière de divorce, les constats dressés moyennant une atteinte illicite à l'intimité de la vie privée sont écartés des débats (C. civ. art. 259-2). La loi du 6 janvier 1978 relative à l'informatique, aux fichiers et aux libertés interdit, dans son article 1er, que l'informatique porte atteinte à la vie privée (59).

---

voie de fait, l'acte de l'autorité publique qui porte atteinte à l'inviolabilité du domicile : Trib. conflits, 27 juin 1966, J.C.P. 67. II. 15135 ; jugé que constitue une violation de domicile, bien que prévue par la loi, la perquisition au cabinet d'un avocat pour découvrir l'identité de l'auteur d'une lettre d'insultes à magistrat, C.E.D.H., 16 déc. 1992, D. 1993. som. 386, obs. Renucci.

(57) V. plus loin, n° 529, la question de la légitime défense.

(58) L'huissier ne peut agir avant six heures du matin et après vingt et une heures. N.C.P.C. art. 508 ; *adde,* pour la réserve en cas de nécessité, d'une permission du juge, en vue d'une exécution en dehors des heures légales, T.G.I. Saintes (réf.) 10 juill. 1979 (G. P. 1980, I, som., 87) qui renferme cette autorisation exceptionnelle au cas d'exécution dans un lieu public ou ouvert au public, la maison des particuliers demeurant la nuit « asile inviolable » (art. 76, Constitution 22 Frimaire an VIII).

(59) Couvrant toutes les informations dites nominatives (art. 4) et pas seulement celles qui concernent la vie privée, la protection spécifique instituée en 1978 quant à la collecte, l'enregistrement et la conservation des données personnelles et quant à l'exercice du droit d'accès (art. 34) va au-delà du respect de la vie privée. V. Pascal Ancel, *La protection des données personnelles, aspects de droit privé français,* R.I.D.C. 1987, 609. C'est un thème évolutif. V. les tr. de la 12e conférence internatio-

L'application de tous ces textes pose la question commune de savoir ce qu'est la vie privée (et leur commune inspiration donne à penser que cette notion centrale répond — ici et là — à la même définition, sauf à réduire quelques nuances de formulation). L'application de **l'article 9 du C. civ.** pose la question supplémentaire de savoir quelles applications tirer du **principe général** énoncé au premier alinéa, dès lors que chacune des dispositions spéciales gouverne l'application particulière qu'il consacre.

Pour résoudre ces questions, c'est à la jurisprudence antérieure à la loi du 17 juillet 1970 qu'il faut se reporter, aussi bien qu'à celle qui a suivi (60). Dès avant cette loi, une jurisprudence prétorienne avait élaboré la protection de l'intimité de la vie privée (61). Les travaux préparatoires et la concision du texte attestent que l'intention du législateur a été de consacrer la jurisprudence. À la base, la consécration de la loi est l'affirmation solennelle d'un droit. Elle confirme que le respect de la vie privée est l'objet d'un droit subjectif (chacun a droit) : ce droit subjectif prend rang au nombre des **droits primordiaux de la personnalité.**

Dans une matière où la jurisprudence devient essoufflante, l'énoncé de la loi permet d'ordonner les éléments de son application, en distinguant le bénéficiaire, l'objet et la sanction du droit.

α) **Le bénéficiaire du droit :** À considérer la pratique judiciaire, les bénéficiaires de la protection légale sont, dans une énorme proportion, des personnes en renom, artistes (chanteurs en vogue, vedettes de cinéma, gens du théâtre) (62), personnalités politiques (63), hommes et femmes célèbres, membres de familles princières ou régnantes (Civ. 1re, 23 oct. 1990, G.P. 1991.I. Rés. d'arr., p. 32, 27-29, I ; Paris 1er fév. 1989, D. 1990. 48 ; T.G.I. Paris, 19 janv. 1989, G.P. 1990.II.som. 19 ; il est à peine paradoxal que ce soit la célébrité qui réclame un coin d'intimité, que les hommes les plus en vue veuillent, en leur particulier, échapper au regard). L'empereur de Chine aurait pu y prétendre, s'il n'avait levé lui-même l'intimité de sa vie privée (v. *infra,* n° 525). En droit, la reconnaissance du droit au respect de la vie privée n'en est pas moins **générale. Toute personne a droit au respect de sa vie privée.** Le droit appartient même à l'homme quelconque (64), bien que les secrets de sa vie personnelle ne passionnent pas grand monde. Lorsque les indiscrétions de la publicité atteignent un citoyen ordinaire, il est en droit de se plaindre. La jurisprudence en donne des exemples (65).

β) **L'objet du droit.** C'est le **respect de la vie privée.** La décomposition de la formule montre que c'est bien **l'intimité de la vie privée** qui est, en définitive, protégée.

---

nale des commissaires à la protection des données, sept. 1990, « *La vie privée menacée par les risques d'une informatisation généralisée* ».

(60) V. la chronique de cette jurisprudence R.T. 1979, 366 s. obs. Nerson, Rubellin-Devichi, 1983, 103 s., 1986, 57 s. et som. com. D. 1987, 136 s. Lindon, Amson, D. 1990, 239.

(61) V. l'étude exhaustive de la jurisprudence antérieure à la loi dans la chronique de R. Nerson, R.T. 1971, 109 s. ; *adde,* R.T. 72, 582 ; 73, 334.

(62) Paris, 27 févr. 1967 (Bardot), D. 67.450, n. Foulon-Piganiol ; Paris, 15 mai 1970, D. 70.466 (Ferrat), Civ. 2e, 5 janv. 1983, Bull. II, n° 4, p. 3 (Adjani), Paris, 13 juill. 1989, G. P. 1990.II.som., 12, 29-30 août (Johnny Halliday).

(63) Trib. civ. Paris, 4 avril 1970 (Pompidou), J.C.P. 70.16.328. V. Ch.-E. Renault, *La publicité et le droit à l'image des personnalités politiques,* G. P. 1996. II. D. 2.

(64) Fût-il sous le coup d'une poursuite pénale. T.G.I. Paris, 24 avril 1982, G. P. 82. II, som., 388. Sur le principe, v. Civ. 1re, 23 oct. 1990, Bull. I, n° 222.

(65) V. not. T.G.I. Grasse, référés, 27 février 1971, J.C.P. 71.16734.

513 C'est un **droit au respect**. Rapproché de son objet (la vie privée) ce terme prend toute sa force. Être respecté ne signifie pas, ici, être honoré, entouré d'égards et de considération (comp. Civ. art. 371). Négativement mais radicalement, cela signifie, pour une personne, ne pas être importuné par autrui dans le versant privé de sa vie. Le droit au respect est le droit de tenir les tiers en lisière d'un domaine réservé, de les tenir en respect, à distance, en recul, et de pouvoir, dans ce domaine, échapper à leurs interventions, à leurs sollicitations (fussent-elles empreintes de sollicitude). Ce droit se double passivement — de la part de ceux qui doivent le respect — d'un **devoir de non-immixtion**, **de non-ingérence dans les affaires d'autrui**, **de non intrusion dans l'intimité** d'une autre personne.

514 En pratique, le manquement le plus grave à cette obligation de respect consistera à s'immiscer dans le domaine réservé pour en capter par indiscrétion des éléments (renseignements, photographies, enregistrement) afin de les **divulguer** ensuite. **La publication** dans la presse de photos ou de récits relativement à la vie privée d'un individu est le type le plus caractérisé et le plus répandu d'atteinte à l'intimité de la vie privée (ex. Paris 14 oct. 1981, D. 83.346 ; Civ. 2e 8 juill. 1981, J.C.P. 82-II-19830 ; Civ. 1re, 24 févr. 1993, D. 1993.IR. 84, film tourné et diffusé, sans l'autorisation des représentants légaux et du juge des tutelles, sur les handicapés mentaux dans l'intimité de leur existence au sein des établissements où ils vivent). Mais **toute sorte d'immixtion** (66) peut constituer une violation du droit au respect (par exemple une **investigation même non suivie de divulgation** ; une intervention, même bien intentionnée, dans des affaires personnelles, *a fortiori,* **l'enregistrement,** par un appareil d'écoute et sans le consentement du locuteur, de paroles prononcées dans un lieu privé ; s'il s'agit de l'enregistrement par l'employeur des conversations des salariés sur le lieu du travail, certaines décisions exigent que les propos ne se rapportent pas à l'activité professionnelle pour que soit constitué le délit de l'art. 368-1° C. pén., en ce sens Crim. 16 janv. 1990, G.P. 1990.II.29-31 juill. Question délicate controversée. Comp. Rép. min. J.C.P. 1990.IV.182).

515 Ainsi conçu, le droit au respect prend sa place exacte : c'est vraiment le droit à une certaine **« sphère d'intimité »** (Carbonnier), **le droit à l'intimité de la vie privée**. Cependant, pris dans son application majeure, le droit au respect de la vie privée marque une limite à la liberté de la presse. Dans l'ensemble des tiers qu'il tient en respect, c'est surtout la presse qu'il évince (la meute qu'il refoule). Or la liberté d'expression est un grand principe. D'où la nécessité de préciser le domaine qui lui échappe (67). Trouver « le juste équilibre » entre deux principes « d'égale valeur » est le juste programme mais le rude défi de la jurisprudence (v. très nettement, Civ. 1re, 29 oct. 1990, G.P. 1991.I.Pan., 61).

---

(66) Le fait, pour une personne, d'être épiée, surveillée et suivie par un agent à la solde d'une société à laquelle elle n'est plus liée par une clause de non concurrence a été reconnu comme une immixtion illicite, portant atteinte à sa vie privée : Civ. 1re, 25 janv. 2000, J.C.P. 2000.IV.1453. Impliquant nécessairement une atteinte à sa vie privée, la filature d'un salarié organisée par son employeur a été reconnue comme un moyen de preuve illicite (art. 9, N.C.P.C., Cass. soc. 26 nov. 2002, D. 2002, I.R. 3309).

(67) V. dans l'affaire du « Pull-over rouge », la part faite à la liberté de reprendre à l'écran une affaire criminelle soumise à des débats publics et au respect de la douleur des parents de la victime. Paris, 6 oct. 1982. D. 83.185, n. Lindon, sur renvoi de Civ. 1re, 3 déc. 1980, D. 81.221, n. Edelman, cassant Paris, 9 nov. 1979, D. 81.109, n. E. Abitbol. Comp., en matière de police municipale, le principe et les limites du pouvoir, pour le maire, d'interdire, dans sa commune, la représentation d'un film : C.E. 18 déc. 1959, D. 1961. 1. 171 n. Weil ; C.E. 26 juillet 1985 (affaire du Pull-over rouge).

6 C'est un droit au respect de **la vie privée.** La vie privée est le domaine réservé que couvre le droit au respect, donc la protection de la loi. **Qu'est-ce donc, au sens de l'art. 9 C. civ.** (68) **que la vie privée ?**

Privée, elle s'oppose à la vie publique et à l'aspect public de la vie professionnelle. Elle englobe primordialement la **vie familiale et conjugale** (69), la vie quotidienne à domicile (70), le domicile (71), l'état de santé (72), la vie intime et amoureuse ou sentimentale (73), les relations amicales, les loisirs, l'aspect privé du travail professionnel, le mode et le lieu de sépulture (T.G.I. Tours, 7 août 1986, D. 87, som. 138). Que couvre encore le voile de la vie privée ? Toutes les sensibilités risquent de ne pas s'accorder sur son aire et, dans l'air du temps, celle-ci peut évoluer. Quid du **patrimoine** ? L'idée prévaut aujourd'hui (74) que la publication de renseignements d'ordre purement patrimonial (c'est-

---

(68) Ou des dispositions spéciales citées plus haut, n° 509.

(69) Par ex. la grossesse ou la maternité, Civ. 2e, 5 janv. 1983, Bull. II, n° 4, p. 3, ou semblablement, la vie personnelle d'un célibataire. *Adde*, pour la divulgation d'un projet de divorce, Paris, 7 oct. 1981, D. 83.403, ou d'une mésentente conjugale, Paris 13 oct. 1986, D. 87, som. 139 ; comp. cependant, pour la révélation, jugée anodine, de la rencontre dans un restaurant de deux époux, après la rupture de leur couple (considérée comme la relation de faits publics) Civ. 1re, 3 avr. 2002. D. 2002.J.3164, n. C. Bigot. Appartiennent aussi à la sphère privée les faits relatifs à la **filiation**, notamment des conditions de l'expertise dans une recherche de paternité naturelle, Paris 5 déc. 1997, D. 98. IR. 32. Jugé au contraire que l'**origine géographique, la religion** (l'appartenance à une religion, non la révélation d'actes personnels de la pratique de celle-ci, v. *infra* n° 523bis) et la **profession** sont des éléments publics de la personnalité : T.G.I. Paris, 25 nov. 1987, D. 1989, som. Amson, 92. Mais porte atteinte à l'intimité de la vie privée l'enregistrement de conversations téléphoniques, même si elles ont un caractère professionnel, Crim. 7 oct. 1997, D. 99.132, n. Saint-Pau. Comp. *infra*, 522bis, n° 86.

(70) Évocation dans un film de l'existence quotidienne, chez elle, d'une personne nommée. Civ. 1re, 13 févr. 1985, G. P. rés. d'arrêts, 20, 21 nov. 1985.

(71) D'où l'interdiction, sauf autorisation, de reproduire des photographies d'un appartement (avec le renfort de raisons de sécurité). T.G.I. Paris, 8 janv. 1986, D. 87, som., 138 ou de publier, sans l'accord de l'intéressé, une photographie d'amateur prise au cours d'une réunion privée et accompagnée d'une légende révélant son identité (Civ. 2e 5 mars 1997, D. 98.474, n. Ravanas). La Cour de cassation exerce un contrôle de base légale sur la réalité de l'atteinte à la vie privée (Civ. 2e 29 juin 1988, Bull. II, n° 160, G. P. 1988.II.817). Comp. la question (autre mais parfois rapprochée de celle-ci) du droit à l'image d'un bien comme attribut supposé du droit de propriété. V. *infra,* n° 1038. Autre et discutée est la question de savoir si, de la part de l'employeur, la divulgation du lieu du domicile ou de la résidence d'un salarié à un créancier de celui-ci constitue une atteinte à la vie privée (pour la négative, Civ. 1re, 19 mars 1991, D.1991.IR 110 ; Comp. Civ. 1re, 6 nov. 1990, D.1991.353, n. Prévault). La tendance est à considérer comme une immixtion arbitraire dans la vie privée d'autrui les investigations afin de recueillir des renseignements sur l'identité d'une personne, son **adresse,** sa situation patrimoniale et professionnelle, les conditions d'occupation de son logement : C 1re, 19 déc. 1995, D. 97.158, n. Ravanas ; Civ. 1re, 6 mars 1996, D. 97.7, n. Ravanas. Pesée délicate. C'est une protection au second degré, au risque d'encourager de sourcilleux mauvais débiteurs à se soustraire à leurs obligations.

(72) T.G.I. 20 nov. 1985 et Paris, 27 oct. 1986, D. 1987, som., 140 ; T.G.I. Paris, 17 déc. 1986, G. P. 1987. I. som., 145. *Adde*, Paris, 5 déc. 1997, D. 98. IR. 32, annonce de l'internement psychiatrique d'un homme politique.

(73) T.G.I. Paris, 21 oct. 1981, J.C.P. 82. II. 19794, n. F. Boulanger, 18 déc. 1985 et 26 févr. 1986, D. 87, som., 139 ; Paris, 17 mars 1998, G. P. 98.II. som. 28 (Yves Montand).

(74) V. très nettement, Civ. 1re, 28 mai 1991, D. 1992.213. n° Kayser ; J.C.P. 1992.II.21845, n° Fr. Ringel. La jurisprudence s'est d'abord cherchée, comp. T.G.I. Marseille, 29 sept. 1982, D. 84.64, note Lindon ; Civ. 1re, 29 mai 1984, G. P. 1984, II, som., 304, Paris 15 janv. 1987, D. 87, 231. Un moment, l'idée a percé que toute révélation sur les ressources d'une personne n'est pas, en soi et nécessairement, une atteinte à l'intimité de la vie privée, et que la position sociale éminente de certaines personnalités (puissance oblige) autoriserait une certaine transparence, jusqu'à la publication

à-dire ne comportant aucune allusion à la vie et à la personnalité du titulaire des biens) n'attente pas au respect dû à sa vie privée (même si elle le désigne à l'envie publique). Où placer un **passé douloureux souvent criminel**, sur lequel la publicité de la justice a fait son œuvre en son temps ? Le temps fait-il tomber dans la vie privée (dans un oubli à respecter) d'anciens événements publics ? « S'ils avaient été licitement révélés, ils échappent à la vie privée » (75). Ils sont dans l'histoire, sous l'obligation, pour qui les fait revivre, de garder prudence et objectivité et sans cependant que le champion du passé puisse aussi traquer le présent et poursuivre son personnage dans sa vie actuelle, redevenue refuge privé (v. pour cette juste limite, T.G.I. Paris 18 déc. 1991, G.P. 1992.I.347). Il n'y a pas de droit à l'oubli d'un fait (pour qui en a été officiellement convaincu), mais, garanti par le droit objectif, le droit de se faire oublier et de ne plus être inquiété *(non bis in idem)*. La chose jugée rétablit la paix.

Ce qui est sûr c'est que la vie privée ne se **confond pas avec la demeure privée**. Si l'inviolabilité du domicile est, en un sens, une application particulière du droit au respect de la vie privée, spécifiquement concrétisée par la mise en défense d'un lieu (v. plus haut, n° 506), la protection de la loi couvre la vie privée, même en dehors de ce lieu (v. Paris, 19 sept. 1995, D. 1995. IR. 238, photographie d'un magistrat téléphonant d'une cabine publique vitrée), et elle la couvre, en ce lieu, contre des atteintes autres que la pénétration physique des tiers. C'est un mode plus général de protection.

517 **γ) Sanction du droit :** La loi a consacré, en les renforçant, les sanctions que la jurisprudence avait appliquées. L'auteur d'une atteinte à l'intimité de la vie privée encourt deux sortes de sanctions civiles qui peuvent lui être appliquées cumulativement ou séparément, selon ce que la victime demande et ce que la situation rend possible (C. civ. art. 9, al. 2) Le choix de la forme la plus adéquate de réparation est laissé à la libre appréciation du juge ; l'auteur de l'attente s'expose en outre à des sanctions pénales.

518 **Réparation en argent :** L'atteinte à l'intimité de la vie privée ouvre à celui qui la subit un droit à indemnité : le droit d'obtenir en justice la réparation du préjudice qu'il subit par le versement d'une somme d'argent à titre de dommages-intérêts (ex. Paris 26 avril 1983, D. 83.376). Cette action tend à faire retenir la responsabilité civile de l'auteur de l'atteinte. Mais la faute de celui-ci et le dommage subi par la victime ressortent de la seule preuve, par cette dernière, de l'atteinte à l'intimité de sa vie privée. Titulaire d'un droit subjectif, la victime n'a d'autre justification à apporter que la violation de son droit (il n'a pas, notamment, à prouver la malveillance du tiers, que ses bonnes intentions même n'excuseraient pas).

Cette condamnation pécuniaire est seule possible lorsque — la publication faite — le mal est consommé. La pratique judiciaire montre que son montant peut s'élever à des sommes importantes (76). Les dommages-intérêts peuvent être plus modérés et se réduire à un franc symbolique. Ils peuvent aussi être combinés avec l'autre sanction civile.

---

par voie de presse d'informations relatives à leur patrimoine et à leurs ressources (Paris 23 janv. 1989. D. 89.471, n. Lindon, T.G.I. Paris, 28 sept. 1989, G. P. 15-17 sept. 1989). En ce sens Civ. 1re, 4 oct. 1989, G. P. 1990 I Pan., 21, 7-8 II, Versailles, 17 mai 1995, D. 1996.J.409, n. Ravanas. L'ouverture est aujourd'hui générale : nul citoyen ne peut mettre sa richesse (au moins dans son ordre de grandeur) à l'abri du mur de la vie privée. Notre patrimoine est nu. Pignon sur rue. Que de vertu.

(75) Civ. 1re, 20 nov. 1990, J.C.P. 1992.II.21908, n. Ravanas. Comment arracher au domaine public de l'histoire ce qui y est tombé conformément au droit ? C'est devant le tribunal de la délicatesse, s'il existait, que serait amené en jugement le harcèlement journalistique : inséparable ivraie.

(76) V. R.T. 1979, 375, obs. Nerson, Rubellin-Devichi.

Sanction en nature : Lorsque (en tout ou en partie) l'atteinte n'a pas encore été consommée ou qu'elle peut être effacée, la sanction la plus adéquate consiste à la prévenir ou à la faire disparaître.

À la demande de la victime, les juges sont en droit de prescrire « toutes mesures, telles que séquestre, saisie ou autres, propres à empêcher ou faire cesser une atteinte à l'intimité de la vie privée » (C. civ. art. 9, al. 2).

Sous la généralité de cette formule, l'éventail (performant) des sanctions va des mesures préventives (saisie de l'ensemble d'une publication non encore diffusée, ou des invendus) aux mesures réparatrices (enlèvement ou maquillage d'affiches, retrait d'édition) (77) et, dans chaque cas, des mesures conservatoires (mise sous séquestre) aux mesures irréversibles (destruction des affiches ou exemplaires de presse, etc.). Le juge peut également ordonner sous astreinte la publication de sa décision. Dans la jurisprudence qui admet que le respect dû à la vie privée du transsexuel justifie que son état civil indique le sexe dont il a l'apparence, le devoir de respect trouve également sa sanction en nature dans la modification même de l'état civil (non exclusive de dommages-intérêts ; v. *infra*, n° 564 bis).

La compétence pour ordonner l'ensemble de ces mesures appartient au tribunal de grande instance. Lorsqu'il y a urgence, l'art. 9 al. 2 du C. civ. donne au juge des référés le pouvoir d'ordonner les mêmes mesures et le choix de la réparation adéquate est laissé à sa libre appréciation. En pratique la Cour de cassation admet que la seule constatation de l'atteinte au respect de la vie privée et de l'image par voie de presse caractérise l'urgence et ouvre droit à réparation (Civ. 1re, 12 déc. 2000, J.C.P. 2001.IV.1253 et 1254).

Sanctions pénales. Lorsque l'atteinte à l'intimité de la vie privée répond à la définition précise et concrète de l'un des trois délits spéciaux prévus par les articles 226-1, 226-2 et 226-3 du C. pén., son auteur encourt les peines d'emprisonnement et d'amende édictées par ces textes : responsabilité pénale qui peut s'ajouter aux sanctions civiles (78).

5° Le droit au respect de la présomption d'innocence. Chacun a droit au respect de la présomption d'innocence (C. civ. art. 9-1). **Une telle présomption** étant, en matière pénale, **le principe** en vertu duquel toute personne poursuivie pour une infraction est *a priori* supposée ne pas l'avoir commise aussi longtemps que sa culpabilité n'est pas reconnue par un jugement irrévocable (V. *Vocabulaire juridique*, *hoc verbo*), **règle de droit objectif**, le droit subjectif proclamé sur la tête de tout individu au respect de cette règle en épouse le contenu : L'atteinte à la présomption d'innocence consiste, de la part d'un tiers, à présenter une personne comme coupable d'un fait avant qu'elle ne soit condamnée pour ce fait, alors qu'elle est seulement placée en garde à vue, mise en examen ou citée à comparaître.

Le respect de cette présomption, tout au long de l'instruction, n'interdit pas à la presse — c'est la part de la liberté d'information — de divulguer le nom d'une personne mise en examen et de relater les faits qui ont entraîné cette mesure, mais à la condition qu'il ne ressorte pas de cette présentation (fût-ce sans malveillance et par maladresse) un préjugé pour la culpabilité. La loi civile précise les deux moyens complémentaires que la victime d'une telle atteinte peut mettre en œuvre : demander, même en référé, que soit ordonnée l'insertion, dans la publication concernée, d'un communiqué neutralisant l'atteinte ; agir en réparation du préjudice qu'elle a subi. La médiatisation des « affaires » donne un intérêt à ces mesures modératrices qui, dans une épreuve où l'honneur des personnes est en jeu, sanctionnent, chez les procureurs « autoproclamés » et les justiciers bénévoles, les condamnations publiques par anticipation. V. H. Bureau, *La présomption d'innocence devant le juge civil (cinq ans d'application de l'article 9-1 du Code civil)*, J.C.P. 1998.1.166. La règle est une version d'un précepte immémorial de prudence et de respect : « Ne jugez pas ».

---

(77) V. pour l'apposition d'un bandeau à la hauteur du visage sur les clichés photographiques, T.G.I. Paris, 31 janv. 1983, D. 84, 48, n. Lindon.

(78) V. Levasseur, *La protection pénale de la vie privée, in* Mélanges Kayser, 1979, p. 107 s., Nerson et J. Rubellin-Devichi, R.T. 1983, 103.

521 **6° Le droit à sa propre image :** Consacré par la jurisprudence, dès avant la loi du 17 juill. 1970, ce droit est toujours reconnu (79). **C'est le droit pour toute personne d'interdire aux tiers la reproduction et la publication de son image :** droit de veto qui trouve surtout à s'appliquer aux photographies des chasseurs d'images, voyeurs souvent armés de téléobjectifs, ou des opérateurs ambulants. Il serait absurde et inutile d'expliquer que chacun est propriétaire de son apparence (80). Le droit à sa propre image est un **droit de la personnalité,** droit primordial, pour chacun, de **soustraire à autrui la représentation de sa personne** qui en est **l'attribut** puis qu'elle la représente (en tient lieu) et la reproduit (comme un double). Ce n'est pas le droit quasi-divin de ne pas être vu, mais celui de ne pas être pris et retenu captif en la possession d'autrui sous une forme identifiante. Ainsi conçu (81), un tel droit protège la personne dans sa liberté, son intimité, peut-être sa sécurité (ainsi dans une affaire criminelle, pour le témoin reconnaissable sur la photographie prise sur le pas de sa porte et publiée malgré son interdiction (Paris, 20 févr. 1998, GP. 98.II.som.27). Limite raisonnable : prise au cours d'une activité scolaire, comme méthode pédagogique auxiliaire, en vertu du règlement de l'école signé par les parents, la photographie de l'enfant n'est pas une atteinte à son droit, ce que serait la diffusion des images, à défaut du consentement des parents (Paris, 14 févr. 2002, D. 2002.J.2004, n. Ravanas).

522 Faudrait-il en déduire qu'il fait double emploi avec le droit au respect de sa vie privée, plus exactement que le droit à sa propre image n'est que l'espèce du genre que constitue le droit au respect de la vie privée ? **Les deux droits viennent en occurence** chaque fois que la reproduction ou la publication saisissent l'image de la personne dans sa vie privée (par exemple la photographie d'une personnalité dans sa piscine privée. T.G.I. Paris 8 janv. 1986, D. 87, som. 137). En ce cas, les deux fondements, fréquemment invoqués à titre cumulatif, peuvent l'un et l'autre prospérer sans s'exclure (V. par ex. Civ. 1re, 12 déc. 2000, 2 arrêts, J.C.P. 2001.IV.1253 et 1254). La rencontre n'est pas gênante dès lors que les mêmes sanctions civiles s'appliquent en jurisprudence à la violation des deux droits (dommages-intérêts, saisies, destructions). Certains arrêts précisent même que les atteintes à ces deux droits constituant des sources distinctes de préjudice, elles ouvrent droit à des réparations distinctes (Civ. 1re, 12 déc. 2000, préc. n° 1253). La loi pénale, de son côté, incrimine et punit comme atteinte à l'intimité de la vie privée, le fait de fixer, d'enregistrer ou de transmettre sans le consentement de l'intéressé, l'image d'une personne qui se trouve dans un lieu privé (C. pén. art. 226-1, 2°). Cependant **le droit à l'image,** au moins dans la loi civile, **déborde le cadre de la vie privée** (en tout cas de l'intimité). **Il exclut que, sans le consentement d'une personne, la photographie de celle-ci soit prise** (*a fortiori*

▒ (79) V. là-dessus, Kayser, articles Mélanges Roubier, I, 73 ; R.T. 1971.445 ; Stoufflet, J.C.P. 1957.1374 ; Ravanas, *La protection des personnes contre la réalisation et la publication de leur image,* 1978, préf. Kayser ; Daniel Bécourt, *Le droit de la personne sur son image,* 1969 ; Edelman, D. 1970, chron. 120 ; Gaillard, D. 1984, chron. 161 ; Acquarone, D. 1985, chron. 129 ; Ph. Dubois, *Le Physique de la personne,* th. préc. 237 ; J. Rubellin-Devichi, R.T. 1988, 95 ; Th. Hassler, n. D. 1987.I.551. H. Fougerol, *La figure humaine et le droit,* th. Paris, 1913. F. Dessemontet, *Le droit à sa propre image : droit de la personnalité ou droit à la publicité,* Mélanges en l'honneur de J.-M. Grossen, 1992, 41 s.

▒ (80) V. sur cette supposition, la critique de la protection comme réification de la personne, Edelman, D. 1970, chron. 119.

▒ (81) Droit incorporel, il se combine avec le droit de l'individu sur sa propre apparence dont il est une application au second degré (droit à l'image de son apparence) à côté de manifestations plus tangibles. V. *supra,* n° 503. V. *infra,* note 92, une conséquence, aujourd'hui ébranlée, du caractère extrapatrimonial. *Adde,* Paris, 25 oct. 1982. D. 83.363, n. Lindon.

publiée) dans un lieu public, pour une promenade privée (82) ou une manifestation religieuse (83), ou encore dans une prison, qu'il s'agisse des agents de l'administration pénitentiaire (84) ou de détenus (85). Il couvre des manifestations publiques (l'utilisation à des fins commerciales de la photographie d'une mineure prise à l'occasion d'une représentation folklorique en costume local, Paris, 4 janv. 1977. inéd. ; v. aussi dans la même situation et le même sens, Civ. 1re, 12 déc. 2000, cité note 81). En somme, le droit à sa propre image est, pour chacun, un **monopole qui exclut en tout lieu, de la part d'autrui, et la capture et l'utilisation de la représentation ciblée de sa personne**.

Pour accorder des dommages-intérêts (plus lourds), les tribunaux relèvent parfois le caractère offensant et injurieux de la photographie publiée sans le consentement de la personne qu'elle représente (Paris 4 janv. 1988, D. 1989. som. Amson, 92, 27 sept. 1988, G. P. 1989.I.19 ; Civ. 1re, 16 juill. 1998, J.C.P. 98.IV.3128, image dévalorisante sur disquette vidéo). Cependant **le droit exclusif d'utilisation de sa propre image est plus radical**. Il est reconnu même dans le cas où, par erreur, l'image est publiée comme étant celle d'une autre personne (Civ. 2e, 11 févr. 1999, Ann. Seine, 15 mars ; il est vrai que, pour qui découvre, sur une photographie de classe publiée à la « une » d'un quotidien à grand tirage, son visage désigné comme étant celui d'une personne ensuite condamnée pour crime, il y va aussi de son honneur). Encore faut-il, en toute hypothèse, que la personne soit reconnaissable et que l'image diffusée corresponde à la sienne (T.G.I. Paris, 18 nov. 1987, D. 1989, som. 93 ; Versailles, 27 janv. 2000, D. 2000.IR.146).

Il a été jugé qu'un santon est l'image de la personne qu'il représente (Versailles, 30 juin 1994, D. 1995.645 n. Ravanas). Naïve et bon enfant, mais commerciale aussi — et toute superstition mise à part — c'est bien une figurine. A ne pas oublier cependant les **tolérances d'usage** (dont témoignent les magasins de farces et attrapes). Dans la vie publique, il faut tenir compte des libertés et tolérances coutumières (notamment pour les **caricatures** ; mais la liberté d'expression qui couvre la caricature n'implique pas la commercialisation de celle-ci, notamment, sous la forme d'une épinglette qui la représente (Civ. 1re 13 janv. 1998. D. 99.120, n. Ravanas ; Bull. I, n° 14).

La diffusion d'images sur le réseau internet n'échappe pas à la protection légale. D'où la condamnation de celui qui héberge sur son site les photos représentant, dénudée, un mannequin (Paris, 10 févr. 1999, Ann. Seine, 15 mars 99). Comp. Civ. 1re, 16 juill. 1998, D. 99.541, n. Saint-Pau (utilisation de l'image d'une personne comme ennemi dans un jeu vidéo).

---

(82) Paris, 16 juin 1986, D. 87, som. 136, ou un changement de maillot sur une plage, Paris, 19 juin 1987, G. P. 19-21 juill. 1987.

(83) Au moins si la photographie — ainsi **personnalisée et individualisée — est cadrée sur un seul individu mis en vedette**, Paris, 11 févr. 1987, G. P. 1987. I. 138. Ciblée de la sorte, c'est bien l'image de la personne qui est capturée. La référence à ce critère revient en jurisprudence. Le fait que, sur une photographie prise au cours d'une manifestation publique, l'image d'une personne soit isolée a été retenu comme concourant à caractériser une atteinte à sa vie privée : Civ. 1re, 12 déc. 2000, J.C.P. 2001.IV.1255 ; D. 2001.IR.182 (il s'agissait d'un enfant mineur dont les parents n'avaient autorisé ni la publication ni l'exploitation de son image).. V. *infra*, n° 523bis, note (88) ; comp. pour la photographie d'un parieur intégré à un groupe (non atteinte à la vie privée) T.G.I. Paris 9 avril 1992, G. P. 1993.II.som.18. V., dans le même sens, pour la publication de la photographie d'un groupe centrée sur un événement et non sur une personne qui s'y trouve, Civ. 1re, 25 janv. 2000, J.C.P. 2000.II.10.257, concl. J. Sainte-Rose. C'est la preuve et la contre-épreuve de la valeur du critère.

(84) Paris, 19 nov. 1986, D. 1987, som., 141.

(85) T.G.I., 23 oct. 1986, G. P. 1987, I, 21.

522 *bis* **7° Le droit à sa propre voix** (86). Que l'usage de la parole, capacité vocale, soit protégé comme gagne-pain (notamment par la réparation de l'atteinte aux cordes vocales, et pas seulement pour un chanteur ou un avocat) ou, pour chacun, comme faculté naturelle d'expression, n'empêche pas que la voix émise le soit aussi, non seulement comme production artistique ou comme signe distinctif (indicatif sonore) mais en tant qu'**émanation personnelle et image sonore de la personnalité**. Intentionnelle, sonore et donc sociale, mais « soluble dans l'air », la prestation vocale ne demande logiquement à être protégée que des atteintes à sa vocation spécifique : 1° Contre toute écoute clandestine (même sans enregistrement ni diffusion) quand la voix a choisi de s'adresser à un destinataire déterminé (on est alors très près de l'atteinte à l'intimité de la vie privée) (87) ; 2° Contre toute utilisation secondaire de la voix, à défaut d'autorisation de son émetteur, enregistrement (88), *a fortiori* diffusion, quel que soit le destinataire du message. *Verba volant* : c'est sur ce postulat que la voix se livre. Sa conservation (non autorisée) est une capture illicite de la personne qui est dans la voix : atteinte directe à la personnalité. Sous réserve des imitations fantaisistes qui se donnent ouvertement pour telles, l'imitation de la voix d'autrui est également illicite, comme une autre usurpation de cet attribut de la personnalité, lorsqu'elle a pour fin ou pour résultat de créer une confusion (ainsi l'imitation de la voix justement célèbre de Claude Piéplu dans une émission publicitaire : T.G.I. Paris, 19 déc. 1984, G.P. 1985. II. som. 406).

523 **8° Le droit à l'honneur** (89). Le droit civil reconnaît à chacun, comme un droit de la personnalité, le droit de faire respecter son honneur. Quiconque porte atteinte à l'honneur d'une personne engage envers celle-ci sa responsabilité civile. À défaut de pouvoir exiger une « réparation d'honneur » (nom d'autrefois donné au duel), l'offensé est en droit de réclamer des dommages-intérêts (conséquents ou symboliques) et (ou) les mesures propres à faire cesser l'offense (suppression d'un écrit). L'atteinte à l'honneur n'est constituée que si elle est intentionnelle de la part de son auteur (une maladresse blessante n'est pas jugée suffisante). En pratique, la malveillance se déduit assez facilement des deux formes que revêtent les atteintes à l'honneur ; la diffamation, allégation ou imputation d'un fait, vrai ou faux (taxer quelqu'un d'alcoolisme ou de toxicomanie) et l'injure, formule d'outrage ou de mépris. Ces deux modalités dérivent des deux modèles du droit pénal qui, à certaines conditions, érige la diffamation et l'injure en délit pénal.

---

(86) V. Danièle Huet-Weiller, *La protection juridique de la voix humaine,*.R.T. 1982, 497 s. V. T.G.I., Paris, réf. 11 juill. 1977 D. 77.70, affirmant que la voix constitue un attribut de la personnalité et ordonnant la suppression, dans une cassette, du passage reproduisant une conversation téléphonique captée clandestinement. *Adde,* Pau 17 mai 2001, D. 2002, som. 2375, com. A. Lepage (enregistrement d'une voix caractéristique permettant d'identifier son auteur).

(87) *A fortiori,* pour un essai solitaire (répétition d'une cantatrice dans une salle déserte) : T.G.I. Paris, 19 mai 1982, inéd. (Maria Callas).

(88) D'une conversation téléphonique, par ex., soit par un autre que les interlocuteurs, T.G.I. Paris, 11 juill. 1977, soit même par l'un des correspondants. Crim. 3 mars 1982, G. P. 1982.II.som., 235 ; *adde*, Crim. 14 mars 1984, G. P., 1984, II, som., 425. La pose clandestine d'écoutes téléphoniques caractérise parfois, a elle seule, le délit d'atteinte à la vie privée (Crim. 11 févr. 1987, D. 87. som., 142 : écoutes posées par un mari sur la ligne desservant l'appartement de sa femme, pendant l'instance en divorce). Comp. Paris 26 mars 1987, G. P. 1987, I, som. 222 : délit pénal non constitué mais enregistrement d'une conversation ayant pour objet des pourparlers d'affaires jugé civilement illicite (C. civ. art. 9). *Adde* Paris, 30 sept. 1996, G. P. 1997.1.32, sur les écoutes téléphoniques de la « cellule antiterroriste de l'Elysée ». V. aussi : Crim. 7 oct. 1997, cité 516, n. 67.

(89) V. *Vocabulaire Juridique,* v° Honneur Comp. *supra,* n° 63 et *infra,* n° 814, pour les personnes morales. Sur l'honneur, comme sentiment et comme loi, v. la thèse de M. Bernard Beignier, *L'honneur et le Droit,* Paris II, 1991, ample synthèse et fervente orchestration du thème.

is **9° Le droit au respect des croyances.** Prolongement de la liberté de conscience, c'est le droit, pour chacun, d'être protégé contre les atteintes abusives portées à ses convictions religieuses ou philosophiques. La place de ces convictions au tréfonds de chacun justifie que leur respect soit reconnu, dans la réciprocité, et protégé comme un **droit de la personnalité** (90). Cependant la libre critique est aussi dans la liberté de conscience et, avec elle, la liberté d'expression. Dans cette autolimitation, la sagesse incline à ne censurer que l'outrage odieux et l'agression tapageuse, l'atteinte caractérisée (91). Au demeurant, au sein d'une société où règne le principe de laïcité, celle-ci, dans sa neutralité, postule le respect mutuel des croyances et des convictions philosophiques dans leur diversité.

er **10° Le droit au secret (ou à la confidentialité).** Ce n'est pas seulement, dans des relations individuelles déterminées, l'aspect actif du devoir traditionnel de garder la confidence qui incombe spécialement à certaines personnes (secret professionnel du médecin, de l'avocat, du ministre du culte). C'est, plus généralement, le droit qui sous-tend l'interdiction nouvelle faite aux personnes morales de droit privé ou de droit public (administration, établissement public, collectivité territoriale) de communiquer à l'Institut national de la statistique et des études économiques, ou à des services statistiques ministériels (*a fortiori,* à toute autre personne) certaines informations nominatives. Il ne s'agit certes que des informations relatives à la santé ou à la vie sexuelle (art. 7 *bis* de la loi du 7 juin 1951, mod. par la loi n° 86-1305 du 23 déc. 1986, art. unique) : en quoi ce droit au secret paraît très limité (les autres informations relatives aux personnes physiques peuvent être cédées par les personnes morales désignées à l'INSEE et aux services statistiques ministériels, mais seulement en vue de l'établissement des statistiques). De plus, la confidentialité des informations relatives à l'état de santé, pourrait elle-même être remise en cause par l'institution de registres de santé (sous la pression des nécessités de la recherche médicale et de la protection de la santé publique). Mais il ne faudrait pas oublier que tout traitement informatisé de données personnelles est soumis au régime protecteur institué par la loi du 6 janvier 1978 (v. n° 509).

b) Questions complémentaires et difficultés d'application

4 La revue des multiples droits primordiaux de la personne humaine laisse deviner les difficultés de leur mise en œuvre. Le chevauchement partiel de ces droits se résout en

(90) C'est un droit voisin du droit au respect de la vie privée. **La simple révélation de l'appartenance religieuse ne constitue pas une atteinte à l'intimité de la vie privée.** Une telle atteinte est cependant réalisée par la révélation des actes personnels par lesquels une personne **pratique** sa religion (ex. don à une église. V. Basse-Terre, 14 oct. 1985, G. P. 1986, I, 12). Le respect du sentiment religieux entre en coïncidence avec la protection de l'image dans la responsabilité qui incombe à celui qui, dans une foule en prière, met en vedette un individu, par le quadrage de la photographie (v. *supra,* n° 522). Pour justifier, même en ce cas, le portrait exemplaire, on pourrait cependant faire valoir, parfois, que, par son comportement public, le sujet choisi accréditait, de sa part, une volonté de faire éclater sa foi, même aux yeux des hommes. V. Civ. 1re, 6 mars 2001, D. 2002.J.248, n. C. Duvert, pour une atteinte caractérisée : la révélation publique d'une pratique religieuse, dénoncée de surcroît comme contraire à la religion.

(91) V. pour un trouble jugé manifestement illicite (ouvrant au sens de l'art. 809, N.C.P.C., le recours au juge des référés), Paris, 26 oct. 1984, G. P. 1984, II, 728. *Adde,* pour un trouble atténué jugé tolérable, Paris, 13 mai 1985, G. P. 1985, I, 342. Dijon, 22 mars 1988, G. P. 1988.I.379 ; Paris, 27 sept. 1988, G. P. 1988.II.735 ; Civ. 1re, 29 oct. 1990, G. P. 1991.I.Pan, 61, 3-5 mars (rejet de la demande d'interdiction du film « La dernière tentation du Christ »).

général par l'application cumulative de deux fondements juridiques (inconvénient plus théorique que pratique). D'autres difficultés sont réelles.

525 **1° La question du consentement.** Chacun est libre, cas par cas, de consentir à l'abandon de ses prérogatives. Chaque intéressé peut autoriser les tiers à pénétrer chez lui, à le photographier, à publier un article sur sa vie privée, etc. Ses droits ne sont pas, sous ce rapport, indisponibles (92). Les autorisations sont fréquentes. Il arrive qu'elles soient expresses. Mais elles peuvent être tacites. La difficulté surgit alors, assez souvent, de savoir si le tiers (qui a pénétré chez autrui, ou l'a photographié, etc.) peut effectivement se prévaloir d'une autorisation tacite (question de fait ; preuve libre ; objet de discussion). Celui qui a lui-même dévoilé l'intimité de sa vie privée risque de perdre la protection de la loi (contre l'auteur qui avait repris dans son ouvrage des confidences intimes publiées dans ses écrits autobiographiques par le dernier empereur de Chine, la veuve de celui-ci n'a pu faire reconnaître une atteinte à la vie privée du défunt, Civ. 1re, 10 oct. 1995, G.P. 1996. I, Pan. 128). Dans un arrêt du 30 mai 2000, la Première Chambre civile a cependant jugé que la révélation antérieure par une personne, dans un livre autobiographique, d'informations portant sur son mode de vie et sa personnalité, n'est pas de nature à en justifier la publication par un tiers, sans d'accord de l'intéressé (Civ. 1re, 30 mai 2000, Bull. civ. I, n° 167, p. 107) : question à revoir.

526 Lors même qu'une personne a expressément donné son consentement à un tiers, la question rebondit de savoir si un autre peut, plus tard, s'en prévaloir (par ex. pour publier les mêmes éléments, après avoir acheté les droits du premier). La négative tend à prévaloir en jurisprudence (93).

527 **2° Devenir, après la mort, du droit au respect de la vie privée et image de la dépouille mortelle.**

Le droit au respect de la vie privée d'une personne s'éteint au décès de celle-ci. C'est en effet un **droit de la personnalité** qui, en tant que tel, est **intransmissible à cause de mort** (v. *supra*, n° 66). Telle est la solution que consacre la Cour de cassation, en se plaçant sur le terrain voisin de l'action en justice : « le droit d'agir en justice pour le respect de la vie privée s'éteint au décès de la personne concernée, seule titulaire de ce droit » (Civ. 1re, 14 déc. 1999, Bull. civ. I, n° 345, p. 222 ; Pet. aff. 22 mai 2000, n° 101, p. 9, n. St. Prieur). Cette analyse avait déjà été retenue (v. par ex. Paris 3 nov. 1982, D. 1983.J.248, n. Lindon). Mais la thèse contraire également. Pour autoriser la saisie des exemplaires d'un hebdomadaire qui avait publié la photographie de Jean Gabin sur son lit de mort, une décision avait affirmé que le droit au respect de la vie privée, s'étend au delà de la mort, à celui de la dépouille mortelle (T.G.I. Paris, réf. 11 janv. 1977, D. 1977.83 ; cf. en cassation Crim., 21 oct. 1980, Bull. crim., n° 262, p. 277) (94). S'agissant de l'image mortuaire d'un

(92) La jouissance de ces droits primordiaux est indisponible. C'est seulement leur exercice qui se prête à des aménagements volontaires spécifiés. Licites, ces arrangements particuliers doivent être respectés. Par exemple, si la publication de photographies ne respecte pas la finalité spécifiée par l'autorisation donnée par l'intéressé (en l'espèce, M. Smet, dit Johnny Halliday) elle manque au respect dû à sa vie privée : Civ. 1re, 30 mai 2000, Bull. civ. I, n° 167, p. 107.

(93) V. Paris, 15 mai 1970, D. 70.J.466, concl. Cabannes, obs. Nerson, R.T. 71.114 ; Paris, 14 mai 1975. D. 76.J.291, réformant T.G.I. Paris, 16 janvier 1974, D. 76.J.122 (aff. Deneuve), Paris, 9 nov. 1982, D. 84, 30. V. dans le même sens, pour des utilisations secondaires (affiches ou montage) Paris, 24 janv. 1994 et 26 janv. 1996, G. P. 1996.II.som. 23.

(94) Comp. Trib. Seine, 16 juin 1858, D.P. 1858.3.62 (Rachel) ; Paris, 13 mars 1965, J.C.P. 75.14223 R.T. 1965, 856, obs. Hébraud, et sur pourvoi Civ. 2e ; 2 juill. 1966, Bull. II, n° 778, 545,

Président de la République (photographie prise clandestinement à l'insu de la famille et publiée en exclusivité par un hebdomadaire) le Tribunal de grande instance de Paris avait considéré que l'atteinte à l'intimité de la vie privée peut résulter de la fixation de l'image d'un défunt en rejetant l'idée que le droit au respect de la vie privée disparaît au moment du décès (13 janv. 1997, D. 1997.255 et, en appel Paris 2 juill. 1997, D. 97.596). Dans ces deux espèces, les solutions concrètes sont bonnes : qui approuverait l'exploitation mercantile de l'image d'une dépouille mortelle (quand le défunt ne l'avait pas autorisée et que sa famille n'y consent pas) ? Mais leur fondement juridique n'est pas approprié. Il faut mais il suffit de dire, pour justifier de telle solutions, que de tels agissements méconnaissent **le respect dû aux morts et au deuil de ses proches**, préceptes coutumiers que ceux-ci sont fondées à invoquer.

Si le droit au respect de la vie privée d'une personne ne survit pas à sa mort, il fait place à un autre principe : le respect dû aux morts et au deuil, lequel prend un autre caractère. Ce n'est plus un droit subjectif (ce n'est pas celui du défunt, **ce droit de la personalité étant éteint et intransmissible** et il ne s'agit pas du droit distinct, pour les ayants-droit, d'obtenir de leur chef réparation de l'atteinte au respect de leur propre vie privée). **Le respect dû à la mort et à l'épreuve qui l'entoure** est un **précepte de droit objectif**, un devoir de décence et de discrétion que la loi et la coutume immémoriale s'unissent à consacrer. Le devoir de respecter les morts entre d'ailleurs en coïncidence avec l'interdiction de porter atteinte à la dignité de la personne humaine (art. 16, c'est aussi un précepte de droit objectif, v. *supra*, n° 467, note). Mais, en certains cas, la liberté de l'information revendique sa part, harmonisation cruciale.

8 **3° La détermination du contenu des droits.** La plupart des droits primordiaux de la personne humaine ont un objet qui correspond à des **notions génériques d'évocation**, irréductibles à une définition de précision : liberté, honneur, vie privée, respect. Seuls l'inviolabilité du domicile et le droit à sa propre image présentent un caractère plus spécifique (encore le concept d'inviolabilité et de domicile pourraient-ils prêter à discussion). L'indétermination légale de ces notions vagues associe nécessairement le juge à leur détermination progressive et évolutive. Dans le détail, des distinctions judicieuses se mettent en place (la reproduction sur la couverture d'un catalogue de la photographie d'un peintre dans une voiture n'est pas une atteinte à sa vie privée, c'est un aspect public de sa vie professionnelle, lié à l'évocation d'un événement littéraire et artistique ; mais la reproduction de la photo sur une carte postale, sans son consentement, est une exploitation commerciale illicite de son image, Paris, 26 févr. 1991. D. 1991.IR. 136). Dans leur souplesse, ces **critères directifs** demeurent cependant des notions juridiques dont l'application est sous le contrôle de la Cour de cassation. La Cour suprême exerce notamment son contrôle sur l'application de l'art. 9 du C. civ. (Civ. 2e, 14 nov. 1975. D. 76.421).

4° La qualité pour agir. L'action est personnelle et intransmissible dans tous les cas où le droit, seulement destiné à protéger la personnalité, disparaît nécessairement avec celle-ci. Seul est en droit de se plaindre celui qui subit l'atteinte dans *sa* liberté, *son* image, *sa* vie privée (95), *son propre* domicile. Les héritiers sont sans droit pour invoquer l'atteinte subie par leur auteur, ayant seulement celui de faire valoir, à titre personnel, ce qui les atteint

---

D. 67.181 (Gérard Philippe). Cependant, les héritiers sont sans droit pour céder à des tiers le droit de reproduire l'image de leur auteur, droit d'exploitation qui, relevant du droit de la personnalité, n'entre pas dans lc patrimoinc, Paris, 7 juin 1983, G. P. 1984, II, 528. *Contra :* T.G.I. Aix en Provence, 24 nov. 1988, J.C.P. 1989.II.21329, n. J. Henderycksen où est affirmée la transmissibilité à cause de mort du droit patrimonial de monnayer l'exploitation commerciale de l'image qui serait dans le droit à l'image.

(95) Paris, 22 octobre 1986, D. 1987, som., 140. Solution constante, v. not. T.G.I. Lyon, 1er mars 1995, G. P. 97.I.som.29 ; Paris, 17 mars 1998, G. P. 98.II.som.29.

eux-mêmes (96). Cependant, on reconnaît aux héritiers et même aux membres de la famille, le droit de défendre l'honneur du défunt, son image mortuaire (v. ci-dessus, n° 527) ou le nom de famille (v. *infra,* n° 623). Sans contradiction, c'est précisément parce qu'en de tels droits le droit de la personnalité se double d'un droit de famille (au moins d'un droit d'action) dans un ensemble où les intérêts moraux de l'individu et ceux du groupe sont noués, et à l'idée que, sous l'égide du droit objectif, la violation de ces valeurs donne aux membres de la famille **qualité pour les faire respecter** (en dehors de tout débat stérile sur l'écheveau des droits subjectifs) (97).

529 **5° La légitime défense.** La victime d'une atteinte à tel de ses droits primordiaux est-elle fondée à s'en défendre elle-même ? Beaucoup de ces droits se prêtent mal à l'exercice d'une légitime défense (atteinte à l'honneur, à l'intimité de la vie privée). Si (conformément au droit commun) il ne s'agit pas, pour la personne, de se dégager d'une contrainte physique qui s'exerce sur elle, la justice privée est une violence illicite. La question se pose cependant pour la **violation du domicile**.

Pour se garder des intrusions, l'habitant d'un lieu est-il fondé à mettre celui-ci en défense (notamment par des pièges) ou à expulser lui-même par la force les intrus ? Le droit de défense lui a été reconnu (98). Il ne saurait, a priori, lui être refusé. Mais cette fin ne justifie pas tous les moyens. Comme le problème, en pratique, se pose *a posteriori* dans l'appréciation de la responsabilité que peut encourir celui qui, pour sa défense, a causé un dommage (en blessant un voleur ou... un importun...), les circonstances de fait ont un grand rôle à jouer. Elles portent principalement sur : 1° le caractère équivoque ou évident de l'intrusion (risque de méprise, apparence d'autorisation) ; 2° la proportion (ou la disproportion) entre l'intrusion (l'agression ?) et la riposte ; 3° la personnalité des intéressés (personnes âgées, etc.) ; 4° les circonstances de temps et de lieu.

BIBLIOGRAPHIE

B.G.

NERSON, *Les droits extra-patrimoniaux,* th. Lyon, 1939.

DECOCQ, *Essai d'une théorie générale des droits sur la personne,* th. Paris, 1959.

GROSSEN, *La protection de la personnalité en droit privé,* Soc. suisse des Juristes, 1960.

F. RIGAUX, *La protection de la vie privée et des autres biens de la personnalité,* Bruylant, Bruxelles, L.G.D.J. Paris, 1990, 849 p.

LINDON, *Une création prétorienne : les droits de la personnalité,* 1974.

(96) Pour les héritiers saisis, cette condition a des chances d'être remplie (grâce à la saisine) pour la violation de domicile.

(97) Comp. pour l'action des héritiers en cas de violation du secret médical, T.G.I. Paris, 23 oct. 1996, en appel Paris 27 mai 1997, et la décision pénale T.G.I. Paris 5 juill. 1996, D. 1998.som.85 s. obs. Massis ; pour un article de presse relatant le suicide d'un avocat, Paris 6 mai 1997, D. 98.som.87. obs. Bigot.

(98) Req. 25 mars 1902. S. 1903.1.5, n. Lyon-Caen ; Comp. Trib. Caen, 14 déc. 1967, G. P. 68.1.134 ; Trib. Corr. Aix, 21 avril 1968, G. P. 69.2.159. Toute défense pouvant être considérée comme celle de la personne ou celle des biens, le premier point de vue y encourage (surtout en cas d'équivoque), l'autre y est moins favorable. V. plus loin, n° 1123.

P. ANCEL, *L'indisponibilité des droits de la personnalité, approche critique de la théorie des droits de la personnalité,* th. Dijon, 1978.

B. BEIGNIER, *L'honneur et le droit,* th. dr. Paris II, 1991.

LASZLO-FENOUILLET D., *La conscience,* th. dr. Paris II, 1991.

Respect de la vie privée

V. l'ouvrage approfondi de M. Pierre KAYSER, *La protection de la vie privée,* T. 1 protection du secret de la vie privée, Economica, 3e éd., 1990.

CARBONNIER, I, n° 71, p. 354, et n° 74, p. 368.

Le secret de la vie privée, **Trav. Assoc. Capitant,** t. XXV, 1974, 363 s.

Sur la loi du 17 juill. 1970, Commentaire LINDON, J.C.P. 1970.2357 ; PRADEL, D.S. 1971 chron. 111.

MEULDERS-KLEIN M.-Th., *Vie privée, vie familiale et droits de l'homme,* Rev. int. dr. comp. 1992, 767 s.

BENET Alain, *Analyse critique du « Droit » au respect de la vie privée, contribution à l'étude des libertés civiles,* th. Paris II 1985.

Mme CONTAMINE-RAYNAUD, « Le secret de la vie privée », in *L'information en Droit privé,* L.G.D.J. 1978.

MARTIN L., *Le secret de la vie privée,* R.T., 1959.222.

WAGNER W.J., *Le droit à l'intimité aux États-Unis,* Rev. int. dr. comp., 1965, 365.

CHENEAUX J.-L., *Le droit de la personnalité face aux médias internationaux.* Étude de droit international privé comparé, Genève, Droz, 1990, 312 p.

BEIGNIER B., *Le droit de la personnalité,* Que sais-je ? 1992.

BIGOT C., *Protection des droits de la personnalité et liberté d'information,* D. 1998. chron. 235.

Commercialisation

Le postulat de ces développements est que **les droits de la personnalité sont extrapatrimoniaux** ; ce qui n'empêche nullement, on le sait, que l'atteinte illicite aux droits de cette nature fasse naître chez la victime un droit à réparation dont l'expression sera souvent monétaire. Autre chose est d'observer qu'aujourd'hui les puissances audio-visuelles ont fait naître, pour ceux auxquels elles s'intéressent, la tentation de tirer argent des agréments donnés aux enregistrements, reproductions et diffusions de leur voix et de leur image. La valeur marchande de ces produits serait-elle le révélateur, en chacun, d'un monopole patrimonial d'autoexploitation ? Les réalistes diront que ce glissement — cette dénaturation — est un fait économique (V. Paris, 14 juin 1983. D. 84.75). Les États-Unis ont ouvert la voie (adde T.G.I. Lyon, 17 déc. 1980, D. 81.201). Pour mettre une borne à la réification, il resterait à maintenir l'intransmissibilité à cause de mort de ce droit. V., pour l'image, E. Gaillard, *La double nature du droit à l'image et ses conséquences en droit positif français*, D. 1984. chron., 161, F. Dessemontet, art. préc. supra, n° 521. Le pas est carrément franchi par T.G.I. Aix-en-Provence. 24 nov. 1988, J.C.P. 1989.II.21329, note Henderycksen. En Europe aussi, et à la traîne des U.S.A., tout devient monnaie. Ce n'est pas une importation glorieuse.

CHAPITRE II
LA DISTINCTION DES PERSONNES ET L'ÉTAT CIVIL

0 Si, sous le couvert de la personnalité juridique, tous les individus sont civilement semblables, le droit civil, sous d'autres rapports, les distingue selon des critères qui les individualisent. Avant d'étudier en particulier les deux principaux éléments de **l'individualisation** de la personne, le **nom** et le **domicile** — et la situation atypique de **l'absence**, entre quelques autres — il est bon de prendre une vue d'ensemble des multiples distinctions du droit des personnes.

SECTION PRÉLIMINAIRE — VUE D'ENSEMBLE DE L'ÉTAT DES PERSONNES

1 La distinction des personnes repose sur des **critères de fond.** Ces éléments distinctifs déterminent, par les conséquences que leur attache la loi, la situation personnelle des individus ; ils composent l'état civil de chacun : ce sont des **éléments de l'état des personnes.**

Mais, à plusieurs d'entre eux, le droit civil donne une **constatation formelle.** À travers les principaux événements de la vie civile, certains éléments de l'état sont constatés dans des documents officiels, les **actes de l'état civil.**

§ 1. LES ÉLÉMENTS DE L'ÉTAT DES PERSONNES

2 La loi civile prend en considération, dans l'individu, toute une série de particularités et de qualités auxquelles elle attache diverses conséquences juridiques. Dans la doctrine traditionnelle, les seuls éléments considérés étaient ceux qui rattachent l'individu à un État ou à sa famille. Recouvrant l'état de cité *(status civitatis)* et l'état de famille *(status familiae)*, l'état ne comprenait que la nationalité et la parenté (filiation paternelle et maternelle). La doctrine moderne tend à retenir de l'état une vue ouverte plus diversifiée. L'âge, le sexe, la profession et même la religion sont également reconnus, avec

plus ou moins d'effets, comme éléments de l'état (1). La situation de famille ne résulte pas seulement de la filiation mais, embrassant la situation matrimoniale et parentale, reflète tous les événements qui marquent la vie, mariage, veuvage, séparation de corps, divorce, remariage, paternité, maternité. Dans sa plus large acceptation, l'état des personnes englobe même la capacité (2).

533 Divers, ces éléments assument tous la même fonction générale : caractéristiques, typiques, **ils concourent à individualiser chaque personne dans la société** ; ils constituent, au sens large du terme, des **facteurs d'identification civile** (3). Mais, de **façon spécifique**, **chaque élément produit des effets juridiques** ; chacun est source de droits et obligations. La *somme de ces conséquences juridiques* détermine la situation personnelle d'un individu au regard de la loi civile ; elle lui confère un certain statut civil ; elle fixe sa **condition civile** (4).

534 Dès lors surgit, pour chacun de ces éléments, un problème préliminaire commun, celui de sa compatibilité avec le principe fondamental de l'égalité civile. Ces **éléments d'individualisation** ne sont-ils pas des facteurs d'inégalité, ou encore — mot consacré — des *discriminations ?*

À cette question, il est impossible de donner une réponse unique. Certaines des conséquences attachées à tel élément de l'état de personnes demeurent, par exception, des vestiges d'un droit inégalitaire. Le principe d'égalité civile ne connaît pas encore son parfait accomplissement. Ces survivances sont en voie de résorption. En revanche, beaucoup de particularités, ne sont, dans le statut civil, ni des privilèges ni des défaveurs. Certaines dispositions spéciales sont au contraire destinées à corriger des inégalités naturelles ou sociales, à rétablir, par des moyens appropriés, une égalité rompue par la nature ou par la société : mesures de protection civile ou de compensation sociale. D'autres particularités n'ont aucun rapport avec l'égalité civile, simples mesures d'adaptation à des situations spéciales. La réponse ne peut être apportée, distinctement, que pour chaque élément de l'état des personnes, sous réserve d'un regroupement en deux catégories.

---

(1) Présentées sous ce titre, « les actions relatives à la filiation » ne sont plus qu'une espèce d'action d'état (C. civ. art. 311-4).

(2) À titre indicatif, la carte nationale d'identité mentionne : le nom de famille (de naissance), les prénoms, la date et le lieu de naissance, le sexe, la taille, la nationalité et le domicile ainsi que, si l'intéressé le demande, sa situation de famille et le nom dont l'usage est autorisé par la loi (d. du 19 mars 1987, art. 2).

(3) L'intérêt d'un regroupement tient aussi, plus précisément, à la soumission de toute action d'état à un régime uniforme sur le modèle des actions relatives à la filiation, au moins pour quelques grands traits procéduraux ; V. Carbonnier, I, 69.

(4) Le droit des personnes (dans les programmes d'enseignement) ne retient pas tous les éléments de l'état des personnes. Au droit international privé, il abandonne traditionnellement l'étude de la nationalité (condition des citoyens français et condition des étrangers) ; au droit de la famille, il laisse celle de la filiation et du statut des enfants, du statut matrimonial, de la parenté et même l'étude des incapacités, la situation individuelle des enfants, parents, époux (et aussi des incapables) étant primordialement déterminée par le réseau des relations familiales qui privilégient, naturellement, une étude du groupe.

A. FACTEURS D'ORDRE NATUREL

35 Ce sont des éléments d'ordre biologique, des critères naturels, des particularités physiques (5). La loi civile table, concrètement, sur certaines de ces particularités, non sur toutes. Jamais elle ne prend en considération la race d'un individu pour lui attacher des conséquences juridiques. Il n'y a pas de discrimination civile raciale. La loi les interdit.

a) Le sexe

36 Le droit civil déduit diverses conséquences de **l'appartenance à l'un ou l'autre sexe** (6). A la vérité, ces conséquences ne donnent corps ni à un statut civil masculin ni à une condition civile féminine (7). La loi civile admet le **principe de l'égalité des sexes.** Le plein accomplissement de ce principe connaît, cependant, des cheminements divers.

37 **Égalité des sexes dans les rapports de famille.** Dans le mariage, *l'égalité des époux et des parents* a longtemps attendu sa consécration. Celle-ci résulte de lois récentes (réforme des régimes matrimoniaux, loi du 13 juillet 1965, réforme de l'autorité parentale, loi du 4 juin 1970). L'égalité des sexes est aujourd'hui de règle, d'une part entre mari et femme, pour les questions matrimoniales (art. 216, 220, 221, 222, 223, 224 C. civ. sous réserve des pouvoirs différents que leur attribue leur régime matrimonial), d'autre part (et même dans la famille naturelle) entre père et mère pour les fonctions parentales (art. 213, 371-2, 372, C. civ.). Dans cet ordre, elle a reçu son plein achèvement de la loi qui a établi les époux communs en biens cogérants en titre de la communauté (suivant un dosage de gestion individuelle concurrente pour les actes courants et de gestion conjointe exigeant leur double consentement, pour les actes les plus graves ; l. 23 déc. 1985). **L'égalité conjugale et l'égalité parentale sont presque parfaites.** Entre frères et sœurs l'égalité est depuis longtemps consacrée, l'égalité successorale notamment. Les descendants viennent à la succession de leurs ascendants sans distinction de sexe (C. civ. art. 745, teneur originaire) (v. aussi *infra*, n° 546).

Secondairement, la loi a cependant créé, en faveur de la mère, certaines prérogatives particulières (C. civ. art. 311-14). Sous d'autres rapports, une certaine primauté masculine demeure. Pour assurer l'unité symbolique et pratique de la famille, la femme a la faculté coutumière de prendre l'usage du nom du mari, tout en conservant, comme étant le sien propre, son nom de naissance. Le principe patronymique conserve aussi une valeur résiduelle dans le système onomastique mis en place par la loi du 4 mars 2002 (v. *infra*, n° 565 s.). Par contre, depuis la loi du 11 juillet 1975 (C. civ. art. 108, al. 1), la femme n'a plus, de droit, son domicile au domicile de son mari (V. plus loin n° 662 s. l'approfondissement de cette question).

---

(5) Peut-on maintenir cette affirmation depuis que la question du transsexualisme a mis en vedette et en conflit les multiples composantes du sexe ? Oui, semble-t-il, pour deux raisons. 1. Dans l'immense majorité des cas, la concordance de tous les critères (génétique et chromosomique, anatomique, physiologique, morphologique, psychologique) fait reconnaître le sexe comme une vérité bien accordée (*corpore et animo*), c'est-à-dire comme une vérité biologique primordiale qui est acceptée et bien vécue. Le corps en est la base dans sa matérialité et son apparence. Cette vérité est celle de l'évidence. C'est le lot commun. 2. La marginalité confirme la norme. Car, au sujet des transsexuels, la référence 'au donné biologique est, dans toutes les opinions, irréductible. Non seulement pour ceux qui refusent de reconnaître le changement mais aussi pour ceux qui s'y résignent, par tolérance ou concession, dans la conviction que le sexe fondamental demeure génétique, et même pour ceux qui croient à une vérité psychique dominante, puisque, même alors, ils s'efforcent de remodeler le corps.

(6) L'Indication obligatoire du sexe dans l'acte de naissance (C. civ. art. 57) marque bien qu'il s'agit d'un élément de l'état ; v. plus loin, n° 553 ; pour la rectification, n° 562 ; pour la question du transsexualisme, n° 564 bis.

(7) Dans la distinction des personnes et comme élément de l'état, le sexe s'entend de l'appartenance à l'une des deux moitiés du genre humain, non de la sexualité. Comp. J.-P. Branlard, *Le sexe et l'état des personnes (aspects historique, sociologique et juridique),* th. Paris II, 1991. V. *Vocabulaire juridique,* V° Sexe.

538 **Égalité des sexes dans la société :** Entre hommes et femmes, membres de la société civile, l'égalité est, dans le principe, parfaite. Elle est de règle (8).

Sur un autre souci, la loi veille seulement à compenser chez la femme la fragilité et les contraintes naturelles que lui crée sa vocation maternelle. Le droit social a ainsi institué des avantages que l'on pourrait appeler, en droit, des privilèges de féminité et de maternité (dont le privilège de gravidité) mais qui constituent en réalité des protections sociales compensatoires (encore qu'il ait aussi créé un congé parental dont peut bénéficier le père).

Cependant, en général, la loi n'établit qu'une **égalité juridique**, abstraite et virtuelle qui confère les mêmes droits, non une égalité réelle, concrète, économique et sociale : égalité de droit, non de fait (9).

b) L'âge (10)

539 L'âge est un élément important de l'état civil des personnes (11). Or, sans doute, depuis longtemps, notre droit a-t-il aboli les inégalités civiles fondées sur l'âge. Le droit successoral ne reconnaît plus de droit d'aînesse (le privilège de primogéniture ne joue plus dans les successions déférées aux descendants, art. 745 C. civ.) ; l'égalité successorale est une application de l'égalité civile. Mais, en dehors de toute discrimination, l'âge influe de façon décisive sur le statut de l'individu.

540 **L'âge légal.** Il arrive que la loi détermine un âge (âge légal) qui distingue, dans la société civile, plusieurs **classes d'âge** (ceux qui ont dépassé cette limite d'âge, ceux qui ne l'ont pas encore atteinte) pour donner à tous les individus de la même catégorie un statut approprié. Pour raisonner sur l'exemple le plus typique, la loi distingue ainsi majeurs et mineurs de 18 ans (C. civ. art. 388) (12). Elle attache à cet âge une conséquence juridique considérable : à l'individu qui a 18 ans accomplis la loi octroie la pleine capacité d'exercice, la *pleine capacité* d'accomplir lui-même et seul (sans représentation ni assistance) tous les actes de la vie civile (notamment de s'engager par des contrats : capacité contractuelle) (C. civ. art. 488). Pendant sa minorité, l'individu est censé avoir besoin de protection : dans les actes de la vie civile il est soit représenté soit assisté par les personnes qui ont sur lui autorité. Il est cependant important d'observer que la législation civile a aujourd'hui tendance à *échelonner les majorités.* Sans attendre l'âge de la majorité générale, elle institue des « majorités *spéciales* anticipées » qui, dans des secteurs particuliers, confèrent au mineur une certaine indépendance ou, au moins, le droit d'être consulté. Agissant seul, le mineur a même une capacité d'usage (C. civ., art. 389-3, al. 1). Certains actes le concernant ne peuvent être accomplis sans son consentement (s'il a atteint un certain âge : ex. art. 345, art. 360, art. 334-2) (13) ; d'autres sans son avis ou son

---

(8) Sur l'intensité (relative) du caractère illicite de la discrimination qui résulte du règlement d'un club sportif excluant les femmes des compétitions adultes de hockey sur glace, v. T.G.I. Strasbourg, 31 oct. 1985, G. P. 1987. I. 60.

(9) Au rebours, l'appartenance à un sexe déterminé constitue la condition légale d'exercice de certaines activités professionnelles spécifiées. Aux femmes seules, les rôles féminins (chez les artistes), les modèles féminins, les mannequins-femme ; aux hommes seuls, les emplois correspondants (rôles, modèles, mannequins) : d. 25 mai 1984, a. 1, J.O. 27 mai. Il est à peine paradoxal que le travesti soit proscrit du théâtre et de la haute couture. La loyauté est trop près du corps pour être accessible au sexisme.

(10) V. *L'âge civil,* Mélanges en l'honneur de Paul Roubier. T. II, p. 10 s. et « *l'Art du Droit...* » p. 45 ; J. Cazals, *Âge et droit privé,* th. Paris, 1976, dact. L'allongement de la vie renforce et décale la considération de l'âge. V. *Population et société*, INED, n° 365, févr. 2001. « Vivre au delà de 100 ans » éditorial J. Vallin et F. Meslé. Pour une mise en perspective, V. J.-F. Burgelin et J.-P. Gridel (dir. de) *Vieillissement démographique et droit. Vers un droit de la vieillesse*, Dalloz, coll. Thèmes et comm., 1999.

(11) Déterminé par le temps écoulé depuis la naissance, l'âge se calcule d'heure à heure. Celui qui commet un crime le jour de son seizième anniversaire, alors qu'il est entré depuis cinq heures dans sa dix-septième année est passible de la cour d'assises (Crim. 3 sept. 1985, G. P. 1986.I.20).

(12) V. Massip, *L'abaissement de l'âge de la majorité*, Defrenois, 1975, Préface Carbonnier, (également *in Essais sur les lois*, 109 s.).

(13) V. *infra*, n° 576.

sentiment (C. civ. art. 415, al. 3 ; art. 290, 3° ; N.C.P.C. 1183, exigeant du juge de l'assistance éducative, une audition préalable du mineur à moins que l'âge ou l'état de celui-ci ne le permette pas : il s'agit déjà de l'âge réel).

41 **2° L'âge réel.** L'âge réel d'un individu (dans sa classe d'âge) n'est pas indifférent. Les considérations d'âge (jeune âge, âge avancé) constituent, pour le juge, dans l'application du droit, des éléments d'appréciation ; ce sont, à titre d'appoint, des **facteurs d'individualisation judiciaire.** En matière civile, la capacité délictuelle (distincte de la capacité contractuelle) en fournit, entre beaucoup d'autres, un exemple caractéristique. La capacité de s'obliger par ses délits civils n'est pas liée à la majorité générale (18 ans). Elle apparaît chez le mineur de 18 ans dès que celui-ci est doué de discernement. Mais l'acquisition du discernement est une question d'âge et l'âge de raison — âge du discernement — est pour le juge une question de fait, à trancher dans chaque cas, en fonction du développement réel de l'enfant (en général 7 ou 8 ans). En matière de responsabilité délictuelle, l'âge est un élément de la détermination du préjudice subi par la victime en sa personne (en cas d'infirmité et d'incapacité permanente, de préjudice esthétique, etc.). Les considérations d'âge interviennent aussi, en matière alimentaire, pour, l'appréciation des ressources et des besoins respectifs du créancier et du débiteur d'aliments. Exemples entre beaucoup d'autres. Tout compte fait, l'importance accordée par le juge, dans le discernement des espèces, à l'âge réel des individus, offre en législation l'avantage de ne pas faire foisonner les classes d'âge qui cloisonnent la société. Juste équilibre à trouver entre les âges-limite (ou les âges-seuils) et, entre les grandes césures globales, les adaptations personnalisées.

c) La santé (14)

42 La santé est aujourd'hui reconnue, à l'arrière-plan, comme un élément secondaire, mais non négligeable, de l'état des personnes.

Cela ne signifie évidemment pas que les individus sains de corps et d'esprit jouissent seuls des droits civils. Les maladies mentales ou physiques n'entraînent pas *d'incapacités de jouissance ;* elles n'empêchent pas les malades d'acquérir des droits et d'avoir la pleine personnalité civile. Sur ce point, la loi civile se montre plus libérale que d'autres branches du droit : droit de la fonction publique, droit du travail (l'accès à certaines professions étant subordonnée à des conditions d'aptitude physique, de même, en fait, que la conclusion d'un contrat de travail). Le droit matrimonial est révélateur du libéralisme civil : le mariage est permis aux malades, même en péril de mort (mariage *in extremis*). L'exigence d'un certificat médical prénuptial ne doit pas être confondue avec un empêchement au mariage, la loi exigeant seulement que chaque fiancé subisse, auprès du médecin de son choix, un examen prénuptial et qu'il remette à l'officier de l'état civil, avant la célébration du mariage, un certificat attestant qu'il a été examiné en vue du mariage, à l'exclusion de toute autre indication (le résultat de l'examen étant confidentiel pour chaque fiancé, le reste est affaire de conscience, art. 63).

43 C'est dans un autre ordre — principalement pour la **capacité d'exercice** — que la loi civile tient compte de l'altération des facultés mentales ou corporelles d'un individu. Lorsque, en raison d'une altération de ses facultés personnelles, un individu n'est pas en mesure d'exercer lui-même ses droits, de pourvoir lui-même à ses intérêts, il y est pourvu par l'un des régimes de protection déterminés par la loi. Le principe en est posé à l'article 490 du Code civil : selon la gravité de son état et l'intensité du besoin de protection qu'éprouve l'intéressé, celui-ci peut être placé sous sauvegarde de justice ou mis en curatelle ou, dans les cas les plus graves, placé sous tutelle. Ces **trois régimes de protection** ont pour caractère commun d'être organisés dans l'intérêt même de l'individu dont les facultés sont altérées.

L'altération des facultés mentales est également prise en considération par la loi civile à propos du **consentement** aux actes juridiques (15). Pour faire un acte valable, il faut être sain d'esprit (C. civ. art. 489). C'est une condition de validité de l'acte. La nullité qui la sanctionne est destinée à protéger la personne qui a pris un engagement sous l'empire d'un trouble mental.

---

(14) V. J. Pradel, *La condition civile du malade*, th. Poitiers, 1962 : J.-Cl. Lombois, *De l'influence de la santé sur l'exercice des droits civils*, th. Poitiers, 1963.
(15) Même pour les personnes non (ou non encore) placées sous un régime de protection.

Fondamentalement, il reste que, sous réserve des exigences de la santé publique, l'état de santé relève de la **vie privée** (v. *supra,* n° 516) et que les informations nominatives qui le concernent sont couvertes par le secret (secret médical, exclusion de la statistique. V. *supra,* n° 523 *ter*). Dans les domaines les plus divers (droit du travail et de la fonction publique, procédure pénale et droit pénal, droit des associations, etc.) la loi veille à protéger les personnes des discriminations en raison de leur état de santé ou de leur handicap (loi du 12 juill. 1990, D. 1990. lég. 322).

B. CONSIDÉRATIONS D'ORDRE SOCIAL

Aux données d'ordre biologique s'adjoignent diverses considérations d'ordre social.

a) Condition matrimoniale et origine familiale

544 **Fondement d'un véritable statut, certaines concourent à déterminer l'état des personnes**. C'est le cas de l'institution du mariage, fondement du statut matrimonial. La loi civile établit une différence fondamentale entre l'union légitime et l'union libre ; elle attache tout un ensemble cohérent de conséquences d'ordre personnel et patrimonial — qui font le statut du mariage — à l'union des sexes en mariage et n'accorde pas ce statut à l'union hors mariage. La qualité de l'union des sexes (en mariage ou hors mariage) est une considération déterminante de l'état civil d'une personne. Il est d'autant plus nécessaire de le noter, dans le principe, que deux précisions importantes tempèrent largement ces différences.

545 **1re :** La jurisprudence reconnaît d'importants effets à l'union libre, lorsque celle-ci est ou a été une union stable et durable. Le mouvement jurisprudentiel s'est notamment opéré en faveur de l'un des compagnons pour lui accorder certains droits parallèles à ceux qu'il aurait eus s'il avait été marié (notamment le droit à réparation en cas de mort accidentelle de l'autre, c'est-à-dire d'obtenir des dommages et intérêts du tiers civilement responsable de l'accident). Sur l'ensemble de la question, v. *La Famille,* Montchrestien, n° 445.

546 **2e :** La législation civile a radicalement reconsidéré en 1972 (réforme de la filiation), le sort des enfants naturels. **La loi du 3 janvier 1972** (sur la filiation) a proclamé le **principe de l'égalité des enfants,** quelle que soit leur filiation. Les circonstances qui affectent l'union des parents — union naturelle, union adultérine — n'imprègnent pas la filiation, de telle sorte que l'enfant qui naît a, en règle, le même statut, quelle que soit son origine : dès 1972, la loi lui reconnaissait, en général, les mêmes droits et les mêmes devoirs qu'à l'enfant légitime dans ses rapports avec ses père et mère (C. civ. art. 334, al. 1). Ce principe est une des conquêtes les plus marquantes de l'égalité civile depuis la Révolution française (16). Cependant, pour diverses raisons, les unes d'ordre sociologique (état des mœurs, mouvement de l'opinion), les autres d'ordre moral (protection de l'époux victime de l'adultère), l'égalité n'était pas absolument parfaite. Le principe d'égalité souffrait une exception qui concernait non l'enfant naturel simple, mais l'enfant issu d'un adultère et qui ne l'atteignait que dans le cas où, lors de l'ouverture de la succession, il se trouvait en présence du conjoint victime de l'adultère (ou des enfants issus de l'union légitime). Dans ce cas, le législateur avait organisé une « transaction sans gloire ». Il avait restreint les droits du conjoint, et conféré des droits à l'enfant adultérin, mais sans donner à celui-ci tous les droits d'un enfant légitime (non pas en raison d'une faute qui serait sur sa tête, mais de la situation de concurrence qui se présente). Même ainsi limitée, cette difference a été supprimée par la loi du 3 décembre 2001. L'égalité des enfants établie pour l'essentiel en 1972 est aujourd'hui parachevée.

(16) V. *La naissance et la grâce,* D. 1971, chron. 165. *Adde, La Famille,* préc. n° 65 s.

b) Autres éléments

47 Les autres considérations d'ordre sociologique n'emportent, en droit civil, que des **conséquences fragmentaires et secondaires**. C'est le cas de la profession, du milieu social, de la condition sociale, du niveau de fortune, etc. On pourrait regrouper les diverses conséquences attachées par la loi à une appartenance professionnelle (application de certains usages professionnels, de prescriptions extinctives plus courtes, art. 1071, incapacité spéciale en matière de libéralité, art. 909). De même, dans la marge d'appréciation dont jouissent les tribunaux pour l'application de notions indéterminées (faute, bonne foi) ou dans l'évaluation du dommage, il n'est pas rare de rencontrer — comme élément d'appréciation parmi d'autres — l'appartenance à un milieu ou l'importance des ressources. (On n'appréciera pas nécessairement la faute de la même manière dans tous les milieux ; pour l'évaluation des dommages-intérêts, le juge pourrait être enclin à plus de générosité, si l'auteur du dommage est dans une situation florissante, surtout si la victime, de son côté, se trouve dans une situation financière difficile).

48 Secondaires, ces éléments occasionnels d'individualisation judiciaire ne sont que des **considérations d'appoint**. Des contingences non de véritables éléments de l'état. On ne pourrait sérieusement prétendre, devant ce tableau qui relève du pointillisme jurisprudentiel, que le droit civil soit un droit de classe ou de caste. Il n'existe plus de privilèges fondés sur un critère social (on pourrait plutôt reprocher au droit civil d'affirmer l'égalité juridique, sans chercher l'égalité réelle ; le droit civil n'est pas, autant que d'autres, un droit social). Sa vocation, sa noblesse est d'être le **droit commun**.

§ 2. LES ACTES DE L'ÉTAT CIVIL (17)

49 **Ce sont des actes écrits** (actes au sens instrumentaire du terme, *« instrumentum »*) **qui sont reçus et rédigés par l'autorité publique à l'effet de constater les événements les plus marquants de la vie des personnes physiques.** Les plus importants sont l'acte de naissance, l'acte de mariage, l'acte de décès. L'état civil officiellement constaté n'est qu'un reflet incomplet et dispersé (18) des éléments multiples de l'état des personnes. En dépit de ces lacunes (gênantes ou opportunes), l'état civil fournit des renseignements nombreux et utiles sur l'âge des individus, leur nom de famille et prénoms (art. 57), leur situation de famille (célibataire, marié, divorcé), l'existence ou l'absence d'un contrat de mariage (les tiers sauront, dans ce dernier cas, que les époux sont mariés sous le régime de la communauté légale), l'existence d'un acte de reconnaissance

---

(17) On ne fera que mentionner l'institution en 1968 (d. 2 oct. 1968, N.C.P.C., art. 906-1 à 906-5) d'un **répertoire civil** destiné à donner une publicité indirecte à certaines modifications affectant la capacité civile d'un individu (ouverture ou cessation d'une tutelle ou d'une curatelle), à son régime matrimonial (changement de régime, transfert de pouvoir, séparation judiciaire de biens) ou à sa situation au regard du droit de l'absence (jugement de présomption d'absence, d. 29 mars 1978, art. 4). Sous forme d'extraits des actes et jugements constatant ces modifications, ces renseignements sont centralisés et conservés au greffe du tribunal de grande instance dans le ressort duquel est né l'individu. Mention de l'existence de ces documents est faite en marge de l'acte de naissance sous la forme générique d'un sigle uniforme : R.C. (initiales de répertoire civil), accompagné de la date de la mention (date d'opposabilité au tiers du changement intervenu) et du numéro d'inscription au registre d'ordre sous lequel les documents avaient été enregistrés lors de leur arrivée au greffe. Ainsi prévenus, les tiers sont en droit de se faire délivrer, par le service du répertoire civil, copie des actes ou jugements répertoriés.

(18) Sur l'institution d'un **casier civil** fondé sur la centralisation, en un seul point, de tous les actes intéressant l'état et la capacité d'un individu, v. Gaudriault, *La publicité de l'état des personnes : éléments d'une organisation rationnelle,* th. Lyon, 1943 ; Éd. Levy, *Notes sur l'état civil*, th. Paris, 1910, Carbonnier, I, 73. C'est une controverse *de lege ferenda.*

pour les enfants naturels (C. civ. art. 62) et souvent (bien qu'un effort soit fait pour masquer aux tiers ces éléments) la qualité de la filiation.

De la réglementation complexe, méticuleuse, un peu tâtillonne qui ressort de nombreux articles du Code civil (art. 34 à 101) des lois postérieures récentes et de circulaires importantes, émergent les règles nécessaires à l'intelligence du système.

A. L'ORGANISATION DE L'ÉTAT CIVIL

550 En France, depuis la sécularisation (19), l'état civil est organisé en **service public**. Il est confié, d'une part, à des **autorités administratives**, d'autre part, à **l'autorité judiciaire**. Pour les opérations matérielles (pour la première main) le service de l'état civil est un service municipal (dans chaque commune, le maire est officier de l'état civil). Pour le contrôle juridique (la « haute main ») le service de l'état civil est un service judiciaire. Le procureur de la République a pour mission de surveiller le fonctionnement de ce service et, en cas de difficulté (notamment pour les rectifications) le président du tribunal de grande instance (ou parfois ce tribunal même) est compétent. L'état civil fonctionne suivant des règles minutieuses.

a) Organes de l'état civil

551 **L'établissement des actes de l'état civil est le produit d'une collaboration entre les autorités publiques et les particuliers.** L'autorité publique est représentée par l'officier de l'état civil (le maire) ou son délégué. Son intervention est toujours nécessaire, mais elle consiste pour l'essentiel à **recevoir des déclarations**, à les rédiger en la forme et à les signer. Cet office laisse un rôle actif aux particuliers : Pour certains actes ce sont les parties que l'acte concerne (auteurs même de l'acte juridique à recevoir) : Les époux en personne pour le mariage ; le père ou la mère pour la reconnaissance d'un enfant naturel ; les ascendants pour l'autorisation à donner au mariage de leur fille mineure ; pour l'acte de naissance et l'acte de décès, ce sont nécessairement des tiers, nommé déclarants (il en suffit d'un, même mineur). Ce sont les personnes qui se présentent au service de l'état civil pour y faire la déclaration qui fournit la substance de l'acte (le fait de la naissance, du décès). La loi détermine, pour chaque catégorie d'acte, quelles personnes sont qualifiées pour faire cette déclaration (le père reçoit, par priorité, qualité pour déclarer la naissance de son enfant, C. civ. art. 56). Les comparants doivent exceptionnellement se faire accompagner de témoins : la présence de ceux-ci n'est plus exigée que pour l'acte de mariage (C. civ. art. 37 et 7).

(19) Conquête révolutionnaire (Constitution 1791, t. 2, art. 7 et loi du 20 sept. 1791 instituant l'état civil) la laïcisation de l'état civil est une des bases de la liberté confessionnelle et de la paix des cultes. Elle est directement issue de la nécessité de donner une solution à la question de l'état civil des protestants auxquels la Révocation de l'Édit de Nantes (1685) avait *de facto* « fermé l'accès à l'état civil officiel », v. Anquez, *De l'état civil des réformés de France,* 1868 ; Carbonnier, I, 71 *et « L'amour sans la loi »*, Bull. Soc. Hist. Protestantisme français, 1979, p. 47. Il a fallu plus d'un siècle (de baptêmes et de mariage « au désert ») pour que, sous Louis XVI, l'Édit de Tolérance (1787) rendit un état civil aux non-catholiques. Premier pas vers la création, en 1791, d'un état civil pour tous.

b) Mentions d'état civil

2 **Le contenu (intellectuel) des actes de l'état civil est limitativement déterminé par la loi.** La loi précise, pour chaque type d'acte, l'énumération limitative des mentions qui doivent le composer. En dehors d'énonciations toujours exigées (art. 34), le contenu de chaque acte varie suivant son objet (naissance art. 57, mariage art. 76, décès art. 79) (20). Une règle commune (importante pour la vie des familles) apparaît à l'article 35 C. civ. Il est interdit à l'officier de l'état civil d'insérer, dans les actes qu'il reçoit, une énonciation supplémentaire quelconque, en dehors de celles que doivent lui fournir les déclarants. Le contenu des actes de l'état civil ne dépend ni du caprice des déclarants, ni du bon gré de l'officier de l'état civil.

3 Parmi ces mentions légales, plusieurs distinctions ont leur importance. Certains des éléments à énoncer dans les actes peuvent et doivent être vérifiés par l'officier de l'état civil qui reçoit la déclaration (p. ex. jour et heure de la déclaration, qualité du déclarant). Mais la plupart des déclarations sont reçues par l'officier de l'état civil sans vérification de sa part. Ainsi, pour dresser l'acte de naissance, l'officier de l'état civil ne s'assure personnellement ni du sexe de l'enfant, ni de l'heure de sa naissance (21). Il est fondé à se fier aux attestations légalement exigées, sans vérifications personnelles.

4 On distingue également les actes principaux et les éléments adventices qui se traduisent par des mentions en marge des précédents. Les premiers sont les actes originaires (actes de naissance, de mariage, de décès). Mais la loi prévoit, dans de nombreuses circonstances, la mention, en marge de ces actes (notamment de l'acte de naissance), d'un certain nombre d'événements (reconnaissance d'un enfant naturel, jugement de divorce, etc.). Les actes originaires principaux s'enrichissent ainsi de mentions qui finissent par refléter les éléments essentiels de l'état civil d'une personne (les mentions en marge établissent également un lien entre les actes principaux). Destinés à faire connaître les événements qui affectent l'état des personnes, les actes de l'état civil doivent renseigner sur les modifications de l'état survenues postérieurement à leur établissement (ainsi doivent être mentionnés en marge de l'acte de naissance, la reconnaissance de l'enfant naturel et le jugement d'annulation de cette reconnaissance : Paris 19 oct. 2000, D. 2000.IR.289 ; D. 2001.J.1275, n. I. Ardeeff).

c) Documents d'état civil

5 **Le support (matériel) des actes de l'état civil est spécifié par la loi.** Il existe deux séries de documents destinés à recevoir et à conserver la substance des actes de l'état civil.

1° Les registres de l'état civil

Les actes de l'état civil sont inscrits sur des registres (volumes faits de feuillets reliés). La loi règle, de façon détaillée : 1) la tenue de ces registres en double original (de même valeur chacun) ; 2) leur conservation (un exemplaire reste dans les archives municipales, le second au greffe du tribunal de grande instance) ; 3) la mise à jour et la délivrance des actes.

---

(20) Par exemple, l'acte de naissance doit énoncer le sexe de l'enfant : tout individu, même s'il présente des anomalies organiques doit être rattaché à l'un des deux sexes ; v. plus loin, n° 562, pour le cas d'une erreur.
(21) C'est elle qui fait courir le temps sur lequel se calcule l'âge. V. *supra*, n° 539.

2° Le livret de famille

Destiné à recueillir l'extrait d'un certain nombre d'actes de l'état civil (et diverses mentions), il est remis aux époux lors de la célébration du mariage. Il contient justement un extrait de l'acte de mariage ; des extraits des actes de naissance des enfants et des actes de décès des époux ou des enfants morts avant leur majorité, y sont ensuite reproduits (d. 15 mai 1974, art. 1er). Il a, moyennant sa tenue à jour, la même valeur probante que les extraits des actes de l'état civil (art. 13). Le père et la mère d'un enfant naturel peuvent demander conjointement qu'il leur soit délivré un livret de famille commun (art. 4). Chacun séparément peut en obtenir un, sur sa demande, au moment où il reconnaît l'enfant (art. 2). Il contient, au départ, un extrait de l'acte de naissance du parent qui fait la demande (mère, père ou les deux) et un extrait de l'acte de naissance de l'enfant (le reste comme dans la famille légitime).

B. LA FONCTION DES ACTES DE L'ÉTAT CIVIL

556 D'une manière générale, les actes de l'état civil concourent à **l'identification des personnes physiques**. Ce sont en fait des instruments d'identification civile. Sous couvert de cette fin, deux effets spécifiques leur sont attachés. Les actes de l'état civil sont des **éléments de publicité et des moyens de preuve**. Ces deux fonctions pratiques sont à concevoir dans le temps, car il s'agit, pour chacun et dans la suite des générations, de la publicité et de la preuve des événements qui jalonnent l'existence. L'état civil est, par fragments, la mémoire officielle des individus, des familles et de la société.

a) La publicité des actes de l'état civil

557 Les particuliers, pour se renseigner sur autrui (par ex. avant de contracter) ne peuvent consulter directement les registres de l'état civil. Mais les dépositaires de ces registres sont obligés (à certaines conditions) de délivrer à ceux qui les demandent soit des **copies intégrales**, soit des **extraits** des actes de l'état civil. Le système permet ainsi de divulguer certains des éléments de l'état civil, car ces copies et extraits doivent être délivrés, sur leur demande, non seulement aux intéressés eux-mêmes et à leurs proches, mais également aux tiers et aux administrations publiques (d. 3 août 1962, art. 8 s., mod. d. 16 sept. 1997).

Toutefois, pour éviter des indiscrétions, la loi détermine limitativement les personnes qui sont en droit de demander des copies intégrales (pour l'essentiel les ascendants, les descendants ou le conjoint de la personne que l'acte concerne et celle-ci au premier chef) par opposition aux autres requérants qui ne peuvent exiger que des extraits. Déterminés par la loi, les mentions qui figurent dans les extraits des actes de naissance et de mariage ne concernent pas la filiation (art. 10 d. 3 août 1962).

b) La force probante des actes de l'état civil

558 À considérer leur **finalité principale**, les actes de l'état civil sont reçus et rédigés en vue de **constater certains éléments de l'état des personnes**. Cependant, la valeur probante qui s'attache aux énonciations des actes est variable. Les mentions qui sont censées vérifiées par l'officier de l'état civil sont authentiques (officier public, il communique l'authenticité à la mention qu'il a charge de personnellement vérifier). De telles énonciations font foi jusqu'à inscription de faux : il faut une procédure spéciale et dissuasive, l'inscription de

faux, pour les remettre en cause (22). Les autres énonciations font seulement foi jusqu'à preuve du contraire, laquelle est libre (un tiers intéressé pourrait offrir de prouver, à charge de le démontrer, qu'en réalité les déclarations faites par les particuliers à l'officier de l'état civil sont fausses). Cette distinction est importante en pratique, car ce que vérifie l'officier de l'état civil se réduit à peu de choses (date et lieu de l'acte, indication de l'autorité qui l'a reçu) à l'exclusion de la réalité des faits déclarés par les comparants (réalité, date et lieu de la naissance, sexe de l'enfant, etc.).

Aspects pratiques : simplification des formalités administratives. Un décret du 26 déc. 2000 (J.C.P. 2001.III.20420) tend à faciliter, pour les particuliers, dans leurs rapports avec l'Administration, la preuve de leur état civil. Le texte sélectionne les documents de base (livret de famille, carte nationale d'identité, passeport, etc., art. 2, tableau A, énumération limitative) qui permettent aux usagers de justifier de leur identité, de leur état civil, de leur situation de famille, de leur nationalité française) en spécifiant, pour chacun (tableau B, art. 2) les documents que les usagers sont dispensés de produire (par ex. un extrait de l'acte de mariage de leur parents, s'ils produisent leur livret de famille). Autre simplification notable, les intéressés, pour ces justifications, peuvent ou bien présenter l'original des pièces on bien produire ou envoyer la **photocopie** (lisible) de ces documents. Bien entendu, ces simplifications sont exclues lorsqu'il s'agit à l'origine d'obtenir la délivrance des documents de base (carte nationale d'identité, passeport, etc. v. l'énumération de l'art. 4). Dans les cas mêmes où la photocopie est admise, l'Administration peut cependant exiger la présentation de l'original, lorsqu'un doute surgit sur la validité de la photocopie (art. 3). Brochant sur le tout, la fiche individuelle d'état civil et de nationalité française et la fiche familiale d'état civil sont supprimées (art. 1) (v. la circulaire d'application du 26 déc. 2000, J.C.P. 2001.III.20421 et J. Massip, *La suppression des fiches d'état civil*, Defrénois, 2001, 405 s.).

C. LA RECTIFICATION DES ACTES DE L'ÉTAT CIVIL

9 Entre toutes les vicissitudes qui peuvent affecter le fonctionnement du service de l'état civil (irrégularité dans l'établissement des actes mettant en cause la responsabilité de l'officier de l'état civil, destruction des registres, posant le problème de leur remplacement par des jugements déclaratifs ou supplétifs) la plus importante résulte des inexactitudes que contiennent parfois les actes de l'état civil et qu'il est opportun de pouvoir réparer. Tel est l'objet de la rectification des actes de l'état civil. La loi en distingue deux sortes.

a) La rectification administrative

0 C'est la procédure la plus simple. Elle s'opère, à l'initiative du procureur de la République, par injonction de sa part aux dépositaires des registres (on l'appelle la procédure sur instruction du Parquet. V. N.C.P.C. art. 1050 pour la compétence territoriale). Elle a pour objet de réparer une erreur ou une omission purement matérielle (C. civ. art. 99, al. 6) ou d'entériner un changement (v. *infra* n° 604). L'effet de cette procédure anodine est radical : la rectification administrative ainsi obtenue est opposable à tous (C. civ. art. 100). Cependant, cette règle a été étendue à l'autre mode de rectification.

b) La rectification judiciaire

1 Elle peut être obtenue moyennant l'exercice d'une action en justice devant le président du tribunal de grande instance dans le ressort duquel l'acte à corriger avait été dressé ou

(22) Elle est réglée par les articles 303 s. du N.C.P.C. V. sur le principe, d. 3 août 1962, art. 13.

transcrit ou devant le président du tribunal de grande instance du lieu où demeure l'intéressé (N.C.P.C. art. 1046) (23). Elle ne donne pas lieu, au départ, à une procédure contradictoire. Elle est unilatérale : l'action en rectification est formée par requête au président de la juridiction. La demande peut aussi être présentée sans forme au procureur de la République (qui transmet à la juridiction, N.C.P.C. art. 1052). Elle est instruite et jugée comme en matière gracieuse, de même que l'appel le cas échéant (art. 1051, 1054). Tout intéressé peut être mis en cause sur décision du juge (art. 1053).

562 Son objet est relativement plus grave. Il s'agit encore de réparer une omission ou une erreur, mais non plus une inexactitude simplement matérielle. L'acte, incomplet, omet une précision de date, l'indication d'une particule ou d'un titre de noblesse : le nom de famille est mal orthographié ; l'acte contient une erreur sur la date, le lieu de naissance ou le sexe (24).

Il faut bien situer l'objet spécifique de la rectification judiciaire. Plus grave que la rectification administrative, l'action en rectification l'est moins que l'action d'état (25). Celle-ci a en effet pour objet de faire porter la contestation (ou la réclamation) sur un élément même de l'état des personnes qui devient, par hypothèse, litigieux (contesté ou revendiqué). **Dans la rectification, au contraire, il s'agit de mettre l'acte de l'état civil en harmonie avec une réalité par ailleurs non contestée**, au moins au départ. Lorsqu'un individu demande, par voie de rectification, que soit rajoutée une particule à son nom, sur les actes de l'état civil, il faut supposer, au départ, qu'il n'y a pas de contestation sur son droit à la particule (26).

563 Aussi bien la loi ouvre-t-elle l'action en rectification à tout intéressé : au premier intéressé, mais aussi aux tiers qui justifient d'un intérêt légitime (dissiper une confusion d'avec leur nom), ou à l'officier de l'état civil (pour échapper à la responsabilité qu'il encourt en cas d'inexactitude) et même au procureur de la République, lequel jouit ici, en matière civile, du droit d'action (l'article 99 lui en fait même une obligation en certains cas).

564 Quelle est la portée du jugement rectificatif, lorsque le président fait droit à la requête ? Transcrite à sa date sur les registres de l'état civil, la décision est mentionnée en marge de

---

(23) Il s'agit ici de la rectification d'un acte de l'état civil. C'est le tribunal de grande instance qui est compétent pour la rectification des jugements déclaratifs ou supplétifs d'actes de l'état civil (N.C.P.C. art. 1047).

(24) Fixant définitivement l'état de l'intéressé, l'acte de naissance peut cependant être rectifié si la mention du sexe procède d'une erreur originaire (d'une méprise antérieure à la déclaration sur la nature du sexe, ou même d'un malentendu lié au choix d'un prénom aussi bien féminin que masculin), à charge, pour le demandeur, de prouver cette erreur (Paris, 8 déc. 1967, D. 68.289, R.T. 1968, 536, obs. Nerson ; *adde* Civ. 1re 26 janv. 1983, Bull., I, n° 38, p. 33 ci-après, n° 564 bis la question toute différente du transsexualisme).

(25) La distinction de l'action en rectification d'un acte de l'état civil et de l'action en constestation ou en réclamation d'état est traditionnellement étudiée avec la filiation, non pas seulement parce que les actions relatives à la filiation sont typiquement des actions d'état, mais encore et surtout parce que les cas marginaux discutés sont, en pratique, ceux qui ont un rapport avec la filiation.

(26) V. comme relevant de la rectification, une demande ayant pour objet de réparer une erreur sur le sexe et une omission quant au prénom, Civ. 1re 26 janv. 1983, D. 83, 436, n. Massip, Bull., I, n° 38, p. 33. Mais la décision qui admet la rectification n'a de base légale que si elle s'assure que les liens de filiation dont dépend la rectification sont légalement établis (contrôle de la Cour de cassation). V. Civ. 1re 5 mai 1987, G. P. rés. d'arrêts, 8-9 juill. 1987, p. 173.

l'acte rectifié (N.C.P.C. art. 1055). Cette rectification est aujourd'hui assortie (par l'article 100 C. civ.) d'un effet important : elle est **opposable à tous, sous réserve de contestation ultérieure** de la part des tiers. Exorbitante relativement au principe de l'autorité relative de la chose jugée (C. civ. art. 1351) la rectification judiciaire est dotée par la loi d'une « autorité absolue provisoire » (la relativité de ses effets lui ôterait l'essentiel de son intérêt). Provisoirement, la loi lui confère un effet *erga omnes* (elle la fait participer à l'effet de l'acte auquel elle s'est incorporée), mais sous réserve du droit, pour les tiers, de contester ultérieurement cette rectification, en demandant le rétablissement des mentions initiales. Le système laisse aux tiers l'initiative d'une nouvelle action.

NOTES

1. **État civil et autorité judiciaire**. L'état civil est sous l'égide de la justice (parquet et siège). Tenu de vérifier l'état des registres lors du dépôt qui en est fait au secrétariat greffe et de poursuivre, pour les irrégularités qu'ils commettent, les officiers de l'état civil (C. civ. art. 53), **le procureur de la République** intervient à tout événement : il procède à la rectification administrative (C. civ. art. 99), a qualité pour agir en rectification judiciaire (*ibid.*), dispose du pouvoir d'autoriser de simples requérants à obtenir copie intégrale de divers actes de l'état civil (d. 3 août 1962, art. 9) et c'est à lui que, dans la difficulté, l'officier de l'état civil doit demander des instructions (puisque ce dernier n'est pas en droit de juger de la validité des actes) et signaler des anomalies ou des situations suspectes (ex. C. civ. art. 57, al. 3. art. 175-2). La **juridiction** (qui tranche le fond) n'est pas moins active dans son rôle **répressif** (le T.G.I. pour la condamnation aux amendes des fonctionnaires coupables d'infraction, C. civ. art. 50) **correctif** (le président du T.G.I. pour la rectification judiciaire des actes de l'état civil ; le T.G.I. pour la rectification des jugements supplétifs) et, à la base, **supplétif** (le T.G.I. rend, dans des circonstances qui sortent de l'ordinaire, des jugements qui tiennent lieu d'acte de l'état civil : d'actes de décès (déclaration judiciaire de décès, en cas de disparition, C. civ. art. 88 s., v. *infra,* n° 714) ; d'actes de naissance (déclaration judiciaire de naissance, dans les cas où la naissance n'avait pas été déclarée art. 55), le jugement supplétif, transcrit sur les registres de l'état civil, ayant même valeur que l'acte qu'il supplée. V. aussi, en cas de perte ou de destruction des registres (C. civ. art. 46) la reconstitution de ceux-ci par décision judiciaire. Seul un jugement supplétif est apte à tenir lieu de l'acte détruit ou inexistant, à l'exclusion de la simple retranscription de l'acte détruit, par l'officier de l'état civil (Paris, 2 déc. 1999, D. 2000.IR.9).

2. **État civil et ordre public**. « Un intérêt d'ordre public s'attache à ce que toute personne vivant habituellement en France, même si elle est née à l'étranger et possède une nationalité étrangère, soit pourvue d'un état civil ». Cet impératif fait reconnaître la nécessité de constituer un état civil à la personne qui en est dépourvue, notamment, pour le juge, celle de procéder à une déclaration judiciaire de naissance pour l'enfant qui n'avait pas été déclaré à l'état civil (Paris, 2 avril 1998, Pet. aff. 15 mars 1999, n° 52, 15, n. Massip, Nancy, 1er mars 1998, J.C.P. 2000.IV.1307 et déjà en ce sens Paris, 24 févr. 1977, D. 1978.168, n. Massip, Paris 3 nov. 1927, D. 1930.2.25 n. R. Savatier ; *contra,* Colmar 6 oct. 1995. D. 1997.431. note crit. Mirabail, *Defrénois* 1997, n° 132, obs. crit. Massip), ou semblablement le devoir de doter un amnésique d'un état civil provisoire, par un jugement supplétif transcrit sur les registres de l'état civil (remarquable exemple d'extension analogique : T.G.I Lille 28 sept 1995, D. 1997.29, note approb. X. Labbée). Sous cet ordre public de synthèse se rejoignent, en réalité, l'intérêt primordial évident, pour tout être humain, de jouir d'un état civil, qui est la porte et la clé de toute vie juridique (c'est un ordre public de protection individuelle), mais aussi l'intérêt des familles (des héritiers en particulier), l'intérêt légitime des tiers, et l'intérêt général, celui de la société, non seulement pour la cause de l'identification et de la police civile, mais pour les besoins de la démographie et de ses mouvements (natalité, nuptialité, mortalité) dont l'Institut national de la statistique et des études économiques I.N.S.E.E., dresse la statistique. L'état civil est un nœud d'intérêts essentiels. La vérité y trouve son compte.

3. **État civil et vérité historique.** Parce qu'il résulte de l'enregistrement officiel d'événements dont la date, le lieu, la matière sont précisés ainsi que les personnes qu'ils concernent, l'**état civil est historique**. La vérité est sa raison d'être. Cependant cette vérité se construit pour divers actes (naissance, décès) sur des déclarations (de tiers) non vérifiées par l'officier de l'état civil et le système s'accommode, par force, d'approximations (âge apparent d'un enfant trouvé, C. civ. art. 58 ; déclaration judiciaire de naissance, art. 55 ; jugement déclaratif de décès, art. 88 s.). Quand il bute sur

l'inconnu, réaliste, il le contourne. Pour autant, le système n'abdique pas le principe de vérité, puisqu'il laisse toujours ouverte la voie de la rectification (raison supplémentaire de se contenter d'une vérité provisoire. V. ci-dessus).

C'est dans un autre esprit que le droit prend, avec la vérité, d'autres libertés. Il ne la dit pas toujours toute. Il règle, selon l'intérêt légitime de chacun, la part variable qui peut en être divulguée (sans oublier les exigences de la recherche historique et le travail des généalogistes, d. 3 août 1962, art. 9). Restrictions à la publicité qui postulent qu'au départ toute la vérité soit enregistrée. Mais ce n'est pas toujours le cas. Si l'enfant naît dans un établissement pénitentiaire, l'acte d'état civil mentionne seulement la rue et le numéro de l'immeuble... Effet de bienveillance et de délicatesse. Il y a de la discrétion dans l'état civil. On entre vraiment dans la fiction avec le jugement d'adoption plénière qui, dans la transcription qui en est faite sur les registres de l'état civil, ne souffle mot de la filiation réelle et tient lieu d'acte de naissance (C. civ. art. 354). Mais la trace de la vérité naturelle n'est pas effacée. Annulé et revêtu de la mention « adoption », l'acte de naissance originaire est conservé (*ibid.*).

C'est avec le transsexualisme que la contre-vérité déracine et supplante la vérité historique.

4. **État civil et modernité**. Dans la rigueur originelle des archives, les registres sont toujours **reliés** (et les actes dressés à la suite, afin d'éviter la fraude des antidates), tout est manuscrit. Les nécessités de la pratique et les progrès de la technologie ont fait évoluer le système. Moyennant de grandes précautions les feuilles mobiles (volantes) ont fait leur apparition, leur destin demeurant d'être ensuite reliées en registre (d. 3 août 1962, art. 1) et, depuis 1997 (d. 3 août, art. 1 mod.) la conservation, la mise à jour et la délivrance des actes peuvent être assurées selon des **procédés automatisés**. Dernier bastion, ultime symbole, la signature des actes doit être manuscrite (*ibid.*).

Autre seuil (solennité oblige), le crayon ne peut suppléer la plume. La mention inscrite au crayon en marge d'un acte de naissance ne peut être validée, ne comportant d'ailleurs pas le nom de l'officier de l'état civil (Civ 1re, 24 mars 1998, Pet. aff. 11 févr. 1999, n° 30, 14, n. Massip).

5. **État civil et coopération européenne.** Organisation internationale intergouvernementale fondée en 1948 et regroupant actuellement treize États membres, la Commission internationale de l'état civil (CIEC) constitue, tient à jour et diffuse sur le droit des divers États une documentation internationale (V. *Guide pratique international de l'état civil,* éd. Berger-Levrault, Paris) et travaille à l'élaboration de recommandations ou projets de conventions tendant à harmoniser les législations des États membres. Depuis sa création, 26 conventions (dont 23 en vigueur) ont été élaborées et 8 recommandations. V. *Conventions et recommandations* (1956-1987), supplément (1988-1997). Ex. Convention concernant l'échange international d'informations en matière d'état civil (Neuchâtel, 12 sept. 1997). Il s'agit de favoriser la circulation internationale des actes et documents d'état civil et leur compréhension à l'étranger. L'informatisation des services d'état civil y contribuera.

6. **Instruction générale.** Élaborée en 1955 par regroupement des dispositions législatives et réglementaires, circulaires et décisions de jurisprudence en la matière, l'instruction générale relative à l'état civil est périodiquement mise à jour. La circulaire du 11 mai 1999 a opéré une nouvelle et importante révision (I.G.E.C. v. J.O. 28 juill. 1999, annexe au n° 172).

c) Transsexualisme (27)

564 *bis* • **Faveur initiale des juridictions du fond :** La cause du transsexualisme, il y a peu, paraissait entendue dans l'ordre des éventualités (28). Le mouvement qui, depuis l'arrêt apériteur (Toulouse 11 oct. 1978, J.C.P. 1981.II.19529, n. Penneau) avait entrainé de nombreuses juridictions du fond, avait accrédité l'idée qu'il n'cst pas impossible, pour un individu, de faire reconnaître judiciai-

(27) « As-tu dérobé la sagesse à ton profit ? », Job, 15.8.

(28) Au moins sur la non-exclusion de principe de la reconnaissance d'un changement de sexe. La Cour de cassation n'y avait plus opposé, comme en son premier arrêt, un obstacle de droit (v. Civ. 1re 16 déc. 1975, D. 76.397, 1re esp. n. Lindon, J.C.P. 1976.II.18503, n. Penneau). Dans son arrêt du 30 nov. 1983, elle s'était bornée à énoncer que ce qui justifiait l'arrêt attaqué dans son rejet de la demande, c'était d'avoir relevé qu'en dépit des opérations provoquées, le passage au sexe opposé ne s'était pas, en fait, réalisé (Civ. 1re 30 nov. 1983, D.84.165, n. Edelman, J.C.P. 1984.II.20222, concl. Sadon, n. Penneau).

rement (29) que son sexe a changé et d'obtenir, avec la modification de son état civil quant à la mention du sexe, l'attribution d'un prénom correspondant (v. not. Agen, 2 févr. 1983, T.G.I. Nanterre 21 avr. 1983, T.G.I. Paris, 16 nov. 1982, G.P. 1983.II.603, n. G. Sutton ; T.G.I. Dijon, 2 mai 1977, G.P. 1977.II.577 ; T.G.I. Paris, 24 nov. 1981, G.P. 1982.II.508 ; T.G.I. Niort, 5 janv. 1983, G.P. 83.II. som. 264. T.G.I. Angoulême, 18 janv. 1984, G.P. 84.II, som. 427 ; T.G.I. Montpellier, 6 mai 1985, G.P. 1985.II. som. 392 ; T.G.I. Thionville, 28 mai 1986, G.P. 1987.I. som. 105).

• **21 mai 1990. Arrêts de la Première Chambre civile de la Cour de cassation : Exclusion de toute modification d'état civil pour cause de transsexualisme** (question du prénom réservée).

Depuis mai 1990, la cause paraissait à nouveau tranchée mais, cette fois, dans le sens de la négative, en toute netteté.

À la vérité, par deux arrêts complémentaires de mars 1987, la Cour de cassation avait fait entendre sa volonté de freiner le mouvement : Elle avait cassé un arrêt qui avait admis qu'un individu (d'apparence et de comportement féminins) était devenu un transsexuel homme-femme (après avoir subi un traitement hormonal et diverses opérations radicales) faute d'avoir constaté qu'un tel changement était l'effet d'une cause étrangère à la volonté de l'intéressé (Civ. 1re 3 mars 1987, Bull. I, n° 79, p. 59, D. 87, 445, n. Jourdain ; J.C.P. 1988.II.21000, n. Agostini). Elle avait rejeté le pourvoi contre un arrêt qui avait refusé d'admettre un semblable changement de sexe (chez un individu qui avait subi même traitement et mêmes opérations) après avoir constaté que son état actuel n'était pas le résultat d'éléments préexistants à l'opération et d'une intervention chirurgicale commandée par des nécessités thérapeutiques, mais relevait d'une volonté délibérée du sujet (Civ. 1re 31 mars 1987, Bull. I, n° 116, p. 87, mêmes références). Mais cette référence à la cause étrangère et à la volonté délibérée laissait au transsexualisme une porte entrebaillée par laquelle les cas extrêmes, rarissimes à ce qu'il semble, avaient espoir de se faufiler.

Mais la porte avait été fermée.

Par trois arrêts concordants et un arrêt complémentaire du 21 mai 1990, la Première Chambre civile de la Cour de cassation avait exclu que le transsexualisme même médicalement reconnu puisse s'analyser en un véritable changement de sexe. Elle avait exclu, **dans le principe**, que le droit considère comme un changement de sexe les modifications intervenues chez un transsexuel, notamment dans le cas où elles se sont concrétisées par des traitements médicaux et des opérations chirurgicales, quelle que soit la cause de ce processus. De façon générale, le motif essentiel des arrêts énonçait en effet : « Le transsexualisme, même lorsqu'il est médicalement reconnu, ne peut s'analyser en un véritable changement de sexe, le transsexuel, bien qu'ayant perdu certains caractères de son sexe d'origine, n'ayant pas pour autant acquis ceux du sexe opposé » (21 mai 1990, 3 premiers arrêts, J.C.P., 1990.II.21588, D. 1991, 169, rapp. Massip, concl. Mme Flipo).

La portée de cette jurisprudence était claire : 1° La déclaration judiciaire d'un changement de sexe (et donc d'état) n'est jamais possible en droit, parce qu'un changement de sexe n'est jamais véritablement réalisé en fait (ce n'est pas une impossibilité affirmée *in casu*, mais une impossibilité énoncée en général qui exclut, si les juges du fond s'y conforment, que par une appréciation souveraine des faits, ils admettent, dans une espèce, un changement de sexe). La principale vertu de ces arrêts était de trancher catégoriquement la question. 2° Cette exclusion laissait ouverte (en en rehaussant l'intérêt) la voie de consolation d'un changement de prénom demandé à titre principal sur la justification d'un intérêt légitime (les cas les plus sûrement caractérisés de transsexualisme peuvent en faire naître un) (v. *infra*, n° 633, p. 110).

• **Revirement : 11 décembre 1992. Arrêts de l'Assemblée plénière de la Cour de cassation : Admission d'une modification d'état civil après métamorphose thérapeutique du transsexuel.** Il n'est depuis lors plus exclu en droit français qu'un changement de sexe soit judiciairement constaté et mentionné sur les actes de l'état civil. Réglant, par une même formule, le principe et les conditions d'un changement d'état à cause de transsexualisme, deux arrêts concordants de l'Assemblée plénière de la Cour de cassation énoncent,

---

(29) Ce qui est sûr c'est que la demande en déclaration de changement de sexe n'est pas une action en rectification des actes de l'état civil, mais une **action d'état**. Elle ne tend pas à corriger une erreur commise dans la rédaction de l'acte, mais à mettre l'acte en conformité avec la réalité (prétendue) résultant d'un changement allégué dans la personne (v. *supra*, n° 562).

sous le même visa : « Lorsque, à la suite d'un traitement médico-chirurgical subi dans un but thérapeutique, une personne présentant le syndrome du transsexualisme ne possède plus tous les caractères de son sexe d'origine et a pris une apparence physique la rapprochant de l'autre sexe, auquel correspond son comportement social, le principe du respect dû à la vie privée justifie que son état civil indique désormais le sexe dont elle a l'apparence ;... le principe de l'indisponibilité de l'état des personnes ne fait pas obstacle à une telle modification » (30). **C'est l'état présent de la jurisprudence.**

Dans cette doctrine, la modification de l'état civil, **en droit**, ne heurte pas le principe de l'indisponibilité de l'état des personnes (proposition négative) et, positivement, trouve sa justification dans le respect de la vie privée lorsque, **en fait**, la métamorphose corporelle répond à **quatre critères associés** : dans sa cause, l'existence réelle, chez l'intéressé, d'un syndrome transsexuel ; dans sa concrétisation, l'intervention d'un traitement médico-chirurgical administré à des fins thérapeutiques ; dans sa manifestation extérieure, la prise par le patient transsexualisé d'une apparence physique le rapprochant de l'autre sexe et, de sa part, autre facteur déterminant, un comportement social correspondant. La transformation factuelle qui justifie la modification juridique résulterait donc de la **réunion de quatre données de fait** dont deux données médicales (le syndrome et la finalité thérapeutique de l'intervention) et deux données banales (l'apparence physique et le comportement social). Ainsi constituée d'éléments dont la preuve est libre et l'appréciation souveraine de la part des juges du fond, la cause juridique du changement d'état relève de la Cour de cassation par le contrôle de base légale.

L'accueil du transsexualisme dans le droit français fait miroiter les facettes de cette pitoyable et pirandellienne question.

d) Observations

1. **Droit et Médecine.** Sur ce point désormais, notre droit se réfère à la médecine. C'est l'un des aspects majeurs du revirement opéré. En 1990, le transsexualisme même médicalement reconnu est nié comme véritable changement de sexe. Expressément nommé, « le syndrome du transsexualisme » est juridiquement reconnu, en 1992, comme la base du changement de sexe. Catégoriquement accueilli comme phénomène, sa constatation *in casu* passe nécessairement par un diagnostic médical, et tout un jeu d'expertises, vérifications de techniciens dont on imagine le poids même dans un système juridique attaché à l'intime conviction (N.C.P.C. art. 246). Enfin, la finalité thérapeutique, fait justificatif qui seul légitime une atteinte profonde et irréversible à l'intégrité du corps d'autrui, dépend elle aussi nécessairement d'une appréciation médicale, même si elle n'échappe pas à l'appréciation judiciaire. La médecine gagne sur tous les tableaux. Ce serait cruel et injuste d'expliquer que la justice démissionnaire se défausse sur « la Faculté ». Il est seulement vrai que l'engrenage du syndrome, celui-ci admis, la soumet à l'arbitrage médical. Un tel pouvoir est intimidant. Sous les conditions marquées, le chirurgien a les mains libres pour soumettre le corps humain à une re-création artificielle, mais la re-création médicalement assistée qu'il dispense, au prix de la privation de toute faculté de procréation, fabrique l'irréparable et l'intransmissible (lamentable démiurge). **La justice gère le fait accompli**.

Par consolation (illusoire ou non), le substratum clinique et l'encadrement médical peuvent cependant être vus comme les données scientifiques, objectives et extérieures au patient, qui vont précisément accréditer le caractère non volontaire (non purement volontaire) du changement de sexe. Le sexe d'arrivée est un sexe de conviction, enraciné dans le psychisme, non un sexe d'élection, de convenance, de caprice ou d'emprunt. Le transsexuel n'agit pas, il « est agi », il subit et c'est précisément pourquoi, dans la logique de cette vision, le transsexualisme échappe au principe de

(30) Cass. Ass. Plén. 11 déc. 1992, 2 arrêts, J.C.P. 1993.II.21991, concl. M. Jéol, n. Mémeteau. V. depuis, se conformant à cette doctrine, Versailles 13 mai 1993, G. P. 1994. I. som. 17 (23-25 janv.). *Adde,* même sens, Civ. 1re, 18 oct. 1994, G. P. 1995.II, Pan. 129.

l'indisponibilité de l'état des personnes. Le principe existe, mais il est sauf. Il n'est pas offensé. La guerre du transsexualisme, elle non plus, n'aura pas lieu, faute de *casus belli*...

2. **France-Europe.** La France change parce qu'elle a été condamnée par la Cour européenne des droits de l'homme. C'est le ressort du revirement. Par arrêt du 25 mars 1992 (CEDH, B... c/ France, Série A, n° 232-C ; J.C.P. 1992.II.21955, n. Garé ; D. 93. J. 101, n. Marguénaud ; D. 92.som.325, obs. Renucci, R.T. 92. 540, chron. Hauser), la France a été convaincue d'avoir violé l'article 8 de la Convention européenne des droits de l'homme garantissant le respect de la vie privée, en ce que la requérante, à laquelle les autorités françaises avaient refusé, après sa transformation, la modification de son état civil, se trouvait « quotidiennement placée dans une situation globale incompatible avec le respect dû à sa vie privée ». C'est précisément en se référant à ce même principe que la Cour de cassation abandonne sa jurisprudence (v. Carbonnier, *Droit et passion...* p. 55). Ce n'est pourtant pas le principe qu'elle emprunte, puisqu'il est déjà de droit positif français (et que l'article 9 du Code civil figure dans le visa de son arrêt à côté de l'article 8 de la Convention). C'est l'interprétation de ce principe. Dans le respect que l'État doit à la vie privée des citoyens, entrerait désormais le devoir actif de leur fournir les moyens — d'ailleurs variables (mention d'un autre sexe sur les registres d'état civil, changement de prénom, fournitures d'autres papiers) — de ne pas souffrir de la discordance entre leur nouvelle apparence et l'état civil. L'État devient débiteur ne disons pas de mensonge, mais d'écrans et de voiles, fournisseur de masques (v. Lombois, *La position française sur le transsexualisme devant la Cour européenne des droits de l'homme*, D. 1992. chron. 323). **Quel malaise à lire que l'état civil doit être rendu conforme à la nouvelle apparence physique**, comme si le paraître l'emportait sur l'être, ou plutôt (puisqu'il y a discussion sur l'être) comme si l'on pouvait gommer l'histoire et actualiser l'état civil dans un système juridique où l'état civil a pour fonction officielle, non de refléter une image sociale fluctuante, **mais de préconstituer et de pérenniser la preuve authentique de faits historiques** (v. Carbonnier, 1, 78) ! **Peut-on récrire l'histoire qui est dans l'état civil ?** On n'imaginerait pas qu'après une cure de jouvence, l'heureux bénéficiaire des secrets de quelque docteur Faust ou Bogomoletz pût réclamer que sa date de naissance fût changée, afin que l'état civil ne trahisse pas son apparence juvénile. Il faut sans doute comprendre qu'ici les choses sont moins superficielles, puisque l'apparence est conforme au comportement social et le comportement social au psychisme si bien que, de fil en aiguille, la question bien cousue du « syndrome » revient en son principe. Pour y croire, l'homme de la rue n'a que la parole de l'homme de l'art. Mais la communauté savante n'est pas accordée (v. CEDH, 30 juill. 1998, cité ci-dessous, n° 8).

3. **Cour de cassation et juridictions du fond.** La Cour de cassation n'a pas cédé à la rébellion des juridictions du fond, lesquelles n'étaient pas unanimes (v. les arrêts cassés en 1992). Mais la résistance de certaines d'entre elles, après les arrêts de 1990, était un signe, venant du siège et du parquet (le ministère public s'abstenant d'exercer un recours contre les décisions admettant le changement d'état), et une raison de chercher à canaliser ce qui ne se laissait pas endiguer (v. not. Colmar, 15 mai 1991, J.C.P. 1992, IV, n° 434 ; T.G.I. Périgueux, 10 sept. 1991, J.C.P. 1992 IV, n° 129).

4. **La jurisprudence et la loi.** La Cour de cassation a devancé le législateur. Elle a préféré changer sa jurisprudence en contrôlant le mouvement plutôt que de laisser la loi mettre le droit français en harmonie avec la solution européenne. Pour l'y encourager, la référence à l'article 1384 du Code civil (dans les conclusions du Premier Avocat général à la Cour de cassation) serait de bien mauvais augure s'il fallait imaginer l'engorgement d'un contentieux de masse sur une question qui devrait sourdre goutte à goutte et dans l'apaisement. C'est d'ailleurs pourquoi on pourrait penser que la jurisprudence est un moindre mal que la loi, car la loi auréole ce qu'elle consacre et n'est pas le lieu des cas singuliers (Carbonnier). Faudrait-il y ajouter l'espoir illusoire d'un revirement sur revirement ?

5. **Transsexualisme et possession d'état.** Le transsexualisme ne serait, lit-on parfois, qu'une victoire nouvelle de la vérité sociologique sur la réalité biologique (concl. préc.). Sans doute y retrouve-t-on quelque chose du *tractatus* (comportement social). Mais la comparaison se pervertit avec la *fama* dont on ignore ici la mémoire et le *nomen* (qui n'est plus ici une référence de base mais un emprunt de raccroc). Elle est injurieuse pour la possession d'état, présomption d'état, qui pour l'immense majorité des citoyens, exprime aussi la vérité biologique de leur filiation et qui d'ailleurs, dans son ordre, serait entachée de violence ou d'artifice si elle avait, à son origine, un acte comparable à une intervention chirurgicale. Le masque du transsexualisme et la transparence de la possession d'état ne vont pas le même chemin.

6. ***Status civitatis* et *status familiae*.** Comment les séparerait-on, par exemple en refusant au transsexuel le mariage avec une personne de son sexe d'origine, après l'officialisation de son passage

à l'autre sexe ? La logique de l'état civil reprend son empire. Devant l'officier de l'état civil, on ne peut tabler que sur les mentions d'état civil d'où il ressort irréfragablement que les époux sont censés de sexe différent. Ni l'impuissance, ni la stérilité, ni plus généralement l'incapacité de procréation ne sont des empêchements de mariage. En faveur du droit pour un transsexuel de se marier avec une personne de son sexe d'origine, v. C.E.D.H., 11 juill. 2002, D.2002. IR.2305. Le cycle de la transsexualité est bouclé. Il faudrait seulement réserver l'annulation d'un tel mariage pour erreur sur une qualité essentielle de la personne, dans le cas où l'autre époux aurait ignoré en se mariant l'itinéraire de son partenaire. Tant d'autres problèmes en vue. On imagine, par exemple, que, pour une épouse qui verrait revenir son mari en femme (ou vice versa) le fait serait une cause de démariage. Mais sur quel fondement ? Faut-il dire que celui par qui le changement arrive manque objectivement aux devoirs du mariage et rend intolérable le maintien d'une vie commune ? (V. en faveur d'un divorce aux torts exclusifs du transsexuel, Nîmes, 7 juin 2000, Pet. Aff. 2001, n° 73, 13 avr., 20, n. Massip). Nullité du mariage ? Ce ne peut être que la sanction d'un vice affectant sa formation. Reste l'inexistence (non rétroactive) figure exorbitante à improviser dans une situation qui ne l'est pas moins. Ce mariage a existé, mais, il cesse *de facto* d'exister entre individus de même sexe (sa dissolution pouvant être indexée sur le divorce pour les garanties du conjoint). À un cas hors-texte et hors-série, solution hors-texte et hors-série. La raison et l'équité ont à l'imaginer.

7. **La jurisprudence postérieure à l'arrêt de revirement du 11 déc. 1992.** Les décisions publiées sont dans le sillage de l'arrêt de l'Assemblée plénière. Acceptée comme une solution acquise, l'admission d'un changement de sexe dans son principe et ses conséquences immédiates (modification de l'état civil pour le sexe et les prénoms) ne rencontre apparemment aucune résistance. V. not. Toulouse, 30 avril 1996, J.C.P. 97.IV.726, R.T. 97. 905, obs. Hauser ; Paris, 2 juill. 1998, J.C.P. 99.II.10005, n. Garé). Dans chaque espèce, les juges vérifient l'existence des conditions du passage parmi lesquelles, s'il s'agit d'homme changé en femme, ils relèvent avec équanimité « l'ablation de ses organes génitaux avec création d'un néo-vagin » et/ou une « plastie mammaire », jusqu'à décerner à celui qu'ils intronisent dans son nouveau sexe le brevet « d'authentique transsexuel » (!). Il y a dans la jurisprudence constante et devenue comme anodine, une banalisation à frémir. V. cependant, pour une autre perplexité, l'admission d'un passage transsexuel même en l'absence d'opération chirurgicale (Rennes, 26 oct. 1998, D. 1999.508). Ce laxisme débouche sur un terrain toujours plus mouvant.

8. **La position de la Cour européenne des droits de l'homme.** Avant et après son arrêt condamnant la France (25 mars 1992, préc. V. n° 2) la Cour de Strasbourg a refusé de condamner le Royaume-Uni dans plusieurs décisions : 17 déc. 1986, Rees. Série A, n° 106 ; 27 déc. 1990, Cassey. Série A, n° 184 ; 22 avril 1997, X... et autres, D. 1997.583, n. Grataloup, D. 1997.som.362, obs. N. Fricero ; 30 juill. 1998, Sheffield et Horsham, J.C.P. 1999.I.105, obs. Sudre, Dr. fam. 1999. com. n° 22 B. de Lamy). Se référant aux précédents, ce dernier arrêt réaffirme qu'en l'état de la science, devant la complexité des questions d'ordre juridique, moral et social que soulève le transsexualisme et en l'absence d'une communauté de vue entre États membres du Conseil de l'Europe, l'un de ces États n'excède pas sa marge d'appréciation en ne reconnaissant pas sur le plan juridique le nouveau sexe d'un transsexuel opéré. Cette position prudente et attentiste rend évident que la Cour de cassation en 1992 n'a pas seulement négligé de tabler sur la marge d'appréciation dont dispose la France, mais a écarté la solution moyenne raisonnable d'un changement de prénom pour consacrer, dogmatiquement, une solution radicale extrême qui ne s'imposait pas à elle. On y verra peut-être de la légèreté ou quelque bravade à montrer, croit-elle, la voie du progrès. V. St. Evain, J.C.P. 1997.I.4071.

9. **La limite de la contre-vérité.** N'ayant d'effet que pour l'avenir, un changement judiciaire de sexe ne remet pas en cause les énonciations de l'acte de naissance d'un enfant qu'un transsexuel a eu avant sa conversion. La jurisprudence est bien assise en ce sens (Paris 2 juill. 1998, cité ci-dessus et les références aux décisions dans le même sens dans la note de M. Garé). On explique que le jugement est constitutif, non déclaratif. Il y a pourtant dans la constitution du nouvel état la reconnaissance d'un fait accompli. Même non péremptoire, cet argument commode a l'avantage d'exclure toute remise en cause du passé, ce qui est juste, commode et simple. Une raison radicale va dans le même sens. Pour remettre en cause une indication portée sur l'acte de naissance d'un enfant, il n'y a de place ni pour une rectification (il n'y a pas eu d'erreur), ni pour une action d'état car la vérité biologique est que l'enfant a bien été conçu par un transsexuel (même s'il éprouvait déjà des troubles). La contestation d'état n'ira pas servir à substituer une contre-vérité à la filiation véritable, surtout s'il s'agit de faire naître un enfant de deux personnes du même sexe. Si le transsexuel s'avisait d'y prétendre, on lui répondrait « *Nemo auditur propriam mutationem allegans* ».

BIBLIOGRAPHIE

PLANIOL et RIPERT, T. I. par R. et J. SAVATIER, n° 174 s.

MARTY et RAYNAUD, T. II, n° 757 s.

CARBONNIER, T. I., n° 65 s.

AUBRY et RAU, T. I. par PONSARD, 7e éd. § 55 s.

PONSARD, *Sur quelques aspects de l'évolution du droit des actes de l'état civil,* Mélanges Savatier, 779. *Instruction générale relative à l'état civil* (1974 et 1977).

M.-Th. MEULDERS-KLEIN, Rev. gén. dr. civ. belge, 1989/1, 5 s.

M. GOBERT, J.C.P. 1988.I.3361 et 1990.I.3475.

SECTION I LE NOM

5 Le nom, grammaticalement, est un vocable, un substantif, qui sert à désigner une personne, un animal, une chose, et qui peut être soit commun à tous les membres d'une espèce, soit propre à l'un deux. Le droit civil ne considère que les noms propres et, dans cet ordre, le nom propre des choses (noms de navires par exemple) ne relève pas de la théorie générale. Celle-ci est centrée sur les **noms propres de personnes**.

6 La complexité du droit, en la matière, tient à **la diversité des sources.** Le droit relatif au nom est en partie **coutumier,** en partie jurisprudentiel (pour les actions relatives au nom). À la tradition et aux apports prétoriens se mêlent des **dispositions législatives** au premier rang desquelles vient la **loi du 4 mars 2002** relative au nom de famille. Sous ce titre général, elle ne concerne en réalité que les règles de dévolution du nom de famille et laisse subsister les autres règles qui s'y rapportent. Mais sur ce point essentiel, elle a introduit des modifications radicales (et mis en place un système d'une grande complexité).

Cette complexité n'est pas atténuée par la multiplicité des explications théoriques sur le droit au nom.

Selon certains, le nom serait l'objet, pour celui qui le porte, d'un véritable droit de propriété individuelle. Chacun serait propriétaire de son nom. Hors-série, le nom commercial (dont nous ne traitons pas ici) est bien l'objet d'une propriété incorporelle. Mais ce n'est que par métaphore, dans un sens imprécis, que l'on peut appliquer cette figure au nom de la personne. L'idée de la propriété du nom patronymique pourrait être un vestige du système féodal dans lequel, les noms de famille étant souvent des noms de terres, le propriétaire du domaine pouvait penser l'être aussi du nom de celui-ci. **Elément de la personnalité**, le nom n'est pas une valeur du patrimoine. Faire d'un élément extrapatrimonial l'objet d'un droit de propriété patrimoniale serait confondre « l'être » et « l'avoir ».

7 À le considérer dans l'**ensemble de ses fonctions,** le nom est une **institution à facettes** : c'est le centre et même le nœud de plusieurs intérêts qui s'associent en lui et dans son régime juridique.

Du point de vue de l'intérêt public, le nom contribue à **l'identification de la personne** dans la société. **Institution de police civile**, il constitue un facteur d'ordre et un **élément d'individualisation**. C'est sa fonction sociale.

Le nom est aussi un **emblème familial**. Signe visible d'une appartenance familiale, signe de ralliement d'une maison, parfois d'une lignée, il proclame un rattachement familial. Manifestation d'un lien de famille, on l'appelle **« nom de famille »** et certains effets de droit y sont attachés (31). Mais cet aspect familial n'est pas tout et sans doute n'est-ce pas l'essentiel (32).

Le nom est enfin un élément de la personnalité. Il identifie la personne. Sur la tête de celui qui le porte, il est le signe qui coiffe son état. Pour chaque personne, le nom de famille est un **« nom propre »**. Ce n'est pas seulement une appartenance familiale, mais une individualité qu'il manifeste. Le verrait-on, au départ, comme plaqué sur la personnalité, le nom tendrait à s'y intégrer, à s'identifier à elle, jusqu'à devenir le support des autres éléments de l'état, le repère (et le repaire ?) de **l'identité de la personne,** le siège de l'amour-propre, de l'honneur. La personne est à ce point liée à son nom qu'elle vit dans les mémoires quand elle laisse un nom, et que son souvenir s'efface avec l'oubli de son nom (« on ne se souviendra même pas de leurs noms ! » Os 2, 19). Présent ! Répond chacun à l'appel de son nom. Chacun est dans son nom.

568 Ainsi le nom est-il, indivisiblement, une marque de citoyenneté, un repère généalogique et, en chacun, une composante de son état. Chaque élément est, dans son ordre, légitime. Chacun peut produire un abus, s'il s'exacerbe. Un excès de police juridique devient une menace pour la liberté individuelle. Une exaltation du rattachement familial, une hypertrophie du sentiment de la personnalité, engendrent des procès de vanité. La polyvalence du nom est sa richesse. Complémentaires et non contradictoires, les fonctions majeures qu'il associe forment une trilogie dont il serait dommage de compromettre l'équilibre, par

(31) Il crée par exemple un intérêt moral qui rend recevable une opposition familiale au changement de nom fatal au rattachement, mais ce droit d'être entendu n'est pas, sauf préjudice grave, celui d'être suivi. V. *infra*, n° 605.

(32) Quand on dit que le nom manifeste un rattachement familial, il faut comprendre ce que cette fonction signifie. Au regard de la société, l'unité de nom rend visible, tout à la fois, une communauté entre frères et sœurs, une appartenance paternelle et une lignée paternelle de génération en génération. « Jure-moi que tu ne détruiras pas ma descendance après moi et que tu ne détruiras pas mon nom de famille » (I S 24, 22). Ainsi le roi Saül implore-t-il David qui vient de l'épargner, liant nom et descendance, à la pensée que le pouvoir se perpétuera, sous son nom, dans sa descendance. Le nom c'est la maison, la postérité, surtout dans une perspective dynastique. Mais ce sentiment qui peut habiter maintes familles n'est pas le propre des têtes régnantes. Il est humain.

La fonction d'intégration familiale nous paraît aujourd'hui naturelle. Il n'en a pas toujours été ainsi. L'Église catholique, au Ve siècle, se préoccupa de rompre avec le système onomastique romain qui comportait trois désignations : le prénom (*proenomen*), le nom gentilice (qui traduisait l'appartenance à la *« gens »*) et le surnom (*cognomen*), devenu nom de famille (Cicéron s'appelait Marcus Tullius Cicero, en raison de la protubérance dont s'ornait son nez). Cherchant à arracher l'individu au paganisme, « pour le faire entrer dans une vie nouvelle avec un nom nouveau », l'Église s'efforça de soustraire les nouveaux convertis à l'influence de leur famille, qui, en général, demeurait païenne. Elle mit l'accent sur le nom de baptême qui est un nom individuel, un nom imposé à la personne comme signe de conversion (ce serait, s'il était nécessaire, une confirmation de la liaison qui existe entre le nom et la personnalité ; changer de nom = changer de vie). Jusqu'à la fin de l'époque carolingienne, les individus n'ont porté qu'un seul nom, leur nom individuel de baptême. Mais ce système, source de confusion (compte tenu des limites du calendrier des noms de saints) offrait des inconvénients du point de vue de l'identification civile. Ainsi sont revenus, en vertu de la coutume, les noms de famille qui ont été, à l'époque, donnés par l'entourage, par le milieu sous forme de surnoms venant de la profession exercée, d'un défaut de famille, d'un nom de terre, d'une origine géographique, etc. C'est ainsi que s'est constitué le système onomastique actuel : le nom individuel est devenu le *prénom ; devenant héréditaire, le surnom a formé le nom patronymique, transmis coutumièrement de père en fils.* Les Anglo-Saxons désignent encore le nom de famille par le terme *« surname »*.

exemple en prêtant une oreille complaisante à un individualisme trop jaloux. **Le nom est chargé de symboles divers qui lui donnent plusieurs dimensions.**

Même si, dans la sensibilité du moment, le prénom a pris du relief, la valeur fondamentale du nom demeure. Le nom est, en chacun, une présence spirituelle (une musique même, s'il était permis de se laisser aller à quelque romantisme) : En tout cas, une source de références où la personnalité puise pour se construire. Nous n'éluciderons pas le lien de l'être et du nom, mais nous sentons tous qu'il existe. C'est ce qui explique la résonance du nom dans la conscience de chacun.

Positivement, le nom pose en lui-même deux questions :

1° **Comment est-il attribué ?**

2° **Quels sont** ses effets, c'est-à-dire, en définitive, **ses attributs** ?

On peut y rattacher l'examen des **éléments accessoires** — prénom, pseudonymes, etc. — qui participent à sa fonction. Depuis la loi du 23 décembre 1985 (entrée en vigueur le 1er juillet 1986) chacun peut enfin ajouter au nom qui lui est transmis en vertu de la loi (nom de famille), mais à titre d'usage seulement, le nom de celui de ses parents qui ne lui avait pas transmis le sien. Ce **nom parental complémentaire** sera étudié (§ 4) comme une addition facultative nouvelle, après l'attribution (§ 1) les attributs (§ 2) et les compléments traditionnels (§ 3) du nom de base et de droit (mais il peut être défendu comme celui-ci).

§ 1. L'ATTRIBUTION DU NOM

9 Chacun, en naissant (33), reçoit un nom. Il faut donc, d'abord, déterminer les **règles d'attribution originaire** de ce nom principal (au sens étymologique) dit nom de famille, naguère nom patronymique ou encore **nom de base**, **nom de naissance**. Le problème devient, ensuite, de savoir quel peut être, au cours de la vie d'un individu, le destin de son nom d'origine.

A. L'ATTRIBUTION ORIGINAIRE DU NOM

0 Dans la tradition qui régnait en France, le nom — à la différence du prénom — n'était pas laissé au choix des individus (c'est-à-dire de leur famille) (34). À la différence du surnom, il n'était pas donné par l'entourage, par le milieu. Ni familiale ni populaire, l'attribution originaire du nom résultait, **de plein droit, d'un mécanisme sur lequel la volonté individuelle n'avait pas de prise** (35). L'attribution initiale du nom s'opérait *« de*

---

(33) À condition que l'on soit originaire d'un pays dans lequel l'état civil n'a pas été tardivement constitué... Aux citoyens de statut civil local originaires d'anciens départements français qui ne sont pas en possession d'un nom patronymique, plusieurs ordonnances (n° 61-101, 61-102) du 31 janv. 1961 ouvrent la faculté de s'en choisir un, par déclaration.

(34) Comp. pour les personnes morales, *infra*, n° 815.

(35) V. Merlin, Rép. V° *Nom,* sur la brève expérience de la liberté de changer de nom ouverte par le droit révolutionnaire (décret du 24 Brumaire an II, 14 nov. 1793 « relatif à la faculté qu'ont tous les citoyens de se nommer comme il leur plaît, en se conformant aux formalités prescrites par la loi » une déclaration à la municipalité) : occasion fugitive d'ajouter à son nom (ou à celui de son épouse) le nom de « Liberté »... Comp. ci-dessous, n° 571, note (35).

jure » en vertu de règles (coutumières ou légales) impératives (36). **Le nom était imposé.** De plein droit, il venait à chacun en naissant : **nom de naissance** (*Geburtsname*). Au moins était-ce la clé de notre système onomastique jusqu'à la loi du 4 mars 2002. Avant cette loi, le système traditionnel était, plus précisément, une patronymie. La dévolution du nom de famille était, pour l'essentiel, gouvernée par le **principe patronymique** en vertu duquel les enfants prenaient en naissant le nom de leur père. Le nom de famille était dit patronymique. Au moins était-ce la dominante du système (37).

571 **La loi du 4 mars 2002 a bouleversé le système.** Sans éradiquer le principe patronymique qui conserve, résiduellement, une valeur subsidiaire, elle lui a substitué **un autre principe.** On entend dire que le changement aurait été dicté par l'égalité des sexes. La réforme a sans doute un aspect égalitaire, dans la mesure où le rôle que la loi confère désormais à la volonté privée est également donné à la volonté du père et à celle de la mère. Mais le ressort essentiel de la réforme est ailleurs. Autant et plus que la patronymie, c'est, à la racine, la loi que chasse la règle nouvelle, en tant que mécanisme autonome de transmission de plein droit (comparable à la transmission légale qui s'opère dans la succession *ab intestat*). À une **dévolution légale se substitue une dévolution volontaire** (au moins en première offre). **La dévolution du nom de famille est en effet primordialement placée sous l'empire de la volonté des père et mère,** plus précisément de leurs volontés accordées, de leur accord, si du moins ils parviennent à s'entendre.

La mutation radicale est là. Il en résulte une double série de conséquences : 1) que l'**égalité des noms des parents n'est pas consacrée** (puisqu'elle peut être écartée par l'accord des parents et qu'elle l'est nécessairement à défaut d'accord) ; 2) que **l'égalité des enfants légitimes et des enfants naturels l'est moins encore,** car, entre parents non mariés, l'accord n'est pas seulement exposé, comme entre parents mariés, à une mésentente ; il est radicalement exclu si la filiation maternelle et la filiation paternelle ne sont pas l'une et l'autre légalement établies, ou si elles le sont dans des circonstances telles (de mode et de date) qu'aucun accord ne peut s'opérer au moment où la loi l'attend. C'est l'effet spécifique et inéluctable de la divisibilité particulière à la filiation naturelle. Les formules embarrassées de l'article 311-21, mis en facteur commun, ne peuvent prévaloir contre la nécessité de considérer distinctement l'enfant légitime et l'enfant naturel. La distinction des règles d'attribution du nom est, positivement, dans la loi (comme l'attestent d'ailleurs les dispositions spéciales des articles 334-1 à 334-6 particulières à l'enfant naturel), et ce, même si l'on y voit circuler, moyennant des adaptations, un noyau de règles associées (l'option légale et la règle subsidiaire) qui revient ici et là comme un modèle répétitif, à partir du texte de base de l'article 311-21.

---

(36) Sous réserve du pouvoir que la loi reconnaissait déjà, dans des cas spécifiés et sous contrôle judiciaire, à certains accords de volonté, sur l'attribution du nom : collations conventionnelles de nom sous juridiction gracieuse : V. not. C. civ. art. 334-2, 334-5.

(37) L'attachement sentimental au principe patronymique était, naguère encore, profondément enraciné. Marcel Pagnol (discours d'inauguration du Lycée de Marseille qui porte son nom) témoigne : « Je les remercie avec une grande et une profonde émotion d'avoir inscrit sur la façade du plus beau lycée de France, *mon prénom* suivi du *nom de mon père* » et Sacha Guitry (Toutes réflexions faites) : « Mon nom était fait ; je me suis fait un prénom ». Il resterait à chercher le témoignage des filles.

La roue aurait-elle tourné ? La réforme a son côté linguistique. Le terme « patronymique » disparait de la loi. Cependant, s'il perd son sens générique, il recevra, hors la loi, un emploi spécifique pour désigner le nom du père quand il adviendra que l'enfant le porte.

Légitime ou naturel, l'enfant reçoit de la loi la faculté de corriger, à sa majorité, l'attribution originaire du nom d'un seul de ses parents, en y adjoignant le nom de l'autre (faculté qu'il serait cependant déjà question d'abroger).

2 a) **Le nom de l'enfant légitime** (art. 311-21 et 57).

À sa naissance, l'enfant légitime reçoit le nom que choisissent ses parents par déclaration conjointe et, à défaut d'une telle déclaration, le nom de son père, règles principales qui appellent des précisions en cas de pluralité de noms ou/et d'enfants communs.

1° **Le nom choisi par déclaration conjointe des parents.** À la naissance de leur premier enfant, les parents sont investis par la loi du droit de choisir, d'un commun accord, le nom de famille de celui-ci, et c'est ce nom qui figurera parmi les énonciations de son acte de naissance (art. 57) : nom de naissance, élément de son état civil.

Le choix des parents n'est pas libre. Il ne peut porter que sur le nom d'un ascendant direct (ou la combinaison des deux). Mais l'encadrement de la loi est ouvert. Les deux parents peuvent donner à leur enfant commun soit le **nom du père,** soit le **nom de la mère,** soit **leurs deux noms accolés dans l'ordre qu'ils choisissent.** La loi instaure donc, en faveur des parents, une **option à trois branches,** dont la troisième comporte deux variantes (38).

L'essentiel est que les parents s'accordent et manifestent leur choix dans une **déclaration conjointe.** À défaut de précision dans l'art. 311-21, on imagine que celle-ci pourra prendre la forme d'un simple écrit signé des deux parents, et que ce document, destiné à être mentionné dans l'acte de naissance (art. 57) devra, pour avoir effet, être remis à l'officier de l'état civil dans le court délai de la déclaration de naissance (laquelle doit être faite dans les trois jours de l'accouchement). À défaut de déclaration parentale, le nom de l'enfant est déterminé par la loi.

2° **Le nom du père à défaut de déclaration conjointe.** En l'absence d'une déclaration mentionnant le choix des parents, **leur enfant prend, en vertu de la loi, le nom de son père.** La dévolution du nom paternel s'opère de plein droit. On retrouve un mécanisme légal de transmission du nom de famille, et il joue électivement en faveur du nom du père. Mais il est subsidiaire. C'est ce qui reste, dans la loi de 2002, du principe patronymique. Celui-ci conserve une vocation résiduelle.

---

(38) Le choix est parental, le nom aussi, mais ce peut être celui du père ou celui de la mère. Dans ces deux cas, l'enfant n'a de rattachement nominal qu'avec un seul de ses parents. Ceux-ci optent pour un rattachement unilatéral qui peut être soit paternel, soit maternel. Ils peuvent ainsi perpétuer la patronymie coutumière ou y substituer une matronymie. Les deux noms sont en balance. Cependant, si l'enfant ne reçoit que le nom de l'un de ses parents directs, ce peut être un nom composé si le nom choisi est double. Si les parents préfèrent donner à leur enfant **leurs deux noms accolés,** dans l'ordre qu'ils choisissent, le nom manifeste un rattachement bilatéral, tout à la fois paternel et maternel. Les parents composent un nom biparental. L'enfant porte un nom double. Mais ce nom ne peut être constitué que de deux éléments simples, même si les parents ou l'un d'eux portent un nom composé. De chacun de ses parents, l'enfant ne peut recevoir qu'un nom simple, de sorte qu'un parent porteur d'un nom composé doit choisir la partie de son nom qu'il transmet et celle qu'il laisse tomber (bien que la loi ne le précise pas, cette réduction ne dépend pas de l'accord des parents ; elle relève, individuellement, de la volonté unilatérale du parent titulaire d'un nom composé, s'agissant, choix tout personnel, d'un sacrifice à faire subir à son propre nom). De toute évidence, cette loi du maximum (applicable on le verra dans tous les cas de figure) a pour fonction d'enrayer l'amplification impraticable du nom patronymique qui résulterait de l'accumulation des noms, de génération en génération. À chaque génération, le nom parental composé ne peut avoir que deux composantes simples.

Cependant, l'absence de déclaration conjointe peut correspondre à deux situations qui colorent différemment la règle légale. Lorsque les parents ne parviennent pas à s'entendre sur un choix, le choix de la loi apparaît comme l'arbitrage d'un conflit parental, arbitrage en faveur du nom patronymique. Ce n'est pas un message égalitaire, mais la prise en considération de la tradition jusqu'alors régnante. Mais il n'est pas exclu que les parents s'abstienent volontairement de manifester formellement leur choix en pleine connaissance de la solution subsidiaire de la loi. Leur silence change de sens. Ce n'est plus le signe de leur désaccord, mais au contraire celui de leur accord tacite en faveur du nom paternel. Il y a bien, pour eux, deux façons de choisir celui-ci, par déclaration espresse ou, simplement, par abstention.

Quand ils laissent faire la loi, le principe patronymique se pérénnise par la force de leur volonté implicite.

573 3° **Règles complémentaires.** Elles sont restrictives.

α) *Cas où les parents ou l'un d'eux portent un nom double.*

Si, en ce cas, les parents veulent transmettre leurs deux noms accolés, celui qui porte un double nom ne peut transmettre qu'une des deux parties de celui-ci, et si les deux parents sont dans ce cas, chacun doit sacrifier la moitié de son nom. Le père Fontaine-Rivière et la mère Dumont-Duroc, ne pourront nommer leur enfant « Fontaine-Rivière-Dumont-Duroc ». Le nom biparental qu'ils entendent lui donner ne peut être composé que d'une partie du nom paternel et d'une partie du nom maternel, ce qui leur laisse le choix entre plusieurs combinaisons : « Fontaine-Dumont » ou « Fontaine-Duroc », « Rivière-Dumont » ou « Rivière-Duroc » (ces noms pouvant être choisis dans l'ordre inverse). Cette limite légale répond, en pratique, à l'évidente nécessité d'endiguer, de génération en génération, l'amplification démesurée des noms de famille. Elle s'impose aux parents. Cependant, en dehors du cas où la loi rend la réduction du nom obligatoire, elle ouvre aux parents la faculté de procéder volontairement à une réduction semblable (art. 311-21 *in fine*). Lors même qu'il ne s'agit de transmettre qu'un nom (celui du père ou celui de la mère), les parents sont libres, si ce nom est double, de n'en transmettre qu'une partie, à la condition de le préciser dans une déclaration écrite conjointe. Cette offre de la loi serait-elle une invitation à entrer dans la voie d'une économie volontaire ?

573 β) *Cas où les parents ont plusieurs enfants communs.*

La volonté parentale se heurte ici à une restriction impérative. Les parents qui ont choisi un nom pour leur premier né ne peuvent en choisir un autre pour les autres enfants qui leur naissent. Plus généralement, **le nom dévolu au premier enfant,** soit par la volonté des parents, soit, à défaut de déclaration conjointe, par la loi, **vaut pour les autres enfants communs** (art. 311-21). Les enfants issus des mêmes père et mère acquièrent le même nom. Que celui-ci soit monoparental ou biparental, qu'il résulte d'un accord parental ou de l'application subsidiaire de la loi, les frères et sœurs germains reçoivent nécessairement le même nom de famille : exigence générale d'ordre public.

Ainsi **la loi fait-elle régner, au sein de la fratrie, l'unité du nom de famille** qui résultait naturellement du principe patronymique. C'est la reconnaissance de la valeur affective et symbolique de la proclamation d'une commune appartenance et des mêmes rattachements : mêmes parents, même nom, la fraternité germaine se nourrit de cette concordance.

Mais le défi de la première naissance prend tout son relief, car c'est à ce moment que se détermine et se fixe *ne varietur* le nom de la fratrie. Il ne souffre ensuite ni repentir, ni variation. Le nom des puinés suivra celui de l'aîné. Grave et décisif, irrévocable, le choix apériteur est fondateur (au moins jusqu'à la majorité des enfants).

b) **Le nom de l'enfant naturel.**

575 L'attribution d'un nom de famille à un enfant né hors mariage se complique, car la dévolution du nom est sous la dépendance de l'établissement de la filiation et qu'il faut

compter avec la divisibilité de la filiation maternelle et de la filiation paternelle. La loi entre dans la distinction incontournable des diverses situations qui peuvent en résulter, mais elle s'efforce de faire jouer, dans la famille naturelle, le même système de règles que dans la famille légitime. Cependant, la transposition de ce système, déjà complexe en soi, rencontre des obstacles particuliers dès lors que les circonstances dans lesquelles la filiation naturelle est établie ne permettent pas toujours aux parents non mariés de s'accorder pour exercer l'option que la loi leur offre au moment de la déclaration de la naissance (ce qui se produit notamment lorsque la filiation n'est établie qu'à l'égard de l'un d'eux ou que le deuxième lien se noue après la déclaration de naissance). La complexité du système atteint son point culminant.

1° **Premier cas de figure :** La filiation de l'enfant naturel est établie *à l'égard de ses deux parents au plus tard au jour de la déclaration de sa naissance.* Cette circonstance permet aux parents d'exercer l'option de la loi. Elle se présente dans trois cas :

— reconnaissance de l'enfant avant sa naissance par sa mère et par son père (que ces deux reconnaissances prénatales soient ou non simultanées) ;

— reconnaissance prénatale de l'enfant par l'un des parents (mère ou père) et reconnaissance émanant de l'autre dans l'acte de naissance ;

— reconnaissance de l'enfant par ses deux parents entre la naissance et la déclaration de naissance ou lors de celle-ci (peu probable s'agissant de la présence de la mère devant l'officier de l'état civil dans les trois jours de l'accouchement).

Dans ces trois cas, les conditions de l'article 311-21 sont réunies. Les parents non mariés sont en mesure et en droit d'exercer l'option de la loi par une déclaration conjointe et, à défaut d'une telle déclaration, l'enfant reçoit le nom de son père. La dévolution du nom s'opère comme pour l'enfant issu du mariage et c'est, ici aussi, une attribution originaire.

6 2° **Deuxième cas de figure :** La filiation naturelle est établie *à l'égard des deux parents après la déclaration de naissance, mais de façon simultanée.* C'est, en pratique, ce qui se produit lorsque les père et mère reconnaissent ensemble l'enfant soit devant l'officier de l'état civil, soit devant notaire ou par autre acte authentique. C'est un rattrapage relativement à l'attribution originaire, mais la simultanéité des reconnaissances les met en mesure d'exercer l'option de la loi. L'article 311-21 le leur permet par déclaration conjointe, à défaut de laquelle le nom du père est subsidiairement donné à l'enfant. Cependant, ce système sera enrayé dans le cas où l'acte de naissance de l'enfant ainsi reconnu postérieurement à la déclaration de naissance porte déjà l'indication du nom de sa mère (ce qui peut se produire si cet acte a été dressé sur déclaration de la maternité, en l'absence d'une demande de secret de la mère).

7 3° **Troisième cas de figure :** La filiation est établie à *l'égard de ses deux parents, mais dans des circonstances qui ne leur permettent pas d'exercer l'option de la loi.* C'est ce qui se produit chaque fois que, la filiation de l'enfant étant établie à l'égard de l'un des parents avant ou après la naissance, l'établissement de la filiation à l'égard de l'autre intervient en second lieu, isolément et postérieurement à la déclaration de naissance. Toute chance de concertation en temps utile étant alors exclue entre parents, l'occasion pour ceux-ci de choisir le nom de l'enfant ne se présente pas. L'article 311-21 ne s'applique pas. La dévolution du nom s'opère alors en vertu de l'article 334-1. **L'enfant reçoit le nom de celui de ses deux parents à l'égard duquel la filiation est établie en premier lieu.** On passe d'un système à un autre, d'une offre de dévolution volontaire à une attribution légale directe, et celle-ci s'opère en fonction de l'**ordre chronologique.** La loi confère à l'enfant le nom de famille de celui de ses parents auquel il se trouve légalement relié en premier. L'enfant prend ainsi le nom de sa mère lorsqu'il est d'abord reconnu par elle, et que la

reconnaissance paternelle survient ensuite (en supposant — c'est l'hypothèse — que celle-ci intervient après la déclaration de naissance).

Antérieure à la loi du 4 mars 2002, la règle est simple et elle a conservé sa souplesse. La priorité chronologique est en effet assortie de **deux correctifs,** l'un gracieux, l'autre contentieux.

— **Changement par déclaration conjointe** (art. 334-2). Aux parents qui sont d'accord, la loi offre d'abord le moyen de corriger l'attribution primitive du nom unique. Ils peuvent ainsi remplacer le nom conféré par la loi (celui du premier parent légal) par le nom de l'autre : substituer le nom paternel ou nom maternel ou inversement (la faculté de substitution peut jouer dans les deux sens). Mais ils peuvent préférer lui conférer leurs deux noms accolés (dans l'ordre qu'ils choisissent et dans la limite d'un nom pour chacun).

Par cette offre de rachat *a posteriori,* en réparation de l'occasion perdue de choisir, la loi reconstitue en somme l'option modèle de l'article 311-21. Mais il faut que les parents s'accordent sur le choix d'un ou de deux noms, et en fassent la déclaration conjointe devant le greffier en chef du tribunal de grande instance, lequel la reçoit sans avoir à exercer d'autre contrôle que celui de sa légalité (vérification des liens de filiation et, le cas échéant, du consentement de l'enfant). Si, en effet, celui-ci a treize ans accomplis, le changement de son nom est subordonné à son consentement personnel. Le greffier n'a pas à peser les intérêts en présence. Il ne jouit d'aucun pouvoir d'appréciation. C'est l'équivalent d'un acte de juridiction gracieuse sans connaissance de cause.

— **Changement par décision de justice** (art. 334-3). C'est la voie contentieuse. À défaut d'accord entre parents, le changement de nom peut être décidé par le juge aux affaires familiales, soit à la demande de l'un des parents (l'action leur est ouverte pendant la minorité de l'enfant), soit par ce dernier dans les deux années qui suivent sa majorité ou une modification de son état. Le juge apprécie souverainement l'ensemble des intérêts en présence (39). Il devient évident qu'il faut aujourd'hui accéder à la demande de conférer à l'enfant les noms accolés de ses père et mère contrairement à une jurisprudence antérieure discutable (40).

(39) L'appréciation étant faite relativement à une situation, le rejet d'une demande n'empêche pas qu'à la faveur d'une situation nouvelle, une nouvelle demande soit examinée. V. not. Civ. 1re, 29 nov. 1977, Bull. I, n° 449. Sur la balance des intérêts, la jurisprudence est fournie. Ex. dans un cas où le père marquait de l'intérêt pour l'enfant, son nom a été substitué à celui de la mère plus lointaine, Dijon, 11 juin 1996, J.C.P. 1997.IV.287. Le père ayant été condamné à une peine de réclusion criminelle, le changement de nom sollicité par la mère a néanmoins été rejeté, à l'idée qu'il n'était pas conforme à l'intérêt de l'enfant de supprimer le seul lien le rattachant à un père qui s'était occupé de lui, Rennes, 9 nov. 1998, J.P.C. 1999.IV.2745.

(40) Civ. 1re, 16 nov. 1982, J.C.P. 1983.II.1983. Cette solution serait aujourd'hui incohérente dans le nouveau système onomastique (art. 311-21 et 311-22 not.). Mais, elle était déjà peu convaincante. Selon cet arrêt, l'égalité des enfants aurait exclu que les enfants naturels jouissent d'une possibilité que n'avaient pas les légitimes. La solution contraire ne manquait pas d'arguments (v. Carbonnier, T. I., n° 59, Nerson et Rubellin-Devichi, R.T.1981.605 et l'élan était donné en faveur de l'addition par une importante jurisprudence, not. Paris, 4 févr. 1977, D. 77.399 n. Massip, 15 mars 1979, D. 82.499, n. Massip). Certains redoutaient les effets pervers d'une conquête limitée aux enfants naturels. Pourtant, tout en réservant l'évolution que les mœurs et la loi pouvaient dicter pour l'enfant légitime, il eut été naturel de considérer que l'égalité non pas formelle mais réelle entre enfants commandait d'offrir aux enfants naturels la faculté d'accéder au rattachement biparental dont jouissent de droit les enfants légitimes, par une union au moins nominale, laquelle apparaitraît en définitive non comme un privilège de naturalité, mais, **à titre compensatoire** et sans doute en pis-aller, comme le substitut mineur de l'unité réelle que le mariage fait régner dans le rattachement parental.

Le changement de nom de l'enfant, objet même de la demande, peut avoir lieu en l'absence de modification de son état (41). Mais, lorsque le tribunal de grande instance est saisi d'une requête en modification de l'état de l'enfant, il peut dans un seul et même jugement statuer sur celle-ci et sur la demande de changement de nom qui lui serait présentée (42).

8 **4° Quatrième cas de figure : La filiation de l'enfant est établie à l'égard d'un seul de ses parents.** C'est ce qui se produit lorsque l'enfant, rattaché à l'un de ses parents, père ou mère, par reconnaissance, possession d'état ou même déclaration judiciaire, n'est en aucune manière rattaché à l'autre. La structure unilinéaire de son ascendance ne permet qu'un rattachement monoparental. Cependant, le principe évident que dicte la nécessité est assorti d'un aménagement, lui-même ouvert à un correctif.

— **Principe.** Aujourd'hui comme hier, l'enfant naturel prend le nom du seul de ses parents auquel il soit légalement rattaché, nom de la mère ou nom du père selon le cas. Son nom, en l'état, ne peut être que monoparental.

— **Aménagement** (art. 334-5). **Lorsque le parent auquel l'enfant est rattaché se marie avec une autre personne que l'autre parent** (43), les deux époux, s'ils sont d'accord, peuvent, aux conditions de la loi, modifier le nom de l'enfant. Bien que, par hypothèse, ils ne soient pas tous deux parents de l'enfant, ils sont investis d'une option comparable à celle des parents naturels. Ils peuvent ainsi conférer à l'enfant leurs deux noms accolés dans l'ordre qu'ils choisissent et dans la limite d'un nom de famille pour chacun. Dans ce cas, le double nom de l'enfant est composé, pour moitié, du nom (ou d'une partie du nom) de son parent légal, et pour moitié, du nom (ou d'une partie du nom) du conjoint de son parent. De la part de ce dernier, il s'agit en somme d'un diminutif et d'un substitut de l'adoption, d'une adoption (réduite au nom) de l'enfant de son conjoint.

Cependant, à l'adjonction de leurs deux noms, les époux peuvent préférer la substitution de l'un à l'autre. Ils peuvent décider que l'enfant qui portait le nom de sa mère prendra, à la place, le nom du mari de celle-ci (qui n'est pas son père) ou, *vice versa,* que l'enfant qui portait le nom de son père le perdra au profit du nom de la femme de son père (qui n'est pas sa mère). Dans les deux cas, l'enfant portera, en nom de famille unique, celui de l'époux qui n'est pas son parent, par oblitération du nom de son parent. Dans son état antérieur (art. 334-5 anc.), la loi admettait déjà une telle substitution, mais à sens unique, lorsque la mère d'un enfant épousait un homme (autre que le père de celui-ci) dont le nom était étendu à l'enfant, à l'idée que l'épouse, selon la coutume, prenait l'usage du nom marital. C'était une façon de faire régner l'unité de nom dans le ménage. Cette substitution, toujours possible aujourd'hui, conserve sa raison d'être. Cependant, la loi l'a bilatéralisée, alors qu'il est plus rare qu'un mari prenne l'usage du nom de sa femme. On pourra donc voir un enfant porter seulement et seul le nom de la femme de son père (un nom sans repère). C'est une concession à une certaine conception de l'égalité.

Quel que soit leur choix, les époux l'exercent par déclaration conjointe devant le greffier en chef du tribunal de grande instance, lequel ne dispose, en dehors du contrôle de légalité, d'aucun pouvoir d'appréciation (règle calquée sur la disposition de l'art. 334-2). Sous un autre rapport, l'extension se démarque de son modèle.

— **Correctif.** Dans les deux années qui suivent sa majorité, l'enfant dont le nom avait été modifié à l'initiative de son parent et du conjoint de celui-ci peut, en saisissant le juge

(41) Civ. 1re, 2 févr. 1999, D. 1999.IR.6.

(42) Art. 334-3, l. 8 janv. 1993. En transférant au J.A.F. la compétence en matière de changement de nom, la loi a réservé cette hypothèse.

(43) Et que, par ailleurs, la filiation demeure non établie à l'égard de l'autre parent.

aux affaires familiales, demander à reprendre le nom qu'il portait antérieurement (art. 334-5 *in fine*). Ainsi obtiendra-t-il de recouvrer le seul nom de son parent à l'exclusion de celui du non-parent qui lui avait été adjoint ou substitué. C'est une reprise éliminatoire. Le juge jouit-il d'un pouvoir d'appréciation en fonction des intérêts en présence ? On l'admet, dans l'application de l'art. 334-2, quand il s'agit de toucher à son nom parental. Quand il s'agit de rejeter un nom extraparental, il ne serait pas illogique de décider que la demande soit de droit. L'apport d'extranéité résultant non de la loi mais de la volonté d'autrui sans contrôle d'opportunité, il serait même peu cohérent qu'un changement atypique décidé pour l'enfant soit libre et que le retour à la normale, à la demande du premier intéressé, ne le soit pas. Le nom ne serait-il pas un élément de la personnalité plus fortement ici qu'un nom de famille recomposé ?

579 5° **Cinquième cas de figure : La filiation de l'enfant n'est légalement établie ni à l'égard de son père, ni à l'égard de sa mère : attribution administrative du nom.**

La transmission du nom des parents est, par force, tenue en échec pour les enfants qui n'ont aucun rattachement familial. Il en est ainsi pour **l'enfant né de père et mère inconnus**. Il incombe alors à l'officier de l'état civil de lui attribuer plusieurs prénoms (trois précisait naguère la circulaire sur l'état civil) et c'est **le dernier de ces prénoms qui, en vertu de la loi (C. civ. art. 57, al. 2) lui tient lieu de patronyme** (44) ; c'est le nom que l'enfant portera aussi longtemps que sa filiation ne sera pas établie. Cependant, cette attribution administrative n'a lieu que si le nom de la mère n'a pas été indiqué dans l'acte de naissance. Il suffit en effet que l'acte de naissance de l'enfant indique le nom de la mère, même en l'absence de reconnaissance de la part de celle-ci, pour que le nom de la mère soit attribué à l'enfant. On sait en effet que l'acte de naissance se chargera d'effet jusqu'à valoir reconnaissance, si l'indication qu'il porte est corroborée par la possession d'état (C. civ. art. 337). Pour ménager cette chance, l'attribution du nom de la mère est un jalon utile.

580 c) **La faculté d'adjonction ouverte à l'enfant majeur** (art. 311-22).

Qu'il soit légitime ou naturel (45), tout enfant qui a reçu pour nom de famille le nom d'un seul de ses parents est en droit d'y adjoindre le nom de son autre parent. Chaque enfant est investi de cette faculté qu'il exerce seul et librement pour ce qui le concerne. Il lui suffit pour cela de remettre sa déclaration écrite d'adjonction à l'officier de l'état civil du lieu de sa naissance, qui porte le nouveau nom — le nom double — en marge de son acte de naissance. Cette faculté individuelle dont l'exercice est simple est, à l'initiative de l'enfant, le correctif volontaire différé de l'attribution originaire de son nom par la volonté de ses parents ou celle de la loi (sous laquelle il peut y avoir, on l'a vu, un choix parental implicite). C'est un contrepoids à la part (léonine) que la loi fait à la volonté parentale. Sans

(44) C'est la loi du 8 janv. 1993 qui, consacrant la pratique antérieure, a introduit la règle au deuxième alinéa de l'article 57 du Code civil. Cette solution, ce pis-aller, a sans doute l'inconvénient de suggérer la naissance anonyme de l'enfant. Mais elle permet au prénom érigé en nom de rentrer dans le rang des prénoms lorsque l'établissement de la filiation de l'enfant lui donne un nom parental.

(45) L'art. 311-22 présente la faculté d'adjonction comme un correctif de la dévolution du nom lorsque celle-ci résulte, au départ, de « l'application de l'article 311-21 ». C'est sa fonction principale, et l'on s'explique que, le système de dévolution ayant été établi pour l'essentiel par le texte de base (art. 311-21), le texte qui, en suivant, établit le correctif s'y soit rapporté. Mais, à l'origine, le nom de famille (celui de l'enfant naturel) peut être transmis par application des articles 334-1 s. On n'imaginerait pas que, pour cette seule raison, la faculté d'adjonction leur fût refusée (en ce sens, Massip, *La loi du 4 mars 2002 relative au nom de famille, Defrénois,* 2002, p. 813, n° 27). Mise au rang des dispositions communes à la filiation légitime et à la filiation naturelle, la disposition de l'art. 311-22 a un caractère général.

doute est-il excessif de permettre à une génération de dicter sa loi non seulement à celles qui la précèdent, mais à celles qui la suivent, et notamment de rompre la référence à une ligne ascendante au risque de frustrer sans retour les descendants. La faculté d'adjonction neutralise ce risque.

Cependant, sous maints rapports, cette faculté est strictement encadrée.

— **Adjonction seulement.** Le seul changement offert à l'enfant majeur, à l'exclusion de toute autre modification, est de relever le nom de son père en l'ajoutant à celui de sa mère, ou inversement, afin de manifester son double rattachement parental. L'ouverture de la loi est une faveur au nom biparental.

— **Adjonction en seconde position.** Le nom originaire garde dans le nom composé la première place. *Quieta non movere ?* La priorité chronologique pourrait être, pour simplifier, une mesure d'ordre.

— **Loi du maximum.** Elle a deux occasions de s'appliquer, séparement ou cumulativement. Si l'enfant porte un nom composé de plusieurs noms, il ne conserve que le premier de ceux qui sont portés à l'état civil (il n'a pas le choix). Si le nom qu'il veut adjoindre au sien est composé de plusieurs éléments, il ne peut en prendre qu'un, mais n'importe lequel, à son choix. En aucun cas le nouveau nom double ne peut comprendre plus de deux noms de famille. C'est le maximum de règle dans l'ensemble du système onomastique.

— **Date butoir.** La faculté qui s'ouvre, pour un enfant, à sa majorité, dure tant qu'il n'a pas lui-même de descendance. Plus précisément, elle doit être exercée avant la déclaration de naissance de son premier enfant. Avant d'exercer lui-même l'option qui déterminera le nom de ses enfants, il importe que le sien, au moins, soit fixé.

— **Observations.** Le correctif instauré par l'art. 311-22 risque d'avoir des **effets pervers ou déceptifs** (au moins dans la logique de la loi). L'unité de nom dans la fratrie (dont elle fait grand cas) sera brisée si tous les frères et sœurs ne prennent pas le même parti, chacun étant libre de choisir pour soi. D'un autre côté, l'image du double rattachement parental ne sera claire que si l'adjonction unit deux noms simples. La pluralité des noms la brouillera, soit dans une ligne, soit dans les deux. Dans ce dernier cas, l'enfant majeur ne portera ni le même nom que son père, ni le même nom que sa mère, mais un nom composite fait de la moitié du nom de chacun. L'adjonction consomme le démembrement des noms. La loi a-t-elle passé ces abandons par profits et pertes, la décomposition des noms étant le prix des recompositions de fantaisie offertes à chacun ? Tout compte fait, il n'est pas sûr que cette faculté brouillonne soit un bon choix.

NOTE

L'attribution originaire du nom a été présentée assortie de ses correctifs (art. 334-2, 334-3, 334-5, 311-22). Chacun marque ponctuellement le pouvoir de la volonté privée sur le nom, et chacun apporte au nom une certaine modification. On aurait pu les étudier avec les autres changements de nom. Mais ils prennent toute leur valeur lorsqu'ils sont mis en corrélation directe avec l'attribution originaire du nom qu'ils corrigent sur tel ou tel point particulier et dont ils sont en somme les accessoires et les compléments ciblés.

Ils introduisent aux autres changements de nom, plus généraux, qui marquent, au cours de la vie d'une personne, le destin de son nom.

B. LES DESTINÉES DU NOM

1 **L'immutabilité de principe du nom de famille.**

Jamais abrogé, l'article premier de la loi du 6 fructidor, an II (23 août 1794), dispose : « Aucun citoyen ne pourra porter de nom, ni de prénom, autres que ceux exprimés dans son acte de naissance. Ceux qui les auraient quittés sont tenus de les reprendre ». Ainsi proclamé et toujours en vigueur (46), le **principe de l'immutabilité du nom de naissance** entre en coïncidence avec le principe plus général de l'**indisponibilité du nom,** dès lors que le nom, élément de l'état civil, participe à l'indisponibilité de règle de l'état des personnes. **Nul ne peut changer de nom à sa guise.** Qu'il soit choisi par les parents ou directement conféré par la loi, le nom de naissance s'impose à celui qui le reçoit, et constitue, pour lui, une donnée en principe invariable. En dehors de l'interdiction d'usurper le nom d'autrui, c'est-à-dire de l'obstacle que représente le droit d'autrui sur son nom, il n'est pas dans son propre droit de s'arroger librement un nom de son choix. Aujourd'hui comme hier, le nom ne se prête, de la part de celui qui le porte, à aucune modification purement volontaire.

Mais le nom se prête à certaines modifications. Notre droit admet certains changements de nom. Ni l'immutabilité, ni l'indisponibilité du nom ne présentent un caractère absolu.

— Il entre d'abord dans la vocation naturelle du nom de famille d'être modifié par suite d'un changement dans l'état de famille. L'adoption a des effets sur le nom de l'adopté, la légitimation sur celui de l'enfant légitimé. Le changement de nom est la conséquence d'un changement d'état. Il n'intervient pas à titre principal, mais **par voie de conséquence.** Il est dans la logique du nom, signe de rattachement familial, de refléter l'évolution des liens de famille (a).

— De son côté, le mariage exerce une certaine influence sur le nom des époux. Il ne change pas le nom des époux, mais il leur permet de manifester l'unité de leur ménage, en agissant sur l'usage de leur nom. C'est aussi une conséquence, ici un **effet du mariage** (b).

— D'une façon toute différente, la loi ouvre la voie, par exception, à un véritable **changement de nom :** un changement qui est poursuivi en lui-même **à titre principal,** pour l'intérêt qu'il présente. Il s'agit pour l'essentiel du changement de nom par autorisation administrative (c).

Enfin, nous l'avons vu, l'attribution originaire du nom est assortie de divers correctifs dont chacun, dans son ordre, consomme un changement de nom. On y reviendra d'un mot avant d'étudier les divers changements, en essayant de discerner, dans une observation d'ensemble, la part exacte des volontés privées dans les changements de nom (on reviendra sur la place des volontés privées dans l'attribution originaire du nom, n° 606).

582 Place de la volonté privée dans le changement de nom.

1. La volonté de changer son propre nom. Elle a de rares occasion de se manifester : la requête en changement de nom (art. 60 s.), la faculté d'adjonction de l'article 311-22, la faculté de reprise de l'article 334-5. Elle n'est jamais souveraine, mais toujours strictement encadrée par la loi, dans la forme et dans le fond. Dans les deux derniers cas, l'éventail du choix est fermé. L'offre est seulement d'adopter en second un nom parental, ou de reprendre un nom parental. La décision est une marque de fidélité au nom de famille.

2. La volonté de changer le nom d'autrui. Privilège d'ascendant, ce ne peut être que la volonté d'un parent appliquée au nom de son enfant. Le plus souvent, l'initiative procède de l'accord des deux parents naturels (art. 334-2) ou adoptifs (art. 357, al. 2). C'est aussi le cas des parents dans la légitimation par mariage (art. 331, al. 2) ou de la légitimation par autorité de justice à l'égard des deux parents (art. 333-5). Elle peut semblablement procéder de l'accord de deux époux dont l'un est le parent de l'enfant (c'est le cas de l'art. 334-5 dans la famille naturelle et, dans la famille adoptive, de l'art. 357, al. 3, schéma semblable). La demande de changement de nom par voie administrative peut être formée par un seul des deux parents. Ces prérogatives parentales ou quasi parentales ne s'exercent que dans les cas spécifiés par la loi, et, à l'exception de la voie administrative qui est un peu

(46) Il est au fondement de décisions récentes, Civ. 1re, 6 févr. 2001, D. 2001.IR.747 ; Paris, 17 mai 2001, D. 2002, som. 2376, com. A. Lepage. Dans ce cas, l'interdiction de porter un autre nom que le sien, opposable à tous (art. 100) est rappelée dans une action en usurpation de nom (v. n° 614).

hors-série, il s'agit toujours de mettre ou de remettre en valeur un nom parental (l'éventail du choix suit toujours le même modèle : nom de l'un, nom de l'autre ou deux noms accolés) et c'est toujours à l'occasion d'un changement d'état (adoption, légitimation) ou d'une sorte de structuration de la famille naturelle (art. 334-2) ou d'une famille recomposée (art. 334-5). Enfin, dans tous les cas (hors celui de l'art. 334-2), le changement volontaire fait place, à défaut d'accord, à la dévolution légale subsidiaire du nom du père.

Dans un tel encadrement, une dernière règle — et non la moindre — concourt à limiter le pouvoir des ascendants. La modification du nom de l'enfant ne peut résulter de la seule volonté des parents que si l'enfant est âgé de moins de treize ans. S'il a treize ans ou plus, la modification de son nom est subordonnée à son consentement personnel, au moins dans les cas où le changement de nom ne résulte pas de l'établissement ou de la modification d'un lien de filiation (art. 61-3).

3 **3. La volonté de ne pas changer de nom.** Elle est aujourd'hui prise en considération, dans certaines circonstances, chez **l'enfant qui a treize ans accomplis.** Dans ces circonstances, celui-ci est investi d'un droit de veto, d'un droit de dire non. Il peut refuser que son nom soit modifié. Ce n'est certes pas le cas lorsque le changement de son nom résulte de l'établissement ou de la modification de ses liens de filiation (47), même si la volonté des parents intervient dans l'exercice de l'option que la loi leur ouvre (ce qui se produit dans l'adoption et la légitimation où la dévolution du nom est calquée sur l'attribution originaire : art. 331, 333-5, 357, al. 2, cf. art. 311-21). Il s'agit alors d'une dévolution légale à détente volontaire. La faculté d'opposition appartient à l'enfant de treize ans lorsqu'il s'agit d'une modification qui procède, en son principe, de la volonté des parents : changement sur autorisation administrative (art. 61 s.), changement par déclaration conjointe du nom de l'enfant naturel (art. 334-2, 334-5), changement de nom dans un cas particulier de l'adoption simple (art. 363, al. 2). À ces changements purement volontaires et facultatifs pour les parents, l'enfant est en droit de dire non, s'il a treize ans. Cet âge est celui d'une **majorité spéciale anticipée,** sa majorité onomastique, pourrait-on dire (48).

Cette faculté est symboliquement riche de sens. Elle atteste la force du lien qui existe, objectivement et dans les consciences, entre le nom et l'identité de la personne. Un changement projeté par autrui peut être ressenti comme une atteinte à la personnalité. Mais aussi et surtout, elle prouve qu'en matière de nom, la volonté est loin d'être toujours tournée vers le changement. On savait déjà que, tournées vers le passé, au moins vers la tradition du nom, la faculté d'adjonction (art. 311-22) et la faculté de reprise (art. 334-5) étaient attentives à compléter ou à relever un nom de famille. La faculté d'opposition fait éclater qu'en chacun, dès l'affirmation de la personnalité, la volonté de ne pas changer est probablement aussi forte — sinon plus — que la volonté de changer. Disons tout simplement : **chacun est attaché à son nom, à son identité** (49).

Cet attachement individuel renvoie à la règle commune et fait voir sous un autre jour le principe de l'immutabilité du nom de naissance. L'aspiration identitaire des citoyens et la mesure de police juridique vont dans le même sens, précieuse concordance, renfort de légitimité.

Quoiqu'il en soit, en droit, l'immutabilité, même assouplie, demeure le principe, puisqu'elle ne se prête qu'aux assouplissements que permet la loi.

---

(47) Dans une espèce singulière, la cour de Toulouse a exactement jugé (*a contrario* de l'art. 61-3) qu'un enfant de plus de treize ans n'a pas à consentir à un changement de nom qui résulte de la modification d'un lien de filiation, mais elle l'a admis (*ubi lex non distinguit...*) dans un cas de cascade où ce n'était pas son père mais son grand-père qui avait changé de nom. Le père ayant lui-même demandé à prendre le nom de son propre père (le grand-père), on aurait pu considérer que le changement de nom, devenu volontaire de sa part, était subordonné au consentement personnel de ses enfants de plus de treize ans (Toulouse, 20 juin 2001, *Pet. aff.* 17 mai 2002, n° 99, p. 18, n. Massip).

(48) Pour un **enfant majeur,** la règle est plus générale et plus radicale : aucune modification de son nom de famille ne peut intervenir sans son accord (art. 61-3, al. 2). Cela vaut pour le changement par voie administrative et pour l'effet de la légitimation (art. 332-1). Le nom adhère à la personnalité : aucune modification résultant de l'initiative d'autrui ne s'impose au premier intéressé (Civ. 1re, 27 nov. 2001, J.C.P. 2002.IV.1046).

(49) La perte d'un nom est un préjudice. L'enfant naturel qui perd son nom de famille par suite de l'annulation d'une reconnaissance mensongère peut en demander réparation à l'auteur de celle-ci, au moins si l'annulation est prononcée à sa demande (Civ. 1re, 16 juin 1998, D. 98.IR.196).

a) Filiation : Les modifications de nom par voie de conséquence

Signe de rattachement familial, le nom est naturellement appelé à varier avec l'état de famille d'un individu. Par la force du lien qu'ils créent, l'adoption et la légitimation sont les principaux changements d'état qui entraînent des modifications de nom.

584 **1° La modification du nom par l'effet de l'adoption.** L'adoption exerce toujours un effet sur le nom de l'adopté, mais l'intensité de cet effet varie de façon sensible — et cohérente — en fonction du degré d'assimilation de l'enfant adoptif dans sa nouvelle famille et du degré de rupture de cet enfant avec sa famille d'origine. Or, sous le rapport de l'ampleur des effets, le contraste s'établit entre les deux espèces d'adoption que notre législation distingue : l'adoption plénière et l'adoption simple.

585 **Effet de l'adoption plénière.** Elle confère à l'enfant le nom de l'adoptant. Plénière, elle produit de plein droit et nonobstant toute convention contraire (c'est un effet impératif de la loi) un changement de nom par substitution radicale (C. civ. art. 357). Cette attribution est le signe manifeste de l'intégration parfaite qu'opère, dans sa plénitude, ce type d'adoption et, corrélativement, la suite logique de la rupture totale des liens de l'enfant avec sa famille originaire (C. civ. art. 356, al. 1).

À partir de ce principe, diverses éventualités s'ouvrent. Si l'adoption est réalisée par deux époux, la collation du nom est calquée sur l'attribution originaire du nom de naissance (art. 311-21). S'ils sont d'accord, les époux peuvent, à leur choix, donner à l'enfant qu'ils adoptent soit le nom de l'un, soit le nom de l'autre, soit leurs deux noms accolés dans l'ordre qu'ils choisissent et dans la limite d'un nom de famille pour chacun (art. 357, al. 2). À défaut d'accord, l'enfant prend le nom du père adoptif. Si l'adoptant est une femme mariée ou un homme marié, l'adopté prend le nom de son parent adoptif. Cependant, l'article 357, al. 3 du Code civil permet, en ce cas, au juge, à la demande de l'adoptant, de conférer à l'enfant adoptif le nom du conjoint de l'adoptant, si ce dernier y consent (s'il est décédé ou dans l'impossibilité de manifester sa volonté, le tribunal apprécie, après avoir consulté les héritiers du conjoint ou ses successibles les plus proches). À la demande de l'adoptant et avec (sous la même éventualité) le consentement de son conjoint, le tribunal peut aussi conférer à l'enfant leurs deux noms accolés dans l'ordre qu'ils choisissent et dans la limite d'un nom pour chacun.

586 **Effet de l'adoption simple.** Elle produit des effets moins radicaux sur la filiation, donc sur le nom. Elle crée de nouveaux liens entre l'adopté et sa famille adoptive, mais sans rompre ses anciennes attaches avec sa famille originaire. La double appartenance familiale se traduit, de façon cohérente, au moins **en principe,** par **un nom double.** L'adoption simple confère le **nom de l'adoptant à l'adopté, mais en l'ajoutant au nom de ce dernier** (art. 363). La règle n'est cependant pas absolue. Le tribunal peut, **par exception,** décider à la demande de l'adoptant, que l'adopté ne portera que le nom de l'adoptant. L'adoption simple donne alors lieu à une **substitution de nom,** mais en vertu d'une décision judiciaire. Une telle demande peut également être formée postérieurement à l'adoption. Si cependant l'adopté est âgé de plus de treize ans, la substitution de patronyme est subordonnée, soit au moment de l'adoption, soit après, à son consentement (50). En cas

(50) L'adopté devenu majeur pourrait-il être autorisé à ajouter au nom de l'adoptant, mais seulement à titre d'usage (art. 43, l. 23 déc. 1985), le nom d'origine que lui avait transmis son père ?

d'adoption par deux époux, c'est le nom de l'un d'eux qui s'ajoute à celui de l'adopté ou, à défaut d'accord, celui du mari. Cependant, même en ce cas, l'adjonction peut, par exception, sur décision du juge, faire place à la substitution et celle-ci, s'opérer à la demande des adoptants, en faveur de leurs noms accolés (dans l'ordre qu'ils choisissent et la limite d'un nom pour chacun, on reconnaît le canevas). Cette règle est très critiquable. L'exception est déjà en soi très discutable quand elle joue au profit du nom d'un seul adoptant, car elle ampute le nom de l'adopté de la référence à son propre nom et démantèle la manifestation du double rattachement qui est le signe distinctif de l'adoption simple et la marque de son esprit. La « substitution » est, en réalité une exclusion. Mais l'éviction s'aggrave lorsqu'elle s'opère en faveur d'un nom double qui simule le double rattachement. Cette apparence trompeuse est condamnable (51).

2° **La modification du nom par l'effet de la légitimation.** La légitimation agit sur le nom de l'enfant qui en bénéficie et, ici encore, la dévolution du nom est calquée sur l'attribution originaire (les articles 331, al. 2 et 333-5 renvoient au modèle de l'article 311-21). Comme l'enfant légitime à sa naissance, l'enfant légitimé recevra, en différé, soit le nom de l'un de ses parents, soit le nom de l'autre, soit leurs deux noms accolés (dans l'ordre qu'ils choisissent et la limite d'un nom pour chacun) au moins s'ils sont d'accord sur le choix et, en cas de désaccord, il prend subsidiairement le nom de son père. Cette option assortie de son subsidiaire joue non seulement dans la légitimation par mariage, mais dans la légitimation par autorité de justice lorsque celle-ci est prononcée à l'égard des deux parents. Mais en aucun cas la légitimation ne change le nom d'un enfant majeur, si celui-ci n'y consent pas (art. 332-1, 331-3 et 333-6). Au contraire, la légitimation a tout son effet sur le nom d'un enfant mineur, sans que son consentement soit nécessaire même s'il a plus de treize ans (car la modification du nom résulte d'un changement d'état (art. 61-3), non de la volonté pure de ses parents). Cas hors-série : lorsque la légitimation par autorité de justice n'est prononcée qu'à l'égard de l'un des parents, elle n'emporte aucune modification du nom de l'enfant (art. 333-4).

b) L'influence du mariage sur le nom des époux

Le mariage ne change pas le nom des époux. Chacun conserve le sien. Le mariage ne fait pas d'entorse au principe d'immutabilité du nom. Mais la **coutume** a toujours permis à l'unité du mariage de se manifester par l'unité de nom. Seulement cette unité est limitée à certains attributs du nom et affectée par les vicissitudes du lien conjugal.

α) **Première proposition. Le mariage influe sur l'usage du nom de naissance des époux.** Mais ce n'est pas de la même manière pour le mari et pour la femme. Le mari garde l'usage de son nom. Il peut seulement y joindre (en général par un trait d'union) celui de

---

La négative a prévalu sur une lecture littérale de la loi qui n'ouvre l'adjonction qu'au nom de celui des parents qui ne l'avait pas transmis (Civ. 1re 9 janv. 1996, D. 96.600, note crit. Massip, G.P. 96.II.Pan.231 ; Bull. civ. I, n° 24). L'analogie eut ici justifié, par identité de motifs, une extension de l'ouverture, s'agissant de retrouver des racines, en réparant une vicissitude de transmission. V. *Le nom de famille(s) de l'adopté simple* (réflexions sur le rôle du nom), *Dr. fam.* 1998, chron. 15, A. Lapoyade-Deschamps.

(51) C'est une dénaturation abusive de l'adoption simple par imitation de l'adoption plénière, au mépris du caractère spécifique de chacune. C'est aussi la triste marque d'une législation mécanique qui, sans réflexion, ânonne le modèle de l'art. 311-21 et le diffuse sans discernement. Quelle complication en chaîne ! Quel pathos !

son épouse (C. civ. art. 300) et même, depuis la loi du 23 déc. 1985, le nom parental complémentaire que celle-ci aurait adopté (V. *infra* § 4) (sauf semble-t-il, pour éviter un cumul, s'il a lui-même ajouté à son nom de base son propre nom parental complémentaire). Il porte, alors, un nom double (pratique assez développée dans le Nord de la France) ou même triple. Dans ces derniers cas, il ne transmet cependant à ses héritiers que son propre nom (52). Pour **la femme mariée,** on admet que, **sans perdre son nom de jeune fille** (son nom de naissance), elle prend, **par l'effet du mariage, l'usage du nom de son mari,** nom marital (53).

590 **En législation,** un souci de plus grande égalité aurait pu inspirer un système plus volontariste. Certains proposent que, lors de la célébration du mariage, les époux ou bien décident de continuer à porter, chacun son nom, ou bien conviennent d'adopter un nom de ménage (au moins un nom parental transmissible) en choisissant soit le nom du mari, soit celui de la femme, soit un nom composé par adjonction de l'un à l'autre, dans l'ordre choisi (54). L'institution d'un nom parental complémentaire facultatif (v. *infra* § 4) était attendu comme un poste d'observation. L'expérience est probante. L'infime succès du nom dit d'usage montre l'attachement profond de notre société à sa coutume (et à la simplicité). Ce serait une raison de le respecter et de ne pas imposer autoritairement ce que le peuple a spontanément rejeté. Le lobby égalitariste l'emportera-t-il sur le référendum tacite ? La loi du 4 mars 2002, on le sait, ne s'est pas orienté en ce sens.

591 *Hic et nunc,* le **droit positif** se déduit de la combinaison de **deux principes certains :** 1° La **femme, en se mariant, ne perd pas son nom de naissance** (son nom de jeune fille) ; 2° De plein droit (par son seul effet et sans autre formalité), le marriage **permet à la femme de faire usage du nom du mari**. Aucune disposition légale ne l'énonce directement. Mais il n'est pas artficiel, par interprétation *a contrario* du premier alinéa de l'art. 264 du Code civil de considérer que si, à la suite du divorce, la femme reprend l'usage de son nom, c'est bien que jusqu'alors, elle avait l'usage du nom de son mari (55). Surtout, en déterminant les cas dans lesquels la femme divorcée *conserve* l'usage du nom du mari, les alinéas 2 et 3 du même article manifestent, nettement, que la femme mariée avait cet usage et l'article 300 C. civ., pour la femme séparée de corps, confirme la règle. Mais, à la vérité, en dehors de ces consécrations légales, c'est à la **coutume** qu'il faut demander le **fondement autonome de la règle jusqu'à nos jours**. Le port du nom marital est encore aujourd'hui (56), fondé sur une véritable coutume (pratique et conviction), donc sur une véritable règle de droit, pleinement suffisante en soi (v. plus haut, n° 76 s., 421 s.). Depuis l'entrée en vigueur de la loi du 23 déc. 1985, la femme est même fondée à prendre l'usage non seulement du nom de base de son mari, mais du nom parental complémentaire que celui-ci aurait ajouté au premier (sauf si elle-même a adopté son propre nom parental complémentaire. V. *infra,* n° 642 *ter*).

(52) Trib. civ. Seine 22 juin 1960, G. P. 1960, II, 228.

(53) Soit par adjonction soit même par substitution. V. l'arrêté du 20 mars 1985 retouchant le modèle du livret de famille (J.O. 23 mai 1985).

(54) Dans tous les cas, la transmission héréditaire du nom demanderait à être réglée : on imagine volontiers que les enfants recevraient le nom du ménage, lorsqu'il est simple. Mais lorsqu'il est double ou lorsqu'il n'y en a pas, d'autres dispositifs s'imposeraient : choix par les époux du nom à transmettre, arbitrage judiciaire à défaut d'accord, droit pour les enfants de modifier le choix à leur majorité ? L'égalité mènerait à la liberté plus qu'à la simplicité (ou à la fraternité...). V. plus haut, n° 572.

(55) Énoncée pour chacun des époux, la règle ne fonde pas, pour le mari, le même raisonnement.

(56) Le principal intérêt du rattachement à la coutume serait — pour un observateur — de suivre le passage naturel de la coutume établie à un autre état de droit par l'abandon de la pratique traditionnelle et l'effritement de la croyance en son caractère obligatoire.

92 L'application combinée de ces deux principes conduit à *trois conséquences :* 1° **L'usage du nom du mari constitue, pour la femme, un droit** (57) un véritable droit qui lui est conféré par le seul effet du mariage ; et même un droit exclusif (qui lui permet de demander réparation à son mari lorsque celui-ci présente, sous son nom, sa concubine : Trib. Briey, 30 juin 1966, J.C.P., 67.15.130). La femme est donc en droit, si elle le veut, d'adopter le nom de son époux, non seulement dans sa vie mondaine et les relations sociales — dans la vie courante — mais dans l'exercice de sa profession ou d'une activité littéraire ou artistique (58). *A fortiori,* peut-elle faire suivre son nom de sa qualité (Mme X, épouse Y).

Selon un arrêt de la Troisième Chambre civile (24 janv. 2001, D. 2001.IR.743) l'assignation donnée à une épouse sous le nom patronymique de son mari n'est pas irrégulière dès lors que cette mention ne laisse aucun doute quant à l'identité de la destinataire. En vérité, cette désignation est conforme à la coutume. Il est regrettable que la Première Chambre civile ait méconnu **la coutume — qui est une règle de droit** — et se soit appuyée sur la lettre de la loi du 6 fructidor an II (art. 4) pour taxer de nullité un avis à tiers détenteur délivré à madame X... alors qu'il s'agissait *(sic !)* de Mme Y, épouse X... (6 févr. 2001, D. 2001.IR.742). Il n'appartient pas au juge d'abolir une coutume, source réelle de droit. Il pourrait seulement, à charge d'en justifier, constater sa désuétude (de même que, lorsqu'il applique une coutume, il ne la crée pas). Il serait cependant exagéré de déduire de cet arrêt que le droit, pour la femme, de prendre l'usage du nom du mari n'existe plus, alors que ce droit se fonde sur une coutume toujours vivace (et abusif qu'une loi intolérante et peu éclairée lui en fasse l'interdiction). Au demeurant, s'agissant d'un avis adressé à un contribuable par l'administration fiscale, l'arrêt se borne à l'assimiler à un document officiel (v. ci-dessus n° 594) prenant le risque de couvrir, de la part du contribuable, une manœuvre dilatoire.

93 2° **Le port du nom du mari n'est pas, pour la femme, une obligation** (59). Celle-ci ne manque pas aux devoirs du mariage — faute qui serait cause de divorce au sens de l'art. 242 C. civ. — si elle ne fait pas usage du nom marital. Conservant son nom de jeune fille, la femme mariée est en droit d'en faire usage, notamment dans l'exercice de sa profession ou d'une activité créatrice. Elle est évidemment fondée à signer de son nom (60).

94 3° **Le nom propre de la femme prévaut, de droit, en certains cas.** Ainsi, dans les actes que dressent les notaires (vente, donation), la règle est de désigner la femme mariée sous son nom de naissance. C'est ce nom d'origine qui figure sur les **documents officiels** (carte

(57) Cependant, par hypothèse, ce droit dérivé, dépendant et comme enté sur le nom du mari n'existe précisément que sur le nom que le mari est lui-même en droit de porter et dont il communique l'usage à sa femme. Mais ce droit de seconde tête suit dans sa chute le nom qui tombe de la tête du mari (*accessorium sequitur...*). La femme est donc « sans intérêt à prétendre conserver l'usage d'un nom que son époux n'est plus autorisé à porter ». Civ. 1re, 6 nov. 1985, Bull., I. n° 291, p. 259 (s'il en était d'ailleurs autrement, le mari tournerait aussitôt l'interdiction qui lui est faite en prenant l'usage du nom de sa femme !).

(58) Une décision isolée réserve le droit, pour le mari, même pendant le mariage, d'interdire à sa femme de porter son nom, pour de graves raisons de convenance personnelle, notamment en matière littéraire, artistique ou commerciale (T.G.I. St-Étienne, Réf. 2 mars 1970, G. P. 1970, II, p. 255). Même admise comme une restriction subordonnée à la justification de motifs graves, cette réserve est discutable, dans l'énoncé général qui lui est donné. Les circonstances particulières de l'espèce lui donnent, il est vrai, un jour différent (utilisation à des fins électorales, par une femme en instance de divorce, du nom de son mari, homme politique connu). Comp., également en matière électorale, mais dans le sens d'un refus d'interdiction faute d'abus manifeste de la part de la femme (ramené à un défaut d'intention malveillante) T.G.I. Bordeaux, 25 févr. 1986, D. 86.305, n. Agostini (où sont rappelées des solutions attachées à l'effet suspensif du pourvoi lorsque les époux sont en instance de divorce).

(59) V. plus loin, n° 600, en cas de séparation de corps.

(60) Même les chèques (si le nom correspond à l'intitulé du compte).

d'identité, passeport, permis de conduire) et la pratique administrative permettra bientôt à la femme qui le désire de le faire figurer seul, à l'exclusion de la référence au nom de son époux (épouse Y). Dès maintenant, c'est son nom de naissance que la femme mariée transmet à l'enfant qu'elle adopte seule (C. civ. art. 357, sous réserve de l'extension à l'enfant du nom du mari ou des deux noms accolés, aux conditions de ce texte. V. plus haut, n° 787) ou à un enfant adultérin désavoué par le mari.

595 β) **Deuxième proposition.** L'influence du mariage sur le nom n'est pas indélébile. Elle est affectée par certaines des **vicissitudes du lien matrimonial**. Mais il serait excessif de poser, dans l'absolu, que l'effet du mariage sur le nom est subordonné au maintien du lien conjugal.

Cause de dissolution du mariage, **le décès d'un époux** démentirait cet automatisme : la veuve conserve le droit de porter le nom de son mari défunt. Et le mari survivant conserverait *mutatis mutandis,* l'usage du nom double, s'il avait joint à son nom celui de sa femme. Les effets du divorce et de la séparation de corps sont plus complexes.

596 **Effets du divorce** (61). Entraînant la dissolution du lien conjugal, le divorce rompt, en principe, l'unité du nom. **« À la suite du divorce, chacun reprend l'usage de son nom »** (C. civ. art. 264, al. 1). Cependant ce principe souffre **trois notables tempéraments** dont le premier est particulier à l'un des quatre cas de divorce, les deux autres plus généraux.

597 **Divorce pour rupture de la vie commune.** Conçu comme un divorce à charge (pour celui qui le demande) et comme un divorce-protection (pour celui qui le subit), le divorce pour rupture de la vie commune (séparation de fait ou altération des facultés mentales) est, par exception, soumis à une autre règle, au moins en faveur de la femme. Lorsque le divorce est prononcé à la demande du mari, **la femme a le droit** — en vertu de la loi (C. civ. art. 264, al. 2) — **de conserver l'usage du nom** de celui-ci, sans avoir besoin ni de l'accord du mari ni d'une autorisation du juge. Le maintien est de droit. C'est un peu comme si, en ce cas, le divorce n'entraînait pas la rupture complète du lien (comp. le maintien du devoir de secours, C. civ. art. 271, 280). La femme ne jouit pas de ce droit lorsque le divorce est prononcé à sa demande (et la loi ne dit pas qu'en ce cas le mari conserve l'usage du nom de la femme qu'il aurait joint au sien : car la pratique est rare, mais l'extension analogique serait naturelle) (62).

598 **Accord entre époux.** Dans tous les autres cas de divorce, la femme peut conserver l'usage du nom du mari avec l'accord de celui-ci (C. civ. art. 264, al. 3). Son droit procède alors, non de la loi, mais d'un **pacte entre époux** (63) qui peut prendre place non seulement, en cas de divorce par consentement mutuel, dans la convention qui règle les

---

(61) Pour plus de détails, v. *La Famille,* Montchrestien, n° 325, 342, 390, 426, 428. V. A. Breton, *Le nom de la femme divorcée,* Études Rodière, 1981, 17.

(62) Un arrêt décide que la femme conserve de droit l'usage du nom du mari, même lorsque, sur sa demande reconventionnelle, le divorce est finalement prononcé aux torts exclusifs du mari. Civ. 1re 4 juin 1986, J.C.P. 1987.II.20751, n. Lindon et Benabent, G. P. 1987, 3-4 juillet. Cette solution méconnaît le principe — clair dans la loi (C. civ. art. 241 al. 2) — que le divorce est alors prononcé aux torts de l'époux qui en a pris l'initiative et produit les conséquences d'un divorce pour faute, passage admis pour les autres conséquences du divorce (Civ. 2e 19 juin 1980, 3 arrêts, Bull. II, nos 148 et 149, D. 81. 831, n. Massip). Cette incohérence et cet amalgame sont d'autant plus regrettables que la femme pourrait alors conserver l'usage du nom du mari, mais sur autorisation du juge (v. *La Famille,* Montchrestien, n° 379, note 71).

(63) Nouvelle illustration des progrès de l'autonomie de la volonté en matière de nom.

effets du divorce, mais dans le règlement des autres cas de divorce, même contentieux (si les époux parviennent à s'entendre sur ce point). Dans tous ces cas, il ne s'agit pas d'une autorisation unilatérale précaire que le mari pourrait, de son seul gré, librement révoquer, mais d'un accord entré dans le champ contractuel. (On devrait seulement admettre que le mari pourrait en obtenir la révocation judiciaire pour motif légitime (64). Bien que la loi ne le spécifie pas, un arrangement parallèle pourrait, avec les mêmes effets, permettre au mari de conserver l'usage du nom de sa femme (en cas d'adjonction).

9 **Autorisation judiciaire.** En cas de divorce pour faute ou sur double aveu, la femme dispose, à défaut d'accord, d'un dernier moyen pour conserver le droit d'user du nom du mari (même si le divorce est prononcé à ses torts exclusifs). Elle peut obtenir ce droit d'une autorisation du juge, à la condition de justifier qu'un **intérêt particulier** s'y attache pour elle-même ou ses enfants (C. civ. art. 264, al. 3). Elle y a intérêt lorsqu'elle s'est fait connaître, sous le nom du mari, pendant le mariage, dans l'exercice de ses activités professionnelles. Toute la famille peut y avoir intérêt, lorsque la femme a la garde des enfants et aussi longtemps qu'un enfant (portant le nom du père) est laissé à sa garde (v. par ex. T.G.I. Paris 18 janv. 1977, J.C.P. 1977, II 18600) (65).

En dépit de la généralité des termes de l'art. 264, al. 3 (« Dans les autres cas de divorce ») la base contractuelle du divorce sur demande conjointe exclut rationnellement (v. *supra,* n° 412, 391) que l'un des époux obtienne en ce cas, de l'autorisation du juge, un droit sur lequel le consentement mutuel ne s'établit pas. Lorsque l'autorisation n'a pas été demandée au moment du divorce, une demande postérieure au jugement de divorce a parfois été jugée irrecevable (Limoges, 17 janv. 1991, G.P. 1991.I, som. p. 218 comp. T.G.I. 7 mars 1990, G.P. 1991.I, som. 23-24 janv.). La Cour de cassation admet que l'autorisation peut être accordée par un jugement postérieur (Civ. 2e 7 juin 1990, G.P. 1991.I, som. 155, obs. Massip). L'autorisation de conserver l'usage du nom marital a parfois été considérée comme s'étendant à l'usage du titre de noblesse qui y serait attaché : en ce sens T.G.I. Châteauroux, 26 sept. 1995, J.C.P. 1996. II. 22605 n. crit. Ruet, mais la décision a été infirmée par Bourges, 24 février 1998, J.C.P. 1998.II.10072, n. Ruet, qui a interdit, sous astreinte, à l'épouse divorcée du duc de Clermont Tonnerre de faire publiquement usage du titre de duchesse pour un motif de droit nobiliaire (lequel admet la dissociation du nom et du titre et exclut le port concomitant du même titre par deux personnes).

0 **Effet de la séparation de corps.** Relâchant sans le rompre le lien matrimonial, la séparation de corps conduit à retenir, en principe, une règle contraire à celle du divorce. La femme séparée conserve l'usage du nom du mari (et, en cas d'adjonction, le mari conserve l'usage du nom double). Mais ce principe souffre des exceptions. À la demande d'un époux, le jugement de séparation ou un jugement ultérieur pourrait interdire à l'autre (notamment en cas d'inconduite ou de liaison) l'usage du nom de son conjoint (C. civ. art. 300). On remarquera, au contraire, que la femme séparée n'a nul besoin, désormais, d'autorisation judiciaire pour ne plus faire usage du nom du mari. Elle peut, d'elle-même, le laisser tomber : liberté qui s'imposait, *a fortiori,* dans le relâchement opéré par la séparation (v. plus haut, n° 593).

(64) En ce sens, Paris, 9 mars 1979, *Defrénois* 1979, 1122, n. Massip ; Versailles, 6 février 1979, G. P. 1980, I, som. 88.

(65) En pratique, les femmes divorcées autorisées à porter le nom de leur ex-époux semblent éprouver des difficultés à prouver leur droit, notamment à l'égard des administrations ; v. J.O., A.N. 11 août 1979, réponse ministérielle à une question écrite.

c) Les modifications de nom à titre principal

601 D'autres changements de nom — assouplissements divers au principe d'immutabilité — peuvent se produire **indépendamment de tout changement d'état**, à titre principal : soit de façon brusque, par l'effet d'une décision de l'autorité publique, soit, à force de temps, par l'effet d'une possession prolongée.

1° La modification par autorisation administrative

Un changement de nom peut être officiellement obtenu dans trois séries de cas (deux très spéciaux, le dernier plus général).

α) Cas spéciaux

602 En vertu de la loi du 2 juillet 1923, **le nom d'un citoyen mort pour la patrie sans postérité** peut, si le défunt est le dernier représentant mâle d'une famille, être relevé par son plus proche successible. Celui-ci peut, par requête, demander au tribunal de grande instance de perpétuer le nom du défunt (le tribunal ordonnera la rectification des actes de l'état civil).

603 Un autre cas particulier revêt en période d'immigration une certaine importance. Une loi du 25 octobre 1972 (mod. par la l. du 8 janv. 1993) permet **la francisation des noms patronymiques étrangers** (et à cette occasion des prénoms étrangers). Les étrangers qui **acquièrent ou recouvrent la nationalité française** peuvent demander la francisation de leur nom (et de leurs prénoms ou de l'un d'eux) afin que soit ainsi facilitée « leur intégration dans la communauté française ». La francisation du nom consiste en une traduction ou dans la modification typique propre à faire disparaître la consonance, l'apparence ou le caractère étranger qui pourraient gêner leur assimilation (Eisenberg devient Montferrant ; Goldenberg, Montdor ; Macaroni, Macart). La modification peut également consister dans la reprise d'un ancien nom (porté par un ascendant français, ou perdu sur la décision d'un État étranger par la personne qui recouvre la nationalité française). La francisation du prénom consiste soit dans sa suppression (et l'attribution ou le maintien d'un prénom français) soit dans l'attribution complémentaire d'un prénom français. Accordée par décret, la francisation peut être demandée soit avec la naturalisation ou la réintégration soit dans l'année qui suit cet événement. Dans le délai de deux mois à compter du décret qui porte francisation du nom, tout intéressé est recevable à y faire opposition afin de faire valoir qu'il serait lésé par la francisation envisagée (art. 11 ; v. ci-dessous, n° 620). Une fois francisés, les noms et prénoms peuvent, au demeurant, sous les conditions ordinaires, faire l'objet des changements prévus aux articles 60 s. du Code civil. L'offre spéciale de francisation, en son temps, n'exclut pas l'application ultérieure du droit commun.

β) Voie ordinaire

604 Plus généralement, le droit français connaît, depuis la loi du 11 germinal an XI une **procédure administrative de changement de nom.** C'est le **mode ordinaire de changement.** Il figure désormais dans le Code civil, aux articles, 61 à 61-4 (où les dispositions qui le régissent ont été incorporées par la loi du 8 janv. 1993). Il se caractérise par le contrôle complexe auquel est soumise cette faculté.

La procédure commence par une requête motivée adressée au garde des sceaux, ministre de la Justice (il suffit, pour la former, que l'intéressé se présente au service civil du parquet du tribunal de grande instance). De la chancellerie, la requête est transmise, pour avis, au Conseil d'État. La décision du gouvernement est prise par décret publié au journal officiel (ne constituant pas une décision administrative individuelle dérogeant à une règle générale, le décret qui autorise un changement de nom n'a pas à être motivé, C.E. 20 janv. 1989, *Sommer,* Lebon, som.). Le gouvernement, avant de prendre le décret d'autorisation, n'est pas tenu d'inviter les personnes portant le nom à présenter leurs observations (C.E. 21 avril 1997, D. 97.IR. 139). La publication fait courir un délai deux mois pendant lequel tous les intéressés (v. plus loin, n° 620) sont recevables à faire valoir, devant le Conseil d'État, les raisons légitimes de s'opposer à l'attribution du nom nouveau. À défaut d'opposition en temps utile, ou en cas de rejet de celle-ci, la modification décrétée devient inattaquable. La mention du changement est portée en marge des actes de l'état civil de l'intéressé et, le cas échéant, de ceux de son conjoint et de ses enfants (art. 61-4). Cette rectification administrative des actes de l'état civil est demandée par le procureur de la République (d'office ou à la demande de l'intéressé ; v. plus haut, n° 560). Elle est opposable à tous (art. 61-4, al. 2 et 100).

Au fond, le changement de nom est ouvert à « **toute personne qui justifie d'un intérêt légitime** » (art. 61, al. 1). Sous l'empire de la loi de germinal qui se bornait à exiger « quelque raison de changer de nom », l'idée avait déjà prévalu que le changement est subordonné à la preuve, par le requérant, d'un **motif légitime.** Les applications de ce critère directif, intentionnellement vague, demeureront ceux que la tradition a déjà bien mis en lumière (66) : le plus souvent, il s'agit de se débarrasser d'un nom ridicule ou qui vient d'être déshonoré ou d'abandonner un nom de consonance étrangère (C.E. 21 avr. 1997, D. 97.IR. 139), ou enfin, plus positivement (ainsi pour le descendant, par les femmes, d'une famille illustre) de relever un nom menacé de s'éteindre. Consacrant cette dernière application, en élargissant ses limites, l'article 61, al. 2, précise désormais que le changement peut avoir pour fin d'éviter l'extinction du nom porté par un ascendant ou un collatéral du demandeur jusqu'au quatrième degré (67). Hors ce dernier cas, le nom que le requérant demande à porter résulte d'une modification de son nom actuel ou d'un choix plus ou moins arbitraire (il n'est pas rare que la requête comporte des subsidiaires). Émanant de parents, la demande de changement est en général faite non seulement pour eux-mêmes (68), mais pour leurs enfants mineurs. Si cependant **l'enfant a plus de treize**

---

(66) En cas d'opposition, le Conseil d'État fait la balance des intérêts qui s'attachent, pour celui qui le demande, au changement de nom et du préjudice qui en résulterait pour celui qui s'y oppose. V. C.E. 9 juin 1978, Rec. 241, *consorts de Saint-Martin ;* C.E. 9 déc. 1983, D. 84, 158, *Vladescu*, concl. Genevois ; C.E. 21 avr. 1997, D. 97.IR. 139, *Abbé Laurentin et al.* ; la notoriété du nom des opposants ne suffit pas à exclure son adoption, s'il est, par ailleurs répandu. V. Bernard, *Le Conseil d'État et les changements de nom*, E.D.C.E., 1977/78, p. 69 s. ; Thibaut « *Le nom patronymique et l'attitude de l'État français à l'égard des changements de nom* », R.R.J. Droit prospectif 1989-1, p. 18 s. Sur la lenteur réelle ou supposée de la procédure, v. une réponse à une question ministérielle, J.C.P. 1995. inf. 25.

(67) C'est une modeste contribution à la lutte contre la réduction lente du « corpus patronymique » traditionnel, notre patrimoine onomastique étant surtout menacé, dans les noms rares pour l'essentiel, par la non-reproduction des générations. V. rev. Généalogie Magazine, n° 100 (enquête de Jacques Dupâquier). Phénomène plus général, dans les annonces légales, le nombre des demandes émanant d'enfants légitimes (ou de leur mère) qui tendent soit à la substitution du nom maternel au nom paternel, soit à l'adjonction des deux paraît en sensible augmentation depuis 1984.

(68) Il n'est pas rare que chaque époux réclame le même changement, le mari (pour lui-même et pour ses enfants mineurs, comme administrateur légal), la femme (pour l'usage du nom du mari : c'est cependant superflu). V. dans un journal d'annonces légales de juin 1980 : 1) Mme X, née..., épouse de M. Y, demeurant..., dépose en son nom une requête auprès de M. le Premier Ministre du Gouvernement de la République française, à l'effet d'ajouter à son nom patronymique la particule « de », de telle sorte que son nom puisse devenir Mme « de Y » 2) M. Y, né..., demeurant à..., dépose, tant en son nom qu'au nom de sa fille mineure,..., dont il est l'administrateur légal une requête auprès de M. le

ans, son nom ne peut être changé sans son **consentement** (il est aujourd'hui de règle que tout changement de nom de l'enfant de plus de treize ans exige son consentement personnel, lorsque ce changement ne résulte pas de l'établissement ou d'une modification d'un lien de filiation, art. 61-3, al. 1) (69). En revanche, même si elle n'est pas demandée, la modification accordée s'étend de plein droit aux enfants du bénéficiaire lorsqu'ils ont moins de treize ans (art. 61-2) et ce, même si le changement demandé par le père pour lui-même, n'a pas recueilli l'accord de la mère (C.E. 30 juin 2000, D. 2000.IR.213). En aucun cas elle ne s'étend aux enfants majeurs (70).

605 **2° Les modifications par « prescription » acquisitive.** La règle de l'immutabilité du nom de naissance n'est pas parfaitement sanctionnée (elle est « moins que parfaite »). Il arrive que, de leur propre initiative, des particuliers modifient leur nom (souvent de façon partielle en ajoutant une particule ou un nom d'origine plus flatteur à leur nom de base, quitte à laisser ensuite tomber ce dernier). La jurisprudence a tendance à admettre une sorte de prescription acquisitive coutumière du nom (71). Elle reconnaît qu'**un nom peut être acquis par un usage prolongé, mais a de rigoureuses conditions :** 1) qu'il n'y ait pas de fraude à l'origine de la modification (une déloyauté initiale est un vice indélébile : Civ. 13 juill. 1955, préc. ; Civ. 1re, 17 mai 1966, G.P. 1966, II, 65) ; 2) que l'intéressé puisse se prévaloir d'une « possession » continue et au moins séculaire du nom (le défaut de continuité, ou l'insuffisance de la durée de l'usage sont fréquemment relevés : v. Civ. 1re 13 juillet 1955 préc., *Arbellot de Rouffignac c/ de Roffignac* ; Civ. 10 mars 1959, G.P. 59.2.11 ; *adde* Civ. 1re, 25 mai 1992, Defrénois 1992, 1431, chron. Massip, D. 1992.445, n. F. Boulanger, possession jugée insuffisamment prolongée pour une dénomination « de Tournays » qui n'avait plus été portée depuis 1456).

Le droit de se prévaloir de la possession loyale et prolongée d'un nom, par ses ascendants proches, n'empêche cependant pas un individu, s'il le préfère, de demander à reprendre le nom de ses ancêtres, lequel ne se perd pas par le non usage (Civ. 1re, 15 mars 1988, D. 1988.549, n. Massip). Les juges du fond jouissent du pouvoir d'apprécier les possessions invoquées, notamment en fonction de leur durée respective et de leur ancienneté (ainsi pour ne pas autoriser la reprise d'une particule qui n'avait plus été arborée depuis 1618, Civ. 1re, 25 mai 1992, préc.). V. ci-dessous, n° 608.

Premier Ministre du Gouvernement de la République française, à l'effet d'ajouter à son nom patronymique la particule « de », de telle sorte que son nom puisse devenir « de Y », et que sa fille puisse s'appeler « de Y ».

(69) V. jadis Orléans, 27 avr. 1866, S. 66.2.240 ; Grenoble, 5 juill. 1870, S. 1871.2.44. Il était naturel que cette extension fût subordonnée à leur consentement, à partir d'un certain âge ; quinze ans, treize ans ? La loi de 1993 (C. civ. a. 61-3) a tranché en faveur de 13 ans, effet d'harmonisation.

(70) Majeur, un enfant est libre de solliciter — pour lui — aux conditions ordinaires le changement de son nom. L'intérêt moral qui s'attache à la perpétuation du nom patronymique pour les membres de la famille qui le porte rend recevable leur opposition. Mais si l'auteur de la demande de changement justifie de motifs légitimes, la rupture nominale du rattachement familial ne suffit pas à y faire obstacle à défaut de préjudice spécial. V. pour une opposition paternelle reconnue recevable et mal fondée : C.E. 9 déc. 1983, D. 84.158, concl. Genevois (l'enfant sollicitant l'attribution du nom de sa mère, divorcée du père dont le nom avait une consonnance étrangère).

(71) La loi n'ayant réglé ni la durée, ni les conditions de cette espèce de « possession » du nom, la Cour de cassation estime qu'il appartient aux juges du fond d'en apprécier souverainement la loyauté et les effets (Civ. 1re, sect. civ. 13 juill. 1955, D. 1955.717 ; 6 juill. 1977, G. P. 1977. II, Pan. 293 (modification flatteuse d'orthographe : « Defrance » devenant « de France »). Comp. Civ. 1re, 3 nov. 1981, G. P. 1982. I, Pan., p. 124. V. *La possession du nom patronymique,* D. 1998, chron. 39, A. Chamoulaud-Trapiers.

La loi du 4 mars 2002, Fabrique de noms d'enfants

6 Que feront les parents d'un premier né devant l'offre de construire en kit son nom ? Sur un parti idéologique, s'ouvre la porte du brouillage des noms. Il en résulte une immense complication (qui a sans doute été pressentie puisque son entrée en vigueur a été retardée au 1er septembre 2003, et qu'il serait question de la différer jusqu'au 1er janvier 2005, en retouchant la loi).

1. **La part faite à la volonté parentale.** Elle heurte de front le principe de l'indisponibilité de l'état des personnes (72). Or, sans doute, ce principe fléchit-il déjà dans les cas limitativement spécifiés où la loi autorise des aménagements volontaires d'appoint, à titre de correctifs secondaires. Il s'agit ici **d'instituer la volonté parentale comme mécanisme de base dans le jeu ordinaire de la dévolution du nom.** C'est un bouleversement radical du système. **Le principe de la dévolution change.** On conçoit que cette exaltation de la volonté individuelle exerce une certaine fascination. Cependant, elle repose sur le postulat que le **nom est la chose des parents.** Elle consomme, dans une vision intimiste, une certaine privatisation du nom. Dérive consciente ou non, **elle aligne le nom sur le prénom,** elle introduit abusivement dans l'attribution du nom, le principe d'un choix parental qui a sa place si naturelle dans celle des prénoms. Cette contractualisation domestique vaut un déclassement. Le baptême s'entendait des prénoms. Voici venir des baptêmes de nom.

La part faite à la volonté parentale est d'autant plus léonine qu'elle exalte le pouvoir d'une génération. Les parents d'une génération dictent leur loi à celles qui l'ont précédée et à celles qui la suivent. Lorsqu'ils rompront la référence à une ligne ascendante, cette brisure volontaire aura de quoi blesser les ascendants de cette ligne et frustrer sans retour les descendants (à moins — écrivions-nous — d'ouvrir, comme pour les prénoms, un changement de nom qui détruirait l'unité de la traîne, complication en cascade). C'est finalement ce qui s'est produit avec l'adoption de la faculté d'adjonction, contre-pouvoir offert à l'enfant devenu majeur (art. 311-22). Lors même que les parents transmettront chacun leur nom, la loi du maximum, chaque fois qu'elle jouera, provoquera avec les mêmes inconvénients, les mêmes sacrifices. Et la machine à exclure et à émonder les noms sévira à chaque génération. Au fil d'une loi qui veut sauver des noms, beaucoup de noms seront perdus ou mutilés. On accepte plus volontiers la loi commune d'une coutume générale qu'une discrimination arbitrairement résolue au sein de la famille. D'où, peut-être, une pérennisation volontaire de la coutume, voie ouverte... L'idéologie antipatronymique n'est pas allée jusqu'à l'intolérance, en laissant une chance à la confirmation expresse ou tacite de la tradition patrilinéaire. On verra ce que les citoyens en feront. Ce sera un observatoire de sociologie, et même d'anthropologie.

2. **Opacité du système onomastique.** Si, sur le vif, le choix offert aux parents d'un premier né risque de leur poser des problèmes diplomatiques et psychologiques (à commencer par leur propre entente) au-delà des dissentiments et ressentiments, c'est aussi à des résultats d'ensemble qu'il importe d'éprouver le système, en le projetant dans l'espace familial et la suite des générations. Or, dans les répercussions à cette échelle, le système proposé aboutit à opacifier les relations de famille. Le nom cesse d'être le signe clair d'un lien de famille et, en premier, le signe de la paternité ou de la maternité. Car, même lorsque le nom sera biparental (mais dans un ordre variable), on ne saura jamais de l'extérieur, lequel est maternel, lequel est paternel et quand un seul nom aura été donné, on ne saura pas si c'est celui du père ou celui de la mère. Le nom ne manifeste ni la paternité ni la maternité, il oblitère l'une et l'autre. Sa polyvalence le voue à l'ambiguïté, l'égalité s'accomplit dans l'équivoque. La relation parentale n'est pas lisible. Elle l'est d'autant moins que si **l'unité de nom** règne entre frères et sœurs germains, elle **éclate entre parents et enfants.** Lors même en effet que le nom des enfants est biparental, chacun des parents garde le sien (ou même, le cas échéant, son nom double, s'il a dû n'en transmettre qu'une partie). *A fortiori* lorsque les enfants n'ont que le nom du père ou celui de la mère. Le système brouille les pistes et divise au lieu d'unir la famille nucléaire. Le nom parental n'est pas conjugal, ce n'est pas le nom du groupe parents-enfants. Le nom est muet. De la même manière, le système oblitère toute référence aux lignes ascendantes et pas seulement la référence patrilinéaire, puisqu'il efface tout repère de lignage. Sur les cotés, le cousinage subit plus encore l'effet

(72) Si **l'immutabilité du nom** n'est plus un **dogme,** c'est encore **un principe essentiel de stabilité,** un **souci primordial de police civile.** L'indisponibilité du nom n'a pas été balayée dans le principe, mais seulement assouplie dans les cas spécifiés par la loi. Les ouvertures raisonnables faites à la volonté individuelle correspondent utilement, dans des situations particulières ou même marginales, à des **retouches d'appoint,** à des **correctifs mineurs,** parfois même non irréversibles.

de dislocation. Impossible de reconnaître des branches collatérales. Si l'on imagine toutes les combinaisons que des frères et sœurs peuvent choisir à la faveur de leur alliance, grâce à l'apport des noms de leurs conjoints respectifs, le tableau des noms de cousins devient chaotique. Le nom de famille devient un patchwork. S'en réjouissent les généalogistes qui pourront revoir leur rémunération à la hausse pour la peine accrue que leur donnera la taille des arbres de famille. Le nom perd du sens. Quelle famille exprime-t-il ? En dehors de la fratrie (effet paradoxal de mode), aucun autre lien. Le nom dit patronymique n'est pas un nom de famille mais un nom d'enfant (et même d'enfant mineur). Symbole ambigu, le nom n'a plus de signification sociale claire. C'est un cocon indéchiffrable et chaque génération tissera le sien. Il faudra trouver par quoi le nom demeure un patrimoine familial.

Y-a-t-il eu là dessus assez de réflexion ? On célèbre étrangement, dans la fratrie, une unité de nom qui existait déjà et on l'introduit paradoxalement dans le système qui la voue à disparaître. Et c'est un pis-aller. Car, d'un autre côté, on ne se soucie pas de l'unité de nom, dans le groupe essentiel que forment parents et enfants. C'est une politique fourvoyée.

3. **Égalité des sexes et uniformisation des législations.** Ce sont deux arguments invoqués au soutien de la réforme. L'égalité est une aspiration légitime. Faudrait-il lui subordonner toutes les richesses qui se croisent sur le nom, comme à une règle d'airain qui ferait tout ployer sous sa férule ? Sous sa vraie lumière (comme le révèle le doyen Carbonnier), le principe patronymique relève moins de l'ordre patriarcal (mot presse-bouton qui déclenche un réflexe repoussoir) que d'un système patrilinéaire, pur de toute discrimination, qui renvoie pertinemment à la présomption de paternité. Le nom du père est, en vérité, le nom du mari de la mère, du *pater quem nuptiae demonstrant,* et il faut bien le montrer du nom ce père seulement présumé, le relier nominalement à l'enfant né charnellement d'une mère certaine : *Mater patet, pater latet.* L'argument vaut, si elle est stable, au sein même de l'union libre (où le père demande aussi à être reconnu, s'il a reconnu l'enfant). Il y aurait sous l'élégance, grand fond de vérité à considérer que, pour les pères, c'est moins un privilège qu'un bon retour de la maîtrise première et radicale que la nature et la loi confèrent à la femme sur la procréation même, comme si, en définitive, le nom était un peu la couronne que la mère place elle-même sur la tête de son enfant, en affirmation de fidélité et marque de procréation.

Quant à l'uniforme réglementation du nom au sein de l'Europe ou dans le monde, on se berce, là dessus, dans l'illusion des indications approximatives et superficielles du droit comparé. **Un modèle universel est un objectif nul.** Le Comité des ministres du Conseil de l'Europe a eu la sagesse d'admettre que chaque État membre était maître de rester **fidèle à ses mœurs et à ses traditions locales,** dans sa conception de la dévolution du nom. Que les obsédés de l'aplatissement général cessent de nous asséner la vision fanatique du paradis de l'unité. Ce discours devient intolérable. En matière de nom, il est ridicule ou simplement déplacé.

Pour finir, on se demande si les arguments du discours officiel ont été des prétextes ou des chimères. L'égalité entre parents, l'unité en Europe, on ne les voit guère. En privilégiant un nom monoparental, les parents peuvent oblitérer la branche paternelle ou la branche maternelle et, malaxé comme il l'est, le système français ne ressemble en Europe à aucun autre. Bref bilan (qui pourrait ne pas chagriner tout le monde) : la loi n'a atteint aucun de ses objectifs. Il est déjà question de la modifier sur une proposition de loi du Sénat. Il est douteux que des retouches sauvent un système si profondément défectueux.

Bibliographie. Loi n° 2002-304 du 4 mars 2002 relative au nom de famille, D. 2002, lég. 1015 ; J.C.P. III, 20055.

Massip, commentaire *in Defrénois* 2002, art. 37563, p. 759 s. ; et *Defrénois* 2002, art. 37588, p. 1062 s. *« Suggestions pour une modification des règles du Code civil relatives au nom et aux prénoms ».* Sur la proposition de loi Gouzes, v. M. Gobert, *« L'attribution du nom : égalité ou liberté ? » Pet. aff.* 23 mai 2001, p. 4 s.

Adde M.-Fr. Valetas, *Le nom des femmes mariées dans l'Union européenne,* Population et sociétés, Bull. de l'I.N.E.D., n° 367, avril 2001.

§ 2. LES ATTRIBUTS DU NOM

Un nom est fait pour être porté ; un nom peut être défendu : le port du nom et la défense du nom sont les deux attributs à considérer.

A. LE PORT DU NOM

Pour chaque individu, porter son nom constitue **un droit**, mais aussi **une obligation.**

a) Le droit de porter son nom

7 **Chacun a l'usage de son nom.** Chacun est en droit d'user de son nom dans tous les actes de la vie civile : dans les actes juridiques, dans les actes de l'état civil, dans l'exercice de ses activités professionnelles et commerciales. Un tempérament marginal apparaît, cependant, sur ce point, en jurisprudence. Le porteur légitime d'un nom ne peut profiter d'une homonymie pour exercer, sous son nom, une activité commerciale analogue à celle d'un autre commerçant qui s'était déjà fait connaître sous ce nom (c'est l'un des procès Ricard contre Ricard) (73). Le droit des marques (l. 31 déc. 1964, art. 2) fait prévaloir le droit du premier déposant qui peut faire interdire ou réglementer l'usage du nom par le second (74).

8 L'usage du nom est même un **droit imprescriptible**. Un individu ne peut pas perdre le droit de porter le nom que la loi attribue (on imagine que lui-même ou sa famille a dû, dans des circonstances difficiles, cesser de le porter ; le problème s'est posé pendant la Révolution, ou en période de persécutions). L'intéressé peut toujours demander à reprendre l'usage du nom auquel il a droit, sans qu'il soit fondé de lui opposer la prescription extinctive. **Le nom ne se perd pas par le non usage.** Rappelant cette règle, l'arrêt précité (n° 606) du 15 mars 1988, permet à un individu de reprendre le nom de ses ancêtres en renonçant au bénéfice de la prescription acquisitive d'un autre nom par ses ascendants les plus proches. Combinée à l'imprescriptibilité du nom, la faculté de renoncer à la prescription acquisitive ouvre à l'intéressé une sorte d'option de nomination, mais sous le contrôle des juges du fond, souverains appréciateurs de la valeur respective des possessions invoquées (v. Civ. 1re, 25 mai 1992, cité ci-dessus ; tempérament à la devise *« usque non ascendam ? »* cf. pour l'imprescriptibilité de l'action en rectification des actes de l'état civil, ouverte aux tiers intéressés : Caen, 23 fév. 1965, G.P. 1965, II, 169).

b) L'obligation de porter son nom

9 **Chacun a le devoir de porter son nom.** Le nom apparaît ici comme institution de police civile, **élément d'identification**. L'État et les tiers sont intéressés au respect d'une telle obligation. Celle-ci a pourtant des **limites.**

0 **L'étendue de l'obligation est, pour l'essentiel, déterminée par la loi pénale.** Dans de nombreuses hypothèses, l'usage d'un faux nom est pénalement sanctionné.

Ainsi, **l'usage d'un faux nom** est-il l'un des éléments constitutifs de diverses infractions pénales : le faux en écriture privée, les infractions en matière de passeport de permis de

(73) L'auteur de la confusion fait acte de concurrence déloyale ou, en l'absence d'élément intentionnel, commet un quasi-délit qui engage sa responsabilité civile : Cass. Com. 18 avril 1958, G. P. 1958, I, 436. Sur l'ensemble de la question v. F. Pollaud-Dulian, *L'utilisation du nom patronymique comme nom commercial,* J.C.P. 1992.I.3618.

(74) La sanction adéquate est appréciée par le juge : interdiction d'utilisation, Paris, 28 mars 1985, D. 86.IR. 86, obs. Burst (affaire Leclerc) ; adjonction obligatoire du prénom, Com. 5 nov. 1985, D.87.23, n. Burst (affaire Morabito).

chasse ou divers autres documents, l'escroquerie par emploi d'un faux nom (art. 313-1 C. pén.). De plus, l'usage d'un faux nom constitue, à lui seul, en tant qu'atteinte à l'état civil un délit lorsqu'il se produit soit dans un acte public, soit dans un acte authentique (notamment, dans les actes de l'état civil), soit dans un document destiné aux autorités publiques (et dans les actes judiciaires) (C. pén., art. 433-19. V. Crim. 11 janv. 1990, G.P. 1991.I.298).

611 Hormis ces cas, l'obligation de porter son nom n'est pas sanctionnée par la loi pénale. Cette **liberté résiduelle** laisse en fait, aux individus, une grande latitude. En dehors des délits spécifiés par la loi, un individu est d'abord libre de porter un faux nom. Cette liberté légitime l'usage d'un **pseudonyme** (75). Nom de fantaisie ou d'emprunt, le pseudonyme dont s'affuble une personne masque plus ou moins au public sa personnalité dans des activités particulières (littéraires, artistiques etc.) (76). Le choix d'un pseudonyme est, dans cette mesure, libre (77) et licite (78).

De même, en dehors des cas dans lesquels un individu est obligé de décliner son identité (79), il peut conserver **l'anonymat**. L'anonymat est une liberté, notamment dans les relations contractuelles (ou dans la publication d'une œuvre). Ces libertés cessent seulement lorsqu'elles lèsent l'intérêt légitime d'un tiers.

612 L'obligation de porter son véritable nom peut en effet trouver une autre sanction, dans les rapports entre particuliers, à l'initiative d'un tiers qui défend son nom contre l'emprunt qui en est fait, même de bonne foi (à titre de pseudonyme ou de nom patronymique) : l'ordre public n'est plus alors directement en cause. C'est l'intérêt privé du porteur légitime du nom qui s'oppose à l'usurpation de celui-ci.

B. LA DÉFENSE DU NOM (80)

613 **Le porteur légitime d'un nom est fondé à le défendre**. Cette prérogative correspond non pas à une obligation, mais à une faculté. C'est une protection offerte par le droit.

D'emblée, il faut mettre hors série le cas des **homonymes**. Le possesseur d'un nom n'est pas en droit d'en contester l'usage à ceux qui, régulièrement, portent le même nom (sous réserve de l'action en concurrence déloyale contre ceux qui exploitent trop habilement une homonymie) (v. ci-dessus, n° 607).

Hors ce cas, en quoi consiste la défense du nom ? Quelles prérogatives s'attachent, pour le possesseur légitime d'un nom, au droit de le défendre ?

La pratique judiciaire révèle les manifestations de ce droit ; la théorie juridique en propose des explications.

---

(75) V. Leloup, *Le pseudonyme*, R.T. 1963.449 ; Nepveu, J.C.P. 1961.1662.

(76) V. Civ. 1re 23 fév. 1965, D. 65.387, rej., Bordeaux, 26 juin 1962, G. P. 62, II, 264.

(77) V sur un point particulier, Penneau, *L'utilisation d'un pseudonyme par les membres d'une profession médicale,* J.C.P. 1985.I.3185.

(78) Celui qui a créé et porté de longue date un pseudonyme original est en droit d'en défendre l'usage à autrui. V. Paris, 27 oct. 1980, G. P. 81.I, som., 158.

(79) V. d. n° 68-786 29 août 1968, pour les brocanteurs, art. 4 (« revendeur d'objets mobiliers »). Sur l'ensemble de la question, V. J.-Chr. Saint-Pau, *L'anonymat et le droit*, th. Bordeaux, 1998.

(80) V. P. Kayser, *La défense du nom d'après la jurisprudence civile et d'après la jurisprudence administrative,* R.T., 1959, 10.

a) Les manifestations pratiques

Le droit de défendre le nom se traduit par diverses actions en justice (81).

4 1° La plus importante est **l'action en usurpation** de nom (82). C'est une action en contestation d'état en vertu de laquelle le porteur légitime d'un nom conteste à un tiers le droit de porter le même nom, demande au juge de lui faire interdiction à l'avenir de porter le nom usurpé et, autant que de besoin, de faire rectifier par voie de conséquence les actes de l'état civil. Dans cette action fondamentale, ce qui est en cause c'est le droit, pour l'usurpateur prétendu, de porter un nom litigieux. Souvent, le défendeur prétend avoir droit au nom qui lui est contesté, invoquant par exemple le bénéfice d'une prescription acquisitive qui se serait opérée en sa faveur (v. l'affaire de Roffignac c/ de Rouffignac, Civ. 13 juillet 1955. D. 55.717).

5 Dans le même genre, une action secondaire tend à faire interdire à un individu le port d'une partie seulement de son nom et à lui faire l'obligation de conserver l'intégralité de son nom, pour ne pas s'en approprier la partie la plus noble, la plus prestigieuse (par exemple, M. Clérel de Tocqueville veut interdire à M. Grouhard de Tocqueville de laisser tomber « Grouhard » et de ne plus s'appeler que de Tocqueville (Civ. 1re, 19 nov. 1957, D. 58.283) (83). L'usurpation d'une particule (obtenue notamment par scission du nom entier) peut aussi déboucher, à la demande des porteurs légitimes du nom, sur l'interdiction de l'arborer (Paris, 17 mai 2001, D. 2002, som. 2374, com. A. Lepage).

6 2° D'un autre type est **l'action en responsabilité** exercée par le porteur légitime d'un nom contre **l'utilisation abusive** de ce nom par un écrivain, un cinéaste à des fins littéraires ou artistiques (84). Le *principe* en est certain : le porteur d'un nom a le droit de demander réparation du dommage moral causé par l'usage abusif de son nom qu'un auteur emprunte pour le donner à un personnage de roman ou de film. Quand le droit à réparation est reconnu, la *sanction* la plus adéquate s'impose (le porteur du nom obtient des dommages et intérêts ou, si elle est possible, l'interdiction pour l'écrivain d'utiliser à l'avenir le nom, avec par exemple l'obligation, dans une édition ultérieure, de rebaptiser son personnage).

7 Le problème est de savoir à quelles **conditions** s'ouvre le droit à réparation. De toute évidence, la responsabilité de l'écrivain ou du cinéaste sera retenue, lorsque l'on pourra lui reprocher d'avoir sciemment usé du nom litigieux dans une intention malveillante. Cependant, semblable machination de la part des auteurs paraît exceptionnelle : elle n'est pas facile à prouver. Il s'agira plus souvent d'une coïncidence malheureuse. En dehors de toute faute intentionnelle démontrée, la jurisprudence paraît subordonner à une double condition le succès de la demande.

---

(81) On mentionnera le droit élémentaire de se faire appeler par son nom véritable et d'exiger d'être ainsi désigné. V. pour la commune de Verdun, *infra,* nº 816. Une décision a même admis, de la part d'une personne dont le nom est dénié par une autre, la recevabilité d'une action provocatoire tendant à faire cesser de tels bruits (action de jactance) en mettant leur auteur au défi d'établir la réalité de ses allégations, c'est-à-dire à faire reconnaître que le nom qu'on lui dénie est vraiment le sien : T.G.I. Paris, 12 juil. 1989, G. P. 1989.II.som. 20.

(82) L'usurpation de nom est par ailleurs, un délit punissable aux conditions de l'article 780 C. pr. pén. V. Crim. 12 janv. 1983, J.C.P. 84.II.20233, obs. Chambon.

(83) Cf. pour une difficulté voisine, Civ. 1re, 11 juin 1963, G. P. 1963.II.290.

(84) V. T.G.I. Seine, 22 oct. 1963, G. P. 64, I, 186 ; Paris, 10 juill. 1957, G. P. 1957, II, 261, Jean Dutourd ; trib. civ. Seine 10 déc. 1958, G. P. 1959, I.243, Françoise Sagan. Sur l'ensemble de la question, v. Colombet, *Le nom et les propriétés incorporelles,* D. 1989, chron. 31.

618 Le demandeur doit, d'abord, démontrer qu'il a un **intérêt à agir** (application banale de la maxime « pas d'intérêt pas d'action » ?). Or il se trouve que cette preuve n'est rapportée que si, en fait, **une confusion est possible** entre le personnage affublé d'un nom et le personnage réel qui le porte (v. not. Paris, 7 févr. 1989, D. 1990.124, n. Hassler). L'intérêt pour agir en justice ne se concrétise que dans la mesure où, dans l'opinion publique (dans l'esprit des lecteurs, des spectateurs) un rapprochement est possible entre les deux personnages. Ainsi, la jurisprudence paraît-elle ne protéger que les grands noms, les noms illustres célèbres, les seuls pour lesquels une confusion puisse naître à l'exclusion des noms plus courants, plus répandus, que leur banalité même protège d'une atteinte personnelle (mais ce n'est qu'une coïncidence de fait que les circonstances pourraient démentir) (v. T.G.I. Seine, 22 oct. 1963 préc.).

Il semble que le succès de la demande soit subordonné à une autre condition (même si, dans les décisions, elle n'est pas clairement dissociée de la précédente) : que l'utilisation du nom ait effectivement causé un **préjudice** au demandeur, en jetant le discrédit sur le personnage réel à travers le personnage fictif. Il faut par exemple que celui-ci apparaisse, dans le roman ou dans le film, sous un jour défavorable (v. T.G.I. Seine, 22 oct. 1963 préc. ; comp. sur les deux points, trib. civ. Seine 10 déc. 1958, G.P. 59.1.243 où il semblait n'y avoir ni risque de confusion ni atteinte à la considération ; jugé dans « l'affaire Bidochon » que, faute de rapprochement avec le requérant, le fait de donner ce nom à un personnage ridicule de bande dessinée n'en constitue cependant pas une utilisation abusive, Paris, 30 oct. 1998, D. 98.IR. 259). Les deux conditions sont cumulatives.

619 3° Un troisième type d'action assure la défense du nom contre son **utilisation commerciale** (ou publicitaire) par des tiers. C'est une action parallèle à la précédente par laquelle le porteur légitime d'un nom fait défense à un tiers d'utiliser le même nom ou un nom approchant à des fins commerciales. Le succès de la demande est subordonné aux mêmes conditions d'intérêt (risque de confusion) et de préjudice (85). Cette dernière est, assez facilement, réalisée (elle l'est du seul fait de la concurrence déloyale ou de la « commercialisation, » « dégradante », « dérogeante » du nom). Mais il faut que le risque de rapprochement soit réel (86) et que l'intéressé n'y ait pas donné son accord, même tacite (87). Parfois, cette action donne lieu à des applications pittoresques (faire interdire à

---

(85) V. not. Civ. 1re 13 févr. 1967, Bull. I, n° 372 (affaire Savignac) ; Civ. 1re 19 juin 1961, Bull. I, n° 323 (affaire Boissy d'Anglas) ; T.G.I. Paris 3 janv. 1986, D. 87.115, n. Burst ; Com. 21 oct. 1997, G. P. 98.II.som.77, marque « Au duc de Praslin », pas de confusion.

(86) V. Paris, 8 nov. 1961, G. P. 1961.II.355 (affaire Baron de Planta) ; Civ. 1re 13 févr. 1967, Bull. I, n° 60 (affaire Badoit). Sur l'ensemble de la question, v. l'étude préc. de F. Pollaud-Dulian, J.C.P. 1992.I.3618. ; Colombet, *Le nom et les propriétés intellectuelles*, D. 1989, chron. 31 ; G. Bonet, *L'usage du nom d'autrui dans une marque* (à propos de l'arrêt *Viagra* de la Cour de Paris 15 déc. 2000), D. 2001, Aff. 1298 et l'arrêt p. 1306.

(87) Civ. 1re 6 juill. 1965, Bull., I, n° 453, D. 1965.701 (affaire Negresco) ; *adde*. Com. 28 avril 1987, G. P. Rés. d'arrêts, 8-9 juill. 1987, p. 173. La question de l'accord sous toutes ses formes (autorisation, cession, convention) a pris une ampleur considérable.

1. Dans son principe : on admet que l'inaliénabilité du nom patronymique ne s'oppose pas à la conclusion d'un accord portant sur l'utilisation de ce nom comme dénomination sociale ou nom commercial. (Jugé qu'une autorisation consentie en 1911 sans clause de précarité et de révocabilité et non remise en cause pendant plus de quatre-vingts ans, ne peut, à défaut de confusion avec sa personne, fonder le neveu de l'auteur de l'autorisation, à faire interdire l'utilisation de la marque litigieuse « Au duc de Praslin ». Com. 21 oct. 97, cité ci-dessus). Comp. Paris, 12 oct. 2001, *D. aff.* 2001, 3623.

2. Dans son effet : le patronyme adopté devient un signe distinctif qui s'est détaché de la personne physique qui le porte pour s'appliquer à la personne morale qu'il distingue et devenir ainsi objet de

un commerçant de mettre sur son enseigne le nom de sa rue, si ce dernier se trouve être celui d'une personnalité dont les héritiers entendent honorer la mémoire : Grenoble, 29 oct. 1968, G. P. 6-9 déc. 1968.

0 4° Au catalogue des actions en défense du nom, figure **l'action en opposition** qui appartient au porteur légitime d'un nom ou aux membres de sa famille contre l'attribution administrative de ce nom à un tiers, soit par francisation, soit par voie ordinaire du changement de nom (v. plus haut, n° 603 s.). Là encore l'opposition (ouverte à tout intéressé) n'est jugée fondée que pour les noms « à monopole de fait » pour lesquels un risque de confusion est possible. (V. n° 605, n° 69).

b) Les explications théoriques

1 Quel fondement juridique reconnaitre à ces solutions ? On le recherche du côté de la **nature juridique du droit au nom**. Une explication paraît exclue : celle de la propriété individuelle du nom de famille. Il est commode, par évocation, de parler de « propriété » ; mais si le nom était objet de propriété (donc, en toute exclusivité, monopole de droit), le propriétaire du nom serait fondé à le défendre contre toutes les utilisations des tiers, sans avoir jamais besoin de justifier ni d'un intérêt, ni d'un préjudice. Les conditions que les tribunaux mettent au succès de la demande (v. ci-dessus n° 617 s.) sont incompatibles avec la thèse de la propriété de nom. Pour l'écarter, un autre argument est aussi avancé : l'indisponibilité du nom. Mais est-il convaincant de mettre l'accent sur l'impuissance de la volonté, depuis que la loi civile lui laisse quelques initiatives et prend en considération, dans des cas spécifiés, des conventions sur le nom de famille, sous couvert de la juridiction gracieuse (88) ?

2 La théorie aujourd'hui dominante s'harmonise au contraire avec les conditions que la jurisprudence met à la défense du nom. Le nom est un **élément de la personnalité** : il ne peut être défendu que si la personnalité est affectée. Les conditions d'intérêt et de préjudice concrétisent des **atteintes à la personnalité**.

3 Sur un dernier point cependant le nom (**institution à facettes**) apparaît plutôt, dans la jurisprudence, comme le signe d'une appartenance familiale. Le droit d'agir en usurpation ou contre l'utilisation abusive du nom n'est pas réservé à ceux qui, *« de jure »,* portent eux-mêmes le nom. L'action est ouverte à ceux des membres de la famille qui, n'ayant pas le droit de porter eux-mêmes le nom, justifient, en raison de leur appartenance familiale (par leur qualité de membre de la famille), d'un intérêt moral à défendre ce nom en justice ; c'est le cas des descendants par les femmes (v. not. Civ. 1re, 5 févr. 1968, G.P. 68.I.264).

---

propriété incorporelle. Com. 12 mars 1985 (affaire Bordas), J.C.P. 85.II.20400, concl. Montanier, note critique G. Bonet.

3. Dans sa loyauté : si le bénéficiaire de l'autorisation tient celle-ci d'un homonyme, elle n'est dotée d'effet que si cet homonyme n'est pas un simple prête-nom, mais pratique lui-même l'usage qu'il cède. V. T.G.I. Paris, 3 janv. 1986, préc. (affaire Château Lafitte Rothschild) ; T.G.I. Paris, 27 juin 1984, J.C.P. 1986.II.20582, n. Plaisant (affaire Paloma Picasso).

(88) V. *supra*, n° 582. De son côté, la jurisprudence fait respecter l'autorisation donnée par le porteur d'un nom à l'utilisation commerciale de celui-ci. V. *supra,* n° 619, note 89. Sur l'ensemble de la question, V. G. Loiseau, *Le nom objet d'un contrat,* thèse Paris I, L.G.D.J. 1997, préf. Ghestin.

Tous les membres de la famille ont *qualité* pour défendre le nom de la famille en justice (89). Les membres de la famille sont, en tant que tels, procéduralement, les défenseurs légitimes du nom de famille et d'autres valeurs extrapatrimoniales (v. *supra,* n° 527 et 528). Faudrait-il dire que le nom est l'objet d'une propriété de famille ? Le nom fait partie de ce que l'on pourrait appeler un « **patrimoine moral de famille** », au sens évocateur du mot (90).

Quand on a mis de côté le nom commercial (qui est, dans le patrimoine proprement dit, l'objet d'une propriété véritable), **le nom patronymique constitue un élément extrapatrimonial à deux dimensions, l'une personnelle, l'autre familiale.**

§ 3. LES COMPLÉMENTS ET ACCESSOIRES DU NOM

Ce sont, pour chaque individu, le ou les **prénoms** et, pour une minorité de familles, la **particule**, les **titres de noblesse** et les **armoiries**. Plus marginalement encore, les **initiales**, synthèse abrégée du prénom et du nom, participent, comme substitut, à leur régime.

A. LE PRÉNOM

624 Le prénom est l'objet de quelques règles simples dont l'application ne soulève, dans l'immense majorité des cas, aucune difficulté. Cependant, les litiges qui éclatent montrent, par leur intensité et leur caractère délicat, que, là-dessus, les **sentiments sont à vif** et que **les fonctions diverses des prénoms** gagnent à être élucidées.

625 Le prénom — qui, dans l'usage social qui en est fait, précède ou parfois suit le nom — est un **complément du nom.** Il participe à la fonction sociale d'identification qu'assume principalement le nom. Comme **facteur d'identification,** il constitue un **élément distinctif performant** puisqu'il permet, au sein d'une famille, de distinguer les divers membres qui portent le même nom et, en cas d'homonymie, de dissiper la confusion. Dans cette voie, le prénom apparaît — en parallèle et « en mineur » — comme remplissant une fonction comparable à celle du nom, mais auxiliaire, accessoire, complémentaire.

626 Or il se trouve qu'en dehors du droit, le prénom assume d'autres fonctions. Pour les parents (parents nouveaux ou toujours renouvelés d'un nouveau-né), il a une **valeur symbolique :** le choix d'un prénom peut être affirmation de foi ou de conviction (acte philosophique ou religieux), signe consécratoire ou dédicatoire, ou, tout simplement, chargé des mille autres valeurs de fantaisie, de goût, de souvenir, de joie, de liberté que chacun y investit. Le rêve et la poésie, la mode, l'euphonie et la tradition familiale peuvent avoir voix au chapitre. Choix festif.

---

(89) Qualité et intérêt sont ici, comme il arrive souvent, intimement liés. L'intérêt pour agir naît de la qualité de membre de famille (cf. Thémis, *Procédure civile*, 77).

(90) « Le plus beau patrimoine est un nom révéré », Victor Hugo, *Odes et Ballades,* II, 4, A mon père. V. M. Vivant, *Le patronyme saisi par le patrimoine,* Mélanges Colomer, 517 s.

Pour celui qui le porte, il ne serait pas exclu qu'aujourd'hui plus qu'hier peut-être, au moins à un certain âge, le prénom fût perçu comme le représentant principal — sinon exclusif — au moins suffisant de l'individu, affranchi de tout rattachement familial, objet de possession propre (au moins au sein de la famille), **support « personnalissime » de la personnalité.**

7 L'importance (psychologique et sociologique) dont se charge le prénom découvre un paradoxe ; le nœud du problème législatif, en la matière, est sans doute là : **la fonction juridique du prénom est secondaire. La fonction principale du prénom est extrajuridique.** L'enfant sans vie en est une marque extrême, puisqu'à la demande des parents, il peut recevoir un prénom qui figurera sur l'acte dressé et le livret de famille, pour la seule flamme du souvenir (C. civ. art. 79-1 ; d. 15 mai 1974, art. 9).

Le statut du prénom reflète à maints égards (et devrait refléter davantage encore) cet ordre de valeurs, dans le choix, le changement et l'efficacité des prénoms.

a) Le choix du prénom

8 C'est sur ce point que le droit a le bon goût de laisser aux considérations extrajuridiques une part déterminante. Selon une vieille tradition (partiellement transposée au nom), **les prénoms sont choisis par la famille** et indiqués à l'officier de l'état civil lors de la déclaration de naissance. L'attribution originaire du prénom résulte d'une détermination volontaire, plus précisément d'un **choix parental.** Il appartient (91) aux **père et mère** — cotitulaires de l'autorité parentale — de prénommer leur enfant (art. 57, al. 2). Il est d'usage qu'ils lui donnent plusieurs prénoms (92). Mais la loi ne l'exige pas expressément. Ils pourraient donc, semble-t-il, n'en donner qu'un seul. Il est vrai que l'enfant né de père et mère inconnus en reçoit nécessairement plusieurs de l'officier de l'état civil (art. 57, al. 2 ; v. *supra*, n° 580), circonstance particulière. Il reste que, pour les parents eux-mêmes, il n'est jamais question, dans la loi que de prénoms choisis, pluriel au moins incitatif.

Dans le choix même des prénoms, la liberté parentale est immense (cela demeure une différence marquante avec le nom). Elle n'est cependant pas absolue. Mais la loi a varié dans la manière d'en limiter l'emprise.

9 **Loi du 11 germinal an XI.** Jusqu'à la loi du 8 janvier 1993, les prénoms devaient être choisis parmi ceux qui sont en usage dans les différents calendriers ou parmi les noms des personnages connus de l'histoire ancienne. La loi du 11 germinal an XI qui énonçait cette règle (art. 1) interdisait aux officiers publics d'en admettre aucun autre. Sous ce tour restrictif, la règle, par la référence indifférenciée à l'ensemble des calendriers d'hier (93) et d'aujourd'hui, plus encore que par l'ouverture de la galerie des hommes célèbres de l'Antiquité, laissait de très larges possibilités de choix qui donnaient satisfaction à la grande majorité des intéressés. L'instruction générale sur l'état civil (I.G.R.E. C., art. 277) invitait d'ailleurs les officiers de l'état civil à faire de la règle une appréciation libérale et réaliste (94) : si bien que les deux points principaux de blocage étaient réduits, ou en voie de l'être :

---

(91) Comme un droit et comme un devoir ; v. la rectification accordée dans un cas où la volonté originaire (certaine) de la mère n'avait pas été respectée par le tiers déclarant (mais était-ce le père ?) : Reims, 19 juin 1979, G. P. 1980.I, som., 89 ; *adde infra*, n° 634.

(92) Ce qui peut être une façon de faire plaisir à tout le monde (parrain, marraine, ascendants...).

(93) Il importe peu que le calendrier soit ancien et qu'il n'émane pas d'une autorité officielle. Il n'existe aucune liste officielle des prénoms autorisés. En ce sens, Civ. 1re 10 juin 1981, Bull., I, n° 205, p. 169, D. 1982.160, n. Agostini, *Defrénois* 1982, 345, obs. Massip.

(94) Compte tenu de l'évolution des mœurs, des sensibilités et de la coutume.

les prénoms régionaux (bretons, basques, etc.) sont désormais admis (95) et les prénoms étrangers sont en passe de l'être, même pour les Français (96), comme ils l'étaient déjà pour les ressortissants étrangers.

630 Si ouverte qu'elle fut, la référence laissait en dehors d'elle d'autres trésors où aime puiser l'infatigable imagination parentale : noms de famille, diminutifs non encore avalisés par l'usage (97), noms de théâtre ou de personnages de roman (98), parfois même création verbale (99), désignation d'êtres abstraits, rappel de faits politiques ou de date (100), ou même nom de chose (101) ou de lieu (102). À la vérité, même hors calendrier, certains de ces choix avaient parfois des chances d'être retenus pour peu qu'ils puissent s'autoriser d'une tradition (103) ou gagner une exception de faveur (ainsi pour les noms de fleur). Cependant la Cour de cassation avait placé désormais l'exercice parental de la faculté de choisir sous la réserve générale que, dans l'intérêt de l'enfant, le prénom ne soit pas ridicule (104). La loi du 8 janvier 1993 s'est inspirée de cette idée.

631 **Loi du 8 janvier 1993 : Article 57, alinéas 3 et 4 du Code civil.** La loi a cessé d'être directive pour devenir tout à la fois corrective et préventive. Elle ne renvoie plus aux calendriers et à l'histoire ancienne qui, sans elle, ont d'ailleurs toujours vocation, *praeter legem*, à demeurer sources vives de libre inspiration. **Elle consacre la liberté de choix, mais exige que le choix parental ne heurte ni l'intérêt de l'enfant ni le « droit des tiers à voir protéger leur patronyme »,** en suggérant que l'atteinte à l'un ou l'autre de ces intérêts peut être le fait soit d'un prénom (en lui-même ridicule ou non onomastiquement pertinent) soit d'un assemblage de prénoms entre eux ou en combinaison avec le nom (d'où peuvent naître jeux de mots de mauvais aloi ou usurpation subreptice du nom d'autrui). Pour passer les prénoms choisis au crible de ce **double critère** souple, la loi les soumet à **trois appréciations successives** qu'elle ordonne, chacune avec sa portée propre, dans un dispositif très démultiplié de contrôle afin de correction. **L'officier de l'état civil** en

---

■ (95) P. ex. Mikelaïg, prénom en usage en Bretagne, v. T.G.I. Caen, 20 déc. 1965, J.C.P. 66.14626, n. Malaurie ; comp. Paris 22 oct. 1968. D. 69.122, n. Ponsard.

■ (96) P. ex. Marjorie admis en 1965 par la Cour de Grenoble (bien qu'en Angleterre Marjorie soit considéré comme une forme française populaire du prénom Marguerite...). *Adde,* même sens, Versailles, 26 févr. 1990, G. P. 1990.II.som. 6-7 juill. (aux parents qui ont choisi, pour leur enfant, un prénom d'origine étrangère, il n'y a pas lieu, pour le tribunal, d'imposer un second prénom français (même républicain... Marianne).

■ (97) V. T.G.I. Caen, préc., mais le critère, très évolutif, invite au libéralisme ; Dora, Dorita et Doatéa sont trois diminutifs plus usités que Dorothée.

■ (98) Rejet de Fleur-Marie. Civ. 1re, 1er oct. 1986, D. 1986.I.R. 457.

■ (99) Civ. 1re, 1er juill. 1980, D. 1980.I.R. 544 (prénom forgé).

■ (100) Par ex. Fêt-Nat. (fête nationale ; sur une erreur de lecture du calendrier ?).

■ (101) Notamment de fruit.

■ (102) V. par ex. le rejet du vocable « Toulouse » (T.G.I. Bordeaux 8 mai 1978, G. P. 78.II ou « Manhattan », Civ. 1re, 17 juill. 1984. D. 84.609 mais avec la réserve d'un appui de la tradition. V. ci-dessous.

■ (103) Cette ouverture salvatrice apparaît dans Civ. 1re, 17 juill. 1984, préc. Elle est large, s'agissant indifféremment de tradition étrangère ou française (nationale ou locale). Consacrés par la tradition indienne, les prénoms Washita et Wahosi ont été admis dans le choix de parents vivant conformément aux coutumes des indiens d'Amérique du Nord, T.G.I. Limoges, 19 févr. 1988, G. P. 5, 6 avril 1989, p. 14. Les usages familiaux méritent à ce titre des égards, dans la ligne de la disposition de l'art. 372-1 C. civ. V. *L'apport des réformes récentes du Code civil à la théorie du droit civil,* p. 145.

■ (104) V. Civ. 10 juin 1981, Bull., I. n° 205, p. 169, préc. et sur renvoi, Cerise a été jugé ridicule. Bourges 2 mars 1983, G. P. 83.II.378 ; mais non « Jade » (pierre précieuse et prénom libanais) Dijon, 15 juill. 1987, G. P. 1989.I. 23-24 juin. Dans le principe, il n'est pas surprenant que la considération de l'intérêt de l'enfant qui gouverne le changement de prénom ait été introduite, en cas de contestation, pour trancher le litige relatif au choix originaire du prénom. Dans l'exécution, ceux qui s'érigent en arbitre du ridicule risquent cependant d'y succomber. Le savoir peut ramener le sourire et l'humour.

commande le déclic. **Il ne lui appartient pas de tenir en échec le choix parental.** Il doit immédiatement porter sur les registres de l'état civil les prénoms choisis (liberté première). Mais, s'ils lui paraissent manquer aux exigences de la loi, il en avise aussitôt le **procureur de la République**, autorité de tutelle, lequel, si les intérêts à sauvegarder lui paraissent menacés, a dans son pouvoir de saisir le **juge aux affaires familiales** et c'est à ce juge, s'il estime que le prénom n'est pas conforme à l'intérêt de l'enfant ou méconnaît le droit des tiers, qu'il appartient d'en ordonner la suppression sur les registres de l'état civil. Si enfin les parents, invités à faire un nouveau choix conforme aux exigences de la loi, n'y procèdent pas, le juge attribue à l'enfant un prénom qu'il détermine lui-même, *ultimum subsidium*. Ce correctif d'origine n'exclut pas le jeu d'un correctif ultérieur.

V. Besançon, 18 nov. 1999, D. 2001.J.1133, n. Catherine Philippe et Françoise Pouëch, pour une application intéressante des nouvelles règles, ici en faveur du maintien judiciaire du prénom Zébulon.

b) Le changement de prénom (105)

2 **Les prénoms de l'enfant peuvent** (106)**, si le changement répond à un intérêt légitime, être judiciairement modifiés.** La décision appartient au **juge aux affaires familiales** qui statue à la requête de l'intéressé, ou, s'il s'agit d'un incapable, à la requête de son représentant légal. Mais, si l'enfant est âgé de plus de treize ans, tout changement apporté à son prénom est subordonné à son consentement personnel (art. 60).

3 Tout le monde admet que le demandeur justifie d'un intérêt légitime lorsqu'il s'agit de délivrer l'enfant d'un prénom jugé ridicule ou de faciliter son intégration à la communauté dans laquelle il vit, par exemple, grâce à la francisation de son prénom ou à l'adoption d'un prénom en usage, surtout dans le cas d'un changement de nom (dont le changement de prénom apparaît alors comme le corollaire). Le désir d'échapper à d'éventuelles persécutions raciales a été reconnu comme un motif légitime (107). L'idée que le changement de prénom peut faciliter l'entrée dans une vie nouvelle inspire la disposition spéciale de l'art. 357 al. 2 C. civ. qui, en cas d'adoption plénière, permet au tribunal, à la demande de l'adoptant, de modifier les prénoms de l'enfant adoptif (108). Une conversion religieuse — autre vie

---

(105) Sur la distinction entre changement de prénom et rectification des registres de l'état civil, V. Civ. 1re 1er février 1984, Bull., I, n° 48, p. 42. En fait, c'est bien, semble-t-il, une rectification que demandait un père, le prénom marocain de son fils ayant été mal enregistré et devant la difficulté de prouver l'erreur, il eût été expédient et légitime de restaurer le vrai prénom (l'assimilation à la société française n'étant pas le seul critère de la légitimité d'un changement). *Contra* Douai, 6 déc. 1994. Pet. aff. 25 juin 1995, n° 77, p. 33 n. X. Labbée.

(106) Loi n° 55-1465, 12 nov. 1955, D. 55.470 mod. C. civ. art. 57. V. aujourd'hui l'art. 60 (l. 8 janv. 1993).

(107) Civ. 1re, 26 janv. 1965, D. 65.216, J.C.P. 65.94064, R.T. 1965, 335, obs. Desbois ; v. cep. *contra :* T.G.I. Nevers, 4 déc. 1974, D. 75.567, n. Malaurie (rejet d'une demande tendant à l'abandon du prénom Judas).

(108) Dans l'examen particulier des rapports du sexe et du prénom, **le changement de prénom comme conséquence de la reconnaissance officielle d'un changement de sexe** ne peut qu'être admis si l'officialisation du passage à un autre sexe est admise (c'est la question radicale. V. *supra*, n° 564 bis). Ici, l'intéressant est de savoir si, dans les cas de transsexualisme ou même d'intersexualité, le changement de prénom peut prospérer seul, soit à titre subsidiaire (par ex. en faveur du transsexuel auquel on refuse de modifier la mention de son sexe sur les registres de l'état civil) soit à titre principal (pour qui ne demande que cela). Joint à un intérêt thérapeutique supposé, celui d'une harmonisation des actes officiels et des apparences manifestes peut, par vertu d'apaisement, constituer un intérêt légitime au sens de l'art. 60 C. civ. C'est ce qui a été jugé : à la demande d'un individu de sexe masculin dont la morphologie s'était transformée à la suite d'interventions qu'il aurait subies lors

nouvelle — peut également justifier l'adoption d'un prénom qui convient à la religion embrassée et même, plus jalousement, l'élimination d'un autre prénom qui n'y convient pas (Sarah d'abord adjointe à Marie-Christine, et Marie-Christine ensuite éliminée ; Paris, 26 sept 1996, Pet. Aff. 2 juin 97, n° 66, 17 n. Yamba ; *Defrénois* 97, 984, obs. Massip, D. 96.IR. 241). Plus généralement, l'affirmation d'une appartenance religieuse — seule ou associée à une référence d'origine — est reconnue légitime (Mohammed substitué à Daniel, Civ. 1re, 2 mars 1999, D. 99.IR. 89 ; v. aussi Paris 17 janv. 2002, D. 2002.IR.695). Dans un État laïque mais pluraliste, il est à peine paradoxal (puisqu'il y va d'une charge symbolique sans effet juridique) qu'au rang des intérêts légitimes, l'aspiration identitaire (religieuse ou ethnique, séparément ou associées) supplante la tendance assimilationniste, ou, au moins, coexiste avec elle. Identité, intégration sont en concurrence plus qu'en contradiction.

634 Faudrait-il poser que la mutabilité du prénom aspire à être mise en œuvre dans un esprit restrictif (109) ?

Exception au principe d'immutabilité qui couvre les prénoms, le changement devrait, dit-on parfois être strictement interprété. Ce parti pris nous paraît mal inspiré (110). Il s'enlise dans un parallèle entre le nom et le prénom, au mépris de l'originalité de celui-ci qui est, spécifiquement, d'ouvrir une marge beaucoup plus vaste à la volonté des intéressés (111). Dans le changement de prénom comme dans le choix originaire, l'esprit régnant — le principe — doit souffler en faveur du libéralisme (112), mais non du laxisme. Positivement, le critère de l'intérêt légitime — concept souple et indéterminé — constitue par nature une notion ouverte qui tend seulement à mettre le prénom à l'abri de lubies ou de changements d'humeur (113). Cependant, la journée du juge n'a que 24h et certaines campagnes de

---

de son internement (Civ. 1re 16 déc. 1975, D. 76.397, 2e esp.) ; en faveur d'un individu de sexe féminin mais qui, pour sortir d'une ambiguité sexuelle naturelle (il s'agissait donc au départ d'intersexualité) s'était lui-même soumis à un traitement hormonal et à des interventions chirurgicales (Paris, 24 févr. 1978, J.C.P. 79.II.19202, n. Penneau). Ce **diminutif** du changement de sexe peut, en profil modeste, n'être pas inutile (même après l'admission, par la Cour de cassation, d'une déclaration judiciaire de changement de sexe, pour cause de transsexualisme médicalement reconnu v. *supra*, n° 564bis.

(109) V. par ex. T.G.I. Bobigny, 20 nov. 1973, G. P. 27-28/II 1974 ; Paris, 22 oct. 1968. D. 69.122, n. Ponsard ; T.G.I. Nevers, 4 déc. 1974, D. 75.567, n. Malaurie. Un renversement de tendance s'observe toutefois dans la jurisprudence récente. V. T.G.I. Angers, 7 déc. 1991, G. P. 1993.I, 2 févr. et ci-dessous note 115. Il est naturel que la prudence demeure sur certains points, not. quand il y va d'un intérêt commercial, Pau, 22 avril 1980, D. 81.I.R., 39. comp. Bourges, 24 juin 1981, G. P. 81.II.L725, concl. Petit.

(110) V. *supra*, n° 416.

(111) V. plus haut, n° 626 et 627.

(112) V. en ce sens T.G.I. Chartres, 11 mars 1966, G. P. 1966 I, p. 431 ; Saumur, 3 mars 1977, J.C.P. 78.2.189689 ; *adde* Nerson, R.T.D.C., 1975, 695. La reprise du prénom originaire, après un premier changement, 'n'est pas toujours vue avec faveur. V. Civ. 1re, 7 mars 1989, J.C.P. 1989.IV.173, mais elle n'est pas exclue.

(113) Il était excessif de poser que le **port habituel d'un prénom** — s'il n'est pas fantaisie mais réalité — ne constitue pas un intérêt légitime de l'adopter. V. Civ. Sect. 1re, 3 janv. 1964, D. 64-394, n. Culioli, Paris, 22 oct. 1968, préc. ; Civ. 1re, 22 févr. 1972, D. 72.317. Il n'est pas question d'admettre, *a priori*, le contraire. Mais le fait de porter habituellement un prénom doit, dans la logique des effets amplifiés légitimement reconnus à la possession d'état, être pris en considération comme **indice d'intérêt légitime** ; comp. en ce sens, Reims, 19 juin 1979, G. P. 1980, I, som., 88, mais dans un cas où le prénom usuel était conforme à la volonté originaire de la mère (volonté qui n'avait pas été respectée lors de la déclaration de naissance par un tiers). V. aussi Versailles, 1er juin 1987, G. P. 1988.I, som. 103. En dehors de cette circonstance particulière, la **prise en considération de l'usage prolongé d'un prénom est aujourd'hui admise.** Civ. 1re 3 février 1981, Bull., I, n° 41, p. 33 ; 10 oct. 1984, Bull., I, n° 255, p. 216, cassant Riom, 4 oct. 1982, D. 82.J.616, note G.A. ; *adde* Paris, 7 déc. 1982, G. P. 1983.II.377. Civ. 1re 10 oct. 1984, Bull. I, n° 255 ; Civ. 1re, 14 févr. 1990, G. P. 1990.II.Pan. 124, Paris, 21 nov. 1995, D. 96. J. 355, n. Th. Garé. Mais peut-on parler d'usage

changement ne paraissent pas de bon aloi. Discernement, modération, sagesse (risque de variation ?) le changement de prénom se fait sous le chêne.

La modification des prénoms au sens de l'article 60 C. civ., s'entend non seulement d'une substitution ou d'une adjonction mais d'une suppression pure et simple (114) voire d'une interversion (115) parfois même, en deux temps, pour une même personne, d'une suppression après une adjonction (V. Paris 26 sept. 1996, préc.). La reprise du prénom originaire, après un premier changement, n'est pas exclue en droit, puisque l'appréciation de l'intérêt doit être faite au jour de la demande (Civ. 1re, 6 mars 1990, G. P. 1990.II.Pan.124, D. 90. J.447, n. Massip, ce qui ne signifie pas qu'elle soit de droit, puisque l'appréciation de la légitimité du nouvel intérêt est nécessaire). À cette condition, une telle reprise est ouverte (v. encore Civ. 1re, 2 mars 1999, D. 99.IR. 89). Le principe à garder en tête est que, si l'existence d'un intérêt légitime est une question de fait relevant de l'appréciation souveraine des juges du fond, il incombe justement à ceux-ci d'en faire une appréciation *in actu, in casu* et sans exclusive *a priori,* c'est-à-dire de l'apprécier au moment où ils statuent, en fonction des circonstances concrètes de chaque espèce, sans poser en général qu'il n'existe d'autre intérêt légitime que l'intégration à la communauté française (motif indéniable, mais non exclusif).

c) L'efficacité juridique du prénom

En droit, le prénom joue un rôle effacé, secondaire, mineur. Appoint complémentaire original.

5 1° **Auxiliaire d'identification,** il suit sous maints rapports le régime du nom : chacun est en droit de porter son prénom (d'en faire un élément de sa signature) et, pour qui doit décliner son identité, c'est une obligation d'indiquer au moins son prénom usuel. L'intérêt spécifique du prénom n'apparaît vraiment qu'en cas d'homonymie : d'où le droit pour un tiers d'interdire à son homonyme d'emprunter son prénom ou de l'obliger à porter le sien propre, lorsque le prénom est le seul moyen de dissiper la confusion.

6 2° Accessoire et insuffisant pour identifier à lui seul un individu, le prénom ne peut, en lui-même et isolément, être considéré comme la représentation symbolique de la personne : en principe, le prénom ne constitue pas, à lui seul, une signature et il ne peut être défendu. Il y a, cependant, des exceptions. Il arrive, dans des circonstances très particulières, que le prénom assume la personnalité et soit reconnu comme signature (d'un testament olographe)

---

prolongé s'il est le fait du seul requérant (pour la négative, T.G.I. Agen, 19 juin 1992, D. 1994.86. n. Nicoleau). Usage implique *fama,* comme dans la possession d'état. V. dans ses nuances, Dijon, 23 nov. 1999, J.C.P. 2000.IV.2629 consacrant un usage prolongé, mais en spécifiant qu'il n'avait pas été instauré par l'intéressé lui-même, pure convenance personnelle qui serait exclusive de l'intérêt légitime. On comprend également que la substitution a un prénom du diminutif — même usuel — ne soit pas vue avec faveur (Civ. 1re, 20 févr. 1996, Rép. Defrénois 1996, 985, n. Massip), car un infléchissement aussi anodin n'est pas un véritable changement *(De minimis... ?)* Edith Catherine aurait voulu faire consacrer « Ed Cath... » Un changement d'orthographe (et dans le même son à une lettre près) a eu plus de chance. Mais si la requérante a pu faire changer « Julie » en « July » c'est parce que ses proches l'avaient ainsi prénommée depuis sa naissance (Orléans, 26 avr. 1999, D.99.2.673, n. Boulmier). Un changement entre homophones... c'est sans doute un comble !

(114) V. en ce sens Civ. 1re 16 oct. 1979, G. P. 1980, I, Pan., 45. V., pour le rejet de l'adjonction dans un cas particulier, Versailles, 7 déc. 1989. D.1990.IR. 53 (refus d'adjoindre au prénom un vocable ne désignant pas la personne mais son rattachement à un groupe : « Cheyenne »).

(115) Comp. Paris 29 juin 1979, D. 1981.550, 2e esp. n. Massip (la mise en tête du prénom usuel est refusée au nom de la liberté pour tout individu de choisir comme usuel n'importe lequel des prénoms figurant sur les registres de l'état civil ; liberté que consacre expressément l'article 57, al. 2 C. civ.). En faveur de l'inversion, Versailles, 30 nov. 1989, D. 1990.IR. 17.

ou que celui qui le porte — reconnaissable par son seul prénom — soit admis à le défendre (ainsi pour le prénom Soraya, T.G.I. Seine 9 oct. 1963, G. P. 1964, I, 73 (116).

3° La médiocrité de ces effets s'accommode ici encore, pour les intéressés, **d'une plus grande liberté,** à commencer par celle de choisir comme **prénom usuel,** un autre que celui qui vient en tête de la série indiquée sur l'acte de naissance (liberté aujourd'hui consacrée par la loi, C. civ. art. 57, al. 2).

637 4° **Désignation individuelle** choisie *« ad personam »*, le prénom n'est héréditaire ni comme prénom ni comme élément incorporé au nom. C'est tout autre chose d'observer que, dans certaines familles, l'usage est de donner au fils aîné le prénom de son père (ou de son grand-père). Si d'ailleurs des enfants veulent adopter, comme nom de famille, le nom patronymique précédé du prénom paternel, ils ne peuvent y être autorisés, par la voie ordinaire du changement de nom, qu'à charge de justifier qu'un intérêt légitime s'attache à cette annexion.

Les litiges relatifs au prénom ont aujourd'hui un débouché européen. Le prénom est juridiquement relevant de l'article 8 de la Convention européenne des droits de l'homme, comme le nom. V. Marguénaud, R.T. 97.551.

B. LA PARTICULE (DE, DU OU DES)

638 Passant parfois pour un signe de noblesse (ce qu'elle n'est pas en droit ; ce qu'elle devient parfois par coïncidence) la particule n'est en réalité qu'un **élément constitutif du nom**. Partie graphiquement détachée — en tête — du corps du nom, mais **partie intégrante du nom,** la particule suit le sort du nom entier. Elle se transmet avec le reste du nom, suivant les mêmes règles. Lorsque la particule est omise ou accolée au corps du nom dans un acte de l'état civil, cette erreur d'orthographe peut être corrigée par voie de rectification, (v. n° 560 s. *supra*). L'imprescriptibilité de l'action permet de réparer une altération ancienne (v. cep. *supra*, n° 606, 608). L'usurpation d'une particule peut conduire à l'interdiction de la porter (Paris, 17 mai 2001, préc. n° 615).

C. LES TITRES DE NOBLESSE (117)

639 Si la noblesse, depuis la nuit du 4 août, n'est plus un élément de l'état des personnes (une qualité dotée d'un effet de droit), les titres de noblesse sont reconnus comme des **accessoires honorifiques du nom**. Leurs titulaires sont en droit, *honoris causa*, de les porter et d'exiger qu'ils soient mentionnés dans les actes de l'état civil, si du moins leur droit au titre est certain. Cependant, au regard du droit nobiliaire, le titre ne se transmet que de mâle en mâle, par primogéniture et dans la seule filiation légitime, triple privilège de masculinité, d'aînesse et de légitimité qui fait que tous les porteurs du nom ne sont pas détenteurs du titre et, plus généralement, que le titre ainsi dissociable du nom n'en est pas, *stricto sensu,* un accessoire (v. pour une conséquence qu'en a tirée une juridiction civile, n° 599).

L'appréciation du droit au titre est délicate, car la collation et la dévolution des titres nobiliaires obéit à des règles de droit héritées de l'Ancien régime. Lorsque le titre, en lui-même, est contesté, le litige relève de la compétence d'un organisme *ad hoc* (un conseil d'administration établi

(116) V. aussi pour la protection d'un prénom employé comme pseudonyme, Paris 19 janv. 1962, J.C.P. 62.12508, n. Nepveu. Comp. Paris 24 févr. 1962. J.C.P. 62.12640, n. Nepveu (sur l'interdiction d'ajouter à ses prénoms, un nouveau prénom, fût-ce comme pseudonyme...).

(117) V. Brin, *La survie des titres de noblesse dans le droit moderne.* R.T. 1969, 205 ; Nepveu, G. P. 1959.I.86 ; A. Texier, *Qu'est-ce que la noblesse ?* Histoire et droit, éd. Tallandier, coll. Approches, 1988 ; G. Treilliais, Pet. Aff. 16 mars 1998, n° 32, 4.

auprès de la chancellerie, avec recours au Conseil d'État) (118). Les tribunaux judiciaires ne sont compétents que pour départager les prétendants à un titre non contesté. L'action en usurpation de titre n'appartient d'ailleurs qu'à celui qui dispose lui-même de ce titre (T.G.I. Paris, 21 déc. 1988, J.C.P. 1989.II.21213, n. Ourliac, D.1990.29, n. Texier, confirmé par Paris, 22 nov. 1989).

D. LES ARMOIRIES

0 Signes distinctifs d'une famille, non nécessairement liées à la noblesse, les armoiries sont des marques de reconnaissance que tout citoyen (et même toute personne physique ou morale) est libre d'arborer (d'assumer ; Paris 20 déc. 1949, D. 1951.205 ; T.G.I. Paris 21 déc. 1988, D.1990.29, n. Texier). Elles jouissent de la même protection que le nom.

E. INITIALES ET ACRONYME

1 Substituts imparfaits des noms et prénoms, elles sont l'objet non d'un statut, mais de **règles ponctuelles éparses** et leur rôle modeste, conséquence de leur faible pouvoir d'identification, apparaît dans les circonstances particulières où elles parviennent à désigner sans équivoque la personne. Librement choisies comme signature d'une œuvre littéraire ou artistique (mineure ou non), la pratique notariale (et semble-t-il administrative) les reconnaît comme signature abrégée en certains cas (not. en marge de chaque page d'un acte ou pour approbation d'un renvoi, d'un additif, d'un correctif). On pourrait imaginer qu'elles fussent jugées suffisantes pour la signature d'un testament olographe et il paraît certain qu'elles pourraient être défendues (comme le nom), dans les cas où elles sont assez célèbres pour faire reconnaître la personne (J.J.S.S. ; V.G.E.), mais non en dehors de cette circonstance rarissime (v. Cass. com. 9 avril 1991, J.C.P. 1991.IV.224). Sans manquer à la prudence et afin d'honorer la bonne foi, la Cour de cassation admet désormais (Com. 12 nov. 1992, inéd.) que, sur une lettre de change (plus généralement un effet de commerce) la désignation du bénéficiaire par ses seules initiales (ou un sigle) répond aux exigences de la loi (C. com. art. 110) si cette mention indique le bénéficiaire sans incertitude ni ambiguïté (question de fait). C'est l'extension à toutes les firmes (sinon aux personnes physiques) de la pratique suivie pour celles des personnes morales qui sont usuellement connues et désignées sous un sigle consacré (S.N.C.F., B.N.P.). Comp. Com. 20 janv. 1981, D. 1981. som. 304, obs. M. Cabrillac.

Si la vogue revenait, la tradition des acronymes (suite des initiales, d'un nom ou d'un surnom) qui fleurissait jadis par convention littéraire ou en période de persécution pourrait avoir des effets plus marqués pour ceux auxquels ils sont attachés. On cite celui d'Agrippa d'Aubigné : L.B.D.D. (Le bouc du désert).

(118) V. pour une application récente C.E. 23 févr. 1983, G. P. 1983.II, 505, concl. Genevois.

§ 4. LE NOM PARENTAL ADJOINT À TITRE D'USAGE (119)

642 Depuis le 1er juillet 1986, toute personne **« peut ajouter à son nom, à titre d'usage, le nom de celui de ses parents qui ne lui a pas transmis le sien. »** Ouverte, sur amendement, par la loi du 23 décembre 1985 qui s'était donné pour objet de parachever l'égalité entre époux et entre parents, cette faculté était considéré comme une pierre d'attente à l'égalité parentale dans l'ordre du nom (120). Mais son intégration improvisée au droit onomastique appelle une analyse progressive : en première mise en place, l'ébauche de son économie générale, avant la mise à l'épreuve de l'innovation.

A. ÉCONOMIE GÉNÉRALE DE LA FACULTÉ D'ADJONCTION

En instituant cette faculté, la loi en règle la mise en œuvre.

a) Ouverture de la faculté d'adjonction

La faculté instituée par la loi est fondamentale par sa nature et son attribution, mais limitée dans son objet.

1° La faculté légale est une **liberté individuelle**. Elle réunit cinq traits qui la font reconnaître comme telle.

— **Générale**, elle appartient à toute personne majeure ou mineure (mais son exercice est parental pour cette dernière). Elle est ouverte même à ceux qui, au 1er juillet 1986, étaient déjà nés.

— **Personnelle**, elle est ouverte à chacun en ce qui le concerne (pour compléter *son* nom).

— Elle constitue un droit **discrétionnaire** que chacun peut faire valoir sans motif ni justification et dont il est fondé à exiger le respect de la part des tiers.

— Ce n'est cependant pas une obligation, mais une **simple faculté** (« peut »), une offre de la loi abandonnée au bon vouloir de chacun, en toute liberté.

---

(119) Nom d'adjonction ? Nom parental d'adoption ? Nom d'appoint ? Le nom de ce nom « en sur-nom » est difficile à trouver. Car il faudrait pouvoir y marquer non seulement la vocation limitée à l'usage, mais l'origine parentale complémentaire (de l'autre parent), le caractère volontaire, le caractère additionnel. Le plus complet serait : nom parental complémentaire adjoint à titre d'usage (N.P.C.A.T.U.) ! *Brevitatis causa,* on parlera souvent de **nom parental adjoint,** ou de **nom parental complémentaire.**

Les termes « nom d'usage » nous paraissent inadéquats non seulement parce qu'ils occultent tous les autres caractères, mais parce qu'ils font naître des représentations équivoques ou contraires. Le dit « nom d'usage » pourrait passer, comme le prénom d'usage, pour le nom usuel, et même pour le seul porté, alors qu'il est adjoint (additionnel) et que l'usage concerne directement le nom de base.

Le « nom d'usage » ne révèle nullement qu'il est choisi dans l'autre branche parentale, ni même qu'il est choisi. C'est même le plus grave. Car non seulement ce caractère n'est pas exprimé, mais il paraît exclu par un autre sens du mot usage : nom imposé par l'usage.

Or l'usage du nom complémentaire (le port) est libre et non fondé sur l'usage (coutume). Une telle ambiguïté a surgi, lors des travaux préparatoires, de la comparaison avec le droit, pour la femme, de porter le nom de son mari, usage (port) fondé sur un usage (coutume). Le parallèle boite parce que l'usage parental fait défaut (à moins encore qu'on ne le rétablisse insidieusement en niant l'usage conjugal...).

(120) *Adde* la circulaire ministérielle du 26 juin 1985 (J.O. 3 juillet) et celle du 4 nov. 1987, D. 1987, lég. 447.

— Cependant cette option entre faire et ne rien faire est sans délai. Elle demeure **toujours ouverte**, comme un droit de la personnalité (et donc d'ordre public) qui ne se perd pas par le non-usage et auquel il est interdit de renoncer.

2° La faculté n'a pour objet que **l'adjonction d'un nom parental complémentaire à titre d'usage**. Ces précisions sont autant de limites.

— Il ne s'agit que **d'adjonction, non de substitution :** le droit est d'ajouter au nom de base un nom d'appoint, pour porter un nom double, mais pas pour abandonner le nom de naissance : c'est la logique de la proclamation de la double appartenance familiale. Dans quel ordre ? La loi ne le dit pas (121).

— Il ne s'agit que du **nom parental complémentaire :** l'offre est de relever (de repêcher) « le nom de celui de ses parents qui ne lui a pas transmis le sien ». En toute réciprocité, la chance de rattrapage est bilatérale. Elle permet à la personne qui porte le nom de son père d'unir à celui-ci le nom de sa mère (ce qui est le cas, chaque fois que joue le principe patronymique). Elle permet semblablement à qui porte le nom de sa mère, de rappeler aux côtés de celui-ci, le nom de son père (122). Encore ne s'agit-il que du nom de l'autre parent (au premier degré, et non d'un autre ascendant) c'est-à-dire du nom de base de celui-ci et à la condition que le lien de parenté soit établi des deux côtés : d'où l'exclusion de la faculté d'adjonction dans les familles unilinéaires où l'enfant n'est pas légalement rattaché à un autre parent (ex. enfant naturel dont la filiation n'est établie qu'à l'égard de sa mère ou de son père).

— Il ne s'agit que d'une adjonction viagère **à titre d'usage :** dans cette *cauda* gît la principale limite du bienfait de la loi. Son bénéficiaire est bien fondé à porter le nom d'appoint sa vie durant. Son usage personnel est un port légitime. Mais **le nom adjoint n'est pas transmissible.** Les enfants de celui qui ajoute le nom complémentaire à son nom principal, ne reçoivent de lui que le nom de base, à l'exclusion du nom d'adjonction (123).

Note sur le nom qui peut être relevé à titre d'usage. Dans une affaire où un jugement d'adoption avait décidé que l'adopté porterait le nom de l'adoptant, l'adopté se voit refuser l'autorisation d'y ajouter, à titre d'usage, son nom de naissance (Civ. 1re, 9 janv. 1996, D. 96.600, note crit. Massip, GP 96.II.Pan.231. V. *supra,* n° 587). Il est regrettable qu'une interprétation littérale restrictive l'ait emporté, quand tout portait à étendre l'ouverture de la loi. 1. Dans l'adoption simple, à la différence de l'adoption plénière, c'est le double nom, signe de la double appartenance, qui constitue le principe (C. civ. art. 363) et c'est le principe, non l'exception, qui a vocation à rayonner. 2. En présence de deux rattachements (branche paternelle, branche maternelle et semblablement branche d'origine, branche adoptive), l'esprit de la loi est de rétablir un équilibre (qui n'est d'ailleurs qu'une fausse symétrie de consolation) en permettant de relever, à titre d'usage non pas littéralement le nom qui n'a pas été transmis, mais, objectivement, celui qui n'est pas transmis. 3. Une telle autorisation ne heurte pas l'autorité du jugement d'adoption, car elle n'a pas le même objet (il s'agit seulement d'un usage précaire). L'exclusivité n'est pas le génie de l'adoption simple. c'est même tout le contraire (v. *La Famille*, Montchrestien, n° 295).

b) Mise en œuvre de la faculté d'adjonction

1° Exercice de la faculté

— Pour une personne majeure, l'exercice de la faculté d'adjonction repose sur la seule volonté personnelle de l'intéressé. Il faut mais il suffit que celui-ci manifeste sa **volonté d'adjonction** qui est une **décision individuelle**. Cette manifestation unilatérale de volonté n'est subordonnée à aucune

(121) En faveur de la liberté : la circulaire ministérielle, et parfois l'euphonie. *Contra :* la simplicité, le sens ordinaire d'ajouter (qui est plutôt faire suivre que faire précéder), la clarté du message relativement à la coutume.

(122) L'enfant naturel qui a reçu le nom de sa mère pourra ainsi prendre l'usage du nom de son père (ou *vice versa*). Ainsi, se trouve levé (au moins pour l'usage), l'obstacle qu'un arrêt avait opposé à l'addition des noms, fondée sur l'art. 334-3 C. civ. V. *supra,* n° 579.

(123) La volonté du législateur est incontestable sur ce point, comme l'attestent les travaux préparatoires. C'est en quoi le « cadeau d'usage » est une façade.

formalité préalable ni à aucune forme particulière, mais doit être accompagnée des justifications nécessaires.

— Pour un mineur, la faculté est « mise en œuvre par les titulaires de l'exercice de l'autorité parentale » (art. 43, al. 2) (124).

Dans le cas où les deux parents (légitimes ou naturels) exercent conjointement l'autorité parentale on peut se demander si la décision d'adjonction exige le consentement de l'un et de l'autre ou si elle constitue un acte usuel que chacun est fondé à accomplir seul en vertu de l'article 372-2 (125). Cette décision paraît appartenir en propre à celui des parents qui exerce l'autorité parentale, dans tous les cas où l'exercice de celle-ci n'est pas conjoint (parent investi de l'exercice unilatéral de l'autorité parentale après divorce, mère naturelle sauf disposition contraire, en ce sens, Paris, 11 déc. 1990, D. 1991.IR. 46 ; dans le même sens, Civ. 2e, 17 mai 1995, Pet. aff. 14 fév. 1996, n° 25, p. 25, n. Massip, sauf à admettre pour le parent gardien, l'obligation d'informer l'autre et, pour ce dernier, un droit d'opposition, ce que suggère l'annotateur) (126). Le nom est le siège de la sensibilité.Donc un lieu de délicatesse.

2° Réalisation de l'adjonction

Qu'est-ce qu'ajouter un nouveau nom à celui que l'on a ? La loi n'en dit rien.

— Ce qui paraît exclu, c'est la modification des registres de l'état civil (les actes de l'état civil n'ayant vocation à indiquer que le nom transmis). Le nom d'adjonction n'y sera donc pas porté, non plus, semble-t-il, que sur le livret de famille (127).

— L'adjonction s'opérera en revanche à la seule initiative de l'intéressé dans la vie sociale, mondaine ou professionnelle (cartes de visite, papier à-en-tête, faire part, plaque ou panneau publicitaire, indication d'adresse).

— Entre les deux, l'indication du nom adjoint sur les documents officiels d'identité (cartes d'identité, passeport, etc.) doit être opérée par les administrations concernées, à la demande des intéressés, moyennant les justifications nécessaires (128).

— La prise spontanée du nom d'adjonction dans les actes juridiques et les instances judiciaires semble également possible (*quod abundat non vitiat*).

B. MISE À L'ÉPREUVE DE L'INNOVATION

Quelle valeur reconnaître à la modification du système onomastique français ? On peut éprouver l'innovation à ses fondements et à ses conséquences.

a) Assises théoriques

1. Positivement, l'institution du nom parental adjoint répond, en toute corrélation, à une double aspiration :

— Dans ses fins, elle permet la proclamation du double lien qui constitue normalement la parenté (la biparenté). Elle autorise la manifestation plénière de l'appartenance familiale, par la filiation maternelle et par la filiation paternelle. En quoi la règle est égalitaire. Cependant, si l'égalité a une valeur en soi, elle existe ici plus encore entre les noms qu'entre les parents et l'adjonction a aussi une

(124) La loi ne subordonne la décision parentale ni au consentement, ni à la consultation préalable du mineur, celui-ci fût-il proche de sa majorité : omission regrettable, pour ce qui touche de si près à la personnalité, et directement contraire à la tendance amorcée (comp. art. 334-2 et 334-5).

(125) La simplicité et la circulaire ministérielle sont en ce dernier sens. Il est vrai que, dans le cas où un double consentement serait exigé, l'art. 372-1 offrirait une chance de surmonter un désaccord.

(126) La loi ne disant rien des majeurs protégés, il y a lieu de se référer aux dispositions des articles 491-2, 495 et 510.

(127) Sur ce dernier point, la question n'est cependant pas claire. V. Lindon et Amson, D. 86, 268.

(128) Le décret n° 87-178 du 19 mars 1987 prévoit expressément que, si l'intéressé le demande, la carte d'identité mentionne le nom dont l'usage est autorisé par la loi (art. 2).

valeur de vérité, en tant que reflet complet de l'ascendance réelle, si tel est, du moins, le désir des intéressés.

— Dans ses moyens, la réforme est une proposition laissée au choix de chacun. En quoi elle est tout à la fois volontariste et individualiste : elle dote la volonté individuelle (ici unilatérale) d'un pouvoir de plus en matière d'état des personnes (mais s'agit-il véritablement d'état ?) et, en permettant à chacun de remettre l'accent sur une appartenance familiale, d'entraîner un morcellement de l'unité du nom dans la famille.

En tout cela, le nom *lato sensu* est pris dans sa **fonction symbolique,** comme **patrimoine moral d'élection,** en toutes les dimensions du terme, comme signe mais comme signe choisi, comme **rattachement volontaire à une famille** et **affirmation de personnalité.**

2. Négativement, l'innovation n'a, dans les autres replis du sens du mot, qu'une valeur symbolique.

— Elle ne change rien aux règles de dévolution du nom de famille, lequel demeure, en droit positif, le seul objet de la transmission.

— Elle laisse au nom de base, seul appelé à figurer sur les actes de l'état civil, le privilège ou au moins le primat de la fonction d'individualisation de la personne. Le nom parental adjoint n'assume qu'un rôle secondaire comme élément d'identification, renvoyé pour l'essentiel à sa fonction morale d'affirmation d'identité (au sens psycho-sociologique) : l'usage de ce nom est cependant légitime et juridiquement protégé (comme le nom principal).

— Elle n'apporte qu'une touche aux règles gouvernant le nom des époux. Chacun conservant la propriété de son nom et le droit d'en faire usage, chacun conserve aussi l'usage du nom de son conjoint (la femme par substitution ou adjonction, le mari par adjonction). Mais chacun peut aussi emprunter à son conjoint l'usage de son nom parental adjoint : c'est ici que commencent les difficultés pratiques.

b) Portée pratique

a) *Situation des époux.* Si l'on fait abstraction des noms doubles que peuvent, au départ, porter les époux ou l'un deux, on peut distinguer diverses hypothèses.

1re série de cas. Un seul des époux adopte son nom parental complémentaire.

Exemple : Monsieur Jolicœur relève le nom de sa mère, Lajoie, pour s'appeler Jolicœur-Lajoie. Son épouse, née Brindelilla, aura le choix entre les combinaisons suivantes. Elle pourra se faire appeler :

— Brindelilla,
— Jolicœur,
— Jolicœur-Lajoie (129),
— Brindelilla-Jolicœur (ou l'inverse),
— Brindelilla-Jolicœur-Lajoie ou Jolicœur-Lajoie-Brindelilla.

2e série de cas : Chaque époux adopte son nom parental complémentaire, mais ne fait pas usage du nom de son conjoint.

Madame Brindelilla, relevant le nom de sa propre mère, se fera appeler : Brindelilla-Tranchemontagne, son époux, Jolicœur-Lajoie.

Simplicité relative, lignée familiale affirmée, pas d'unité conjugale onomastique.

3e série de cas : Chaque époux prétend adopter son nom parental complémentaire, mais faire usage, le cas échéant, du nom de son conjoint.

— Si ce cumul était admis, l'épouse pourrait se faire appeler (sans entrer dans les modalités d'interversion) :

Brindelilla-Tranchemontagne,
Brindelilla-Tranchemontagne-Jolicœur,
Brindelilla-Tranchemontagne-Jolicœur-Lajoie.

(129) Ou Lajoie-Jolicœur, si son époux a choisi cet ordre (à supposer que cela soit possible) et en admettant (pour simplifier) que la femme ne peut en préférer, pour elle un autre (mais pourquoi pas au point où en sont les choses ?).

— Faut-il admettre le quadrille ? La loi ne l'interdit pas. La raison le déconseille. La circulaire l'exclut. Quels seront les usages ?

b) *Situation des frères et sœurs.*

1. Enfants d'un même lit.

Si tous sont majeurs, chacun choisit pour soi. L'unité du nom peut éclater dans la fratrie. Si les uns sont majeurs, les autres mineurs, la décision des premiers et celle des parents peuvent aussi différer. Si tous sont mineurs la décision parentale a des chances d'être uniforme. Mais il n'est pas exclu qu'elle diffère d'un enfant à l'autre.

2. Enfants de lits différents. Pour des frères utérins ou consanguins la faculté d'adjonction est un moyen de différencier leur ascendance. Mais ce n'est qu'une faculté pour chacun (d'où l'absence de signe univoque).

c) Situation des enfants mineurs de la personne qui prend son nom parental complémentaire (en supposant cette personne mariée).

1re série de cas : L'enfant ne reçoit pas lui-même son propre nom parental complémentaire. Dans ce cas, si l'on poursuit l'exemple, le père s'appellera : Jolicœur-Lajoie, l'enfant : Jolicœur (si l'on suppose que tel est son nom de base), la mère : Brindelilla (ou l'une des quatre autres combinaisons énoncées plus haut).

2e série de cas : L'enfant reçoit lui-même son nom parental complémentaire.

Il se nommera alors Jolicœur-Brindelilla, mais le nom de ses père et mère pourra passer par toutes les modalités distinguées plus haut.

Si elle est exercée, la faculté d'adjonction rendra l'unité du nom exceptionnelle non seulement entre époux mais entre parents et enfants. C'est la dislocation que consomme la loi du 4 mars 2002 pour le nom de base.

Naguère, le nom était en pierre, il est aujourd'hui en miettes (si toutefois les citoyens le veulent ainsi...).

BIBLIOGRAPHIE

A. Le nom de base et les prénoms.

PLANIOL et RIPERT, T. I, par R. et J. SAVATIER, n° 96 s.

CARBONNIER, I, n° 28 s.

E. HIRSOUX, Juris-Classeur civil, 2000, *Nom*, fasc. 20, 30.

PERREAU E.H., *Le droit au nom en matière civile,* 1910.

MENJUCQ J., *L'attribution du nom par filiation,* th. Paris, 1975.

LOISEAU Grégoire, *Le nom objet d'un contrat*, LGDJ 1997, préf. Ghestin.

GOBERT Michelle, *Le nom ou la redécouverte d'un masque,* J.C.P. 1980.2966 et *Le nom, cet inconnu et une inconnue, Corps écrit*, 1983, n° 8, p. 49.

NERSON et RUBELLIN-DEVICHI J., R.T., 1981, 617 et 830 s., 1987, 67 s.

Ass. Famille et Droit, *Le nom de famille,* Journées de Juin 1986.

PETIT H., *Le choix des prénoms,* G. P., 1984, I., Doct. 207.

DE L'ISLE M.-Cl., *Les prénoms,* th. Bordeaux, 1984.

SUTTON Geneviève, *Le nom aux États-Unis,* R.T., 1990, 427 s.

LEFEBVRE-TEILLARD Anne, *Le nom, droit et histoire,* P.U.F., 1990.

JORNOD Maryse, *La femme et le nom en droit suisse et français,* Genève, Droz, 1991.

VIVANT Michel, *Le patronyme saisi par le patrimoine*, Mélanges offerts à A. Colomer, 1993, 517 s.

SAINT-PAU (J.-Chr.) *L'anonymat et le droit*, th. Bordeaux, 1998, dact.

B. Le nom parental adjoint.

GRIMALDI, *Commentaire de la loi du 23 décembre 1985, G. P.,* 1986, II, Doct. 552, n° 121 s. ; *Patronyme et famille : l'attribution du nom,* Defrénois, 1987, art. 34117.

LINDON, *La nouvelle disposition législative relative à la transmission de l'usage du nom,* D. 1986, chron., 82.

LINDON et AMSON, *Une gestation difficile : le « nom d'usage »,* D. 1986, chron., 267.

CARBONNIER, T. I, 28 s.

RUBELLIN-DEVICHI J., R.T., 1987, 67 s.

ZENATI F., *Législation française,* R.T., 1986, 207 s.

E. HIRSOUX, Juris-Classeur civil, 2000, *Nom d'usage*, fasc. 30.

La nouvelle loi sur le nom, Actes du Colloque du Laboratoire d'études et de recherches de l'Université de Lille II Françoise DEKEUWER-DEFOSSEZ (rapport de synthèse Michelle GOBERT), L.G.D.J. 1988.

SECTION II LE DOMICILE

Le domicile est un « chez soi », un asile privé où chacun est en droit de se dire chez lui, qu'il en soit propriétaire, locataire ou occupant à quelque titre que ce soit, un lieu dont il est libre d'interdire l'accès à qui il veut. Tel est le sentiment populaire. Charbonnier maître chez soi. Telle aussi la conception du droit. Comme les bornes, le domicile est sous la protection de la loi, de la loi pénale qui sanctionne la violation de domicile (C. pén. a. 226-4) et de la loi civile, on l'a vu, qui proclame l'inviolabilité du domicile comme un droit de la personnalité (v. *supra,* n° 506).

Cependant le droit civil porte un autre regard sur le domicile, non plus pour sa sauvegarde comme lieu de tranquillité, mais pour sa **détermination dans l'espace** et celle de ses **effets**, non plus afin de protéger la personne en ce lieu, mais afin de la **situer en son lieu**. C'est un autre rapport de la personne et de « son » lieu.

3 À cet effet, l'article 102 du Code civil dispose : **« Le domicile de tout Français, quant à l'exercice de ses droits civils, est au lieu où il a son principal établissement »**. Énonçant un **critère général,** ce texte situe le domicile, en un lieu déterminé et il révèle, d'emblée, la **fonction générale du domicile : élément d'individualisation** de la personne physique, le domicile a pour fin de rattacher un individu, pour « l'exercice de ses droits civils », à un point du territoire. Dans sa vie juridique, tout individu doit être relié à un lieu : le domicile opère **la localisation juridique** de chaque individu.

4 **Cette individualisation par rattachement géographique** constitue un impératif si important de police juridique que la doctrine classique a fait découler de ce texte (art. 102, C. civ.) **deux principes** qui sont les postulats du régime juridique du domicile : le principe de **la nécessité** et celui de **l'unité du domicile** : **tout Français doit avoir un domicile ; tout Français a un seul domicile** (130).

(130) V. Req. 1er févr. 1911, D. 1913.1.400.

645 De toute évidence, l'exigence d'un et d'un unique domicile n'entrave ni la liberté d'aller et venir (en dehors de celle de refuser toute attache pour vagabonder), ni la liberté d'établissement. Le principe est que chacun peut fixer son domicile où il veut et en changer quand il lui plaît.

C'est, au contraire, ce rattachement juridique de l'individu à un point de l'espace qui est en butte à la mobilité naturelle de l'individu. Aujourd'hui peut être plus qu'autrefois, l'unité de domicile est mise à l'épreuve par un certain éclatement dans l'espace des activités, rayonnement géographique qui se produit par la **multiplication d'attaches territoriales** distinctes. Non point que nous soyons moins sédentaires. Le démon du domicile n'est plus (ou n'est pas encore) le nomadisme. C'est la dispersion (dispersion organisée de vies en partie double, entre ville et campagne, Paris et province, travail et vacances, etc.). Tel travaille ici, habite là, tel autre travaille en divers lieux ; d'autres partagent leur existence entre plusieurs résidences, etc.

646 Enregistrant ce phénomène de multiplication des attaches, la loi en a tiré la conséquence. **Sans détrôner le domicile, elle tend à donner une importance accrue à la résidence** qui est une notion plus simple, plus concrète, plus élémentaire. Le nouveau code de procédure civile englobe désormais domicile et résidence dans une notion générique : **le lieu où demeure une personne** s'entend (pour une personne physique) du lieu où elle a **son domicile ou sa résidence** (N.C.P.C. art. 43) ; rapprochement important quand on sait que domicile et résidence ont, primordialement, des effets procéduraux. Ce parallèle donne son intérêt à la définition du domicile et à la détermination de ses effets, notions de référence à propos desquelles on fera apparaître, en contrepoint, la notion voisine et montante de résidence.

§ 1. LA DÉTERMINATION DU DOMICILE

647 C'est une chronologie qui donne un fil conducteur et retrace une biographie : tout Français acquiert, à sa naissance, en vertu de la loi, un **domicile d'origine.** Le principe est qu'à sa majorité, chacun est libre d'en changer pour aller s'établir ailleurs, en un lieu où il fixe son « **domicile volontaire** », sauf dans les cas spécifiés où, par exception, la loi attribue d'autorité à un individu un domicile de droit appelé **« domicile légal ».** C'est dire qu'il convient de situer le domicile d'origine (espèce première et nécessaire de domicile légal) avant de rechercher le domicile volontaire (de principe) et de réserver les autres espèces de domicile légal (des exceptions).

A. LE DOMICILE D'ORIGINE

648 En naissant, chaque individu a le domicile que la loi lui assigne : **le domicile originaire est le premier domicile légal.** Légalement déterminé, le domicile d'origine est, de plus, un **domicile de rattachement :** le mineur a son domicile *« chez »* une autre personne. Ce rattachement initial offre le double caractère d'être familial et durable.

a) Rattachement parental

649 L'article 108, al. 2, du Code civil énonce : « Le mineur non émancipé est domicilié chez ses père et mère ». De droit, le mineur est domicilié chez ses parents, du moins lorsque

b) Applications jurisprudentielles

L'application du critère légal ne souffre guère de difficulté pour l'individu qui exerce sa profession là où il habite. Lorsqu'elles coïncident, les attaches professionnelles et l'implantation familiale donnent la manifestation plénière d'une vie géographiquement unifiée. Par leur coïncidence, le lieu du logement et le lieu du travail déterminent sans difficulté le **principal établissement**.

La difficulté surgit (de la pluralité et de la dispersion) dans diverses circonstances qui peuvent se présenter isolément ou cumulativement : lorsqu'un individu a plusieurs habitations entre lesquelles il partage son temps ; lorsque, ayant une ou plusieurs habitations, une personne n'exerce pas ses activités professionnelles là où se trouve son habitation unique ou principale, ou lorsque, ayant une ou plusieurs habitations, un individu exerce ses activités professionnelles en plusieurs lieux différents.

Dans tous les cas, la Cour de cassation considère que la détermination volontaire du domicile est une question de pur fait qu'elle abandonne à l'appréciation souveraine des juges du fond (Req. 24 juill. 1941, D.A. 41.357 ; Civ. Sec. Soc. 14 oct. 1955, D. 56.42 ; Civ. 18 févr. 1971, Bull. III, p. 87). Il appartient au juge du fait de mettre en œuvre, dans chaque espèce, suivant les circonstances, le critère légal. Position logique : la recherche du caractère principal au travers des intentions et de la constatation d'un établissement constitue une **question de fait**.

Les lignes directrices selon lesquelles les juges du fond cherchent, en cas de pluralité d'établissements (ou de changement prétendu) à déterminer quel est le *principal* (ou le nouveau) sont difficiles à discerner. S'il n'y a, en rivalité, que deux résidences ou deux activités (deux éléments comparables), il y a lieu de chercher quelle est la plus importante dans l'esprit de l'intéressé (d'après ses déclarations antérieures, ses *habitudes* et l'ampleur réelle de ses intérêts : situation des immeubles, dépôts en banque).

Mais, en certains cas, le juge ne peut éluder le choix entre deux critères (le rattachement familial et le rattachement professionnel), car il est aujourd'hui fréquent qu'un individu, ayant ses assises familiales en un lieu (p. ex. en banlieue), exerce son métier dans un autre (Paris ou département limitrophe ou inversement). On ne peut alors éviter de départager *in casu* le critère professionnel (134) et le critère familial (135) : la jurisprudence n'a privilégié, systématiquement ni l'un ni l'autre. Les juges veillent à ce que le changement invoqué sous forme d'exception (dilatoire ?) d'incompétence ne soit pas un faux-fuyant.

c) Jeu du critère légal dans la détermination du domicile des époux

Jusqu'à une époque récente, la femme mariée n'avait d'autre domicile que celui de son époux. Les conjoints avaient nécessairement le même domicile. Le domicile conjugal était déterminé par le domicile marital.

(134) V. par ex. Civ. 8 avr. 1910. D. 1913.1.270 ; Req. 11 avr. 1932, D.H. 32.249 ; Civ. 1re 5 nov. 1958, Bull. I. n° 474, 385.
(135) Req. 7 juill. 1925, S. 25.1.179 ; 26 avril 1921, S. 21.1.313.

Établissant l'égalité entre époux, la loi du 11 juillet 1975 a mis un terme à ce système patriarcal (136). Le nouvel article 108 C. civ. énonce : **« Le mari et la femme peuvent avoir un domicile distinct, sans qu'il soit pour autant porté atteinte aux règles relatives à la communauté de vie »**. Cette disposition ne paraît pas toujours avoir été bien comprise.

663 1° Négativement, elle signifie que la **femme n'est plus, de droit, domiciliée chez son mari.** Le domicile de la femme mariée n'est plus déterminé par la loi comme étant nécessairement celui de son époux. La femme mariée n'a plus un domicile légal de rattachement. Elle a, comme son mari, un **domicile volontaire.**

664 2° Positivement, cela signifie que le domicile du mari et celui de la femme sont déterminés, **par application ordinaire du critère de droit commun** et respectivement fixés, pour chacun**, là où chacun a son principal établissement** (C. civ. art. 102, al. 1). C'est une appréciation à faire distinctement pour chacun, en se demandant où est, en fonction de son habitation et de ses activités, son principal établissement.

665 3° Indépendante des règles relatives aux devoirs du mariage, cette **détermination n'affecte nullement l'obligation mutuelle à une communauté de vie** que contractent les époux (C. civ. art. 215, al. 1). Cette obligation s'exécute au lieu que l'on appelle la résidence de la famille (et que les époux choisissent d'un commun accord : C. civ. art. 215, al. 2).

666 L'application de ces règles fait imaginer **plusieurs cas de figures.** La résidence de la famille, le domicile du mari et celui de la femme coïncident lorsque les deux époux exercent (ensemble ou séparément) leur profession au lieu où ils habitent (ex. exploitation commune d'un commerce dans l'immeuble d'habitation ; deux époux avocats ayant leur cabinet dans leur appartement). Il en est de même lorsque l'un des époux n'exerçant pas de profession, le local professionnel de l'autre est dans l'immeuble d'habitation.

667 Le domicile d'un époux et la résidence familiale coïncident, mais se distinguent du domicile de l'autre époux, lorsque le premier est sans profession ou exerce sa profession au lieu de l'habitation commune, tandis que l'autre exerce la sienne en un autre lieu qui se trouve être son principal établissement (cas du ménage qui réside en banlieue où la femme travaille, le mari dirigeant un établissement industriel dans un département voisin, ou ayant à Paris un domicile de fonction, ou vice versa).

668 Les deux époux ont un domicile distinct (et distinct de la résidence familiale) lorsque le lieu différent où chacun exerce une profession peut être considéré comme son principal établissement ou son domicile de fonction (cas du mariage de magistrats habitant Suresnes, l'un étant juge à Nanterre, l'autre à Versailles).

669 Les époux ont enfin un domicile distinct en cas de **séparation de fait,** lorsqu'ils se sont établis dans leur vie séparée. *Cette situation laissant jouer les conséquences de leur séparation selon les critères ordinaires* (séparation amiable, abandon unilatéral), la dualité

---

(136) Comp., avant la réforme, Y. Chartier, *Domicile conjugal et vie familiale,* R.T. 1971.510 ; A. Mayer-Jack, *Singularités du domicile conjugal et avènement du domicile familial,* R.T. 1972, 1, *adde* F. Gisserot, *Le nouveau domicile de la femme mariée,* R.T. 1979, 724 s. ; *La Famille,* Montchrestien, 22.

de domicile n'atténue en rien, le cas échéant, les fautes qu'un époux peut reprocher à l'autre.

0 **A fortiori,** la **séparation légale** engendre-t-elle le même effet — et cette fois **de droit :** lorsque — au cours de la procédure de divorce ou de séparation de corps — les époux sont autorisés à résider séparément, la résidence séparée entraîne, de plein droit, domicile distinct (C. civ. art. 108-1). Cet exemple rapproché des précédents montre que si la rupture de la vie commune rompt l'unité de domicile, la dualité de domicile peut s'établir sans qu'il y ait eu et sans qu'il en résulte cessation de la vie commune. L'équivoque naît du fait que la réalité et l'étymologie (137) sont parfois en concordance parfois en discordance.

C. LE DOMICILE LÉGAL

1 Dans certains cas spécifiés par des dispositions particulières, la loi, d'autorité, attribue un domicile aux personnes qu'elle désigne. Par exception, elle leur refuse la liberté de « se domicilier » ailleurs. On dit de ces personnes qu'elles ont un domicile légal. Le domicile d'origine est le premier domicile légal (mais son caractère originaire incitait à le fixer dès l'abord). La loi en institue deux autres séries, plus exceptionnelles, parce qu'elles concernent des adultes. Elles se distinguent d'après la raison de l'attribution impérative.

a) Les domiciles de fonction

2 La loi donne d'office un domicile à une certaine catégorie de fonctionnaires. L'article 107 C. civ., domicilie les fonctionnaires irrévocables (nommés à vie) dans le lieu où ils exercent leurs fonctions, même dans l'hypothèse où, en réalité, ils auraient, ailleurs, le centre de leurs intérêts personnels. La loi a pris le parti d'unifier leur vie juridique en la centralisant, de droit, dans le lieu où ils exercent leurs fonctions : cette règle ne s'applique, en pratique, qu'aux magistrats et aux officiers ministériels.

b) Les domiciles de rattachement

3 Certaines personnes ont, *lege*, leur domicile, **« chez »** une autre personne, en raison du *lien qui les unit à celle-ci*. Signe de dépendance, ce rattachement s'opère soit au lieu où demeure celui qui a charge d'autrui, soit au lieu d'une présence commune supposée (138).

4 L'établissement du plus grave des régimes de protection des majeurs illustre un premier type de rattachement : le majeur placé sous tutelle est domicilié chez son tuteur (C. civ. 108-3), sauf dans le cas où il a encore la disposition d'un domicile personnel (Code santé publ. art. 352-2).

5 Enfin (rattachement évocateur d'un lien de dépendance, mais reflet d'une situation de fait), la loi fixe, au domicile patronal, le domicile des personnes qui travaillent habituellement au service d'autrui, à la condition qu'elles habitent effectivement dans la maison où

(137) *Domus* (maison), *colere* (habiter).
(138) Avant la réforme du divorce (1. 11 juill. 1975), la femme mariée avait, de droit, pour domicile, celui de son mari ; v. ci-dessus, n° 662 s.

elles travaillent. En vertu de l'article 109 du Code civil, les *domestiques* « logés » (c'était un pléonasme) ont leur *domicile* légal chez leur patron, s'ils y ont leur demeure réelle (l'étymologie sauve le mot).

§ 2. LES FONCTIONS DU DOMICILE

676 La loi attache au « lieu » du domicile plusieurs effets juridiques qui font, en pratique, son intérêt. Le domicile a pour fin de **localiser l'individu** en un lieu unique **quant à l'exercice de ses droits civils** : C'est un **effet de centralisation juridique** que produit le domicile.

677 Dans le système juridique français, cet effet centralisateur ne se développe pas dans tous les plans.

Le domicile ne constitue pas, chez nous, un critère de compétence législative en matière de statut personnel : un individu n'est pas soumis, quant à son état, à la loi du lieu de son domicile : c'est la nationalité qui joue, en matière d'état des personnes, le rôle déterminant (Dans un système fédéral — lorsque plusieurs législations civiles coexistent sous une seule nationalité fédérale — le domicile prend, au contraire, une importance décisive sous ce rapport) (139).

D'un autre côté, cette centralisation n'est pas absolue : ses effets sont assez largement compensés par divers **éléments décentralisateurs** (au nombre desquels, la résidence).

A. LES EFFETS DE CENTRALISATION

678 La localisation qui résulte du domicile est plus ou moins approximative. Le domicile ne correspond pas toujours à la même réalité ni à une indication géographique de même « échelle ». Parfois il est pris en considération par la loi pour la seule raison de sa situation géographique à l'intérieur d'une circonscription territoriale. Dans ce sens-là, avoir son domicile en un lieu, c'est, par exemple, avoir son domicile dans la commune de Poitiers, ou dans le département de la Vienne, ou dans le ressort de la cour d'appel de Poitiers. Le domicile est retenu comme point d'un **ressort territorial,** comme point d'attache régionale, comme élément de rattachement à une circonscription géographique.

679. D'autres fois, le domicile est considéré, par une approche plus précise, comme une maison, un lieu particulier où celui que l'on cherche est censé demeurer, où il est supposé revenir, s'il s'en est absenté, où l'on peut supposer pouvoir le plus sûrement et le plus commodément l'atteindre (140). Le domicile est pris en considération comme **« demeure »**, centre de vie et lieu de retour, où l'on peut espérer toucher l'intéressé.

Dans la première fonction, prévaut un critère de proximité régionale, dans la seconde, un critère d'accessibilité individuelle. Les effets du domicile se répartissent entre ces deux fonctions.

(139) Cf. Loiseau, *Du domicile comme principe de compétence législative,* Paris, 1893.
(140) *« Unde rursus non sit discessurus. Unde, cum profectus sit, peregrinari videtur ».*

a) Le domicile, point de rattachement à une circonscription territoriale

80 La France judiciaire, la France administrative sont divisées en circonscriptions territoriales, les autorités judiciaires ou administratives, établies dans chacune de ces circonscriptions n'ayant de compétence que dans celle-ci. Encore faut-il avoir une raison, sur cette grille, devant ce réseau, de rattacher une opération à telle circonscription plutôt qu'à telle autre. Le domicile est l'une de ces raisons, l'un de ces critères de rattachement.

De nombreuses opérations doivent être accomplies à l'intérieur de la circonscription territoriale dans laquelle une personne déterminée a son domicile : le domicile permet de déterminer le ressort territorial dans lequel doivent se localiser ces opérations. **Le domicile est attributif de compétence territoriale**. La loi donne trois exemples principaux de cette fonction.

81 Le domicile est l'un des principaux critères déterminateurs de la **compétence territoriale des juridictions.** Faut-il saisir la justice à Paris, à Tours, à Orléans ? Le Code de procédure civile énonce en principe que la juridiction territorialement compétente est celle de lieu où demeure le défendeur (N.C.P.C. art. 42, al. 1). Le lieu où demeure le défendeur s'entend d'abord (s'il s'agit d'une personne physique) du lieu où elle a son domicile. À la vérité, diverses dispositions contraires retiennent, soit de façon exclusive, soit en option, d'autres critères (Ainsi, dans les litiges relatifs à la propriété immobilière, la juridiction du lieu où est situé l'immeuble est seule compétente, N.C.P.C. art. 44). Mais, résiduellement, le domicile du défendeur demeure le critère de principe (il l'est notamment en matière personnelle, c'est-à-dire pour le contentieux relatif aux droits de créance). Et c'est bien un principe de politique judiciaire : le défendeur doit être assigné devant le tribunal de son domicile. *« Actor sequitur forum rei »*. Au demandeur qui prend l'initiative, il incombe de porter sa demande devant le tribunal du domicile du défendeur. Cette règle du jeu procédural, gênante pour le demandeur, fait l'un des avantages de la position du défendeur. Il est vrai que, dans certains cas exceptionnels, spécifiés, le demandeur digne de protection — l'ascendant qui demande des aliments — peut assigner le défendeur devant le tribunal de son propre domicile (art. 46 N.C.P.C.). Dans l'un ou l'autre sens, le domicile constitue un élément déterminateur de compétence juridictionnelle.

82 2° Le domicile détermine (ou concourt à déterminer) le **lieu de célébration ou d'accomplissement de certains actes juridiques**. La règle est énoncée à l'article 165 du Code civil pour le mariage. Il en est ainsi pour l'adoption : pour ces actes se pose le problème de la compétence territoriale des autorités administratives ou judiciaires chargées de les recevoir.

83 3° Le domicile sert, souvent, à déterminer le **lieu d'accomplissement d'une mesure de publicité légale**. Pour être utile, la publicité doit être faite dans la circonscription territoriale à l'intérieur de laquelle le principal intéressé a son domicile ; là ou il est connu, dans son rayon d'action. Ainsi la loi enveloppe d'une certaine publicité le jugement de séparation de biens (les créanciers des époux ont besoin de savoir que ceux-ci viennent de se séparer). La publicité doit être opérée dans la circonscription à l'intérieur de laquelle le mari débiteur a son domicile.

b) Le domicile, demeure de la personne

84 Pris comme lieu privé (non plus comme point d'une circonscription) le domicile exerce une autre fonction (*d'approche*). Certains actes ont, en effet, une destination personnelle, un destinataire individuel qu'il faut, en principe, pouvoir informer ou approcher. On ne peut

forcer les tiers à le prévenir en personne, à lui parler corporellement, à le guetter et à le trouver lui-même. La loi considère que, même si le destinataire de l'acte n'est pas effectivement à son domicile au moment où on l'y cherche, c'est à ce domicile — pris comme demeure — *qu'il est supposé revenir*. C'est au domicile que pourront — et parfois devront — être accomplis des actes qui ont une destination personnelle. Il en est ainsi dans deux séries de cas.

685 **1° Signification des actes de procédure.** Les actes de procédures sont portés à la connaissance des intéressés par la notification qui leur en est faite (N.C.P.C. art. 651, al. 1). Cette notification prend le nom de signification lorsqu'elle est faite par huissier de justice (N.C.P.C. art. 651, al. 2). La signification, en principe, doit être faite à personne (art. 654, al. 1). Mais si la signification à personne s'avère impossible (si l'huissier ne parvient pas à trouver la personne elle-même pour lui remettre en mains propres l'acte qui lui est destiné), il peut délivrer l'acte au domicile du destinataire et remettre le document à toute personne présente (à défaut au gardien de l'immeuble, en dernier lieu à tout voisin) (N.C.P.C. 655, al. 1 et 2) : c'est vraiment une adresse de destinataire.

686 **2° Paiement des dettes.** En dehors des cas que réserve l'article 1247 C. civ., l'exécution des obligations doit être faite au domicile du débiteur. En principe, les dettes sont « quérables » et non portables. Il appartient au créancier d'aller lui-même chercher ce qui lui est dû. C'est plus sûr que d'attendre. La venue du créancier est, pour le débiteur qui ne s'exécute pas volontiers, une invitation directe.

B. LES FACTEURS DE DÉCENTRALISATION

687 Le système qui ferait du domicile, en toute exclusivité, le centre unique de la vie juridique d'un individu serait, dans son absolutisme, trop rigide. Cette centralisation exclusive jouerait au préjudice des tiers et au désavantage du premier intéressé. Une certaine décentralisation, propre à assouplir le système, résulte des effets juridiques que la loi, la convention ou la jurisprudence reconnaissent à d'autres points d'attache dans l'exercice des droits civils. La loi donne, en parallèle, à la **résidence** une importance toujours accrue. Elle admet que, par **élection de domicile**, la convention affirme le pouvoir renforcé de la volonté. Les tribunaux ont consacré d'autres éléments de décentralisation. Légaux, conventionnels ou jurisprudentiels, ces facteurs complémentaires d'assouplissement sont d'utiles éléments d'appoint.

a) La décentralisation légale et les effets de la résidence

688 Dans de nombreuses hypothèses, la loi, par une disposition spéciale, confère des effets de droit à la résidence : elle lui attache des effets localisateurs. La résidence participe, en parallèle, à la fonction générale du domicile. Il devient essentiel de préciser comment se définit et quels effets produits une résidence, relativement au domicile, institution de référence : ainsi pourront apparaître les possibilités d'adaptation et d'assouplissement qu'apporte cet élément de décentralisation, dans l'ensemble du système de localisation de la personne physique.

689 **1° Définition de la résidence.** Une résidence est un endroit où habite effectivement une personne physique, un lieu où, en fait, elle demeure. *Habiter, demeurer,* ces faits, éléments

caractéristiques de la résidence, postulent que celle-ci présente une certaine stabilité. **La résidence d'une personne est un lieu où celle-ci se trouve d'une manière assez durable.** Mais cette exigence n'aboutit qu'à refuser le caractère de résidence à des lieux de passage ou de séjour éphémères, accidentels, occasionnels : la chambre d'hôtel ou le gîte rural pour une étape de voyage, le lieu d'hébergement précaire ou d'accueil chez des amis ne sont pas des résidences. Mais, en dehors de ces éliminations marginales (141), la résidence se définit par le seul fait d'une habitation relativement durable. Notion concrète et simple, la résidence se différencie du domicile en ce qu'il n'y a pas à se demander, pour la reconnaître, si elle correspond à un établissement principal, mais seulement à se fonder sur la constatation d'une présence effective relativement stable, d'une installation réelle assez durable.

0 Ainsi ressortent les rapports qui existent entre domicile et résidence. Si une personne n'habite qu'en un lieu, sa résidence et son domicile coïncident (sauf dans le cas où ses activités professionnelles — étant plus importantes — situent le domicile ailleurs que dans l'habitation unique). Mais lorsqu'une personne, au cours de l'année, réside en plusieurs lieux, chacun d'eux constitue, pour elle, une résidence, tandis qu'elle n'a son **domicile unique** qu'au lieu de son principal établissement. Un même individu peut ainsi avoir plusieurs résidences (une résidence principale et une ou **plusieurs résidences** secondaires).

1 **2° Effets de la résidence.** Parfois, la résidence supplée le domicile, lorsque celui-ci est inconnu. À titre subsidiaire, la résidence revêt, alors, une **valeur de suppléance**. Ainsi, pour la compétence territoriale : en principe (v. ci-dessus, n° 681), le défendeur doit être assigné devant le tribunal de son domicile et, si celui-ci est inconnu, devant le tribunal de sa résidence (art. 43, N.C.P.C.).

2 Dans d'autres cas — c'est un degré de plus dans l'efficience — la résidence est dotée par la loi **d'effets équivalents** à ceux du domicile. Par exemple (art. 165, C. civ.), le mariage peut être célébré indifféremment dans la commune où l'un des époux a son domicile ou dans celle où il a sa résidence (depuis un mois).

3 Enfin, au regard de certaines législations spéciales plus réalistes que le droit commun, la résidence (conçue comme habitation effective) est même dotée d'un **effet plus fort** que le domicile. C'est le cas (pour certaines de ses dispositions au moins) de la loi du 1er septembre 1948, relative aux baux d'habitation (142).

À partir de ces applications, un mouvement très net se répand dans la législation civile, en faveur du critère primordial de la résidence. En matière de divorce, la résidence est ainsi devenue le seul critère déterminateur de la compétence territoriale (d. 5 déc. 1975, art. 5) (143).

---

(141) On peut, notamment, admettre qu'une femme mariée qui, pendant une période de difficultés conjugales, s'établit avec ses enfants chez ses parents, y a sa nouvelle résidence, si son installation dans ce foyer de repli présente, compte tenu de la gravité de la rupture qui risque de s'opérer, un caractère suffisant.

(142) Cass. 16 janvier 1953, D. 1953, 238 : « Attendu qu'au sens de la loi appliquée, c'est la résidence effective et continue dans un local d'habitation qui confère à ce local le caractère de principal établissement et non le domicile au sens juridique du terme... ».

(143) Comp. C. civ. 311-15 et 311-18 (un accent particulier est placé sur son caractère habituel).

b) La décentralisation volontaire et l'élection de domicile

694 Les parties à un contrat y insèrent parfois, dans une stipulation spéciale, une clause dite « d'élection de domicile » ; elles élisent domicile, pour l'exécution de ce contrat, dans un lieu autre que leur domicile réel. Par cette stipulation — en principe expresse (144) — les parties situent, dans un lieu qu'elles précisent, les difficultés d'exécution de leur contrat.

695 Cette « élection de domicile » porte-t-elle bien son nom ? L'élection est bien un choix (de principe : la clause est facultative ; et de lieu sous réserve des hypothèses exceptionnelles dans lesquelles un individu est tenu d'élire domicile en un lieu déterminé. (V. art. 2148, C. civ., pour le créancier poursuivant).

Mais on ne peut parler de ce lieu élu comme d'un véritable domicile. Qui élit domicile en un lieu ne change pas de domicile. Seulement, c'est à un autre point d'attache qu'il y aura lieu, spécialement, de se référer pour l'exécution du contrat (le contentieux surtout). Il s'agit d'une mesure de **décentralisation partielle**, limitée aux suites d'un contrat déterminé. Spécial, le « domicile » élu n'opère aucun changement de domicile (ce n'est pas une autre façon de désigner le domicile volontaire).

Dans ce cadre, la clause d'élection de domicile a un objet et des effets variables.

696 **1º Objet de la clause.** Il peut être simple ou double. **Si la stipulation du contrat se borne à l'indication d'un lieu** situé dans une circonscription ou même d'une circonscription (ex. une ville ou le ressort territorial d'une juridiction), l'élection de domicile est seulement attributive de compétence juridictionnelle au tribunal de ce lieu : le contentieux né du contrat relèvera de la compétence du tribunal du ressort ainsi désigné. Dans ce cas, la clause d'élection de domicile s'analyse en une **modification conventionnelle des règles de la compétence territoriale des juridictions.**

Cet effet postule précisément que, lorsque les plaideurs sont d'accord, il leur est permis de déroger, par une stipulation de contrat, aux règles normales de compétence territoriale et de porter le litige devant le tribunal de leur choix. Il est donc essentiel d'observer que *cette liberté est aujourd'hui considérablement restreinte* (par le nouveau code de procédure civile, art. 48). Elle n'est valable qu'à la double condition d'avoir été convenue entre des personnes ayant, toutes, contracté en qualité de commerçant et d'avoir été spécifié de manière très apparente dans le contrat. Dans tous les autres cas, et notamment dans les conventions entre commerçants et non commerçants, ou dans les relations civiles, toute clause qui, directement ou indirectement, déroge aux règles de la compétence territoriale est réputée non écrite (nulle, elle est effacée du contrat, sans porter atteinte à la validité de celui-ci) (145).

697 Lorsque, par un dédoublement de son objet, **l'élection de domicile contient, en plus de l'indication d'un lieu, celle d'une personne** (établie à l'intérieur du ressort désigné), la clause d'élection de domicile n'est pas seulement attributive de compétence (dans les limites, ci-dessus déterminées, de sa validité) : elle est en outre **porteuse d'un mandat** conféré par le signataire de l'acte à la personne désignée, à l'effet de recevoir, au nom du signataire, tous les actes qui lui sont individuellement destinés. En pratique, l'intéressé

(144) V. cep. *infra*, nº 700.

(145) Sauf dans les cas où, même dans ces rapports, l'élection de domicile est exigée par une disposition spéciale de la loi ; par ex. C. civ. art. 2148, al. 3, 2º.

élira, par exemple domicile en l'étude de Maître X..., avocat à Tours. Dans ce cas, le tribunal de Tours sera compétent (si les conditions de l'art. 48 N.C.P.C. sont remplies, ou dans les cas spécifiés d'élection de domicile obligatoire) et les significations qui devaient être faites au signataire de la clause pourront valablement l'être en l'étude de son mandataire désigné.

8 **2° Effets.** L'efficacité de la clause connaît des degrés. En principe (c'est ce qui résulte de l'article 111 C. civ.) l'élection de domicile n'a qu'un effet facultatif. Elle institue seulement une option de juridiction en vertu de laquelle l'autre partie conserve le choix de porter le litige soit devant le tribunal du domicile normal (domicile réel) soit devant celui du domicile élu (domicile convenu). Toutefois, la jurisprudence a exclu cette faculté dans certaines circonstances : lorsque l'élection de domicile est faite dans l'intérêt commun des parties ou, *a fortiori,* dans l'intérêt exclusif du destinataire, son adversaire éventuel ne peut porter le litige que devant le tribunal du domicile élu, lequel supplante obligatoirement celui du domicile réel.

c) La décentralisation jurisprudentielle et les expédients prétoriens

9 La jurisprudence, pour contribuer à assouplir le système lié à l'unité du domicile, a jugé expédient d'atténuer sa rigueur en conférant d'elle-même (en dehors de tout fondement légal ou conventionnel) divers effets juridiques à des lieux autres que le domicile. On peut donner trois exemples de ces assouplissements prétoriens.

0 **1° Élection tacite de domicile.** La jurisprudence admet parfois que l'élection de domicile est tacite. C'est une façon de situer le contentieux né d'un contrat (qui pourtant ne contient pas, expressément, de clause d'élection de domicile) devant le tribunal d'un lieu qu'elle considère, par interprétation de volonté, comme celui d'un domicile tacitement élu (146).

1 **2° Domicile apparent.** Pour un résultat équivalent, les tribunaux reconnaissent plus souvent les effets du domicile à un domicile apparent. On appelle ainsi le lieu dans lequel, au regard d'un tiers, un individu paraît avoir son principal établissement (l'apparence est constituée, à ses yeux, s'il est de bonne foi, sans qu'il ait — c'est une différence avec la théorie générale de l'apparence — à alléguer une erreur commune). Ainsi défini, le domicile apparent peut devenir attributif de compétence territoriale (un individu sera valablement assigné devant le tribunal de son domicile apparent si les tiers — souvent les fournisseurs — le voient résider assez fréquemment en ce lieu). Cette règle, favorable aux artisans ou commerçants locaux a été consacrée par de notables arrêts (147). La faculté laissée au demandeur, par les règles générales de compétence territoriale, de saisir en matière contractuelle, la juridiction du lieu de la livraison effective de la chose ou du lieu de l'exécution de la prestation de service leur procure, il est vrai, en ce cas, le même avantage (N.C.P.C. art. 46).

(146) C'est une suggestion doctrinale, v. Esmein, S. 1921, I, 313.

(147) Req. 5 mai 1925, S., 1925, I, 316 : la cour de Poitiers a reconnu la bonne foi des époux X... commerçants à la Flocellière, qui, induits en erreurs par les apparences, ont pu croire que les époux X... avaient, à la Flocellière, leur principal établissement ; et ils y avaient, en fait, un important domaine.

702 **3° Théorie des gares principales.** Dans le même esprit, la jurisprudence a inventé ce qu'il est convenu d'appeler « la théorie des gares principales », au souvenir de la première application qu'en ont donnée les tribunaux avant de l'étendre à toutes les firmes à établissements multiples. Lorsqu'une société, ayant son siège social à Paris, a des établissements multiples disséminés sur l'ensemble du territoire, elle peut être assignée devant le tribunal de chacun de ses établissements principaux, pour le contentieux des affaires traitées par l'établissement choisi. Du point de vue du service de la justice, cette décentralisation offre l'avantage de décongestionner le rôle des juridictions parisiennes ; une bonne administration de la justice désigne comme juges naturels du contentieux local les juges du lieu ; enfin l'intérêt légitime des clients de la société (qui sont souvent des contractants locaux) est de plaider sur place, sans avoir à assigner la société devant le tribunal du siège social. (Les questions du domicile s'enracinent, on le voit, dans une perspective procédurale).

703 Le nouveau code de procédure civile a implicitement consacré cette théorie prétorienne : il énonce que le lieu où demeure un plaideur (pour les assignations et notifications) doit s'entendre, s'il s'agit d'une personne morale, du lieu où celle-ci est **établie** (N.C.P.C. art. 43 *in fine*), expression générique qui englobe l'ensemble des établissements principaux de la société.

Il faut cependant reconnaître qu'en dépit d'un effort pour étendre la théorie des gares principales aux commerçants, personnes physiques, qui ont plusieurs établissements, cette jurisprudence a été élaborée pour des personnes morales (148).

BIBLIOGRAPHIE

AUBRY et RAU, T. I., 7° éd., par PONSARD, § 141, n° 571 s.

CARBONNIER, I, 51 s.

MARTY et RAYNAUD, n° 739 s.

PLANIOL et RIPERT, T. I. par R. et J. Savatier, n° 137 s.

WEILL et TERRÉ, n° 63 s.

PÈPE, *Les notions juridique et administrative du domicile,* th. Lyon, 1944.

MARTIN-SERF Arlette, *Du domicile à la résidence.* R.T., 1978, 535 s.

GISSEROT Fl., *Le nouveau domicile de la femme mariée,* R.T., 1979, 724 s.

(148) V. *infra*, n° 819.

SECTION III L'ABSENCE ET AUTRES SITUATIONS COMPARABLES

« Est-il mort ? disparu ? ou bien encore vivant ?
Oh, Barbara... » (Prévert)

4 L'absence, au sens du titre IV du livre I du C. civ. (art. 112 à 132) est la situation de l'individu **dont on ne sait s'il est vivant ou mort,** du fait qu'il a depuis longtemps cessé de paraître chez lui et que l'on est resté sans nouvelles de lui : « position problématique » ; « état équivoque et perplexe » (Demolombe).

L'incertitude qui, du fait d'un défaut prolongé de nouvelles, pèse sur l'existence de l'absent fait ressortir les *trois particularités* de la situation.

5 L'absence ainsi définie est, comme l'incertitude qui la caractérise, un *phénomène marginal* (149) *mais irréductible :* marginal en temps de paix et dans un siècle où, à l'échelle de la planète, les nouvelles vont vite (et les transports aussi) ; irréductible parce qu'il existe, un peu partout, des théâtres de guerre ou de troubles et que, s'il n'y a plus ni croisés, ni pèlerins, ni proscrits, ni exilés, ni colons, ni explorateurs, ni soldats perdus dans des expéditions lointaines, il y a de nouveaux voyageurs ou navigateurs solitaires, d'autres otages, d'autres émigrés, d'autres égarés, nostalgiques ou victimes de l'inconnu et de l'oubli, clientèle résiduelle de l'absence (150).

6 Caractérisée — en soi — par l'incertitude, l'absence est à la base, **une donnée de fait**, qui, si nul ne prend d'initiative, peut se perpétuer indéfiniment, sans jamais déboucher sur une *situation juridique,* mais qui, lorsque le droit s'en saisit, ne débouche pas toujours sur la même situation juridique parce que, selon le degré qu'elle atteint, compte tenu du temps qui passe, **l'incertitude autorise soit un pari sur la vie, soit un pari sur la mort**. La loi du 28 déc. 1977 portant réforme de l'absence (151) a ainsi mis en place **deux situations juridiques**, la **présomption d'absence** et la **déclaration d'absence** qui correspondent, la première, à une présomption de vie, la seconde à une présomption de décès. Par où l'on voit que le droit — architecte du temps — fait sortir d'un état d'incertitude deux suppositions juridiques contraires (152).

---

(149) Sa traduction judiciaire est très réduite : de 1970 à 1976, le nombre des jugements déclaratifs d'absence oscille, par an, de 25 à 50.

(150) Sur la sociologie de l'absence, v. Carbonnier, I, n° 54 et, dans le prisme littéraire, Balzac, *Le colonel Chabert*, L'absence est un thème de pastorale, vibrant des troubles de la Révolution et des guerres napoléoniennes. Sur le vif, le droit intermédiaire avait pris de nombreuses mesures en faveur des absents : l. 26 août 1790, d. 28 sept. 6 oct. 1791, l. 11 ventose an II.

(151) Dans la plupart des législations européennes, le régime de l'absence est conçu pour aboutir, selon des modalités différentes, soit au bout de 6 ans (5 ans + 1 an de procédure en droit suisse) soit au bout de 7 ans (Grande-Bretagne) soit au bout de 10 ans (droit italien, droit allemand) à un jugement d'absence, de présomption de décès ou de décès qui emporte, sous diverses nuances, les mêmes effets de rupture et de mutation qu'en droit français, sous réserve d'un retour de l'absent.

(152) On pourrait être tenté d'en conclure qu'en droit l'absence ne se définit pas par l'incertitude dès lors que l'absence présumée repose sur une présomption de vie, et l'absence déclarée sur une présomption de décès. Mais c'est seulement parce que le droit opérant, par mesure d'ordre, un traitement de l'incertitude, superpose sa vision (sa fiction, sa présomption) dans un sens ou dans l'autre, à un état de doute qui demeure la situation naturelle de base et la cause génératrice de toute la construction légale.

707 Prise dans un sens aussi spécifique, l'absence ne répond pas au sens courant du terme, fait, pour une personne, de ne pas être là où elle aurait dû se trouver. Au moins n'est-elle qu'une espèce très particulière d'absence, au sens ordinaire du mot (153).

Ce particularisme appelle la mise en place (§ 1) des autres sortes d'absence et des situations dans lesquelles une personne disparaît, avant l'étude plus approfondie de la présomption (§ 2) et de la déclaration d'absence (§ 3).

§ 1. TABLEAU DES SITUATIONS QUI ENCADRENT L'ABSENCE

Ce sont les **situations de fait** à l'état brut qu'il faut d'abord distinguer, car les **effets de droit** que la loi leur attache chevauchent parfois les distinctions.

A. TABLEAU DES SITUATIONS DE FAIT

708 Caractérisée par une incertitude sur l'existence de la personne, l'absence, état de fait, est encadrée par **deux situations opposées** qui sont affectées de signes contraires quant aux probabilités de vie ou de mort de l'intéressé.

a) La disparition (154)

709 Terme générique et vague, la disparition a pris, dans la législation moderne, un sens particulier de précision (art. 88 C. civ.). On fait état, en ce sens, d'une disparition, lorsqu'une personne **« a disparu dans des circonstances de nature à mettre sa vie en danger et que son corps n'a pu être retrouvé »**.

Donnée négative caractéristique de la situation, le fait que le cadavre du disparu n'ait pu être retrouvé laisse planer un doute sur la survie. Cet espoir est cependant très faible.

Ce qui caractérise la disparition ce sont les circonstances qui l'entourent : déportation, naufrage, accident d'aviation, tremblement de terre, intervention militaire, accident de montagne, etc., plus généralement toutes circonstances comportant un péril de mort. En définitive, de telles circonstances ne laissent, raisonnablement, aucun doute sur le décès du disparu (v. plus loin, n° 714).

b) La non-présence (155)

710 C'est le fait brut de ne pas être présent là où l'on serait censé l'être (chez soi, à un rendez-vous, devant un tribunal ou un notaire, etc.).

---

(153) V. *Vocabulaire juridique,* v° Absence. Sur le thème de la présence physique en général, v. Ph. Dubois, *Le physique de la personne,* Th. Paris II, 1984 (troisième partie).

(154) V. D. Veaux, *Absents et disparus,* D. 1947, chron., 169 ; Hauser, R.T. 1995, 322.

(155) V. notre note D. 1956.465. *Adde* M. Vivant, *Le régime juridique de la non-présence,* R.T. 1982, 1 s.

À lui seul, ce fait ne crée aucun doute sur l'existence du non-présent, à défaut de toute circonstance permettant d'imaginer le pire : en quoi la non-présence s'oppose non seulement à la disparition (qui fait supposer le décès) mais à l'absence (qui laisse ouvert un doute).

À partir de ce trait commun, la non-présence recouvre des situations très diverses, au sein de deux catégories de regroupements.

1 **1° La non-présence intentionnelle.** Elle procède de la volonté de se soustraire à une obligation (en quoi elle est illicite) ou (et) parfois à un milieu (ce qui, s'il n'y a pas d'engagement, est, pour un adulte, une liberté). C'est le cas des fugues d'adolescents ou de personnes âgées, plus généralement des « disparitions » (156), des abandons de foyer, des défaillances en justice, ruptures de mariage, refus de contracter et refus de réponse à toute convocation (157).

2 **2° La non-présence involontaire** (ou forcée) : Elle résulte d'un **empêchement** qui met un intéressé hors d'état de manifester sa volonté, pour un acte ponctuel ou de façon plus durable. C'est d'ailleurs sous cette formule que la loi saisit la situation, englobant l'éloignement parmi diverses autres causes d'empêchement (maladie, emprisonnement, etc.).

B. TABLEAU DES EFFETS DE DROIT

3 Si l'on met de côté (comme étrangers à la matière) les effets particuliers qui sont spécifiquement attachés à telle espèce de non-présence et qui n'affectent en rien l'état des personnes (sanction de l'abandon de famille, régime du défaut en justice, etc.) trois types d'effets de droit sont attachés, mais sans correspondance rigoureuse, aux situations de fait distinguées.

a) Le jugement déclaratif de décès

4 C'est l'issue spécifique que la loi donne à la constatation d'une **disparition** *stricto sensu* (v. ci-dessus, n° 709). Lorsqu'une telle disparition se produit, il appartient au tribunal de grande instance qui la constate (158) de déclarer le décès (159) du disparu (lequel est donc tenu pour mort) : le jugement déclaratif tient lieu *erga omnes* d'acte de décès (sous réserve

(156) Au sens du service des recherches dans l'intérêt des familles : près de 50 000 tentatives par an, pour moins de 5 000 « vaines recherches ».

(157) La pratique notariale nomme **« taisants »** ceux qui s'abstiennent obstinément de répondre à toute convocation, mettant ainsi obstacle aux opérations de liquidation et de partage. V. Carbonnier, 1, n° 53, J. Bernard de Saint-Affrique, *L'absence,* n° 21.

(158) Réglant la compétence territoriale par diverses distinctions, l'art. 89 C. civ. donne en premier compétence au tribunal du lieu de la disparition (lorsque celle-ci se produit sur un territoire relevant de l'autorité de la France).

(159) En ce fixant, fût-ce par présemption, la date, sans pouvoir la laisser indéterminée, art. 20 *in fine*. Lorsque le corps d'une personne est retrouvée plusieurs années après un accident, sans que le décès ait été déclaré en vertu de l'art. 88 C. civ., et lorsqu'il est identifié, il incombe à l'officier de l'état civil de dresser un acte de décès. Mais cela n'interdit pas au juge lui-même de déclarer le décès (notamment s'il ya contestation sur l'identité). Civ. 1er 30 avril 1985, D. 88.451.

b) Vocation du système

À travers les précisions de la loi, le régime de protection prend, non sans apparence de lourdeur, toute sa gravité. D'autres précisions le découvrent sous un autre angle.

723 **1° Vocation subsidiaire.** La loi fait attendre le dernier article (art. 121) pour dévoiler le caractère purement subsidiaire du système légal de représentation. Si prenant lui-même ses dispositions, le présumé absent ou le non-présent avait confié à un mandataire de son choix le pouvoir de le représenter et de gérer son patrimoine, cette organisation conventionnelle doit être respectée (sauf, le cas échéant, à être complétée). Il est plus typique que le juge soit invité à faire l'économie du système légal, lorsque le conjoint peut suffisamment pourvoir aux intérêts de celui-ci grâce aux **transferts judiciaires de pouvoir** que permet le régime matrimonial (art. 217, 219, 1426, 1429). L'adaptation du régime est alors le moyen simple et adéquat qui dispense d'établir un régime spécial de protection (171).

724 **2° Système évolutif.** Lorsque le régime de protection est mis en place, c'est sous le signe du provisoire. Malléable, il se prête aux adaptations nécessaires. Même d'office, le juge des tutelles peut mettre fin à la mission du représentant désigné ou procéder à son remplacement (C. civ. art. 115). D'office, le ministère public peut requérir la modification des mesures prises (art. 117). De lui-même, le régime de protection est exposé aux trois événements qui peuvent marquer sa fin. Il débouche alors, selon les cas, sur trois issues différentes : si l'absent reparaît ou donne de ses nouvelles, il recouvre, à sa demande, la gestion de son patrimoine (art. 118). Si la preuve de son décès est apportée, sa succession est dévolue à ses héritiers (sans incidence sur les droits acquis par des tiers, art. 119). Si l'incertitude se prolonge dix ans, la présomption d'absence peut (172) conduire à la déclaration d'absence.

§ 3. LA DÉCLARATION D'ABSENCE

725 **Lorsque le défaut de nouvelles se prolonge un certain temps**, la loi ouvre à tout intéressé et au ministère public le droit de demander au tribunal de grande instance de déclarer l'absence (C. civ. art. 122).

Cependant, la déclaration d'absence ne révèle pas l'effet qu'elle opère. Or, c'est sous couvert de cette formule inchangée que le législateur de 1977, faisant le saut devant lequel ses devanciers avaient reculé, a consommé un renversement radical de perspective. C'est devant ces nouveaux effets qu'il faut d'abord se placer pour « décrypter » la déclaration d'absence, avant de démonter le mécanisme qui les prépare et les justifie et d'envisager le dénouement que peut donner à l'absence, en coup de théâtre, le retour de l'absent.

(171) On retrouve ici le recours systématique au procédé le plus simple, compte tenu des besoins à satisfaire, et l'utilisation typique des ressources élémentaires du régime matrimonial. Comp., en parallèle, C. civ. art. 498. V. aussi *supra*, n° 717, note 167, un jeu de règles qui est dans la logique du caractère subsidiaire des dispositions relatives à la présomption d'absence.

(172) La période d'absence présumée peut aussi s'éterniser, si nul ne requiert la déclaration d'absence.

A. LES EFFETS DE LA DÉCLARATION D'ABSENCE

a) Principe

Lorsqu'elle est déclarée, l'absence a **les mêmes effets que le décès.** C'est au jugement déclaratif que la loi attache une telle portée. L'art. 128 al. 1 énonce : « **Le jugement déclaratif d'absence emporte, à partir de la transcription, tous les effets que le décès établi de l'absent aurait eu** ». La déclaration judiciaire fait donc produire à l'absence les effets d'un décès, la rapprochant en cela de la disparition constatée (v. plus haut, n° 714).

Dans le principe, cette équivalence de résultat traduit d'abord une perte d'espoir. La loi cesse d'escompter le retour de l'absent. Elle ne l'attend plus. Elle ne le croit plus en vie. Elle le tient pour mort. D'un coup, la présomption de la loi change de camp, l'absence change d'âme. De l'incertitude accumulée sur l'existence de l'absent, la loi donne une autre traduction. La version optimiste qui sous-tendait, soutenait, la présomption d'absence, fait place à une supposition pessimiste (réaliste) de mort. Faisant basculer l'hypothèse, la déclaration judiciaire d'absence marque typiquement le passage de la présomption de vie à la **présomption de décès.**

Cette assimilation porte en elle tout le changement qu'elle apporte dans la situation des intéressés : la rupture officialisée est la voie ouverte à une autre génération ou à une autre vie. La déclaration d'absence marque la fin d'une attente et l'établissement d'une **autre situation juridique**. C'est dire que la phase qu'elle ouvre n'est plus ordonnée à la protection d'intérêts en souffrance, mais à la **liquidation d'une situation sans espoir**. Dans la nouvelle conciliation des intérêts en présence (dont certains en absence), la loi se résigne à faire passer d'abord les intérêts de ceux qui restent. La déclaration judiciaire déclenche un processus de *mutation.*

b) Conséquences

7 Assimilée, dans ses effets, au décès de l'absent, la déclaration d'absence en reproduit toutes les conséquences :

— Elle ouvre la succession de l'absent. Ses biens sont transmis à ses héritiers.

— Elle dissout le lien conjugal et entraîne la dissolution du régime matrimonial. Le conjoint de l'absent est libre de se remarier (C. civ. art. 128, al. 2). La gravité de ces effets se reflète dans le mécanisme de la mutation.

B. LE MÉCANISME DE LA DÉCLARATION D'ABSENCE

C'est un **mécanisme judiciaire**, mais le jugement qui déclare l'absence est l'aboutissement d'une longue attente et l'achèvement d'une procédure surtout marquée par un dernier appel à la publicité.

a) La période d'attente

8 L'absence ne peut être déclarée qu'au terme d'une attente prolongée. C'est l'écoulement du temps, sans nouvelle, qui vient à bout de l'espoir ; la prolongation du défaut de

nouvelles qui fait basculer la présomption de la loi. Mais la longueur de l'attente légale est variable (173).

1re L'attente décennale. Lorsque la présomption d'absence a été judiciairement constatée (cas ordinaire) (174), le jugement du juge des tutelles fait courir un délai de dix ans au terme duquel l'absence peut être déclarée (C. civ. art. 122). L'écoulement de ces dix ans sans nouvelles est, sous réserve des vérifications que la loi exige, la condition nécessaire et suffisante de la déclaration d'absence. Le jugement déclaratif doit constater que le présumé absent n'a pas reparu pendant ce délai (C. civ. art. 125). Mais il ne donne de base légale à sa décision que si, ayant examiné les conditions de la disparition (175) et les circonstances qui peuvent expliquer le défaut de nouvelles, il constate, depuis la disparition, un défaut inexplicable de nouvelles. La déclaration d'absence est la consommation d'un silence continu et complet.

2e L'attente vicennale. Lorsque l'absence n'a pas été judiciairement présumée, elle peut néanmoins être déclarée, mais au terme d'une attente de plus de vingt ans à partir de la disparition (art. 122 *in fine*). À sa base, la déclaration d'absence doit aussi avoir la constatation du fait originaire de la disparition et du défaut prolongé de nouvelles : déclaration de carence, de vide. Ces vérifications sont faites sous couvert d'un ultime effort d'information.

b) Les mesures de publicité

729 La loi exige qu'une large publicité soit donnée à la requête, dans la presse du lieu où l'absent a eu, en dernier, sa demeure. Elle permet au tribunal d'ordonner toute mesure complémentaire de publicité là où il le juge utile (C. civ. art. 123). Le jugement ne peut être rendu qu'un an au moins après cette publication (art. 125) (attente qui n'aura pas nécessairement pour effet de rallonger les délais de base, dans lesquels elle pourra s'emboîter, la requête pouvant être présentée dans l'année précédant l'expiration des délais de 10 ou 20 ans) (C. civ. art. 125).

Le jugement déclaratif est soumis à la même publicité (art. 127). Il est transcrit sur les registres de l'état civil et, de ce fait, devient opposable aux tiers, sauf le droit, pour ceux-ci, d'agir en rectification (art. 127, *in fine*). Le démenti peut aussi venir dc l'absent lui-même.

C. LE RETOUR DE L'ABSENT

730 La loi a réservé cette hypothèse (d'école ou de roman). Si l'absent reparaît (ou si son existence est prouvée) postérieurement au jugement déclaratif, la réalité l'emporte sur la présomption. Mais il faut qu'à la requête du ministère public ou de tout intéressé, l'annulation du jugement déclaratif soit prononcée par le tribunal de grande instance et

(173) Ces délais légaux sont des planchers. L'attente des familles est, en fait, souvent plus longue. Dans les annonces légales des années 80 et même 90, les déclarations d'absence se réfèrent souvent à des « disparitions » qui remontent aux années 1940 à 1945. Le 19 juillet 1993 (jugement inédit) le tribunal de grande instance de Toulouse a déclaré l'absence d'une personne née en 1882, 111 ans après sa naissance ; le 6 janv. 1998, le T.G.I. de Créteil à déclaré, 57 ans après sa disparition en 1941, l'absence d'une personne née en 1884 (qui aurait 114 ans).

(174) Que la protection ait été organisée par représentation spéciale ou par aménagement du régime matrimonial.

(175) V. plus haut, n° 719.

l'existence de l'absent constatée (d'où, à rebours, de nouvelles mesures de publicité et la remise à jour des registres de l'état civil) (C. civ. art. 129).

L'annulation du jugement déclaratif n'efface cependant pas la période d'absence. Elle ne fait pas revivre le passé. Elle ne rend à l'absent ni son époux ni la totalité du patrimoine qu'il avait laissé. Le mariage de l'absent demeure dissous (art. 132), ce qui met le nouveau mariage qu'aurait contracté son conjoint à l'abri de la demande en annulation émanant du revenant (176). Quant à ses biens, ce dernier ne recouvre en principe — et dans l'état où ils se trouvent — que ceux qui subsistent ou ceux qui leur ont été subrogés. C'est seulement lorsque la déclaration d'absence a été obtenue par fraude, à l'initiative d'un entourage trop impatient, que l'absent, à son retour, peut obtenir divers dédommagements : revenus des biens (comme à l'encontre d'un possesseur de mauvaise foi : comp. C. civ. art. 549) ; intérêts légaux des sommes perçues, dommages-intérêts complémentaires, remise en cause de la liquidation du régime matrimonial (C. civ. art. 131). Amer retour.

BIBLIOGRAPHIE

Sur la réforme de l'absence, (l. 28 déc. 1977), v. **Foyer,** rapport à l'Assemblée nationale, A.N. doc. n° 3208, 1re sess. 1977-1978.

CARBONNIER, I, 23 s.

BERNARD DE SAINT-AFFRIQUE J., *Défrénois,* 2e éd. 1995, Préface Carbonnier.

BRETON A., D. 1978, chron. 241.

TEYSSIÉ B., *J.C.P.* 1978. 2911.

JESTAZ, R.T. 1978, 203.

Histoire : ROUGHOL-VALDEYRON Denise, *Recherches sur l'absence en droit français,* Trav. fac. dr. Paris. 1970. CARBONNIER, préface précitée.

(176) Cette faveur à la seconde union, consolidée à tout événement, est dans la logique du pari de la loi sur le non-retour (la précarité risquant d'être, à l'inverse, un piètre cadeau de la loi dans la corbeille de remariage).

TITRE II
LES PERSONNES MORALES

1° Un phénomène

1 Le fait est que les personnes physiques, simples particuliers, individus isolés, ne sont pas les seuls membres de la société, ni les plus actifs. Au lieu d'agir isolément, les individus s'unissent volontiers. Notre univers politique, économique, social, culturel est constitué, en dehors des individus, d'une multitude de groupes et de groupements dont les types les plus notables, au regard du droit privé, sont les sociétés, les syndicats, les associations (1).

2 Ce qui frappe d'emblée devant l'ensemble de ces groupes c'est leur **puissance.** Puissance globale du nombre. L'essor industriel de la fin du XIXe siècle les a multipliés et, depuis, la démographie des personnes morales est pullulante, à en juger, notamment par l'ampleur du mouvement associatif au sein duquel gravitent, estime-t-on, plus de 600 000 associations. Puissants, ces groupes le sont aussi (très inégalement sans doute mais incomparablement plus qu'un particulier, quand ils le sont) par leurs moyens d'action (organisation administrative, personnel, matériel, ressources financières). Puissants, ils le sont, enfin, par leur dynamisme, leur zèle (je n'ai pas dit leur activisme). À ne considérer que le secteur judiciaire (dans la vie économique et sociale, l'activité des personnes morales est encore plus évidente), les exemples surabondent : l'ordre des médecins se porte partie civile contre un guérisseur ; le syndicat des vignerons du Beaujolais fait poursuivre un commerçant qui a mouillé son vin ; un syndicat d'instituteurs proteste contre l'aide à l'école privée ; une association de parents d'élèves s'élève contre la protestation des instituteurs : la Société protectrice des animaux agit contre un matador ou un laboratoire de vivisection, etc.

3 Cette force donne aussi, dans sa profusion, l'image de la **diversité.** Le monde des groupements de la vie sociale est sous le signe de la variété de leurs buts et de l'abondance de leurs activités : un parti politique, une congrégation religieuse, une société commerciale,

(1) La création de l'entreprise unipersonnelle à responsabilité, par la loi du 11 juillet 1985, commande de prendre acte de la nouvelle définition légale de la société (C. civ. art. 1832) et de l'apparition d'un nouveau cas de figure dans la galerie des personnes juridiques : la société à une seule personne. Mais cette extension juridique n'affaiblit en rien l'intérêt de prendre la mesure de la force économique et sociale et de la structure juridique des groupements, par opposition à ce qu'est la personne physique. L'opposition reste majeure, d'autant plus que, même sous la société unipersonnelle, il y a autre chose qu'un individu isolé, à savoir, en droit et en fait, une institution, une entreprise, un centre d'intérêts. V. n° 875.

une association sportive, un syndicat ouvrier, un ordre professionnel, une société civile, un comité d'entreprise, une société coopérative, un syndicat de propriétaires, un groupement agricole, sont autant de groupements distincts.

Encore faudrait-il ajouter à la liste les groupes les plus naturels de la vie sociale : le couple, la famille, l'entreprise commerciale, l'exploitation agricole, les communautés naturelles de travail... Puissants, divers...

2° Un statut

734 En droit, quel est le problème ? Celui de la situation juridique de tous ces groupes, au regard du droit privé. Une réponse capitale tient en une division majeure. **Certains de ces groupes sont reconnus comme des personnes morales**. Dotés de la personnalité civile, ce sont des « sujets de droit », comme les personnes physiques. **D'autres groupements n'ont pas la personnalité juridique.**

D'où deux questions : 1° quels sont les groupements reconnus comme des personnes morales ? 2° en quoi consiste, pour ces groupements, la personnalité juridique ?

735 Pour y répondre, on ne trouve énoncée dans la loi aucune théorie générale de la personnalité morale. De telles dispositions existent dans diverses législations (Code allemand, Code suisse). On imagine volontiers que, si le mouvement de réforme atteignait le livre préliminaire du Code civil, cette lacune pourrait être comblée, au moins par une présentation inaugurale, en partie double, de la personnalité juridique dans son application aux personnes physiques et aux personnes morales.

736 De fait, cette théorie — qui n'est pas textuelle mais virtuelle — existe déjà sous une forme élaborée. Résultat d'une systématisation doctrinale et jurisprudentielle très « aboutie », **la théorie de la personnalité morale est écrite, non dans les textes de loi, mais dans les ouvrages de doctrine et les arrêts de jurisprudence** (2).

737 Source d'inspiration, cette théorie générale est en passe de devenir un fonds historique. Non point qu'elle ait, intellectuellement, perdu de sa valeur. Mais, positivement, **le mouvement de la législation opère, sous nos yeux, un déplacement caractéristique des sources. Les lois spéciales occupent le terrain de la personnalité morale.** Les plus importantes ne sont certes pas nouvelles. Dès l'origine, le Code civil régissait la société en général (art. 1832 s.). Le droit commercial a renouvelé les règles particulières consacrées aux sociétés de commerce. La loi du 1er juillet 1901 porte le statut des associations. Le droit du travail réglemente celui des syndicats et des comités d'entreprise. Mais, en se développant, le mouvement gagne, de proche en proche, toutes les entités qui naissent. Presque toujours, les lois nouvelles se prononcent, par une disposition expresse, sur la personnalité juridique du groupe considéré : à tel groupe, elle reconnaît la personnalité (3) ;

---

(2) Le mérite en revient pour une large part à l'action de ce que l'on pourrait appeler, sur ce point, l'École de Nancy. V. Michoud, *La théorie de la personnalité morale et son application au droit français,* 1re éd. 1906-1909, 2e édition par Trotabas, 1932, c'est l'ouvrage fondamental ; *adde,* dans *« Les études offertes à Georges Ripert »,* tome I, p. 138, Durand : *L'évolution de la condition juridique des personnes morales de droit privé ;* P. Coulombel : *Le particularisme de la condition juridique des personnes morales de droit privé,* th. Nancy, 1950.

(3) V. la loi n° 78-763 du 19 juillet 1978 portant statut des **sociétés coopératives ouvrières de production** (not. art. 1, 3 et 48) et le nouvel art. 1842, al. 1 C. civ. relatif à la **société**. *Adde* la loi du 31 déc. 1990 (J.C.P. 1990.III.64447) relative à **l'exercice des professions libérales** organisées sous forme de **sociétés de type commercial** qui attribue à la société la personnalité civile à compter de son immatriculation au registre du commerce et des sociétés (art. 3, al. 3). Le **conseil des marchés**

à tel autre, elle la refuse (4). **Positives, ou négatives, ces interventions législatives formelles transforment — phénomène notable — la façon d'aborder la théorie générale de la personnalité morale : tout devient droit spécial. La personnalité morale est instrumentalisée.**

8 La précision apporte la sécurité. Globalement, la somme des interventions légales appelle un renouvellement de la réflexion sur la valeur résiduelle des données générales. La question se pose à propos de **l'octroi de la personnalité juridique** (chap. I) et de la détermination du **statut des personnes morales** (chap. II).

---

financiers est doté de la personnalité morale en vertu du Code monétaire et financier (art. L. 621-1). V. aussi les exemples donnés n° 783, note (12).

(4) V. la loi du 23 décembre 1988 en ce qui concerne les **fonds communs de placement,** art. 7.-I. ; le nouvel art. 1871, al. 1, C. civ. relatif à la **société en participation.** De même, la loi du 23 décembre 1988 qui crée, sur le modèle des fonds communs de placement, les **fonds communs de créances** (voués à l'acquisition de ces créances et à leur émission sur le marché financier comme valeurs mobilières) affirme d'emblée que le fonds commun n'a pas la personnalité juridique (a. 34, v. D. 1989, lég. 43). V. *Vocabulaire Juridique*, 8e éd., vis *Titrisation, Fonds commun de créances* et *infra,* n° 783 s. Plus rarement, il advient que la loi ne se prononce pas ; ainsi, pour la **conférence médicale** instituée par la loi du 31 juill. 1991 dans les établissements de santé privés ne participant pas au service public hospitalier. Chargée de veiller à l'indépendance professionnelle des praticiens, de participer à l'évaluation des soins et de donner son avis, notamment, sur la politique médicale de l'établissement (C. santé publ. art. L. 715-12), il ne semble pas que cet organe consultatif soit doté de la personnalité morale, non pas tellement parce que la loi ne la lui confère pas, mais parce que les éléments de la réalité technique de la personnalité morale ne paraissent pas suffisamment caractérisés. En ce sens, T.G.I. Dijon, 10 sept. 2002, *Pet. aff.* 25 juin 2002, n° 126, p. 18 s., n. D. Jacotot, déclarant irrecevable la demande intentée contre le président de la conférence assigné en cette qualité.

CHAPITRE I
LA RECONNAISSANCE DE LA PERSONNALITÉ CIVILE

Quels groupements sont-ils dotés de la personnalité civile ? Quelles sont les personnes morales ? La loi reconnaît expressément la personnalité civile à certains groupements. Elle la refuse expressément à certains autres. La question est de savoir si, dans le silence de la loi, il existe d'autres personnes morales que celles qui sont formellement reconnues comme telles par la loi.

SECTION I LES PERSONNES MORALES RECONNUES PAR LA LOI

À la vérité, la loi ne se borne pas toujours à reconnaître la personnalité juridique des groupements : parfois, elle les crée ; elle les institue ; elle les établit. D'où la différence entre ces personnes morales d'origine légale et les personnes morales constituées, conformément à la loi, mais à l'initiative des intéressés, par la volonté individuelle et auxquelles la loi, à certaines conditions, reconnaît la personnalité civile. Sous cette distinction d'origine, se profile celle des personnes morales de droit public et des personnes morales de droit privé, car les personnes morales sont présentes dans l'un et l'autre domaine.

§ 1. LES PERSONNES MORALES INSTITUÉES PAR LA LOI

Leur création par la loi répond, par hypothèse, à un intérêt public, mais à des degrés divers et sous des formes différentes. Cette origine étatique est la marque spécifique des personnes morales publiques. Mais elle s'étend aujourd'hui à des organismes qui, pour diverses raisons, sont à cheval sur la distinction du droit public et du droit privé.

A. LES PERSONNES MORALES PUBLIQUES

741 Elles relèvent exclusivement du droit public. Ce sont les personnes morales qui constituent l'État et les pouvoirs publics (1). L'État lui-même est considéré comme la première personne morale (sujet de droit, il apparaît ainsi dans les rapports internationaux, interétatiques).

Les collectivités locales forment d'autres personnes morales publiques (commune, département, région). Enfin, les établissements publics qui assurent le fonctionnement des services publics ont également la personnalité juridique (hôpitaux, universités, etc.).

Toutes ces personnes publiques développent, dans leur spécialité, l'action normale des pouvoirs publics.

B. LES PERSONNES MORALES MIXTES

742 Ce sont des organes officiels créés par la loi, mais qui correspondent à des actions et à des structures différentes. Leur seul caractère commun est de présenter, selon des combinaisons diverses, des aspects de droit public et des aspects de droit privé. Il en existe deux catégories principales.

a) Les organismes publics du secteur économique

743 À cette première catégorie appartiennent notamment les banques nationalisées et la société nationale des chemins de fer. Les personnes morales de ce type développent l'action de l'État dans le domaine économique. L'impulsion est étatique, le mode de gestion privé, plus spécifiquement, commercial, parce que mieux adapté aux affaires et aux interventions d'ordre économique dont il s'agit. Techniquement, ces organismes empruntent, en général, la forme d'une société anonyme dans laquelle l'État est majoritaire. À ce groupe, on peut rattacher France Télécom, personne morale de droit privé (ses ouvrages immobiliers ne sont pas des ouvrages publics, C.E., 11 juill. 2001, J.C.P. 2002.IV.1957).

b) Les groupements obligatoires du secteur professionnel

Ils correspondent non plus à des actions de l'État, mais à une action des professions. L'importance des intérêts collectifs que représentent ces organismes professionnels fait qu'ils revêtent certains traits de droit public. On peut en distinguer deux séries.

744 **1° Les ordres professionnels.** C'est sous la forme d'ordre que s'organisent nombre de professions libérales : avocats, médecins, architectes, etc. L'ordre professionnel est, pour la profession considérée, un groupement unique destiné à représenter et à défendre les intérêts de l'ensemble de la profession. L'ordre professionnel, en définitive, c'est la *profession organisée* (si le terme ne risquait d'être péjoratif, on dirait la corporation). De fait, l'ordre professionnel n'est pas abandonné, comme les syndicats, à la liberté. Il est une création de

(1) Bertrand Delcros, *L'unité de la personnalité juridique de l'État,* th. Paris, 1974, dact.

la loi. Tous les membres d'une même profession en font nécessairement partie. Cette appartenance obligatoire est une donnée de droit public.

5 **2° Les comités d'entreprises.** Ce sont (à considérer la figure d'origine d'où ils tirent leur nom) des groupements formés en vertu de la loi au sein d'une entreprise commerciale ou industrielle par les représentants élus du personnel et le chef d'entreprise. Cependant, la représentation du personnel est aujourd'hui obligatoire dans tout organisme de droit privé employant plus de 50 salariés (associations, organismes de sécurité sociale, etc.). Ainsi composés, les organismes de ce type sont destinés à instaurer, dans l'entreprise, une certaine collaboration entre les représentants du personnel et la direction, pour l'amélioration des conditions de travail, la gestion des œuvres sociales, mais aussi dans le domaine technique et économique (o. 22 février 1945, art. 1, 2 et 3). Créations de la loi, ils regroupent, en vue de la coopération définie, la direction et la délégation du personnel.

§ 2. LES PERSONNES MORALES CONSTITUÉES PAR LA VOLONTÉ DE L'HOMME

6 En se groupant, les particuliers jouissent d'une vaste liberté de création. Leur initiative est à l'origine du développement considérable des personnes morales. Cependant, les personnes ainsi créées portent la marque de leur origine.

Les particuliers ne peuvent donner naissance qu'à des personnes morales privées. Correspondant à des initiatives et à des actions privées, ces groupements sont essentiellement gouvernés par les règles du droit privé.

Dans cet ordre, le pouvoir créateur de la volonté individuelle est canalisé vers certains types de personne morale et l'octroi de la personnalité civile à ces types est subordonné à diverses conditions. Ce sont deux lignes directrices, deux limites à marquer.

A. LE DOMAINE DE LA LIBERTÉ DE CRÉATION

7 La loi offre aux particuliers qui désirent se grouper la faculté de le faire selon divers types de personne morale. Ces modèles homologués se distinguent d'après leur **finalité**. Cependant leur finalité commande leur mode de fonctionnement. Ainsi correspondent-ils, chacun, à un certain genre d'activité. La loi a agencé, souvent avec des combinaisons variables, les structures qu'elle offre pour la réalisation de certaines fins. On s'avise alors que ces « moules préfabriqués », ces modèles proposés correspondent à des **libertés** dont la plupart sont aujourd'hui ressenties et reconnues comme **fondamentales** : **liberté d'association**, **liberté syndicale**, **liberté commerciale**, etc.

a) L'association (2)

748 Premier type de personne morale de droit privé reconnue par la loi, l'association est un groupement constitué par plusieurs individus qui mettent en commun, d'une façon permanente, leurs connaissances ou leurs activités **dans un but autre que de partager des bénéfices.** C'est, à une transposition près, la définition que donne l'article premier de la loi du 1er juill. 1901, charte des associations (loi Waldeck-Rousseau). Association de personnes, l'association regroupe des personnes physiques ou morales.

749 **Quant à sa finalité,** l'association se singularise (notamment des sociétés commerciales) par le **but « désintéressé »** que poursuivent ses fondateurs et ses adhérents. Œuvre désintéressée, l'association est fondée sur la réalisation d'un objet philanthropique, social, scientifique, culturel, sportif, sans esprit de lucre : **but non lucratif** qui constitue le critère même de l'association, au moins considérée dans sa figure traditionnelle (v. note (2).

750 **Quant à son origine,** l'association se caractérise par sa **libre constitution**. Sa fondation résulte d'une convention entre particuliers nommée contrat d'association. L'article 1° de la loi du 1er juill. 1901 définit précisément l'association comme **un contrat** (si bien que le même terme « association » désigne à la fois le groupement constitué et le contrat constitutif, l'institution et la convention qui est à son origine). La fondation des associations est libre. C'est ce qu'énonce l'article 2 de la loi : « Les associations de personnes peuvent se former librement sans autorisation ni déclaration préalable ». C'est le principe de la **liberté d'association.** Encore faut-il que le contrat d'association soit licite dans son objet et dans sa cause, conformément aux principes généraux du droit des contrats (d'où la nullité d'une association fondée sur une cause ou en vue d'un objet illicite, art. 3 l. de 1901. V. ainsi T.G.I. Auch, 6 nov. 2002, *Pet. aff.* 4 avril 2003, n° 63, p. 10, N. de Guillenschmidt, prononçant la nullité et la dissolution d'une association tendant, par son objet, à faire obstacle à la liberté d'exercice du culte (contrairement à l'art. 1er de la loi du 9 déc. 1905). La liberté d'association a pour corollaire la liberté pour tout membre d'une association, nonobstant toute clause contraire de s'en retirer en tout temps (Ass. plén. 9 févr. 2001, D. 2001, 1493, n. Alfandari).

---

(2) Planiol et Ripert, T. XI, p. 1073 s., par Lepargneur ; Terré, art. Mélanges Sécrétan 1964. 325, not. sur la distinction entre association et société *adde* R. Brichet, *une association peut-elle être une personne morale commerçante* ? J.C.P. 1989.I.3385. Nous ne pouvons ici qu'évoquer les conséquences, dans la théorie générale de la personnalité morale, d'un phénomène de grande ampleur : le développement des associations qui exercent une activité économique de caractère social (mutualité, secteur coopératif) ou même franchement commerciale, et qui constituent de **véritables entreprises.** L'interdiction de partager des bénéfices n'exclut pas qu'elles en réalisent d'importants. Ce fait pose au moins deux questions d'harmonie générale : 1) Quant à leur **régime juridique,** celui de l'extension à ces associations, en raison de la nature de leurs activités, de règles empruntées à des types voisins de personnes morales (les sociétés commerciales) soit en vertu de dispositions spéciales (ex. la loi du 11 juill. 1985 autorisant certaines associations à émettre des valeurs mobilières), soit par l'effet d'assimilation « prétorienne » (en matière de fiscalité ou de concurrence) ; emprunts préfigurant l'élaboration d'un statut approprié à leurs activités ; 2. Dans le principe, la redéfinition du **critère même de l'association** ou des critères distinctifs des diverses catégories d'association. V. H. Blaise, *Esquisse de quelques idées sur la place des associations dans l'activité économique,* Mélanges Houin, p. 35 s. ; E. Alfandari, *Le patrimoine de l'entreprise sous forme associative,* Mélanges Derrupé, p. 265 s. V. X. Mayer, *La dévolution des biens d'une association,* Defrénois, 1996, 223. *Adde,* en synthèse, *« Le monde associatif »,* actes du 92e Congrès des Notaires de France, 1996. Comp. G. Liet-Veaux, *« Les associations de personnes et les associations de biens »,* J.C.P. 2002.1.154.

Quant à sa structure, l'association a vocation à être une personne morale, mais elle n'acquiert pas la personnalité civile du seul fait de la conclusion du contrat d'association : l'octroi de la personnalité civile est subordonné à diverses formalités (v. *infra*, n° 765). Quand elle a la personnalité juridique, elle la conserve, même dissoute, avec le droit d'ester en justice pour sa liquidation (Civ. 3e, 4 oct. 1995, G. P. 1996. II, Pan. 78) comme une société.

b) Le syndicat

2 Autre type de personne morale, le syndicat trouve, lui aussi, son originalité fondamentale dans la fin spécifique que la loi impérativement lui assigne. « Les syndicats professionnels ont exclusivement pour objet l'étude et la défense des intérêts économiques, industriels, commerciaux et agricoles » (art. L. 1, Liv. III, C. trav.). Les syndicats sont ordonnés à la **défense et à la promotion des intérêts de la profession** au sein de laquelle ils se forment.

3 Le syndicat se caractérise également par la **liberté de constitution**. Reconnue par une loi célèbre (1.21 mars 1884, art. 3, D.P. 1884.1.129), **la liberté syndicale** est aujourd'hui consacrée par le Code du travail (art. L. 2, Liv. III, C. tr.). Les syndicats de personnes exerçant la même profession ou des professions similaires ou connexes peuvent se constituer librement. Cette liberté, en se développant, découvre toutes les différences qui séparent un syndicat d'un ordre professionnel (groupement obligatoire et unique). Libres dans leur constitution, les syndicats peuvent être multiples et, par conséquent, rivaux dans la défense des intérêts, diversement conçus, de la même profession. La liberté de constitution aboutit au pluralisme syndical (chaque syndicat se formant, suivant ses tendances, une certaine idée des intérêts de la profession et des moyens les plus adéquats pour les défendre). De plus, la participation au syndicat est toujours libre pour les membres de la profession (plus ou moins militante, elle procède d'une **libre adhésion** ; l'affiliation n'est pas obligatoire).

4 Enfin, le syndicat se caractérise par sa structure. L'article L. 411-10 du Code du travail confère au syndicat une personnalité juridique qui est attachée à la forme syndicale même : « Les syndicats professionnels (du seul fait qu'ils sont régulièrement constitués) jouissent de la personnalité civile ».

c) La société

5 C'est, aujourd'hui encore pour l'essentiel (3) un groupement formé par deux ou plusieurs personnes *qui conviennent de mettre quelque chose en commun* — leur apport (leur travail, leurs capitaux ou les deux) *en vue de partager le bénéfice ou de profiter de l'économie qui pourra en résulter* (C. civ. art. 1832, al. 1). S'ils s'engagent à contribuer aux pertes (art. 1832, al. 2), les associés unissent leurs efforts, dans un **but intéressé**, afin de réaliser

(3) Mais ce peut être aussi une entité « instituée, dans les cas prévus par la loi, par l'acte de volonté d'une seule personne ». Cette modification apportée à la définition de la société dans l'article 1832 du Code civil fait écho à la création de l'entreprise unipersonnelle à responsabilité et de l'exploitation agricole à responsabilité limitée par la loi du 11 juillet 1985, V. n° 875 et J. Paillusseau, *l'EURL ou des intérêts pratiques et des conséquences théoriques de la société unipersonnelle.* J.C.P. 1986.I.3242.

dent à la personnalité morale que moyennant l'accomplissement, par les fondateurs, de formalités légales de publicité. Les lois particulières au commerce précisaient déjà ces formalités pour les sociétés de commerce. L'article L. 3 du Livre III du Code du travail oblige les fondateurs de tout syndicat professionnel à déposer les statuts du syndicat et à indiquer les noms de ceux qui en ont la charge ou la direction à la mairie de la localité dans laquelle le syndicat s'établit. L'association n'obtient la personnalité civile que si elle est rendue publique (art. 5 l. 1er juillet 1901). Les fondateurs de l'association doivent en faire la déclaration préalable à la préfecture ou à la sous-préfecture dans le ressort de laquelle l'association a établi son siège social et y déposer les statuts de l'association en double exemplaire (sur récipissé délivré, l'association est rendue publique par une insertion au Journal officiel). Cette publication suffit à conférer à l'association (dite *association déclarée)* une certaine personnalité civile, incomplète mais non négligeable (v. art. 6, l. 1er juill. 1901).

764 **L'innovation** capitale de la réforme opérée, dans le Code civil, par la loi du 4 janv. 1978 est d'avoir énoncé en général, comme un **principe commun à toutes les sociétés**, que la **personnalité morale n'appartient qu'aux sociétés immatriculées** : elle est réservée aux sociétés qui font l'objet d'une **formalité administrative nommée immatriculation**. La règle donne une précision chronologique : « Les sociétés jouissent de la personnalité à compter de leur immatriculation » (C. civ. art. 1842, al. 1). Et l'alinéa deux du même texte, par insistance, spécifie que, jusqu'à cette immatriculation, la société doit être considérée comme un contrat (régi par les statuts de la société et les principes généraux applicables aux contrats et obligations). Mais cette situation peut se prolonger et les associés peuvent convenir que la société ne sera pas immatriculée (C. civ. art. 1871) et rester sur le seuil de la personnalité morale, sans entrer dans l'univers des entités morales. L'immatriculation est bien la condition de la personnalité civile. Une société en formation, non encore immatriculée n'a pas la personnalité morale. Elle n'existe pas. Si elle agit en justice, l'irrégularité de la procédure tenant à son inexistence ne peut être couverte, même si elle reprend l'action (v. très strict en ce sens — trop ? — Cass. com. 30 nov. 1999, Bull. civ. IV, n° 218, p. 183). Cependant, une société constituée mais non encore immatriculée lors de l'entrée en vigueur de la loi conserve sa personnalité juridique (art. 4, al. 3, l. 4 janv. 1978, Paris, 5 janv. 1990, D. 1990.IR. 47).

c) Formalités supplémentaires

765 **Par exception,** l'octroi de la personnalité (ou de la pleine personnalité) civile est subordonné à telle ou telle formalité supplémentaire. Ainsi **pour accéder à la pleine personnalité** (art. 11, l. 1er juill. 1901), **l'association doit être reconnue d'utilité publique** ; elle peut l'être par décret (art. 10).

766 Enfin, les congrégations religieuses constituent une espèce particulière d'association (art. 13 s., l. 1er juill. 1941, mod. par l. 8 avril 1942). Elles peuvent se former librement, sans autorisation préalable ; mais la loi ne leur accorde la personnalité civile que si elles sont légalement reconnues (La reconnaissance légale devient la condition indispensable de l'octroi de la personnalité civile). En la forme, cette reconnaissance résulte d'un décret pris après avis du Conseil d'État.

Le problème demeure de savoir s'il existe des personnes morales en dehors de celles que la loi institue ou reconnaît.

SECTION II LA RECONNAISSANCE DE LA PERSONNALITÉ CIVILE EN DEHORS DE LA LOI

7 C'est le lieu commun d'une controverse célèbre sur la **nature de la personnalité morale**. Elle a un aspect théorique et des manifestations pratiques : il convient de mettre la controverse doctrinale (§ 1) à l'épreuve des solutions prétoriennes (§ 2), et le tout à l'épreuve des interventions législatives systématiques en la matière (§ 3).

§ 1. LA CONTROVERSE DOCTRINALE

8 Dans la diversité des opinions une thèse négative se singularise. Certains auteurs ont purement et simplement nié la notion de personnalité morale comme catégorie juridique autonome, considérant qu'il suffit, pour en rendre raison, de mettre en œuvre des catégories juridiques préexistantes (notamment la notion de propriété collective, ou de copropriété). Planiol avait défendu cette thèse (7). Son opinion dissidente, et aujourd'hui contraire au droit positif, est demeurée isolée.

La controverse existe entre deux thèses : celle de la fiction et celle de la réalité.

A. LA THÉORIE DE LA FICTION

9 Ses adeptes partent d'une opposition naturelle entre personne morale et personne physique. Êtres moraux, créations artificielles, les personnes morales sont, par opposition aux personnes physiques, des êtres purement fictifs : elles n'ont ni corps ni âme, en dehors de la personnalité des membres qui les composent. Ce sont des **créations pures de la loi**, des entités abstraites. La personnalité civile est un bienfait de la loi. C'est un cadeau que le législateur fait, dans sa souveraineté et selon son bon vouloir, aux groupements de son choix.

0 La conséquence pratique de cette thèse est qu'**il n'existe pas de personne morale en dehors des groupements auxquels la loi reconnaît ou confère la personnalité civile**. La personnalité morale dépend entièrement de l'arbitraire du législateur qui peut, à son gré, créer, ne pas créer ou supprimer, reconnaître ou ne pas reconnaître les groupements comme personnes morales. La liste légale est limitative. La théorie de la fiction fait de la personnalité civile une concession exclusive de la loi, un pur et simple attribut légal. C'est une théorie étatique.

1 Contre cette position — qui a du moins le mérite d'être claire — on a fait valoir que le lien entre personnalité juridique et être humain n'existe pas toujours. Quand on dit que le législateur ne peut refuser la personnalité civile à un être humain, alors qu'il le peut à un groupement volontaire, d'un côté, on sous-estime son pouvoir (car il est advenu — avec la

(7) Traité élémentaire, T. I., n° 3016 s.

mort civile — que le droit positif prive un être humain de sa personnalité juridique), d'un autre, on sur-estime son pouvoir. L'ordre juridique ne peut faire abstraction de groupements réels qui ont dans la vie sociale une existence historique.

À cette théorie étatique de la fiction s'oppose une vision sociologique de la réalité.

B. LA THÉORIE DE LA RÉALITÉ

772 Les personnes morales sont des réalités ; mais ces êtres réels sont différemment conçus par les divers tenants de cette proposition générale, une sous-distinction apparaît.

773 a) Dans une première conception — parfois nommée **théorie organique ou organiciste** — la personne morale a une réalité sociale comparable à la réalité biologique de la personne physique (8). Cette thèse personnifie concrètement l'être moral en lui prêtant un corps social animé par une volonté collective. Romantique, elle porte en elle une vision anthropomorphique de la personne morale conçue comme un être vivant. Cette thèse a eu son succès outre-Rhin, au début du XIXe siècle et en France, à la fin du XIXe et au début du XXe siècle. Certaines de ses variantes, un peu mystiques et baroques, s'adonnent par comparaison systématique à la description biopsychophysique de la personne morale dans sa naissance, sa vie, sa mort, ses sentiments, son honneur, etc.

774 b) Réaliste en un autre sens, une autre conception se fonde sur l'existence historique de données spécifiques reconnaissables à l'analyse et, pour certaines, palpables. On la nomme **théorie de la réalité technique de la personnalité morale** (9). Les personnes morales sont des êtres réels dont la réalité résulte de la réunion de deux séries d'éléments.

1°) Une personne morale est ordonnée à la défense **d'intérêts collectifs** (distincts des intérêts individuels des membres qui composent le groupement). L'existence distincte d'intérêts communs est la condition première qui donne à l'être moral sa réalité. La personnalité morale est, au moins, l'un des moyens techniques de mettre en œuvre, de promouvoir et de défendre certains intérêts de groupe.

2°) Cependant, le groupement ne devient une réalité de la vie sociale que s'il s'organise. C'est l'établissement de cette **organisation de base** qui donne pleinement corps à la personne morale. Les groupements volontaires n'accèdent à la personnalité morale qu'en se dotant d'une faculté d'expression collective des intérêts autour desquels ils sont centrés : position plus réaliste que la conception étatique abstraite, et aujourd'hui consacrée par la jurisprudence.

§ 2. LES SOLUTIONS PRÉTORIENNES

775 De la fin du XIXe siècle à nos jours, **la jurisprudence civile a reconnu la personnalité civile à des groupements auxquels la loi ne l'avait pas expressément attribuée**. Cette reconnaissance prétorienne — complémentaire de la reconnaissance légale — peut être considérée, en son principe, comme l'affirmation que la

(8) V. l'ouvrage classique, R. Worms, *Organisme et société,* th. Paris, 1896.
(9) V. Michoud, 2e éd. Trotabas, cit. n° 736, note 1.

personnalité morale n'est pas nécessairement une dotation de la loi, plus positivement comme **la consécration de la théorie doctrinale de la réalité technique de la personne morale.**

Exemples historiques, trois interventions jalonnent la jurisprudence, en faveur des syndicats professionnels (1884-1913) ; des sociétés civiles de droit commun (1891-1892) ; des comités d'établissement (1954) (10).

A. LES SYNDICATS PROFESSIONNELS

6 L'un des premiers choix remonte à un arrêt des Chambres réunies de 1913 (5 avril 1913, D. 1914, I, p. 65, note Nast ; S. 1920, I, p. 49, note Mestre). À la vérité, cet arrêt n'a pas reconnu la personnalité civile aux syndicats (qui l'avaient déjà en vertu de la loi de 1884), ce qui atténue la portée de l'arrêt. Mais la cour suprême, à cette occasion, a donné à la personnalité civile légalement reconnue une conséquence pratique concrètement attendue : l'arrêt de 1913 a reconnu à un syndicat **le droit d'agir en justice pour la défense des intérêts collectifs de la profession** qu'il représente (en l'espèce, le droit pour le syndicat national de défense de la viticulture de se porter partie civile dans un procès intenté contre un négociant qui s'était rendu coupable du délit de fabrication de vin par addition d'eau...). **Cette solution a été consacrée par la loi du 12 mars 1920 et le code du travail**. Aujourd'hui, il est hors de doute que les syndicats ont *la personnalité civile* (art. L. 411-1, Liv. IV, C. trav.), la *capacité d'ester en justice* (art. L. 411-11) et la *qualité pour défendre en justice l'intérêt collectif de la profession qu'ils représentent* (art. L. 411-11).

7 Cette étape montre quelle importance capitale revêtent, parmi les attributs de la personnalité civile, la capacité de plaider et dans le prolongement de celle-ci, la **qualité** (v. plus loin, n° 821) pour défendre en justice certains intérêts. (Si l'arrêt de 1913 pouvait provoquer quelques difficultés d'interprétation, c'est par l'accent qu'il mettait sur la notion d'intérêts collectifs distincts des intérêts individuels des membres de la profession, car il n'est pas toujours aisé de distinguer les uns des autres).

B. LES SOCIÉTÉS CIVILES

8 Dans la construction prétorienne de la théorie générale de la personnalité morale, **la reconnaissance de la personnalité juridique aux sociétés civiles** marque une autre étape. À la fin du XIXe siècle, deux décisions importantes reconnaissent que les sociétés civiles, comme les sociétés commerciales, sont dotées (lorsqu'elles sont régulièrement constituées) de la personnalité juridique.

9 Cette proposition a d'abord été énoncée par un arrêt du 23 février 1891 de la Chambre des requêtes (S. 1892, I, 72, note Meynial) : « *Il est de l'essence* des sociétés civiles, aussi bien que des sociétés commerciales, de créer, au profit de *l'individualité collective,* des intérêts et des droits propres et distincts des intérêts et des droits de chacun de ses

---

(10) Une quatrième consécration, en faveur des **comités de groupe** institués par le droit du travail (art. L. 439-1 s., C. trav.) vient aujourd'hui couronner la théorie de la réalité technique. « Dotés d'une possibilité d'expression collective pour la défense des intérêts dont ils ont la charge », ces comités « possèdent la personnalité civile qui leur permet d'ester en justice » (Cass. Com. 23 janv. 1990, J.J.R. 1990, 9 juin, n° 67, p. 8).

membres ». Ce n'est qu'une affirmation, mais, pour la première fois, la personnalité civile est reconnue à des groupements auxquels la loi ne l'avait pas expressément attribuée. Il est vrai qu'un argument de texte affaiblit un peu cette proposition. En visant toute une série de dispositions du Code civil (articles 1850 s.) qui avaient l'air, au moins en la forme, de personnifier la société civile, la Cour de cassation pouvait laisser croire qu'elle se fondait, en définitive, sur une *reconnaissance implicite par le législateur* de la personnalité juridique des sociétés civiles. L'intérêt pratique de cet arrêt n'était pas moins notable : la théorie de la personnalité morale a conduit à déclarer la nullité d'une hypothèque qui avait été isolément consentie à un tiers, par l'un des membres de la société, sur un immeuble qui était la propriété exclusive de la société.

780 L'autre décision (Req. 2 mars 1892, S. 1892, I, 497 note Meynial) reprend la même affirmation théorique, mais à propos d'une créance litigieuse qui faisait partie du patrimoine propre de la société civile : la Cour de cassation reconnaît que l'appel, interjeté par l'adversaire de la société, est valablement formé, dès lors que l'acte d'appel est délivré à l'avoué de la société, personne morale.

C. LES COMITÉS D'ÉTABLISSEMENT

781 Cependant **l'étape décisive**, dans l'élaboration prétorienne de la théorie de la personne morale, a été franchie par la Cour de cassation en 1954 (Civ., 28 janvier 1954, Comité d'établissement de Saint-Chamond, D. 1954.217, note Levasseur, *Droit social,* 1954, p. 161, note P. Durand J.C.P. 54.7978, note Lemoine). Si en effet la loi a pris soin, par une disposition expresse, de conférer la personnalité civile aux comités d'entreprises, elle a omis de faire de même pour les comités d'établissement. La jurisprudence a suppléé la loi et solennellement **reconnu la personnalité civile des comités d'établissement**, en dehors de toute attribution légale expresse : exemple d'école, en la forme comme au fond, d'un arrêt de principe.

782 En tête de l'arrêt, vient la formule la plus catégorique et la plus riche de toute la jurisprudence : **« Attendu que la personnalité civile n'est pas une création de la loi... » ; « Elle appartient, en principe, à tout groupement pourvu d'une possibilité d'expression collective pour la défense d'intérêts licites, dignes, par suite, d'être juridiquement protégés. »**

Déclaration de principe, au regard de la théorie générale de la personnalité morale, cet énoncé capital condamne une thèse et en consacre une autre. Plus précisément, la formule contient l'indication des **deux critères** auxquels il convient de reconnaître la personnalité morale en dehors de toute attribution légale : 1) une *possibilité d'expression collective* (une organisation de base) ; 2) l'existence *d'intérêts licites* dignes d'être juridiquement protégés (11). C'est la consécration de la thèse de la réalité technique de la personne morale (v. plus haut, n° 774). Un qualificatif a changé : alors que la jurisprudence antérieure insistait sur l'aspect collectif des intérêts (au risque de créer une difficulté d'interprétation entre intérêts collectifs et intérêts individuels), un critère plus juridique apparaît. L'appréciation de la licéité des intérêts ouvre la porte à un certain contrôle judiciaire, *a fortiori* au contrôle du législateur.

(11) La défense de ces intérêts constituant le but de ce groupement (*pour* la défense).

§ 3. ESSAI DE MISE AU POINT APRÈS L'ACCUMULATION DES INTERVENTIONS LÉGISLATIVES

Les multiples interventions de la loi ne remettent-elles pas en cause le principe, doctrinal et prétorien, selon lequel la personnalité morale peut être reconnue à des groupements qui ne l'ont pas expressément reçue de la loi ?

Le fait est que, dans un sens ou dans l'autre, les **précisions légales se multiplient**. L'article 14 de la loi du 10 juillet 1965 énonce : « La **collectivité des copropriétaires** est constituée en un syndicat qui a la personnalité civile ». L'article 7.-I. de la loi du 23 décembre 1988 (D. 1989, lég. 40) dispose : « Le **fonds commun de placement**, qui n'a pas la personnalité morale (juridique), est une copropriété de valeurs mobilières... » L'article 1842 du C. civ. : « Les **sociétés** autres que les sociétés en participation... jouissent de la personnalité morale à compter de leur immatriculation » (al. 1) (et, en écho, l'art. 1871, al. 1, la **société en participation** « n'est pas une personne morale »). La loi n° 78-763 du 19 juill. 1978 portant statut des **sociétés coopératives ouvrières de production**, les reconnaît expressément comme des personnes morales (art. 3, 48). *Phénomène législatif typique, la question de la reconnaissance de la personnalité morale est le lieu d'une intention évidente, d'une politique législative* (12). Nous avons, dans une classification formelle, un catalogue à deux volets des entités dotées de la personnalité civile et de celles qui ne le sont pas.

4 Quelle conclusion tirer de cette observation positive, au plan des principes et de l'analyse de la nature de la personnalité morale ?

1° Première proposition : ce qui est sûr c'est que, dans l'octroi de la personnalité civile, le **législateur est quasiment souverain.**

Par priorité, il possède **un pouvoir créateur** : la loi peut créer une personne morale, à plus forte raison attribuer la personnalité civile à une personne morale créée en dehors d'elle.

Réciproquement, le législateur jouit d'un **pouvoir abolitif ou restrictif :** il lui appartient, dans un but de haute police, de priver de la personnalité civile des groupements qu'il considère comme illicites ; les personnes morales, à la différence des personnes physiques, peuvent encourir une « mort civile ». C'est une concession que la décision de 1954 relative aux comités d'établissement réserve expressément. *A fortiori* reconnaît-on au législateur le pouvoir de subordonner l'octroi de la personnalité civile aux formalités qu'il détermine ou de la refuser, *a priori,* à un nouveau type de groupement (par ex. au fonds commun de placement ou au fonds commun de créances, v. plus haut nos 737 et 783).

5 **2° Deuxième proposition :** ce qui est encore certain, c'est que la somme des dispositions légales expresses, positives ou négatives, réduit **l'intérêt pratique** de savoir s'il existe,

(12) *Adde* la loi sur le développement du **mécénat** (23 juill. 1987, art. 22) qui permet que soient constitués entre une personne morale de droit public et d'autres personnes morales (de droit public ou privé) des **groupements d'intérêts publics** *dotés de la personnalité morale,* afin d'exercer ensemble des activités dans le domaine de la culture, de l'enseignement, etc. V. encore (modifiant la précédente, art. 19) la loi du 4 juill. 1990 instituant la **fondation d'entreprise**, personne morale à but non lucratif que peuvent créer, en vue de la réalisation d'une œuvre d'intérêt général, les sociétés civiles ou commerciales, les mutuelles, les coopératives, etc.

résiduellement, d'autres personnes morales, en dehors de celle que la loi reconnaît. Le résidu, s'il existe, est restreint. Les interventions de la loi marginalisent le débat traditionnel.

Bien mieux, cette marginalisation résulte, en toute convergence, d'un mouvement réciproque. Lorsque le législateur dote **un groupement de biens d'une organisation,** sans lui conférer la personnalité morale, l'organisation positive du groupement ôte son intérêt pratique à la question de savoir si l'on aurait pu lui reconnaître la personnalité civile. La loi nouvelle qui a doté **l'indivision** (not. l'indivision héréditaire ou post-communautaire) d'un régime juridique élémentaire (statut légal de base — C. civ. art. 815-2 à 815-18) et laisse aux indivisaires la faculté de passer des conventions relatives à l'exercice des droits indivis (C. civ. art. 1873-1 s.), apporte des **solutions pratiques** aux problèmes de l'indivision (et montre comment on peut les résoudre **en dehors de la personnalité morale**) (13).

786 **3° Troisième proposition :** Franchissant le pas, faudrait-il reconnaître que les interventions légales ont tranché le débat même en son principe ? Faudrait-il admettre que, renversant la solution traditionnelle, la loi a consacré, en sa faveur, la théorie de la fiction ? La politique législative d'intervention est-elle porteuse d'une revendication législative à l'exclusivité ? La succession des lois suffit-elle à accréditer le monopole de la loi dans la reconnaissance de la personnalité morale ?

787 **Ce passage du quantitatif au qualitatif ne saurait, selon nous, être admis.** La preuve en est d'abord donnée par ceux des groupements dont la personnalité juridique a été reconnue par la jurisprudence, sans que cette reconnaissance ait été troublée par le silence de la loi. Ce fut le cas, pendant près de 30 ans, des **comités d'établissement**. Ils ont joui de la personnalité juridique jusqu'à ce qu'une loi, en 1982, la consacre (C. trav. art. L. 435-1). La théorie prétorienne a bien montré là sa valeur. Faudrait-il dire que, pour l'avenir, elle l'a perdue et que, pour les nouveaux types de groupements qui naîtraient sans que la loi leur confère ou leur refuse la personnalité morale, le silence de la loi devrait être interprété comme un refus tacite de la personnalité morale ? Cette présomption serait, à notre avis, excessive. Si le nouveau type ne reçoit pas de la loi le statut qui ôte à la discussion tout intérêt pratique, la **question doit demeurer ouverte** : La consécration en 1989, par la Cour de cassation, de la personnalité civile des **comités de groupe**, par application des critères de la réalité technique en apporte une démonstration convaincante (v. *infra,* n° 775, note 10) : **Résiduelle, la théorie est toujours active, comme le droit commun ; potentielle et vivante**. Quand la loi se tait, la réflexion rédouble, par vocation à en combler les lacunes.

788 La contre-épreuve de ce point de vue ressort des hypothèses dans lesquelles, aujourd'hui, la jurisprudence dénie à un groupement la personnalité juridique : la personnalité n'est pas déniée parce qu'elle n'aurait pas été concédée par la loi, mais pour d'autres motifs. Deux arrêts de la Chambre sociale ont jugé que la **section syndicale d'entreprise** est dépourvue de la personnalité juridique (Soc. 22 mars 1979, 18 juill. 1979, *Droit social* 1980, p. 44, obs. J. Savatier) (14). Émanant d'une organisation syndicale, la section ne réunit pas les critères qui feraient reconnaître une personne morale autonome (v. plus haut, n° 774 et 782) (15).

---

(13) V. *infra,* n° 1229 s.

(14) Comp. Paris 4 déc. 1971. J.C.P. 72.17073, n. N. Catala.

(15) *Adde,* en contre-épreuve la jurisprudence traditionnelle selon laquelle la personnalité morale d'une société (dissoute) subsiste aussi longtemps que les droits et obligations à caractère social ne sont pas liquidés. V. not Com. 12 avril 1983, Bull. IV, n° 113, p. 96.

9 **Dernière observation :** Reste hors série une querelle explicative toujours pendante. Dans l'univers diversifié des groupes naturels de la vie sociale, certains n'ont actuellement reçu la personnalité civile ni de la loi, ni de la jurisprudence. Faut-il en conclure qu'ils en sont dépourvus ? **La famille** ne serait-elle pas une personne morale (méconnue) ? (16) Une partie de la doctrine réclame sa reconnaissance. La difficulté serait sans doute de déterminer quel cercle de famille deviendrait le support de la personnalité juridique. Le refus, à la famille, de toute personnalité juridique est quasi-universel (17). Le problème a au contraire été posé avec pertinence pour la **communauté conjugale** (régime matrimonial de droit commun qui s'établit entre époux mariés sans contrat de mariage). M. Carbonnier a démontré que la communauté forme une société civile dotée de la personnalité morale, au moins sous une forme atténuée. Mais cette thèse, qui avait été anciennement rejetée par la jurisprudence du XIXe siècle, notamment par l'arrêt Barçon du 18 avril 1860 (D. 1860, I, 185) n'a pas convaincu la doctrine dominante. Après la réforme des régimes matrimoniaux (par la loi du 13 juillet 1965), ce refus tient à un certain absolutisme de la pensée juridique qui ne peut concevoir de personnalité juridique autrement qu'en plénitude et dans sa perfection. Il suffit pourtant d'admettre que la personnalité morale, loin d'être toujours uniforme, pleine et entière, est, au contraire, susceptible de degrés pour que l'on puisse, scientifiquement et pratiquement, reconnaître à la communauté conjugale une parcelle de personnalité civile (comme le rendent évident les traits donnés à la communauté par la réforme de 1965) (18). La question plus générale est d'ailleurs de se demander, selon la suggestion du même auteur, si, quel que soit le régime matrimonial des époux (et du seul fait de la communauté d'intérêts née du mariage), **tout ménage** ne constitue pas une personne morale dotée, sous une forme plus ou moins développée, de la personnalité juridique. L'individualisme montant ne souffle pas dans cette direction.

(16) V. R. Savatier, *Les métamorphoses économiques et sociales du droit civil d'aujourd'hui*, 2e part. chap. V.

(17) Il est révélateur que, sur l'un des thèmes des journées japonaises de l'Association Capitant de 1994 (Tokyo, mai), « *Les groupements dans la vie familiale* », la réponse à la question de la personnalité juridique de la famille, ait fait l'objet, de la part de tous les participants, d'une réponse unique, brève et catégorique : non.

(18) V. *Les régimes matrimoniaux*, Thémis, n° 38.

CHAPITRE II
LA CONDITION JURIDIQUE DES PERSONNES MORALES

Chaque catégorie de personne morale est soumise à un **statut particulier** qui est déterminé par le Code civil, par le Code de commerce ou des lois spéciales. Le principe de l'égalité civile ne régit pas les personnes morales. Au sein d'un même type, diverses catégories sont parfois même assujetties à des régimes différents : il en est ainsi, par exemple, pour les associations dont certaines, simplement déclarées, ne jouissent que d'une personnalité morale limitée (art. 6, loi 1er juill. 1901), tandis que d'autres, reconnues d'utilité publique, accèdent à la pleine personnalité et jouissent de tous les attributs de la personnalité civile (art. 10 et 11, l. 1er juillet 1901).

En dehors de ce droit spécial (1), **quelques directives communes** composent une sorte de statut général des personnes morales (au moins pour les personnes morales de droit privé).

Ce droit commun de la personnalité civile des êtres moraux répond à un impératif. Pour qu'elle puisse réaliser sa fin, une personne morale doit être dotée de divers *moyens :* **une organisation et des attributs de base.**

Négativement, la personnalité morale est cependant limitée par deux considérations spécifiques. Elle est d'abord cantonnée par la spécialité de sa raison d'être. Toute personne morale est créée en vue d'une fin déterminée. **Le principe de spécialité** veut que la personne ne reçoive, en toute économie, que les moyens propres à permettre l'accomplissement de sa fin. La finalité bornée de la personne morale n'a rien de comparable avec la plénitude de vocation de la personne physique.

La personnalité civile des personnes morales est également limitée par sa nature même **d'être moral**. Son abstraction la rend étrangère aux problèmes inhérents à la personne humaine (mais non pas — de toute évidence — aux questions humanitaires : En 1999, le prix Nobel de la paix a été décerné à l'association « Médecins sans frontières »).

Sous cette réserve, le droit commun des personnes morales gouverne leur organisation et leurs attributs.

(1) Ou en facteur commun aux droits spéciaux qui sont, pour partie, des adaptations du schéma général.

SECTION I L'ORGANISATION DE LA PERSONNE MORALE

792 Tout groupe de quelque importance est doté de divers organes investis de fonctions distinctes. Cette organisation interne varie d'un type à l'autre de personne morale. Ce particularisme laisse la place à deux principes généraux d'organisation.

§ 1. LE PRINCIPE D'AUTONOMIE

793 Un principe d'autodétermination (d'auto-organisation) veut que toute personne morale, quelle que soit sa catégorie, ait le droit (et le devoir) d'élaborer des **statuts** et des **règlements intérieurs** pour régir son activité. Ce pouvoir d'organisation intérieure appelle trois observations.

794 A. Il se développe, pour chaque type, dans le cadre de la loi. Souvent, les organes constituants de la personnalité morale ne jouissent, en raison de la réglementation légale du type considéré, que d'une autonomie marginale. C'est un pouvoir réglementaire complémentaire.

795 B. Les statuts et les règlements intérieurs doivent être régulièrement élaborés (conformément aux règles légales d'élaboration qui varient d'un type à l'autre de personne morale).

796 C. Lorsqu'ils sont régulièrement élaborés, les statuts sont obligatoires pour les membres du groupement. Ceux-ci sont tenus d'y obéir, s'ils demeurent liés au groupement.

Cependant, ils ont toujours la liberté de s'en séparer, soit en provoquant la dissolution du groupe (ce peut être le cas pour la société, art. 1844-7, 5°, C. civ.), soit en donnant leur démission (ainsi pour les syndicats et les associations auxquels leurs membres peuvent cesser d'adhérer). Le libre retrait est de principe (v. par ex. Civ. 3e, 18 déc. 1996, G. P. 96.I. 11-12 juin 97).

§ 2. LE PRINCIPE DE LA DIVISION DU TRAVAIL

797 Une différenciation des organes apparaît, dans toute personnalité morale, comme une nécessité pratique de gestion. Elle se traduit, pour l'essentiel, par une distinction entre des organes délibérants et des organes exécutifs.

798 **Organes délibérants.** Ils prennent la forme d'assemblées générales ou restreintes sur lesquelles repose le pouvoir réglementaire de la personne morale. Les assemblées générales détiennent le pouvoir de décider, dans les grandes circonstances, du sort de la personne morale (sa transformation, sa dissolution).

799 **Organes exécutifs.** Chargés d'exécuter les décisions des assemblées, il leur incombe, plus généralement, d'assumer la gestion courante des affaires de la personne morale. Sous les noms variés qu'ils portent (directeurs, administrateurs, gérants), ils assument, avec des pouvoirs variables, une fonction spécifique : ce sont les représentants attitrés de la personne morale dans l'exercice des activités et des droits de celle-ci ; ils ont la *qualité de représentant légal de la personne morale*. Les

gérants ont ainsi le pouvoir de lier la personne morale par les actes juridiques qu'ils accomplissent, dans la limite des pouvoirs que leur confèrent les statuts.

0 Cette division classique du travail ne marque pas la place des *forces inorganisées*. Ces forces existent cependant. Mais, en droit, leur rôle n'est pas facile à déterminer. Quelles sortes d'initiative personnelle l'organisation interne laisse-t-elle aux membres de la personne morale agissant individuellement ? Quel est le sort des minorités au sein de la personne morale ? On ne peut ici que soulever le problème, sauf à noter que la protection des minorités apparaît, dans diverses lois spéciales, comme un souci du législateur moderne.

SECTION II — LES ATTRIBUTS DE LA PERSONNALITÉ MORALE

1 **1° Principe du droit positif français.** Une personne morale jouit, comme une personne physique, de la personnalité juridique. Pour un être moral, **la personnalité juridique** (concept générique) prend, plus spécifiquement le nom de **personnalité morale**. On dit encore de façon équivalente (en songeant à la jouissance des droits civils) qu'une personne morale a la personnalité civile. Cela signifie que, lorsqu'il est doté de la personnalité morale, un groupement est reconnu comme une personne juridique et qu'il devient, par là, **apte à acquérir des droits et à assumer des obligations**. Une personne morale est, activement et passivement, **sujet de droit**. Elle peut être propriétaire, usufruitière, créancière, débitrice, etc. Appliquée à une personne morale, la personnalité juridique demeure une aptitude qui coïncide, dans une large mesure, avec la capacité de jouissance, aptitude à devenir titulaire d'un droit, sujet d'une obligation (2).

2 **2° Relativité du principe en législation.** Cette personnalité d'un groupement est, à la réflexion, doublement surprenante. Il est d'abord étonnant qu'il existe un concept juridique — la personne, la personnalité juridique — qui englobe des réalités aussi irréductibles qu'une personne physique et une personne morale.

3 Il n'est pas moins curieux que le groupement soit séparé de réalités avec lesquelles il semble avoir des affinités naturelles : **la copropriété, l'indivision.** Lorsqu'un bien ou un ensemble de biens appartiennent à plusieurs personnes, ils forment une masse indivise qui est, aujourd'hui, organisée (au moins sous une forme élémentaire, v. C. civ. art. 815-2 s.) mais qui n'est pas personnifiée (sauf dans les cas où la loi le spécifie, l. 10 juill. 1965, art. 14, al. 1 dans le statut de la copropriété des immeubles bâtis). Cette exception même confirmerait plutôt qu'un groupement personnalisé doté de biens est proche de l'indivision.

N'est-il pas étrange qu'un groupement ait été rattaché aux personnes et dissocié des modes de tenure et de gestion des biens, alors que le rattachement aux personnes paraît artificiel et que le rattachement aux biens plus naturel ?

4 Cette double référence montre la part de « convention », de commodité et d'arbitraire qui entre dans le recours au concept de personnalité morale. La comparaison avec les personnes physiques fait apparaître que la **personnalité juridique n'a pas le même contenu selon**

---

(2) V. *supra*, n° 469, 470, 475 s. Pour les personnes morales aussi, il arrive que leur capacité de jouissance soit limitée (not. pour les associations, v. n° 790).

qu'elle s'applique à une personne physique ou à une personne morale. Conçue, dans sa plénitude, en contemplation des personnes physiques, la personnalité comporte des attributs qui ne sont pas transposables aux personnes morales. D'où un décalage qui traduit le particularisme du régime des personnes morales par rapport au statut des personnes physiques.

805 Cependant, ce qui reste montre, dans une autre perspective, ce par quoi *la personnalité morale se différencie des groupements non personnifiés* ou des masses de biens. Défalqué de ce que la personne morale a en moins (relativement aux personnes physiques), ce noyau constitue ce qu'elle a de plus que l'indivision.

Trois séries d'attributs font l'intérêt de la personnalité civile des personnes morales.

§ 1. LE PATRIMOINE DE LA PERSONNE MORALE

806 **Toute personne morale a un patrimoine propre.** Le patrimoine social forme une enveloppe à part, une entité juridiquement séparée des ensembles particuliers que forment les patrimoines personnels de chacun des membres de la personne morale : en quoi la personne morale se distingue de l'indivision. Les droits que possède la personne morale ne sont pas indivis entre ses membres (ceux-ci ne sont pas copropriétaires des biens sociaux). Ces droits sont ceux de l'être moral, ces biens lui appartiennent en propre. Le **patrimoine d'une société, d'un syndicat, d'une association est distinct du patrimoine individuel de chacun de ses membres :** distinction qui invite à préciser la structure du patrimoine social et ses rapports avec les patrimoines individuels.

A. STRUCTURE DU PATRIMOINE SOCIAL

807 Dans l'abstrait, la configuration du patrimoine social reflète celle du patrimoine des personnes physiques. Comme ce dernier, le patrimoine social comprend deux compartiments. Dans **l'actif social** figurent tous les droits dont la personne morale est titulaire : ses droits réels (propriété de ses immeubles, de ses biens d'équipement, argent liquide) et ses droits personnels (créances diverses).

En regard, **le passif social** regroupe toutes les dettes et charges qui incombent à la personne morale.

808 Reliant les deux compartiments, une règle fondamentale fait reconnaître le patrimoine social comme une **universalité de droit** : le patrimoine social forme un ensemble au sein duquel joue la corrélation de l'actif et du passif (v. *infra*, n° 862 et *supra* n° 55 s.). D'un mot, l'actif social répond du passif social. Les biens de la personne morale sont, par préférence, affectés à l'acquittement de ses dettes, de telle sorte que les créanciers sociaux n'ont pas à souffrir, sur les biens sociaux, du concours des créanciers individuels des membres de la personne. Ils les excluent.

B. RAPPORTS DU PATRIMOINE SOCIAL AVEC LE PATRIMOINE INDIVIDUEL DES MEMBRES DE LA PERSONNE MORALE

Le schéma directeur est celui de la **non-confusion du patrimoine social et des patrimoines individuels**. Mais il n'exclut pas, en certains cas des communications ou des contacts.

a) **Appliqué au passif,** le principe de la non-confusion donne une directive générale. En règle, l'actif social demeure hors des atteintes des créanciers individuels des membres de la personne morale. Réciproquement, le patrimoine individuel des membres de la personne morale échappe aux poursuites des créanciers sociaux. En principe, chaque personne physique répond de ses dettes personnelles sur ses biens propres et la personne morale des dettes sociales sur les biens sociaux. Un exemple entre beaucoup d'autres : l'association ayant une personnalité distincte de celle de ses membres, les agissements de ceux-ci, en l'espèce les sociétés adhérentes d'une association, ne sont pas imputables à cette dernière (Cass. Com. 2 oct. 1990, G. P. 1991.I.Pan., 66) ; réciproquement, les associés ne sont pas personnellement obligés aux dettes de l'association (Civ. 3e, 12 juin 2002, J.C.P. 2003.II.10 005).

1 Toutefois ce principe souffre d'importantes atténuations pour certaines catégories de personnes morales, notamment dans divers types de sociétés commerciales.

Ainsi, dans les sociétés de personnes, chaque associé est, par exception au principe précédent, personnellement et indéfiniment responsable sur son propre patrimoine des dettes sociales (3). Dans les sociétés à responsabilité limitée, la responsabilité individuelle de chaque société est limitée à la valeur de son apport dans la société.

2 b) **Appliqué à l'actif** de la personne morale, le principe de non-confusion fait apparaître une différence entre, d'une part, les sociétés, d'autre part les syndicats et associations. Pour ces deux derniers types, la non-confusion est absolue. En revanche, les associés ont un droit sur le patrimoine social. Celui-ci est divisé en un certain nombre de fractions idéales, les parts sociales (que l'on appelle parts d'intérêts dans les sociétés de personnes, actions dans les sociétés de capitaux). Réparties entre les mains des divers associés, les parts sociales sont individualisées dans le patrimoine de chacun. Chaque associé a, dans son patrimoine, un certain nombre de parts et ces parts font naître sur la tête de leur titulaire un droit à l'égard de la société.

3 C'est déjà dire (la non-confusion demeure) que ce n'est pas un droit de propriété. L'associé qui détient le quart des actions d'une société n'est pas propriétaire du quart des

---

(3) Même en ce cas cependant, la personnalité juridique distincte de la personne morale conserve ses effets. Lorsqu'une société civile immobilière constituée entre membres d'une même famille comprend un mineur non émancipé et que le contrat a été régulièrement signé au nom de ce dernier par son représentant légal, la question est délicate de savoir comment joue, en ce qui le concerne, le principe de la responsabilité indéfinie des associés d'une société civile à l'égard des dettes sociales (C. civ. art. 1857). Mais, lorsque la société est constituée, sa capacité personnelle de s'engager à l'égard des tiers dépend de son objet social et non de la capacité de ses associés, car elle est dotée d'une personnalité juridique distincte et d'un patrimoine propre. Elle est donc en droit de contracter un prêt en son nom propre et pour ses besoins : En ce sens Versailles, 29 janv. 1998, D. 1998, som. 399, obs. Hallouin.

biens sociaux. Les parts sociales investissent seulement leur titulaire, à l'encontre de la personne morale, d'un droit auquel on reconnaît la nature d'un droit de créance. Il confère à son bénéficiaire deux vocations : 1) une vocation à recueillir, périodiquement, une part des bénéfices qui résultent de l'activité de la société ; 2) à la dissolution de la société, une vocation à recueillir une part du capital social (c'est alors seulement que le patrimoine social se partage entre les associés, après apurement du passif).

§ 2. LES ATTRIBUTS EXTRAPATRIMONIAUX DE LA PERSONNE MORALE

814 Naturellement, tous les attributs extrapatrimoniaux que le droit positif consacre chez l'être humain ne sont pas transposables aux personnes morales (V. *supra*, n° 63). Moyennant certaines adaptations, divers de ces attributs trouvent, au contraire, sans obstacle majeur (4), leur application à des personnes morales. Ce sont, principalement (5), ceux qui concourent à les individualiser, en les identifiant et en les localisant. Ces **éléments d'identification civile** — qui conservent leur valeur pour des personnes morales — sont le nom, le domicile (le siège), la nationalité.

A. LE NOM DE LA PERSONNE MORALE

815 Toute personne morale a un nom dont le port constitue, pour chacune, une obligation : c'est sous ce nom que le groupement exerce ses droits et poursuit des activités. Les sociétés ont ainsi une « raison sociale » ; les associations portent un « titre », les syndicats une « étiquette ».

Le nom de la personne morale est librement **choisi** par ses fondateurs et doit faire l'objet de la publicité que la loi prescrit lors de la constitution (v. p. ex. art. 5, 1er juill. 1901). Les fondateurs peuvent choisir un nom abstrait ou un nom de fantaisie (et assumer des armoiries, accessoire du nom). Cette liberté marque une différence avec la dévolution du nom de famille des personnes physiques qui fait une large part à la volonté privée, mais dans des limites strictement définies par la loi.

816 Le choix du nom de la personne morale n'est cependant pas lui-même entièrement libre. La **protection du nom commercial** (qui a une valeur commerciale et publicitaire) est, depuis longtemps, assurée par la loi (une usurpation est un acte de concurrence déloyale). Plus généralement, la jurisprudence tend à considérer que **toute personne morale a droit à**

(4) Moyennant parfois une adaptation rationnelle. Ainsi le **serment** peut-il être prêté par une personne morale, mais seulement par la personne de son représentant légal en exercice, non par celle de l'un de ses préposés (Cass. Com. 10 févr. 1987 Bull. IV, n° 41, p. 31).

(5) Une personne morale a aussi un **honneur** et, sans doute, l'équivalent d'une vie privée, sous les transpositions nécessaires. V. *supra*, n° 63. Il est parfois jugé que seul un individu, personne physique, peut être victime du délit de dénonciation calomnieuse prévu par l'article 226-10 C. pén. (Crim. 25 nov. 1992, G. P. 1993.I.2-4 mai). Cette interprétation littérale, exagérément restrictive, est peu réaliste. L'air de la calomnie n'épargne pas les personnes dites morales. Il a été jugé qu'une personne morale est fondée à se plaindre d'une atteinte à sa vie privée (Aix-en-Provence, 10 mai 2001, D. 2002. som. 2299, com. Caron).

la protection de son nom (ce qui la fonde à s'opposer à l'utilisation de ce nom par un tiers). Elle l'a admis pour un établissement public (6) et pour **les associations** (personnes morales pour lesquelles le problème de la concurrence déloyale ne se pose pas). Elle reconnaît ainsi qu'une dénomination, à la condition d'être suffisamment originale, est l'objet d'un droit privatif en vertu duquel l'association qui porte un titre peut faire interdire à une autre association d'emprunter ultérieurement le même ou une appellation qui crée un risque de confusion. (Dans le procès qui a opposé la Société protectrice des animaux — fondée en 1845 — à une société protectrice des animaux de Vichy et de l'Allier — qui avait pris ce titre en 1938 —, la Cour de cassation, Civ. 1re, 5 décembre 1966, G. P. 1967. I, p. 117, a accueilli l'action en usurpation de nom ; comp. Civ. 1re, 8 nov. 1988, J.C.P. 1989.II.21301, n. R. Brichet ; mais le risque de confusion n'existe pas entre F.F.R., fédération française de rugby, et F.R. XIII., fédération française de rugby à XIII, Civ. 2e 4 juin 1993, G. P. 1993.II, Pan. 209). **Les communes** aussi sont en droit de faire respecter leur nom et d'exiger qu'on les désigne par leur véritable nom : Verdun reste Verdun et non Verdun-sur-Meuse (comme l'annonçait l'office du tourisme qui a dû refaire ses dépliants. T.G.I. Verdun, 9 juin 1986, G.P. 1986, II, 711). Mais la question se complique lorsqu'une commune défend son nom contre une commune voisine qui a obtenu, par décret, l'autorisation de changer de nom par emprunt d'une partie du nom de la première (C.E. 20 janv. 1988, D. 1989.466, n. M. Bélanger, comm. de Pomerol c. comm. de Lalande-de-Pomerol).

B. LE SIÈGE DE LA PERSONNE MORALE

7 Toute personne morale a, comme une personne physique, **un et un seul domicile.** On dit plus volontiers qu'elle doit avoir un siège, nommé **siège social**. Le siège social est, pour la personne morale, un domicile volontaire. Il est au lieu où elle a son principal établissement (C. civ. art. 102) et, comme pour la personne physique, il y a domicile dès lors que la personne morale est en droit de se dire chez elle, quels que soient le titre juridique de son occupation et l'affectation des locaux (7). Le siège social produit tous les effets attachés au domicile de la personne physique. Il est protégé contre sa violation (ainsi par un journaliste qui s'introduit dans le centre d'essais pour photographier les modèles de voitures, Crim. 23 mai 1995, préc.). Il est pour l'essentiel, attributif de compétence territoriale (v. plus haut, n° 680 s.).

8 Quelques adaptations marquent néanmoins des différences naturelles entre personnes physiques et personnes morales. Le domicile est, d'abord, relativement plus facile à déterminer pour ces dernières. En effet, le siège social (le principal établissement) se situe nécessairement au lieu où le groupement a sa direction (générale, administrative, financière, etc.), même si son exploitation est ailleurs. On peut s'en féliciter sous le rapport de la simplicité ; moins pour la bonne administration de la justice, car la grande majorité des personnes morales ont leur siège social à Paris, ce qui entraîne une certaine congestion du rôle des juridictions parisiennes.

(6) Paris 14 mai 1964, D. 65.241, n. Ponsard (affaire du B.U.S.).
(7) Ex. centre d'essais clos, gardé et accessible sur autorisation, Crim. 23 mai 1995, D. 1995. IR. 222.

819 Aussi bien la jurisprudence dite « des gares principales » (qui joue pour les sociétés commerciales) produit ici son effet bienfaisant de décentralisation : les litiges qui naissent de l'activité d'un établissement principal décentralisé (provincial) peuvent être portées devant le tribunal du lieu dans lequel cet établissement est situé (v. plus haut n° 702 et 703). Le Code de procédure civile en a tiré la conséquence. Pour la détermination de la compétence territoriale des juridictions, le lieu où demeure la personne morale s'entend du lieu où elle « est établie » (art. 43, *in fine*). Quant aux notifications destinées à une personne morale, elles sont faites au lieu « de son établissement » (art. 690, al. 1 : notion générique qui englobe siège social et établissement décentralisé.

C. LA NATIONALITÉ DE LA PERSONNE MORALE

820 **Toutes les personnes morales ont une nationalité.** Cependant, par une différence marquée avec les personnes physiques, la nationalité est, ici, sous la dépendance du domicile, au moins en règle générale. La personne morale qui a son siège en France est en principe de nationalité française, même si elle réunit des capitaux et un personnel étrangers. Cependant, ce critère trop artificiel offre des dangers (notamment en temps de guerre). C'est pourquoi la jurisprudence tend, de façon réaliste, à tenir compte de l'origine des capitaux et de la personnalité des dirigeants, comme éléments d'appoints, au moins en certaines circonstances (8).

§ 3. LE DROIT D'AGIR EN JUSTICE DES PERSONNES MORALES (9)

821 Sujet de droit, la personne morale a, *de plano*, la **capacité d'ester en justice**. Cette capacité est inhérente à la personnalité juridique. Aptitude à faire valoir ses droits devant un tribunal, c'est un attribut essentiel, mais élémentaire de la personnalité (10). Ce qui est important, c'est de savoir pour quelle sorte de procès (pour quel objet, concrètement) les personnes morales ont **qualité pour agir en justice**. Diverses distinctions règnent en droit positif.

(8) V. par ex. Civ. 21 nov. 1956, Rev. dr. int. privé, 1957, 38, n. Loussouarn.

(9) V. L. Coupet, *L'action en justice des personnes morales de droit privé,* th. Aix, 1974, Merle et Vitu, Droit crim., II, n° 886 s. ; Cornu et Foyer, *Procédure civile*, Thémis, 89 s. ; Capelleti, *La protection d'intérêts collectifs et de groupe dans les procès civils,* Rev. int. dr. comp. 1975, n° 571 s.

(10) À certaines conditions, les associations peuvent même bénéficier de l'aide judiciaire. v. par ex. T.G.I. Marseille, 12 janv. 1979, G. P. 1981.I. 71. En revanche, les groupements dépourvus de la personnalité morale ne peuvent, en tant que tels, agir en justice. Les demandes formées par ou contre eux, en leur nom, sont irrecevables. Ainsi pour une société en participation (art. 1871 et 1872). V. par ex. Versailles, 24 janv. 2002, *Bull. inf. Cour de cass.* 2002, n° 562, p. 49. Une telle société peut cependant défendre en justice ses intérêts, mais à condition que tous les associés, chacun nanti d'un pouvoir à cette fin, agissent en justice (la nullité de l'assignation originaire peut même être couverte si de tels pouvoirs leur sont conférés avant que le premier juge statue). V. la même solution (*supra,* n° 737, note 4) pour la conférence médicale d'établissement.

A. DÉFENSE DES INTÉRÊTS PERSONNELS

Les personnes morales sont, à l'évidence, qualifiées pour agir dans **leur intérêt personnel**. Elles ont le droit d'agir en justice pour la protection d'un intérêt personnel (application pure et simple du droit commun de l'action). La personne morale est ainsi recevable à défendre en justice un intérêt personnel d'ordre patrimonial : agir en recouvrement d'une cotisation impayée, revendiquer un immeuble, exercer une action possessoire, faire condamner un débiteur à s'exécuter, rechercher la responsabilité contractuelle d'un client, ou la responsabilité délictuelle d'un tiers, etc.

On admet également que la personne morale est qualifiée pour défendre en justice un intérêt extrapatrimonial. Ayant un honneur, une personne morale est en droit de demander en justice la réparation d'un préjudice moral, si elle prétend avoir été victime d'une injure ou d'une diffamation.

B. DÉFENSE DES INTÉRÊTS COLLECTIFS

Le problème délicat est de savoir si la personne morale est qualifiée pour défendre en justice **les intérêts collectifs** qu'elle prétend représenter : le groupement se fait alors le champion en justice d'un intérêt de caractère général (ex. une ligue anti-alcoolique agit pour la défense de la santé publique). Le droit positif répond à cette question par une distinction.

a) Action des syndicats

Ce qui est sûr c'est que les syndicats professionnels régulièrement constitués ont reçu, d'abord de la jurisprudence (Ch. réunies, 5 avril 1913 ; v. *supra* n° 776), ensuite de la loi (loi 12 mars 1920, Code du travail), qualité pour défendre en justice l'intérêt collectif de la profession qu'ils représentent (11). Un syndicat peut ainsi se porter partie civile contre un individu qui a discrédité ou déshonoré la profession, ne serait-ce que pour demander un franc symbolique de dommages et intérêts (l'article L. 411-11 du Livre IV du Code du travail en dispose expressément et l'on voit bien la différence entre la qualité et la capacité reconnue au même article) (12).

b) Action des associations

Pour les associations, le problème est plus compliqué. Les associations, à la différence des syndicats, ne tiennent d'aucune disposition générale (comparable à l'article L. 411-11 du Livre IV du Code du travail) le pouvoir d'agir en justice pour la défense des idéaux qu'elles entendent sauvegarder. Seules certaines d'entre elles, par des dispositions spéciales, ont reçu ce pouvoir (pour elles, il n'y a pas de difficultés). Mais, en dehors de ces cas spécifiés par la loi, c'est à la jurisprudence qu'il est revenu d'opérer une sélection pour

(11) V., pour les ordres professionnels, Claire Campredon, *L'action collective ordinale*, J.C.P. 79, 2943.

(12) V. à la suite de quelques flottements, P. Durand, *Défense de l'action syndicale*, D. 1960, chron. 21 ; comp. Larguier, *L'action civile menacée*. D. 58, chron. 29.

tempérer le zèle, parfois excessif, des associations. La Chambre criminelle, qui détient la clé de cette jurisprudence (puisqu'il s'agit presque toujours du droit de se porter partie civile) tendrait à devenir moins restrictive et à accorder l'action en justice aux associations qui ne l'ont pas reçue de la loi. Mais la conjoncture est fragile et la tendance toujours prête à se renverser.

Observations diverses

Le statut de droit commun de la personne morale porte la marque des limites raisonnables et naturelles de l'assimilation des personnes morales aux personnes physiques.

826 Le particularisme de la condition juridique de la personnalité des personnes morales tient à des **motifs de politique juridique** (13). Les personnes morales peuvent constituer, pour l'État, un danger (pas seulement d'ordre politique : on peut songer aux méfaits économiques et sociaux de l'accumulation des biens de mainmorte). Le législateur est, d'autre part, fondé à prodiguer certaines faveurs aux personnes physiques (en période de crise du logement, le législateur réserve, en principe, le droit au maintien dans les lieux aux personnes physiques ; sauf exception, il n'en fait pas bénéficier les personnes morales). L'égalité civile ne s'applique ni entre les diverses catégories de personnes morales, ni entre personnes morales et personnes physiques.

827 Le particularisme des personnes morales est également commandé par la **nature des choses** : nombre de règles ne se conçoivent que sur la tête des personnes physiques. Inhérents à la personne humaine, les droits relatifs au corps humain, les droits de la création littéraire, et artistique, les droits de famille sont sans application aux personnes morales.

828 À partir de là, il y avait cependant quelque exagération à réserver à des personnes physiques des missions fondées sur *l'intuitus personae*, à l'idée que certaines fonctions ne peuvent être confiées qu'à une personne physique, choisie en raison de ses qualités personnelles. Revenant en partie de cette prévention, la loi admet aujourd'hui plus volontiers, au moins dans des situations déterminées, qu'une mission reposant sur une relation de confiance, puisse être confiée à une personne morale. Dans cet esprit, le législateur moderne accorde de nouveaux droits à la personne morale. L'article 496, al. 2, C. civ., admet que la **tutelle des majeurs** soit déférée à une personne morale (une institution spécialisée).

Le nouveau code de procédure civile permet qu'une personne morale soit désignée comme technicien afin d'exécuter une **mesure d'instruction** (constatation, expertise, consultation), sauf à exiger que le juge qui a ordonné la mesure soit à même d'établir un lien personnel avec le ou les personnes physiques qui, au sein de la personne morale, assurent l'exécution de la mesure (14).

Si la réforme de **l'arbitrage** affirme que la mission d'arbitre ne peut être confiée qu'à une ou plusieurs personnes physiques, même dans l'arbitrage institutionnel (15), c'est pour des raisons particulières à la matière, et notamment parce que la convention d'arbitrage (surtout la clause compromissoire) étant souvent une clause « d'adhésion », le droit pour chaque adversaire de contribuer à la désignation des arbitres personnes physiques, en relation avec la personne morale chargée d'organiser l'arbitrage, rétablit un équilibre de forces et établit un rapport de confiance.

(13) Dans les sociétés commerciales, la personnalité morale s'est heurtée à une autre limite née en réaction à la tentation, pour un administrateur de la société, de se servir des biens sociaux et de la société, pour couvrir ses activités personnelles : d'où le pouvoir donné au juge d'étendre à un dirigeant de société qui s'est ainsi comporté, le règlement judiciaire de la personne morale (L. 13 juill. 1967, art. 101). V. not., pour des applications : Cass. Com. 4 janv. 1980, Bull. IV, n° 5, p. 4 ; 6 mai 1980, Bull. IV, n° 175, p. 140.
(14) N.C.P.C. art. 232 (toute personne) ; art. 233, al. 2.
(15) N.C.P.C. a. 1451, al. 1 ; si néanmoins la convention d'arbitrage désigne une personne morale, celle-ci ne dispose que du pouvoir d'organiser l'arbitrage (même article, al. 2).

Brochant sur le tout, le (nouveau) Code pénal (entré en vigueur le 1er mars 1994) consacre le principe de la **responsabilité pénale des personnes morales** (art. 121-2). Dans les limites et sous les conditions que la loi pénale détermine, les personnes morales sont pénalement responsables des infractions commises, pour leur compte, par leurs organes ou représentants, responsabilité personnelle qui n'exclut pas celle des personnes physiques auteurs ou complices des mêmes faits. La loi fait mentir l'ancienne maxime : *societas delinquere non potest.*

BIBLIOGRAPHIE

V. n° 736, note (1).

CARBONNIER, I., 207 s.

PLANIOL et RIPERT, T. I., 2e éd. par R. et J. SAVATIER, n° 66 s.

GOUBEAUX, *Les personnes,* n° 4 s.

La personnalité morale et ses limites, ouvrage collectif, 1960, Trav. et rech. de l'Inst. de dr. comp. de l'université de Paris.

HAMEL J., *La personnalité morale et ses limites,* D. 1949 chron., 141.

HOUIN, *L'abus de la personnalité morale dans les sociétés par actions en droit français.* Études A. Straffa, 1961.

SALEILLES, *De la personnalité juridique, histoire et théorie,* 2e éd., 1922.

ELIACHEVITCH, *La personnalité juridique en droit privé romain*, Paris, 1942.

PERCEROU R., *La personne morale de droit privé, Patrimoine d'affectation,* th. Paris, 1951.

Trav. Ass. Capitant, T. XXI, 1969, *Les groupements et organismes sans personnalité juridique.*

GASTAUD, *Personnalité morale et droits subjectifs,* th., 1977, Bibl., dr. priv. T. 149, préface Sortais.

WARENBOURG F.-AUQUE, *La succession aux biens d'une personne morale de droit privé* ; Contribution à l'étude de la personnalité morale, Th. Lille, 1977, 2 vol.

PELLETIER M., *Les filiales,* Th. Paris II, 1977.

PELLERIN J., *La personnalité morale et la forme des groupements volontaires de droit privé,* R.T.D. com. 1981, 471 s.

BRICHET R., *Associations et syndicats,* 5e éd., Litec, 1986.

ALFANDARI E. et al., *Les associations et fondations en Europe, régime juridique et fiscal,* Paris, éd. juris-service, 1990.

Le monde associatif, Actes du 92e Congrès des Notaires de France, 1996.

Associations, sous la dir. d'E. ALFANDARI et la coordination de Ph.-H. DUTHEIL, coll. Dalloz Action 2000.

GUEDJ Valérie, *Essai sur le régime juridique des fondations*, th. Paris II, 1999.

LIVRE SECOND
LES BIENS

Les biens après les personnes (primauté oblige, C. civ. art. 16) : d'emblée distingués des personnes, mais, à elles, aussitôt rattachés. Comme si personnes et biens constituaient les bases inséparables, les colonnes jumelles de l'ordre élémentaire qu'institue le droit civil : **l'être et l'avoir.** Les deux verbes que conjuguent nos études premières forment un couple. Et il est frappant que, l'un aussi bien que l'autre, les éléments de ce couple soient, pour chacun, des données immédiates de conscience. Nous croyons savoir ce que nous sommes et ce que nous avons. L'affirmation de notre personnalité et le sens de notre possessivité sont en nous, fondamentalement, deux appétits spontanés. Les biens, c'est bon. Ce sont les choses, les bonnes choses de cette terre : la bonne terre, ses prés, ses champs, ses forêts et, dessous, dessus ou derrière — veaux, vaches, cochons, couvées ? — les fruits, les maisons, palais, châteaux, jardins et domaines, l'or, l'argent, les bijoux, les richesses, les mille et un trésors et joyaux de la sueur ou de la chance. Voilà, dirait-on, l'objet du droit des biens (1). Le droit du bien, du terrestre de notre paradis.

Cette rêverie débouche sur deux propositions fondamentales que deux contre-propositions corrigent.

Première proposition : le droit patrimonial s'oppose au droit extrapatrimonial. C'est une division majeure. S'il est vrai qu'en ce monde rivalisent deux ordres de valeurs irréductibles — l'argent et l'amour — l'ordre juridique en porte un peu le reflet lorsqu'il sépare le droit patrimonial et le droit extrapatrimonial (2). Le droit patrimonial est l'ordre des valeurs pécuniaires. Il règle la possession des richesses : l'ensemble des relations juridiques qui peuvent naître de la production, de la détention, de l'exploitation et de la circulation des biens. Il est le droit de la valeur-argent. Le droit extrapatrimonial est foncièrement non monétaire. Il régit la personnalité et les rapports d'ordre personnel qui naissent entre les êtres humains.

---

(1) De cette théorie de biens, saisis dans leur profusion d'ensemble et dans le destin de chacun de ses éléments, la théorie des biens fait un thème renouvelé de réflexion. V. *l'évolution contemporaine du droit des biens* (synthèse Catala), troisièmes journées René Savatier, Poitiers, 1990, P.U.F. 1991. *Adde,* FARJAT, *Entre les personnes et les choses, les centres d'intérêts, prolégomènes pour une recherche,* RTD civ. 2002, 221 s.

(2) V. *L'argent et le droit,* Arch. phil. droit, 42, 1997.

831 **Deuxième proposition : le droit des biens forme la base du droit patrimonial.** Le droit des biens gouverne l'ensemble des éléments qui composent le patrimoine. En tant qu'il régit la substance du patrimoine, le droit des biens est une partie essentielle du droit patrimonial. Il est dans l'ordre que le droit patrimonial s'ouvre par l'étude analytique et statique des éléments qui le constituent. Mais ces deux affirmations schématiques appellent plus que des nuances.

832 **Première contre-proposition : il existe de nombreuses interférences entre le droit patrimonial et le droit extrapatrimonial.** Ces interférences empêchent d'établir une séparation radicale entre les deux ensembles, non plus qu'entre personnes et biens (et pas seulement parce que — transition naturelle ou mélange artificiel — la personne morale est un patrimoine personnifié). La première réflexion livre, d'un côté, que les **biens sont au service des personnes** (et ne sont dits biens, bienfaits, que relativement aux personnes) l'avoir étant, en somme, ordonné au bien-être et à l'épanouissement de la personnalité ; d'un autre côté que **les personnes sont, par leur valeur, à la source des biens.**

833 Une réflexion sur le droit de la famille — qui se rattache essentiellement au droit extrapatrimonial — fait apparaître, positivement, une autre interférence significative. La famille a aussi ses problèmes économiques. La vie familiale foisonne de questions patrimoniales, soit entre époux, soit entre parents. Il existe un **droit patrimonial de la famille,** un droit des relations familiales d'ordre pécuniaire : les questions successorales, les régimes matrimoniaux, les obligations alimentaires entre parents forment ce droit patrimonial, accessoire mais substantiel, des relations familiales.

834 Si le droit familial a ses pesanteurs, le droit patrimonial a, réciproquement, ses envolées. Principalement économique, il ne l'est pas exclusivement. Il n'est pas toujours terre-à-terre.

D'abord, il gouverne aussi **la valeur-travail**. Ce n'est pas seulement le droit des choses matérielles, mais également celui des services humains (lesquels s'apprécient en argent, mais tiennent à l'activité de l'homme). Le droit patrimonial régit aussi les relations pécuniaires qui naissent de l'emploi, de la fourniture du travail. Il faut le proclamer : le droit patrimonial ne prend pas ce capital-travail comme une marchandise, une denrée du commerce, mais comme un engagement dans lequel les personnes doivent être protégées et respectées. Le potentiel est humain. **Le régime des biens ramène souvent à la considération des personnes**. En ce sens, **le droit patrimonial n'est pas exclusivement matérialiste.** Exemple topique : sauvegarder l'environnement de la personne, c'est encore protéger la personne même, (notamment conserver à sa disposition aussi longtemps que possible le logement de la personne protégée et les meubles meublants, art. 490-2) (3).

835 Ses finalités ne sont d'ailleurs pas toutes économiques. Dans la possession des richesses, il aperçoit des garanties pour la liberté individuelle ou parfois, au contraire, des menaces pour la sauvegarde d'intérêts collectifs. **Le droit patrimonial français n'est pas purement économique.** Suivant un mélange d'inspirations qui imprègne toute notre législation civile, il est traditionnellement libéral dans la mesure où il voit dans la propriété un rempart pour

(3) Êtres de la maison, objets familiers, lieux de mémoire, les biens sont imprégnés de la personnalité des êtres et les êtres façonnés par les lieux, quand une vie a tissé leurs attaches. Que d'interactions. Dans une autre perspective qui part des choses et traverse les générations, M. Carbonnier jette un regard profond sur l'intimité même des choses, reliant dans une vision anthropomorphique (animiste) tout ce qui anime biens singuliers ou patrimoine (origine, destination, personnalité, beauté, affectation etc.). *« Les choses inanimées ont-elles une âme ? »,* Mélanges Pierre Braun, Limoges, 1998. Cf. *infra,* n° 974 s.

la liberté ; il est devenu social — autre aile marchante de notre tradition — dans la mesure où il lui arrive de tenir en bride la propriété, lorsqu'elle devient un instrument de domination ou d'abus. Le droit patrimonial a aussi des préoccupations politiques et sociales, civiques pourrait-on dire.

6 **Deuxième contre-proposition : le droit des biens n'est qu'un élément du droit du patrimoine.** S'il englobe le droit des biens, le droit patrimonial forme un ensemble plus vaste : non seulement parce que, dans le droit de la famille, il a pour prolongement un droit patrimonial de la famille, mais parce qu'il comprend, à la base — autre composante essentielle — le *droit des obligations* au sein duquel se détache, notamment, le droit des contrats.

Or sans doute passe-t-on insensiblement du droit des biens au droit des obligations parce que, parmi les éléments de notre patrimoine, figurent nos créances et nos dettes. Cependant, l'étude des obligations est *l'aspect dynamique du droit patrimonial,* car il s'agit, pour l'essentiel, d'étudier la source des obligations et leur exécution.

Ce qui est sûr c'est que *le droit des biens* et le *droit des obligations* constituent **les deux bases du droit commun du patrimoine**.

PLAN

7 Cela suffit pour qu'à propos des biens soient présentées, dans un titre préliminaire, les **notions fondamentales du droit du patrimoine.**

Après ces notions communes à tout le droit patrimonial, le droit des biens sera étudié en deux titres consacrés, respectivement, **aux aspects généraux de la théorie des biens et aux règles particulières à chaque espèce de biens.**

BIBLIOGRAPHIE

Classiques anciens :

PLANIOL et RIPERT, T. III, 2e éd., *Les biens*, par Picard, 1952.

BEUDANT et LEREBOURG-PIGEONNIÈRE, *Cours de droit civil français*, 1934, T. IV : *Les Biens*, par Voirin.

AUBRY et RAU, T. II et III. 7e éd., *Des biens* par Esmein, 1961, Esmein et Ponsard, 1968.

Traités et manuels :

MARTY et RAYNAUD, II, 2e vol., *Les biens,* par P. Jourdain, 1995.

MAZEAUD H.L.J., T. II, 2e vol., *Biens*, 8e éd. 1994 par Chabas et Gianviti.

CARBONNIER J., *Droit civil,* III, 19e éd. 2000, *Les biens* (Monnaie, immeubles, meubles).

TERRE et SIMLER, 6e éd., 2002, Dalloz.

BERGEL, BRUSHI et S. CIMAMONTI, *Les Biens*, Tr. de droit civil (dir. Ghestin).

MALAURIE et AYNÈS, *Les biens, la publicité foncière*, 4e éd. 1998, par Philippe THÉRY, Cujas.

ATIAS, *Droit civil, Les biens*, 1, 5e éd. 2000.

LARROUMET, *Droit civil* T. II, Les biens, droits réels principaux, Economica, 3e éd. 1997.

ZÉNATI et REVET, *Les biens,* 2e éd., P.U.F., 1997.

MÉMETEAU, *Droit des biens*, CPU, 2000.

LAMBERT G., *Cours de droit civil,* T. II, *Droit du patrimoine, principes généraux,* 1971.

PIEDELIÈVRE A., *Droits des biens,* coll. Masson 1977 (contenant aussi la publicité foncière et les sûretés réelles).

PATAULT A.-M., *Introduction historique au droit des biens,* PUF, 1989.

Arch. de philo du droit, T. 24, 1979, *Les biens et les choses* ; 1999, *Le droit et l'immatériel.*

L'évolution contemporaine du droit des biens, Colloque de Poitièrs, 1991 (synthèse Catala).

Revue trimestrielle de droit civil, v. *La chronique propriété et droits réels*, par Th. REVET.

Dalloz, *Biens et droits réels,* sommaires commentés par ROBERT.

Rép. Défrenois, chronique de jurisprudence. Droit des biens et de la copropriété immobilière, ATIAS ; droit de la construction, PÉRINET-MARQUET ; droit de l'urbanisme, PÉRIGNON.

J.C.P., chronique Droit des biens, PÉRINET-MARQUET.

Rev. de droit immobilier, chron. BERGEL.

GODFRIN Ph., *Droit administratif des biens,* Masson, éd.

CORNU Marie, *Le droit culturel des biens,* th. Paris II, 1994.

PAPANDRÉOU-DÉTERVILLE Marie-France, *Fondements du droit anglais des biens* (dir. Cl. Witz), th. Strasbourg III 1996, dact.

John E. C. BRIERLEY, *Regards sur le droit des biens dans le nouveau Code civil du Québec,* Rev. int. dr. comp. 1995, 33 s.

TITRE PRÉLIMINAIRE
LES NOTIONS FONDAMENTALES DU DROIT PATRIMONIAL (1)

Ce sont, d'une part, **le patrimoine**, d'autre part, **les biens et droits patrimoniaux**. Notion de synthèse, la première introduit à une vue d'ensemble du droit patrimonial (Chap. I). Instruments d'analyse, les autres, par le classement qu'elles appellent, introduisent un peu d'ordre dans la diversité des éléments du patrimoine (Chap. II).

Mise en perspective.

Fondamentales, ces notions générales ne sont pas toutes abstraites puisqu'elles concernent les éléments concrets (meubles et immeubles) qui composent le patrimoine. Mais elles donnent une **vision statique** d'une matière première au repos. Les événements et les actions qui règlent le sort du patrimoine en découvrent une vision dynamique. Le patrimoine est à considérer dans la perspective de sa **transmission** à titre gratuit par legs, donation ou en vertu de la loi, et de sa **gestion**, soit entre époux (s'agissant du régime de leurs biens) soit, très généralement, dans le commerce juridique (s'agissant de tous les contrats relatifs aux biens, ventes et baux de biens meubles ou immeubles, sûretés mobilières ou immobilières, etc.). Ainsi envisagé, le droit du patrimoine englobe, on le voit, le droit des successions et des libéralités, celui des régimes matrimoniaux, celui des opérations foncières et financières, celui du crédit).

Ces perspectives excèdent de toute évidence l'introduction au droit des biens ici entreprise. Mais elles invitent à ne jamais perdre de vue que le droit patrimonial présente plusieurs faces qui fréquemment s'unissent dans une même opération. Le droit patrimonial a souvent des implications **familiales** (il règle la dévolution des biens de génération en génération et leur sort en mariage).

Le droit patrimonial a souvent un aspect **notarial** (de nombreuses opérations donnant lieu, en droit ou en fait, à la rédaction d'actes authentiques).

Le droit patrimonial a toujours un aspect **économique et social**, puisqu'il règle la circulation des richesses.

Le droit patrimonial a toujours un aspect **fiscal**, puisque les mutations de biens à titre onéreux ou gratuit sont passibles de droits. La fiscalité du patrimoine est une donnée déterminante de sa gestion et de son devenir.

---

(1) V. dans Carbonnier, III, 9, *La théorie de la monnaie* (véritable traité de la monnaie considérée dans sa définition et ses fonctions juridiques).

CHAPITRE I
LE PATRIMOINE (1)

Si la loi française ne définit pas le patrimoine, l'intuition populaire n'y supplée qu'imparfaitement. Il demeure vague que le patrimoine d'un individu soit envisagé comme « ce qu'il a », « ce qu'il possède », « son avoir », « son bien ». L'étymologie même n'évoque le patrimoine que dans la perspective fragmentaire d'une transmission héréditaire : le patrimoine n'est pas l'héritage paternel, la terre des ancêtres, les biens d'origine familiale (2).

Le Code civil contient cependant des éléments qui aident à préciser la notion. **Deux textes fondamentaux (bases du droit du crédit) dominent tout le droit du patrimoine : les articles 2092 et 2093 déterminent les pouvoirs du créancier sur le patrimoine du débiteur.** De même, le Code règle la transmission du patrimoine héréditaire, et certaines dispositions particulières réglementent la séparation des patrimoines, institution du droit successoral (C. civ. art. 878 et 881). Enfin, le patrimoine revient un peu partout dans le droit des régimes matrimoniaux (pour la distinction du patrimoine propre des époux et de la communauté).

Ainsi affleurent les divers intérêts pratiques qui s'attachent à la notion de patrimoine. Le patrimoine, *c'est ce qu'un créancier peut saisir, ce qu'un défunt transmet à ses héritiers, ce qu'un tuteur gère au nom d'un mineur, ce qu'un époux conserve en propre* sous le régime de communauté, ou même les biens que les époux amassent en commun.

Ces exemples font surgir, du patrimoine, une double image. D'un point de vue juridique, ils font naître l'idée abstraite d'un **ensemble de biens et d'obligations.** Dans cette perspective, le patrimoine relève de la théorie pure. Mais, dans le concret, le patrimoine apparaît aussi comme une **masse mouvante de biens** qui a une histoire, comme une « fortune » diversement composée, suivant les vicissitudes de la vie et les fluctuations de l'économie. **Entité juridique,** pièce consacrée de la théorie générale du droit, le patrimoine est une **réalité concrète** qui dépend de la conjoncture économique et sociale.

(1) V. plus haut, n° 55 et n° 806 s.
(2) Au moins pas exclusivement et, souvent, pas principalement.

SECTION I LE PATRIMOINE DANS LA THÉORIE JURIDIQUE

843 Le patrimoine, en France, est le lieu d'une **construction juridique célèbre** que l'on appelle, du nom de ceux qui l'ont systématisée, la théorie abstraite d'Aubry et Rau (Elle est exposée au tome IX, § 273).

Cependant, si cette théorie doctrinale peut être considérée comme la base de la conception positive française, elle a subi une érosion qui l'a infléchie et assouplie. À la conception de base se mêlent des considérations d'appoint.

§ 1. CONCEPTION DE BASE

844 Après Aubry et Rau, il est devenu traditionnel en France de définir le patrimoine d'une personne comme **l'ensemble de ses biens et de ses obligations envisagés comme formant une universalité de droit.**

Développer la définition invite à en détailler les éléments avant d'en appréhender la totalité.

A. LE PATRIMOINE ENVISAGÉ DANS SES ÉLÉMENTS

845 Tout ce qui est patrimonial est d'ordre pécuniaire. Pécuniaire est un ancien mot pour dire monétaire. La monnaie est le dénominateur commun de tous les éléments qui composent le patrimoine. On peut donc énoncer : **le patrimoine d'une personne est formé de ses biens et obligations appréciables en argent**. Il est constitué des seuls éléments qui sont susceptibles d'une évaluation pécuniaire.

Cette définition rappelle que le patrimoine d'une personne ne comprend pas tous les droits de celle-ci. Restent en dehors du patrimoine tous les droits qui ne sont pas directement évaluables en argent (v. plus haut, n° 60 s.).

Ce critère monétaire n'empêche pas les éléments du patrimoine d'être, entre eux, dans une grande diversité : d'où l'intérêt de les classer et de les caractériser.

a) Classification des éléments du patrimoine

846 Classique, la division majeure est comptable. Tous les éléments du patrimoine sont présentés suivant la distinction de l'avoir et du devoir. Le patrimoine comprend des éléments actifs et des éléments passifs.

847 **1° L'actif.** Il englobe tous les biens appréciables en argent. Selon une classification juridique, certains de ces biens sont des droits réels (propriété ou usufruit d'une maison), d'autres des droits personnels (créance du prêteur envers l'emprunteur).

848 Sous un jour plus économique, l'actif se prête à une autre distinction. Le **capital** en constitue la matière substantielle. Parfois, il est productif (un immeuble loué qui rapporte des loyers, un portefeuille de titres et de valeurs mobilières qui assure des dividendes). Il

arrive que le capital soit, apparemment ou provisoirement, improductif (une bibliothèque, une maison que son propriétaire habite, une réserve d'or).

À ces capitaux, s'opposent les **revenus**, ressources périodiques qui naissent et renaissent régulièrement et font entrer dans le patrimoine d'une personne des valeurs appréciables en argent. Ils sont d'origines diverses : revenus des biens et capitaux provenant d'un bien productif (loyers d'un immeuble, revenus d'une terre affermée, intérêts des sommes prêtées), revenus du travail (revenus professionnels, rémunérations et salaires, etc.).

2° Le passif. Il regroupe les dettes d'une personne, plus exactement, toutes ses obligations appréciables en argent. Là encore, surgissent des distinctions correspondantes. La dette peut porter sur un capital (le montant nominal de l'emprunt). Elle peut avoir pour objet des éléments qui, correspondant aux revenus, sont normalement payés sur les revenus : les intérêts du capital. Suivant leur objet, les dettes de somme d'argent s'opposent aux dettes de corps certains et aux dettes de services.

À la vérité, si, pour une personne, l'on arrête les comptes un jour, le patrimoine n'existe que si, à ce jour, il a une expression positive : s'il présente alors un solde créditeur (ce qui reste à l'actif, après déduction du passif qui le grève). Mais en dehors de cet échantillon statique qui donne la vision figée d'un jour (ou de la mort), les éléments actifs et passifs du patrimoine peuvent être, pendant le fonctionnement de celui-ci, dans des rapports variables.

b) Caractères des éléments du patrimoine

Ils sont le développement de leur caractère monétaire. Isolément, les éléments du patrimoine présentent trois caractères ordinaires.

1° Cessibilité. Ils sont *cessibles entre vifs*. On dit, d'un terme consacré, qu'ils sont « dans le commerce » (v. plus haut, n° 59). Ces biens peuvent en principe être aliénés (vendus ou donnés). Une créance peut être cédée à un tiers par son titulaire (on retrouvera les biens du patrimoine comme objet de contrat). Les droits patrimoniaux sont disponibles à titre onéreux ou à titre gratuit.

2° Transmissibilité. Les éléments du patrimoine sont *transmissibles à cause de mort*. Normalement, les biens qui sont dans le patrimoine d'une personne sont, à la mort de celle-ci, dévolus à ses héritiers. Les biens patrimoniaux ont un caractère héréditaire (la transmission englobe aussi le passif : les héritiers sont tenus des dettes du défunt, au moins s'ils acceptent la succession purement et simplement).

3° Saisissabilité. Les éléments du patrimoine sont *saisissables,* au moins en règle. En cas de non-paiement à l'échéance, le créancier d'une personne est en droit de saisir par les voies légales les biens du débiteur, de les faire vendre judiciairement et d'en exprimer la valeur monétaire pour être payé sur le produit de la vente (dans cette mesure, le patrimoine apparaît comme une réserve de valeur pour la sûreté des créanciers).

Toutefois, si ces trois caractères sont en général associés, ils peuvent ne pas exister dans leur perfection (v. plus haut, n° 58). Par exception, certains éléments du patrimoine sont incessibles entre vifs ou intransmissibles à cause de mort ou insaisissables. Certains biens — comme la créance d'aliments — sont même, tout à la fois, indisponibles, intransmissibles et insaisissables.

Les caractères ordinaires sont les critères naturels d'une patrimonialité parfaite, mais une patrimonialité imparfaite (et comme dénaturée) peut, exceptionnellement, exister sans ces caractères.

B. LE PATRIMOINE CONSIDÉRÉ DANS SON ENSEMBLE

855 Le patrimoine d'une personne totalise les biens et obligations de cette personne. **Il forme un tout ;** un ensemble qui constitue une entité distincte des éléments qui le composent. Dans cette affirmation, la théorie d'Aubry et Rau atteint son point d'excellence ; elle s'énonce en deux propositions complémentaires.

a) 1re proposition. Le patrimoine est l'émanation de la personne

856 La liaison ainsi affirmée entre le patrimoine et la personne de son titulaire caractérise la conception française (parfois dite, pour cette raison, subjective ; v. plus loin, n° 868). À la limite, le patrimoine est considéré comme la personne même envisagée dans sa vocation à acquérir des biens. Cette liaison commande trois conséquences qui forment, dans la doctrine française, une **trilogie célèbre**.

857 **1° Tout patrimoine suppose nécessairement, à sa tête, une personne,** un sujet de droit, qui en est le titulaire : pas de patrimoine sans personne. Mais le titulaire du patrimoine peut être une personne physique ou morale.

858 **2° Toute personne a nécessairement un patrimoine.** Ici, la conception française montre une abstraction désarmante (ou une espérance naïve). Le plus misérable d'entre nous, fût-il dans un dénuement absolu, est considéré par le droit français, malgré son dépouillement intégral, comme ayant un patrimoine. Tout individu a un patrimoine de sa naissance à sa mort, même s'il n'a rien à lui, même s'il n'a rien reçu, même s'il a tout perdu. Ce patrimoine en puissance s'identifie, en la personne de son titulaire, avec sa capacité d'acquérir. Le patrimoine d'une personne est toujours, au moins, dans ses possessions virtuelles, à titre d'éventualité, de potentialité, d'ineffaçable vocation.

859 Pratiquement, il en résulte que le droit français ne connaît pas la cession entre vifs du patrimoine, au moins pour les personnes physiques (en réservant le problème de la fusion des sociétés). Si un individu aliène la totalité de ses biens présents, il lui reste un patrimoine, parce qu'il conserve l'espérance et la capacité d'acquérir des biens à venir. C'est une différence entre les éléments du patrimoine, qui, isolément, sont cessibles, et le patrimoine qui, en tant que tout, est incessible comme la personnalité. Pour concevoir le contraire, il faudrait ressusciter la mort civile (ceux qu'elle frappait étaient privés de leur capacité d'acquérir v. plus haut, n° 465). La mort naturelle produit seule cet effet.

Lorsqu'une personne décède, son patrimoine est dévolu, dans son entier, à ses héritiers. On voit en même temps s'opérer l'abolition physique de la personne et la transmission universelle de son patrimoine (l'être et l'avoir passent, chacun à sa façon, l'être *ad patres,* l'avoir *ad filios*).

860 **3° Une personne a nécessairement un seul patrimoine.** C'est le **principe de l'unité ou de l'indivisibilité du patrimoine**. Chaque individu est à la tête d'un seul patrimoine qui couvre l'ensemble de ses droits et obligations. Nul ne règne sur plusieurs compartiments patrimoniaux, quel que soit son désir de diviser pour régner. Combien de commerçants rêveraient d'avoir deux patrimoines : un fonds de commerce et, à l'abri des risques du

commerce, sa fortune personnelle ? Le droit français, au moins directement (3), ne l'admet pas.

b) 2e proposition. Le patrimoine constitue une universalité de droit

Ensemble de biens, le patrimoine n'est pas une simple juxtaposition d'éléments, une collection de droits. Il forme un ensemble cohérent : un tout au sein duquel une cohésion s'établit entre les divers éléments qui le composent.

1º Corrélation de l'actif et du passif. Cette cohésion s'affirme par la corrélation de l'actif et du passif. Ce qui rassemble les éléments du patrimoine, c'est que les biens sont grevés par les dettes. Une universalité de droit se définit comme un ensemble dans lequel l'actif répond du passif. D'où la formule traditionnelle : il n'y a de patrimoine que sous déduction des dettes qui l'obèrent *(« bona non sunt nisi deducto aere alieno »).* De cet énoncé, la transmission successorale du patrimoine du défunt fournit une illustration démonstrative : le patrimoine héréditaire est une universalité de droit parce qu'il ne se transmet que sous déduction des dettes de la succession.

2º Gage général des créanciers. La cohésion du patrimoine se marque par l'équivalence de tous les éléments d'actif comme éléments du gage des créanciers. Au moins en principe, tous les biens répondent des dettes. Quiconque s'est obligé personnellement est tenu de remplir son engagement sur tous ses biens mobiliers et immobiliers (C. civ. art. 2092) : l'ensemble de ses biens forme le gage général de ses créanciers. Par exception, certains sont insaisissables (C. civ. art. 2092-2 abr. V. auj. l. 9 juill. 1991, art. 14). Il se peut, d'autre part, que divers biens soient plus spécialement affectés à la garantie d'une créance déterminée (l'immeuble hypothéqué est affecté de préférence au désintéressement du créancier hypothécaire). Mais, en règle, tous les éléments d'actif sont offerts, en équivalence, à la garantie et à la poursuite des créanciers (*adde* C. civ. art. 2093).

3º Mutabilité et fongibilité des éléments du patrimoine. La cohésion de l'ensemble se traduit par la fongibilité des éléments actifs et des éléments passifs. Introduisant un facteur chronologique, cette notion donne au patrimoine un développement dans le temps. Le patrimoine d'une personne contient **l'ensemble de ses biens présents et à venir.** L'avenir s'intègre au patrimoine parce que le patrimoine s'étend aux biens à venir. En pratique, cela veut dire que les biens qui entrent dans le patrimoine d'une personne répondent des dettes antérieurement nées sur la tête de celle-ci, mais non encore acquittées. Un débiteur est tenu non seulement sur ses biens présents, mais sur tous ceux qu'il peut ultérieurement acquérir ; c'est toute son activité économique future, sa capacité de travail, qui est grevée par son

---

(3) La constitution d'une société à responsabilité limitée permet de parvenir à ce résultat, v. nº 873. La tentation peut aussi naître pour le commerçant marié sous le régime de la séparation de biens d'investir une partie de ses bénéfices commerciaux dans des placements faits au nom de sa femme : mais ces acquisitions *alieno nomine* ne sont pas à l'abri de l'action des créanciers dont le gage est frauduleusement diminué ; cf. sur l'ensemble de la question, J. Pagès, *Réflexion sur une mutation, la théorie classique du patrimoine et le droit rénové de la faillite,* Ann. Fac. Droit, Lyon (III)1974, II, 107 s. et, pour la défense de l'unité par liaison avec la personnalité support nécessaire du patrimoine, J.-P. Vershave, *Essai sur le principe de l'unité du patrimoine,* th. Lille, 1984, dact. *Adde* l'ample introduction sur la théorie du patrimoine donnée par M. Claude Witz à son étude du droit de gage général, J.-Cl., C. civ. art. 2092 à 2094, Privilèges, Fasc. 80.

endettement. Tout bien nouveau qui entre dans le patrimoine y est soumis à la corrélation de l'actif et du passif (C. civ. art. 2092 *in fine*).

865 Réciproquement, lorsque, sans fraude, le débiteur aliène un bien, ce bien, échappant à la corrélation, cesse de répondre des dettes (mais il y a, souvent, fraude, et il faut, d'un autre côté, réserver les cas dans lesquels le créancier, muni d'une sûreté spéciale, jouit d'un droit de suite qui lui permet de conserver ses droits sur le bien aliéné, entre les mains du tiers acquéreur ; v. par ex. C. civ. art. 2114, al. 3). Sous ces réserves, le mécanisme des entrées et des sorties de biens règle le gage des créanciers : ce gage épouse les fluctuations du patrimoine.

866 Au terme de l'analyse, une formule résume la notion juridique de patrimoine : **entité abstraite, universalité juridique, ensemble autonome, unité cohérente, le patrimoine est une enveloppe dans laquelle, au gré des entrées et des sorties de valeurs, se succèdent et se remplacent des éléments concrets** (elle peut être plus ou moins remplie, voire vide). Réceptacle à contenu variable, c'est une structure permanente, indépendante des éléments interchangeables qui la composent et des fluctuations qui en affectent le contenu, un ensemble de composition mouvante.

Le droit positif français ne se réduit cependant pas à ce schéma. Divers apports l'assouplissent et le concrétisent.

§ 2. CONSIDÉRATIONS D'APPOINT

867 La conception pure et originaire du patrimoine a subi, depuis la fin du XIXe siècle, diverses altérations ; elle appelle quelques adjonctions.

A. CONCESSIONS FRANÇAISES À LA THÉORIE OBJECTIVE DU PATRIMOINE

868 D'origine germanique, une autre conception du patrimoine est dite « objective » : le support du patrimoine cesse d'être une personne, un sujet de droit ; il devient une idée, un but, une affectation. D'où le nom que l'on donne au patrimoine, dans cette vue : un « patrimoine d'affectation », *(zweckvermögen).*

869 Le lien qui unit les éléments du patrimoine n'est plus l'identité de titulaire ; (les biens ne sont pas regroupés parce qu'ils appartiennent tous à une même personne, les dettes parce qu'elles pèsent sur une même tête). Ce qui les rassemble c'est l'affectation commune à la poursuite d'un même but (activité commerciale, œuvre philanthropique, etc.) : les éléments de l'actif, parce qu'ils sont tous ordonnés à la réalisation de la même fin ; les dettes, parce qu'elles sont toutes nées pour l'accomplissement ou à l'occasion de cette activité. Dépersonnalisé, le patrimoine est finalisé par une idée qui constitue le ciment des éléments qui le composent.

870 La déconnexion qui s'opère entre personne et patrimoine produit plusieurs conséquences. Si une personne a plusieurs activités, elle peut avoir plusieurs patrimoines. De même, une masse de biens peut être considérée comme un patrimoine, même s'il n'y a personne à sa tête.

871 La conception française — radicalement opposée (subjective) — n'a consenti à la thèse objective que des concessions secondaires. *Celles-ci apparaissent chaque fois que le droit français tolère qu'un cloisonnement plus ou moins étanche s'établisse au sein d'un patrimoine entre divers compartiments.*

2 Le droit successoral propose divers exemples de cloisonnement entre la succession et le patrimoine de l'héritier (4). Ainsi les créanciers du défunt peuvent demander, à leur profit, **la séparation du patrimoine de leur débiteur d'avec celui de l'héritier** (C. civ., art. 878). Par ce moyen ils évitent que les biens de la succession (que l'on suppose opulente) ne viennent se confondre avec le patrimoine de l'héritier, confusion qui aurait pour conséquence de mettre les créanciers de la succession en concurrence avec ceux de l'héritier (qui peut être insolvable) sur les mêmes biens.

Le droit successoral admet réciproquement un aménagement comparable, qui a son utilité lorsque la succession comporte un passif excédentaire. L'héritier a un parti intermédiaire entre l'acceptation pure et simple et la répudiation. Il peut **accepter la succession sous bénéfice d'inventaire** (C. civ. art. 793). Le cloisonnement qui en résulte permet à l'héritier de se garder de l'incidence du passif héréditaire sur son patrimoine personnel : il n'est tenu du paiement des dettes de la succession que jusqu'à concurrence de la valeur des biens qu'il recueille (C. civ. art. 802, 1°).

D'autres illustrations moins caractérisées pourraient être tirées du *droit matrimonial* (on pourrait chercher à montrer qu'entre époux mariés sous le régime de la communauté, les biens communs forment un patrimoine qui ne se confond pas avec le patrimoine personnel de chacun des époux).

3 Mais l'exemple le plus typique de cloisonnement patrimonial vient du *droit commercial.* Celui-ci offre aux particuliers un moyen d'entreprendre des affaires en s'exposant à un risque calculé : celui de constituer **une société à responsabilité limitée** dont le nom évocateur indique bien que les associés ne prennent de risques que jusqu'à concurrence de leur mise, mais pas au-delà (sans obligation indéfinie de l'associé aux dettes sociales sur ses biens personnels).

4 Cependant, le statut du fonds de commerce montre la limite des concessions françaises à la conception objective. S'il n'est pas exploité sous forme de S.A.R.L., le fonds de commerce ne constitue pas, au sein du patrimoine de commerçant, un patrimoine distinct. Lorsque le commerçant fait de mauvaises affaires et vend son fonds, ses créanciers peuvent saisir le prix de vente du fonds, s'il est encore dû. Mais s'ils laissent passer cette occasion, ils ne peuvent plus poursuivre leur paiement à l'encontre de l'acquéreur : le fonds de commerce, à la différence de la succession, n'est pas une universalité de droit qui se transmet — actif et passif — de main en main ; la maxime *« bona non sunt... »* ne le gouverne pas (v. *infra,* n° 957).

5 Quelle est l'incidence, sur la conception classique du patrimoine, de la consécration par le droit français de deux figures juridiques nouvelles, **l'entreprise unipersonnelle à responsabilité limitée** (l. 11 juill. 1985, art. 1 et 2) et **l'exploitation agricole à responsabilité limitée** (même loi, art. 11) ? Concrètement, elle paraît porter atteinte au principe de l'unité du patrimoine, puisque l'unique associé ne supporte les pertes de l'entreprise ou de l'exploitation qu'à concurrence de ses apports : il aura donc réalisé, en pratique, un cloisonnement patrimonial. Mais ce n'est pas sous son « bonnet » de personne physique, puisque la société instituée sous l'appellation E.U.R.L. ou E.A.R.L., constitue une personne morale. Abstraitement, les apparences sont sauves : deux masses de biens, deux personnes distinctes. Les deux innovations marqueraient plutôt un attachement à la liaison du patrimoine et de la personnalité. Mais, en vérité, ces balancements sont vains. La conception française a véritablement éclaté. Si elle tient debout, comme principe résiduel, c'est seulement pour la masse des individus qui n'ont, dans leur vie, ni entreprise commerciale ou artisanale, ni exploitation agricole, ou encore pour ceux qui, dans de tels secteurs, exercent leurs activités en personne et sous leur nom, sans recours à aucune forme juridique. En revanche dès que ces derniers ont recours à une telle forme (S.A.R.L., E.U.R.L., E.A.R.L.), la rencontre de la réalité centrale qu'est l'entreprise ou l'exploitation et de la forme d'accueil chasse la conception classique du patrimoine. Elle lui substitue un principe du dédoublement des centres d'intérêts ; d'un côté l'entreprise entité de la vie économique, de l'autre la maison, entité de la vie domestique (comp. n° 731).

6 **La fondation,** n'est qu'une apparente concession à la théorie objective. Dans la définition légale nouvelle (loi du 23 juill. 1987 sur le développement du mécénat, art. 18, D. 1987, lég. 321) c'est bien « l'acte par lequel une ou plusieurs personnes physiques ou morales décident **l'affectation** irrévocable

(4) Par où il ressort que de tels cloisonnements ne sont jamais que le prolongement de l'analyse qui reconnaît, dans la masse successorale, un patrimoine. Ils n'apparaissent singuliers que dans la perspective d'une transmission immédiate de la succession sur la tête de l'héritier.

de biens, droits ou ressources à la réalisation d'une œuvre d'intérêt général et à but non lucratif », mais la masse affectée tombera toujours dans le patrimoine d'une personne : la personne morale que l'acte de fondation a pour but de créer (art. 18) ou la personne morale préexistante gratifiée avec charge. Créée en vue de la réalisation d'une œuvre d'intérêt général, dans un but non lucratif, la fondation d'entreprise est elle-même une personne morale (l. 23 juill. 1987, art. 19, mod. par l. 4 juill. 1990).V. G. A. Daublon, *Remarques sur les fondations*, Defrénois 1996, 497 s. ; J. Bernard de Saint Affrique, *Fondations et libéralités, problèmes actuels*, Defrénois 1997.1105 ; v. Guedj, *Essai sur le régime juridique des fondations*, th. Paris II, 1999.

B. IMPORTANCE CROISSANTE DE VALEURS MARGINALES (5)

877 Une autre observation d'appoint est notable dans l'évolution actuelle du patrimoine. On voit se charger d'importance, en marge du patrimoine proprement dit, **des valeurs qui sont directement liées à l'activité des personnes.** Ce phénomène consiste en **une certaine patrimonialisation de valeurs personnelles qui affecte, particulièrement, la valeur-travail**. Non point que la capacité de travail d'un individu soit un élément de son patrimoine (car, même si, atteint d'une incapacité permanente, il a droit à une indemnité compensatrice qui est l'expression pécuniaire du préjudice corporel qu'il subit, sa capacité de travail, son énergie vitale sont inhérents à sa personne, non partie de son patrimoine) (6).

878 La valeur-travail tend à se patrimonialiser dans la mesure où une *activité professionnelle* constitue, pour celui qui l'exerce, non pas seulement une source de revenus, mais **un capital**, dont il peut, à l'occasion, faire apparaître l'expression monétaire (et en recueillir, dans ses mains, le profit), bien qu'il soit lié à sa personnalité. Il en est ainsi, notamment, pour les *« clientèles de professions libérales »* (clientèle de médecin, d'architecte, d'expert-comptable, et, peut-être demain, clientèle d'avocat). On les nomme clientèles civiles par opposition aux clientèles commerciales.

Il importe de situer ce genre de valeurs par rapport au patrimoine.

---

(5) Dans le patrimoine même s'affirment des **valeurs nouvelles.** Ainsi prend-on aujourd'hui conscience qu'une **information** constitue en elle-même un bien, et que, pour celui qui la recueille régulièrement, elle est objet d'appropriation (elle est dans son patrimoine). V. P. Catala, *Ébauche d'une théorie juridique de l'information, Informatica et diritto,* Rivista dell'istituto per la documentazione giuridica del consiglio nationale delle recherche, *aprile* 1983, p. 15 s. ; *La propriété de l'information,* Mélanges offerts à P. Raynaud, p. 97 s. V. *infra,* n° 917. V. dans une autre direction, l'étude juridique de la montée en puissance de l'idée de **patrimoine culturel** : Marie Cornu, *Le Droit culturel des biens,* (L'intérêt culturel juridiquement protégé), th. Paris II, 1994.

(6) V. dans la thèse de Thierry Revet (Montpellier, 1991) « *La force de travail (étude juridique)* » originale et profonde, le remembrement de tous les domaines où la force de travail, objet de contrat, source de la communauté (industrie), etc. est prise en considération, comme valeur, source de valeur. Faut-il parler pour autant de réification ? La puissance créatrice demeure en amont de la création, potentiel humain qui se regénère et s'use en la personne. C'est dans son ordre qu'une certaine analyse économique et sociale de l'aliénation et des formes nouvelles de la servitude franchit le pas (« un homme vaut tant » disent les « chasseurs de tête », ces loups). Le droit ne peut aucunement consacrer ce saut. Quand il enregistre une certaine patrimonialisation de la valeur-travail, il peint le passage, non la source, et c'est au demeurant depuis toujours que la personne est à la source des biens (v. *supra,* n° 832). Dans l'une de ses premières manifestations (la loi ripuaire) la communauté conjugale est une *collaboratio.* Vieille question.

9 On dit parfois qu'elles constituent des *biens nouveaux.* Nouveaux, de tels éléments ne le sont pas tous. Les offices ministériels (7) ont une longue histoire (le système de patrimonialisation a même perdu l'une de ses applications, avec la fusion, en première instance, des avocats et des avoués).

De plus, ce ne sont pas à proprement parler des biens, que l'on puisse inclure, sans les y singulariser, dans le patrimoine. Ils sont trop indissociablement liés aux qualités personnelles de ceux qui les font valoir. Donnée *intuitu personae,* la confiance n'est pas, chez celui qui en est investi, l'objet d'un droit. « Sa » clientèle n'est pas, pour lui, un bien. On peut seulement parler de *valeurs marginales.*

0 **Ce sont des valeurs.** Le réalisme commande de voir qu'en certaines occasions le professionnel peut, sous un nom ou sous un autre, en tirer argent. Un médecin qui veut se retirer n'a pas le droit de « céder sa clientèle ». Mais, pour parvenir à un résultat équivalent, il lui est permis de conclure avec son successeur un contrat de présentation, avec engagement de ne pas se rétablir (le praticien présente son successeur à sa clientèle, cesse son activité professionnelle et promet de ne pas se rétablir dans un rayon de concurrence). Les clients demeurant libres de leur choix, il n'y a pas cession de clientèle (la clientèle n'est pas une marchandise que l'on vend). Cependant, le contrat est conclu à titre onéreux, moyennant le versement, par le successeur à son prédécesseur, d'une somme qui ne correspond pas seulement au prix de l'équipement ou au prix du droit au bail (quand ces éléments sont cédés) mais à quelque chose de plus, qui représente, sinon la clientèle, du moins l'avantage d'exercer la même activité à la suite de celui qui avait la confiance de ses clients...

1 Mais ces valeurs sont irréductiblement **marginales,** parce qu'elles sont liées à la qualité des personnes. C'est pourquoi elles font l'objet — que ce soit dans le droit des contrats, dans le droit des successions ou celui des régimes matrimoniaux — de règles particulières : régime spécifique qui atteste qu'on ne peut les intégrer purement et simplement au patrimoine (v. par ex. plus loin, n° 956).

Évolution. Dans le vocabulaire doctrinal et judiciaire, les conventions ont changé de nom et les valeurs aussi. On parle en clair de « cession de clientèle médicale » et le « cabinet » devient **« le fonds libéral »**. Cependant la mutation linguistique est le signe d'une évolution des mentalités et des analyses fondamentales. Un remarquable mouvement doctrinal se prononce en faveur de la patrimonialisation et même de la commercialisation des clientèles civiles. V. J.-J. Daigre, *Patrimonialité des clientèles civiles : du cabinet au fonds libéral*, Droit et patrimoine, déc. 1995, 36 ; *Du fonds libéral en général, in* Mélanges Sayag, 191 ; S. Ferré-André, *De la patrimonialisation à la commercialisation des clientèles civiles et des professions libérales*, RTD com. 1995, 566 ; F. Vialla, *L'introduction du fonds libéral en droit positif français*, préf. Daigre, Litec, 1999 ; Libchaber, obs. D. 1997, som. 170. Un important arrêt maintient — c'est un point fort — que la sauvegarde de la liberté de choix du patient est la condition *sine qua non* de la licéité d'une cession de clientèle médicale, mais, se référant à cette cession « à l'occasion de la constitution ou de la cession d'un fonds libéral d'exercice de la profession », il adopte la terminologie et l'analyse nouvelle (Civ. 1re, 7 nov. 2000, Bull. I, n° 283 ; *Defrénois* 2001.431, n. Libchaber). La maison du droit des biens est assez vaste pour accueillir ces valeurs, mais il serait étonnant qu'elles perdent tout lien avec les personnes qui les animent et tous les traits qui les singularisent dans le droit patrimonial de la famille, ou même dans le droit des contrats.

(7) Étude de notaire, étude d'avoué près la cour d'appel, charge d'un avocat aux conseils à classer dans une catégorie voisine, v. *infra*, n° 954.

SECTION II LE PATRIMOINE DANS LA CONJONCTURE ÉCONOMIQUE ET SOCIALE

882 Entité juridique, le patrimoine est aussi une **réalité concrète** exposée aux influences que subissent les faits économiques et sociaux.

L'hypothèse est que le patrimoine des particuliers subit, d'une époque à l'autre, des variations, et qu'à la fin du XXe siècle la composition des fortunes privées n'est plus ce qu'elle était au XIXe siècle ou même à la veille du dernier conflit mondial.

Si le phénomène affecte aussi bien les personnes morales que les personnes physiques, il ne se traduit pas, pour les unes et pour les autres, par les mêmes transformations.

Bien que l'étude de ces phénomènes relève principalement de l'analyse économique, on peut essayer d'extraire quelques observations de divers éléments d'information.

§ 1. LE PATRIMOINE DES PERSONNES MORALES

883 Il est l'objet d'un surdéveloppement et selon un processus cumulatif. Les personnes morales tendent à accaparer, dans leur patrimoine, certains types de biens et de richesses, surtout parmi les biens de production ou de haut rapport.

Le phénomène se vérifie aussi bien pour les personnes morales de droit public que pour celles de droit privé ou de droit mixte. Bien entendu, il n'a pas, ici et là, la même signification (d'un côté il marque le développement d'un haut capitalisme, de l'autre côté, au contraire, un phénomène de socialisation ou d'enrichissement des personnes publiques). Mais, pour les particuliers, le contrecoup est, à certains égards, le même.

Ce gigantisme patrimonial se développe, inégalement, dans trois secteurs.

A. SECTEUR INDUSTRIEL ET COMMERCIAL

884 Le phénomène est particulièrement important. Il se traduit, par une tendance à la concentration des entreprises. Dans cette mesure, il entraîne non sans doute la disparition, au moins la diminution des exploitations de petite et de moyenne importance, notamment celle des entreprises de caractère familial. La formation de grandes unités de production est un trait marquant de l'économie moderne.

B. SECTEUR AGRICOLE

885 Le phénomène est beaucoup moins poussé. La politique agricole tend à dissocier l'exploitation de la propriété des terres, pour lever l'obstacle que constitue souvent le droit de propriété à la formation d'unités d'exploitation économiquement rentables. Si les lois d'orientation encouragent la formation de groupements d'exploitation, cette politique ne produit pas le même résultat que dans le secteur des grandes entreprises. Elle ne tend pas à accaparer la propriété dont, au contraire, il est fait, assez souvent, abstraction (même compte tenu des réserves foncières, masses de manœuvre, constituées par les sociétés d'aménagement foncier et d'établissement rural, S.A.F.E.R.). Quand à la projection, en matière rurale, des modes d'intervention du monde commercial (not. par la formation de grandes sociétés anonymes, propriétaires du sol, animant des exploitations à grande main-d'œuvre agricole) elle ne paraît pas encore en passe de se réaliser en France.

C. SECTEUR IMMOBILIER

Ce terrain devient, de plus en plus, le domaine des personnes morales de droit public, de droit privé ou de droit mixte. Deux signes l'attestent : certains types de société constituent d'importantes réserves foncières pour asseoir les garanties de leurs activités. Ainsi se développe le patrimoine immobilier des compagnies d'assurance ou des sociétés de crédit et de financement. Les personnes morales interviennent toujours davantage dans la construction immobilière qu'entraînent le phénomène capital de la croissance des villes et la réalisation des grands programmes d'urbanisation. L'initiative principale de la construction leur appartient, surtout quand il s'agit de l'édification de grands ensembles immobiliers qui dépasse les possibilités d'un seul individu. Il est vrai qu'une fois achevée la phase de construction, l'opération débouche souvent sur la copropriété des immeubles bâtis, plus proche des personnes physiques.

§ 2. LE PATRIMOINE DES PERSONNES PHYSIQUES

En dehors du contrecoup de l'évolution décrite et des pressions étatiques auxquelles il est exposé (par l'impôt foncier et les droits de succession), il fait l'objet d'une évolution caractéristique qui se développe aussi bien dans les faits (composition que tend à prendre le patrimoine privé) que dans les idées (mentalités des Français à l'égard de leur patrimoine). Sur ce point, nous sommes, aujourd'hui, un peu mieux renseignés par les enquêtes menées par l'I.N.S.E.E. (v. plus loin, bibliographie) et l'étude réalisée par l'institut français d'opinion publique, à la demande du ministère de la Justice, sur l'attitude des Français à l'égard des successions. (Enquête combinant, suivant une méthode désormais classique, une étude qualitative et un sondage d'opinions) (8). Ces sources permettent de dégager facteurs et conséquences de l'évolution observée.

A. FACTEURS D'ÉVOLUTION

Un phénomène notable est la formation d'une nouvelle hiérarchie de valeurs. Interrogés à propos de la transmission successorale des biens, les « enquêtés » ont livré l'idée chiffrée qu'ils se faisaient aujourd'hui d'une fortune (petite fortune, grosse fortune) et surtout marqué l'intérêt inégal que présentent, pour eux, les divers biens. Dans cette échelle, **trois catégories de biens** occupent, sans surprise, les degrés supérieurs. Cependant, dans sa substance même, le patrimoine privé du XXIe s., tend à prendre une **teneur financière**, moyennant une certaine **dématérialisation**. C'est une tendance à suivre.

(8) Ses résultats ont été publiés par la Revue « Sondages » (n° 1904) en 1970, sous le titre *« Attitude des Français à l'égard des successions »* (l'enquête a été faite en 1965, mais ses conclusions paraissent encore valables). Selon une enquête de l'INSEE, réalisée en 1984 et publiée en 1986, 51,2 % des ménages français sont propriétaires de leur logement (mais dans cette moyenne, c'est dans les banlieues, 72,2 %, et les communes rurales, 69,8 %, que le pourcentage s'élève le plus, pour tomber à 24,1 % à Paris). Selon un rapport du Conseil National du Crédit (1986) de nombreux ménages seraient prêts à faire un effort d'épargne plus important pour l'accession à la propriété et mériteraient d'y être encouragés par des avantages fiscaux et la modération des taux d'intérêts.

a) Attrait des biens de consommation

889 Dans son cadre de vie, chacun tient pour essentiel de s'entourer de tous les éléments du confort domestique moderne. Les biens de consommation (notamment d'utilisation ménagère), sont considérés comme des objets de possession très désirable (automobiles, appareils de chauffage, de télévision, machines à laver, etc.). C'est une aspiration élémentaire qui, au fil des années, ne se dément pas.

b) Importance du capital-logement (spécialement celle du logement familial)

890 Elle est perçue comme primordiale. De façon générale, le sondage confirme qu'**en France l'attachement à la propriété privée demeure très vivace**, particulièrement pour l'habitation familiale. Il est révélateur que, parmi les personnes interrogées, plus de 50 % étaient propriétaires d'un bien immobilier (reçu de leur famille ou acquis par eux). La plupart des enquêtés considèrent qu'il est capital d'accéder à la propriété du logement. **L'accession à la propriété individuelle du logement** correspond à une **aspiration fondamentale**.

c) Importance du capital-travail

891 C'est l'une des conclusions maîtresses de l'enquête. Les personnes interrogées considèrent, en forte majorité, que l'essentiel est d'avoir une profession lucrative. À la question : « quel est le plus sûr moyen de réussir dans la vie ? », il a été répondu : 1° travailler le plus possible ; 2° être entreprenant et décidé à réussir ; 3° avoir fait ses études ; 4° disposer d'une certaine fortune familiale au départ (c'est seulement en quatrième position qu'un tel atout est considéré) ; 5° économiser et savoir se priver provisoirement ; 6° avoir des relations.

Dans ce choix, les motivations que fait ressortir l'enquête sont instructives.

892 Le capital-travail est considéré comme une valeur primordiale à l'idée qu'il faut surtout pouvoir compter, dans notre société, sur l'apport de **revenus professionnels**. La sécurité de l'existence est principalement conçue par rapport à la périodicité et à la certitude des revenus du travail. « L'essentiel dans la vie » est d'atteindre un haut salaire assuré.

893 La valeur du capital-travail est également mise en corrélation avec l'exigence d'une qualification personnelle, dans laquelle on voit un facteur décisif de réussite (et de bonheur). Le sondage a ainsi mis en évidence que, si la possession d'une entreprise commerciale ou industrielle est considérée comme une des bases enviables de la richesse, la transmission successorale de ces biens est cependant toujours envisagée par rapport à la compétence personnelle de l'héritier présomptif : celui-ci n'envisage de poursuivre l'activité paternelle, dans l'exploitation agricole, commerciale ou industrielle, que dans la mesure où ce travail correspond, chez lui à des goûts personnels et à une qualification propre.

Cette exigence fait ressortir, dans cette marge, la **personnalisation du patrimoine.** Une certaine patrimonialisation des valeurs personnelles se traduit, on l'a vu (n° 877 s.), par l'apparition, dans le patrimoine, de valeurs marginales. Ce serait, ici, l'autre face du phénomène : la personnalisation irréductible des éléments du patrimoine dont la mise en valeur requiert la qualification de celui qui les exploite (9).

d) « Financiarisation » du patrimoine

4 Surtout dans les familles aisées, le patrimoine privé des Français marque un certain déclin de la propriété immobilière, au moins dans sa forme traditionnelle (propriété et gestion directes d'immeubles). Il devient majoritairement **financier** (moyenne de 53 % en 2000, pour l'ensemble des ménages).

Cette évolution résulte de la conjonction de deux phénomènes voisins. 1. L'essor des sociétés civiles immobilières fait que les immeubles sont détenus et gérés par des sociétés dont les membres sont seulement titulaires de parts de société.

2. De manière plus générale, les valeurs mobilières prennent dans les patrimoines privés une importance croissante. La substance du patrimoine, constitué dans toute cette mesure par un portefeuille de valeurs, s'en trouve par le fait dématérialisé. **Dématérialisation des patrimoines** est en effet le nom donné à cette mutation. Favorisant les mouvements transfrontaliers, elle tend à produire une certaine **internalisation** des patrimoines. C'est l'une des constatations principales du 96e congrès des Notaires de France (Lille, mai 2000). *« Le patrimoine au XXIe s. »* Pet. Aff. n° 100, 19 mai 2000 ; v. le rapport de synthèse de M. Grimaldi, *Defrénois,* 2000, 801.

5 Phénomènes notables, l'émergence de ces données est associée à divers facteurs non négligeables. La conception moyenne du patrimoine paraît dominée par deux autres considérations :

— une méfiance, devenue presque viscérale, à l'égard de la monnaie, par l'effet de la crainte de la dévaluation du franc :

— le phénomène démographique tenant à l'allongement sensible de la vie humaine, longévité qui a, dans l'histoire des familles, des conséquences considérables.

B. CONSÉQUENCES DE L'ÉVOLUTION

a) Conséquences économiques

6 Elles ne peuvent qu'être évoquées. L'attitude moyenne des Français à l'égard de leur patrimoine commande le volume de l'épargne et, avec l'orientation des placements, la direction du crédit.

1° Pour *l'épargne,* il ressort que, dans notre société de consommation, les ménages modernes — c'est peut-être une certaine conception de la vie qui a changé — auraient moins tendance à économiser que les générations qui les ont devancés. Dans un climat d'insécurité (ou d'insouciance ?), il paraît naturel de jouir des biens, plutôt que de conserver et de transmettre.

2° Quant aux *placements,* l'attachement très vif pour les biens de consommation et la propriété d'un logement fait croître les deux branches correspondantes du crédit (crédit à la consommation, crédit à la construction ou à l'acquisition d'un logement). Cependant, un autre fait marquant est le développement considérable, sous le nom d'**assurance-vie**, de nouveaux contrats qui se distinguent nettement de la forme classique de contrats de prévoyance et constituent de purs et simples contrats de placement ordonnés à la gestion et à la transmission d'un capital constitué (v. Grimaldi, rapp. préc. p. 806).

---

(9) V. la thèse préc. de Th. Revet, *La force de travail* (étude juridique).

b) Conséquences familiales

897 Dans la vie des familles, les mœurs et les possibilités se sont profondément transformées depuis le siècle dernier. Dans les familles bourgeoises du XIXe siècle, les questions immobilières se posaient au moment du mariage des enfants et lors du décès des parents. Dans le contrat de mariage, les parents qui le pouvaient donnaient aux enfants un capital d'établissement destiné à soutenir les charges du mariage, par les revenus à en tirer. La longueur de la vie n'étant pas ce qu'elle est devenue, les successions s'ouvraient plus tôt.

898 Aujourd'hui, le nombre des contrats de mariage a considérablement diminué ; et, dans ceux qui sont encore passés, les donations en faveur du mariage se font plus rares, au moins celles qui sont assez importantes pour assurer une source de revenus au ménage qui se fonde. D'un autre côté, l'allongement de la vie fait que les successions s'ouvrent beaucoup plus tard (les héritiers sont établis). Une « espérance de succession » n'est pas en général, aujourd'hui, ce qu'on attend pour débuter dans la vie. Il s'est produit un déplacement typique des questions immobilières dans l'existence des Français.

899 S'il y a aujourd'hui, dans leur vie, une question immobilière, elle est souvent étrangère aux arrangements familiaux. La plupart des ménages sont engagés dans une **opération de crédit à l'achat d'un logement ou à la construction**. Voilà l'opération immobilière banale du Français moyen d'aujourd'hui.

Il est notable que l'effort et les goûts d'un nombre croissant de ménages se portent non plus seulement sur leur résidence principale mais sur l'acquisition ou la construction d'une maison de campagne (mer, montagne ou province profonde). Les **résidences secondaires** constituent 10 % du parc immobilier français. V. « *L'autre maison* » (La résidence secondaire, refuge des générations, Éd. Autrement, Coll. Mutations.

Dans une perspective successorale, l'accroissement de l'espérance de vie et le retard qui en résulte dans la dévolution héréditaire ont ouvert la réflexion sur la légitimité et l'opportunité de transferts directs de biens qui investiraient, *per saltum*, les représentants de la génération du deuxième degré (les petits-enfants) dans l'idée de leur apporter, quand il en est temps, des capitaux d'établissement (question infiniment délicate).

c) Conséquences juridiques

900 La hiérarchie des valeurs patrimoniales qui s'établit dans la mentalité sociale a commencé de produire certaines conséquences positives. La loi civile donne un statut spécifique à certains biens, en raison de leur importance économique et sociale. On peut en donner trois exemples voyants.

901 Ainsi se développe, dans un esprit de grande faveur, un **statut civil du logement familial** (10). Le logement affecté à l'habitation de la famille est entouré de règles protectrices, que ce soit dans le droit des baux (C. civ. art. 1751), dans le droit des successions (not. en faveur du conjoint survivant, art. 832), dans le droit des régimes matrimoniaux (art. 215, al. 3), ou dans le droit du divorce (art. 285-1).

902 De la même manière, on a vu surgir, depuis 1938, un **statut particulier de l'exploitation agricole de petite et moyenne importance**. L'exploitation rurale familiale fait l'objet de règles particulières destinées à en assurer la permanence et la stabilité, notamment par la voie de l'attribution préférentielle, à cause de mort, en faveur de l'héritier exploitant.

(10) V. not. G. Creff, *Le logement familial en droit civil*, th. Rennes, 1975.

3 Enfin, un **statut protecteur des instruments de travail nécessaires à la profession** d'un époux tend à s'élaborer dans le même esprit (v. not. C. civ. art. 832, 1404, al. 2) : manifestations, parmi d'autres, d'un « traitement législatif » plus concret des questions patrimoniales.

En perspective, la « financiarisation » des patrimoines pourrait, en cas de démembrement de la propriété, inviter à réfléchir à la meilleure manière de régler les rapports de l'usufruitier et du nu-propriétaire d'un portefeuille de valeurs mobilières.

LA FRANCE VUE DU CIEL

Quand l'œil embrasse, partant des chalets de Savoie, les toits d'Alsace et les fermes lorraines, les façades flamandes et les manoirs normands, les maisons de pierre bretonnes et les particuliers tourangeaux, puis, passant de l'ardoise angevine à la tuile romaine, joignant pavillons de banlieue et demeures bourgeoises, saluant en Périgord ses gentilhommières et dans les Landes leurs cottages, souriant aux demeures profondes du Béarn, aux castels des Pyrénées, aux bastides du Languedoc et des Cévennes, aux mas de Provence et même aux cabanons, aux villas de toutes les côtes, aux domaines des monts, des massifs et piémonts, à toutes les maisons de campagne et de plaisance, aux chaumières et aux châteaux, que lui importe les statistiques de la finance ? Contemplant le manteau des demeures de France, il voit autrement la dématérialisation. Il sait que tout financier a quelque part un château qui n'est pas virtuel et que c'est aussi le rêve du savetier. Et encore que, de toute part, en Europe, on guigne, si on ne l'a déjà, un morceau de douce France. « Achetez des actions » serinent les dépliants. Bien mieux aimons, pensent les malins, une portion de terre franche.

BIBLIOGRAPHIE

I. Théorie juridique.

AUBRY et RAU, T. IX § 273.

GAZIN H., *Essai critique sur la notion de patrimoine dans la doctrine classique,* Th. Dijon, 1911.

GUINCHARD, *Essai d'une théorie générale de l'affectation des biens en droit privé français,* th. Lyon 1974.

CARBONNIER, 3, 1 s.

VERSHAVE J.-P., *Essai sur le principe de l'unité du patrimoine,* Th. Lille II, 1984, dact.

WITZ Cl., *Droit de gage général,* J.-Cl. art. 2092 à 2094, Privilèges, Fasc. 80.

FABRE-MAGNAN M., *Propriété, patrimoine et lien social,* R.T. 1997, 584 s.

II. Analyses concrètes (juridiques, économiques, sociologiques)

CATALA P., *La transformation du patrimoine dans le droit civil moderne,* R.T. 1966, 1855, associé à d'autres études *in Famille et patrimoine*, Doctrine juridique, P.U.F. 2000.

CORNUT P., *Répartition de la fortune privée en France par départements et des biens au cours de la première moitié du XXe s.* 1963.

Publications de l'I.N.S.E.E. (issues d'enquêtes menées en 1967 et 1969) : LARDY Ph. et HOFFMANN ; *Épargnes des ménages et gestion du patrimoine* (1970, n° 32, M, n° 6) ; L'HARDY, *Structure de l'épargne et du patrimoine des ménages en 1966* (1972, n° 53, M., n° 13) ; KESSLER et MASSON, *Le patrimoine des Français, faits et controverses,* Données sociales, 1990.

L'HARDY, *Les disparités du patrimoine,* Économie et statistique, 1973, n° 42 ; BABEAU, Le patrimoine des Français, 1989.

Attitudes des Français à l'égard des successions, Rev. Sondages 1970 (n° 1904), préf. J. CARBONNIER, introduction F. TERRÉ.

Le Patrimoine au XXIe s., 96e Congrès des Notaires de France, Lille mai 2000, Pet. Aff. 19 mai 2000, n° 100.

CHAPITRE II
LES BIENS ET LES DROITS DU PATRIMOINE

4 Eléments du patrimoine, les biens et les droits de caractère pécuniaire appellent, autant que l'ensemble qui les englobe, une présentation générale : il en existe diverses sortes, et tout le droit patrimonial est fondé sur leur classification.

Générale, la **classification des biens** embrasse non sans ambiguïté les choses matérielles et les droits qui portent sur ces choses. La **distinction des droits réels et des droits personnels** en est l'approfondissement.

SECTION I CLASSIFICATION DES BIENS

5 L'art. 516, C. civ. énonce : « Tous les biens sont meubles ou immeubles ». Légale, cette **distinction majeure** *(summa divisio)* est complétée par diverses distinctions secondaires.

§ 1. DISTINCTION DES MEUBLES ET DES IMMEUBLES

6 En dresser, dans une vue descriptive, le tableau schématique permet, de façon plus systématique, d'en dégager le critère et conduit à en marquer l'intérêt.

A. TABLEAU DE LA DISTINCTION

a) Les immeubles

Il en existe **trois catégories :** les biens sont immeubles ou par leur nature, ou par leur destination ou par l'objet auquel ils s'appliquent (C. civ. art. 517) (1).

(1) Visant l'article 517, un arrêt énonce « que la nature, immobilière ou mobilière d'un bien est définie par la loi et que la convention des parties ne peut avoir d'incidence à cet égard » (Civ. 3e,

907 **1° Les immeubles par nature** (art. 516 s.). Ce sont :

— *le sol* (la terre, le terrain, on dit aussi les fonds de terre), immeuble par nature « par excellence » (art. 518). Cette qualification s'applique à tout ce qui est matériellement indissociable du fonds de terre (par ex. aux améliorations apportées par les pratiques culturales : Cass. Com. 24 mars 1981, J.J.A. 6 juill. 1982, n° 78, p. 7) ;

— *les biens incorporés au sol*, c'est-à-dire :

• les bâtiments (ils comprennent non seulement les maisons, mais toutes les constructions, murs, puits, ponts) ;

• les moulins à vent ou à eau fixés sur piliers et faisant partie des bâtiments... (art. 519) (c'est un exemple pour tout autre ouvrage faisant corps par fixation durable avec le sol ou un bâtiment. V. n° 921 s.) ;

• les végétaux et les arbres (art. 520) (si l'on excepte les plantes en caisse ou en pot).

Observation. Ce qui fait qu'un bien est immeuble par nature, c'est soit le fait qu'il est incorporé au sol (un arbre en pleine terre), soit le fait qu'il est lié à un autre immeuble par nature (à un bâtiment par exemple), au point qu'on ne pourrait l'en dissocier sans dégrader le bâtiment. La jurisprudence tient à ce critère et contrôle l'existence de ce lien matériel direct. Pour que des convecteurs électriques soient considérés comme des immeubles par nature, il ne suffit pas qu'ils soient reliés au circuit électrique par des fils (ce qu'ils sont nécessairement, comme en toute installation électrique). Encore faut-il que les appareils eux-mêmes fassent corps avec le bâtiment et lui soient indissociablement liés, de sorte qu'on ne pourrait les enlever sans porter atteinte à l'intégrité de l'immeuble (en ce sens, Civ. 3e, 23 janv. 2002, D. 2002. IR. 618 ; D. 2002. J.2365, n. V. Dépadt-Sebag).

908 **2° Les immeubles par destination :** La catégorie en comprend deux espèces :

α) Les animaux et les objets placés par le propriétaire sur son fonds pour le service et l'exploitation de celui-ci (art. 524, mod. l. 6 janv. 1999). Ce groupe — le plus important du point de vue économique — comprend tous les biens d'équipement et de production qui sont affectés à l'exploitation d'un immeuble, qu'il s'agisse d'exploitation agricole, commerciale (2), industrielle, artisanale ou même civile. Il faut énoncer cette

---

26 juin 1991, J.C.P. 1992.II.21825, n. J.-F. Barbieri). La part que prend la volonté individuelle dans les mécanismes de l'immobilisation est trop évidente pour que son pouvoir soit nié, soit dans l'incorporation matérielle, soit dans l'affectation intellectuelle d'un meuble à un immeuble. La formule de l'arrêt peut être sauvée, en son principe, si elle signifie qu'il n'y a pas d'immeuble par la volonté de l'homme (ni de meuble semblablement). Même en ce sens, elle est cependant trop catégorique. On voudra bien ne pas lui reprocher de n'avoir pas rappelé que — marginale mais non absurde — l'action directe de la volonté sur la qualification de meuble ou d'immeuble a eu son application soit dans le sens de l'ameublissement d'un immeuble (clause matrimoniale) soit dans le sens de l'immobilisation d'un meuble (immeuble par déclaration de propriétaire). V. *Vocabulaire juridique, his verbis*. Mais en l'espèce, la formule aboutit à priver d'effet, dans l'acquisition par les propriétaires d'un immeuble de trois vérandas, une clause de réserve de propriété dont on aurait des raisons de penser qu'elle diffère jusqu'au paiement intégral, l'immobilisation par destination de ces vérandas (v. n. Barbieri préc.). La volonté, au demeurant, n'agit pas directement ici sur la qualification, mais en amont — et classiquement — sur les conditions de l'immobilisation par destination (ici l'identité de propriétaire). Ou alors il fallait affirmer, en droit, que les vérandas étaient des immeubles par nature après avoir considéré comme établi, en fait, qu'elles avaient été incorporées à l'immeuble (point qui nous échappe, mais semble douteux) (cf. *infra*, n° 911, note (9)).

(2) V. not. Civ. 3e 29 oct. 1984, Bull. III, n° 177, p. 138 : ont été considérés comme immeubles par destination (et donc compris dans la vente volontaire sur conversion de saisie immobilière) des meubles non scellés au mur ni installés à perpétuelle demeure mais garnissant un château exploité comme hôtel par le propriétaire du château et des meubles, l'existence d'un fonds de commerce n'empêchant pas de considérer que les meubles avaient été placés dans l'immeuble par le propriétaire pour le service de celui-ci *(omisso medio)*.

définition générique, avant de lire l'article 524 dont l'énumération poétique et archaïque évoquerait seulement la France agricole et artisanale de 1804 : « Sont immeubles par destination les animaux attachés à la culture, les ustensiles aratoires, les semences données aux fermiers ou aux colons, les pigeons des colombiers, etc. ». Une énumération mise à jour citerait aujourd'hui les engins et véhicules d'exploitation (tracteurs, camions), les machines industrielles, etc. Il importe donc peu que le bien litigieux ne figure pas dans la nomenclature légale, s'il répond par ailleurs au critère général de l'immeuble par destination : **l'affectation effective de l'animal ou de la chose au service du fonds** (3). Il reste que ce critère (qui est celui de **l'accessoire**) empêche de considérer comme des animaux attachés à la culture, et donc comme immeuble par destination, les porcs d'un élevage industriel (exploitation principale relativement au terrain, accessoire : Limoges, 5 mars 1991, G. P. 1991.I.som. 217).

9 **1re observation.** Pourquoi l'imagination juridique a-t-elle immobilisé des biens qui sont, naturellement, des meubles ? Pourquoi les avoir recouverts d'une qualification apparemment artificielle ? L'artifice a une **fonction économique : maintenir l'unité de l'accessoire et du principal.** La fiction juridique soutient une réalité économique. Soumettre les immeubles par destination au **même régime juridique** que l'immeuble auquel ils sont attachés est une façon raisonnable de maintenir l'unité économique d'exploitation que constitue cet ensemble de biens : notamment à l'occasion d'une saisie ou d'une vente (4).

0 **2e observation.** Ce phénomène d'attraction ne se produit, il faut y insister, qu'à **deux conditions :** 1° que ces **objets** soient **effectivement affectés au service du fonds,** ce qui suppose non seulement une intention, de la part du propriétaire, mais la réalité d'une affectation, d'un lien objectif de service (5). 2° que l'immeuble par nature et l'immeuble par destination appartiennent au **même propriétaire** (l'unité de régime manquerait de base juridique à défaut d'identité de propriétaire ; la distinction énoncée à l'art. 522 en donne un bon exemple). Nécessaires, ces deux conditions sont aussi suffisantes. Il n'importe, quand elles sont réunies, que les objets ne soient ni scellés ni attachées au fonds à perpétuelle demeure (jurisprudence unanime), s'agissant d'un autre critère, distinct et autonome.

1 **β) Les effets mobiliers attachés au fonds à perpétuelle demeure.** Cette deuxième espèce englobe surtout des éléments d'ornementation : glaces, boiseries, tableaux, tapisseries, statues, fresques. L'article 525 qui isole ce groupe contient une ambiguïté.

---

(3) Ainsi jugé pour des serres démontables appartenant au propriétaire d'un fonds horticole. Civ. 3e 23 mai 1984, Bull., III, n° 104, p. 82 et même pour la terre de bruyère nécessaire à la culture des plantes placées par un pépiniériste dans les serres ou les bacs de son exploitation. Civ. 3e 5 mai 1981, G. P. 1981.II., som., 29, Bull., III, 65. comp. *infra,* n° 922, le cas où, à défaut d'identité de propriétaire, il est seulement possible de se demander si la serre est ou non immeuble par nature (par incorporation).

(4) Normalement la vente, l'hypothèque, la saisie d'un immeuble et donc la vente sur saisie englobent de plein droit les immeubles par destination v. not. Civ. 3e 29 oct. 1984, préc. L'attraction de l'immeuble de rattachement concentre également devant le tribunal du lieu de cet immeuble, le contentieux relatif à l'immeuble par destination, que celui-ci soit sur place ou même en un autre lieu où il a été indûment transporté (V. 911 *in fine*).

(5) Ce que la Cour de cassation exige des juges du fond (pour que ceux-ci donnent une **base légale** à leur décision) c'est de rechercher s'il y avait réellement affectation de l'animal ou de la chose à l'exploitation du fonds. V. not. Civ. 3e 23 mai 1984, préc.

Certains de ces éléments sont **rattachés** au fonds **par un lien matériel** (ce sont des objets scellés à l'immeuble). Il était inutile de considérer comme immeubles par destination des biens qui sont immeubles par nature, en raison de leur attache matérielle au fonds (6).

L'intérêt d'un rattachement aux immeubles par destination apparaît pour ceux de ces meubles qui sont **destinés** à l'ornementation du fonds, **sans y être matériellement incorporés**. Encore faut-il, pour que cette affectation ornementale soit considérée comme une attache à perpétuelle demeure, qu'elle ait une expression architecturale (par ex. que la statue soit placée dans une niche destinée à la recevoir ou la tapisserie dans un élément mural spécialement conçu pour l'accueillir). Il faut un **aménagement spécial approprié** (7). De nombreux procès naissent sur le point de savoir si des objets de haut prix (tapisseries ornementales, boiseries appliquées) constituent des immeubles par destination à comprendre dans la saisie immobilière (Civ. 27 juin 1944, D.C. 44.93 ; cf. Req. 15 juil. 1867, D. 1868.I.270) ou dans la vente du fonds (8) (sur le point de savoir si le château est nu ou habillé). **La cessation de l'immobilisation** pose également de délicats problèmes. La Cour de cassation a jugé que les « fresques, immeubles par nature », deviennent « des meubles du fait de leur arrachement », d'où, en l'espèce, application d'une convention internationale attribuant compétence, en matière mobilière, au tribunal du domicile du défendeur, acquéreur des fresques (9).

---

(6) Lorsqu'elle existe, l'attache matérielle doit répondre aux conditions que marque l'art. 525 al. 1 (et dont la réunion fait seule un signe de fixation durable). Ce qui permet de considérer comme meuble les éléments dont l'enlèvement peut être effectué sans fracture ni détérioration (par ex. des radiateurs électriques. Civ. 3e 7 juill. 1981, D. 81. IR. obs. Robert ; des équipements ménagers, Civ. 3e 8 juin 1982, G. P. 1982, II, pan. 351) : qu'il s'agisse de meubles standards, interchangeables, n'est pas étranger à l'idée qu'ils sont attachés à la personne plus qu'à l'immeuble.

(7) Que le mur (jamais peint ni tapissé) soit à l'état brut au-dessus d'une cheminée peut être signe de sa vocation originaire à l'attache immobilière : Paris, 20 oct. 1983, J.J.A. 17 juill. 1984, n° 84, p. 5, G. P. 1984.II. som., 432.

(8) Civ. 18 oct. 1950. D. 50.773, l'acquéreur de l'immeuble revendiquait à bon droit comme immeubles par destination compris dans la vente des tapisseries spécialement adaptées aux places qu'elles occupaient. Lorsque l'acte de vente contient l'énumération des biens auxquels le vendeur reconnaît le caractère d'immeubles par destination, cette considération peut incliner à exclure de cette catégorie des biens qui n'y sont pas mentionnées, et qui pourtant sont nécessaires à l'entretien des lieux (matériel d'entretien du jardin, tondeuse, tronçonneuse, etc.). En ce sens, Versailles 22 janv. 1998, inéd.).

(9) Ass. Plén. 15 avril 1988, D. 1988, 325, n. J. Maury ; J.C.P. 1988.II.21066, n. J.-F. Barbieri ; R.T. 1989, 345, chron. Zenati. Pourquoi préciser immeubles par nature ? Parce que la cour de Montpellier dont l'arrêt est cassé, avait considéré que la revendication immobilière, par deux propriétaires indivis, de la fresque enlevée sans leur accord, pouvait être portée devant le tribunal du lieu de l'immeuble principal, lieu où elle aurait été encore fictivement immobilisée (18 déc. 1984 ; D. 1985.208, n. Maury). Mais, à la réflexion, le débat de qualification est vain. Si l'on dit meubles, du fait de leur arrachement, les fresques décollées, *a fortiori* doit-on dire meubles, du seul fait de leur enlèvement, des immeubles par destination non incorporés mais attachés à perpétuelle demeure (statue dans une niche). Car s'il faut faire abstraction de l'affectation ornementale qui, pour une fresque, va jusqu'à se matérialiser par incorporation, *a fortiori* faut-il faire abstraction de la même affectation, lorsque celle-ci s'en tient à un signe architectural moins radical (niche). **La seule question pertinente** est de savoir quelle conséquence tirer de cette désaffectation (par arrachement ou enlèvement), c'est-à-dire à quelles règles soumettre le **meuble par désaffectation.** Tout dépend, à notre sens, de **la licéité et de la loyauté de l'acte séparatoire.** Il y a vol, si la soustraction frauduleuse porte sur un élément quelconque de l'immeuble, que cet élément soit incorporé (fresque), attaché à perpétuelle demeure (statue dans sa niche) ou même constitutif de l'immeuble (tuile, pierre, etc. v. *infra*, n° 928, note 20). Si au contraire la séparation est autorisée par le propriétaire, la chose entre régulièrement dans le commerce juridique. Mais en cas d'acquisition *a non domino,* le possesseur n'est fondé à se prévaloir de l'article 2279 C. civ. que s'il est de bonne foi. Hors de toute querelle de qualification, la

3° Les immeubles par l'objet auquel ils s'appliquent. Cette troisième catégorie comprend trois espèces :

2 **Les droits réels immobiliers.** Il s'agit de tous les droits réels dont un tiers peut être investi sur la chose d'autrui *(jus in re aliena)* : usufruit d'une chose immobilière (art. 526), servitudes (art. 526), droits d'usage et d'habitation (art. 625 et 636), emphytéose (art. 937 s. C. rural), droit du concessionnaire d'une mine (art. 36, C. minier). V. sur le caractère immobilier (et réel ?) du droit du bénéficiaire d'une promesse unilatérale de vente, Civ. 3e, 12 janv. 1994, D. 1995.52, n. Macorig-Venier.

3 **Les créances immobilières.** En droit français, ce type de créance est d'une extrême rareté. Il est en effet exceptionnel, en raison du principe de la transmission immédiate de la propriété par le seul effet du contrat *(solo consensu)*, qu'une personne soit créancière d'un immeuble. Normalement, l'acquéreur d'un immeuble en devient, dès la formation du contrat, propriétaire (C. civ. art. 1138). Pour qu'il n'en soit que créancier, il faut supposer que l'immeuble vendu n'a pas été déterminé lors de la passation du contrat (l'acquisition a pour objet tant de mètres carrés, à spécifier dans un ensemble plus vaste).

4 **Les actions immobilières.** Il s'agit d'actions en justice auxquelles a été étendue la division majeure des meubles et des immeubles. Les actions relatives à la propriété ou à la possession immobilière sont, elles-mêmes, des immeubles dans le patrimoine de leur titulaire.

Ainsi sont, d'abord, les actions dites pétitoires (elles ont pour objet la revendication de la propriété d'un immeuble ou d'un droit réel immobilier).

Les actions possessoires appartiennent à la même catégorie (elles sont destinées à protéger la possession d'un immeuble, abstraction faite de sa propriété).

POLITIQUE LÉGISLATIVE : L'IMMOBILISATION PAR DESTINATION

La catégorie coutumière des immeubles par destination a-t-elle un avenir ? Le développement des sûretés mobilières (de l'hypothèque mobilière en particulier, quand on l'admet) ôte une partie de son intérêt à la notion d'immobilisation. En s'affirmant comme unité économique, l'entreprise ne supplante-t-elle pas l'immeuble comme pôle d'attraction des biens mobiliers qui sont à son service ?

---

question doit donc se résoudre à la seule lumière du **principe de bonne foi :** bonne foi du tiers acquéreur, mais aussi, à titre d'appoint, bonne foi des propriétaires, vendeurs ou non.

Rapp. Civ. 1re, 7 avr. 1998 (J.C.P. 98. *Droit des Biens,* 1.171, Périnet-Marquet, chronique nuancée) qui énonce : « La seule volonté du propriétaire ne [peut] faire perdre aux machines affectées au service et à l'exploitation d'une usine leur qualité d'immeubles par destination, laquelle, en l'absence d'enlèvement effectivement réalisé, ne [disparaît] qu'après la vente. » On retrouve le débat sur le pouvoir de la volonté du propriétaire (ou d'un accord) v. *supra,* note (1). On admet volontiers que la désaffectation ne peut tenir à la **seule** volonté du propriétaire. La séparation matérielle effective est-elle pour autant le seul mode de désaffectation ? Si elle est efficace, sans doute est-ce parce que, pour la sécurité des affaires, elle est apparente, mais c'est aussi parce qu'elle est intentionnelle. D'où l'idée que si l'intention du propriétaire se manifeste par un autre signe que la séparation, elle est dotée d'un effet séparateur équivalent. Associée à l'apparence, la volonté peut trouver sa juste place. Affectation, désaffectation sont des actes intentionnels de maître (cf. n° 923).

Féru d'histoire, M. Y. Trémorin montre, dans sa thèse érudite et originale qu'en dépit des transformations qui affectent les patrimoines privés dans leur composition, la propriété foncière conserve en France, sous sa forme traditionnelle, une importance économique et sociale essentielle (*L'immobilisation par destination*, th. Poitiers 2000). L'auteur estime que la catégorie des immeubles par destination mérite d'être sauvegardée à condition que la notion d'immobilisation soit repensée et recentrée sur le critère (élargi) de l'attache à perpétuelle demeure. Ce qui est sûr c'est que, dans un pays couvert de constructions individuelles où fleurit plus que jamais la propriété privée, on ne pourra oublier que l'immeuble par nature qui constitue le noyau de chaque propriété foncière a toujours la même horreur du vide et de la nudité. Comment ignorer le **couple que forment l'immeuble de base et les meubles de rattachement qui sont à son service** (et non à celui d'une entreprise) ? Au fondement de leur unité juridique, il y a toujours la même réalité vivante. Quant à la notion même d'immobilisation, elle appelle réflexion. Le nouveau Code civil du Québec maintient, sans les nommer les immeubles par destination. Il considère comme immeubles non seulement les éléments qui sont matériellement attachés à l'immeuble, mais, « tant qu'ils y restent » les meubles qui (sans perdre leur individualité et sans y être incorporés) leur « sont à demeure réunis » (art. 903). Comment ces termes seront-ils interprétés ? V. Carbonnier, 3, 63.

b) Les meubles

Ils comprennent des biens (matériels, tangibles) que l'on appelle **meubles corporels,** et des droits, **meubles incorporels.**

1° Les meubles corporels. Cette catégorie comprend deux espèces :

915 **Les meubles par nature** (C. civ. art. 528, mod. l. 6 janv. 1999) : Sont meubles par nature :

- les animaux (10). Ils se meuvent par eux-mêmes.
- les choses inanimées (amovibles, transportables) : meubles meublants (11) véhicules. (Elles ne peuvent changer de place que par l'effet d'une force étrangère (même si elles sont automobiles...).
- les matériaux de démolition et de construction (art. 532).

Qu'il s'agisse de ceux qui proviennent de la démolition d'un édifice ou de ceux qui sont assemblés pour en construire un nouveau, les matériaux ne sont meubles que jusqu'à ce qu'ils soient employés dans une construction. Cependant l'incorporation à l'immeuble qui les immobilise ne les empêche pas d'être considérés, au sens de l'article 1386-2, C. civ., comme des produits, pour la responsabilité du fait des produits défectueux (ils demeurent en cela, pourrait-on dire, des meubles par origine). Toute querelle de qualification réservée, le champ ainsi ouvert à la responsabilité du producteur pourra rendre difficile l'articulation de celle-ci avec la responsabilité du constructeur (v. Malinvaud, D. 1999, chron. 85).

916 **Les meubles par anticipation** (12). Ce sont des biens qui ont encore, pour quelque temps, une attache avec un fonds, mais qui sont destinés à en être prochainement détachés. Anticipant sur leur détachement effectif, le droit considère ces biens, au moins sous certains rapports, comme des meubles par anticipation. Il s'agit de récoltes sur pied, avant la récolte, de matériaux de démolition avant la démolition (13), de coupes de bois avant la coupe, de

---

(10) V. *infra*, n° 939, note complémentaire : **L'animal à sa place**.

(11) Sur le sens des mots « meubles » « meubles meublants », « mobilier », « effets mobiliers », etc. (art. 533 à 536), v. Jérôme Huet, J.-Cl. civil art. 533 à 536, notarial répertoire v° Biens, Fasc. 11.

(12) V. l'ouvrage classique de M. Fréjaville, *Des meubles par anticipation,* th. Paris 1927, et une remise en cause critique, J.-Cl. Hallouin, *L'anticipation, contribution à l'étude de la formation des situations juridiques,* th. Poitiers, 1979, dact.

(13) Cf. cep. Civ. 3e 10 juin 1981, G. P. 1981.II.Pan. 27-29 déc. n. A.P., censurant la validation d'une saisie-exécution pratiquée par le propriétaire d'un terrain sur les pierres d'un immeuble pourtant

matériaux des carrières avant l'extraction. Cependant, il peut aussi s'agir d'un cabanon, pourtant attaché au sol mais matériellement détachable, qui avait précisément été considéré par les parties à la vente comme objet d'une vente *à emporter* (Aix-en-Provence 15 févr. 1985, G. P. 1985.II.442) : d'où il ressort que le détachement escompté qui justifie l'anticipation n'est pas seulement celui que les parties attendent d'un évènement naturel et comme nécessaire, mais aussi celui qu'elles décident, alors qu'il est possible mais non inéluctable. Vendre (14) ou saisir l'un de ces biens, constitue une opération qui prend par avance un caractère mobilier (c'est plus simple de mettre en œuvre une vente ou une saisie mobilière, sans déclencher une opération aussi lourde que la vente ou la saisie d'immeuble).

2º Les meubles incorporels (15). Ce sont les droits mobiliers. Il en existe deux catégories.

α) Les droits mobiliers par objet auquel ils s'appliquent. Cette catégorie comprend trois espèces.

• *Les droits réels mobiliers.* Ce sont les droits appartenant à un tiers sur la chose d'autrui (notamment l'usufruit d'un meuble).

• *Les créances mobilières* (ou droits personnels mobiliers). Ce groupe est important. Autant les créances immobilières sont rares, autant les créances mobilières sont courantes. Dans la plupart des cas, le créancier d'une obligation est titulaire d'une créance mobilière : que sa créance ait pour objet la livraison d'un meuble, le versement d'une somme d'argent, ou même l'accomplissement d'un service (en cas d'inexécution, les obligations de faire ou de ne pas faire sont appelées à se résoudre en dommages et intérêts, C. civ. art. 1142).

On observe que le locataire d'un immeuble investi, sur le local loué d'un droit nommé droit au bail, est titulaire, non d'un droit immobilier, non d'un droit réel sur l'immeuble loué, mais seulement d'un droit personnel à l'encontre du bailleur (considéré comme débiteur envers lui d'une prestation de service correspondant à l'usage du local) : droit de créance de nature mobilière.

• *Les actions mobilières.* Ce sont toutes les actions en justice, tant réelles que personnelles, qui tendent à la reconnaissance en justice d'un droit réel mobilier (action en revendication mobilière, rare) ou d'un droit personnel mobilier (ce sont les plus fréquentes : toutes les actions délictuelles ou contractuelles en dommages-intérêts en font partie).

β) Les droits mobiliers par détermination de la loi. Sous cette expression consacrée (elle vient littéralement de l'article 529 C. civ.), la catégorie comprend trois éléments résiduels (mais fort importants).

• *Les parts sociales* (art. 529). Les droits des associés, dans tous les types de sociétés, sont considérés, par la loi, comme des meubles, qu'il s'agisse des parts d'intérêt dans les sociétés de personnes (notamment les sociétés en nom collectif) ou des actions dans les sociétés de capitaux (not. les sociétés anonymes). À la vérité, on aurait pu faire l'économie de cette précision (dès lors que les associés ne sont pas copropriétaires des biens compris

---

voué, par arrêt irrévocable, à la démolition : refoulement de l'anticipation lié aux circonstances ? La théorie paraît souvent en être le jouet ou joue par expédient.

(14) Vente mobilière de produits de carrière, Civ. 27 janv. 1947, J.C.P. 47.3627 ; Com. 25 oct. 1983, J.J.A. 29 mars 1984, nº 38, p. 4. Mais la cession du droit d'extraction (droit réel immobilier) n'est opposable aux tiers que si elle a été régulièrement publiée (Civ. sect. civ. 28 nov. 1949, 5.50.1.100, R.T. 1951, 533, obs. Solus).

(15) Il convient aujourd'hui d'englober l'information, bien immatériel, dans cet ensemble. V. P. Catala, *La « propriété » de « l'information »*, Mélanges Raynaud, p. 97 s., nº 3, v. *supra*, nº 877.

dans l'actif social, mais titulaires, à l'encontre de la société personne morale, de droits assimilables à des créances). Peut-être valait-il mieux, cependant, le dire que le déduire (16).

• *Les rentes.* Le crédirentier, investi du droit de recevoir périodiquement les arrérages de la rente, est titulaire d'un droit mobilier par détermination de la loi (art. 529). Le Code civil l'a spécifié parce que, dans l'Ancien droit, certaines rentes étaient immobilières.

• *Les propriétés incorporelles.* Il s'agit du droit du titulaire d'un office ministériel, des droits de clientèle des professions libérales, du droit de propriété littéraire et artistique du créateur sur son œuvre. Tous ces droits sont considérés comme des meubles.

919 La distinction des meubles et des immeubles est la **division majeure**. Elle englobe tous les biens, quelle que soit leur nature. Dans ce tableau, s'ordonnent toutes les richesses de la France artisanale et agricole de 1804, mais aussi tous les biens de production de la France industrielle, même les biens nouveaux et les valeurs marginales. Dans cet ensemble hétéroclite, les sous-distinctions abondent. La distinction des meubles et des immeubles s'applique tant à des biens corporels (tangibles) qu'à des biens incorporels. De ceux-ci, il existe d'ailleurs (c'est une ambiguïté à relever), plusieurs catégories différentes. Un bâtiment, chose matérielle, constitue, dans le patrimoine de son propriétaire, un immeuble par nature (mais on pourrait considérer que ce qui figure dans le patrimoine du propriétaire du bâtiment, c'est *le droit* de propriété immobilière). Si l'on suppose cet immeuble grevé au profit d'un tiers d'un usufruit, c'est l'usufruit (droit immobilier par l'objet auquel il s'applique) qui figure dans le patrimoine de l'usufruitier, comme droit incorporel immobilier. Mais, de ce droit incorporel (qui se rattache, par son objet, à un bien corporel) se distingue radicalement le droit *purement immatériel* de l'officier ministériel sur son office.

B. CRITÈRES DE LA DISTINCTION

920 On peut essayer de les systématiser à partir du tableau descriptif précédent. Ces critères diffèrent pour les biens corporels et les biens incorporels.

a) Critères de la distinction des meubles et des immeubles corporels

Pour les biens corporels, la distinction des meubles et des immeubles obéit à plusieurs critères dont le premier (lié à l'étymologie) conserve une valeur primordiale.

921 **1° Critère naturel (mobilité) :** La distinction des meubles et des immeubles corporels se fonde, principalement, sur un **critère physique tiré de la nature des choses,** celui de la

(16) La classification des droits des associés, notamment dans les sociétés d'attribution, est occasion de s'interroger sur les distinctions traditionnelles : v. Gastaud, *Personnalité morale et droit subjectif (essai sur l'influence du principe de la personnalité morale sur la nature et le contenu des droits des membres des groupements personnifiés)*, th. Nice 1974, L.G.D.J. 1977 ; A. Blaisse, *Essai sur la nature des droits des associés des sociétés d'attribution (contribution à l'étude de la théorie des droits réels et des droits personnels),* th. Paris, 1979 ; Bagnères, *La situation juridique des associés dans les sociétés d'attribution,* th. Toulouse, 1973 : *adde* M. Rotondi, *Le caractère mobilier des actions ou parts de société dans le Code Napoléon et dans le Code civil italien,* Rev. int. dr. comp., *1960, 1 s.*

mobilité (ou de son contraire). L'immeuble-type est un bien attaché à la terre (*pars terrae*) : c'est l'adhérence matérielle au sol, l'incorporation à la terre, qui le fait immeuble (nécessairement immobile) ou, semblablement, l'incorporation à un immeuble de base (ex. les bas-reliefs du sculpteur Lecourbe (1769) encastrés dans un mur du grand salon du château de la Roche-Guyon, immeubles par nature et monument historique selon C.E., 24 févr. 1999, J.C.P. 1999.IV.2193). V. *supra,* n° 907.

Au contraire, le meuble se définit, en général, par sa mobilité naturelle. Un meuble est libre d'attache avec la terre ; il peut être déplacé, transporté sans être fracturé ni détérioré : c'est pour lui une vocation, au moins une possibilité normale (sont ainsi meubles les gradins démontables installés pour la représentation d'un spectacle de cirque, C.E. 14 déc. 1984, G. P., 1985, II, som. 351).

Aussi bien ne faudrait-il pas remettre en question la valeur générale de ce critère au vu de quelques prouesses de la technique moderne. En Nubie égyptienne, le temple d'Amada a été transporté en bloc, sur plusieurs kilomètres, grâce à dix chariots géants (17) ; à Marseille, un immeuble de 9 étages a subi une translation de 5 mètres pour être mis à l'alignement d'autres immeubles (18). Ces « déménagements » exceptionnels n'ont pas fait de leur fardeau des meubles. En revanche, les « maisons mobiles » à l'américaine (*mobil homes*), maisons légères tractables ou portables, assimilables à des caravanes, demeurent, semble-t-il (19), des meubles posés sur le sol. Est au contraire immeuble par nature la « Maison modulaire » construite avec des éléments préfabriqués et moulés en usine qui sont assemblés et implantés sur le terrain. Plus généralement, la jursiprudence tend à considérer (pour admettre ou écarter la revendication du vendeur bénéficiaire d'une clause de réserve de propriété), que des éléments d'équipement et d'outillage sont meubles ou immeubles par nature, selon l'intensité et l'importance de leur incorporation à l'immeuble de base (question de fait) : meubles s'ils peuvent être démontés sans dégradation de l'immeuble sur lequel ils sont fixés (Com. 5 oct. 1993 inéd. serre), immeubles s'ils sont imbriqués et noyés à la base (Com. 10 juill. 1990, Bull. IV, n° 206, p. 142, outillage ; 12 févr. 1991, Bull. IV, n° 69, p. 47, rotative)(comp. le cas où l'identité de propriétaire permet de considérer le bien comme immeuble par destination, *supra,* n° 903).

Biens culturels. Leur qualification pose parfois de délicats problèmes : sont-ils meubles ou immeubles (s'agissant notamment de vestiges archéologiques, mégalithes et tombeaux. V. Colette Saujot, *Biens culturels et Droit civil*, problèmes de qualifications, *in* Clés pour le siècle, Dalloz, 2000, p. 79 s. ; Marie Cornu, th. préc. p. 101) ? Sont-ils immeubles par nature ou immeubles par destination (s'agissant not. de fresques, v. Ass. plén. 15 avr. 1988, préc., ou de bas-reliefs, v. C.E., 24 févr. 1999, J.C.P. 1999.1.1175, n. Périnet-Marquet) ? V. *infra*, n° 977.

(17) *Le Monde,* 20 mars 1965.

(18) *Le Monde,* 12 juin 1964.

(19) Plus prudemment, une réponse ministérielle à une question écrite (J.O., Déb. A.N. 5 avril 1979, p. 2287) considère comme une **question de fait relevant de l'appréciation souveraine des juges du fond** la qualification de ces résidences mobiles installées de façon quasi-définitive sur un terrain (en général posées sur des plots en béton) : selon qu'elles seront dites immobilières ou mobilières de telles constructions seront ou non assujetties au droit de la construction (not. aux art. 1779 s. C. civ.). Dans les cas d'attaches caractérisées, il ne serait pas exclu de faire prévaloir le caractère immobilier (comp. C. civ. 519 : les moulins à vent *fixés sur piliers*) : Ainsi, pour un chalet en bois démontable mais faisant corps avec un soubassement en maçonnerie sur lequel il repose, Civ. 3e, 28 nov. 1984, G. P. 1985.I.Pan.86. A au contraire été jugé légalement justifié l'arrêt qui « ayant souverainement retenu que la maison mobile, livrée par camion, avait été simplement posée sans travaux ni fondations », avait « relevé qu'il n'y avait pas eu de construction d'un ouvrage immobilier » au sens des art. 1792 s. : Civ. 3e, 28 avril 1993, J.C.P. 1993.22103, n. Périnet-Marquet.

923 **2° Critère finaliste (affectation).** Secondairement, la distinction des meubles et des immeubles dépend d'un critère finaliste tiré de **l'affectation des choses.** Dans cette mesure, la volonté de l'homme (maîtresse de cette affectation) peut exercer une action corrective sur la distinction des biens. Deux applications illustrent ce pouvoir, dans le même esprit (cf. *supra,* n° 906, note (1) et 911, note (9)).

Les immeubles par destination reçoivent une qualification qui ne correspond pas à leur nature. C'est leur destination qui leur imprime leur caractère (v. ci-dessus, n° 908 s.).

De manière comparable, certains immeubles sont mobilisés par anticipation. C'est par une anticipation de l'esprit sur leur détachement prochain que la destination de ces biens commande leur qualification (v. n° 916).

924 **3° Critère économique (valeur).** Brochant sur le tout, intervient un critère économique tiré de **la valeur des choses.** *« Res mobilis, res vilis »* : cette maxime traditionnelle fait entendre que les immeubles constituent, dans le patrimoine des individus, des biens de grande valeur et que les meubles sont choses de peu de prix. Cette maxime a inspiré nombre de règles dans le code de 1804.

Elle appelle aujourd'hui une mise au point. On entend dire qu'elle est, désormais, démentie par les faits (à ce compte-là il y a toujours eu, pour la démentir, or, bijoux, objets de collection).

925 **La vérité paraît être au milieu. L'adage « res mobilis res vilis » est dénué de valeur absolue ; mais il serait inexact de lui substituer la proposition contraire** (d'une équivalence ordinaire entre meubles et immeubles). Il demeure que les immeubles, *en général,* sont des biens de grande valeur. Dès qu'il s'agit de meubles, il faut distinguer. Il en est de faible valeur. Les meubles précieux sont de véritables biens de capitalisation et de substantielles réserves de valeur.

b) Critères de la distinction des meubles et des immeubles incorporels

926 Ici s'évanouit toute intervention, même marginale, d'un critère économique : beaucoup de biens mobiliers incorporels sont **de très grande valeur** (parts sociales, droits de propriété littéraire et artistique, offices ministériels, etc.).

— La distinction se fonde, pour la plupart, sur un critère naturel, mais indirect. Les biens incorporels entrent, en général, dans la classification des meubles et des immeubles par la **considération de leur objet :** ils sont meubles ou immeubles par l'objet auquel ils s'appliquent (ex. usufruit).

— Pour d'autres droits incorporels, on débouche sur le néant. Les **biens incorporels absolus** (p. ex. les clientèles) ne correspondent directement ou indirectement à aucun bien matériel. Pour eux, la distinction obéit à un critère arbitraire. C'est la loi qui détermine leur qualification.

C. INTÉRÊTS DE LA DISTINCTION

927 Ils ressortent des **conséquences juridiques** que la loi attache à la qualification de meuble ou d'immeuble. En tant que meubles ou immeubles, les biens sont en effet respectivement assujettis à des règles spécifiques (auxquelles viennent, d'ailleurs, s'ajouter des règles plus

particulières à telle ou telle catégorie de meuble ou d'immeuble). Il existe un statut général de l'immeuble et un statut général du meuble. Entre eux l'opposition est nette, mais elle mérite d'être nuancée.

a) Tableau traditionnel des différences

Il est très contrasté. Certaines différences dérivent de la nature des choses, d'autres de leur valeur, d'autres enfin de leur fonction sociale.

1° Différences découlant de la nature des choses. L'immeuble, en général, (l'immeuble-type) tient de la nature des choses le double caractère de fixité et d'individualité. Un immeuble a une assiette fixe et il est facilement reconnaissable.

Le meuble, au contraire, n'a pas, en général, de fixité naturelle et il manque souvent d'individualité. Il est exposé aux risques de vol (20), de perte, de destruction et de confusion. Il offre de remarquables possibilités de dissimulation.

De cette opposition physique sont nées diverses conséquences juridiques.

Publicité légale. Les opérations immobilières (notamment les ventes d'immeubles) font l'objet d'une publicité propre à renseigner les tiers sur son statut juridique (quand a-t-il été acquis par son actuel propriétaire ? de qui ? à quel titre ?). La publicité foncière a pour base la stabilité et l'individualisation de l'immeuble. En général, les meubles échappent à une publicité de ce genre. Pour la même raison, l'immeuble peut être grevé d'hypothèque (la constitution de l'hypothèque étant, elle aussi, assujettie, pour la sécurité du crédit, à la même publicité légale). Au contraire, les meubles « n'ont pas de suite par hypothèque » (un meuble ne peut être hypothéqué, faute d'avoir, en général, les caractères qui permettent d'asseoir une telle garantie).

Compétence territoriale. De même, l'immeuble a une influence sur la détermination de la compétence juridictionnelle. Les litiges immobiliers sont naturellement portés devant le tribunal dans le ressort duquel l'immeuble est situé, au moins si le procès concerne la propriété ou la possession de l'immeuble (21).

Au contraire, les litiges relatifs aux meubles relèvent, en principe, de la compétence du tribunal du domicile du défendeur *(« mobilia sequuntur personam »)* (22).

---

(20) Il faut bien voir cependant que la soustraction frauduleuse d'éléments détachés d'un immeuble constitue un **vol.** (tuiles d'un toit, pierres d'une carrière, piles d'un pont, sable du rivage de la mer : Trib. corr. Auxerre, 31 mai 1978, G. P. 79.I.som.15 ; Crim. 23 oct. 1980, G. P. 1981.I.som., 140). Sans contradiction : leur détachement les mobilise. V. *supra,* n° 911, note 8, *infra,* n° 1056. Un autre cas de figure ne va pas sans quelque perplexité. D'un point de vue pragmatique, on comprend qu'un meuble incorporé à un immeuble soit considéré par la loi comme un produit (C. civ. art. 1386-3) de telle sorte que, s'il est défectueux, il engage la responsabilité du producteur (art. 1386-1, v. *supra,* n° 915, encore que des difficultés d'interprétation puissent surgir). Mais du point de vue de sa qualification, il supporte deux natures : *ut singuli,* c'est un produit qui conserve la mémoire de sa nature mobilière originelle, *ut universi,* un élément d'ensemble qui participe à la nature immobilière du tout auquel il est incorporé.

(21) « En matière réelle immobilière, la juridiction du lieu où est situé l'immeuble est seule compétente » (N.C.P.C., art. 44).

(22) Il est vrai qu'en matière contractuelle, le demandeur peut saisir à son choix la juridiction où demeure le défendeur ou celle du lieu de la livraison effective de la chose (N.C.P.C. art. 46). Mais cette option de juridiction est une faveur pour l'acquéreur et elle ne l'est précisément que parce que le lieu de livraison coïncide, avec le centre des intérêts du destinataire (là encore, la chose indique la personne).

931 **Distinction de la propriété et de la possession.** Enfin, la distinction de la propriété et de la possession est assez facile à faire — en matière immobilière — pour que la possession de l'immeuble puisse être entourée d'une protection spéciale (par les actions possessoires), sans que le droit de propriété soit en cause.

En matière de meuble, la propriété et la possession ont des liens si étroits qu'il est souvent difficile de les distinguer (le fait de la possession fait présumer la propriété ou même vaut titre).

932 **2° Différences liées à la valeur des biens.** Ce sont les dernières illustrations de la maxime *« res mobilis res vilis »*. Tout immeuble est entouré de règles protectrices en tant que bien (présumé) de grande valeur (la même protection étant refusée, non pas à tous les meubles, mais aux meubles en général). Ainsi, les pouvoirs d'un administrateur de biens d'autrui ou de biens communs sont plus limités sur les immeubles que sur les meubles (les pouvoirs du tuteur sur les biens du mineur ou ceux d'un époux sur les immeubles de la communauté (C. civ. art. 1424 et 1425). Il s'agit de protéger la fortune immobilière du mineur ou les acquêts immobiliers, considérés comme la base des fortunes privées. Dans la même perspective, seule la vente d'immeuble peut être rescindée pour cause de lésion (quand celle-ci existe au détriment du propriétaire, vendeur de l'immeuble (C. civ. art. 1674 s.). C'est la même idée : le législateur protège, électivement, l'immeuble, réserve de valeur.

933 **3° Différences tenant à la fonction sociale des choses.** D'une manière générale, les immeubles ont une importance politique et familiale plus considérable que les meubles. Politique parce que l'immeuble correspond à une portion du territoire (l'appropriation du sol est marque d'enracinement, signe d'attachement, moyen d'action, lieu d'asile). Familiale, parce que la propriété immobilière demeure ou devient un lieu où la famille se réunit, s'attache, se regroupe. Cette vocation, jointe aux considérations économiques, fait qu'en général le législateur favorise la conservation des immeubles dans les familles.

934 Au contraire, le meuble est, par excellence, l'objet du commerce. Aliment principal des échanges, il n'est pas voué à la conservation, mais à la circulation des biens (et souvent destiné à passer de main en main). Un exemple révélateur de la politique législative : la saisie des immeubles est embarrassée de mille formalités protectrices de la propriété individuelle (le législateur ne souhaite pas que, trop facilement, le créancier puisse exprimer la valeur monétaire d'un immeuble). La saisie des meubles est beaucoup plus simple.

935 Naguère une autre différence de même inspiration était marquée : dans l'ancien régime légal de la communauté de meubles et acquêts, tous les meubles tombaient en communauté. Base de la fortune familiale, les immeubles que chaque époux possédait en se mariant lui restaient propres. Mais aujourd'hui, dans la nouvelle communauté réduite aux acquêts, les meubles aussi restent propres à l'époux qui les possède au jour du mariage.

Aussi bien le schéma trop contrasté de ces différences traditionnelles méritc-t-il d'être nuancé.

b) Mise au point

C'est aussi une mise à jour. Tout ce qui précède est vrai, mais seulement *grosso modo.*

936 **1° Meubles individualisés.** Certains meubles peuvent être individualisés et, du coup, en toute cohérence, leur individualisation (plus ou moins artificielle) transforme leur régime juridique. Il s'agit de tous les **meubles « immatriculés »**. Faisant l'objet d'une immatricu-

lation particulière, ils échappent aux risques de confusion et de dissimulation inhérents aux meubles corporels (navires, bateaux, aéronefs, films cinématographiques) (v. *infra*, n° 1625). Ces biens sont soumis, au moins sous certains rapports, à un régime comparable à celui des immeubles (le navire peut être hypothéqué : les opérations relatives à ces biens font l'objet d'une publicité légale comparable à la publicité immobilière, etc.) : transposition qui trouve aussi sa raison dans la valeur élevée de ces biens.

NAVIRES ET BATEAUX. LIMITE DU PARALLÈLE

Comme tout navire (de mer) tout bateau (de rivière, dit officiellement de navigation intérieure) doit être jaugé et immatriculé (au moins tout bateau de plus de vingt tonnes circulant en France, art. 78 du Code du domaine public fluvial ; l'immatriculation consistant dans l'inscription du bateau avec son nom, ses caractéristiques et un numéro d'ordre sur un registre spécial). Comme l'acte de francisation pour les navires, un certificat d'immatriculation est délivré au propriétaire du bateau. Comme le navire, le bateau peut être cédé et hypothéqué, opérations dont l'opposabilité aux tiers est subordonnée à l'accomplissement de formalités légales de publicité (pour les bateaux, les actes translatifs de propriété et les hypothèques sont transcrits sur un registre tenu au greffe du tribunal du lieu d'immatriculation).

Mais à la différence de l'acte de francisation qui porte en lui la preuve préconstituée de la propriété du navire (v. *infra*, n° 1606), le certificat d'immatriculation du bateau ne vaut pas titre de propriété (v. au moins, en ce sens, C.A. appel Paris 9 nov. 2000, Pet. Aff. 16 avr. 2001, n° 75, p. 7).

Ici prévaut un parallèle avec les véhicules terrestres. Tenu pour l'équivalent de la carte grise, et comme un simple récépissé des déclarations de celui qui se présente comme propriétaire, il est analysé comme un document de police permettant l'identification du bateau, document administratif qui, à ce titre, relève de la compétence exclusive de la juridiction administrative, pour le contentieux de son établissement, comme les litiges relatifs à l'immatriculation des véhicules terrestres (cependant les choses se compliquent, dans l'espèce citée, car la demande requalifiée en recours en appréciation de validité du document est rejetée comme irrecevable, un tel recours n'étant recevable que sur renvoi de l'autorité judiciaire). On admettra difficilement que l'immatriculation administrative et la publicité légale qui excluent l'application de l'article 2279 (V. *infra*, n° 1637) rendent par ailleurs si malaisée la preuve de la propriété des bateaux. Revenant au principe incontesté que le contentieux de la propriété relève de la compétence judiciaire, on admettrait volontiers que la propriété des bateaux, comme celle de tout bien meuble ou immeuble, se prouve par tous les moyens (V. Civ. 1re, 11 janv. 2000, D. 2001.890, n. A. Donnier). Dans l'ensemble des preuves librement admissibles, le certificat d'immatriculation, à défaut de valoir titre de propriété, a la valeur d'un indice (compte tenu qu'à l'origine la demande d'immatriculation doit être accompagnée de pièces justificatives naturellement soumises à la vérification du préposé à la délivrance, art. 81, C. domaine public fluvial).

2° Meubles précieux. Certains meubles ont ou peuvent avoir une **valeur économique** considérable (et comparable à celle des immeubles). Il suffit d'ajouter aux exemples ci-dessus les droits sociaux et les propriétés incorporelles. La conséquence s'en fait sentir dans leur régime juridique. Ainsi, en matière de régimes matrimoniaux, et notamment sous le régime de la communauté légale, la loi restreint les pouvoirs de chaque époux, sur certains meubles communs de grande valeur. En vertu de l'article 1424 du Code civil, les fonds de commerce, les meubles immatriculés, les droits sociaux non négociables sont l'objet des mêmes restrictions de pouvoir que les immeubles.

3° Meubles offrant un intérêt particulier. Certains meubles peuvent revêtir une **valeur sociale**. Il est fréquent que des meubles présentent un intérêt familial (souvenirs de famille, v. nos 976 et 1623 ; droits de propriété littéraire et artistique), ou même un intérêt public (œuvres d'art faisant partie du « patrimoine national »). L'intérêt que de tels biens présentent explique certaines des règles spécifiques auxquelles ils sont soumis.

Ce ne sont que des **correctifs.** On pourrait en apporter d'autres et développer la même antithèse pour les immeubles : certains ont peu de valeur — un bout de champ aride sans extension possible ; d'autres, ayant une valeur pécuniaire, deviennent, sans attache familiale, l'objet d'un marché immobilier purement spéculatif : terrain vague devenu terrain à bâtir. **La vérité moyenne que ces nuances laissent à l'opposition traditionnelle tient au fait qu'elles ne saisissent, par hypothèse, que des cas spécifiés.**

NOTE COMPLÉMENTAIRE
L'ANIMAL À SA PLACE

939 Animée du double souci de la sécurité publique et de la protection animale, la loi du 6 janvier 1999 très détaillée au pénal et au rural, apporte aussi deux modifications symboliques à la distinction des biens dans le code civil (art. 524 et 528). Elle invite à une remise en perspective de l'animal sous la houlette du droit. Dans ce tableau, l'animal se détache des animaux. À tout représentant du règne animal correspond un statut de base que complètent, pour diverses espèces, dans certaines situations, des dispositions particulières : droit commun et droit spécial de l'animal.

A. **Statut générique de l'animal.** Il découle, en son principe, de la **distinction radicale irréductible** qui, dans l'univers, sépare de l'espèce humaine, à la domination de laquelle il est soumis, le monde animal, c'est-à-dire de la division des personnes et des biens. **L'animal n'est pas une personne**. Il n'a pas de personnalité juridique. Ce n'est pas un sujet de droit. L'avalanche absurde et quasi-obsessionnelle des droits subjectifs sur la tête de la personne humaine aurait quelque chose d'un peu ridicule sur celle des animaux (même si l'on ne pense pas au goujon ou au lapin mais à la baleine et à l'éléphant). **L'animal n'a pas de droit subjectif.** Il est entièrement **sous l'égide du droit objectif** (les mesures en sa faveur ne postulant en rien de droit subjectif, mais signifiant seulement que le droit objectif se fait **tutélaire**, comme il l'est de la nature, des sites, des vignobles, des récoltes et de tant d'autres choses). Par précisions successives, la juste place de l'animal s'ordonne à partir de cette séparation.

1° **L'animal est un bien.** C'est une richesse, une source de richesse (un bienfait et même un bienfaiteur, quand ce n'est pas une plaie). Qu'on le voie objet d'agrément (chien fidèle, chevaux de course), moyens d'exploitation ou bétail d'élevage (veaux, vaches, cochons, couvées) objet de consommation (pour la boucherie) l'animal est **objet de propriété**. Il appartient à un maître qui a sur lui, sous certaines restrictions, droit d'usage, de jouissance et de disposition (v. *infra*, n° 1022). Dans le commerce juridique, il est prêté, loué, donné, vendu. Contrepoint d'un jour : la disqualification platonique d'un chien perdu (puis retrouvé par son propriétaire) pour l'entretien duquel celui-ci ne doit pas au détenteur des frais pour conservation de la « chose », mais une indemnité de gestion d'affaires (T.I. Paris 2 mars 1985, GP 85.II.som.234).

2° **L'animal est un être vivant.** Ce n'est pas une chose inanimée (l'ancien art. 528 le marquait déjà, mais le nouveau le met en relief). Il a en lui la vie et le mouvement. D'où deux conséquences et une variante.

— L'animal est reconnu comme un « **être sensible** » (l. 10 juill. 1976). À ce titre, il est protégé contre les sévices et les mauvais traitements (art. 511-1 c. pén.).

— L'animal prend naturellement place, au rang des **meubles corporels,** parmi ceux qui peuvent se mouvoir par eux-mêmes. Même apprivoisé ou domestique, l'animal est physiquement autonome. Corps mobile, l'animal est vraiment **meuble par nature** (art. 528).

— Les animaux que leur propriétaire a placés sur son fonds pour le service et l'exploitation de celui-ci deviennent **immeubles par destination** (art. 524, v. *supra,* n° 908 s.).

3° **L'animal peut être un danger social.** Contre le double péril que l'animal peut présenter pour la société, la loi établit, dans l'intérêt général, une double protection : une protection de santé publique (mesures sanitaires de vaccination, d'abattage, d'équarissage, surtout dans le code rural et le code de la santé publique) ; une protection de la sécurité publique (contre les animaux dangereux et errants, not. dans le code pénal). On en vient au droit animalier spécial.

B. **Règles particulières à telle ou telle espèce animale**. Elles ne composent pas tout à fait un bestiaire. Il n'y a pas un droit du loup et un droit de l'agneau (les bêtes du fabuliste renvoient d'ailleurs, on le sait, à la condition humaine). Mais, par des mesures de protection (animale) ou de défense (sociale), un droit animalier s'intéresse concrètement à une espèce ou, au sein d'une espèce, à la situation de tels de ses échantillons. **Aux plus proches de l'homme**, la loi marque des égards (qui vont à l'homme autant qu'à la bête, à cause de leurs liens), ainsi pour les **« animaux de compagnie »** (chiens, chats et plus généralement animaux d'agrément, C. rur. art. 276-2, 276-3). Ils seront identifiés (premier pas vers l'état civil, ironiseront les champions de l'animal, au delà de la distinction nobiliaire du pedigree). Leur vente et leur détention sont entourées de règles protectrices (C. rur. art. 276-3 s.). Dans le même esprit, le service essentiel qu'un chien guide d'aveugle rend à son maître justifie qu'on recherche, après l'accident dont ils sont victimes, si le chien est apte à poursuivre sa mission, chef distinct de préjudice réparable (T.G.I. Lille 23 mars 1999, D. 1999.350). La fonction que l'animal assume auprès de l'homme, sa mission d'ange gardien est ici déterminante (*adde*, *infra*, n° 975, note 31). Pour les **animaux sauvages**, le droit, dans une toute autre perspective, est l'arbitre de la chasse et de l'écologie. Il règle leur destruction et veille à la préservation de l'espèce. Il y a tout un droit (largement coutumier) de la palombe et, autour du sanglier, tout un corps de règles. Le loup est une espèce protégée (C.E. 30 déc. 1998, D. 99.IR. 65) et le mouton grand perdant car l'ours des Pyrénées l'est aussi. Mais la chasse à l'arc des animaux en liberté peut, à certaines conditions, être autorisée (C.E. 30 déc. 1998. D. 99.IR 66). Entre ces deux catégories, et devant l'effroi du phénomène molossoïde, la préoccupation majeure de la loi est de protéger les personnes (et même les animaux domestiques) (C. rur. art 211) contre les méfaits des **animaux dangereux et errants**. C'est l'un des objectifs essentiels de la loi du 6 janv. 1999. À travers les chiens qu'elle vise, chiens d'attaque, chiens de garde et de défense (art. 211-1 s.), la loi en vérité s'adresse à la cruauté de l'homme (dressage au mordant), à sa négligence (divagation des animaux) et aussi, pour toutes sortes d'animaux, à son esprit de lucre (trafic et transport d'animaux (C. rur. art. 277). Aux merveilles de la mythologie et à l'horreur de la bestialité (crime puni dans l'Ancien droit, V. Rép. Merlin, *hoc verbo*), on n'en finirait pas de fantasmer sur l'animal, du loup-garou au chaton de Margot. Sarah Bernhardt fascine encore pour s'être promenée avec un lion ou un tigre. Terre-à-terre on n'oubliera pas qu'en certains cas la stérilisation de l'animal est obligatoire (C. rur. art. 211-4) et que, lorsqu'elle est prévue (C. pr. pén. art. 99-1) l'euthanasie d'un animal n'a rien à voir avec celle dont on pourrait débattre pour l'être humain, puisque, même avec des égards, elle n'est jamais, pour finir, qu'une exécution sommaire.

B.G. Sur la loi du 6 janv. 1999 et la protection animale (D. 99. lég. 123 ; *adde* d. 29 déc. 1999, D. 2000 lég. 89). V. S. Antoine, D. 99. chron. 167. Sur l'ensemble de la question, J.-P. Marguenaud, *L'animal en droit privé,* PUF 1992, préf. Lombois ; du même auteur « *La personnalité juridique des animaux* », D. 98. chron. 205. Comp. A.-M. Sohm-Bourgeois, *La personnification de l'animal, une tentation à repousser* », D. 90. chron. 33. *Adde* Carbonnier III, 225 et *infra,* n° 975 et 1621. V. aussi Es 31, 3 « Les chevaux sont chair, non esprit ».

§ 2. DISTINCTIONS COMPLÉMENTAIRES

Multiples, disparates, chevauchantes, les unes sont anciennes, d'autres plus récentes. Leur portée limitée leur confère un caractère complémentaire par rapport à la distinction principale des meubles et des immeubles. Cette leçon de choses est une leçon de relativisme : selon le rapport sous lequel on regarde les biens, surgit l'intérêt de marquer, entre eux, telle ou telle distinction. Certaines sont plus spécialement fondées sur la nature des choses, d'autres sur leur valeur, d'autres enfin sur les rapports des choses avec ceux qui les possèdent.

Recherches thématiques. Sans donner corps à une catégorie juridique, les traits qui marquent certains biens (en général pour leur valeur autre que principalement économique) influent sur leur régime juridique. Ainsi certains biens, meubles ou immeubles, corporels ou incorporels, paraissent avoir pour vocation naturelle de durer (plus que d'autres) V. *L'espérance d'intangibilité dans la vie des œuvres*, réflexions sur la longévité de certains biens (Marie Cornu, RT 2000, 698 s.).

A. DISTINCTIONS PRINCIPALEMENT FONDÉES SUR LA NATURE DES CHOSES

Il y en a trois, de caractère traditionnel, qui donnent occasion de fixer, dans un langage de précision, des notions techniques.

a) Biens consomptibles et biens non-consomptibles

941 **1° Critère de la distinction.** On appelle consomptibles (ou consomptibles par le premier usage) les **biens qui se consomment nécessairement par l'usage qu'on en fait**, ceux dont on ne peut faire usage sans les consommer (C. civ. art. 1874 et 587). Pour certains de ces biens, la consommation s'entend au sens propre, courant et concret du terme, d'un acte matériel qui aboutit à leur destruction physique. Sont ainsi matériellement consomptibles, le combustible, le carburant, les produits alimentaires, etc.

Pour d'autres biens, cette consommation s'entend, en un sens dérivé, technique et abstrait d'un acte juridique d'aliénation. Il s'agit de choses que l'on ne peut utiliser sans les aliéner. La monnaie est le type de bien juridiquement consomptible.

942 Aux biens consomptibles s'opposent ceux dont on peut se servir sans les détruire ni les aliéner (un véhicule, une maison). Ces biens sont dits non consomptibles (bien qu'ils soient exposés à l'usure progressive des choses et même si certains d'entre eux sont, sous un autre rapport (économique), des biens de consommation ; v. plus loin n° 962 ; jugé aussi que les valeurs mobilières ne sont pas des biens consomptibles, v. *infra,* n° 1309).

943 **2° Intérêt de la distinction.** L'intérêt de distinguer apparaît chaque fois qu'un individu est investi, sur la chose d'autrui, d'un droit d'usage assorti d'une obligation de restitution. Lorsque l'usage porte sur un bien non consomptible, l'usager *doit restituer cette chose en nature*, sauf convention contraire.

Si le droit porte sur une chose consomptible, le tiers détenteur est dans l'impossibilité de la restituer en nature : par définition, l'acte d'usage est, de sa part, un acte de maître (un acte de destruction matérielle ou d'aliénation juridique), un acte de propriétaire qui exclut la restitution de la chose même. En ce cas, le tiers, usager légitime d'une chose consomptible a, sur elle, les pouvoirs d'un propriétaire et devient *débiteur d'une chose équivalente :* il doit restituer une chose de même espèce et qualité.

Ce principe gouverne plusieurs *applications.*

944 On dit volontiers que les choses consomptibles ne sont pas susceptibles d'usufruit. En vérité, l'usufruit peut être établi sur une chose consomptible, mais les prérogatives exorbitantes conférées à l'usufruitier (*abusus*) altèrent la figure ordinaire de ce droit. L'usufruitier d'une chose consomptible est investi de ce que l'on appelle un *quasi-usufruit :* il a le droit de s'en servir selon sa destination (droit de détruire ou d'aliéner) à charge de restituer à la fin de l'usufruit une chose semblable (ou sa valeur estimée à la date de la restitution, C. civ. art. 587). V. *infra,* n° 1257.

945 De même, les choses consomptibles ne peuvent faire l'objet d'un prêt à usage. Mais le substitut n'est pas loin : de telles choses sont susceptibles d'être empruntées en vertu d'un prêt de consommation. L'emprunteur d'une chose consomptible doit rendre au prêteur même quantité d'une chose semblable (art. 1892) : nuances qui révèlent des affinités entre cette distinction et la suivante.

b) Biens fongibles et corps certains

946 À considérer leur **fonction générale**, on peut dire que des choses sont fongibles, au sens strict du terme, **lorsqu'elles sont rigoureusement équivalentes comme instruments de paiement ou de restitution :** le débiteur d'une chose fongible est en droit de désintéresser le créancier en lui remettant tout objet du même genre.

Au contraire, un corps certain (chose certaine et déterminée) est considéré comme unique, irremplaçable, non interchangeable : s'il est dû, le débiteur ne peut lui substituer aucun autre bien comme moyen de paiement.

Cette **approche fonctionnelle** de la fongibilité repose sur le postulat que des choses distinctes sont homologues au point qu'il soit indifférent et donc équivalent de prendre l'une pour l'autre.

Quand cette équivalence est-elle réalisée ? Quel intérêt s'attache à la distinction ?

1° Notion d'équivalence.α) En général, l'équivalence des choses en tant qu'objet de paiement, est une **qualité naturelle** de ces choses. À la base, la fongibilité est objective. Il est, en effet, de la nature de certaines choses d'être intéressantes par leur genre ; d'être prises en considération en raison de leur appartenance à un certain genre ; le langage juridique les appelle, précisément, des **choses de genre** (on dirait encore, pour certaines d'entre elles, des objets de série). Tous les spécimens d'un même genre peuvent être, en principe, considérés comme équivalents. Concrètement, les choses de genre sont (dit-on) celles qui, dans le commerce, se déterminent par leur nombre, à la mesure, au poids (une douzaine d'œufs, 20 litres d'essence, 50 kilos de riz). Cependant les choses de genre ne se déterminent pas d'abord par un élément quantitatif mais, qualitativement, par leur appartenance à un certain genre (lequel est plus ou moins spécifié : on peut devoir 50 kg de riz ou 50 kg de riz de Camargue).

Par opposition aux choses de genre (23) les **corps certains** sont ceux dont l'individualité est marquée. Singuliers, fortement identifiés, ils ont, pour ceux qui les possèdent, un intérêt particulier. Sans être uniques en leur genre, seuls au monde, leurs particularités les rendent irremplaçables, ou du moins, non librement interchangeables : un bijou de famille, une maison de campagne, un cheval de race, un tableau de maître, une collection de prix, un meuble d'époque, l'exemplaire numéroté d'une édition de luxe.

β) Ces exemples suggèrent cependant que la fongibilité ne dépend pas exclusivement de la nature des choses. À côté de la fongibilité objective, naturelle, il existe une fongibilité d'appoint, subjective et affective. (C'est un peu cette non-fongibilité-là qui fait dire au Petit Prince qu'entre toutes les roses semblables à la sienne, sa rose est, pour lui, unique au monde ; celle qui nous attache à un vieil imperméable ou à l'exemplaire banal mais « culotté » d'une édition ordinaire, à toutes les choses qui sont imprégnées du souvenir d'un être cher, de notre personnalité, ou du temps perdu). Ces considérations psychologiques n'émergent que pour corriger, en certains cas, le critère matériel. Elles ne sont cependant pas négligeables. La fongibilité naturelle de la monnaie peut elle-même, en être tempérée. Si elle se présente sous des espèces rares, il est possible qu'elle soit considérée comme un corps certain (je prête 50 Napoléons à un commerçant pour orner la devanture de son magasin,

---

(23) À première vue, cette distinction paraît s'identifier avec la précédente. Le premier mouvement est de considérer que les choses fongibles sont consomptibles et les corps certains non consomptibles. Fréquente, la coïncidence n'est pas parfaite. Il suffit qu'elle ne soit pas absolue pour faire la différence. Un bien consomptible peut ne pas être fongible ; c'est le cas (sans parler de la dernière cartouche) du dernier fût de la cuvée d'un grand cru : irremplaçable, une fois bu). De la même manière, un bien fongible peut ne pas être consomptible : c'est le cas de tous les exemplaires d'un livre d'édition courante. Des éléments d'équipement standards, des uniformes militaires sont fongibles — on le suppose — mais non consomptibles par le premier usage, on l'espère... Sur l'ensemble de la question, M. A. Laude, *La fongibilité,* RTD com. 1995. 307 s., étude approfondie de la fongibilité dans la diversité de ses critères et l'unité de ses effets (leur énergie aussi). Sur toutes les perspectives qui s'ouvrent à la fongibilité, v. Carbonnier, 3, 58. « Dans une civilisation devenue à la fois plus collective et plus comptable, le rôle de la fongibilité semble grandir ». Tendance qui rejoint celle, plus générale, à la « dématérialisation de la propriété. »

j'entends qu'il me rende ces pièces mêmes, non leur contrevaleur). Une recherche d'intention s'avère donc parfois nécessaire.

950 **2° Intérêt de la distinction. Valeur libératoire.** L'intérêt principal est que les choses du même genre ont, pour le débiteur à l'égard du créancier, la même valeur libératoire. Le débiteur d'une chose de genre peut valablement s'acquitter de sa dette en remettant au créancier l'un quelconque des spécimens du même genre. Le débiteur d'un corps certain doit restituer celui-ci en nature, *in corpore,* cet objet même, et non un autre.

951 **Compensation.** Dans le prolongement de cette règle apparaît un intérêt secondaire : la compensation, mode d'extinction des dettes, ne peut se produire qu'entre obligations de choses fongibles (par exemple entre dettes de somme d'argent ; C. civ. art. 1291).

952 **Transfert de propriété et charge des risques.** Enfin les ventes de choses de genre et de corps certains n'obéissent pas au même régime quant au transfert de la propriété. Le principe est qu'en droit français le transfert de la propriété s'opère *« solo consensu »*, par le seul échange des consentements (de telle sorte qu'en un instant de raison, au moment même où le contrat de vente est conclu, l'acquéreur devient propriétaire du bien). Mais, en vérité, cette règle ne joue (ne peut jouer) que pour les corps certains, parce que le transfert immédiat de la propriété postule que le bien soit déterminé.

Dans les ventes de choses de genre, le transfert de la propriété est différé à une date plus ou moins lointaine qui est celle de la détermination ultérieure des choses à livrer (lorsque l'on vend 50 kg de riz, le transfert de la propriété ne se produira qu'à partir du moment où, dans un entrepôt, par une marque ou par tout autre moyen, les 50 kg de riz auront été séparés, individualisés, transformés en corps certain). La différence est d'importance quant à la charge des risques de perte (en droit français, le transfert de la propriété commande celui des risques : *« Res perit domino »*).

Revendication. En elle-même, la fongibilité d'un bien ne fait pas obstacle à sa revendication, mais c'est à la condition qu'en fait ce bien n'ait pas été confondu avec d'autres de la même espèce, question de preuve, non de principe. La jurisprudence est fixée en ce sens (Com. 25 mars 1997, inéd. et déjà Civ. 1re 7 févr. 1989, Bull. I. n° 57). En vérité, on pourrait penser que ce bien fongible *(de natura rerum)* mais en fait identifiable, est devenu, par le fait, corps certain. Par exception (l. 25 janv. 1985, art. 121, mod. par l. 10 juin 1994) le vendeur de marchandises qui bénéficie d'une réserve de propriété peut les revendiquer, en cas de redressement judiciaire, même si elles ne sont plus identifiables, mais à la condition qu'il existe en nature d'autres choses fongibles de même espèce et qualité (v. Cass. com., 5 mars 2002, D. 2002, *Aff.*, p. 1139 ; RTD civ. 2002, 327, chron. Th. Revet : action en revendication d'un grossiste après liquidation judiciaire du détaillant). Il reste qu'en dehors de ce cas, et si la chose fongible n'est pas en fait identifiable, le créancier de celle-ci dispose d'une action personnelle en exécution, (ex. art. 1902) V. Torck, Dr. pros. 1996 (2), 483 et, pour le dégradé des actions qui s'ouvrent au créancier, Carbonnier, 3, 58 : revendication, prélèvement, remplacement, créance. *Adde,* Didier R. Martin, *« De la revendication des sommes d'argent »*, D. 2002, chron. p. 3279, brillante défense en faveur de la revendication des dépôts monétaires et des dépôts bancaires.

Note : Existe-t-il des immeubles fongibles ? On ne cite en général que des meubles en exemple de biens fongibles, sans cependant affirmer que la fongibilité soit de l'essence des biens mobiliers, puisqu'aussi bien certains meubles sont des corps certains. Des immeubles peuvent-ils être fongibles ? Deux immeubles peuvent-ils être équivalents au point d'être interchangeables ? La définition fonctionnelle de la fongibilité trouve-t-elle application entre immeubles, ou faut-il poser qu'un immeuble est nécessairement un corps certain ? Pratiquement, on pourrait imaginer que deux parcelles de terrain nu, de même dimension, de même orientation et situées dans le même terroir soient à peu près équivalentes (mais à peu près seulement, puisque chacune règne en un lieu). On pourrait admettre une quasi-fongibilité, mais pour quelle conséquence ? C'est une question posée à la doctrine et à la pratique.

c) Biens simples et biens composés

Les biens simples, en tant qu'ils forment une unité indivisible, sont naturellement assujettis à un régime juridique homogène. C'est le cas de l'or, d'une perle, d'un terrain nu. Cette simplicité est aussi, au moins en général, celle de toutes les choses qui, bien que composites, sont formées d'éléments cohérents (un immeuble bâti).

D'autres biens, de structure plus complexe, sont constitués d'éléments divers et distincts qu'il y a intérêt, parfois à dissocier, parfois à associer. Ces biens composés sont — pour prendre les exemples les plus typiques — d'une part les propriétés incorporelles, d'autre part les universalités de fait. Ils s'opposent ensemble, en tant que **biens juridiquement complexes**, aux biens simples.

1° Les propriétés incorporelles : L'office ministériel en est un modèle (24). On peut raisonner sur cet exemple (notamment sur une étude notariale). Traditionnellement, l'analyse juridique distingue, dans ce bien, deux éléments de nature différente : un office ministériel comprend (selon deux expressions consacrées) un titre et la « finance » attachée à ce titre.

— **Le titre**, donné par investiture publique, n'est pas dans le commerce. Il constitue, pour le titulaire (l'officier ministériel), un droit extrapatrimonial exclusivement attaché à sa personne (par la nomination dont il a fait l'objet en raison de sa qualification). C'est le droit officiel d'exercer son ministère, de pratiquer sa profession.

— **La « finance »** désigne la valeur pécuniaire que représente, dans le patrimoine de l'officier ministériel, le droit d'exploiter son ministère, moyennant rémunération. Ce monopole d'exploitation est une valeur patrimoniale : un élément appréciable en argent qui a une expression monétaire et un intérêt économique, un véritable bien.

Intellectuelle, la distinction de ces deux éléments constitutifs prend tout son intérêt en certaines circonstances.

D'abord, dans la cession entre vifs d'un office ministériel (opération conçue entre cédant et cessionnaire). Le successeur pressenti intervient aux deux plans : 1° il doit réaliser en sa personne les conditions d'exercice de la profession et recevoir l'investiture de l'autorité publique (le titulaire de l'office présente son successeur à l'agrément de la chancellerie qui nomme le successeur) ; 2° l'acquéreur doit verser à son prédécesseur la valeur représentative de cet office (le prix de charge) qui est la représentation pécuniaire du droit de présentation et du monopole d'exploitation.

La dissociation apparaît aussi dans la cession de l'office à cause de mort (par les héritiers du titulaire décédé sans avoir cédé sa charge), ou dans un partage de la communauté après divorce. En cas de cession *post mortem,* il faut encore que le successeur soit investi officiellement. Mais, cette fois, la valeur patrimoniale de l'office est dans la succession de l'ancien titulaire (pour être partagée entre ses héritiers). Enfin, en cas de divorce (si l'office ministériel est un bien commun), l'office, dans son ensemble, n'est pas compris dans le partage. L'époux qui était officier ministériel avant divorce est le seul qui puisse demeurer

(24) V. plus loin n° 1861 l'étude de la propriété littéraire et artistique.

à la tête de sa charge, mais la valeur de l'office (la finance) sera comptée sans la masse à partager. L'office fait l'objet d'une attribution préférentielle moyennant indemnité.

957 **2° Les universalités de fait :** Ce sont des **groupements de biens** plus ou moins homogènes : une bibliothèque (ensemble de volumes), un troupeau (série de têtes de bétail), ou encore — type achevé le plus important — un fonds de commerce (Le fonds comprend des éléments très divers : aux biens corporels — matériel d'exploitation, stocks de marchandises — s'ajoutent des éléments incorporels, clientèle, enseigne, marque de fabrique, très souvent droit au bail du local dans lequel le fonds est exploité). Or si, en général, ces éléments constitutifs sont matériellement ou juridiquement dissociables, leur valeur économique tient à leur réunion. Leur utilité vient de l'ensemble qu'ils forment. Ils constituent, en fait, des universalités : d'où le nom qui leur est donné et l'intérêt de les préserver comme telles.

958 Dans cette vue, le droit s'efforce de souder les éléments de l'ensemble pour les soumettre à un régime uniforme, afin de maintenir et sauvegarder, comme unité d'exploitation, l'entité économique à laquelle correspond, en définitive, l'universalité de fait. L'unité juridique se traduit parfois par le jeu de la subrogation réelle. Ainsi l'usufruitier d'un troupeau est-il tenu de compenser (jusqu'à concurrence du croît), les pertes individuelles que subit le troupeau : il doit remplacer les têtes des animaux qui ont péri (art. 616, al. 2) Le caractère d'une universalité de fait a été reconnu à un portefeuille de valeurs mobilières, considéré, en tant qu'universalité distincte des valeurs que la composent, comme un ensemble de biens non consomptibles, dans la gestion duquel l'usufruitier — tenu d'en conserver la substance et de la rendre — est fondé à céder des titres dans la mesure où ils sont remplacés (Civ. 1re, 12 nov. 1998, J.C.P. 99.II.10027, n. St. Piedelièvre), sous l'obligation de justifier de l'évolution du portefeuille et de communiquer au nu-propriétaire les documents et informations qui permettent de vérifier si la substance de l'usufruit a été conservée à travers les mouvements de valeurs (v. *infra,* n° 1300).

L'opportunité de ne pas dissocier les éléments de l'universalité apparaît surtout en cas de vente, de saisie, de mise en gage, (on voit tout l'intérêt de soumettre l'universalité en bloc à ces opérations, sans la faire éclater).

959 Universalités de fait, ces ensembles n'accèdent cependant pas au degré supérieur qui en ferait des universalités de droit. Il leur manque le critère spécifique qui définit le patrimoine : la corrélation de l'actif et du passif ne fonctionne pas au sein de cette masse de biens qui, faute de cloisonnement, ne constitue pas, dans le patrimoine de ceux qui les possèdent, un petit patrimoine autonome, isolé et indépendant (v. plus haut, n° 876).

Difficulté inédite. Forment-elles un seul et même trésor sur lequel l'inventeur peut faire valoir les droits conférés par l'art. 716, les 82 pièces gauloises découvertes par hasard et 70 autres pièces de même origine mises à jour par des spécialistes au cours de fouilles consécutives à la première découverte ? Pour l'affirmative T.G.I. Mans, 7 sept. 1999, J.C.P. 2000.II.10258, n. crit. C. Saujot. Pourrait-il s'agir d'une universalité de fait ?

B. DISTINCTIONS PRINCIPALEMENT FONDÉES SUR LA VALEUR DES CHOSES

960 Si la distinction des meubles et des immeubles ne correspond pas (du moins pas exactement) à un critère de valeur (v. plus haut n° 926 s.), une distinction d'ordre économique tend, moyennant un regroupement, à en prendre le relais : celle qui oppose les biens de capitalisation aux biens de consommation.

Sur cette distinction vient s'en greffer une autre classique, mais toujours actuelle : celle des fruits et des produits.

a) Biens de capitalisation et biens de consommation

On nomme aujourd'hui *biens de capitalisation* ceux qui forment la base la plus substantielle des fortunes privées, dans leur composition actuelle. Cette catégorie regroupe (c'est, au fond, sous une variation terminologique, un rebrassage des meubles et des immeubles, suivant un critère de valeur) trois espèces de biens consistants :

— les *biens de capitalisation immobilière* (terre de culture, terrains à bâtir, immeubles bâtis) ;

— les *biens de capitalisation mobilière* (or, valeurs, boursières, bijoux, collections précieuses) ;

— les *biens de production* ou unités d'exploitation : fonds d'exploitation commerciale, industrielle, artisanale ou agricole (qui, en fait, réunissent des éléments des deux premiers types).

Aux biens de capitalisation s'opposent les *biens dits de consommation.* Il s'agit de biens de confort ou d'usage courant. Pour l'essentiel, la catégorie comprend des biens d'équipement domestique, ou de jouissance personnelle (véhicules automobiles, appareils ménagers, etc.).

L'intérêt de cette distinction d'ordre économique ressort de la destination des biens.

Base permanente de la fortune privée, les biens de capitalisation sont considérés (dans la mentalité commune) comme des biens de réserve, et pas seulement comme des moyens de production (lorsqu'ils sont productifs). Ils sont placés sous le signe de la stabilité et de la pérennité dans l'appropriation. Ceux qui les possèdent les voient, en général, dans une perspective de transmission héréditaire. De tels biens sont de ceux qu'un propriétaire envisage de conserver et de transmettre à ses enfants. C'est en pensant à de tels biens que l'on parle au sens fort de patrimoine (évocatrice étymologie).

Au contraire, les biens de consommation (à ne pas confondre avec les biens consomptibles, v. ci-dessus n° 941) sont plutôt vus dans une perspective de *jouissance immédiate, de remplacement et d'amortissement* à moyenne ou à longue échéance. Ce ne sont plus des biens de conservation et de transmission successorale, mais de circulation et de jouissance personnelle. Le bien de consommation serait, en définitive, celui dont le propriétaire admet qu'il devra le remplacer au bout d'un certain temps.

Dans le prolongement de cette destination économique, la distinction des biens de capitalisation et des biens de consommation *commence à produire des conséquences positives.*

La politique qui se dessine, dans les nouveaux textes, tend à couvrir les biens de capitalisation (même s'ils ne sont pas nommés, mais seulement énumérés) d'une protection spéciale en vue de leur *conservation dans les patrimoines privés* (25).

---

(25) Le caractère spéculatif des biens les plus précieux de capitalisation mobilière (bijoux, métaux précieux, objets d'art, de collection et d'antiquité), leur aptitude à transporter les fortunes, sinon leur

966 Les biens de capitalisation sont ainsi protégés dans le patrimoine du mineur par une restriction spécifique des pouvoirs du tuteur. Celui-ci doit conserver, autant que possible, les biens qui forment la base de la fortune personnelle du mineur (art. 457). Il ne peut, sans l'autorisation du conseil de famille, accomplir un acte de disposition sur les immeubles, les fonds de commerce, les valeurs mobilières, les droits incorporels et les meubles précieux.

967 Dans le même esprit, les biens de capitalisation sont protégés par le droit matrimonial, au moins sous le régime de la communauté. Sous ce régime, aucun des époux administrateurs de la communauté ne peut disposer seul des acquêts qui correspondent à des biens communs de capitalisation. Sans doute, la loi ne protège-t-elle pas, en tant que tels, les biens de capitalisation ; mais l'énumération de l'article 1424 recompose, en un ensemble révélateur, l'essentiel de ces biens (immeubles, fonds de commerce, exploitations, droits sociaux non négociables, meubles corporels immatriculés). De tels biens ne sont pas laissés à la gestion concurrente, c'est-à-dire à l'initiative individuelle de l'un ou l'autre conjoint, mais soumis, pour leur disposition, à l'exigence de leur double consentement (gestion conjointe).

Ces conséquences fragmentaires offrent l'avantage de faire surgir, dans le droit patrimonial, de nouvelles figures qui viennent directement des réformes du droit familial et préfigurent, en se généralisant, de nouvelles structures.

b) Fruits et produits (26)

968 Les biens de capitalisation ne sont pas tous des biens de rapport. Certains capitaux sont apparemment stériles (une maison que son propriétaire habite, une collection de tableaux que son maître refuse d'exposer).

La plupart des biens de capitalisation sont cependant des biens productifs. Dans une terminologie un peu archaïque, le droit les nomme des **choses frugifères** (qui portent des fruits, qui rapportent des revenus). Ce sont précisément ces **fruits** qu'il faut présenter, par opposition aux biens d'une autre espèce que l'on appelle (en un sens de précision qui ne correspond pas au sens courant) des **produits**.

969 **1° Critère de la distinction. Les fruits naissent et renaissent périodiquement d'une chose sans en épuiser la substance :** La notion juridique de fruit se définit par *deux caractères associés : la périodicité de la production* et (réserve faite d'une usure naturelle progressive) la *conservation de la substance.*

Ces deux critères se reconnaissent dans les trois catégories de fruits que distingue le Code civil :

— les *fruits naturels* (art. 583) : ce sont ceux qui sont le produit spontané de la terre, sans effort de mise en valeur (produits des arbres non cultivés) ; on y joint le croît des animaux ;

— les *fruits industriels.* Ils correspondent à tous les fruits qui viennent, par la culture, grâce au travail de l'homme (à son « industrie ») ; ce sont, pour l'essentiel, les produits agricoles (art. 582) (À noter le hiatus entre le sens courant du terme industriel et le sens civil spécifique que le terme revêt ici) ;

---

intérêt comme éléments du patrimoine artistique national expliquent que le droit fiscal frappe d'une taxe, au titre de l'imposition des plus-values, les cessions à titre onéreux de tels biens, en régime intérieur, et que leur exportation soit assimilée à une vente, C. gén. imp. art. 302 bis A à 302 bis E.

(26) Sur la théorie générale des fruits, v. Croizat, *La notion de fruits en droit civil, en droit commercial et en droit fiscal,* th. Lyon, 1926.

— les *fruits civils.* Cette catégorie englobe les loyers des maisons, les fermages, les arrérages des rentes, l'intérêt des capitaux placés ou prêtés (art. 584).

Peu évocatrice ou même trompeuse (27), cette terminologie ne correspond ni au langage courant, ni au vocabulaire économique. Mais la notion doit être conservée. Sans doute faudrait-il plutôt parler de **revenus des biens** (ceux-ci venant se reclasser, dans l'ensemble des revenus, à côté des revenus du travail ; v. plus haut). Cependant le terme même de « fruit », consacré dans un sens technique de précision, est commode. C'est une référence unitaire qui court, constante et repérable, dans tout le droit du patrimoine, notamment dans la théorie de l'usufruit et de la possession.

Fruits des choses (ou revenus des biens) s'opposent aux produits. On appelle ainsi, au sens strict, **tout ce qui vient d'une chose au détriment de la substance de celle-ci**, comme les matériaux extraits d'une carrière ou les coupes de bois. Les produits d'une chose sont des **portions de capital**. Prélèvements opérés sur le capital lui-même, ils ont pour effet d'en entamer la substance et donc, à plus ou moins brève échéance, de l'épuiser.

Et pourtant cette distinction schématique mérite d'être aussitôt nuancée (au moins pour les derniers exemples donnés). Les matériaux d'une carrière sont considérés comme des fruits, et non comme des produits, lorsque la carrière est régulièrement exploitée ; de la même manière, les coupes de bois sont assimilées à des revenus, lorsque la coupe a été réglée.

2° Intérêts de la distinction. Ils sont liés à la destination économique des choses. D'un mot (à nuancer sans doute), les revenus sont faits (d'abord faits) pour être dépensés v. *infra*, n° 1174). Heureux celui qui parvient, sur ses revenus, à amorcer un mécanisme d'épargne, à économiser : Principalement, les revenus sont des moyens d'existence, des ressources. L'essentiel est de pouvoir vivre de ses revenus, sans entamer son capital. Les revenus ont, par là, une destination alimentaire, au sens générique du terme ; *ils sont normalement affectés à la satisfaction des besoins de vie courante.*

Sans le dire ainsi, la loi civile tire de cette affectation naturelle diverses conséquences : De la notion de fruits, elle a fait comme **un critère qui sert à déterminer des droits ou à délimiter des pouvoirs**. Comme objet de droit ou sphère de pouvoir, les fruits constituent une sorte de canon, d'**unité de mesure**.

L'usufruitier (art. 582 s.) a, par définition, le droit de percevoir et de consommer les fruits de la chose soumise à l'usufruit, mais il a le devoir d'en rendre la substance intacte au nu-propriétaire. C'est pourquoi l'usufruitier n'a pas droit aux produits de la chose (il lui est interdit d'entamer le capital). Il n'a droit qu'aux fruits, mesure de son droit, limite de sa vocation.

Le possesseur de bonne foi d'une chose frugifère — lorsqu'il est condamné à restituer au véritable propriétaire la chose qu'il a indûment entre ses mains — peut conserver les fruits qu'il a perçus de bonne foi (il se croyait propriétaire). Obligé de restituer le capital — et, par conséquent, les produits prélevés — il peut conserver les fruits perçus. On dit *que le possesseur de bonne foi fait les fruits siens* (C. civ. art. 549). Il convient d'entendre : normalement, les fruits sont faits pour être dépensés. Le possesseur de bonne foi est présumé les avoir consommés. Au moins est-il justifié de ne pas les avoir capitalisés (v. plus loin, n° 1147).

---

(27) Parce que le terme « fruit » est évocateur d'une seule catégorie de fruits, les produits d'arbres fruitiers, que tout le monde appellerait (autre discordance) fruits naturels.

973 Plus généralement, la notion de fruit sert à déterminer les droits d'un tiers chaque fois que celui-ci est investi, sur la chose d'autrui, d'un **droit de jouissance**. En un sens de précision, le droit de jouissance se définit, en effet, pour son bénéficiaire, comme le pouvoir de percevoir seul les fruits d'une chose et d'en disposer librement sans avoir à en rendre compte à quiconque (v. *infra,* n° 1018 s.).

C. DISTINCTIONS FONDÉES SUR LES RAPPORTS DES CHOSES AVEC CEUX QUI LES POSSÈDENT

974 C'est une vieille idée (presque magique) que les relations entre les individus et les choses peuvent être dotées de conséquences juridiques ; que les qualités de la personne peuvent se communiquer aux biens qu'elle possède ou la possession d'une chose influer sur l'état d'une personne (que la terre ennoblit son propriétaire, ou que l'individu infuse à ce qu'il possède quelque chose de sa personnalité). Les sociétés primitives (28) et la société féodale consacraient, de diverses manières, ce genre de communications. Le droit français moderne ne les connaît plus ouvertement (29). Cependant, l'idée voisine qu'**une chose peut être chargée d'une affectation particulière** demeure et produit des effets de droit. On peut en donner comme exemples les biens qui sont marqués d'une affectation personnelle (ou familiale) et, à l'opposé, ceux qui sont soustraits à l'appropriation individuelle. S'y ajoutent aujourd'hui les biens marqués d'un intérêt culturel.

a) Les biens marqués d'une affectation personnelle (ou familiale)

975 Il ne s'agit pas ici de droits exclusivement attachés à la personne, au sens particulier de l'art. 1166 (droits et actions que les créanciers ne peuvent exercer par voie oblique à la place de leur débiteur). L'idée différente est que la valeur de certains biens s'apprécie relativement à la personne qui les possède. Certains biens prennent leur pleine valeur pour la personne à laquelle ils sont affectés. Ils présentent, pour elle, un intérêt particulier, ou répondent, chez elle, à un besoin spécial, la nature de ce besoin et de cet intérêt étant, d'ailleurs, variable (30). L'attachement d'une personne à un bien (31) peut être d'ordre affectif (souvenirs de famille) ; l'utilité d'ordre matériel (vêtements à usage personnel). L'affectation personnelle peut aussi être le ressort d'une activité économique : ainsi, pour le professionnel, les moyens nécessaires à l'exercice de son métier (instruments de travail) et les exploitations qui reposent sur la qualification professionnelle de l'exploitant.

Ce genre d'affectation n'est pas sans conséquence. On pourrait même observer que **les lois civiles tendent à tenir compte de ces liens concrets et à éviter de les rompre**. Ainsi, dans le droit des régimes matrimoniaux, certains biens marqués d'une affectation personnelle restent, sous le régime

(28) Westrup, *Quelques remarques sur la propriété juridique devant l'histoire comparative,* Rev. hist. dr. 1933.233 s. Leenhardt, *Propriété et personne dans les sociétés archaïques,* Journal de psychologie, 1952, 278 s. Cf. *supra,* n° 834.

(29) Le contact vivifiant de l'homme avec la nature en fait retrouver d'autres. V. Martine Rémond-Gouilloud, *Ressources naturelles et choses sans maîtres,* D. 1985. chron. 27.

(30) V. par ex. l'affirmation du caractère utilitaire, pour un homme de lettres, des œuvres d'art qui concourent à former son « cadre de travail » (afin de fonder son droit à indemnisation en cas de destruction). Comm. domm. de guerre, Pas-de-Calais, 20 déc. 1961. G. P. 1962, I, 95.

(31) Ou, bien sûr, à un **animal.** On retrouve ici l'animal, non pour lui-même (v. *supra,* n° 939) mais pour l'attachement que son maître lui porte. D'où parfois l'ouverture d'un droit à réparation pour la peine de perdre un cher compagnon (Civ. 1er janv. 1962. D. 62.199, n. Rodière, R.T. 62.316, chron. Tunc : c'est la mort du petit cheval). Ce n'est pas à l'animal « être sensible » que va cet égard, mais au cœur sensible de l'homme. Ce lien privilégié est consacré par la loi : Les animaux qui vivent à l'ombre de leur maître, et pour son agrément, forment le groupe particulièrement protégé des « **animaux de compagnie** » (C. rur. art. 276-2 s.).

légal, propres à chacun des époux (C. civ. art. 1404 : ce sont des propres par nature, notamment les vêtements à usage personnel). D'autres tombent en communauté, mais seulement quant à leur valeur (en ce cas, l'affectation personnelle se traduit par une attribution préférentielle moyennant indemnité).

Le droit des majeurs protégés répond à un souci comparable. Quel que soit le régime de protection applicable (tutelle, curatelle, sauvegarde de justice) le logement de la personne protégée et les meubles meublants dont il est garni doivent être conservés à sa disposition aussi longtemps qu'il est possible. Surtout (la directive n'a plus rien d'un vœu) les souvenirs et autres objets de caractère personnel doivent toujours être exceptés de l'aliénation lorsque celle-ci s'avère nécessaire ou de l'intérêt du majeur protégé (C. civ. art. 490-2).

Le droit successoral poursuit la même politique (ne pas séparer certains biens des personnes auxquelles ils sont, plus spécialement, attachés) lorsqu'il établit, aux articles 832 s., toute une série d'attributions préférentielles, en matière de partage.

Dans les **souvenirs de famille** où est incorporé le souvenir de la famille, l'intérêt de perpétuer celui-ci en ne dispersant pas les objets qui, de génération en génération, sont l'instrument de sa conservation et de sa transmission, devient une considération décisive. **Régime.** La **coutume** fait **échapper les souvenirs de famille aux règles ordinaires de dévolution successorale et de partage.** La pratique judiciaire est de les confier à celui des membres de la famille qui apparaît le plus qualifié pour les recevoir, en conservant aux autres un certain droit de regard (v. not. T.G.I. 29 juin 1988, J.C.P. 1989.II.21240). À quel titre ? V. sous cette décision, la note de M. J.-F. Barbieri. L'affectation familiale dominante commande cette monarchie héréditaire tempérée (comp. *infra,* n° 1623). Entre les mains du légitime possesseur d'archives familiales, la réserve comparable d'un attachement à la famille est assez forte pour restreindre la liberté d'en disposer et pour fonder une conservation des biens dans la famille, au moins tant qu'existent d'autres membres de la famille (Paris, 7 déc. 1987, Collection Emile Zola, J.C.P. 1988.II.21148, n. J.-F. Barbieri). Le régime exorbitant des souvenirs de famille peut donc aller jusqu'à restreindre ou même abolir, entre les mains de leur attributaire, le droit d'en disposer librement (bien de mainmorte).

Notion. À quoi donc reconnaître un souvenir de famille ? En idée directrice, à sa **valeur essentiellement morale**. Un bien constitue un souvenir de famille lorsque son intérêt primordial réside non en sa valeur pécuniaire, mais en sa fonction symbolique transcendante de mémorial familial. La qualification résulte d'une hiérarchie de valeurs. L'appréciation de celle-ci devient donc très délicate lorsque le bien litigieux possède tout à la fois, en soi, une grande valeur économique et, pour la famille, une forte charge affective. C'était le cas, dans le procès qui opposait, au sein de la famille d'Orléans, les parents à certains de leurs héritiers présomptifs, du mobilier précieux qui garnissait l'une des résidences de la maison de France. La qualification de souvenirs de famille a été écartée (Civ. 1re, 12 nov. 1998, Pet. Aff. 9 mars 99, n° 48, n. J.-F. Barbieri). Trois indications ressortent de l'arrêt. C'est bien la valeur morale du bien qui est déterminante, lorsqu'elle est dominante. Il incombe aux demandeurs d'en apporter la preuve. Les juges du fond en sont les souverains appréciateurs (v. dans la même affaire, l'arrêt contre lequel le pourvoi est rejeté : Paris, 3 juill. 1996, J.C.P. 96.II.22703, n. S. Hovasse-Banget).

C'est sa transmission de génération en génération qui fait d'un bijou un souvenir de famille, ce que n'est pas une bague de fiançailles acquise en vue du mariage, présent d'usage (non rapportable, art. 852). En ce sens, Toulouse, 13 févr. 2001, J.C.P. 2001.IV.2955.

b) Les biens soustraits à l'appropriation individuelle

6 Ils relèvent du droit public (on ne fera que les citer). Trois catégories de biens sont soustraits à l'appropriation individuelle :

— les *biens domaniaux* (ensemble des biens appartenant à l'État et aux collectivités publiques). Ils comprennent le domaine public et le domaine privé (v. *infra,* nos 1339, 1625).

— Les *biens communaux.* Ils sont composés de bois, de landes, de terres incultes, de pâtures, terrains de vaine pâture et alpages, et sont laissés à l'usage collectif des habitants d'une ou plusieurs communes.

— Les *richesses nationales.* Il s'agit des sources d'énergie hydro-électrique, de certaines mines, de divers gisements. De tels biens seraient, en droit pur, susceptibles d'une appropriation privée (ils ont d'abord été appropriés). Mais, en raison de leur importance dans l'économie nationale, ils ont été nationalisés. Ressources essentielles pour la vie de la collectivité, ils échappent à l'appropriation individuelle. Le libéralisme montant remet en cause cette vocation.

c) Les biens culturels

977 Collections des musées, trésors nationaux, monuments historiques, vestiges archéologiques, œuvres d'art, créations de l'esprit, objets de collection, manuscrits et archives littéraires, le groupe hétéroclite et bigarré des biens dits culturels défie toute énumération limitative et toute définition close. Il s'agit plutôt de biens d'intérêt culturel, notion générique ouverte sur tous les champs de la culture, historique, préhistorique, anthropologique, scientifique, artistique, littéraire, etc. Le lien commun qui tire à lui, de la masse des biens ordinaires, ces biens de prestige est la valeur que la société leur attache comme témoins de civilisation. Tutélaire, le droit culturel a l'œil sur ce « patrimoine ». Il veille à l'accroissement, à la conservation, à la mise en valeur et au rayonnement de ses trésors. En lui coexistent plusieurs **droits spéciaux** dont chacun gouverne en particulier telle ou telle catégorie (v. Chatelain J. et F. et Pattyn C., *Œuvres d'art et objets de collection en droit français*, Berger-Levrault, Paris, 1997 ; C. Rigambert, *Le droit de l'archéologie française*, Picard, 1996 ; H. Bastien, *Droit des archives*, Doc. franc. Paris 1996 ; J.-F. Poli, *La protection des biens culturels meubles*, L.G.D.J. 1996 ; J.-P. Bady, *Les monuments historiques*, P.U.F., « Que sais-je ? » Paris 1985). Mais le droit culturel baigne aussi dans la **théorie générale du droit civil**. De la qualification des biens culturels au regard des catégories du droit des biens, biens corporels ou incorporels, meubles ou immeubles, immeubles par nature ou par destination, biens *ut singuli* ou *ut universi*, les biens tirent des fragments de leur régime juridique. V. Marie Cornu, *Le droit culturel des biens : l'intérêt culturel juridiquement protégé*, Bruylant, 1996 ; Colette Saujot, *Biens culturels et droit civil, problèmes de qualification, in* Clés pour le siècle, Dalloz, 2000, p. 79 s. Ouvrage de synthèse : *Droit, œuvres d'art et musées* (*Protection et valorisation des collections*), Marie Cornu et Nathalie Mallet-Poujol, C.N.R.S., éd. 2001.

Sur la protection des biens culturels (notamment par les restrictions à leur circulation), v. la loi du 31 déc. 1992, mod. par la loi du 10 juill. 2001 et le décret d'application du 29 janv. 1993, mod. par le d. du 26 sept. 2001.

BIBLIOGRAPHIE

I. Meubles et immeubles

AUBRY et RAU, T. II, 7e éd. par Esmein, § 163.

CARBONNIER, 3, 47.

FRÉJAVILLE, *Des meubles par anticipation*, th. Paris 1927.

SAINT-GERMÈS, *Influence de la valeur des meubles dans le Code civil*, th. Alger 1926.

ALAIN BLAISSE, *Essai sur la nature des droits des associés des sociétés d'attribution*, th. Paris, 1979.

II. Autres distinctions

R. SAVATIER, *Vers de nouveaux aspects de la conception et de la classification juridique des biens corporels*, R.T. 1958, 1 s. ; *Essai d'une présentation nouvelle des biens incorporels*, R.T. 1958, 331 s.

Consomptibilité et fongibilité : HUMBERT, th. Paris 1940 ; JAUBERT, R.T. 1945, 75 s. ; Zenati, R.T. 90, 109 ; M.-A. LAUDE, Rev. trim. dr. com. 95.307 ; S. TORCK, *Essai d'une théorie générale des droits réels sur choses fongibles*, th. Paris 1, 2002, dact.

III. Groupement de biens

CARBONNIER, 3, 59.

G. GOUBEAUX, *La règle de l'accessoire en droit privé français,* th. Nancy, 1969.

GULPHE, *L'immobilisation par destination,* th. Paris 1943.

R. GARY, *Les notions d'universalité de fait et d'universalité de droit,* th. Bordeaux, 1932.

Delmas-SAINT-HILAIRE, *Essai sur la notion juridique d'exploitation en droit privé français,* th. Paris 1955.

IV. Affectation des biens

S. GUINCHARD, *L'affectation des biens en Droit privé français,* préf., Nerson, Bibl. de droit privé, T. 145.

J.-F. BARBIERI, *Perpétuité et perpétuation dans la théorie des droits réels,* Toulouse, 1977.

V. Vue d'ensemble

L'évolution contemporaine du droit des biens, troisièmes journées René Savatier, Poitiers 1990, P.U.F., 1991.

SECTION II — DISTINCTION DES DROITS RÉELS ET DES DROITS PERSONNELS

Cette distinction domine tout le droit du patrimoine. L'étude des biens couvre essentiellement les principaux droits réels ; celle des obligations les droits personnels. Quant aux divers contrats, ils peuvent avoir pour effet de transférer la propriété (plus généralement des droits réels) ou d'engendrer des droits de créance. Certains — comme la vente — sont même tout à la fois translatifs de propriété et créateurs d'obligations. Enfin le droit du crédit, ordonné à la sécurité du créancier, tend souvent à l'assurer par la garantie d'un droit réel accessoire sur la chose d'autrui (hypothèque, gage).

Capitale, la division est ancienne. Le droit romain distinguait les actions réelles et les actions personnelles. C'est aujourd'hui relativement au **droit subjectif**, non à sa sanction, que la théorie s'est développée, pour atteindre, scientifiquement, un haut degré d'élaboration. Si cette distinction séculaire est toujours actuelle, l'analyse fondamentale sur laquelle elle repose doit être accompagnée d'observations qui la nuancent et la complètent.

§ 1. ANALYSE FONDAMENTALE

C'est fondamentalement par leur **structure** que droit réel et droit personnel diffèrent. Il en résulte, positivement, que le droit réel est doté **d'attributs** dont le droit personnel est dépourvu. L'opposition de structure entraîne une différenciation des attributs.

A. L'OPPOSITION DE STRUCTURE

981 Si tout droit subjectif est un rapport, le droit réel, dans l'analyse classique, apparaît comme un rapport entre une personne et une chose, le droit personnel ou droit de créance, comme un rapport entre deux personnes (v. déjà, plus haut, n° 41 s., 50 s.).

a) Le droit réel

982 Il a, dit-on, pour trait spécifique de mettre son titulaire au **contact direct** de la chose qui en est l'objet, sans intermédiaire. Le droit réel se définirait, pour son titulaire, comme **un pouvoir immédiat sur une chose** (ce que suggère la formule latine *« jus in re »)*.

Schématique, cette analyse donne la vision d'une structure simple (32). Elle appelle une précision. L'idée d'un contact immédiat entre titulaire et objet du droit ne recouvre pas toujours la même réalité. Sous ce rapport, les **droits réels principaux** s'opposent aux **droits réels accessoires**.

983 **1° Les droits réels principaux (propriété, usufruit, usage, servitudes) :** donnent à leur titulaire le pouvoir de tirer directement d'une chose **tout ou partie de son utilité économique.**

Ils forment une gamme variée (encore qu'elle soit limitative et relativement limitée). Les pouvoirs que chaque droit confère à son titulaire sont inégaux. Plénier, le droit de propriété investit le propriétaire du droit de tirer de la chose l'intégralité de son utilité économique. Relativement à la pleine propriété, les droits réels démembrés ne procurent à leur bénéficiaire que des avantages restreints (l'usufruit ne réunit que certains des attributs de la propriété).

984 Mais tous les droits réels principaux ont pour trait commun de permettre à leur titulaire d'**utiliser directement la chose qui est l'objet du droit selon la destination naturelle** de celle-ci, pour une utilisation directe (en main directe). C'est pour eux que l'idée d'un contact immédiat du sujet et de l'objet du droit correspond à une réalité tangible.

985 **2° Les droits réels accessoires (hypothèque, gage) :** ne confèrent à leur titulaire qu'une **garantie éventuelle** sur le bien grévé. Leur pouvoir plane plutôt qu'il ne repose sur l'assiette de la garantie. L'idée d'un contact direct du créancier nanti de sûreté avec le bien grevé correspond à une réalité plus lointaine, surtout pour les sûretés sans dépossession (le créancier hypothécaire n'est pas en possession de l'immeuble hypothéqué). Même dans les sûretés avec dépossession, le créancier protégé (le créancier gagiste) n'a pas le droit de se servir de la chose suivant sa destination naturelle.

Pour le titulaire d'un droit réel accessoire, la chose sur laquelle plane son pouvoir de contrainte constitue une **réserve de valeur** soumise à une menace éventuelle de réalisation, plutôt qu'un instrument de services soumis à une emprise directe effective. Le créancier gagiste ou hypothécaire est seulement « à l'affût » — en cas de besoin — de la valeur monétaire incluse dans le bien offert en garantie : **sûreté monétaire plus qu'utilité économique** (v. plus loin n° 996).

Marquée cette distinction, la structure du droit réel demeure relativement simple.

(32) V. cependant, plus loin, l'étude des rapports complexes entre les personnes et les biens.

b) Le droit personnel

Ainsi nommé parce qu'il consiste en un rapport entre deux personnes, il se définit comme **le droit en vertu duquel le débiteur est obligé envers le créancier à accomplir une certaine prestation**. Ce rapport de droit se nomme **obligation**. L'obligation est le lien juridique *(vinculum juris)* en vertu duquel une personne, sujet actif de l'obligation, est en droit d'exiger d'une autre, sujet passif de l'obligation, l'accomplissement d'une prestation (objet de l'obligation). On l'appelle **créance** du côté actif, **dette** du côté passif.

Par sa structure, le droit personnel se distingue ainsi du droit réel. Le rapport entre un sujet de droit et une chose fait place à un **rapport entre deux personnes**, créancier et débiteur, relativement à ce qui est dû.

D'autres raisons rendent le droit personnel plus complexe que le droit réel.

D'abord, *l'objet de l'obligation est variable* (v. n° 52). De nature fort diverse, la prestation peut consister, suivant la classification la plus banale, soit à faire, soit à ne pas faire, soit à donner quelque chose (c'est-à-dire transférer la propriété d'un bien).

Une autre source de complication résulte des *modalités* dont le rapport peut être affecté. L'obligation pure et simple oblige un seul débiteur envers un seul créancier à une prestation unique due ferme et sans délai. Mais l'obligation peut engager plusieurs débiteurs envers plusieurs créanciers, à plusieurs prestations dues cumulativement ou alternativement. Le débiteur peut devoir à terme, ou sous condition (sous la condition qu'il arrivera ou qu'il n'arrivera pas tel ou tel événement), etc. Les figures de complications peuvent se présenter ensemble ou séparément.

Enfin, le **rapport d'obligation** est **plus complexe** parce que, à la vérité, il **se dédouble**. Dans l'obligation, la réflexion doctrinale a découvert, à l'analyse, deux rapports distincts : le *« debitum »* (le devoir, *Schuld*, dans la terminologie allemande), et *« l'obligatio »* (l'engagement, la contrainte, *Haftung*). En droit français aussi, le dédoublement affleure : la dette correspond à un rapport personnel entre débiteur et créancier, à un devoir de la personne. Mais un autre rapport sous-jacent apparaît lorsque se manifeste le pouvoir du créancier sur le patrimoine du débiteur. L'obligation libère alors un pouvoir de contrainte qui, dans notre système juridique, ne porte pas directement sur la personne, mais sur les biens. Même en droit français, l'obligation, au sens générique du terme, recèle deux rapports : *c'est bien le débiteur qui doit, mais c'est le patrimoine qui répond de la dette* ; la personne doit, les biens sont saisis ; devoir, contrainte.

B. LA DIFFÉRENCIATION DES ATTRIBUTS

Le droit réel est, dit-on volontiers, supérieur au droit personnel. La supériorité dont il peut être doté *dans l'ordre monétaire, économique et social*, est, en vérité, sujette à appréciation.

On dit que le droit réel ne donne pas prise à la dépréciation de la monnaie (qu'au contraire le titulaire d'un droit réel — propriétaire d'un immeuble, usufruitier d'un domaine agricole — voit se réévaluer entre ses mains l'objet de son droit, tandis que le franc — l'euro — se dévalue). En revanche, le droit personnel est souvent plus vulnérable aux fluctuations de la monnaie. Cependant cela n'est vrai que dans les obligations de sommes d'argent dont le montant nominal est invariablement fixé. Ce n'est déjà plus exact pour les créances qui ont pour objet des prestations de services, ou de travail, ni même pour une créance d'aliments. Cela cesse d'être vrai, même pour une dette de somme d'argent, lorsque le montant du capital dû est assorti, dans les limites légales, d'un indice qui le fait varier.

990 Sous d'autres rapports, on pourrait tenir que la possession des biens procure à son bénéficiaire une tranquillité d'esprit, une sécurité, une liberté, qui marqueraient, dans l'ordre économique et social, une autre supériorité du droit réel. Cependant, c'est pour beaucoup affaire de tempérament. Certains locataires répondent qu'ils n'ont pas les soucis de la propriété. Liberté, la propriété est aussi sujétion, responsabilités de gestion, charges.

991 Technique, *la supériorité proprement juridique du droit* réel sur le droit personnel repose, dans la doctrine classique, sur des différences de structure : **Le droit réel est doté de trois attributs qui manquent au droit personnel** (sauf nuances à marquer au passage).

992 **1° L'opposabilité erga omnes** (33). Le droit réel est opposable à tous. Au moins est-ce une première image à contempler que le titulaire d'un droit réel, seul face à l'humanité entière qui doit respecter son droit. Le droit personnel est relatif. Si le droit de créance résulte d'un contrat, la relativité de l'effet des conventions (C. civ. art. 1165) fait que le créancier ne peut faire valoir son droit qu'à l'encontre de son cocontractant, débiteur de l'obligation. Le contraste, *grosso modo*, est exact. Il ne faudrait cependant pas l'exagérer. L'opposabilité des droits réels à l'égard des tiers est souvent subordonnée à l'accomplissement de formalités légales de publicité. De son côté, l'obligation a une existence sociale qui en impose à tous le respect (les tiers sont en faute s'ils se rendent complices de la violation, par l'un des contractants, de ses obligations envers l'autre).

993 **2° Le droit de suite.** À la différence du droit personnel, le droit réel est assorti d'un droit de suite, prolongement naturel du *jus in re*. Sous cette expression évocatrice, le titulaire d'un droit réel est investi du droit de suivre la chose sur laquelle porte son droit entre les mains des tiers qui l'auraient acquise par d'autres voies. Ainsi le propriétaire peut-il agir en revendication contre le tiers-acquéreur ou le simple possesseur de la chose dont il a été dépouillé (sauf dans les cas où la loi paralyse la revendication, comme dans l'article 2279 C. civ.). Le créancier hypothécaire jouit, de son côté, du droit de suivre l'immeuble hypothéqué entre les mains d'un tiers acquéreur (auquel le débiteur propriétaire de l'immeuble hypothéqué l'aurait cédé) ; c'est entre les mains de ce tiers qu'il peut le saisir, le faire vendre, pour se payer sur le prix (C. civ. art. 2114, *in fine* ; v. ci-dessous, n° 1002).

994 Au contraire, le titulaire d'un droit personnel — simple créancier chirographaire — n'a pas la possibilité de suivre entre les mains du tiers acquéreur les immeubles que son débiteur aurait aliénés. Il a seulement la faculté de critiquer les aliénations consenties par le débiteur, mais en exerçant l'action paulienne ouverte par l'article 1167 (c'est-à-dire à charge de démontrer la fraude du débiteur). La garantie éminente qu'apporte le droit réel se mesure à la supériorité du droit de suite sur l'action révocatoire.

995 **3° Le droit de préférence.** Sous ce terme expressif, ce droit correspond à un avantage dont ne peuvent se prévaloir les créanciers ordinaires, car c'est l'apanage des créanciers munis d'un droit réel accessoire (p. ex. une hypothèque). Ce traitement préférentiel apparaît, à l'échéance, lorsque le débiteur n'a pas de quoi désintéresser tous ses créanciers. Tout créancier (même chirographaire) est en droit de saisir ses biens meubles et immeubles. Si, lors de la saisie ou de la distribution du prix, aucun créancier muni de sûreté n'est en lice, le produit de la vente se distribue entre tous les créanciers ordinaires qui ont fait valoir

■ (33) V. M. Levis, *L'opposabilité du droit réel, de la sanction judiciaire des droits,* Th. Paris II, 1986, Economica, 1989, préf. P. Raynaud (la thèse est surtout de démontrer le caractère obligatoire et inconditionné de la sanction en nature des droits réels que rend imparfaitement le terme exclusivisme).

leur droit, proportionnellement au montant de leur créance. C'est la technique de la distribution par contribution fondée sur le principe de l'égalité des créanciers (art. 2093).

5 La règle d'égalité est tenue en échec lorsque les créanciers chirographaires sont en présence d'un créancier muni d'une sûreté réelle. Dans ce cas, le droit réel montre une autre de ses supériorités sur le droit personnel, en raison du droit de préférence qu'il confère à son bénéficiaire : dans la distribution du prix des biens vendus, le titulaire du droit de préférence échappe à la loi égalitaire du concours entre créanciers. Il peut, par priorité, se faire intégralement désintéresser, le reste, s'il existe, étant ensuite distribué, au marc le franc, entre les créanciers chirographaires.

§ 2. OBSERVATIONS COMPLÉMENTAIRES

7 Simplificatrice, la distinction traditionnelle du droit réel et du droit personnel est encore l'objet de réflexions doctrinales de haute valeur spéculative qui cherchent à renouveler la classification des droits.

Diverses précisions ont valeur positive de compléments.

A. RECHERCHES DOCTRINALES

8 a) Certains essais d'explication sont anciens. À la fin du siècle dernier, un auteur a nié que le droit réel pût consister en un rapport de droit entre un individu et une chose. Tout rapport de droit s'analysant nécessairement en un rapport entre personnes, il ne peut pas y avoir seulement, dans la structure du droit réel, un sujet et un objet. C'est la théorie de Planiol (34). L'auteur a proposé de ramener le droit réel à une obligation passivement universelle, le titulaire d'un droit réel étant présenté comme investi d'un droit de créance à l'égard de tous.

9 D'autres, au contraire, ont nié que l'obligation soit un rapport entre deux personnes, pour y voir un rapport entre deux patrimoines, donc une valeur économique, élément objectif de l'actif du patrimoine. C'est la théorie de Saleilles (35). Si, cependant, on admet la théorie (scientifiquement séduisante) du dédoublement de l'obligation en *debitum et obligatio* (v. plus haut, n° 988), la représentation du patrimoine comme objet de la contrainte fait à la théorie objective la concession qui s'impose, sans, pour autant, méconnaître la considération essentielle de la personnalité du débiteur.

0 b) Une thèse plus récente, soutenue par M. Ginossar (36) s'articule en une série de propositions.

Les créances sont d'abord replacées sous le couvert de la notion générique de propriété. L'idée mère est que le droit de propriété peut indifféremment porter sur des éléments corporels ou incorporels. Nous sommes donc propriétaires de nos créances. La créance devient objet de droit réel. Cependant, le droit réel disparaît à son tour dans l'analyse qui suit pour se fondre en une obligation passive universelle. Enfin, M. Ginossar reclasse les droits réels sur la chose d'autrui *(jura in re aliena)*, servitudes usufruit, droit d'usage, dans l'ensemble des obligations, plus spécifiquement dans la

(34) Planiol, Trait. élém., 1896, I, n° 2158 ; Michas, *Le droit réel considéré comme une obligation passivement universelle,* th. Paris, 1900.

(35) Saleilles, *L'obligation d'après le premier projet de Code civil allemand,* 1889 ; *adde :* E. Gaudemet, *Étude sur le transport de dettes à titre particulier,* th. Dijon, 1898 ; Jallu, *Essai critique sur l'idée de continuation de la personne,* th. Paris 1902.

(36) En dernier dans un article paru à la R.T., 1962, *« Pour une meilleure définition du droit réel et du droit personnel »,* p. 573, en réponse à un compte rendu critique que Jean Dabin avait donné de l'ouvrage de M. Ginossar, R.T., 1962, 20, *« Une nouvelle définition du droit réel ».*

catégorie des « obligations *propter rem* » (le titulaire d'un droit sur la chose d'autrui étant considéré comme le bénéficiaire d'une telle obligation à la charge du propriétaire) : rebrassage en chaîne des concepts de base (37).

Défenseur convaincu de la revendication des sommes d'argent, M. Didier R. Martin soutient avec vigueur que celui auquel une somme d'argent est due, non à titre de paiement, mais à titre de restitution, dispose, à l'encontre du tiers détenteur qui l'a reçue en dépôt, non d'une action personnelle, mais d'une action réelle en revendication, alors même que la somme due est, par hypothèse, noyée dans la masse des avoirs du détenteur avec toutes les choses du même genre. Cependant, comme l'action en revendication est la mise en œuvre d'un droit réel, l'affirmation implique qu'un droit réel peut porter sur une chose fongible non identifiée, non déterminée, mais seulement déterminable par son montant ou sa quantité au sein du genre auquel elle appartient. Ainsi naîtrait au monde des figures juridiques, un droit réel virtuel en surplomb d'actif qui nantirait logiquement le ci-devant créancier, promu propriétaire *in intellectu*, d'un droit de suite et d'un droit de préférence, corollaire du droit réel. Ainsi, la *res* du droit réel désignerait, selon les cas, soit, classiquement, un corps certain, soit, nouvellement, un « à-valoir » sur actif (ambiguïté qui pourrait dépasser l'entendement ordinaire des citoyens. V. D. 2002, chron. p. 3279).

B. COMPLÉMENTS POSITIFS

L'opposition schématique du droit réel et du droit personnel doit être complétée, positivement, par la mise en place de diverses situations intermédiaires.

1001 a) Entre droit réel et droit personnel s'intercale la catégorie des **obligations « propter rem »**. On appelle ainsi, ou encore **obligation réelle**, celle qui pèse sur une personne, mais seulement en tant qu'elle est propriétaire d'une chose. Le débiteur de l'obligation *propter rem* est tenu d'une dette, mais seulement en tant qu'il est (et tant qu'il est) propriétaire d'une chose. Ainsi (C. civ. art. 698 et 699) le propriétaire du fonds servant qui doit faire les frais de travaux nécessaires à l'exercice d'une servitude n'est assujetti à la dette qu'en raison de sa propriété sur le fonds : il peut s'affranchir de sa dette en abandonnant le fonds (il a parfois intérêt à le faire) ou en l'aliénant. À cette condition, il n'est pas personnellement et indéfiniment obligé sur tous ses autres biens. La dette est liée à la propriété (38).

1002 De l'obligation *propter rem* se rapproche la **situation du tiers acquéreur d'un immeuble hypothéqué** à l'égard du créancier hypothécaire poursuivant qui exerce son droit de suite. N'étant pas obligé personnellement à la dette, il est simplement tenu de souffrir entre ses mains la saisie de l'immeuble et de laisser le créancier se payer sur le prix. Il est seulement contraint en tant qu'il détient une réserve de valeur affectée à l'acquittement d'une dette (v. plus haut, n° 993) : étranger au *débitum*, il subit, *propter rem, l'obligatio*.

1003 b) **Certains droits personnels sont teintés de réalité**. En principe (39), le droit du preneur à bail est un droit de créance : le locataire n'est pas investi, par le bail, d'un droit réel sur la chose louée ; il est titulaire d'un droit de créance à l'égard du propriétaire (lequel lui doit diverses prestations dont l'usage du logement).

(37) *Adde,* la recherche personnelle de M. Fayez Hage-Chahine, en faveur d'une nouvelle distinction fondée sur l'existence d'un sujet passif déterminé. « *Essai d'une nouvelle classification des droits privés* », R.T. 1982, 505 s.

(38) En conséquence, seul l'abandon de la propriété emporte affranchissement de la dette : Le non usage n'y suffit pas. Ainsi jugé pour la participation aux frais de remise en état d'un chemin d'exploitation. Civ. 3e 12 janv. 1982, Bull., III, n° 13, p. 9. Si, partant des éléments du régime juridique de l'obligation réelle sur lesquels s'accordent en général les interprètes, l'esprit s'aventure à en saisir la nature, il accède au lieu où se côtoient, se mélangent et se redistribuent le droit réel et le droit personnel, quête fascinante, comme l'atteste la riche succession des thèses de chercheurs.

(39) V. plus haut, n° 917.

Cependant, le droit du locataire sur la chose louée tend, aujourd'hui, sous divers rapports, sinon à se muer en droit réel, au moins à se teinter de réalité :

— En vertu de l'article 1743 du Code civil, les baux qui ont date certaine sont opposables à l'acquéreur de l'immeuble. Règle de protection en faveur des locataires en place : si le propriétaire vend l'immeuble loué, l'acquéreur doit respecter les baux antérieurs qui ont date certaine. À cette condition « louage passe vendage ». Une telle opposabilité marque un pas que le droit de créance fait vers le droit réel.

— Dans l'esprit de la législation socialisante de l'après-guerre, diverses lois spéciales ont considérablement renforcé les droits du preneur sur les lieux loués en lui conférant, soit un droit au maintien dans les lieux (pour certains baux d'habitation), soit un droit au renouvellement du bail (baux commerciaux), soit même, en outre, un droit de préemption (baux ruraux). Même si la loi n'a pas amorcé un processus historique de mutation de la propriété, annonciateur d'un changement de main, le renforcement dont bénéficie le preneur, dans ses droits, tend à rapprocher ceux-ci d'un droit réel.

BIBLIOGRAPHIE

I. Droits réels et droits personnels

R. CAPITANT, *Sur la nature des droits réels,* Mélanges Sugiyama.

CHENON, *Les démembrements de la propriété française,* Paris 1881.

CHAUVEAU, *Classification nouvelle des droits réels et personnels,* Rev. Crit. 1931, 535 s.

GINOSSAR, *Droit réel, propriété et créance, Élaboration d'un système rationnel des droits patrimoniaux,* L.G.D.J. 1960.

DABIN, *Une nouvelle définition du droit réel,* R.T. 1962, 20-24.

GINOSSAR, *Pour une meilleure définition du droit réel et du droit personnel,* R.T. 1962, 573.

RIGAUD, *À propos d'une renaissance du* jus ad rem et d'un essai de classification nouvelle des droits patrimoniaux, Rev. Intern. Dr. Comp., 1963, 557 s.

F. HAGE-CHANINE, *Essai d'une nouvelle classification des droits privés,* R.T. 1982, 705 s.

LIMPENS, *De l'opposabilité des contrats à l'égard des tiers, contribution à l'étude de la distinction entre les droits réels et les droits personnels,* Mélanges Roubier, 1961, T. II, 89 s.

A. BLAISE, *Essai sur la nature des droits des associés des sociétés d'attribution,* th. Paris, 1979.

J.-F. BARBIERI, *Perpétuité et perpétuation dans la théorie des droits réels,* th. Toulouse, 1977, S.R.T. Grenoble, 1979.

FILIP, *La nature juridique du droit du créancier chirographaire,* th. Paris, 1922.

RIGAUD, *Le droit réel. Histoire et Théories. Son origine institutionnelle,* th. Toulouse, 1912.

LÉVIS, *L'opposabilité du droit réel, de la sanction judiciaire des droits,* th. Paris II, 1986 Economica, 1989, préf. P. Raynaud.

Didier R. MARTIN, *De la revendication des sommes d'argent,* D. 2002, chron. 3279.

II. Obligations réelles

MICHON, *Des obligations propter rem dans le Code civil,* th. Nancy, 1891.

JUGLART (DE), *Obligations réelles et servitudes en droit privé français,* th. Bordeaux, 1937.

BALBI, *La obligazioni propter rem,* Turin, 1950.

ABERKANE, *Essai d'une théorie générale de l'obligation* propter rem *en droit positif français, contribution à l'étude de la distinction des droits de créance et des droits réels,* L.G.D.J. 1957, préf. Fréjaville.

J. SCAPEL, *La notion d'obligation réelle,* th. Paris 1, 2002.

III. Droit du preneur

DERRUPPE, *La nature juridique du droit du preneur à bail et la distinction des droits réels et des droits de créance,* th. Toulouse 1951, publiée 1952.

JOZON, *De la nature du droit du preneur,* Revue Pratique de Droit français, 1865, 358.

ANNONCE DU PLAN

1004 Référence positive de tout le droit du patrimoine — et même postulat de tout un système juridique dans lequel il s'associe à la liberté contractuelle et à la transmission héréditaire — **le droit de propriété est la clé de la théorie des biens** (on pourrait dire aussi, la norme, la base). Dans son achèvement, la notion de propriété privée demeure la même — abstraite et générale — pour tous les biens, corporels ou incorporels, mobiliers ou immobiliers sur lesquels elle peut porter. Il existe, en droit positif, **une théorie générale de la propriété privée, abstraction faite de la nature des choses qui en sont l'objet.**

1005 Cependant certaines catégories de biens sont assujetties à des dispositions particulières qui confèrent, à chacune, un statut spécial. Ordres complémentaires : Au régime général des biens, s'articulent un régime foncier propre aux immeubles ou un statut propre aux meubles. (Il existe même des règles plus particulières encore à telle ou telle catégorie d'immeuble ou de meuble).

Considérer la propriété privée, en général, abstraction faite de la nature de son objet (Première partie), est une introduction à **l'étude plus concrète des diverses propriétés envisagées sous le rapport de l'objet auquel elles s'appliquent** (ou, au moins, par masse, du régime foncier et du statut des meubles) (Deuxième partie).

PREMIÈRE PARTIE
THÉORIE GÉNÉRALE DE LA PROPRIÉTÉ PRIVÉE

Qu'un lecteur soit propriétaire du livre qu'il tient en ses mains : deux ordres de rapport se joignent dans cette rencontre : d'une part, **un rapport de droit,** un pouvoir juridique, un droit ; d'autre part, un **rapport de fait,** une maîtrise matérielle, un fait. Loin de s'exclure, les deux pouvoirs s'attirent (la propriété tend naturellement à coïncider avec la possession et *vice versa*). Mais ils peuvent ne pas coexister ; le propriétaire être dépouillé de la possession de sa chose, et le voleur s'en emparer : l'un a un droit sans pouvoir de fait, l'autre un pouvoir de fait sans droit.

Ainsi schématisés, ces rapports de droit ou de fait paraissent simples. Cependant une **même chose peut être l'objet de plusieurs droits, soit de même nature, soit de nature différente.** Le régime des biens est, dans l'imagination de l'humanité, le lieu et le jeu de complications nouvelles ou renaissantes. Divers conflits peuvent, d'ailleurs, surgir entre la maîtrise de droit et la puissance de fait. Si bien qu'aux hypothèses simples, s'opposent toutes les complications virtuelles des rapports du titulaire du droit avec la chose qui en est l'objet.

L'exposé des **rapports élémentaires** entre les personnes et les biens (titre I) introduit à l'étude plus délicate de leurs **rapports complexes** (titre II).

TITRE I

RAPPORTS ÉLÉMENTAIRES ENTRE PERSONNES ET BIENS

3 Il y en a deux : **la propriété et la possession**. **La propriété correspond à un rapport de droit.** C'est une chose juridique *(« res juris »),* un droit (Chap. I).

La possession correspond à un rapport de fait. C'est une chose matérielle *(« res facti »)* un pur fait (Chap. II).

CHAPITRE 1
LE DROIT DE PROPRIÉTÉ

Droit subjectif, la propriété est aussi un **fait économique et social.** Elle appartient à l'histoire des idées. Elle existe et on en discute. C'est une question sociale et un débat doctrinal à mille facettes.

Or sans doute le droit de propriété est-il parfois contesté en son principe. Est-il source d'inégalité sociale ou facteur de paix publique ? Gage de liberté ou instrument d'une domination de classe ? Facteur de progrès économique ou obstacle au développement ? Est-il, dans une famille, havre et sécurité ou discorde et rivalité ? Est-ce un bastion de l'égoïsme ou une source de générosité, libération ou asservissement ? Est-ce un bien ? Est-ce un mal ? (1).

La vérité pourrait être, aujourd'hui, que, si le droit de propriété traverse des épreuves, celles-ci se concentrent dans divers **secteurs critiques** qui campent la physionomie actuelle du problème.

Il y a un problème de la **propriété dans l'entreprise** (non seulement pour la répartition des bénéfices entre le capital et le travail, mais aussi, autre aspect de la participation, quant à l'exercice du pouvoir dans l'entreprise). C'est un problème particulier au **droit de l'entreprise.**

La propriété est une **question dans l'agriculture :** sans doute n'y a-t-il pas, en France, de question agraire (de partage de terres) (2). Mais le problème se pose de savoir si le droit de propriété ne se dresse pas, en obstacle, à une politique agricole favorable au remembrement et au regroupement des exploitations. Également spécifique, ce problème est propre à la **propriété rurale.**

Enfin, la **propriété urbaine** est mise en question par le phénomène capital de la croissance des villes. La question pèse sur la propriété des terres à bâtir dans les périmètres d'extension et de croissance des grandes villes, en tant qu'obstacle éventuel à la réalisation

---

(1) Tout s'éclaire dans la vue d'une propriété à l'échelle humaine, système dans lequel l'homme, mesure de toute chose, l'est aussi de sa richesse ; v. là-dessus l'article essentiel de J. Carbonnier, *Les dimensions personnelles et familiales de la propriété,* Revue Sources, mai-juin 1953, *Flexible droit,* p. 164 s *Adde,* pour une vue qui replace la propriété sous la dépendance du *bonum* et de l'*aequum,* Fr. Vallancon, *Domaine et propriété, glose sur la Somme Théologique de Saint-Thomas d'Aquin,* Th. Paris II 1986.

(2) V. Argenton, *Les doctrines du marxisme agraire,* th. Paris 1934 ; Perroux, *Les réformes agraires en Europe,* 1935.

de grands programmes d'urbanisme. Le problème *propriété privée-urbanisation* est patent dans toutes ses implications (spéculation foncière, plus-value, réserve foncière, municipalisation du sol, etc.).

1011 Il est à peine rassurant qu'en dehors de ces trois secteurs chauds, le front de la théorie générale de la propriété demeure relativement serein : **le droit de propriété est solennellement consacré par notre droit positif à l'article 544 du Code civil**. Il existe, en France, dans tous les horizons sociaux, à l'état d'attachement ou d'aspiration, un courant profond et vivace en faveur de la propriété privée (v. plus haut, n° 890). Nous pouvons raisonner sur l'hypothèse de sa pérennité (3). La propriété privée existe. **C'est une institution** et pas seulement un droit subjectif (Carbonnier). La preuve expérimentale irréfutable en serait donnée, de haut, par la photographie aérienne de la France... À vue de toits et de champs.

Une étude positive est fondée à fixer la **nature juridique du droit de propriété,** norme fondamentale du droit patrimonial, canon ou, au moins, référence, pour d'autres droits, (idéal à atteindre ou modèle à abattre ; nombre d'or ou veau d'or de l'ordre juridique), sauf à suivre, ensuite, dans le patrimoine des individus, la **vie du droit de propriété,** (puisque la propriété est, pour son titulaire, un droit qui naît, s'exerce, et s'éteint).

NOTE

1012 **Le droit de propriété sous l'égide de la Constitution et de la Convention européenne des droits de l'homme.**

1° *Jurisprudence du Conseil constitutionnel.* Si l'on se contente de **déclarations de principe**, on se rassure à l'idée que la propriété, proclamée « droit naturel et imprescriptible », « droit inviolable et sacré » par les articles 2 et 17 de la Déclaration des droits de 1789, est toujours telle par la grâce combinée des préambules des Constitutions de 1946 et 1958 (v. ce salut dans la décision du 16 janv. 1982, D. 83.169). La Cour de cassation a voulu lui faire écho en reconnaissant en la propriété « un droit fondamental de valeur constitutionnelle » alors qu'il eut suffi de se fonder sur l'article 544 du Code civil, pour faire respecter le droit de propriété de la femme sur ses biens propres (Civ. 1re, 4 janv. 1995, D. 95, som. 328). Harmonie de bon ton. Mais ces violons chantent pour nos rêves. **Dans la réalité**, c'est-à-dire dans la suite des décisions du Conseil, d'importantes restrictions au droit de propriété ont été jugées compatibles avec ces principes et non contraires à la Constitution : les nationalisations de 1982, J.C.P. 82.II.19788). V. aussi les décisions du 26 juill. 1984, D. 85.IR. 360, et du 18 juill. (J.O. 19 juill., p. 8200) et la série étudiée par Luchaire, D. 86.348 et *Socialisme, propriété et Constitution,* Mélanges Duverger 1987, 128. En vérité, c'est dans l'ordre même des principes que la jurisprudence du Conseil n'est pas au clair. Ainsi dans la mesure où elle en vient « à intégrer rétroactivement à la Constitution de 1958 la pratique législative de la IVe République » (V. la démonstration dans Carbonnier, Intr. 76). Il est vrai qu'elle prend aussi pour directive que **les limitations apportées au droit de propriété** ne sont légitimes que si elles obéissent à des fins d'intérêt général et à la condition qu'elles ne soient pas d'une **gravité telle que le sens et la portée du droit de propriété s'en trouveraient dénaturés** (29 juill. 1998, J.O. 31 juill. p. 11710, J.C.P. 98.I.171, n° 3 ; même sens : Cons. const. décision n° 2000-434 D.C. du 20 juill. 2000, loi relative à la chasse). C'est une note positive, mais une limite floue et un garde-fou fragile.

C'est pourquoi la question est sur le forum où les opinions se partagent et la littérature foisonne. V. Bouyssou, D. 84. chron. 231 ; R. Legeais, article aux Mélanges Guy Flattet, 1985 ; Savy, D. 83. chron. 105 ; Hamon, D. 83, chron. 79 ; Favoreu, Rev. dr. publ. 82, 480 ; Chérot, article aux Mélanges

(3) Serait-elle menacée par l'avènement d'un droit au logement ? V. H. Paulat, D. 1995, chron. 283, qui met en perspective (et en interrogation) le constat de décès du droit de propriété. Sur ce point, une décision du Conseil constitutionnel donne un apaisement en déclarant inconstitutionnelles les dispositions de la loi contre l'exclusion qui contredisent « le principe de libre consentement qui doit présider à l'acquisition de la propriété » (29 juill. 1998, J.C.P. 1998.1.171, 3. chron. Périnet-Marquet). C'est une recherche de rééquilibrage entre la vocation à un logement décent et le droit de propriété. *Adde* n° 73, 1032 et n° 1354.

Christian Mouly, 1998. Le bilan n'est pas au triomphalisme. Les principes sont écrits sur des frontons et la propriété vit sur le qui-vive.

2° *Convention européenne des droits de l'homme.* L'article 1er de son Protocole proclame en principe que toute personne, physique ou morale, a droit au respect de ses biens (c'est une approche anglo-saxonne) donc de sa propriété (ce qui devrait englober la propriété indivise. V. cep. *contra* Lyon, 30 mai 1990, D. 90.IR. 191). C'est en matière d'expropriation pour cause d'utilité publique que la CEDH a notablement fait jouer la protection (9 juill. 1997, J.C.P. 98.1.107, n° 42 chron. Sudre). C'est une convergence avec la jurisprudence française (Civ. 3e, 5 nov. 1997, Bull. III, n° 197 ; J.C.P. 98.1.171. chron. Périnet-Marquet). Dans un arrêt remarqué (29 avril 1999, D. 1999, IR. 163), la CEDH a relevé dans la loi française du 10 juill. 1964 (loi dite « Verdeille »), plusieurs violations de l'art. 1er (not. la charge démesurée que représente, pour un propriétaire, l'apport obligatoire à une association communale de son droit de chasse sur ses terres. V. *La condamnation de la loi Verdeille par la Cour européenne des droits de l'homme*, par Jacques Foyer (*in* Mélanges Soyer, p. 195 s.) où sont finement analysés les motifs officiels et les arrière-pensées de la condamnation ; *adde infra*, n° 1026, 1036). Si, en elle-même, l'expropriation d'un terrain en vue de la constitution de réserves foncières destinées à l'habitat social n'emporte pas violation du droit de propriété au sens de l'article 1er du protocole 1, semblable violation résulte du maintien en réserve du terrain exproprié, lorsqu'il ne se concrétise par aucun aménagement au bout d'un temps considérable (19 ans en l'espèce) : ainsi jugé par C.E.D.H., 2 juill. 2002, *Motais de Narbonne c/ France*.

BIBLIOGRAPHIE

I. Histoire, sociologie, généralités

Histoire de la propriété, CHALLAYE F., Que sais-je ?

Histoire de la propriété, LEVY J.- Ph., Que sais-je ?

CARDASCIA G., *Le concept babylonien de la propriété.* Rev. int. des droits de l'Ant. 1959, p. 19 s.

JANSSE L., *La propriété, le régime des biens dans les civilisations occidentales,* Paris 1953.

GONNARD R., *La propriété dans la doctrine et dans l'histoire,* 1943.

GARAUD, *La révolution et la propriété foncière,* 1959.

LACOMBE P., *L'appropriation du sol, Essai sur le passage de la propriété collective à la propriété privée,* Armand Colin 1912.

CHENON E., *Les démembrements de la propriété foncière en France avant et après la Révolution,* 2e éd. 1923.

PIRET A., *La rencontre chez Pothier des conceptions romaines et féodales de la propriété,* Paris, Sirey 1937.

DE LAVELEYE E., *De la propriété et de ses formes primitives,* 4e éd. 1891, chap. 35 p. 537 s.

SEE H., *Esquisse d'une histoire du régime agraire en Europe aux 18e et 19e siècles,* Paris 1921.

VILLIERS, *Les limitations au droit de propriété dans la législation romaine. Étude de droit contemporain.* Nouvelle série. Congrès int. dr. comp. Bruxelles, 1958.

WESTRUP, *Quelques remarques sur la propriété primitive devant l'histoire comparative,* Rev. hist. dr. 1933-223.

TERRÉ F., *Esquisse d'une sociologie du droit de propriété*, Ann. Fac. droit Lille, 1966, 417.

GÉRAUD-LLORCA E., *La doctrine et la propriété à la fin de l'Ancien régime,* 1750-1789, *in* La doctrine juridique, 53 s., P.U.F. 1993. *Destins du droit de propriété,* Rev. *Droits*, n° 1, 1985. P.U.F.

II. Droit positif français

CARBONNIER, *Flexible droit,* 9e éd. 1998.

PORTALIS, *Discours préliminaire.*

TROPLONG, *De la propriété d'après le Code civil.*

PROUDHON, *Traité du domaine de la propriété et de la distinction des biens,* T. I. 1839,

DE VAREILLES-SOMMIÈRES, *De la définition et de la notion juridique de la propriété,* R.T. 1905.

MORIN, *Le sens de l'évolution contemporaine du droit de propriété.* Études Ripert, II p. 3.

COSTE-FLORET Paul, *Nature juridique du droit de propriété d'après le Code civil et depuis le Code civil,* th. Montpellier, 1935.

SAVATIER R., *La propriété de l'espace D.* 1965. chron. 213. *La propriété des volumes dans l'espace et la technique juridique des grands ensembles immobiliers.* D. 1976. chron. 103.

Trav. de l'Ass. CAPITANT H., T. XVI, 1965, *La croissance des villes et son influence sur le régime juridique de la propriété immobilière,* Journée de Liège 1965.

GILLI J.P., *Redéfinir le droit de propriété,* 1975.

MARTY J.-P., *La dissociation juridique de l'immeuble* (contribution à l'étude du droit de superficie), th. Toulouse 1976.

BARBIERI J.F., *Perpétuité et perpétuation dans la théorie des droits réels. Contribution à l'étude de la notion de perpétuité dans les relations juridiques,* th. Toulouse, 1977, S.R.T. Grenoble, 1979.

PERINET-MARQUET H., *La propriété à l'épreuve de la décentralisation,* D. 1986, chron. 127.

MOUSSERON, RAYNARD et REVET, *De la propriété comme modèle*, Mélanges Colomer, Litec 1993, p. 281 s.

III. La propriété dans les divers systèmes juridiques

BELLON J., *Le droit soviétique,* Que sais-je ?

STOYANOVITCH K., *Le régime de la propriété en U.R.S.S,* Travaux et Rech. de l'Inst. de droit comp., XXI, Paris 1962.

ERNIE LORD, *Histoire rurale de l'Angleterre*, trad. fr. 12e éd. Gallimard 1952.

BONGERT Y., *La notion de propriété dans l'Inde.* Tr. Int. Dr. Comp. XXIII, p. 150.

RARIJAONA R., *Le concept de propriété en droit foncier de Madagascar,* th. Paris, 1967.

IV. Doctrines politiques et économiques

ROUSSEAU J.-J., *Discours sur l'origine et les fondements de l'inégalité parmi les hommes.*

PROUDHON P.-J., *Qu'est-ce que la propriété* ? (1840) éd. Rivière, 1926.

ENGELS, *L'origine de la famille, de la propriété privée et de l'État,* trad. Bracke, 1948.

MARX et ENGELS, *Manifeste du parti communiste,* éd. sociales, 1945.

MARX, *Le Capital* (1867).

PROUD'HON P.-J., *Théorie de la propriété,* 1866 (posthume) ; Nlle éd. Paris. Lib. internat., A. LACROIX, *Verbocekhoven et Cie*, éd. 1871.

SCHUMPETER J., *Capitalisme, socialisme et démocratie*, 1942.

PROUDHON, *Textes choisis et commentés par Lajugie* (1953).

COMTE A., *Système de politique positive,* T. I. p. 154.

MOUNIER E., *De la propriété capitaliste à la propriété humaine,* Desclée de Brouwer, 1936.

GELINIER Octave, *Morale de l'entreprise et destin de la nation*, Plon 1965.

SALLERON Louis, *Diffuser la propriété,* 1964. *La propriété en question. Évolution des structures de propriété dans les sociétés modernes,* suppl. à Économie et humanisme, n° 121, Paris, 1959.

ARON Raymon, *Dix-huit leçons sur la propriété industrielle,* N.R.F., 1962.

BLOCH-LAINE, *Pour une réforme de l'entreprise,* Paris, 1963.

ESCARA F., *Nationalisation du sol et socialisme,* th. Paris, 1904.

HUET F., *Le règne social du christianisme,* 1859.

V. Théories juridiques

RENARD G. et TROTABAS L., *La fonction sociale de la propriété privée,* Sirey, 1930.

DUGUIT, *Les transformations générales du droit privé depuis le C. Nap. Le droit social, le droit individuel et la transformation de l'État,* 2e éd. 1911, p. 7.

RIPERT G., *Aspects juridiques du capitalisme moderne,* 1946.

SAVATIER R., *Les métamorphoses économiques et sociales du droit civil d'aujourd'hui.*

GILLI J.P., *Redéfinir le droit de propriété*, Paris, 1975.

ZENATI F., *Essai sur la nature juridique de la propriété, Contribution à la théorie du droit subjectif,* th. Lyon, 1981.

YOLKA Ph., *La propriété publique. Élements pour une théorie*, th. Paris II, L.G.D.J. 1997, préf. Yves Gaudemet.

VI. Religion et propriété

Encyclique Rerum Novarum, Paris, Spes (1920).

Encyclique Quadragesimo anno, Paris, Spes (1931).

Encyclique Mater et magistra, Paris, éd. Fleurus, 5e éd. 1964.

Revue Sources, La propriété est-elle un péché, mai-juin 1953 (dans lequel l'art. de J. CARBONNIER, *Les dimensions personnelles et familiales de la propriété* (v. Flexible droit).

CARBONNIER, *Droit civil,* III, 27.

LUTHER, *À la noblesse chrétienne de la Nation allemande,* 26e éd. Aubier, p. 817 s.

CALVIN, *Institution Chrétienne,* éd. A. Lefranc, fasc. 2, chap. XVII.

TAWNEY, *La religion et l'essor du capitalisme,* trad. Labrousse, 1951.

SECTION I NATURE JURIDIQUE DE LA PROPRIÉTÉ

L'article 544 du Code civil dispose : « La propriété est le droit de jouir et de disposer des choses de la manière la plus absolue, pourvu qu'on n'en fasse pas un usage prohibé par les lois ou par les règlements ». D'emblée, cette définition légale invite à dégager les **caractères génériques de la propriété.**

La propriété est un droit subjectif : Certains l'ont nié : la propriété serait une fonction sociale. Mais la controverse, théorique, dépasse le droit de propriété, puisque, dans cette vue, c'est la notion même de droit subjectif qui s'efface (telle est, sur une vision d'Auguste Comte, la thèse de Duguit) (4). Aujourd'hui, la plupart des auteurs admettent seulement (changement décisif d'auxiliaire) que la propriété — droit privé, droit subjectif, droit individuel — **a,** au moins à titre d'appoint, une fonction sociale, ou peut-être plus simplement qu'elle n'est pas exclusivement conçue dans la contemplation de l'intérêt égoïste du propriétaire, mais peut être limitée dans un intérêt social (5).

La propriété est un droit réel : Du texte même de l'art. 544 ressort, en plein relief, l'idée d'un contact direct du titulaire du droit avec sa chose (la propriété est définie comme un droit de disposer et de jouir des choses, etc.).

---

(4) V. Léon Duguit, *Discours au congrès national de la propriété bâtie,* 1905 ; *Le droit social, le droit individuel* 1908, 2e éd. 1911 ; *Les transformations générales du droit privé depuis le Code Napoléon,* 1912, 2e éd. 1920 ; V. A. Mestre, Remarques sur la notion de propriété, d'après Duguit, Arch. phil. droit, 1932, 168 s.

(5) C'est en un autre sens (écologique ?) que l'on pourrait reconnaître à la propriété une fonction sociale dérivée (avantage second adossé à l'intérêt individuel). V. J. de Malafosse, *La propriété gardienne de la nature, in* Mélanges Flour, Defrénois, 1979, 335.

Opéré ce rattachement, l'essentiel devient de faire apparaître la **spécificité de la propriété,** en dégageant les traits qui la distinguent entre tous les droits subjectifs et dans l'ensemble des droits réels.

On y parvient en analysant **les attributs** du droit de propriété qui ont, dans l'article 544, une base positive. À partir de là, la doctrine traditionnelle a revêtu le droit de propriété de **caractères généraux** dont elle a proposé la synthèse.

§ 1. ANALYSE POSITIVE DES ATTRIBUTS DU DROIT DE PROPRIÉTÉ

1016 **Dans sa plénitude, le droit de propriété comprend diverses prérogatives qui constituent, par leur réunion, la pleine propriété :** Ces *droits* du propriétaire, *pouvoirs inhérents* à la propriété, *facultés et libertés* attachées à elle, sont **les attributs de la propriété.**

L'article 544 en énonce expressément deux. Mais, à cette première série mise en évidence de façon explicite, s'en ajoutent d'autres qui sont nécessairement impliqués par les premiers, pour former avec eux un faisceau complet.

A. POUVOIRS EXPRESSÉMENT CONSACRÉS PAR L'ARTICLE 544

1017 La propriété, en vertu des termes mêmes de l'article 544, confère à son titulaire deux droits primordiaux : **la jouissance et la disposition**. La propriété est le droit de jouir et de disposer des choses qui en sont l'objet.

a) Le droit de jouir des choses (jouissance)

1018 On le nomme encore, parfois, *fructus* ou *jus fruendi*. Dans l'article 544, la jouissance prend son **sens technique de précision** qui ne correspond pas exactement au sens banal de jouissance (profiter, tirer avantage, etc.) (6).

La jouissance, au sens de ce texte, est d'abord, pour le propriétaire, le droit de faire fructifier son bien ou de le laisser improductif (le droit de placer son argent ou de thésauriser, de cultiver son champ ou de le laisser en friche). La jouissance inclut ainsi un pouvoir de choix. Cette faculté recèle un droit d'inaction (au moins en principe dans la théorie classique).

1019 Quand un bien est mis en valeur, la jouissance consiste dans le **droit de percevoir les fruits** de toutes sortes que produit cette chose (7). C'est le droit de percevoir librement les

---

(6) V. déjà plus haut, n° 973.

(7) V. pour la définition des fruits, *supra,* n° 969. Général et exclusif, le droit de jouissance comprend celui **d'exploiter l'image de son bien et donc celui d'interdire aux tiers l'exploitation commerciale de celle-ci** qui ferait tourner à leur profit une partie de la jouissance du bien, exclusivement réservée à son propriétaire. V. *infra,* n° 1038.

revenus de cette chose, c'est-à-dire celui de procéder à l'acte matériel de récolte (cueillette, moisson, vendanges) ou à l'acte juridique d'encaissement des revenus et d'y procéder valablement seul (par exemple, lorsqu'il encaisse des loyers, le titulaire de la jouissance a qualité pour en donner quittance sous sa seule signature).

Enfin, le droit de jouissance emporte **le droit de conserver ou de consommer les fruits perçus**, qu'il s'agisse d'un acte matériel de consommation ou d'un acte juridique d'aliénation (dépense) (8) et ce sans en être comptable. Droit de **libre disposition des revenus**, la jouissance est assortie d'une *dispense de compte*. Le titulaire de la jouissance n'a pas à rendre compte de l'emploi de ses revenus : il n'en est pas comptable. Le propriétaire a, d'ailleurs, également, la disposition du capital.

b) Le droit de disposer des choses (disposition)

C'est dans cet attribut que la propriété se manifeste, de façon éclatante, comme une petite souveraineté. Le droit de disposition, de **libre disposition,** de disposition **pleine et entière** est conçu, comme le droit « d'abuser », matériellement ou juridiquement, d'une chose (de fait, on l'appelle volontiers, par opposition au *fructus, abusus* ou *jus abutendi).* Maître chez lui, le propriétaire trouve virtuellement dans son pouvoir de disposition, tous les moyens d'assouvir, sur sa chose, sa volonté de puissance. C'est l'un des attributs essentiels du droit de propriété (et il est reconnu comme tel par le Conseil constitutionnel, 29 juill. 1998, préc. *supra,* n° 1011, note 3).

La délimitation plus précise de son pouvoir résulte de la détermination des *actes* que le propriétaire peut légitimement accomplir en vertu de son droit de disposition. Attribut éminent de la propriété, cette libre disposition se développe dans un plan matériel et dans l'ordre juridique.

1° Actes matériels de destruction : Le propriétaire est représenté comme ayant le droit, en vertu de l'*abusus*, de démolir un bâtiment, d'arracher un arbre, de faire tomber un mur, de brûler un livre, de scier les pieds d'un fauteuil (9), d'envoyer à la casse un lot de bouteilles, de détruire sa récolte (plutôt que de la sacrifier à vil prix), de mettre au pilon les exemplaires invendus de ses publications, de détruire à sa volonté tout ce qui le gêne chez lui, de détruire lui-même ou de faire détruire un véhicule dont il veut se débarrasser (sauf ici à observer les formalités que dicte le Code de la route, art. R. 116, mod. par d. 4 juin 1992). Ayant obtenu de la succession Vollard la restitution de 315 de ses toiles, Georges Rouault les brûla devant huissier en 1948, parce qu'il les jugeait imparfaites. Le propriétaire a ce pouvoir excessif d'être, sur son bien, « casseur » autonome (son intérêt tempérant sa frénésie destructrice). Cependant, ce pouvoir extrême connaît diverses restrictions, en particulier pour les animaux domestiques ou apprivoisés ou tenus en captivité qui, pour être la propriété de leur maître, n'en sont pas moins des « êtres sensibles » (v. *supra,* n° 939). La loi pénale réprime sévèrement, de la part de toute personne (y compris leur propriétaire), le fait de leur faire subir des sévices graves ou des actes de cruauté, et celui de les abandonner (si ce n'est pour les animaux destinés au repeuplement, C. pén. art. 511-1, mod. par l. 6 janv. 1999).

(8) Comp., plus haut, n° 941 et 943.
(9) V. le film « Jamais plus, toujours ». *Adde* Rémond Gouillou, *Du droit de détruire,* P.U.F. 1989.

1023 **2° Actes juridiques de disposition :** Le propriétaire a la disposition « juridique » de sa chose : c'est dans l'exercice de ce droit que son pouvoir culmine. Le maître est là. *Le propriétaire est celui qui peut, à son gré, vendre ou donner ce qu'il a :* Celui qui peut, librement, disposer de ses biens par des actes juridiques (testament, donation, vente, etc.), les dilapider si tel est son plaisir. Il a été jugé que l'atteinte au droit de disposition ouvre au propriétaire un droit à indemnisation (ainsi le classement d'office d'un tableau qui en interdit l'exploitation au propriétaire. Civ. 1re 20 févr. 1996, arrêt *Walter*, G. P. 97.II.som.5, n. Vray).

L'archétype de l'**acte de disposition** est l'aliénation d'immeuble (vente ou donation de terrains ou de bâtiments).

Il faudrait cependant se garder d'identifier aliénation et disposition (v. plus haut n° 128). Le propriétaire peut valablement accomplir, sur sa chose, tous les actes de disposition, même si ce ne sont pas des actes d'aliénation. Constituer une hypothèque, acte qui engage l'avenir, est un acte de maître que le propriétaire a dans son pouvoir. De même, il lui appartient de démembrer, s'il le veut, sa propriété (notamment d'établir sur elle, au profit de tiers, un droit d'usufruit ou, à l'inverse, de céder la nue-propriété en retenant l'usufruit).

1024 Réciproquement, certains actes d'aliénation ne sont pas des actes de disposition (par exemple une vente de récoltes). De toute évidence, le propriétaire est en droit de les accomplir, bien que le texte ne le spécifie pas : qui peut le plus, peut le moins. Les pouvoirs consacrés par l'article 544 du Code civil en impliquent d'autres.

B. POUVOIRS NÉCESSAIREMENT IMPLIQUÉS PAR L'ARTICLE 544 DU CODE CIVIL

1025 Il y en a trois qui, associés aux précédents, reconstituent, dans tous ses attributs, la **pleine propriété** : le droit **d'usage,** le droit **d'aménagement,** le droit **d'administration.**

a) Le droit d'usage (jus utendi)

1026 Il fait partie de la trilogie classique. Le terme « jouissance », dans l'article 544, est parfois d'ailleurs considéré comme englobant le droit d'usage (le mot usage apparaît incidemment dans la seconde phrase de l'article 544). Impliqué (10) par la jouissance, **l'usage** constitue une **prérogative distincte** et (dans sa simplicité) **primordiale** de la propriété, à considérer l'intérêt élémentaire dont il se charge naturellement dans la vie quotidienne de la plupart des propriétaires.

Manifestation la plus tangible et la plus concrète du contact direct avec l'objet approprié, le droit d'usage est en effet pour le propriétaire, le **droit de se servir personnellement** de sa chose suivant la destination de celle-ci. L'usage d'une maison consiste, pour le propriétaire, dans le fait de l'habiter lui-même, l'usage d'un jardin, dans l'action d'en profiter personnellement. De même, le droit de chasse sur un bien foncier ou le droit de le faire valoir directement sont compris dans l'usage de ce bien. L'usage est ainsi comme une

(10) Quand on part du texte de l'art. 544. Naturellement, l'usage d'un bien est en vérité une **prérogative première et élémentaire** relativement à la jouissance qui, mode second, consiste à « vendre » l'usage de sa chose, au lieu de le garder pour soi, à le céder à autrui moyennant finance.

alternative de la jouissance : mode personnel de la jouissance des biens (au sens large du terme) dont la jouissance (au sens précis) est le mode économique ; utilisation directe d'une chose qui se distingue de l'exploitation consistant à en tirer des revenus (11). Louer est jouir, habiter user.

Comme la jouissance (et parce qu'il est d'abord une faculté), le droit d'usage inclut le droit pour le propriétaire de ne pas se servir des choses (ainsi le droit de ne pas pratiquer la chasse sur ses terres), ou celui de s'en servir à sa guise et comme il lui chante (d'un chien de chasse son maître peut faire un chien de garde ou de salon). Dans usage, il y a libre usage et bon plaisir. (Ce plaisir connaît, il est vrai, certaines limites, par exemple pour la sécurité d'autrui, v. n° 1032). Mais le droit d'usage contient, en principe, celui de choisir selon ses convenances, ses goûts et ses convictions, entre les multiples utilisations possibles de son bien, c'est-à-dire, un droit de libre affectation (v. cette idée reconnue par la CEDH, dans son arrêt du 29 avril 1999 (D. 1999. IR. 163), à propos du droit, pour tout propriétaire, petit ou grand, de retirer son terrain de la chasse pour en faire un refuge ou une réserve naturelle, ou tel autre usage de sa préférence. V. *supra,* n° 1012 et *infra,* 1036).

La législation française reconnaît aujourd'hui au propriétaire le droit de s'opposer à la pratique de **la chasse** sur ses biens au nom de ses convictions personnelles et sans avoir de justification à fournir à ce propos (C. rur. art. L. 222-10) (ce choix l'oblige à s'abstenir lui-même de chasser. V. Toulouse, 9 mai 2001, D. 2001. IR. 1668). Il reste que les limitations apportées par la loi à l'exercice du droit d'usage sont légitimes lorsqu'elles obéissent à des fins d'intérêt général, si, par ailleurs, elles ne dénaturent pas le droit de propriété (ce qui explique que, pour la sécurité des enfants, la loi soit fondée à interdire la chasse à tir le mercredi, et non un autre jour de la semaine, C. rur. art. L. 224-2. Conseil constitutionnel, décision n° 2000-434 D.C. 20 juill. 2000 ; loi du 26 juill. 2000 relative à la chasse, mod. la loi Verdeille).

b) Le droit d'aménagement

Il est impliqué par le droit de disposition dont il constitue un prolongement matériel : le propriétaire, maître chez lui ou de sa chose, a le droit d'aménager et de transformer ce qui lui appartient. Cet aspect positif de *l'abusus* (parfois lié à une démolition préalable) est le droit de construire ou de planter chez soi, de modeler et remodeler, avec sa propriété, son cadre de vie. La propriété est, pour son titulaire, liberté d'expression, art de vivre, acte de création. Rencontre du patrimoine et de la personnalité, ce droit, pour le propriétaire, de personnaliser sa chose (quand un locataire, tenu de respecter les lieux loués, ne le peut que superficiellement) est ce qui fait que les biens portent l'empreinte des personnes. On célèbre dans les monuments le nom de leur architecte. Les maisons sont souvent les monuments de leur propriétaire.

La servitude d'utilité publique qui pèse sur une propriété privée ne prive pas le propriétaire de son droit d'aménagement. Ainsi a-t-il été jugé que le droit d'établir les supports de conducteurs aériens d'électricité sur une propriété privée, conféré à un concessionnaire par une déclaration d'utilité publique, ne fait pas obstacle au droit du propriétaire d'opérer des modifications de sa propriété conformes à son utilisation normale, et ce, sans avoir à supporter les frais de déplacement des installations rendus nécessaires par l'aménagement réalisé (en l'espèce, creusement de deux étangs et travaux d'excavation) : Civ. 3e, 19 juin 2002, Bull. civ. III, n° 147, p. 125 ; D. 2003. J. 587. n. B. de Bertier-Lestrade ; J.C.P. 2002. IV. 2401 : décision fondée sur l'art. 544 et confirmant le propriétaire, en ce cas, dans son droit de démolir, réparer, surélever, bâtir ou de se clore.

---

(11) Cependant, celui qui vend les produits du champ que lui-même cultive, use et jouit de celui-ci.

c) Le pouvoir d'administration (gestion)

1028 Ce droit est également impliqué par le pouvoir de disposition. Prolongement (*a fortiori*) du droit de disposer, c'est le pouvoir d'accomplir les actes d'administration qui sont moins graves que les actes de disposition (à plus forte raison encore les actes conservatoires). Au propriétaire, gérant naturel, il appartient de passer tous les actes juridiques relatifs à son bien : conclure baux, contrats d'assurance, contrats d'entretien et de réparations, donner mandat pour la gestion du bien, etc. **Tous les actes d'administration, actes d'exploitation normale, de gestion courante,** sont dans le domaine du propriétaire (v. plus haut, n° 129).

1029 Constituée par l'ensemble de ces attributs, la propriété est un **droit complet**. Elle est vraiment *plena in re potestas*, liberté *(libertas in re)*, **pleine propriété**. Le propriétaire est en droit de tirer de sa chose **toute l'utilité économique et sociale** que celle-ci peut, virtuellement, lui donner. À partir de ces attributs, la doctrine traditionnelle, non sans triomphalisme, a paré la propriété de caractères magnifiques et manifestement exagérés.

§ 2. SYNTHÈSE DOCTRINALE DES CARACTÈRES DE LA PROPRIÉTÉ

1030 Sur un adjectif du texte de l'article 544 — mais au-delà du texte — la doctrine classique a synthétisé les **caractères fondamentaux** de la propriété privée en droit français : droit **absolu, exclusif, perpétuel**.

A. ABSOLUTISME DU DROIT DE PROPRIÉTÉ

1031 Ce caractère a une base légale dans l'article 544 : « La propriété est le droit de jouir et de disposer des choses *de la manière la plus absolue,* etc. ». Ce superlatif dans l'absolu n'est pas seulement — chose rare — une entorse à la langue française, mais une négation de l'absolu (que serait un absolu qui aurait des degrés, sinon une chose relative ?). Positivement, l'absolutisme de la propriété est démenti par le texte même qui ajoute : *« pourvu qu'on n'en fasse pas un usage prohibé par les lois ou par les règlements »*. Le prétendu pouvoir absolu du propriétaire est un excès manifeste, une nostalgie de souveraineté, un rêve de maître charbonnier. On peut seulement essayer d'expliquer ce qui reste de la formule.

1032 a) Si « Absolu » est entendu comme « sans limite » « sans restriction aucune », cette prétention folle — cette vanité — est, en droit positif, une illusion dérisoire. **La propriété privée souffre d'innombrables restrictions :** restrictions à la liberté d'inaction du propriétaire (celui-ci est tenu de ravaler la façade de son immeuble) ou à sa liberté d'action (il lui est interdit de surélever sa maison), parfois jusqu'à la privation de son droit d'usage (ainsi par le retrait de la circulation d'un véhicule gravement accidenté, C. de la route, art. R. 294 s.) ; restrictions dans l'intérêt personnel du propriétaire (un mineur ne peut lui-même disposer de ses biens), dans l'intérêt des tiers (servitude au profit d'un fonds voisin), ou dans l'intérêt général (servitudes d'intérêt public, v. art. 649 et 650 C. civ.). Les prérogatives du propriétaire sont restreintes de toute part et de plus en plus (12) : multiples et sévères les atteintes portées au droit de propriété par la loi du 18 juillet 1985 relative à la définition et à la mise en œuvre de principes d'aménagement ont été déclarées conformes à la Constitution par le Conseil constitutionnel (décision n° 85-189 du 17 juillet 1985, J.O. 19 juillet, p. 8200 ; *adde* décision n° 90-283 du 8 janv. 1991, J.O. 10 janv. V. *supra* n° 1011). V. *infra,* n° 1354.

b) La formule légale conserve, en un autre sens, une portée. Sans doute la propriété n'est-elle plus autant qu'autrefois, un droit « inviolable et sacré ». Cependant, elle a vocation à être reconnue comme **une liberté.** L'article 544 permet, au moins, d'ériger en principe d'interprétation que **tout ce qui n'est pas défendu est autorisé.** Tout ce que la loi n'interdit pas au propriétaire lui est permis. **La liberté est de principe ;** les restrictions de droit étroit. Il a ainsi été jugé, en vertu de l'article 544 C. civ., que l'obligation imposée à une épouse divorcée de consentir un bail rural à un ex-mari sur une parcelle qui est un bien propre constitue une restriction illégale à son droit de libre disposition (Civ. 1re, 4 janv. 1995, G. P. 1995.II.Pan.136). — Le terme peut encore se charger d'un autre sens, si l'on y lit l'affirmation — en 1804 — que la propriété — ancien domaine utile — est désormais absolue *(absoluta),* déliée du domaine éminent (13), autre façon d'exprimer qu'elle est exclusive.

B. EXCLUSIVITÉ DU DROIT DE PROPRIÉTÉ

Ce caractère découle, implicitement, de l'attribution au propriétaire de l'ensemble des prérogatives que conjoint la pleine propriété. L'exclusion de toute autre personne est l'envers de la reconnaissance au propriétaire de la **plénitude du droit**, la conséquence de *l'appropriation.* Appropriée, une chose est propre, non commune, privative. Elle appartient individuellement, privativement, exclusivement, à un seul.

Riche de contenu, cette exclusivité revêt un sens différent dans les rapports privés et à l'égard de l'État.

a) Exclusivité à l'égard des tiers

La propriété apparaît, pour son titulaire, comme un **monopole.** L'exclusivité signifie que les **tiers n'ont, en principe, aucune part à l'utilité d'une chose qui appartient, en propre, à autrui**. Ils ne peuvent ni en user, ni en jouir, ni en disposer. Ils ne peuvent en retirer aucune utilité personnelle.

Aussi abruptement énoncée, cette exclusion paraît avoir une portée absolue. Celle-ci mérite d'être éprouvée et nuancée.

1° L'exclusivité de la propriété emporte pour les tiers, en matière immobilière, **interdiction de principe de pénétrer chez autrui** : propriété privée, défense d'entrer. Protection de la propriété, et non plus de la personnalité, cette sauvegarde patrimoniale ne se confond pas avec l'inviolabilité du

(12) V. H. Perinet-Marquet, *La propriété à l'épreuve de la décentralisation,* D. 1986. 127 ; P. Carrias, *Le droit de propriété au point de non-retour ?* D. 1985, chron., 293.

(13) Carbonnier, 3, 68, note 2. Historiquement, comme le montre l'auteur, l'intention politique a été de rassurer les acquéreurs de biens nationaux.

domicile (14). Dans son ordre (protection d'un bien, non d'une personne), elle souffre **des tempéraments.** Dans certaines circonstances particulières, s'ouvre un droit, pour les tiers, de pénétrer chez autrui : ouvertures limitées, et le plus souvent, occasionnelles qui n'apportent que des tempéraments marginaux. Exemple minuscule, le Code rural (15) donne au propriétaire d'un essaim d'abeilles le droit de suivre celui-ci en tous lieux, fût-ce sur le fonds d'autrui, sauf à prévenir le propriétaire et à l'indemniser en cas de dommage (c'est d'autant plus nécessaire que l'essaim — qui se capture à l'œil — est au premier qui le voit, s'il n'est déjà approprié). Instituant une servitude de passage (16) en faveur des promeneurs, sur le littoral, une loi du 31 décembre 1976 (n° 76-1285, v. art. L. 160-6 Code de l'urbanisme) impose aux propriétaires riverains de la mer de laisser aux piétons une circulation sur une bande de trois mètres de largeur (17). Autre consolation, autre miette, le Code pénal ne punit d'amende, comme contravention de police (livre IV, art. R. 26, 10°), que ceux qui glanent, râtellent ou grappillent dans les champs non encore entièrement dépouillés et vides de leurs récoltes, ce qui, *a contrario,* consacre le très ancien usage (18) reconnaissant à tous le droit d'aller, *après récolte faite,* glaner, râteler ou grappiller sur les propriétés d'autrui. Le droit de la chasse (loi dite Verdeille du 10 juill. 1964) ne permet pas aux propriétaires d'interdire aux chasseurs de venir chasser sur leurs terres, si celles-ci sont de faible superficie (une enquête d'opinion réalisée par la SOFRES en 1991, montre que 65 % des Français trouvent la chose mauvaise et 76 % seraient favorables à une modification de la loi ; G. P. 1994.I. 4-5 mars). Dans cette opinion, il est malaisé de discerner ce qui vient de l'attachement à la propriété, de l'amour des bêtes ou de convictions écologiques (enquête réalisée à la demande des associations de protection des animaux et de la nature). En attendant que la loi française change, la CEDH a donné raison aux petits propriétaires (29 avril 1999). Dans l'obligation qui leur est faite d'apporter aux associations communales de chasse leur droit de chasse sur leur terrain, afin que des tiers en fassent un usage contraire à leurs convictions, et dans l'impossibilité où ils sont mis, à la différence des grands propriétaires, d'échapper à cette affiliation obligatoire et d'affecter leurs fonds à un autre usage que la chasse, la Cour a vu, à plusieurs titres et selon des recoupements divers, des atteintes au droit de propriété, à la liberté d'association et à l'interdiction des discriminations (violation des art. 1, 11 et 14 du Protocole n° 1 de la Convention européenne de sauvegarde des droits de l'homme). C'est une façon de dire qu'aucun propriétaire ne peut être privé du bénéfice de l'exclusivité de la propriété qui est inhérent à celle-ci (v. *supra,* n° 1012 et 1026).

1037 À ces restrictions légales, s'en ajoutent d'autres qui tiennent, de façon plus fragile, à la **coutume.** Le Code civil passe sous silence l'ancienne servitude coutumière dite de « tour d'échelle » en vertu de laquelle le propriétaire d'un mur non mitoyen était en droit de faire passer sur le fonds d'autrui, avec son échelle, main-d'œuvre et matériaux, pour l'exécution de réparations nécessaires : la **servitude de tour d'échelle** peut donc exister en vertu d'un titre **(servitude conventionnelle)**. Mais, elle n'existe pas comme servitude légale (19). S'il n'y a pas d'autres moyens de réaliser des travaux nécessaires et de courte durée et si le préjudice n'est pas trop considérable pour le fonds d'accueil, la jurisprudence reconnaît cependant au juge des référés le pouvoir d'autoriser le propriétaire d'un mur séparatif à

---

(14) Celle-ci n'est pas, on le sait (v. *supra* n° 506, 507) une prérogative de la propriété.

(15) Un chasseur a également le droit d'aller, sans ses armes, retrouver, chez autrui, un gibier qu'il a blessé à mort (droit de suite).

(16) On laissera ici de côté la servitude de passage en cas d'enclave liée aux rapports de voisinage (C. civ. art. 682) ; v. *infra,* n° 1448.

(17) Calculée à compter de la limite du domaine public maritime (v. d. n° 77-753, 7 juillet 1977) ; V. J.-M. Huon de Kermadec, *La servitude de passage le long du rivage de la mer : Mythe ou réalité,* J.C.P. 79.2957.

(18) Dont une ordonnance d'Henri II, du 2 nov. 1554, faisait une « charité » élémentaire ; usage reconnu par la jurisprudence : Cass. 14 févr. 1867, D. 67.1.140 ; Trib. inst. Beaune, 9 nov. 1960, G. P. 1961.I.116.

(19) Poitiers, 17 févr. 1875, S. 1875.2.223, D. 1877.2.8 ; trib. civ. Versailles 31 mai 1927, G. P. 1927.2.681 ; en ce sens ; Aubry et Rau, III, 7e éd., par Esmein, § 238, texte et note 12. Parfois nommé « échelage », le tour d'échelle (servitude) se distingue de la « ceinture » ou **« invêtison »** auquel le nom **d'échelage** est plus spécifiquement réservé et qui désigne une bande de terrain privative que le propriétaire était tenu, dans certaines provinces, de laisser entre la ligne séparative et les constructions qu'il érifiait, pour pouvoir y poser ses échelles, sans passer chez le voisin. V. *Vocabulaire juridique,* v° *Échelage.*

pénétrer, avec les moyens nécessaires, chez le propriétaire voisin pour exécuter les réparations, sans pour autant lui reconnaître une servitude, et à charge d'indemniser le voisin (20). C'est, au fond, **une exception coutumière de nécessité** (21), liée aux contraintes de voisinage et parfois considérée comme un diminutif de la servitude de passage en cas d'enclave.

Enfin, dans certaines régions (Béarn, pays basque), une tolérance permettait, naguère, aux uns et autres, la saison venue, de passer sur le fonds d'autrui pour y chercher des champignons. Cependant, cette tolérance locale — qui est longtemps restée une prime au plus matinal, sous le signe d'une réciprocité de voisinage — est aujourd'hui en voie d'extinction, mutation qui est la suite cohérente des abus qui sont faits de cet usage, sans contrepartie (22), de la part de citadins en vacances ou de commerçants avides, et qui se manifeste par la mise en défense des propriétés (23).

Il est d'ailleurs assez caractéristique qu'en France le respect de la propriété d'autrui ne soit pas enraciné dans la mentalité publique aussi profondément que dans les pays anglosaxons (où l'absence de clôture entre maisons et jardins dans les quartiers résidentiels élève, contre le *trespassing,* une barrière morale plus efficace que les écriteaux défensifs et les limites matérialisées).

2° L'exclusivité de la propriété n'est pas sans rapport avec le **droit de reproduction photographique**. Le propriétaire d'un bien jouirait-il du monopole de **l'image de ce bien ?** Une décision s'aventurait nagère à affirmer que le droit à l'image est un attribut du droit de propriété, mais elle fondait aussi le franc symbolique qu'elle accordait sur l'atteinte à la vie privée et le respect du domicile, références propres à couvrir un simple locataire (24). Dans ces motifs mêlés, l'**affirmation**

---

(20) Civ. 1re, 14 déc. 1955, G. P. 1956.1.153 ; D. 56.283, n. Blanc. Compte tenu de ces diverses données (durée, nécessité des travaux, moyens d'accès, etc.) les juges du fonds accordent (T.G.I. Nancy, 18 janv. 1966, D. 66.som.58, G. P. 12 avril 1966, Trib. inst. Salon-de-Provence, 17 janv. 1975, D. 75.247) ou refusent l'autorisation (T.G.I. Fontainebleau, 21 janv. 1970, G. P. 70.2 som. 16). Mais la Cour de Cassation maintient que les juges ne peuvent, sans relever l'existence d'un titre, consacrer l'existence d'une servitude de tour d'échelle (ne s'agissant plus d'autorisation provisoire, mais, par ex. d'ordonner le rétablissement d'un passage : v. Civ. 3e 30 oct. 1978, J.J.A. 29 sept. 79, n° 106, p. 6).

(21) Cette réserve de la nécessité impérieuse a toujours été faite (Poitiers 17 févr. 1875, préc.). Mais elle conduit parfois à ne l'admettre qu'en faveur de celui qui répare l'ancien, et à la refuser à celui qui construit ou reconstruit : il se met lui-même dans « cet embarras » : Pothier, contrat de société, n° 246 ; v. cep. T.G.I. Nancy, 18 janv. 1966, préc. v. la démonstration convaincante de M. J.-M. Bruguière, *Du droit de passer sur le fonds d'autrui aux fins d'effectuer des réparations sur son propre fonds* (contribution à l'identification de la théorie de l'état de nécessité dans le droit des biens), Rev. de recherche jur. d'Aix en Provence, 1998.

(22) Dans l'ensemble de ces tempéraments mineurs, il y aurait sans doute à mettre, d'un côté, ceux qui se rattachent à l'idée que certains biens de la terre sont à tout le monde (comme don de fortune) ou (et) que les plus favorisés n'ont pas à être trop « regardants » (d'où la porte entr'ouverte, même à l'intrus qui vient d'ailleurs), d'un autre côté la part des bons offices et de la nécessité, surtout dans les relations de voisinage, mais toujours sous la toise de la **modération** et de la discrétion, **règle d'or de ces tolérances**. C'est le trop qui casse tout : la colonie de vacances ou l'expédition des hôteliers dans l'arpent de fougères, razzias dévastatrices.

(23) V. pour la cueillette des airelles, T.G.I. Montbrison, 3 févr. 1972, J.C.P. 72.IV.123.

(24) T.G.I. Bordeaux, 19 avr. 1988, D. 89. som. Amson. Dans cette affaire, un copropriétaire avait fait état devant l'assemblée générale, pour obtenir que soit rehaussée la séparation entre sa terrasse et celle de son voisin où pendait toujours du linge, la photographie de ce tableau intime (et pourtant exposé). Dans une espèce précédente, le droit à l'image n'avait même pas été abordé : une société d'édition de bandes filmées avait situé l'action de son roman devant la façade d'une gentilhommière (dont elle avait pris des vues grâce à la complaisance d'un fermier, sans l'autorisation du propriétaire) ; ce dernier obtint réparation, référence faite au « qu'en dira-t-on » et révérence faite à sa personnalité, pour atteinte à sa réputation. C'est une affaire de responsabilité, sans rapport avec le droit de propriété. Au demeurant, même lorsqu'il est allégué que la publication de la photographie d'un lieu privé (en l'espèce une résidence secondaire) constitue une atteinte à la vie privée, le juge ne donne de

d'un droit exclusif à l'image est excessive. Le propriétaire n'a pas, en tant que tel, sur l'image de son bien, un droit exclusif qui l'investirait de la prérogative absolue d'autoriser ou d'interdire la reproduction de ce bien. En vérité, **c'est spécifiquement l'exploitation commerciale des vues d'une propriété en particulier** (par ex. de cartes postales) plus généralement son utilisation professionnelle **qui appartient en propre au seul propriétaire** (au moins s'il s'agit, non d'une vue d'ensemble, de quartier ou de rue, mais d'une reproduction particulière). Ainsi le propriétaire est-il en droit de faire interdire à une société d'utiliser sur ses documents commerciaux la reproduction du graphisme de son immeuble (Metz, 26 nov. 1992, D. 1993, IR. 83). La solution a pour assise précise **l'exclusivité du droit de jouissance.** C'est parce qu'il est investi, sur son bien, non pas d'un droit à l'image de celui-ci, mais du **droit exclusif de l'exploiter** (partie de sa jouissance) que le propriétaire est fondé à interdire aux tiers l'exploitation photographique et lucrative de son bien qui est tout simplement **une part de son utilité économique.** C'est la thèse que la Cour de cassation a consacrée (Civ. 1re, 10 mars 1999, Bull. civ. I, n° 87, p. 58, D. 1999.J.319, concl. J. Sainte-Rose, D. 99.IR. 98 ; J.C.P. 99.II.10078, n. P.-Y. Gautier). Ce que l'**exclusivité du droit de jouissance**, attribut du droit de propriété, exclut spécifiquement, c'est l'**exploitation mercantile de la chose d'autrui** (comparée à ce fondement ferme, la raison retenue par la Cour de cassation, dans une situation d'espèce, apparaît comme un expédient propre à sauver l'arrêt attaqué : un « trouble manifestement illicite » est un motif mou passe-partout. Civ. 1re, 25 janv. 2000, Bull. civ. I, n° 24, p. 16 ; D. 2000.IR. 61 ; J.C.P. 2000.IV.1448). S'il n'y a pas atteinte au droit de jouissance (et s'il n'y a, par ailleurs, ni atteinte à la vie privée, ni violation de domicile, ni intrusion), on ne saurait poser en règle (même compte tenu des impératifs de sécurité) que des vues d'extérieur — aspect public de la propriété privée — ne pourraient être prises qu'avec l'autorisation du ou des propriétaires (quel coup pour le tourisme, la photographie et l'architecture !) : ouvertures qui n'ôtent pas sa portée substantielle à l'exclusivité du droit de propriété. Placée sous le signe du respect du droit de jouissance, la question devrait aller à l'apaisement. V. F. Kenderian, *L'image des biens : nouveau droit subjectif ou faux débat ?* D. 2002, chron. 1161.

L'exclusivité s'étend-elle de la chose au **nom de la chose** ? Il a été jugé que le nom d'un château appartient au propriétaire du château, même si sa notoriété en a fait un nom géographique (d'où ici encore le refoulement d'une initiative commerciale qui consistait, pour une société d'installation de cuisines, à donner à l'un de ses modèles le nom d'un château, connu entr'autres curiosités, pour l'ornement de ses cuisines. T.G.I. Créteil, 6 juin 1990 inéd.).

Note. *Image des biens* (applications jurisprudentielles). En considérant qu'un petit dessin représentant un château-fort typique, classé monument historique et servant seulement à illustrer le sujet d'un ouvrage, ne constitue pas une exploitation commerciale de ce monument, un arrêt de la Cour de Paris (31 mars 2000, D. 2001, Aff. 770) est dans la ligne du principe dégagé (l'exclusivité du droit de jouissance n'exclut pas ce genre d'utilisation). Sur le terrain du droit d'auteur, l'exclusivité du droit de reproduction est elle-même tenue en échec lorsque la carte postale éditée par un tiers ne reproduit pas l'œuvre isolément, mais dans une vue d'ensemble qui englobe des édifices appartenant au patrimoine historique d'un quartier (ainsi les « colonnes de Buren » dans leur environnement prestigieux). En revanche, lorsque l'exclusivité de la jouissance n'est pas en cause, il y a plusieurs autres raisons de condamner l'éditeur de presse qui publie la photographie d'une vidéo accompagnée de renseignements sur sa localisation et le nom de son propriétaire, d'où l'afflux intolérable de voyageurs indiscrets (en ce sens, Bordeaux 9 janv. 2001 par application des art. 9 et 544 : D. 2002, som. 2372, com. Caron). En vérité, l'atteinte à la propriété est la moindre de ces raisons, quand il y a atteinte à la vie privée, atteinte à la paix et à la tranquillité chez soi de tout occupant, propriétaire ou non de son domicile (à la limite, l'article 1382 y suffirait).

---

base légale à sa décision que s'il précise en quoi (Civ. 2e, 29 juin 1988, G. P. 1988.II.817). V. *supra*, n° 516. T.G.I. Seine, 1er avril 1965, J.C.P. 66, 14.572 ; comp. Trib. Seine 15 févr. 1952, G. P. 52.1.164. **La jurisprudence est aujourd'hui bien orientée** : c'est électivement et spécifiquement la **reproduction à des fins commerciales d'un bien** qui exige l'accord de son propriétaire Paris 12 avril 1995, J.C.P. 1995. IV. n° 1426 ; H. Périnet-Marquet, J.C.P. 1995.I.3878, n° 3 et aujourd'hui Civ. 1re 10 mars 1999 cité ci-dessus ; v. en contre-épreuve, Civ. 1re, 2 mai 2001, D. 2001. J. 1973, n. Gridel (pas d'atteinte au droit de jouissance du propriétaire, diffusion non lucrative par un tiers de l'image du bien). On n'imaginerait pas que la carte postale célèbre représentant le décor extravagant de la chambre de Pierre Loti dans sa maison de Rochefort ait été diffusée et vendue sans son accord ou celui de ses ayants droit.

b) Exclusivité à l'égard de l'État

La formule signifie qu'aujourd'hui en France **la propriété est franche, libre et entière, non inféodée**. Aucun droit éminent ne plane sur le droit du propriétaire. Le caractère unitaire de la propriété moderne ne se comprend que par opposition à la conception féodale du « domaine divisé ». La propriété féodale était décomposée en deux éléments : au suzerain appartenait le « domaine éminent » ou direct ; au vassal le « domaine utile ». Assurant à son bénéficiaire la jouissance du bien, ce dernier demeurait subordonné au premier. Au moment des mutations de propriété, cette dépendance se traduisait par l'obligation de verser une redevance féodale.

Il est piquant que l'État moderne, au XIXe siècle, ait émis la prétention, en tant que percepteur d'impôts, d'être investi sur la propriété privée d'une sorte de domaine éminent qui, pour la garantie du paiement de l'impôt de mutation par décès, l'aurait assuré des avantages d'un droit réel (spécialement du droit de préférence). Dans un arrêt de principe, la Cour de cassation a affirmé, le 23 juin 1857 (D.P. 1857.I.233), que la division du domaine et la subordination des propriétés étaient contraires, en droit positif français, « à l'essence même du droit de propriété », droit unitaire et parfait, en toute plénitude et indépendance à l'égard de l'État.

Unitaire en son principe, la propriété peut seulement à l'occasion, être démembrée : ainsi, lorsqu'elle est grevée de servitudes ou d'usufruit. Le démembrement de la propriété résulte de l'établissement de l'un de ces droits au profit d'un tiers *(jura in re aliena)*.

C. PERPÉTUITÉ DU DROIT DE PROPRIÉTÉ (25)

On affirme volontiers qu'il est de l'essence de la propriété d'être perpétuelle. « Que serait la propriété si elle était temporaire ? Ce serait la négation de la propriété ». Sous la majesté de cet attribut, il importe de chercher en quel sens la propriété peut être dite, positivement, perpétuelle.

a) La propriété, droit héréditaire

Pour l'essentiel, la perpétuité de la propriété signifie que le droit de propriété n'est pas viager, mais **héréditaire.** La propriété ne s'éteint pas à la mort de son titulaire. Elle passe, après lui, à ses héritiers (ceux qu'il a désignés par testament, ou, à défaut de testament, ceux que la loi appelle à lui succéder). Perpétuelle, la propriété l'est d'abord en ce sens qu'elle est transmissible à cause de mort, de génération en génération.

Ce caractère héréditaire est si important que le droit de propriété est souvent contesté (ou défendu) dans cette perspective successorale. En attaque ou en défense, la controverse relative au droit de propriété porte sur l'héritage (26). Le principe de la transmissibilité à cause de mort de la propriété est, en général, considéré comme étant de l'essence de la propriété privée. Viagère (comme l'usufruit), la propriété serait-elle encore la propriété ? Il faut cependant bien voir qu'en éludant ce débat spéculatif, la pression excessive exercée par les droits de succession joue, en pratique, dans ce sens.

(25) V. Chauffardet, *Le problème de la perpétuité du droit de propriété,* th. Aix, 1933 ; Aulagnon, *La pérennité de la propriété,* Rev. crit. 1933 ; Barbieri, th. préc. (bibliographie).

(26) V. not. Le Play, *La réforme sociale en France,* Paris, 1867, T. 1, chap. 2, § 16 s.

b) La propriété, droit imprescriptible

1044 D'un point de vue plus technique, la propriété est encore dite perpétuelle parce **qu'elle n'est pas susceptible de se perdre par non-usage**. Le droit de propriété ne s'éteint pas, en cas de non-exercice, par l'effet de la prescription extinctive. Le propriétaire qui, pour une raison ou une autre, est empêché d'exercer son droit ne le perd pas (lui-même ou ses héritiers pourront, même longtemps après, recouvrer leur propriété). C'est dire que l'action en revendication de propriété échappe à la prescription extinctive (fût-ce à la prescription trentenaire).

1045 La jurisprudence l'a décidé en matière de propriété mobilière (ainsi dans l'affaire du trésor de la rue Mouffetard où des héritiers, trois siècles après, ont été admis à revendiquer des écus d'or que des ouvriers d'un chantier de démolition avaient mis au jour) (27). Elle a consacré le même principe en matière immobilière (en faveur de familles dont les membres, exilés ou en butte à des persécutions religieuses, avaient été obligés de s'expatrier : à leur retour en France, les descendants ont vu reconnaître leur droit, même après plusieurs générations, à revendiquer leur propriété).

1046 Il advient cependant que cette assurance demeure platonique. Si, en effet, le droit de propriété échappe à la prescription extinctive **il faut compter avec le jeu contraire de la prescription acquisitive** qui a pu s'opérer en faveur d'un tiers. Lorsqu'un individu justifie, sur le bien litigieux, d'une possession contraire assez longue pour que soit accomplie, à son profit, la prescription acquisitive, il est en droit d'opposer l'usucapion à l'ancien propriétaire revendiquant. Si donc, d'un côté, le droit de propriété ne se perd pas par le non-usage, la propriété s'acquiert par l'usucapion, lequel confère à son bénéficiaire une position inexpugnable. Finalement — le principe de l'imprescriptibilité du droit de propriété prend tout son intérêt dans le cas où nul ne peut justifier de la prescription acquisitive : le propriétaire originaire est alors préféré à l'État (28). L'imprescriptibilité de la propriété se communique aux prérogatives du propriétaire, notamment au droit qu'il a de contraindre son voisin à couper les branches qui surplombent son fonds (C. civ. art. 673), l'arbre dût-il en mourir (droit affirmé imprescriptible, Cass. Civ. 3e, 16 janv. 1991, G. P. 1991.I.Pan., 125, 125). Semblablement, l'action en démolition d'un ouvrage qui empiète sur un fonds peut être exercée par le propriétaire de celui-ci, même si elle est intentée plus de trente ans après la construction de l'ouvrage. Assimilée à l'action en revendication, elle n'est pas susceptible de prescription extinctive : Civ. 3e, 5 juin 2002, J.C.P. 2002. J. 10190, n. E. du

(27) V. *infra*, n° 1673. *adde,* dans le même sens Civ. 1re, 2 juin 1993, G. P. 1993.II.Pan.269 : La propriété ne s'éteignant pas par le non-usage, l'action en revendication (de meubles corporels) n'est pas susceptible de prescription extinctive.

(28) V. en ce sens Req. 12 juill. 1905. D. 1907.1.141 ; S. 1907.1.273, n. Wahl D. 1907.1.41 : *l'action* en revendication immobilière échappe à la prescription extinctive qui frappe en général toutes les actions en justice, parce que *le droit de propriété (le droit substantiel)* ne se perd pas par le non-usage, et ce aussi longtemps que le défendeur ne justifie pas être lui-même devenu propriétaire par le résultat d'une *possession contraire* réunissant les caractères exigés pour la prescription acquisitive (ces caractères n'étaient pas en l'espèce réunis). *Adde* Civ. 10 mai 1937, D.H. 1937.346 (droit de copropriété) ; Grenoble, 27 déc. 1982. D. 94.2.429. Civ. 3e 9 juill. 1970, J.C.P. 71.11.16.579, n. Goubeaux ; encourt la censure le rejet d'une action en revendication au seul motif d'une inaction trentenaire, sans constater que le défendeur avait acquis la propriété par usucapion, Civ. 3e 22 juin 1983, G. P. 1983.II, Rés., 309, J.C.P. 1986.20565, n. J.-F. Barbieri. Comp. (non résolu) le début de la controverse, dans l'aff. Congrégation Saint-Viateur, Req. 5 mai 1879. D. 80.145, concl. Robinet de Cléry, n. Ch. Beudant ; v. aussi, *infra,* n° 1049.

Rusquec ; D. 2002. IR. 2102 (la prescription acquisitive contraire semble n'avoir pas été invoquée).

c) La propriété, droit inviolable

7 La propriété est encore dite perpétuelle parce qu'elle est, en principe, **inviolable et incessible par la force**. Donnant un prolongement naturel au texte fondamental de l'article 544, l'art. 545 énonce avec énergie : « Nul ne peut être contraint de céder sa propriété, si ce n'est pour cause d'utilité publique et moyennant une juste et préalable indemnité ». **L'expropriation pour cause d'utilité publique** permet donc, à l'évidence, de dépouiller le propriétaire contre son gré. Mais, en dehors de cette exception, le propriétaire ne peut être exproprié pour aucune autre cause. Dans l'appréciation même de cette utilité, le Conseil d'État s'érige en gardien de la propriété privée. Il fait la balance raisonnable des avantages et des inconvénients. Une opération ne peut être légalement déclarée d'utilité publique que si les atteintes à la propriété privée ou à des intérêts généraux, le coût financier et les inconvénients d'ordre social qu'elle comporte ne sont pas excessifs eu égard à l'intérêt qu'elle présente. La référence n'est même parfois faite qu'à la propriété privée (C.E. 25 nov. 1988, Époux Perez : Jardin sauvé d'un projet de place, dans une commune verte de moins de 300 habitants). La jurisprudence administrative concourt également à assurer le respect de la propriété privée en cantonnant dans leur rôle les autorités administratives, ainsi en rappelant qu'aucune disposition ne confère au maire le pouvoir d'ordonner la démolition d'une construction édifiée, même illégalement, sur une propriété privée (C.E. 6 sept. 1993, D. 1993.IR. 224).

8 La jurisprudence civile réaffirme volontiers l'inviolabilité de la propriété privée, spécialement en cas d'empiétement sur le terrain d'autrui (29) ou même dans des hypothèses plus marginales encore. Ainsi, dans un litige entre copropriétaires d'un immeuble, il était établi que l'une des copropriétaires se livrait à la prostitution dans son appartement privatif, mais en utilisant, pour son commerce, l'entrée et le couloir de l'immeuble. Gênés par ce voisinage, les autres copropriétaires ont agi en justice pour faire condamner la prostituée à cesser sous astreinte son activité et à vendre son logement (une clause du règlement de copropriété interdisant ce genre de « profession » faisait même, à qui y dérogerait, obligation de vendre son appartement). Le Tribunal de grande instance de Grenoble (6 avril 1964, D. 1964, 317) a condamné la prostituée, sous astreinte de 200 francs par infraction constatée, à cesser son activité ; mais il s'est refusé à contraindre la prostituée-propriétaire à vendre, invoquant les articles 544 et 545.

Même s'il peut être troublant que la propriété « inviolable et sacrée » devienne le rempart de la liberté, quand cette liberté se nomme prostitution, il n'est pas négligeable que le droit de propriété soit ainsi respecté (et la liberté individuelle protégée dans ses autres applications), sauf à faire respecter aussi, par d'autres moyens, les intérêts légitimes des copropriétaires.

d) Limites naturelles

9 Perpétuel de vocation, le droit de propriété a (de droit naturel...) la fragilité de l'objet sur lequel il porte. Il disparaît en même temps que son objet. L'extinction du droit résulte non seulement de la perte matérielle (irrémédiable) de l'objet (p. ex. par destruction), mais aussi de l'impossibilité de l'exercer par suite d'une modification causée par des **phénomènes naturels** (notamment la submersion par les eaux). En ces derniers cas, cependant, la nature donne en général à l'un ce qu'elle enlève à l'autre. Le changement de lit d'un cours d'eau non navigable ni flottable entraîne la perte de la propriété des

(29) V. not. Civ. 1re sect., 10 juill. 1962, G. P. 62.1.288 ; Civ. 1re, 13 janv. 1965 et 10 févr. 1965, G. P. 1965.1.236 et, plus loin, n° 1412 s l'étude de cette question.

parcelles submergées au bénéfice des nouveaux riverains, si l'ancien propriétaire ne fait pas le nécessaire pour rétablir l'ancien cours dans l'année du changement (C. rur. art. 98, 100). La destruction du cordon littoral qui séparait de la mer un étang, incorpore celui-ci au domaine public maritime. Mais, lorsque la nature refait ce qu'elle avait défait, la question resurgit de savoir si le droit de propriété revit alors, quelle que soit la durée écoulée. La Cour de cassation a admis que le propriétaire, privé de son bien, par le seul effet des forces de la nature, est réintégré dans sa propriété, lorsque le phénomène inverse se produit, même après plus de 70 ans (Cass. Ass. Plén. 23 juin 1972, D. 72.705 R.T. 1968, 741, obs. Bredin ; J.C.P. 73.17.331, n. Goubeaux (après Civ. 1re 9 juill. 1970, J.C.P. 71.16.579, n. Goubeaux) ; comp. en matière de servitude C. civ. art. 703, 704). Le droit naturel est aussi un droit de la nature.

SECTION II — VIE DU DROIT DE PROPRIÉTÉ

1050 Comment naît le droit de propriété ? Comment s'éteint-il ? Comment se transmet-il de l'un à l'autre ?

La vie de la propriété est une suite de faits et d'actes juridiques qui en règlent l'acquisition, la perte, la transmission : opérations qui, le plus souvent, se déroulent sans violence ni procès. Cependant, la propriété vit parfois sur pied de guerre : ce sont les vicissitudes contentieuses du droit de propriété.

Dans tous les cas, la **preuve de la propriété est libre.** La propriété d'un bien se prouve par tous les moyens. Traditionnellement admise pour la preuve de la propriété immobilière (v. n° 1612 s.) et la revendication du trésor (v. n° 1673), la règle est générale, en matière immobilière ou mobilière (lorsque l'article 2279 qui paralyse la revendication n'est pas applicable). La liberté de la preuve est admise au soutien d'une action en distraction d'un meuble saisi (Civ. 1re, 11 janv. 2000, D. 2001. J. 890, n. A. Donnier ; *adde,* entre époux séparés de biens, l'art. 1538 : Civ. 1re, 27 nov. 2001, J.C.P. 2002. II. 10050, n. St. Piedelièvre).

§ 1. LA VIE NON CONTENTIEUSE DU DROIT DE PROPRIÉTÉ

1051 Le droit de propriété s'acquiert, se transmet et se perd suivant des règles déterminées par la loi. La plupart sont rassemblées dans le Livre III du Code civil, aux articles 711 sous le titre : « Des différents manières dont on acquiert la propriété ». Une vue synthétique des modes d'acquisition introduit à l'analyse plus détaillée de celui qui revêt le plus d'importance (le transfert conventionnel de la propriété).

A. TABLEAU DES DIFFÉRENTS MODES D'ACQUISITION DE LA PROPRIÉTÉ

1052 Acquérir la propriété, c'est, le plus souvent, la tenir d'un précédent propriétaire. Si les modes d'acquisition les plus importants sont, sans commune mesure, des **modes de transmission**, ceux qui ne supposent pas de transmission, **modes originaires**, ont un caractère naturel et primaire qui mérite qu'on en fixe d'abord l'image.

a) L'acquisition originaire de la propriété

3 Elle se réalise lorsqu'une personne s'approprie une chose qui, auparavant, n'appartenait à nulle autre. En ce cas, l'acquisition de la propriété s'opère dans le patrimoine d'un individu sans être corrélative à la perte de la propriété dans le patrimoine d'un autre. Il y a bien un acquéreur, mais pas de précédent propriétaire, pas d'auteur (30). De la chose acquise, nul n'est vendeur, donateur ni testateur. L'acquéreur ne tient son droit de personne. Il est le premier propriétaire, le maître originaire.

4 En un sens, l'acquéreur originaire tient son droit de la loi. L'acquisition *ab origine* s'opère *lege*, en vertu de la loi. Mais la loi ne transmet pas la propriété. Elle consacre l'acquisition d'une chose qui n'appartenait à personne *(res nullius). L'acquisition est dite légale parce que la loi prend en considération des faits auxquels elle donne un effet acquisitif.*

Ces modes sont relativement rares. On en prendra une première idée à développer dans leurs applications à la propriété mobilière ou immobilière.

5 **1° L'occupation :** Mode direct, immédiat, primitif (parfois sauvage) d'acquisition de la propriété, l'occupation est, en un sens technique de précision, (31) **l'appréhension effective d'une chose qui n'appartient à personne.**

Le fait (accompli) que la loi prend en considération pour y attacher un effet de droit (l'acquisition de la propriété) est ici un acte intentionnel de violence ou, au moins, de force, du moins de maîtrise (que la loi, exceptionnellement, légitime) : c'est le fait de se rendre effectivement maître d'une chose. Occuper c'est prendre, mais prendre sans voler, appréhender sans ravir ni soustraire, se rendre maître d'une chose sans maître.

6 L'occupation ne se conçoit en effet que pour des choses qui n'appartiennent à personne (on les appelle encore *res nullius*). En tant que mode d'acquisition, **l'occupation ne peut** ainsi **s'appliquer qu'à des choses mobilières** (v. *infra*, n° 1668 s) (32). La **chasse** et la **pêche** en sont les applications traditionnelles, les plus anciennes et toujours actuelles. Le chasseur ou le pêcheur devient propriétaire du gibier ou du poisson qu'il prend par le seul fait de la capture, de la prise. Un ancien adage populaire exprime crûment (dans le ton qui est le génie des maximes de droit finançais) cette consécration coutumière d'un fait accompli : « Il est à moi, mon chien l'a pris » (Axiome du sieur Catherinot).

C'est également par occupation que les chiffonniers (ou autres amateurs) se rendent légitimement propriétaires des objets divers que, chaque jour, les citadins rejettent à la rue, au pied de leur demeure. Car ce rejet, acte d'abandon, fait, des **choses abandonnées,** des biens sans maître *(res derelictae)* qui sont au premier occupant (mais non pas à n'importe quel usage ; décision atypique : quand un journaliste dresse l'inventaire des poubelles d'une personnalité au lendemain d'un réveillon de Noël, le fouilleur couvert de honte risque d'être convaincu d'atteinte à la vie privée, Paris 30 mars 1995, D. 1995.IR. 140). C'est

---

(30) V. ci-dessous, n° 1060.

(31) Que la littérature n'a pas ignoré. V. La Fontaine (*Le chat, la belette et le petit lapin*).

(32) Ce n'est cependant pas en tant qu'immeuble par nature que le sable du rivage de la mer ne peut être objet d'occupation mais en raison de son appartenance au domaine public : sans autorisation, son extraction constitue un vol. Crim. 23 oct. 1980, G. P. 1981.I.som., 140 ; *adde* C.E. 13 juin 1964, Rec. Lebon, 334 ; 30 mai 1975, G. P. 76.I, som. 116. V. *supra*, n° 928.

d'ailleurs ce droit de libre prise qui pourrait gêner, à la source, l'organisation d'une récupération des verres creux par les pouvoirs publics ou des entreprises privées (33).

Application marginale : Pour justifier Malraux d'avoir, dans sa jeunesse aventureuse, descellé et emporté sept sculptures d'un temple (non classé) enfoui dans la forêt vierge du Cambodge, on a pu imaginer de les considérer comme des choses abandonnées... (v. Ph. le Tourneau, *Malraux*, Ann. Univ. sc. soc. Toulouse 1996, T XLIV, 14).

Application dérivée : Lorsqu'une **personne expulsée** laisse des meubles sur place, le juge de l'exécution peut déclarer abandonnés ceux de ces meubles qui, n'ayant pas de valeur marchande (P.V. de l'huissier, d. 31 juill. 1992, art. 207), ne sont pas susceptibles d'être vendus aux enchères comme les autres meubles (l. 9 juill. 1992, art. 66). Déclaration judiciaire d'un abandon présumé...

Application exclue : Or et bijoux retrouvés (fût-ce en débris) dans les caveaux et cercueils, lors de travaux de nettoyage, ne sont pas des choses abandonnées. Leur appropriation par des fossoyeurs, n'est pas une occupation mais un vol (Crim. 25 oct. 2000, D. 2001.1052, n. Th. Garé). Laissés *(officio pietatis)* mais non délaissés, ces objets échappent à l'occupation. Pour admettre qu'il y a soustraction de la chose d'autrui, il faut imaginer qu'en vertu de la volonté des héritièrs, de tels biens sont grevés, comme par fondation, d'une affectation familiale perpétuelle (qui est conforme à la perpétuité de la propriété), propriété latente protégée.

Application maintenue : L'établissement par un État côtier d'une zone de conservation des ressources halieutiques dans laquelle le droit de pêche est réservé aux nationaux de cet État change-t-il quelque chose à la qualification du poisson de mer ? Il ne le semble pas. Une *res nullius* n'est pas une chose qui appartient à tout le monde *(res communis)*. C'est une chose n'appartenant à personne, en actualité, et appartenant, potentiellement, au premier occupant. La limitation du groupe des occupants potentiels ne change rien au mécanisme d'acquisition. Le poisson de mer n'appartient ni à l'État côtier ni à l'ensemble des pêcheurs nantis du droit de pêche. L'attribution de la propriété au sein de ce groupe dépend toujours de l'occupation. Le poisson est toujours à celui qui le capture. Pris dans un sens dérivé, gratifiant et valorisant, le patrimoine national ici affirmé correspond à une sorte de domaine éminent parfaitement compatible avec la propriété privée. Comp. l'intéressante chronique de Gwenaele Proutière-Maulion, *L'évolution de la nature juridique du poisson de mer*, D. 2000. chron. 647.

1057 En revanche, l'occupation ne peut plus, aujourd'hui, jouer en matière immobilière : les biens immobiliers qui n'ont pas de propriétaire, appartiennent, *de plano,* à l'État (art. 713 C. civ.). **Il n'y a pas d'immeubles sans maître.** Nul ne peut se prétendre propriétaire, comme occupant, d'une terre apparemment vacante, déserte ou abandonnée. L'immeuble n'est jamais *res nullius.* Dans notre monde plein (et policé par la vocation résiduelle de l'État), il n'y a plus de terres à occuper, plus de sol qui soit au premier occupant (au moins en droit civil). En droit international public, la théorie de l'occupation des territoires a joué, dans l'histoire des conquêtes, un rôle capital (pour la « conquête » de la lune, il a fallu l'enrayer, afin de ne pas faire dégénérer une prouesse scientifique en conquête territoriale et en *casus belli.* Le premier pays qui a planté son drapeau sur la lune n'en est pas devenu le souverain). L'occupation est également exclue pour les navires et engins flottants abandonnés dont le sort est réglé par des lois particulières de caractère régalien, qu'il s'agisse de *res derelictae* proprement dites ou d'épaves (v. *infra,* n° 1670).

1058 **2° L'accession naturelle :** C'est une espèce d'accession. L'accession, en général, est un mode d'acquisition qui, procédant par la réunion de l'accessoire au principal, rend le propriétaire d'une chose principale maître de la chose accessoire qui s'y unit (C. civ. art. 546).

(33) Pour asseoir leur monopole de ramassage, il serait d'ailleurs suffisant — mais nécessaire — qu'une intention de l'auteur du rejet se déclare au profit de l'organisme de ramassage, en se matérialisant par un contenant à destinataire spécifié et **transforme ainsi l'abandon en don.** V. *infra,* n° 1671, l. 15 juill. 1975 et l. 13 juill. 1992, sur les déchets.

Plus spécialement, l'accession est dite naturelle lorsque cette réunion résulte d'un fait de la nature. Elle se produit, au profit des propriétaires riverains de cours d'eau, dont le fonds s'accroît par l'effet des atterrissements ou alluvions (art. 556). Cet accroissement naturel réalise une acquisition originaire de propriété. (v. Versailles 12 janv. 1995, D. 1995.IR. 98, pour une complication relative à la charge de la preuve).

3° L'acquisition des fruits : C'est une autre application, mi-naturelle, mi-artificielle, de l'accession : une application sur laquelle repose l'exploitation des terres, plus généralement toute mise en valeur d'un capital. Le propriétaire d'un bien productif devient, par droit d'accession, propriétaire des fruits de toute sorte que rapporte ce bien (C. civ. art. 546). La propriété d'une chose frugifère s'étend, par accession, aux fruits (elle donne droit sur ce qu'elle produit). La terminologie est peut-être contestable, la réalité essentielle : le propriétaire d'un bien devient *de plano, ab origine,* le maître des fruits issus de ce bien (v. *infra*, n° 1168).

b) La transmission de la propriété

Le plus souvent, l'acquisition de la propriété s'opère par le transfert du droit, de son titulaire à un successeur. Dans ce mode translatif, l'acquéreur tient son droit d'un précédent propriétaire qui le lui cède. On dit que l'acquéreur est **l'ayant cause** du propriétaire dont il tient son droit. Ce dernier est nommé **auteur**, relativement à l'acquéreur (34).

Importants, les modes translatifs de propriété sont dans *une grande diversité.*

Le transfert s'opère à titre onéreux ou à titre gratuit, suivant que l'acquéreur est ou non tenu de verser à son auteur une contrepartie.

L'acquisition se produit à cause de mort ou entre vifs, suivant que la transmission de la propriété s'opère à la mort ou du vivant de l'auteur.

Le transfert a lieu à titre universel ou à titre particulier, selon qu'il porte sur l'ensemble des biens du précédent propriétaire ou sur un ou plusieurs biens déterminés.

Ces distinctions se recoupent. Une dernière permet de faire jouer toutes les combinaisons : le transfert de propriété peut être l'effet soit d'un *fait juridique* (fait que la loi prend en considération pour y attacher un effet translatif), soit d'un acte volontaire, *acte juridique* destiné à produire un effet translatif : on dit volontiers que la transmission résulte soit de la loi, soit de la volonté de l'homme.

1° La transmission légale : Elle s'opère sans intervention décisive de la volonté du propriétaire actuel. C'est en vertu de la loi que la propriété d'un bien passe d'une main à l'autre. En vérité, cela signifie simplement que la loi attache un effet translatif à certains faits. Il y en a trois principaux qu'il suffit, ici, de classer :
— la succession légale,
— l'accession,
— la possession.

α) La succession légale : Lorsqu'un individu propriétaire de certains biens décède ab intestat (c'est-à-dire sans avoir réglé lui-même, par testament, la dévolution de ses biens après sa mort), son patrimoine est dévolu, *lege,* aux héritiers que la loi appelle à la succession. La succession n'est pas testamentaire, mais *légale* ou *ab intestat.*

La loi dote ainsi d'un effet translatif un fait juridique complexe. Elle prend d'abord en considération un lien de parenté qui fonde la vocation successorale (vocation légale qui demeure, pour le

(34) Laborde-Lacoste, *Essai sur la notion d'ayant cause,* th. Bordeaux, 1916.

successible, jusqu'au décès, une simple éventualité). Puis la loi fait produire un effet au décès de la personne qui n'a pas fait de testament : c'est la mort ab intestat qui actualise chez l'héritier sa vocation successorale (son droit éventuel) et provoque, en vertu de la loi, la transmission héréditaire des biens.

En ce cas, le transfert de propriété s'opère à cause de mort, à titre gratuit et à titre universel.

Les autres modes d'acquisition légale ont une portée plus limitée.

1064 **β) L'accession (prise dans une troisième application) :** La propriété d'un bien accessoire est transférée en vertu de la loi au propriétaire d'un bien principal, lorsque, par l'effet d'une incorporation matérielle, le bien accessoire s'unit au principal pour former un tout. Le maître de la chose principale devient propriétaire du tout, à charge d'indemniser celui de la chose accessoire suivant sa valeur au *jour du paiement* (C. civ. art. 565 s). (En cas d'alliage de deux métaux, c'est le propriétaire du métal le plus précieux qui, sauf indemnité, devient propriétaire de l'ensemble). L'acquisition s'opère à titre onéreux et à titre particulier (35).

1065 **γ) La possession :** La possession mène à la propriété des choses, soit immédiatement pour les meubles, au moins à certaines conditions (C. civ. art. 2279), soit au bout d'un certain laps de temps, pour les immeubles, par voie de prescription acquisitive (ou usucapion). La loi attache un effet acquisitif soit au fait brut de la possession, soit à la possession prolongée pendant un certain temps. L'acquisition s'opère à titre particulier (et sans contrepartie).

Dans toutes ces hypothèses, l'acquéreur a, bien entendu, la faculté de refuser l'aubaine (répudier la succession, l'accession ou le bénéfice de la possession).

Cette réserve ne suffit pas à altérer le caractère légal de la transmission qui demeure essentiel, surtout comparé au rôle déterminant de la volonté dans les autres modes de transmission de la propriété.

1066 **2° La transmission volontaire de la propriété :** Le transfert de propriété est dit volontaire lorsqu'il résulte d'un acte juridique, c'est-à-dire d'un acte de volonté destiné à transmettre la propriété d'un bien. L'effet translatif est l'objet même de l'acte juridique, effet délibérément recherché par le ou les auteurs de cet acte.

Une distinction s'établit entre les actes unilatéraux et les actes plurilatéraux ou conventionnels.

1067 **α) Actes translatifs unilatéraux :** Le transfert de propriété peut résulter d'un acte juridique unilatéral.

Le type des actes de ce genre est le *testament* (qui fonde, lors du décès de son auteur, une succession testamentaire). Le testament est l'acte par lequel une personne règle, à sa volonté, le sort de son patrimoine pour le temps où elle n'existera plus (C. civ. art. 895). Dans ce cas, l'acquisition s'opère sans contrepartie à la mort du testateur (le bénéficiaire du testament — le légataire — s'enrichit à cause de mort et à titre gratuit). Mais l'acquisition peut se réaliser soit à titre universel soit à titre particulier, selon que le bénéficiaire du testament est institué légataire universel ou bénéficie seulement d'un legs particulier.

1068 **β) Actes translatifs plurilatéraux :** Le transfert de la propriété peut s'opérer en vertu d'un acte bilatéral, nommé contrat translatif. Il en existe plusieurs espèces. La convention peut être conclue à titre gratuit (la donation en est le type), ou à titre onéreux (ex. vente, échange).

(35) V. *infra*, n° 1373 s, 1663 s Dans un cas singulier, s'agissant de la décoration originale d'un restaurant de la belle époque, l'accession conventionnelle en faveur du bailleur a prévalu sur l'accession légale au profit du propriétaire du fonds de commerce, Paris, 5 mars 1992, Pet. Aff. 23 déc. 1993, n° 156, 21, n. D.R. Martin.

Par hypothèse (36), le transfert conventionnel s'opère entre vifs, et à titre particulier : il ne porte jamais que sur un ou plusieurs biens déterminés. Nul ne peut (même si le contrat porte sur l'ensemble de ses biens présents) transférer entre vifs son patrimoine comme universalité de droit (v. plus haut, n° 859).

Ce transfert conventionnel est assez important pour appeler quelques développements particuliers.

B. LE TRANSFERT CONVENTIONNEL DE PROPRIÉTÉ (37)

Diverses conventions à titre gratuit ou onéreux, mais toujours entre vifs et à titre particulier, ont pour objet spécifique de transférer d'un contractant à l'autre la propriété d'un bien. Il est exclu d'exposer ici le régime particulier de chacune des diverses espèces de contrats translatifs (donation, vente). L'essentiel est de savoir comment s'opère, dans les conventions de ce genre, le transfert de la propriété.

Cette question reçoit, en droit français, une *solution de principe*. Cependant l'abstraction de la règle est corrigée par divers tempéraments. Le consensualisme est de principe, mais il a des *limites*.

a) Le principe du consensualisme

La règle est que le droit de propriété se transmet, de l'auteur à l'ayant cause, par le seul échange de leurs consentements, *solo consensu*. Commandé par la rencontre de volontés concordantes, le transfert de la propriété s'opère sans attendre ni l'accomplissement d'une formalité, ni l'exécution d'un acte matériel (livraison de la chose ou paiement du prix). Le consensualisme s'oppose tout à la fois au formalisme et à une certaine forme de réalisme. Ce principe est énoncé, dans sa généralité, à l'article 1138 du Code civil, à propos de l'obligation de donner *(dare)* : « L'obligation de livrer la chose est **parfaite par le seul consentement** des parties contractantes ». Le deuxième alinéa, plus énergique, est mieux frappé : **« Elle rend le créancier propriétaire »** (V. Civ. 1re, 27 janv. 1993, G. P. 1993. I.Pan.107 pour un rappel topique de la règle).

Le principe est repris dans trois de ses applications : pour la vente par l'article 1583, pour l'échange par l'article 1703, et pour la donation par l'article 938 du Code civil.

Explication des termes : La terminologie légale s'éclaire à l'observation qu'au regard de l'histoire, le consensualisme n'est qu'un des systèmes concevables pour régler le transfert de la propriété. En droit romain, la vente était seulement créatrice d'obligation, mais non translative de droit réel. Ne créant que l'obligation de transférer la propriété, elle rendait le vendeur débiteur et l'acquéreur créancier (non directement propriétaire). Dans un deuxième temps, le transfert de propriété s'opérait en vertu d'un autre acte spécifique. Ce mode de

(36) Si l'on néglige ici le cas plus particulier des donations à cause de mort de biens présents et à venir.

(37) V. là-dessus la théorie originale et substantielle de Ch. Atias, *Le transfert conventionnel de propriété immobilière,* th. Poitiers, 1974, avec l'énoncé de positions de thèse que soutient le corps de l'ouvrage ; *adde* Chazal et Vicente, *Le transfert de propriété par l'effet des obligations dans le Code civil,* R.T. 2000, 477 s. Le transfert de propriété peut à l'occasion s'opérer au sein du contrat d'entreprise. V. Laure Marino, *Le transfert de propriété dans le contrat d'entreprise, Defrénois,* 2001, 907.

transfert de la propriété consistait soit en l'accomplissement d'une formalité *(mancipatio, in jure cessio)*, soit en l'exécution d'un fait *(traditio)*, mise en possession, livraison effective, remise matérielle de la chose.

Le Code civil a fondu, en un seul temps, ces deux phases : d'où la formule ramassée de l'article 1138. La vente engendre une obligation de donner (de *dare*, de transférer la propriété). Mais cette obligation est parfaite par le seul consentement des parties : « Elle rend le créancier propriétaire » (l'étude de cette obligation conserve cependant son intérêt, surtout lorsqu'en pratique, phénomène marquant, le transfert de propriété est différé. V. ci-dessous, note 41).

1072 **Intérêt pratique :** Le principe a un intérêt pratique. Le transfert de la propriété commande, au moins en règle, celui des risques (le risque de perte fortuite de la chose). « *Res perit domino* » : c'est le propriétaire qui supporte la perte de la chose, lorsque celle-ci arrive fortuitement. D'où l'intérêt de savoir à quel moment s'opère le transfert de la propriété. Ce moment-là est, en droit français, celui de l'échange des consentements.

1073 **Aperçu législatif :** Le consensualisme a une valeur supérieure. Il est, au point de convergence de la tradition canonique et du message révolutionnaire, accordés pour exalter le respect de la parole donnée et le pouvoir de la volonté de l'homme. Il émane une indéniable séduction intellectuelle d'un système qui est à la fois moral et spiritualiste. Mais le système demeure dans une vue idyllique. Il est idéaliste. D'autres législations ont conservé la tradition romaine et présentent un caractère plus formaliste ou plus réaliste que la conception française (c'est le cas du système germanique) (38).

Il ne serait donc pas superflu (prenant, non le recul du droit romain, mais, pour cadre, le milieu européen) de s'interroger, en législation, sur les mérites respectifs des deux systèmes (39).

L'éminente valeur du consensualisme ne l'empêche pas de laisser dans l'ombre le transfert de la propriété. C'est un inconvénient pratique. La conclusion d'un contrat étant ignorée des tiers, ceux-ci ne peuvent savoir à qui tel bien appartient, à un moment donné.

C'est pourquoi les systèmes plus formalistes ou plus réalistes que le nôtre ont leurs avantages. Aussi bien, le droit français — ayant consacré le principe consensualiste — a-t-il fait quelques pas dans le sens du système contraire (40).

b) Les limites du consensualisme

1074 Certaines d'entre elles résultent de la volonté même des parties contractantes. Érigé en principe, le consensualisme n'est pas une règle impérative. Les particuliers ont la faculté d'y déroger, à condition de le spécifier. Cela dépend de la liberté des conventions. Il est fréquent, dans les relations internationales, que le contrat, par une clause particulière, règle le transfert de la propriété et le situe à une date déterminée par les parties (jour du paiement ou jour de la livraison).

---

(38) Arminjon et Wolff, T. I, n° 262 ; Saleilles, *Théorie générale de l'obligation d'après le premier projet de C. civ. allemand,* n° 3 s.
(39) V. Tunc, Rev. int. dr. comp. 1964, 547 s.
(40) Sans évoquer ici ceux qui résultent de la convention portant loi uniforme sur la vente internationale des objets mobiliers corporels (La Haye, 1er juillet 1964).

À ces tempéraments conventionnels (particuliers et facultatifs), s'ajoutent, venant de la loi, d'autres assouplissements : ce sont les concessions que la loi française fait soit au formalisme, soit au réalisme (41).

1° Concession du droit français au formalisme : Dans les opérations immobilières (et dans certaines opérations mobilières), le transfert de la propriété continue de s'opérer, entre parties contractantes, par l'échange des consentements. Mais, à l'égard des tiers, il est différé jusqu'à l'accomplissement d'une formalité de publicité (42). La convention translative n'est opposable aux tiers que moyennant l'**accomplissement des formalités légales de publicité** (autrefois la transcription). Ainsi, l'aliénation d'un immeuble n'est opposable aux tiers qu'à partir du jour où elle a été publiée à la conservation des hypothèques, conformément à la loi. L'inobservation de ces formalités n'entraîne pas la nullité de la vente. Valablement consentie mais non régulièrement publiée, la vente demeure obligatoire entre les parties. Mais l'inopposabilité aux tiers est grave de conséquences : notamment dans *le conflit entre acquéreurs successifs d'un même immeuble* (tenant leurs droits du même auteur). Si le même propriétaire (de mauvaise foi) vend le même bien à deux personnes différentes, celui des deux acquéreurs qui sera préféré par la loi (finalement attributaire du bien) est celui qui, le premier, aura *accompli la formalité de publicité*. Si le deuxième acquéreur en date accomplit le premier la formalité de publicité, c'est lui, sauf fraude prouvée, qui a priorité : *prior tempore, potior jure* (le conflit peut aussi opposer l'acquéreur à titre onéreux de l'immeuble — une source en l'espèce — et le donataire du successeur du vendeur, Bordeaux, 12 nov. 1987, Defrénois, 1989, 42, n. Vialard). Le propriétaire est désigné par l'ordre d'accomplissement de la formalité de publicité. En pratique, le notaire chargé de ces opérations omet rarement d'accomplir les formalités nécessaires. Si bien que, pour tous les biens immeubles et ceux des meubles dont l'aliénation est soumise à publicité, le principe du consensualisme revêt, dans cette mesure, une valeur symbolique.

2° Concessions du droit français au réalisme. Deux exemples montrent que, par la force des choses, les opérations matérielles d'exécution (livraison ou identification de la chose) ont, même dans le système français, une grande importance.

α) Meubles corporels : Dans le commerce des meubles corporels apparaît l'influence décisive de **la tradition réelle,** c'est-à-dire de la remise effective de la chose en la possession de l'acquéreur. L'article 1141 du Code civil résout en effet le conflit entre deux acquéreurs successifs d'un même meuble corporel (43), en donnant la préférence à celui des deux qui a, le premier, pris possession de la chose. La théorie voudrait que la propriété,

(41) Sur l'ensemble de la question, V. C. Saint-Alary-Houin *Réflexions sur le transfert différé de la propriété immobilière, Mélanges P. Raynaud, 1985, p. 733 ; Elisabeth Brochard, Le retard dans le transfert de propriété,* th. Paris II, 1987. L'importance, en pratique, de l'ajournement du transfert de propriété à titre onéreux montre l'intérêt d'isoler et d'analyser « L'obligation de transférer la propriété dans la vente ». V. sous ce titre, Pascale Bloch, article à la R.T. 1988, 673 s.

(42) Ce n'est d'ailleurs que l'une des formalités qui embarrassent le transfert ; v. Carbonnier, 3, 108 s. ; Atias, th. prec. *passim.* **En Alsace et en Moselle,** la publicité foncière est fondée non sur le système de la conservation des hypothèques, mais sur le Livre foncier, institution d'origine germanique introduite en ces régions par une loi de 1891 et maintenue en 1924, lors du retour des départements de l'Est à la souveraineté française. Placée sous l'autorité des tribunaux, l'inscription des droits est soumise à une procédure gracieuse de contrôle, confiée à un juge spécialisé, le juge du Livre foncier. Ce système particulier, en cours d'informatisation, présente de hautes garanties de sécurité juridique (v. *infra*, n° 1607).

(43) Et qui tiennent la chose du même auteur.

transférée *solo consensu*, passât sur la tête du premier acquéreur en date, lors de l'échange des consentements. Pourtant l'acquéreur préféré — même s'il a acquis en second — est celui qui, le premier, a pris matériellement livraison de la chose. Si, sur le carreau des Puces, une même commode Louis XV plaît à plusieurs amateurs et qu'un premier acquéreur conclut le marché sans enlever sa trouvaille, le second acquéreur (qui offre un prix plus élevé) et emporte aussitôt le meuble, devient propriétaire, sauf au premier acquéreur à mettre en œuvre la responsabilité personnelle du vendeur de mauvaise foi (44).

1077 **β) Choses fongibles :** Le système juridique français fait au réalisme une autre concession dans le *transfert de la propriété des choses fongibles*. Ici le consensualisme est en défaut, parce que le transfert de la propriété ne peut s'opérer sur des choses de genre (v. plus haut, n° 952). Il n'a aucune prise sur les choses fongibles encore indéterminées. Dans la vente de 50 kg de café, le transfert de la propriété plane sur le genre, mais ne peut se fixer sur une chose. Lorsque le contrat porte sur des choses fongibles, le transfert de la propriété ne s'opère pas *solo consensu* au moment où la vente est conclue : il est différé dans le temps jusqu'au moment où l'objet de la vente est spécifié, identifié, déterminé, soit par une tradition effective (livraison), soit même, avant la livraison, par une marque, une spécification quelconque ou une mise à part, dans les entrepôts du vendeur ou d'un tiers (les 50 kg de café étiquetés marqués ou séparés deviennent la propriété de l'acquéreur).

§ 2. LE CONTENTIEUX DE LA PROPRIÉTÉ

1078 Entre tous les litiges auxquels donnent lieu les questions de propriété, certains constituent, à proprement parler, le contentieux du droit de propriété. Ce contentieux spécifique s'élève lorsque le propriétaire cause, dans l'exercice de son droit, un dommage à autrui, ou lorsque des tiers portent atteinte à la propriété. En toute réciprocité, le droit protège les tiers contre un certain usage du droit de propriété et la propriété privée contre les atteintes des tiers.

A. LA PROTECTION DES TIERS CONTRE LES DOMMAGES RÉSULTANT DE L'EXERCICE DU DROIT DE PROPRIÉTÉ

1079 Cette question doit être distinguée du problème voisin de la responsabilité du fait des choses inanimées. Établie par l'article 1384, al. 1er, C. civ., celle-ci pèse, en effet, sur le gardien des choses, non sur le propriétaire en tant que tel. Il est vrai qu'en fait le propriétaire d'une chose en est, souvent, le gardien (il est même présumé gardien, sauf à prouver qu'il a perdu la garde pour une raison d'ordre matériel ou juridique). Il faut également reconnaître — degré de plus dans le rapprochement — que la responsabilité du fait des bâtiments édictée par l'article 1386 C. civ., incombe au propriétaire même des bâtiments. Mais cette disposition spéciale sanctionne seulement, chez le propriétaire, le manquement à son obligation d'entretien (45).

(44) V. *infra*, n° 1660.

(45) En réservant le cas, plus particulier, du vice de construction pour lequel, s'il est dans le délai légal, le propriétaire a un recours contre le constructeur.

Une question plus générale et plus spécifique se pose : **l'exercice du droit de propriété peut-il devenir, pour son titulaire, générateur de responsabilité civile ?**

Lato sensu, la question demeure un problème de responsabilité. Il s'agit toujours de réparer un dommage dont un tiers a été victime. Mais, dans l'ordre de la responsabilité civile — ici délictuelle —, la question de la responsabilité du propriétaire, en tant que tel, est spécifique. Il s'agit de savoir si, en exerçant son droit de propriété par un acte juridique ou matériel (usage, aménagement, etc.), le propriétaire peut engager sa responsabilité délictuelle. Un propriétaire construit sur son terrain ; l'immeuble voisin en subit le contrecoup, il est privé de lumière, etc. Agissant dans l'exercice de son droit d'aménagement, exerçant une prérogative inhérente à la propriété, le propriétaire engage-t-il sa responsabilité ?

À cette question, la loi française ne donne aucune solution de principe.

Mais, à défaut de disposition légale, la solution résulte d'un travail d'élaboration doctrinale et de création prétorienne qui en ont fait une partie intégrante du droit positif français. Nuances mises à part, l'unanimité de la doctrine et la constance de la jurisprudence sont les bases d'un **monument de l'ordre juridique,** modèle de création extra-légale dans la théorie des sources du droit. Il s'agit d'une pièce de droit positif aussi célèbre que, désormais, classique. La doctrine a systématisé **la théorie de l'abus du droit de propriété** ; la jurisprudence l'a consacrée (46). Elle l'a même dédoublée, pour libérer une seconde veine, différente et aujourd'hui plus importante que la première, qui est **la théorie des inconvénients de voisinage.**

Les débats doctrinaux introduisent aux solutions jurisprudentielles.

a) Les assises doctrinales de la théorie de l'abus du droit

La théorie qui rallie aujourd'hui la quasi totalité des auteurs peut, banalement, s'énoncer ainsi : **dans certaines circonstances, le propriétaire d'un bien peut être reconnu comme abusant de son droit de propriété et être condamné à réparer le dommage que cause aux tiers l'exercice abusif de sa propriété.** Cette question pacifiée n'est plus un lieu de controverses passionnées. La *discussion de principe* qu'elle a jadis soulevée a fait place, dans *l'analyse du critère* de l'abus du droit, à quelques variantes secondaires.

1° Le principe de la théorie : Il y eut, sur ce point, une querelle d'école. Une certaine doctrine a, autrefois, nié dans son principe qu'un propriétaire pût abuser de son droit. « Abus de droit » (la critique s'adressait à la formule), les termes sont contradictoires : je ne peux abuser de mon droit ; si j'en use, je suis dans mon droit ; si j'en abuse, je ne suis plus dans mon droit (« Le droit cesse ou l'abus commence » Planiol). Cette critique de terminologie et de logique formelle s'adossait à une affirmation fondamentale. L'absolutisme du droit de propriété exclut, pensait-on, que le titulaire du droit de propriété puisse, dans l'exercice de son droit, engager sa responsabilité à l'égard des tiers. En ce sens, on invoquait volontiers une maxime romaine de remploi et de bon secours : *« Nemo injuria facit qui suo jure utitur »* (47).

(46) V. *supra*, n° 147 s., la présentation de la théorie générale de l'abus du droit.

(47) *« Neminem lædit qui suo jure utitur », « Nullus videtur dolo facere qui suo jure utitur ».*

1084 Il était assez facile de réfuter ces objections. La première est un exercice scolastique. C'est dans l'abstrait que les deux termes (abus, droit) paraissent contradictoires. Il suffit de se mettre en situation, pour en venir à l'évidence que le titulaire d'un droit peut, par l'utilisation qu'il en fait, se mettre dans son tort. On peut commettre une faute dans l'exercice d'un droit. Titulaires de l'autorité parentale, des parents peuvent faire un usage illégitime de leur droit de correction. Et si c'est, formellement, l'expression « abus du droit » qui choque, la critique est dépassée. C'est sa puissance d'évocation qui lui a valu un succès judiciaire et doctrinal et l'impose comme une notion populaire consacrée.

La seule question est — au fond — de savoir si le droit de propriété confère à son titulaire une liberté absolue. C'est une thèse que l'on pouvait à la rigueur soutenir, à la fin du XIXe siècle. Démenti par le droit positif, l'absolutisme de la propriété est aujourd'hui insoutenable (48). L'exercice de la propriété individuelle peut être limité dans un intérêt social.

Aussi bien nul ne conteste sérieusement aujourd'hui, en son principe, la théorie de l'abus du droit. Seules demeurent quelques variations dans l'analyse de ses critères.

1085 **2° Le critère de l'abus :** Quand faut-il dire que l'exercice du droit de propriété devient abusif ? Quand peut-on qualifier d'abusif l'accomplissement, par le propriétaire, d'une prérogative inhérente à son droit ?

Modérée dans ses restrictions à l'individualisme de la propriété, la doctrine traditionnelle met en avant le critère de **l'intention de nuire**. L'exercice de la propriété devient abusif lorsqu'il est malveillant ; c'est l'intention de nuire à autrui qui vicie, de l'intérieur, l'exercice du droit de propriété. Le propriétaire abuse de son droit, lorsqu'il exerce ses prérogatives dans la seule intention de nuire à un tiers. *« Malitiis non est indulgendum ».*

À cette thèse psychologique s'oppose, plus réaliste (mais non exclusive) une vision *économique*. Elle se fonde, objectivement, sur un critère de résultat. L'exercice du droit de propriété devient abusif lorsqu'il en résulte, au détriment des tiers, un **dommage excessif**, anormal, exorbitant, disproportionné, relativement à une certaine norme de tolérance, mesure ordinaire des inconvénients que chacun, dans la vie sociale, doit supporter de l'autre. L'abus est dans la démesure du préjudice.

Une troisième thèse d'inspiration plus politique met en relief un critère **fonctionnel ou finaliste**. C'est la thèse que Josserand a élaborée dans son ouvrage célèbre « De l'esprit des droits et de leur relativité » (2e éd., 1939). L'abus est dans *l'exercice anti-social du droit.* L'exercice du droit de propriété devient abusif lorsque le propriétaire use de son droit contrairement à sa destination sociale. Plus vague, plus large, plus exigeante, que l'intention de nuire ou la considération matérielle du dommage, cette notion est, potentiellement, plus menaçante pour le droit de propriété, par les applications virtuelles qu'elle recèle.

b) Les solutions jurisprudentielles ou la double construction prétorienne de l'abus du droit de propriété et des inconvénients anormaux de voisinage

1086 La jurisprudence civile a consacré la **théorie de l'abus du droit** ; elle l'a même utilement doublée d'une autre théorie qui est en passe, dans ses applications, de devenir plus importante que la première : la **théorie des inconvénients de voisinage. Distinctes**, mais parallèles, ces **deux théories se développent séparément**. La complémentarité qui se

(48) V. plus haut, n° 1031 s.

dessine entre elles confirme qu'il s'agit, dans la jurisprudence, de **deux veines autonomes** (v. le rappel topique de la distinction des deux sources de responsabilité et des critères spécifiques qui gouvernent chacune *in* Caen, 21 févr. 2002, D. 2002, IR. 1181).

1° La consécration jurisprudentielle de la théorie de l'abus du droit de propriété : Le principe de la théorie est aujourd'hui consacré par une jurisprudence fermement établie, dont il faut connaître les sources : des affaires célèbres, celle des fausses cheminées (tranché par la Cour de Colmar au milieu du XIXe siècle, 2 mai 1855, D. 1856, II, 9), celle des sources Saint-Galmier (49), celle des dirigeables de Clément-Bayard (50). Dans le deuxième de ces litiges, le voisin de l'entreprise qui exploitait les sources Saint-Galmier avait eu l'idée d'installer chez lui un système de forage qui avait eu pour conséquence de tarir les sources voisines (c'était une façon trop habile de faire monter la valeur de son terrain, sans doute dans l'espoir d'en obtenir, en tant que voisin gênant, un prix plus élevé). Quelle animosité s'était établie, dans l'autre litige, entre Clément-Bayard et son voisin ? Le premier faisait voler, au début du siècle, ses dirigeables et les remisait dans un hangar. L'autre eut l'inspiration de placer au droit des hangars d'immenses carcasses de bois de 16 mètres de haut surmontées de tiges de fer acérées de 2 à 3 mètres de hauteur... Dans tous ces cas, la justice a considéré, sous des formules variées, que le propriétaire avait abusé de son droit et engagé sa responsabilité à l'égard des tiers. Elle l'a condamné à réparer le dommage en nature, par la destruction des carcasses ou l'arrêt des travaux de forage.

Depuis lors, cette **jurisprudence** n'a cessé de s'affirmer (v. encore, en toute netteté, un arrêt de la 1re Chambre civile du 20 janvier 1964) (51). Elle est aujourd'hui **constante, consacrée :** comme tout droit subjectif (v. plus haut, n° 148 s.), le **droit de propriété est susceptible d'abus**. Son exercice n'est pas discrétionnaire mais contrôlé. L'abus peut résulter, dans l'exercice du droit, soit d'une action (construction, destruction, etc.), soit d'une abstention (opposition, interdiction) (52).

Dans cet ensemble, deux points forts ressortent : le critère de l'abus du droit de propriété est très ferme (alors que, d'un droit à l'autre, dans la théorie générale, il ne répond pas toujours à la même définition) ; très solide est aussi le rattachement de la théorie à la responsabilité délictuelle.

α) **Critère jurisprudentiel de l'abus du droit de propriété.** La jurisprudence civile a clairement choisi, comme **critère spécifique**, l'un des critères doctrinaux proposés : dans la théorie jurisprudentielle de l'abus du droit de propriété, la thèse psychologique du critère intentionnel l'a emporté. Pour nos tribunaux, c'est **l'intention de nuire** qui rend abusif l'exercice du droit de propriété. Plus exactement, le propriétaire abuse de son droit,

---

(49) Req. 10 juin 1902, D. 1902.1.454.

(50) Req. 3 août 1915, D. 1917.1.79, Trib. civ. Compiègne, 12 février 1913, D. 1913.2.177, note Josserand ; v. également, Amiens, 5 février 1912, D. 1913.2.177, note Josserand ; Trib. civ. Sedan, 17 décembre 1901, S. 1904.2.217, note Appert. *Adde* sur l'implantation malicieuse de peupliers dans l'axe de descente des avions, Pau, 30 sept. 1986, D. 1989, som. com. A. Robert, p. 32 (l'écologie n'a pas produit un revirement de jurisprudence).

(51) Voici la formule qui vient en tête de l'arrêt : **« Attendu que l'exercice du droit de propriété, qui a pour limite la satisfaction d'un intérêt sérieux et légitime, ne saurait autoriser l'accomplissement d'actes malveillants, ne se justifiant par aucune utilité et portant préjudice à autrui »**, D. 64.518, J.C.P. 65.14.035 n. Oppetit.

(52) V. pour le refus, jugé abusif, de la part d'un syndicat de propriétaires, d'autoriser la surélévation de tubes d'évents nécessaires à l'exploitation d'une station-service, Civ. 3e, 20 mars 1978. G. P. 1978, II, som. 274.

lorsqu'il l'exerce dans la seule intention de nuire à autrui (53). Appelé à qualifier les intentions du propriétaire, le juge fonde sa recherche sur une analyse de mobiles (54). (C'est en quoi la théorie de l'abus du droit, exigeant une analyse d'intention, question de fait, relève de l'appréciation souveraine des juges du fond) (55).

1090 Quand on a fait ressortir ce critère, il faut cependant reconnaître que, dans sa mise en œuvre (pour la preuve du caractère exclusif de l'intention malveillante), la théorie psychologique s'appuie sur un support plus objectif. Dans les arrêts, reviennent, en général, deux séries de **constatations matérielles.** Les juges ne manquent pas de relever, d'une part, que l'exercice du droit de propriété a réellement causé un dommage à autrui, d'autre part que cette **activité dommageable est dépourvue de toute utilité pour son auteur**. Caractérisé comme tout à la fois *nuisible et inutile* (nuisible pour les tiers, inutile pour le propriétaire) l'exercice du droit de propriété manifeste que son titulaire a agi **dans l'unique but de nuire à autrui** : on est ramené au critère précédent, mais par deux séries de constatations qui contribuent à objectiver l'analyse judiciaire des mobiles (revenons aux carcasses de bois et aux forages : néfastes pour les tiers, ces travaux ne présentaient pour leur auteur aucune utilité : agissements exclusivement destinés à nuire au voisin). Revenons au critère de fond : c'est par cette vérification que l'on peut être assuré que l'intention de nuire est bien le mobile exclusif des agissements du propriétaire, critère de l'abus (56).

De lege ferenda, on pourrait être tenté d'infléchir le critère de l'intention de nuire et de mettre l'accent sur la disproportion manifeste, dans l'exercice d'un droit, entre l'intérêt poursuivit et les intérêts sacrifiés. L'exercice d'un droit serait dit abusif lorsque, contre toute raison, il inflige à des intérêts légitimes un sacrifice manifestement disproportionné avec la satisfaction qu'en retire son titulaire. Critère de démesure conforme à l'équité.

1091 β) **Rattachement de l'abus du droit à la responsabilité civile.** La construction prétorienne permet de situer la théorie de l'abus du droit dans l'ordre de la responsabilité délictuelle. L'abus du droit a, par son critère, un aspect spécifique. Ainsi marquée par une faute intentionnelle, la théorie apparaît cependant, en définitive, comme une **application de la responsabilité délictuelle** (la responsabilité du propriétaire étant subordonnée, non à la preuve d'une faute quelconque — C. civ. art. 1382 — mais à celle d'une faute caractérisée).

1092 L'intérêt de rattacher l'abus du droit à la responsabilité délictuelle (sans méconnaître sa spécificité) est d'y reconnaître, dans leur application ordinaire, la théorie de la **causalité**, celle du **dommage** et celle de la **réparation adéquate**. Le raccordement au régime général de la responsabilité délictuelle est, sur ce dernier point, particulièrement net. Le juge est appelé, dans chaque espèce, à retenir le moyen le mieux approprié pour réparer le dommage. Dans cette recherche, deux modalités s'offrent, selon les circonstances : la

(53) V. nettement, la construction d'un mur séparatif reconnue abusive (Civ. 3e, 17 janvier 1973 Bull. III, n° 58, p. 43) ou non abusive (Civ. 3e, 24 mai 1976) selon qu'elle procède ou non d'une intention malveillante. *Adde,* Civ. 3e, 19 févr. 1986, G. P. 1986, II, Rés. d'ar., 141.

(54) Dans une décision hors-série, un acte de propriétaire a été jugé générateur de responsabilité civile sans référence à son mobile : le fait pour un propriétaire d'avoir fait boucher l'évier d'un local occupé sans droit ni titre (Versailles 22 févr. 1996, G. P. 1996. I, som. 17-18 avril). La solution a un accent social : exercice anti-social de la propriété ? Mais il ne se réfère pas à l'abus du droit. À la vérité, il n'indique pas sur quoi il se fonde, sinon sur le dommage causé.

(55) V. cep. l'amorce d'un contrôle (?) : Civ. 3e 12 oct. 1971, D. 72.210.

(56) L'absence de raisons valables en vient seulement parfois à occulter, dans l'énoncé de la solution, la malveillance qu'elle fait présumer. V. Civ. 3e 20 mars 1978, préc.

réparation en nature est le mode le plus satisfaisant, lorsqu'il est possible de faire cesser le trouble ; dans le cas contraire, la sanction de l'abus consiste en une indemnité en argent que son auteur est condamné à verser à la victime du dommage. En définitive, la source de la responsabilité est spécifique (une faute intentionnelle), mais l'obligation de réparation qui en résulte suit le régime ordinaire de la responsabilité délictuelle.

Pour la restituer, encore est-il essentiel de rappeler que la **théorie de l'abus du droit** n'est pas propre au droit de propriété. C'est une **théorie générale** (v. plus haut, n° 148 s.). **Tout droit est susceptible d'abus** (il y a notamment, on l'a vu, un abus du droit d'agir en justice). De plus, en matière de propriété, la théorie est commune à toutes les espèces de propriété, mobilière ou immobilière. Cependant, c'est presque toujours dans l'exercice de la propriété foncière que surgit le problème. En quoi le parallèle s'impose avec la théorie des inconvénients de voisinage, laquelle concerne exclusivement les rapports de voisinage.

2° La jurisprudence des inconvénients anormaux de voisinage. Elle aussi **consacrée**, cette **création prétorienne fait partie intégrante du droit positif** (dans la jurisprudence administrative aussi bien que dans la jurisprudence civile, v. *in fine*). Elle est même en plein essor, à considérer le nombre et l'importance des litiges à ce sujet.

Proche mais **distincte de la précédente** dont elle est le contrepoint, la question mérite d'être mise en place par une **première vue d'ensemble.**

Domaine. Elle n'intéresse que les **rapports de voisinage** (57), alors que la théorie de l'abus du droit a des développements plus divers. En revanche, elle a vocation à s'appliquer non seulement dans les rapports entre propriétaires voisins (c'est son illustration la plus

(57) Cependant, le trouble de voisinage peut provenir de l'usage d'un meuble (ou d'un immeuble par destination : peu importe la qualification juridique du bien qui est à la source du dommage) : moteur, machine, camion, aéronef, etc. Civ. 3e 15 avril 1975. D. 76.222 ; Civ. 2e 24 mars 1966, Bull. II. n° 403. Il est à première vue exorbitant que, pour avoir exécuté sur un fonds, à la demande du propriétaire de celui-ci, des travaux ayant occasionné des dommages dans la propriétaire voisine, un **entrepreneur**, qui n'est pas *stricto sensu* un voisin, ait été **condamné envers la victime à les réparer sur le fondement de la théorie des inconvénients anormaux de voisinage** (Civ. 3e 30 juin 1998, Bull. III, n° 144, J.C.P. 98.IV.2957). Cela évoque un raccourci pragmatique de justice de paix. Pourquoi pas ? (il y a des précédents : Civ. 2e, 10 janv. 1968, Bull. civ. II, n° 11, p. 7 ; G. P. 68.I.13-15 mars). **Entièrement construite sur la considération d'un fait objectif (le trouble anormal)**, la théorie des inconvénients anormaux de voisinage obéit à une logique réaliste rayonnante qui justifie que la responsabilité de l'entrepreneur, auteur du trouble soit retenue sur ce fondement, quand le trouble a été causé à un moment où il était en **situation de voisinage**. Mais la logique doit être poussée plus loin. Lorsque la victime du trouble, au lieu de poursuivre l'entrepreneur, auteur du trouble, fait condamner son voisin, le maître de l'ouvrage, sur le fondement d'un trouble anormal, le voisin condamné, subrogé dans les droits de la victime, doit pouvoir se retourner contre l'auteur du trouble et faire retenir sa responsabilité sur le même fondement, sans avoir à prouver une faute de sa part (en ce sens un arrêt de la Troisième Chambre civile 21 juill. 1999, J.C.P. 1999.IV.2736). Le régime de la responsabilité ne peut dépendre du hasard des demandes. Son **unité** mérite sans doute d'être cherchée à partir de la **situation objective** qui en est, tout bien pesé, la donnée déterminante et le fondement constant. La question est cependant complexe et controversée. V. l'étude de M. Pierre Villien, *in* Rapport de la Cour de cassation, 1999, Doc. franc., p. 263 s. V. aussi Civ. 3e, 11 mai 2000, D. 2001, som. 2231, com. P. Jourdain, où est affirmée, avec celle de l'entrepreneur des travaux, la responsabilité du propriétaire actuel de l'immeuble d'où le trouble est venu, alors même qu'il n'était pas maître de l'ouvrage lors de l'exécution des travaux : par où vient l'idée que, lorsqu'il s'agit d'un trouble entre fonds voisins, la responsabilité ne sanctionne pas le comportement d'une personne (maître de l'ouvrage ou propriétaire) mais constitue une charge de la propriété. C'est la logique du voisinage réel, source d'une responsabilité territoriale.

courante) ou entre copropriétaires (v. *infra*, n° 1538), mais également entre un propriétaire et un locataire ou même entre locataires ou colocataires (58).

1096 **Principe.** « **Nul ne doit causer à autrui un trouble anormal de voisinage »** c'est à ce principe, énoncé en forme de maxime, que se réfèrent expressément les arrêts (en visant parfois aussi l'article 1382 C. civ.) Au sein de la responsabilité délictuelle dont il est un compartiment, ce **précepte de voisinage, règle d'environnement,** prend avec éclat toute son originalité lorsqu'on en détaille les arêtes vives. Il s'énonce alors ainsi : **lorsque, dans l'exercice de ses activités licites et normales, une personne cause à son voisin ou à son environnement un dommage qui excède la mesure des inconvénients normaux de voisinage, elle engage sa responsabilité à l'égard des victimes du trouble.**

1097 La vie contemporaine, par ses grands chantiers ou ses grandes conquêtes, mais aussi, les travaux terminés, par la promiscuité que resserrent ses grands ensembles, fait surabonder dans l'univers urbain les occasions de trouble. Les auteurs (les « fauteurs ») de trouble sont tous ceux qui gênent (qui « empoisonnent ») leur voisinage par l'émission de bruits, de fumées, de suies, d'odeurs nauséabondes, de poussières, d'ondes de choc, de trépidations, de vibrations, d'ébranlements néfastes aux nerfs des hommes et aux fondations des murs, ou ceux qui, confisquant le ciel par le gigantisme de leurs constructions, privent leur entourage de soleil, ou encore ceux qui, franchissant le mur du son, font éclater les vitres et crever les couvées. Les inconvénients de voisinage sont, en langage d'époque, au nombre des « **pollutions** » et **« nuisances »** de **« l'environnement »**. Campée dans son ensemble, la théorie prend son originalité dans **l'approfondissement de trois de ses éléments :** ses données exactes, ses solutions acquises, ses difficultés particulières.

1098 α) **Les données du problème.** Le problème des inconvénients de voisinage ne se pose, spécifiquement, que si l'on suppose réunies quatre données. Il faut d'abord supposer — différence typique avec la théorie de l'abus de droits — que **l'activité dommageable est utile** (ou même indispensable) **à son auteur**. Il n'est pas prétendu que l'activité dommageable soit superflue pour celui qui s'y livre (très souvent, il s'agit d'un industriel qui exerce sa profession, d'une compagnie aérienne qui fait voler ses avions, etc.).

1099 Utile, **l'activité dommageable** — il faut le supposer — **est licite en elle-même.** Objectivement, **la responsabilité des troubles de voisinage se dégage des autres sources de responsabilité**. Si l'industriel qui gêne ses voisins n'a pas les autorisations administratives nécessaires, c'est un autre problème qui surgit : la théorie classique de la faute suffit à engager sa responsabilité. La question est de savoir si, lorsque l'auteur du trouble est en règle, il peut, en l'absence de faute à sa charge, engager néanmoins sa responsabilité. Pour

---

■ (58) V. not. Soc. 9 juill. 1954. D. 54.683 ; Civ. 18 juill. 1961. J.C.P. 61.12301, n. Esmein R.T. 62.126 et nos obs. action d'un locataire contre un colocataire ; Paris 15 janv ; 1993, D. 93.IR. 117, action contre le locataire. Cependant, en cas de trouble causé par un locataire à un colocataire, une jurisprudence ancienne a toujours admis que la victime du trouble, au lieu de poursuivre l'auteur de celui-ci, pouvait mettre en œuvre la garantie du **bailleur,** sauf à ce dernier à mettre en cause l'auteur du trouble (v. Carbonnier R.T. 61 508 et la jurisprudence analysée). Dans la même ligne, un arrêt de la Troisième Chambre Civile énonce que la victime d'un trouble de voisinage qui trouve son origine dans l'immeuble loué peut en demander réparation au propriétaire (17 avr. 1996, D. 96.IR. 133). L'intérêt de la décision est aussi de préciser que, pour se décharger de sa responsabilité, le bailleur n'est pas fondé à invoquer la clause du bail qui mettait à la charge du locataire les travaux de mise en conformité. *Adde* Civ. 2e, 31 mai 2000, *Defrénois* 2001.607, D. Archer : responsabilité du bailleur pour le trouble anormal causé au voisinage par les bruits d'un parc d'attraction installé sur le terrain qu'il loue.

que le problème des inconvénients de voisinage soit isolé, il faut donc prendre comme donnée de base que l'industriel a reçu les autorisations requises ; que le constructeur de l'immeuble litigieux a obtenu le permis de construire ; que les compagnies aériennes sont en règle avec les normes de vol, etc., d'un mot, que l'activité litigieuse n'est pas, en soi, illicite. Le postulat de la théorie est que le trouble n'est pas fautif (59).

Enfin, il faut, pour les mêmes raisons, supposer que cette activité n'est **ni malicieuse, ni malveillante** (qu'elle n'est pas viciée, comme dans l'abus du droit, par l'intention de nuire : sinon, cette dernière théorie suffit).

Ainsi ressort, par élimination, le caractère spécifique des inconvénients de voisinage : utile, licite, non malveillante, l'activité litigieuse est seulement dommageable. Purement matériel, le trouble de voisinage répond radicalement à un critère objectif de résultat. C'est une activité qui cause un dommage à autrui : le bruit est intolérable, les fumées ou odeurs insupportables, les trépidations insoutenables ; aussi bonnes fussent les intentions de celui qui les cause, aussi certaines l'utilité et la licéité de ses activités, le fait brut du trouble importe seul. Lorsque le constructeur d'une résidence la dote utilement et sans faute ni malice, d'un parc de stationnement pris dans le cordon dunaire de sa propriété, toute l'attention se concentre sur l'ensablement qui envahit toute la propriété voisine, jusqu'au toit de l'habitation, du fait que la surface lisse du parc substitué à la dune n'arrête plus le sable (Civ. 3e, 12 févr. 1992, G. P. 1992.II.Pan.172, trouble anormal).

β) **Les solutions actuelles.** La règle, en jurisprudence, est que **l'auteur d'un trouble anormal de voisinage doit le réparer**. Sur quel fondement ? Si l'on admet que la théorie des inconvénients de voisinage entre dans l'ensemble de la responsabilité délictuelle, il reste à en marquer, dans cet ordre, la place. Deux précisions y concourent.

Condition de la responsabilité. L'obligation de l'auteur du trouble dépend d'une **condition unique mais capitale** (60) : **le caractère anormal du trouble ;** tout le débat est centré sur la considération purement matérielle de l'anormalité du dommage. En dehors de toute autre recherche (intention malveillante, illicéité), **le juge a pour unique mission de caractériser, comme anormal, le préjudice de voisinage** (et il ne donne de base légale à sa décision que s'il le recherche, Civ. 2e, 17 févr. 1993, G. P. 1993.II.Pan.189). Non pertinent, le caractère éventuellement fautif du trouble n'est ni une condition nécessaire, ni une condition suffisante de la responsabilité. Il faut mais il suffit pour que celle-ci soit retenue que le trouble soit anormal, (établi et caractérisé comme tel, v. très nettement, Civ. 3e, 11 févr. 1998, Bull. civ. III, no 34 ; J.C.P. 98.IV.1753).

▪ (59) La jurisprudence est fixée en ce sens que **la faute de l'auteur du trouble anormal n'est pas une condition de sa responsabilité** : Civ. 2e, 3 janv. 1969, D. 69.323 ; J.C.P. 69.15.920 n. Mourgeon ; Civ. 3e 4 févr. 1971, 2 arrêts, J.C.P. 71.16.781, n. Lindon ; Le respect des règles de l'urbanisme ne suffit pas à l'excuser : Civ. 3e 18 juill. 1972, Bull. III. no 478, p. 348, J.C.P. 72.17.203, rapp. Fabre, D. 74, 73 n. E.-S. de la Marnière ; Civ. 3e 27 juin 1973. J.C.P. 75.18.014, n. M.-F. Jaubert. Versailles, 28 nov. 1984, G. P. 1986, I, som., 38 et 18 janv. 1988, G. P. 1988, II, som., 448 ; *adde, infra,* no 1105. La Cour de cassation doit fréquemment censurer cette **erreur :** il importe peu que, surtout à Perpignan, le feu de bois dans la cheminée d'une pizzeria ne soit pas prohibé, si l'effusion des suies et des odeurs excède les inconvénients normaux de voisinage (Civ. 3e 24 oct. 1990, G. P. 1990.I.Pan.43). Comp. Civ. 3e, 11 févr. 1998, D. 1999.J.529 pour la censure d'une double erreur, sur le fondement de l'art. 1382 et sur le terrain de la théorie des inconvénients de voisinage.

▪ (60) V. ci-dessus, note (59). Dans le cas particulier du voisinage d'un aéroport, l'application de l'a. L. 141-2 du Code de l'aviation conduit semble-t-il à des résultats comparables (responsabilité sans faute). V. Civ. 2e 20 juill. 1988, G. P. 1988.III, Rés., 252.

Le caractère excessif du préjudice doit s'apprécier compte tenu de toutes les circonstances du cas et notamment de sa permanence. Le préjudice (bruit, fumée, odeur) peut être dit anormal, même s'il n'est pas de tous les instants. Cependant, le trouble de voisinage n'est pris en considération, même s'il ne se produit qu'à intervalles, que s'il est installé de façon relativement continue, et durable, (le caractère plus ou moins supportable du trouble s'apprécie souvent en fonction de sa répétition : c'est un rapport intensité-fréquence) (61). Parfois, le chant d'un coq suffit (Dijon, 2 avril 1987, G. P. 1987.II.601, n. Goguey, surtout en milieu urbain, Rennes 20 févr. 1990, G. P. 1990.II.som.452 ; mais il faut raison et humour garder, v. Riom, 7 sept. 1995, Pet. aff. 1996, 8 janv. n° 4, 16). Marginalement, un trouble même momentané peut être anormal relativement à l'activité de celui qui le subit (ainsi celui qui résulte, pour un marchand de cadeaux, de travaux exécutés pendant la période des fêtes, Lyon, 5 avril 1991, G. P. 1993, II. som. 13, 29-30 sept.). Au demeurant, le trouble, le mal, peut avoir été consommé une fois pour toutes ; c'est le cas des désordres causés à une propriété par les travaux réalisés sur un fonds voisin (lézardes, effondrements, etc. : Civ. 3e, 11 mai 2000, D. 2001, som. 2231, com. Jourdain).

1104 Ainsi conçu, le caractère du dommage — unique condition de la responsabilité — constitue une **question de fait livrée à l'appréciation souveraine des juges du fond.** Celle-ci est souvent délicate. Il est naturel que les voisins supportent mutuellement certains inconvénients inhérents à cette situation. Le tout est de trouver la **norme de tolérance**, et, au-delà, le **seuil de nuisance** à partir duquel apparaît l'obligation de réparer. **Trop c'est trop, voilà le principe, mais où commence le trop ?** Il est souvent difficile, pour juger, d'apprécier **si un dommage excède ou non la norme des inconvénients de voisinage.** Quand devient excessive la gêne résultant de bruits ? Le Tribunal de grande instance de Paris (62) a admis — techniciens consultés — que, s'il est continu, un bruit de plus de 5 décibels devient intolérable (mais ce n'est qu'une indication). Autre exemple : le propriétaire d'un terrain vague en bordure de mer prend l'initiative (pour attirer les voitures en stationnement sauvage) d'établir sur son terrain un parc de stationnement payant ; son voisin est-il en droit de prétendre que cette initiative, créant, à ses portes, un mouvement incessant de véhicules, lui fait subir un trouble anormal de voisinage ? Le juge ne l'a pas pensé (63). Appréciation de pur fait, sens de la mesure (et de la démesure).

1105 Cependant, en reconnaissant cette appréciation de seuil comme question de fait, la Cour suprême exerce son **contrôle**. Elle redresse les **erreurs de droit** (V. Cass. 2e civ., 9 mai 1962, G. P. 1962, II, 23). C'est une erreur de droit que de subordonner la réparation du trouble à la résidence du plaignant sur son fonds (même s'il n'y réside pas le propriétaire est en droit de demander qu'il soit mis fin aux troubles anormaux, Civ. 2e, 28 juin 1995, Bull. II, n° 222, R.T. 96.179, chron. Jourdain. Son fonds est déprécié). C'est une autre erreur, plus fréquente, de subordonner la responsabilité de l'auteur du trouble à la preuve

(61) Mais il n'est pas nécessaire qu'il en résulte une dépréciation immobilière. Le trouble n'est pas une atteinte à la propriété (dommage patrimonial pécuniaire), mais un inconvénient pour des voisins (propriétaires ou locataires), une atteinte à leur tranquillité. La constatation d'une dépréciation est fréquente dans les arrêts Civ. 2e 22 janv. 1970, Bull. III, n° 27, p. 19 ; Civ. 2e 28 avril 1975, D. 76.221, n. Agostini et Lamarque. Ce n'est cependant pas une condition de la responsabilité.

(62) 24 mars 1971, G. P., 1971, II, 477. Les dispositions pénales qui punissent d'amende les auteurs de bruits excessifs de voisinage (d. 5 mai 1988, J.C.P. 1988.III.61585) contiennent une définition de l'émergence supérieure aux valeurs admissibles dans laquelle les juridictions civiles puiseront au moins un élément analogique d'appréciation. Mais la constatation par sonomètre a déjà sa jurisprudence, Crim. 25 oct. 1990, G. P. 1991.I.som.164 ; 18 mars 1992, G. P. 1992.II.som. 30-31 oct.

(63) Aix-en-Provence, 19 avril 1966, G. P., 1966, II, 100.

d'une faute de sa part, alors qu'il échet seulement de caractériser le dommage (64). Sur ce point, la Cour de cassation vérifie — **contrôle de base légale** — si les juges du fond caractérisent suffisamment le dommage comme anormal et comme continu. Dans un arrêt remarqué (Civ. 3e 18 juillet 1972, J.C.P. 1972. 17.203, rapp. Fabre), la Cour de cassation a considéré que le juge du fond avait suffisamment caractérisé le dommage, en jugeant que le constructeur d'un immeuble de quatre étages avait causé un trouble excessif au propriétaire d'une petite maison voisine qu'il avait totalement privée de soleil (c'est un dessin de Sempé). (Le constructeur n'avait ici commis aucune faute). Par certains côtés, l'arrêt surenchérit sur la théorie romaine géométrique et abstraite de la colonne d'air (dont le propriétaire serait censé être maître jusqu'au ciel). Il la limite, chez le voisin, en la supplantant par une considération naturelle, concrète, qu'on pourrait appeler le droit au soleil, chose commune, don du ciel, grâce d'en haut. De droit naturel, c'est un trouble excessif de voisinage que d'enlever le soleil à ses voisins. Le soleil est à tout le monde (*« A sole » ;* cet arrêt s'appelle Diogène ; rappr. Civ. 3e, 26 juin 1993, G. P. 1993.I, 13-15 juin, trouble excessif résultant de la présence de deux immeubles de dix étages ornés d'une cheminée de trente mètres à proximité d'une maison partiellement privée de vue et diminuée de valeur ; mais un simple décrochement sur l'alignement n'a pas été jugé suffisant pour caractériser un trouble anormal, et le défaut de base légale se réfère à l'a. 544 C. civ., Civ. 3e, 6 juill. 1988, G. P. 1988.II, Rés. 237).

Réparation du trouble. Lorsque l'existence et le caractère anormal du trouble sont établis, quelles conséquences en tirer ? Cette autre précision concourt à situer la théorie des inconvénients de voisinage dans l'ordre de la responsabilité délictuelle : l'auteur du trouble est tenu de le réparer et c'est la théorie de la **réparation adéquate** qui commande le choix du mode le mieux approprié. Les juges du fait ont le **pouvoir souverain de fixer la modalité de réparation** qui, en la circonstance, leur paraît la plus convenable, et, de préférence, on le devine, de choisir la **mesure propre à faire cesser le trouble.** Si, techniquement, un dispositif permet de neutraliser le trouble sans mettre fin à l'activité qui le produit, ce mode de réparation en nature est le plus adéquat. Lorsqu'ainsi le fonctionnement des appareils d'un dentiste gêne dans son commerce un voisin qui vend des postes de radio et qu'il suffit de placer un dispositif anti-parasites sur l'équipement du dentiste, ce dernier devra l'installer à ses frais. De même, lorsqu'un propriétaire surélève son immeuble au point que les cheminées d'une maison voisine cessent de tirer, s'il suffit de surélever les cheminées, les frais de surélévation sont à la charge de l'auteur du trouble (65). Parfois la réparation adéquate exige que l'installation soit **supprimée**. Ainsi un arrêt (66) a-t-il ordonné la suppression d'un équipement de climatisation, source du trouble, un autre, la démolition jugée adéquate, non de la totalité de l'immeuble, mais de la partie de celui-ci qui cause le trouble anormal (Paris, 17 sept. 1986, G. P. 1987, som. 17-18 août 1987). Toutefois, assez souvent, la réparation ne peut avoir lieu en nature. Comme il s'agit, par hypothèse, d'une activité licite non malveillante et utile (socialement, économiquement), le juge peut estimer inopportun d'ordonner la destruction des ouvrages ou l'arrêt d'une

(64) V. ci-dessus, no 1099. S'il est relevé que le dommage causé est à l'origine d'un trouble anormal de voisinage, la condamnation à le réparer est justifiée, indépendamment de toute faute mise à sa charge, Civ. 1er 23 mars 1982, Bull., I, no 120, p. 104 ; Civ. 3e 8 févr. 1977, Bull. III, no 66, p. 51.

(65) Civ. 2e 3 déc. 1964, G. P., 1965, I, 70. Nombreux autres exemples : injonction d'installer un second dispositif de forage (Civ. 2e, 12 nov. 1997, J.C.P. 97.IV.2563, G. P. 98.I.Pan.42), interdiction, sous astreinte, pour l'exploitant d'un circuit de Karting, d'organiser des manifestations avant mise aux normes sonores (Civ. 2e, 9 oct. 1996, G. P. 97.I.Pan.120).

(66) Dijon, 8 octobre 1968, G. P., 1968, II, 390.

exploitation. L'auteur du trouble doit alors indemniser la victime en lui versant, à titre de dommages-intérêts, une somme d'argent. La réparation n'est pas subordonnée à l'existence d'une mise en demeure préalable (Civ. 2e, 25 nov. 1992, D. 1993.IR. 13).

1107 γ) **Les difficultés particulières.** L'application de la théorie des inconvénients de voisinage a toujours suscité, dans les conflits entre particuliers, certaines difficultés. On s'est ainsi demandé quelle pouvait être l'incidence, sur la responsabilité de l'auteur du trouble, de diverses considérations secondaires.

La question, classique, s'est posée pour deux facteurs auxiliaires d'appréciation.

1108 D'abord, **l'antériorité de l'occupation** des lieux ne constituerait-elle pas, pour l'auteur d'un trouble, un fait justificatif ? Ce serait l'exception de préoccupation. Le premier occupant ne peut-il faire valoir, pour s'exonérer, que les victimes du trouble qu'il cause sont venues, après coup, s'établir dans son voisinage ? Parfois défendue en doctrine (67), la préoccupation individuelle n'avait pas, en jurisprudence, de vertu exonératoire (68). Mais, au risque de creuser le fossé entre les quartiers résidentiels (privilégiés) et les autres (sacrifiés), la théorie de la préoccupation collective a gagné du terrain (69). Aujourd'hui le droit de l'urbanisme a tranché en faveur de la préoccupation. À ceux qui construisent, acquièrent ou louent à proximité du lieu où, au jour de l'une ou l'autre initiative, s'exercent déjà des activités agricoles, industrielles artisanales ou commerciales dommageables pour le voisinage, il dénie tout droit à réparation pour les dommages causés par les nuisances qu'occasionnent ces activités (art. L. 112-16 C. de la construction). La Cour de cassation veille cependant à rouvrir le droit à réparation en cas d'aggravation ultérieure du trouble (ici postérieurement à la demande de permis de construire, Civ. 2e, 17 juill. 1991. J.C.P. 91.IV.367). L'antériorité a joué en faveur d'une résidence secondaire située en pleine campagne qui existait avant la mise en exploitation d'une carrière qui avait bouleversé son environnement (Civ. 2e, 29 nov. 1995, D. 96.IR. 15).

1109 On s'interroge aussi sur l'influence éventuelle de la **vulnérabilité de la victime** au trouble de voisinage. On a parfois admis qu'une faiblesse personnelle de la victime était de nature à dégager de toute responsabilité l'auteur du trouble. (Ce serait le cas de la blanchisserie qui viendrait s'installer sous les murs d'une usine à gaz). Elément d'appréciation parmi d'autres, la prédisposition de la victime n'est pas une considération décisive (70).

1110 Comparées à d'autres, les difficultés liées à des litiges individuels paraissent assez anodines. La véritable complication surgit en présence de troubles qui prennent une ampleur sociale si considérable qu'ils dépassent les rapports entre individus. Ainsi se trouve posé le problème des grands ensembles et celui du bruit infligé à tout l'environnement par les aéroports. Un système élaboré pour des relations de droit privé, entre deux propriétaires voisins, est inadapté, lorsqu'il s'agit par exemple du dommage causé à tout un voisinage par l'aéroport de Nice. Pourtant, une jurisprudence des inconvénients de

---

■ (67) C'est la thèse de Demolombe, T. XII, n° 659.
■ (68) Civ. 3e 30 nov. 1961. D. 62.168 ; Civ. 2e 22 oct. 1964 D. 65.344 n. Raymond. Est cependant en position favorable, pour une indemnisation, celui qui acquiert une propriété avant la naissance du trouble de la part du voisin : passage d'un petit élevage sans nuisance, à l'exploitation intensive d'une porcherie : Civ. 2e 7 nov. 1990, G. P. 1991.II.Pan.43).
■ (69) Cass. 4 déc. 1936. D.H. 36.70 ; 4 mai 1971. J.C.P. 72.17.203, 9 oct. 1974. D. 75.43 ; *adde* Despax, J.C.P. 70.1.2359 ; Agostini et Lamarque, n. D. 76.221 ; Caballero, note préc. où apparaît *in fine* l'idée que la loi (art. L. 421.9 C. urb., I. 31 déc. 1976) aurait consacré les deux formes de préoccupation. Comp. T.G.I. 7 juin 1989, G. P. 1990.I.som., 21, prise en considération du quartier.
■ (70) Comp. J. Nguyen Thanh Nha, R.T. 1976. I.

voisinage se crée à ce sujet. Les tribunaux inclinent à reconnaître que le trouble est anormal. Mais le poids énorme des indemnités fait voir qu'il s'agit d'un problème économique (sort des aéroports ou des compagnies aériennes), ou même de charges publiques et non plus de responsabilité individuelle. Les dimensions et les implications de tels conflits (aménagement du territoire, permis de construire) font reconnaître le caractère collectif du problème. La difficulté n'est plus à l'échelle des conflits individuels.

N.B. **La jurisprudence administrative** retient également la responsabilité de la puissance publique pour les inconvénients de voisinage dus à l'existence d'un ouvrage public, en dehors de toute faute et sur la seule justification que le dommage excède les troubles normaux de voisinage (V. entre beaucoup d'autres, C.E. 2 mai 1990, *Roux,* R. Lebon : proximité d'un chenil de la police nationale).

B. LA PROTECTION DE LA PROPRIÉTÉ PRIVÉE CONTRE LES ATTEINTES DES TIERS

« Inviolable et sacrée », la propriété privée est placée sous la protection de l'État, plus spécialement de la justice étatique, plus précisément des tribunaux judiciaires.

Gardiens de la propriété privée, les tribunaux judiciaires ont en effet reçu la mission traditionnelle d'assurer la protection légale du droit de propriété (71).

Cette mission générale sous-entend d'abord que les tribunaux de l'ordre judiciaire ont **compétence** pour assurer la défense de la propriété privée même contre l'État (notamment contre les emprises de l'administration) (72). Ainsi s'explique la compétence judiciaire en matière de **voies de fait** (73) et d'**expropriation** (ce sont les tribunaux civils qui évaluent l'indemnité préalable, et ils sont, en général, assez généreux). Ces questions, traditionnellement, sont étudiées en droit public.

En revanche, la fonction tutélaire des tribunaux judiciaires prend, en droit privé, un caractère classique, lorsqu'il s'agit de protéger la propriété contre **les atteintes des tiers**, simples particuliers. La protection de la loi associe des règles civiles et des dispositions pénales complémentaires. Cette protection met la propriété en défense, d'une part, contre les atteintes purement matérielles qui lui sont portées, d'autre part, contre des atteintes dites juridiques.

(71) V. Vouters, *De la règle que l'autorité judiciaire est gardienne de la propriété privée*, th. Lille 1940.

(72) Civ. 18 avril 1931, D.H. 31.349 ; Cons. d'État, 7 juill. 1911. D. 1913.3.127, Trib. conflits, 18 déc. 1947, D. 48.62, note Fréjaville. L'arrêté d'alignement qui inclut dans le domaine public une partie de trottoir dépendant d'une cour privée n'empêche pas le propriétaire de celle-ci de revendiquer son bien en prouvant sa propriété sur la partie litigieuse soustraite : Civ. 3e, 4 nov. 1998, J.C.P. 98.IV.3443 ; D. 98.IR. 264. Il a même été jugé que l'autorité administrative ne peut, sauf urgence, reprendre d'office possession d'une parcelle du domaine public jusqu'alors occupée avec sa tolérance par un particulier (un jardinet bordant le mur de la propriété sur la voie publique) mais doit obtenir du juge compétent une décision enjoignant à l'occupant de libérer les lieux (action en réintégration admise) : Civ. 3e, 25 sept. 2002, *Bull. inf. C. de cass.* 2002, n° 567, n° 1180 ; J.C.P. 2002.IV.2741.

(73) Cons. d'État, 18 nov. 1949, S. 50.3.49, n. Drago. L'article 545 du C. civ. est le fondement de cette compétence. Ex. Civ. 1re 8 mars 1988, G. P. 1988, I, Rés., 125 (agrandissement d'une sacristie empiétant sur un bien privé). Le juge judiciaire n'excède d'ailleurs pas son pouvoir s'il enjoint à une collectivité publique d'effectuer des travaux sur son domaine privé, afin de faire cesser les dommages subis par une propriété privée : Civ. 2e, 29 avril 1998, Bull. II. n° 144.

a) Les atteintes matérielles à la propriété

1114 Ce sont celles qui visent, non le droit de propriété même (sauf intention subversive particulière), mais la chose qui en est l'objet : dommages aux biens, dégradations, destructions, dégâts matériels, déprédations.

Ces atteintes sont assorties par la loi de sanctions répressives et civiles.

1115 La loi pénale érige en infractions, en délits contre la propriété, divers dommages causés aux biens (v. notamment les art. 322-1 s. C. pén. ; d'autres incriminations sont plus particulières : incendies, pillages, etc.).

1116 Au civil, les dégâts causés, intentionnellement ou non, à la propriété, engagent la responsabilité délictuelle ou quasi délictuelle de leur auteur. Celui qui cause un dommage matériel à autrui (bris de clôture, défoncement d'un mur, endommagement d'un véhicule) doit le réparer par application du droit commun de la responsabilité civile (C. civ. art. 1382 s.). Il a même été jugé (au visa de l'art. 544) que le propriétaire du mur privatif qui sépare son fonds de celui de son voisin doit être indemnisé, si ce dernier comble avec du mortier de ciment le vide qui existe entre le mur et la véranda qu'il fait construire sur sa propriété (même à défaut de tout scellement) : Civ. 3e, 19 déc. 2001, *Bull. inf. C. de cass.* 2002, n° 55, n° 201. L'occupation de l'espace porte atteinte à l'isolement de la propriété (vision romaine).

b) Les atteintes juridiques à la propriété

1117 Elles s'accompagnent parfois d'une atteinte matérielle. Mais les atteintes juridiques ont pour caractère spécifique d'être dirigées **contre le droit de propriété lui-même,** avec une **volonté d'appropriation**. Elles procèdent non de la maladresse ou d'une volonté de destruction, mais d'une intention possessive, d'une prétention au droit de propriété *(animus domini).* C'est le cas du voleur ; mais aussi celui du tiers revendiquant.

1118 Contre le **vol** (et pour le respect du droit de propriété) la loi civile et la loi pénale, ici encore, conjuguent leurs efforts. Le vol est érigé par le Code pénal en infraction (il est défini, à l'article 311-1 C. pén., comme la soustraction frauduleuse de la chose d'autrui et puni comme tel ; celui qui est propriétaire du bien, au moment du vol, est recevable à se constituer partie civile devant les tribunaux répressifs, mais il est seul qualifié pour le faire, Crim. 6 juin 1988, G. P. 1989, I, 11). La protection de la loi couvre les meubles corporels naturellement exposés au risque de vol. Mais elle s'étend aussi aux éléments détachés d'un immeuble (v. *supra,* n° 928). De toute évidence, elle couvre également les animaux lorsqu'ils sont appropriés (ce sont des biens meubles corporels eux aussi trop aisément furtifs). Qui voudrait soutenir que le vol d'un animal échappe à la loi pénale au prétexte que le vol est la soustraction d'une chose ? Ce bien est trop cher à son légitime propriétaire pour qu'on veuille les soustraire tous deux à la protection de la loi pénale dont l'interprétation stricte n'exige ni l'aveuglement ni l'absurdité de la politique du pire : Il importe peu que l'animal soit de peu de valeur. Le vol est constitué même s'il porte sur une chose dépourvue de toute valeur marchande (ainsi pour des documents confidentiels subtilisés à son employeur par un salarié qui les photocopie : Crim. 8 déc. 1998, D. 99.IR. 64). Ce n'est pas la valeur économique qui seule est protégée, c'est en soi, à l'état pur, le droit de propriété.

La loi civile accorde au propriétaire dépossédé par vol une action en revendication (qu'elle facilite relativement) ; cependant, la charge de la preuve de la propriété incombe au propriétaire dépossédé.

1119 2° Dans une autre série de cas, la situation du propriétaire (possédant) s'améliore. Lorsqu'un tiers conteste la propriété d'autrui et la revendique pour soi, c'est à lui — demandeur — qu'incombe la preuve de sa propriété prétendue contre le défendeur — possesseur — présumé propriétaire.

c) Observations complémentaires

La protection étatique (officielle) de la propriété privée constitue-t-elle une garantie suffisante ? Poser ainsi le problème, c'est se demander si le propriétaire est en droit (par précaution supplémentaire ou, à titre de suppléance, devant la carence supposée des pouvoirs publics), **d'organiser lui-même la défense de sa propriété.** On voit surgir le spectre de la justice privée : un propriétaire peut-il, légitimement, mettre sa propriété en défense pour la garantir des atteintes des tiers ?

Il faut réserver l'application pure et simple de la théorie pénale de la légitime défense dans tous les cas où l'agression vise non la propriété mais le propriétaire (cependant, assez souvent, le comportement équivoque de l'intrus ne permet pas de savoir s'il en veut aux personnes ou aux biens ou encore si, surpris dans son vol, il va s'en prendre à la personne. V. pour un cas de légitime défense. Crim. 5 juin 1984, G. P. 1985.1.60, n. Doucet).

Le problème spécifique à examiner (lorsque la défense de la personne n'est pas en cause) est de savoir si le droit français admet la légitime défense de la propriété. On peut considérer que la théorie s'étend aux biens (v. C. pén., art. 122-5 s.), mais sous la condition d'une appréciation stricte de la condition de proportionnalité de la défense à l'agression. On sait en effet que la défense n'est légitime que si la parade est proportionnée à l'attaque. Cette exigence prend, pour les biens, toute sa rigueur : un esprit de modération s'impose au propriétaire qui ne défend que ses biens. Le propriétaire d'un véhicule qui, de sa fenêtre, abat d'un coup de carabine, le conducteur qui s'empare de sa voiture sera poursuivi pour meurtre (le débat portant, en pratique, sur l'atténuation de la peine).

Un dernier problème marginal concerne la **défense préventive de la propriété par des engins automatiques.** Est-il permis au propriétaire d'aménager un dispositif de défense qui risque de blesser ou de tuer ceux qui, sans droit, s'introduisent chez lui ? En 1902 (74), la Chambre des requêtes avait considéré que le propriétaire était en droit d'installer chez lui un détonateur automatique. Une décision plus récente (75) a jugé que le propriétaire qui équipe sa maison d'un canon avertisseur en le chargeant à balle contrairement aux conseils de l'armurier (et provoque la mort d'un cambrioleur) commet une faute (homicide involontaire). Il faut savoir écrire que le droit de propriété n'est pas si sacré que l'on doive, pour sa défense (76), menacer la vie de ceux qui s'introduisent chez autrui (ils peuvent être, à l'occasion, des sauveteurs bénévoles ou même des visiteurs sans droit, imprudents, aventureux et punissables, mais non cibles à vue). Il est vrai que de bons gardiens, chiens méchants (annoncés ou non comme tels) peuvent causer aux intrus autant de mal et que, sauf exception, leur présence au logis est considérée, de la part du propriétaire, comme une mesure légitime de précaution (77). On admet aussi — mais c'est une autre question (car l'intention de défense n'y est pas) — que celui qui pénètre dans un enclos privé où est parqué un troupeau, ne peut, s'il est encorné par un taureau, faire retenir, à la charge du gardien, la responsabilité du fait des animaux qu'établit l'art. 1385 du code civ. (78).

---

(74) 25 mars 1902. S. 1903.1.5. n. Lyon-Caen. V. sur la question, Payen, *L'emploi d'engins automatiques pour la défense de la propriété,* th. Paris, 1905.

(75) Trib. corr. Aix-en-Provence, 21 avril 1968, G. P. 1969.II.159 ; comp. T.G.I. Toulouse, 8 oct. 1969, D. 70, p. 315 n. Cédié ; T.G.I. Troyes, 24 mai 1978 et Reims, 9 nov. 1978, J.C.P. 1979.19.046, n. Bouzat.

(76) Il est vrai que, derrière la défense des biens, se profile celle des personnes, toute intrusion étant violation de domicile (et donc au moins franchissement du mur de la vie privée, sinon menace : on revient du patrimoine à la personnalité ; v. *supra,* n° 529).

(77) Req. 20 janv. 1904, S. 1904.1.320.

(78) Chambéry, 1er déc. D. 54.J.175. De même, le propriétaire d'un immeuble en construction (recherché comme gardien d'une chose dommageable, C. civ. art. 1384, al. 1) n'est pas responsable de la chute dont est victime une personne qui s'était indûment introduite dans le chantier (la faute de la victime étant la seule cause de l'accident), alors surtout que le propriétaire avait apposé sur la palissade un panneau (propriété privée, accès interdit au public) : Civ. 2e, 10 oct. 1973, G. P. 1974, I, 119.

BIBLIOGRAPHIE

I. Abus du droit

JOSSERAND, *De l'abus des droits,* 1905 ; *De l'esprit des droits et de leur relativité,* 1927.

MARKOVITCH, *La théorie de l'abus du droit en droit comparé,* th. Lyon 1936.

PIROVANO, *La fonction sociale des droits ; réflexion sur le destin des théories de Josserand,* D. 1972, chron., 67.

MARTIN R., *De l'usage des droits et particulièrement du droit de propriété,* R.T. 1975, 52 s.

GHESTIN et GOUDEAUX, *Introduction générale,* n° 693 s.

DUBOUIS L., *La théorie de l'abus du droit et la jurisprudence administrative,* Préf. E. Desgrandes, Paris 1962, L.G.D.J.

Inconvénients anormaux de voisinage :

Trav. Ass. capitant, T. XXVII, Dalloz, 1959.

RIPERT, *De l'exercice du droit de propriété dans ses rapports avec les propriétés voisines,* th. Aix, 1902.

LEYAT, *La responsabilité dans les rapports de voisinage,* th. Toulouse, 1935.

LE TOURNEAU Ph. et CADIET Loïc, *Droit de la responsabilité,* Dalloz, 1996, 3291 s.

ROBERT A., *Les relations de voisinage,* Sirey, 1991.

PRIEUR M., *Droit de l'environnement,* Dalloz, 1995.

STARCK, T. II, Obligations 1972 (mise à jour 1975 par Azoulay).

AZEAUD H.L. et J. M et TUNC, *Tr. th et prat. de la respons. civile,* T. I, 6e éd. 1965.

Thèses :

HENRIOT, *Le dommage anormal ; contribution à l'étude d'une responsabilité de structure,* Paris 1960.

GIROD, *La réparation du dommage écologique,* 1974.

HARPILLARD, *Les inconvénients de voisinage,* th. Paris 1975.

MARTIN G., *De la responsabilité civile du fait de la pollution au droit de l'environnement,* th. Nice 1976.

OSCAR A., *Réparation des dommages causés par les aéronefs à l'environnement,* th. Paris 1979.

CABALLERO F., *Essai sur la notion juridique de nuisance,* th. Paris 1979.

THIBAULT, *Le droit des nuisances au XIXe s.,* th. Paris 1975.

Articles :

BLAISE, *Responsabilité et obligations coutumières dans les rapports de voisinage,* R.T. 1965, 261 s.

THÉRON, *Responsabilité pour trouble anormal de voisinage en droit public et en droit privé,* J.C.P. 49.2802.

NICOLAS M.-F., *La protection du voisinage,* R.T. 1976, 675.

CAPITANT, *Des obligations de voisinage spécialement, etc...* Rev. crit. 1900 p. 156 et 228.

CADIET L., *Théorie des inconvénients de voisinage et Droit commun de la responsabilité,* Revue judiciaire de l'ouest, 1983-1, 33 s.

J. KARILADE VAN, *Le droit de nuire,* R.T. 1995, 533.

LIBCHABER R., *Le droit de propriété, un modèle pour la réparation des troubles de voisinage,* Mélanges Mouly, 421.

CHAPITRE II
LA POSSESSION

La science juridique distingue deux notions que confond volontiers le langage courant : propriété et possession. Le sens populaire ne marque pas de différence entre posséder une chose et en être propriétaire. Le Code civil n'a pas toujours évité cette « manière de parler » (v. par ex. le titre du chap. III sur l'art. 537, C. civ.). C'est pourtant une vieille distinction que faisaient déjà les juristes romains et les philosophes grecs. Elle a ses subtilités et même ses obscurités, suffisamment pour avoir, entre beaucoup d'autres, suscité, outre-Rhin, deux théories plus célèbres que les autres : celles de Savigny (1) et de Ihering (2). Aussi bien la **définition légale** de la possession est-elle descriptive, superficielle et plus généreuse sur les modalités que sur l'essentiel. C. civ., art. 2228 : « La possession est la détention ou la jouissance d'une chose ou d'un droit que nous tenons ou que nous exerçons par nous-mêmes ou par un autre qui la tient ou qui l'exerce en notre nom ».

Plus savantes, les **définitions doctrinales** demeurent assez hermétiques. Planiol et Ripert : « La possession est l'exercice sur une chose d'un pouvoir de fait qui correspond, dans sa manifestation extérieure, à l'exercice d'un droit ».

Colin, Capitant, Julliot de la Morandière : « C'est le fait d'exercer volontairement les prérogatives d'un droit, indépendamment du point de savoir si l'on est juridiquement le véritable titulaire de ce droit ».

Aubry et Rau : « On appelle possession, dans le sens le plus large de cette expression, l'état ou la relation de fait qui donne à une personne la possibilité physique actuelle et exclusive d'exercer sur une chose des actes matériels d'usage, de jouissance, de transformation ».

Peut-être, faudrait-il simplement poser, au départ, que la possession est un **pouvoir de fait sur une chose**. Le possesseur a la **maîtrise effective** de la chose possédée. Il la détient matériellement. Elle est entre ses mains. En sa puissance (3).

---

(1) Savigny, *Traité de la possession en droit romain,* 1re éd., 1803 ; trad. franc. 1845 (v. son tableau synoptique, p. 119).

(2) Ihering, Fondement de la protection possessoire, 1865, Rôle de la volonté dans la possession, 1891.

(3) C'est pourquoi, en tant que fait, la possession doit normalement être constatée (dans ses éléments constitutifs et sa durée) et appréciée (dans ses qualités) en la personne du possesseur lui-même. V. *infra,* n° 1564, *ad notam.*

À partir de cette donnée élémentaire, il devient essentiel de comprendre que **cette maîtrise de fait ne se confond ni avec le droit de propriété** (même dans les cas, très fréquents, où le propriétaire par coïncidence se trouve être également possesseur) **ni avec la détention précaire** que d'autres personnes comme le fermier, le locataire, l'emprunteur, le dépositaire, le mandataire, peuvent avoir sur la chose d'autrui en vertu de leur titre (bail, prêt, dépôt, mandat...).

Pour saisir cette double distinction, il faut fixer la **notion** de possession (Section I) et pour marquer son intérêt en préciser les **effets** (Section II).

SECTION I — NOTION DE POSSESSION

1127 On est possesseur à certaines conditions, mais, quand on l'est, on ne possède pas toujours de la même manière. Lorsque la possession est constituée dans ses éléments, elle peut présenter des qualités ou des vices. La réunion des **éléments constitutifs** de la possession pose un problème d'existence ; l'appréciation de ses **qualités ou de ses vices** un problème de valeur.

§ 1. — ÉLÉMENTS CONSTITUTIFS DE LA POSSESSION

Une chose est de les déterminer, autre chose de donner à chacun sa portée comme élément constitutif.

A. — DÉTERMINATION DES ÉLÉMENTS CONSTITUTIFS

1128 Traditionnellement, la doctrine française distingue, dans la possession, deux éléments constitutifs : un **élément matériel** que l'on appelle **corpus** ; et un **élément psychologique** que l'on appelle **animus**.

Ces éléments répondent à une définition traditionnelle ; celle-ci appelle quelques précisions complémentaires.

a) Définitions de base

1129 **1° Définition de l'élément matériel de la possession** (corps de la possession). Posséder une chose, c'est exercer, en fait, sur cette chose un pouvoir effectif. La possession suppose, chez le possesseur, la **maîtrise réelle** de la chose possédée (4). Cette **mainmise** consiste à accomplir divers actes que l'on appelle justement **les faits de possession.** Posséder c'est habiter une maison, cultiver un champ, vendanger une vigne, abattre un arbre, clore un pré, aménager un local, faire tomber une cloison, élever un mur, etc. C'est, naturellement, la maîtrise physique d'une chose corporelle.

(4) « Le batelier possède sa barque, mais non l'eau sur laquelle il glisse » (Savigny).

Ces exemples concrets ramènent aux définitions doctrinales. Nous pouvons redire, avec les auteurs, que les faits de possession correspondent exactement aux actes d'usage, de jouissance, de transformation, d'aménagement dont on a vu qu'ils constituaient des prérogatives inhérentes au droit de propriété (*supra,* n° 1016 s.). Les faits de possession sont des **actes de maître**, des **agissements de propriétaire.** Tout se passe — à voir agir le possesseur — comme si ce dernier était propriétaire. La maîtrise des choses qui fait la possession est donc « taillée dans le vif de la propriété ». La possession correspond à « l'exercice apparent de la propriété », parce que — vu de l'extérieur — **le possesseur se conduit en maître**. Selon la jurisprudence, les actes de maître qui constituent le *corpus* de la possession ne peuvent consister qu'en des **actes matériels** à l'exclusion des actes juridiques et actions en justice (5).

Cependant, ce comportement extérieur de propriétaire est animé, de l'intérieur, par une intention correspondante.

2° Définition de l'élément intentionnel de la possession (esprit de possession). C'est **l'intention délibérée de s'affirmer en maître**. Empruntant au propriétaire son comportement extérieur, le possesseur épouse aussi son attitude psychologique. Être possesseur, c'est avoir une mentalité de propriétaire ; une âme de maître *(animus domini).* Ce n'est pas seulement se conduire comme un propriétaire, mais **s'affirmer comme propriétaire, agir en tant que tel** (6).

---

(5) Il peut paraître surprenant que les faits de possession, marginalement et à titre complémentaire, ne puissent consister, s'ils sont notoires, en des **actes juridiques** relatifs à la chose possédée (baux, aliénations). Civ. 13 déc. 1948, D. 49.72. Ce sont pourtant des actes de maître. Mais la jurisprudence est constante. V. Civ. 3e 3 oct. 1990, Bull. III, n° 179, D. 1990.IR. 235 : avoir loué une parcelle depuis plus de dix ans, perçu les fermages, payé les impôts, autorisé l'établissement d'un dépôt ne suffit pas, à défaut **« d'actes matériels », manifestant** l'exercice d'une **« possession réelle ».** V. encore même sens, Civ. 3e, 13 févr. 1991, G. P. 1991.I.Pan.156 ; Civ. 3e, 30 juin 1999, D. 1999.IR.209 ; J.C.P. 2000.II.10399, n. L. Célérien. Assimilées aux actes juridiques et opposées aux actes matériels, les actions en justice ne sont pas considérées comme des actes de maître donnant corps à la possession. En ce sens, Civ. 3e, 13 janv. 1999, Bull. civ. III, n° 12, p. 8. Sans doute faut-il comprendre qu'il leur manque la matérialité et souvent la notoriété des comportements factuels. Il est certain que le *corpus* ressort davantage d'agissements matériels qui ont toute chance d'être plus apparents, plus visibles. Mais l'exclusion systématique d'actes juridiques qui peuvent être manifestes et connus paraît trop absolue, surtout dans les petites communes (comp. Civ. 3e, 4 oct. 2000, D. 2000.IR. 274, une ouverture ?).

(6) C'est en quoi la **théorie française**, subjective, s'oppose à la théorie objective consacrée, sous diverses nuances, par les **législations allemande et suisse.** Inspirée de Ihering, cette conception objective ne fait plus de *l'animus domini* un élément constitutif de la possession. C'est une façon d'accorder la protection possessoire — au moins à l'égard de tout autre que leur auteur — aux détenteurs précaires (fermiers, locataires, etc.) en les considérant — sous ce rapport — comme des possesseurs bien que n'ayant pas *l'animus domini* (le droit allemand n'exige pas d'autre volonté que celle qui est inhérente à l'exercice dans un intérêt personnel d'un pouvoir de fait, là où le droit suisse, éliminant toute considération d'intention, s'en tient au fait brut du *corpus :* Huber, Code civil suisse, exposé des motifs de l'avant-projet, p. 694 s.). Entre les deux thèses, **le fossé est cependant moins profond qu'il ne paraît**. Sans prendre parti doctrinalement, la loi française du 9 juill. 1975 (C. civ. art. 2282, al. 2) a accordé la protection possessoire au détenteur précaire, mais seulement à l'encontre de tout autre que son auteur. C'est un grand pas, en pratique, vers le système germanique plus ouvert pour *la possessio ad interdicta* (mais, dans la loi française, *l'assimilation relative*, quant au régime, ne postule pas une remise en cause des notions de base : v. plus haut, n° 215 et *infra*, n° 1207 s.). Sur un autre plan (celui de la *possession ad usucapionem)* les deux systèmes se rejoignent aussi, dès lors que la *causa detentionis* qui caractérise la détention précaire dans la doctrine de Ihering empêche le détenteur de prescrire.

1132 Inspiré par un esprit possessif, animé par un désir d'appropriation, le possesseur est un *prétendant au titre de propriétaire* (cf. art. 2229 *in fine).* Il agit avec le ferme propos, l'intention arrêtée de s'affirmer comme tel. Il y a, dans *l'animus*, une revendication juridique, une affirmation de droit, **une prétention au titre de propriétaire** (même — et surtout ? — si on ne l'est pas).

Ainsi est-il essentiel de **ne pas confondre l'animus avec la bonne ou la mauvaise foi**. On peut avoir cette volonté d'appropriation soit quand on est propriétaire, soit quand on croit l'être, soit même en sachant très bien (cas du voleur) qu'on ne l'est pas. Ces deux éléments psychologiques se développent dans deux plans différents. L'*« animus »* est un élément constitutif de la possession, la bonne ou la mauvaise foi une qualité ou un vice de la possession constituée.

En somme, la possession est — avec ou sans droit — *l'imitation parfaite* de la propriété, *« Corps et âme » de la propriété,* c'est la *propriété vécue en action et en intention, en acte et en pensée,* fût-ce par qui sait bien n'être pas propriétaire, un équivalent factuel du droit de propriété.

b) Observations d'appoint

1133 1° L'article 2228 introduit une **variante** secondaire. Normalement, les faits et gestes qui constituent le corps de la possession sont accomplis par le possesseur lui-même. Mais la loi n'exclut pas que ces faits soient accomplis, au nom du possesseur, par un tiers qui le représente. Le possesseur peut ainsi avoir un mandataire (ou un fermier, un locataire) qui agit en son lieu et place (ex. le propriétaire d'un terrain est fondé à invoquer les actes de possession accomplis en son nom par un fermier, Civ. 3e 24 janv. 1990, D. 1990.IR. 53). Au moins dans l'élément matériel, la possession souffre la représentation. **On peut posséder par soi-même ou par représentation** (modalités équivalentes).

1134 2° La définition développée ci-dessus concerne la possession ordinaire (parfois appelée *« possessio rei »*), celle qui correspond au droit de propriété (lorsque, sans préciser, on parle de possession, on désigne celle qui vient d'être définie). Cependant, à côté de la possession qui s'exerce en contemplation du droit de propriété, il en existe de façon analogue autant qu'il existe de droits réels. **À chaque type de droit réel correspond, en reflet, un décalque approprié de possession.** Des possessions démembrées répondent aux droit réels démembrés. Il est une possession qui se définit par rapport à l'usufruit (v. *infra*, n° 1261) ; une autre par rapport aux servitudes (v. n° 1465 s.).

1135 Par opposition à la précédente, chacune de ces possessions est parfois dite *possessio juris* ou *quasi-possessio*. On trouve une trace de cette distinction dans la définition légale de la possession (C. civ. art. 2228) présentée comme « la détention ou la jouissance d'une chose ou d'un droit ». Entendons : la détention d'une chose *(possessio rei)* ou la jouissance d'un droit *(possessio juris).* En réalité, cette distinction découle uniquement de l'habitude prise, dans la classification des biens, d'identifier le droit et la chose, lorsqu'il s'agit du droit de propriété (*res* correspond à la propriété de la chose) et de classer parmi les droits tous les droits autres que la propriété (usufruit, servitudes, *jura in re aliena*) (v. plus haut n° 919).

1136 Historique et purement formelle, cette distinction ne doit pas masquer que, dans leur structure, **ces possessions sont constituées de manière semblable à la possession plénière** (par un élément matériel et un élément psychologique). Seulement, dans le concret, ces éléments varient d'un type à l'autre de droit réel. Posséder en contemplation de l'usufruit, c'est accomplir des actes d'usufruitier (usage, jouissance) avec l'intention de s'affirmer comme tel ; c'est agir comme un usufruitier et avoir la prétention de l'être. De même, la possession relative aux servitudes consiste à exercer la servitude, avec la prétention d'en être titulaire. On retrouve l'idée que toute possession (la possession à titre de propriétaire

— *possessio rei* — ou la possession à titre d'usufruitier ou de bénéficiaire d'une servitude — *possessio juris ou in re aliena)* correspond à **l'exercice apparent d'un droit réel plénier ou démembré.**

En pratique, l'important est que chaque possession mène à un résultat différent : selon que l'on a possédé en propriétaire, en usufruitier ou en bénéficiaire d'une servitude, on acquerra, au bout d'un certain temps, soit la propriété, soit, seulement, l'usufruit, ou une servitude (au moins dans les cas où une servitude peut s'acquérir par usucapion, v. plus loin n° 1465 s. et 1559).

3° **Y-a-t-il une possession des meubles incorporels ?** Sur cette question doctrinale stimulante, il existe d'intéressantes propositions (v. not. A. Pélissier, *Possession et meubles incorporels*, th. Montpellier, 2000). Si le pouvoir de fait qui entre dans la définition de la possession est dématérialisé et intellectualisé pour devenir « un rapport de puissance conscient sur une chose dont l'existence se traduit naturellement par sa conscience chez les tiers » (p. 165), rien n'exclut que la possession s'applique aux meubles incorporels qui sont rebelles à toute appréhension matérielle mais non à une maîtrise abstraite autrement assurée et autrement manifestée. Dans cette voie, il est judicieux de chercher quels effets de droit peuvent produire ces faits de « possession immatérielle » (par exemple, en matière de droit d'auteur, l'octroi d'un succédané de la protection possessoire à la personne morale qui exploite une œuvre, dans un procès en contrefaçon contre des tiers : Civ. 1re, 24 mars 1993, Bull. I, n° 126. V. Fr. Pollaud-Dulian, *De la prescription en droit d'auteur*, R.T. 1999, 585 s.). Cependant, la recherche d'équivalents et de substituts de la possession, en fait de meubles incorporels, peut-elle être autre chose qu'un travail ponctuel et parcellaire de transposition mené bien par bien, compte tenu de la nature spécifique de chaque bien incorporel (valeur mobilière, nom commercial, propriété intellectuelle, etc.) et effet par effet (probatoire, acquisitif, etc.) ? Peut-elle franchir le seuil des **assimilations partielles et fragmentaires ?**

Au demeurant, vue du coté des meubles corporels, l'idée qu'une théorie unitaire de la possession pourrait embrasser indifféremment tous les meubles corporels ou incorporels est régressive. La définition générique du pouvoir de fait ne saurait aucunement évincer, pour les meubles corporels, la définition qui leur est appropriée, la mainmise physique étant le mode naturel (et non matérialiste) d'appréhension des meubles corporels. C'est sur cette convenance logique et conforme au sens commun que s'est organisée — et que « fonctionne » en toute simplicité — en fait de meubles corporels, la théorie générale de la possession. La définition générique ne leur est pas utile. Elle est même source d'ambiguïté et de trouble puisqu'elle absorbe l'*animus domini* (v. th. préc. p. 256) qui a, dans cet ordre, son importance.

Nommer la possession sans autre précision, c'est désigner la possession proprement dite, fondée, pour son *corpus*, sur la maîtrise physique d'une chose corporelle, possession pure et simple, possession au premier degré, sans nier qu'il en existe des substituts spéciaux adaptés à la nature spécifique de chaque meuble incorporel, correspondant à des maîtrises médiates liées à des mécanismes plus sophistiqués.

B. PORTÉE RESPECTIVE DES ÉLÉMENTS DE LA POSSESSION

Elle dépend de deux propositions complémentaires à vérifier.

a) 1re proposition — Les deux éléments sont-ils nécessaires ?

L'affirmative, sous quelques nuances, doit être admise. C'est bien la réunion des deux éléments, matériel et psychologique, qui constitue la possession.

1° Il n'y a pas de possession sans « corpus ». À la vérité, cette règle ne revêt de portée absolue que pour les meubles. On ne peut posséder un meuble corporel sans en avoir la maîtrise effective. En revanche, la nature de l'immeuble fait admettre que sa possession puisse se conserver *solo animo* (simplement par intention) (7), à la condition qu'il s'agisse d'un fonds immobilier (non d'une servitude discontinue), que la possession acquise à une époque ancienne par des faits matériels continus n'ait pas été volontairement abandonnée et qu'aucun tiers n'ait pris possession de cet immeuble (8) : nuance marginale.

1139 **2° Il n'y a pas de possession sans « animus ».** Si elle n'est pas inspirée par une intention de propriétaire, la maîtrise d'une chose ne confère pas à celui qui l'exerce la qualité de possesseur. C'est une situation courante en pratique.

Le vendeur d'une chose déterminée qui, après la conclusion de la vente, conserve la chose vendue dans ses magasins jusqu'à la livraison (le temps d'une retouche, d'une finition ou pour tout autre motif), cesse d'en être propriétaire et perd, avec la propriété, l'*animus domini* et la possession. Il détient la chose pour le compte de l'acheteur. Il n'est plus possesseur, mais détenteur précaire.

1140 D'autres hypothèses voisines sont encore plus fréquentes. C'est le cas de tous les simples détenteurs (que l'on appelle plus exactement détenteurs précaires) c'est-à-dire de tous ceux qui ont, entre leurs mains, la chose d'autrui, mais sans avoir la prétention d'en être propriétaires : fermier, locataire, emprunteur, mandataire, administrateur de la chose d'autrui, etc. ne sont pas possesseurs : ils ont le *« corpus » ;* ils n'ont pas l'*« animus »* (v. plus loin, n° 1200 s.).

Et pourtant, s'ils venaient un jour à l'éprouver, que se passerait-il ? Pour le savoir, il faut rechercher si ces deux éléments nécessaires sont également suffisants.

b) 2e proposition — Les deux éléments sont-ils suffisants ?

1141 Cette question appelle, en général, une réponse affirmative.

Un doute surgit pourtant au sujet du détenteur précaire. Lorsque l'un de ces détenteurs commence à éprouver un sentiment d'appropriation *(« animus rem sibi habendi »)* devient-il possesseur du seul fait qu'il réunit, en sa personne, *corpus* et *animus domini ?* Il semble plutôt que, sans égard à ses intentions, le détenteur précaire se distingue objectivement du possesseur parce qu'il détient **en vertu d'un titre juridique qui l'oblige à restitution** : fermier, locataire, dépositaire, mandataire, emprunteur, ne sont pas des possesseurs, mais de simples détenteurs, parce que tous détiennent en vertu d'un titre qui les oblige à restitution (bail, mandat, dépôt, etc.).

1142 En théorie, le critère objectif du titre juridique paraît être celui du droit positif (v. plus loin, n° 1192 s.). Scientifiquement, le détenteur précaire se définit par le titre auquel il

---

(7) *« Olim possessor, hodie possessor præsumitur ».* C'est la théorie romaine : *« Licet possessio nudo animo acquiri non potest, tamen solo animo retineri potest »* (Code 4, 7, 32, *de acquirenda et retinenda possessione*). V. Civ. 12 févr. 1889 D. 89.1.229 (venelle entre deux propriétés, autrefois utilisée par les deux voisins, et depuis moins d'un an occupée par l'un d'eux dans toute sa largeur : réagissant aussitôt l'autre est fondé à exercer l'action possessoire) ; Civ. 27 mars 1929, D.H. 1929.250 ; *adde,* Civ. 3e, 15 mars 1977, J.C.P. 1980.19281, n. Régnier.

(8) La possession intentionnelle est alors contrariée par la possession réelle d'un tiers. V. en ce sens, Req. 20 mai 1851.1.260, 13 mars 1867.D. 67.1.399 ; Civ. 27 oct. 1891, D. 92.1.432 (il s'agit encore d'une action possessoire) ; comp. pour le domicile, n° 656.

détient (9) : il ne peut, par la seule opération de sa volonté, par un simple changement intime *(« solo animo »)* intervertir son titre ; il ne peut, de détenteur, se muer, à sa guise, en possesseur, se dire, un beau matin, possesseur, parce qu'il se sent un appétit de propriétaire *(animus domini)*.

En pratique, les deux thèses ne sont cependant pas si éloignées l'une de l'autre : Le plus souvent, critère subjectif *(animus)* et critère objectif (titre) coïncident ; dans le cas contraire, la vérité positive est entre les deux thèses (10).

En cas de discordance, une distinction s'ouvre en effet : ou bien le détenteur ne manifeste pas sa prétention nouvelle ; demeuré à l'état de velléité (d'ambition mentale), son désir d'appropriation n'engendre pas de conséquences juridiques. Ou bien, manifestant sa prétention, il s'affirme comme propriétaire, fait acte de propriétaire, lance un défi à la propriété, c'est-à-dire (comme le note justement l'article 2238 C. civ.) oppose une **contradiction au droit du propriétaire**. Si, devant cette prétention extériorisée *(animus domini* déclaré), le propriétaire reste dans l'inaction, tant pis pour lui : le processus de la prescription est amorcé. Le détenteur qui a lancé son manifeste de propriétaire se déclare prétendant : il devient possesseur *(corpore et animo)*. La possession, jour après jour, commence sa longue marche vers la propriété. Si au contraire, le propriétaire réagit à la contradiction qui lui est opposée, un litige s'élève. L'issue est en vue. Il y a bien deux façons d'acquérir la propriété : à côté des faits et actes qui y introduisent d'emblée, la possession mène à la propriété, pas à pas, par la petite porte.

§ 2. QUALITÉS OU VICES DE LA POSSESSION

Quand on possède une chose *« corpore et animo »*, on ne la possède pas toujours de la même manière. Lorsque la possession est constituée par la réunion d'un élément matériel et d'un élément psychologique, elle ne s'exerce pas toujours de la même façon. **La possession peut être entachée de certains vices** dans tel ou tel de ses éléments. En l'absence de vices, elle paraît dans toutes ses qualités (11).

On devine que **l'efficacité juridique de la possession varie en fonction des qualités que présente, ou des vices qui affectent la possession**. Parée de toutes ses qualités, la possession est dotée de son maximum d'effets ; affectée de tel ou tel vice, elle perd tel ou tel de ses effets.

Il suffit ici — en faisant provisoirement abstraction de leurs conséquences — de passer en revue les qualités et les vices de la possession.

Les plus simples concernent surtout l'élément corporel de la possession, d'autres atteignent la possession dans ses éléments juridiques et psychologiques.

---

(9) Art. 2236 C. civ.

(10) Art. 2236 et 2238 C. civ., v. plus loin n° 1218 leur étude approfondie.

(11) **Les qualités de la possession s'apprécient en la seule personne du possesseur**, si du moins celui-ci n'invoque pas la jonction des possessions (C. civ. art. 2235, v. *infra,* n° 1570). Par erreur, certains arrêts ont admis que, même en dehors de cette jonction, l'héritier subit l'équivoque qui entachait la possession de son auteur (ou qu'il peut la subir : Civ. 1re 17 avril 1985, D. 86, 82, n. Breton). L'extension aux vices de la possession de la transmissibilité de la précarité de la détention (a. 2237) procède d'une confusion entre la constitution d'un fait (la possession) et la transmission d'un droit (la détention). V. *infra,* nos 1213, 1564 *ad notam*. Un autre arrêt énonce trop généralement que l'héritier succède aux vices de son auteur. Civ. 1re 16 juin 1971, D. 71, 566, note A. B. Mais on verra que la solution, posée pour l'application de l'art. 2279, se justifie par d'autres raisons. V. n° 1635.

A. QUALITÉS OU VICES CONCERNANT PLUS SPÉCIALEMENT L'ÉLÉMENT CORPOREL DE LA POSSESSION

1145 Entre divers qualitatifs à éliminer (12), l'article 2229 du Code civil montre que la possession peut être continue ou discontinue, paisible ou violente, publique ou clandestine. Cette énumération suggère d'emblée que la bonne possession, la possession sereine du citoyen tranquille est à la fois continue, paisible et publique. Elle inspire confiance. Le législateur la voit avec intérêt et faveur. Il la couvre de sa protection.

Au contraire, lorsque la possession est discontinue, violente ou clandestine, elle inspire la suspicion, elle appelle une certaine réserve que la loi lui marque en effet.

Reste à poser les définitions, à traduire des qualificatifs qui appartiennent à une terminologie un peu vieillie : quand peut-on dire qu'une possession est continue, paisible, publique ?

a) Possession continue ou discontinue

1146 Au sens de l'article 2229, « continu » ne signifie pas constant, sans intervalles, sans intermittence. Une possession est juridiquement continue lorsque les faits de possession (usage, jouissance, aménagement, exploitation, etc.) sont accomplis régulièrement, conformément à la nature et la destination de la chose possédée (13) et aux usages. Posséder une voiture, ce n'est pas y camper dedans, mais s'en servir, normalement, comme d'un véhicule. Posséder, en pays de montagne, une grange ou un pré, ce n'est pas hiverner dans la grange ni affronter la neige, mais la saison venue, faire les foins et le regain, actes d'exploitation normale. La possession d'un navire de plaisance, laissé l'hiver à l'abri, est continue, pour peu qu'il en soit fait un usage de vacances. **La possession continue correspond à l'usage normal, à l'utilisation naturelle régulière et ordinaire des choses**. La possession n'est discontinue que si elle est sporadique, irrégulière, marquée par des « intervalles anormaux assez prolongés pour constituer des lacunes » (14). Extraordinaire, elle devient suspecte (à la campagne, on dit : il y a longtemps qu'on ne les a vus, le bien est à l'abandon...).

b) Possession paisible ou violente

1147 La possession est paisible lorsque le possesseur est entré en possession sans violences matérielles ni morales *ou* lorsqu'il se maintient en possession sans voies de fait ni menaces.

La possession est violente lorsque le possesseur est entré *et* se maintient en possession par violence continue. Le vice originaire de violence n'est pas indélébile. Une possession, violente à ses origines, peut fonder une prescription une fois que la violence a cessé, si le

(12) *« À titre de propriétaire » :* c'est une référence à l'*« animus »*, lequel est non pas une qualité, mais un élément constitutif de la possession. On retrouvera plus loin l'interruption de la prescription, v. n° 1565 s.

(13) La continuité doit s'apprécier en fonction de ce critère. V. pour un entrepôt de bois et de fumier, Civ. 1re 3 mai 1960. G. P. 1960.2.69, R.T. 1960, 689, obs. Solus ; cf. Civ. 11 janv. 1950, D. 50.125, note Lenoan.

(14) Définition donnée par Civ. 1re 3 mai 1960 ci-dessus cité.

propriétaire reste dans l'inaction (C. civ. art. 2233). La violence n'est, au demeurant, qu'un vice relatif dont peut seul se prévaloir celui qui en a été victime (15).

c) Possession publique ou clandestine

La possession est publique lorsqu'elle s'exerce, sans mystère, au vu et au su des tiers, de façon apparente et normale. Une possession n'est pas clandestine par le seul fait que les actes de possession ne sont pas vus des tiers. Elle le devient lorsque des faits qui, normalement, s'accomplissent au grand jour sont intentionnellement dissimulés. Cette **volonté de dissimulation** est le critère de la clandestinité : le possesseur clandestin agit subrepticement, en cachette ; il ne sort sa voiture que de nuit ; s'il s'agit d'une maison, il dissimule ses entrées, ses sorties (« en faisant vite, en se cachant... ») : agissements furtifs qui rendent la possession suspecte. Ce n'est pas le cas d'un époux séparé de biens pour les meubles déposés dans un coffre qu'il a loué « sans se dissimuler » (Civ. 1re, 11 juin 1991, Bull. I, n° 199, G. P. 1991.II.Pan. 327).

B. QUALITÉS OU VICES AFFECTANT LA POSSESSION DANS SES ASPECTS JURIDIQUES ET PSYCHOLOGIQUES

Dans cet ordre, les qualités et les vices de la possession sont plus complexes : ils touchent soit au titre de la détention, soit à la mentalité du possesseur. La possession est équivoque ou non équivoque, de bonne ou de mauvaise foi.

a) Possession équivoque ou non équivoque

L'équivoque plane sur la possession lorsque les **faits de possession ne livrent pas, de façon explicite et certaine, le titre auquel ils sont accomplis**. Les tiers peuvent s'y tromper. La possession n'est pas univoque. On peut l'interpréter de diverses façons. Le comportement du possesseur est ambigu : **à quel titre agit-il ?**

Concrètement, l'équivoque procède de **diverses sources** (V. aussi *infra*, n° 1659). Elle peut d'abord résulter de l'accomplissement par plusieurs personnes (par ex. par des copropriétaires) d'actes de possession concomitants sur une même chose (16). Même si l'un des cohéritiers accomplit seul un acte de possession sur un bien de la succession, on ne sait guère s'il l'accomplit en tant que cohéritier, au nom et dans l'intérêt de tous, ou, déjà (sur un bien destiné à être mis dans son lot ?) en tant que propriétaire divis, dans un intérêt personnel. Un doute s'appesantit sur le titre auquel il agit. La familiarité qui a existé entre un écrivain et son secrétaire enveloppe d'un même doute le titre auquel celui-ci détient des documents intimes qui peuvent lui avoir été donnés ou confiés à charge de restitution. La

(15) Civ. 26 août 1884. D. 85.1.159, S. 1886.1.165.

(16) Req. 19 fév. 1872, S. 72.1.336 ; Civ. 1re 18 juin 1957, Bull 57.1. n° 286, p. 229 ; cf. Civ. 1re 10 déc. 1958, Bull. 58.I. n° 555, p. 455. Lorsque les faits de possession sont accomplis par une personne qui « soutient deux qualités », par ex. le fermier de deux voisins en litige sur une haie, aucun ne peut invoquer, pour lui, la taille de la haie : Civ. 3 avril 1889, S. 90.1.14. Il arrive cependant que les faits concomitants de possession accomplis par plusieurs personnes ne suffisent pas à rendre celle-ci équivoque, du fait notamment qu'ils sont conformes à un mode coutumier de tenure foncière. V. Civ. 3e 7 oct. 1980, G. P. 1981.I.Pan.29 (Polynésie française).

possession est équivoque (T.G.I. Paris, 19 déc. 1984, G. P. 1985, 1, som., 32, D. 1985, I.R. 313, n. Colombet).

1151 **La cohabitation** est, enfin et surtout, source d'équivoque. Elle rend équivoque la possession entre deux époux, séparés de biens. Lorsque le créancier d'un époux saisit les biens qui garnissent le logement conjugal, l'autre ne peut soustraire à la saisie un bien qu'il prétend personnel, en se bornant à opposer sa possession au créancier saisissant. Sa possession est rendue équivoque par la promiscuité, par la cohabitation : séparés de biens (mais non de corps), deux époux jouissent normalement des meubles qui appartiennent à l'autre, chacun ayant l'usage naturel des meubles apportés dans le logement commun par l'autre. Relativement à ces biens, les actes d'usage ou de jouissance que chacun accomplit, peuvent l'être au titre de propriétaire ou de conjoint : la possession est équivoque (17). Exemple parallèle en matière de succession : si l'un des héritiers qui, avant le décès, cohabitait avec le défunt, prétend qu'un bijou lui avait été donné par ce dernier, sans en offrir d'autre preuve que sa possession, celle-ci, équivoque, n'y suffit pas. Il peut détenir ce bijou pour l'avoir reçu en don manuel ou à un autre titre (avancement d'hoirie, dation en paiement, donation rémunératoire, vente, arrangements divers, prêt) ; il peut aussi l'avoir soustrait frauduleusement au défunt. La communauté de vie entre concubins peut aussi être source d'équivoque (Civ. 1re 7 déc. 1977, Bull. I. n° 469, p. 372, J.C.P. 1978.IV.47 ; Dijon, 7 juin 1996, J.C.P. 97.IV.285 : s'il ne prouve pas sa propriété, un concubin ne peut se borner à invoquer l'art. 2289 relativement aux meubles qui garnissent un appartement loué en commun).

b) Possession de bonne ou de mauvaise foi

1152 **Le possesseur est de mauvaise foi lorsqu'il sait n'être pas propriétaire de la chose qu'il possède.** Il a bien, relativement à cette chose, une volonté d'appropriation. Un esprit possessif l'anime. Mais il sait pertinemment qu'il n'en est pas propriétaire. C'est le cas de l'usurpateur ou du voleur. Ainsi resurgit la distinction entre bonne foi et « *animus* ». Une chose est avoir l'esprit de possession, autre chose se croire propriétaire. *L'animus* n'exclut pas la mauvaise foi. Tel peut détenir, sciemment, la chose d'autrui, avec la volonté de se l'approprier.

1153 Au contraire, **le possesseur est de bonne foi lorsque, n'étant pas propriétaire, il croit, par erreur, l'être.** La bonne foi du possesseur non-propriétaire consiste à ignorer le vice qui, affectant son titre d'acquisition, l'a empêché de devenir propriétaire (on verra plus loin comment se détaillent, à l'analyse, les éléments constitutifs de la bonne foi ; au moins au sens de l'art. 549 C. civ., n° 1177 s.).

(17) Civ. 1re, 2 mars 1976, D. 1977.353, n° Donnier, 9 déc. 1986, Bull. n° 291. Echappent cependant à l'équivoque (du lieu) les valeurs (ici des titres au porteur) qu'un époux séparé de biens détient individuellement dans un coffre par lui loué dans un établissement bancaire (Civ. 1re, 11 juin 1991, Bull. I, n° 199, G. P. 1991.II, Pan. 327).

SECTION II EFFETS DE LA POSSESSION

4 **La possession a des effets juridiques, mais ces effets sont variables.**

Pourquoi des effets ? Pourquoi la loi confère-t-elle un effet de droit à un pouvoir de fait ? Pourquoi protéger le simple possesseur, au risque de protéger aussi l'usurpateur, le voleur ? Diverses sont les raisons avancées pour justifier, d'une manière générale, l'efficacité de la possession (et le risque pris par le législateur).

5 **1° Protéger la possession, c'est protéger la propriété.** Le plus souvent, le propriétaire est, en fait, également possesseur. La plupart des possesseurs sont aussi, dans la réalité, propriétaires. Les effets protecteurs dont la loi enveloppe la possession bénéficient naturellement au propriétaire : or celui-ci a tout avantage à se présenter comme possesseur, pour être protégé en tant que tel, sans avoir à faire la preuve de son droit de propriété. La protection possessoire est plus libéralement accordée, plus facilement obtenue. De ces facilités, le propriétaire profite d'abord. Il exerce les actions possessoires, sans avoir à faire valoir en justice et à exposer son droit de propriété. Ainsi la protection possessoire est-elle le premier système de sauvegarde, le premier glacis, la défense économique et avancée de la propriété : sans entamer la réserve — et sans assumer la lourdeur — de l'action pétitoire (v. plus haut n° 914 et, plus loin, n° 1160).

6 **2° La possession mérite, par elle-même, protection.** Un esprit de réalisme et d'apaisement fait qu'abstraction faite de sa liaison fréquente avec la propriété, la possession a un titre propre à être protégée. La possession a une **valeur en soi,** indépendamment de sa coïncidence avec la propriété. Elle correspond à l'état apparent des choses, à *l'ordre établi.* C'est ce qui existe, ce qui est vécu, l'état des choses. Paix aux situations acquises. Qui change l'ordre trouble. *« Quieta non movere ».* Dans cette perspective, la loi voit la possession avec faveur, au moins lorsqu'elle est paisible, publique, continue. Le possesseur est un citoyen tranquille à protéger lorsqu'il est troublé par un tiers.

7 **Pourquoi des effets variables ?** Ces variations sensibles tiennent au jeu de **divers facteurs** (qualités, objet, durée de la possession) : il est légitime qu'une **possession vicieuse** ne produise pas les mêmes effets qu'une possession sans défaut. Il est naturel que la possession n'emporte pas les mêmes effets pour les **immeubles** (18) et pour les **meubles** (19). Enfin, l'efficacité de la possession dépend de sa durée. **Le facteur temps** a, en matière de possession, une importance décisive. **La possession se fortifie avec le temps.** Elle se bonifie à force de temps. Elle engendre des effets d'autant plus énergiques qu'elle a duré plus longtemps. Volontiers, nous contemplons la naissance d'un droit dans sa perfection, parce que nous imaginons, plutôt, à son origine, un acte juridique solennel. Mais le droit peut aussi naître du fait. *« Ex facto jus oritur ».* Ce mécanisme typique opère dans l'efficacité juridique donnée, à longueur de temps, à la possession. Le temps dont la fonction, apparemment polyvalente et paradoxale, peut être de concourir, selon les cas, à la perte (prescription extinctive) ou à la création d'un droit (prescription acquisitive), exerce toujours en définitive la **même fonction auxiliaire** qui le porte à seconder indifféremment ce qui est en train de se perdre ou ce qui est en train de se créer, jusqu'à consommer

(18) V. *infra*, n° 1557 s. l'étude de la possession en matière immobilière.
(19) V. n° 1625 s. le rôle général de la possession en matière mobilière.

l'extinction ou à consacrer l'acquisition : ce qu'il fait positivement sur le fait de la possession.

Dans la théorie générale ici exposée, l'essentiel est de dresser **le tableau d'ensemble des effets variables de la possession** (§ 1er). **L'étude détaillée de l'acquisition des fruits par le possesseur de bonne foi,** effet spécial mais commun à tous les biens productifs, appartient aussi à la théorie générale de la possession (§ 2).

§ 1. TABLEAU DES EFFETS DE LA POSSESSION

Dans un ordre d'efficacité croissante, les effets de la possession se répartissent en trois séries. En valeur, la possession connaît trois degrés.

A. EFFET DE TOUTE POSSESSION (FÛT-ELLE VICIEUSE ET DE MAUVAISE FOI)

1158 C'est un cas-limite. Lorsqu'elle est constituée, toute possession produit certains effets, alors même qu'elle manquerait des qualités que la loi prend en considération (fût-elle clandestine, équivoque, discontinue et de mauvaise foi). Ce possesseur-là — le moins recommandable des possesseurs — bénéficie, au moins au départ, d'un avantage : c'est l'effet minimum de la pire des possessions, *l'efficacité élémentaire du fait brut de la possession* (abstraction faite des vices qui peuvent l'entacher ; la violence mise à part).

Pour exprimer cette efficacité réduite, on dit volontiers que *la possession vaut présomption de propriété*. Il vaudrait mieux dire que, dans le procès pétitoire (qui porte sur le droit de propriété), **le possesseur est constitué proceduralement défendeur**, et, à ce titre, dispensé de la charge de la (première) preuve. *« Actori incumbit probatio »*. La charge de prouver qu'il n'est pas propriétaire incombe au tiers revendiquant, au demandeur qui conteste la propriété du possesseur.

1159 Une restriction importante marque la limite de cet avantage probatoire (de lever de rideau).

Pour produire un **renversement** de situation, le demandeur peut se contenter d'**établir l'un des vices** qui affecte la possession : de cette démonstration, il obtient un renversement de la charge de la preuve. Si, notamment, il parvient à jeter *l'équivoque* sur la possession, il renvoie au possesseur la charge de la preuve de son titre. Le possesseur, en tant que tel, ne jouit que d'un avantage probatoire de premier engagement.

B. EFFETS DE LA POSSESSION UTILE (FÛT-ELLE DE MAUVAISE FOI)

1160 La loi suggère le regroupement de certaines des qualités de la possession en isolant ce sous-groupe de la bonne ou de la mauvaise foi. La loi rend la possession **utile** (terme de précision) lorsque celle-ci est, tout à la fois, **publique, paisible, continue et non équivoque** (C. civ. art. 2229). Parée de ces quatre qualités la possession est dite utile (apte à produire un certain effet de droit).

Mais, pour dégager l'influence spécifique de cette utilité, dans l'efficacité de la possession, il faut supposer le possesseur de mauvaise foi. Même alors, la possession se charge de certains effets de fond — avantages substantiels et non plus probatoires — qui spécifient son utilité. La possession utile de mauvaise foi produit deux séries d'effets.

a) Prescription trentenaire

La possession utile mène à l'acquisition de la propriété au bout de 30 ans. Associée au facteur temps — ici très long — les qualités maîtresses qui rendent la possession utile conduisent à **l'usucapion**, nonobstant la mauvaise foi du possesseur. Même de mauvaise foi, celui qui possède « utilement » une chose pendant 30 ans en devient propriétaire, au bout de ce temps, par l'effet de la prescription acquisitive. La possession avance lentement vers le droit et, fût-elle de mauvaise foi, y parvient au bout de 30 ans (20), si elle est, cumulativement, publique, paisible, continue, non équivoque. C'est ce que le droit romain nommait *« possessio ad usucapionem »*. Pourvu qu'elle soit utile, la possession trentenaire fonde l'acquisition de la propriété (v. *infra*, n° 1558 s.).

b) Protection possessoire

En matière immobilière, la possession utile est assortie d'un autre effet que l'on appelle, au sens précis du terme, *la protection possessoire (« possessio ad interdicta »).* Tout possesseur d'immeuble, en tant que tel, jouit **des actions possessoires** (héritières des interdits possessoires du droit romain). Il peut exercer ces actions pour obtenir, du juge, une protection immédiate de sa possession, par exemple faire cesser un trouble qui l'affecte ou la menace ou recouvrer sa possession, s'il en a été privé par voie de fait. (Le propriétaire, en pratique, ne manquera pas lui-même d'agir au possessoire, au lieu d'aventurer son droit dans un litige pétitoire, v. plus haut, n° 1155). Ces actions possessoires forment, dans la mémoire juridique, une trilogie célèbre (complainte, réintégrande, dénonciation de nouvel œuvre). Mais ces trois figures ne sont que des modalités de la sauvegarde générique qu'organise la loi, sous le nom de protection possessoire (C. civ. art. 2282 et 2283) (v. *infra*, n° 1591 s.).

C. EFFETS DE LA POSSESSION UTILE ET DE BONNE FOI

Quand elle est utile et de bonne foi, la possession sort son maximum d'effets. La bonne foi dans la possession porte l'efficacité de celle-ci à son point d'excellence. Isoler ce maximum, c'est marquer l'influence spécifique et bénéfique de la bonne foi chez le possesseur. Cette influence performante se dédouble.

a) La bonne foi facilite l'acquisition de la propriété

L'effet acquisitif que la loi reconnaît, ordinairement, à la possession (même de mauvaise foi) se renforce quand le possesseur est de bonne foi. Ce renfort se traduit de façon différente en matière immobilière et en matière mobilière.

(20) Sauf interruption, suspension, etc. (v. plus loin n° 1566 s.).

1165 **1° En matière immobilière,** la bonne foi dans la possession abrège l'usucapion. La prescription s'opère non plus par 30 ans, mais par l'écoulement d'un délai plus bref de 20 ans ou de 10 ans, selon les cas (distinctions à approfondir). La prescription vicennale ou décennale supplante la possession trentenaire. Cet abrègement de l'usucapion est la conséquence typique de la bonne foi dans la possession immobilière (C. civ. art. 2265) (v. *infra*, n° 1558 s.).

1166 **2° En matière mobilière,** la possession de bonne foi conduit plus rapidement encore à l'acquisition de la propriété. En effet, on peut dire (aujourd'hui par image, sauf à approfondir le point plus tard n° 1268 s.) que la possession mène instantanément à la propriété, lorsqu'elle est de bonne foi (C. civ. art. 2279 : « En fait de meubles, la possession vaut titre »).

b) La possession de bonne foi fonde l'acquisition des fruits par le possesseur

1167 L'article 549 énonce que le **possesseur fait les fruits siens, lorsqu'il est de bonne foi.** Il reste à détailler cet effet.

§ 2. L'ATTRIBUTION DES FRUITS AU POSSESSEUR DE BONNE FOI

1168 L'article 549 du Code civil procure au possesseur de bonne foi un bénéfice qui, économiquement, peut être plus ou moins substantiel mais qui, en droit, constitue un **avantage exceptionnel**. Normalement, les fruits ou revenus appartiennent par droit d'accession au propriétaire du bien qui les a produits (C. civ. art. 546 ; v. plus haut, n° 1019). Or ici, **la loi les attribue à celui qu'elle appelle « simple possesseur** », c'est-à-dire à celui qui n'est que possesseur (et non propriétaire).

L'objet de ce **bénéfice légal** en montre l'ampleur, la personnalité de son bénéficiaire, les raisons qui justifient son attribution.

A. LE BIENFAIT DE LA LOI

1169 Le bénéfice accordé par l'article 549 ressort du contraste établi entre bonne et mauvaise foi : « Le simple possesseur ne fait les fruits siens que dans le cas où il possède de bonne foi. Dans le cas contraire, il est tenu de restituer les produits avec la chose au propriétaire qui la revendique... ».

L'opposition met en lumière la situation avantageuse du possesseur de bonne foi relativement à la condition défavorable du possesseur de mauvaise foi.

a) Situation rigoureuse du possesseur de mauvaise foi

Le possesseur de mauvaise foi « est tenu de restituer les produits avec la chose au propriétaire qui la revendique ». Cette proposition détermine **l'hypothèse** sur laquelle repose la disposition :

Un propriétaire agit en justice contre le possesseur de son bien pour en revendiquer la propriété. Triomphant, il réussit à prouver sa propriété : sa demande est déclarée bien fondée ; il fait reconnaître en justice sa qualité de véritable propriétaire *(verus dominus)* (21).

Le défendeur (le possesseur) doit alors, de toute évidence, lui restituer la chose frugifère elle-même. Il est tenu de rendre au demandeur dont la propriété, contestée, a été reconnue, ce qui lui appartient : son bien, le capital.

Cependant le possesseur de mauvaise foi doit en outre restituer les produits de cette chose. Or il est essentiel de noter que le terme « produit » prend ici un sens large ; il englobe non seulement les produits, au sens propre du terme (portions du capital, v. plus haut, n° 970), mais également, **les fruits proprement dits**, c'est-à-dire les revenus produits par la chose entre les mains du possesseur, depuis qu'il est possesseur (v. plus haut, n° 969 et 972). Le possesseur de mauvaise foi peut ainsi se trouver à la tête d'un arriéré d'autant plus lourd que sa possession aura duré plus longtemps. Il était de mauvaise foi (il savait n'être pas propriétaire) ; il a perçu des revenus : il ne devait pas les consommer ; il devait les capitaliser. S'il ne l'a pas fait, et s'il perd son procès, (hypothèse de base), **il est tenu de restituer non seulement le capital, mais tous les revenus qu'il a perçus** (et même ceux qu'il aurait dû percevoir).

Cette exigence peut être pour lui accablante, d'autant plus que (depuis la réforme de 1960 qui a modifié l'article 549 C. civ.) si le défendeur n'est pas en mesure de restituer en nature les fruits qu'il a perçus, il en doit *la valeur au jour de la restitution.* La dévaluation monétaire ou les variations économiques ne travaillent pas pour lui, mais sont neutralisées en faveur du *verus dominus.* Le possesseur de mauvaise foi peut ainsi avoir à supporter le poids d'une lourde dette, en capital et revenus.

Le traitement favorable que la loi réserve au possesseur de bonne foi prend ainsi tout son relief .

b) Situation avantageuse du possesseur de bonne foi

Le texte énonce en raccourci : « **il fait les fruits siens** ». Traduisons : *il peut les garder pour lui ; il est dispensé de restituer les fruits au véritable propriétaire.* Cette **dispense de restitution est, spécifiquement, le bienfait que la loi accorde au possesseur, en raison de sa bonne foi**.

Elle a ses vertus, ses limites et d'éventuels compléments.

1° La dispense légale ne concerne que les fruits (les revenus). Il faudrait ici réintroduire la définition des fruits, proprement dits, par opposition aux produits (v. plus haut, n° 968 s.). La dispense porte, précisément, sur les revenus qui naissent et renaissent périodiquement des choses.

(21) Comp. *infra*, n° 1403 (accession) et 1580 (usucapion).

Il ressort en pleine lumière que les fruits sont ici considérés, dans le droit fil de leur *destination économique :* ce sont des revenus normalement destinés à être consommés, dépensés. Ainsi se dévoile l'explication traditionnelle et la justification rationnelle de l'avantage que la loi prodigue au possesseur de bonne foi : de bonne foi, il n'avait aucune raison de capitaliser ces revenus ; il était fondé à en faire ce que l'on fait généralement avec des revenus : les dépenser. *La dispense légale de restitution des fruits est assise sur une présomption de consommation légitime des fruits.* Le possesseur de bonne foi est dispensé de restituer des revenus qu'il était fondé à dépenser (v. plus haut, n° 971).

1175 2° Pour autant, le possesseur de bonne foi n'en doit pas moins restituer au revendiquant **le capital**. Le propriétaire a triomphé, il recouvre sa chose : même s'il est de bonne foi, le possesseur est tenu de restituer le bien. Le cas échéant, il doit aussi restituer **les produits** (proprement dits) qu'il a prélevés (éléments pris sur la substance de la chose). La raison commande même de considérer que le possesseur de bonne foi n'a pas droit aux fruits *non encore perçus*. La présomption de consommation ne le concerne pas. La dispense légale ne couvre que les **fruits perçus** qui seuls peuvent être présumés consommés.

1176 3° Tenu de restituer à son légitime propriétaire la chose frugifère, le possesseur a **droit au remboursement des frais** qu'il aurait exposés pour la conservation de cette chose (22), et, s'il est de bonne foi, au **remboursement des dépenses d'amélioration**. Il est ainsi possible que le possesseur soit, à divers titres, reconnu créancier du propriétaire. En ce cas, ce dernier ne peut se soustraire au paiement en soutenant que le montant de sa dette vient en compensation de la valeur des fruits (la dispense de restitution des fruits fait que le possesseur *ne doit pas* les fruits ; il n'y a, de sa part, aucune dette qui puisse entrer en compensation).

La loi évite l'appauvrissement du possesseur de bonne foi, même au détriment du véritable propriétaire (qui cependant profite des frais de conservation et des améliorations) : raison de préciser les conditions, et par là, les raisons profondes d'un tel avantage.

B. LE BÉNÉFICIAIRE DE L'ARTICLE 549

1177 C'est au **possesseur de bonne foi** que la loi réserve électivement la dispense de restitution des fruits perçus. Celui qui prétend bénéficier de cette dispense doit donc être en mesure de justifier que sa possession est constituée. Cette preuve établie, sa possession doit être reconnue de bonne foi.

La bonne foi dans la possession apparaît ainsi comme la **condition primordiale d'octroi du bénéfice légal.** Il convient de l'approfondir, car elle ne répond pas à la notion banale (En première image, on dirait que le possesseur ne pourrait se contenter de dire : « je croyais que... », définition insuffisante au sens de l'article 549). Il s'agit de définir **la bonne foi au sens de l'article 549** (notion d'autant plus intéressante que c'est à elle que se réfèrent d'autres applications) (v. not. *infra,* n° 1399). C'est un **concept de référence.**

(22) L'art. parle des frais de labours, travaux et semences (dont la valeur est d'ailleurs estimée à la date du remboursement). La disposition s'applique par exemple aux travaux d'entretien des vignes (prétaillage) que le possesseur a effectués, et qui sont bien des frais exposés pour parvenir à la perception des fruits : Civ. 3e, 12 févr. 2003, D. 2003. IR. 668 ; J.C.P. 2003. IV. 1633.

Cette recherche est guidée par la loi. L'article 550 du Code civil donne la définition de la bonne foi **exigée en la matière : « le possesseur est de bonne foi quand il possède comme propriétaire en vertu d'un titre translatif de propriété dont il ignore les vices »**.

En vérité, l'expression « comme propriétaire » ne qualifie pas la bonne foi ; elle la constitue (être possesseur, c'est posséder comme propriétaire). Les autres précisions concourent véritablement à déterminer la **bonne foi circonstanciée de l'article 550.**

a) La base objective de la bonne foi

Pour donner corps à la bonne foi, le texte exige qu'elle se développe à partir d'une base objective. Phénomène psychologique, la bonne foi doit ici reposer sur une base juridique. Posséder de bonne foi (au sens de ce texte) c'est **posséder en vertu d'un titre translatif**, qui présente un vice particulier. La condition se dédouble.

1° Existence d'un titre d'acquisition. La bonne foi n'est constituée que si elle s'appuie sur un titre d'acquisition. Se croire propriétaire d'une chose, au sens de l'art. 550, c'est croire l'avoir acquise en vertu d'un titre translatif. Ce titre peut être une vente, une donation, un testament, etc. Un possesseur de bonne foi est celui qui croit tenir son droit d'un acte translatif (à titre particulier ou universel). Si, cependant, les tribunaux avaient appliqué la règle dans sa rigueur, celle-ci aurait produit des résultats excessifs.

La jurisprudence a tempéré l'exigence légale, en se contentant d'un **titre putatif** (supposé : revenant par là — chassez le naturel de la bonne foi... — à une conception subjective de l'élément objectif). Si un père laisse à un enfant un bien dont celui-ci se croit propriétaire pour l'avoir reçu par héritage — alors qu'il n'y avait, à l'origine de la possession du père, ni vente, ni donation, ni aucun acte translatif — la jurisprudence considère qu'il y a, malgré tout, titre fondant la bonne foi (de l'enfant). Tout se passe comme si elle avait assimilé la succession ab intestat *(a non domino)* comme titre d'acquisition, à une vente ou à une donation. L'exigence d'un titre originaire a été édulcorée par la jurisprudence civile (23).

2° Vice du titre. Il faut supposer qu'un vice affecte le titre d'acquisition. L'hypothèse est que **le titre translatif est affecté d'un vice qui l'a empêché de produire son effet** (de transférer la propriété).

De quel vice s'agit-il ? : Là encore, la jurisprudence a largement entendu la notion. La nullité de l'acte translatif en est un exemple. (Une vente a été conclue ; affectée d'une cause de nullité, elle était impropre à transférer la propriété). L'imperfection du titre peut aussi résulter de ce que l'auteur dont le possesseur croit tenir ses droits n'était pas propriétaire (le donateur, le vendeur, le testateur, n'était pas propriétaire de la chose donnée, vendue, léguée). Nul ne peut transférer à autrui plus de droits qu'il n'en a lui-même. L'acquisition *« a non domino »* est entachée d'un vice radical.

À ces deux cas, la jurisprudence a assimilé les causes de résolution. (Il y a bien eu vente, mais elle a été résolue, l'acquéreur n'ayant pas exécuté ses obligations) (24).

C'est sur cette base que se développe la bonne foi.

(23) C'est une différence avec l'exigence d'un titre réel pour l'application de la prescription acquisitive abrégée, *v. infra*, n° 1580 et 1584.

(24) V., pour une application, Civ. 3e, 27 nov. 2002, cité note suivante. Comp. *infra,* n° 1404 (pour l'application de l'art. 555, en matière d'accession immobilière).

b) L'élément subjectif de la bonne foi

1183 État psychologique, la bonne foi résulte d'une **erreur.** Le possesseur de bonne foi se croit, à tort, dans son droit. L'objet de son erreur est, ici, caractérisé. Trois précisions — de fond, de preuve et de date — achèvent de définir la bonne foi au sens de l'art. 550 C. civ.

1184 **1° Précision de fond.** La bonne foi — tous éléments rassemblés — consiste pour le possesseur **à avoir ignoré le vice qui affectait le titre translatif de propriété.** Le possesseur de bonne foi ne sait pas que son titre est affecté d'un vice qui l'a empêché de devenir propriétaire. La bonne foi du possesseur est, spécifiquement, dans l'ignorance du vice affectant son titre d'acquisition.

Cette ignorance peut provenir d'une erreur de fait ou de droit.

1185 **2° Précision de preuve.** La loi vient au secours du possesseur par une disposition générale. Elle établit une présomption de bonne foi. L'article 2268 C. civ. énonce que la **bonne foi est toujours présumée.** Le possesseur est présumé de bonne foi, sauf preuve contraire.

Cet avantage probatoire est, cependant, renfermé dans son objet. Il ne dispense pas le possesseur de justifier de l'existence d'un titre. L'existence du titre n'étant pas présumée, la charge de la preuve du titre incombe au possesseur qui l'invoque (v. ci-dessus n° 1179 s.).

1186 **3° Précision de date.** À partir de quel moment le possesseur cesse-t-il, (s'il a été), d'être de bonne foi ? (Cette date est importante, parce que c'est à partir de ce jour-là que s'achève, pour le possesseur, la dispense de restituer les fruits et que commence, pour lui, l'obligation de les capitaliser). L'article 550 *in fine* dispose : « Il cesse d'être de bonne foi du moment où ces vices lui sont *connus* ».

1187 Toute la question devient de préciser à partir de quel moment on peut considérer que le possesseur connaît les vices de son titre.

De toute évidence, le possesseur est constitué de mauvaise foi à partir du jour où lui est signifiée la demande en revendication du véritable propriétaire (25). Du jour de cette notification, il cesse d'être de bonne foi : il ne peut plus prétendre ignorer les vices que le véritable propriétaire fait valoir en justice.

Cependant, la mauvaise foi du possesseur peut être reconnue comme remontant à une date antérieure : à charge pour le demandeur, s'il le peut, de prouver, par tout moyen, que, dès avant la notification, le possesseur était de mauvaise foi.

BIBLIOGRAPHIE

BAUDRY, LACANTINERIE et TISSIER, *De la prescription,* T. XXVIII, 4e éd. 1924, n° 192 s.

PLANIOL et RIPERT, T. III, *Les biens,* par PICARD, 2e éd., 1952, n° 143 s.

AUDRY et RAU, T. II, 7e éd. 1961, par ESMEIN, § 117 s.

(25) En ce sens not. Civ. 3e 28 juin 1983, G. P. 1984, I.Pan.28 obs. Piedelièvre. V. aussi Civ. 3e, 27 nov. 2002, D. 2003, IR. 40 ; J.C.P. 2003.IV.1137 : à compter de la demande en résolution de la vente, le possesseur ne peut invoquer la bonne foi.

SALEILLES, *Éléments constitutifs de la possession,* 1894, *adde,* Rev. crit. 1903, 592, 1904, 93.
CARBONNIER, T. III, n° 117 s.
RADULESCO, *La notion et les éléments constitutifs de la possession en législation,* th. Paris, 1923.
FERRADOU, *Le rôle de la possession dans le droit français moderne,* th. Bordeaux, 1928.
ORTSCHEID, *La possession en droit civil français et allemand,* th. Strasbourg, 1978.
TRIGEAUD, *La possession immobilière,* nature et fondement, 1982.
HAJ-CHAHINE, *L'acte de tolérance en droit civil,* th. Paris II, 1992.
A. PELISSIER, *Possession et meubles incorporels*, th. Montpellier, 2000, dact.

TITRE II
RAPPORTS COMPLEXES

Une même chose peut être l'**objet** de **plusieurs droits de même nature** ou parfois — complication supplémentaire — **de droits de nature différente.** Entre toutes les modalités complexes, émergent les types les plus importants pour le régime de la propriété (Ce sont aussi les plus généraux, puisqu'ils peuvent porter indifféremment sur des meubles ou des immeubles) : la **détention précaire,** la **copropriété, l'usufruit ;** nous y ajouterons — regard sur l'actualité — l'appendice de la (pseudo) multipropriété, devenue en 1986 la **jouissance à temps partagé.**

CHAPITRE I
LA DÉTENTION PRÉCAIRE

Quand on sait que le locataire, le fermier, le métayer, l'usager, l'usufruitier, l'emphytéote, le dépositaire, l'emprunteur, le réparateur, le gagiste, l'antichrésiste, le transporteur, le concessionnaire, le mandataire, le séquestre, l'exécuteur testamentaire, etc. sont également détenteurs précaires, on saisit, sous la multitude de ses applications, l'importance de cette notion centrale (v. même, pour y ajouter le concessionnaire de droits de diffusion télévisuelle, Pierre-Yves Gautier, *Du contrat de précaire sur les images de cinéma*, D. 1989, chron., 113).

Il n'est pas question d'étudier ici la situation particulière de chacun de ces détenteurs en tant que locataire, emprunteur, transporteur, etc., mais de marquer **ce qu'il y a de commun à tous,** en tant que détenteurs précaires. Dégager la **notion générique de détention précaire** et son **régime général** (sous le rapport de la propriété et par comparaison avec la possession) sont deux éclaircissements nécessaires.

SECTION I NOTION DE DÉTENTION PRÉCAIRE

Elle ressort de l'analyse des éléments de la détention. Cette analyse appelle une comparaison avec la possession.

§ 1. ÉLÉMENTS DE LA DÉTENTION PRÉCAIRE

Pour le Code civil, le détenteur (v. la formule aux articles 2230 s., et surtout à l'article 2236) est celui « qui possède pour autrui ». L'insuffisance manifeste de la notion légale autorise à avancer une définition plus élaborée sur laquelle, sauf nuances, se réalise un accord assez général : le détenteur précaire d'une chose est celui qui exerce sur elle un **pouvoir de fait** en vertu d'un **titre juridique** qui implique la **reconnaissance du droit de propriété d'autrui.** Cette définition réunit les **trois critères associés** de la détention précaire.

A. POUVOIR DE FAIT : LA DÉTENTION PRÉCAIRE SUPPOSE UNE MAÎTRISE EFFECTIVE

1191 Le détenteur exerce une **maîtrise effective** sur la chose détenue (1). Il a le *« corpus »* que le propriétaire n'a plus. En reprenant la kyrielle des espèces de détentions précaires, le point se vérifie chez le fermier, le locataire, le transporteur, le dépositaire, l'emprunteur, etc. : tous ont, matériellement, effectivement, réellement, la chose entre leurs mains ; ils la tiennent (s'il n'y avait la possession qu'il faut distinguer de la détention, il suffirait de dire, comme dans le langage courant, que le détenteur *détient* la chose, car le terme détention est le mot le plus simple pour désigner une maîtrise effective).

B. POUVOIR DE DROIT : LA MAÎTRISE S'EXERCE EN VERTU D'UN TITRE

1192 Le détenteur précaire **détient la chose en vertu d'un titre juridique.** Son pouvoir de fait est fondé en droit. Le détenteur d'une chose est investi sur elle d'un **pouvoir juridique**.

Cependant, le titre qui est à la **base de sa détention** (on l'appelle *« causa detentionis »*) est dans une grande diversité.

1193 Par sa source, le titre est de *nature* variable. Ce peut être un contrat (le titre de détention du locataire est le contrat de bail ; pour l'emprunteur, c'est le prêt ; le contrat de transport est le titre en vertu duquel le transporteur détient la chose à transporter). Ce peut être un acte unilatéral (l'exécuteur testamentaire détient les objets de la succession en vertu d'une clause du testament). Le titre de la détention peut aussi résulter soit d'une disposition légale (usufruit légal) soit d'une décision judiciaire (cas du mandataire de justice ou du séquestre).

1194 La diversité du titre tient aussi à la nature variable du droit conféré au détenteur par son titre. La plupart des détenteurs ne sont investis sur la chose détenue, et relativement au propriétaire de celle-ci, que d'un *droit personnel* (droit de créance) : ils sont simplement créanciers du propriétaire. (C'est le cas du locataire). Il arrive, cependant, que le détenteur soit investi sur la chose qu'il a entre les mains d'un *droit réel* (c'est le cas de l'usufruitier). L'usufruitier est considéré comme détenteur précaire par rapport au propriétaire (2).

---

(1) V. Fr. Alt-Maes, *Une évolution vers l'abstraction : « de nouvelles applications de la détention »,* R.T. 1987, 21 s. À la détention étudiée au texte, nommée « détention matérielle » (elle est cependant juridique), l'auteur oppose, sous le nom de « détention pouvoir » (ou pouvoir abstrait), des cas dans lesquels une personne, dépourvue de la maîtrise effective d'une chose, a, sur elle, une emprise juridique (par exemple en vertu d'une sûreté sans dépossession). Sur l'efficacité équivalente ou même supérieure des substituts de la détention proprement dite, ou sur l'assimilation au détenteur d'un ayant-pouvoir juridique, la démonstration est convaincante. Mais faut-il encore parler de détention quand, la « détention dématérialisée » est une contradiction dans les termes et la « détention matérielle » à laquelle on l'oppose un pléonasme ? simple réserve de vocabulaire. Comp. *supra*, n° 1137, les réserves qu'appelle l'extension de la possession proprement dite aux meubles incorporels.

(2) Et pourtant, on l'a vu (n° 1134 s. v. aussi *infra*, n° 1261), il existe une possession (quasi-possession) qui mène à l'acquisition de l'usufruit. On peut posséder en vue de l'usufruit. Mais, relativement à la propriété, l'usufruitier n'est que détenteur précaire (sauf interversion de titre). Sans contradiction : v. sur cette démonstration, le beau développement de Proudhon, *Traité des droits d'usufruit*, T. I, 2e éd. n° 33, p. 22 s.

C. OBLIGATION DE RESTITUTION : LE TITRE DE LA DÉTENTION EST PRÉCAIRE

C'est ici qu'il importe de fixer le sens d'un mot sur lequel la langue juridique se sépare du langage courant (et d'un sens historique qui se perpétue, mais dans une hypothèse très spéciale). **Est « précaire » le titre qui oblige le détenteur à restituer la chose à son propriétaire.** La précarité affecte le titre de la détention : **est détenteur précaire celui qui — en vertu de son titre — doit restituer** (à un moment ou à un autre) la chose à son propriétaire. *« Précaire »* ne signifie pas sans titre (le détenteur précaire détient en vertu d'un titre ; la précarité postule un fondement juridique). Fragilité du titre, la précarité est la particularité du titre qui oblige à restitution. On retrouve cette précarité chez l'emprunteur, le locataire, le mandataire, le transporteur, tous tenus de restituer. **L'obligation de restitution caractérise la précarité de la détention.**

Ce n'est pas dire que le détenteur précaire soit tenu de restituer la chose à son propriétaire pour peu et aussitôt que celui-ci le lui demande. **La durée de la détention et la date de restitution sont déterminées par le titre** (par exemple la durée de la location par le bail). Elles ne sont pas abandonnées au bon vouloir du propriétaire. C'est seulement dans des **cas exceptionnels** que le propriétaire jouit de cette prérogative exorbitante ; la situation du détenteur est alors dite précaire, **dans un sens très particulier** (aggravé) : la détention doit cesser à la seule demande, à la prière *(precarius, preces)* du propriétaire. Précisément, depuis le droit romain, le précaire *(precarium)* est une convention qui se différencie du prêt à usage ou commodat *(commodatum)* en ce que son bénéficiaire, tenu de restituer aussitôt que le propriétaire le demande, est à la merci de celui-ci, alors que l'emprunteur (commodataire), détenteur précaire au sens générique du terme, n'est pas dans la précarité renforcée qu'implique une restitution sur ordre (v. C. civ. art. 1888). C'est un **sens très spécial** toujours vif mais seulement dans quelques applications pointues (3). V. *Vocabulaire Juridique,* V^is^ précaire, précarité.

L'analyse de la détention précaire mérite d'être encore resserrée dans une comparaison récapitulative avec la possession : rapprochement d'autant plus nécessaire que les deux termes sont souvent employés l'un pour l'autre dans le langage courant, parfois même dans le vocabulaire juridique (voire dans le Code civil, ex. art. 2236, 2238).

§ 2. COMPARAISON DE LA DÉTENTION PRÉCAIRE ET DE LA POSSESSION

En contrepoint de l'analyse précédente, elle se développe sur trois plans.

(3) V. Pothier, *Traité du prêt à usage et du précaire*, Bugnet, 2e éd. T. V., n° 87. On retrouve des traces de cette différence, en matière d'occupation d'un local, dans la distinction entre le bail et la **convention d'occupation précaire.** C'est exactement en ce sens que le logement d'une personne protégée (majeur en tutelle ou sous une autre protection) ne peut être l'objet, dans l'administration de ses biens, que de conventions de jouissance précaire (C. civ. art. 490-2, al. 1), parce que ces biens auxquels sont attachés la sécurité, l'espoir de retour et les souvenirs de la personne sont voués (c'est plus qu'un vœu, une directive) à être conservés à sa disposition aussi longtemps qu'il est possible et les conventions appelées à cesser, malgré toutes dispositions et conventions contraires, dès le retour de la personne protégée (c'est vraiment la précarité la plus radicale ; entendons : la précarité pour l'occupant, la sécurité pour la personne qui retrouve son logement).

A. POINT COMMUN : POUVOIR DE FAIT

1197 Comme le possesseur, le détenteur précaire a, relativement à la chose considérée, un **pouvoir de fait.** L'un et l'autre exercent une **maîtrise effective** sur la chose détenue. L'un comme l'autre a le *« corpus »*. Il importe peu que, dans son exercice, ce pouvoir de fait corresponde d'un détenteur à l'autre, à divers actes (usage, jouissance, aménagement, manipulation, garde, conservation, réparation, etc.). De l'extérieur, rien ne distingue le possesseur du détenteur.

B. PREMIÈRE DIFFÉRENCE : POUVOIR BRUT OU EXISTENCE D'UN TITRE

1198 La possession n'est qu'un **pur fait** *(« res facti »)* ; la détention une **chose de droit,** conforme au droit *(« res juris »)*. Le détenteur précaire exerce son pouvoir en vertu d'un droit. Le droit (variable) qui fonde sa détention rend celle-ci légitime.

Le possesseur peut, par coïncidence, être propriétaire. Lorsqu'il ne l'est pas, une discordance typique s'opère entre le droit et le fait (entre le pouvoir de droit dépouillé de sa maîtrise réelle et un pouvoir de fait non assis sur un pouvoir légitime). Au contraire, la détention précaire se caractérise nécessairement par la complication qu'elle apporte dans le régime juridique de la chose qui en est l'objet : elle se traduit toujours par **la concurrence, sur une même chose, de plusieurs droits de nature différente** (le propriétaire, investi du droit de propriété et, sur la même chose, le détenteur investi d'un droit réel ou personnel) : fait contre droit dans la possession indue, coexistence de plusieurs droits dans la détention précaire.

1199 Telle est, au moins sous ce rapport, la supériorité de la détention précaire sur la possession. Régulièrement investi (nous le supposerons), le détenteur précaire peut opposer son droit au propriétaire. Le locataire, fort de son bail, peut opposer le contrat de louage au bailleur pour exiger de celui-ci l'accomplissement des obligations que le contrat de bail met à sa charge (4). **Tout détenteur peut opposer au propriétaire le titre en vertu duquel** il **détient,** par exemple le contrat qui les lie (dépôt, mandat, etc.), la décision qui l'investit, etc. Le possesseur n'a rien à opposer au propriétaire, au moins en droit (5). Tout ce qu'il peut faire, c'est contester le droit de propriété.

C'est d'ailleurs pourquoi, sur un autre point, le possesseur se trouve paradoxalement dans une situation supérieure à celle du détenteur.

C. AUTRE DIFFÉRENCE : PRÉTENTION À LA PROPRIÉTÉ OU RECONNAISSANCE DU DROIT DU PROPRIÉTAIRE

1200 Sur un troisième point, possession et détention se distinguent, par une différence spécifique. Détenteur légitime mais précaire, le détenteur détient la chose en vertu d'un **titre qui implique la reconnaissance du droit d'autrui** sur cette chose. Le détenteur reconnaît le droit d'autrui, le possesseur non.

---

(4) La réciproque est vraie ; v. ci-dessous, n° 1205.
(5) Si ce n'est, lorsqu'elle est accomplie, la prescription acquisitive.

Toutefois, il y a deux façons (on l'a vu) de présenter la différence.

Si l'on insiste sur l'élément intentionnel *(animus),* le possesseur a par définition l'*« animus domini »,* l'intention de s'affirmer en propriétaire : volonté d'appropriation qui est la négation du droit d'autrui et l'affirmation du sien. **Normalement,** au contraire, le détenteur précaire (locataire, dépositaire, garagiste, etc.) reconnaît qu'il n'est pas propriétaire ; il n'est pas animé, relativement à la chose qu'il détient, d'un esprit d'appropriation. Il n'a pas cette prétention.

Si l'on met l'accent sur la base objective de la détention, la reconnaissance du droit d'autrui, chez le détenteur précaire (même si elle n'est pas dans son esprit) est **inhérente à son titre.** C'est en vertu du titre juridique de la détention qu'il doit restituer la chose à autrui (l'obligation de restituer est la traduction objective de la reconnaissance du droit d'autrui qui caractérise le détenteur précaire).

Heureusement, les deux critères coïncident, dans la majorité des cas. La mentalité des contractants reflète la nature du titre. Lorsqu'elles apparaissent (v. déjà, n° 143), les discordances influent sur le cours de la détention précaire.

SECTION II — RÉGIME DE LA DÉTENTION PRÉCAIRE

Abstraction faite des droits spécifiques que chaque détenteur tient de sa qualité particulière de locataire, de dépositaire, d'emprunteur, etc., tout détenteur, en tant que tel, est placé dans une **situation générique :** une situation précaire. En quoi consiste (à considérer ses effets) cette précarité ? La situation peut-elle se transformer ? Les deux réponses gouvernent le régime général de la détention précaire.

§ 1. — PRÉCARITÉ DE LA DÉTENTION

Jusqu'à une époque récente, le détenteur précaire était placé, par comparaison avec le possesseur, dans une situation inférieure qui était à certains égards paradoxale. Rajoutant au Code civil deux derniers articles, une loi du 9 juillet 1975 a fait cesser cette anomalie (C. civ. art. 2281, al. 2).

C'est à l'égard du propriétaire — et en toute cohérence — que la précarité de la détention demeure une infériorité, non dans les rapports du détenteur et des tiers.

A. — SITUATION DU DÉTENTEUR PRÉCAIRE RELATIVEMENT AU PROPRIÉTAIRE

Si le détenteur précaire peut opposer son titre au propriétaire (v. n° 1199), cette opposabilité n'est qu'une des manifestations du principe qui gouverne leurs rapports. Le principe est que les **rapports du propriétaire et du détenteur précaire sont régis par le titre qui fonde la détention** (contrat de bail, de dépôt, de garage, de prêt, etc.). Le régime juridique qui, découlant du titre, lie les parties exclut en toute logique que le détenteur précaire puisse prescrire à l'encontre du propriétaire ou invoquer contre lui la protection possessoire.

a) Exclusion de la prescription acquisitive

1206 **Le détenteur précaire ne bénéficie pas de la prescription acquisitive.** Il n'a pas la *« possessio ad usucapionem »*. L'article 2236 énonce : « Ceux qui possèdent pour autrui (ce sont les détenteurs) ne prescrivent jamais par quelque temps que ce soit « (traduction, en 1804, de l'antique formule *« ... etiam per mille annos »*). Deuxième alinéa : « Ainsi le fermier, le dépositaire, l'usufruitier et tous autres qui détiennent précairement la chose du propriétaire ne peuvent la prescrire » (6). Il n'y aurait plus de baux si le bailleur, en louant une chose, voyait fermier ou locataire réaliser contre lui la prescription acquisitive. Contraste logique. Tout un pan de l'efficacité de la possession tombe. Le détenteur, à la différence du possesseur, ne bénéficie pas de l'usucapion (7). La détention précaire ne mène jamais à la propriété, alors que la possession y conduit, par des chemins divers (8).

b) Exclusion de la protection possessoire

1207 **Le détenteur précaire ne peut se prévaloir de la protection possessoire à l'encontre du propriétaire lui-même.** La loi lui refuse la protection possessoire « contre celui de qui il tient ses droits » (C. civ. art. 2282, al. 2, l. 9 juill. 1975). Un locataire ne serait pas en droit d'exercer une action possessoire contre le bailleur.

Cette exclusion est également logique. **Le détenteur précaire trouve, dans son titre, les moyens normaux de défendre ses droits.** S'il ne bénéficie pas de la protection possessoire, c'est qu'il jouit de la protection spécifique qui découle du titre qui fonde sa détention. Le preneur ne peut pas agir au possessoire contre le bailleur ; il agira en vertu du bail. Si le propriétaire vient à commettre l'équivalent d'un trouble possessoire (le troubler chez lui), le locataire pourra faire valoir, contre lui, le trouble de jouissance. Il agit, non comme possesseur, mais, fort de son bail et conformément aux règles qui gouvernent ce contrat (9). C'est la nature particulière de son titre qui détermine les droits et obligations de chaque détenteur à l'égard du propriétaire. L'argument disparaît dans les rapports du détenteur avec les personnes qui sont étrangères à son titre.

(6) Cette présentation et l'énumération sont directement empruntées à Domat, *Lois civiles,* III, 7.

(7) V. pour une application Toulouse 28 nov. 1984, G. P., 1985.1.som.116 ; Civ. 3e 19 déc. 1990, G. P. 1991.I. Pan.90. (il faut seulement réserver l'interversion de titre). V. *infra* n° 1216 s.

(8) Pour exprimer que le détenteur précaire ne jouit pas de la prescription acquisitive, on dit souvent que la possession est, en lui, entachée du « vice de précarité » : expression commode mais équivoque.

(9) La voie du référé lui étant ouverte, il peut d'ailleurs, en vertu de l'art. 809 N.C.P.C. obtenir du président du tribunal de grande instance en référés, les mesures provisoires ou de remises en état qui s'imposent soit pour prévenir un dommage imminent, soit pour faire cesser un trouble manifestement illicite ; v. *infra,* n° 1598.

B. SITUATION DU DÉTENTEUR PRÉCAIRE À L'ÉGARD DES TIERS

Elle est radicalement différente. N'étant par hypothèse lié aux tiers par aucun rapport de droit, le détenteur n'est pas, à leur égard, dans une situation déterminée par son titre (titre auquel ils sont étrangers). À leur égard, rien ne le distingue d'un possesseur.

Ainsi surgit la question de savoir s'il est en droit d'être protégé comme possesseur contre eux. Jouit-il de la protection possessoire *(possessio ad interdicta)* à l'encontre des tiers qui le troublent dans sa détention ?

Pendant longtemps, l'interprétation classique le lui a refusé. Un abus logique empêchait de relativiser sa situation : le détenteur n'est pas un possesseur. Défavorisant le premier relativement au possesseur (même de mauvaise foi), cette exclusion était paradoxale. Elle présentait surtout des inconvénients pratiques qu'évitaient certaines législations étrangères en accordant au détenteur précaire les interdits possessoires. Le changement s'est opéré en deux étapes.

a) Initiative prétorienne : octroi de la réintégrande

La jurisprudence a apporté un tempérament à l'exclusion antérieure, au moins pour l'une des trois actions possessoires. Elle a admis (10) que *le détenteur précaire peut exercer la réintégrande à l'encontre des tiers.* Réponse spécifique à une dépossession violente, la réintégrande (bien nommée) permet au possesseur dépouillé par la force de recouvrer *ante omnia* sa possession. Le caractère intolérable du trouble possessoire justifiait que l'on commençât par l'admission plus libérale de cette action. Ainsi la réintégrande fut-elle ouverte au détenteur contre un tiers qui, par voie de fait, l'avait dépouillé de sa détention.

b) Consécration et extension légale : généralisation de la protection possessoire (11)

Consacrant la jurisprudence antérieure, la loi du 9 juillet 1975 l'a **étendue.** Aujourd'hui, la protection possessoire dans son ensemble est pareillement accordée, en matière immobilière, au détenteur **contre « tout autre que celui de qui il tient ses droits ».**

Or sans doute n'empiète-t-elle pas sur les relations du détenteur et de son auteur. Au moins couvre-t-elle (la formule est générale) l'ensemble des autres rapports. À cette restriction près, **le détenteur jouit de la protection possessoire,** *erga omnes,* **à l'égard de tous les tiers.**

Dans cet ordre, elle lui est accordée **« pareillement ».** Assuré de la même protection que le possesseur, le détenteur jouit désormais de *l'ensemble de la protection possessoire* (et non plus de la seule réintégrande). Il en bénéficie de façon équivalente, qu'il soit menacé dans sa détention (il aura la dénonciation de nouvel œuvre) ou troublé dans celle-ci avec ou

(10) V. not. Civ. 9 oct. 1974, G. P. 1974.II.Pan.267. Une société de publicité place des panneaux d'affichage sur un mur dont elle se considère comme locataire. Une autre société, se prétendant également locataire, fait arracher les panneaux pour installer les siens. La première agit en réintégrande (au possessoire, sans prétendre faire reconnaître qu'elle serait titulaire d'un droit au bail préférable à l'autre) : la Cour de cassation a considéré que la société d'affichage qui avait commis cette voie de fait devait, avant tout, restituer au détenteur l'usage du mur (sauf à débattre ensuite au fond pour savoir qui avait le meilleur droit).

(11) V. *infra*, n° 1598 s.

sans dépossession (il exercera, selon le cas, la réintégrande ou la complainte). Pour la même raison, il jouit de cette protection semblable *aux mêmes conditions* que le possesseur (elles sont déterminées par l'art. 2283 C. civ. et les nouvelles dispositions du Code de procédure civile art. 1264 à 1267).

§ 2. TRANSFORMATION DE LA DÉTENTION PRÉCAIRE

En principe la détention est **immuable,** mais l'immutabilité de la détention souffre des **tempéraments.**

A. PRINCIPE D'IMMUTABILITÉ

1211 Le principe selon lequel la précarité de la détention est indélébile, l'obligation de restitution ineffaçable, le titre de la détention immuable se charge d'un double sens. Il emporte deux conséquences (ex. Civ. 3e 19 déc. 1990, G. P. 1991. I. Pan. 90).

a) Exclusion de l'interversion autonome

1212 Le détenteur ne peut, par la seule opération de sa volonté, se transformer lui-même de détenteur en possesseur. Il ne peut, *solo animo,* changer son titre. L'article 2240 énonce : « On ne peut pas prescrire contre son titre, en ce sens que l'on ne peut point **se changer à soi-même la cause et le principe de sa possession** ». Un beau matin, le détenteur ne peut « s'autoriser » comme possesseur prêt à prescrire.

b) Caractère héréditaire de la précarité

1213 La précarité du titre est héréditaire (C. civ. a 2237). Les héritiers du détenteur précaire ne peuvent pas davantage prescrire que le défunt. Le fait que la chose détenue soit passée du détenteur entre les mains de ses héritiers ne permet pas à ceux-ci de réaliser ce que leur auteur ne pouvait obtenir. Un héritier (ayant cause à titre universel) ne bénéficie pas plus que son auteur de la prescription acquisitive : il demeure détenteur précaire. La transmission successorale (à titre universel) n'emporte aucun changement de titre (12).

La pérennité de la précarité connaît, sous d'autres rapports, des correctifs.

---

(12) **C'est parce que le détenteur précaire est titulaire d'un droit que ce droit se transmet** tel qu'il est à ses héritiers : *Nemo plus juris...* C'est par un **contresens** que la transmissibilité qui gouverne le titre juridique et perpétue sa précarité est parfois appliquée aux vices de la possession, alors que la possession du possesseur actuel n'est pas un droit qu'il a reçu, mais **un fait juridique autonome qui se constitue sur sa tête et qu'il y a lieu de constater et d'apprécier en sa personne.** V. *supra,* n° 1144, et *infra,* n° 1564. Une telle confusion méconnaît la distinction de la possession et de la détention précaire.

B. TEMPÉRAMENTS

Atténuant l'immutabilité du titre, la loi prévoit, dans deux séries de cas, la **transformation de la détention précaire en possession utile.**

a) Transmission à titre particulier

La précarité cesse à l'égard des tiers acquéreurs auxquels le détenteur précaire transmet la chose détenue. L'article 2239 permet au tiers acquéreur de la chose détenue de prescrire. Entre ses mains, du jour de l'acquisition, la prescription acquisitive commence à courir. Cet effet typique de l'acquisition *a non domino* se développe, en parallèle, avec l'effet acquisitif qui s'opère, en vertu de l'art. 2279 C. civ. au profit du possesseur d'un meuble corporel (acquis *a non domino ;* v. également ci-dessous, n° 1217).

Il est subordonné aux deux mêmes conditions.

1° La mutation ne se produit qu'en faveur de l'acquéreur **à titre particulier** (acheteur, donataire, légataire du détenteur précaire). Si, par exemple, un fermier vend, donne ou lègue la chose qu'il détient, le tiers acquéreur commence à bénéficier de l'usucapion (c'est une différence avec l'héritier du détenteur, ayant cause à titre universel).

2° Encore faut-il que l'acquéreur à titre particulier soit **de bonne** foi, car le « vice de précarité » demeure opposable à l'acquéreur de mauvaise foi (13). S'il est de bonne foi, l'acquéreur prescrit par 10 ou 20 ans, selon le cas.

b) Interversion de titre

Un autre tempérament aboutit, *sans changement de main,* à faire cesser la précarité à l'égard du détenteur précaire lui-même. Par une transformation de sa propre situation, le détenteur même devient possesseur. Sur sa tête se produit, de façon typique, une interversion de titre.

Cette interversion procède de deux causes (art. 2238).

1° Interversion par tierce cause. Le titre de la détention est interverti par une cause venant d'un tiers lorsque le détenteur précaire acquiert la chose détenue d'un tiers qu'il croit propriétaire, mais qui ne l'est pas. Cette acquisition de bonne foi *a non domino* ne lui transfère pas la propriété ; au moins suffit-elle, par une espèce de conversion de son titre, à le rendre possesseur. C'est le cas du locataire qui achète l'appartement qu'il occupe d'une personne qu'il croit, par erreur, propriétaire. (On retrouve un troisième effet parallèle de l'acquisition *a non domino ;* v. ci-dessus, n° 1214).

2° Interversion par voie de contradiction. Le titre de la détention peut être interverti par la contradiction que le détenteur précaire oppose au droit de propriété. Venant du détenteur lui-même, l'interversion résulte de sa part d'un acte de **contradiction à la propriété.** Recelant une prétention juridique à la propriété, cette contradiction suppose que le détenteur acquiert *l'animus domini.* Mais l'interversion de titre ne s'opère pas *solo animo.* Le détenteur n'oppose contradiction au droit du propriétaire que si son ambition, élément psychologique, se concrétise et s'extériorise par un acte patent et non équivoque. La contradiction qui opère l'interversion de titre n'est constituée que si elle a le corps et l'apparence d'un défi manifeste à la propriété (v. déjà, plus haut, n° 1211 et 1142 s.).

Ce défi peut revêtir des formes variées. Il peut se traduire formellement par un acte de procédure, notifié au propriétaire, dans lequel le détenteur expose expressément sa prétention (assignation en justice ou, si le propriétaire est partie à l'instance, conclusions). La contradiction peut aussi se

(13) Civ. 8 nov. 1880. D.P. 1881.1.28.

manifester par un acte matériel qui porte en lui, comme acte de maître, affirmation manifeste de propriété (initiative de grands travaux, au vu et au su du propriétaire). Si le propriétaire, connaissant la contradiction portée à son droit, ne relève pas le défi qui lui est lancé, il risque de voir l'usucapion se réaliser contre lui. À lui d'élever le contentieux, ou au moins de réaffirmer son droit de propriété. La prescription acquisitive commence à courir contre lui : s'il ne réagit pas, elle consacrera autant son inaction (ou peut-être son consentement ou le doute qu'il éprouve sur son droit) que le « fait accompli » du détenteur précaire : mécanisme de mutation à partir d'une prétention déclarée demeurée sans réponse.

BIBLIOGRAPHIE

V. la bibliographie relative à la possession. *Adde :* SAINT-ALARY, *La détention (notion et portée d'application en droit privé français),* th. Montpellier (Toulouse, 1941).

ALT-MAES F., *Une évolution vers l'abstraction : de nouvelles applications de la détention,* R.T. 1987, 21 s.

GAUTIER P.-Y., *Du contrat de précaire sur les images de cinéma,* D. 1989, chron., 113.

CHAPITRE II
LA COPROPRIÉTÉ

Le droit français connaît **plusieurs espèces** fort différentes de copropriété. En dépit de profondes différences, ces diverses variétés ont en commun certains **éléments de structure.** La structure élémentaire de la copropriété introduit à l'examen de ses modalités.

SECTION I STRUCTURE ÉLÉMENTAIRE DE LA COPROPRIÉTÉ

Complication affectant le sujet du droit de propriété, la copropriété se caractérise par la **pluralité des propriétaires.** C'est une **propriété plurale**. La chose en copropriété (on dit aussi la chose indivise ou commune) n'appartient pas à une seule personne qui serait titulaire exclusif du droit, maître unique, propriétaire privatif de la chose. Une même chose appartient à plusieurs propriétaires que l'on nomme copropriétaires (et que l'on appelait autrefois — première acception du terme — « communistes »). Dans l'indivision quant à cette chose, les **copropriétaires** sont aussi nommés **indivisaires** ou **coïndivisaires.**

Dans sa complexité, la situation juridique qui résulte de la copropriété présente toujours **deux aspects complémentaires :** un *aspect collectif* et un *aspect individuel.* Mais ces deux aspects, d'une espèce à l'autre de copropriété, peuvent être plus ou moins développés. L'un des deux peut être masqué par l'autre. L'organisation collective de la copropriété peut être très poussée ou demeurer assez rudimentaire. L'indépendance respective des copropriétaires est plus ou moins accentuée. Aussi bien peut-on partir d'une autre opposition, plus radicale : toute copropriété présente, dans sa structure, un **aspect concurrentiel** et un **aspect fractionnel.**

§ 1. SYSTÈME CONCURRENTIEL

1223 Toute copropriété constitue, dans son ensemble, un **système de droits concurrents.** La copropriété se caractérise par la **coexistence sur une même chose de plusieurs droits concurrents de même nature.** Globalement, toute copropriété est une concurrence. Cette vision globale correspond aussi à l'aspect concret de la copropriété. Coexistence réelle, cette concurrence concerne la base matérielle et la structure juridique de la copropriété : *la concurrence qui caractérise la copropriété consiste en ce qu'***une même chose supporte plusieurs droits de même nature.**

A. BASE MATÉRIELLE DE LA COPROPRIÉTÉ : UNE CHOSE COMMUNE EN SON ENTIER

1224 Dans toute copropriété, **chaque copropriétaire a un droit sur le tout,** non sur une partie du tout. La chose sur laquelle porte la copropriété est commune. Matériellement, le droit de chaque copropriétaire porte sur **l'ensemble de la chose commune**. À considérer son assise concrète, chaque droit repose sur toute la surface de la chose indivise. À la vérité, cette affirmation n'est absolument exacte que lorsque la copropriété porte sur une chose entièrement commune ; elle ne l'est que partiellement, lorsqu'il existe des parties communes et des parties privatives, auquel cas le système de droits concurrents ne repose que sur les parties communes (v. plus loin, n° 1252). Sous cette réserve, aucun des copropriétaires n'a de droits privatifs sur une part individualisée de la chose commune ou des parties communes. Par exemple, les copropriétaires d'une cour commune n'ont pas, chacun, l'usage d'un côté de la cour. Tous ont l'usage de toute la cour. S'il s'agit d'un passage commun les copropriétaires ont le droit d'emprunter ce passage dans toute sa largeur ; la copropriété est le contraire d'une division matérialisée qui séparerait le passage en plusieurs couloirs privatifs. L'assiette matérielle de la concurrence est l'ensemble de la chose commune ou des parties communes (c'est précisément, en quoi la chose est commune, indivise). Sous le rapport de son assise concrète, **la copropriété est le contraire d'une division géographique.** C'est sur cette base matérielle unifiée que s'édifie, l'aspect juridique de la concurrence, le système de droits caractéristique de la copropriété.

Copropriété et bornage. Deux copropriétaires d'un immeuble comprenant un jardin dont ils partagent l'utilisation n'ont pas, dans cet ensemble, des propriétés contiguës dont chacun pourrait exiger la délimitation (art. 646). Entre eux, l'action en bornage est irrecevable (Civ. 3e, 27 avr. 2000, D. 2000.IR.149). V. *infra*, n° 1363.

B. STRUCTURE JURIDIQUE DE LA COPROPRIÉTÉ : UNE PLURALITÉ DE DROITS DE MÊME NATURE

1225 **Dans toute copropriété, chacun des copropriétaires a, juridiquement, sur le tout, un droit de même nature.** Le droit de propriété, dans la copropriété, n'est pas démembré en plusieurs attributs dont les uns seraient à certains copropriétaires, les autres à d'autres : **chacun des copropriétaires participe, sur le tout, à chacun des attributs du droit de propriété.** Autant que la division matérielle, la copropriété exclut toute dissociation juridique. Ce n'est pas un demembrement de propriété. Entre copropriétaires, il serait inexact de poser que l'un à l'usage, l'autre la jouissance, etc. Le clivage ne se fait ni matériellement sur les parcelles, ni juridiquement sur les attributs. **La copropriété est le**

contraire de la dissociation juridique de la pleine propriété. L'un n'est pas usager, l'autre jouissant, etc. Tous sont co-usants, co-jouissants, co-disposants, co-gérants, co-administrateurs du tout. **Chacun participe à chacun des attributs du droit.** La complexité spécifique qu'introduit la copropriété dans le droit de propriété tient à la multiplicité de ses titulaires. Mais la copropriété, ainsi conçue, **s'oppose tout à la fois à la division matérielle du bien et au démembrement juridique des attributs de la propriété** (1).

À partir de là, les diverses espèces de copropriétés se différencient sensiblement selon que cette concurrence — géographique et juridique — est plus ou moins organisée. Quand elle l'est de façon rudimentaire, les droits rivaux risquent de se heurter. Avant la réforme récente de l'indivision, l'aspect concurrentiel pouvait se présenter à l'état brut, anarchique. Dans d'autres formes de copropriété, l'aspect concurrentiel s'ordonne et se police. Il donne lieu à une organisation collective très élaborée. Cependant, ces variantes dans l'organisation de la coexistence ne sont jamais que les modalités du système concurrentiel qui forme la base de toute copropriété.

§ 2. SECTEUR FRACTIONNEL

Sous un autre rapport, toute copropriété se décompose, à l'analyse, en **un faisceau de droits fractionnés.** Ce faisceau correspond à **l'aspect individuel et abstrait de la copropriété.** Chaque copropriétaire a, dans son patrimoine, un droit limité et déterminé *in abstracto*. Chacun a, sur sa tête, un droit qui s'exprime en une fraction : **chaque copropriétaire a, dans la copropriété, une quote-part**. Abstraitement, les droits de chaque copropriétaire, dans la copropriété, sont déterminés par une **fraction** (tout copropriétaire l'est soit pour un quart, soit pour un tiers, soit pour moitié, etc.). C'est une fraction qui donne, pour chacun, la mesure de sa vocation au partage et de son obligation aux charges. Ces quotes-parts peuvent d'ailleurs être égales ou inégales (dans un partage successoral, tel héritier a droit aux deux tiers de la succession, tel autre à un tiers). Cette division abstraite de la copropriété en quotes-parts ne contredit nullement la coexistence concrète des droits concurrents sur le tout. Chacune se développe dans un plan différent,

(1) **Ainsi n'y a-t-il pas indivision entre l'usufruitier et le nu-propriétaire** (v. *infra,* n° 1266). Le démembrement qui préside à l'établissement de l'usufruit fait coexister sur la même chose, **non deux droits concurrents de même nature, mais deux droits distincts et complémentaires** (l'usufruit et la nue-propriété). Cette analyse n'a pas empêché la loi nouvelle, dans une vue **pragmatique,** de permettre à des personnes qui n'ont pas, sur la même masse indivise, des droits de même nature (pleine propriété, nue-propriété, usufruit) de conclure des conventions relatives à l'exercice de leurs droits sur les biens indivis (C. civ. art. 1873-1, v. plus loin, n° 1236 et 1242). Mais **cette extension ne remet pas en cause la définition fondamentale de l'indivision.** Comp. J.-F. ROBBE, *Journ. not. et av.* 1983.551 (sous Civ. 1re 11 mai 1982 Bull. n° 168, p. 150) et DAGOT (*L'indivision,* n° 54) pour lequel la loi de 1976 a réalisé l'intégration de l'usufruitier dans l'indivision. Mais la Cour de cassation a opportunément rappelé qu'il n'y a pas d'indivision entre nu-propriétaire et usufruitier (Civ. 1re 25 nov. 1985, D. 87.141, n. G. MORIN). L'ouverture faite aux conventions entre titulaires de droits de nature différente et, plus généralement, la prise en considération de l'ensemble des intérêts en présence (sur laquelle la loi nouvelle a justement insisté, mais qui a toujours été affirmée. V. n° 1269), n'impliquent nullement que soit méconnue soit la nature spécifique des droits en présence, soit la définition de base de l'indivision. L'amalgame des notions juridiques n'est pas une condition de la conciliation des intérêts. V. *infra* n° 1266.

gouvernant, entre copropriétaires, des rapports distincts. Ce qui est sûr, c'est qu'en toute copropriété, chaque copropriétaire a dans son patrimone un droit qu'il est fondé à défendre et à faire reconnaître en justice (v. not. *infra,* n° 1248).

SECTION II DIVERSES ESPÈCES DE COPROPRIÉTÉ

1228 Il en existe trois types principaux fortement contrastés : d'une part **l'indivision ordinaire** et la **copropriété perpétuelle** (exemples traditionnels) ; d'autre part la **copropriété des immeubles bâtis** (nouvelle formule de la loi du 10 juillet 1965).

§ 1. L'INDIVISION ORDINAIRE

1229 **Pluralité d'applications.** C'est celle qui naît entre cohéritiers appelés à recueillir une succession. Du jour du décès jusqu'au partage de l'hérédité, les **cohéritiers sont dans l'indivision** (on nomme celle-ci indivision héréditaire ou successorale). L'indivision (cette fois nommée post-communautaire) s'établit aussi, à la **dissolution du régime de communauté,** soit entre les époux eux-mêmes s'ils divorcent, soit entre le conjoint survivant et les héritiers du conjoint prédécédé. De la date de la dissolution au partage des biens communs, les ayants droit sont dans l'indivision.

C'est encore une indivision qui s'établit lorsque plusieurs personnes, parentes ou non, acquièrent en commun un même bien. **Les coacquéreurs sont dans l'indivision** relativement à ce bien (ainsi, par exemple, des concubins ou des époux séparés de biens qui se rendent copropriétaires d'un bien, ou même des personnes étrangères, mais intéressées à une même affaire).

1230 **Diversité d'origine et d'objet.** Ces exemples font ressortir que l'indivision peut avoir pour origine **diverses sources et** pour assiette **différents objets** (2). Elle peut résulter, de plein droit, d'un fait auquel la loi attache cet effet (ex. le décès dans la succession ab intestat) ou d'un acte juridique qui l'établit intentionnellement (achat en commun). Elle porte, selon les cas, soit sur une universalité de biens (la masse héréditaire, la masse commune) ou sur un ou plusieurs biens déterminés (par ex. sur un véhicule automobile : de la propriété commune d'un tel véhicule, un arrêt tire une conséquence logique : une carte grise à noms multiples. C.E. 14 déc. 1988, D. 89.338). Elle peut donc avoir une origine légale ou volontaire (conventionnelle ou testamentaire) et, par son objet, un caractère universel ou particulier. Pour les indivisaires, l'indivision peut être un état subi ou voulu (au départ) et, dans son emprise, un lien général ou limité. Cependant, d'un exemple à l'autre, la base juridique demeure semblable : les cohéritiers sont, jusqu'au partage, copropriétaires

---

(2) V. hors-série, le cas atypique d'un pseudonyme, commun aux chanteurs et musiciens d'un même groupe, qui ne peut être l'objet, par décision du juge, ni d'un partage ni d'une appropriation privative à tel ou tel membre du groupe, après l'éclatement de celui-ci, les cotitulaires du pseudonyme étant vouées à s'entendre, pour jouer (à l'unisson) ou pour décider (à l'unanimité) de l'attribution du pseudonyme, Paris, 20 juin 1993, D. 1993.I.R. 117.

de la masse successorale, les époux divorçants copropriétaires de la masse commune à partager, les coacquéreurs copropriétaires du bien acquis, etc.

État antérieur du droit : caractère temporaire de l'indivision. Jusqu'à une époque récente, l'indivision était considérée par la loi comme un **état temporaire,** ne justifiant à ce titre aucune organisation. Destinée à prendre fin par le partage opérant attribution à chaque indivisaire d'une part de biens indivis, la période d'indivision était considérée comme une transition entre deux états de la propriété : avant elle, la propriété du *de cujus*, ou la communauté conjugale, après, les propriétés privatives des copartageants reposant respectivement sur la portion attribuée à chacun. Ce passage à la propriété individuelle des copropriétaires était même tellement contemplé comme l'aboutissement naturel et la finalité essentielle de l'opération que le sort de l'indivision était suspendu à deux règles : 1° *le droit au partage*. « Nul ne peut être contraint à demeurer dans l'indivision » (C. civ. art. 815, al. 1). La loi affirmait, comme une prérogative absolue, le droit, pour chaque coïndivisaire, de provoquer le partage par sa seule volonté, c'est-à-dire d'imposer à tous le partage, sans que tous les autres puissent lui imposer le maintien de l'indivision. 2° *L'effet déclaratif du partage :* lorsque le partage est consommé, chaque attributaire est censé avoir succédé seul et immédiatement à tous les biens mis dans son lot et n'avoir jamais eu la propriété des autres biens de la masse à partager (C. civ. art. 883, al. 3). Énoncée en matière successorale, la fiction de la loi efface la période intermédiaire, en raccordant directement la propriété de chaque attributaire à la propriété initiale.

Absence d'organisation. Pourquoi organiser une situation transitoire promise à l'effacement ? La loi ancienne ne dotait l'indivision d'**aucun statut général.** Dans ce vide, le système concurrentiel qui est à la base de toute copropriété était, au maximum, exalté. Puisque par hypothèse tous les coïndivisaires ont des droits concurrents sur l'ensemble de la masse indivise, aucun acte ne peut être accompli sur elle sans le consentement de tous. La gestion de biens indivis est régie par la **règle d'unanimité.** C'est dire qu'elle était paralysée, en cas de mésentente, par le veto de l'un quelconque des indivisaires. Mais comme par ailleurs chacun a un titre à jouir du tout, les prétentions de chacun, sur ce point, engendraient désordres et conflits. L'abstention de la loi faisait de l'indivision une situation inorganique, exposée à des **risques de blocage et d'anarchie.**

Critique générale. En pratique, beaucoup de coïndivisaires vivaient empiriquement ce système de façon plus raisonnable et la jurisprudence, tempérant les méfaits de la règle d'unanimité, avait admis qu'à défaut de mandat exprès entre coïndivisaires, les initiatives individuelles de l'un d'eux pouvaient être sauvées par l'effet d'un mandat tacite ou de la gestion d'affaires.

Cependant, la vision d'ensemble de l'indivision était radicalement faussée par deux erreurs de perspectives. Abstrait, le postulat du caractère temporaire était démenti par la réalité, dans la vie des familles. Les indivisions durent, surtout en matière successorale (du décès du parent prémourant à la mort du dernier survivant). Exagérément individualiste, la conception générale de l'indivision était trop axée sur la reconstitution des propriétés privatives, au mépris de l'intérêt commun.

Réforme de l'indivision. La loi du 31 décembre 1976 (3) portant réforme de l'indivision a diamétralement changé de point de vue. Elle a doté l'indivision d'une **organisation** mais, d'abord, en adoptant un parti nouveau sur le **maintien** de celle-ci.

A. LE MAINTIEN DE L'INDIVISION

La loi nouvelle a conservé l'ancien **principe** : **« Nul ne peut être contraint à demeurer dans l'indivision »**. Énoncée pour l'indivision héréditaire (C. civ. art. 815, al. 1) la règle vaut pour l'indivision post-communautaire (et même, à défaut de précision, pour l'indivi-

(3) Loi n° 76-1286 modifiant les art. 815 s. du C. civ. **(815 à 815-18)** et introduisant, dans le livre III du Code un titre neuvième bis « Des conventions relatives à l'exercice des droits indivis » (C. civ. **art. 1873-1 à 1873-18**).

sion née d'un achat en commun). En principe, chaque coïndivisaire désireux de sortir de l'indivision est en droit de provoquer et donc d'imposer aux autres, le partage.

Mais cette prérogative n'est plus absolue. Même lorsqu'elle n'est pas temporairement exclue par une convention de maintien de l'indivision, elle peut être tempérée ou neutralisée par décision du juge. **Le maintien de l'indivision a deux sources.**

a) Le maintien conventionnel

1236 Aujourd'hui comme hier, les coïndivisaires, s'ils sont tous d'accord, peuvent décider de demeurer, au moins pour un temps, dans l'indivision (C. civ. art. 1873-2, al. 1). Dans la loi nouvelle, les conventions tendant au maintien temporaire de l'indivision obéissent à un régime plus fermement dessiné. À peine de nullité, la convention doit être établie par écrit (C. civ. art. 1873-2, al. 2). La loi en fixe les conditions de capacité et de pouvoir (C. civ. art. 1873-4). Surtout, elle permet aux parties de maintenir l'indivision soit pour une durée déterminée (de 5 ans au plus) soit pour une durée indéterminée, réglant, en ces divers cas, l'issue du partage et la faculté de renouvellement (C. civ. art. 1873-3). De telles ouvertures sont faites à tous les indivisaires, quelle que soit l'origine de l'indivision (v. n° 1230). Extension typique, l'offre s'adresse non seulement à ceux qui ont, dans l'indivision, des droits de même nature (par ex. aux cohéritiers tous appelés à recueillir en pleine propriété une part de la succession), mais par une innovation voyante en pratique, à ceux qui ne sont pas appelés au partage au même titre. Le maintien de l'indivision peut être décidé par des ayants droits dont les uns ont, sur les biens indivis, des droits de propriétaire à exercer et les autres des droits de nu-propriétaires ou d'usufruitier (C. civ. art. 1873-1) : situation courante en matière successorale (entre un conjoint survivant usufruitier et les enfants héritiers en pleine propriété ; v. *infra,* n° 1269).

b) Le maintien judiciaire

1237 Même à défaut d'accord entre tous les intéressés, le partage peut être retardé, à la demande de l'un ou de plusieurs d'entre eux, par décision de justice (tribunal de grande instance). Tempérament notable à l'individualisme du système antérieur, le maintien judiciaire de l'indivision peut revêtir deux modalités.

1238 **1° Sursis au partage.** Le tribunal peut surseoir au partage pour deux années au plus si la réalisation immédiate de celui-ci risque de porter atteinte à la valeur des biens indivis. Mesure de conjoncture destinée à attendre une situation plus favorable pour la vente des biens, ce sursis peut s'appliquer à l'ensemble des biens indivis ou, seulement, à certains d'entre eux (C. civ. art. 815, al. 2). Décidée dans l'intérêt bien compris de tous, cette temporisation freine l'impatience d'un seul.

1239 **2° Apportionnement d'un indivisaire.** C'est une **innovation** plus radicale. Lorsqu'un seul indivisaire demande le partage et que les autres entendent demeurer dans l'indivision, le tribunal peut, à la demande de l'un ou de plusieurs de ces derniers et en fonction des intérêts en présence, attribuer sa part, soit en nature, soit même en argent (4), à celui qui désire sortir de l'indivision, celle-ci demeurant pour les autres (C. civ. art. 815, al. 3). Cette

(4) Si l'attribution en nature ne peut être commodément effectuée ou si le demandeur en exprime la préférence.

« attribution éliminatoire » est enveloppée de précautions, sous l'appréciation du tribunal. Mais, en multipliant les modalités, la loi s'y montre favorable afin d'éviter la dislocation d'une entreprise, d'une exploitation ou même d'une propriété de famille.

Entrant dans l'hypothèse d'une prolongation parfois durable de l'indivision, la loi en a prévu l'organisation.

B. L'ORGANISATION DE L'INDIVISION

Comme la décision de principe sur le maintien de l'indivision, l'organisation de celle-ci, dans sa gestion, peut procéder d'une double source. La loi laisse aux intéressés, sous certaines restrictions, la liberté d'organiser eux-mêmes l'indivision. À défaut de convention, la loi rend applicable une organisation résiduelle de base. L'organisation est conventionnelle ou légale.

a) L'organisation conventionnelle

Dans certaines limites, la loi laisse aux parties qui maintiennent (ou qui créent) l'indivision la **liberté d'en régler eux-mêmes, par leurs conventions, la gestion.** Ainsi ont-elles la faculté de nommer un ou plusieurs gérants, de déterminer les modalités de sa désignation et de sa révocation (C. civ. art. 1873-5), ses pouvoirs (art. 1873-6 s.) : ensemble de prévisions qui sont, sur le modèle de la société, comme les statuts de l'indivision.

Relevant soit de l'étude des contrats (en parallèle avec la société), soit de celle des successions et régimes matrimoniaux, ces conventions n'appellent ici que trois éclaircissements. Elles peuvent être conclues même par ceux qui sont dans l'indivision par l'effet de la loi (ex. des cohéritiers dans la succession ab intestat) et pas seulement par ceux qui y sont par leur volonté (achat en commun). Dans ce dernier cas, l'indivision a tout à la fois une origine et une organisation conventionnelle. Dans le premier, une indivision d'origine légale reçoit une organisation conventionnelle (5).

Comme précédemment, les conventions d'organisation peuvent être conclues entre intéressés n'ayant pas, dans la masse indivise, le même genre de vocation (pleine propriété, nue-propriété, usufruit : C. civ. art. 1873-1) (v. *infra*, n° 1269).

Sur tous les points que la convention ne règle pas, l'organisation obéit résiduellement aux prévisions de la loi.

b) L'organisation légale

La loi a doté l'indivision ordinaire d'un **statut de base** qui a vocation à s'appliquer à toutes les indivisions (d'origine légale ou conventionnelle) qui ne sont pas conventionnellement organisées ou à celles qui le sont insuffisamment.

(5) La distinction de ce qui est légal et conventionnel doit même être saisie à trois niveaux : quant à l'*origine* de l'indivision, quant à son *maintien* (de principe), quant à son *organisation*. D'où de nombreuses combinaisons. Ex. : une indivision d'origine légale (succession ab intestat) peut être maintenue conventionnellement et soumise au statut légal de base (si la convention de maintien ne l'organise pas).

Supplétif, ce statut manque du caractère impératif que la loi a imprimé au régime matrimonial primaire (lequel est nécessairement applicable à tous les époux, quel que soit leur régime matrimonial). Sous cette réserve, le **statut légal** de l'indivision présente le même caractère élémentaire que le régime primaire et lui a emprunté beaucoup de ses particularités. C'est une raison supplémentaire de renvoyer l'étude détaillée de ce statut. Il suffit ici d'en dessiner les traits généraux.

1° Gestion de l'indivision. Elle est gouvernée par la recherche de deux équilibres.

1244 **α) Equilibre entre les pouvoirs individuels et le consentement unanime.** La loi a maintenu **en principe** la **règle d'unanimité.** Celle-ci gouverne les **actes de disposition** (6) et les **actes d'administration** (a. 815-3, al. 1). Mais les indivisaires peuvent donner à un ou à plusieurs d'entre eux un mandat général d'administration, un mandat spécial étant en revanche exigé pour tout acte qui excède l'exploitation normale des biens indivis (V. Civ. 3e, 12 avril 1995, G. P. 1996.I.Pan.20, pour un bail rural). Surtout, la règle d'unanimité a été vidée de beaucoup de substance et purgée de son pouvoir de nuire. Encourageant les **initiatives individuelles** (utiles), la loi fonde chaque coïndivisaire à accomplir seul certains actes (par ex. les **actes conservatoires**, C. civ. art. 815-2, al. 1 ; ainsi le recouvrement d'un fermage important incontestablement dû, Civ. 3e, 6 nov. 1986, G. P. 1987, I, Pan., 27 ou même l'exercice, conservatoire, d'une action en revendication de propriété indivise, Civ. 3e 17 avril 1991, G. P. 1991.II.Pan.203). C'est un domaine ouvert, dans l'intérêt commun, à la **gestion concurrente** (à l'initiative du plus diligent).

Pour les actes d'administration (qui exigent en principe, comme les actes de disposition, l'accord de tous, art. 815-3, al. 1), la loi couvre d'ailleurs, par une **présomption de mandat** tacite, les initiatives prises par un seul, sans opposition des autres (art. 815-3, al. 2). Pour tous les actes, elle prévoit encore, à défaut de **mandat,** une **habilitation judiciaire,** et, à défaut de celle-ci, autre ressource de sauvegarde, le jeu de la **gestion d'affaires** (art. 815-4). Même pour les actes de disposition, l'opposition d'un coïndivisaire n'est plus insurmontable. C'est toute une cascade de possibilités, en toute souplesse et opportunité. Les modalités de gestion de l'indivision s'ouvrent en large éventail. **Les modalités de gestion de l'indivision peuvent être adaptées,** en chaque cas, à la situation des indivisaires, jusqu'au recours à des moyens judiciaires de déblocage.

1245 **β) Equilibre entre les intérêts individuels et l'intérêt commun.** Dans un système qui demeure principalement ordonné à remplir les vocations respectives des indivisaires par une attribution privative, la loi nouvelle introduit expressément, de façon notable, la **considération de l'intérêt commun.**

Lorsque le refus opposé par un seul indivisaire met en péril l'intérêt commun, **le tribunal peut autoriser un autre indivisaire**, sur sa demande, à passer seul l'acte qu'une bonne gestion de l'indivision justifie (fût-ce la vente du bien C. civ. art. 815-5, al. 1. ; ex. de vente de l'immeuble indivis autorisée dans l'intérêt commun : Civ. 1re, 6 nov. 1990, Bull. I,

(6) L'acte de disposition auquel tous les indivisaires n'ont pas consenti encourt la nullité et l'acquéreur est passible de vol. A ainsi été déclaré coupable de vol d'arbres sur pied, celui qui avait procédé à leur abattage sans avoir obtenu l'accord de tous les coïndivisaires : Crim. 27 févr. 1996, G. P. 1996.I. 19-20 juin, chron. Doucet. Quand la règle de l'unanimité n'a pas été observée (ici pour un appel formé par un indivisaire sans l'accord de tous les autres), les tiers sont en droit de se prévaloir de l'irrégularité de fond tenant au défaut de pouvoir des coïndivisaires, dans le litige qui les oppose à ceux-ci : Civ. 3e, 19 juin 2002 ; J.C.P. 2002.IV.2398.

n° 236 ; V. C. Watine-Drouin, *Le rôle du juge relativement à la gestion et à l'utilisation des biens indivis*, R.T. 1988, 267 s.).

Selon une procédure rapide (référé), un indivisaire peut même obtenir du président du tribunal de grande instance toutes les mesures urgentes que requiert l'intérêt commun (nomination d'un administrateur, autorisation de percevoir des fonds, etc. art. 815-6). Ainsi devient-il clair que, sur le modèle des interventions du juge dans le fonctionnement du régime matrimonial (v. *Régimes matrimoniaux*, Thémis, 17 s.), **les interventions du juge dans le fonctionnement de l'indivision,** sont, elles-aussi, ordonnées à l'adaptation de la gestion aux circonstances. C'est un effet de cohérence et d'harmonie législative.

6 **2° Situation des coïndivisaires.** Dans le même esprit, la loi a réglé les droits des indivisaires quant à **l'usage** et à la **jouissance** des biens indivis. Reconnaissant à la base l'existence de la concurrence des droits, l'art. 815-9 établit que chaque indivisaire peut user et jouir des biens indivis conformément à leur destination, dans la mesure compatible avec les droits des autres indivisaires. (Ce qui implique qu'un indivisaire n'est redevable d'aucune indemnité pour l'occupation de l'immeuble indivis, si son occupation n'exclut pas la même occupation par ses coïndivisaires). Mais, pour aménager cette coexistence, la loi prévoit qu'à défaut d'accord entre intéressés, l'exercice de ces droits est réglé, à titre provisoire, par le président du tribunal.

7 Quant aux **fruits et revenus** que rapportent les biens indivis, ils se prêtent à des règles souples. Le principe est qu'ils accroissent à l'indivision (C. civ. art. 815-10). C'est une maxime de compte *(fructus augent hereditatem)*. Cependant, les intéressés peuvent, d'un commun accord, établir une jouissance divise ou opérer un partage provisionnel. De plus, chaque coïndivisaire ayant droit aux bénéfices provenant des biens indivis (et supportant les pertes) proportionnellement à ses droits dans l'indivision (C. civ. art. 815-10 *in fine*), est en droit de demander sa part annuelle dans les bénéfices, sous déduction des dépenses correspondantes (C. civ. art. 815-11, al. 1 ; ex. Civ. 1re 5 févr. 1991, G. P. 1991.II.Pan.173).

8 Cette référence montre que (comme il a été exposé, n° 1227) les droits de chaque indivisaire dans les biens indivis s'expriment en quote-part (un quart en pleine propriété, un quart en nue-propriété, un quart en usufruit, etc.). Chaque indivisaire ayant, dans son patrimoine, de tels droits, chacun est libre de les céder à titre gratuit ou onéreux à des tiers, sous les conditions de la loi (C. civ. art. 815-14). Enfin, chaque indivisaire est recevable à faire reconnaitre en justice son droit de copropriété indivis, quand bien même tous les coïndivisaires ne seraient pas en la cause, et, par exemple, recevable à agir en revendication de la propriété indivise d'un cimetière familial entre les mains du tiers qui s'en considérait par erreur propriétaire : Civ. 3e, 19 juin 2002, Bull. civ. III, n° 145, p. 123 ; J.C.P. 2002.IV.2400. Il s'agit bien, pour chacun, de défendre le droit individuel qui lui appartient dans la copropriété.

§ 2. LA COPROPRIÉTÉ PERPÉTUELLE

Elle se caractérise par sa **vocation à durer indéfiniment**. Surprenante, cette pérennité s'explique par l'objet et la destination des biens sur lesquels porte la copropriété. Mais elle ne débouche sur aucun statut élaboré.

A. OBJET

1249 La copropriété perpétuelle a une **assiette limitée.** Elle est assise non sur une universalité, mais, toujours, sur un **bien particulier**. Elle a même, dans cet ordre, un caractère marginal qui fait que ce type de copropriété n'existe que dans des **situations particulières**. La copropriété perpétuelle ne porte que sur les **dépendances des deux immeubles voisins** : c'est la copropriété des cours, des puits, des allées, de certains murs (7), à l'exclusion de tous autres biens.

B. DESTINATION

1250 Par définition, les biens sur lesquels porte la copropriété sont utiles à deux immeubles voisins. C'est cette **double affectation** qui scelle la perpétuité de la copropriété. La perpétuité est, en somme, inscrite dans la nature des choses, dans la configuration des lieux, dans la **communauté de voisinage**.

La destination commune suffit, d'abord, à refouler l'application de la règle selon laquelle « nul n'est contraint à demeurer dans l'indivision ». Aucun des copropriétaires ne peut demander le partage (ou la licitation) de la cour, de l'allée, etc.

D'un autre côté, nul ne peut céder son droit individuel sur le bien commun indépendamment de l'immeuble qui en dépend. Si, d'ailleurs, chaque propriétaire d'immeuble est libre de céder son bien, il ne peut dissocier l'accessoire du principal. Ces biens sont **attachés à l'immeuble** au service duquel ils sont établis.

C. ORGANISATION

1251 Cantonnée, la copropriété perpétuelle n'est pas organisée en raison de son caractère rudimentaire. L'utilisation du bien est déterminée par les actes privés ou les usages. La loi n'a doté ce type de copropriété d'aucune organisation juridique. Il faut seulement réserver le statut que la loi donne aux murs mitoyens (la mitoyenneté des murs est une espèce de copropriété) (V. *infra,* n° 1521 s.).

§ 3. LA COPROPRIÉTÉ DES IMMEUBLES BÂTIS (loi du 10 juillet 1965)

1252 Son étude relève de la **propriété foncière** (v. *infra*, n° 1531 s.). Il est seulement nécessaire de préciser ici que la structure de la copropriété subit, dans ce domaine, de profondes transformations. Ce type de copropriété offre la particularité essentielle de distinguer, dans l'ensemble complexe des biens qui constituent l'assiette matérielle des droits, des **parties communes** et des **parties privatives**. Or, le système de droits concurrents (précédemment décrit, n° 1223 s.) ne porte, dans la loi de 1965, que sur

(7) Les murs mitoyens. Droit de propriété indivise, la mitoyenneté ne se perd pas par le non usage. V. Civ. 3e 19 févr. 1985, J.C.P. 86.20565, n. J.-F. Barbieri. V. *infra,* n° 1521.

les parties communes. Les droits qui portent sur les parties privatives introduisent, dans le schéma précédent, une complication supplémentaire. **Dans cette combinaison, coexistent un système concurrentiel fortement organisé sur les parties communes (l'aspect collectif y est très développé) et une pluralité de propriétés individuelles portant sur les parties privatives.** À la structure de la copropriété, la copropriété des immeubles bâtis incorpore un faisceau de propriétés exclusives dont chacune est assise concrètement sur une portion privative (un appartement).

BIBLIOGRAPHIE

1. Copropriété ordinaire

a) La loi du 31 déc. 1976.

BRETON A., La loi n° 76-1286 du 31 déc. 1976 sur l'organisation de l'indivision, Rev. dr. rural, 1977, 373 s., Rép. civ. Dalloz, 2e éd., V° indivision.

DAGOT, *L'indivision,* loi du 31 déc. 1976, Lib. techn., 1978.

JESTAZ, *Organisation de l'indivision,* R.T. 1977, 388 s.

CATALA P., *L'indivision,* Defrénois, 1979, 31874, 31886, 32160, 1980, 32172.

MARTY et RAYNAUD, *Les biens,* par P. JOURDAIN, 1995, n° 57 s., *Les successions et les libéralités,* 1983, n° 240 s.

FLOUR et SOULEAU, *Les successions,* Armand Colin, 1982, 335 s.

Adde, Régimes matrimoniaux, Thémis, 82 s.

b) Avant la loi.

DELHAY, *La nature juridique de l'indivision,* préf. Patarin 1968 (thèse fondamentale sur les rapports entre indivision et société).

SIESSE, *Contribution à l'étude de la communauté d'héritiers en droit comparé,* th. Paris 1922.

CAPITANT, *L'indivision héréditaire,* Rev. crit. 1924, 19 s.

2. Copropriété perpétuelle

PLANIOL et RIPERT, T. III, 2e éd. par Picard, n° 293 s.

GOUBEAUX, *Les clauses d'indivision forcée et perpétuelle,* th. Nancy, 1910.

CHAPITRE III
L'USUFRUIT

« L'usufruit est le droit de jouir des choses dont un autre a la propriété comme le propriétaire lui-même, mais à la charge d'en conserver la substance » (C. civ. art. 578). Cette définition légale (1) livre d'emblée *la nature juridique* de l'usufruit et suggère, avec *son handicap économique, son utilité sociale.*

Juridiquement, l'usufruit est **le produit d'un démembrement des attributs de la pleine propriété.** Investissant son bénéficiaire du droit de jouir et d'user de la chose d'autrui, ce démembrement laisse au propriétaire, dépouillé de la jouissance et de l'usage, la nue-propriété (2). Au contraire de la copropriété, l'usufruit naît d'une **dissociation juridique** des attributs du droit de propriété d'où résulte la coexistence sur une même chose de deux droits différents (v. ci-dessus n° 1225). Millénaire, cette figure juridique originale est née de l'intérêt qu'il peut y avoir, lors de la transmission d'un bien, entre vifs ou à cause de mort, à scinder pour un temps, en deux faisceaux d'attributs placés en des mains différentes, la pleine propriété jusqu'alors concentrée en une seule main, de manière à faire bénéficier une personne de l'utilité actuelle du bien, tout en réservant à une autre, temporairement privée du droit utile, un droit latent mais certain à reconstituer pour finir sur sa tête la plénitude de la propriété (ainsi transmise par morceaux en deux temps).

Économiquement, l'usufruit constitue **un mode de gestion**, sinon dangereux, du moins peu dynamique. En faisant à l'usufruitier l'obligation de conserver la substance de la chose, la loi a senti le risque économique : risque d'exploitation abusive de la part de l'usufruitier (c'est un droit viager), donc menace d'épuisement ou, au moins, perspective de non-investissement. L'usufruit est un mode de jouissance et un programme de consommation, plus qu'un type de gestion tourné vers le progrès et le développement. Là-dessus, peuvent divorcer le point de vue économique et le point de vue social.

---

(1) Traduite de celle que donnait le jurisconsulte Paul *« Jus alienis rebus utendifruendi, salva earum substantia ».*

(2) Dépouillement complet et durable qui fait que « de toutes les modifications qui peuvent affecter la propriété, c'est incontestablement la constitution d'usufruit qui est la plus considérable, puisqu'elle emporte la faculté de percevoir le produit entier du fonds et qu'elle est souvent d'une durée très prolongée ». Proudhon, T. I, pref. VIII.

1256 **Socialement,** l'usufruit renvoie à un **mode de vie**. Il assure à son bénéficiaire un moyen d'existence. C'est une façon de subsister, une source de revenus, une sécurité viagère. Dans la vie des familles, cette **fonction quasi « alimentaire »** de l'usufruit revêt une grande importance. Dans la succession *ab intestat,* la loi confère au conjoint survivant (dans les cas spécifiés à l'art. 767) un droit d'usufruit sur les biens du défunt : usufruit afin de vivre. Fréquemment, un ascendant (père, mère de famille) fait de son vivant le partage de ses biens entre ses enfants, mais se réserve — prudent — l'usufruit. (Dans cette donation-partage, chaque successible reçoit immédiatement une part en nue-propriété, mais l'ascendant donateur retient l'usufruit du tout). En dehors même des arrangements de famille, il est fréquent que le propriétaire d'un immeuble cède celui-ci, en se réservant jusqu'à la fin de sa vie l'usufruit de son bien (vente en viager). Ces combinaisons classiques sont, au sein des familles et pour la petite propriété, de pratique courante.

L'idée se confirme ainsi que l'usufruit, mode de subsistance, incline aux gestions stagnantes. Souvent âgés, sans grands moyens, les usufruitiers n'ont pas de raisons décisives d'être entreprenants. Parmi eux, il y a plus de retraités (on aurait dit, jadis, de rentiers et de douairières) que de gérants actifs. Mais l'usufruit est une réponse du droit civil aux problèmes du troisième âge. Il est, au cœur du droit civil traditionnel, comme un pan de droit social. Si l'usufruit — qui n'est pas un modèle économique mais un expédient familial ou parafamilial — vit sur cette opposition, le progrès dont pourrait être capable cette structure juridique traditionnelle pourrait consister, non à surmonter une opposition irréductible, mais à la tempérer aussi souvent qu'il est possible par des retouches et des correctifs. L'allongement de la durée moyenne de la vie humaine y invite (v. *infra*, n° 1269, 1278 et Carbonnier, 3, 103, sur diverses modifications souhaitables).

1257 **L'usufruit peut être établi sur toute espèce de biens** (C. civ. art. 581) : sur des immeubles (terrains de culture, maisons de rapport) ou sur des meubles corporels ou incorporels (capitaux, valeurs mobilières, créances, fonds de commerce). Il peut porter, selon le cas, soit sur un ou plusieurs biens déterminés (usufruit à titre particulier) soit sur une universalité ou une quote-part de celle-ci (usufruit universel ou à titre universel, c'est le cas ordinaire de l'usufruit successoral du conjoint survivant).

Cette virtualité générale d'application pose le problème radical de l'adaptation de l'usufruit à son objet. Le moins qu'on puisse dire est que le **régime juridique de l'usufruit varie ponctuellement en fonction de la nature du bien sur lequel il porte.** Par exemple, l'usufruitier à titre particulier et l'usufruitier universel ou à titre universel ne sont pas obligés aux dettes dans la même mesure, c'est une distinction classique (art. 610 à 612, v. *infra*, n° 1289).

Mais, dans sa **nature juridique** même, l'usufruit demeure-t-il toujours identique quel que soit son objet ? A considérer la diversité qui règne dans la façon de jouir et d'user des choses selon la nature concrète de celles-ci, on est fondé à se demander s'il s'agit conceptuellement du même droit, de la même figure juridique qui demeurerait, dans l'abstrait, homogène et invariable. On sait déjà que, lorsque l'usufruitier porte sur des choses dont on ne peut faire usage sans les consommer (art. 587), l'usufruitier est investi de la prérogative extrême d'un propriétaire, l'*abusus*. Aussi bien s'accorde-t-on à qualifier **quasi-usufruit** l'usufruit des choses consomptibles, afin de marquer qu'il ne s'agit pas d'un véritable usufruit mais d'un substitut de l'usufruit *ratione materiae* (v. *infra*, n° 1276). L'importance prise par l'usufruit des valeurs mobilières et, plus généralement, par l'usufruit des créances invite à mettre en relief les particularités de leur régime et à discerner, éventuellement, celles de leur nature (3).

(3) 1° Sur le quasi-usufruit, V. P. Sirinelli, Pet. Aff. 1993, n° 87 et 89. 2° Sur l'usufruit des valeurs mobilières et des parts sociales, V. Santai, th. Paris 1925 ; Cocard, th. Caen 1938 ; Le Bayou,

L'importance de ce droit spécial rehausse l'intérêt de faire d'abord la **théorie générale de l'usufruit**, en tant que modèle. C'est la référence historique. Dans les traits qu'elle a repris du droit romain, l'institution de l'usufruit tire son originalité de la complexité qu'elle introduit dans le régime de la propriété.

Cette complexité tient spécifiquement au **démembrement de la propriété.** C'est ce démembrement qu'il importe d'analyser. Supposant l'usufruit établi, **l'état** (Section I) dans lequel se trouve la propriété grevée d'usufruit mérite d'être saisi, avant que soient recomposées **les étapes** du démembrement (Section II) et évoqués les **diminutifs de l'usufruit,** usage et habitation (Section III).

SECTION I — L'ÉTAT DE DÉMEMBREMENT DE LA PROPRIÉTÉ GREVÉE D'USUFRUIT

La complexité de la situation juridique suggère d'en prendre une vue d'ensemble, avant d'en suivre la mise en œuvre détaillée.

§ 1. VUE D'ENSEMBLE DU DÉMEMBREMENT

Grevée d'usufruit, la propriété supporte deux droits distincts. Matière première du démembrement, la pleine propriété fait place, après sa décomposition, à **l'usufruit et à la nue-propriété.** Deux noms, deux programmes : d'un côté la jouissance dans l'immédiat, de l'autre le dénuement dans l'attente. Une fois analysée isolément la nature juridique de l'usufruit, l'essentiel est de savoir comment coexistent, sur une même chose, le **droit utile** et le **droit latent**.

A. ANALYSE INTRINSÈQUE DE L'USUFRUIT

La nature de l'usufruit ressort de quatre propositions.

a) Droit distinct

L'usufruit est un droit distinct de la propriété. Droit patrimonial, il représente, dans le patrimoine de son titulaire, une valeur appréciable en argent (v. plus haut, n° 40 s. 845, 847).

Rev. Sociétés 1973, 435 ; D. Fiorina, R.T. 95, 43 s. V. *infra,* n° 1309, s'agissant de l'usufruit d'une universalité de fait ; 3° Sur l'usufruit des créances, V. Françon R. T. 57.1 ; Libchaber, R. T. 97.615 (*L'usufruit des créances existe-t-il ?*). 4° Sur l'usufruit d'un fonds de commerce, v. (sous ce titre) J.-P. Chazal, *Defrénois* 2001, p. 167 s.

Bien incorporel (4), l'usufruit est un droit immobilier (5) ou mobilier, selon qu'il grève un immeuble ou un meuble (v. plus haut, n° 912, 917) : selon le mot de Proudhon (T.I., n° 23), « il emprunte le corps de la chose même qui doit être livrée à l'usufruitier pour qu'il en jouisse ».

b) Droit réel

1260 **L'usufruit est un droit réel** (6). L'usufruitier est investi, sur la chose grevée, d'un pouvoir immédiat et direct qui répond à la définition du droit réel (v. plus haut, n° 41 s., 48, 983). L'usufruit n'est pas un droit de créance, un simple droit personnel. La jouissance dont bénéficie l'usufruitier lui appartient à titre de droit réel. Ainsi l'usufruitier se distingue-t-il du locataire (7). La jouissance de la chose n'est pas une prestation que doit lui fournir, à titre de dette, le propriétaire : c'est directement, sans intermédiaire, que l'usufruitier jouit de la chose soumise à son droit.

1261 La réalité de l'usufruit emporte trois séries de conséquences :

— Droit réel, l'usufruit est judiciairement sanctionné par une **action réelle** : l'usufruitier est protégé contre les usurpations des tiers par une action en revendication.

— Au droit d'usufruit correspond une **possession** (quasi-possession, possession de droit). D'où il suit que : 1° l'usufruit s'acquiert par la possession prolongée. Le possesseur qui accomplit, comme usufruitier, des actes d'usufruitier, acquiert l'usufruit par usucapion (v. plus haut, n° 1135 s. et, plus bas, n° 1313) (8) ; 2° l'usufruitier en jouissance bénéficie de la protection possessoire.

---

(4) C'est en tant que droit sur la chose d'autrui *(jus in re aliena),* faculté de jouir d'une chose appartenant à un autre, que l'usufruit prend un caractère incorporel, comme la servitude : parallèle qui, depuis l'analyse romaine, fait reconnaître l'usufruit comme une espèce de servitude, mais comme une *servitude personnelle,* par opposition aux servitudes réelles *« Servitutes aut personarum sunt, ut usus et usufructus, aut rerum, ut servitutes rusticorum proediorum et urbanorum ».*

(5) Il en résulte notamment qu'étant immeuble, l'usufruit d'un bien immobilier est susceptible d'hypothèque, C. civ. art. 2118, 2°. À noter que l'usufruit peut porter sur des droits sociaux (parts ou actions de société). Dans l'interprétation qui l'emporte, la qualité d'associé appartient non à l'usufruitier, étranger aux apports, mais au nu-propriétaire. V. Com. 4 janv. 1994, Quot. Jur., n° 10, 3 févr. 1994, p. 4, n° P. M. ; v. Deruppé, *un associé méconnu, l'usufruitier des parts ou actions,* Pet. Aff., n° 83, 13 juill. 1994, 15.

(6) De la combinaison de ce caractère avec le précédent, il résulte que la constitution d'un usufruit immobilier est une mutation immobilière soumise à publicité foncière (même solution pour le droit d'usage et d'habitation, lequel s'il n'est pas publié est inopposable à l'acquéreur. Civ. 3e 23 juin 1981, J.C.P. 83.19928, n. Pillebout).

(7) La même raison distingue le legs d'usufruit du legs des revenus d'un fonds (cas dans lequel l'héritier est débiteur, le légataire créancier d'une pension).

(8) Une fois mis en jouissance, l'usufruitier est un véritable possesseur qui, quant à l'usufruit, possède *pro suo (animo rem sibi habendi)* ; v. Proudhon, T. I, n° 32. **Sans contradiction, il demeure, relativement à la nue-propriété, détenteur précaire** (il détient en vertu d'un titre qui l'oblige à restitution). D'où il suit : 1° que, par usucapion, même prolongée, il ne peut acquérir contre le nu-propriétaire, la pleine propriété (C. civ. art. 2236) ; 2° qu'à l'égard des tiers, il possède pour le nu-propriétaire (de telle sorte que l'usucapion de la pleine propriété s'opère au profit de celui qui passe pour propriétaire. V. not. Civ. 3e 21 mars 1984, Bull. III, n° 78, p. 62, J.C.P. 1986.20640) ; faisant distributivement jouer les deux qualités, Civ. 1re 13 févr. 1963, G. P. 63.II.82 a de plus l'intérêt de préciser que l'usufruitier peut joindre à sa possession la possession à titre de propriétaire de son auteur, pour le compte de l'usucapion trentenaire ; 3° que l'usufruitier, débiteur d'un corps certain, supporte, en cas de perte totale de celui-ci, la charge de prouver que cette perte résulte d'une cause étrangère, seule libératoire : Civ. 3e 26 juin 1991, Bull. III, n° 198.

— Titulaire d'un droit réel, **l'usufruitier ne peut être contraint de recevoir le rachat de son droit** (à la différence d'une rente foncière déclarée rachetable — C. civ. art. 530 — ce n'est pas une charge dont le nu-propriétaire pourrait s'affranchir malgré l'usufruitier). Sauf exception, il ne peut davantage subir la *conversion* de son droit en une créance de somme d'argent (en une rente). C'est seulement (9) dans le cas particulier prévu par l'art. 767 *in fine*, C. civ. que le conjoint survivant usufruitier est exposé, à la demande des héritiers, à la conversion de son droit en une rente viagère équivalente (et indexée).

c) Droit temporaire

2 **L'usufruit est un droit temporaire :** il a nécessairement un terme. À la perpétuité de la propriété, s'oppose le caractère essentiellement temporaire de l'usufruit (10). On dit volontiers que l'usufruit est **viager.** De fait, il s'éteint nécessairement à la mort de l'usufruitier (supposé personne physique) lorsque, comme il arrive fréquemment, l'usufruit est établi sans indication d'un terme. (Il faut également réserver le cas où le donateur, en se réservant l'usufruit du bien donné, stipule qu'à son décès, l'usufruit passera sur la tête d'un bénéficiaire déterminé, auquel cas la pleine propriété ne se reconstitue qu'au décès du second titulaire : le caractère essentiellement temporaire de l'usufruit est respecté. V. Civ. 1re 4 avril 1991, Bull. I, n° 128, D. 1991.IR. 166, G. P. 1991.II.Pan.240.) Cependant, l'usufruit peut être limité par convention ou testament à une **durée déterminée** (C. civ. art. 580) : terme à l'expiration duquel il prend fin (v. n° 1310 s.). D'une manière ou d'une autre, l'usufruit est **toujours limité dans le temps.** Il ne peut excéder trente ans, s'il est accordé à une personne morale (C. civ. art. 619) : D'où la tentation, pour l'héritier d'un ancien propriétaire qui avait accordé un droit de superficie, par hypothèse perpétuel (v. *infra*, n° 1502 s.) à un bureau de bienfaisance (aux droits duquel se trouvait une commune) d'y voir un simple usufruit voué à expirer au bout de trente ans (mais en vain, s'agissant vraiment d'un droit de superficie, Civ. 3e, 6 mars 1991, J.C.P. 1992.II.21890, n. Ourliac).

d) Droit purement personnel

3 C'est une autre façon (équivoque en un sens, mais nécessaire) d'exprimer le caractère temporaire de l'usufruit (de faire saisir en quoi ce caractère est essentiel) : à considérer son titulaire, l'usufruit est un bénéfice purement personnel, accordé *ad personam* et attaché à la personne même de l'usufruitier (sous les réserves marquées ci-dessus et ci-dessous). C'est pourquoi l'usufruit est intransmissible à cause de mort (l'usufruitier ne le transmet pas à ses héritiers et ne pourrait le léguer, mais il peut, on l'a vu, donner à l'un la nue-propriété et assurer à un autre l'usufruit, pour le temps où lui-même ne sera plus). Même en cas de cession entre vifs, l'usufruit demeure, quant au droit, « incommunicable » car, même alors,

---

(9) L'octroi d'une rente viagère peut également accompagner, pour le tempérer, le retrait de l'usufruit prononcé, à titre de sanction, en cas d'abus de jouissance (C. civ. art. 618 *in fine*) ; Civ. 3e, 4 juill. 1978, J.J.A., 1er déc. 1979, n° 133, p. 2, Rev. Loyers, 1973. 531, n. J. V.

(10) V. *infra,* n° 1297. Il en résulte que la perpétuité imprimée à un droit exclut d'y reconnaître un usufruit. Le droit d'affichage que le propriétaire se réserve à titre perpétuel ne constitue pas un usufruit, Civ. 3e 18 janv. 1984, Bull. III, n° 16, p. 12, Rev. dr. imm. 1984, 392 obs. Bergel, J.C.P. 1986.20547, n. J.-F. Barbieri, D. 85.504, n. Zenati. V. aussi Civ. 3e 6 mars 1991, ci-dessus cité pour le droit de superficie. Comp. *infra,* n° 1545, la question de savoir si un tel droit peut constituer un lot dans une copropriété.

il demeure sur la tête de l'usufruitier (11) : sorte de « propriété purement personnelle » (Proudhon), (v. ci-dessous, n° 1280). Relativement, le caractère personnel du droit est cependant moins accusé dans l'usufruit qu'il ne l'est dans l'usage ou l'habitation, ses diminutifs, puisqu'il n'exclut notamment ni cession ni location (Comp. a. 631 et 634. v. *infra,* n° 1319).

B. RAPPORTS DE L'USUFRUIT ET DE LA NUE-PROPRIÉTÉ

L'analyse juridique suffit à donner, dans l'abstrait, une idée de l'articulation des deux droits. Elle a besoin d'être complétée et vivifiée par une vision plus concrète des **rapports d'intérêts** qui se nouent entre usufruitier et nu-propriétaire.

a) Rapports de droit

1264 **1° Première proposition.** L'usufruitier et le nu-propriétaire sont chacun investis, sur la chose grevée, d'un droit réel distinct et indépendant. L'usufruit se caractérise par la **coexistence, sur une même chose, de deux droits réels de nature différente**.

Ainsi n'existe-t-il pas de rapport d'obligation entre l'usufruitier et le nu-propriétaire quant à la jouissance. L'usufruitier n'est pas créancier d'une bonne jouissance à l'encontre du nu-propriétaire (c'est une différence avec le bail) ; l'usufruitier n'a rien à attendre du propriétaire dans la façon d'user et de jouir de cette chose, alors que le bailleur est tenu d'assurer « la jouissance paisible » du locataire (art. 1719). Conséquence de la réalité des droits coexistants, **l'indépendance** de l'usufruitier et du nu-propriétaire forme la base de leurs rapports.

1265 En contrepoint de cette indépendance, la coexistence des droits réels n'empêche pas d'apercevoir, entre leurs titulaires, un **devoir de respect mutuel**. L'article 599 du Code civil met une telle obligation à la charge du nu-propriétaire. Mais la réciproque est vraie. À force de proclamer qu'il n'existe pas d'obligations entre nu-propriétaire et usufruitier, on en arrive à minimiser ce devoir (et l'on va voir que l'usufruitier est tenu de nombreuses obligations).

1266 **2° Seconde proposition.** Les deux droits réels coexistants sont **le produit d'un démembrement de la pleine propriété**. L'usufruit et la nue-propriété résultent d'une **dissociation juridique de la propriété pleine et entière.** Ces deux droits réels de nature différente sont issus d'un même droit plénier par l'effet d'un démembrement qui, de façon typique, confère à l'un d'eux deux des attributs de la propriété — *usus et fructus* — laissant le reste à l'autre. Le mécanisme juridique est simple : **le démembrement** qui s'opère à partir de la pleine propriété **sépare l'usage et la jouissance de la nue-propriété** (12). C'est le lieu de redire que l'usufruit se distingue de la copropriété dans laquelle les copropriétaires sont

(11) La considération de la personne de l'usufruitier étant essentielle, une erreur sur la personne serait, en cas de constitution volontaire, une cause de nullité (C. civ. art. 1110) ; v. Proudhon, T. I., n° 13.

(12) Il en résulte notamment que, doté d'une telle conséquence, l'établissement volontaire d'un usufruit constitue un acte de disposition.

tous co-usants, co-jouissants, co-disposants, etc. Ici le clivage est différent (13). Cette séparation est traditionnellement interprétée en ce sens que, quoique l'usufruit ne porte pas sur une *partie matérielle* du fonds, il constitue une *« portion du domaine » (pars dominii)*, une portion démembrée de la pleine propriété. Dans une telle coupe, la séparation fait aussi que l'usufruitier n'a rien dans la nue-propriété et le nu-propriétaire, de son côté, rien dans la jouissance actuelle du fonds (Proudhon, T. I., n° 7). En fait, dans les successions, ce schéma fait souvent place, compte tenu des vocations, à d'autres combinaisons (usufruit de quote-part ou nue-propriété de quote-part) qui donnent lieu à des indivisions quant à la jouissance (v. note 13) ou semblablement quant à la nue-propriété.

Cependant, la complémentarité qui résulte de la dissociation des attributs de la pleine propriété ne doit pas être exagérée. Il est inexact de poser, selon une formule commode mais trompeuse, que le nu-propriétaire conserve *l'abusus*. En vérité, le droit de disposition

---

(13) **Usufruitier et nu-propriétaire ne sont pas dans l'indivision** (Civ. 22 avril 1950, J.C.P. 50.5811, n. Mihura) *adde, supra,* n° 1225. Si l'usufruit ne porte que sur une **quote-part** (combinaison successorale fréquente), **l'indivision entre l'usufruitier et l'héritier nu-propriétaire n'existe que relativement à la jouissance :** situation qui ouvre, en principe, pour seule issue, un partage cantonné à la jouissance ou la licitation de la jouissance. Une **jurisprudence prétorienne** bien inspirée avait cependant admis que le juge pouvait échapper à cette logique, en autorisant la vente de la pleine propriété lorsque cette licitation apparaissait comme nécessaire à l'assiette de l'usufruit et comme seule protectrice de l'intérêt des parties : Req. 20 juill. 1932. S. 34.1.41, note Vialleton, D. 1933.1.113, n. Savatier ; Civ. 1re 21 juin 1954. J.C.P. 58.8574, n. Meurisse, Civ. 1re 22 janv. 1962 D. 62.418 notre note. **La loi du 31 déc. 1976** paraissait l'avoir consacrée en permettant au juge d'autoriser la vente de la pleine propriété d'un bien grevé d'usufruit, contre la volonté de l'usufruitier, du moins et seulement aux fins de partage (art. 815-5, al. 2). Mais ces formules trop générales avaient été interprétées, bien au-delà de la jurisprudence antérieure, comme permettant au juge d'autoriser une telle licitation non seulement dans le cas où il s'agit de sortir d'une indivision quant à la jouissance (usufruit de quote-part), mais au cas où l'usufruit porte sur la totalité du bien, menace grave pour l'usufruitier (fréquemment le conjoint survivant) : V. notamment Civ. 1re 11 mai 1982, D. 1983.413 et *Defrénois,* 1982, 1656, obs. Champenois, donnant l'alarme. La pointe de cette jurisprudence a été brisée par la **loi du 6 juillet 1987** qui donne à **l'article 815-5,** deuxième alinéa, une teneur nouvelle : « **Le juge ne peut, à la demande d'un nu-propriétaire, ordonner la vente de la pleine propriété d'un bien grevé d'usufruit contre la volonté de l'usufruitier**. » (V. sur l'ensemble de la question, G. Morin, *La situation de l'usufruitier en cas de demande de licitation du bien sur lequel porte son droit*, Defrénois, 1987, 1025). Ce qui est désormais sûr c'est que la licitation de la pleine propriété ne pourra jamais avoir lieu sans le consentement de l'usufruitier, dans le cas où, son droit portant sur tout le bien, il n'y a pas indivision quant à la jouissance. Est-ce à dire que dans le cas contraire (usufruit de quote-part) les **assouplissements prétoriens antérieurs** à 1976 pourraient être maintenus sous les conditions marquées en 1932 et rappelées en 1962 ? Ce serait souhaitable (en ce sens Morin, préc., le rapport de P. Mazeaud et les déclarations du garde des sceaux, J.O. 16 juin 1987, débats A. N. p. 2392, 2e col.). Il faudra lire le texte comme n'excluant l'issue radicale qu'à la demande d'un nu-propriétaire (qui n'est que cela) mais non à la demande d'un indivisaire en jouissance (comme plein propriétaire d'une quote-part, ou usufruitier d'une quote-part), si la licitation de la pleine propriété est nécessaire à l'assiette de l'usufruit et seule protectrice de l'intérêt commun (c'est ce que l'on peut tirer de l'analyse des motifs des arrêts par lesquels la Cour de cassation revient sur l'interprétation de l'art. 815-5, al. 2 dans sa rédaction du 31 déc. 1976 non encore corrigée par la loi du 6 juill. 1987, encore applicable à certaines espèces : Civ. 1re 13 déc. 1989, 2 arrêts, D. 1990. 214, n. G. Morin). À bien noter cependant que les dispositions de l'article 815-5, al. 2 dans leur teneur de 1987 sont immédiatement applicables aux usufruits existants à la date de leur entrée en vigueur, sous réserve des décisions passées en force de chose jugée ou d'antérieurs accords amiables : Civ. 1re, 14 mai 1992, D. 93, som. 41, obs. A. Robert ; Bull. I, n° 143 ; dans le même sens, Civ. 1re, 2 févr. 1999, D. 99.IR. 78, s'agissant de la vente sur licitation de la pleine propriété d'un immeuble ordonnée à la demande d'un créancier du nu-propriétaire, malgré l'opposition de l'usufruitier (cassation : Les dispositions de l'art. 815-5, al. 2 s'imposent au créancier poursuivant dont la faculté de substitution ne peut excéder les droits de son débiteur).

qui demeure sur sa tête est loin de lui donner tous les pouvoirs d'un maître. Quelle insécurité pèserait sur la jouissance de l'usufruitier, si le nu-propriétaire conservait *l'abusus* dans toute sa potentialité (v. plus haut, n° 1021 s.) ! La dislocation qui, par soustraction, affecte la trilogie *(usus, fructus, abusus)* ne laisse, résiduellement, au nu-propriétaire qu'un droit de disposition édulcoré (v. ci-dessous, n° 1291 s.).

b) Rapports d'intérêts

1268 **1° Divergence d'intérêts :** À la base, il existe entre l'usufruitier et le nu-propriétaire un certain antagonisme d'intérêts. Étrangers l'un à l'autre, indépendants, ils sont dans le cas de n'avoir pas les mêmes vues quant à l'utilisation de la chose et à son destin. C'est une source de conflits.

L'usufruitier peut avoir la tentation de tirer d'un bien productif le maximum de profit immédiat, sans se préoccuper des investissements à long terme. La mise en valeur à échéance n'est pas son affaire. Il récolte plus qu'il ne plante. Il peut être enclin à réduire au minimum les réparations. Le législateur a pris le risque d'accentuer cette tendance : à la fin de l'usufruit, l'usufruitier ne peut réclamer aucune indemnité pour les améliorations qu'il aurait apportées, même s'il en est résulté une plus-value (art. 599, al. 2). En cas de ruine de la chose, aucun n'est tenu de reconstruire. La chose peut tomber en état de délabrement par vétusté ou être détruite par cas fortuit (C. civ. art. 607) : ni l'un, ni l'autre ne sont tenus de la rétablir (14).

1269 **2° Union et conciliation des intérêts :** Cette opposition est cependant tempérée par diverses considérations. Une réelle union d'intérêts existe entre usufruitier et nu-propriétaire. Pour certains actes (v. n°s 1295 s.), la loi exige le consentement des deux intéressés : c'est une façon de ne pas les isoler dans l'exercice indépendant de leurs droits respectifs. Les deux droits coexistant sur la même chose, le nu-propriétaire et l'usufruitier ont, plus généralement (15), un **intérêt commun** à la conservation de cette chose : considération dont la portée mérite d'être amplifiée (les conventions désormais offertes entre nu-propriétaires et usufruitiers y invitent. C. civ. art. 1873-1 ; v. plus haut n° 1236 et 1242). **La nécessaire composition des intérêts** en présence fonde d'autre part le nu-propriétaire à prendre certaines précautions en fonction de l'objet même de l'usufruit, par exemple (et sans manquer à son devoir de respecter l'usufruit) à demander à être informé avant tout mouvement sur les titres soumis à l'usufruit : Civ. 1re, 4 avril 1991, Bull. civ. I, n° 129, G. P. 1991.II.Pan.224. Solution bien assise. L'usufruitier ne peut ignorer le nu-propriétaire au point de lui refuser les informations dont celui-ci a besoin pour faire valoir ses droits. Le nu-propriétaire indivis d'un portefeuille de valeurs mobilières est fondé à obtenir de l'usufruitier les indications relatives à la consistance et à la valeur du portefeuille qui lui permettent de veiller à la conservation des biens indivis et de demander

(14) M. P. Lucas de Leyssac, *L'article 607 du Code civil,* R.T. 1978. 757 s. V. l'application de la règle à un séisme : Civ. 3e, 23 oct. 1979 ; Bull. III, n° 187. En cas de perte totale de la chose (notamment par incendie) encore incombe t il à l'usufruitier de démontrer que cette perte est l'effet d'une cause étrangère : règle de preuve. Civ. 3e, 26 juin 1991, Bull. III, n° 198.

(15) Proudhon a remarquablement mis en évidence cette « communion » : « Mais comme les droits de l'un et de l'autre portent sur le même objet ; comme leurs intérêts à la conservation de la chose sont, sous beaucoup de rapports, et souvent indivisibles ; comme leurs droits respectifs sont dans une corrélation nécessaire ; comme dans l'exercice de ces droits et dans l'accomplissement de leurs obligations, il se trouvent fréquemment sous une dépendance mutuelle, nous devons dire, dès à présent, qu'ils sont dans une **espèce de communion** ». (T. I, n° 7).

le partage (Civ. 1re, 12 nov. 1998, J.C.P. 98.IV.3510). C'est un effet d'harmonisation, car, de son coté, l'usufruitier gérant du portefeuille est en droit de céder des titres à charge de les remplacer.

§ 2. MISE EN ŒUVRE DU DÉMEMBREMENT

Établi sur ces principes, le démembrement se développe en attribuant toute l'utilité économique actuelle de la chose à l'usufruitier dont il importe de détailler la **jouissance.** Pendant ce temps, la nue-propriété demeure sous-jacente, parfois impatiente, à l'état de **réserve**.

A. LA JOUISSANCE DE L'USUFRUITIER

Elle est, pour l'usufruitier, la mesure de ses droits et, en contrepartie, celle de certaines de ses obligations.

a) Les droits de l'usufruitier

L'article 595, al. 1, marque en premier et en général — c'est là l'essentiel — que *l'usufruitier peut jouir par lui-même*, mais spécifie diverses autres initiatives que l'usufruitier, à sa convenance, peut prendre.

1° La jouissance personnelle. Prise dans un sens large, la jouissance qui appartient à l'usufruitier englobe ici le droit de jouissance, au sens strict, et le droit d'usage : *fructus* et *usus*.

α) Le droit de jouissance (fructus). L'usufruitier a le droit de percevoir, par lui-même et agissant seul, les revenus de la chose et, de la même manière, celui de les conserver ou de les dépenser librement, sans en être comptable : il est investi du droit de jouissance au sens le plus technique du terme (v. plus haut, n° 1018 s.).

Du point de vue juridique, cette vocation est essentielle : c'est à propos de l'usufruit, aux articles 583 s., que le Code civil livre la **définition des fruits.** Bien entendu, cette définition ne sert pas seulement à déterminer les droits de l'usufruitier ; elle a une valeur générique (v. plus haut, n° 969). Cependant, cette place marque l'importance particulière de la notion de fruit comme **canon de l'usufruit.** En dehors des fruits proprement dits, l'usufruitier a aussi droit à certains produits lorsque ces produits sont assimilés par la loi à des fruits. Il profite, par exemple, des coupes de bois régulières, lorsque les bois de haute futaie ont été mis en coupes réglées (art. 591). L'adoption d'un plan de gestion n'empêche pas que la coupe réglée réponde toujours aux mêmes critères de périodicité et de régularité des prélèvements. (V. Cl. Cuvreau, M.-C. Cuvreau-Dauga, I. Tressard, *Les droits de l'usufruitier sur les coupes de haute futaie et les plans de gestion*, Defrénois, 1988, 1420).

Du point de vue social, l'usufruit apparaît ici dans sa **fonction primordiale**, comme mode de subsistance. L'un des intérêts majeurs de l'usufruit est d'assurer des revenus périodiques à son bénéficiaire, sa vie durant (surtout sur ses vieux jours, jusqu'à la fin de sa vie). Si l'usufruit est établi sur un immeuble de rapport, l'essentiel pour l'usufruitier est de percevoir, terme après terme, les loyers de l'immeuble et d'en vivre.

1276 **β) Le droit d'usage (usus)** (16). L'usufruitier est également investi, sur la chose sujette à usufruit, d'un droit d'usage personnel. Il a *l'usus.* Il peut, à sa convenance, se servir lui-même de la chose suivant la destination de celle-ci.

La nature de cette chose influe sur le mode d'usage. S'il s'agit de choses qui, sans se consommer, se détériorent peu à peu à l'usage (linge, meubles meublants, etc.), l'usufruitier est fondé à s'en servir normalement et à les rendre à la fin de l'usufruit dans l'état d'usure normale où elles se trouvent (si l'usufruit dure longtemps, cela peut être assez grave), sauf à répondre des détériorations fautives (C. civ. art. 589).

Si l'usufruit porte sur des choses consomptibles par le premier usage, l'usufruitier a le droit de s'en servir, c'est-à-dire de les consommer — acte de maître — à charge de rendre des choses de même qualité et quantité ou d'en restituer la valeur estimée à la date de la restitution (modification importante apportée à l'article 587 par la loi du 17 mai 1960). Son usufruit prend alors, on l'a vu, le nom de **quasi-usufruit**. Toutefois, lorsque l'usufruitier est tenu de fournir caution (v. *infra*, n° 1302) et qu'il n'y parvient pas, les deniers sur lesquels porte l'usufruitier doivent être placés (art. 602), ce qui limite singulièrement son droit et même le transforme en le faisant porter sur les biens acquis en emploi ; ce n'est plus un quasi-usufruit (17).

1277 **2° Les initiatives individuelles.** Taillé dans la pleine propriété, l'usufruit contient, comme elle, en plus de la jouissance et de l'usage, divers autres pouvoirs : cette marge de manœuvre comprend divers pouvoirs complémentaires, mais appelle sur deux points délicats des précisions particulières.

1278 α) **Pouvoirs complémentaires.** En sa seule qualité (18), l'usufruitier a le pouvoir, agissant seul, d'accomplir, sur la chose sujette à usufruit, les **actes d'administration** et les *actes conservatoires* (pour ceux-ci il en a non seulement le pouvoir, mais le devoir). Gardien tenu, sous sa responsabilité, de conserver la chose d'autrui, l'usufruitier est de droit « fondé de pouvoir » dans les causes où ses intérêts sont liés avec ceux du nu-propriétaire (il est à la fois *procurator in rem suam* et *procurator in rem alterius, domini*). Entendons : revêtu d'un mandat légal tacite pour tout ce qui concerne la garde et l'administration de la chose, il a, de droit, qualité pour agir à cet effet par actes extra-judiciaires ou en justice (19). Il est investi de la **gestion courante**. À l'opposé, il n'a pas le pouvoir de *disposer* de la chose sans l'accord du nu-propriétaire : agissant seul, il n'a le droit ni de la vendre, ni de la donner, ni de la grever de droits réels accessoires (il ne pourrait

(16) Ayant la maîtrise effective de la chose livrée à sa jouissance, l'usufruitier en est **gardien,** au sens de l'art. 1384, al. 1 C. civ. Il a de même été jugé que l'article 1386 n'exclut pas que les dispositions de l'article 1384, al. 1 soient invoquées à l'encontre du gardien non propriétaire, notamment du titulaire d'un droit d'usage sur une grange dont le toit, en s'effondrant, avait endommagé l'immeuble contigu. Civ. 2e, 23 mars 2000, J.C.P. 2000.IV.1822. V. *infra*, n° 1319.

(17) V. Grimaldi, *L'emploi des deniers grevés d'usufruit*, Defrénois 1999, 193.

(18) Traditionnelle dans la conception de l'usufruit — *pars dominii* — **cette liaison entre jouissance et gestion** n'est pas la seule concevable. V. Carbonnier, 3, 103, sur la suggestion de créer, en parallèle, comme formule mineure, un usufruit cantonné à la jouissance, sans l'administration. *Emolumentum sine onus*, c'est dans l'intérêt commun que l'usufruitier, sans rien perdre de ses avantages, pourrait être déchargé du souci de la gestion et le nu-propriétaire (ou un tiers) chargé du soin de celle-ci, afin de préserver l'avenir.

(19) V. Proudhon, T. I, n° 37 s.

hypothéquer l'immeuble soumis à l'usufruit). Il ne peut procéder seul à un échange de parcelles (Civ. 3e, 23 mai 2002, J.C.P. 2002.IV.2156 ; mais la nullité de l'échange peut être couverte par la ratification du nu-propriétaire).

La jurisprudence s'est cependant enhardie à lui reconnaître un certain *droit d'aménagement* et d'adaptation (Grenoble, 15 février 1961, J.C.P. 1961, IV, 142).

β) **Disposition de l'usufruit.** L'usufruit constituant dans le patrimoine de son bénéficiaire un droit propre et distinct de la nue-propriété, l'usufruitier titulaire du droit a la faculté d'en disposer librement. Il peut vendre son droit à un tiers ou même le céder à titre gratuit (art. 595, al. 1) (20). Pour de telles aliénations, il n'a nul besoin du consentement du nu-propriétaire. C'est un acte qu'il peut valablement faire seul. L'usufruitier cédant perd le droit de jouissance qu'acquiert le tiers cessionnaire.

Cependant, la disposition de l'usufruit présente, en raison du caractère temporaire et personnel (v. ci-dessus, n° 1262 et 1263) de celui-ci, une particularité essentielle : pour le calcul de sa durée, *l'usufruit cédé continue à reposer sur la tête du cédant.* Sinon, celui-ci aurait le moyen de transformer en droit perpétuel un droit par essence temporaire (l'usufruitier pourrait céder son droit d'usufruit à ses enfants et ainsi de suite, de génération en génération). La cession est valable parce qu'elle porte nécessairement sur un droit limité dans le temps : le droit d'usufruit s'éteint à la mort du cédant (ou à l'expiration du terme prévu). La durée de l'usufruit continue à dépendre, selon le cas, soit de la vie du titulaire originaire de l'usufruit, soit de la limitation volontaire initiale (par convention ou testament). L'usufruitier ne peut céder plus de droit qu'il n'en a lui-même (sous réserve du cas de donation-partage spécifié plus haut, n° 1262). Qui peut le plus, peut le moins. L'usufruitier d'une universalité peut concéder à des tiers sur des éléments de cet ensemble des droits d'usage ou d'habitation (Civ. 1re, 14 janv. 1997, J.C.P. 97.IV.501).

γ) **Conclusion des baux.** Jadis, les droits de l'usufruitier étaient définis par référence aux pouvoirs du mari sur les biens propres de la femme (dans la communauté légale). Inversant l'ordre des références, la loi du 13 juillet 1965 a précisé les pouvoirs de l'usufruitier : **l'art. 595 C. civ. est devenu un texte de base** et les pouvoirs de l'usufruitier la norme sur laquelle sont alignés, sous le régime de la communauté, les pouvoirs des époux pour la conclusion des baux de biens communs (art. 1425).

Un ordre de gravité donne la mesure des pouvoirs (c'est le principe de la gestion). La loi établit une distinction entre les baux que l'usufruitier peut consentir seul et ceux qu'il ne peut, en principe, passer sans l'accord du nu-propriétaire. À la vérité, ces derniers ne concernent que des types de baux déterminés, ce sont les plus graves (v. plus loin n° 1296). **En dehors de ces exceptions limitatives, l'usufruitier peut, agissant seul, donner à bail la chose soumise à l'usufruit**. Il peut ainsi donner à bail un fonds de commerce sans le concours du nu-propriétaire, non seulement parce que ce type de bail ne figure pas parmi ceux pour lesquels le concours du nu-propriétaire est en principe requis (par l'art. 595, *in fine*), mais parce que, l'usufruitier et le nu-propriétaire n'étant pas dans l'indivision, l'article 815-3 C. civ. qui exige le consentement de tous les indivisaires pour la conclusion des baux n'est pas applicable dans les rapports de non-indivisaires (Civ. 1re 25 nov. 1986, D. 1987, 141, n. G. Morin).

(20) Il peut aussi y renoncer (art. 621-622).

1282 Cependant, le législateur **a limité la durée d'opposabilité au nu-propriétaire des baux consentis par l'usufruitier seul**. L'usufruitier pourrait, en effet, gêner à l'excès le nu-propriétaire si, à la fin de sa vie, il consentait des baux de trop longue durée. L'article 595 fixe une limite d'opposabilité : les baux que l'usufruitier a faits seul pour un temps qui excède neuf ans ne sont, en cas de cessation d'usufruit, obligatoires à l'égard du nu-propriétaire que pour le temps qui reste à courir, soit de la première période de neuf ans, soit de la seconde, et ainsi de suite. Les baux consentis par l'usufruitier ont une opposabilité maximum de neuf ans à compter de la cessation de l'usufruit : le preneur n'a que le droit d'achever la jouissance de la période de jouissance où il se trouve.

b) Les obligations de l'usufruitier en contrepartie de la jouissance

1283 Certaines charges relatives à l'objet de l'usufruit incombent à l'usufruitier en tant que bénéficiaire de la jouissance : on les appelle les **charges usufructuaires.** A lui les revenus de la chose, à lui en contrepartie **les frais qui sont normalement prélevés sur les revenus.** Les dettes qui sont la charge des fruits lui incombent. Cette directive générale correspond à une notion élémentaire d'économie domestique. De même qu'il existe, dans un budget privé, un poste actif de revenus, y figure, en regard, dans la colonne du passif, un poste de dépenses sur revenus : cette corrélation donne la mesure de l'obligation de l'usufruitier ; elle sert de principe à la répartition des charges entre l'usufruitier et le nu-propriétaire. C'est à ce dernier qu'incombent toutes les autres charges, considérées comme charges de la propriété.

Toutefois, cette répartition théorique boite un peu, en pratique, dans le temps. Les obligations de l'usufruitier sont actuelles ; celles du nu-propriétaire (qui ne tire aucun revenu de la chose) sont différées jusqu'à la fin de l'usufruit. Décalage en un sens logique, mais assez fâcheux du point de vue économique.

On peut raisonner, pour concrétiser ces directives, sur la principale des charges, celle des réparations.

1° Charges des réparations

1284 α) **Principe de répartition :** L'usufruitier est tenu d'assumer les **réparations d'entretien**. Il est normal que de telles dépenses soient prises sur les revenus qu'encaisse l'usufruitier (le nu-propriétaire n'en est pas tenu. V. Civ. 3e 18 déc. 1985, G. P. 1986, I, Pan., 80). Les **grosses réparations** sont à la charge de la nue-propriété (sauf si elles ont été rendues nécessaires par suite du défaut d'entretien, auquel cas l'usufruitier doit également en supporter la charge) : tel est le principe légal de la répartition (C. civ. art. 605).

1285 En dépit de la tournure restrictive de l'énoncé du principe (v. art. 605), le volume des réparations d'entretien, tel que le détermine l'art. 606, est considérable (21). Ce texte ne qualifie de grosses réparations qu'une série limitative de travaux très importants (réparations des gros murs, voûtes, rétablissement des poutres et des couvertures entières, etc.),

(21) V. Patrick Courbe, *L'entretien de la chose soumise à usufruit,* J.C.P. éd. N. 1983.227.

nécessaires pour rétablir, dans sa structure, l'intégrité du bâtiment (22). **Toutes les autres réparations sont d'entretien.** La charge de l'usufruitier est donc plus lourde que celle qui pèse sur le locataire, lequel ne supporte que les réparations locatives ou de menu entretien (art. 1720, 1754). Elle l'est d'autant plus que sa sanction est strictement assurée.

β) **Modalités d'exécution.** Elles ont été précisées par la jurisprudence. Si l'usufruitier néglige d'exécuter son obligation, il s'expose à supporter les grosses réparations rendues nécessaires par le défaut d'entretien. Les tribunaux considèrent surtout que **le nu-propriétaire peut, pendant la durée même de l'usufruit, contraindre l'usufruitier à remplir ses obligations,** c'est-à-dire l'astreindre à effectuer les réparations d'entretien qui tendent à la conservation de la chose grevée d'usufruit. La Cour de cassation admet que le respect de cette obligation peut être assuré au besoin par l'**exécution aux frais** (23). Elle reconnaît au nu-propriétaire la faculté de faire lui-même exécuter les travaux en les commandant directement aux entrepreneurs (sans accord préalable de l'usufruitier) et de lui faire supporter la dépense en agissant en remboursement dès avant la fin de l'usufruit.

L'initiative est salutaire. À première vue, elle n'entre pas dans la logique de deux droits réels indépendants. Mais le nu-propriétaire a un intérêt (actuel) évident à éviter le dépérissement du bien livré à l'usufruit et à exiger l'accomplissement d'une obligation qui pèse sur l'usufruit pendant sa jouissance, à peine de déchéance (C. civ. art. 618, al. 1 : c'est un argument *a fortiori*).

Cependant, la réciproque n'est pas admise : l'usufruitier ne peut contraindre le nu-propriétaire, pendant la durée de l'usufruit, à exécuter les grosses réparations nécessaires à la conservation de l'immeuble (Req. 10 décembre 1901, D. 1901, I, p. 209, S. 1904.1.36 ; Paris 27 mai 1936, G. P. 1936.2.341 ; Civ. 3e 9 oct. 1985, G. P. 1986, I, Pan., 16). Le nu-propriétaire ne lui doit rien. La nature juridique de l'usufruit (droit réel, non droit de créance) sort ici son effet, jointe à la situation économique du nu-propriétaire qui par hypothèse ne tire aucun revenu de la chose grevée. Son refus ne peut être taxé d'abus (Paris, 27 juill. 1928, D.P. 1929.2.1, n. Josserand). La loi dit cependant que les grosses réparations demeurent à la charge du nu-propriétaire (art. 605) ; mais la jurisprudence lit que l'usufruitier n'en est pas tenu : le texte ne signifierait pas que le nu-propriétaire soit effectivement obligé de remplir son obligation, pendant la durée de l'usufruit.

La jurisprudence admet seulement que, si l'usufruitier prend sur lui de réaliser des réparations qui ne lui incombent pas, en faisant l'avance de la dépense (24), il pourra, à la fin de l'usufruit, réclamer une indemnité correspondant à l'enrichissement qu'il laisse dans le patrimoine du nu-propriétaire. Mais il ne peut agir en remboursement avant la fin de l'usufruit, et, à la fin de l'usufruit, l'indemnité qu'il peut réclamer ne doit être supérieure ni à ce qu'il a déboursé (la dépense faite ou appauvrissement) ni à la plus-value qui subsiste à

---

(22) Sur le caractère limitatif de l'énumération V. Civ. 3e, 25 oct. 1983, Bull. III, n° 194, p. 149 ; *adde* Civ. 3e, 3 mai 1989, *Defrénois* 1990. 362, obs. Souleau. Le critère de la grosse réparation est **qualitatif** non **quantitatif**. Un arrêt de la Cour de Paris marque justement que les grosses réparations sont celles qui sont nécessaires à la **conservation de la structure** de l'immeuble dans son intégrité générale, ce que ne sont ni la refonte d'une installation de chauffage, ni un changement d'ascenseurs, si élevé que soit le montant de ces **dépenses d'équipement** (11 janv. 2000, D. 2000.IR. 78). La lourdeur financière d'une dépense ne suffit pas à caractériser une grosse réparation. Comp. s'agissant d'un droit d'usage et d'habitation, Paris, 27 janv. 2000, D. 2000.IR.78 et *infra*, n° 1319, note 48.

(23) V. Civ. 1re 21 mars 1962, G. P. 1962.1.393 (d'autant plus net qu'il s'agissait du coût de travaux de ravalement). Doctrine unanime : Proudhon, T. III, n° 1648 et 1651. Baudry-Lacantinerie et Chauveau, T. IV, n° 559, 670, 687. Planiol, Ripert et Picard, T. III, n° 860 ; jurisprudence séculaire : Civ. 27 juin 1825. S. 25.1.427 ; 10 janv. 1859, S. 59.1.225.

(24) Ou y est contraint, en tant que bailleur, par son locataire, Soc. 20 mai 1949, D. 49.424.

ce moment dans le patrimoine du nu-propriétaire (le profit subsistant ou enrichissement) (25).

2° Autres charges

1289 Il s'agit, d'abord, des impositions. L'article 608 fait supporter à l'usufruitier les contributions annuelles (impôts annuels qu'il est logique de payer sur des revenus).

L'article 613 met à la charge de l'usufruitier les frais des procès relatifs à la seule jouissance (et les condamnations auxquelles ils peuvent donner lieu). Aux articles 610 à 612, la loi règle un mécanisme successoral délicat. Lorsqu'un individu laisse à sa mort un usufruitier à titre universel et un ou plusieurs nus-propriétaires (par exemple un conjoint légataire de l'usufruit de sa fortune et des descendants appelés en nue-propriété) la question se pose de savoir, dans le règlement successoral, comment se répartissent entre l'usufruitier et les nus-propriétaires, la charge des legs particuliers, et celle des dettes de la succession (C. civ. art. 610 et 612). Le principe est clair. Lorsqu'il s'agit d'un legs particulier en revenus, (legs d'une rente viagère, d'une pension alimentaire), c'est à l'usufruitier à titre universel (centralisateur de tous les revenus) qu'incombent ces charges. Lorsqu'il s'agit, au contraire, d'un legs en pleine propriété, en nue-propriété, ou d'une dette en capital, c'est sur le nu-propriétaire que pèsent ces charges, sauf l'obligation, pour l'usufruitier, de lui tenir compte des intérêts du capital, pendant la durée de l'usufruit. (V. Civ. 1re, 16 févr. 1999, J.C.P. 99.IV.1680, pour une application de art. 608 et 612 aux arrérages d'une rente viagère).

N.B. À propos de la répartition de l'impôt sur la fortune, V. Fr. Lucet, *Defrénois* 1999.413.

B. LA RÉSERVE DE LA NUE-PROPRIÉTÉ

1290 **Sous-jacente, la nue-propriété est un droit latent.** Dépouillé de l'utilité économique de sa chose, **le nu-propriétaire attend.** La réserve de nue-propriété est cependant, sous certains rapports, actuelle. Le nu-propriétaire peut, à l'occasion, se manifester pendant la durée même de l'usufruit par des initiatives individuelles (v. déjà, n° 1286) et sa participation aux décisions qui relèvent, entre lui-même et l'usufruitier, d'une action conjointe.

a) Le droit d'action individuelle du nu-propriétaire

1291 Il se développe dans une zone marginale d'initiatives isolées. Il est des actes que le nu-propriétaire peut valablement accomplir seul pendant la durée même de l'usufruit. On dit parfois que, privé du *fructus* et l'*usus,* le nu-propriétaire conserve l'*abusus.* On voudrait marquer par là que, dans le démembrement des attributs de la propriété, le droit de disposition demeurerait sur la tête du nu-propriétaire.

Mais la disposition qui lui reste n'est pas entière. *Elle est nécessairement affectée par le fait qu'elle est séparée de la jouissance.* Il n'en demeure qu'un pouvoir tempéré, fort entamé.

1292 **1° Actes juridiques :** À considérer le pouvoir juridique de disposition (comp. plus haut, n° 1023), le nu-propriétaire est en droit, agissant seul, de disposer de la nue-propriété (mais non de la pleine propriété). De son seul consentement, il lui appartient de céder son droit à titre gratuit ou onéreux. Mais cette cession demeure sans incidence sur l'usufruit, lequel

(25) Civ. 17 juill. 1911.1.457 ; Paris 31 oct. 1961, G. P. 1962.1.75 ; v. cep. *contra,* Poitiers 17 mars 1954, D. 54.360, J.C.P. 1954.8425, G. P. 1954.2.32 qui admet le recours de l'usufruitier (bailleur) dès après l'achèvement de travaux exigés par son locataire.

continue à reposer sur la tête de son bénéficiaire et à s'exercer normalement, sans être affecté par la cession de la nue-propriété (art. 621). Du point de vue économique, la cession isolée de la nue-propriété n'est pas, en général, une opération avantageuse (elle ne peut être négociée qu'à bas prix, comme pour des locaux occupés).

2° Actes matériels : À considérer ses manifestations matérielles, la différence est encore plus sensible entre l'*abusus* prétendu du nu-propriétaire et celui du propriétaire (comp. n° 1022). De toute évidence, le nu-propriétaire n'a pas le droit de disposer seul de la matérialité de la chose soumise à l'usufruit ; il n'a ni le droit de l'aménager ou de la transformer, ni, *a fortiori,* celui de la détruire. En aucune manière, il ne peut nuire à la jouissance de l'usufruitier par ses initiatives. Il doit la respecter (C. civ. art. 599, al. 1).

3° Actions judiciaires : Lorsqu'un litige porte sur le droit de propriété, c'est le nu-propriétaire qui a qualité pour plaider en justice au pétitoire (comme demandeur ou défendeur).

b) La participation du nu-propriétaire, avec l'usufruitier, aux décisions qui exigent leur commun accord

Dans une marge restreinte s'opère une sorte de neutralisation des droits en coexistence. Pour certains actes, l'entente du nu-propriétaire et de l'usufruitier devient nécessaire. Il existe entre eux un **domaine d'action conjointe.** Les actes qui en relèvent ne sont possibles que d'un **commun accord**. Même réduite, cette marge atteste que le nu-propriétaire et l'usufruitier ne sont pas complètement étrangers l'un à l'autre. En général indépendants, il se trouvent secondairement associés pour les actes dont l'accomplissement exige leur double consentement : la destruction matérielle de la chose, la **disposition juridique de la pleine propriété** sont au nombre des actes qui requièrent le consentement de l'un et de l'autre (26). De même, dans **certaines actions en justice**, nu-propriétaire et usufruitier ont, chacun, un intérêt à défendre : il s'agit de procès dans lesquels la jouissance de la chose est impliquée en même temps que la propriété (par exemple, un litige relatif à une servitude ; v. aussi pour l'action en bornage, *infra,* n° 1367, note 16). Le prix de la vente simultanée de l'usufruit et de la nue-propriété, par accord des titulaires respectifs de ces droits, doit être ventilé entre les deux intéressés : l'usufruitier ne peut prétendre qu'à la part du prix total qui correspond à la valeur de l'usufruit (27).

---

(26) Si l'usufruitier ne consent pas à la vente de la pleine propriété que réclame le nu-propriétaire, la loi interdit au juge de l'ordonner malgré son refus (C. civ., art. 815-5, l. 6 juill. 1987 : règle qui s'applique sans contestation au cas où l'usufruit porte sur la totalité du bien. V. *supra*, n° 1266, note 13 les assouplissements prétoriens à envisager sur la manière de sortir de l'indivision quant à la jouissance dans le cas tout différent d'un usufruit de quote-part). Cette interdiction fléchirait-elle, par interférence de la théorie générale, si l'usufruitier était convaincu d'avoir abusé de son droit de ne pas consentir à la vente ? La Cour dc cassation a considéré qu'une cour d'appel avait pu estimer, dans l'exercice de son pouvoir souverain d'appréciation, que l'opposition de l'usufruitier ne procédait pas d'un abus de droit (dans un cas où l'usufruit avait été attribué à titre de prestation compensatoire, Civ. 1re, 8 déc. 1998, *Defrénois,* 1999, 935, obs. Massip), formule qui n'exclurait pas qu'en d'autres circonstances, le refus de l'usufruitier fût taxé d'abus. Encore faudrait-il que fût établie son intention de nuire, critère consacré. Au demeurant, c'est en lui-même, comme droit réel, que l'usufruit a vocation à être respecté et à ne pas subir un changement de son objet (v. *supra*, n° 1261).

(27) Civ. 1re, 20 oct. 1987, D. 1988, 85, n. G. Morin, 7 juin 1988, *Defrénois* 1988, p. 1381, n. G. Morin ; *adde* Civ. 2e 18 oct. 1989, D. 1989. IR. 288). En cas de consignation du prix de vente, la

1296 Enfin **l'article 595** du Code civil détermine limitativement les **baux qui exigent, en principe, le consentement des deux intéressés** : il s'agit des **baux ruraux et des baux commerciaux.** L'usufruitier ne peut, sans le concours du nu-propriétaire, donner à bail un fonds rural ou un immeuble à usage commercial, industriel ou artisanal (28). Ces baux confèrent à leur bénéficiaire des droits si considérables que la loi assimile leur conclusion à des actes de disposition.

Cependant, l'article 595 ouvre à l'usufruitier la possibilité de vaincre, lorsqu'elle n'est pas justifiée, l'opposition du nu-propriétaire. L'usufruitier peut demander au juge **l'autorisation de passer seul l'un de ces baux, malgré le refus du nu-propriétaire** (29). À la vérité, le texte ne précise pas sur quel critère le juge doit se fonder pour autoriser la conclusion du bail. Le juge statue en opportunité, en fonction des intérêts en présence, compte tenu de toutes les circonstances de la cause (30).

Si l'usufruitier consent l'un de ces baux sans avoir obtenu l'accord du nu-propriétaire ou, à son défaut, autorisation de justice, le bail n'est pas seulement inopposable au nu-propriétaire, mais nul (31). Il ne s'agit, il est vrai, que d'une nullité de protection en faveur du nu-propriétaire (32) : elle se prescrit par cinq ans à compter du jour où ce dernier

---

répartition des intérêts s'opère dans la même proportion (Civ. 3e, 3 juill. 1991, Bull. III, n° 203) : équité naturelle. V. Brault, *L'aliénation de la propriété démembrée,* Defrénois 1995.449.

(28) V. not. Civ. 3e, 5 avr. 1995, G. P. 1995.II.240 ; cependant la règle n'est applicable ni aux baux en cours lors de l'entrée en vigueur de la réforme ni à leur renouvellement (art. 221. 13 juill. 1965 ; *adde* Civ. 3e, 4 févr. 1981, Bull. III, n° 25, p. 20) et la jurisprudence admet que, lorsque le bail a été régulièrement conclu, l'usufruitier, ayant seul la qualité de bailleur, est fondé à poursuivre seul la résiliation du bail (à donner congé) et à exercer la reprise conformément à la loi : v. Civ. 29 janv. 1974, Bull. III, n° 48, 36 ; Civ. 3e 4 mai 1976, Bull. III, n° 186, p. 145, R.T. 1976, 801, obs. Giverdon ; Civ. 3e 16 janv. 1979, J.J.A. 20 déc. 1979, 2e 141, p. 4. Civ. 3e, 16 mars 1988, Bull., III, n° 61, p. 34, R.T. 1989, 104, obs. Ph. Rémy. Certaines décisions en viennent à interpréter restrictivement l'exigence du concours du nu-propriétaire et même à l'éluder, soit en y faisant échapper certaines initiatives (ex. une autorisation de créer un second magasin, Civ. 3e 17 mars 1981, G. P. 1981.II.Pan.272, obs. A. P.) soit en les couvrant comme acte de propriétaire apparent (Civ. 3e 21 janv. 1981, D. 83.36, n. Diener) ou de **mandataire apparent** (Civ. 3e, 4 mai 1982, Bull., III, n° 111) : comp. Lachaud, *L'effritement du nouvel article 595 C. civ.* sur les restrictions des pouvoirs de l'usufruitier, G. P. 1981.II. Doctr., 477. **Un contrôle de base légale** tempère heureusement la trop grande facilité de cette échappatoire, Civ. 3e, 17 juin 1987, G. P. 1988, I, 22, 23 janv. V. aussi Civ. 3e, 5 avr. 1995 cité ci-dessus ; Civ. 3e, 18 janv. 1995, Bull. III, n° 24 ; J.C.P. 95.IV.701 ; Civ. 3e, 4 févr. 1998, J.C.P. 98.IV.1695. Un mandat apparent mal caractérisé ne doit pas suffire à démanteler la prescription légale. Jugé que la cession d'un bail rural est possible moyennant la seule autorisation de l'usufruitier (sans le concours du nu-propriétaire) : Civ. 3e, 15 mars 2000, J.C.P. 2000.IV.1795.

(29) Sur renvoi de l'art. 1270 N.C.P.C., cette autorisation est soumise à la procédure contentieuse mais simplifiée que règlent les art. 1288 et 1289 N.C.P.C. (Dans le renvoi global, le refus du nu-propriétaire correspondant à celui du conjoint rend applicable ces deux textes).

(30) V. Rouen 28 sept. 1971, T.G.I. Epinal 27 avril 1973, G. P. 1974, I, 69. Jugé que l'art. 595, al. 4 ne comportant aucune distinction entre renouvellement et conclusion du bail initial, l'usufruitier ne peut, sans le concours du nu-propriétaire renouveler le bail d'un immeuble à usage commercial, industriel ou artisanal. Civ. 3e, 24 mars 1999, Pet. aff. 1999, n° 93, p. 9.

(31) Civ. 3e, 26 janv. 1972. D. 75.22 n. Penneau, J.C.P. 1972.17104, R.T. 72, 619, obs. Bredin : Civ. 3e 11 févr. 1974, Bull. III, n° 53, Civ. 3e, 17 juill. 1986, G. P. 1986, II, 792 (le preneur n'est pas en droit de terminer la période de neuf ans pour laquelle le bail avait été conclu).

(32) Pourrait-on objecter le caractère insolite d'une nullité relative établie en faveur d'une personne qui n'est pas partie au bail ? La notion de tiers est assez relative pour qu'on puisse considérer, avec bon sens, que le nu-propriétaire n'est pas un tiers, quand il s'agit du bail de sa chose (et de l'incidence qu'il pourrait en souffrir). Et d'ailleurs, quel autre intérêt la loi voudrait-elle sauvegarder ? Le parallèle avec l'art. 1427, al. 2 C. civ., pour les mêmes baux de biens communs, est décisif.

en a connaissance (33), et elle peut être couverte par confirmation : c'est dire que l'annulation peut être poursuivie dès avant la fin de l'usufruit (34). Il est même arrivé que le nu-propriétaire rentre dans ses droits sans avoir à demander la nullité. Ainsi a-t-il été jugé que si, après le décès de l'usufruitier, il reprend possession des parcelles louées en faisant récolter le blé semé par le fermier, il ne s'enrichit pas injustement au détriment de ce dernier qui a exécuté des travaux à ses risques et périls et dans son intérêt (Civ. 3e, 26 févr. 1992, G. P. 1992.II, 27-28 nov.).

B. : **R. Bouquillard,** *Le contentieux des actes juridiques portant sur un immeuble grevé d'usufruit,* th. Panthéon Assas 1992.

SECTION II — LES ÉTAPES DU DÉMEMBREMENT DE LA PROPRIÉTÉ

L'usufruit est un **droit temporaire**. La non-pérennité est de son essence (35). Que serait une nue-propriété perpétuelle ? Définitivement privée de la jouissance, la nue-propriété ne serait plus rien. Il faut bien, un jour ou l'autre, que l'usufruit cesse. Alors, la propriété se reconstitue en plénitude sur la tête du nu-propriétaire. L'usufruit est voué, inexorablement, à disparaître, et la pleine propriété, par le remembrement de tous ses attributs, à se reformer.

Le démembrement de la propriété décrit une révolution. Il commence, dure, et prend fin. Ce sont trois temps à distinguer : au début, **la constitution de l'usufruit** ; puis, tout au long de sa durée, **la conservation de la chose** ; enfin, à son terme, **la reconstitution de la pleine propriété.**

§ 1. LA CONSTITUTION DE L'USUFRUIT

L'usufruit s'établit de plusieurs manières. Mais, quel qu'en soit le mode d'établissement, son ouverture est un seuil à marquer.

(33) V. Bourges, 30 mai 1979, G. P. 1979, II, 617, R.T. 1980, 132, obs. Giverdon.

(34) Civ. 3e, 16 déc. 1987, G. P. 1988, I, Rés. 79. L'interdiction de l'art. 595, al. 4, ne s'applique pas aux conventions d'occupation précaire. Cependant, lorsqu'une telle convention, conclue par l'usufruitier seul après annulation du bail qu'il avait consenti au même bénéficiaire, tend à faire échec à cette annulation, l'obstination mise par l'usufruitier peut constituer un abus de jouissance, cause d'extinction de l'usufruit. V. Civ. 3e 4 juill. 1978, Bull., III, n° 276, J.J.A. 1er déc. 1979, n° 133, p. 2, Rev. Loyers 1978.531 note J. V. *Adde,* plus généralement, P. Galand, *Le droit de l'usufruitier et du nu-propriétaire en matière de bail,* Rev. Loyers 1988. 372.

(35) Comp. Proudhon, T. I., n° 8 : si l'usufruit « pouvait être perpétuel dans sa durée, le droit de propriété ne serait plus rien ».

A. LES MODES D'ÉTABLISSEMENT DE L'USUFRUIT

L'usufruit a **deux sources principales** : la loi et la volonté individuelle.

1298 **1° L'usufruit légal :** Un droit d'usufruit est attribué par diverses dispositions à des bénéficiaires déterminés. Le plus notable est l'usufruit que la loi accorde au conjoint survivant sur tout ou partie des biens du conjoint prédécédé sans testament. Parfois appelé à recueillir la succession en pleine propriété (C. civ. art. 765, 766), le conjoint survivant n'a, le plus souvent, qu'une vocation en usufruit (C. civ. art. 767). L'étendue de celle-ci varie en fonction des héritiers avec lesquels le conjoint survivant se trouve en concours. L'usufruit légal du conjoint survivant est donc accordé, à titre successoral, dans la succession *ab intestat* du conjoint prédécédé.

Sous le nom de jouissance légale, la loi confère aux père et mère l'usufruit des biens de leurs enfants, au moins tant que ceux-ci n'ont pas atteint l'âge de 16 ans (art. 382, 384). Jusqu'à cet âge accompli, les parents ont la jouissance des biens qui sont la propriété personnelle de leurs enfants. Ils en perçoivent les revenus pour les appliquer aux charges de l'éducation (art. 385), mais sans en être comptables (ils en deviennent comptables dans les deux années qui précèdent la majorité : de 16 à 18 ans).

1299 **2° L'usufruit volontaire :** Il peut, suivant de multiples modalités, découler de diverses sources.

L'usufruit peut être établi par contrat, à titre gratuit ou onéreux. L'usufruit conventionnel correspond cependant à deux combinaisons différentes. Il résulte d'une constitution directe, au profit d'un nouveau titulaire, lorsque le propriétaire retenant la nue-propriété, cède à un tiers la jouissance. Mais l'hypothèse inverse est plus fréquente : c'est le cas du propriétaire qui, se réservant l'usufruit, cède la nue-propriété à un tiers (ainsi dans la donation-partage, par laquelle l'ascendant donateur, partageant par acte entre vifs ses biens entre ses enfants, s'en réserve l'usufruit).

1300 L'usufruit peut naître d'un acte unilatéral dont l'exemple-type est le testament. Il est fréquent qu'un individu lègue tout ou partie de ses biens en usufruit (usufruit à titre particulier d'un bien, usufruit à titre universel d'une quote-part de la succession, ou usufruit universel de la succession). L'usufruit testamentaire est une libéralité courante (notamment entre conjoints).

B. L'OUVERTURE DE L'USUFRUIT

Point de départ de l'usufruit, cette date actualise pour l'usufruitier nombre d'obligations et de droits.

a) Obligations

Au moment où s'ouvre son droit, l'usufruitier est tenu d'accomplir plusieurs formalités qui sont autant de **garanties de jouissance.**

1301 1° En principe, il doit faire dresser contradictoirement (c'est-à-dire le nu-propriétaire appelé) un **inventaire des meubles et un état des immeubles** sujets à usufruit. Ces constatations sont destinées à déterminer exactement la liste et l'état des biens sur lesquels porte l'usufruit, au moment où l'usufruitier entre en jouissance. Cette preuve préconstituée permettra d'apprécier ensuite si l'usufruitier a ou non entretenu la chose et s'il en a fait un usage normal. Il peut cependant être dispensé de cette obligation par la volonté du propriétaire.

2° L'usufruitier doit donner **caution de jouir en bon père de famille**. La caution est une personne physique ou morale qui accepte de répondre, le cas échéant, des conséquences dommageables que l'usufruitier peut causer par abus de jouissance ou défaut d'entretien. Il n'est pas toujours facile de trouver une caution. Aussi bien la loi en dispense-t-elle, pour motifs de convenance, les père et mère dans la jouissance des biens de leurs enfants. D'autre part, le vendeur ou le donateur est lui-même dispensé de donner caution lorsqu'il se réserve l'usufruit (C. civ. art. 601). Et la loi n'interdit pas aux intéressés, dans les autres cas, d'accorder de telles dispenses.

L'obligation de fournir caution est assortie de sanctions rigoureuses (C. civ. art. 602 et 603). Mais le retard de fournir caution ne prive pas l'usufruitier des fruits auxquels il a droit à partir du début de l'usufruit (art. 604).

b) Droits

L'ouverture de l'usufruit marque l'entrée en jouissance de l'usufruitier. La loi marie diverses règles d'inspiration différente.

1° L'usufruit prend les choses dans l'état (bon ou mauvais) où elles se trouvent au moment de l'ouverture (C. civ. art. 600). On touche ici, de façon concrète, une différence spécifique entre bailleur et nu-propriétaire. Ce dernier n'est pas tenu de fournir à l'usufruitier une chose en bon état (comp. C. civ. art. 1720).

2° En ce qui concerne *les fruits naturels ou industriels* (c'est-à-dire surtout les produits agricoles), l'usufruitier reçoit de la loi pouvoir de prendre ceux qui existent au moment de l'ouverture, sans avoir à fournir de récompense (c'est-à-dire à indemniser le nu-propriétaire) même pour frais de labours ou de semences (C. civ. art. 585) : simplification arbitraire qui est compensée à la fin de l'usufruit.

3° Le calcul se fait plus exact et plus juste pour les fruits civils (loyers ou intérêts des capitaux). Ils sont censés s'acquérir jour par jour (C. civ. art. 586). L'usufruitier n'a droit qu'à une part de revenus proportionnelle à son temps de jouissance pendant l'année (si l'usufruitier est entré en jouissance au milieu de l'année, il n'a droit qu'à la moitié des revenus).

§ 2. LA CHARGE DE CONSERVER LA SUBSTANCE

Le nu-propriétaire ne doit rien à l'usufruitier. Il est seulement tenu de respecter l'exercice de l'usufruit et de s'abstenir de faire tout ce qui pourrait nuire aux droits de l'usufruitier (art. 599).

Au moins théoriquement, l'usufruitier n'est pas, lui non plus, débiteur du nu-propriétaire. Cependant la loi le charge de multiples obligations dont certaines ont été exposées avec la jouissance dont elles sont la contrepartie. D'autres se situent dans la contemplation de la durée de l'usufruit. Elles découlent toutes d'une obligation essentielle que la définition légale de l'usufruit met en relief : **l'obligation pour l'usufruitier, de restituer la chose grevée d'usufruit et, dans cette perspective, d'en conserver la substance** (art. 578) : *salva rerum substantia.*

1305 La conservation de la chose domine toute cette phase intermédiaire, dans la perspective de sa restitution.

En quoi consiste donc, pour l'usufruitier, ce devoir central ? Qu'est-ce que conserver ? Qu'exige une gestion « conservatoire », « conservatrice » ?

La loi donne à l'usufruitier deux modèles de conduite. Elle lui prescrit de régler sa gestion sur deux types exemplaires.

A. LE MODÈLE ABSTRAIT DU BON PÈRE DE FAMILLE

1306 Sous un premier rapport, conserver la chose grevée d'usufruit consiste, pour l'usufruitier (art. 601) **« à en jouir en bon père de famille ».** La loi attend de lui une gestion de père de famille.
Quelques indications concourent à dégager la physionomie-modèle de celui-ci. Un bon père de famille ne dégrade pas le fonds (Conserver, c'est, avant tout, ne pas dégrader : v. l'article 618). Plus positivement, un bon père de famille entretient la chose grevée d'usufruit (conserver, c'est entretenir). Une disposition spéciale charge même l'usufruitier de remplacer les arbres détruits dans les conditions de l'article 594.

Norme souple, critère vague, cette directive de conduite commande plus généralement, dans l'interprétation traditionnelle, une gestion moyennement diligente, raisonnable, empreinte d'une prudence terrienne, mais bornée d'ambition à la simple conservation. La maxime de cette gestion pourrait être : pas de ruine, pas d'abus, mais pas nécessairement de progrès ; conserver, c'est préserver et réparer, non améliorer ni investir.

Cependant, à cette référence abstraite, la loi superpose une image plus réelle. Elle voue l'usufruitier à l'imitation de son devancier.

B. LE MODÈLE CONCRET DU PROPRIÉTAIRE

1307 L'usufruit doit, en maintes circonstances, continuer à exploiter **conformément aux habitudes du précédent propriétaire.** On reconnaît à ce signe combien l'usufruit est conçu comme un mode de tenure traditionnel. L'usufruit doit faire « comme on a toujours fait avant lui ». Les articles 590, 591, 593 règlent ainsi la jouissance que l'usufruitier peut avoir des bois : il doit se conformer, pour les coupes, à l'aménagement et à l'usage constant des anciens propriétaires (36). De même, pour les mines et carrières : il ne doit pas en ouvrir de nouvelles ; il peut seulement continuer à exploiter, de la même manière que le propriétaire, celles qui l'étaient déjà (art. 598). Il jouit enfin des servitudes, mais à la condition d'en user comme le propriétaire lui-même (art. 597) (37).

1308 À la limite, on pourrait encore discerner une distinction entre le modèle de l'ancien propriétaire et celui des propriétaires voisins : l'usufruitier doit aussi se conformer à

(36) V. par ex., pour une plantation de peupliers coupée tous les 25 ans, T.G.I. Belley, 29 déc. 1961, G. P. 1962.I.231.

(37) « Comme le propriétaire lui-même », cette référence qui entre dans la définition de l'usufruit est un principe d'assimilation que l'on peut prendre dans toutes ses dimensions : elle signifie que l'usufruitier, dans l'exercice des droits que le démembrement lui confère, peut autant, mais pas plus, que le propriétaire ; plus concrètement, qu'il doit se conformer aux usages suivis avant lui.

« **l'usage des propriétaires** ». C'est une nuance intéressante (38). Faire comme on faisait avant lui ou comme on fait autour de lui. Voilà le principe de la gestion de l'usufruitier : gestion conservatrice, traditionaliste, coutumière, conforme aux habitudes. Règle (pesante) de modération (supposée). Dans toutes ses implications, la conservation de la substance est conçue dans la perspective de la restitution de la chose.

§ 3. LA RECONSTITUTION DE LA PLEINE PROPRIÉTÉ

À la fin de l'usufruit, la propriété se reconstitue dans sa plénitude, sur la tête du nu-propriétaire. La jouissance qui était jusqu'alors dissociée de la nue-propriété vient se réunir à elle pour réformer, dans sa perfection, le droit plénier au profit du nu-propriétaire. C'est la fin de son attente. **L'usufruitier, détenteur précaire et débiteur d'un corps certain, doit lui restituer la chose grevée d'usufruit** (39).

Procédant de causes diverses, l'extinction de l'usufruit entraîne d'importantes conséquences.

A. CAUSES D'EXTINCTION DE L'USUFRUIT

L'extinction de l'usufruit résulte d'une cause principale, mais il faut compter avec la volonté des intéressés et la survenance d'événements accidentels (C. civ. art. 617).

a) Extinction normale

Normalement, l'usufruit, **droit viager,** s'éteint au décès de l'usufruitier. Cependant, comme la mort naturelle n'atteint l'usufruit que sur la tête d'une personne physique et qu'il peut être établi au profit d'une personne morale, la loi (découpant l'équivalent d'une tranche de vie, d'une génération) décide arbitrairement que l'usufruit établi au profit d'une personne morale cesse de plein droit à l'expiration d'une durée de 30 ans (art. 619).

---

(38) Il est salutaire que la jurisprudence l'encourage et amplifie la référence aux usages de la profession. En ce sens, n'est pas un abus de jouissance, la coupe rase de jeunes pins destinés à l'industrie, mode d'exploitation conforme à « l'usage constant », seul rentable et seul rationnel du point de vue économique. Civ. 3e 8 déc. 1981, J.C.P. 82.IV.84, Bull. III, n° 208, p. 151.

(39) V. plus haut, n° 1194 et 1261. Il faut seulement réserver, on le sait, le cas de **l'usufruit de choses consomptibles** (quasi-usufruit) dont le titulaire est seulement tenu de rendre, à la fin de l'usufruit, soit des choses de même quantité et qualité, soit leur valeur estimée à la date de la restitution (art. 587). La question de l'application de l'article 587 à **l'usufruit de valeurs mobilières** a surgi en jurisprudence. Deux arrêts remarqués ont retenu la négative. Les valeurs mobilières ne sont pas consomptibles par le premier usage. Si l'usufruitier d'un portefeuille de valeurs mobilières, reconnu comme **universalité de fait,** est, dans sa gestion, en droit de céder des titres dans la mesure où ils sont remplacés, il a la charge d'en conserver la substance et de la rendre à la fin de l'usufruit (Civ. 1re, 12 nov. 1998, D. 1999.J.167, n. Aynès ; J.C.P. 99.II.10027, n. St. Piedelièvre ; v. déjà dans le même sens pour des titres au porteur, Civ. 1re, 4 avr. 1991, Bull. civ. I, n° 129) ; *adde* Toulouse, 15 mai 2000, *Dr. fam.* 2001, 25, chron. D. Fiorina et du même auteur, *L'usufruit d'un portefeuille de valeurs mobilières,* RTD civ. 1995, 43 s. La charge de justifier de la conservation de la substance de l'usufruit au cours de l'évolution du portefeuille de valeurs lui incombe. V. *supra,* n° 957.

b) Extinction volontaire

1311 La durée de l'usufruit dépend de la **volonté du constituant** lors de la constitution d'un usufruit conventionnel ou testamentaire : un terme peut être assigné à l'usufruit. Celui-ci s'éteint à l'expiration du terme fixé, même si l'usufruitier vit encore. Lorsqu'en revanche ce dernier décède avant le terme, la solution est plus ondoyante : en cas de litige, le juge peut décider que l'usufruit ne survit pas à l'usufruitier (40).

Le constituant peut aussi constituer un usufruit successif. En ce cas, le bénéfice de l'usufruit ne repose pas sur une tête unique, mais sur plusieurs titulaires, avec réversion du bénéfice de l'usufruit de l'un à l'autre, dans l'ordre des décès. Cette réversibilité est assez fréquemment stipulée, en faveur d'un couple (l'usufruit est établi en faveur de l'un des époux, avec réversion possible sur la tête du conjoint survivant). Exceptionnellement l'usufruit survit alors à un premier bénéficiaire pour se reporter sur une autre tête.

1312 **La volonté de l'usufruitier :** peut exercer une influence sur la durée de son droit. L'usufruitier peut renoncer à l'usufruit (C'est un droit patrimonial) (41). Cependant, ses créanciers peuvent faire annuler une renonciation faite à leur préjudice (art. 622, cf. art. 1167).

c) Extinction accidentelle

1313 L'usufruit prend encore fin de diverses façons (art. 617).

— *La consolidation* est la réunion sur la tête d'une même personne de la qualité d'usufruitier et de nu-propriétaire (l'usufruit s'éteint lorsque le nu-propriétaire hérite de l'usufruit).

— *La prescription* joue un rôle, sous son double aspect. La prescription extinctive entraîne la perte du droit d'usufruit par non-usage pendant trente ans. Le mécanisme acquisitif de l'usucapion peut également jouer. (La prescription peut faire acquérir l'usufruit à un tiers).

— *La perte totale* de la chose entraîne l'extinction de l'usufruit (mais ne libère l'usufruitier, débiteur d'un corps certain, que sur la preuve d'une cause étrangère, Civ. 3e, 26 juin 1991, Bull. III, n° 198). Enfin, un *abus de jouissance* de la part de l'usufruitier peut entraîner, à titre de sanction, l'extinction de son droit (art. 618) (v. *supra,* n° 1296).

B. CONSÉQUENCES DE L'EXTINCTION DE L'USUFRUIT

1314 L'usufruitier ou sa succession doit restituer au nu-propriétaire la chose grevée d'usufruit. Le nu-propriétaire rentre alors en jouissance de sa chose. C'est l'occasion d'un règlement de compte dont les postes peuvent être divers.

---

(40) V. dans le sens de l'extinction, en raison du caractère personnel de l'usufruit, Proudhon, T. I, n° 10.

(41) Renonciation analysée par Proudhon comme un « retour à l'ordre commun » non comme une aliénation ordinaire (T. I, n° 3).

a) Compte des fruits

Ce compte de sortie est symétrique du compte d'entrée. Il s'agit de répartir les fruits entre l'usufruitier et le nu-propriétaire. Par une correspondance naturelle, la loi donne au nu-propriétaire les fruits *naturels et industriels* non encore perçus au moment où l'usufruit prend fin, sans avoir à indemniser l'usufruitier. Quand aux *fruits civils,* ils sont répartis proportionnellement au temps d'occupation pendant l'année (C. civ. art. 585, 586).

b) État de la chose grevée d'usufruit

En toute réciprocité, l'usufruitier doit restituer la chose dont il a joui dans l'état où elle est à la fin de l'usufruit. (Une différence surgit là encore entre l'usufruit et le bail). De l'usure normale, il ne répond pas. Les difficultés commencent avec les améliorations ou les dégradations.

Améliorations (42). Il est possible que l'usufruitier (prenant cette initiative, sans y être obligé) ait apporté à la chose grevée d'usufruit certaines améliorations. La loi est stricte pour lui. Il n'est pas en droit, à la cessation de l'usufruit, de réclamer une indemnité à ce titre (art. 599, al. 2). La jurisprudence a seulement tempéré cette règle en soumettant les grosses réparations à un autre régime. Si l'usufruitier a réalisé de grosses réparations dont la charge incombe au nu-propriétaire, il peut lui réclamer, à l'extinction de l'usufruit, une indemnité calculée comme en matière d'enrichissement sans cause (v. n° 1288).

Dégradations. Si l'usufruitier s'est abstenu d'entretenir la chose ou en a joui abusivement et l'a ainsi détériorée par sa faute, il doit indemniser le nu-propriétaire. Celui-ci peut mettre en cause sa responsabilité, soit avant l'expiration de l'usufruit, soit à l'extinction de celui-ci.

Ce mode de jouissance et de gestion a, en définitive, ses vertus et ses contradictions. Dans la théorie de la propriété, l'usufruit demeure une structure juridique à usages divers. La loi du 31 décembre 1968 relative à la conservation du patrimoine artistique national donne un exemple d'utilisation marginale de l'usufruit à des fins très particulières. Pour recouvrer certains éléments du patrimoine national, la loi offre à l'héritier, au donataire, au légataire, à l'acquéreur d'une œuvre d'art, le moyen d'échapper au paiement des droits de mutation : faire don de cette œuvre à l'État, mais en s'en réservant, sa vie durant, la jouissance (réserve d'usufruit avec, éventuellement, réversion sur la tête du conjoint). Lorsqu'il s'agit d'une demeure historique, il est même possible de perpétuer cette réserve, de génération en génération, aussi longtemps que les héritiers acceptent de se soumettre à diverses obligations (visite du public, etc.).

---

(42) Une jurisprudence ancienne refuse toute indemnité à l'usufruitier même pour des constructions nouvelles (Req. 4 nov. 1885, D. 86.1.361). C'est une façon de ne pas appliquer l'art. 555 aux constructions édifiées par l'usufruitier. Il est vrai, qu'en cas d'extension du texte, il resterait à savoir si l'usufruitier doit être assimilé à un constructeur de mauvaise foi ; v. *infra,* n° 1405.

SECTION III L'USAGE ET L'HABITATION

1319 Comme l'usufruit, l'usage et l'habitation sont, **mais à une échelle restreinte,** des **droits réels sur la chose d'autrui.** Ils procèdent, comme l'usufruit, d'un démembrement du droit de propriété, mais en miniature. Par un **renforcement typique de leur caractère personnel, qui fait toute leur originalité, ces droits sont en effet exclusivement ordonnés à la satisfaction des besoins propres de leur titulaire et de ceux de leur famille :** canon qui donne au droit sa mesure. **L'usage** confère à son bénéficiaire *usus* et *fructus,* mais seulement dans la mesure de ses besoins personnels et familiaux (a. 630). Plus réduite encore, **l'habitation** ne donne à son titulaire que le droit d'habiter une maison (43) pour y demeurer avec sa famille (44). Aucun de ces droits ne peut être cédé ni loué (a. 631, 634). Leur **affectation strictement personnelle** fait également admettre que l'usage et l'habitation sont insaisissables et ne sont pas susceptibles d'hypothèque.

La force et la spécificité de cette finalité expliquent que l'usage et l'habitation ne soient, en règle, établis que par titre (convention ou testament) (45). Cependant, depuis la loi du 30 juin 2000 (confirmant la pratique), l'usage ou l'habitation d'un bien peut être attribué, en matière de divorce, à titre de prestation compensatoire, soit par la convention des époux dans le divorce sur requête conjointe, soit par décision du juge dans les divorces contentieux (art. 275, al. 3). En dehors de ces cas, l'occupant ne peut se prévaloir de la loi. Il n'existe pas de droit légal d'usage et d'habitation (46).

Pour le reste, ces droits **suivent le régime de l'usufruit** (47) dont ils sont, en somme, des **diminutifs personnalisés.** (C. civ. art. 625, 626, 627). Dans la limite où les enferme leur finalité, ces droits ont **la même nature que l'usufruit.** A considérer, tout bien pesé, leur

---

(43) Le droit d'habiter ne comprend pas celui d'exploiter le domaine qui entoure l'habitation. C'est la définition même de ce droit. V. Civ. 3e, 12 juin 1991 ; Bull. III, n° 173. C'est aussi le sens clair du terme « habitation » (mais il était associé, dans l'accord litigieux, à des termes équivoques).

(44) C. civ. a. 630, 632. V. Civ. 3e, 9 nov. 1988, Bull., III, n° 158, G. P. 1989, I, Rés., 16, pour une application stricte de cette affectation exclusive, jugée incompatible, sauf stipulation particulière, avec l'occupation, même à titre gratuit, par une personne étrangère à la famille, d'une chambre de service située à l'étage supérieur (d'où la déchéance du droit). Que la concubine ne soit pas assimilée à un membre de la famille, c'est ce qu'avait décidé un arrêt, il y a plusieurs décennies (TGI Besançon, 30 oct. 1956, G. P. 1956.II.426). On imagine qu'aujourd'hui, la famille au sens de l'article 633, s'entendrait aussi de la famille naturelle. Quant à la sanction de l'abus du droit d'usage et d'habitation, c'est la déchéance de ce droit, non sa transformation *de plano* en droit d'usufruit (avec application de la présomption de propriété de l'article 1751 du Code général des impôts : Cass. com., 4 juin 2002, *Defrénois* 2002, 1304, n. Chappert).

(45) L'étendue des droits peut être réglée par le titre : C. civ. art. 628. V. T.G.I. Nevers, 5 mars 1991, J.C.P. 1991, éd. N. II. 279, n. Pillebout. A noter que l'établissement du droit d'usage et d'habitation — démembrement de la propriété — constitue un acte de disposition qui exige une décision de l'assemblée générale des porteurs de parts de la société civile immobilière propriétaire des lieux, Paris 11 janv. 1993, D. 1993.IR. 120.

(46) Notation intéressante, par comparaison avec l'usufruit (Paris, 11 janv. 1993, préc.).

(47) Notamment pour la déchéance en cas d'abus de jouissance. *Adde, supra,* n° 1260. Cette application résiduelle fait encore que le droit d'usage et d'habitation, conférant à son titulaire un droit réel immobilier, n'est opposable aux tiers que s'il a fait l'objet des formalités légales de publicité (Paris, 11 janv. 1993, préc.). Comme l'usufruitier, l'usager peut être reconnu gardien du bien dont il a l'usage et tenu pour responsable en cette qualité, sur le fondement de l'art. 1384, al. 1, du dommage causé à un immeuble contigu par la ruine du bâtiment qu'il occupe (Civ. 2e, 23 mars 2000, J.C.P. 2000.IV.1822. V. *supra,* n° 1276, note 16).

économie générale, l'idée directrice est que de tels droits, ne se distinguant de leur modèle que par le cantonnement de leur utilité en faveur des bénéficiaires de première main (simple réserve *ad personam*) **empruntent résiduellement à l'usufruit toutes les règles que n'exclut pas leur affectation réservataire** (clivage rationnel que ponctue bien le canevas des textes) (48).

Cependant, en faisant échapper l'usage et l'habitation à la présomption de gratuité de l'article 918 C. civ. et à la présomption spéciale de l'article 751 du Code général des impôts, pour des raisons littérales étrangères à cette logique, l'interprétation leur offre en prime un gage de sécurité et un avantage fiscal, traitement préférentiel qui leur vaut les **faveurs de la pratique** et fait choisir les diminutifs, au lieu de leur modèle, non pour leur finalité essentielle mais pour ces avantages contingents (v. là-dessus, D. Ponton-Grillet, *Le droit d'usage et d'habitation : diminutif ou substitut du droit d'usufruit ?* D. 1992 chron. 235) : Dérive non sans lien avec le contentieux (49).

Copropriété et usage ou habitation. Le démembrement de la pleine propriété qui résulte de l'établissement d'un droit d'usage ou d'habitation joue même lorsqu'un tel droit est accordé sur un lot en copropriété à l'un des copropriétaires (par ex. attribué après divorce à l'un des époux copropriétaires, à titre de prestation compensatoire). Le démembrement laisse sa qualité de propriétaire (de nu-propriétaire) à l'autre conjoint qui demeure tenu *in solidum*, en cette qualité, des charges communes (Civ. 3e, 23 févr. 2000, J.C.P. 2000.IV.1642 ; R.T. 2000.555 obs. Hauser).

BIBLIOGRAPHIE

L'ouvrage de PROUDHON demeure (50) une source substantielle. *Traité des droits d'usufruit d'usage personnel et d'habitation,* 1re éd. 1823 à 1827 9 vol. ; 2e éd. 1836, 5 vol. (la suite formant, sur d'autres matières, un traité à part).

PLANIOL et RIPERT, T. III, 2e éd. par Picard, n° 756 s.

CARBONNIER, T. III, n° 92 s.

BOUQUILLARD R., *Le contentieux des actes juridiques portant sur un immeuble grevé d'usufruit,* th. Panthéon Assas, 1992.

DOCKÈS E., *Essai sur la nature de l'usufruit,* R.T., 1995, 479. J.-Cl. BRAULT, *L'aliénation de la propriété démembrée,* Defrénois 1995, 449.

(48) Dans le cas où l'usage absorbe toute l'utilité du fonds, il assume les mêmes charges que l'usufruitier : art. 635. V., pour une application : Civ. 3e, 14 nov. 1996, Bull. civ. III, n° 218 ; J.C.P. 97.IV.56. *Adde* même sens, Paris, 27 janv. 2000, D. 2000.IR.78 : Le titulaire du droit d'usage et d'habitation (ici vendeur d'un immeuble en viager avec réserve de tels droits) doit rembourser à l'acquéreur les taxes foncières que le fisc recouvre contre celui-ci. On remarquera que, d'après ce même arrêt, les frais de remplacement d'une chaudière, de réfection de la toiture et de réparation de l'ascenseur ne sont pas au nombre des réparations d'entretien aux quelles l'art. 635 assujettit l'usager. Comp. *supra*, n° 1285, note 22.

(49) V. Pillebout, *Le contentieux du droit d'usage et d'habitation,* J.C.P. 81.I.3049 ; Raison, *Droits d'usage et d'habitation,* Journ. not. 1990.1257 ; Comp. D. Ponton-Grillet, *Le renouveau familial du droit d'usage et d'habitation, Dr. fam.* 2001, chron. 20.

(50) Selon le vœu de l'auteur : « Il y aura toujours des propriétaires, des usufruitiers et des usagers ; et le droit de nue-propriété, ainsi que ceux d'usufruit, seront dans tous les temps de la même nature qu'ils sont aujourd'hui : il faudra donc toujours connaître les règles qui gouvernent l'exercice de ces droits ; et l'utilité de notre traité sera toujours la même ». T. I, préf. X...

CHAPITRE IV
LA JOUISSANCE À TEMPS PARTAGÉ (EX PSEUDO-MULTIPROPRIÉTÉ)

Sous le titre alléchant (et trompeur) de « multipropriété » une ingénieuse pratique avait imaginé de proposer à plusieurs personnes de se grouper pour occuper, chaque année, à tour de rôle, pendant une période déterminée, la même résidence de vacances : elle offrait à plusieurs cobénéficiaires d'avoir, périodiquement et successivement, la jouissance privative d'un même bien immobilier. Sous le nom plus adéquat et moins déceptif de **« jouissance d'immeuble à temps partagé** » (*timeshare* est l'équivalent anglo-saxon), la loi a consacré cette initiative en « l'encadrant » de dispositions impératives, protectrices des vulnérables amateurs de rêve (1).

D'un point de vue socio-économique, cette invention de la civilisation des loisirs s'aligne, à côté de beaucoup d'autres, pour offrir au public une formule de vacances qui ambitionne, moyennant un effort de planification, de mettre à la disposition d'amateurs, des tranches de séjour organisées, dans des lieux d'agrément (stations de ski, stations balnéaires, îles lointaines, etc.) sans que cette offre de jouissance personnelle exclue la pensée d'un placement immobilier (v. plus loin, n° 1331).

Globalement, le système repose sur un groupement d'intéressés dont on escompte, au prix d'un étalement des vacances, un plein emploi de la résidence et un abaissement du coût

(1) Loi du 8 janvier 1986 relative aux sociétés d'attribution d'immeubles en jouissance à temps partagé J.C.P. 1986.II, 58205 ; D. 1986, lég., 190. Transfrontalier, le phénomène d'utilisation à temps partiel de biens immobiliers a une clientèle internationale (et en cela plus vulnérable encore). Transposant la directive 94/47/CE du Parlement européen et du Conseil du 26 oct. 1994, une **loi du 8 juillet 1998** (D. 98, lég. 289 ; J.C.P. 98.III.20123) le saisit sous un nouvel angle, celui de la **protection**, comme consommateurs, **des candidats à l'acquisition** de droits à cette sorte d'utilisation. La loi ne touche pas le système de jouissance à temps partagé. Elle réglemente la conclusion des contrats qui y conduisent, entre professionnels et consommateurs, afin que ces derniers soient mis à même de donner un consentement libre et éclairé. On retrouve l'éventail classique du **droit de la consommation** : formalisme de l'offre de contracter et de l'acceptation de l'offre, délai de réflexion, faculté de rétractation, sanctions pénales, et des dispositions de droit linguistique (art. L. 121-68).
Pour donner à la protection sa plus large application, la loi soumet à sa réglementation « tout contrat ou groupe de contrat, conclu à titre onéreux, par lequel un professionnel confère à un consommateur, directement ou indirectement, la jouissance d'un ou plusieurs biens immobilières à usage d'habitation, par périodes déterminées ou déterminables, pour au moins trois années ou pour une durée indéterminée ». Elle y soumet aussi les autres modes d'accession à la jouissance à temps partagé (contrats de souscription ou de cession de parts ou actions de société d'attribution d'immeubles en jouissance à temps partagé) (art. L. 121-60). Sur l'ensemble de la loi, v. R. Saint-Alary, D. 1998, chron. 147.

du séjour (par rapport à l'hôtellerie classique, aux locations saisonnières, ou à la propriété personnelle d'une résidence secondaire) et qui permet de résoudre collectivement les problèmes d'entretien et de gestion.

Individuellement, la formule donne à l'usager l'équivalence (ou l'illusion) d'une résidence secondaire à usage intermittent mais certain, sans le souci de la gérer ou de l'entretenir. De même que les agences de voyage « vendent » des facilités de voyage, de même ces entreprises des facilités de vacances, des sécurités de séjours saisonniers de plaisance, à la montagne ou à la mer. Cependant la loi ne comporte aucune limite géographique et n'exclut aucune habitation. L'aménagement peut être réalisé en tout lieu et en tout immeuble à usage principal d'habitation (art. 1er).

1321 En droit, il est essentiel de connaître quelle forme juridique revêt cette idée qui fut, à l'état brut, une **initiative de la pratique.** La formule a d'abord fleuri, sous des modalités variables et des noms divers : multi-jouissance, multipropriété, pluripropriété, copropriété ou propriété dans le temps, propriété spatiotemporelle, copropriété ou propriété saisonnière, propriété à temps partiel (ou à temps partagé), propriété par périodes, etc. Il fût intéressant d'assister, dans cette période apéritrice de tâtonnements et d'essais, à la formation d'un système qui (au-delà des artifices et des maléfices de la publicité) a trouvé sa « clientèle ».

La loi nouvelle situe sans équivoque cette combinaison **par opposition à la propriété** ou à ses complications, spécialement à la copropriété. Il s'agit seulement d'un droit de jouissance attaché à une part sociale.

La formule appelle une vue d'ensemble qui permet de mettre en relief — à l'échelon individuel et plus concrètement — la nature originale du droit de séjour limité offert aux usagers.

SECTION I LE SYSTÈME D'ENSEMBLE

1322 **Sa base matérielle est, à certains égards, comparable à celle de la copropriété des immeubles bâtis. La jouissance à temps partagé est assise sur un ensemble résidentiel** (2) qui comporte, à côté de parties communes (hall, jardins, terrasses, etc.), des parties privatives affectées à l'occupation périodique successive des cobénéficiaires (logements privés, unités d'habitation, appartements, studios). Un état descriptif de division délimite ces diverses parties (art. 8).

Seulement, le nombre des logements peut être très inférieur au nombre des usagers puisque, par définition, une rotation les fait se succéder, à tour de rôle, dans le même logement (3). Tout repose sur une répartition de la jouissance, c'est-à-dire sur la distinction et l'attribution de lots, par voie d'affectation à chaque lot des droits de chaque intéressé (un tableau d'affectation, document de base étant annexé à l'état descriptif de division, art. 8).

De plus, l'utilisation privative porte sur des locaux meublés, prêts, par leurs installations (chauffage, sanitaire, etc.) et leur équipement (vaisselle, literie, etc.), à accueillir pour un séjour de vacances des utilisateurs immédiats.

---

(2) Il peut s'agir de tout immeuble à usage d'habitation, ou même de fractions de tels immeubles (appartements, art. 1er).

(3) Les cobénéficiaires de la jouissance annuelle d'une même unité d'habitation sont en nombre variable : trois, dix, vingt, davantage...

Dégagée de la copropriété, même dans son assiette matérielle, la jouissance à temps partagé s'en différencie plus encore par sa **structure juridique**. La pseudo-multipropriété se développe dans le cadre d'une organisation d'emprunt. Son support est, tout simplement, une **société,** sa forme juridique une forme sociale.

§ 1. LA SOCIÉTÉ

3 Constituée conformément au droit commun (sous une forme variable : société de personnes, de capitaux, ou même société coopérative, art. 24 s.), dotée de la personnalité morale aux conditions ordinaires, régie par le droit commun des sociétés, sous réserve des dispositions spéciales de la loi de 1986 (art. 1er), la société qui supporte le système a pour objet spécifique d'attribuer à ses membres la jouissance (4) à temps partagé d'un immeuble déterminé. D'où son nom (société d'attribution d'immeubles **en jouissance à temps partagé**). Cependant l'objet de la société comprend, à la base, la construction, l'acquisition, la restauration, l'aménagement des immeubles à attribuer en jouissance (art. 1er). Il comprend aussi l'administration de ces immeubles ainsi que l'acquisition et la gestion des éléments mobiliers conformes à la destination de l'immeuble et peut également s'étendre à la fourniture de services et au fonctionnement des équipements collectifs (art. 1er).

A. LA PROPRIÉTÉ

4 À elle seule, sa titularité permet d'exclure la notion de multipropriété. C'est en effet la société personne morale qui est, individuellement, propriétaire de l'immeuble dans lequel sont établies les multiples résidences. L'ensemble immobilier n'est donc pas en copropriété : c'est la propriété privative d'une personne morale ; l'immeuble est « social ». La propriété de la société s'étend non seulement au bâtiment divisé en unités d'habitation à usage privatif, mais souvent aux terrains offerts à la jouissance commune qui en dépendent (golf, tennis, piscine, etc.). Les titulaires de la jouissance n'ont rien dans la propriété.

B. L'ORGANISATION ET LE FONCTIONNEMENT

5 La société propriétaire a un gérant (5) qui est principalement chargé d'entretenir l'immeuble, d'assurer la gestion administrative et financière du système (notamment le recouvrement des charges) et de veiller à ce que les locaux soient prêts à accueillir leurs occupants successifs. La succession des usagers dans les mêmes logements pose, en pratique, de délicats problèmes (vérification de l'état des lieux à l'entrée et à la sortie de chaque occupant, remise en état, réparations, nettoyage, etc.). La loi de 1986 contient des dispositions importantes relatives à l'assemblée générale (a. 13 à 16).

(4) En tête de la loi, ce droit de jouissance est bien marqué, comme l'antithèse de la propriété. En une telle société, **aucun droit de propriété ou autre droit réel** n'est accordé aux associés en contrepartie de leurs apports (art. 1er). La clarté du message chasse l'illusion de l'ancien nom menteur.

(5) Un ou plusieurs. Dans une société civile, la loi soumet leur nomination et leur révocation à des règles impératives (art. 5 et 6).

§ 2. LES ASSOCIÉS

1326 Ce sont les ex pseudo-multipropriétaires. Ni propriétaires, ni copropriétaires, ils ne sont pas davantage des locataires ou de simples clients. Leurs droits et obligations sont aussi dans le « moule » social. Ce sont de **simples associés.**

A. LES PARTS SOCIALES

1327 Chaque associé a dans son patrimoine, une part sociale (part ou action) dont l'acquisition (investissement d'origine) représente, pour lui, l'opération en capital. Cette part présente en général la particularité d'être nominative (pour permettre les appels de fonds) : elle est cessible à titre onéreux ou gratuit (6), sous réserve parfois (suivant les statuts) d'un agrément de la société (7). Temporaire, ce droit d'associé est limité dans le temps à la durée de la société. Par ce trait, la ci-devant nommée « multipropriété » se sépare, une fois de plus, de la propriété et de la copropriété (des immeubles bâtis). Conformément au droit commun, la part sociale constitue, sur la tête de son titulaire, un droit patrimonial, personnel (non réel), mobilier, transmissible à cause de mort. Elle a pour trait spécifique de conférer à un titulaire un droit de séjour déterminé. Attaché à la part, ce droit de séjour en est à la fois la conséquence et la mesure. La quotité à laquelle correspond, dans la société, la part d'un associé est déterminée d'après l'importance et la valeur du droit de séjour qui lui est affecté (durée et date de la période dans l'année, dimension et catégorie de l'unité d'habitation) (art. 8, al. 2).

B. LES CHARGES FINANCIÈRES

1328 Si les associés sont, matériellement et juridiquement, déchargés des soucis d'entretien et de gestion, ils doivent répondre aux appels de fonds qui sont faits, à échéances déterminées, par le gérant (8). Chaque année, ils doivent verser une somme qui pourrait passer pour l'équivalent d'un loyer, mais qui correspond à la portion incombant à chaque associé dans les charges de la jouissance à temps partagé, lesquelles sont réparties en deux postes : 1. Charges communes soumises à la répartition proportionnelle (frais généraux de la société ; frais et charges afférents à l'immeuble) ; 2. Charges liées à l'occupation (frais, prestations et fournitures engagés pour le compte de chaque associé, notamment charges de séjour). Un associé n'est pas tenu de participer à ces dernières lorsqu'il n'occupe pas le local sur lequel s'exerce son droit de jouissance (art. 9 l. 6 janv. 1986 ; d'où la nécessité pour la société de préciser, dans la ventilation des charges, celles qui sont liées à l'occupation : Civ. 3e, 23 janv. 2002, D. *Dr. aff.* 2002, p. 807, n. Rouquet). C'est l'opération vue, pour la charge périodique qu'elle représente, du côté des revenus (ici resurgit la comparaison avec la location : l'un des avantages économiques de la solution serait d'assurer aux intéressés un coût annuel inférieur aux loyers de saison).

1329 Pour contraindre les associés à remplir leurs engagements, la loi les soumet à de rigoureuses mesures d'exécution (art. 3, al. 2). En compensation et par faveur, elle déroge à l'interdiction pour le juge de réviser le contrat (C. civ. a. 1134) en ouvrant, pendant cinq ans à compter de son établissement, une action spéciale en révision judiciaire de la répartition des charges pour déséquilibre excessif : soit si la part correspondant au lot du demandeur est supérieure de plus du quart à la

(6) Les cessions de parts ou actions avant achèvement de l'immeuble sont soumises à un régime très restrictif (a. 22).

(7) Par dérogation au droit commun (C. civ. art. 1857) les associés des sociétés constituées sous forme de société civile ne répondent des dettes sociales à l'égard des tiers qu'à concurrence de leurs apports (art. 4).

(8) Et d'abord ceux qui sont nécessités par la construction, l'acquisition, l'aménagement ou la restauration de l'immeuble, en proportion de leurs droits dans le capital social (art. 3).

répartition normale, soit si la part correspondant au lot d'un autre associé est inférieure de plus du quart à cette répartition (art. 10).

SECTION II LE DROIT DE SÉJOUR

Prérogative attachée à une part sociale, le droit à un séjour dans une unité d'habitation est la pièce originale à partir de laquelle tout le système a été pensé : intérêt concret de l'opération, c'est un **droit de jouissance privative périodique et localisé,** un droit de jouissance à temps partagé. Une fois précisé le contenu du droit de jouissance, l'essentiel est de saisir — limites caractéristiques — comment ce droit s'insère dans l'espace et dans le temps.

§ 1. ATTRIBUTS DU DROIT DE JOUISSANCE

1 Comme la part sociale à laquelle elle est attachée, la jouissance d'une unité d'habitation est, pour son bénéficiaire, un droit privatif. Mais ce droit comporte plusieurs utilités. Primordialement, l'associé a la faculté d'occuper personnellement le local afférent à sa part. Le droit de jouissance privative est d'abord un droit d'usage personnel. Cependant, l'associé est libre de prêter le local ou de louer à qui bon lui semble nonobstant toute clause contraire des statuts ou du règlement (art. 23).

§ 2. DÉTERMINATION DU SÉJOUR DANS L'ESPACE

2 Le droit de séjour a une assiette géographique fixe. Il est localisé en un double sens : il s'exerce dans un ensemble résidentiel déterminé (telle résidence de telle station) ; au sein de cet ensemble, il porte sur une unité d'habitation déterminée (tel studio).

Rien n'empêche cependant les corésidents d'un même ensemble de procéder, pour le temps qu'ils précisent, à des échanges internes que facilite, en général, le service de gestion (bourse d'échanges). Sous son égide, peuvent même s'opérer des échanges externes, par exemple, entre une résidence hivernale et une résidence estivale appartenant à des sociétés relevant d'un même groupe : assouplissement dans l'espace qui peuvent se combiner avec d'autres assouplissements dans le temps.

§ 3. DÉTERMINATION DU SÉJOUR DANS LE TEMPS

3 Droit périodique, le droit de séjour offre, sous ce rapport, trois caractères :

1° C'est un séjour annuel (comme les congés). Chacun a droit, chaque année, à un séjour (continu ou fractionné).

2° Dans l'année, le séjour est limité à une durée déterminée (15 jours, trois semaines, etc. ou deux fois huit jours, trois fois une semaine, etc.), au choix de chaque intéressé.

3° Dans le calendrier ; cette période revient chaque année, à la même époque, selon le choix initial de chacun, mais sous réserve, là encore, d'échanges d'accord.

1334 En définitive, le système n'a pas grand chose à voir avec le régime foncier. Il se situe plutôt par rapport au bail et au tourisme d'hôtellerie (il est d'ailleurs symptomatique que nombre d'hôtels se soient transformés en asile de jouissance à temps partagé). Globalement, il s'agit d'une sorte de société d'utilisation routinière et rotative d'une résidence de vacances. Du point de vue des usagers, c'est un droit à un « espace-temps » de vacances, une facilité de réservation annuelle dans un lieu d'élection (et, bien entendu, aussi, une sorte de placement ou de gouffre).

BIBLIOGRAPHIE

1. Sur l'ex pseudomultipropriété

DAGOT et SPITERI, *À la recherche de la multipropriété,* J.C.P. 1972.1.2481.

DEWAS-CLÉMENT C., *La multipropriété,* th. Paris 1974, dactyl.

MORAND M., *La copropriété saisonnière ou multipropriété depuis dix ans,* G. P. 1979.1, Doct. 245.

BIASCA, *La propriété spatio-temporelle en quête d'un statut,* G. P. 1976.2, Doct. 539.

STEMMER, *De la division dans le temps de la jouissance des immeubles inexactement qualifiée de multipropriété,* J.C.P. 1976 (éd. N) 1.2789. *adde* J.C.P. 1981.1.3016.

DOYON, *La propriété spatio-temporelle,* J.C.P. 1974.1.2599 ; *La propriété spatio-temporelle, ou le temps partagé* J.C.P. 1976 (éd. N) I, n° 2770 ; *Quel est l'avenir du temps partagé ?* J.C.P. 1978 (éd. N) I, 71.

BOUYEURE, *Société immobilière et copropriété,* Revue de l'Habitat, 1976, n° 179 ; *Réflexions sur la jouissance d'immeubles à temps partagé, ou propriété spatio-temporelle,* G. P. 1976.2, Doct. 541.

ROUX, *Multipropriété et fiscalité,* Revue d'Economie et de Droit Immobilier, 1976, n° 66, p. 28.

PELLETIER, *Le régime juridique et fiscal des immeubles à temps partagé,* Rev. dr. immob. 1982.187.

2. Sur la loi du 6 janvier 1986

ZENATI F., *Chron. de législation française,* R.T. 1986, p. 442 s.

PEISSE M., *Un statut pour la multipropriété,* G. P. 86. Doct. 86.

CANU V.,*Une loi pour la multipropriété,* Rev. Loy. 1986, 297.

3. Sur la loi du 8 juillet 1998.

BOURGEOIS M.-J., J.C.P. 1998, actualité.

DEUXIÈME PARTIE

DIVERSES SORTES DE PROPRIÉTÉS CONSIDÉRÉES SOUS LE RAPPORT DE L'OBJET AUQUEL ELLES S'APPLIQUENT

En dehors des règles générales qui la gouvernent, la propriété est assujettie à des règles spéciales qui varient suivant qu'elle porte sur des immeubles, des meubles corporels, ou des biens incorporels.

La considération de l'assiette du droit introduit à trois grands secteurs : **le droit immobilier,** le régime des **meubles corporels,** le droit des **propriétés incorporelles.**

TITRE I

LE DROIT IMMOBILIER

Les règles particulières qui le constituent se rapportent, pour l'essentiel, au **droit de propriété.** Mais la **possession** joue, en matière immobilière, un rôle particulier.

Cette distinction du droit et du fait s'impose d'autant plus que, dans une matière où il n'est pas écrit que la possession vaut titre, la propriété peut exister sans la possession et la possession sans la propriété, chacune étant d'ailleurs protégée pour elle-même, indépendamment de l'autre.

Dans cette indépendance mutuelle, la propriété aurait tort de se moquer de la possession qu'il vaut mieux avoir pour alliée que pour ennemie. Non seulement parce que la possession utile l'emporte, à force de temps, sur la propriété inactive, mais aussi parce que la propriété peut attendre, de la possession, plus d'un service : une protection d'emprunt et une assise de renfort. C'est à la possession autant qu'au titre que peut être rattachée la preuve de la propriété immobilière. On n'oubliera pas, en séparant les questions, que posséder son bien est encore, naturellement, pour le propriétaire, l'une des manières les plus efficaces de garder son droit et l'une des plus agréables d'en jouir.

SOUS-TITRE I
LA PROPRIÉTÉ IMMOBILIÈRE

8 Elle est principalement régie par des règles ordinaires qui composent le **régime foncier :** il existe un droit commun de la propriété foncière (Chap. I). Mais ce régime général se complique parfois. Ses enchevêtrements donnent lieu à des **régimes spéciaux** dont il faut, au moins, prendre une idée (Chap. II).

CHAPITRE I
LE RÉGIME FONCIER

Dans sa plus large acception, le régime foncier englobe les règles de toute origine régissant l'ensemble des parcelles du territoire.

Deux restrictions isolent ce qu'en retient le droit civil des biens.

1° Quant à son *assiette,* le régime foncier ici considéré porte seulement sur **les biens fonds soumis à l'appropriation individuelle.** Partie du droit de la propriété privée, c'est exclusivement le statut des immeubles privés (appartenant à des particuliers, personnes physiques ou personnes morales de droit privé). Au régime foncier ainsi restreint échappe la totalité des biens qui appartiennent à l'État ou aux autres collectivités publiques, que de tels biens dépendent du domaine public ou constituent le « domaine privé » de ces collectivités. Publique ou privée la domanialité relève du droit administratif, au moins de son enseignement (1).

2° Quant à son *contenu,* le régime foncier privé aurait vocation à rassembler toutes les règles relatives à la propriété privée bâtie ou non bâtie. Dans sa plénitude, il embrasse le régime des terres (droit de la propriété rurale et de ses modes d'exploitation, y compris le statut des baux ruraux), l'ensemble des opérations qui prennent l'immeuble pour objet d'échange, bien de rapport ou source de crédit (vente, baux d'habitation, hypothèque, etc.), et toutes les opérations de construction.

Cette synthèse ne résiste pas à la division des programmes qui replace, dans le droit rural, l'étude des baux ruraux et des structures foncières rurales, dans le droit des contrats, celle

---

(1) La domanialité publique est gouvernée par un ensemble de règles propres au droit public, dont les plus célèbres, mais non les seules, sont l'inaliénabilité et l'imprescriptibilité du domaine public (cependant, même au sein de ce régime, les notions de propriété et de possession ont cours, ainsi que certains mécanismes techniques, action en revendication, actions possessoires, mitoyenneté, accession, sans nier le particularisme de ces transpositions). En revanche, le domaine privé des collectivités administratives est, en principe, soumis aux règles du droit privé et son contentieux relève des tribunaux judiciaires. Cependant, le droit privé foncier souffre diverses dérogations dans son application au domaine privé des collectivités publiques relativement auquel il constitue le droit commun. Si, en dépit de cette application, la théorie de la domanialité publique ou privée relève de l'enseignement du droit administratif, c'est en vérité que le critère de la distinction du domaine public et du domaine privé et parfois son principe même, sont l'objet de réflexions approfondies dans la doctrine publiciste. V. not. A. de Laubadère, J.-Cl. Venezia, Y. Gaudemet, *Tr. de droit administratif,* T. 2, 9ᵉ éd. n° 238 s.

de la vente immobilière, des baux d'habitation et des divers contrats de construction, dans le droit des sûretés et du crédit, celle de l'hypothèque et de la publicité foncière.

1341 **Au titre du droit des biens, le régime foncier ne saisit l'immeuble, de façon élémentaire, que comme portion du sol, parcelle de territoire, dans la communauté de voisinage** (Carbonnier). Et c'est encore beaucoup. **Tout immeuble demande à être géographiquement délimité, dans son assiette,** pour que soient matériellement tracées les frontières de la petite souveraineté que la loi reconnaît au propriétaire (Sect. I). Les rapports entre fonds voisins demandent à être réglés, ce qui est, pour une grande part (2), l'objet des **servitudes** (Sect. II).

1342 Édictées par le Code civil ou des lois postérieures, ces règles composent **un droit individualiste et libéral fondé, pour l'essentiel, sur le respect de la propriété privée.** Le droit de propriété y trouve des limites, mais, en général, dans la réciprocité. La propriété arrête la propriété ; la liberté de l'un celle de l'autre.

Sans doute y rencontre-t-on quelques restrictions d'intérêt général (3). Mais l'objet primordial de ce droit est de régler, comme **rapports de droit privé,** des **relations inter-individuelles de voisinage,** donc de composer, dans les tensions que crée la contiguïté ou la proximité immédiate, entre des intérêts particuliers : droit élémentaire de la paix des prochains.

1343 C'est pourquoi, avant de s'en tenir à cet ordre de rapport qui relève du droit privé, il faut demander, au moins en schéma, au **droit public** la vision plus haute qui le dépasse, en replaçant la propriété, sinon dans des perspectives globales d'ordre économique et social, du moins dans des espaces plus vastes où le voisinage fait place à l'environnement : insertion d'où naissent, pour la propriété privée, de nouvelles contraintes dont le développement croissant des interventions étatiques fait sentir le poids.

SECTION PRÉLIMINAIRE
L'INTERVENTION ÉTATIQUE EN MATIÈRE DE PROPRIÉTÉ FONCIÈRE

1344 Diversifiées, les actions de l'État ont d'abord poursuivi, secteur par secteur, des **objectifs spécifiques.** Elles ont donné corps à plusieurs politiques foncières : une politique agricole, une politique forestière, une politique urbaine, une politique de sauvegarde du patrimoine artistique, etc. De ces impulsions non nécessairement coordonnées, sont nés divers ensembles législatifs qui demeurent, dans chaque secteur d'activités, la base de la réglementation. Pour agir sur les structures agraires, la politique foncière agricole a donné naissance à la législation sur le

(2) Ces rapports ont déjà été envisagés, sous certains autres aspects, avec la théorie de l'abus du droit et celle des inconvénients anormaux de voisinage ; v. plus haut, n° 1079 s.

(3) V. not., dans sa généralité et sa souplesse, la directive exemplaire que l'art. 645 C. civ. (canon de lumière) donne aux tribunaux pour trancher les contestations entre propriétaires sur le régime des eaux : **concilier l'intérêt de l'agriculture avec le respect dû à la propriété ;** modèle de pouvoir régulateur, exercé souverainement par les juges du fond, en tant qu'il intègre, dans chaque cas, l'ensemble des données d'équité et d'opportunité (v. en ce sens, Civ. 23 janvier 1923, D.P. 1925.1.191 ; v. plus loin, n° 1386, notes 44 s.).

remembrement et les cumuls d'exploitations agricoles et institué des sociétés d'aménagement foncier et d'établissement rural (S.A.F.E.R.) en leur donnant les moyens d'acquérir des terres ou des exploitations à rétrocéder pour accroître certaines exploitations ou faciliter l'installation d'agriculteurs (v. not. la loi d'orientation agricole du 5 août 1960). Pour protéger la forêt, la loi lutte contre le défrichement en l'assujettissant à une autorisation administrative et à une taxe (v. le nouveau Code forestier, 1er janv. 1978). Une législation particulière protège les monuments historiques (l. 31 déc. 1913, l. 2 mai 1930) (4). Diverses lois tendent à la résorption des bidonvilles (l. 10 juil. 1970) etc.

5 Pendant longtemps, la part majeure revint, dans cet ensemble, à la **politique urbaine.** On le comprend. C'était, en première urgence, la réponse nécessaire au défi de la concentration urbaine et de l'extension (parfois du gigantisme) des villes. La croissance urbaine commandait l'implantation des ensembles d'habitation, la réalisation de grands programmes d'équipements collectifs (hôpitaux, écoles, équipements sportifs, etc.), le développement des zones industrielles. De la nécessité de contrôler le phénomène capital de l'urbanisation est né, depuis 1943, le droit surdéveloppé et toujours sur le chantier de l'urbanisme (1944, Code de l'urbanisme, 1958, loi « Debré », loi d'orientation foncière du 30 déc. 1967, loi n° 76-1285 du 31 déc. 1976, portant réforme de **l'urbanisme,** d. n° 77-755 à 760 du 7 juill. 1977).

6 Une évolution des préoccupations (en résonance avec les aspirations profondes de l'opinion publique) a produit, depuis quelque temps, un élargissement typique des objectifs. Une **politique globale d'aménagement du territoire** ambitionne désormais de régner sur tous les espaces ruraux ou urbains. La recherche d'une vision d'ensemble sur l'occupation des sols n'a pas seulement l'intérêt de mettre l'accent sur la nécessité d'un équilibre à trouver (ou de trop graves déséquilibres à éviter) entre le développement urbain, l'industrialisation et les équipements d'une part, d'autre part les activités agricoles, et plus généralement la ruralité. L'opposition du rural et de l'urbain a été en quelque sorte transcendée sous la poussée de sentiments renaissants en force — **les préoccupations écologiques** — par la nécessité de préserver la nature, source de vie et la qualité de l'environnement. D'où, au moins dans les intentions officielles et les aspirations populaires (ici concordantes) l'instauration d'une politique généralisée en faveur de la conservation ou de la mise en valeur des sites et des paysages ruraux, urbains ou touristiques, de la préservation des espaces boisés et des richesses naturelles, etc. dont on pourrait dénombrer (sans préjuger de leur inégal mérite) les réalisations (parcs nationaux, parcs naturels régionaux, aménagement du littoral, etc.) (5) et les irréductibles points de friction, quand il s'agit de choisir entre des objectifs contradictoires (installations atomiques, emprises de défense nationale).

7 Née sous le signe d'une recherche d'harmonisation, cette commune inspiration a paradoxalement agi, sans pouvoir les fondre, sur l'évolution des législations existantes, jusqu'à mettre en place plusieurs corps de textes diversifiés relevant du droit de l'urbanisme, de la construction, de l'architecture, des monuments historiques, de l'environnement (6), de la protection de la nature, etc.

Au moins retrouve-t-on leur convergence, à suivre leurs retombées communes sur la propriété privée. Car il s'agit seulement ici de noter **l'incidence de ces législations diverses sur la propriété foncière.** Encore n'est-il possible d'en sentir l'emprise sur ce droit subjectif qu'en prenant un **aperçu sommaire des instruments juridiques** que le droit objectif a agencés (v. not. la loi n° 85-729 du 18 juill. 1985 relative à la définition et à la mise en œuvre de principes d'aménagement).

▪ (4) Le patrimoine national immobilier (patrimoine légal recensé dans l'inventaire général) est important : 31 000 immeubles protégés au titre de la loi sur les monuments historiques ; une surface de toiture des monuments historiques évaluée à 1 740 hectares ; il s'enrichit, par an, de 300 nouveaux immeubles classés (étude pour 1980, année du patrimoine).

▪ (5) V. la loi n° 76-629 du 10 juill. 1976 relative à la protection de la nature et la loi n° 60-708 du 22 juill. 1960 relative à la création de parcs nationaux ; à titre d'exemple, le décret n° 79-696 du 18 août 1979 créant le parc national du Mercantour ; V. M. Irissou, *Les parcs nationaux en France,* th. Paris, 1971.

▪ (6) V. à titre d'exemple la circulaire n° 78-165 du 29 déc. 1978, Bull. off. du ministère de l'Environnement et du cadre de vie, fascicule spéc., accompagnée d'un « manuel d'instruction ».

§ 1. LES INSTRUMENTS JURIDIQUES DE LA POLITIQUE D'AMÉNAGEMENT (AU REGARD DU DROIT OBJECTIF)

1348 La réglementation en la matière occupe tous les degrés de la pyramide des normes : loi d'orientation, loi, décret, etc. (que l'on retrouve souvent regroupés dans des codifications formelles) et, du point de vue géographique, distinction des textes de portée nationale et des dispositions d'application limitée (à une région, une ville, etc.). Mais l'ensemble, complexe, prend parfois un caractère exorbitant : certaines circulaires ministérielles revêtent une valeur réglementaire et le Règlement national d'urbanisme (R.N.U.) incorporé au Code de l'Urbanisme (art. R. 111-1 s.) n'a pas dans toutes ses dispositions une portée nationale...

Plus spécifiques encore sont les instruments juridiques de l'aménagement foncier qui ne sont pas tous opposables aux tiers (aux propriétaires notamment).

A. LES DIRECTIVES D'AMÉNAGEMENT

1349 Sauf exception, elles ne sont pas directement opposables aux particuliers. Destinées à fixer les grandes orientations d'aménagement, elles s'imposent à l'administration dans l'élaboration des documents d'urbanisme (not. dans celle des plans d'occupation du sol).

a) Les schémas directeurs d'aménagement et d'urbanisation (S.D.A.U.)

1350 Ils fixent globalement par région ou détaillent plus précisément par secteurs au sein d'une région, les orientations fondamentales de l'aménagement du territoire intéressé.

Ces directives entendent se fonder, dans l'espace considéré, sur une vue globale de toutes les données d'aménagement : équilibre à conserver entre extension urbaine et activités agricoles : nécessité de conserver sites naturels et massifs boisés ; organisation des grandes voies de circulation (tracé des autoroutes), situation des zones d'industrialisation, etc.

b) Les directives d'aménagement national

1351 Dotées d'une vocation plus générale, elles sont destinées à orienter l'aménagement, non dans une région déterminée, mais dans un type de zone (ou de situation). Ainsi la directive sur la construction dans les zones de bruit des aérodromes (22 sept. 1977), la directive sur la protection et l'aménagement de la montagne (22 nov. 1977) (7), la directive sur la protection et l'aménagement du littoral (25 août 1979).

B. LES DOCUMENTS D'URBANISME

1352 Mettant en œuvre dans un territoire déterminé les directives d'aménagement, ils présentent, en droit, le caractère spécifique d'être, sur ce territoire, opposables aux utilisateurs de terrains. Précis et localisés, ils offrent, du point de vue de la méthodologie réglementaire, deux autres caractères originaux dans lesquels on reconnaît une marque essentielle de la législation en la matière.

---

(7) V. aujourd'hui la loi du 9 janv. 1985 relative au développement et à la protection de la montagne. *Adde* J. Baschwitz, *Urbanisme et aménagement touristique en montagne,* Defrénois, 1985, 673.

Concrètement, la règle d'aménagement prend en général la forme d'un graphique (plan, carte) qui peut accompagner le texte réglementaire, mais qui peut aussi être le seul support physique du règlement. Et surtout, le graphique fait apparaître, par les divisions internes du territoire considéré, les décisions d'aménagement selon le principe capital du zonage. Fondé sur la distinction de plusieurs types de zones (zones urbanisées — U — zones d'urbanisation future — NA —, zones naturelles ordinaires, etc.), l'aménagement du territoire apparaît dans les documents d'urbanisme (mais à des degrés divers) comme une sorte de géographie juridique, de cartographie réglementaire (de droit géographique ou de règlement cartographique) qui aboutit, dans un territoire donné, à classer chaque terrain dans une zone et par conséquent à déterminer la vocation de ce terrain, au moins pour un temps (jusqu'à la modification du plan).

3 Le principal de ces documents est le plan d'occupation des sols (P.O.S.) dans lequel le zonage par catégorie est très poussé. Mais il y en a beaucoup d'autres (ayant, dans leur périmètre, valeur de document d'urbanisme) : les plans de sauvegarde et de mise en valeur dans les secteurs sauvegardés, les plans d'aménagement de zone (P.A.Z.) dans les zones d'aménagement concerté (Z.A.C.), les règles d'urbanisme relatives aux zones d'environnement protégé (Z.E.P.), ou aux zones protégées de périmètres sensibles, etc. On devine en quoi le classement des terrains, entre autres incidences, atteint directement les intérêts particuliers.

§ 2. L'INCIDENCE DES RÈGLES D'AMÉNAGEMENT SUR LA PROPRIÉTÉ FONCIÈRE (AU REGARD DU DROIT SUBJECTIF)

4 Pour réaliser les objectifs de sa politique foncière, la puissance publique dispose de prérogatives exorbitantes qui sont autant de **restrictions au droit de propriété privée.** Elle interdit tel acte au propriétaire ou lui en impose tel autre. Le plus souvent, elle subordonne la réalisation d'un de ses projets à une autorisation administrative, autant de façons de brider sa liberté.

Géographiquement, ces contraintes sont localisées par les directives d'aménagement et les documents d'urbanisme. L'essentiel est de discerner quels attributs elles atteignent dans le droit de propriété.

À première vue, les restrictions de la politique d'aménagement *pèsent sur les terrains non bâtis* et affectent, dans la propriété privée, *le droit de libre construction* qui en découle normalement. Cette incidence demeure principale, quand on a dénombré toutes les interventions étatiques, mais il y en a beaucoup d'autres. La loi du 18 juillet 1985 relative à la définition et à la mise en œuvre de principes d'aménagement a aggravé et multiplié les atteintes à la propriété privée (sans cependant que le Conseil constitutionnel les ait déclarées non conformes à la Constitution. V. *supra,* n° 1011) : nouvelle définition du terrain à bâtir, extension du droit de préemption, contrôle des divisions volontaires de propriétés foncières, suppression des indemnités accessoires jusqu'alors accordées par les tribunaux judiciaires, prise en compte des servitudes et restrictions administratives affectant l'utilisation du bien exproprié dans le calcul de l'indemnité. Cette profusion a jeté un certain émoi (8). Ces avancées nouvelles sont à replacer dans un éventail déjà fort intimidant de mesures.

A. LES ATTEINTES CLASSIQUES

La législation de l'urbanisme et de l'aménagement utilise trois procédés traditionnels qui ne lui appartiennent pas en propre.

---

(8) V. not. P. Carrias, *Le droit de propriété au point de non-retour ?* D. 1985, chron. 293. Comp., dans une autre perspective H. Perinet-Marquet, *La propriété à l'épreuve de la décentralisation,* D. 1986. chron. 127.

a) L'expropriation pour cause d'utilité publique

1355 C'est l'atteinte la plus grave. Affectant le droit même, elle prive le propriétaire de son bien. Elle lui fait perdre son droit. L'expropriation (justement nommée) constitue, à la charge du propriétaire qui la subit, une cession forcée. Cependant, elle conserve ici ses caractères ordinaires. Elle s'opère sous couvert de règles protectrices (C. civ. art. 545) : il faut que l'expropriation soit justifiée par une cause officiellement déclarée (l'utilité publique) et qu'elle soit compensée par le versement au propriétaire dépossédé d'une juste et préalable indemnité.

b) L'occupation temporaire

1356 Elle prive pour un temps le propriétaire de l'usage de son bien et permet aux agents de la puissance publique, dans l'exécution de travaux publics, d'utiliser des terrains privés pour effectuer des recherches ou des études, entreposer des matériaux ou de l'outillage, faire stationner des engins, extraire des matériaux, etc. Nécessairement temporaire (5 ans au maximum) cette emprise publique ne peut porter que sur des terrains non bâtis et donne lieu à indemnisation (pour privation de jouissance, dégâts, remise en état).

c) Les servitudes

1357 Le droit de l'urbanisme et de l'aménagement foncier fait peser sur les propriétés privées, dans l'intérêt général, des servitudes diverses dont certaines donnent droit à indemnité (v. plus loin, n°s 1415 s., 1423).

B LES RESTRICTIONS SPÉCIFIQUES

Les contraintes d'urbanisme et d'aménagement atteignent, plus spécifiquement, le droit de propriété sous les divers aspects de son attribut essentiel, la libre disposition (v. plus haut, n° 1021).

a) Restrictions au droit de disposer dans son aspect matériel

1358 C'est surtout la liberté de disposer matériellement de son bien, sous ses inséparables aspects négatifs et positifs, que perd le propriétaire : **droit de construire** et **droit de détruire** librement ; libre choix des aménagements des installations et des équipements. Quand elles ne sont pas interdites, les constructions sont subordonnées à un permis de construire, les destructions à un permis de démolir (v. C. urb. art. L. et R. 430-1 s., l. 31 déc. 1976 et d. 7 juill. 1977) soit dans un but de sauvegarde esthétique, soit pour le maintien de logements sociaux ; les installations touristiques légères sont soumises à des autorisations (ainsi pour les terrains de camping, caravanes, maisons mobiles, habitat léger de loisirs, etc.), de même que les installations ouvertes au public (aires de jeu, de sport, d'attraction, de stationnement). D'où il ressort que le propriétaire d'un terrain qui ne remplit pas les conditions requises voit figurer, à l'actif de son patrimoine, un bien de moindre valeur, dans la perspective de son aliénation.

b) Restrictions au droit de disposer dans son aspect juridique

1359 Elles atteignent, avec la disposition du bien, la liberté contractuelle, mais en vue d'objectifs divers. À défaut d'échanges amiables, le **remembrement rural** s'opère par échange forcé de parcelles.

Le plus souvent, il s'agit, pour les pouvoirs publics, de contrôler les opérations immobilières dans un but d'aménagement foncier. Ainsi le législateur paralyse-t-il le jeu du libre marché en instituant divers **droits de préemption,** notamment en matière d'urbanisme (9) ou au profit des S.A.F.E.R. (v. plus haut n° 1344) pour leur permettre de constituer des réserves foncières et de remplir leur mission régulatrice. Ainsi la réglementation des lotissements (d'après les décrets de 1977, v. not. C. urb., art. R. 315-1 s.) a-t-elle, aujourd'hui, privé le propriétaire du droit de morceler librement sa propriété, en assujettissant à divers obligations (délivrance d'un certificat d'urbanisme, autorisation etc.) les diverses opérations qui y tendent (détachement de terrain, divisions de propriété parmi lesquelles le lotissement proprement dit).

BIBLIOGRAPHIE

TOMASIN Daniel, *L'évolution de la propriété immobilière,* Annales de l'Université de Toulouse, T. 38, 1990, 7 s ; Rapport sur le droit immobilier *in L'évolution contemporaine du droit des biens,* troisièmes Journées R. Savatier, P.U.F., 1991.

MOREAU J.-P., Rapport sur le droit foncier, in *L'évolution contemporaine du droit des biens, ibid.*

Problèmes contemporains de la propriété immobilière, 5e journées juridiques Franco-japonaises, Oct. Nov. 1997, Société de législation comparée.

AUBY et PERINET-MARQUET, *Droit de l'Urbanisme et de la Construction,* Montchrestien, 5e éd., 1998.

A. de LAUBADÈRE, J.-Cl. VENEZIA et Y. GAUDEMET, *Droit administratif,* T. 2, 9e éd., n° 810 s.

BASCHWITZ, *L'urbanisme et l'aménagement foncier,* 2e éd. 1978. *Nouvelles données de l'aménagement urbain,* Defrénois, 1985, 481.

BLEYON J.-P., *L'urbanisme et la protection des sites. La sauvegarde du patrimoine architectural et urbain,* Paris, L.G.D.J., 1979.

PÉRIGNON S., *Modifications récentes du droit de l'Urbanisme,* Defrénois, 1987, art. 33930, 33967, 33998, 34013.

PERINET-MARQUET, *La réforme des techniques d'aménagement,* G. P. 1986, I, Doct., 317.

B. PAUVERT, *Voisin, voisinage et droit de l'Urbanisme*, Pet. Aff. 2000, n° 69, p. 4 s.

Code de l'expropriation, commenté et annoté par R. HOSTIOU, litec, 1989.

Code de la construction, commenté et annoté par F. BOUISSOU et J. HUGOT, Litec, 1990.

Code de l'urbanisme, id.

(9) Sur le droit de préemption urbain, v. J. Baschwitz, *La préemption dans les Z.I.F., les S.A.D. et les périmètres sensibles,* Defrénois 1977, art. 31340. Depuis la loi du 18 juill. 1985, V. Pérignon, Defrénois 1987, Doct. art. 34013, H.-G. Hubrecht, *Le nouveau régime du droit de préemption urbain,* G. P. 1986, I, Doct. 307 et 312.

SECTION I — L'ASSIETTE DE LA PROPRIÉTÉ FONCIÈRE (10)

1360 Elle se matérialise lorsque les limites du fonds urbain ou rural sont définies au sol, géographiquement. Pour le principal, l'objet de la propriété foncière se détermine, en surface, par la **délimitation du terrain** sur lequel elle porte.

Cependant, la propriété s'étend, par **droit d'accession,** à d'autres éléments qui s'unissent où s'incorporent au sol, selon ce qu'annonce l'article 551 du Code civil. Par leur réunion à la propriété, ces accessoires concourent à déterminer l'objet de la propriété foncière.

Le principal appelle l'accessoire, la **délimitation territoriale** a pour complément **l'accession immobilière.**

§ 1. LA DÉLIMITATION TERRITORIALE DE LA PROPRIÉTÉ

1361 Tout fonds, tout domaine urbain ou rural est entouré de fonds voisins qui appartiennent soit à d'autres particuliers, soit à l'État ou à une autre collectivité publique. Il n'y a pas d'immeuble sans maître, pas de vide dans l'appropriation du sol (C. civ. art. 713). La détermination géographique de fonds voisins s'opère par le **bornage**.

A. LE DROIT AU BORNAGE

Tout propriétaire foncier a, en principe, le droit de faire délimiter sa propriété, c'est-à-dire de faire planter ou rétablir des bornes sur la limite qui sépare son fonds du fonds voisin, afin de marquer son domaine et de prévenir les usurpations. Le droit au bornage a pour seul objet de fixer et de matérialiser la ligne divisoire entre les fonds, sur le postulat que la propriété n'est pas litigieuse (l'action en bornage ne tend pas à faire reconnaître une propriété contestée, mais à faire délimiter une propriété non contestée).

1362 **a) Si un particulier, propriétaire d'un fonds, a pour voisin l'État ou une autre collectivité publique,** il peut agir en bornage pour faire fixer les limites entre sa propriété et le domaine privé de la collectivité publique (11), mais il perd ce droit si sa propriété touche le domaine public (l'exception d'incompétence fondée sur la domanialité publique à laquelle se heurte une action en bornage devant les tribunaux judiciaires appartient à la collectivité publique, mais celle-ci, hors contentieux, peut donner son accord à un plan de

(10) Sur les approches nouvelles de la détermination de cette assiette, v. R. Savatier, *La propriété de l'espace,* D. 1965. chron. 213 ; G. Goubeaux, *Abstraction et réalisme dans la détermination de copropriété immobilière* (à propos du découpage de l'espace en volumes cessibles), in Mélanges A. Weill, 279 s. ; J.-P. Marty, *La dissociation juridique de l'immeuble,* th. Toulouse 1976. Y. Gaudemet, « La technique de la construction en volume », *in L'évolution contemporaine du droit des biens,* troisièmes journées R. Savatier, P.U.F. 1991.

(11) V. Lyon, 8 févr. 1968, D. 68.482. Réciproquement, une commune peut agir en bornage d'un chemin faisant partie de son domaine privé lorsque celui-ci jouxte le fonds d'un particulier : Civ. 3e, 19 déc. 2001, Bull. civ. III, nº 157 (il s'agissait d'un chemin rural affecté à l'usage du public mais qui n'avait pas été classé comme voie communale, et donc pas incorporé au domaine public).

bornage, v. Civ. 1re, 18 févr. 1992, G. P. 1992.II.Pan.163). La délimitation du domaine public appartient en effet à l'autorité administrative. Les particuliers ont seulement, en ce cas, le droit d'attaquer l'acte de délimitation devant la juridiction administrative (d'en demander l'annulation pour excès de pouvoir) et celui de faire reconnaître leur propriété par les tribunaux judiciaires — gardiens de la propriété privée — avec celui d'obtenir une indemnisation pécuniaire de dépossession (mais les tribunaux judiciaires sont sans pouvoir pour apprécier la légalité de l'acte de délimitation et ordonner la réintégration).

b) Entre particuliers propriétaires voisins, le droit au bornage existe à la double condition que les fonds soient **contigus** et se joignent en tout ou partie par des **terrains nus.** Le droit au bornage cesse, avec sa raison d'être, lorsque les fonds sont séparés par des limites stables (chemin public, rivière) qui leur servent de frontières naturelles (un fossé, un cours d'eau variable, un chemin privé n'y feraient pas obstacle). Le droit au bornage ne peut être exercé lorsque la ligne divisoire est couverte, sur toute sa longueur, par des bâtiments contigus (mais si les terrains sont bâtis, il suffit qu'il existe un espace libre entre les bâtiments pour qu'il y ait place au bornage : Civ. 1re Sect. civ. 28 déc. 1957, D. 58.95). Entre copropriétaires, l'action en bornage est irrecevable, car le bornage a pour objet la délimitation de fonds distincts appartenant à des propriétaires différents (Civ. 3e, 27 avril 2000, D. 2000.IR.149). Assise sur une chose commune, la copropriété ne contient pas deux propriétés contiguës à diviser (art. 646).

Ce n'est pas dire que, lorsque ces conditions sont remplies, le bornage soit obligatoire pour des voisins. Il peut n'avoir jamais lieu si aucun des propriétaires ne le demande. Il est **facultatif.** Mais il suffit que l'un d'eux le réclame pour qu'il devienne obligatoire pour l'autre, même après une abstention indéfinie. **Imprescriptible** (12) et réciproque, le droit au bornage se double d'une obligation de participer au bornage ou au moins de le subir et, bon gré mal gré, d'en assumer la charge (13). **Opération d'intérêt commun,** le bornage se fait à frais communs (art. 646) (14).

B. LES OPÉRATIONS DE BORNAGE

a) Nature des opérations

Dans sa réalisation dernière, le bornage constitue une **opération matérielle.** Il consiste à planter des bornes sur la ligne de séparation des fonds, c'est-à-dire à tracer cette ligne et à y apposer de loin en loin (notamment à chaque angle), des repères destinés à matérialiser le

(12) Le bornage est une pure faculté (C. civ. art. 2232).

(13) Cette obligation de voisinage est, plus spécifiquement, inhérente à la contiguïté des fonds. Par exception, des arrière-voisins peuvent être tenus de participer au bornage et mis en cause dans l'instance en bornage, même sur décision d'office du juge, lorsque la délimitation des propriétés limitrophes ne peut être menée à bonne fin qu'en englobant, dans l'opération, des propriétés non contiguës (v. Civ. 22 janv. 1902, S. 1905.1.75 ; Cass. 9 nov. 1858. S. 1858.1.229).

(14) Au moins pour l'implantation des bornes ; les frais d'arpentage sont équitablement répartis en proportion de la contenance des terrains et la charge des dépens afférents aux incidents de l'instance en bornage demeure soumise aux règles ordinaires (N.C.P.C. art. 696 ; v. Civ. 3e 16 juin 1976, D. 76.som., 70). Le recouvrement des frais de bornage de propriétés privées se rattache à un litige de travaux publics, lorsque ce bornage a lieu à l'initiative d'une commune, Trib. adm. Strasbourg, 7 mai 1986, G. P. 1986, II, som., 493.

tracé de la frontière, par des marques stables et apparentes (pierre brute taillée ou hérissée de matériaux divers, arbre, piquet ou autre signe équivalent) (15). Ces bornes étaient naguère placées sous la protection du droit pénal qui fulminait des peines sévères contre celui qui les déplaçait ou les supprimait (art. 456 anc. C. pén.). « Borne est sacrée comme une église » (Catherinot). Cette protection symbolique spécifique (qui avait d'antiques références) est aujourd'hui diluée dans une incrimination vague (C.P. art. 322-1 et R. 635-1).

Cependant, cette ultime opération n'est que l'aboutissement d'une **série d'opérations matérielles et juridiques :** détermination de la contenance des terrains, arpentage, établissement d'un plan. L'agent qui exécute le bornage ne fait que reporter sur le terrain, en érigeant des signes, une délimitation qui doit être établie. La question est de savoir comment s'opère cette délimitation.

b) Modalités du bornage

Toujours contradictoire, le bornage peut être *amiable* ou *judiciaire.*

1366 **1° Bornage amiable.** Si les propriétaires s'entendent, le bornage peut être leur œuvre (sans recours à justice, mais, en général, avec l'aide d'un ou plusieurs géomètres-experts de leur choix). Leur accord est constaté par un « procès-verbal d'abornement ». Cependant, le bornage amiable ne peut procéder que d'une volonté commune. Chacun est libre de préférer un bornage judiciaire (et celui qui refuse un bornage amiable ne commet pas, en cela, une faute : Nancy, 4 mai 2000, J.C.P. 2001.IV.1961).

1367 **2° Bornage judiciaire.** À défaut d'accord, la délimitation est l'œuvre du juge qui statue sur la demande en bornage, en s'appuyant au besoin sur le travail d'un technicien ou une vue des lieux (16). Action en délimitation de propriété, l'action en bornage est une **action réelle immobilière** (d'où la compétence territoriale de la juridiction du lieu où sont situés les immeubles : C.O.J. art. R. 321-26 ; N.C.P.C. art. 44) et elle appartient à un propriétaire contre un propriétaire (d'où activement et passivement, le défaut de qualité des preneurs et locataires) (17). Ce n'est cependant pas une action en revendication, puisqu'elle a pour objet de mettre le droit de propriété non en question, mais en application (18) : en quoi son

(15) Et, parfois, sous la foi de garants ou témoins enfouis (par ex. morceaux d'une tuile) : « Borne sera bien garnie de charbon, tuile ou ferraille » (Axiome de Catherinot).

(16) En cas de conciliation devant le juge, le procès-verbal de bornage qui est alors dressé et signé par les intéressés a le caractère obligatoire et définitif d'une convention. V. *infra,* n° 1371. Cependant, en cas d'erreur de l'expert sur la largeur du passage, le procès-verbal peut être annulé (pour erreur sur la substance !). Civ. 3e 3 nov. 1981, G. P. 1981, I, Pan. 131.

(17) L'action est ouverte aussi bien à (ou contre) l'usufruitier qu'au nu-propriétaire (ou contre lui). Mais le bornage n'est opposable à celui qui n'est pas partie originaire à l'instance que s'il est appelé en cause. V. Civ. 27 oct. 1948, S. 1949.1.14. Traditionnellement, l'action est étendue à tous les titulaires d'un droit réel immobilier (usage, habitation, emphytéose).

(18) C'est pourquoi on dit traditionnellement que le possesseur peut exercer l'action : raccourci par lequel on exprime que, le droit de propriété n'étant pas déduit en justice, on n'exige du demandeur d'autre preuve que la présomption qui découle de sa possession. V. très net en ce sens Civ. 3e, 25 mars 1992, G. P. 1992.II.Pan.228. Les juges peuvent se fonder sur des présomptions tirées de la combinaison des indications cadastrales et des indications des titres, Civ. 3e 18 févr. 1987, G. P. 1987, I, Pan. 101. Il a été jugé d'un autre côté que **l'action en bornage n'interrompt pas la prescription** puisque son unique objet est de fixer la ligne séparative des fonds. Civ. 3e 21 nov. 1984, Bull., III, n° 197, p. 152 ; Civ. 3e, 13 mars 2002, *Defrénois* 2002, p. 935, chron. Atias. Il en serait sans doute

exercice est un acte d'administration (non de disposition) qui entre dans les pouvoirs ordinaires de celui qui gère le patrimoine d'autrui.

Compétence d'attribution. Cette moindre gravité explique aussi que l'action en bornage relève de la compétence du **tribunal d'instance** (C.O.J. art. R. 321-9, 3°), alors que les contestations relatives à la propriété immobilière sont de la compétence du tribunal de grande instance. Cependant, l'art. R. 321-22, al. 2, C.O.J. permet au tribunal d'instance (c'est une faculté) de se prononcer, mais à charge d'appel, sur une question de nature immobilière pétitoire (par exemple sur l'usucapion qu'invoque une partie), lorsqu'une telle question est soulevée comme **moyen de défense** à la demande principale (19). L'interdiction de cumuler le pétitoire et le possessoire ne s'applique qu'au juge du possessoire (20) et **l'action en bornage n'est pas une action possessoire** (21). Cette rallonge de compétence est d'autant plus nécessaire que le juge du bornage a toujours été reconnu compétent pour chercher et fixer des limites devenues incertaines (après avoir examiné titres de propriété, faits de possession, signes et configuration des terrains, résultat de l'arpentage, documents cadastraux et, le cas échéant, ordonné une mesure d'instruction) (22) et même pour répartir entre les intéressés l'excédent ou de déficit de terrain par rapport à la contenance indiquée par les titres (23) : missions que chaque propriétaire pourrait trop facilement tenir en échec s'il lui suffisait d'élever une contestation sur la propriété (24).

Instance double. Traditionnellement, l'action en bornage présente le trait original d'ouvrir une instance double ou réciproque *(judicium duplex)* dans laquelle tous les adversaires, tant celui qui forme la demande que celui contre lequel elle est formée, sont à la fois demandeur et défendeur. Ainsi la charge de la preuve n'incombe-t-elle pas — contrairement à la maxime du droit commun — au seul demandeur initial. Elle est également répartie entre les deux voisins : traduction logique, dans l'ordre probatoire et procédural, de l'intérêt commun qui s'attache au bornage.

C. EFFETS DU BORNAGE

Amiable ou judiciaire, le bornage emporte des effets originaux.

---

différemment de la réalisation du bornage qui, à la condition d'emporter privation de jouissance vaudrait interruption naturelle de l'usucapion (C. civ. art. 2243).

(19) La jurisprudence est aujourd'hui fixée en ce sens : Civ. 3e, 18 déc. 2002, D. 2003.IR.315. Mais cette extension est limitée au cas où la question de nature pétitoire est invoquée comme moyen de défense. Comp. Civ. 3e, 16 janv. 2002, J.C.P. 2002.IV.1323 : dans le cas où les défendeurs à l'action en bornage soutiennent n'être pas propriétaires de la parcelle jouxtant le fonds du demandeur, cette incertitude sur leur qualité de propriétaire fonde le tribunal d'instance à considérer qu'il ne lui appartient pas de trancher cette question.

(20) V. Civ. 1re Sect. civ. 4 nov. 1963, D.64.50 ; R.T. 1964, 348, obs. Bredin.

(21) Elle ne tend pas à obtenir la protection possessoire, mais la délimitation de la propriété. Aussi bien n'est-elle pas soumise, pour sa recevabilité, aux règles qui gouvernent l'exercice des actions possessoires, ni décidée d'après l'état des possessions.

(22) Les énonciations du cadastre rénové ont valeur de simples présomptions, Civ. 3e 20 déc. 1982, Bull. III, n° 259, p. 194, D. 1983.I.R. 369, obs. A. Robert.

(23) V. typiquement, pour une répartition de l'excédent entraînant une modification de la configuration des propriétés : Req. 2 mai 1866, S. 1866.1.73.

(24) V. par ex. Civ. 3e, 3 avril 1973, J.C.P.74.17657, n. Lassez.

a) Caractère déclaratif

1370 Le plan séparatif n'a qu'une valeur déclarative. Constatation d'un tracé de frontières conforme à la contenance des propriétés, mais non remembrement, le bornage n'est pas un acte translatif de propriété. Or sans doute n'est-il pas exclu qu'à l'occasion les intéressés procèdent, par accord spécial, à un échange de parcelles. Mais le juge excéderait ses pouvoirs si, sous couvert d'une rectification de sinuosités, il imposait un tel échange. Lorsque le bornage fait apparaître qu'une bande de terrain jusqu'alors possédée par l'un fait partie du fonds de l'autre, ce dernier n'acquiert pas, mais recouvre la parcelle en cause.

b) Caractère définitif

1371 Lorsqu'elle est régulièrement opérée, la délimitation amiable ou judiciaire (25) prend une valeur définitive. Positivement, chaque intéressé peut la faire respecter par les actions possessoires et elle est garantie par la loi pénale. Négativement, le bornage rend irrecevable toute nouvelle demande en bornage (v. Trib. civ. Largentière, 13 mars 1951, J.C.P. 51 IV. é-d. J.P., 1574, n. Grenier). Elle ne peut plus être remise en cause (Civ. 21 juin 1944, D. 45.159), sous réserve de l'action en nullité du procès-verbal d'abornement (pour erreur) ou de l'exercice des voies de recours contre la décision du juge. Cependant, la prescription acquisitive peut, bien entendu, recommencer à courir à partir du bornage, si l'un des propriétaires accomplit des actes de possession sur une parcelle placée dans la propriété voisine.

En toute hypothèse, le bornage n'établit pas la preuve de la propriété sur les parcelles rattachées à tel ou tel fonds. Ayant pour effet spécifique de reconstituer une propriété dans sa configuration matérielle, il ne vaut pas preuve de la propriété et ne fait pas obstacle à une véritable revendication.

1372 Le bornage ne se confond pas avec *la confection du cadastre*. L'initiative de la rénovation cadastrale appartient aux autorités publiques. Si elle implique la délimitation des propriétés avec la collaboration des intéressés et aboutit à un plan précisant les parcelles qui constituent tel ou tel fonds, la réfection du cadastre ne déclenche pas les opérations de bornage : il appartient aux propriétaires, s'ils le veulent, de matérialiser par un bornage la rénovation du cadastre.

Dans la France rurale du XIXe siècle, le bornage était une opération notable. Le développement de la construction et des résidences secondaires, surtout dans les régions de surpeuplement touristique, lui a rendu une certaine acuité (notamment sur la Côte d'Azur).

BIBLIOGRAPHIE

PLANIOL, RIPERT et PICARD, T. III, n° 431 s. ; AUBRY et RAU, T. II, 7e éd. ESMEIN, § 199, n° 181 s., p. 307 s.

CARBONNIER, T. III, n° 134 s.

RAVIART, *Traité théorique et pratique des actions possessoires et du bornage,* 6e éd. 1948 (riche de renseignements d'ordre pratique).

(25) Le procès-verbal de bornage après conciliation a la même valeur. Civ. 3e 3 nov. 1983, D. 1984.I.R. 424. com. A. Robert.

BÉRAUD et DEBEAURIN, *Mitoyenneté, clôture, bornage, servitudes,* 1981.

LEPAGE A., *Le voisinage,* Defrénois 1999, 257.

§ 2. L'ACCESSION EN MATIÈRE IMMOBILIÈRE

La propriété d'une chose donne droit **à tout ce qu'elle *produit* et à tout ce qui s'y *unit* accessoirement**, soit naturellement, soit artificiellement (C. civ. art. 546) : tel est, dans toutes ses dimensions, le **droit d'accession**.

C'est par accession, on l'a vu (26) que les fruits appartiennent au propriétaire du sol sans oublier, *cum grano salis*, la bonne aubaine des fruits qui tombent naturellement (!) des branches des arbres d'un voisin (C. civ. art. 673).

D'une autre manière, le droit d'accession s'exerce, en matière immobilière, sur les éléments qui concourent à déterminer l'assiette de la propriété, en venant s'y unir ou s'y incorporer.

L'appropriation **des éléments unis au sol** et l'appropriation **d'éléments extérieurs** sont deux phénomènes distincts.

A. L'APPROPRIATION DES ÉLÉMENTS UNIS AU SOL

Elle vient un peu consacrer l'union à la terre des autres éléments naturels : ciel, eau, sous-sol. Socle, référence première, base d'attraction, le sol vaut à son propriétaire de devenir maître des éléments qui viennent s'unir ou s'incorporer à lui.

Le principe, affirmé à l'article 552 du Code civil, alinéa 1, est que **la propriété du sol emporte la propriété du dessus et du dessous** ; il faut y joindre un droit (au moins un droit d'utilisation) sur les eaux qui peuvent être dessus ou dessous.

a) La propriété du dessus

Vision céleste (version romaine de la tour de Babel dont le gratte-ciel serait la version moderne), la propriété du dessus donne, en image d'Epinal, au propriétaire la maîtrise individuelle de la colonne d'air géométrique qui s'élève dans le ciel à la perpendiculaire de son sol. On dit volontiers que le propriétaire est maître de l'espace aérien qui surplombe son terrain. De fait, cette propriété virtuelle du volume d'air est capitale dans les civilisations qui adoptent la solution verticale des constructions vertigineuses. Mais ce droit orgueilleux se montre, à le détailler, plus modeste. Les diverses prérogatives du propriétaire du sol sur le dessus, sont limitées.

Aire d'action. Le propriétaire peut, en principe, faire sur son sol toutes les plantations et constructions qu'il veut : à lui le **droit de planter et de construire,** à lui la propriété de ce qu'il plante et de ce qu'il édifie. Mais, quand le Code civil (27) lui donne cette liberté, de

(26) Plus haut, n° 968 s. ; 1018 s.
(27) Le Code de l'urbanisme, art. 1. 112-1, aussi, mais sous un certain plafond.

nombreuses restrictions légales et réglementaires l'entament. Ses projets de construction peuvent se heurter à des servitudes légales (28) ou conventionnelles qui limitent à une certaine hauteur les édifices (servitude *non altius tollendi*) ou même qui interdisent la construction (servitude *non aedificandi*) pour des motifs divers (visibilité, libre passage, sécurité, réception d'émission, protection d'un site, aspect résidentiel, etc.). Enfin et surtout, les normes d'urbanisme établissent désormais, au-dessus des territoires qu'elles couvrent, un plafond qui délimite en hauteur la sphère de liberté des constructeurs et au-delà duquel la construction n'est ni libre ni gratuite, mais devient, dans un ciel qui est à tous, une escalade que l'État autorise et monnaye. Aurait-il respecté la réglementation le propriétaire pourrait encore être reconnu responsable, comme auteur d'un trouble anormal de voisinage, si, par sa construction il prive de soleil ses voisins (v. plus haut, n° 1105).

1377 **Aire d'exclusivité et de protection.** Le propriétaire est en **droit de s'opposer à tous les empiétements venant de tiers au-dessus de son fonds**. Ainsi peut-il exiger d'un voisin que celui-ci coupe les branches d'arbres qui débordent sur sa propriété (art. 673), lui interdire de construire en surplomb (29) ou de faire passer dans « son » ciel lignes, câbles, passerelles, etc. Mais les règles de la navigation aérienne permettent aux avions de survoler les propriétés privées (sous l'obligation de réparer les dommages qu'ils causent : C. av. civile 1967, art. L. 141-2) et, en vertu de diverses servitudes d'utilité publique, les propriétaires doivent souffrir (moyennant indemnité) le passage aérien de certains ouvrages (lignes électriques, téléphériques, aqueduc, etc.). Or, sans doute, le propriétaire est-il protégé contre les inconvénients anormaux de voisinage (par ex. de ceux qui résultent de la proximité d'un aérodrome) ; mais il l'est alors comme « voisin », non parce que « survolé » (dans une propriété jamais survolée par des avions, la gêne pourrait être intolérable). La vision géométrique d'une maîtrise individuelle absolue sur la colonne d'air au droit du sol n'est décidément pas adéquate. Aire d'action ou d'exclusivité, la propriété du dessus est limitée ; et la protection dont bénéficie le propriétaire n'est pas restreinte à son espace aérien.

b) La propriété du dessous

1378 **Le propriétaire du sol est propriétaire du sous-sol.** Par exception, la propriété de la surface et celle du tréfonds peuvent, il est vrai, se trouver dissociées et le sous-sol appartenir, par l'effet de l'usucapion, d'une cession ou de la loi, à un autre que le propriétaire du sol (30). Mais, dans le principe, la propriété de la surface a pour prolongement naturel, en profondeur (ne disons pas jusqu'aux abîmes), celle de la colonne

---

(28) V. C. urb. art. R. 111-22 ; *adde, supra,* n° 1354 s.

(29) Un arrêt a cependant jugé manifestement excessive, par rapport à l'atteinte portée à la propriété, la demande de démolition d'un mur de soutènement bâti sur le fonds voisin dont le sommet empiétait de quelques centimètres **sur l'espace** situé au dessus du terrain des demandeurs (il s'agissait ici non d'un empiétement au sol, mais d'**un surplomb**.). « La défense exacerbée du droit de propriété ne doit pas dégénérer en abus ». C'est une application de l'abus du droit (référence faite à l'attitude malveillante des demandeurs et à l'absence de gêne). Grenoble, 30 juin 1998, J.C.P. 98.IV.3541 ; D. 2000.J.172, n. M.-Chr. Lebreton). Comp. *infra,* n° 1412 s., pour un empiétement au sol.

(30) Req. 8 nov. 1911, D.P. 1912.1.484. Le propriétaire du sol étant, de droit, propriétaire du sous-sol, et donc au départ, présumé tel, la charge de prouver le fait ou l'acte qui a pu enrayer l'accession incombe à qui prétend au sous-sol. Par exemple, c'est au propriétaire d'une cave dont une partie se prolonge sous le terrain d'autrui qu'il incombe d'établir l'acquisition qu'il aurait faite de cette partie litigieuse, par titre ou par prescription, Civ. 3e, 26 mai 1992, G. P. 1993.I.Pan.27 ; Bull. civ. III, n° 172. Jurisprudence bien fixée : v. Civ. 3e, 12 juill. 2000, Bull. civ. III, n° 144.

de terre qui la supporte, à la perpendiculaire. Le dessus et le dessous font corps. La falaise fait partie du fonds supérieur (elle est formée par la matière même du fonds de terre et de roche : en ce sens, TGI Niort, 15 avril 2002, *Bull. inf. C. de cass.* 2002, n° 565, n° 1111). Contre certains empiétements souterrains, le propriétaire du sol tient même de la loi le moyen exorbitant de se faire lui-même justice, ayant reçu le droit imprescriptible de couper lui-même, à la ligne séparative, les racines qui avancent sur son fonds (C. civ. art. 673, al. 2, comp. pour les branches, supra, n° 1377). Il serait en droit de faire supprimer les caves que des tiers auraient aventurées sous son terrain, ou de faire établir la ligne séparative de la cave à la verticale de la ligne séparative des propriétés (Civ. 3e, 26 mai 1992, préc.).

Tirant plus généralement les conséquences positives du principe, l'article 552, al. 3, C. civ. permet au propriétaire du sol de réaliser toutes les constructions souterraines et d'entreprendre toutes les fouilles qu'il juge à propos ; il s'en approprie le profit : à lui les trésors enfouis, les vestiges, les grottes, les tunnels, les cryptes, les souterrains, les voûtes, etc. vision largement chimérique par les restrictions mises à l'accession.

En réalité, bien des filons lui échappent. Les plus substantielles richesses du sous-sol ne sont plus, aujourd'hui, pour lui. Comme le réserve aussitôt l'art. 552, après une déclaration prometteuse, les droits du propriétaire du sol sont, notamment pour les mines et carrières et les fouilles, restreints ou exclus par des lois et règlements qui, pour des raisons de police, soumettent ses initiatives à des autorisations administratives, ou le dépouillent dans l'intérêt de la collectivité nationale.

Le Code minier (16 août 1956, mod. l. 2 janv. 1970 et l. 16 juin 1977) établit désormais une distinction majeure.

Considérées comme des richesses nationales, les **mines** échappent — dès qu'elles sont repérées (31) — à l'emprise du propriétaire de la surface (ainsi, dans l'énumération légale, les mines de charbon, de fer, de sel, d'or, d'argent et, par assimilation, les nappes d'hydrocabures, de pétrole, de gaz naturel). L'exploitation des mines n'est possible qu'en vertu d'une autorisation de l'État qui, suivant diverses modalités, permet ou concède l'exploitation et délivre un titre minier (32). Il n'est pas exclu que le propriétaire de la surface l'obtienne. Mais, de toute façon, le titulaire du droit d'exploitation est investi, sur la mine, d'un droit spécial (distinct de la propriété de la surface) qui, dans le cas de la concession proprement dite, constitue un droit immobilier (33). Dans les mines qui, en 1946, ont été nationalisées (mines de combustibles minéraux), l'exploitation est assurée par des établissements publics (les houillères des bassins) par l'intermédiaire desquels l'État détient la propriété de la mine. La dépossession du propriétaire de la surface est dans tous les cas compensée, à la charge de l'exploitant (concessionnaire ou établissement public) par une redevance dite tréfoncière, à laquelle s'ajoutent une indemnité d'occupation, si l'exploitant a des emprises en surface et les dommages-intérêts que la loi met à la charge de l'exploitant, sans qu'il soit nécessaire de prouver une faute de sa part, pour couvrir tous les dommages causés à la surface par l'exploitation (v. n° 1520).

Carrières. À la différence des mines, les **carrières et minières** (tourbes, grès, ardoises, granit, marbre, sables, graviers) restent dans le patrimoine des propriétaires du sol (2 300 entreprises vivent en France de l'extraction des matériaux de carrière). Mais les propriétai-

(31) Pour leur recherche même, des tiers peuvent obtenir de l'État un permis exclusif emportant droit de prospection et de forage.
(32) V. le décret n° 80-204 du 11 mars 1980 relatif aux titres miniers.
(33) V. plus loin, n° 1519.

res ont besoin d'une autorisation administrative pour les exploiter (C. minier, art. 106), et s'ils s'abstiennent, l'administration peut, sous diverses conditions (not. pour les besoins de l'économie), conférer à un tiers un permis d'exploiter moyennant l'indemnisation du propriétaire (C. min. art. 109 s.). Destinée, d'une part à unifier la législation, en harmonisant le code minier et la loi du 19 juillet 1976 sur les installations classées, d'autre part à concilier les intérêts de l'économie et les exigences de l'écologie, la loi du 4 janvier 1993 révise le régime des autorisations et le contrôle des exploitations.

1382 **Fouilles archéologiques et patrimoine archéologique.** Pour les fouilles archéologiques, la loi ne laisse au propriétaire ni la liberté d'initiative, ni le profit de la découverte (1. 27 sept. 1941, ord. 13 sept. 1945). Subordonnées à une autorisation préalable, les recherches se poursuivent sous la surveillance de l'administration qui pourrait même les entreprendre d'office, fût-ce contre le gré des propriétaires (34) et, dans tous les cas, retenir, moyennant indemnité, les découvertes d'intérêt archéologique (v. *infra*, n° 1670). Il a été jugé que, pour obtenir restitution du produit de fouilles illégales, l'État a la charge d'exercer l'action en revendication (Crim., 23 nov. 1999, J.C.P. 2000.II.10369, n. Bruschi).

Loi du 17 janvier 2001 relative à l'archéologie préventive (D. 2001, lég. 437). Elle a pour principal objet d'instituer, sous le nom d'archéologie préventive, une mission de service public, confiée à un établissement public national, dont l'objet est d'assurer, à terre et sous les eaux, en tant que recherche scientifique, la détection, la conservation et la sauvegarde des éléments du patrimoine archéologique qui sont affectés ou risquent de l'être par des travaux publics ou privés d'aménagement. Cependant elle a une **incidence sur le jeu de l'accession** et pose une distinction entre les vestiges archéologiques selon qu'ils ont un caractère mobilier ou immobilier. **Pour le mobilier archéologique issu des opérations d'archéologie préventive** (art. 7), la loi se borne à différer l'application de la loi du 27 sept. 1941 pendant un délai de cinq ans au plus, en le confiant à l'établissement public, pour étude scientifique. Après quoi, la propriété de ce mobilier est régie par l'art. 11 de la loi de 1941 (qui renvoie à l'art. 716 C. civ. pour les trouvailles fortuites : une part à l'État, une part au propriétaire du sol, sauf le droit, pour l'État, de revendiquer cette dernière moyennant indemnité, quand elle a un intérêt archéologique). **Pour les vestiges archéologiques immobiliers**, la loi du 17 janv. 2001, tient en échec l'accession (art. 13, insérant dans la loi de 1941 un art. 18-1). L'État verse au propriétaire du fonds, pour le dédommager du préjudice qui peut résulter de l'accès au vestige, une indemnité fixée par le juge judiciaire à défaut d'accord amiable. Lorsque, par ailleurs, le vestige a été découvert fortuitement, les droits de l'inventeur sont réservés, au moins si le vestige est l'objet d'une exploitation. L'exploitant doit lui verser une indemnité ou l'intéresser au résultat de l'exploitation.

(34) Sauf sur des terrains attenant à des immeubles bâtis et clos. L'inventaire général (créé en 1964) du patrimoine national a recensé, dans le patrimoine légal, 20 000 gisements archéologiques prospectés et, hors inventaire (patrimoine non encore protégé), dénombré 20 000 gisements archéologiques répertoriés (études pour l'année 1980, « Année du patrimoine »). V. C. Gosselin-Rigambert, *Le régime juridique de l'archéologie française,* th. Paris II 1993 (ronéo) ;C. Rigambert, *Le droit de l'archéologie française,* Picard, 255 ; R. Brichet, *Fouilles archéologiques,* J.-Cl. adm. fasc. 466 et 466 annexe et les études de C. Saujot, *Fouilles archéologiques,* J.-Cl. pénal annexes, 3, 1997 ; *Les vestiges terrestres immobiliers et mobiliers : qualification et propriété,* Rev. arch. ouest 15, 1998, p. 209 s.

c) Les droits sur les eaux (35)

Le propriétaire d'un terrain s'approprie (par droit naturel) les eaux qui tombent du ciel (36). Des **eaux de pluie** qui tombent sur son fonds, il peut librement user et disposer (art. 641, al. 1) : les recueillir dans des puits, des bassins, des citernes et s'en servir à toutes fins (irrigation, consommation, etc.) (37).

Il en est de même, pour le propriétaire d'un terrain comprenant un **étang**, des eaux douces (38) qui alimentent celui-ci, qu'elles viennent de la pluie ou de source (les étangs formés par le barrage d'un cours d'eau suivent le régime de celui-ci, v. ci-dessous).

Des eaux de source, jaillissantes ou souterraines, le propriétaire du fonds sur lequel elles coulent ou dans lequel elles sont enfouies (39), peut également user à volonté, après les avoir, au besoin, captées et canalisées.

À la lettre, l'art. 642, al. 1, C. civ., cantonne son droit aux « limites » (40) et aux « besoins de son héritage ». Mais, s'il s'agit d'une source à faible débit, on admet que le propriétaire du fonds d'émergence — propriétaire privatif de la source — en a l'usage exclusif et peut faire interdire l'emprise irrégulière, par captation, sur des eaux qui

---

(35) Le thème symbolique et pratique de l'eau, source de vie, émerge au-dessus des frontières et des disciplines non seulement comme un souci majeur des pouvoirs publics (v. la charte européenne de l'eau du Conseil de l'Europe, 6 mai 1968 et la loi française du 3 janv. 1992 sur l'eau) mais comme un sujet de méditation à tous les horizons. V. J.-L. Gazzaniga, *Maîtrise et symbolique de l'eau, à propos de quelques ouvrages récents,* J.J.A., 1986, n° 129, 15 (27 oct. 1986), not. Corps, écrit, l'eau, n° 16, 1985. **La loi sur l'eau du 3 janv. 1992** ne touche pas au droit d'accession (aux droits du propriétaire sur les eaux). Elle affirme au second alinéa de l'article 1er : « L'usage de l'eau appartient à tous dans le cadre des lois et règlements ainsi que des droits antérieurement établis ». Elle fait référence aux propriétaires riverains (art. 5) et aux droits des riverains (art. 6). Si elle proclame au premier alinéa de l'article 1er : « **L'eau fait partie du patrimoine commun de la nation** », c'est pour marquer d'emblée qu'à l'échelle de tout le territoire y compris les eaux territoriales, la ressource en eau de tout le pays, est une **richesse nationale dont la sauvegarde est d'intérêt général.** Véritable charte publique des eaux de France, elle préside dans le souci de respecter les équilibres naturels et de concilier l'ensemble des intérêts en cause, à la lutte contre la pollution, à la répartition de l'eau, à sa valorisation comme ressource économique, à la protection des réserves, à la préservation des écosystèmes aquatiques, etc., réglementation globale auprès de laquelle le Code civil n'apporte qu'une goutte d'eau.

(36) Par occupation d'une *res nullius* ou d'une chose commune ? C'est plutôt par accession au profit de la surface qui reçoit naturellement la pluie, vocation naturelle dont le sol exposé ne pourrait être privé par empiètement ou artifices.

(37) Sauf à ne pas aggraver la servitude naturelle d'écoulement des eaux pluviales (C. civ., art. 640) en les détournant ou en les déversant après usage.

(38) **Les étangs salés** peuvent aussi être appropriés, si aucun passage (*grau* en provençal) ne les relie à la mer. Mais il suffit qu'un tel passage se forme pour que l'étang fasse partie du domaine public maritime (phénomène d'ailleurs réversible, v. plus haut, n° 1049). V.C. Saujot, *La propriété privée des étangs salés,* J.C.P. 1964.1.1848. B. Kuchukian, *La condition juridique des étangs salés du littoral méditerranéen,* G. P., 1972, I, Doct. 157. Comp., pour le statut des prés salés, F. Bouscau, *Les prés salés de la Teste-de-Buch en Aquitaine, contribution à l'histoire du domaine maritime du Moyen-Âge à nos jours,* th. Paris II, 1988.

(39) C'est dire que, si la source émerge au pied d'une falaise même en surplomb et coule sur le fonds appartenant en contrebas à un propriétaire autre que celui du fonds supérieur, elle ne fait pas partie du sous-sol (du dessous) de ce dernier, mais se rattache au sol (distinct) sur lequel elle coule. En ce sens Civ. 3e, 29 févr. 1984, Bull. III, n° 58, p. 44, J.C.P. 84.20307, n. Goubeaux, *Defrénois* 1985, p. 384, n. Souleau.

(40) Ce qui signifie seulement que le propriétaire n'a d'action sur la source ou les eaux qui s'en échappent qu'à l'intérieur des limites de son fonds.

jaillissent sur son sol (Civ. 3e, 19 janv. 2000, J.C.P. 2000.IV.1411). Il peut utiliser l'eau de sa source comme bon lui semble. Il est libre d'en disposer en absorbant tout son débit (41), sans en être comptable ni avoir à indemniser ses voisins (il peut aussi céder ses droits ; v. le conflit qui peut en résulter entre l'acquéreur à titre onéreux de la source et le donataire du successeur du vendeur, Bordeaux, 12 nov. 1987, Defrénois 1989, 42, n. A. Vialard ; *adde supra,* n° 1075). C'est seulement lorsque la source est d'un débit si puissant que ses eaux forment, dès la sortie du fonds où elles surgissent, un cours d'eau, que le propriétaire du fonds, cessant d'avoir la disposition des eaux de source, conserve seulement le droit d'en user, sans pouvoir les détourner de leur cours naturel au préjudice des usagers inférieurs (C. civ. art. 643).

Cependant, quelle que soit l'importance de la source, le propriétaire du fonds d'émergence doit toujours respecter les droits que peuvent avoir acquis, par prescription ou par titre, sur l'usage des eaux, les propriétaires de fonds inférieurs ou les habitants de bourgs voisins (C. civ. art. 642, art. 2 et 3 ; encore faut-il qu'il y ait un hameau au sens de ce texte, Civ. 3e, 19 janv. 2000, préc.). Si les travaux qu'il a réalisés tarissent l'alimentation d'un bassin que la commune utilisait en période d'étiage il doit rétablir la situation antérieure (Civ. 3e, 2 juill. 1997, Bull. civ. III, n° 160).

1385 **Pour les eaux courantes,** il faut mettre aussitôt hors série les rivières qui sont ouvertes à la navigation ou à la flottaison des bois. Dites navigables ou flottables, ces rivières sont des dépendances du domaine public fluvial (C. civ. art. 583). Domaniaux, de tels cours d'eau échappent à l'appropriation individuelle.

Sur les cours d'eau qui ne sont ni navigables ni flottables (les petites rivières non domaniales), les riverains jouissent de **deux sortes de droits.**

1386 **Sur les eaux,** choses communes *(res communes)* dont l'utilisation appartient à tous les riverains successifs et peut même présenter un intérêt général, chaque riverain n'a qu'un **droit d'usage**, pendant leur passage le long ou au travers de sa propriété : **le droit de riveraineté.** Encore ce droit est-il limité, pour chacun, par l'obligation de respecter le droit semblable des autres riverains, inférieurs ou supérieurs (42) et, assez souvent, par des règlements d'eau administratifs (43) ou judiciaires (44) destinés à concilier les divers intérêts en présence. Plus généralement, la loi a soustrait l'eau à l'appropriation individuelle et au libre usage des riverains, en tant que source d'énergie hydraulique (l. 16 oct. 1919). Depuis lors, l'utilisation par un riverain de cette richesse nationale n'est possible qu'en vertu d'une concession de l'État, et encore dans la marge étroite que la nationalisation des entreprises de production de transport et de distribution d'électricité (l. du 8 avril 1946) a laissée à ce régime (pour les entreprises de faible importance, art. 8). Sous ces restrictions, le droit de riveraineté fonde chaque riverain à se servir des eaux courantes pour l'ensemble de ses besoins domestiques, agricoles, industriels (45).

■ (41) Sous réserve, en cas de malveillance, d'un abus de ce droit ; v. plus haut, n° 1087.

■ (42) À commencer par la charge de rendre l'eau à son cours ordinaire, à la sortie du fonds (C. civ. art. 644, al. 2).

■ (43) Pris, pour tel ou tel cours d'eau, par l'administration en vertu de son pouvoir réglementaire (C. rur. art. 97, 103 s.).

■ (44) Établis entre riverains parties à un litige, pour trancher celui-ci à leur égard, suivant les directives souples de l'art. 645, C. civ., v. plus haut, n° 1342, note 3 ; v. Req. 8 janv. 1868. D.P. 1869.1.116 ; Civ. 1re sect. civ. 29 janv. 1958. D. 1958.187 ; Civ. 16 juill. 1901, D.P. 1908.1.337.

■ (45) Prioritaire, mais non exclusif, le droit de riveraineté n'exclut pas, pour le public, le droit général d'user des eaux, choses communes, à diverses fins (baignades, promenades en barque, etc.), mais à la double condition d'y avoir accès par une voie publique et de ne pas gêner l'exercice du droit fleuve... »). Cependant, le propriétaire n'acquiert que les alluvions naturelles et non les apports consécutifs à des travaux (Civ. 3e, 20 janv. 1988, Bull. III, n° 18, p. 8).

Plus importante est **l'accession dite artificielle ou industrielle** (ainsi nommée parce qu'elle porte sur un travail de main d'homme) : elle règle le **sort des constructions, plantations et ouvrages.**

1390 **Règle de fond et règles de preuve.** Le principe est que **le propriétaire d'un terrain devient, par accession, propriétaire de tout ce qui se dresse sur ce terrain.** Le Code civil vient à son aide en présumant qu'il a lui-même élevés à ses frais constructions, plantations et ouvrages, et qu'ils lui appartiennent (art. 553). Il en est propriétaire (en nature) sans devoir indemniser (en argent) qui que ce soit. Légale, cette double présomption n'est cependant pas irréfragable (46). Elle souffre, dans ses deux branches, la preuve contraire. Par titre ou par prescription, un tiers peut acquérir des biens implantés sur le terrain d'autrui. Lorsque cela est, une dissociation typique s'opère entre la propriété du sol et celle des édifices (ou plantations) que l'on nomme **droit de superficie :** l'accession est tenue en échec et la présomption démentie (l'art. 553 réserve ce cas).

D'un autre côté, il peut aussi apparaître que **les constructions** ont été faites non par le propriétaire à ses frais, mais soit par lui avec des matériaux appartenant à autrui, soit par un tiers sur son sol. En ces deux cas, les articles 554 et 555 règlent différemment le mécanisme de l'accession.

1391 **Constructions faites par le propriétaire du terrain avec des matériaux appartenant à autrui.** Lorsqu'un propriétaire entreprend, chez lui, des travaux qui incorporent à son fonds, dans un ouvrage (47), des matériaux qui ne lui appartiennent pas, il devient (et reste) **propriétaire de l'ouvrage** (C. civ. art. 54). Mais **il doit indemniser le propriétaire des matériaux** en lui en payant la valeur estimée à la date du paiement (modification apportée à l'article 554 par une loi du 17 mai 1960). S'il y a lieu, il peut, en plus, être condamné à l'indemniser (à lui verser des dommages et intérêts s'il lui a causé, par sa faute, un préjudice). Cependant, le propriétaire de matériaux n'a pas le droit de les enlever et ne peut exiger la démolition des ouvrages : l'initiative du propriétaire du fonds ne donne lieu qu'à un règlement en argent destiné à éviter une récupération en nature qui, économiquement, se solderait en général par un gâchis (sans grand profit pour personne).

1392 **Constructions élevées par un tiers sur le fonds d'autrui.** Il est plus fréquent que l'occupant d'un terrain qui ne lui appartient pas y élève des constructions, avec des matériaux qui lui appartiennent (et assume tous les frais de l'opération).

L'initiative du tiers constructeur pose de graves questions sur le sort des ouvrages et l'indemnité que le véritable propriétaire doit au constructeur lorsqu'il conserve les constructions qui s'y trouvent.

1393 Les principes donnent à la théorie de l'accession son application la plus marquante : « *Superficies solo cedit* ». **Le propriétaire du terrain devient, par droit d'accession, propriétaire des constructions.**

---

(46) V. Civ. 3e, 7 nov. 1978, Bull. III, n° 335, p. 257, R.T. 1980, 129 obs. Giverdon.

(47) « Constructions, plantations et ouvrages » : générique, ce dernier terme englobe (au moins pour l'application de l'art. 554) toutes sortes de travaux (surélévation, équipement, canalisation, etc.), la raison déterminante étant l'incorporation au sol, non l'édification d'un bien nouveau distinct ; comp. pour l'application de l'art. 555, *infra*, n° 1402.

Mais ces principes feraient au propriétaire un « cadeau » embarrassant s'il était toujours « forcé », dès lors qu'il s'opère moyennant indemnité ; onéreuse accession. Gratuite, l'attribution au maître du sol de la propriété des constructions risquerait à l'inverse de sacrifier à l'excès les intérêts du constructeur.

C'est pourquoi **l'article 555 du Code civil** adapte le principe de l'accession immobilière à la diversité des situations. Il introduit des modalités de nature à concilier les intérêts du propriétaire du sol et ceux — parfois légitimes — du tiers constructeur. Il ne s'agit pas d'une accession pure et simple.

Toutefois, si l'article 555 détaille le mécanisme particulier de l'accession, il ne donne pas de précisions sur le domaine d'application de ce texte, lacune que la jurisprudence a comblée.

a) Le mécanisme légal de l'accession

Dans les rapports du propriétaire du fonds et du tiers constructeur, la loi règle le sort de la construction et (si le propriétaire conserve celle-ci) l'indemnisation du constructeur, deux problèmes liés.

1° Le sort de la construction. Conférant à l'accession une souplesse opportune, l'art. 555 introduit dans son mécanisme **une distinction** fondée sur la psychologie du tiers au moment où celui-ci construit sur le terrain d'autrui. La loi traite différemment le constructeur selon qu'il est de bonne ou de mauvaise foi lors de la réalisation des travaux.

1re hypothèse. Le constructeur est de mauvaise foi. À la vérité, l'art. 555 n'emploie pas expressément ce terme, mais il traite ensuite du constructeur de bonne foi. *A contrario*, les premières dispositions du texte régissent le constructeur de mauvaise foi. Dans ce cas, le propriétaire du fonds sur lequel la construction a été élevée est investi par la loi d'un **droit d'option. L'accession est, pour lui, facultative** (art. 555, al. 1).

α) **Il peut conserver l'ouvrage.** Le parti qu'il prend laisse jouer le mécanisme ordinaire de l'accession. Propriétaire du terrain, il accepte de devenir (moyennant indemnité) maître de l'ouvrage construit. Son option consacre le jeu normal de l'accession (laquelle s'opère alors, on va le voir, à titre onéreux).

β) Le propriétaire peut, s'il le préfère, recouvrer son terrain dans son état originaire. **Il peut opter pour la démolition** des biens édifiés. Ce parti emporte de graves conséquences pour le constructeur : le propriétaire est en droit d'exiger de celui-ci qu'il supprime la construction à ses frais. Ayant assumé la dépense de la construction, le tiers devra supporter aussi celle de la démolition. La loi réserve même le droit, pour le propriétaire, d'obtenir du constructeur des dommages et intérêts pour le cas où l'opération aurait causé un préjudice au propriétaire du sol (art. 555, al. 2).

On voit toute la rigueur de la loi : la mauvaise foi du constructeur permet au propriétaire de paralyser le jeu de l'accession et d'exiger le rétablissement de l'état antérieur des lieux.

2e hypothèse. Le constructeur est de bonne foi. Par contraste, le sort du constructeur de bonne foi est beaucoup plus avantageux. **L'accession devient obligatoire.** D'un tiers de bonne foi, le propriétaire du sol ne peut exiger la suppression des ouvrages (art. 555, al. 4), il est tenu de les conserver. Il en devient nécessairement propriétaire, à charge d'indemniser le constructeur. (Le droit à indemnisation est parfois assorti du droit de rétention : en ce sens, Civ. 3e 3 oct. 1990, D. 1990.IR. 235, J.C.P. 1990.IV.377).

Cette faveur est électivement prodiguée par la loi au constructeur de bonne foi. Or la bonne foi, au sens de l'article 555, s'entend par référence à la définition légale de l'art. 550 (48), au moins (49) lorsqu'il s'agit d'un possesseur évincé tenu de restituer le fonds au véritable propriétaire. Dispensé de restituer les fruits (C. civ. art. 549), le possesseur-constructeur de bonne foi l'est aussi d'enlever les constructions qu'il a élevées : double avantage que la loi lie à sa bonne foi.

L'indemnisation du constructeur obéit cependant, lorsqu'elle a lieu, à des règles invariables.

1400 **2° L'indemnisation du constructeur.** Lorsque le propriétaire conserve l'ouvrage, il doit désintéresser en argent celui qui l'a construit (qu'il conserve l'ouvrage par choix, art. 555, al. 3, ou en vertu de la loi, art. 555, al. 4).

Cette obligation apparaît, de haut, comme une application générique de la théorie de l'enrichissement sans cause : le propriétaire du sol s'enrichirait injustement au détriment d'autrui s'il pouvait, sans indemniser le constructeur, conserver dans son patrimoine le profit que ce dernier y a introduit.

C'est cependant au texte de l'art. 555, al. 3, qu'il faut revenir, car ce texte donne des solutions précises et mises à jour. Suivant un courant qui anime désormais toute notre législation (comp., en matière matrimoniale, l'évaluation des récompenses, C. civ. art. 1469) les règles qui gouvernent l'évaluation de l'indemnité sont destinées à neutraliser, en faveur du créancier, les effets conjugués de la dévaluation monétaire et de l'augmentation du coût de la construction.

Objectivement établies sur un fondement économique, **les règles d'évaluation sont les mêmes, que le constructeur soit de bonne ou de mauvaise foi** (Civ. 3e, 12 mars 1985, Bull. III, n° 50).

1401 Dans tous les cas, la loi ouvre un **droit d'option au propriétaire :** elle lui laisse **le choix** de se libérer, selon son intérêt, en versant la moindre des deux sommes qu'elle indique. La liberté de choisir lui appartient (50).

Le propriétaire peut rembourser au constructeur une indemnité égale à la **plus-value** que les travaux ont apportée à son fonds. L'indemnité correspond au profit subsistant dans le

(48) Il s'agit donc de celui qui possède comme propriétaire en vertu d'un titre translatif de propriété dont il ignore les vices. V. plus haut, n° 1177 s. La jurisprudence se contente ici aussi d'un titre putatif, Civ. 3e 3 mai 1983, Bull. III, n° 102, p. 81, D. 1984.IR com. A. Robert. Mais elle maintient, dans sa plus forte tendance, la référence à la notion stricte de bonne foi que définit l'art. 550, al. 1, Civ. 3e, 29 mars 2000, D. 2000.IR.143 ; 12 juill. 2000, D. 2000.IR.252.

(49) La définition circonstanciée de la bonne foi fait parfois place à une notion plus libérale, pour le preneur autorisé à construire, v. plus loin, n° 1410, ou en matière d'empiètement marginal, n° 1414, note 77.

(50) C'est un droit : lorsque le propriétaire fait une offre inférieure au coût des travaux réévalués (tel qu'il résulte d'un rapport d'expertise), la décision qui le condamne à verser la somme correspondant à ce coût manque de base légale lorsqu'elle ne recherche pas si la plus value du bien est au moins égale à ladite somme, Civ. 3e, 16 nov. 1977, J.J.A. 29 juin 1978, n° 74, p. 8. Comp. Civ. 3e, 24 oct. 1990, Bull. civ. III, n° 204, p. 205 ; J.C.P. 1990.IV.415, D. 1990.IR. 266 : Le juge excède son pouvoir si, sous prétexte de retenir la solution la plus équitable, à son sentiment, il prive le propriétaire de sa liberté de choix. V. encore Civ. 3e, 13 oct. 1999, D. 1999.IR.248 : le juge ne donne pas de base légale à sa décision s'il ne recherche pas quel a été le choix fait par le propriétaire pour l'indemnisation du constructeur. Si cependant le propriétaire, mis en demeure d'exercer son option, ne fait pas connaître son choix, sa carence ouvre la voie à d'autres solutions, par ex. la proposition du constructeur, Civ. 3e, 10 nov. 1999, J.C.P. 1999.IV.31.42.

patrimoine du propriétaire au moment où celui-ci recouvre sa chose (dans la logique de la théorie d'enrichissement sans cause, l'enrichissement final est l'un des termes qui déterminent l'indemnité en la matière).

Mais le propriétaire peut, à son choix, rembourser le **coût des travaux** (matériaux et main-d'œuvre). C'est précisément sur ce point que, depuis la loi de 1960, l'art. 555 rompt avec le jeu ordinaire de la théorie de l'enrichissement sans cause (dans laquelle l'appauvrissement se calcule d'après la dépense au jour où elle a été faite). Si le propriétaire préfère rembourser le coût des travaux, il doit le faire **d'après la valeur de ceux-ci à la date de remboursement** (en tenant compte du prix des matériaux et de la main-d'œuvre à cette date). La loi opère une revalorisation de l'indemnité (système qui, plus que d'une somme, montre le propriétaire débiteur d'une valeur).

Il reste que, même en ce dernier cas, l'indemnité pourra subir un abattement en raison de la vétusté de la chose (le calcul est fait compte tenu de l'état des constructions au jour de la restitution).

b) Le domaine d'application de l'article 555

2 Le domaine ouvert au mécanisme de l'accession a été étendu par la jurisprudence au-delà des prévisions de la loi (non sans quelques flottements) (51).

3 **1° Le cas prévu par la loi.** C'est le domaine naturel de l'art. 555. À la lettre, ce texte s'applique au **possesseur évincé par l'action en revendication** du véritable propriétaire. Il démarque la situation précisée à l'art. 550 (52) : le possesseur d'un immeuble en perçoit les fruits, y construit des ouvrages, etc. ; le véritable propriétaire, agissant en revendication, fait reconnaître sa propriété ; le tiers évincé (reconnu acquéreur *a non domino* ou usurpateur) doit lui restituer le fonds. La restitution des fruits et le sort des constructions sont, en parallèle, les éléments du règlement de comptes entre tiers évincé et *verus dominus*.

4 Au tiers évincé, la jurisprudence a naturellement assimilé (ici encore, comme pour la restitution des fruits, v. plus haut, n° 1182) l'acquéreur (acheteur, donataire) dont le titre est rétroactivement résolu ou annulé, par suite d'une action en rescision, en révocation, en résolution ou en nullité (53) : l'anéantissement rétroactif de son titre le fait rétrospective-

(51) À la vérité, l'application extensive de l'article 555 ne concerne que les *personnes*. Quant aux **travaux** qui y sont soumis, une interprétation restrictive a, sans grande cohérence, prévalu (comp. plus haut, n° 1391, note 47). Écrit pour les « constructions, plantations et ouvrages », l'art. 555 a été lu comme ne s'appliquant qu'aux nouveaux ouvrages constituant une entité distincte, non aux **améliorations** apportées au fonds ou aux bâtiments existants : v. Civ. 22 août 1865. D. 1865.1.358 ; Civ. 28 oct. 1939, D. 1942.119, note F.G. ; Civ. 1re, 18 juin 1970, J.C.P. 72.17165, n. Thuillier, R.T. 1972.797, obs. Bredin. Ce qui est sûr, c'est que l'enlèvement d'éléments incorporés est rationnellement exclu, chaque fois qu'il est matériellement impraticable. Est-ce une raison suffisante pour éluder l'application des règles d'évaluation édictées par l'art. 555, lorsqu'il s'agit, justement, de l'indemnisation du preneur ? L'exclusion de l'art. 555 a parfois débouché sur le refus de toute indemnité (V. Civ. 28 mars 1938 préc.), parfois sur l'application complexe de la théorie des impenses, solutions moins équitables que le système de revalorisation adopté par l'art. 555 pour le remboursement du coût des travaux (surtout s'agissant de travaux de rénovation et de surélévation : v. Civ. 1re, 18 juin 1970, préc.). Au regard des principes, on ne s'explique d'ailleurs guère qu'un ouvrage incorporé soit rebelle à l'accession (par incorporation : C. civ. art. 551).

(52) V. plus haut, n° 1170 et 1175 et plus bas, n° 1580.

(53) L'art. 555 a été appliqué au propriétaire sous condition résolutoire (Civ. 29 mars 1852, D. 52.1.65 ; Req. 8 mars 1886, D. 87.1.298), au second acquéreur d'un terrain auquel le premier est finalement préféré (Civ. 12 mai 1976, R.T. 1976, 799, obs. Giverdon), au bénéficiaire d'une promesse de vente dont la réalisation se heurte à un obstacle légal (Civ. 22 janv. 1947 J.C.P. 47.3523, n.

ment apercevoir, à l'image du tiers évincé, comme un constructeur sans titre. Au moins sera-t-il considéré comme un constructeur de bonne foi si, au moment où il construit, il ignore le vice de son titre. L'article 555 a été appliqué à des squatters pour les mosaïques et ouvrages d'art plastique qu'ils avaient apposés sur les murs et le sol de l'immeuble qu'ils occupaient illicitement (faute de pouvoir être assimilés à des tiers de bonne foi, ils ont été condamnés à les enlever à leurs frais (Paris, 29 janv. 2002, D. 2002. som. 2509, com. B. Mallet-Bricout ; s'ils avaient fait reconnaître leur bonne foi, le propriétaire aurait dû conserver les ouvrages et indemniser leurs auteurs).

Même largement conçu, le domaine naturel de l'art. 555 est loin de fournir au texte ses applications principales.

1405 **2° Autres applications en jurisprudence.** À la lettre, l'art. 555 suppose que le constructeur, présenté comme un tiers, n'est lié au propriétaire du sol sur lequel il construit, par aucun rapport juridique préexistant (notamment par aucun contrat fondant son occupation du sol).

Depuis longtemps, l'**interprétation dominante en jurisprudence et en doctrine, admet au contraire que les règles de l'art. 555 ne sont pas exclues du seul fait que le constructeur occupait le terrain en vertu d'un titre** (54).

Lorsque ce titre règle le sort des constructions (et les comptes entre propriétaire et constructeur) c'est, bien sûr, le règlement spécifique qu'il faut suivre. Évident, un tel principe est d'application convaincante lorsque le règlement résulte de façon précise de la stipulation particulière d'un contrat (55) ou d'une disposition spéciale de la loi (56). Ces cas réservés, les règles édictées par l'art. 555 sont aujourd'hui considérées comme des **dispositions génériques, ayant une vocation résiduelle à s'appliquer, à défaut de stipulation ou de disposition particulière, même au constructeur occupant en titre,** en tant qu'elles sont porteuses d'un mode-type de règlement, référence qui, surtout depuis sa rénovation (en 1960), a valeur naturelle de modèle (57).

1406 Ces principes trouvent leur application judicieuse quand le constructeur est un preneur. Quand c'est un voisin qui empiète sur la limite des propriétés, l'application extensive de l'art. 555 se heurte, en revanche, à des obstacles spécifiques. L'extension est dénuée de pertinence : ce sont **deux situations fort différentes** qui n'obéissent pas aux mêmes règles.

1407 **1er cas. Constructions faites par le preneur sur les lieux loués.** Ce qui est sûr c'est que, **dans certains types de baux** (de longue durée), la considération des constructions (plus

---

E. Becqué) ; non aux « communistes », pour la maison édifiée par l'un d'eux sur un terrain indivis et mise au lot d'un autre copropriétaire (Req. 20 déc. 1910. S. 1912.1.305, n. Naquet), mais pour en venir à l'application équitable de la théorie de l'enrichissement sans cause.

(54) L'art. 555 n'est en revanche, pas applicable à l'entrepreneur qui a effectué des travaux pour le compte d'autrui, Civ. 3e 28 mai 1986, G. P. 1987, I, som. 52.

(55) Le contrat fait la loi des parties.

(56) Ainsi prévalent, dans leur domaine respectif, les dispositions particulières réglant les bases du compte, en cas de rapport en nature d'une donation (C. civ. art. 861), de réméré (C. civ. art. 1673), ou de restitution, par le tiers détenteur, de l'immeuble hypothéqué (C. civ, art 2175). En matière d'usufruit, les dispositions de l'art. 599, al 2, sont interprétées comme excluant l'application de l'art. 555 aux constructions édifiées par l'usufruitier, v. *supra* n° 1317, note (41). On admet enfin que, lorsque les constructions ont été faites par un mandataire, les droits et obligations des parties doivent être déterminées d'après les règles du mandat.

(57) Plus résiduellement encore, la gestion d'affaires et l'enrichissement sans cause conservent une vocation à s'appliquer, au moins lorsque, conformément au droit commun, les conditions de leur application sont réunies, mais sans que le partage soit toujours net entre les deux théories. V. p. ex. Req. 20 déc. 1912, S. 1912.1.305, n. Naquet.

généralement, des édifices et plantations) devient l'une des données essentielles de l'économie du contrat ; **le bail emphytéotique** confère à l'emphytéote la propriété temporaire des constructions et plantations qu'il réalise (C. rur. art. L. 451-1). Le **bail à domaine congéable** (C. rur. art. L. 431-1 à L. 431-23) reconnaît au preneur (domanier) la propriété des édifices et superficies et un droit à indemnité lorsqu'après congément, ceux-ci reviennent au propriétaire du fonds (foncier). Le nouveau **bail à construction** (l. 16 déc. 1964) met à la charge du preneur l'obligation d'édifier et de conserver des constructions que le bailleur acquiert, libres de toute charge, à la fin du contrat. **L'économie du contrat chasse, en ces trois cas, l'article 555 C. civ.**

8 L'application de ce texte est également exclue, dans les formes ordinaires de **bail rural**, par une disposition expresse. Les articles L. 411-69 s. du Code rural déterminent les indemnités dues au preneur sortant pour les constructions, plantations et ouvrages incorporés au sol qu'il a réalisés.

Enfin, dans les autres types de baux, l'application de l'article 555 peut être exclue par une stipulation expresse. Ce texte ne s'applique pas lorsqu'une clause du bail détermine, de façon précise, le sort des constructions élevées par le preneur (58). C'est le cas d'un bail avec permission de bâtir, lorsque le contrat fixe le sort des constructions et les bases de l'indemnisation.

Résiduellement, le problème se pose pour tous **les baux — autres que les baux ruraux (ou les types de baux ci-dessus spécifiés) — dans lesquels aucune disposition ne règle le sort des constructions**. Dans ces cas relativement fréquents, la jurisprudence considère que **l'article 555 s'applique aux constructions édifiées, par le locataire, sur les lieux loués** (59). Cette « rallonge » prétorienne donne au texte de nombreuses applications (les locataires prenant, assez souvent, l'initiative de construire sur les lieux loués, avec l'espoir de s'y perpétuer).

Cependant, lorsqu'elle est admise, en son principe, l'application de l'article 555 fait surgir diverses **difficultés.**

Faut-il *assimiler le preneur à un* **possesseur de mauvaise foi ou peut-on le faire bénéficier des avantages du possesseur de bonne foi ?** Détenteur précaire, le locataire ne peut théoriquement être assimilé à un possesseur de bonne foi : il détient la chose louée en vertu d'un titre qui implique la reconnaissance de la propriété du bailleur, et, sauf cas aberrant, il sait bien qu'il construit sur le fonds d'autrui. Ainsi le locataire est-il le plus souvent considéré comme un constructeur de mauvaise foi (60). À la fin du bail, le propriétaire peut exiger de lui le rétablissement des lieux, la suppression des ouvrages à ses frais, et, le cas échéant, des dommages-intérêts (61). Mais cette solution est jugée

(58) Serait-il licite de prévoir qu'à l'expiration du bail ces constructions demeureront acquises, sans indemnité au bailleur ? La jurisprudence l'admet. V. Aix, 10 déc. 1951, D. 52.240 ; v. pour un doute, Carbonnier, III, 72.

(59) Req. 1er juill. 1851. D. 1851.1.249 ; Req. 15 juill. 1912. S. 1915.1.105, n. Naquet, Civ. 1re, 7 mars 1955, J.C.P. 56.9053, n. A. Weill et J. Becqué, D. 1955.590, n. Saint-Alary. Jurisprudence constante. V. Civ. 3e, 3 oct. 1990, D. 1990.IR. 235, J.C.P. 1990.IV.377.

(60) Ch. civ. Sect. Com. 1er mars 1960, G. P. 1960, II, 30. Civ. 3e 22 mars 1983, G. P. 1983, II, Pan. 189 ; Civ. 3e 27 janv. 1982, G. P. 1982, II, Pan., 202, Versailles, 5 févr. 1985, G. P. 1987, I, som., 129.

(61) Le droit, pour le bailleur, d'exiger l'enlèvement des constructions, aux frais du locataire, procède, plus généralement, de celui que lui confère l'art. 1730 C. civ. d'obtenir, à la fin du bail, la restitution de la chose en son état primitif : fondement qui va dans le même sens que l'art. 555, al. 1 et

rigoureuse par une partie de la jurisprudence. Certaines décisions considèrent que le preneur est assimilable à un possesseur de bonne foi, *lorsqu'une clause du bail l'autorisait à construire* (de telles autorisations sont fréquemment stipulées, sans être suivies de précisions réglant le sort de la construction). Sans doute ne retrouve-t-on pas, chez lui, la bonne foi au sens de l'art. 550 (la croyance en la propriété, v. plus haut, n° 1399 et 1177). Cependant, si, même en ce cas, le preneur ne se croit pas propriétaire, au moins se croit-il fondé à construire en vertu du bail. Par un déplacement opportun, une notion plus large de bonne foi, fondée sur la permission de construire, vient parfois relayer la définition plus circonstanciée de l'article 550 (62).

1411 L'autre difficulté concerne la détermination de la date à laquelle se produit l'accession. Celle-ci est-elle **immédiate ou différée à la fin du bail ?** Par un revirement remarqué (63), la Cour de cassation a pris parti en faveur de **l'accession différée**. Les ouvrages que le preneur élève sur le fonds du bailleur ne deviennent pas immédiatement la propriété du bailleur. L'accession se produit à la fin du bail sur ce qui reste (s'il reste quelque chose). La Cour de cassation a statué dans un cas où, la construction ayant été détruite du fait de la guerre, il fallait déterminer à qui attribuer l'indemnité de dommages de guerre : elle profitait au propriétaire, si l'accession était considérée comme immédiate. L'indemnité a été versée au preneur (qui avait fait les frais de la construction) (64). L'accession ne se produit qu'à la fin du bail. L'analyse conduit à considérer qu'étant, pendant la durée du bail, propriétaire de ce qu'il a construit (65), le preneur est en droit d'en disposer (en le cédant, en l'hypothéquant, ou en le détruisant). S'il décède avant l'expiration du bail, ses héritiers copropriétaires des constructions ont qualité pour poursuivre l'expulsion d'un occupant (Civ. 1re, 23 oct. 1990, D. 1990.IR. 266).

1412 **2e cas. Les empiétements marginaux sur le terrain d'autrui.** Il est fréquent qu'une construction nouvelle empiète sur un fonds voisin. La densité des constructions, le tracé indécis des propriétés font assez souvent que, sur une bande de terrain parfois étroite, une construction écorne la propriété d'autrui (que son auteur soit de bonne ou de mauvaise foi). Faudrait-il étendre à ces empiétements marginaux les règles qui gouvernent les constructions sur le terrain d'autrui ? Exclue, parce que non pertinente en cette situation très différente, cette extension laisse la place à **d'autres principes** dont on peut seulement se demander s'ils doivent conserver, en toutes circonstances, une rigueur absolue.

---

2 (mais qui, lui non plus, ne s'impose vraiment qu'en l'absence d'une autorisation de bâtir. V. cep. ci-dessous).

(62) V. en ce sens, Req. 25 oct. 1921, D. 1922.1.55 et surtout Req. 15 juill. 1912, préc. ; R.T. 1979, 810, et nos obs. ; Civ. 3e, 3 oct. 1990, Bull. civ. III, n° 172, D.1990.IR. 235, J.C.P. 1990.IV.377 qui accorde même, au preneur de bonne foi, un droit de rétention sur le fonds jusqu'à fixation de l'indemnité à lui revenir. Cependant, la permission de bâtir n'est parfois pas jugée suffisante pour écarter l'application de l'article 1730 C. civ. V. Civ. 3e, 9 janv. 1979, G. P. 1979.II.309, n. Plancqueel, R.T. 1979, 810 ; **la tendance à considérer qu'un locataire ne peut être de bonne foi (par référence stricte à la définition de l'art.** 550) paraît même, actuellement, **dominante.** V. Civ. 3e, 12 juill. 2000, D. 2000.IR.252 ; Bull. civ. III, n° 143 ; Civ. 3e, 27 nov. 2002, *Pet. aff.* 6 mars 2003, n° 47, p. 20 ; comp. T.G.I. Lons-le Saunier, 17 mars 1959, G. P. 59.II, qui voit dans l'autorisation de bâtir une renonciation au droit d'exiger l'enlèvement aux frais ; comp. *infra,* n° 1414.

(63) Civ. 1re, 1er déc. 1964, D. 64.673 ; v. antérieurement Req. 27 mai 1873, S. 1873.1.254 ; Civ. 14 déc. 1921, D. 25.1.111.

(64) Comp., pour l'attribution au locataire constructeur de l'indemnité d'expropriation, Cass. Com. 24 oct. 1962, G. P. 1963, I, 30.

(65) C'est un droit de superficie ; v. plus loin, n° 1502 s.

3 **Établissement des principes.** Lorsque le constructeur est de bonne foi, l'application de l'art. 555, al. 4 conduirait à des conséquences absurdes. Tenue de conserver l'ouvrage moyennant indemnité, la victime de l'empiétement serait tout à la fois privée du droit de faire un autre usage du terrain recouvert, et débiteur de l'intrus, avec lequel il se trouverait, de plus, dans une sorte d'indivision perpétuelle (66). La vérité est que **l'art. 555, réglant seulement le cas des ouvrages véritablement** (67) **implantés sur le terrain d'autrui, n'est pas applicable à ceux qui ne répondent pas à cette définition,** dès lors que, débordant marginalement sur un fonds voisin, **ils sont presque exclusivement construits par hypothèse sur un autre terrain**. Mécanisme d'enrichissement, comme l'atteste l'indemnité compensatrice à laquelle elle donne lieu, l'accession ne peut être reconnue dans l'acquisition forcée d'une partie d'ouvrage inutilisable, aggravée par la perte de l'usage d'une bande de terrain (68). L'empiétement marginal ne relève pas de l'accession.

Un tel empiétement constitue une atteinte au droit de propriété dont la seule sanction paraît être, en nature, la suppression de l'empiétement illicite par démolition de l'ouvrage.

Autre issue concevable, l'attribution au constructeur, moyennant indemnité, de la marge gagnée sur son voisin, est exclue par l'art. 545 C. civ. dès lors que la victime de l'usurpation tient de ce texte **l'assurance solennelle de ne pas subir d'expropriation pour cause d'utilité privée.**

Aussi bien la jurisprudence, de 1823 (69) à nos jours, se fonde-t-elle, principalement, sur l'art. 545 C. civ. **pour justifier, en cas d'empiétement marginal, la destruction de l'ouvrage.** À la vérité, certains arrêts visent également l'art. 555, lorsque le constructeur est de mauvaise foi (70), car, en ce cas, chaque texte conduit à l'enlèvement de l'ouvrage. Mais leurs dispositions s'opposent dans le cas contraire où le constructeur est de bonne foi. Et c'est pourquoi, aujourd'hui, la jurisprudence la plus pure et la plus dure affirme, **sur le seul fondement de l'art. 545**, que l'empiétement illicite doit toujours être supprimé, sans avoir à rechercher si son auteur est de bonne ou de mauvaise foi (71) et donc **même s'il est de bonne foi** (72). Il n'importe évidemment pas que la victime de l'empiétement n'ait pas

---

(66) Chacun étant propriétaire de son côté, *« pro regione, pro diviso »*, comme le notait déjà Demolombe, de la partie construite sur son sol (pan de mur, coin de maison, etc.). V. Tr. de la distinction des biens, t. 9, n° 691 *ter*, p. 621.

(67) C'est-à-dire entièrement ou, au moins, principalement.

(68) L'accession, profit compensé, ne peut couvrir un préjudice aggravé. Il est d'ailleurs typique que l'accession reprenne sa force lorsque le voisin qui y trouve intérêt l'invoque (Civ. 1re Sect. civ. 8 nov. 1961, G. P. 62.I.203). Comp. pour la construction d'un mur à cheval sur la ligne séparative. *Infra,* n° 1529.

(69) Un arrêt de l'époque salue dans les dispositions de l'art. 545 C. civ. *« Un hommage rendu au droit sacré de propriété »*. (Civ. 22 avril 1823, S. 1822-24, 1, 234).

(70) V. l'arrêt précité de 1823. Un arrêt du 4 mai 1959 ne vise même que l'art. 555 : Civ.1re, 1re esp. J.C.P. 60.11.409, n. Blin, S.60.171, n. Planqueel. Il faut clairement marquer que l'empiètement sur le fonds d'autrui n'entre pas dans l'application de l'art. 555, car, à la vérité, ce n'est pas une construction sur le terrain d'autrui. V. très net en ce sens : Civ. 3e, 5 déc. 2001, J.C.P. 2002.IV.1119.

(71) Civ. 3e, 21 nov. 1969, D.70.426 ; 11 juill. 1969, D. 69.654.

(72) Civ. 1re, 10 juill. 1962, G. P. 62.2.288, D.63, som., p. 38, R.T. 1963, 121, obs. Bredin ; Civ. 3e, 8 nov. 1978, Bull. III, (empiétement en sous-sol) ; *a fortiori,* lorsque le constructeur est de mauvaise foi, Civ. 1re, 10 févr. 1965, G. P. 65.1.236, 2e esp. ; c'est la doctrine d'Aubry et Rau (6e éd. par Bartin, t. 2, § 204, texte et note 25, p. 372) ; v. cep., pour un flottement, Civ. 3e, 8 oct. 1974, J.C.P. 75.17930, n. Thuillier, D. 75, 431, n. Fabre, *Defrénois* 1975, 1, 613, n. Goubeaux. Mais, depuis, une application de rigueur l'emporte sans partage : Civ. 3e, 3 mars 1981, G. P. 1981.II. Pan. 270 ; 19 déc. 1983, J.C.P. 1984.IV.70 ; 29 févr. 1984, Bull. III, n° 57, p. 44. Civ. 3e 16 déc. 1998, J.C.P. 99.IV.1257 particulièrement sévère et la série des arrêts regroupés par H. Perinet-Marquet, J.C.P. 99. *Les Biens,* chron. 1120, 1 s. : **Jurisprudence constante.** V. aussi *infra,* n° 1414, note 82.

protesté pendant la construction (son silence à lui seul ne vaut pas consentement à l'empiétement. Civ. 3e 18 avril 1985, G. P. 1985.II.Pan.268 ; Rev. Loy. 1985, 375, D. 1986.I.R. 198, obs. A. Robert). Il est indifférent que l'habitation ait été construite sur l'emplacement d'un mur mitoyen préalablement détruit, c'est un empiétement à supprimer (Civ. 3e 18 févr. 1998, J.C.P. 98.IV.1809). **L'office du juge consiste seulement à constater le fait objectif et matériel de l'empiétement.** On se demandera, en envisageant les autres données qui devraient être prises en considération, si, par exception et très marginalement, cette simplicité radicale ne devrait pas souffrir quelques assouplissements.

1414 **Modération des applications ?** Lorsque l'auteur de l'empiétement est de mauvaise foi (73) ou lorsque la surface d'empiétement est considérable (74), *a fortiori*, lorsque les deux circonstances sont réunies (75), la sanction de l'enlèvement tombe juste (76). **Elle heurte l'équité lorsque, tout à l'inverse, un empiétement négligeable résulte, en toute bonne foi, d'une erreur de mensuration** (77). Lorsque ces deux circonstances atténuantes sont réunies, **un fort courant s'est toujours** (78) **dégagé, pour substituer, exceptionnellement,** à la sanction trop rigoureuse de la démolition, la sanction plus adéquate de l'indemnisation du voisin victime de l'empiétement (79), surtout lorsque la construction qui empiète est un **ouvrage important** dont la démolition causerait à celui qu'elle frappe un préjudice sans commune mesure avec celui dont souffre son voisin. Pour justifier cette dérogation au principe, le recours à l'art. 555, al. 4, n'est pas judicieux (80). Sans l'assimiler à l'utilité publique, on pourrait plutôt observer que l'utilité sociale est gravement méconnue en cas de destruction d'un édifice important. Plus juridiquement, on devrait admettre que, lorsque l'empiétement est minime et la bonne foi de son auteur entière, le

---

(73) Notamment lorsqu'il construit au mépris d'une opposition de son voisin. C'était le cas dans : Civ. 22 avril 1823 ; Civ. 1re, 4 mai 1959, 1re espèce ; Civ. 1re, 10 févr. 1965, préc. ; *adde,* Civ. 16 juin 1903. S. 1905.1.329 (mauvaise foi caractérisée).

(74) C'était le cas dans : Civ. 1re, 10 juill. 1962, préc. (empiétement de 8 m 80 de large sur 29 m 50 de long).

(75) Civ. 10 févr. 1965, préc. (opposition des voisins, empiétement de 28 m^2 sur cour commune).

(76) Surtout si la démolition ordonnée porte sur un ouvrage de faible importance (pan de mur ou plantations) : v. Civ. 26 juill. 1841, D. 41.306, S. 1841.1.837 ; Civ. 26 avril 1888, S. 1888.1.380 ; 25 oct. 1897, S. 1898.1.324 ; 16 juin 1903, préc.

(77) Il est évident que la bonne foi échappe ici à la définition circonstanciée de l'art. 500 (liée à une acquisition *a non domino*) et consiste seulement ici à ignorer le fait matériel de l'empiétement (celui-ci étant le résultat d'une erreur de délimitation) ; comp. *supra,* n° 1410 et 1399.

(78) Sous la coutume de Normandie (t. 1, p. 116), Basnage explique déjà à propos du constructeur d'une maison empiétant sur le fonds voisin : « Quand, dans la rigueur du droit, il serait tenu d'abattre, dans l'équité qu'on devrait suivre, on ne pourrait le condamner qu'à l'estimation et aux intérêts du demandeur, plutôt que de démolir un grand édifice ». Comp. *infra,* n° 1522, pour la reconstruction d'un mur mitoyen avec empiètement infime. Comp. aussi pour un **empiétement en surplomb,** (*supra,* n° 1377, note 29) la faveur donnée à une solution équitable.

(79) V. en ce sens, un arrêt significatif de la Cour de cassation : Civ. 19 juin 1934. S. 1935.1.51 (bonne foi, empiétement de 15 cm) ; Civ. 1re, 4 mai 1959, 2e esp., J.C.P. 1960.11409, n. Blin (bonne foi, empiétement de 18 à 21 cm) ; Paris, 5 mai 1977, J.C.P. 1978, éd. Not. IV, 70 (erreur de l'entreprise, 0,9 et 17 cm d'empiétement).

(80) Appliquant l'art. 555 en dehors de son domaine, cette thèse contredit le principe, quand il s'agit seulement de le tempérer en certaines circonstances. V. par ex. Civ. 1re, 4 mai 1959, 2e esp. préc. Certains auteurs ont eu l'audace de considérer que la bande de terrain usurpée devient, par accession, propriété du propriétaire du bâtiment (Planiol et Ripert, Tr. élém. T. I., n° 2978), renversement de fond en comble de la maxime *« superficies solo cedit »* qui paraît moins paradoxal, si l'on avise que la bande de terrain devient l'accessoire du bâtiment. L'indemnisation du propriétaire de la surface d'empiétement se justifie, de toute façon, soit dans la théorie de l'accession, soit, si l'on admet l'abus du droit, par la théorie de l'enrichissement sans cause.

propriétaire de la bande de terrain recouverte **abuse de son droit** (81) s'il exige, de son voisin, une destruction préjudiciable dans un intérêt personnel dérisoire qui fait soupçonner une intention purement malveillante et l'exercice antisocial de son droit ou, plus spécifiquement, la méconnaissance abusive des contraintes et tolérances naturelles que la communauté de voisinage a toujours fait naître : **dérogation marginale** qui laisserait jouer l'art. 545, dans les cas où ne sont pas réunies les circonstances particulières qui commandent d'en tempérer la rigueur (laissant sain et sauf le principe du respect de la propriété privée, laquelle, sans être sacro-sainte, est en droit d'attendre une protection en règle, mais sans outrance. **Ce n'est qu'une opinion personelle** en faveur d'une **modération raisonnable** à retenir, par exception, dans les cas où l'application stricte du principe serait manifestement contraire à l'équité. **La jurisprudence constante est contraire, draconienne, toute simple dans le sens de la rigueur** (82). Ce rigorisme atteint son paroxysme dans un arrêt où, s'agissant d'un empiètement infinitésimal (0,5 centimètres), il est catégoriquement affirmé que la mesure de l'empiètement n'est d'aucune considération (Civ. 3e, 20 mars 2002, RTD civ. 2002, 333, chron. Th. Revet ; J.C.P. 2002.IV.1781 ; D. 2002. J. 2075, n. Chr. Caron). C'est beaucoup que faire abstraction et de la bonne foi et du caractère négligeable de l'empiètement et de l'importance de l'édifice. Nous pensons au contraire que lorsque ces trois éléments sont réunis, la démolition de l'ouvrage consomme un abus du droit, en ce qu'elle inflige, contre toute raison et contre toute équité à des intérêts légitimes, un sacrifice manifestement disproportionné avec la satisfaction dérisoire qu'en retire le propriétaire. Un jour viendra où le mouvement séculaire qui, dans le respect de la propriété, refuse cette démesure, l'emportera. Car cette résistance viend du fond.

BIBLIOGRAPHIE

Empiétements marginaux sur le terrain d'autrui : Mireille RAYNAL, J.C.P. 1976.1.2800.

---

(81) La considération du caractère dérisoire du préjudice subi par la victime de l'empiétement et de son intérêt perce dans certaines décisions (V. Civ. 1re, 4 mai 1959, 2e esp., préc.). La théorie de l'abus de droit a été carrément retenue par la jurisprudence belge. V. not. Cass. 10 sept. 1971 confirmant une tendance antérieure, R.T. 1975, p. 833, n° 12, obs. Vieujean. Elle est repoussée par la jurisprudence française : Civ. 3e, 7 juin 1990, G. P. 1990.II.Pan. 203 ; Civ. 3e, 7 nov. 1990, G. P. 1991.I.Pan.42. V. cep., s'agissant d'un empiétement aérien (en surplomb), la référence à l'abus du droit au soutien d'une solution raisonnable, Grenoble, 30 juin 1998, cité *supra*, n° 1377, note 29.

(82) **La Cour de cassation refoule tout tempérament.** Elle maintient que l'article 545 C. civ. « doit être appliqué **dans toute sa rigueur** même si l'empiétement est dû à une erreur commise de bonne foi et même si son importance est minime ». Civ. 3e 29 févr. 1984, Bull. III, n° 52, p. 44 ; 20 juill. 1988, G. P. 1988, II, Rés. d'arr., 253 (*adde*, la jurisprudence citée *supra,* n° 1413, note 72). À cette rigueur, l'article 1382 n'offre aucune échappatoire. Au juge qui, pour se dispenser de condamner l'auteur de l'empiétement, avait estimé que sa négligence ne pouvait se déduire du seul empiétement, la Cour de cassation répond que l'empiètement suffit à caractériser la faute (Civ. 3e, 10 nov. 1992, G. P. 1993.I.Pan.110). Message clair : **Dans sa matérialité, le fait brut de l'empiétement constitue en lui-même et à lui seul la base nécessaire et suffisante de la condamnation, l'acte objectivement illicite : c'est la jurisprudence.** *Dura lex,* solution de facilité-sécurité. Plus encore qu'un « hommage au droit sacré de propriété » (comme en 1823, v. *supra,* note 69), cette rigueur pourrait être une réaction à l'assaut actuel des empiétements, dans l'idée qu'il n'en est pas de naïfs. Certains penseront que le discernement vaut mieux que l'absolutisme et qu'une certaine sagesse pourrait arrondir les angles de l'application aveugle.

SECTION II LES SERVITUDES

§ 1. NOTIONS GÉNÉRALES

1415 Par leur nom et leur nombre, les servitudes font naître **l'image** d'un amas **de charges** pesant sur la propriété foncière. Qu'à titre de servitude, le propriétaire d'un immeuble soit privé, chez lui, du droit de bâtir, de surélever, de choisir la forme de son toit, le style de sa façade ou la couleur de sa maison, de planter, d'exercer une activité professionnelle ou de pratiquer dans son mur des jours ou des vues, ou qu'à l'inverse il soit tenu de souffrir qu'autrui pénètre chez lui, pour y passer lui-même ou y faire passer ses engins ou ses troupeaux, ou pour y prendre de l'eau, du bois, des graviers ou d'autres matériaux, ou pour y utiliser une scierie, un four, un pressoir, pour y entreposer du matériel, y adosser une construction ou y établir canalisations d'écoulement, canaux d'irrigation, lignes ou câbles, confirme l'idée d'une **accumulation de sujétions diverses** sur la propriété immobilière.

1416 On conçoit que, devant ce poids et ce chaos, le premier souci des rédacteurs du Code civil ait été de **définir** (art. 637) et de **classer** (art. 639), pour clarifier, ordonner, mais aussi rassurer. En 1804, il pouvait être nécessaire, dans le même esprit, de **distinguer** d'emblée les servitudes réelles des services féodaux (d'où l'art. 638, l'un des trois articles de tête, dont on peut, dès l'abord, chasser l'ombre).

A. DISTINCTION DES SERVICES FONCIERS ET DES SERVICES FÉODAUX

1417 En 1804, la crainte d'une confusion a dicté d'écrire, au portique des servitudes, une déclaration de principe : **« la servitude n'établit aucune prééminence d'un héritage sur l'autre »** (art. 638). Les servitudes n'ordonnent pas une nouvelle hiérarchie des terres. Autant que les biens, les personnes sont libres. Dès la définition, perce le souci de démarquer la servitude d'un service imposé à la personne en faveur d'une personne (art. 637) et, quand il s'agit de régler la liberté d'établissement des servitudes, l'affirmation devient interdiction (art. 686) : **la servitude ne peut être imposée qu'à un fonds pour un fonds.** Décidément, les servitudes n'affectent ni la liberté des personnes ni la liberté des terres : en elles, les trois verrous empêchent que le système féodal aboli trouve occasion ou moyen de resurgir.

Aujourd'hui tant d'insistance prête à sourire (le terme servitude ayant perdu toute connotation politique) et, rétrospectivement, il est même douteux que les risques de confusion ou de résurrection aient été réels. Dans leur neutralité, les services fonciers sont étrangers au système féodal. *De lege ferenda*, faudrait-il effacer la référence à un système révolu (83) ? Symbolique, l'affirmation conserve sa vocation historique à marquer la césure et à perpétuer la mémoire.

---

(83) D'autant plus qu'au fond il ne s'agirait pas d'admettre que la servitude pourrait avoir pour objet principal une obligation de faire. Tant que les servitudes seront perpétuelles, cette éventualité se heurtera à la prohibition des engagements perpétuels (comp. C. civ. art. 1780, al. 1), laquelle a pour fondement, hors de toute référence féodale, la sauvegarde de la liberté individuelle.

B. CLASSIFICATION DES SERVITUDES

8 Comme celle des biens, ou celle des modalités de l'obligation — et sous la même nécessité d'une réponse au défi de la diversité — **la classification des servitudes est un exercice capital.** Du plus loin qu'elles viennent, les servitudes se présentent étiquetées et classées. Plusieurs étiquettes (latines) ont conservé leur pouvoir d'évocation (84) ; dénuées d'intérêt, certaines divisions ne sont plus que des survivances (85) ; d'autres ont toute leur importance, mais sur un point particulier (86). Telle autre, fort évocatrice, aurait mérité meilleure fortune (87). Même si les classifications ont changé, l'esprit de classification, toujours régnant, préside à l'organisation de la matière. L'article 639 pose les distinctions essentielles : la servitude « dérive ou de la situation naturelle des lieux, ou des obligations imposées par la loi, ou des conventions entre les propriétaires ».

Cette classification d'ensemble appelle deux mises au point.

a) La division majeure : servitudes établies par la loi et servitudes établies par le fait de l'homme

9 Fondée sur le fait générateur de la servitude, la présentation légale se veut rassurante. Encadrant la loi, de la nature des choses et de la volonté des propriétaires, elle annonce qu'au moins pour deux de ses trois sources, la servitude ne procède d'aucun arbitraire, mais d'une nécessité (qui fait loi) ou d'une convention (qui tient lieu de loi, art. 1134). D'après leur origine, les servitudes se répartiraient en trois grandes catégories : les **servitudes naturelles,** les **servitudes légales,** les **servitudes conventionnelles.**

Diplomatique, sans contredire la vérité, ce tableau attend deux touches d'appoint.

0 **Les servitudes conventionnelles** ne sont en réalité, parmi d'autres, qu'une espèce de servitude d'origine volontaire : espèce principale qu'il était légitime de placer en tête, mais espèce d'un genre qui englobe notamment les servitudes établies par testament ou acquises par prescription, dans l'ensemble plus vaste des servitudes établies par le fait de l'homme (catégorie de regroupement que la loi consacre, plus loin, sous ce titre, art. 686).

1 **Les servitudes naturelles** ont, de leur côté, quelque titre à être reclassées dans la catégorie générale des servitudes légales, puisqu'elles sont sinon établies, du moins consacrées par la loi (art. 640 s.).

À la vérité, il demeure stimulant de les détacher hors série, en introduction à la matière, comme une leçon de législation et de choses. Symbolique et concrète, **la servitude d'écoulement des eaux** qui en est, par excellence, le type, se comprend sans le secours de la définition abstraite de la servitude : « les fonds inférieurs sont assujettis envers ceux qui sont plus élevés, à recevoir les eaux qui en découlent *naturellement*, sans que la main de l'homme y ait contribué » (art. 640, al. 1). Géographique, physiquement assise sur la pente

(84) On parle encore de servitude *non aedificandi* (de ne pas bâtir), *non altius tollendi* (de ne pas surélever), *aquae recipiendae* (de recevoir de l'eau), *oneris ferendi* (de porter un fardeau : servitude d'appui), etc.

(85) Servitudes urbaines et servitudes rurales, au moins dans la définition qu'en donne l'art. 687.

(86) Distinction des servitudes continues ou discontinues (art. 688), apparentes ou non apparentes (art. 689), importantes en matière d'usucapion (art. 690 s.).

(87) La distinction des servitudes affirmatives (ou positives) et des servitudes négatives. V. Merlin, Rép., V° *Servitudes,* § VI ; v. plus loin, n° 1431.

des terrains, déterminée par la situation naturelle des fonds, cette servitude ne procède d'aucun caprice humain (étatique ou individuel). Cause étrangère, cas fortuit, force majeure, la nature seule impose au fonds situé en contrebas de recevoir les eaux qui découlent naturellement de celui qui le domine et de se contenter de ce qu'il en reste, le tout sans indemnité ni compensation : si du moins il s'agit vraiment — le critère est là — de l'écoulement naturel (non aggravé) des eaux de source ou de pluie. Le régime juridique de la servitude reflète sa simplicité élémentaire : la nature fait loi. S'il est ainsi établi que « la main de l'homme » n'a nullement contribué à l'écoulement des eaux de pluie sur les fonds inférieurs, les propriétaires de ceux-ci ne sont pas fondés à considérer, pour obtenir la réalisation d'une réseau de drainage, que les dommages subis du fait de la servitude légale d'écoulement excèdent les inconvénients normaux du voisinage. C'est l'application pure et simple de l'art. 640 (Civ. 3e, 2 févr. 2000, J.C.P. 2000.IV.1510) : inconvénients naturels reconnus par la loi.

1422 Sans doute serait-il cependant exagéré de forcer le contraste entre les servitudes naturelles et les (autres) servitudes légales. Il suffit que la servitude d'écoulement soit aggravée pour qu'une indemnité soit due au propriétaire du fonds inférieur (art. 640, al. 2, comp. pour les sources que le propriétaire fait surgir par ses travaux, art. 640, al. 4). Réciproquement, toutes les servitudes légales ne donnent pas lieu à indemnité et nombre de celles qu'établit la loi sont sinon commandées par la nature des choses, du moins inscrites dans la vocation normale des rapports entre fonds contigus, comme une police naturelle de voisinage.

b) La subdivision des servitudes légales : servitudes d'utilité publique et servitudes d'utilité privée

1423 Développant la disposition d'annonce (art. 639), l'article 649 précise : « les servitudes établies par la loi ont pour objet l'utilité publique ou communale, ou l'utilité des particuliers ». Au sein des servitudes légales, cette sous-distinction correspond à une division très marquée. Ordonnées à des intérêts différents, les **servitudes d'utilité publique et les servitudes d'utilité privée** relèvent, les premières du droit administratif (C. civ. art. 650), les autres du droit privé (art. 651 et 652). Tandis que ces dernières sont en nombre relativement stable et limité, la liste des servitudes d'intérêt public ne cesse de s'accroître avec le développement des moyens de communications et des équipements collectifs, les contraintes de l'urbanisme et de l'aménagement du territoire : servitude de halage et marchepied le long des voies navigables (C. civ. art. 650), servitude d'alignement, servitude de visibilité sur les voies publiques, servitude de passage pour des conduites d'irrigation en faveur de collectivités publiques, ou pour l'établissement de pipe-lines, servitudes pour l'établissement de lignes électriques, télégraphiques, téléphoniques, servitudes pour la protection des voies ferrées, la sécurité des aéronefs, la création d'autoroutes, servitude de survol des téléphériques, etc. forment un échantillon de ce type.

1424 L'intérêt de maintenir, entre les deux espèces, au moins le lien du nom et d'un classement est cependant d'abord de prendre une vue d'ensemble des sujétions qui pèsent sur la propriété privée, car **toutes les servitudes sont des restrictions au droit de propriété** et sous des formes souvent semblables (ne pas bâtir, ne pas surélever, souffrir un passage, etc.). Et surtout, les servitudes d'utilité publique, vues du côté actif, regroupent à côté des sujétions d'intérêt général dont aucun fonds spécifié n'est bénéficiaire des charges qui, établies notamment en faveur d'un bien relevant du domaine public, se rapprochent, en dépit de leur caractère administratif, des servitudes privées. De telle sorte que les servitudes d'utilité publique (surtout celles de la 2e catégorie) empruntent parfois tel ou tel élément du régime juridique des servitudes d'utilité privée et ne sont pas toujours rebelles à la définition qu'en donne le Code civil.

C. DÉFINITION DE LA SERVITUDE

L'article 637 C. civ. énonce : **« une servitude est une charge imposée sur un héritage pour l'usage et l'utilité d'un héritage appartenant à un autre propriétaire ».** La loi présente donc la servitude comme un rapport entre deux héritages, un rapport en vertu duquel un fonds (nommé fonds servant) est assujetti à une charge au bénéfice d'un autre (fonds dominant). Elle invite à envisager, sous diverses notations générales, le côté passif et le côté actif de la servitude.

a) Observations d'ensemble

Si la définition légale répond à une intention politique (v. plus haut, n° 1417), sa portée juridique est essentielle.

1° Rapport entre deux fonds. De manière générale, la définition de la servitude comme rapport entre deux fonds, gouverne sa mise en place dans l'ensemble du droit des biens.

Rapports entre biens fonciers, les servitudes appartiennent non seulement au droit immobilier, mais au **régime foncier**. Le bien sur lequel porte la servitude et celui auquel elle sert sont tous deux, par hypothèse, des immeubles par nature (88), c'est-à-dire, indifféremment, des fonds de terre ou des bâtiments (comp. C. civ. art. 687) à l'exclusion de tous autres (droits incorporels, immeubles par destination).

Rapports entre biens appartenant à des propriétaires différents, les servitudes relèvent, plus spécifiquement, **du droit du voisinage**. À la vérité, la loi suppose seulement, pour qu'il y ait servitude, que le fonds servant et le fonds dominant ne soient pas dans la même main (89). Précieuse, l'indication annonce que la servitude est un **droit sur la chose d'autrui** *(jus in re aliena)* et n'empêche pas que, sous forme d'aménagement interne, un propriétaire établisse entre diverses parties de sa propriété un réseau de relations répondant

---

(88) Par exception, la servitude ne pourrait, dit-on, grever un arbre ni lui profiter, Req. 6 avril 1841, S. 1841.1.414 ; il est des arbres centenaires qui la supporteraient bien...

(89) *Res propria nemini servit.* « L'autoservitude » n'existe pas. Si, cependant, le propriétaire exclusif d'un fonds est copropriétaire d'un autre, cette distinction devrait suffire théoriquement pour qu'une servitude puisse être établie, dans un sens ou dans l'autre, entre fonds propre et fonds indivis. Pour l'ouverture des jours et des vues, la Cour de cassation a reconnu qu'un propriétaire est libre de les pratiquer dans le mur de sa maison lorsqu'elles donnent sur une parcelle indivise entre son voisin et lui (Civ. 3e, 24 oct. 1990, J.C.P. 1990.IV.417). **Dans un ensemble immobilier en copropriété,** la servitude peut-elle exister entre deux lots appartenant à des propriétaires différents ? La négative avait été retenue, mais dans un cas où, en vertu du règlement de copropriété, les copropriétaires avaient seulement la jouissance exclusive de leur lot. Civ. 3e 10 janv. 1984, G. P. 1984.I. Pan.208, *Defrénois* 1986.180, obs. Aubert, Ann. Loy. 1985.115. Était-ce une incompatibilité de circonstances ou de principe en toute copropriété ? (En ce dernier sens, Paris, 25 avril 1979, D. 80.I.R. 234, obs. Giverdon et très nettement, Civ. 3e, 6 mars 1991, G. P. 1991.II.Pan.185). Comment nier cependant que, dans la communauté de voisinage qu'est la copropriété, chaque copropriétaire a, dans son lot, la propriété exclusive d'une partie privative (v. n° 1545) et même, dans les rapports entre parties privatives et parties communes, que le titulaire d'un lot est, sur ses parties privatives, un autre propriétaire que celui des parties communes (ensemble des copropriétaires) ? La structure de la copropriété, relativement au droit foncier, ne s'y opposerait pas. Mais la sagesse recommande sans doute de ne pas aggraver la complexité de la copropriété en y mêlant les servitudes. **La jurisprudence est désormais bien fixée dans le sens de la négative :** Point de servitude au sein d'un immeuble en copropriété : Civ. 3e, 30 juin 1992, Bull. n° 231, D. 1993. som. 39 obs. A. Robert ; G. P. 1994.I. 20-21 avril ; Civ. 3e, 21 mars 2001, D. 2002. som. 1525, com. Bouyeure.

au même besoin que les servitudes (90). À partir de là, les divers types de servitude (jour, vue, distance, passage, etc.) rendent évident que les propriétaires différents sont, en général, des propriétaires voisins. Sans être toujours nécessairement contigus, le fonds servant et le fonds dominant sont, le plus souvent, proches (91). Les servitudes forment la base des relations de voisinage. Elles matérialisent au sol, sur le terrain, les éléments d'une organisation du voisinage.

1428 **2° Attachement aux fonds** (92). De façon plus précise, la définition de la servitude comme rapport entre fonds, en révèle le trait le plus fondamental : *Praediis inhaerent.* La servitude est **attachée au fonds**, aussi bien à celui qu'elle grève qu'à celui qu'elle sert. On dit volontiers que la servitude est **l'accessoire** de l'un et l'autre fonds. Cette liaison, à chaque bout, devrait-elle faire reconnaître que la servitude est due par un fonds à un autre ? Au moins par commodité de langage, le Code civil met en scène « le fonds qui doit » la servitude (le fonds débiteur, v. art. 701, 702) et « le fonds à qui elle est due » (art. 702, 705). Mais, en d'autres formules, les propriétaires redeviennent sujets (art. 651, 697) et il faudrait admettre qu'un droit pût être un rapport entre deux choses ou que ces choses fussent personnifiées (93). Le débat théorique demeurant ouvert, l'essentiel est de mesurer les conséquences importantes que le caractère accessoire développe, en parallèle, du côté passif et du côté actif.

b) L'aspect passif : la charge

1429 Passivement, la servitude est « **une charge imposée sur un héritage** ». Assise directement sur un fonds, c'est ce fonds qu'elle grève, qu'elle assujettit, dont elle attend un service, en lui imprimant la fonction de fonds servant. La servitude constitue en plénitude une **charge réelle**. Trois propositions en découlent.

1430 **1° La servitude n'oblige pas personnellement le propriétaire du fonds.** Sans doute est-il tenu, tant qu'il est propriétaire, d'en souffrir l'exercice. Mais il n'en est pas débiteur. On ajoute volontiers qu'elle ne lui crée aucune obligation de faire *(servitus in faciendo consistere non potest)*. Cependant, il y a là deux affirmations distinctes : qu'en principe (94) l'objet de la servitude (le service attendu) n'est pas, à la charge du propriétaire, une prestation de services (un travail, un ouvrage,... une corvée, on retrouve l'intention politique) : que, plus radicalement, la servitude n'est pas un droit à l'encontre d'une personne (elle ne correspond pas, dans le patrimoine de celle-ci, à une dette qui greverait l'ensemble de ses biens).

(90) Préfiguration d'où la servitude surgira peut-être un jour par lotissement ou destination du père de famille.

(91) Dans les servitudes d'extraction, de puisage ou autres semblables les fonds peuvent, cependant, être relativement éloignés.

(92) Le postulat de ce critère est que la servitude figure, comme élément d'actif, dans le patrimoine du propriétaire du fonds. La conséquence logique est qu'une servitude ne peut être accordée à un fermier. Civ. 3e 2 mars 1983, G. P. 1983.II.Pan.191, obs. Piedelièvre. Pour écarter les inconvénients pratiques de cette solution, il faudrait, compte tenu de l'utilité de la servitude pour le fonds exploité, recourir à la théorie de la gestion d'affaires (et l'accorder à ce titre au fermier).

(93) V. Carbonnier, III, 159.

(94) Sous réserve de l'obligation accessoire qui peut être mise à la charge du propriétaire du fonds servant ; v. plus loin, n° 1460.

1 **2° La servitude diminue, dans le fonds servant, le droit de propriété. Chez le propriétaire du fonds assujetti, c'est le droit de propriété même qui est entamé.** Dans le fonds grevé, *la propriété est écornée, restreinte,* **démembrée.** L'analyse des atténuations spécifiques qu'elle subit fait resurgir la distinction évocatrice des servitudes affirmatives (ou positives) et des servitudes négatives. Parfois la propriété est entamée en ce que certains de ses attributs sont accordés à des tiers. Le propriétaire perd l'exclusivité de sa chose. Il doit souffrir, chez lui, qu'un autre fasse quelque chose (passer, puiser, extraire) ; il doit souffrir, sur son fonds, l'intervention active d'un tiers (servitude affirmative) (95).

Dans d'autres cas, le droit de propriété est atténué en ce que le propriétaire perd, lui-même, sur son fonds, l'exercice de tel ou tel des attributs de la propriété. La servitude (négative) l'empêche de faire, chez lui, certaines choses (construire, planter, ouvrir une vue, etc.). Elle atténue sa propriété, en l'amputant de certaines des prérogatives qui y sont normalement attachées.

Cas limite. La charge peut-elle aller jusqu'à priver entièrement le propriétaire du fonds servant de l'utilité de la partie sur laquelle elle porte ? Retenant la négative, un arrêt de la Cour de cassation énonce, dans une formule générale : « Une servitude ne peut être constituée par un droit exclusif interdisant au propriétaire du fonds toute jouissance de sa propriété » (Civ. 3e, 24 mai 2000, D. 2001.J.151. n. Libchaber) : De la séparation d'un fonds en deux lots, il résultait que l'un des lots avait la jouissance exclusive d'une enclave faisant partie de l'autre lot et dont l'accès, ouvert du coté du premier lot, était muré (et matériellement impossible) de l'autre coté. Le démembrement de la propriété par établissement d'une servitude peut-il aller jusqu'à implanter sur le fonds servant une enclave territoriale qui soit pour lui une zone interdite ? Si malléable que soit le concept de servitude, l'hésitation est permise (au moins pour les servitudes d'utilité privée). On peut retourner la question (V. ci-dessous, nº 1434).

2 **3° La servitude est attachée au fonds servant.** Affectant la propriété même du fonds, prise sur sa substance, attendue du fonds, la servitude suit, dans son sort, le droit de propriété. Elle est inhérente au fonds. De son attachement à la *res* (comme charge réelle), découle, techniquement, une importante série de conséquences pratiques : 1° la servitude est perpétuelle comme la propriété du fonds (sauf accident) ; 2° elle ne peut être cédée indépendamment du fonds ; 3° elle est, au contraire, de plein droit (96) transmise avec lui (les propriétaires qui s'y succèdent doivent souffrir la servitude) ; 4° le propriétaire peut s'en affranchir par abandon (art. 699) (il s'en libère, sans être tenu sur ses autres biens, s'il abandonne au propriétaire du fonds dominant, la partie de son bien qui doit la servitude). Mais elle n'est pas rachetable (sauf accord des intéressés).

c) L'aspect actif : l'utilité

3 Si la servitude grève un héritage, elle lui est imposée **« pour l'usage et l'utilité »** d'un autre héritage. En présentant la servitude du côté actif, l'article 637 y ajoute une touche essentielle : découvrant le versant de la servitude que son nom même cache, il y situe **sa finalité et, fondamentalement, sa justification. C'est à l'utilité d'un fonds qu'est**

---

(95) En quoi la servitude procède, comme l'usufruit, d'un démembrement de la propriété qui détache du faisceau ordinairement lié des prérogatives du propriétaire — pour l'attribuer à un tiers — non pas tout l'usage et toute la jouissance (c'est l'usufruit), mais telle ou telle utilité fragmentaire (passage, puisage, pacage, abreuvage, extraction, appui, ouvrage, etc.) ; cf. *supra,* nº 1266.

(96) Sans qu'il soit nécessaire de le spécifier dans l'acte de transmission (vente, donation, testament). V. Civ. 3e, 10 oct. 1990, G. P. 1991.I.Pan. 79 : Le propriétaire du fonds dominant peut se prévaloir de son titre à l'encontre de l'acquéreur du fonds servant.

ordonnée la servitude. Plus fidèle à sa vocation, son appellation complète la nomme bien « servitude *d'utilité* privée « . Ce n'est pas à dire que, dans l'autre catégorie, l'utilité publique ne soit (peut-être même *a fortiori*) une justification. Mais, dans le modèle qu'en donne la loi, la servitude est, spécifiquement, au service d'un fonds (fonds servi, desservi plus que dominant) : **elle est un service foncier.** Cette destination foncière, cette **utilité réelle**, pour le fonds bénéficiaire, présente les mêmes aspects que la charge réelle pour le fonds assujetti, non sans particularités cependant.

1434 **1° Le service est établi pour l'utilité du fonds.** Il le valorise (97). Il lui apporte l'eau, l'air, la lumière, l'accès à la voie publique etc. Un passage dessert le fonds, l'irrigation le met en valeur. C'est pour le fonds servi que la servitude se charge d'une **utilité économique**. C'est la jouissance du fonds (au sens large du terme) qu'elle améliore (98). Il faudrait toutefois des nuances pour écrire que la propriété s'en trouve augmentée, sur le fonds dominant. La vérité est que, pour son avantage, la servitude lui donne occasion d'exercer une emprise sur le fonds servant, donc d'avoir un droit sur la chose d'autrui. Cette emprise peut-elle aller jusqu'à l'exclusivité ? On retrouve, sous sa face active, la question évoquée n° 1431. L'utilité démembrée peut-elle être un monopole ? Il semble qu'elle soit, par nature, limitée. V. *infra*, n° 1485 s.

1435 **2° Le service n'est pas établi en faveur du propriétaire.** Là encore, la formule a voulu être politiquement apaisante et signifie encore, positivement, que le service n'a pas pour objet un avantage qui s'absorbe en la personne de celui qui en jouit, sans rejaillir sur le fonds. Faits pour le seul plaisir de celui qui s'y adonne, sans profit pour le fonds, promenade, chasse, pêche sont des agréments personnels qui ne donnent pas corps à une servitude (mais, par exemple, à un bail).

Cependant, cette fois, l'avantage figure bien dans le patrimoine du propriétaire du fonds dominant. Si, économiquement, le service a pour bénéficiaire le fonds, juridiquement, il a pour titulaire le propriétaire du fonds. Du côté actif (et dans l'actif du patrimoine de ce dernier) la servitude constitue un droit réel : **un droit réel sur la chose d'autrui** (on retrouve le parallèle avec l'usufruit). Cette analyse classique est, il est vrai, neutralisée par la force du lien qui rive la servitude au fonds.

1436 **3° Le service est attaché au fonds dominant.** Ordonné au profit du fonds, le service foncier en suit normalement le sort, conformément à sa destination essentielle. Il en résulte le même cortège de conséquences : le service ne peut être cédé isolément du fonds ; il est, de plein droit, compris dans l'aliénation du fonds ; il a vocation à durer autant que le

---

(97) C'est l'absence de fonds dominant qui empêche de reconnaître une véritable servitude dans la servitude d'utilité publique au moins lorsque celle-ci est, dans l'intérêt général, une sujétion de police sans bénéficiaire spécifié. Sur la même idée, il a été jugé qu'il n'y a pas servitude mais droit réel de nature particulière lorsque la charge réelle qui pèse sur un fonds (ici un droit de seconde herbe) ne bénéficie pas à un fonds dominant mais aux habitants — propriétaires ou non — d'une entité territoriale, Civ. 3e, 26 mars 1992, G. P. 1992.II.Pan.239.

(98) Lors des travaux préparatoires, le tribun Albisson a bien vu ce double aspect : « Les servitudes atténuent le droit de propriété dans le fonds assujetti ; elles l'améliorent dans celui auquel elle est due ». Touche complémentaire, une **communauté d'intérêts** apparaît occasionnellement entre le propriétaire du fonds servant et celui du fonds dominant, par exemple en raison de l'utilité commune des travaux d'entretien d'un passage (Civ. 3e, 10 oct. 1990, G. P. 1991.I.Pan.79), de la communauté d'usage de l'assiette de la servitude (Civ. 3e, 14 nov. 1990, G. P. 1991.I.Pan.95).

fonds (99). Le propriétaire du fonds dominant pourrait cependant y renoncer (par où revient l'idée que c'est son droit) (100).

Recherche de directives. Affectée à la satisfaction d'un intérêt particulier, moyennant un sacrifice imposé à un autre intérêt particulier, la servitude d'utilité privée est une **institution à double face** (utilité-charge ; service-restriction). Elle naît et vit de la nécessité de concilier deux intérêts contraires (101). Cet essai de composition puise son originalité et son dynamisme dans le milieu où il se développe : le voisinage. En tant qu'il est organisation du voisinage et souvent produit des **nécessités du voisinage,** le droit des servitudes devrait apparaître comme appartenant au droit commun de la propriété foncière, alors que les contraintes qui en découlent l'ont souvent fait considérer comme un droit exorbitant. Ici, d'ailleurs, comme dans l'usufruit, la conciliation des intérêts passe par la **reconnaissance d'un intérêt commun aux deux fonds** (v. par ex. celui qui naît, en justifiant une contribution respective aux frais d'entretien, de la communauté d'usage de l'assiette de la servitude, Civ. 3e, 22 mars 1989, Bull. III, n° 71).

§ 2. LES SERVITUDES LÉGALES D'UTILITÉ PRIVÉE

Elles sont **établies par la loi** dans un intérêt particulier, mais, parfois, dans l'intérêt mutuel des propriétaires voisins, parfois, dans l'intérêt exclusif de l'un d'eux.

Dans le premier cas, la servitude est **réciproque :** chacun (de son côté) la supporte et en profite. Dans le second, l'un a la charge, l'autre l'utilité : la servitude est **unilatérale.**

C'est ce qui explique que la servitude réciproque dans laquelle les inconvénients et les avantages se neutralisent de part et d'autre ne donne lieu à aucune indemnité, tandis que, dans la servitude unilatérale, le dommage subi par le fonds servant doit être compensé par une indemnité à la charge de celui qui profite, sans réciprocité, d'un service. Cette particularité en engendre une autre. Si toutes ces servitudes trouvent leur principe dans la loi, les prévisions de la loi peuvent aussi suffire à régler l'exercice des servitudes réciproques. La mise en œuvre des servitudes unilatérales passe nécessairement (102), à défaut d'accord amiable, par une décision de justice.

A. LES SERVITUDES RÉCIPROQUES

Dans le droit du voisinage, elles contribuent (avec les règles relatives aux clôtures et à la mitoyenneté) à fixer le statut civil des frontières privées. Elles y tendent spécifiquement en

(99) La doctrine admet que la perpétuité étant de la nature, non de l'essence de la servitude, la convention pourrait établir une servitude temporaire. V. Planiol, Ripert et Picard, T. III, n° 998 ; Aubry et Rau et Esmein, T. III, 7e éd., § 238, 1, p. 8 ; Marty et Raynaud, n° 142 ; en ce sens, Trib. Béthune, 2 mai 1934, S. 1935.2.51 ; la Cour de cassation paraît être en sens contraire : Civ. 9 déc. 1908. S. 1909.1.134 (un droit de durée indéfinie) ; Civ. 5 mai 1919, G. P. 1918-19, 1.813.

(100) Civ. 5 juill. 1900, S. 1902.1.502 énonce : « un droit de servitude ne peut être détaché du fonds dominant pour être affecté à l'utilité d'autres fonds qu'avec le consentement du propriétaire du fonds servant ».

(101) Sans exclure, brochant sur le tout, la conciliation entre titulaires de servitudes concurrentes. V. Civ. 3e 20 juin 1984, Bull. III, n° 122, p. 96 (responsabilité de l'un envers l'autre).

(102) V. cep. plus bas, n° 1453.

imposant à deux voisins des restrictions respectives (dont chacun profite en retour). Servitudes négatives (103), elles consistent en interdictions réciproques que la loi, sans établir de véritable *no mans'land*, localise aux marges des propriétés, dans la zone de friction supposée. Chacun chez soi, gardez vos distances. Ces servitudes de retrait, de réserve, de respect, matérialisent, dans un esprit de prudence et de modération, par une technique de recul des constructions, des plantations, des jours et des vues, le respect mutuel de l'indépendance du territoire et de l'intimité de la vie privée.

a) Le recul ou l'isolement de certaines constructions

1440 (C. civ. art. 674). Les propriétaires de fonds contigus ne perdent pas, en principe, le droit de construire à la limite de leurs propriétés. Mais cette liberté leur est, par exception, refusée pour certains ouvrages dont la proximité risquerait de causer préjudice au voisin : cheminée, forge, four, étable, magasin de matières corrosives (l'énumération de l'art. 674 n'est qu'indicative). Pour prévenir les dommages, le constructeur doit, en se conformant aux règlements administratifs et aux usages locaux, soit laisser la distance prescrite entre la ligne séparative et l'ouvrage, soit isoler celui-ci par des travaux intermédiaires de protection.

b) La distance des plantations

1441 À l'exception des cultures en espaliers, qui peuvent être appuyées à un mur mitoyen ou propre à celui qui les fait (C. civ. art. 671, al. 2, 3), les plantations d'arbres de toute espèce ne peuvent être faites, maintenues ou remplacées, sous peine d'arrachage ou de réduction (art. 672) qu'à la distance prescrite par les règlements administratifs ou les usages locaux (104) ; à défaut, à la distance que détermine l'art. 671, al. 1 (la distance étant comptée de la ligne séparative au cœur de l'arbre) : servitude d'écartement qui éloigne branches, feuilles, ombre, humidité, racines, espère-t-on. Pour l'application des art. 671 s, la hauteur des arbres se calcule de leur pied à leur cime, indépendamment du relief des lieux (105).

1442 Cette servitude passive est cependant supplantée par une servitude active contraire (celle de conserver l'arbre à une distance moindre que la distance prescrite) lorsque celle-ci a été acquise par titre, destination du père de famille ou prescription trentenaire (art. 672, al. 1) : sauf le droit, en tout cas, pour chaque voisin, de faire couper les branches ou de couper lui-même les racines qui avancent chez lui (art. 673 ; v. *supra,* n° 1377 s.).

---

(103) V. plus haut, n° 1431.

(104) Les usages parisiens, *intra muros* ou même dans la banlieue parisienne, sont de planter à une distance inférieure à la distance légale (moins de 50 cm). V. Paris 6 juill. 1982, G. P. 1982. II. 578 et Civ. 3e 14 févr. 1984, Bull. III, n° 36, p. 27 (rej.) : il appartient aux juges du fond d'en constater souverainement l'existence. C'est au propriétaire des arbres légalement trop rapprochés qu'appartient l'option entre leur arrachage et leur élagage : Civ. 3e, 14 oct. 1987, Bull. III, n° 174, G. P. 1987, II, Rés. d'arr., 297. L'engouement général pour les arbres et leur croissance en font une source grandissante d'inconvénients entre voisins serrés dans leurs lopins. Les articles 671 et 672 sont-ils obsolètes se demande J. Lachaud (G. P. 1996.II.D.2, 17 :18 juill.) ? Englobante, la théorie des inconvénients anormaux de voisinage peut racheter les insuffisances de la détermination rigide (et souvent inobservée) des distances.

(105) Civ. 3e, 4 nov. 1998, J.C.P. 98.IV.3456.

c) L'ouverture des jours et des vues

Elle n'est pas libre. À proximité du fonds voisin, un propriétaire ne peut, dans ses propres murs (ceux de la clôture ou ceux de son habitation) pratiquer les ouvertures qu'il veut. C'est cette fois le fait de l'homme que la loi, par des contraintes architecturales, espère refouler, en arrêtant son regard ou son geste (106).

1° Jours. Moins gênants, les simples jours sont plus faciles à tolérer. Par définition, ils ne laissent passer que le jour, à l'exclusion du regard et de toute autre communication. Réduits à leur fonction de canon de lumière, ils sont opaques et non ouvrants. C'est pourquoi le propriétaire du mur peut les établir, même si le mur est à la ligne séparative (art. 676), sans avoir besoin du consentement de son voisin (qui serait nécessaire s'il s'agissait d'un mur mitoyen, C. civ. art. 675), à la seule condition que ce soit à une hauteur dissuasive (pour sa curiosité, C. civ. art. 677).

2° Vues. Ouvrantes et libres, les vues laissent passer le regard : source d'aération et de lumière, mais point de vue, de mire ou d'envoi (fenêtres, balcons, terrasses, belvédères) (107), la loi les tient à distance, en marquant une différence entre les vues droites et les vues obliques. On ne peut avoir de vue droite sur le fonds voisin que si le mur dans lequel elles s'ouvrent est au moins à 1,90 m de la ligne séparative (C. civ. art. 678, 680) ; on ne peut avoir de vue oblique (ou par côté) que si le mur est au moins à 0,60 m de distance (art. 679). La différence tient à la capacité panoramique (à l'angle de vue) : la vue est droite si elle donne sur le fonds voisin (donnant vue sur ce fonds à qui, se tenant devant, regarderait droit devant soi) ; oblique, s'il faut tourner la tête pour regarder chez le voisin. C'est toujours de la ligne divisoire que sont calculées les distances : la bande de terrain (nommée invêtison) qui, dans certaines contrées, appartient au propriétaire au-delà du mur de clôture (c'est un tour d'échelle privatif) doit être comptée dans ce calcul (Paris, 19 oct. 1987, G. P. 1989, I, som. 5-6 avril). Si une bande de terrain séparant deux fonds appartient à un tiers, les prescriptions relatives aux distances de vues ne s'appliquent pas entre les propriétés non contiguës (Civ. 3e 21 déc. 1987, Bull. III, n° 217). Et pourtant...

3° Qu'il s'agisse de jours ou de vues, le propriétaire est en droit de les conserver, même si l'ouverture a été pratiquée à une distance moindre que la distance légale, lorsqu'il peut se prévaloir d'une servitude active de vue (plus forte que la servitude d'éloignement), acquise par prescription trentenaire (108), titre ou destination du père de famille.

Enfin, la loi dispense celui qui établit des jours et des vues de l'obligation de respecter les règles de distance, lorsqu'il jouit, par ailleurs, sur le fonds voisin d'une servitude de passage (C. civ. art. 678, 679), faille qui rendrait dérisoire le maintien de précautions contre de plus anodines pénétrations. Qui peut le plus, peut le moins.

(106) La détermination du caractère des ouvertures relève de l'appréciation souveraine des juges du fond. Civ. 3e 31 janv. 1984, Bull. III, n° 24 p. 18.

(107) V. Civ. 3e 29 nov. 1983, J.J.A. 24 mai 1964, n° 60, p. 7. Jugé qu'un vélux donnant sur le ciel et ne permettant aucune vue directe sur la propriété voisine (sans l'aide d'un escabeau) ne constitue pas une vue (qui pourrait permettre l'acquisition, par voie de prescription, d'une servitude de vue). Son ouverture n'est pas assujettie aux règles de distance des art. 678 s. (Paris, 27 janv. 2000, D. 2000.IR.77).

(108) Civ. 3e 21 juill. 1981, G. P. 1981.I.Pan.72.

B. LES SERVITUDES UNILATÉRALES

1447 Positives ou négatives, elles imposent, sans réciprocité, à un fonds la charge d'un service (laisser un passage, ne pas construire) en faveur d'un autre fonds. Compensation légitime, le dédommagement auquel elles donnent lieu ne suffirait pas à en rendre raison. Elles tirent leur raison d'être de l'utilité qu'elles créent. Ce sont pourtant des servitudes d'utilité privée. Mais la force des intérêts privés qu'elles ménagent incline la loi à les faire prévaloir, d'autant plus qu'assez souvent l'intérêt général se profile à l'arrière-plan, intérêt de l'agriculture, préoccupations d'urbanisme. Plusieurs servitudes de ce type (dont l'étude relève d'autres disciplines) sont, ainsi, établies par le Code rural (servitude d'irrigation ou de drainage) ou par le Code de l'urbanisme (servitude de cour commune : servitude de ne pas bâtir ou de ne pas surélever — de laisser un espace vide — qui, en vertu de la loi, peut être imposée par voie judiciaire, à défaut d'accord amiable, aux voisins de celui qui construit, et comme une condition de la délivrance du permis de construire ; C. rur. art. L. 451-1, d. 8 nov. 1973).

1448 **Servitude de passage pour cause d'enclave.** Le Code civil règle, de son côté, la servitude de passage en cas d'enclave (art. 682 à 685-1). Le propriétaire dont l'héritage est enclavé est *fondé* à réclamer un passage sur l'héritage de ses voisins : principe légal qui, concrètement, attend sa réalisation d'un aménagement conventionnel ou judiciaire (109).

a) Le fondement du droit de passage

1449 Le droit de passer sur le fonds d'autrui — servitude positive et contraignante par le caractère répétitif des allées et venues — résulte de l'autorité seule de la loi (C. civ. art. 1370, al. 2 et 3). Mais la loi l'attache à une **situation de fait :** le fait d'être enclavé. C'est de **l'état d'enclave,** titre légal, que dépend la naissance et l'extinction de la servitude (110).

1450 **1° L'état d'enclave.** Cause de la servitude, l'état d'enclave existe lorsqu'un fonds n'a, sur la voie publique, aucune issue ou qu'une issue insuffisante pour sa desserte complète (art. 682). Par là, le droit de passage est d'abord fondé sur une liberté élémentaire : il est d'abord un **droit d'accès à la voie publique.** La fin (primordiale) justifie le moyen (exorbitant) : traverser la propriété d'autrui (111).

---

(109) Un énorme contentieux toujours renaissant pèse tant sur les conditions que sur l'exercice du droit ; d'autant plus irritant qu'il est d'inégal intérêt (parfois un passage de brouette) ; d'autant plus enchevêtré qu'ici le principe du non cumul du possessoire et du pétitoire joue souvent en porte-à-faux.

(110) Lorsque l'état d'enclave existe, le propriétaire qui exerce la servitude, même en l'absence de tout aménagement, est en droit d'obtenir, même à l'encontre du propriétaire du fonds servant, la protection possessoire (si les conditions de celle-ci sont remplies) : il en a la possession (la quasi-possession).

(111) L'existence même de l'état d'enclave est souvent contestée. Question de fait relevant de l'appréciation souveraine des juges du fond, elle est cependant liée à diverses questions de droit : celui qui s'enferme lui-même ne peut se prévaloir du droit de passage (Civ. 3e 27 juin 1972, Bull. III, n° 421, p. 306 ; 11 juin 1981, G. P. 1981.II.Pan. 27-29 déc. (mais quand y-a-t-il enclave volontaire ? Civ. 3e 29 avril 1981, G. P. 82.I.212). Un passage de tolérance est-il exclusif de l'état d'enclave ? V. Civ. 16 juin 1981, Bull. III, n° 126, p. 91, D. 1981.I.R. obs. Robert ; comp. Civ. 3e 30 mai 1984. J.J.A. 15 janv. 1985, n° 6, p. 10. *Adde* Civ. 3e, 25 mars 1992, G. P. 1992.II.Pan.239 (l'existence d'un passage est-ouest exclut l'état d'enclave invoqué pour obtenir un passage nord-sud).

Cependant, le droit de passage est attaché, dans son principe et sa mesure, à un autre critère : c'est le droit à un passage suffisant, plus précisément encore, le droit à une **desserte complète** du fonds. Le droit est fondé sur le besoin, mais sur un besoin à satisfaire en plénitude, s'il est normal. Le passage doit être à la mesure des nécessités d'une exploitation agricole industrielle ou commerciale (ancienne ou créée), compte tenu de son développement, ou de la réalisation d'opérations de construction ou de lotissement (112). Même nouvelle, la fin veut les moyens. L'état d'enclave est une situation géographique appréciée par rapport à une situation d'activité : un état de besoin à individualiser et à actualiser en fonction des exigences normales du mode d'utilisation du fonds enclavé et des nécessités de la vie moderne.

2° Naissance et extinction de la servitude. Fait générateur de la servitude, l'état d'enclave préside à la naissance et à l'extinction de celle-ci. Le droit naît avec le besoin et disparaît avec lui, en vertu de la loi (113).

S'agissant par hypothèse d'un droit accordé au titre de la loi (114), il est cohérent que le même critère de fond, cause légale de la servitude, lui donne et lui retire son fondement, en toute symétrie, comme l'atteste la corrélation établie entre l'art. 685-1 et l'art. 682 (le juge ne jouirait d'aucun pouvoir d'appréciation pour nier la servitude quand l'enclave existe ou pour la maintenir quand elle a cessé).

Cependant, l'art. 685-1, *in fine*, exige, par mesure d'apurement, que la disparition de la servitude soit constatée, à défaut d'accord amiable, par décision de justice (la disparition de l'état de besoin peut prêter à discussion et la suppression de la charge donner lieu au reversement d'une partie de l'indemnité). Par l'exigence d'une constatation (déclarative), la disparition de la servitude se différencierait de sa naissance (115). À son origine, la

---

(112) Complétant l'art. 682 de précisions nouvelles et renforçant son potentiel de notions générales (passage suffisant, desserte complète), la loi du 30 déc. 1967, après celle du 20 août 1881 (le texte originaire de l'art. 682 ne visait que l'absence d'issue), a consacré l'interprétation large que la jurisprudence avait donnée de l'état d'enclave. Les tribunaux avaient jugé le droit ouvert pour les nécessités de la desserte d'une habitation (Civ. 1re, 11 mai 1960. D. 60.572), ou dans le cas où l'établissement d'une issue serait trop onéreux pour l'enclavé (Req. 30 janv. 1884, D. 84.1.364). Il était acquis que celui-ci n'était pas voué à l'immobilisme mais pouvait entreprendre, modifier, développer, sauf à verser un supplément d'indemnité en cas d'aggravation de la servitude. V. Landreau, J.C.P. 1963.1.1784 ; Duni, G. P. 1968.I.Doct., 135.

(113) Bris de jurisprudence, cet alignement de l'extinction sur la naissance de la servitude est l'effet de la loi du 25 juin 1971 : C. civ. art. 685-1 ; v. Goubeaux, J.C.P. 71.1.2416 ; Bihr, D. 1972, chron., 27. L'extinction s'opère en cas de cessation de l'enclave, « quelle que soit la manière dont l'assiette et le mode de la servitude ont été déterminés », c'est-à-dire que l'aménagement résulte d'une convention, d'un jugement ou d'un usage trentenaire.

(114) Gouvernées par le titre qui les fonde, les servitudes conventionnelles ne sont pas affectées par le jeu de l'art. 685-1 C. civ. (mais l'art. 685-1 est applicable si la convention n'a fait qu'aménager une servitude dont le fondement est légal dès lors qu'elle a sa cause dans l'état d'enclave. Civ. 3e 13 déc. 1983, G. P. 1984.I.Pan.142). En revanche, l'art. 685-1, lorsque ses conditions sont réunies, devrait entraîner l'extinction de la servitude créée, dans le cas de l'art. 684, à la suite de la division volontaire du fonds : la raison de la loi, le bon sens et le caractère légal prédominant du titre de la servitude y inviteraient. Mais la jurisprudence s'attarde en sens contraire, Civ. 3e, 16 juill. 1974. Bull. III, p. 234 ; comp. Civ. 3e 23 nov. 1976. D. 77.158, n. Frank. Comp. Civ. 3e 10 juill. 1984, Bull. III, n° 139, p. 108.

(115) Il n'y aurait pas lieu d'exagérer la différence. Si après la cessation (certaine, mais non constatée) de l'état d'enclave, le passage est continué, c'est sans titre légal. À tout moment, le propriétaire du fonds servant peut demander à le faire constater, la discussion devenant de savoir si, au bout de trente ans d'usage continué sans nécessité, le droit de passer aura été acquis (solution très

servitude, a, cependant, besoin (116) d'être aménagée (l'apurement étant en pratique l'acte contraire de l'aménagement).

b) L'aménagement de la servitude

Fondée en son principe, la servitude ne prend corps que par la détermination (117) conventionnelle ou (à défaut d'accord) judiciaire, d'une part de son assiette (118), d'autre part de l'indemnité due au propriétaire du fonds servant.

1453 **1° Assiette de la servitude.** La servitude se matérialise par le tracé du chemin à suivre pour traverser le fonds d'autrui. Quand elle n'est pas choisie d'un commun accord, la voie du passage doit l'être non par le propriétaire du fonds servant (Civ. 3e, 4 janv. 1991, G. P. 1991.I.Pan.111) mais **par le juge suivant les directives de la loi :** le passage doit être fixé là où il cause le moindre préjudice au fonds servant et, à égalité de dommage, au plus court (119). Dans l'hypothèse spéciale où l'enclave résulte de la division d'un fonds (120), le passage ne peut être demandé, sauf le cas d'insuffisance, que sur les terrains qui ont fait l'objet de l'opération. Qu'il y ait eu ou non aménagement conventionnel ou judiciaire, la fixation de la voie de passage peut résulter (par une sorte de prescription acquisitive) de trente ans d'usage continu (art. 685, al. 1). Peu à peu, la servitude peut ainsi prendre corps de façon informelle, par la seule force de la loi (121) et de l'habitude, sans aménagement conventionnel ni judiciaire. D'autant plus que, même si l'indemnité n'est ni versée ni réclamée, pendant trente ans, la prescription extinctive de l'action en indemnité n'empêche pas la continuation du passage (art. 685, al. 2). Le propriétaire du fonds enclavé commet une voie de fait s'il modifie d'office le passage (Versailles, 22 nov. 1989, G. P. 1991.I.som.64). Un locataire est sans qualité pour agir en fixation de l'assiette de la servitude (Civ. 3e, 2 déc. 1992, D. 1993.IR. 14).

1454 **2° Indemnisation du fonds servant.** Elle consiste à mettre à la charge du propriétaire du fonds dominant, sous la forme d'un capital ou de versements périodiques, une indemnité

---

contestable). De plus, c'est seulement dans la constatation de la disparition de l'état d'enclave — critère qui s'impose à lui — que le juge jouit d'une marge d'appréciation (v. note suivante). Cependant la protection possessoire est accordée jusqu'à la constatation du désenclavement. V. Civ. 3e 1er juill. 1980, J.C.P. 1981, 19626, n. Goubeaux, D. 81.I.R. 235 obs. Robert.

(116) Sauf le jeu de la prescription acquisitive, même à défaut de tout aménagement : c'est la différence résiduelle avec l'extinction. V. n° 1453.

(117) Le règlement conventionnel ou judiciaire portant aménagement de la servitude est-il sujet à publicité foncière ? La question est discutée. Une décision a nettement jugé qu'un tel règlement n'est opposable aux tiers qu'à compter de l'accomplissement des formalités légales (bien que le droit à servitude fondé sur la loi ne soit pas soumis à la formalité) : Civ. Sect. civ. 17 oct. 1950, S. 1951.1.169, n. Bulté ; v. cep. d. 4 janv. 1955, art. 37, 2° (Peuvent être publiées... pour l'information des usagers... les conventions relatives à l'exercice des servitudes légales).

(118) L'art. 685 fait aussi état du mode de servitude (à pied, à cheval, en voiture...) : c'est une donnée qui conditionne le choix du tracé mais qui, en amont, entre aussi dans l'appréciation des besoins.

(119) Par un renversement typique, l'interprétation traditionnelle (et équitable dans la pesée des intérêts) a reconnu la directive principale dans le deuxième alinéa de l'art. 683. La détermination de l'assiette de la servitude est un devoir pour le juge : Civ. 3e, 23 avril 1992, G. P. 1992.II.Pan.239.

(120) Pour l'une des causes déterminées à l'art. 684 : vente, échange, partage, lotissement. V. Lyon, 14 nov. 1985, G. P. 1986, II, 794, n. Prévault (le propriétaire s'est enclavé lui-même ; l'issue doit être trouvée en reconsidérant l'opération qui a créé l'état d'enclave, non sur le fonds d'autrui).

(121) On suppose que l'état d'enclave, titre légal, existe.

proportionnée au dommage que peut occasionner le passage (art. 682) (122). À défaut d'accord amiable, elle est fixée par le juge (à la condition d'être réclamée avant l'expiration de la prescription trentenaire, art. 685, al. 2) ; elle est fixée souverainement par les juges du fond, Civ. 3e, 4 janv. 1991, G. P. 1991.I.111).

§ 3. LES SERVITUDES ÉTABLIES PAR LE FAIT DE L'HOMME

Au groupe élémentaire des servitudes en nombre déterminé qui découlent de l'autorité seule de la loi, s'ajoute (123) la grande variété de celles qui dérivent, conformément à la loi (124), d'un fait volontaire de l'homme. Les servitudes de ce groupe s'opposent entre elles et relativement aux servitudes légales, par la manière dont elles s'établissent. Mais une fois établies, elles suivent, à quelque nuance près, un même régime, lequel a d'ailleurs vocation à s'appliquer, autant que de raison et sauf disposition contraire, même aux servitudes légales d'utilité privée (125).

A. L'ÉTABLISSEMENT DES SERVITUDES

Les servitudes peuvent être établies par **titre** (acte juridique). Certaines peuvent être acquises par la **prescription** (fait juridique) ou constituées par **destination du père de famille** (mi-fait, mi-acte juridique).

a) L'établissement par titre

Le titre est l'acte juridique constitutif de la servitude : ce peut être une convention (à titre onéreux ou gratuit) ou un testament. La servitude est dite conventionnelle lorsqu'elle résulte d'une convention (vente, donation) entre propriétaires de fonds voisins, testamentaire lorsque l'un d'eux lègue à l'autre une servitude sur son fonds. Pour sa forme et sa preuve, l'acte constitutif est assujetti aux règles ordinaires du mode qu'il emprunte. Ainsi la preuve de la convention constitutive obéit-elle au droit commun de la preuve des actes juridiques, pour l'admissibilité de la preuve par témoins ou de l'aveu, sous réserve de l'effet reconnu au titre récognitif par la disposition spéciale de l'art. 695 (comp. C. civ. art. 1337).

Quant au fond, « il est permis aux propriétaires d'établir sur leurs propriétés, ou en faveur de leurs propriétés, telles servitudes que bon leur semble » (art. 686, al. 1). **La liberté d'établissement est de principe.** La spécificité de l'établissement par titre apparaît dans les restrictions à ce principe et dans la gravité de la constitution.

---

(122) Civ. 3e, 11 mai 1976, Bull. III, n° 197, p. 154.

(123) Ce sont parfois des servitudes distinctes parfois des servitudes légales modifiées et remodelées.

(124) Ce qui tempère l'opposition, d'autant plus que, par ailleurs, le fait de l'homme correspond parfois à un fait juridique (possession, destination) que la loi prend en considération pour y attacher un effet de droit.

(125) V. not. Esmein, Aubry et Rau, T. III, 7e éd., § 238, n° 2, p. 11.

1459 **1° Restrictions à la liberté d'établissement.** En dehors de la prohibition banale d'établir un service contraire à l'ordre public et aux bonnes mœurs (126), le constituant se heurte à l'interdiction spéciale d'imposer un service à la personne ou en faveur de la personne (art. 686, al. 1). Autant dire qu'on ne peut établir, par acte juridique, à titre de servitude, qu'un type de service répondant exactement à la définition de la servitude, rapport entre deux fonds (art. 637 ; v. plus haut n° 1425).

Impérative et claire en son inspiration (v. plus haut, n° 1417) la double prohibition est parfois nette en son application. Un droit de chasser (127), de pêcher, de se promener, de cueillir des fruits ne peut être constitué en servitude (sans utilité pour le fonds, ces avantages de pur agrément sont en faveur de la personne). Utile au fond, le droit d'extraire des glaises pour une tuilerie (128) ou des marnes pour un domaine agricole (129) peut, au contraire, être établi en servitude. L'exacte portée du principe ne se dégage cependant qu'en dissociant les trois difficultés qui compliquent souvent sa mise en œuvre.

1460 α) **Tempérament de droit : licéité des services accessoires incombant au propriétaire du fonds servant.** Sur une interprétation large de l'art. 698, la jurisprudence « délivrée de la hantise des revenants prérévolutionnaires » (Vialleton), admet qu'à titre accessoire le propriétaire d'un fonds servant assume l'obligation d'accomplir lui-même, à ses frais, les travaux nécessaires à l'exercice de la servitude (dont l'objet principal est autre que cette prestation d'appoint) (130) : entretenir la voie de passage, le mur de clôture (131), régler l'admission d'eau (132) et, dans le droit de mouture (plus contesté), assurer le fonctionnement du moulin (133). Perpétuelle mais réelle, cette obligation accessoire est sous la réserve d'une libération par abandon : le débiteur est libre de s'en affranchir par l'abandon de la partie du fonds qui doit la servitude (art. 699).

1461 β) **Interprétation de volonté : question de savoir si l'acte constitutif a établi une obligation personnelle ou une servitude.** De nombreuses décisions sont, exclusivement ou principalement, consacrées à la question de savoir si, en fait, la charge avait été établie à titre de servitude ou d'obligation personnelle (de droit réel ou de créance). Conformément au droit commun, cette interprétation de l'acte constitutif relève, sauf dénaturation, de l'appréciation souveraine des juges de fonds (134). Lorsque, dans une espèce, les juges estiment qu'il y a servitude, cette lecture implique, en général (135), qu'en droit, la double éventualité est ouverte. Ainsi a-t-il souvent été admis qu'à l'occasion d'un lotissement, une clause interdisant aux acquéreurs d'affecter les biens à un usage industriel et commercial

---

(126) Droit de passage ou d'entrepôt pour objet de contrebande.
(127) V. Cass. Crim. 5 janv. 1907. S. 1912.1.419.
(128) Civ. 15 avril 1833, S. 33.1.278.
(129) Orléans, 7 avril 1897, S. 99.2.279.
(130) Req. 12 févr. 1941, G. P. 1941.I.892.
(131) Req. 24 oct. 1939, D.H. 1940.30.
(132) Un usinier débiteur d'une servitude de conduite d'eau peut être chargé d'établir le canal d'amenée et de prendre toutes les dispositions pour que le lavoir (fonds dominant) soit pourvu jour et nuit d'une quantité suffisante : Req. 22 févr. 1881. S. 1882.1.111.
(133) V. en ce sens, Req. 6 juill. 1874, S. 1875.1.108 ; mais *contra* : Pau 16 juin 1890.S.1892.2.313.
(134) Cass. 20 mars 1900, S. 1900.1.525 ; Req. 23 mars 1908, S. 1908.1.511 (entre beaucoup d'autres).
(135) Au moins si la discussion a porté sur la possibilité de droit.

avait été (en fait et valablement) stipulée (136). En revanche, dans les cas où le juge estime, en fait, qu'il y a obligation personnelle, cela ne signifie pas nécessairement que le même service ne pourrait, en droit, être établi à titre de charge (137).

γ) **Difficultés d'appréciation.** Irréductibles, elles apparaissent lorsque les intéressés ont entendu constituer en servitude une charge dont on peut se demander si elle est ou non imposée soit en faveur de la personne soit à la personne. Activement, il est parfois malaisé de savoir si l'utilité profite au fonds ou à la personne. Ainsi le droit d'utiliser une scierie, un pressoir, un moulin, un four, sur un fonds voisin a souvent été considéré comme en faveur de la personne (138), parfois comme utile au fonds (139). Le droit d'extraire des pierres pour construire une maison est en faveur de la personne (140) ; mais le droit d'extraction peut être constitué en servitude au propriétaire d'un fonds de carrière (141).

Passivement, la difficulté parallèle surgit parfois de savoir si la charge ne s'analyse pas en un travail personnel. Les nécessités de l'approvisionnement en énergie des établissements industriels ont fait reconnaître que le travail d'extraction ou de transformation mis à la charge du propriétaire du fonds servant (fournisseur d'énergie) n'empêchait pas de constituer en servitude, sur une mine, un droit d'extraction (142), ou sur une chute d'eau, un droit à la transmission de la force hydraulique (143).

2° Gravité de la constitution. Opérant sur le fonds servant un démembrement de la propriété, l'établissement d'une servitude constitue, à un double titre, un acte grave.

— La constitution d'une servitude est un **acte de disposition.** Un fonds ne peut être grevé de servitude que par son propriétaire (non par un usufruitier ou un locataire). Encore faut-il que ce dernier ait la capacité et le pouvoir de l'aliéner. L'existence d'une hypothèque sur le fonds n'empêche pas de le grever de servitude. Mais celle-ci n'est opposable qu'aux créanciers hypothécaires inscrits postérieurement à sa publication.

— L'établissement d'une servitude emporte **constitution d'un droit réel immobilier.** La loi soumet donc à la publicité foncière, à peine d'inopposabilité aux tiers (not. au tiers acquéreur du fonds servant) soit l'acte constitutif, si la servitude est constituée entre vifs (d. 4 janv. 1955, art. 28, 1°, a), soit, en cas de constitution par décès, l'attestation notariée exigée par la loi (art. 28, 3° et 29) (144).

---

(136) Civ. 30 juin 1936. S. 1937.1.161, note Vialleton. Civ. 29 mars 1933. D.H. 33.282 ; Civ. 20 juin 1964. D. 64.589 (Hameau Boileau) ; v. Dagot, *La clause d'habitation bourgeoise,* J.C.P. 1967.1.2108.

(137) Req. 18 avril 1921, S. 1922.1.76 (vente d'une scierie à un industriel sous la condition de la maintenir en activité pour l'usage de la commune et de ses habitants). Sur l'admission discutable d'une servitude de non-concurrence, v., dans son ambiguïté, Civ. 3e, 4 juill. 2001, D. 2002. 433. n. Libchaber ; RTD civ. 2001. 125 chron. Revet.

(138) Req. 23 mars 1908, S. 1908.1.511 (le droit de pressurage réservé aux vendeurs avait pour effet de leur assurer, même s'ils ne demeuraient propriétaires d'aucun immeuble).

(139) Req. 6 juill. 1874. S. 75.1.108 (outre l'ancienneté du titre : le droit de mouture s'était poursuivi un siècle au profit de la maison nouvellement habitée).

(140) Civ. 9 déc. 1908. S. 1909.1.134.

(141) Req. 20 mars 1900. S. 1900.1.525.

(142) Civ. 9 janv. 1901. S. 1901.1.169.

(143) Pau, 14 févr. 1912. S. 1912.2.249, note, J. Bonnecase.

(144) V. Civ. 3e, 14 nov. 1990, G. P. 1991.I.Pan.93, 7-9 avril ; comp. pour le règlement conventionnel ou judiciaire d'une servitude légale, Civ. 17 oct. 1950, J.C.P. 50.5923, note Becqué, S.1951.1.169, note Bulté, D. 52.562, note Gaudin de Lagrange, v. *supra,* n° 1452.

b) L'acquisition par prescription

1465 Droit réel, une servitude peut être acquise, comme la propriété, aussi bien par prescription que par titre (145). Et cependant la **conception restrictive** que la loi a retenue de la possession, comme mode d'acquisition des servitudes, montre que celle-ci, dans ce rôle, est doublement en retrait (d'où une forte **réaction prétorienne**).

1466 1° Relativement à la possession, comme mode d'acquisition de la propriété, l'usucapion est soumis, en matière de servitude, à de plus **strictes conditions.** Sans doute suffit-il, pour que la possession soit constituée *(corpore et animo)* qu'elle s'affirme par des actes correspondant à l'exercice de la servitude (ouverture d'une fenêtre à une distance moindre que la distance légale) traduisant l'intention de se comporter en propriétaire de fonds dominant (146). Sans doute la loi exige-t-elle, comme en matière de propriété, que la possession soit *utile* (parée des qualités qu'énonce l'art. 2232) pour qu'elle mène à l'acquisition de la servitude (147). Parallèle naturel. Mais, différence spécifique, la loi n'admet que la **prescription trentenaire.** Les servitudes s'acquièrent par la possession de trente ans (art. 690), sans abrègement possible, même dans le cas où le prétendant à la servitude l'exerce, de bonne foi, en vertu d'un titre qu'il tient d'un autre que le véritable propriétaire du fonds servant (148).

1467 2° Relativement au titre, comme mode d'établissement des servitudes, la prescription apparaît surtout comme un **mode limité**. **Seules s'acquièrent par la prescription** les **servitudes** qui sont, tout à la fois, **continues et apparentes** (art. 690 et 691, al. 1). L'exercice d'une servitude ne conduit pas à son acquisition, au bout de trente ans, que si, répondant cumulativement aux définitions de la loi, la servitude est telle que son usage puisse être continuel sans avoir besoin du fait actuel de l'homme (C. civ. art. 688) et si elle s'annonce par des ouvrages extérieurs (art. 689) : ainsi une vue matérialisée par une fenêtre (ouverte à une distance moindre que la distance légale) ; une conduite d'eau manifestée par un aqueduc (149). Tenant compte de l'évolution des techniques, un arrêt a cependant pu considérér comme continue (et donc susceptible d'être acquise par trente ans d'usage) une servitude de puisage (en général tenue pour discontinue) du fait que l'équipement électrique de la station de pompage en permettait le déclenchement automatique et donc l'usage continuel (l'intervention humaine étant réduite aux actes extrêmes qui encadrent celui-ci, ouverture et fermeture des vannes. Bordeaux, 17 avr. 2000, J.C.P. 2001.IV.1243). Cette actualisation du concept est de bon aloi.

1468 Dépourvue de signe extérieur, une servitude non apparente ne peut s'acquérir que par titre (ex. une servitude de ne pas bâtir). Apparente ou non, une servitude discontinue échappe de même à la prescription acquisitive (ainsi un droit de passage, même matérialisé par un chemin). La règle est certaine, la possession fût-elle immémoriale (art. 691). Les raisons qu'on en donne ne sont cependant pas convaincantes (150), au moins pour les servitudes

(145) V. *supra,* 1134 cf. n° 1261.

(146) V. plus haut, n° 1134 s.

(147) Une possession équivoque (par utilisation simultanée de deux itinéraires) empêche l'acquisition par prescription d'une servitude de passage. Montpellier 25 janv. 1984, G. P. 1984.I.218.

(148) Req. 23 nov. 1875, D.P. 76.1.423.

(149) V. p. ex. Req. 10 févr. 1885, S. 1887.1.263 (la servitude d'aqueduc s'exerçant non par un canal souterrain mais par une rigole extérieure).

(150) Négatives, les servitudes non apparentes ne donneraient corps à aucune possession (à aucune emprise sur le fonds d'autrui), mais à des actes de pure faculté (C. civ. art. 2232) ; les servitudes

discontinues, car l'exercice d'une servitude discontinue, comme un passage, peut être continu au sens où l'art. 2232 l'exige pour conduire à l'usucapion (il suffit sans être constant et permanent, qu'il soit, selon sa destination, normal et régulier ; v. plus haut, n° 1146).

3° Aussi bien la conception restrictive de la loi est-elle, parfois neutralisée, parfois avantageusement (151) compensée, par des **tendances ou des réactions prétoriennes.** En admettant assez libéralement, à défaut d'écrit, la preuve d'une servitude par indices ou présomptions (quand il existe un commencement de preuve par écrit) (152) ou, même à défaut d'un tel adminicule, par aveu implicite du propriétaire du fonds sur lequel s'exerce depuis longtemps la servitude prétendue sans protestation de sa part (153), les tribunaux valorisent indirectement les faits de possession comme présomption (ou autre élément de preuve) du titre.

Plus audacieusement encore, ils admettent qu'à défaut de mener à l'acquisition d'une servitude, les actes correspondant à l'exercice de celle-ci peuvent conduire à l'acquisition de la propriété ou de la copropriété du bien qui en est le support (de la portion de fonds qui lui est affectée) : acquisition de la propriété du chemin (au lieu de celle du droit de passage (154), ou de la copropriété d'un four (au lieu du droit d'enfourner) (155) : qui ne peut pas le moins, peut le plus (156).

c) La constitution par destination du père de famille

Marqué d'un fort particularisme, sous l'étiquette traditionnelle qu'il conserve, ce troisième mode d'établissement n'a qu'une vocation restreinte. La situation spéciale qui préside à la genèse de la servitude imprime à ce mode une nature spécifique et marque les limites et les modalités de son application aux diverses espèces de servitudes.

1° Particularité du mode d'établissement. « Il y a destination du père de famille lorsqu'il est prouvé que les deux fonds actuellement divisés ont appartenu au même

---

discontinues à des actes de pure tolérance. Explications *a posteriori* : historiquement, la distinction entre les servitudes qui peuvent et les servitudes qui ne peuvent s'acquérir par la prescription est le produit d'une transaction plus politique que rationnelle entre la tradition des pays de droit écrit qui admettait et celle de la plupart des pays de coutume qui n'admettait pas l'usucapion de servitudes ; v. Albisson, rapport, et Gillet, *Discours,* Locré, t. VIII, p. 693 et 410.

(151) Au moins pour celui qui prétend à une servitude...

(152) Civ. 8 nov. 1886. D.P. 87.1.85.

(153) Civ. 3e, 5 mars 1971. D. 71.673 rej. pourvoi Montpellier 20 févr. 1969, D. 69.372, R.T. 1969, 591, obs. Bredin : preuve d'un droit de passage par aveu implicite résultant d'une absence de protestation à l'encontre d'un état de fait correspondant à l'exercice de la servitude (une rampe d'accès) : la preuve d'un titre est le substitut de la prescription d'une servitude discontinue apparente. *Adde* Civ. 3e, 8 janv. 1980, Bull. III, n° 8, p. 7. Cependant, quand l'aveu prend la forme d'une déclaration (aveu extrajudiciaire), il ne serait pas admissible, en tant qu'il serait l'aveu d'un droit : Civ. 3e, 27 avril 1988, D. 1989.275, n. Beignier, D. 1989, som. com. A. Robert, 34. La formule est trop brutale, si l'exclusion est absolue. On voudra penser qu'elle ne l'est pas : S'il entre dans l'aveu d'une servitude, l'aveu de points de fait, cet aveu est admissible, et l'aveu implicite conserve sa force. Frein à trop de laxisme peut-être, blocage non.

(154) Req. 7 févr. 1883. S. 84.1.320. Autre cas de figure : il n'est pas exclu, en droit, que le bénéficiaire d'une servitude de passage acquière, par prescription, la pleine propriété du chemin (Civ. 3e, 4 oct. 2000, D. 2000.IR.262, v. *infra*, n° 1559).

(155) Civ. 22 oct. 1924, G. P. 1924.II.695.

(156) La réaction prétorienne s'est très tôt affirmée : Req. 29 nov. 1814, S. 16.1.225.

propriétaire, et que c'est par lui que les choses ont été mises dans l'état duquel résulte la servitude » (art. 693). À partir de cette définition légale, la constitution de la servitude résulte de la **réunion de deux éléments :**

1473 α) **Un fait juridique volontaire : l'aménagement interne par un propriétaire d'un état de servitude entre diverses parties d'un ensemble immobilier lui appartenant.** À la base, il faut supposer qu'il existe, en fait, entre deux éléments d'un ensemble immobilier, par la volonté de leur commun propriétaire (157), un rapport de servitude auquel il manque seulement pour être reconnu en droit, comme servitude, la circonstance que ces deux éléments appartiendraient à deux propriétaires différents (158). À l'état brut, la servitude existe entre deux parties d'un tout (une canalisation de l'un à l'autre annonce une servitude d'écoulement, une fenêtre à une distance moindre que la distance légale manifeste une servitude de vue). Mais les deux parties appartiennent au même propriétaire (159) et c'est par la volonté de celui-ci (160) que cet état de choses existe (ou se maintient). À la vérité, cette situation en contient plusieurs : le rapport de servitude peut exister entre deux parcelles d'un même fonds, deux immeubles voisins ou deux fonds distincts (et pas nécessairement contigus) ; l'état de servitude peut avoir été créé par le propriétaire ou conservé par lui (lors de la réunion entre ses mains de deux fonds entre lesquels existait une servitude éteinte par confusion) : circonstance indifférente, dès lors qu'existe, au sein d'un ensemble immobilier appartenant à un seul propriétaire, un aménagement volontaire correspondant, en fait, à un état de servitude (encore faut-il, bien entendu, que cet état subsiste lors de la division, car s'il a été supprimé, la servitude ne peut naître ; le rétablissement après la division d'un état supprimé antérieurement à celle-ci ne vaut pas titre). S'agissant d'une servitude de vue, il faut qu'elle soit apparente lors de la division des fonds pour que la destination s'opère (Civ. 3e, 10 janv. 1996, G.P. 96.II.Pan.254).

1474 β) **Un accord tacite : le maintien volontaire de l'aménagement existant lors de la division des fonds.** La servitude potentielle naît, en droit, lorsque, par l'effet d'une division, les deux fonds entre lesquels l'état de servitude existait en viennent à reposer sur la tête de propriétaires différents et que, malgré cette dissociation, l'aménagement antérieur se perpétue par accord tacite. La division qui met fin à l'unité de propriété peut résulter soit d'un acte entre vifs (vente, donation, donation-partage à l'initiative du propriétaire), soit, après sa mort, d'un acte de dernière volonté (testament, testament-partage) ou étranger à sa volonté (partage) (161). L'essentiel est que, dans ces actes (lorsqu'ils sont représentés) ne figure aucune clause d'où ressorte la volonté de ne pas établir en servitude l'aménagement qui se perpétue : silence qui peut être interprété comme la conservation volontaire (162)

---

(157) Encore désigné sous l'appellation générique « père de famille ». Réalisé par un usufruitier ou un locataire, l'aménagement ne porterait pas la marque de la destination du père de famille que seule pourrait lui imprimer le propriétaire.

(158) *Res propria nemini servit ;* v. plus haut, no 1427.

(159) L'unité de propriété n'est pas réalisée lorsqu'un fonds appartient à un époux, l'autre à l'autre.

(160) Cette volonté s'entend de l'aménagement intentionnel d'un état de servitude. Critère finaliste, la destination du père de famille suppose l'intention de créer un rapport d'utilité entre deux fonds, non un simple aménagement de convenance personnelle (une porte de communication entre deux bâtiments occupés par la même famille : v. Req. 17 mai 1933, S. 33.1.383, D.H. 1933, 363) ; *adde :* Soc. 27 déc. 1945. D. 1946.137 ; Colmar, 14 mai 1936, D.H. 1936.402.

(161) Soit même d'une adjudication sur saisie ou d'une expropriation pour cause d'utilité publique. Req. 10 nov. 1897. D. 1898.1.177, note Boistel.

(162) Cet élément serait-il suffisant pour affirmer, en théorie juridique, que l'acte générateur de la servitude serait une convention tacite, la destination du père de famille un titre présumé, et la servitude

d'un état de choses et sa transformation tacite en état de droit (163), à la condition que l'aménagement préexistant soit apparent.

2º Limites et modalités de son application aux diverses espèces de servitudes. Ce qui est sûr, c'est que les servitudes qui, selon la définition légale, ne s'annoncent par aucun ouvrage extérieur (servitude de ne pas bâtir) ne peuvent s'acquérir par la destination du père de famille (164). La subsistance occulte d'un état de choses non apparent ne peut être considérée, lors de la division, comme un maintien tacite.

Selon une interprétation depuis longtemps consacrée en jurisprudence (165), la destination du père de famille s'applique, en revanche, soit aux servitudes continues et apparentes, soit aux servitudes apparentes et discontinues, mais suivant des modalités différentes (166).

α) **À l'égard des servitudes continues et apparentes,** la destination du père de famille *« vaut titre »* (art. 692). Cette assimilation légale peut être interprétée en ce sens que le bénéficiaire d'un aménagement caractérisé par la continuité jointe à l'apparence, est dispensé d'avoir à représenter le titre constitutif de la servitude (167). Un tel état crée en sa faveur une présomption qu'il incombe à son adversaire de renverser en produisant le titre qui contiendrait une clause faisant obstacle à l'établissement de la servitude. Au moins admet-on que, dans le cas où l'acte de division n'est pas produit (circonstance suspecte), l'équivalence légale est subordonnée à la double condition de l'apparence et de la continuité.

β) **À l'égard des servitudes apparentes mais discontinues,** l'art. 694 énonce une exigence supplémentaire. Celui qui se prévaut du signe apparent d'une servitude discontinue, à la suite de la division du fonds, ne peut la faire reconnaître comme servitude qu'à charge de produire l'acte d'où résulte la division (168). Si cet acte ne contient aucune

---

acquise une espèce de servitude conventionnelle ? L'exagération de l'élément volontaire méconnaît l'importance que la loi attache à un aménagement préexistant, état de choses dont la réalité et la destination ont une valeur en soi. La réserve d'une volonté contraire à la destination du père de famille étant certaine, le mode de constitution, de nature hybride, serait plutôt ici mi-fait, mi-acte juridique. À noter que, sa constitution n'étant pas soumise à la rédaction d'un écrit, la servitude est opposable aux tiers, sans avoir à être publiée.

(163) V. not. Req. 18 déc. 1939. D.H. 1940.62. Comp. Civ. 3e, 23 janv. 1991, G. P. 1991.I.Pan.127.

(164) V. Civ. 13 juill. 1885. S. 1897.1.429. Mais une servitude de vue peut être créée par destination du père de famille, Civ. 3e, 4 mai 1988, D. 1989, 446, n. Fauré.

(165) L'essai de conciliation des dispositions non concordantes des articles 692 et 694 est un exercice d'école de haute performance qui, arguments historiques à l'appui, divisent les interprètes en de multiples explications. V. un exposé des cinq principaux systèmes dans Esmein, Aubry et Rau, T. III, § 252, texte et note 16 ; *adde* Carbonnier, III, 56. La doctrine moderne approuve en général la jurisprudence, laquelle paraît bien fixée. V. Civ. 17 juin 1885. S. 86.1.72 ; Civ. 8 juill. 1919. D. 23.1.230 ; Req. 27 janv. 1937. D.H. 37.132 ; Civ. 3e, 5 oct. 1971. D. 72.77.

(166) Cette application distributive des art. 692 et 694 repose sur l'affirmation que l'article 694 a « une existence propre et distincte de l'art. 692 » et gouverne un cas différent.

(167) Le juge n'a pas à constater que l'acte séparatif a été représenté ni que cet acte ne contient aucune stipulation contraire à l'établissement de la servitude. V. très nettement, Req. 28 mars 1904. S. 1904.1.317.

(168) Si la destination du père de famille appuyée d'un signe apparent vaut titre, c'est à la condition que celui qui, après la division, revendique la servitude (discontinue mais apparente), représente l'acte qui a opéré cette division et fasse la preuve qu'il ne contient aucune stipulation contraire. Civ. 17 juin 1885. S. 86.1.72 (ou S. 1883-85.1.751). V. Civ. 3e, 4 mai 1988, D. 1989.446, n. Fauré, pour un acte contenant une stipulation contraire (la servitude est écartée) ; comp. Lyon, 7 janv. 1988, G. P. 1988.II.598, n. Prevault (faute de disposition contraire, la servitude naît).

clause faisant obstacle à l'établissement de la servitude, celle-ci sera censée avoir été tacitement établie par maintien d'un état de choses apparent. Le silence suffit à faire présumer, en faveur du maintien, un accord tacite.

1478 Dans l'un et l'autre cas, il peut être nécessaire d'interpréter l'acte de séparation pour examiner s'il ne contient rien de contraire à la constitution de la servitude. Cet examen relève de l'appréciation souveraine des juges du fond (169). Mais la Cour de cassation, par un revirement de jurisprudence, a censuré l'élargissement de cette recherche aux actes postérieurs (170). Plus conforme à la lettre du texte (art. 694), cette interprétation n'est pas cohérente avec sa fin. Lorsqu'il s'agit de sonder des volontés probables (relativement à un état de fait préexistant), ce n'est pas le seul examen du titre de séparation, mais la prise en considération de tous les indices pertinents qui offre le plus de garantie pour l'approche de la vérité.

B. LE RÉGIME DES SERVITUDES

1479 Une fois établies, les servitudes obéissent à des règles que gouverne leur vocation naturelle : procurer indéfiniment au fonds auquel la servitude est attachée l'utilité à laquelle il a droit. La jouissance de la servitude s'exerce conformément à sa nature et à son établissement, **normes d'usage.** Mais le **développement de la servitude** dans le temps fait voir la force et les limites de sa vocation à se perpétuer.

a) Normes d'usage

1480 Toute servitude s'exerce selon sa nature et son établissement : canons qui déterminent l'étendue de la jouissance, activement et passivement (c'est-à-dire qui règlent, avec le rapport des fonds, la situation respective de leurs propriétaires).

1481 **1° L'usage est exercé à titre de droit réel.** Nanti d'un droit réel sur la chose d'autrui, le propriétaire du fonds dominant n'est pas en droit d'exiger du propriétaire du fonds servant l'accomplissement d'un service personnel (171). De ce dernier, il est fondé à attendre le respect de son droit : obligation générale de patience renforcée du devoir de ne rien faire qui tende à diminuer l'usage de la servitude ou à le rendre plus incommode (C. civ. art. 701, al. 1). Positivement, il jouit d'un triple avantage.

1482 **Usage direct :** il a directement accès à la chose d'autrui *(jus in re)* pour exercer la servitude. Il est en droit de faire (et, en principe, à ses frais) tous les travaux nécessaires pour en user et la conserver (art. 697, 698). L'entretien lui incombe (ex. Rouen, 12 oct. 1988, G. P. 1989.II.som.306). Le propriétaire du fonds servant doit cependant assumer la charge d'une juste contribution aux frais d'entretien et de réparation si l'assiette de la

(169) De même que la constatation du signe apparent et l'analyse de l'intention initiale du « père de famille » dans l'aménagement de l'état de servitude ; v. plus haut, n° 1473.

(170) Civ. 3e, 5 oct. 1971. D. 72.77 ; *contra* (auparavant) Req. 22 août 1882. D. 83.1.467 ; Civ. 1re 25 mai 1964, D. 64.626, J.C.P. 64.13.822, n. Bulte, G. P. 1964.2.316. Revirement diversement apprécié : v. la critique de J. Carbonnier, III, 56 ; comp. Bredin, R.T. 1972.423 ; M.-F. Mialon, D. 1974, chron. 15.

(171) Sauf exception pour une obligation accessoire ; v. plus haut, n° 1460.

servitude est aussi à son usage (par ex. pour le passage de ses engins. Civ. 3e, 22 mars 1989, Bull., n° 71 ; 14 nov. 1990, Bull., n° 235). La charge des travaux lui incombe même intégralement s'ils sont devenus nécessaires par son fait (Civ. 3e, 8 juin 1982, Bull. n° 148) : solutions d'équité naturelle.

Action confessoire : pour faire reconnaître son droit réel, il jouit d'une action réelle en revendication, espèce d'action pétitoire nommée action confessoire (172).

Protection possessoire : lorsque les conditions de celle-ci sont réunies (annalité de la possession notamment), il bénéficie de la protection possessoire, pour faire cesser le trouble qui affecte ou menace sa possession (C. civ. art. 2282) (173).

Au moins l'admet-on, sans autre condition, pour le titulaire d'une servitude continue et apparente, à l'idée qu'une telle servitude peut être acquise par la prescription. Serait-ce une raison pour refuser *(a contrario)* la protection possessoire à celui qui jouit d'une servitude discontinue ou non apparente ? Ce serait confondre *possessio ad usucapionem* et *possessio ad interdicta,* en oubliant que la protection possessoire est plus libéralement accordée que la prescription acquisitive. Aussi bien la jurisprudence accorde-t-elle la protection possessoire en ces cas, mais à la condition que la servitude discontinue ou non apparente soit fondée sur un titre (et encore retient-elle une notion très large de titre).

2° La jouissance porte sur une utilité démembrée. Issue d'un démembrement de la propriété, la servitude ne procure à son bénéficiaire qu'une utilité définie, dans l'ensemble de celles que regroupe la pleine propriété. (comp. *supra*, n° 1431 et 1434).

Cette utilité est déterminée, à l'origine, par la cause génératrice de la servitude : par la loi, pour les servitudes légales et, pour les servitudes établies par le fait de l'homme, soit par le titre constitutif, soit par la possession (174), soit par la destination du père de famille (l'aménagement originaire). L'étendue de la jouissance dépend du fait ou de l'acte qui la fonde : appréciation qui se ramène souvent à une recherche, par voie d'interprétation, de l'intention du ou des constituants.

---

(172) De son côté, le propriétaire de l'autre fonds qui conteste la servitude jouit, pour faire valoir sa prétention d'une action dite **négatoire.** Attitrées, ces actions n'appartiennent qu'aux propriétaires des deux fonds en rapport. Le même caractère a été reconnu à l'action en fixation de l'assiette de la servitude : un locataire est sans qualité pour l'exercer : Civ. 3e, 2 déc. 1992, D. 1993.IR. 14.

(173) Du moins s'il s'agit de la complainte ou de la dénonciation de nouvel œuvre. Une ancienne jurisprudence lui refuse la réintégrande au motif qu'il n'aurait pas la détention matérielle du fonds servant (Civ. 28 oct. 1885. D.P. 1886.1.309) : si, sous un nom ou un autre, l'action en réintégration conserve une certaine spécificité au sein de la protection possessoire, l'argument de la détention manque en fait, dans l'exacte mesure de l'emprise effective que le propriétaire du fonds dominant exerce sur le fonds servant (compte tenu de l'usage direct qu'il en a ; v. n° 1482). Civ. 3e 2 mai 1979, J.J.A., 19 févr. 1980 n° 21, p. 5 ouvre une autre voie : déniant la réintégrande faute de détention *actuelle*, l'arrêt donne à penser que, si le titulaire de la servitude de passage ne s'était pas abstenu pendant dix ans d'utiliser le corridor litigieux (fait sans rapport avec le caractère discontinu et non apparent), il eût bénéficié de la réintégrande. V. Cep. Civ. 3e 9 juill. 1984, Bull. III, n° 134, p. 105 qui maintient, en dehors de cette circonstance, l'exclusion de la réintégrande (actuel prenant un autre sens). Nier qu'il puisse y avoir dépossession quand il n'y a pas détention matérielle, en oubliant qu'il y a usage réel exclu par voie de fait, est un excès d'abstraction et un exercice logomachique qui rappelle la négation de l'abus du droit au prétexte que le droit cesse où l'abus commence, illusion logique qui conduit, dans son irréalisme, à la politique du pire (pas de protection contre l'attaque la plus grave...). V. *infra* n° 1596. Comp. Civ. 3e 16 juill. 1998, J.C.P. 98.IV.3113 où la protection possessoire est accordée pour le rétablissement d'une servitude de passage.

(174) *Quantum possessum, tantum praescriptum.*

1486 Détachée au profit du fonds dominant, cette utilité spécifiée laisse résiduellement au propriétaire du fonds servant l'ensemble des prérogatives attachées au droit de propriété. Investi de l'usage exclusif des parties de son fonds autres que celles sur lesquelles pèse la charge, il conserve, sur ces parties-mêmes, un droit d'aménagement et (sauf convention contraire) un droit d'usage personnel, sous l'obligation générale de ne pas gêner l'exercice de la servitude (175).

b) Développement dans le temps

1487 Perpétuelle de vocation, la servitude jetterait au temps un défi singulier si elle était promise à durer toujours et, de surcroît, toujours de la même manière : perpétuelle et immuable. Il arrive en vérité que les servitudes s'éteignent ou qu'elles changent. Sans contradiction, la servitude porte en elle, comme principes complémentaires de sa destinée, une vocation à la pérennité, et l'agent (le ferment) de ses transformations.

1488 **1° Vocation à la pérennité.** Elle tient à deux règles.

α) **Attachement aux fonds.** Attachée, activement et passivement, aux fonds qu'elle unit, la servitude résiste aux vicissitudes juridiques qui affectent isolément l'un ou l'autre fonds, mais non à leur réunion dans une même main.

1489 **Transmission d'un fonds :** l'un ou l'autre fonds est-il transmis (à titre onéreux ou gratuit, à cause de mort ou entre vifs) ? La servitude suit le fonds dans le patrimoine de son nouveau propriétaire. *Ambulat cum dominio :* elle profite à l'acquéreur du fonds dominant et l'acquéreur du fonds servant la subit *(de plano,* s'il s'agit d'une acquisition à titre universel, moyennant l'accomplissement des formalités de publicité, s'il s'agit d'une acquisition à titre particulier).

1490 **Division d'un fonds ou indivision sur un fonds.** L'un des fonds cesse-t-il d'appartenir à un seul propriétaire pour appartenir à plusieurs (soit que ceux-ci procèdent à un partage, soit qu'ils restent dans l'indivision) ? La servitude s'affirme, en principe, **indivisible** : elle demeure due pour (176) ou par chaque portion (177) ; en cas d'indivision, chaque indivisaire en jouit ou la subit. Cependant l'indivisibilité de la servitude n'a lieu, par hypothèse, de s'affirmer que si elle était établie au moment où se produit l'événement qui fait tomber le fonds entre plusieurs mains divises ou indivises. Ainsi l'Assemblée plénière de la Cour de cassation a-t-elle affirmé, dans une espèce où le vendeur d'un fonds l'avait divisé en trois parcelles antérieurement à la création de la servitude, que « l'application de l'article 700, C. civ. postule que la servitude préexiste à la division de l'héritage » (23 mars 2001, D. 2002. J. 1109, n. Perrouin, J.C.P. 2001, 1, n° 15, obs. Périnet-Marquet, Comp. dans

(175) Le propriétaire du fonds servant conserve le droit de se clore, mais à la condition de ne pas porter atteinte à la servitude, notamment de ne pas rendre plus incommode l'exercice du passage. V. Civ. 3e 20 juin 1979, J.J.A., 3 juill. 1980, n° 77, p. 14 (en l'espèce, les juges du fonds ont pu considérer comme un trouble possessoire, la pose d'une chaîne cadenassée, à l'entrée du chemin grévé du droit de passage) cf. Civ. 3e 13 mai 1971, Bull. II, n° 300, p. 214.

(176) Sans néanmoins que la condition du fonds assujetti soit aggravée : C. civ. art. 700. Le texte donne un exemple de cette non aggravation : « s'il s'agit d'un droit de passage, tous les copropriétaires sont tenues de l'exercer par le même endroit. Indivisibilité dans la continuité.

(177) Sous réserve d'un cantonnement, compte tenu de la nature de la servitude et de l'état des lieux.

la même affaire, Civ. 3e, 11 déc. 1996, Bull. III, nº 238 ; J.C.P. 1997.1.4010, nº 19, obs. Périnet-Marquet).

Réunion des deux fonds. C'est par contrecoup que la servitude s'éteint lorsque le fonds à qui elle est due et celui qui la doit sont réunis dans la même main (C. civ. art. 705) : sauf à renaître à l'occasion d'une nouvelle division par destination du père de famille (v. plus haut nº 1473) ou si l'acquisition qui avait produit la réunion est remise en cause (éviction, annulation, etc. arg. art. 2177). Sous ces réserves, la confusion qu'établit l'unité de propriété élève un obstacle de droit *(Nemini res sua servit)* au maintien, comme servitude, d'un aménagement (réduit, en fait, à un état de servitude).

β) **Respect de l'équilibre originaire entre l'utilité et la charge.** Issue d'un essai de conciliation entre deux intérêts contraires, la servitude est appelée à durer dans le respect de l'équilibre établi. Aucun des facteurs d'équilibre n'est à la merci d'initiatives unilatérales. Le propriétaire du fonds débiteur de la servitude ne doit rien faire qui tende à en diminuer l'usage ou à le rendre plus incommode (art. 701, al. 1) (178). De son côté, le propriétaire du fonds dominant ne peut, par des changements arbitraires, aggraver la charge du fonds servant. Loin de fonder un principe rigide de fixité, cette double exigence se résout en un devoir de **respect mutuel** qui, supposant le maintien d'un état de choses *(Rebus sic stantibus)* s'oppose aux changements arbitraires, non aux **adaptations nécessaires.**

2º Réserve des transformations. Ordonnée à une certaine utilité, la servitude trouve, dans sa finalité, le principe de ses modifications ou de son dépérissement.

α) **Le changement pour un autre usage.** Le mode d'exercice de la servitude n'est pas immuable.

Déplacement de l'assiette à la demande du propriétaire du fonds servant. La loi reconnaît au propriétaire du fonds servant le droit d'obtenir un déplacement de l'assiette de la servitude lorsque l'assiette primitive devient plus onéreuse (ce n'est qu'un rétablissement d'équilibre) ou l'empêche de réaliser des transformations avantageuses (la charge ne doit paralyser ni le progrès ni l'amélioration du fonds). Encore faut-il que la nouvelle assiette offerte soit aussi commode pour le propriétaire du fonds dominant. Lorsque cela est, celui-ci ne peut refuser le déplacement (C. civ. art. 701, al. 3 ; si la modification répond aux conditions de la loi, elle ne requiert pas l'accord des deux propriétaires : Civ. 3e, 18 mars 1987, Bull. III, nº 57, J.C.P. 1988.II.21127, n. Benet).

Changement dans l'exercice de la servitude en conséquence des initiatives du propriétaire du fonds dominant. Plus généralement, on admet que l'exercice de la servitude peut évoluer par voie de conséquence pour demeurer à la mesure des besoins du fond servant. La servitude est, en un sens, indexée sur un besoin qui lui donne, à la fois, son principe et sa mesure. Lorsque par l'effet d'un accroissement d'activité ou d'une nouvelle activité, les besoins du fonds dominant se modifient, cette transformation permet d'envisager les changements appropriés dans l'exercice de la servitude. En dehors même de tout

(178) Par ex. en plaçant, à l'entrée du passage, un poteau qui contraint le bénéficiaire de la servitude à des manœuvres compliquées, Civ. 3e 12 janv. 1977, inéd. ; la sanction adéquate peut être la démolition de l'ouvrage.

changement d'activité, l'évolution des mœurs et des techniques justifie une adaptation du mode d'exercice de la servitude (179).

1496 β) **L'extinction par non-usage.** La servitude s'éteint par non-usage pendant **trente ans** (C. civ. art. 706). Preuve de son inutilité (180), le non-usage trentenaire enlève à la servitude et son fondement et sa vocation à perpétuité. Radicale, la prescription extinctive s'applique à toutes les servitudes d'utilité privée (181). Mais elle ne les atteint pas toutes de la même manière. Si la servitude est discontinue, la prescription commence à courir du jour où le propriétaire du fonds servant néglige d'en jouir. Il faut un acte contraire (182) à l'exercice d'une servitude continue pour faire courir contre elle la prescription (C. civ. art. 707).

1497 L'extinction se mesure d'ailleurs au non-usage. L'usage restreint d'une servitude n'en entraîne, au bout de trente ans, que l'extinction partielle, et encore à la condition que la réduction de l'usage ne soit pas volontaire de la part de son bénéficiaire (ce serait pénaliser sa modération) mais résulte d'une cause étrangère (art. 708).

1498 Calquée sur le nécessaire, la servitude est aussi fonction du **possible**. L'impossibilité de l'exercer (tarissement d'une source) l'éteint ou la met en sommeil (C. civ. art. 703), le rétablissement de l'état de choses qui en rend à nouveau possible l'exercice la faisant revivre, si du moins la prescription trentenaire (cause d'extinction) ne s'est pas opérée (art. 704) (183).

BIBLIOGRAPHIE

1° Ouvrages généraux : PICARD, PLANIOL et RIPERT, III, n° 886 s. ; ESMEIN, AUBRY et RAU, T. III, 7e éd., § 238 à 255 ; T. II, 7e éd., § 194 s. ; CARBONNIER, III, 146 s. ; TERRE et SIMLER, n° 257 s.

---

(179) Notamment pour permettre le passage de toutes catégories de véhicules quand le passage était prévu pour bestiaux et voitures. Ce n'est pas une aggravation (interdite) Civ. 3e 30 janv. 1979, inéd. Comp. Civ. 3e, 7 nov. 1990, G. P. 1991.I.Pan.127.

(180) Mais la réciproque n'est pas vraie. L'inutilité d'une servitude n'est pas à elle seule une cause d'extinction de la servitude. V. Civ. 3e 3 nov. 1981, J.C.P. 82.19909, n. Barbieri ; Rev. dr. immob. 1982, 201. obs. Bergel.

(181) V. ainsi l'extinction par son usage trentenaire d'une servitude de passage dans une ruelle fleurie, Rouen, 11 oct. 1988, G. P. 1989.II.som.306. Le temps pour la fleur-obstacle de devenir reine. V. Civ. 3e 7 nov. 1984, Bull. III n° 186, p. 146 sur la charge de la preuve. Pour l'extinction d'une servitude *non aedificandi*, v. Civ. 3e, 11 déc. 1996, G.P. 97.II.Pan.205. En revanche, les servitudes imposées par l'autorité administrative ne s'éteignent pas par leur non-usage pendant trente ans (Civ. 3e, 18 déc. 2001, D. 2003.IR.181).

(182) Contradiction qui, dans la tactique (ou la « geste ») du combat pour ou contre le droit, appelle une comparaison avec celle qui opère une interversion de titre, en matière de détention précaire (C. civ. art. 2238). V. plus haut, n° 1218.

(183) L'impossibilité d'exercice ne se confond pas avec l'inutilité de la servitude (V. Civ. 3e 3 nov. 1981, préc.) et elle n'opère qu'autant qu'elle s'est prolongée pendant trente ans. Civ. 3e 10 oct. 1984, G. P. 85.I.Pan.79. *Adde* G. Goubeaux, sous Versailles 13 janv. 1988, Défrénois 1988.1083. Civ. 3e, 16 janv. 1991, G. P. 1991.I.Pan.127. Pour l'extinction d'une servitude de passage dont l'exercice était devenu impossible par suite de la création d'un trottoir, v. Civ. 3e, 3 avril 1996, G.P. II.Pan.299.

2° FERRU D., *La notion de servitude,* th. Paris 1970, L.G.D.J. 1973, préf. RAYNAUD P.. KORNPROBST, *La notion de servitude en droit privé contemporain,* th. Strasbourg, 1936. DE JUGLART, *Obligation réelle et servitudes en droit privé français,* th. Bordeaux, 1937. ABERKANE, *Essai d'une théorie générale de l'obligation propter rem* en droit positif français, th. Paris 1955. JOUVENT, *L'article 686 du Code civil,* th. Paris 1935. BERGEL J.-L., *Les servitudes de lotissement à usage d'habitation,* th. Paris, 1973. LELOUP, *Servitudes et urbanisme, in l'immeuble urbain,* 1963, p. 141 s. ATIAS, *La mutabilité des servitudes conventionnelles,* R.T. 1979, p. 245 s. ROMEU-POBLET A., *Comment s'exercent les servitudes de droit privé,* litec. PEYRET, in *L'évolution contemporaine du droit des biens,* Poitiers, 1991, 69.

CHAPITRE II
LES RÉGIMES SPÉCIAUX

9 En marge du droit commun de la propriété foncière, le droit immobilier se diversifie et se complique. On ne peut exposer, dans leur diversité, les règles qui varient suivant la dimension, la situation géographique ou la vocation naturelle des fonds et des sols (notamment le régime foncier rural).

Au moins peut-on classer les complications qui affectent le régime foncier même, en ce qu'elles font supporter à la propriété un **enchevêtrement de droits.** Certaines tiennent à la **séparation de la propriété du sol d'avec ses accessoires** (Sect. I), d'autres à l'établissement de la **copropriété en matière immobilière** (Sect. II).

SECTION I — LE RÉGIME FONCIER ISSU DE LA DISSOCIATION DE LA PROPRIÉTÉ DU SOL ET DE SES ACCESSOIRES

0 Si, en règle générale, la propriété du sol emporte celle du dessous et du dessus (art. 555 ; v. ci-dessus n° 1374), par exception le propriétaire du sol perd en diverses circonstances la maîtrise des « superficies » ou du sous-sol.

§ 1. LA DISSOCIATION DE LA PROPRIÉTÉ DU SOL ET DE LA PROPRIÉTÉ DU DESSUS (1)

1 Il arrive fréquemment que le propriétaire d'un fonds ne soit pas, en tout ou partie, propriétaire de ce qui se dresse au-dessus du sol (constructions, plantations,

(1) J.-P. Marty, *La dissociation juridique de l'immeuble ; contribution à l'étude du droit de superficie,* th. Toulouse, 1976.

ouvrages). Cette dissociation s'opère, sous une forme traditionnelle, chaque fois qu'un tiers acquiert, sur la chose d'autrui, un **droit de superficie.**

À cette formule séculaire s'ajoute, aujourd'hui, un procédé moderne créé par la loi : le **bail à construction.**

A. LE DROIT DE SUPERFICIE

a) Situation juridique issue de la division du sol et du dessus

1502 Elle se caractérise par la superposition de **deux propriétés distinctes.** Le maître du sol (du fonds) a la propriété de la surface et du sous-sol (on l'appelle **foncier ou tréfoncier**), tandis que tout ou partie de ce qui est au-dessus du sol (constructions, plantations) appartient à un autre maître. Cette espèce de propriété a conservé le nom de **droit de superficie** (et son titulaire celui de **superficiaire**) de l'ancienne appellation de son objet, les superficies (2). **Perpétuel** de vocation — en tant que droit de propriété (3) — le droit de superficie ne se perd pas par le non-usage (mais il est assez souvent limité dans le temps par l'effet du titre qui l'établit). Il est susceptible d'hypothèque.

1503 1° Dans l'abstrait, il est facile de cerner les deux droits. Le foncier et le superficiaire sont investis de deux droits indépendants et complets qui portent respectivement sur des objets différents : le fonds et les superstructures. Schématiquement, la « décomposition du domaine » fait place à **deux propriétés superposées,** chacune sur une assiette distincte, et séparées, selon une ligne idéale au ras du sol, par une coupe horizontale (sans indivision, ni démembrement). Le fonds n'étant pas dans l'indivision, aucun des intéressés n'est en droit d'en provoquer le partage ou la licitation.

1504 2° Au concret — sur le terrain — les deux droits sont dans des **rapports plus complexes et variables.** Si le droit de superficie couvre toute la surface et se combine avec le droit d'exploiter le sol (à un autre titre : en général comme preneur), il ne reste alors au foncier (sous la condition de ne pas nuire au superficiaire) que les ressources du sous-sol (exploitation ou redevance tréfoncière, vocation au trésor) et le droit à la mitoyenneté des murs. Le droit de superficie est-il restreint à certaines constructions ou à certaines plantations (parfois un arbre isolé) ? L'imbrication qui en résulte ne favorise ni l'exercice ni la délimitation des droits.

b) Sources du droit de superficie

1505 Le droit de superficie peut s'acquérir par **prescription** (art. 553), lorsque les circonstances limitent l'emprise de la possession à un élément du dessus (par ex. à un arbre planté en

(2) Générique, ce terme englobe (comme le lat. *superficies*) l'ensemble des édifices et superfices : constructions et ouvrages, plantes et arbres sur le terrain d'autrui.

(3) Civ. 16 déc. 1873. S. 1874.1.457, note Labbé ; ainsi a été reconnu comme un droit de superficie (perpétuel) et non comme un usufruit (temporaire, limité à trente ans, s'agissant d'une personne morale, art. 619), le droit concédé à une telle personne sur une parcelle boisée ; Civ. 3e, 6 mars 1991, G. P. 1991.II.Pan.192, J.C.P. 1992.II.21890, n° Ourliac, V. *supra,* n° 1262. Sur la distinction du droit de superficie et du bail emphytéotique, V. Douai, 18 juin 1991, D. 1993. som. 33, obs. A. Robert.

bordure d'un chemin public). Mais, le plus souvent, le droit de superficie est établi par **titre** et, fréquemment (4), au profit d'un preneur, dans certains types ou certaines clauses de baux.

6 Le droit de superficie constitue ainsi l'objet même d'un type de bail traditionnel, en Bretagne (mais qui n'a plus, même en Bretagne, son importance d'autrefois) : le **« bail à domaine congéable ».** En vertu de cette convention, le bailleur retient la propriété du fonds (il est propriétaire foncier) mais il laisse au locataire, appelé **« colon »** ou **« domanier »**, outre la jouissance du fonds (5), la propriété des « édifices et superfices ». L'application de certaines dispositions du statut du fermage à ce type de bail (incorporé au Code rural, art. L. 431-1 à L. 431-23) a privé le propriétaire foncier du droit de congédier le domanier et de rentrer dans la propriété du tout en lui remboursant la valeur des ouvrages. Sous réserve du droit de renouvellement, le droit du domanier demeure temporaire et lui ouvre droit à remboursement, en fin de bail, sur des bases que fixe le Code rural (L. 431-9).

7 Un droit de superficie peut enfin trouver son fondement dans la **clause accessoire d'un bail ordinaire.** Il en est ainsi lorsque le bailleur a expressément ou implicitement renoncé au bénéfice de l'accession. Il en va de même lorsque le locataire construit sur les lieux loués, en vertu d'une autorisation du bail (sans que le sort des constructions soit implicitement ou explicitement réglé). Si l'on admet en ce cas que l'accession est différée (v. plus haut, n° 1411), il naît entre le moment où la construction est édifiée et celui où l'accession se réalise (à la fin du bail) un droit de superficie. Le preneur des lieux loués, investi au titre du bail de l'usage de la surface, est superficiaire, *medio tempore,* relativement à la construction.

Il persiste donc, dans notre droit, un modèle de dissociation de la propriété du sol et des superstructures. Le législateur a pourtant innové : il y a tout à la fois succession et mutation entre le droit de superficie et le bail à construction.

B. LE BAIL À CONSTRUCTION

8 C'est une espèce originale de contrat dont une loi des années 60 a créé, *in abstracto,* le type, à titre d'essai. La loi du 16 décembre 1964 a institué le bail à construction afin de favoriser le développement de la construction, notamment pour la réalisation de grands ensembles (6).

a) Économie générale de l'opération

9 Le bail à construction est le contrat par lequel le propriétaire d'un terrain met celui-ci à la disposition d'un tiers afin que ce dernier y édifie des constructions. Pourquoi avoir placé ce contrat sur le support générique du bail ? Pourquoi accréditer qu'il s'agirait d'une espèce particulière de bail (en nommant le propriétaire « bailleur », le constructeur « preneur » et

(4) Plus rarement, la renonciation à l'accession peut être l'objet principal, en dehors de tout bail, d'un acte juridique (not. d'une convention entre parents) : Civ. 1re, 20 mai 1958, Bull. 1. n° 257, p. 202.

(5) Moyennant le versement d'une redevance annuelle (rente convenancière).

(6) Le bail à construction est régi par les art. L. 251-1 s. et R. 251-1 s. du code de la construction (d. 31 mai 1968).

en visant le « terrain loué ») ? Rassurante, la qualification légale est dans la ligne du « bail à planter » (bail emphytéotique).

Mais le bail à construction n'a que des rapports assez lâches avec le bail ordinaire. La différence ressort de l'analyse des prestations respectives des parties contractantes.

1510 **1° Obligations du propriétaire du sol.** Pour l'essentiel, le propriétaire met un terrain à bâtir à la disposition d'un tiers (7) : il est apporteur de terrain. Mais cet apport n'est pas de brève durée. L'une des caractéristiques essentielles (causales) du bail à construction est sa **longue durée** (8). Le bail peut être conclu au minimum pour 18 ans, au maximum pour 99 ans (temps de construction, de jouissance, d'amortissement).

1511 **2° Obligations du preneur.** Le propriétaire du sol ne reçoit pas le prix du terrain : aspect important de la finalité de l'opération. Tout se passe comme s'il vendait, mais sans recevoir de prix de vente. L'opération tend à décharger la construction du prix du sol (cette économie permettant de construire à des conditions moins onéreuses).

Le preneur assume deux obligations.

1512 α) **La prestation principale** (C. constr. art. L. 251-1) consiste à **construire sur le terrain** « loué ». La convention engendre à la charge du preneur l'obligation primordiale de construire (d'en prendre l'initiative et d'en faire les frais).

Corrélativement (même art.), le tiers constructeur s'engage à **entretenir** en bon état, pendant toute la durée du bail, les immeubles construits. Sur lui pèsent la charge de la construction et celle de l'entretien.

1513 β) Le bail comporte un **prix** qui peut consister, en tout ou partie, dans la remise au bailleur, à des dates convenues, d'immeubles ou de fractions d'immeubles (9) et, s'il est ainsi stipulé, en un loyer (en espèces) révisable (art. L. 251-5).

b) Régime de la propriété dans le bail à construction

On peut le saisir à deux moments.

1514 **1° Pendant la durée du bail.** Durant cette période, s'opère une dissociation qui s'apparente, mais sous d'importantes particularités, au droit de superficie. La propriété du sol (et du sous-sol) demeure au bailleur. Cependant le bail à construction confère au preneur d'une part un **droit réel immobilier sur l'ensemble du fonds,** d'autre part la **propriété des constructions** existantes et des constructions édifiées (sous réserve de conventions contraires, art. L. 251-2, al. 1).

Titulaire d'un droit réel immobilier, le preneur peut l'hypothéquer ou le voir saisi, entre ses mains, suivant les formes de la saisie immobilière (et il est libre, bien entendu, de le céder ou de l'apporter en société). L'originalité de ce droit global fait que le preneur peut consentir les servitudes passives indispensables à la réalisation des constructions prévues.

(7) Acte de disposition, il ne peut être conclu que par ceux qui ont capacité et pouvoir d'aliéner (art. L. 251-1, al. 2).
(8) Mais le bail ne peut se prolonger par tacite reconduction (art. L. 251-1, *in fine*).
(9) Ou de titres donnant vocation à la propriété ou à la jouissance de tels immeubles.

Propriétaire des constructions, le preneur peut (sauf stipulation contraire) démolir les bâtiments existants, mais à charge de reconstruire (art. L. 251-4 *in fine*). Il peut hypothéquer les constructions édifiées. Il en a la gestion et la jouissance.

En contrepartie, il assume toutes les **charges de la propriété** (taxes, contributions et toutes charges relatives non seulement aux constructions, mais au terrain). Les impôts fonciers et toutes les réparations sont à sa charge (par ce trait, le bail à construction se distingue radicalement du bail, mais aussi de l'usufruit). Ici, l'intégralité des charges de la propriété pèse sur le tiers constructeur (art. L. 251-4, al. 1). Le preneur répond aussi de l'incendie des bâtiments.

Pendant cette période, les pouvoirs et obligations du preneur neutralisent le droit du bailleur. Le bail à construction est, pour ce dernier, un bail au terrain dormant dont la propriété, un jour, se réveille.

2° À l'expiration du bail. En fin de bail, **le propriétaire du sol** (c'est la revanche de ceux qui peuvent attendre) **devient propriétaire des constructions** et profite des améliorations, sans bourse délier. Il bénéficie, en nature, d'un paiement différé.

Toutefois, cette éventualité ne s'ouvre qu'à défaut de stipulations particulières : la loi (art. L. 251-2, al. 1) place le propriétaire devant cette perspective d'acquisition. Mais elle en réserve l'aménagement conventionnel.

Lorsque l'acquisition se produit, c'est une propriété nette de toute charge qui revient ou advient au propriétaire (art. L. 251-6). Tous les droits nés sur le fonds ou les constructions, pendant le bail, du chef du preneur (privilèges, hypothèques, baux, servitudes passives à l'exception de celles qui étaient nécessaires à la construction) s'éteignent à l'expiration du bail (le bail dure assez longtemps pour que les actes accomplis par le preneur aient eu le temps de sortir leur effet).

§ 2. LA SÉPARATION DU SOL ET DU SOUS-SOL

Lorsqu'une mine est exploitée en vertu d'une concession de l'État (10), la concession modifie le régime foncier du sol et du sous-sol. Le code minier détermine le droit dont se trouve investi le concessionnaire de la mine et règle les rapports de celui-ci avec le propriétaire de la surface lorsque ce dernier n'est pas lui-même concessionnaire (C. min., 16 août 1956, mod. l. 16 juin 1977, art. 36).

A. NATURE JURIDIQUE DU DROIT DU CONCESSIONNAIRE

« L'institution d'une concession » crée, sur la tête du concessionnaire, un **droit « distinct de la propriété de la surface »** (art. 36, al. 1). Il en est ainsi, le texte le précise, alors même que la concession serait faite au profit du propriétaire de la surface (auquel cas celui-ci est titulaire de deux droits différents).

(10) V. plus haut, n° 1380.

Dans le périmètre concédé, le droit du concessionnaire porte sur le sous-sol. C'est un **droit immobilier** (art. 36). Il a pour assiette l'ensemble du gisement concédé, c'est-à-dire la mine elle-même, les bâtiments des exploitations de mines, puits, galeries et autres travaux (immeubles par nature) et tout l'équipement servant à l'exploitation de la mine, outillage, machines, chevaux (immeubles par destination ; art. 24).

Depuis 1977, ce droit n'est plus susceptible d'hypothèque (C. minier, art. 36, al. 2, mod. l. 16 juin 1977) : à la vérité, on devait déjà reconnaître que (nationalisés ou non) tous les gisements considérés comme mines appartenaient, en propriété éminente (sous-jacente) à l'État (en fin de concession, le gisement concédé fait gratuitement retour à l'État, art. 29.III). Le droit du concessionnaire d'une mine conserve, semble-t-il, sa place, parmi les droits réels, mais sa classification selon les catégories du droit privé n'a qu'un intérêt secondaire, compte tenu de la réglementation particulière dont il est l'objet (11).

B. RAPPORTS DU CONCESSIONNAIRE DE LA MINE AVEC LE PROPRIÉTAIRE DE LA SURFACE

1520 Trois règles ordonnent ces rapports.

a) Le titulaire de la concession doit au propriétaire de la surface une **redevance annuelle** (nommée, d'un terme consacré, **redevance tréfoncière**). Modique, cette redevance est comme le témoin du sacrifice que la concession de la mine impose à la propriété de la surface et le symbole de la vocation naturelle que le Code civil donnait au propriétaire de la surface sur le sous-sol. Son montant est fixé par le décret qui institue la concession (art. 37).

b) En cas de **dommage causé à la surface,** le concessionnaire de la mine doit indemniser le propriétaire du terrain dont les constructions sont exposées à souffrir du fait des travaux de la mine (effondrements, fissures, lézardes, assèchement des sources, etc.). Depuis le XIXe siècle, une jurisprudence prétorienne retient la responsabilité du concessionnaire de la mine pour les dommages à la surface, sans que la victime de ceux-ci ait à démontrer une faute à la charge du concessionnaire. Celui-ci assume une **responsabilité objective** (12).

c) Lorsque le concessionnaire, autorisé à cet effet, utilise au sol une partie de la surface pour les nécessités de son exploitation, il doit au propriétaire de la surface **une indemnité particulière d'occupation.**

Si cette occupation s'avère trop gênante pour le propriétaire de la surface, celui-ci peut demander à être exproprié.

(11) C'est un droit temporaire. Fixée par l'acte de concession, la durée de celle-ci ne peut excéder cinquante ans, sauf prolongations successives, de vingt-cinq ans en vingt-cinq ans au maximum (C. min. art. 29, I et II).

(12) Contrairement au droit commun, la jurisprudence valide la clause par laquelle le propriétaire de la surface renonce par avance à toute indemnité : restriction à son droit de propriété (v. sur cette analyse : Civ. 3e, 23 avril 1970, J.C.P. 70 ; 16522, n. Personnaz).

SECTION II LA COPROPRIÉTÉ EN MATIÈRE IMMOBILIÈRE

Il existe, à deux échelles différentes, **deux régimes spéciaux** de copropriété immobilière : la mitoyenneté des clôtures (gouvernée par le Code civil), la copropriété des immeubles bâtis (réglementée par la loi du 10 juillet 1965).

§ 1. LA MITOYENNETÉ DES CLÔTURES

Une clôture mitoyenne peut être fossé, haie (13), barrière ou, le plus souvent, mur (on raisonnera sur le mur mitoyen).

A. RÉGIME DE LA MITOYENNETÉ

1 Le mur mitoyen est un mur séparatif commun, un mur qui appartient aux propriétaires des deux fonds qu'il sépare, un mur-frontière entre deux propriétés limitrophes dont les maîtres, voisins, sont copropriétaires. **La mitoyenneté n'est qu'une espèce particulière de copropriété liée au voisinage** (14) **et appliquée à un mur de séparation** (15). Mais il ne faudrait pas imaginer le mur mitoyen séparé dans toute sa longueur, suivant une ligne médiane idéale, en deux tranches appartenant d'un côté à l'un, d'un côté à l'autre. La copropriété porte sur tout le mur. Matérialisation d'une frontière commune, le mur mitoyen est, **dans l'intérêt commun, séparation** (clôture) et **support** (appui des constructions ou plantations) et, partant, charge commune (16). Il est cependant naturel que chaque proprié-

---

(13) Ou arbre : Civ. 1re, 16 juill. 1963, D. 63.697, note Esmein. Toutes ces clôtures sont verticales. Un plafond pourrait-il être mitoyen ? La Cour de cassation n'a pas fait ce saut analogique : Civ. 3e 8 juin 1988, D. 1989, som. com. A. Robert, 33 (réflexion à prolonger sur les rapports du dessus et du dessous...).

(14) La mitoyenneté suppose la contiguïté. V. cep. un cas marginal où, par suite d'un changement dans l'état des lieux, la copropriété a survécu à la contiguïté : Civ. 1re, 28 mars 1966, G. P. 1966.II.75. Classée par le Code parmi les servitudes légales, la mitoyenneté ne se réduit pas, techniquement, à une véritable servitude (bien qu'on puisse, par bribes, en relever quelques traits), mais elle appartient typiquement au **droit du voisinage** et l'on y retrouve, au niveau de la **conciliation des intérêts,** une recherche persévérante d'équilibre entre des aspirations individualistes (chacun chez soi) et un aménagement communautaire (il se faut entr'aider, défi de situation, loi de nature).

(15) Ou à une partie seulement du mur (soit en longueur, soit en hauteur). La mitoyenneté est divisible.

(16) **La considération de l'intérêt commun est essentielle** dans le régime de la mitoyenneté : elle seule justifie que la charge soit commune. Sa disparition seule justifie la faculté d'abandon. Encore aperçoit-on une différence entre les deux fonctions du mur : l'intérêt commun n'existe en plénitude que si le mur remplit, pour chaque voisin, sa double fonction de séparation et de support. Institution du voisinage, la mitoyenneté est, comme les règles de la même famille (clôture, bornage, servitudes) largement gouvernée par les **principes de l'équité naturelle.** Exemple : Celui du seul fait duquel des réparations deviennent nécessaires, doit seul en supporter les frais, Civ. 3e 21 déc. 1988, G. P. 1989, I, Rés., 46 ; Civ. 3e, 23 janv. 1991, G. P. 1991.I.Pan.127 ; il en est de même du coût de réfection si la nécessité de celle-ci provient du fait exclusif de l'un des copropriétaires (démolition sans précautions de son édifice. Civ. 3e, 4 janv. 1990, G. P. 1990.I.Pan.79).

taire exerce certains droits de son côté. À partir de là, l'organisation de la copropriété fait la part de l'action commune et de l'initiative individuelle. Seuls demeurent exclus, même d'un commun accord, les actes incompatibles, avec la situation géographique du mur aux confins de deux héritages (l'aliénation du mur au profit d'un tiers). Lié aux deux fonds dont il est, comme limite matérialisée, le commun accessoire, le mur mitoyen est, par la nature des choses, la base d'une **copropriété perpétuelle et forcée** (v. plus haut, n° 1249 s.). Droit de propriété indivise, la mitoyenneté ne se perd pas par le non-usage (Civ. 3e, 19 févr. 1985, J.C.P. 86.20.565, n. J.-F. Barbieri) (17).

a) Domaine de l'action commune

1522 Certains actes exigent le consentement des deux copropriétaires. Ainsi la destruction du mur (18), la cession à un tiers de droits sur le mur (droit d'affichage ou d'appui) (19). De même, aucun des voisins ne peut, sans le consentement de l'autre, pratiquer dans le mur aucune fenêtre ou ouverture (art. 675) (20). Celui qui veut utiliser le mur comme support, pour y appuyer une construction doit également solliciter l'accord préalable de l'autre. Mais, sur ce dernier point, aucun des voisins ne jouit d'un véritable droit de veto. L'article 662 permet au copropriétaire qui veut se servir normalement du mur mitoyen, pour y appuyer une construction, de vaincre, moyennant un recours à experts, la résistance abusive de son voisin (21).

b) Marge d'action individuelle

1523 Chaque copropriétaire peut prendre diverses initiatives sans avoir besoin du consentement de l'autre (mais non sans conséquences, parfois onéreuses, pour ce dernier).

Chacun a ainsi un droit (naturel) **d'usage unilatéral** sur la face du mur qui donne sur sa propriété : droit d'aménagement, droit d'y adosser des plantations en espaliers (art. 671) (22).

---

(17) Cependant l'exclusion de la prescription extinctive de la mitoyenneté n'empêche pas l'acquisition, par usucapion, d'une servitude de vue. Civ. 3e 10 avril 1975, Bull. III, n° 117, p. 89.

(18) Celui qui détruit de sa seule initiative, s'expose à supporter seul le coût de la reconstruction : Civ. 3e, 11 juin 1986, D. 1987. som. com. Robert, 12. Mais celui qui démolit et reconstruit avec l'accord du voisin et dans le prolongement des bâtiments existants échappe à l'obligation de supprimer le nouveau mur et de rétablir les lieux en leur état antérieur, même en cas d'empiètement (minime). Civ. 3e 29 avril 1986, D. 87, som. com. Robert, p. 12. Comp. *supra,* pour les empiètements marginaux, n° 1412.

(19) V. Civ. 1re, 20 juin 1962 ; D. 1962.607 (où transparaît dans la mitoyenneté l'image d'unc société fermée) ; v. pour la concession du droit d'affichage : Civ. 1re, 28 mars 1966, G. P. 66.II.75 ; Trib. civ. Laval, 16 janv. 1930, D.P. 1930.2.127, n. Voirin.

(20) Modèle d'adaptation de la règle de droit à de nouvelles techniques de construction, un arrêt de la Cour de cassation a tempéré la prohibition de pratiquer une ouverture dans un mur mitoyen en reconnaissant à un voisin le droit d'en remplacer, de sa seule initiative, certaines briques, par des briques scellées de verre translucide, véritables pierres à laisser passer la lumière qui conservent au mur et sa fonction séparative et sa fonction constructive : Civ. 1re, 26 nov. 1964, J.C.P. 64.14185, n. Bulte, R.T. 1965, 680, obs. Bredin.

(21) Les tribunaux jouissent d'un large pouvoir d'appréciation, en cas d'inobservation de l'article 662, dans le choix de la sanction adéquate (démolition ou aménagement). V. Metz, 21 avril 1978, J.J.A. 18 déc. 1978, n° 135, 5 ; Civ. 3e, 3 oct. 1974, D. 75.151.

(22) Ce partage d'influence concourt à expliquer qu'un propriétaire ne peut exiger que le mur soit crépi à sa convenance du côté de son voisin. Civ. 3e 30 juin 1981, G. P. 1982.I.Pan.47.

Chacun peut prendre l'initiative de réparations qui se font à frais communs (une partie de la dépense incombe à l'autre copropriétaire, qui peut, cependant, en éluder la charge, à certaines conditions, en abandonnant la mitoyenneté) (art. 655, 656, 667) (23).

Chacun peut exhausser le mur ; mais, cette fois, les frais de surélévations sont à sa charge exclusive (24) sous réserve du droit pour l'autre copropriétaire d'acquérir la mitoyenneté (art. 660).

B. DÉTERMINATION DES MURS MITOYENS

4 Quels murs sont mitoyens ? Une clôture peut être privative ou indivise. Elle est, au départ, privative si l'un des voisins la fait construire, à ses frais, sur son terrain, soit à la ligne séparative, soit en retrait (25). Elle est, au départ, mitoyenne si les deux voisins l'édifient à frais communs et à cheval sur la ligne séparative. Mais beaucoup d'autres situations sont possibles, soit par suite de l'acquisition ultérieure de la mitoyenneté, soit par l'effet d'un abandon de la mitoyenneté. Comment le savoir ?

La loi détermine la mitoyenneté par des règles de preuve et des règles de fond.

a) Modes de preuve

5 Dans une disposition liminaire, la loi pose une **présomption de mitoyenneté** (art. 653). Mais cette présomption n'a lieu de s'appliquer que dans les cas où la construction du mur offrait, au moment où elle a été entreprise, un intérêt commun pour les deux voisins. L'art. 653 suppose qu'il en est ainsi entre bâtiments (jusqu'à l'héberge) ou entre cours et jardins, ou même entre enclos dans les champs. Encore faudrait-il, même en ces hypothèses, écarter la présomption si les circonstances faisaient apparaître qu'à l'époque de la construction, celle-ci n'avait d'intérêt que pour l'un des voisins (26).

6 Fragile, la présomption légale (27) est surtout subsidiaire. Elle ne s'applique, résiduellement, qu'à défaut de toute autre preuve préférable (28). Il suffit, notamment, pour qu'elle soit écartée, que le mur présente des **marques de non-mitoyenneté.**

Dans l'échelle des preuves, la loi a en effet établi des présomptions spéciales de non-mitoyenneté qui sont liées à la configuration même du mur. Un œil averti peu d'emblée

---

(23) On explique que la charge des réparations, étant liée à la propriété d'une chose, constitue une obligation *propter rem* dont un voisin, tenu en tant que propriétaire, mais non personnellement, peut s'affranchir en abandonnant la propriété (s'il remplit par ailleurs les conditions requises). V. Civ. 3e 17 juin 1981, G. P. 1982.I.Pan.46.

(24) Art. 658. Il en résulte, pour l'auteur de l'exhaussement, diverses obligations consécutives : charge de l'entretien de la partie surélevée, remboursement des dépenses que le voisin a dû exposer en raison de l'exhaussement (not. pour la surélévation de cheminées : Civ. 1re, 28 juin 1967, D. 67.672), Civ. 3e 9 oct. 1985, J.J.A. 18 mars 1986, n° 32, 4).

(25) La précision a son importance ; v. ci-dessous n° 1529 note (32).

(26) V. note Civ. 24 oct. 1951. D. 51.772.

(27) V. *supra*, n° 200 s.

(28) Marques, titre, prescription ; v. C. civ. art. 653, 666 al. 1. La vocation résiduelle n'est cependant pas négligeable. Ainsi s'applique-t-elle à un mur démoli (dans une ville entre cour et jardin) à l'initiative d'un seul voisin, lorsqu'elle ne se heurte qu'aux affirmations contraires de celui-ci, allégation sans preuve. Civ. 3e 11 juin 1986, D. 1987. som. com. Robert, 12.

discerner, en principe, si un mur est mitoyen ou non. Ainsi, lorsqu'un mur a, d'un côté, un profil droit, et, de l'autre, un plan incliné, l'inclinaison désigne, avec la ligne d'écoulement des eaux (égout), le propriétaire privatif du mur. Ce mur est présumé n'être pas mitoyen. Plus généralement, les murs symétriques sont présumés mitoyens, tandis que les murs asymétriques sont présumés appartenir au propriétaire du côté duquel se trouve la pente ou un signe indicatif équivalent (29).

1527 Cependant ces marques de non-mitoyenneté ne sont elles-mêmes que des présomptions simples (non irréfragables). La mitoyenneté d'un mur asymétrique peut avoir été acquise (30) par prescription ou par titre. Contre ces présomptions spéciales de non-mitoyenneté, il est toujours possible de faire valoir une **prescription ou un titre contraire,** qui sont, à la fois, modes de preuves (31) et modes d'acquisition.

b) Modes d'acquisition de la mitoyenneté

Il en existe deux séries.

1528 **1° Modes ordinaires.** La mitoyenneté peut s'acquérir par **usucapion** (possession de 30 ans). Elle peut aussi s'acquérir par **titre :** ainsi lorsque deux voisins décident de construire un mur à frais communs, ou lorsque l'un des voisins cède volontairement à l'autre la mitoyenneté (à titre gratuit ou onéreux).

2° Modes spécifiques. D'autres modes, spécifiques, sont plus exorbitants. Ils réalisent une cession ou une acquisition forcée de mitoyenneté (éléments importants en pratique de droit communautaire dans le voisinage).

1529 **La loi** prévoit **la cession forcée** de la mitoyenneté. Le propriétaire qui entend acquérir la mitoyenneté de tout ou partie d'un mur de clôture peut contraindre son voisin à la lui céder. S'il veut rendre mitoyenne la clôture qui appartient à son voisin (32), il peut forcer celui-ci à lui « vendre » la mitoyenneté, à charge de lui verser une somme correspondant à la moitié

(29) Corbeaux, filets, C. civ. art. 654 ; énumération énonciative. V. pour un fossé, le rejet des terres du côté de la propriété forestière, Paris 9 juin 1976, G. P. 1977.1.252. Est privatif, non mitoyen, le mur qui a la forme typique d'un mur de soutènement (Civ. 3e, 15 juin 1994, G.P. 95.I.Pan.27).

(30) Ou, *vice versa,* la mitoyenneté d'un mur symétrique peut avoir été perdue. Ex. Civ. 8 nov. 1905. D. 1906.1.52 (acquisition par prescription trentenaire de la propriété privative d'un mur mitoyen).

(31) Prescription et titre prouvent évidemment, selon les cas, soit la mitoyenneté, soit la non-mitoyenneté. Le titre l'emporte sur la prescription, au moins s'il est commun aux propriétaires en conflit. Les autres titres valent comme présomptions.

(32) Encore faut-il que le mur soit construit à la limite des propriétés, le long de la ligne séparative. La cession ne peut être exigée si le mur est construit en retrait, à l'intérieur de la propriété voisine, le propriétaire privatif ne pouvant être privé de l'espace libre ménagé sur son terrain, au-delà du mur (et des avantages qui s'y attachent). Si le mur est construit, par un voisin, à cheval sur la ligne séparative, sans l'assentiment de l'autre, cet empiètement marginal débouche sur une mitoyenneté potentielle. Le mur ayant dès l'origine vocation à la mitoyenneté, le propriétaire voisin peut acquérir celle-ci en remboursant au constructeur la moitié du coût de la construction actualisé au jour de l'acquisition (mais non la valeur de la moitié du sol). V. Civ. 3e, 11 mai 1982, G. P. 1982.II.Pan.357, obs. A. P. Solution nouvelle équitable (comp. auparavant Paris, 5 déc. 1968, G. P. 1969.142, où est développée la théorie du mur mitoyen « né ». Comp. Bredin, R.T. 1969.359 ; Barnicaud, J.C.P. 70.16412). V. rej. Civ. 3e, 7 janv. 1971. J.C.P. 71.16696, n. Goubeaux). Mais, si le voisin n'utilise pas le mur et ne veut pas acquérir la mitoyenneté, l'empiétement (illicite et refusé) obéit alors aux règles ordinaires qui gouvernent les empiétements marginaux (v. plus haut, n° 1412 s.).

du coût du mur et la moitié de la valeur de la surface du sol sur lequel porte le mur (art. 661). Le coût du mur est estimé à la date de l'acquisition de la mitoyenneté, compte tenu de l'état dans lequel il se trouve alors (c'est-à-dire avec un abattement de vétusté). Dans cette vente forcée (33), le cédant bénéficie des garanties dont jouit ordinairement le vendeur d'immeuble (privilège, action résolutoire, C. civ. art. 1654), sans assumer celles qui incombent à celui-ci (garanties des vices de la construction) (34). Mi-vente, mi-expropriation (35), l'opération débouche sur une copropriété (communauté de charges et d'intérêts) (36).

0 **Une jurisprudence** prétorienne a consacré (au moins dans certains cas) la réciproque. Elle admet qu'un voisin peut contraindre l'autre à acquérir, moyennant indemnité, la mitoyenneté du mur qu'il a fait construire, dans l'hypothèse où ce voisin utilise ce mur non simplement comme clôture, mais comme **support** (37). Il s'agit cette fois d'une **acquisition forcée** (38).

Il est vrai qu'un propriétaire peut faire **abandon** de la mitoyenneté ; mais cette faculté lui est fermée dans le cas où il utilise le mur comme support pour y appuyer des ouvrages (39).

---

(33) La vente ne procédant pas d'une convention, mais de la volonté unilatérale (donc exprimée) de bénéficier aux conditions de la loi d'une faculté légale, la cession de la copropriété s'opère par l'effet de la demande d'acquisition et à sa date, V. Civ. 1re, 3 juill. 1958, D. 1958.618 ; *adde* Civ. 19 janv. 1954. D. 54.240 ; elle est subordonnée à la seule condition de payer le prix de la mitoyenneté : Civ. 3e, 25 avril 1972. D. 72.660.

(34) En ce sens not. Civ. 3e, 2 oct. 1980, J.J.A. 26 sept. 1981, n° 107, p. 2.

(35) Expropriation d'utilité privée teintée d'intérêt général, par économie d'un double emploi. Comp. Terré et Simler, *Les biens,* n° 690.

(36) Comp. Carbonnier, III, 50.

(37) Civ. 1re, 9 déc. 1958, J.C.P. 1959.II.10990 ; v. précédemment Req. 9 mai 1939. D.H. 39.388 ; Req. 12 juin 1942.2.105 ; *adde :* Toulouse, 15 déc. 1965, G. P. 1966.1.273 ; comp. Civ. 1re, 21 déc. 1964. J.C.P. 65.14137. Mais la seule juxtaposition d'un mur à un autre, sans autre atteinte à la propriété du voisin, ne constitue pas une emprise justifiant l'acquisition forcée de la mitoyenneté, même si l'utilisation de l'interstice entre les murs procure à l'immeuble une isolation thermique et phonique : Civ. 3e, 18 févr. 1987, G. P. 1987, I, 110.

(38) Si le mur a été construit sans l'accord du propriétaire voisin, et si ce dernier ne l'utilise pas comme support, celui qui a pris l'initiative de le construire n'est pas en droit d'exiger de son voisin le remboursement de la moitié du coût de la construction, alors même que l'assise du mur empièterait sur le fonds voisin. Civ. 3e, 9 juill. 1984, Bull. III, n° 136, p. 106. Jurisprudence constante (v. Civ. 3e 25 oct. 1983, Bull. III, n° 193, p. 151). Tout compte fait, le voisin jouit en ce cas d'une option à trois branches : acquisition volontaire de la mitoyenneté (v. note 1) ; démolition du mur sur décision du juge *(ibidem)* ; tolérance et abstention (maintien du mur sans utilisation de celui-ci).

(39) C. civ. art. 656, 667 ; plus généralement, la faculté d'abandon ne peut être exercée par un copropriétaire qui retire du mur un **avantage particulier** ou dont la négligence est à l'origine de la dégradation du mur, Civ. 3e, 23 nov. 1976, D. 1977.IR. 115 ; Civ. 3e 20 déc. 1989, D. 1990. IR. 17 ; v. pour une application typique Civ. 3e, 25 sept. 2002, J.C.P. 2002. IV. 2739 ; D. 2002. IR. 2988. L'un des propriétaires ne peut renoncer à son droit sur un mur mitoyen de soutènement (seul capable de retenir la terre) pour se soustraire à d'éventuelles réparations rendues nécessaires, non seulement par la vétusté de l'ouvrage, mais par la modification de l'état initial du sol résultant de son propre fait.

BIBLIOGRAPHIE

PICARD, PLANIOL et RIPERT, n° 298 s. ; ESMEIN, AUBRY et RAU, T. II, 7e éd., § 222 ; CARBONNIER, T. III, n° 138 s. ; BOUBLI, *La mitoyenneté,* 1986 ; MEJASSOL, *La mitoyenneté des murs,* th. Paris, 1939 ; CAPITANT, D.H. 1929. Chr. 81 ; CHOTEAU, *Nature juridique de la mitoyenneté et incidences sur les modes d'acquisition,* J.C.P. 1953.1.1125 ; BERAUD et DEBEAURAIN, *Mitoyenneté, Clôture, bornage, servitudes,* 1982 ; LE COURT, *Servitudes, mitoyenneté, rapports de voisinage,* 4e éd. 1990.

§ 2. LA COPROPRIÉTÉ DES IMMEUBLES BÂTIS

A. GÉNÉRALITÉS

1531 Dans un système d'habitat individuel qui comptait surtout des maisons particulières, l'unique disposition que le Code Napoléon consacrait à la copropriété des immeubles — l'article 664 aujourd'hui abrogé — était naturelle. Dès le XIXe siècle, la construction de nombreux immeubles divisés par étage ou par appartement avait révélé l'insuffisance de la réglementation. Cette lacune n'ayant cessé de s'aggraver, la loi du 28 juin 1938 marque une date capitale, en donnant un statut à la copropriété des immeubles bâtis. Cette charte de la copropriété avait cependant vieilli. La remplaçant en partie, **la loi du 10 juillet 1965 a fixé le nouveau statut de la copropriété des immeubles bâtis.**

Portant sur un type de construction de plus en plus répandu, érigé en corps cohérent de règles, amplifié par un contentieux à l'échelle, retouché vingt ans après par une loi technique et détaillée du **31 décembre 1985**, le statut de 1965 a gonflé d'importance. La loi du 13 déc. 2000 relative à la solidarité et au renouvellement urbain (dite SRU) l'amplifie encore. Sous ce titre elle apporte de nombreuses modifications à la loi du 10 juill. 1965, sans cependant la refondre. D'où la nécessité de garder, pour repères, sa **place** et son **esprit**. Pour importantes qu'elles soient, les lois postérieures ne modifient pas ces perspectives.

Il n'est d'ailleurs ni possible, ni souhaitable, pour une vue d'ensemble, d'entrer dans les détails d'une réglementation abondante et fréquemment retouchée qui occuperait le volume d'un traité de la copropriété. D'autant plus qu'il faut également tenir compte du nouveau titre que la même loi SRU crée dans le Code de la construction et de l'habitation, titre VII intitulé : *protection de l'acquéreur immobilier* (applicable à l'acquéreur d'un lot).

a) Place du statut

1532 **1° Dans le droit de la copropriété,** le statut érigé en 1965 est un **régime spécial.** Sa spécialité est vaste. Il régit **« tout immeuble bâti ou groupe d'immeubles bâtis** dont la propriété est répartie entre plusieurs personnes (40), par lots comprenant chacun une partie privative et une quote-part des parties communes » (art. 1er, al. 1). Peu importe la taille, le standing, la destination, la situation des immeubles ; peu importe le nombre et l'agencement

(40) Deux suffisent selon la jurisprudence (Versailles, 2 juin 1980, J.J.A., 26 nov. 1981, n° 133, 19).

(vertical ou horizontal) des unités d'habitation. Dans les limites de l'art. 1, al. 1, l'application du statut est **impérative.**

Ces limites attestent, cependant, la vocation particulière du statut relativement au droit commun de l'indivision (que sa réforme a mis en valeur, C. civ. art. 815 s., art. 1873-1,art. 31 déc. 1976) et aux autres espèces de copropriétés immobilières. À la différence de l'indivision ordinaire, qui peut porter même sur des meubles ou une universalité, le statut de 1965 ne peut avoir pour objet que des immeubles déterminés. En matière immobilière même, il ne saisit que les **immeubles bâtis** — un ou des bâtiments — et encore à la condition que parties privatives et communes supportent un système de lots. Pour les grands ensembles immobiliers qui — selon un autre système — regroupent à côté d'éléments communs (terrains, services) des parcelles privatives (bâties ou non), le statut n'est offert, à défaut de convention contraire, que comme une combinaison facultative parmi d'autres (art. 1, al. 2). La division de l'immeuble bâti en volumes est encore une autre formule (à défaut de parties communes, chaque lot comprend une partie privative à l'exclusion d'une quote-part des parties communes). Les rapports avec la loi du 10 juillet 1965 sont ondoyants et propices (?) (V. D. Si Zaire, *Division en volumes et copropriété des immeubles bâtis*, J.C.P. 1988.I.3367).

4 **2° Relativement au droit de la construction,** le statut de la copropriété est un **régime terminal.** Supposant la **construction achevée**, il ne régit que des **immeubles bâtis.**

Ce n'est pas dire que, dès le début de la construction, l'établissement de la copropriété ne puisse être considéré comme l'aboutissement de l'opération. L'attribution à chaque associé d'un appartement après édification d'un immeuble par une société de construction (d'attribution art. 16 juill. 1971, T. II) est l'une des origines de la copropriété (41). Mais celle-ci, entre autres sources, peut aussi résulter, à l'initiative du propriétaire d'un immeuble déjà construit, de la mise en vente de celui-ci par appartements, ou encore du partage après décès d'un immeuble de la succession, la division par étage ou par appartement ayant été reconnue comme une façon de sortir de l'indivision au sens des art. 815 s. (partage en nature débouchant sur une copropriété organisée) (42). En tous ces cas, la copropriété s'établit sur un immeuble construit et le statut qui naît, indépendant de sa source, est toujours le même, quel que soit l'acte juridique (vente, partage, etc.) qui préside à son établissement.

b) Esprit de la réglementation

1° Options primordiales. Très étudié, le statut de la copropriété né en 1965 fait la part de deux tendances contraires.

5 Par sa finalité (sociale), c'est un **mode d'accession à la propriété individuelle d'un logement.** La fin première du développement de la copropriété est la diffusion de la **propriété privative des appartements** (une promotion de locataire à propriétaire). En quoi, sans paradoxe, la copropriété est d'abord un hommage à la propriété.

6 Par ses préoccupations (économiques), le statut s'affirme comme **un essai d'organisation de la copropriété sur des assises collectives.** Il établit un système de gestion globale

(41) V. Alain Blaisse, *Essai sur la nature des droits des associés des sociétés d'attribution* (contribution à l'étude de la théorie des droits réels et des droits personnels), th. Paris, 1979, dact.
(42) Civ. 1re, 19 janv. 1960, D. 1960.J.477, note R. Savatier.

qui canalise ou supplante les actions individuelles et harmonise les intérêts divers, ou les fait plier devant un intérêt commun.

La conciliation de ces deux tendances maîtresses s'opère à partir des exigences concrètes de la situation.

1537 **2° Clés de la situation.** La situation qu'organise le statut se caractérise par une **pluralité de propriétaires** (copropriétaires) et par la **distinction de parties privatives et de parties communes.** Analytique, cette présentation appelle un accent sur ce qui rapproche les hommes et ordonne les choses, liants d'ensemble qui, humainement et matériellement, fixent la copropriété des immeubles bâtis dans certaines finalités élémentaires.

1538 La collectivité des copropriétaires forme une **communauté de voisinage.** L'ensemble immobilier incorporant une unité de voisinage, rassemble les **copropriétaires en voisins**. Cette exigence de situation pèse sur le statut de la copropriété. Comme toute autre pièce du droit du voisinage, le droit de la copropriété repose sur d'élémentaires nécessités de respect mutuel et d'entraide, de tolérance et de contrainte. Dans la vie et le devenir de cette communauté, la loi de 1985 paraît avoir accentué la pression collective mais avec le souci, en contrepartie, de permettre à chaque copropriétaire de prendre plus utilement part à la gestion collective et de défendre individuellement ses droits. Exemple entre beaucoup d'autres, la théorie des troubles anormaux du voisinage (V. *supra*, n° 1094 s.) s'applique entre copropriétaires, chacun étant recevable et fondé à faire retenir la responsabilité de celui qui cause le trouble, aux conditions ordinaires de la jurisprudence (V. Civ. 3e, 11 févr. 1999, Bull. civ. III, n° 33, p. 24). V. aussi *infra*, n°s 1545, 1553, 1554.

1539 La copropriété se fonde sur un parti architectural qui imprime à l'immeuble sa **destination** (habitation bourgeoise, usage professionnel, etc.). Marqué à l'origine du sceau de sa destination, l'immeuble en copropriété est un lieu finalisé. Ordonnant les éléments bâtis à une fin, donc un certain mode de vie (43) et créant un sentiment d'appartenance, le lien de destination gouverne le destin de l'immeuble et fait naître, entre copropriétaires, l'idée d'une société résidentielle, d'un « milieu » architectural, « contrat social » originaire (44).

1540 Produit de ces données multiples, le statut de 1965 présente deux versants : côté foncier, côté gérance. Il apparaît, en tant que **régime foncier,** comme un **ensemble complexe,** et, en tant que **système de gestion,** comme une **unité organisée.** La loi de 1985 n'a pas touché au régime foncier, à une nuance près. Elle a révisé le système de gestion.

---

(43) Sans atteinte, cependant, à la liberté de chacun chez soi.

(44) Le choix de la destination a bien, dans le règlement de copropriété, une base contractuelle et statutaire. Et c'est de cette **directive (la fidélité à la destination originelle)** que procèdent, ensuite, soit l'interdit (intégriste, aussi bien comme restriction à l'initiative individuelle, art. 8, 9, que comme frein à l'assemblée générale, art. 26, al. 5), soit le changement (en faveur des améliorations conformes, art. 26^{b}, 20, dynamique du progrès). En cas de refus de l'assemblée générale, un copropriétaire peut obtenir du juge l'autorisation de réaliser des travaux d'amélioration affectant des parties communes à ses frais, à la seule condition que l'amélioration, même répondant à son seul intérêt, soit conforme à la destination de l'immeuble (art. 30, 1. 10 juill. 1965, Civ. 3e 13 févr. 1991, J.J.A., n° 97, 13 août 1991, 5). Sur la destination, V. Lombois, D. 1966, lég., 437, n° 167 s.

B. LA COPROPRIÉTÉ, RÉGIME FONCIER : UN ENSEMBLE COMPLEXE

La complexité de la copropriété, du point de vue foncier, tient à la fois à **l'assiette matérielle** sur laquelle elle repose et à **la structure juridique** qui, là-dessus, s'établit. Là est l'originalité de cette espèce de copropriété, entre toutes les autres.

Matériellement, tout le système est fondé sur la *distinction de parties privatives et de parties communes.*

Juridiquement, ces diverses parties et le tout qu'elles forment supportent *un enchevêtrement de droits individuels et de prérogatives collectives.*

a) L'assiette matérielle : la distinction des parties privatives et des parties communes

Par hypothèse, la copropriété porte sur un ou plusieurs immeubles bâtis, ensemble qui englobe sol (terrains, surface) et superstructures (édifices et superfices, constructions, plantations, ouvrages). Mais la loi rebrasse tous ces éléments pour les regrouper selon une distinction majeure qui répond, sous diverses précisions, à un critère principal.

1° *Le critère général* de la distinction entre parties communes et parties privatives est tiré de leur **affectation.** C'est la finalité des parties qui commande leur classification.

Les **parties privatives** — des bâtiments ou des terrains — sont celles qui sont **réservées à l'usage exclusif d'un copropriétaire déterminé** (art. 2 : l'appartement et ses dépendances) (45) ; les **parties communes** celles qui sont **affectées à l'usage ou à l'utilité de tous les copropriétaires,** ou au moins de plusieurs d'entre eux (art. 3).

2° La loi propose diverses *applications particulières* du principe énoncé. Elle répute communes certaines parties qu'elle détaille concrètement (art. 3) : le sol, les cours, les parcs, les voies d'accès, le gros-œuvre des bâtiments, les éléments d'équipement commun (y compris les parties de canalisations y afférentes qui traversent les locaux privatifs, les passages et corridors, etc.)

3° Cette disposition est *supplétive.* La loi réserve le titre contraire (art. 3). En pratique, c'est le règlement de copropriété qui, dans un état descriptif de la division, précise les parties privatives et les parties communes (art. 8).

4° Une touche complémentaire nuance et complique ce schéma. Rattachées soit aux parties privatives, soit aux parties communes, **les parties mitoyennes** forment une troisième catégorie, en deux sous-groupes : elles sont l'accessoire des parties privatives lorsque la mitoyenneté porte sur des éléments (cloisons ou murs non compris dans le gros-œuvre) qui séparent deux parties privatives (art. 7) ; l'accessoire des parties communes lorsque la mitoyenneté porte sur des éléments qui séparent l'ensemble et les voisins (art. 3).

b) La structure juridique : la distinction de l'aspect individuel et de l'aspect collectif de la copropriété

Toute copropriété associe des éléments individuels et des éléments collectifs. La combinaison du statut est originale. En prenant pour base les lots, il reconnaît des **droits**

(45) La qualification (comme lot ou partie commune) d'un logement de gardien, d'une loge de concierge est un litige classique. V. Giverdon, chron. R.T. 1982.685 s.

individuels à chacun des copropriétaires — c'est l'aspect individuel — mais il réserve certaines prérogatives à la collectivité des copropriétaires — c'est l'aspect collectif. Cependant, cette distinction ne coïncide pas avec la précédente (la distinction juridique des droits individuels et des **prérogatives collectives** n'épouse pas les contours de la division matérielle des parties privatives et des parties communes) (46).

1544 **1° L'aspect individuel : le lot. Chaque copropriétaire a, dans son patrimoine, un lot.** La copropriété est, en ce sens, un faisceau de droits individuels dont chacun a pour objet un lot. Ce lot est un **droit composite.** Pour chaque propriétaire, il comprend **« une partie privative et une quote-part de parties communes »** (art. 1, al. 1) (47).

Cependant ce droit constitue, indivisiblement, un **tout.** C'est le lot, droit unique, entité globale, que son titulaire peut céder (sans pouvoir céder séparément les éléments qui le composent). C'est le lot, droit immobilier par son objet, qui est grevé d'hypothèque (art. 19) parce qu'il est d'abord grevé d'un certain passif. L'analyse des éléments actifs qui composent le lot appelle, en regard, le détail des charges qui sont afférentes à chaque lot.

1545 α) **Premier élément actif : la propriété exclusive d'une partie privative.** Dans le statut de 1965, chaque copropriétaire est d'abord (48) **propriétaire privatif d'une partie** (pour l'essentiel un logement). Capital, l'article 9 montre, par un parallèle évident avec l'article 544, que, sur cette partie privative, chaque copropriétaire jouit, sous diverses précisions, de la trilogie traditionnelle des **prérogatives du propriétaire :** il en a la libre disposition (liberté matérielle d'aménagement intérieur ; liberté juridique d'aliénation à titre gratuit ou onéreux, et donc de division du lot, sauf à devoir informer le syndic de la mutation, art. 20) (49). Il en use et jouit librement, par exemple en le louant (50), sous la condition de ne porter atteinte ni aux droits des autres copropriétaires (restriction qui traduit, banalement,

---

(46) V. Larroumet, *L'intérêt collectif et les droits individuels dans la copropriété des immeubles bâtis,* J.C.P. 1976. 2812.

(47) Cette dualité éclaire l'observation précédente ; n° 1543. Elle est de la structure du lot : Pas de partie privative sans quote-part et, réciproquement, pas de quote-part sans partie privative (on dirait même *a fortiori,* la partie privative étant l'élément de base). V. en ce sens T.G.I. Lyon, 4 nov. 1986, pour le cas d'une disparition de la partie privative (garage souterrain envahi par les eaux et muré), R.T. 1987, 123, obs. Giverdon et P. Salvage-Gerest. D'un autre côté, la coexistence, au sein de la copropriété, de parties privatives appartenant à des propriétaires différents, aurait pu expliquer rationnellement que des **servitudes puissent être établies entre ces parties privatives** promues fonds servant et fonds dominant. V. *supra,* n° 1427, note 89. **Solution exclue en jurisprudence.**

(48) Dans l'esprit de l'accédant à la propriété, c'est le but essentiel à atteindre, la cause impulsive et déterminante, même si la désillusion vient ensuite avec les charges et l'impression, face au syndic, de n'être guère plus qu'un locataire. V. Contribution sociologique en vue d'une nouvelle législation sur la copropriété (grands ensembles immobiliers) enquête du CREDOC, 1975. Cette perspective, dans la ligne évidente du premier article de la loi de 1965, fait voir qu'il n'y a de copropriété que si chaque copropriétaire prend part à la propriété d'une partie de l'immeuble. Est-ce le cas lorsque l'un des intéressés n'a dans son lot qu'un **droit d'affichage** sur une partie de l'immeuble ? Évidemment non si ce droit ne lui est pas conféré à titre de droit réel. Mais si le règlement de copropriété prétend conférer un droit réel d'affichage ? La question, très discutée, se dédouble : Le règlement de copropriété le peut-il et, dans l'affirmative, cela suffit-il au regard de la loi de 1965 ? Un droit d'affichage, supposé réel, est-il la propriété exclusive d'une partie privative ? Un arrêt de la Troisième chambre civile paraît l'impliquer : Civ. 3e 19 nov. 1985, mais le débat est très serré en doctrine (V. Giverdon, R.T. 1986, 383, Zenati. D. 1985.504 et Barbieri, J.C.P. 86.II.20547 (ces deux dernières notes sous Civ. 3e 18 janv. 1984). Comp. *supra,* n° 1262, à propos de l'usufruit et ci-dessus pour les lots d'anticipation.

(49) Sous son aspect juridique, la disposition de la partie privative s'identifie nécessairement avec celle du lot. Mais l'appartement est bien la considération essentielle et le droit de disposition est repris, dans son application concrète à la partie privative, parce qu'il englobe l'aspect matériel de *l'abusus.* Sur la sanction du devoir de notification, v. Civ. 3e, 3 oct. 1972, G. P. 1973.I, 215 (inopposabilité à

une obligation de voisinage, v. ci-dessus n° 1538), ni à la **destination de l'immeuble** (restriction spécifique qui, au sein de la copropriété, pèse sur l'exercice de tous les droits) (51). Cependant l'exclusivité dont jouit chaque copropriétaire sur son « territoire » ne lui permet pas de faire obstacle à l'exécution, même à l'intérieur de ses parties privatives, non seulement des travaux d'amélioration, addition ou transformation, mais, depuis la loi de 1985, de divers autres travaux (d'économie d'énergie, de mise en conformité avec les normes de salubrité ou de sécurité, etc.) dès lors que ces travaux ont été régulièrement décidés par l'assemblée générale (mais aux conditions variables de majorité exigées pour chaque type de travaux). Ce devoir de non-opposition suppose, il est vrai, que les circonstances exigent une telle exécution et que celle-ci n'altère de manière durable ni l'affectation, ni la consistance, ni la jouissance des parties privatives. Le préjudice que subit un copropriétaire pour dégradation, trouble de jouissance ou diminution de la valeur du lot, lui ouvre globalement un droit à indemnité (art. 9, al. 2 s.). Malgré ces précautions, cette servitude légale d'exécution entame l'exclusivité du droit du copropriétaire sur ses parties privatives. Il s'agit d'une restriction exceptionnelle.

D'un autre côté, le propriétaire exclusif de la partie privative a seul qualité pour exercer les actions concernant la propriété ou la jouissance de son lot, à charge d'en informer le syndic (art. 15, *in fine*).

Afin d'améliorer la protection des acquéreurs de lots de copropriété une loi du 18 déc. 1996 (art. 46, art. 10 juill. 1965) exige à peine de nullité que la vente d'un lot mentionne la superficie de la partie privative de ce lot (v. d. 23 mai 1997 sur la définition de la surface privative, J.C.P. 97.III.68 461).

La question des lots dit « transitoires ». C'est le nom que la pratique donne à des lots non encore construits dans lesquels la partie privative (corporelle) est préfigurée par un droit privatif (incorporel) de construire lequel est associé, comme en tout lot, à une quote-part de parties communes. L'idée prévaut en jurisprudence qu'en dépit de la substitution d'une assise en pointillé et en espérance, à une base tangible au sein de l'enveloppe globale du lot, un tel lot est un lot comme les autres dont le titulaire est un copropriétaire soumis au statut de la copropriété (et donc aux charges, pour lui pertinentes, qui en découlent). V. en dernier : Civ. 3e, 14 nov. 1991, D. 1992. 277 n. Tomasin. Le principe d'assimilation a sans doute des aspects pragmatiques et politiques. Théoriquement il pourrait se réclamer de la théorie de l'anticipation qui a des précédents au sein du droit des biens. **Le lot par anticipation** ne serait qu'une figure de plus au rang des fictions assimilatrices dont la matière est friande (explication non transposable aux lots d'affichage).

---

l'égard du syndicat). Sur l'opposition que le syndic peut faire sur le prix de vente pour obtenir paiement du reliquat des dettes du cédant, v. Civ. 3e, 14 avril 1982, J.J.A. 1983, n° 41, p. 11.

(50) Sur la protection de ce droit de jouissance, v. R.T. 1987.371, chron. Giverdon et P. Salvage-Gerest.

(51) L'aménagement d'un grenier en appartement ou d'une cave en salle de jeu est souvent considéré comme une modification unilatérale contraire au respect de la destination de l'immeuble. *Adde,* Versailles, 8 nov. 2001, *Bull. inf. C. de cass.* 2002, n° 557, n° 589 : résiliation d'un bail consenti par un copropriétaire pour une activité non conforme à la destination de l'immeuble. V. Giverdon, R.T. 1982.624. *A fortiori,* le copropriétaire ne doit-il pas s'approprier des parties communes (par ex. incorporer les combles à son appartement, s'ils n'étaient pas à son usage exclusif : Civ. 3e, 18 mai 1989, G. P. 1989.II.Rés., 133). L'action en restitution d'une partie commune échappe d'ailleurs à la prescription décennale spéciale qu'établit l'a. 42 de la loi du 10 juillet 1965 (elle se prescrit par trente ans) à la différence de l'action en suppression d'ouvrage (sans appropriation) qui se prescrit par dix ans. Jugé que dans une copropriété où les locaux peuvent être affectés à l'habitation et à des bureaux professionnels ou commerciaux l'utilisation d'un lot pour la pratique d'un culte ne porte pas atteinte à la destination de l'immeuble (étant d'ailleurs démontré que l'activité cultuelle n'est pas source de plus de nuisances) Civ. 3e 20 juill. 1994, D. 1995.408 n. E.S. de La Marnière.

β) **Second élément actif : une quote-part de parties communes.** C'est l'aspect fractionnel de la copropriété (v. *supra,* n° 1227). En pratique, la propriété de l'ensemble est divisé en millièmes et les droits de chaque propriétaire s'expriment en un certain nombre de millièmes, définissant la **quote-part abstraite afférente à son lot.**

1546 **Concrètement, la détermination de la quote-part** de chacun est une opération originaire de calcul dont la loi fixe les bases, à titre supplétif : la quote-part afférente à un lot est proportionnelle à la valeur de la partie privative que ce lot comprend, par rapport à l'ensemble des autres, compte tenu (lors de l'établissement de la copropriété) de la consistance de la superficie et de la situation du lot, mais sans avoir égard à l'utilisation que son titulaire veut en faire (art. 5). En fait, c'est le règlement de copropriété qui, invité à suivre cette norme légale (sans obligation et non sans risque d'écart), opère la répartition des millièmes.

1547 **Juridiquement, la portée de la quote-part** est double (double aspect positivement incontestable, même s'il n'est pas facile d'en rendre compte en théorie). Présentée comme **un droit sur les parties communes,** la quote-part afférente à un lot fonde, pour son titulaire, sa participation à l'usage et à la jouissance des parties communes. Chaque copropriétaire, sous les seules mêmes restrictions que pour les parties privatives, use et jouit librement des parties communes (art. 9) (52).

Sous d'autres rapports, la quote-part apparaît plutôt, dans l'ensemble de la copropriété, comme un droit sur le tout (et non plus sur une partie, même commune). La quote-part est **l'expression mathématique de la part de chacun dans le tout,** l'expression chiffrée du lot. Dans cette vue, elle gouverne (éléments du fonctionnement général) et la répartition des voix et celle des charges : elle détermine le nombre de voix dont chaque propriétaire dispose dans les assemblées générales (art. 22, al. 2) et le poids des charges qu'il supporte dans la copropriété (art. 10).

1548 γ) **Élément passif : les charges.** La charge afférente à un lot constitue sur la tête du propriétaire de celui-ci une dette envers le syndicat. Mais cette dette est vraiment liée au lot (c'est une obligation *propter rem*). Elle est garantie, entre autres sûretés, par une hypothèque légale sur le lot (art. 19). Surtout, elle est déterminée dans son montant par les caractéristiques de chaque lot. En toute équité, la loi soumet cependant à des critères de répartition différents, les deux catégories de charges qu'elle distingue.

— **Les charges de la copropriété** sont réparties au prorata des millièmes. Chacun y participe proportionnellement à la valeur de sa partie privative. Il s'agit des charges relatives à la conservation, à l'entretien et à l'administration des parties communes (art. 10, al. 2). La contribution proportionnelle calquée sur la quote-part se justifie.

— **Les charges de fonctionnement** sont supportées par chaque lot en fonction de l'utilité que celui-ci en retire. Ce sont les dépenses entraînées par les services collectifs ct

(52) Sur ce fondement, la jurisprudence tend à admettre qu'une atteinte aux parties communes inflige au copropriétaire un préjudice personnel qui lui ouvre le droit d'en demander individuellement la réparation (arg. a. 15, al. 2). V. Civ. 3e 16 mars 1984, J.J.A. 17 juill. n° 84, 2. Non assimilable à un droit de propriété, ce droit de jouissance ne confère pas à son titulaire la possibilité de transformer en local clos privatif une cour classée parmi les parties communes, Civ. 3e 19 déc. 1990, G. P. 1991.I.Pan.88.

des éléments d'équipement commun (frais de chauffage, d'ascenseur, etc.). La contribution fondée sur l'utilité respective est, seule, équitable (53).

Ces critères légaux ne sont pas, cette fois, supplétifs. Mais c'est le règlement de copropriété qui nécessairement les met en œuvre. D'où les risques d'écart et, pour un temps, des possibilités de correction : dans les cinq ans de la publication du règlement de copropriété, chaque propriétaire a la faculté de poursuivre en justice la révision de la répartition des charges si celle-ci accuse un écart de plus du quart soit à son détriment, soit en faveur d'un autre (art. 12) (54). D'un autre côté, lorsque le juge annule une clause relative à la répartition des charges, il procède à leur nouvelle répartition (art. 43).

2° L'aspect collectif du régime foncier : les prérogatives de la collectivité des copropriétaires. Il est irréductible, même si l'on admet, selon l'explication la plus répandue, que chaque titulaire d'un lot est, à la fois, propriétaire d'une partie privative et copropriétaire des parties communes. Une fois posé que le régime foncier de l'immeuble consiste, pour l'essentiel, en un double faisceau de droits exclusifs et de droits indivis, il faut encore distinguer, dans l'ordre des droits indivis, au moins quant *à l'exercice,* entre ceux qui se prêtent à un exercice individuel (usage, jouissance, on vient de le voir, n° 1545) et ceux qui exigent nécessairement **l'intervention de la collectivité des copropriétaires** (érigée en syndicat), soit dans son unanimité, soit dans une majorité renforcée.

α) **L'exercice des droits accessoires aux parties communes.** La copropriété ne porte pas seulement sur des éléments corporels (parties matériellement communes). En vertu de la loi (et sauf stipulation clairement contraire), elle englobe, à titre d'accessoire, certains droits incorporels (art. 3). Comme en matière d'accession, la copropriété des terrains et des bâtiments existants, se prolonge, vers le bas, par un droit sur le sous-sol (droit d'affouiller le sol sous les bâtiments, cours, parcs ou jardins) et vers le haut, par un droit de construction (droit de surélever un bâtiment, ou d'édifier de nouveaux bâtiments sur les terrains communs non bâtis) (55).

Quant à la titularité de ces droits, il n'est pas gênant de maintenir que chaque intéressé en est copropriétaire. Mais l'exercice de ces droits est nécessairement collectif. La surélévation ou la construction de bâtiments aux fins de créer de nouveaux locaux à usage privatif exige le consentement unanime de tous les copropriétaires (art. 35 ; ex. Civ. 3e 6 mars 1991, G. P. 1991.II.Pan.185). La transformation des locaux affectés à l'usage commun ou la création de tels locaux requiert une majorité renforcée (art. 30 et 26). Cette majorité qualifiée a cependant été abaissée par la loi du 31 déc. 1985.

β) **L'accomplissement des actes de disposition relatifs aux parties communes.** La loi réserve au syndicat des copropriétaires deux séries de prérogatives.

— Le syndicat a qualité pour **agir en justice** (comme demandeur ou défendeur) pour la sauvegarde des droits afférents à l'immeuble, sauf la faculté, pour tel copropriétaire (56), de se joindre à l'instance (art. 15, al. 1). Entendue largement, cette mission donne qualité au

---

(53) La distinction des deux catégories de charges donne lieu à de fréquentes contestations. V. Civ. 3e, 12 janv. 1982, Bull. III, n° 9, p. 6. Un décret du 30 sept. 1991 a établi un système complexe de répartition des frais de chauffage en partie fondé sur la consommation individuelle de chaque lot.

(54) La demande d'exonération pour cause de non-raccordement aux installations de chauffage collectif a des chances d'être accueillie s'il n'est démontré que les fournitures d'eau et de chauffage ont une utilité pour le lot. Civ. 3e, 13 juin 1984. Bull. III, n° 116, p. 92, *adde,* dans la même direction, Civ. 3e 8 oct. 1985, R.T. 1986. 158, chron. Giverdon et Salvage-Gerest, 158.

(55) Aux limites, enfin, par un droit de mitoyenneté, V. art. 3.

(56) Comp. *supra,* n° 1545.

syndicat pour demander la réparation de malfaçons affectant l'ensemble de l'immeuble, ou du préjudice causé à l'immeuble par un tiers (dégradations, destructions) ou même de troubles de jouissance causés aux copropriétaires, pour peu qu'ils présentent un caractère collectif. Réciproquement, le syndicat est responsable des dommages causés aux copropriétaires ou aux tiers par le vice de construction ou le défaut d'entretien des parties communes, sans préjudice de toutes actions récursoires (art. 14 *in fine,* art. 10 juill. 1965 calqué sur la responsabilité du fait des bâtiments, C. civ. art. 1386).

— Il appartient au syndicat (agissant « lui-même et de son chef ») d'accomplir **tous actes d'acquisition ou d'aliénation** des parties communes ou de constituer des **droits réels immobiliers** au profit ou à la charge de ces parties, à la seule condition que ces initiatives soient prises à la majorité requise par la loi (art. 16, 25, et 26).

L'attribution de telles prérogatives pourrait accréditer que le droit de propriété de l'ensemble figure dans le patrimoine du syndicat personne morale (57). L'octroi des pouvoirs de disposition à la collectivité des copropriétaires, selon des aménagements divers (unanimité, majorité) demeure cependant compatible avec l'idée que le droit de disposition, quant à ses titulaires, est indivis entre copropriétaires.

Ceci admis, il serait excessif de verser l'exercice de ces prérogatives dans la gestion de la copropriété. Ils appartiennent au régime foncier de l'immeuble : aspect collectif irréductible de ce régime, fût-ce au seul titre de l'exercice des droits. À preuve, l'éventualité qu'ouvre la loi au syndicat d'acquérir lui-même des parties privatives qui — cette fois — demeurent telles dans son patrimoine (art. 16, al. 2). Il est seulement vrai que, pour l'aménagement foncier, la loi a naturellement utilisé l'organisation établie pour la gestion de la copropriété.

C. LA COPROPRIÉTÉ, SYSTÈME DE GESTION : UNE UNITÉ ORGANISÉE

1552 Perpétuelle et complexe, la copropriété des immeubles bâtis n'est pas abandonnée à l'improvisation. Elle est nécessairement organisée. Par la seule autorité de la loi, l'établissement de la copropriété réunit (de plein droit) les copropriétaires en un groupement doté de la personnalité morale. **« La collectivité des copropriétaires est constituée en un syndicat qui a la personnalité civile »** (art. 14, al. 1). Deux mécanismes légaux associés : le groupement obligatoire en syndicat de l'ensemble des copropriétaires et l'octroi au syndicat de la personnalité juridique.

À partir de cette double intervention, la loi dote, plus précisément, la copropriété d'une organisation à **deux degrés.** Elle en pose elle-même les bases, mais elle en attend le complément d'un **règlement conventionnel.** La loi du 31 décembre 1985 a conservé cette dualité, mais elle en a renforcé le premier élément, en conférant à l'**organisation légale** du syndicat, sur maints nouveaux points, un caractère d'ordre public (ainsi pour les pouvoirs et obligations du syndic soustraits aux retouches du règlement de copropriété).

---

(57) Comp. J.-P. Gastaud, *Personnalité morale et droit subjectif. Essai sur l'influence du principe de personnalité morale sur la nature et le contenu des droits des membres des groupes personnifiés,* th. 1977, Bibl. dr. priv., préf. Sortais. La cassation d'un arrêt qui avait refusé de condamner le syndicat des copropriétaires sur le fondement de l'art. 1386 C. civ. au motif qu'il n'est pas propriétaire du bâtiment postule-t-elle que la Cour de cassation lui reconnaisse cette qualité (v. Civ. 2e 17 déc. 1997, J.C.P. 98.IV.1347 ; J.C.P. 98. chron. *Droit des biens* 1171, 17 Perinet-Marquet) ? Si toutes les autres conditions de l'art. 1386 qui correspondent exactement à celles de l'article 14 de la loi du 10 juill. 1965 étaient remplies, l'application de ces données concordantes était la seule qui soit fidèle à la loi. Le débat théorique demeure, semble-t-il, ouvert et il tourne toujours autour du lot.

a) L'organisation légale du syndicat

1° Dans toute copropriété, il existe un **syndicat** (principal). Sa fonction primordiale est d'assurer la conservation de l'immeuble et l'administration des parties communes (art. 14) : fonctions de gestion. Pour remplir sa mission, le syndicat comprend trois organes (art. 17) dont chacun a fait l'objet de retouches, en 1985 :

— **un organe de décision : l'assemblée générale** des copropriétaires. La loi, par des dispositions précises, détermine, par matière (58), les pouvoirs de l'assemblée (règles de vote et de majorité, etc.) et lui confie la nomination des autres organes. En 1985, la tenue des assemblées générales a été modifiée, dans l'intérêt des copropriétaires, afin surtout de rendre utile leur participation et d'en assouplir les modalités : d'où, pour chacun, le droit de consulter les documents nécessaires à l'examen des comptes (art. 18-1) et celui de déléguer son droit de vote, dans des limites définies, à un mandataire, membre ou non du syndicat (art. 22, al. 3). En contrepartie, la loi nouvelle a abaissé la majorité qualifiée requise pour d'importantes décisions (art. 25, 26). Elle se montre ainsi favorable à l'amélioration de la copropriété et à une « gestion de progrès », fût-ce au prix de moins d'égards aux minorités d'opposition.

— **un organe d'exécution : le syndic.** Agent d'exécution des délibérations de l'assemblée générale et des dispositions du règlement de copropriété, il est spécialement chargé de représenter le syndicat dans tous les actes de la vie civile (actes juridiques, procès) (59) et d'administrer l'immeuble dans ses parties communes (garde, entretien) (60). La loi du 31 décembre 1985 a considérablement accru ses obligations. Il lui incombe désormais de soumettre à l'assemblée générale, après l'avoir établi, le budget prévisionnel du syndicat, de tenir, pour chaque syndicat une comptabilité séparée et de faire décider par l'assemblée générale de l'opportunité d'avoir ou non un compte bancaire ou postal séparé au nom du syndicat (art. 18) : toutes exigences tendant à faciliter le contrôle de sa gestion financière (61).

— **un organe de contrôle : le conseil syndical.** Obligatoire, nonobstant toute décision contraire, lorsque la gestion de la copropriété est confiée à un syndicat coopératif (art. 17 *in fine*), le conseil syndical doit aussi être institué dans les autres cas mais sauf décision contraire de l'assemblée générale à une majorité qualifiée (art. 21, al. 9). Il assiste le syndic et contrôle sa gestion (art. 21).

2° En dehors du syndicat principal, la loi envisage la constitution de **syndicats secondaires** cantonnés à un ou plusieurs bâtiments (art. 27). Dans un ensemble qui souffre de gigantisme, cette éventualité permet de substituer à la gestion globale d'une entité démesurée la gestion partielle de certaines parties. À leur échelle, ils constituent des

(58) Suivant la gravité de la délibération, l'assemblée générale se décide soit à la majorité des voix des copropriétaires présents ou représentés (art. 24) — c'est la règle —, soit à des majorités renforcées (art. 25, 26), soit même à l'unanimité (art. 35).

(59) Il entre dans ses pouvoirs de défendre en justice au nom du syndicat, sans autorisation spéciale, not. pour appeler un tiers en garantie (Civ. 3e, 7 janv. 1981, J.J.A. 2 févr. 1982, n° 13, 3.)

(60) Administrateur responsable, le syndic répond de ses fautes de gestion (ex. omission de contracter une assurance garantissant la responsabilité du syndicat. Civ. 3e, 8 juin 1982, J.J.A. 12 mai 1983, n° 56, 16).

(61) Il appartient également au syndic de tenir à la disposition des copropriétaires, avant la réunion de l'assemblée générale, les pièces justificatives et documents nécessaires à l'examen des comptes (art. 18-1). En cas de changement de syndic, la loi règle enfin avec minutie la passation des pouvoirs : obligation pour l'ancien syndic de remettre au nouveau, dans un délai légal, fonds disponibles, documents et archives, etc. (art. 18-2).

personnes morales obéissant aux mêmes règles que le syndicat principal, non sans conserver quelques liens avec celui-ci (art. 27 *in fine*).

b) Le règlement conventionnel de la copropriété

Chaque copropriété doit se doter, de façon autonome, de règles de gestion particulières. Ces règles sont écrites dans un règlement de copropriété (art. 8) dont les dispositions obligent les copropriétaires. Chaque copropriétaire est en droit d'exiger des autres le respect du règlement de copropriété qui a, entre eux, la nature et la force d'un **contrat**. L'intérêt personnel qu'ils ont à faire respecter ce contrat rend leur action individuelle recevable, sans qu'ils aient à démontrer qu'ils subissent un préjudice distinct de celui dont souffre la collectivité des membres du syndicat (Civ. 3e, 22 mars 2000, J.C.P. 2000.IV.1825).

1554 **1° Élaboration du règlement.** Statutaire en la forme, le règlement de copropriété est en général (62) crédité d'une origine conventionnelle. Cela n'est pas évident lorsqu'il est établi (à la majorité) par l'assemblée générale (art. 14, al. 3). Cette origine est à peine plus marquée lorsque le règlement offert à l'acceptation des candidats à la copropriété est élaboré, à l'avance, par le promoteur ou le propriétaire qui lance l'opération : c'est alors l'acceptation des copropriétaires, lors de l'acquisition, qui imprime au règlement son caractère conventionnel. C'est donc, enseigne-t-on, par la volonté des parties que le règlement leur tient lieu de loi (art. 1134) (63).

La modification du règlement obéit en parallèle à des règles semblables. Elle peut être votée par l'assemblée générale, mais à des majorités variables (art. 25 f, 26 b, 24).

Cependant, le fait que l'unanimité ne soit requise ni pour l'établissement ni pour la modification du règlement atténue son caractère contractuel. C'est, entre autres raisons, pourquoi le règlement ne peut pas tout.

1555 **2° Contenu du règlement.** Détaillée et sur maints points impérative, la réglementation (légale) de la copropriété diminue la portée du règlement (conventionnel). Par mesure de protection pour les minorités ou les isolés, la loi (art. 8, al. 2) interdit d'ailleurs qu'un règlement impose aucune restriction aux droits des copropriétaires (not. leur droit de disposition des parties privatives), en dehors de celles que justifie — ici encore notion-clé — la destination de l'immeuble (par exemple une clause d'habitation bourgeoise dans un ensemble résidentiel).

Sous ces réserves, le règlement de copropriété demeure un document de base. À cheval sur la gestion et l'aménagement foncier, il a précisément cette double vocation. Il fixe la destination de l'immeuble, règle la jouissance des parties communes et, dans le cadre de la loi, leur administration. Il détermine la quote-part de parties communes afférentes à chaque lot et opère la répartition des charges, etc. Il peut contenir l'état descriptif de division de l'immeuble qui identifie chaque lot.

1556 **3° Opposabilité du règlement.** Obligatoire pour les copropriétaires (et leurs ayants cause à titre universel), le règlement de copropriété n'est opposable aux ayants cause à titre particulier des copropriétaires (acheteur, donataire) qu'à dater de sa publication au fichier immobilier (art. 14). C'est la portée foncière du règlement (son importance, dans l'améma-

(62) Exceptionnellement, le règlement est établi par décision de justice (partage judiciaire).

(63) L'assimilation au contrat prévaut sous divers rapports : le règlement s'interprète comme une convention ; sa violation, par un copropriétaire, engage la responsabilité contractuelle de celui-ci.

gement foncier de l'immeuble) qui explique cette règle. La même raison soumet à la même publicité l'état descriptif de division de l'immeuble, dans le cas où celui-ci n'est pas incorporé au règlement de copropriété.

BIBLIOGRAPHIE

I. Sur la loi du 10 juillet 1965 :

1) Commentaires et ouvrages, LOMBOIS, D. 1966, Lég. p. 93 s. ; AZOULAY, Rép. prat. not., 1968, art. 29027 ; GIVORD, GIVERDON, et CAPOULADE, *La copropriété,* 4e éd., 1992 ; KISCHINEWSKY-BROQUISSE, *La copropriété des immeubles bâtis,* 4e éd. litec, 1989 ; Ch. ATIAS, *La copropriété des immeubles bâtis,* Sirey, 1989.

2) Jurisprudence : Ch. ATIAS, *La copropriété des immeubles bâtis dans la jurisprudence* (recueil systématique de jurisprudence commentée) 1979.

3) Études : Ch. ATIAS *Le changement de la destination des parties privatives,* J.C.P. 79.1.2934 ; *Le pouvoir de la majorité d'autoriser un changement de la destination des parties privatives,* J.C.P. 81.1.3018.

4) Divers : **Code de la copropriété,** commenté et annoté par J. Lafond et B. Stemmer, litec.

II. Sur la loi du 28 juin 1938 :

CHEVALLIER J., D. 1939.4.73 ; KISCHINEWSKY-BROQUISSE, *Les sociétés de construction et la copropriété des immeubles,* 1958 ; PIEDELIÈVRE, « La copropriété par appartements », in L'immeuble urbain, 1963, p. 181.

III. Sur la loi du 31 décembre 1985 :

GIVERDON et GIVORD, D. 1986, Chron., 43 ; SOULEAU H. et BOUYEURE J.-R., Defrenois 1986, 417 ; RITSCHY Marie-Françoise, J.C.P. 1986.I.3251 ; VIGNERON Guy, J.C.P. éd. N. 1986.77 ; ZÉNATI F., R.T. 1986.436.

IV. Sur la loi du 13 décembre 2000 (D. 2001, lég. 47) :

PANSIER, *Présentation de la loi S.R.U. du 13 déc. 2000 et ses dispositions relatives à la copropriété,* Pet. Aff. 31 janv. 2001, nº 22, 4 ; BAILLON-PASSE, *Quel avenir pour la copropriété après la loi S.R.U. ?, ibid.* 12 ; PÉRINET-MARQUET, *Premier regard sur la loi...* J.C.P. 2001. Act., p. 233.

V. Études socio-économiques ou socio-juridiques :

Contribution sociologique en vue d'une nouvelle législation sur la copropriété, 1975, enquête du CREDOC ; REYNAUD, *La copropriété dans les grands ensembles,* CREDOC, 1978.

MAYER H., *Les rapports de voisinage dans les immeubles divisés par appartements, notamment dans les grands ensembles,* L.G.D.J. 1982.

VI. Divers

DESCHIZEAUX, *La copropriété après la loi Quilliot du 22 juin 1982,* J.C.P. 83.I.3110.

GIVORD, *Première réflexion sur la loi du 22 juin 1982 et le statut de la copropriété par appartement.* Rev. dr. immob. 1982. 347.

SOUS-TITRE II

LA POSSESSION EN MATIÈRE IMMOBILIÈRE

La possession des immeubles est **polyvalente.** Elle remplit, en la matière, **trois fonctions essentielles** (1). Sous certaines conditions, elle mène le possesseur à l'acquisition de la propriété : c'est la **prescription acquisitive** ou usucapion (chap. I).

À d'autres conditions, elle est, en elle-même, protégée : c'est la **protection possessoire** (chap. II).

Elle exerce une influence décisive sur la **preuve de la propriété immobilière** (chap. III).

(1) Comp. J.-M. Trigeaud, *La possession des biens immobiliers,* Economica, 1981.

CHAPITRE I
LA PRESCRIPTION ACQUISITIVE

L'article 2219 présente la prescription comme **moyen d'acquérir ou de se libérer** par un certain laps de temps. Le texte énonce, de pair, les règles de la **prescription acquisitive** ou **usucapion** (1), mode d'acquisition de la propriété pour le possesseur, et celles de la prescription extinctive ou libératoire, mode d'extinction de la dette pour le débiteur. Il n'est cependant pas exclu d'en exposer les règles communes sous le seul aspect (positif) qu'en retient le droit des biens.

Effets de l'usucapion. L'institution se définit et se nomme par son effet. L'ampleur du bienfait (2) est la clé qui ouvre la méditation sur son fondement et conduit à comprendre la rigueur des conditions de la prescription, prix du bienfait. Pour trouver cette perspective, il devient utile, supposant la prescription accomplie, d'en contempler d'abord les effets.

1° Effet acquisitif. Il forme la base de la matière (3). Lorsque la prescription est accomplie, son bénéficiaire devient titulaire d'un droit réel immobilier. Seulement, ce droit

---

(1) *Terminologie :* Usucapion et prescription acquisitive sont aujourd'hui synonymes. Etymologiquement évocatrice, l'usucapion dérive de l'institution italique originaire *(usucapio)* consacrée par la loi des Douze Tables (VIe), comme moyen d'acquérir la propriété quiritaire par la possession d'un fonds de terre pendant deux ans, ou d'un meuble pendant un an. Institution prétorienne postérieure, la prescription tire son nom de la mention portée, par le prêteur, en tête *(prae-scriptio)* de la formule de condamnation à délaisser un héritage, et destinée à neutraliser, par exception, cette condamnation en faveur d'un possesseur d'un bien situé dans les provinces romaines, mais à la condition que celui-ci puisse se prévaloir d'une longue possession *(nisi de eâ agatur, cujus longa possessio sit).* Définitivement fondues dans la législation de Justinien, usucapion et prescription (acquisitive) ne se distinguent plus.

(2) Ampleur qualitative (s'agissant de l'acquisition de la pleine propriété du capital). Mais, comme on l'a fait remarquer (Carbonnier, III, 64), l'institution est en déclin, le formalisme qui enserre les mutations foncières laissant peu d'intervalle à la prescription pour prospérer. Aussi bien celle-ci est-elle surtout opérationnelle lorsque les antagonistes se disputent, non un entier domaine, mais des parcelles de terre, des bouts de terrain, un toit (aménagé en terrasse, Civ. 3e 7 oct. 1998, J.C.P. 98.IV.3277). Pas exclusivement cependant. La prescription retrouve son effet simplificateur pour apurer des situations nées d'opérations complexes mais fragiles (expropriations, règlement judiciaire) qui, multipliant les mains, brouillent les pouvoirs et fabriquent des acquéreurs *a non domino*.

(3) La prescription acquisitive a aussi (ou ainsi) **une fonction probatoire essentielle** (v. plus loin, n° 1608). Mais en quel sens ? On dit volontiers qu'elle vaut **présomption de propriété.** On conçoit que la possession prolongée rende vraisemblable le droit de propriété dans une civilisation primitive qui ne connaît pas de preuve écrite. Mais, dans un système formaliste, cette vertu supposée est moins

acquis à force de temps peut être soit la propriété pleine et entière, soit l'usufruit, soit une servitude sur le fonds d'autrui, suivant la nature des faits de possession, puisque la possession, selon les cas, peut conduire à l'acquisition de tel ou tel des droits réels (4). Bien mieux, le bénéficiaire d'une servitude de passage peut acquérir la pleine propriété du sol sur lequel il passe, s'il justifie, sur cette portion du fonds servant de faits de *possessio rei* (par ex. pour avoir construit un muret bordant son passage : Civ. 3e, 4 oct. 2000, D. 2000.IR.262 ; J.C.P. 2000.IV.2725).

La prescription est, dans toute sa généralité, un **mode d'acquisition des droits réels immobiliers.** L'article 712 l'énonce avec énergie : **la propriété s'acquiert aussi par prescription**.

1560 **2º Effet rétroactif.** Lorsque la prescription est accomplie, **elle rétroagit**. Son bénéficiaire est censé propriétaire du bien acquis, non pas à compter de l'expiration du délai de prescription, mais rétroactivement **à compter de son entrée en possession**. Cette rétroactivité emporte des conséquences.

La plus importante est que les droits nés du chef du possesseur-censé propriétaire, avant l'accomplissement de la prescription, sont rétroactivement confirmés lorsque l'usucapion s'opère (5). Corrélativement, les droits nés, pendant la même période, du chef d'un tiers (ancien propriétaire) sont rétroactivement anéantis (6). Cette collation rétroactive du titre de propriétaire exclut, par elle-même, que celui qui a prescrit soit tenu de restituer les fruits qu'il a perçus avant l'accomplissement de la prescription, sans avoir à rechercher s'il remplit les conditions auxquelles la loi subordonne, pour un possesseur tenu à restitution, la dispense de restitution des fruits (not. sa bonne foi, art. 549 ; v. plus haut, nº 1177 s.).

Une autre conséquence, plus spéciale, se développe dans l'application du régime légal de la communauté. Lorsqu'un époux avait, au jour du mariage, la possession d'un immeuble, sans l'avoir encore prescrit et que la prescription s'accomplit pendant le mariage, ce bien est considéré non pas comme un acquêt, mais comme *un bien propre* dès l'origine (il faut que la prescription, acquise en mariage, ait commencé à courir avant le mariage). L'article 1405, al. 1 (nouveau) avalise d'un mot cette règle jusqu'alors fondée sur la théorie générale de la rétroactivité de l'usucapion.

Ainsi la prescription consacre, en faveur du possesseur, l'acquisition rétroactive d'un droit réel immobilier.

1561 **Mécanisme de l'acquisition.** Surgit alors la question à élucider : si la possession, on l'a vu, n'est qu'un fait, pourquoi ce **passage du fait au droit ?** Comment, droit fondamental,

convaincante et la préférence donnée à celui qui a prescrit, même en face d'une preuve irréfutable de la propriété, montre que tel n'est pas le ressort de l'effet probatoire. Au fond, l'intérêt probatoire de l'usucapion tient au seul **caractère irréfragable de la présomption.** Sa vertu consiste en ce que, pour le possesseur, il n'y a rien d'autre à prouver, contre lui, rien d'utile à démontrer. L'usucapion est preuve, non parce qu'elle persuade, mais parce qu'elle coupe court à la contestation. Eclatant parallèle avec l'autorité de chose jugée que l'on dit présomption de vérité et qui est surtout fin de non-recevoir. On comprend que l'art. 1350 les ait rapprochées (pour des raisons jumelles qui vont loin). Ainsi donc, la fonction probatoire est-elle dérivée. Elle n'est pas (au moins pas toujours) naturelle mais, par le renfort du caractère irréfragable, artificielle et raisonnée : **fonction politique plus que démonstrative.** Évoquant sa vertu millénaire, Aubry et Rau énoncent, dans le même esprit, que l'usucapion trouve son fondement « dans la nécessité d'assurer la stabilité de la propriété *(ne domina perpetua incerta maneant)* », Com. de droit civil français, t. 2, nº 210, p. 322.

(4) V. plus haut, nº 1134.

(5) Les hypothèques par lui consenties pendant le délai de la prescription priment donc celles qu'il a consenties depuis l'expiration du délai.

(6) V., pour une application topique, Civ. 3e, 10 juill. 1996, D. 98.509, n. Reboul.

la propriété peut-elle naître un jour d'un simple fait ? Par où justifier cette révolution qui change une situation de pur fait en situation légalement protégée ? Il y a philosophiquement, dans la prescription, à débattre de sa légitimité, quand on imagine, sous l'usucapion, une usurpation (7).

1° L'usucapion, mode légal d'acquisition. Positivement, une constatation élémentaire offre un fil conducteur. L'acquisition par prescription s'opère **en vertu de la loi.** L'usucapion est un moyen d'acquérir *« sous les conditions déterminées par la loi »* (art. 2219), *lege. Elle constitue un mode légal d'acquisition de la propriété* (comparable, sous ce rapport, à la succession *ab intestat*) (8).

Aussi bien s'agit-il d'un mécanisme familier : celui du **fait juridique.** La loi prend en considération certains faits pour y attacher un effet de droit. On vient de voir l'effet de droit. Tout revient à analyser le fait brut que la loi prend en considération.

2° Le fait juridique qui mène à l'acquisition. Ce fait est complexe. C'est en le décomposant que se manifestent et les conditions qui, techniquement, commandent le mécanisme de la prescription et les fondements qui, philosophiquement, légitiment le passage du fait au droit.

La décomposition analytique des éléments de ce fait juridique livre les **quatre facteurs** (9) que la loi associe :

---

(7) Il y a, sur la prescription acquisitive, un **débat de philosophie morale et sociale** toujours ouvert dans lequel ont pris parti les canonistes (4e Concile de Latran, 1215), les théoriciens du droit naturel (Grotius, *De jure belli et pacis,* II, 4 ; Puffendorf, Droit de la nature et des gens, chap. 12, § 9 s. ; Vattel, Droit des gens, II, 11, n° 141), les philosophes, les juristes et penseurs du XIXe siècle. Pour découvrir le côté contingent du débat, il serait éclairant de faire la part de l'influence, sur les penseurs d'une époque, des caractères de cette époque (la réaction moraliste du droit canonique s'expliquant en période de rapines) et de lever l'hypothèque que fait peser la transposition, en droit international, de la prescription pour couvrir, entre Etats, annexions et usurpations. Il reste que, raisonnée entre particuliers et en temps de paix, la prescription excite la discussion sur plusieurs plans : 1° celui des mérites (moraux) conduit à ne protéger qu'un possesseur de bonne foi, en face d'un propriétaire négligent (position morale, subjective) ; 2° celui des mérites (sociaux) tourne à l'avantage du possesseur (la terre au bras qui la cultive) ; 3° celui des principes conduit à nier que le temps puisse altérer le droit (absolutisme dogmatique) d'où l'accent mis sur d'autres facteurs ; 4° celui de l'utilité sociale (relativiste, historique) incline en faveur de la prescription, non pas tellement parce qu'une injustice vaudrait mieux qu'un désordre, mais à l'idée qu'il est de l'intérêt du plus grand nombre, au bout d'un temps raisonnable, d'éliminer sans débat et de trancher par un critère simple la question de la propriété. La prescription devenant, dans cette sagesse empirique, un gage de paix et de tranquillité, fondé sur un pacte social en faveur du moindre mal. Vertu comparable à l'autorité de la chose jugée.

(8) Ce n'est pas parce que le possesseur doit invoquer le bénéfice de la prescription accomplie ou peut y renoncer que celle-ci perd son caractère de mode légal d'acquisition. Investi d'un droit d'option, l'héritier appelé, par la loi, à recueillir une succession *ab intestat* a la faculté d'accepter ou de répudier celle-ci. Son parti n'altère pas le caractère légal de la succession.

D'un autre côté, admettre que l'usucapion résulte de l'acquiescement tacite du propriétaire (sciemment inactif), et donc d'une convention tacite entre possesseur et propriétaire serait reconnaître, sans grand bon sens, que le premier tient ses droits du second et ouvrir la porte à tous les excès de la théorie subjective.

(9) Directement inspirée de Domat, la définition légale (C. civ. art. 2219) présente la prescription comme un « effet du temps ». Pour d'autres auteurs, la prescription trouverait plutôt sa cause génératrice dans d'autres facteurs : « C'est dans la *possession* du détenteur, dans le *silence* et *l'acquiescement* du créancier ou du propriétaire que se trouve le principe de la prescription » (Troplong, *De la Prescription*, n° 24) : aperçus complémentaires plus que contradictoires. Hors définition (mais positivement), le code fait une part importante au fait de la possession et le sens à

1° le fait de la possession,

2° l'inaction du propriétaire,

3° l'écoulement du temps,

4° (facteur secondaire qui broche sur le tout, après accomplissement de la prescription) la volonté du possesseur.

§ 1. LE FAIT DE LA POSSESSION

1564 À la base, le fait que la loi prend en considération pour y attacher un effet acquisitif est *un fait positif.* C'est **le fait même de la possession** (10).

---

donner à l'inaction du propriétaire sous-tend toute la théorie de l'interruption et de la suspension. En définitive, c'est de **l'association de ces divers facteurs**, par accumulation de raisons, que l'usucapion tire sa force (sa justification sociale et son efficacité juridique).

(10) Ce fait est, normalement, le fait personnel du possesseur. À une réserve près (la jonction des possessions), la possession est un fait personnel à celui qui l'invoque. **Elle doit donc être constatée et appréciée en la seule personne du possesseur actuel, à la seule condition que celui-ci ne s'appuie que sur sa propre possession.** Cela signifie plus précisément que, **si un possesseur n'invoque que sa possession, il faut mais il suffit, pour que celle-ci soit constituée et utile :** 1) que le *corpus et l'animus* existent en sa personne ; 2) qu'il justifie, par sa propre possession, du temps requis pour prescrire ; 3) que la possession soit exempte, entre ses mains, de tout vice. Si la possession est continue, paisible, publique et non équivoque en sa personne, **il importe peu qu'elle ait été entachée d'un vice entre les mains du possesseur antérieur,** même si le possesseur actuel est l'héritier, l'ayant-cause à titre universel du précédent.

Il n'en va différemment que si, pour compléter la prescription, le possesseur joint à sa possession celle de son auteur. (C. civ. a. 2235). Il doit alors justifier que celle-ci a été constituée en la personne de son auteur et qu'elle a duré le temps complémentaire nécessaire. De plus, on admet en ce cas que les vices de la possession se communiquent de l'auteur à son ayant cause à titre universel, de telle sorte que l'équivoque qui affecte la possession du premier empêche encore l'autre de prescrire et que la mauvaise foi du premier prive l'autre de la prescription abrégée (En ce sens Req. 27 août 1835, *Jur. gén.,* V° Prescription civile, n° 909, texte et note 2).

C'est donc **par erreur** que, sur le fondement de ce précédent, un arrêt récent énonce que le vice d'équivoque peut être opposé à ses héritiers, dans un cas où ces héritiers justifiaient par eux-mêmes d'une possession plus que trentenaire, **sans invoquer la jonction des possessions.** (Civ. 1re 17 avril 1985, J.C.P. 85.II.20464, concl. Gulphe, Defrénois. 1986, 677, n. Breton).

Il est vrai qu'entre les deux arrêts, une décision avait affirmé qu'à la différence du successeur particulier, l'héritier succède aux vices de la possession de son auteur (Civ. 1re 16 juin 1971, D. 71.566, note A. B., R.T. 1972, 153, obs. Bredin). Mais ce dernier arrêt — parfaitement justifié dans son ordre, on le verra n° 1635 — est étranger à la prescription acquisitive. À la différence de la propriété, la possession *ad usucapionem* n'est pas un droit que le possesseur tient de son devancier, mais un fait qui se constitue et se perpétue, en sa personne. Par nature, la **prescription acquisitive n'est pas un mode de transmission de la propriété** d'une personne à une autre, mais un mode d'acquisition de la propriété fondée sur le fait nécessaire et suffisant de la possession de celui qui l'invoque. L'existence même de la possession et de la prescription en tant que mode autonome d'acquisition est en cause dans cette discussion. Le possesseur n'a pas d'auteur. **Il ne tient son droit que de lui-même, du temps et de la loi.** À la base, l'erreur est d'appliquer aux vices de la possession, qui est un fait, la transmissibilité de la précarité de la détention qui est un droit (C. civ. art. 2237), c'est-à-dire de traiter la constitution d'un fait comme la transmission d'un droit.

Deux précisions générales concourent à rappeler (11) à quelles conditions la possession conduit à la propriété : 1° il faut que **la possession soit pleinement constituée** dans ses éléments matériels et psychologiques *(corpore et animo)* ; 2° la possession doit être parée de quatre qualités majeures (art. 2229) : être paisible, publique, continue et non équivoque. À ces conditions, la possession est dite **utile** (son utilité juridique étant précisément l'acquisition de la propriété).

Cependant, ces conditions générales doivent être combinées avec **deux considérations spéciales** complémentaires.

A. NON-INTERRUPTION DE LA POSSESSION

Il ne faut pas que la possession soit interrompue pour que s'opère l'usucapion. La prescription postule une possession non interrompue. La présentation légale de cette condition (à l'article 2229) donnerait à penser qu'elle se situe sur le même plan que les autres qualités exigées. Le moment vient de montrer le contraire. Cette condition est seulement une façon de répéter que la possession ne doit pas cesser d'exister dans ses éléments constitutifs.

Deux des trois causes (12) d'interruption de la prescription l'attestent, de façon typique.

a) Première cause d'interruption

La prescription est interrompue lorsque le possesseur est privé de la jouissance de la chose, soit par le fait de l'ancien propriétaire, soit par un tiers (distinction que marque l'art 2243), au moins lorsque la privation de jouissance a duré plus d'un an. Une interruption annale dans la possession interrompt la prescription (13). Dans ce cas, la prescription est interrompue parce que le possesseur a perdu, pendant un an, l'élément matériel de la possession *(le corpus).*

b) Deuxième cause d'interruption

L'interruption de la prescription s'opère (art. 2248) par la **reconnaissance que le possesseur fait du droit** de celui contre lequel il prescrivait. Si, dans un acte, une correspondance (ou même tacitement), le possesseur reconnaît le droit de propriété d'autrui, la prescription est interrompue parce qu'il a perdu, cette fois, *l'animus* (il n'a plus l'intention, étant de bonne ou mauvaise foi, de s'affirmer en maître) (14).

---

(11) Questions examinées plus haut, n° 1128 s., 1144 s. La jurisprudence rappelle régulièrement que seuls des actes matériels peuvent être retenus comme actes de possession (à l'exclusion des actes juridiques et actions en justice). D'où deux propositions : il ne suffit pas de payer les taxes foncières afférentes à une parcelle pour manifester se possession. Réciproquement, un jugement manque de base légale s'il refuse de considérer comme possesseur celui qui ne paye pas de taxes foncières sans rechercher s'il n'accomplit pas d'actes matériels de possession, seul critère décisif. En ce sens, Civ. 3e, 23 mai 2002, J.C.P. 2002.IV.2155.

(12) V. *infra*, n° 1571 s.

(13) V. *infra*, n° 1572 et *supra,* n° 1367.

(14) V. not. Civ. 1re, 30 nov. 1966, J.C.P. 67.14941, note J. A.

c) Effet de l'interruption

1568 Quelle qu'en soit la cause, l'interruption de la prescription est grave de conséquences. **Tout le temps écoulé est aboli.** Si, d'aventure, la prescription recommence à courir (si l'ancien possesseur recouvre le *corpus* ou manifeste une contradiction à la propriété), elle recommence à zéro à partir de ce moment-là, sans que son bénéficiaire puisse utiliser, dans le compte légal de la durée de la prescription, le temps antérieur à l'interruption. **L'interruption efface la prescription** qui a commencé à courir.

B. JONCTION DES POSSESSIONS

Il n'est pas nécessaire que la prescription se fonde sur la seule possession personnelle de celui qui l'invoque.

a) Principe

1569 Le possesseur peut, dans le calcul de la durée de la possession, compter non seulement le temps pendant lequel lui-même a possédé, mais, sous diverses modalités et sauf exception (1570, *in fine)*, **le temps de possession de son auteur** (de celui dont il tient le bien à titre onéreux ou gratuit) (art. 2235).

Lorsque l'acquéreur d'un bien (acheteur, héritier, légataire, donataire) a possédé une chose pendant un temps inférieur à la durée de la prescription, il peut, pour compléter celle-ci, ajouter au temps de sa possession personnelle le temps de possession du vendeur, du *de cujus*, du donateur dont il tient le bien (son auteur). Cette faculté est importante en pratique compte tenu de la fréquence des mutations, de la durée de la vie et de la longueur des délais de prescription (la prescription se développe sur 30, 20 ou 10 ans). Ainsi peut-il être utile à celui qui n'a pas lui-même possédé aussi longtemps, d'ajouter à ce délai le temps de possession de ses père et mère : institution bénéfique qui opère non plus (comme l'interruption) une soustraction, mais une addition, une **jonction des possessions** (du verbe qu'emploie l'article 2235). Cependant, la jonction ne peut, à l'évidence, s'opérer que relativement aux parcelles sur lesquelles se sont succédées les possessions à additionner. D'où son exclusion lorsque l'ayant cause l'invoque relativement à une parcelle que son auteur ne lui a pas transmise et n'avait pas possédée (Civ. 3e, 17 avril 1996, Bull. III, n° 107).

b) Mise en œuvre

1570 Bien que la loi ne distingue pas, la raison (15) commande de régler la jonction sur le caractère universel ou particulier du titre d'acquisition (16).

1° Lorsque le possesseur actuel est **l'ayant cause à titre universel** de son auteur (héritier, légataire universel ou à titre universel), la jonction s'opère par **continuation**. La possession originaire de l'auteur ne demande qu'à être complétée par celui qui la continue, sur ses bases de départ. Si, l'auteur étant de mauvaise foi, elle était partie pour trente ans, l'héritier,

(15) Cf. n° 391, 412.
(16) V. *supra*, n° 1261, pour une complication particulière en cas d'usufruit.

même de bonne foi, devra achever ce délai (17). Même de mauvaise foi, il n'aura qu'à compléter une prescription abrégée scellée à la bonne foi de son auteur.

2° Lorsque le possesseur actuel est **l'ayant cause à titre particulier** de son auteur (acheteur, donataire, légataire particulier), c'est une **nouvelle possession** qu'il commence : la jonction ne peut s'opérer, par coïncidence, que si les possessions consécutives, étant de même qualité, peuvent s'additionner : mauvaise foi sur mauvaise foi, ou bonne foi sur bonne foi, toutes les années compteront soit pour la prescription trentenaire, soit pour la prescription abrégée. On admet cependant que lorsque la mauvaise foi succède à la bonne foi, le temps de possession de l'auteur peut être compté dans le calcul de la prescription trentenaire, mais la réciproque est exclue (la bonne foi qui succède à la mauvaise foi ne peut tirer nul profit des années où régnait la mauvaise foi).

§ 2. L'INACTION DU VÉRITABLE PROPRIÉTAIRE

Si l'usucapion consacre, chez le possesseur, un fait positif, elle sanctionne corrélativement un fait négatif de la part du véritable propriétaire. L'inaction de celui-ci (si on lui donne une coloration morale) livre l'une des justifications complémentaires de la prescription acquisitive. La prescription vient sanctionner **une certaine négligence chez le propriétaire qui a laissé prescrire** au profit d'un tiers.

Cependant, cette observation ne fournit pas seulement, d'un point de vue spéculatif, une explication renforcée au mécanisme de la prescription. Condition de l'usucapion, elle emporte des conséquences pratiques. Elle commande, spécifiquement, deux propositions positives.

A. PREMIÈRE PROPOSITION : LA DILIGENCE DU VÉRITABLE PROPRIÉTAIRE INTERROMPT LA PRESCRIPTION

Nous retrouvons l'interruption (18), mais sous un aspect complémentaire qu'il est utile de reprendre (même au prix d'une répétition partielle), pour le rapporter au motif qui le commande. L'interruption de la prescription s'opère, à la diligence du véritable propriétaire, dans deux séries de cas.

a) Interruption naturelle

L'interruption de la prescription est dite naturelle lorsque le véritable propriétaire reprend lui-même possession de la chose (art. 2243), à la condition que le possesseur soit privé de la jouissance *(corpus)* pendant plus d'un an. Nous avons vu ce cas (n° 1566).

(17) Sans pouvoir bénéficier de la prescription abrégée : Req. 27 août 1835, *Jur. gén.*, V° Prescription civile, n° 909. V. *supra*, n° 1564.
(18) Toujours dotée du même effet ; v. ci-dessus, n° 1568.

b) Interruption civile

1573 L'interruption est dite civile lorsqu'elle résulte d'une **citation en justice** (19). Pratiquement, il faut supposer que le propriétaire véritable, sortant de son inaction, exerce **l'action en revendication de propriété.** L'une des vertus majeures de l'assignation est de produire l'effet interruptif de la prescription. Même si le procès traîne en longueur, la prescription, interrompue, ne pourra s'accomplir en cours d'instance. Ayant montré sa résolution, par un acte non équivoque de poursuite, le propriétaire a brisé l'un des ressorts de l'usucapion.

Attachée à une « citation en justice », notion générique, l'interruption résulte de toute demande formée devant une juridiction, même incompétente (art. 2246), mais à la double condition que la demande, régulièrement formée, ne soit suivie ni d'un désistement ni d'une péremption d'instance (art. 2247) et tende au fond (d'où le caractère inopérant des actes conservatoires, requêtes et demande en référés) (20).

Dans ce cas, on le remarquera, la possession elle-même n'est pas interrompue : le possesseur assigné est constitué de mauvaise foi ; mais il reste possesseur. L'interruption civile donne une conséquence caractérisée à la diligence du propriétaire.

B. SECONDE PROPOSITION : L'EMPÊCHEMENT LÉGITIME DU VÉRITABLE PROPRIÉTAIRE SUSPEND LE COURS DE LA PRESCRIPTION

1574 C'est une façon de vérifier, par contre-épreuve, la considération attachée à la diligence dans le jeu de la prescription. Par protection pour le véritable propriétaire, dans les cas où on ne peut lui reprocher de ne pas agir, le cours de la prescription s'arrête. La prescription cesse de courir. Elle est bloquée, stoppée, suspendue, bien que le véritable propriétaire reste dans l'inaction, mais justement parce que cette inaction ne peut lui être imputée à faute. Son inaction n'est plus une négligence.

a) Causes de la suspension

1575 Ce fondement transparaît dans les causes de suspension de la prescription. Ainsi la prescription ne court pas contre les mineurs non émancipés et les majeurs en tutelle (art. 2252 ; elle commence à courir à l'avènement de sa majorité, Civ. 1re 6 juin 1990, G.P. 1990.II.Pan.221). De même, mais pour des motifs différents (impossibilité morale, raisons de convenance), la prescription ne court pas entre époux (art. 2253).

À ces causes légales, une jurisprudence prétorienne ajoute diverses causes complémentaires se fondant sur une certaine interprétation de la maxime : *« Contra non valentem agere non currit praescriptio »*. Elle admet que si, par l'effet d'une force majeure (21), le

---

(19) Art. 2244. En vertu de ce texte, un commandement ou une saisie interrompent aussi la prescription. Mais il s'agit alors de la prescription extinctive.

(20) *Adde*, sur le caractère non interruptif de la demande en bornage, V. Civ. 3e 21 nov. 1984, G. P. 1985.I.Pan.107, D. 1985, IR, 396, obs. Robert, Bull. III, nº 197, p. 152 et *supra*, nº 1367.

(21) Certaines décisions admettent (au moins dans leurs motifs) que **l'ignorance** absolue de son droit, assimilable à la force majeure, peut, dans certaines hypothèses, être classée parmi les impossibilités d'agir suspensives de la prescription, mais avec réserve et dans les cas seulement où cette ignorance ne provient d'aucune incurie ou insouciance. L'ayant concédé en principe, la Cour de

véritable propriétaire est mis dans l'impossibilité d'agir, la prescription ne peut lui être opposée. De même elle considère que la prescription ne court pas contre un propriétaire qui ne peut agir, autrement que par des actes conservatoires, du fait que son droit de propriété est affecté d'un terme ou d'une condition. La suspension est bien une faveur pour un propriétaire auquel on ne peut reprocher de négligence.

b) Effets de la suspension

À comparer les effets de la suspension avec ceux de l'interruption, cette faveur est, relativement, plus limitée. Suspendue, **la prescription ne court plus, mais le temps déjà écoulé demeure acquis :** si les causes de suspension — incapacité, force majeure, mariage — disparaissent, la prescription reprend son cours, en comptant le temps qui s'était écoulé jusqu'à l'apparition de la cause de suspension. Si, par exemple, la prescription avait commencé à courir avant l'incapacité, le temps qui s'était écoulé ne sera pas aboli mais compté dans le délai de prescription. C'est une différence spécifique avec l'effet interruptif. La suspension de la prescription (lorsque celle-ci recommence à courir) rallonge seulement la prescription d'un temps égal au temps qu'elle a duré. Elle opère une simple prolongation de la prescription égale au temps pendant lequel la prescription a été suspendue. L'interruption efface, **la suspension prolonge la prescription**.

§ 3. L'ÉCOULEMENT DU TEMPS REQUIS POUR PRESCRIRE

C'est le facteur qui, englobant les deux précédents, leur fait produire effet. La prescription repose sur l'écoulement d'un certain laps de temps pendant lequel l'un possède et l'autre reste inactif. Il faut que la possession de l'un et la négligence de l'autre se soient prolongées pendant une certaine durée pour que la prescription s'opère : c'est le délai de la prescription acquisitive (22). La durée (23) du délai est l'objet d'une distinction : la loi ouvre à la prescription un **cours ordinaire** de trois décennies et un **cours abrégé** de deux décennies ou même d'une seule, selon le cas.

Besançon a jugé que, pour écarter la prescription invoquée par une commune, les habitants de la commune voisine ne pouvaient se prévaloir de leur ignorance d'une charte en latin de l'an 1313 qui leur octroyait le droit de prendre du bois dans une forêt, dès lors qu'il en existait, à leur portée, une traduction authentique ; 20 mai 1981, D. 1894.1.181. C'est la porte étroite, on le conçoit. Grande ouverte, elle saperait toute prescription. C'est une exagération de la théorie subjective.

(22) Le calcul de la prescription obéit à deux règles techniques : 1° la prescription se compte par jours, et non par heures (art. 2260) ; 2° elle est acquise lorsque le dernier jour du terme est accompli (art. 2261).

(23) À la portée d'un trait de plume, le choix d'une durée est, en législation, un problème épineux. Quelle est la bonne mesure ? On a souvent observé qu'en droit romain l'évolution s'était faite du très bref délai (deux ans pour un fonds quiritaire dans la loi des Douze Tables !) à 30 ans (et plus) : accroissement qui a suivi l'extension de l'Empire romain et la difficulté naturelle de réaffirmer son droit sur des terres lointaines exposées aux convoitises. Un délai est une donnée à calculer dans une société déterminée (compte tenu de son état social et politique). Mais on retrouve toujours l'influence de l'accessibilité, du contrôle, donc de la négligence. Ce n'est cependant pas la seule considération. Il y a aussi la certitude du droit. Quel temps d'incertitude faut-il aujourd'hui ménager et tolérer ?

A. LA PRESCRIPTION ORDINAIRE

1578 C'est la **prescription trentenaire.** Elle s'accomplit par l'écoulement, par le seul écoulement, d'une durée de 30 ans (délai de droit commun qu'établit l'article 2262, C. civ.). « Elle n'exige ni titre ni bonne foi » (Baudry-Lacantinerie et Tissier). Dans sa plus longue durée, la prescription travaille, même sans la base d'aucun titre, au profit de tout possesseur, **même de mauvaise foi** (à la seule condition que sa possession, constituée, soit utile ; v. ci-dessus, n° 1564, 1128, 1144). Mais il faut longtemps (la bonne mesure d'une génération).

B. LA PRESCRIPTION ABRÉGÉE

1579 Dans certaines circonstances, la loi abrège le délai de la prescription acquisitive. Cette prescription abrégée est **vicennale ou décennale.** Elle se réalise par l'écoulement d'un délai de 20 ans ou de 10 ans. Cependant, cet abrègement variable est fondé sur des conditions constantes.

a) Conditions constantes

1580 Le bénéfice de la prescription abrégée est toujours réservé au possesseur qui acquiert par **juste titre et de bonne foi** (art. 2265) (24).

Pour comprendre cette exigence, il faut se replacer dans une situation déjà souvent décrite : le véritable propriétaire agit en revendication contre le possesseur. S'il fait reconnaître son droit, surgit alors le problème de la restitution des fruits (art. 549, 550, C. civ. ; v. plus haut, n° 1170), ainsi que, le cas échéant, celui du sort des constructions élevées par le possesseur sur le terrain d'autrui (art. 555 ; v. plus haut, n° 1403). Mais le défendeur à la revendication a d'abord intérêt à invoquer le bénéfice de la prescription acquisitive et à faire débouter l'adversaire de sa demande en revendication. Il ne peut y réussir (s'il possède depuis plus de 10 ou 20 ans, mais moins de 30 ans) qu'à la condition de réunir en sa personne les **deux conditions distinctes** (25) que la loi exige **cumulativement** : il doit avoir acquis par juste titre et de bonne foi.

---

(24) Par hypothèse, il s'agit d'un tiers acquéreur *a non domino*, non d'un donataire face à l'héritier réservataire qui agit en réduction (auquel le donataire pourrait seulement opposer la prescription trentenaire). V. Civ. 1re 24 nov. 1982, Bull. I. n° 340, p. 291. V. le rappel de la règle : Civ. 3e 27 mai 1998, Bull. III, n° 113 ; J.C.P. 98.IV.2619. L'abrègement de la prescription est inapplicable au possesseur qui a acquis son bien du véritable propriétaire.

(25) Le parallèle entre la bonne foi, au sens de l'art. 550, et les conditions de la prescription abrégée, au sens de l'art. 2265, a ancré l'idée que le titre, n'étant plus seulement, dans l'art. 2265, la base de la bonne foi (comme il l'est dans l'art. 550, v. n° 1179), mais une condition distincte de celle-ci, doit être strictement interprété. D'où des différences pratiques : admission ou rejet d'un titre putatif, d'un acte déclaratif, d'une acquisition à titre universel, etc.

Cette notion étroite de titre, dans l'art. 2265, n'est pas à l'abri des critiques (v. Carbonnier, III, n° 65). Plus rationnelle, l'unification de la notion titre comme base et miroir de bonne foi (et donc la normalisation de ses rapports avec la condition de bonne foi) permettrait utilement de recentrer l'attention sur l'élément psychologique et n'empêcherait pas d'introduire dans l'appréciation de celui-ci des nuances naturelles selon la gravité de l'intérêt en cause (acquisition des fruits, art. 550, ou du fonds, art. 2265).

1° Le juste titre. Le possesseur ne bénéficie d'une prescription abrégée que s'il est entré en possession en vertu d'un **acte juridique** (26) dont il lui incombe de prouver l'existence (27).

Ce qui est sûr, c'est que ce titre **n'a pu lui transférer la propriété** que son auteur n'avait pas (28). Acquéreur *a non domino*, le possesseur oppose, par hypothèse, au *verus dominus* revendicant un titre nécessairement stérile, en tant qu'émanant d'un non-propriétaire. Pourtant, le possesseur en triomphera, à la condition que son (29) titre puisse être dit **juste**. Entendons (30) : que son titre présente, en lui-même, les *qualités* (31) *propres à le justifier dans la possession* (32). Quelles qualités ?

α) **Acte translatif à titre particulier.** Le possesseur doit être entré en possession en vertu d'un acte qui, de sa nature, lui aurait transféré la propriété à titre particulier, s'il était émané du véritable propriétaire : vente, donation, échange, legs particulier, dation en paiement, adjudication sur saisie, partage d'ascendant : tous actes translatifs à titre particulier. Ces actes lui donnent juste sujet de considérer qu'il a lui-même (33) acquis la propriété.

Ne sont pas en revanche considérés comme de justes titres les actes qui manquent de l'une de ces conditions associées, soit parce qu'ils sont **déclaratifs** et non translatifs (ainsi un partage de succession), soit parce qu'ils portent sur une *universalité* dont l'acquéreur, ayant cause à titre universel, ne peut avoir, *lui-même,* plus de droit que son auteur (héritier, légataire à titre universel) (34).

β) **Acte non entaché de nullité absolue.** Un titre ne peut servir de base à la prescription abrégée (il manque d'une qualité qui en ferait un juste titre) s'il est nul par défaut de forme (art. 2267) (35) ou, plus généralement, s'il est entaché d'une nullité absolue dont tout tiers intéressé (dont le *verus dominus)* est en droit de se prévaloir. *A contrario*, un titre seulement

---

(26) Le titre ne désigne pas ici *l'instrumentum*, mais le *negotium* (cause de la possession).

(27) Le titre, on va le voir, doit être réel.

(28) *Nemo plus juris ad alium transferre potest quam ipse habet.*

(29) Il s'agit du titre en vertu duquel le possesseur est entré en possession, abstraction faite du titre de son auteur (dont l'inexistence ou les vices n'ont, le cas échéant, d'incidence, si le possesseur en a connaissance, que dans l'appréciation de sa bonne foi).

(30) Comp. Pothier, Prescription, n° 57.

(31) Ce ne doit pas être le *défaut de titre*, mais seulement *le défaut du droit en la personne de son auteur* qui empêche le possesseur de devenir propriétaire.

(32) On n'oubliera pas que le titre n'est pas invoqué, directement, comme moyen d'acquérir la propriété, mais au soutien d'une possession utile pour en amplifier l'efficacité (bénéfice de l'abrègement de l'usucapion) en faisant valoir toutes ses qualités (juste titre et bonne foi étant, en définitive, des qualités performantes de la possession).

(33) Acquéreur à titre particulier.

(34) En définitive, tous ces actes sont inopérants parce qu'impuissants à forger le « juste apaisement » (qui justifie). La jurisprudence est toujours orientée en ce sens : un syndicat de copropriétaires ne peut prétendre avoir acquis par usucapion une servitude de surplomb du fonds voisin parce qu'il se prévaut seulement d'un état descriptif de division de l'immeuble en copropriété, lequel, ne conférant aucun droit au syndicat, ne peut être considéré comme un titre de nature à transférer la propriété : Civ. 3e, 30 avril 2002, D. 2002.IR.1597 ; J.C.P. 2002.IV.1984. M. Carbonnier suggère qu'il aurait fallu repenser la notion de juste titre en fonction des règles françaises de la transmission de la propriété immobilière (principe de l'art. 1138 et règles de la publicité foncière) et admettre logiquement comme juste titre, tout titre, translatif ou déclaratif, soumis à publicité légale (*Les biens*, 19 éd. 2000, nos 198 et 199).

(35) Il s'agit de l'inobservation des formes requises à peine de nullité dans les actes solennels (donation, testament), *Adde*, plus généralement. Civ. 3e 30 nov. 1982, Bull., III, n° 237, p. 176 : l'acte d'acquisition revêtu d'une fausse signature ne constitue pas un juste titre.

affecté d'une nullité relative (que pourrait seul invoquer l'auteur) peut valoir juste titre : par exemple la vente consentie par un incapable ou la vente sur adjudication des biens d'un failli à l'initiative d'un syndic sans pouvoir (36).

1584 γ) **Autres conditions.** La jurisprudence exige encore que le titre soit réel et non putatif (37) et, dans le prolongement de cette exigence, qu'il porte exactement sur le bien que le possesseur entend prescrire (38) ; enfin qu'il ait date certaine (sinon il n'est pas opposable aux tiers) (39), mais non, paradoxalement, qu'il ait été régulièrement publié (40). L'hypothèse de l'article 2265 est une acquisition *a non domino*. Le juste titre qui fonde la prescription abrégée suppose un transfert de propriété consenti par celui qui n'est pas le véritable propriétaire. Celui qui tient son droit du véritable propriétaire (mais en vertu d'une vente non publiée à la conservation des hypothèques) ne tombe pas dans ce cas (en ce sens, Civ. 3e, 13 déc. 2000, D. 2001.J.2154, n. Lipinski).

1585 **2° La bonne foi.** Le possesseur ne bénéficie d'une prescription abrégée que si, au moment de l'acquisition, il a cru traiter avec le véritable propriétaire. Il est alors de bonne foi au sens de l'art. 2265 *(Justa opinio quaesiti domini).*

Suivant la règle romaine (contrairement à la rigueur canonique et à la tradition coutumière), la bonne foi n'est exigée qu'au moment de l'acquisition (41), la connaissance ultérieure du défaut de droit de son auteur ne privant pas le possesseur du bienfait de la loi (42). Sa bonne foi est d'ailleurs présumée (art. 2268) (43).

1586 À la charge du revendicant, la preuve contraire de la mauvaise foi du possesseur est libre et la jurisprudence sourcilleuse sur sa croyance légitime. Pour être reconnu de mauvaise foi, il suffira qu'il ait éprouvé un doute sur la propriété de son auteur. La connaissance d'un vice affectant, cette fois, le titre de ce dernier le constituera de mauvaise foi (alors que son opinion sur la validité de son propre titre demeurera indifférente, sauf s'il a connaissance de la nullité absolue qui l'affecte). Les tribunaux ne poussent cependant pas la rigueur jusqu'à exclure l'erreur de droit qui, autant qu'une erreur de fait, peut fonder la bonne foi.

---

(36) Civ. 3e., 3 nov. 1977, G. P. 1978, I, Pan., 20.

(37) Un tel titre n'existe que dans la pensée de celui qui l'invoque, comme un testament révoqué par un testament postérieur, à l'insu du légataire particulier mis en possession en vertu du premier ; comp. pour la dispense de restitution des fruits (art. 549, 550), *supra*, n° 1181.

(38) Civ. 3e, 26 nov. 1970, G. P. 1971.I.238 ; solution constante, Civ. 25 oct. 1927, S. 1927.1.47 ; Civ. 13 avril 1881, D. 81.1.353, S. 83.1.453 ; Civ. 3e 6 mai 1987, G. P. 1987, Pan.II.173. Pour les parcelles non comprises dans l'aliénation, le titre fait défaut, effet strict donné aux indications de contenance.

(39) Civ. 3e, 16 janv. 1969, D. 69.453.

(40) Civ. 1re août 1939. D.C. 1941.91, n. Radouant, solution constante : V. Cass. req. 18 janv. 1899. D.P. 1899.1.134 ; Civ. 3e 31 janv. 1984, Bull., III, n° 23, p. 17, D. 84.396, n. Aubert. La jurisprudence n'exige pas davantage que la possession ait commencé dès après le moment de l'acquisition. Le délai de la prescription est calculé à compter de l'entrée en possession (il peut y avoir un hiatus). V. Civ. 1re, 28 nov. 1962, G. P. 1963.I.192.

(41) Élément psychologique, elle est, par exception, exigée du légataire particulier, lors de son acceptation (bien que celle-ci rétroagisse au jour du décès, moment de l'acquisition). Tempérament rationnel. V. Rouen 18 juill. 1949, D. 1952, 9, n. Lebrun.

(42) C. civ. art. 2269 conforme à la maxime *« Mala fides superveniens non impedit usucapionem » ;* V. en ce sens, Civ. 3e 15 mars 1978, J.J.A. 26 oct. 1978, n° 114, p. 8. L'exigence d'une bonne foi persistante a, cependant, toujours eu des partisans. Pothier, Prescription, n° 34.

(43) En cas de contestation, la bonne foi est appréciée souverainement par les juges du fond. Civ. 3e 31 janv. 1984, Bull., III, n° 23, p. 17.

b) Raccourcissement variable

37 La prescription s'opère, suivant les cas, **par 10 ou 20 ans.** La différence est fonction d'un **critère géographique** (art. 2265) qui est censé mesurer une capacité de surveillance (44).

La prescription s'opère par 10 ans lorsque le véritable propriétaire habite (45) dans le ressort de la cour d'appel dans l'étendue de laquelle est situé l'immeuble. La proximité de l'immeuble possédé (relativement à la demeure du véritable propriétaire) explique cet abrègement considérable (sanction plus expéditive contre l'inaction d'un propriétaire dont on suppose qu'il pouvait plus facilement connaître la situation et défendre ses droits).

La prescription est moins abrégée — c'est la prescription vicennale — lorsque le propriétaire véritable a son domicile hors du ressort de la cour d'appel dans lequel l'immeuble est situé (le bien n'est pas aussi directement sous sa surveillance). Lorsque le possesseur a résidé alternativement dans les deux zones, pendant le cours de la prescription, il y a lieu de combiner les deux règles, en ajoutant à ce qui manque aux dix ans de présence, un nombre d'années d'absence double de celui qui manque pour compléter les dix ans de présence (C. civ. art. 2266). D'où il peut advenir que la prescription s'accomplisse au bout d'un temps intermédiaire entre 10 et 20 ans (46).

§ 4. LA VOLONTÉ DU POSSESSEUR

38 Lorsque la prescription est accomplie, le possesseur devient rétroactivement propriétaire de la chose possédée (mutation brusque après évolution lente). Cependant, cette acquisition légale n'est pas, pour lui, forcée. La loi réserve le pouvoir de sa volonté. Facteur secondaire ? L'intérêt personnel du bénéficiaire de la prescription ne le porte sans doute pas à refuser volontiers le cadeau de la loi. Cependant, celle-ci a voulu réserver, entre autres convenances, l'effet de ses scrupules. Dans le procès, elle attend de lui une initiative (qui lui appartient en propre et en conscience). Même hors procès, elle lui en ouvre une autre.

A. LA PRESCRIPTION NE PEUT ÊTRE RETENUE QUE SI ELLE EST INVOQUÉE PAR LE POSSESSEUR

39 C'est un moyen qu'il appartient au possesseur lui-même de faire valoir en justice. Le juge ne peut relever d'office le moyen résultant de la prescription (art. 2223).

La partie à qui incombe l'initiative de soulever le moyen a toute possibilité de le faire dans le cours du procès. Le moyen de la prescription peut être soulevé en tout état de cause

---

(44) Par l'effet de la présomption de connaissance et de non-vigilance qui sous-tend la distinction, pourtant bien schématique, de deux aires territoriales (nommées zone de « présence » et zone d'« absence », art. 2266), la durée de l'usucapion (de l'abrègement) est directement placée sous la dépendance de la négligence supposée du propriétaire : nouvelle concession à la conception subjective.

(45) La jurisprudence tient compte du domicile. L'assimilation — cohérente — de la résidence au domicile attend ici son heure (à moins qu'il ne soit sage — mais pour simplifier les calculs — de s'en tenir au seul domicile).

(46) V., pour une application, Civ. 3e 13 juin 1984, Bull. III, n° 117, p. 93.

(art. 2224). Souvent opposée comme moyen de défense (au fond) la prescription acquisitive peut être invoquée par voie d'action (action en usucapion. Exemple : Civ. 3e, 22 janv. 1992, Bull. III, n° 29, D. 1993, som. com. Robert, 36, 2e esp.).

De leur côté, les créanciers du possesseur peuvent, par voie oblique, invoquer la prescription acquisitive en faveur de leur débiteur (qu'ils ont intérêt à enrichir), encore que celui-ci y renonce (art. 2225).

B. LE POSSESSEUR PEUT RENONCER À UNE PRESCRIPTION ACQUISE

1590 Il y a là un acte grave dont la nature pourrait soulever difficulté : si l'acquisition est opérée, ne faudrait-il pas y voir un acte translatif ? Le contraire a prévalu (la renonciation n'est pas assujettie au droit de mutation). On parle donc **d'acte abdicatif.** Mais c'est un acte grave (le possesseur qui renonce au bénéfice de la prescription renonce à l'acquisition de la propriété). Aussi bien la loi subordonne-t-elle cet acte d'appauvrissement à diverses conditions : 1° la renonciation anticipée à la prescription est interdite (la renonciation ne peut valablement intervenir qu'après l'accomplissement de celle-ci (art. 2220) ; 2° elle exige, de la part de son auteur, la capacité de disposer (c'est un acte de disposition, art. 2222) ; 3° la loi réserve le droit, pour les créanciers du renonçant, d'opposer la prescription, nonobstant toute renonciation du propriétaire (art. 2225).

BIBLIOGRAPHIE

BAUDRY-LACANTINERIE et TISSIER, *De la prescription,* T. XXVIII, 4e éd. 1924 (1 vol.). PLANIOL, RIPERT et PICARD, T. III, *Les biens,* n° 688 s. CARBONNIER, T. III, n° 189 s. JESTAZ, *Prescription et possession en droit français des biens,* D. 1984, chron. 27 ; TRIGEAUD J.-M., *La possession des biens immobiliers,* Economica, 1981. **Dalloz,** *Jur. gén.,* Ve prescription civile. PIOTET D., Prescriptions extinctive et acquisitive touchant aux droits réels en Suisse et dans les pays voisins, Berne, éd. Staempfli et Cie, 1992.

Thèses : FOURNIER, *Le juste titre en droit français moderne,* th. Caen, 1942 ; GORPHE, *Le principe de la bonne foi,* th. Paris 1928 ; ROBERT VOUIN, *La bonne foi,* notion et rôle actuels en droit français, th. Bordeaux, 1939 ; St. CHOPPIN HAUDRYDE JANVRY, *La suspension de la prescription en droit privé* (étude de jurisprudence) th. Paris II, 1989. Paul Gérard Jean HAJ-CHAHINE, *L'acte de tolérance en droit civil,* th. Paris II, 1992.

CHAPITRE II
LA PROTECTION POSSESSOIRE

1 **La possession immobilière est protégée en elle-même et pour elle-même, indépendamment de la propriété.** Le possesseur d'un immeuble bénéficie, en cette qualité, d'une protection judiciaire, **la protection possessoire.** Sous ce titre (1), l'art. 2282 donne à un principe déjà très anciennement consacré de notre droit positif une assise légale dans le Code civil (2) et une expression générique : « La possession est protégée, sans avoir égard au fond du droit, contre le trouble qui l'affecte ou la menace ».

Le possesseur d'immeuble (3) obtiendra cette protection, s'il remplit les conditions auxquelles la loi la subordonne, en exerçant, suivant les règles prévues par le Code de procédure civile (4), devant le tribunal d'instance qui en connaît à charge d'appel (5), **les actions possessoires** (6).

---

(1) Donnant au Code civil un chapitre ultime (Ch. VI du titre XX du livre III), la loi du 9 juillet 1975 lui a rajouté deux derniers articles (2282 et 2283).

(2) Liée à la distinction constitutionnelle des matières législatives et des matières réglementaires, l'introduction, dans le Code civil, de certaines règles relatives à la protection possessoire est la conséquence de l'élaboration, par voie réglementaire, du nouveau Code de procédure civile. Les règles qui gouvernent la procédure des actions possessoires (matière réglementaire) ont été incorporées, à leur place, dans le nouveau Code (a. 1264 à 1267). Mais il fallait donner une base législative aux règles qui, dans la protection possessoire, relèvent du droit des biens et des contrats : celle qui, dans le principe, attache un tel effet à la possession (v. la modification de l'intitulé du titre XX, liv. III, C. civ.) et désormais (c'est une extension) à la détention précaire, et celles qui en subordonnent le bénéfice à diverses conditions de droit substantiel : qualités de la possession ou de la détention précaire.

(3) La protection possessoire demeure exclusivement attachée à la **possession immobilière.** Alourdissant le texte de l'art. 2282, la précision « en matière immobilière » n'a finalement pas été retenue, à l'idée que, de toute évidence, la protection possessoire est radicalement incompatible avec les principes qui gouvernent la possession en fait de meubles. V. not. en ce sens, Civ. 1re, 6 févr. 1996, Bull. civ. I, n° 57 ; J.C.P. 96.IV.729. C'est un cas **d'exclusion rationnelle** évidente. V. *supra* n° 391, 412, 599, 1662.

(4) a. 1264 à 1267.

(5) Code de l'organisation judiciaire, art. R. 321-9, 2°.

(6) Le contentieux du possessoire est encore foisonnant jusque devant la Cour de cassation. Compte tenu de l'attrait du tribunal d'instance et de l'épouvantail du procès au fond, il reste le champ clos préféré des premiers affrontements (parfois sans suite).

Politiquement, il est judicieux de protéger ainsi la possession abstraction faite de la propriété, puisqu'aussi bien le propriétaire peut en être le premier bénéficiaire, s'il est aussi possesseur (7).

Techniquement, cette autonomie commande, dans le procès, un cantonnement du conflit au plan de la possession (8). C'est la distinction du **pétitoire** et du **possessoire** (9). Le procès possessoire n'entame en rien (10) la discussion sur le fond du droit de propriété (11).

1592 Pour sa mise en œuvre, la protection possessoire prend la forme de diverses actions. Espèces d'un même genre, modalités d'une même action, ces voies diverses concourent, par leur complémentarité, à déterminer le domaine de la protection possessoire. Déployant *l'éventail de la protection*, elles en font voir par leurs particularités tous les replis. Mais elles obéissent pour l'essentiel au même *régime de base.*

§ 1. L'ÉVENTAIL DE LA PROTECTION POSSESSOIRE

1593 Selon une **trilogie célèbre** et sous une terminologie traditionnelle (12), il existe trois actions possessoires : la *complainte,* la *dénonciation de nouvel œuvre,* la *réintégrande.* Toutes ont pour objet de remédier à un **trouble possessoire**. Dans cet ordre cependant, chacune couvre plus spécialement une partie du domaine de la protection, parce qu'elle répond à une espèce différente de trouble.

(7) V. plus haut, n° 1155. *Adde* Trigeaud, *La possession des biens immobiliers,* 1981.

(8) Sur la critique législative du principe de non-cumul, v. Carbonnier, III, n° 67 *in fine*.

(9) Le non-cumul du possessoire et du pétitoire s'ordonne désormais (comme application principale) dans le principe plus vaste qui le contient : *le non-cumul du possessoire et du fond du droit.* C'est une conséquence de l'extension de la protection possessoire à la détention précaire : car le fond de droit n'est plus alors (comme pour le possesseur) le droit de propriété (le pétitoire), mais le droit relatif au titre juridique de la détention précaire (par ex. le bail).

(10) Sous réserve de l'importance d'une possession (antérieurement reconnue par le juge du possessoire) dans le contentieux ultérieur de la preuve du droit de propriété (possession contre titre). V. par ex. Civ. 14 juin 1904. D. 1905.1.8 ; v. *infra,* n° 1618.

(11) V., pour une application abrupte du principe du non-cumul Civ. 3e 12 janv. 1982, Bull. III, n° 7, p. 5.

(12) Amies de la mémoire, ces appellations coutumières conservent, avec un grain de poésie, un réel pouvoir d'évocation. Si la loi ne les a pas consacrées, elle reconnaît du moins la distinction (C. civ. art. 2283, N.C.P.C. a. 1264) et, en perpétuant la réintégrande sous le nom d'action en réintégration (a. 1264 préc.), elle marque l'intérêt qui s'y attache. L'exagération consisterait à voir, dans les facettes d'une même action, des actions cloisonnées, là où il s'agit **d'une même protection prodiguée dans des situations différentes.** De la part d'un plaideur, une erreur d'appellation devrait être sans conséquence, le mieux étant d'ailleurs d'invoquer la protection possessoire, *objet générique de l'action* (les actions possessoires n'étant évidemment pas des actions « nommées » à la manière de celles dont la procédure formulaire romaine dressait le catalogue). Quand un trouble possessoire est pour partie déjà réalisé, pour partie encore éventuel, une seule et même action possessoire permet d'obtenir la démolition de ce qui a été édifié et la cessation des travaux, combinaison naturelle et raisonnable dans la logique de la protection possessoire. Civ. 3e 16 janv. 1991. D. 1991.IR. 37.

A. LA COMPLAINTE

4 C'est, en archétype, l'action possessoire pure et simple. Elle est donnée contre le trouble qui **affecte** la possession (C. civ., art. 2282, al. 1). Elle suppose donc un **trouble déjà causé,** présent, consommé, **mais non caractérisé par une violence**, un trouble quelconque patent mais non violent. C'est **l'action ordinaire** ouverte dans une situation qui, à défaut de toute circonstance particulière (menace ou violence), constitue le trouble possessoire-type.

On appelle trouble possessoire tout fait matériel ou acte juridique qui, directement (par lui-même), ou indirectement (par voie de conséquence), aboutit à contrarier et à entraver la possession d'autrui. C'est, en elle-même et à elle seule, la contradiction à la possession qui caractérise un tel trouble (13). L'agriculteur qui met en culture un champ limitrophe, l'automobiliste qui prend l'habitude de garer sa voiture sur le terrain d'autrui, le voisin qui ferme par une barrière l'accès d'un passage, causent un trouble possessoire. Pour caractériser le trouble possessoire, il n'est pas nécessaire de supposer chez son auteur une contradiction au droit de propriété, non plus que le désir de s'approprier la chose d'autrui (de bonne ou de mauvaise foi). Même sans arrière-pensée, une utilisation indue de la chose d'autrui suffit, à l'état brut, à constituer un trouble possessoire.

B. LA DÉNONCIATION DE NOUVEL ŒUVRE

5 Variété extensive de la complainte, c'est une sorte de complainte préventive. Intéressante pour la théorie générale de l'action en justice, c'est l'une des rares hypothèses dans lesquelles notre droit admet une **action préventive** (avant la consommation du dommage) (14). Par exception, la loi permet d'agir avant la réalisation du trouble : la possession est protégée contre un **trouble qui la menace** (art. 2282).

Le trouble répond donc à la définition précédente mais avec cette différence qu'il n'existe encore qu'à l'état de menace : trouble éventuel que la dénonciation de nouvel œuvre a pour objet spécifique de prévenir. Si un propriétaire entreprend chez lui des travaux qui menacent la propriété voisine (en creusant sous un mur mitoyen une galerie qui risque de provoquer un effondrement) le voisin menacé peut invoquer la protection possessoire pour faire interdire la poursuite des travaux (action « conservatoire » souvent exercée, pour faire obstacle à des initiatives en limite de propriété. V. précisément pour l'arrêt de travaux sur un mur mitoyen, Versailles, 24 févr. 1989, G. P. 1989.II.som.308).

---

(13) Jugé qu'à défaut d'une telle contradiction, les dégâts causés par des lapins ne constituent pas un trouble possessoire, Montpellier, 18 nov. 1982, G. P. 1983.I.125 n. Alauze ; *adde,* dans le même sens, Civ. 3e 7 juin 1989, J.C.P. 1990.IV.295.

(14) Condition d'existence de l'action en justice (condition de recevabilité de la demande en justice) (N.C.P.C. art. 31), l'intérêt pour agir ne naît pas ici de la survenance du dommage et de la légitimité de sa réparation. Il existe quand même : il naît de la *réalité d'une menace* et de *l'opportunité d'en prévenir* la réalisation (l'action préventive ne déroge pas à la maxime « pas d'intérêt pas d'action » : c'est une extension, non une exception).

C. LA RÉINTÉGRANDE (ACTION EN RÉINTÉGRATION)

1596 **Réplique à une dépossession violente,** elle tend (comme son nom l'indique) à **recouvrer, avant tout, la possession** (15). Celle-ci est protégée contre un trouble (art. 2282), mais ici spécifiquement contre un trouble aggravé, caractérisé par la **voie de fait** dont il résulte (N.C.P.C. art. 1264). Dans un litige entre deux sociétés de publicité, l'action en réintégration est ouverte contre celle qui fait arracher, sur un mur d'affichage, les panneaux placés par sa concurrente pour y apposer les siens. L'illicéité du procédé, atteinte à la paix publique (acte de justice privée), justifie une réaction sociale plus vive qui se traduit, dans le régime de base de la protection possessoire, par un renforcement particulier (16).

§ 2. LE RÉGIME DE LA PROTECTION POSSESSOIRE

Les actions possessoires ne doivent pas masquer, en ce qu'elle a de **générique,** la protection possessoire. Celle-ci, pour l'essentiel, a toujours le même objet et, sous réserve des quelques particularités de la réintégrande, les mêmes bénéficiaires.

A. OBJET DE LA PROTECTION

1597 En aucun cas, la demande au possessoire ne tend à faire reconnaître la propriété (ce qui, on le sait, a l'avantage de dispenser le demandeur d'avoir à en faire la preuve). L'objet de la demande est seulement et toujours de **faire cesser (ou de prévenir) le trouble possessoire :** d'obtenir en justice, au besoin sous astreinte, la cessation de l'emprise (17), l'enlèvement (18) ou l'arrêt de travaux, le rétablissement de la situation antérieure. De son côté, le défendeur au possessoire n'est en droit, ni par moyens de défense, ni par demande reconventionnelle, de porter le débat au fond (N.C.P.C. art. 1267). Le fond du droit n'est pas dans le débat. Il ne peut faire l'objet d'aucune mesure d'instruction (N.C.P.C. art. 1265, al. 3), ce qui n'empêche nullement le juge (19) d'examiner les titres (mais exclusivement à l'effet de vérifier si les conditions de la protection possessoire sont réunies). Lorsque la demande au possessoire est reconnue bien fondée, la question de propriété demeure entière (ou semblablement celle des autres droits réels, par exemple d'une servitude : l'état d'enclave ne peut résulter des énonciations d'un jugement au possessoire, sans autorité au petitoire, Civ. 3e, 25 mars 1992, Bull. III, n° 99). La chose est jugée au possessoire. Mais le débat sur la propriété (ou tout autre droit réel) n'est pas tranché. Celui qui a perdu au possessoire conserve le droit d'agir au pétitoire (à la condition d'avoir au préalable mis fin

(15) *Spoliatus ante omnia restituitur.*

(16) V. Civ. 3e 9 juill. 1984, Bull. III, n° 134, p. 105 sur l'exclusion de l'action en réintégration en matière de servitudes discontinues et non apparentes (en l'absence de détention matérielle et actuelle de la chose) et *supra,* n° 1484, la critique de cette position.

(17) Arrêt de la culture, interdiction de stationner, etc. Sur le caractère générique de la protection possessoire, V. *supra* n° 1593, note 12.

(18) D'une barrière, d'une clôture, d'un ouvrage.

(19) Précision qu'apporte l'art. 1265, al. 2 N.C.P.C., pour mettre fin à une controverse. Pour une application, v. Civ. 3e, 16 juill. 1998, J.C.P. 98.IV.3113.

au trouble et pleinement satisfait aux condamnations prononcées contre lui : N.C.P.C. art. 1267) (20). Celui qui a gagné au possessoire n'est pas assuré de l'emporter au pétitoire. Les mêmes principes gouvernent la protection possessoire lorsque celle-ci est demandée par un détenteur précaire : la protection possessoire et le *fond du droit* ne sont jamais cumulés (N.C.P.C. art. 1265, al. 1) (21).

B. BÉNÉFICIAIRES DE LA PROTECTION

8 La protection possessoire est, désormais, accordée à deux catégories de bénéficiaires : **Toutes les actions possessoires** ((22)) **sont aujourd'hui ouvertes non seulement au possesseur, mais au détenteur précaire, sous une importante restriction :** le détenteur précaire n'en jouit pas contre celui de qui il tient ses droits (C. civ. art. 2282, al. 2). Contre ce dernier — son auteur — il lui appartient de faire valoir son titre juridique (par ex. le bail) qui régit l'ensemble de leurs relations (droits et obligations) (23). Mais **à l'encontre de tout autre que son auteur,** le détenteur précaire **jouit de la même protection** possessoire que le possesseur (24). Il en jouit *« pareillement »,* aux mêmes conditions (C. civ. art. 2282, al. 2, art. 2283).

a) Conditions communes à toutes les actions

Le bénéfice de la protection possessoire suppose, pour toutes les actions, que le demandeur réunisse deux conditions.

9 **1° La qualité de possesseur ou de détenteur précaire.** La protection possessoire n'est accordée qu'à celui dont la possession est constituée *(corpore et animo*, v. plus haut, n° 1128 s.) ou à celui dont la détention est fondée sur un titre juridique. En apparence, ces deux conditions parallèles ne sont pas équivalentes. Mais, en réalité, la différence s'estompe. Normalement, le détenteur précaire fera valoir le titre qui apparemment le fonde. Mais il ne pourra être entraîné dans un litige — au fond — sur la validité du titre : si son titre est contesté (contrairement au principe du non-cumul du possessoire et du fond du droit), il lui suffira de démontrer le fait de sa détention *(corpus)* paisible depuis un an (25).

---

(20) V. pour une application, Lyon, 15 févr. 1984. D. 1984.299, n. Prévault.

(21) Le non-cumul du possessoire et du fond fait donc, s'il s'agit d'un possesseur, que le litige ne porte pas sur l'attribution du droit de propriété, même si la possession est contestée ou le trouble dénié. V. plus loin, n° 1599, note 1, pour le détenteur précaire.

(22) Et plus seulement, comme l'admettait la jurisprudence, la réintégrande.

(23) V. plus haut, n° 1207. De façon comparable, la protection possessoire ne peut jouer entre les propriétaires des lots, dans la copropriété des immeubles bâtis, Civ. 3e 6 mars 1991, G. P. 1991.II.Pan.185. Elle ne peut davantage jouer entre cocontractants, la convention faisant la loi des parties (quand il s'agit d'en apprécier la violation). Civ. 3e, 22 nov. 1995, G. P. 1996.I.Pan.81.

(24) V. déjà, n° 1208 s.

(25) En réalité, c'est le titre qui lui était, jusqu'alors, opposé pour lui dénier la protection possessoire. On peut supposer que, le plus souvent, *l'obstacle légal étant levé,* le détenteur précaire n'aura aucune peine à justifier de son titre. Mais on ne devrait, en pratique, exiger, de lui, que les justifications qui rendent vraisemblable son titre, le principe du non-cumul excluant un débat sur le fond quant au titre. Position de repli : le détenteur précaire qui détient paisiblement depuis au moins un an peut se présenter comme possesseur. L'idée-mère est que **son titre n'est pas un obstacle.** Mais,

1600 **2° Le caractère paisible (et public) de la possession ou de la détention précaire.** La loi n'accorde protection qu'à ceux qui possèdent ou détiennent *paisiblement* (art. 2283 ; N.C.P.C. art. 1264). Cependant, cette condition doit être interprétée, dans les nouveaux textes, comme elle l'était dans l'article 23 de l'ancien C. pr. civ... La possession (ou la détention) doit être à la fois paisible *et publique* (qu'il s'agisse de la complainte, de la dénonciation de nouvel œuvre ou de la réintégrande).

b) Conditions distinguant la réintégrande des autres actions possessoires

La réintégrande, réaction plus sévère à une agression possessoire plus caractérisée, est, sous deux rapports, plus largement ouverte que les deux autres actions possessoires (26).

1601 **1° Condition relative aux qualités de la possession.** Dans l'interprétation traditionnelle, la complainte et la dénonciation de nouvel œuvre ne sont ouvertes (27) qu'à celui qui justifie (au sens de l'art. 2229) d'une possession utile (c'est-à-dire non seulement paisible et publique, mais continue et non équivoque). Ces deux dernières conditions ne sont pas exigées pour la réintégrande.

1602 **2° Condition relative à la durée de la possession** (ou de la détention précaire). En principe, la protection possessoire n'est octroyée qu'à ceux qui possèdent ou détiennent depuis au moins un an (N.C.P.C. art. 1264). Là encore, cependant, l'action en réintégration se singularise. Par exception, elle peut être exercée, plus libéralement, alors même que la victime de la dépossession possédait ou détenait depuis moins d'un an *(ibidem)*.

C. CONDITIONS DIVERSES

a) Délai d'action

1603 Les actions possessoires sont annales. Le droit d'agir (de réagir) contre le trouble possessoire n'existe que dans le bref délai d'un an à compter de ce trouble (l'action n'est ouverte que « dans l'année du trouble », N.C.P.C. art. 1264).

à la limite, il n'est pas nécessaire (il y a dans le détenteur, un possesseur inclus) : l'absurde serait de faire un obstacle de la levée d'un obstacle. Il reste que le juge a dans son pouvoir d'examiner les titres à l'effet de vérifier si les conditions de la protection possessoire sont réunies. N.C.P.C. a. 1265, al. 2, Comp. Civ. 3ᵉ 28 juin 1989, G. P. 1989.II.Pan.141.

(26) Provoquée par des actes violents et arbitraires, la réintégrande est ouverte même contre une **personne de droit public** quand bien même la voie de fait aurait été commise à l'occasion d'un travail public. V. Civ. 10 juin 1981, Bull. III, n° 111, p. 81. C'est une application cohérente de la **théorie de la voie de fait**. V. même sens. Civ. 1ʳᵉ 11 juill. 1984. D. 1984.IR. 423 com. Robert (pose par une commune, de plaques d'acier sur les serrures des studios dont jouissaient, en vertu d'une concession, les membres d'un club). Comp. Civ. 1ʳᵉ 15 avr. 1986, D. 87. I.R. 11, obs. Robert. V. aussi l'action en réintégration accordée à un particulier contre la commune qui avait repris possession d'office d'une parcelle du domaine public sur laquelle, avec sa tolérance, le particulier avait aménagé un jardinet devant sa maison : Civ. 3ᵉ, 25 sept. 2002, J.C.P. 2002.IV.2741.

(27) La loi ne marque pas cette exigence. Sans doute l'art. 2283 ne pouvait-il entrer dans le détail de toutes ces distinctions (compte tenu de l'irruption du détenteur précaire), pour s'en tenir à l'essentiel (le caractère paisible). Cette approche permettrait à la jurisprudence d'unifier le régime des trois actions (sur la moindre exigence), si cette simplification lui paraissait, par ailleurs, souhaitable.

b) Fin de non-recevoir

L'action possessoire n'est pas ouverte si le demandeur a préféré agir d'abord au pétitoire. En cas d'échec au pétitoire, il n'est plus, en principe, recevable à agir au possessoire. Il ne peut revenir, sauf survenance d'un trouble nouveau, sur la reconnaissance de la possession de son adversaire qu'implique son action préalable au fond (N.C.P.C. art. 1266).

BIBLIOGRAPHIE

GLASSON et TISSIER, *Trait. th. et prat. de proc. civ.*, 3e éd. 1925, I. n° 197 s. ; ESMEIN, AUBRY et RAU, II, § 184 ; ELISABETH MICHELET, *La règle du non-cumul du possessoire et du pétitoire*, th. Paris, 1973.

Sur la loi du 9 juill. 1975, GOUBEAUX, Defrénois, 1976, art. 31062 ; VIATTE, Rev. Loyers, 1977, 399.

CHAPITRE III
LA PREUVE DE LA PROPRIÉTÉ IMMOBILIÈRE

Si, dans le procès au possessoire, le droit de propriété est délibérément écarté, la possession (1) exerce au contraire une influence déterminante dans le procès au pétitoire. Lorsque la demande en justice a pour objet la reconnaissance du droit de propriété (la contestation portant sur le fond du droit), **la possession joue un rôle décisif dans la preuve contentieuse de la propriété.**

Le succès au fond de cette demande suppose que soit rapportée en justice, par celui qui l'invoque, la preuve du droit de propriété. Cette preuve obéit à des **règles** sur lesquelles la loi française ne donne aucune précision (2). Ce silence accroît les **difficultés de la matière,** mais n'empêche pas de proposer des **éléments de solution.**

§ 1. LES DIFFICULTÉS DE LA PREUVE

« Crux juris », « probatio diabolica ». Il est banal d'avancer que la preuve de la propriété, en France, est diabolique, que cette question cruciale débouche sur une preuve impossible.

Entière *en théorie,* la difficulté s'atténue *en pratique* (3).

(1) Et la prescription.

(2) En dehors des règles générales qui font peser sur le revendiquant la charge de prouver son droit contre le possesseur présumé libre de tout engagement : C. civ. art. 1315 ; comp. D. 1866.1.5 (note). Statuant sur la **charge de la preuve** dans la revendication de la propriété, un arrêt de la Troisième Chambre civil (26 juin 1996, G.P. 1997.I.Pan.120) affirme clairement qu'une telle demande ne peut être accueillie que si son auteur établit lui-même son droit de propriété (à condition qu'il prouve avoir acquis le bien litigieux par l'un des modes d'acquisition de la propriété énumérés à l'article 711, pour la violation duquel la cassation est prononcée.)

(3) Comme en matière de prescription, les revendications portent plus souvent sur des parcelles que sur des fonds ; comp. plus haut, n° 1558, note (2).

A. THÉORIQUEMENT

Le problème de la preuve du droit de propriété est, pour deux raisons, insoluble en droit français.

1606 **a) Il n'existe pas, en France, de preuve préconstituée de la propriété immobilière.** Nul ne peut produire la preuve absolue de la propriété d'un immeuble. Il n'en existe pas de preuve officielle. Certaines législations étrangères ont institué un livre foncier (l'inscription d'un bien sur ce livre constituant la preuve officielle de la propriété). Telle n'est pas la vertu de notre système de publicité des opérations foncières. L'accomplissement de la formalité de publicité n'apporte pas la preuve de la propriété. Elle rend seulement opposable aux tiers l'acte juridique publié, sans attester que l'acquéreur s'en trouve investi d'un droit de propriété incontestable (le droit français connaît un système différent en ce qui concerne les navires pour lesquels l'acte de francisation réalise une preuve préconstituée de la propriété comp. *supra*, n° 936, pour la preuve de la propriété des bateaux de navigation intérieure).

1607 **b) « Nemo plus juris ad alium transferre potest quam ipse habet »** (Nul ne peut transférer à autrui plus de droit qu'il n'en a lui-même). C'est cette maxime qui rend impossible la preuve de la propriété. Celui qui produit un acte translatif (de donation ou de vente) valable et opposable aux tiers (parce que régulièrement publié) *prouve qu'il tient son droit de son auteur.* Mais, pour établir sa propriété, il faudrait qu'il puisse prouver la propriété de celui dont il tient le bien. S'il pouvait produire l'acte par lequel son auteur était devenu propriétaire et ainsi de suite, il n'aurait jamais fait que reculer le problème, même en remontant, à l'infini, la chaîne des divers propriétaires, jusqu'au fond des âges.

Si cependant il n'y a pas, *dans l'absolu,* de preuve de la propriété, en pratique, les choses ne sont pas si graves.

En Alsace et en Moselle, l'inscription des droits sur le Livre foncier (v. *supra*, n° 1075) confère à leur titulaire une situation favorable relativement aux tiers (et enviable comparée au système de Vieille France). La situation figurant au Livre foncier est présumée exacte, jusqu'à preuve du contraire. Le bénéfice de cette présomption d'exactitude (qui facilite la preuve de la propriété immobilière) est la conséquence logique du contrôle juridictionnel préalable auquel est soumise l'inscription, le juge du Livre foncier ayant pour mission de vérifier le contenu des droits à inscrire, la capacité du titulaire du droit et la chaîne des inscriptions. C'est une pièce remarquable du droit local.

B. PRATIQUEMENT

Dans plusieurs hypothèses le problème de la propriété est résolu (et la difficulté de preuve éludée).

a) Prescription accomplie

1608 Lorsque, dans un litige, l'un des antagonistes est en mesure de justifier que **la prescription acquisitive est accomplie à son profit,** soit par lui-même, soit en joignant à sa propre possession celle de son auteur, il apporte une preuve décisive qui élimine toute contestation sur la propriété. Telle est l'une des fonctions (4) fondamentales de la prescrip-

(4) V. plus haut, n° 1559.

tion acquisitive : présomption légale irréfragable (C. civ. art. 1350), mode d'acquisition de la propriété (C. civ. art. 712), elle sert de preuve et de preuve absolument irréfutable (bien que, ou parce qu'arbitraire) à la propriété foncière. Il suffit, pour l'une des parties, de pouvoir justifier d'une possession de 30, 20 ou 10 ans, selon les cas, pour faire reconnaître la propriété. Réaffirmant la règle (5), la Cour de cassation a cassé un arrêt qui avait refusé de prendre en considération l'offre de preuve de la prescription par l'une des parties (au motif que ces faits de possession prolongée devaient se fondre dans l'examen des divers éléments de preuve). La Cour suprême rappelle que la prescription est un mode d'acquisition de la propriété (art. 712). Lorsque la prescription est accomplie, la propriété est acquise. C'est un grand bienfait de la loi, une faveur, un cadeau, une grâce, une radicale simplification du droit par le fait, dans une marche lente. **La preuve de la prescription coupe court à tout débat sur la propriété** (on imagine qu'il en est, heureusement, ainsi dans de nombreuses hypothèses : en pratique, la première question utile à soulever dans le débat sur la propriété foncière est le moyen de la prescription).

b) Conflit entre deux acquéreurs successifs tenant leur droit d'un même auteur

Dans un autre cas hors-série, la preuve de la propriété immobilière se trouve indirectement simplifiée. Lorsque les adversaires au pétitoire, ayant *tous deux un titre* à produire, **tiennent leurs droits d'un même auteur** (du même donateur ou du même vendeur) ce conflit entre acquéreurs successifs d'un même immeuble se résout par application des règles de la publicité foncière. La maxime *« Prior tempore potior jure »* donne l'avantage à celui qui a, le premier, accompli les formalités légales de publicité. L'opposabilité *erga omnes* que la publicité confère à son droit permet d'éluder le problème de la preuve (6).

On pourrait joindre à ces cas la situation avantageuse dans laquelle se trouve celui des antagonistes qui peut s'appuyer, à la fois, sur un titre et sur la possession. Bien qu'en pratique sa position soit presqu'inexpugnable, il convient de réintroduire cette hypothèse dans la série de celles dans lesquelles les difficultés théoriques de la preuve font sentir leurs conséquences. Dans ce débat, se dégagent quelques éléments de solution.

§ 2. LES ÉLÉMENTS DE SOLUTION

La preuve judiciaire de la propriété immobilière obéit, hors les hypothèses dégagées, à un **système prétorien.** Traditionnel, cet ensemble jurisprudentiel peut être considéré comme positif. Il est marqué par un certain empirisme. Mais ce pragmatisme de bon aloi s'inspire d'idées directrices à mettre en évidence, avant d'en considérer les applications principales.

---

(5) Civ. 3e, 5 mai 1970, G. P. 1971.II.529. La jurisprudence est sur ce point constante. V. not. Civ. 3e 25 mars 1981, G. P. 1981.II.Pan.287 ; Civ. 3e, 4 déc. 1991, Bull. III, n° 306, D. 1993, som. com. Robert, 36, 3e esp.

(6) Plus généralement, la jurisprudence admet que les contestations entre parties tenant leurs droits d'un auteur commun doivent être résolues par application de leurs titres. Civ. 3e 10 mai 1983, G. P. 1983.II.Pan.271. À l'occasion, l'art. 1165 reprend son empire. V. Civ. 1re 1er avril 1981 J.C.P. 82.19897, n. Tomasin. Comp. *infra* n° 1614.

A. IDÉES DIRECTRICES

Le système prétorien de la preuve de la propriété immobilière est gouverné par certaines directives qui ont valeur d'orientations générales. L'esprit de la preuve est là.

1612 1° Les tribunaux se contentent sagement (par force) d'une **preuve relative** de la propriété immobilière. Ils n'attendent pas des parties que celles-ci administrent une preuve absolue qui aurait, *erga omnes,* une valeur incontestable, parce que, précisément, cette preuve-là est impossible.

Le juge procède par **comparaison**. Il donne, dans l'espèce, **gain de cause à celui des deux plaideurs qui, relativement, paraît avoir en sa faveur la plus forte vraisemblance le meilleur droit,** d'où le nom que l'on donne parfois au système (système du *« melius jus »*) : parti humble et raisonnable.

Enfermée dans une comparaison entre les deux parties au procès pétitoire, cette approche se soumet au principe de la relativité de la chose jugée (la preuve de la propriété étant débattue au cours d'un procès, rien n'empêcherait que la question de propriété fût tranchée différemment dans un autre litige entre d'autres parties).

1613 2° Pour concrétiser cette première position, la jurisprudence prend un parti qui concourt à fixer le débat probatoire. Pour apprécier, relativement, les droits de chacun, les tribunaux se fondent sur des **présomptions de l'homme,** telles que l'article 1353 du Code civil les définit : preuves abandonnées aux lumières et à la prudence des magistrats. En définitive, **la preuve de la propriété immobilière se fait, en France, par simples présomptions et indices.** Autant dire que **la preuve est libre**. Récemment affirmé dans un litige relatif à la preuve de la propriété mobilière, le principe que la propriété d'un bien se prouve par tous les moyens vaut pour la preuve de la propriété immobilière (Civ. 1re, 11 janv. 2000, D. 2000.IR.39). **Le principe de la liberté de la preuve** et notamment de la libre admission de la preuve indiciaire, y est, depuis longtemps, consacré.

Seulement, ces présomptions se fondent pour l'essentiel sur **deux sortes d'éléments : elles peuvent être tirées principalement de titres de propriété et de faits de possession.** D'un côté, seront versés dans le débat tous les actes juridiques que les parties peuvent produire (acte de vente, de donation, de partage) ; de l'autre côté, seront pris en considération les faits de possession sur la chose (tous les actes d'usage et de jouissance qui ont pu être accomplis sur cette chose à intervalles réguliers ou non, soit par les parties elles-mêmes, soit par leurs auteurs).

1614 **L'essentiel est de comprendre qu'ici titre et possession ne sont pas des preuves de nature différente, mais des preuves de même ordre, à réduire, en tant que facteurs de vraisemblance, au rang d'éléments de présomptions, au même rang d'indices, sans hiérarchie.** Le titre n'est pas traité, ici, comme une preuve littérale en matière d'acte juridique (7). Il subit une sorte de déclassement dans l'échelle des modes de preuve, pour

(7) C'est pourquoi prévaut ici **la plus large notion de titre :** déclaratifs ou translatifs, authentiques ou sous-seing privé, tous les titres méritent d'être pris en considération avec leur valeur *in casu.* V. Civ. 3 janv. 1905. D. 1908.1.441 (« Le demandeur en revendication peut faire la preuve de son droit au moyen de tous actes qui en reconnaissent l'existence, sans distinction entre les actes simplement déclaratifs ou ceux translatifs de propriété » ; il s'agissait, en l'occurrence, de la délibération d'un conseil municipal et du plan annexé) ; *adde* (même sens) : Civ. 3e, 12 déc. 1979, G. P. I.R. 2, 3 mai 1980. Il peut arriver qu'un acte sous-seing privé (de partage) invoqué par le demandeur prévale (parce que plus ancien et sincère) sur le titre authentique plus récent invoqué par le défendeur : Civ. 3e,

être réduit à l'état **d'indice, dénominateur commun**. Mais c'est à cette condition, précisément, que les actes juridiques peuvent être pris en considération *erga omnes*.

Au XIXe siècle, le principe de la relativité des conventions a parfois été invoqué pour exclure les titres, sous le prétexte que les actes juridiques n'auraient de valeur qu'entre parties. L'article 1165 du Code civil interdirait-il d'opposer un acte à des personnes qui avaient été étrangères à sa rédaction ? Assez tôt, la Cour de cassation a fait reconnaître que la relativité des actes juridiques n'interdit pas aux parties d'opposer leur titre aux tiers étrangers à l'acte (8). L'arrêt de 1864 développe des arguments de grand poids ; le droit de propriété serait perpétuellement ébranlé si les contrats (par l'effet desquels se transmet la propriété, C. civ. art. 711) n'avaient de valeur qu'à l'égard des personnes qui y ont été parties, puisque, de l'impossibilité de faire concourir les tiers à ces contrats, résulterait l'impossibilité d'obtenir des titres protégeant la propriété contre les tiers.

Plus de 130 ans après, un arrêt de la Troisième Chambre civile (2 juill. 1997, G.P. 98.I.Pan.104) réaffirme que la preuve de la propriété est étrangère à la question de l'opposabilité des actes aux tiers et casse, pour violation de l'art. 1165, C. civ., un arrêt qui n'avait pas admis qu'un titre pût être invoqué comme présomption, dans le procès qui oppose le prétendu propriétaire à un tiers.

Si les actes de propriété peuvent être invoqués même à l'égard des tiers (dont les droits ne subissent directement aucune modification), c'est parce qu'ils ne leur sont pas opposés comme preuve absolue. Ils sont opposables aux tiers parce qu'ils sont, par eux, contestables (9). De leur production peut seulement surgir une vraisemblance, une **présomption** de l'homme qui peut être combattue par tous les moyens (à la recherche du droit préférable) (V. très nettement sur la prédominance reconnue, dans le conflit probatoire, aux **« présomptions préférables »,** Civ. 3e 24 oct. 1990, G. P. 1991.I.Pan.43).

De ce système libéral et ouvert découlent diverses applications.

B. APPLICATIONS PRINCIPALES

On distingue, dans une **trilogie traditionnelle,** trois séries d'hypothèses :
— possession contre possession,
— titre contre titre,
— possession contre titre.

Il faut sans doute regrouper les applications sous ces trois rubriques, mais en n'y voyant qu'un groupement commode et mnémotechnique de cas.

1° Possession contre possession. Chacun peut invoquer, en sa faveur, des faits de possession (dans un bois, chaque voisin a pratiqué des coupes) (10). L'application des principes précédents est alors simple. Les tribunaux, examinant ces faits en l'absence de titre, **donnent la préférence à la**

---

28 mars 1973, G. P. 1973, I, Pan., 135. V. pour l'opposabilité aux tiers (mais comme indice) d'un acte de partage non publié. Civ. 3e 23 avril 1981, Bull. III n° 80, G. P. 1981.II.Pan., 4-5 déc.

(8) V. Civ. 22 juin 1864. D. 1864.I.13 ; v. dans le même sens, Civ. 29 octobre 1945, D. 1946.18 ; Civ. 3e 12 déc. 1979, G. P. I.R. 2-3 mai 1980 ; Civ. 3e 5 mai 1982, G. P. 1982.II.Pan.356, Civ. 3e 29 avril 1986, G. P. 1986.II. Rés., p. 172, D. 1987. I.R., 13, obs. A. Robert. **Jurisprudence constante.**

(9) Le même raisonnement vaut pour la décision de justice *(inter alios judicata)* invoquée par l'une des parties contre l'autre, comme ayant reconnu sa propriété. « L'arrêt qui déclare un individu propriétaire... ne saurait être opposé aux tiers avec le caractère de la chose jugée », mais il constitue un titre susceptible d'être opposé *erga omnes*, sauf aux tiers contre lesquels il est invoqué à l'attaquer (par la tierce opposition ou directement) mais à charge, s'ils veulent détruire la preuve qui en résulte, « d'établir à leur profit soit un **droit de propriété préférable**, soit une possession antérieure légalement acquisitive ». Synthèse remarquable : Civ. 27 déc. 1865. D. 1866.1.5 (et la savante note anonyme).

(10) Cas typique où, en l'absence de titre, de possession caractérisée et de prescription, de part et d'autre, il fallait comparer, d'après tous les éléments de la cause, de simples faits de possession, Req.

possession la mieux caractérisée : il ne faut pas dire à la plus ancienne, mais à la moins équivoque la plus apparente, la plus régulière, la plus significative en tant qu'élément de présomption (11).

1617 **2° Titre contre titre.** Lorsqu'aucun des deux antagonistes ne peut se prévaloir de faits de possession, et que chacun produit en justice un titre (les deux titres n'émanant pas du même auteur) la jurisprudence donne la préférence au titre qui rend la propriété la plus vraisemblable. C'est la plus forte présomption qui l'emporte, sans se fonder nécessairement sur un critère d'antériorité (12).

Mais cette hypothèse, à l'état pur, est assez rare. Très souvent, l'un des adversaires peut également invoquer, en sa faveur, des faits de possession. C'est alors lui, en général, qui l'emporte. La jurisprudence s'inspire de la maxime : *« In pari causa, melior est causa possidentis ».*

1618 **3° Possession contre titre.** Il est assez fréquent que l'un des adversaires allègue un fait de possession auquel l'autre partie oppose un titre. Le titre ne prévaut pas toujours sur la possession. Les arrêts vont dans les deux sens. La contradiction apparente se résout suivant le principe du **« meilleur droit »,** si l'on admet que faits et titres en conflit ne sont que des éléments de présomption. Ainsi le titre prévaut sur la possession s'il est plus ancien (l'on suppose que la partie qui l'invoque tient son droit d'une personne qui avait, en son temps, possession et titre) (13). Mais la possession, si elle est antérieure (et bien caractérisée), peut l'emporter sur un titre : en matière de revendication d'immeuble la preuve par titre est susceptible d'être détruite par la justification d'une possession légale remontant à une date antérieure (14).

1619 En définitive, il ne faudrait pas attacher trop d'importance à ce répertoire, un peu scolastique, qui classe en trois catégories les types de conflits. Un **retour aux principes** suggère quelques *observations finales.*

— La preuve de la propriété immobilière constitue une **question de fait abandonnée à l'appréciation souveraine des juges du fond,** dans la mesure où la preuve relève du jeu des présomptions et de l'appréciation des indices contraires (jurisprudence constante). Le contrôle de la Cour de cassation ne s'exerce que pour censurer défauts de base légale et erreurs de droit (par ex. l'exclusion d'un titre *inter alios acta* ou le rejet d'une offre de preuve de l'usucapion, l'affirmation d'une hiérarchie des preuves, etc.).

— Si l'on prend une vue globale du procès pétitoire, c'est le cas où jamais de redire, suivant la formule consacrée, que le juge prend le litige dans tous ses éléments, dans **l'ensemble des circonstances de la cause, « cum omni causa ».** Le procès au pétitoire est une sorte de fourre-tout dans lequel on tient compte non seulement des éléments principaux

7 mars 1877. D. 1878.1.216 (les juges « peuvent et doivent se décider » ainsi) ; comp. sur la nécessité de trancher, sous peine de déni de justice, Civ. 3e, 16 avril 1970. D. 70.474, n. Contamine-Raynaud.

(11) V. Req. 19 avril 1937. D. 39.1.24 n. Gaudin de la Grange ; Req. 28 avril 1941, S. 1941.1.128, D.A. 1941, 259 ; v. Civ. 3e 10 juill. 1979, G. P. I.R. 16. 18.XII.1979 (prévalence d'une possession actuelle sur un acte ponctuel de possession) ; v. sur la valeur des **énonciations cadastrales,** Civ. 3e, 3 mars 1976 et T.G.I. Montpellier, 23 mars 1977, D. 1978.253, n. Alibert. Les mentions cadastrales sont **des indices parmi d'autres dans la synthèse comparative des éléments de preuve.** Document fiscal, le plan cadastral ne constitue pas, en lui-même, la preuve de la propriété immobilière et n'a pas, à lui seul, de force probante décisive, en tout cas pas de force supérieure : il peut être retenu comme indice. V. encore Civ. 3e, 21 déc. 1987 et 21 oct. 1987, D. 1989, som. com. A. Robert, 31. Le juge peut donc, pour la délimitation des propriétés, faire prévaloir un rapport d'expertise sur le plan cadastral, Rouen, 23 janv. 1991, G. P. 1993.II.som.20. V. plus généralement, A. Maurin, *Le Cadastre en France,* CNRS 1991.

(12) Civ. 27 mars 1929. S. 1929.1.215 ; Civ. 1re 10 mars 1953, J.C.P. 53.7842, n. Weill ; Civ. 1re 6 déc. 1955. J.C.P. 1956.9042, n. Blin. V. plus haut, n° 1614, note (7) (notion de titre).

(13) V. not. Civ. 22 juin 1864. D. 1864.1.413 ; Req. 24 oct. 1938. D.H. 39.3.

(14) Civ. 14 juin 1904 D. 1905.1.8. (possession d'une parcelle de terrain antérieure à un acte d'acquisition) ; Req. 2 janv. 1907. D. 1907.1.125 (avec une complication s'agissant de la possession du tréfonds).

(possession, titres) mais de tous autres indices : bornes, témoignages (15), documents divers, énonciations du cadastre (16), documents divers (justifiant du paiement de contributions ou de primes d'assurances), etc. **La liberté de la preuve règne**.

— S'il fallait encore atténuer la réputation diabolique de la preuve de la propriété, on pourrait observer que les notaires, lorsqu'ils dressent un acte, opèrent, sous leur responsabilité, des recherches sur l'origine de la propriété. Enfin seules ont été évoquées ici les difficultés contentieuses de la preuve de la propriété immobilière (dans un procès supposé sur la question de la propriété). Mais la preuve de la propriété privée, dans les **relations non contentieuses** (même à l'égard des administrations) peut se faire de façon plus simple (attestation du notaire qui a reçu l'acte de vente ; justification du paiement de contributions foncières ou de primes d'assurance, etc.).

BIBLIOGRAPHIE

AUBRY et RAU, T. III par BARTIN § 219, T. II, 7e éd. par ESMEIN, § 219 ; PLANIOL, RIPERT et PICARD, T. III, *Les Biens,* n° 355 s. ; CARBONNIER, T. III, n° 206 s. ; LÉVY Emmanuel, *Preuve par titre du droit de propriété immobilière,* th. Paris, 1896 ; WAHL, note S. 1898.1.337 ; ESMEIN, note S. 1923.1.297.

(15) Dans leur appréciation souveraine des modes libres de preuve de la propriété immobilière, les juges du fond peuvent tirer d'attestations la preuve de la propriété indivise d'un canal, aucun titre n'étant invoqué : Civ. 3e, 20 juill. 1988, G. P. 1988.II, Rés. 253.

(16) V. ci-dessus, n° 1616, note 11. V. même la référence à un droit de jouissance d'origine féodale non tombé en désuétude. Toulouse, 4 juin 1984, G. P. 1984.II.444.

TITRE II
LE RÉGIME DES MEUBLES CORPORELS

Un livre, une bague, un tableau, une commode, un fauteuil, des habits, une automobile, un chien, une plante en pot, de l'or, une liasse de billets, des titres au porteur, des pièces détachées, des bijoux, un vase, une statue, un lot d'argenterie, une télévision, des appareils ménagers, des fruits et légumes, toutes les marchandises, toutes les fournitures, tous les biens d'équipement et les machines, tous les biens de consommation... Tous les trésors des buffets et des greniers, des souks, des entrepôts et des marchés.

Voilà *des* meubles corporels.

Quoi de commun entre eux ? Appellent-ils autre chose qu'inventaire ou échantillon ? description ? Dans cette diversité, l'idée féconde a été lancée de développer un **« droit mobilier spécial »** (1) (comme il existe, d'ailleurs, un droit immobilier spécial) : droit de l'animal (2), de l'or, de l'automobile, du billet de banque (3), etc. droit concret, droit naturel directement fondé sur la nature et la leçon des choses.

Cependant, **le droit général des meubles** ne se nourrit pas seulement d'abstraction. Quand on pense à toutes ces choses, *ensemble*, des images viennent d'elles-mêmes : commerce, vol, perte, recel, dégradation, destruction mais aussi création, fabrication artisanale ou industrielle, réparation, et encore port, transport, circulation, déplacement, déménagement, troc, prêt, don, gage, abandon : foisonnement d'opérations matérielles ou juridiques qui sont ou bien sans équivalent pour les immeubles (transport, vol) ou bien spécifiques, dans leur manière de s'appliquer aux meubles, et, en tout cas, communes à tous les meubles corporels. Ne serait-il fondé que sur le « privilège » du vol, de la perte, du

---

▪ (1) Carbonnier, III, 225.

▪ (2) V. *supra*, n° 939 et la B. G. ; *adde* Nerson, *La condition de l'animal au regard du droit,* D. 1963, chron., 1 ; Carbonnier, III, 225 ; Toulouse mai 1987, Colloque Droit et animal.. J.-P. Marguénaud, *L'animal en droit privé,* préface Cl. Lombois, P.U.F. 1992, monographie de base. Tout est d'ailleurs relatif : Au sein du droit mobilier spécial, le droit de l'animal récele à son tour, on l'a vu (n°939) un droit commun et un droit spécial. A l'esquisse du droit animalier donnée plus haut, on peut ajouter quelques pistes : sur la bague des pigeons voyageurs (d. n° 1095-1305 du 18 déc. 1995) ; sur la vénerie du blaireau (C.E., 30 juill. 1997, G.P. 97.II.som.25, n. Lagier) ; sur la « battue juridique » du sanglier (J.-P. Branlard, *Le sanglier sous les feux du droit*, G.P. 1998.I.D.5).

▪ (3) V. D. Beaulieu, *Le billet de banque,* th. 3e cycl. Paris, 1976.

transport et de la dissimulation, le droit mobilier général (4) demeurerait en prise sur la nature des choses.

1623 Dans le destin commun que suggèrent ces images, se dessinent, par thème, des regroupements : **1° Les meubles et la personne :** quand on pense à tout ce qu'une personne porte sur elle, emporte avec elle en voyage, ou amasse autour d'elle là où elle vit, cet environnement personnel mobilier suggère que tous les liens (d'agrément, d'utilité) du meuble à la personne exercent une influence sur le régime juridique du meuble. Dans le droit des meubles, il y a un droit du plaisir (et du placement : les bijoux), un droit du sentiment (les souvenirs de famille ; v. plus haut, n°s 938, 976), un droit du travail (les instruments nécessaires à la profession), un droit (alimentaire) de la nécessité (les biens insaisissables, nécessaires à la vie ; C. civ. art. 2092-2, v. auj. l. 9 juill. 1991, art. 14, 4°), un droit de famille (biens garnissant le logement familial), etc. **2° Les meubles et la construction :** c'est le rapprochement qui met à l'épreuve, dans cette marge, la distinction des meubles et des immeubles (5). Le passage (matériel) de l'un à l'autre (par incorporation ou
détachement) étant fréquent de même que, d'un autre côté, l'emploi d'éléments préfabriqués dans la construction, la notion d'élément de construction vient au premier plan. La réforme du contrat de construction y dessine une distinction importante entre « éléments constitutifs et éléments d'équipement » (C. civ. art. 1782 s. 1. 4 janv. 1978). **3° Les meubles et les contrats :** c'est une pièce fondamentale du régime des meubles corporels. Le droit mobilier comprend celui des opérations mobilières. Il prend vie dans les applications que lui donne le commerce juridique et, de leur côté, les contrats spéciaux prennent corps quand on les regroupe par leur objet : ici le carré homogène, le noyau millénaire intact des opérations manuelles sur meuble corporel (don, prêt à usage, gage, dépôt, échange) ; là le groupe (à peine plus évolué) des opérations où, par décalage, l'obligation de délivrance ou de livraison conserve, avec la tradition, toute sa force (vente des objets corporels, contrat de transport, etc.).

1624 Fondamentalement, le lien qui unit toutes ces applications conduit au *droit commun naturel* qui en forme la base. **Le régime des meubles corporels est dominé par l'importance de la possession.** Quand on en saisit, question primordiale, le **rôle général** (Chap. I), il reste à en suivre le jeu relativement au mécanisme acquisitif de **l'accession** et de **l'occupation,** questions marginales (Chap. II).

(4) Le droit général des meubles pourrait se définir : le droit de ce qui se vole, se perd, se transporte et se cache (se musse).
(5) En dehors même de la théorie de l'anticipation et de la destination. V. n° 916 et 908.

CHAPITRE I
RÔLE GÉNÉRAL DE LA POSSESSION EN FAIT DE MEUBLES CORPORELS

Tangibles et mobiles par nature, tous les meubles corporels ont, physiquement, deux raisons de donner prise au pouvoir de fait qu'est la possession. On peut les prendre et les emporter.

Et pourtant, certains meubles corporels spécifiés, qu'il convient de placer d'emblée hors-circuit, échappent, par la volonté de la loi, à l'emprise de la possession :

1° *Les meubles du domaine public* (qui échappent à l'appropriation individuelle) (1) ;

2° *Les meubles inaliénables* (déclarés tels par loi : ex. objets historiques classés appartenant à une personne morale de droit public) (2) ;

3° *Les meubles immatriculés* (navires, bateaux de navigation intérieure et aéronefs qui sont soumis à immatriculation et dont la propriété ne se transmet que moyennant l'accomplissement d'une formalité de publicité et se prouve selon diverses règles ; v. *supra,* n° 936).

On s'avise alors que, si une intervention étatique les soustrait au règne de la possession, sans pouvoir leur ôter leur nature de bien corporel, c'est, spécifiquement, en ce qu'elle les soustrait à la liberté du commerce, soit parce qu'elle les place hors-commerce, soit parce qu'elle soumet à des formalités les mutations qui les concernent.

6 Par contraste, il devient alors très clair que — pour tous les autres meubles corporels — la loi, en n'intervenant pas, laisse jouer *la liberté qui constitue la véritable loi naturelle des meubles corporels.* Si la possession joue pour eux un rôle capital, ce n'est pas seulement parce que leur caractère mobile et tangible le rend physiquement possible, c'est aussi et surtout parce que leur **destination économique** le rend nécessaire. Le commerce des meubles s'opère sans écrit. Le fait est que chaque jour, sur des milliers de places, **des**

---

(1) La règle de l'art. 2279 ne s'y applique pas, Req. 17 juin 1896. D. 97.1.257, n. Guenée : les livres et manuscrits des bibliothèques dépendant du domaine public peuvent être perpétuellement revendiqués, même à l'encontre d'un possesseur de bonne foi. V. Trib. corr. Montluçon, 29 sept. 1965, D. 1965.774, n° Delpech, R.T. 1966.109 chron. Bredin ; Crim. 16 juin 1992, D. 1993, som. com. Robert, 35.

(2) Comp. 1. n° 78-19, 3 janv. 1979, déclarant imprescriptibles les archives publiques, quel qu'en soit le possesseur (art. 3). Le patrimoine national mobilier (patrimoine légal recensé à l'inventaire général) est considérable : il comprend 4 millions d'œuvres d'art dans les musées, 900 000 dossiers d'archives sur 1 500 km de rayonnages. Chaque année il s'enrichit de 3 000 œuvres dans les musées et de 60 km d'archives (études pour 1980, l'année du patrimoine).

millions de meubles corporels passent de main en main, sans formalités. Ce qui les soumet à l'emprise nécessaire de la possession c'est (chaque fois que la loi ne la contrarie pas) **leur vocation naturelle à une libre circulation juridique et économique.**

1627 Mais la situation ne tourne à l'avantage de la possession — il faut bien le comprendre — que parce que, dans le « stupéfiant combat » qui l'oppose toujours au même rival, ce rival, le titre, fait ici défaut. La possession occupe la place que le titre laisse vide. La figure n'est pas « possession contre titre » mais, dans ce type de commerce, **possession sans titre,** et, de là, **possession au lieu de titre : fonction de suppléance.**

Mais encore ? En quel sens la possession vaut-elle titre ? L'interprétation régnante considère aujourd'hui que, dans sa *fonction principale,* la possession supplée le titre comme **mode d'acquisition (fonction acquisitive**), mais qu'elle remplit des *fonctions dérivées* dans lesquelles la possession vaut, présomption de titre **(fonction probatoire)** ou condition d'opposabilité **(fonction translative)** (3).

SECTION I LA FONCTION PRIMORDIALE DE LA POSSESSION, MODE D'ACQUISITION DES MEUBLES CORPORELS NON IMMATRICULÉS

« En fait de meubles, la possession vaut titre ». Frappée en maxime, au premier alinéa de l'article 2279 C. civ., cette règle elliptique d'équivalence appelle, avant le détail de son étude, quelques observations générales sur son sens, son fondement, son histoire.

1628 **Sens.** Complétée, la maxime s'écrit : *En fait de meubles corporels non immatriculés, la possession de bonne foi vaut titre de propriété.*

Entendons : dans certaines circonstances, *le possesseur de bonne foi d'un meuble corporel est, en tant que tel et par la seule vertu de sa possession de bonne foi, considéré comme propriétaire de cette chose.* La maxime signifie *je possède, donc je suis propriétaire.* La possession remplit, ici, une **fonction acquisitive.** C'est un mode autonome d'acquisition de la propriété.

1629 Encore faut-il préciser d'emblée dans quelle hypothèse se place la loi pour poser une telle équivalence. **L'article 2279 suppose qu'un propriétaire véritable revendique le meuble dont il a perdu la possession entre les mains d'un tiers, défendeur au procès en revendication, qui possède cette chose après l'avoir acquise d'un intermédiaire non propriétaire.** Dans ce cas (et à certaines conditions), le possesseur peut repousser la

(3) C'est Saleilles qui, dans sa critique de la formule « trop concise et vague » de l'art. 2279 ramassant « en une seule règle la question de fond et la question de forme » dissipe la confusion entre les deux aspects : « la règle constitutive du droit » et « la règle probatoire ». *De la possession des meubles*, 1907 ; v. Baudry-Lacantinerie et Tissier, *De la prescription,* n° 834 bis s. Depuis lors, la distinction entre les deux fonctions, acquisitive et probatoire, n'a cessé de s'affirmer en doctrine. Elle s'est enrichie (pour l'explication de l'art. 1141 C. civ.) d'une troisième fonction présentée par Ripert et Boulanger, T. I, n° 3403, 3444 s., et que M. Carbonnier propose de nommer translative (III, 79).

revendication. L'article 2279 résout, en faveur du possesseur acquéreur *a non domino,* le conflit qui l'oppose au véritable propriétaire. La possession est, pour lui, un titre plus fort que la véritable propriété. **Elle vaut titre d'acquisition, titre de propriété**.

Fondement. Pourquoi préférer le simple possesseur au véritable propriétaire ? Pourquoi conférer à l'acquéreur *a non domino* plus de droits que n'en avait son auteur ? La règle écrite à l'article 2279 est doublement exorbitante : elle déroge au principe que nul ne peut transférer à autrui plus de droits qu'il n'en a lui-même *(Nemo dat quod non habet) ;* elle sacrifie les intérêts du propriétaire véritable.

Il faut de bien fortes raisons pour justifier une disposition aussi singulière. Ces raisons existent. **L'article 2279 est l'expression juridique d'une nécessité économique primordiale**. Il a pour fin et justification d'assurer la **sécurité dans les transactions mobilières. C'est une règle de protection du commerce.**

Il suffit d'imaginer combien l'éventualité d'une revendication mobilière troublerait les opérations innombrables qui, chaque jour, se traitent sans que l'acquéreur exige, de son auteur, la justification de la propriété. Les transactions économiques vivent sous couvert de cette règle simple. Une revendication ouverte, en matière de meubles, jetterait l'insécurité dans le commerce de biens « qui circulent rapidement et qui ne laissent aucune trace, et dont il serait presque toujours impossible de vérifier et de reconnaître l'identité » (Portalis).

Bourjon sous la plume duquel, au XVIIIe siècle, vient la formule que reproduit l'article 2279, l'appuyait aussitôt sur cette justification : « En matière de meubles, la possession vaut titre de propriété. La sûreté du commerce l'exige ainsi » (4).

Cependant, le fondement reconnu à la maxime en marque **la limite.** Seul mérite d'être protégé **le commerce loyal.** Protecteur du bon commerce, le législateur ne peut fermer les yeux sur les circonstances dans lesquelles le possesseur a acquis la chose, c'est-à-dire sur le genre de son marchand et le lieu de son marché (d'où l'art. 2280, al. 1).

D'un autre côté, la loi ne peut se désintéresser des intérêts du véritable propriétaire (d'où l'art. 2279, al. 2). Elle ne peut faire abstraction **des circonstances dans lesquelles le véritable propriétaire a été dessaisi de sa chose.** Il importe de savoir s'il en a été dépossédé contre son gré, ou s'en est volontairement dessaisi, c'est-à-dire, en somme, *comment le bien a été introduit dans le circuit commercial.* L'histoire vérifie l'importance de ces considérations.

Aperçu historique (5). L'ouverture de la revendication mobilière, en cas de vol ou de perte, est, dans l'histoire, un point fixe, commun à la tradition romaine et à la tradition coutumière (d'origine germanique). Mais, dans la première, ce n'est qu'une application du principe (consacré dans la législation de Justinien) selon lequel les meubles s'acquièrent par la prescription de trois ans (délai avant l'expiration duquel la *rei vindicatio* est ouverte). Dans la seconde, c'est une exception au rejet de

(4) *Droit commun de la France*, II, 1, 6 sect. I, n° 1. L'accent étant mis — et depuis si longtemps — sur la garantie du commerce et la sécurité des affaires, il resterait à élucider, en fait, si la solution contraire encore admise par diverses législations romanes (Espagne, Portugal) demeurées fidèles à la règle romaine, engendre de réels inconvénients pratiques (troubles du commerce, fréquence des procès) ou si d'autres facteurs tempèrent la différence (par ex. la difficulté réelle d'identifier l'objet revendiqué).

(5) Schématique, le tableau esquissé au texte ne fait l'accord des historiens ni sur les règles, ni sur les causes de l'évolution. Une synthèse à la fin du XIXe siècle : Jobbé-Duval, *De la revendication des meubles,* 1880 ; v. Baudry-Lacantinerie et Tissier, *De la prescription,* n° 817 s. ; v. Olivier-Martin, *Coutume de Paris,* II, p. 103 ; v. Carbonnier, III, 78, sur l'influence qu'à dû exercer le système de Law et du développement de la finance en faveur du rejet de la revendication.

principe de la revendication mobilière. Jusqu'au XIIIe s., les influences se partagent, les pays de droit écrit conservant la règle romaine et les pays de coutume la maxime « les meubles n'ont pas de suite ».

Le droit romain, renaissant au XIIIe siècle, remet à l'honneur la maxime *« Nemo plus juris ad alium transferre potest quam ipse habet »*. Même en droit coutumier, le principe de la revendication paraît l'emporter progressivement sur la tradition germanique pour la période qui va du XIVe siècle jusqu'au XVIIe siècle. Cependant, les inconvénients pratiques du système, que le développement des activités commerciales et financières supporte mal, redonnent vigueur à la tradition coutumière originaire qui l'emporte à nouveau sur la maxime romaine. Lorsque Bourjon écrit au XVIIIe siècle, c'est à nouveau l'interdiction de la revendication mobilière telle que l'admet la jurisprudence du Châtelet qu'il consigne comme formant **le droit commun de la France** (6). Mais on retrouve, **avec le principe, l'exception** qui l'atténue : Bourjon fait exception pour les meubles « furtifs » (pour lesquels la revendication est possible). Le principe, flanqué de son exception, a été consacré en 1804 dans l'article 2279 (7). Le principe est écrit au premier alinéa ; l'exception, pour les meubles perdus ou volés, au second.

§ 1. LE PRINCIPE : LA POSSESSION VAUT TITRE

1633 À certaines conditions, le possesseur est assuré de repousser la revendication faite par le véritable propriétaire, par la vertu de sa possession assimilée à un titre (8). Dans ce litige, le revendiquant ne tire aucune force de la preuve de sa propriété. Cette preuve en main, il succombe quand même. L'article 2279 paralyse la revendication (9) : la demande du *verus dominus* est rejetée (10).

L'explication dogmatique de cette règle n'est pas, spéculativement, sans intérêt. Le possesseur bénéficie-t-il d'une prescription immédiate ? d'une présomption légale de propriété ? d'une acquisition *lege ?*

---

(6) *Droit commun de la France*, livre II, I, 6 sect. 1, n° 1. Admettant en principe la revendication mobilière suivant la règle romaine, Pothier lui apporte les restrictions qui finalement, rapprochent sa pensée de l'analyse de Bourjon. Pothier, *De la propriété,* n° 282, *De la prescription,* n° 205, *Des donations entre mari et femme,* n° 67, *Coutume d'Orléans, Introduction au titre de la prescription,* n° 6.

(7) Dans le droit fil de la théorie de Bourjon. Trois présentations concordantes : l'exposé des motifs de Bigot de Préameneu au Corps législatif, Locré, T. XVI, p. 586, le discours préliminaire de Portalis, Locré, T. I, p. 179 ; le rapport du tribun Goupil, Locré, T. XVI, p. 598. Les raisons pratiques priment et la règle est vue, semble-t-il, comme une règle de fond (« On a regardé le seul fait de la possession *comme un titre* ; on n'en a ordinairement pas d'autres pour les choses mobilières », Bigot de Préameneu, *loc. cit.).* Le troisième projet Cambacérès avait retenu un autre parti « La possession d'un meuble en fait *présumer* la propriété, hors à l'égard de celui qui a volé » (art. 688).

(8) Titre autonome, coupé de source, qui ne souffre même pas des vices qui pourraient affecter l'acte d'acquisition du possesseur (nullité, résolution) : titre de première main, qui naît sur la tête du possesseur et se suffit à lui-même, s'il remplit les qualités requises par la loi.

(9) Il peut être tentant, en pratique, de préciser que, s'il y a présomption de propriété, cette présomption est irréfragable. Qu'elle ne souffre pas la preuve contraire fait comprendre que le débat n'a pas pour objet de rechercher le véritable propriétaire (il est centré sur la possession, sa constitution, ses qualités). Mais cette formulation commode entretient une confusion : elle présente, sous un aspect probatoire, la fonction typiquement acquisitive que remplit, ici, la possession, titre autonome de propriété, cause d'acquisition et non présomption de titre.

(10) Au moins la demande dirigée contre le possesseur, car le véritable propriétaire est en droit de se retourner contre l'intermédiaire qui l'a trompé en disposant du meuble qu'il lui avait confié : action personnelle exercée contre un détenteur précaire infidèle en vertu du titre de la détention (bail, dépôt, mandat, etc.), ou même action réelle imprescriptible (en revendication) fondée sur son droit de propriété (dont il peut espérer une indemnisation).

Chaque thèse a ses adeptes (11). Mais toutes les théories courent après l'explication que l'histoire, empiriquement, fournit.

Positivement, c'est la sécurité assurée au possesseur nanti qui frappe par son caractère radical. Positivement, l'essentiel est de discerner à quelles **conditions** la loi subordonne son bienfait. La maxime ne les détaille pas. Une interprétation jurisprudentielle et doctrinale confirmée les a ordonnées en trois séries.

A. LA PROTECTION LÉGALE NE COUVRE QUE LA POSSESSION UTILE ET DE BONNE FOI

Trois premières conditions en une, qui laissent au revendiquant trois chances d'écarter l'application du texte selon une même tactique : prouver que l'une au moins de ces conditions n'est pas remplie (il alléguera souvent qu'aucune ne l'est). A lui incombe la **charge de la preuve** (12).

1° La possession. Pour se prévaloir de l'article 2279, il faut être possesseur. La possession répond, ici, sans aucune particularité, à sa définition générique : il faut qu'elle soit constituée dans ses éléments matériels et psychologiques *(corpus* et *animus)* (13).

Réservée au possesseur proprement dit, la protection légale ne couvre donc pas le détenteur précaire (qui détient en vertu d'un titre : mandat, prêt, dépôt, etc.).

Le premier moyen offert au demandeur, pour triompher dans sa revendication, consiste, ainsi, à **établir que le défendeur n'est pas un véritable possesseur** acquéreur *a non domino,* mais un **détenteur précaire.** La charge de prouver cette qualité lui incombe. Elle est difficile. Mais si le revendiquant réussit à la rapporter, il l'emporte parce qu'il écarte l'application d'un principe dont l'une des conditions n'est pas remplie (le schéma de base — l'acquisition *a non domino* — fait défaut (14).

---

(11) Pourtant, l'usucapion instantanée est une contradiction dans les termes (il n'y a pas de durée sans délai, d'usage sans temps) ; irréfragable, une présomption légale fait admirer sa force, mais douter d'une charge de vérité qu'elle dérobe à la critique (v. aussi n° 1633 note 8) ; l'acquisition en vertu de la loi est une constatation.

(12) Quand le possesseur de deux louis d'or prétend les avoir reçus en don manuel, ce n'est pas à lui de prouver le don, mais à son adversaire de prouver, s'il le peut, l'absence de don ou un vice de la possession (ou l'existence d'un contrat, de prêt par exemple, qui en fait un détenteur précaire et l'oblige à restitution). Un arrêt est cassé pour avoir inversé la charge de la preuve : Civ. 1re, 17 janv. 1995, J.C.P. 95.IV.696 ; D. 1995.IR. 44 ; J.C.P. 1995.I.3878, n° 6, obs. Périnet-Marquet.

(13) V. plus haut, n° 127, le défendeur n'est protégé que s'il est en possession réelle de l'objet revendiqué, non s'il bénéficie d'une tradition feinte, fût-il en possession d'un document représentatif de l'objet (lettres de voiture, récépissé). V. Com. 23 juin 1952, Bull. 1952.191 ; Civ. 12 déc. 1921. D.P. 1922.1.28.

(14) Sans que cette parade soit ainsi énoncée, c'est le sens de la décision de la Cour de Paris du 30 janvier 1950 (D. 1950, p. 168) dans le litige qui opposait, à propos d'une collection de tableaux, un revendiquant au légataire universel d'une personne qui détenait les tableaux. Le problème était de savoir si le défunt (aux droits duquel de trouvait un ayant cause à titre universel, le légataire) avait été **détenteur ou possesseur.** Il n'avait été qu'un simple dépositaire, ou un emprunteur auquel le véritable propriétaire avait laissé les tableaux (en les assurant à son nom personnel et en payant les primes d'assurance). La Cour de Paris a donné gain de cause au revendiquant (mais en centrant le problème sur la preuve du droit de propriété) ; *adde :* Civ. 1re 21 juin 1978, G. P. 1978, II, Pan., 337. Le même scénario se reproduit régulièrement entre héritiers de peintres célèbres et héritiers des marchands de tableaux. À la succession du peintre reviennent au moins les toiles dont les revendiquants prouvent que le marchand **n'était que dépositaire** (donc détenteur précaire tenu à restitution en vertu du dépôt) et non possesseur. V. not. T.G.I. Paris, 29 mars 1989, G. P. 1990.I.som.181 ; Paris, 3 oct. 1990, G. P. 1991.I. 27-28 févr.). *adde,* pour des livres précieux, Paris, 30 mars 1990. J.C.P. 1990.II.21584, n. J.-F. Barbieri.

1635 **2° La possession utile.** Bien que cette exigence ne soit pas spécifiée au texte et qu'elle soit, en pratique, secondaire, elle est assez souvent admise (15) : seul semble protégé celui dont la possession est paisible, publique, continue et non équivoque (utile, au sens de l'art. 2229).

Ainsi le demandeur a-t-il un autre moyen d'écarter la maxime : **prouver que la possession est équivoque, discontinue, clandestine, ou violente.** La charge de cette preuve lui incombe ; la preuve est libre (16).

1636 **3° La possession de bonne foi.** C'est une condition fondamentale, elle aussi traditionnelle, du bienfait de la loi : **l'article 2279 ne protège que le possesseur de bonne foi** (17). Le bienfait de la loi est une faveur à la bonne foi. Celle-ci est **présumée**. Pour le possesseur, elle est dans le fait d'avoir cru, au moment de l'acquisition, qu'il tenait ses droits du légitime propriétaire.

Le demandeur a donc un troisième moyen d'éluder l'application de l'article 2279 : il lui incombe de prouver, par tous moyens, qu'**au moment de l'acquisition** (18), le possesseur ne pouvait sérieusement croire traiter avec le véritable propriétaire (qu'il était de mauvaise foi). Maints procès sont centrés sur cette preuve qui peut être rapportée par tous les moyens (19).

---

(15) Certains auteurs le contestent : v. Picard, Planiol et Ripert, *Les Biens,* n° 381. V. cep. Req. 11 janv. 1937, D.H. 37.97 ; Civ. 20 déc. 1955, J.C.P. 1955.9455, n. Weill. En pratique, la discussion à ce sujet surgit presque toujours dans le conflit entre le possesseur et son auteur ; v. ci-dessous, n° 1659. La question des vices de la possession apparaît cependant parfois dans le conflit entre le possesseur et le *verus dominus :* Cass. Com. 28 nov. 1989, G. P. 1990.II.Pan.189, ici en faveur du banquier créancier gagiste, tenant ses droits de l'acquéreur de marchandises à l'encontre du vendeur titulaire d'une clause de réserve de propriété (protection du banquier dont la possession est reconnue exempte de vices).

(16) Normalement, les vices de la possession doivent être constatés en la personne du possesseur actuel. Mais la jurisprudence admet que l'héritier (ayant cause à titre universel) succède aux vices de la possession de son auteur. Civ. 1re 16 juin 1971, D. 1971, 566, note A. B., R.T. 1972, 153, obs. Bréain). Cette proposition, qui paraît appartenir à la théorie générale de la possession est trop large. Elle est radicalement exclue en matière de prescription acquisitive (v. plus haut n° 1144, 1213 et 1564). Mais la solution convient à l'application de l'art. 2279, car la possession ici vaut titre et il est logique d'étendre à la transmission du titre la règle qui perpétue la précarité du titre précaire (C. civ. art. 2237). *Adde,* Civ. 1re 9 déc. 1986, G. P. 1987. I, Rés., 4-5 mars, p. 47.

(17) Sur le principe, v. Req. 22 mai 1906. D. 1906.1.351 (« La maxime... ne protège que le possesseur de bonne foi, non celui dont la possession est d'origine obscure ») ; Req. 21 nov. 1927. D. 28.1.172 ; Req. 11 janv. 1937. D.H. 37.97.

(18) C'est précisément au moment où il entre en possession que le possesseur doit être de bonne foi pour que la possession produise son effet acquisitif. C'est donc à ce moment que la bonne foi requise doit être appréciée (Civ. 1re, 27 nov. 2001, D. 2002.J.671, n. Gridel). On enseigne en général que le possesseur conserve le bénéfice de la protection si, après son entrée en possession, il apprend l'origine du bien. C'est une différence avec le droit pénal qui traite en receleur (C. pén. art. 321-1) le détenteur d'un objet détourné par abus de confiance, même si l'origine du bien ne lui est révélée qu'après sa mise en possession. Même en matière civile, le système se lézarde : Civ. 1re 5 oct. 1972, J.C.P. 17485, n. Bénabent ; comp. sur le sort des héritiers d'un possesseur de mauvaise foi : Civ. 1re, 16 juin 1971. D. 71.566.

(19) Ainsi dans le célèbre arrêt Pétridès c/ Volard, à propos d'un tableau de Rouault, une question intéressante était de savoir si le premier marchand de tableaux qui avait acquis de Volard un « Portrait de Pierrot » non signé (faisant partie d'un lot de toiles non signées) avait pu croire que son vendeur, qui détenait ces tableaux, en avait la propriété, avec le pouvoir d'en disposer. Élément de fait, la mauvaise foi peut être prouvée par tout moyen. La décision met en relief la qualité des marchands de tableaux et la compétence professionnelle de l'acquéreur. Rompu aux subtilités du métier et du marché, le premier acquéreur pouvait difficilement avoir des doutes sur la qualité de Volard : il ne pouvait ignorer que son auteur, détenteur précaire, disposait sans droit d'une toile dont Rouault s'était réservé la faculté de modifier la facture (Orléans, 17 mars 1965, G. P. 1965, II, 45 ; c'est dire que des soupçons suffisent à ébranler la présomption de bonne foi : T.G.I. Seine 12 janv. 1966. J.C.P.

B. LA PROTECTION NE COUVRE QUE LES MEUBLES CORPORELS

Etrangère aux immeubles et aux meubles incorporels (notamment aux créances) (20), la règle a vocation à s'appliquer à **tous les meubles corporels,** y compris celles des valeurs mobilières pour lesquelles le droit est encore incorporé au titre, c'est-à-dire celles qui ont échappé à la dématérialisation décrétée en 1983, v. *infra,* n° 1651), ou le manuscrit d'une œuvre littéraire (21). La protection s'applique également, en dépit de la publicité qui entoure l'opération, au meuble qui avait fait l'objet d'un contrat de crédit-bail et qui se trouve entre les mains d'un sous-acquéreur, ce qui tient en échec, en sa faveur, l'action en revendication du crédit-bailleur (Com. 14 oct. 1997, J.C.P. 97.IV.2326 ; J.C.P. 98. chron. 1171. *Les Biens*, 9. Périnet-Marquet ; comp. Montpellier 23 janv. 1997, J.C.P. 97.II.22958, n. G. Eid).

— Elle est cependant écartée dans divers cas particuliers. La règle de l'article 2279 perd ainsi sa raison d'être lorsque la sécurité des transactions est autrement assurée. C'est le cas des **meubles immatriculés** proprement dits (v. ci-dessus, n° 1625). Leur aliénation étant subordonnée à une formalité de publicité, les acquéreurs ont la possibilité de se renseigner au lieu d'accomplissement de la publicité. La sûreté de la transaction étant offerte aux acheteurs diligents par la publicité légale, l'article 2279, en dépit de sa généralité formelle, ne s'applique pas aux meubles immatriculés (logiquement la jurisprudence décide, au contraire, que les bateaux de plaisance de faible tonnage n'étant pas soumis à ces formalités de publicité, sont régis par l'art. 2279) (22).

— La même idée a fait décider (23) que l'article 2279 ne s'appliquait pas aux **meubles par anticipation :** s'agissant, en l'espèce, de chênes vendus sur pied et destinés à être abattus, l'acquéreur était à même de se renseigner et de vérifier la qualité du vendeur, en consultant les titres de propriété immobilière, puisque, jusqu'à l'abattage des arbres, ceux-ci font partie du terrain. La publicité des opérations immobilières assurait suffisamment la sécurité des transactions.

C. LA PROTECTION LÉGALE NE COUVRE QUE LES MEUBLES DONT LE PROPRIÉTAIRE S'ÉTAIT VOLONTAIREMENT DESSAISI

Non écrite à l'article 2279, mais implicite, cette condition de base (et à rallonge) est consacrée.

1° L'application de la maxime postule d'abord qu'à l'origine le véritable propriétaire avait remis cette chose, à titre précaire, à un tiers. Il faut supposer, de sa part, une

---

1967.15266, n. Bischoff, R.T. 1968.172, obs. Bredin, Paris, 19 janv. 1933, D.H. 1933.185 ; 15 févr. 1961, G. P. 61.1.190 (il ne faut pas que la chose ait une origine obscure) ; Civ. 1re, 16 juin 1971. D. 71.566, R.T. 1972.153, obs. Bredin. **La preuve est libre** : Dijon, 2 déc. 1942, 21 janv. 1943, D.C. 1944.30, n. Lalou.

(20) V. Civ. 2 déc. 1856 D. 56.1.443 ; Paris 19 déc. 1958, G. P. 1959, II, 51 ; v. ci-dessous n° 1645, note (2), Trib. civ. Besançon, 25 avril 1955, G. P. 1955.2.95 ; comp. pour la revendication des titres en S.I.C.O.V.A.M. à l'encontre d'un syndic de faillite, Paris, 2 déc. 1963, G. P. 1964, I. 406.

(21) Le fait est que, vouées ou non à l'échec, les revendications portent le plus fréquemment sur des bijoux, des titres, des voitures, des chevaux.

(22) V. pour l'application de ce texte à un yacht de plaisance, Aix-en-Provence, 10 févr. 1947, J.C.P. 47.3751 ; *adde* : Com. 20 nov. 1951. Bull. 51.IV.34. V. *supra*, n° 936 et 1606 pour la preuve de la propriété des navires et des bateaux.

(23) Civ. 4 juill. 1968, G. P. 1968.II.298, R.T. 1969, 144, obs. crit. Bredin.

dépossession volontaire faite en vertu d'un prêt, d'un dépôt, d'un mandat consenti à un tiers ainsi devenu détenteur précaire.

Cette interprétation résulte *a contrario* du deuxième alinéa de l'article 2279 (quand il s'agit de meubles perdus ou volés — lorsque le dessaisissement originaire du propriétaire n'a pas été volontaire — la règle du premier alinéa ne s'applique pas).

2° L'application du texte implique que **le meuble corporel est entré dans le circuit commercial par suite d'une indélicatesse (et même d'un acte illicite) de la part du détenteur précaire** qui tenait la chose du véritable propriétaire. Il faut supposer que cet emprunteur (mandataire, dépositaire, etc.), en aliénant la chose qu'il détenait, a commis un abus de confiance, ou, au moins, trompé la confiance qui avait été mise en lui (24).

Il n'est cependant pas nécessaire qu'au regard de la loi pénale le délit d'abus de confiance soit constitué (art. 314-1, C. pén.). La qualification pénale et la « situation » civile sont indépendantes. L'art. 2279 peut d'ailleurs jouer dans une éventualité moins grave. Il peut arriver que le bien remis à un détenteur précaire ait été aliéné, de bonne foi, sans abus de confiance, par un héritier de ce dernier.

1639 **Schéma.** La situation dans laquelle joue l'article 2279 prend cette figure :

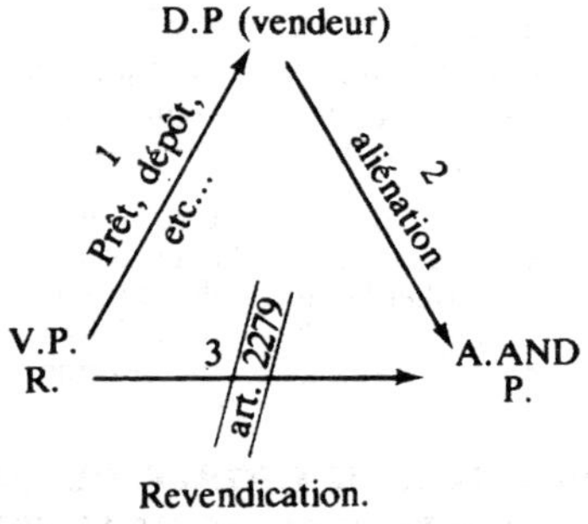

Légende :
(V.P., R.) = véritable propriétaire revendiquant
(D.P.) = détenteur précaire
P. = possesseur (de bonne foi)
(A.A.N.D., P.) = acquéreur *a non domino*, possesseur
(1) = Première opération (prêt, dépôt, etc., dessaisissement volontaire)
(2) = Deuxième opération (aliénation illicite)
(3) = Troisième opération (revendication paralysée par l'art. 2279).

Observations :

1. À l'origine le véritable propriétaire remet l'objet à une personne qui en devient détenteur précaire, par l'effet d'un prêt, d'un dépôt, d'un mandat, etc. (cet élément

(24) Sans doute est-ce parce que le prétendu possesseur ne tient la chose ni d'un tiers détenteur ni de son auteur (v. n° 1656) qu'en matière de compte joint, la règle de l'article 2279 du Code civil ne peut être invoquée par celui des titulaires qui prélève en son nom personnel et à son profit, au moyen d'un chèque, une somme détenue sur le compte. Civ. 1re 18 déc. 1985, Bull. I, n° 358, p. 323. Aucun des schémas que suppose l'application de l'article 2279 n'existe alors. Auteur du prélèvement, le possesseur ne peut se constituer lui-même son titre.

caractérise les circonstances dans lesquelles le propriétaire originaire s'est dessaisi de son bien).

2. Le détenteur précaire dispose, sans droit, de cette chose au profit d'un acquéreur (supposé de bonne foi). La deuxième opération est l'acte de disposition par lequel le détenteur précaire remet le meuble à un acquéreur de bonne foi.

3. Lorsque le véritable propriétaire exerce la revendication contre le possesseur, l'article 2279, al. 1, y fait obstacle.

Faut-il dire que si, en ce cas, l'article 2279 sacrifie le véritable propriétaire, c'est parce qu'à l'origine il avait mal placé sa confiance ? Peut-être éprouve-t-on trop facilement, pour l'apaisement des scrupules, le désir de justifier par une faute de sa part le traitement rigoureux que la loi lui réserve. Le fondement de l'art. 2279, al. 1, n'est pourtant pas délictuel ; la loi n'établit pas une sanction, mais, positivement, une **protection pour le commerce de bon aloi** (comme l'atteste l'exception du second alinéa).

§ 2. L'EXCEPTION : LA REVENDICATION DES MEUBLES PERDUS OU VOLÉS

Le second alinéa de l'art. 2279 dispose : « **Néanmoins** celui qui a perdu ou auquel il a été volé une chose peut la revendiquer pendant trois ans, à compter du jour de la perte ou du vol, contre celui dans les mains duquel il la trouve... ». **Les circonstances dans lesquelles le véritable propriétaire a été dessaisi expliquent qu'un traitement moins défavorable lui soit appliqué.**

Cependant cette amélioration relative revêt une forme différente pour les meubles corporels, en général, et, résiduellement pour les titres au porteur ou les coupons, c'est-à-dire, plus précisément, pour celles des valeurs mobilières, qui ayant échappé à la dématérialisation décrétée en 1983, sont encore exposées au risque de dépossession (le droit étant incorporé au titre) et sont l'objet de règles adaptées à leur nature particulière.

A. LE RÉGIME GÉNÉRAL APPLICABLE AUX MEUBLES CORPORELS ORDINAIRES

L'article 2279, al. 2, **ouvre la revendication au véritable propriétaire lorsque celui-ci a été dépossédé de sa chose par l'effet d'une perte ou d'un vol.** Normalement paralysée, l'action en revendication lui est rendue : avantage spécifique que le propriétaire retire des circonstances de son dessaisissement.

À la vérité, l'offre de la loi suppose pour se concrétiser qu'en fait le véritable propriétaire retrouve, un jour, la chose dont il était dépossédé (que, par lui-même ou les services de polices, ce paysan des Pyrénées retrouve sa jument perdue, ou l'automobiliste sa voiture volée).

Outre cette condition, la revendication est subordonnée, pour son succès, à des conditions générales et constantes, et la restitution, parfois, à une condition supplémentaire.

a) Conditions générales et constantes de la revendication

1643 **1° Circonstances du dessaisissement.** C'est une première condition de recevabilité (25). La loi n'ouvre la revendication au propriétaire que s'il justifie avoir été dépossédé par l'effet **d'une perte ou d'un vol** (26). La preuve de cette circonstance de pur fait peut être faite par tous moyens (souvent le véritable propriétaire en aura fait la déclaration) (27).

1644 **2e Délai de la revendication.** C'est une autre condition de recevabilité. L'article 2279 n'ouvre l'action que pendant **trois ans** à compter de la perte ou du vol. Le propriétaire dispose donc pour agir, à compter de sa dépossession, d'un délai relativement bref.

Comme la doctrine en général, la jurisprudence (28) décide qu'il s'agit non d'un délai de prescription, mais d'un *délai préfix* : il n'est ni suspendu, ni interrompu par les causes légales qui suspendent ou interrompent la prescription.

Les interprètes s'accordent, cependant, à considérer que ce délai de trois ans ne s'applique que dans l'hypothèse où le défendeur à la revendication — le possesseur — est de *bonne foi.*

Lorsqu'il est de *mauvaise foi* (voleur ou receleur, inventeur de l'objet perdu, sous-acquéreur de mauvaise foi de l'objet volé ou perdu), *la prescription trentenaire* se substitue au délai de trois ans. Le propriétaire qui prouve la mauvaise foi peut agir pendant trente ans à compter de sa dépossession (29).

1645 **3° Preuve de la propriété.** C'est la condition du bien-fondé de la demande. La revendication exercée dans le délai n'est accueillie au fond que dans l'hypothèse où le véritable propriétaire parvient à administrer en justice la preuve de son droit de propriété (30). **La preuve est libre** (tous les moyens de preuve sont admissibles) mais elle peut, entre autres difficultés, se heurter à un obstacle de fait. La revendication n'est possible que sur des choses individuellement déterminées. Bien que fongibles, des billets de banque (volés) peuvent l'être, si on les retrouve entre les mains du possesseur. Mais ils cessent de

---

(25) L'action en revendication a été accordée même contre le créancier gagiste, détenteur précaire de l'objet volé : Trib. Lille, 12 janv. 1982, G. P. 1982.I., som. 182.

(26) La revendication n'est pas admise pour les biens détournés par abus de confiance : Req. 16 juill. 1884. D. 85.1.232 ; Civ. 6 juill. 1886. D. 87.1.25 ; Trib. Seine 10 janv. 1941. D.A. 41.93 ; la revendication est également fermée en cas d'escroquerie (même si le propriétaire n'a pas grand chose à se reprocher dans la tromperie dont il a été victime), Civ. 19 juin 1928. D. 29.1.45. Paris, 27 oct. 1933. D.H. 33.562 ; Paris, 19 déc. 1958, G. P. 1959.II.51. Le bien réquisitionné sous l'occupation ne peut être revendiqué. Besançon, 12 mai 1949. J.C.P. 49.5133 ; comp. Grenoble, 20 juill. 1949. D. 50.551 ; la revendication est ouverte contre le possesseur d'un objet perdu ou volé qui l'a acquis, comme épave, des Domaines. Civ. 1re sect. 23 oct. 1957. D. 57.745.

(27) Il appartient aux juges du fond d'apprécier souverainement si le demandeur a été involontairement dépossédé du bien qu'il revendique. Civ. 1re 3 nov. 1981, Bull. I, n° 324, p. 275 ; not. d'estimer, qu'à défaut d'intention frauduleuse il n'y a pas eu vol. Civ. 1re 27 févr. 1980, Bull. I, n° 70, p. 57.

(28) V. Crim. 30 oct. 1969, G. P. 1969.II.380, D. 70.115, comp. Bordeaux, 22 janv. 1974, D. 74.542, n. Rodière. La forclusion doit être opposée devant les juges du fond et ne peut l'être pour la première fois devant la Cour de cassation. Crim. 4 mars 1986, G. P. 1986.II, som. 433.

(29) Paris, 22 mars 1983, G. P. 1983.I.som.207 ; Civ. 1re, 7 févr. 1989, Bull. civ. I, n° 57 (ainsi ouvert, une telle action s'applique même à des choses fongibles).

(30) À défaut de cette preuve et de celle du caractère involontaire de la dépossession, la revendication est repoussée. V. Civ. 1re, 1er juin 1977 et sur cet arrêt la réflexion approfondie par Monique Cuillieron, *« Revendication des meubles perdus ou volés et protection possessoire »*, R.T. 1986, 504 s.

l'être lorsque, remis par le possesseur à une banque, ils se confondent dans la masse des autres espèces que détient la banque (et perdent toute individualité) (31).

Ces conditions réunies, la revendication triomphe. Est-ce à dire que le propriétaire va pouvoir, sans autre condition, reprendre la chose qu'il a retrouvée et sur laquelle il a prouvé sa propriété ? Pas dans tous les cas.

b) Condition éventuelle de la restitution

C'est en certaines circonstances, une **complication supplémentaire**. L'article 2280 du Code civil met à la charge du véritable propriétaire une obligation de plus : « Si le possesseur actuel de la chose volée ou perdue *l'a achetée dans une foire ou dans un marché, ou dans une vente publique, ou d'un marchand vendant des choses pareilles,* **le propriétaire originaire ne peut se la faire rendre qu'en remboursant au possesseur le prix qu'elle lui a coûté** ». Dans ce cas, le revendiquant triomphant ne peut exiger, du défendeur, la restitution effective de sa chose qu'à la charge de lui rembourser le prix que lui-même avait payé pour acquérir cette chose : *le propriétaire doit racheter sa chose.*

L'économie générale de cette disposition s'éclaire au fondement de la protection légale. Le lien est évident entre la bonne foi de l'acquéreur et les circonstances dans lesquelles s'est réalisée son acquisition. Il serait exorbitant de protéger, sur un marché parallèle, des opérations clandestines. Il devient naturel de protéger l'acquéreur dans un commerce ouvert au public qui ôte à l'opération tout caractère suspect. Les circonstances de l'acquisition (une foire, un marché, une vente publique, un commerce ordinaire) sont comme la preuve de sa bonne foi renforcée et une raison de le protéger, en exigeant du propriétaire qui l'évince le remboursement du prix. Derrière l'acquéreur, c'est, pour l'intérêt public, un **genre de commerce qui est protégé**.

Au demeurant, le propriétaire peut avoir intérêt à payer sa chose pour la recouvrer. En dehors de l'attachement qu'il éprouve pour elle, son intérêt pécuniaire peut être de n'avoir pas à payer la valeur réelle de cette chose, mais seulement à rembourser le prix qui avait été payé par l'acquéreur (souvent les choses perdues ou volées se négocient à vil ou à moindre prix).

Même raisonnée, la règle n'est pas d'application simple en jurisprudence.

1° Les conditions. La jurisprudence apprécie strictement les conditions d'application de cette charge supplémentaire. Les tribunaux retiennent une **notion stricte du marchand de choses pareilles** au sens de l'article 2280 ; ils ne reconnaissent cette qualité qu'à ceux qui exercent leur commerce dans des conditions parfaitement régulières, la refusant à un marchand occasionnel qui ne pratique pas, habituellement, le même genre d'opération (32).

Une jurisprudence plus récente fait prévaloir une interprétation purement littérale de l'article 2280. Elle dispense le propriétaire revendiquant de rembourser à l'acquéreur le prix que celui-ci avait versé lorsque, par l'effet de circonstances, le propriétaire est déjà rentré

(31) Trib. civ. Besançon, 25 avril 1955, G. P. 55.II.95. La revendication était d'autant moins possible que la somme ayant été inscrite au compte courant du client, celui-ci n'était plus titulaire que d'une créance, bien incorporel, non susceptible de revendication (en vertu de l'art. 2279, al. 2).

(32) V. V. Pau, 28 janv. 1948. J.C.P. 49.4758. Vendeur d'un véhicule volé, un garagiste (bien que radié au registre du commerce) a été considéré comme un marchand de choses pareilles : Civ. 1re 22 nov. 1988, G. P. 1989.I.Pan.28.

en possession de cette chose. Il arrive que les services de police fassent restituer la voiture volée au véritable propriétaire. En ce cas, la Cour de cassation dispense le propriétaire de l'obligation de remboursement (33).

2e Les conséquences. Elles sont parfois complexes. Une distinction s'établit entre les deux hypothèses que commande l'application du texte.

1649 α) **Première hypothèse. Le revendiquant a pu rentrer en possession de sa chose sans avoir à rembourser à l'acquéreur son prix d'acquisition** (les conditions d'application du texte n'étaient pas remplies). En ce cas, l'article 2280 *réserve le recours de l'acquéreur contre son auteur.* L'acquéreur auquel le véritable propriétaire a repris la chose est *dans la situation d'un acheteur évincé.* Il peut faire valoir contre son vendeur la garantie d'éviction de droit commun (et obtenir de lui le remboursement du prix qu'il avait payé, avec, le cas échéant, des dommages et intérêts) (34).

1650 β) **Deuxième hypothèse. Le revendiquant a dû rembourser à l'acquéreur le prix d'acquisition.** Obligé de racheter sa chose, le propriétaire est en droit de se faire indemniser par le vendeur, mais à la condition de prouver la faute de ce dernier (35).

La jurisprudence est plus incertaine sur l'éventuel recours complémentaire de l'acquéreur remboursé contre le vendeur. On se demande si, ayant reçu du propriétaire le prix qu'il a payé, il peut réclamer, à titre supplémentaire, au vendeur diverses réparations (remboursement des frais exposés à l'occasion de la conclusion du contrat, dommages-intérêts, loyaux coûts du contrat) (36).

B. LE RÉGIME RÉSIDUEL PARTICULIER AUX TITRES DE VALEURS MOBILIÈRES NON AFFECTÉS PAR LA DÉMATÉRIALISATION

1651 En cas de perte ou de vol, les titres au porteur (et les coupons) sont soumis depuis la fin du XIXe siècle (37), à un système de protection mieux adapté à leur nature particulière. Ce régime résulte encore aujourd'hui d'un décret du 11 janvier 1956 (38). Mais il ne s'applique plus, depuis le 3 mai 1988 (39), qu'aux seuls titres de valeurs mobilières qui n'ont pas été affectées par la dématérialisation édictée par un décret du 2 mai 1983, c'est-à-dire, pour le décret du 11 janvier 1956, aux obligations françaises amortissables par tirage au sort de numéros de titres et aux valeurs mobilières étrangères et, pour le décret du 27 novembre 1964, aux emprunts d'État et des P.T.T. non soumis aux dispositions du décret de 1983 (art. 23 de ce décret, l'ensemble des autres titres de valeurs mobilières n'étant plus matérialisés que par une inscription au compte de leur propriétaire, art. 1er, *ibid.,* désincorporation qui

(33) Civ. 22 févr. 1956, D. 1956.286, argument de texte : « Le propriétaire ne peut se faire *rendre...* ») ; comp. en cas de condamnation correctionnelle, Paris 7 févr. 1950, D. 51.456, n. Lalou, Comp. Civ. 1re, 5 oct. 1972, préc.

(34) Paris, 3 janv. 1951, D. 51.456, n. Lalou.

(35) Son recours n'est pas fondé sur l'enrichissement sans cause, mais sur la responsabilité délictuelle (Civ. 11 févr. 1931. D. 1931.1.1229, n. Savatier)

(36) Plusieurs décisions l'ont admis. Trib. civ. Seine 7 févr. 1951, D. 51.465. Rendu dans une espèce complexe, un arrêt en sens contraire est difficile à interpréter : Civ. 26 nov. 1956, D. 57. som. 55 ; G. P. 1957.I.170.

(37) L. 15 juin 1872 : en rapport direct avec les pertes et destructions de la guerre de 1870 et de la Commune.

(38) Pour les valeurs émises par l'État, il résulte d'un décret du 27 nov. 1964.

(39) C'est-à-dire 5 ans après la publication du décret du 2 mai 1983 (art. 23).

élimine le problème de la dépossession). Pour les titres encore exposés au risque de dépossession, la loi n'ouvre pas une revendication qui serait inefficace ; elle confère au propriétaire du titre au porteur dépossédé par l'effet d'une perte ou d'un vol, d'une escroquerie ou d'un abus de confiance (40) une protection plus adéquate : elle lui permet d'agir, sans attendre l'aubaine problématique d'avoir retrouvé les titres entre les mains d'un tiers.

2 **a) Opposition.** Principalement, ce système de sauvegarde spécifique offre un caractère *défensif ;* il tend à mettre le possesseur du titre (voleur, receleur, escroc, inventeur ou celui qui, par l'effet des circonstances, l'a entre les mains) dans l'impossibilité de faire valoir les droits qui sont attachés à ce titre ; de mettre obstacle à l'utilisation du titre par un tiers (ou, du moins, à le constituer de mauvaise foi).

Cette obstruction repose sur une **double opposition** (par acte d'huissier de justice ou lettre recommandée). Le propriétaire des titres peut, s'il veut bénéficier de la protection, faire opposition à la *Chambre syndicale des agents de change de Paris.* Entraînant la publication des numéros des titres au bulletin officiel des oppositions, l'opposition fait obstacle, à compter de la publication, à toutes les opérations en Bourse (négociations, transmissions ou remise avec fongibilité à un organisme chargé d'assurer leur circulation). D'un autre côté, le propriétaire a la ressource de faire, auprès de la personne morale émettrice, une opposition complémentaire qui fait obstacle à toutes les opérations dépendant de cet établissement (versement des intérêts ou dividendes, remboursement du capital, ou autres opérations sur titres). Encore faut-il que le propriétaire ait conservé les numéros des titres, car tout repose sur leur identification.

3 **b) Retour à la normale.** Avec un décalage, le système présente un intérêt *positif* pour le propriétaire dépossédé : celui d'en retrouver à terme la jouissance. Au bout de deux ans d'attente, le propriétaire dépossédé peut être autorisé à percevoir les revenus afférents à ces titres ; au bout de cinq ans à recevoir un double des titres.

SECTION II — LES FONCTIONS DÉRIVÉES DE LA POSSESSION

54 Si, par application directe de l'article 2279, la possession sert principalement à trancher le conflit entre le véritable propriétaire et le possesseur acquéreur *a non domino,* elle remplit secondairement, dans d'autres types de conflits, certaines fonctions dérivées :

— Elle intervient comme **mode de preuve dans le conflit entre le possesseur et son auteur (fonction probatoire**).

— Elle joue comme **critère d'opposabilité dans le conflit de deux acquéreurs successifs** d'un même objet corporel tenant leurs droits d'un même auteur (**fonction translative**).

(40) Englobant ces deux derniers cas, la protection légale est plus large pour les titres vulnérables à ce genre d'agissements, que pour les objets ordinaires.

§ 1. LA FONCTION PROBATOIRE DE LA POSSESSION DANS LE CONFLIT ENTRE LE POSSESSEUR ET SON AUTEUR

A. LE PRINCIPE

1655 **Le problème.** L'article 2279 s'applique-t-il dans les rapports du possesseur et de la personne dont il tient ses droits (donateur, vendeur, ou héritiers et légataires à titre universel qui représentent celui-ci) ?

Le possesseur peut-il opposer l'article 2279, al. 1, à la personne même dont il tient ses droits ou aux ayants-cause à titre universel de celle-ci ?

Il faut imaginer (pour prendre l'exemple du conflit le plus fréquent) qu'une personne a entre ses mains un objet qu'elle prétend avoir reçu par don manuel d'une autre personne, depuis lors, défunte. Les héritiers de celle-ci prétendent, au contraire, que l'objet se trouve entre les mains du possesseur actuel, non par l'effet d'un don manuel, ou d'une vente, mais par l'effet d'un prêt, d'un dépôt ou même d'un vol (litige qui surgit entre cohéritiers) : l'un d'eux détient un bijou de famille et soutient que le défunt le lui avait donné ; les autres que le bijou a été prêté, confié ou soustrait.

Le litige porte, électivement, sur le titre en vertu duquel le bien se trouve entre les mains du possesseur (plus généralement sur la manière dont cet objet est tombé entre les mains du possesseur). L'un prétend posséder en vertu d'un titre translatif de propriété ; l'autre prétend voir à l'origine de cette possession un titre juridique qui oblige le détenteur à restitution (dépôt, mandat, prêt) ou même un vol.

1656 **La solution. Traditionnellement, la jurisprudence applique l'article 2279, al. 1, dans les rapports du possesseur et de son auteur.** Elle permet au possesseur d'opposer la maxime : « En fait de meubles, la possession vaut titre » à son auteur ou aux héritiers de celui-ci (41).

Pour justifier cette application, certains se réfèrent à la généralité des termes de l'article 2279. Pourquoi pas ? L'énoncé vague du texte autorise son interprétation littérale. Il s'agit, en réalité, de l'extension prétorienne d'une disposition qui n'a pas été écrite pour cette situation. Mais un argument rationnel, d'ordre analogique, joue en ce sens. Les raisons qui, en général, justifient l'équivalence de la possession et du titre expliquent aussi qu'en cette occurrence, le possesseur soit protégé : il n'est pas d'usage d'accompagner un don manuel d'un titre de propriété (dans les familles, lorsqu'une grand-mère donne à l'une de ses petites-filles un bijou, il n'est pas d'usage d'accompagner ce don manuel d'une preuve écrite). La nature des opérations mobilières appelle toujours la même protection (comp. la non-application de l'article 2279 en l'absence de l'un ou l'autre schéma, n° 1638 *ad*

(41) **Jurisprudence ancienne et constante** : v. Req. 5 déc. 1893, D. 1894.1.48 ; la femme, en possession de titres remis par son mari, n'a pas à prouver le don manuel qu'elle invoque, le mari, auteur de la revendication, ayant la charge de justifier à quel titre son épouse serait obligée de restituer les valeurs ; *adde*, même sens, Req. 16 avril 1904, D. 1904.1.207 (don manuel de valeurs) ; Req. 30 juin 1908, D. 1908.1.40 (même cas). Civ. 1re 18 mars 1980, J.J.A. 30 avril 1981, n° 51, p. 9 ; 13 oct. 1982, G. P. 1983 I, Pan., 33. ; 20 oct. 1982, G. P. 1983.I.Pan.68 ; 19 oct. 1983, G. P. 1984.I.Pan.103. V. encore (même sens) Civ. 1re, 30 mars 1999, D. 99.IR. 124 (mettant l'accent sur la charge de la preuve : preuve, à la charge de l'adversaire du possesseur, de l'absence de don manuel ou d'un vice de la possession. C. civ. art. 1315).

notam). Seulement on ne peut parler ici, sans nuance, de la protection du commerce, car il ne s'agit souvent que d'opérations familiales (lesquelles, au demeurant, appellent aussi protection).

B. LES CONSÉQUENCES

Entre le possesseur et son auteur, la protection légale prend une nature et une portée particulières.

a) Nature de la protection

7 La possession joue ici le rôle d'une **présomption de titre.** Le possesseur bénéficie, spécifiquement, d'une présomption d'acquisition de la propriété : il est présumé avoir acquis régulièrement la chose en vertu d'un *titre translatif de propriété ;* l'avoir reçu, de la main à la main, soit par vente, soit par don. La présomption porte, électivement, sur **l'existence d'un titre légitime d'acquisition**.

b) Limites de la protection

Elles correspondent aux deux séries de moyens que le revendiquant — l'auteur même (ou son héritier) — peut faire valoir.

8 **1° Précarité de la détention. La présomption n'est pas irréfragable.** Le revendiquant a la faculté de prouver que le possesseur détient en vertu d'un titre autre qu'un titre translatif de propriété : d'établir que le défendeur détient en vertu d'un dépôt, d'un gage, d'un bail, d'un prêt, d'un mandat et qu'à ce titre — qui fait de lui un **détenteur précaire** — il est **tenu à restitution** (42).

La **charge de cette preuve** incombe au demandeur (43). Lorsqu'elle est rapportée, le revendiquant dispose d'une double garantie. Il peut invoquer contre le défendeur les droits qu'il tient de ce titre (les droits qui appartiennent au bailleur, au mandant, au déposant, etc.). Cependant, comme il pourrait n'être plus recevable à faire valoir ses droits contractuels (personnels), notamment en raison de la prescription extinctive, la jurisprudence admet que le demandeur peut se prévaloir de son droit de propriété (action réelle imprescriptible), à condition d'en justifier.

---

(42) Il peut aussi établir l'absence de don en prouvant le défaut d'intention libérale. Civ. 1re 19 oct. 1983, préc.

(43) V. arrêts cités, n° 1656, *ad notam.* En déboutant un bailleur de sa revendication des meubles garnissant le local loué, un arrêt fait (dans une terminologie inexacte) une application peu convaincante de l'a. 2279 ; Civ. 1re, 8 déc. 1987, D. 1989, som. com. Robert, 29. Ce texte n'avait rien à voir dans la question, si le local avait été loué meublé. Car il suffit alors que le preneur oppose son bail, puisqu'il est, pour la durée de celui-ci, détenteur précaire — donc légitime — de tout ce qui est l'objet du bail. Cependant, même si l'on suppose que le local était loué nu, l'application de l'a. 2279 ne sonne pas juste. Théoriquement, le preneur peut opposer sa possession au propriétaire, lequel a la charge de prouver que le preneur détient les meubles en vertu d'un titre qui l'oblige à restituer, un dépôt par exemple (preuve dans laquelle le revendiquant avait échoué). Mais dans ce cas très particulier, le bon sens permet-il de présumer, au départ, que le preneur d'un local nu tient les meubles qui le garnissent d'un don ou d'une vente du propriétaire ?

1659 **2° Vices de la possession.** Le demandeur peut aussi l'emporter (44) s'il parvient à prouver que la possession du défendeur est entachée d'un vice, qu'elle est clandestine, irrégulière, ou surtout — c'est l'application la plus importante — qu'elle est **équivoque** (45). L'équivoque, dans les procès de famille (qui sont nombreux) résulte souvent de la cohabitation. Il suffira que le possesseur qui se prétend donataire d'un bijou ait cohabité avec le prétendu donateur pour que sa possession souffre d'équivoque.

A = Auteur
H = Héritier
P = Possesseur

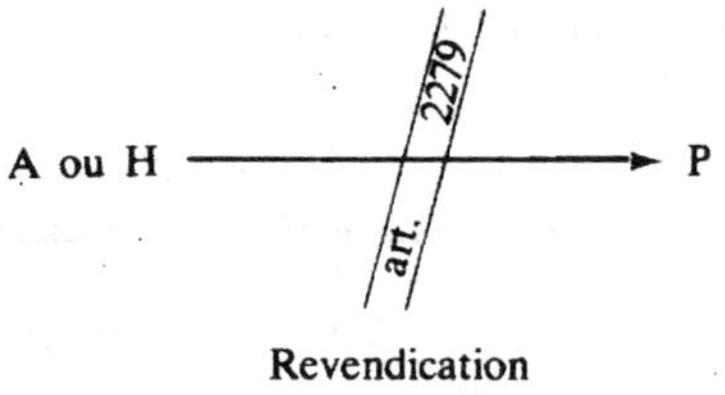

Il incombe au demandeur de jeter l'équivoque sur la possession du défendeur (ou de démontrer l'existence de tel ou tel autre vice entachant la possession) ; mais s'il réussit dans cette preuve, le défendeur ne peut plus s'appuyer sur l'article 2279 pour faire rejeter la revendication. Il peut seulement — mais *c'est à lui qu'incombe alors la charge de la preuve* — essayer de démontrer qu'il détient en réalité, en vertu d'un titre qui lui a conféré la propriété. À lui, s'il le peut, de prouver le don ou la vente dont il prétend avoir bénéficié. Mais la charge de cette preuve se trouve, par un renversement typique, reportée sur le défendeur (46).

§ 2. LA FONCTION TRANSLATIVE DE LA POSSESSION DANS LE CONFLIT ENTRE ACQUÉREURS SUCCESSIFS D'UN MÊME MEUBLE TENANT LEURS DROITS D'UN MÊME AUTEUR

1660 **Solution du conflit.** La possession exerce, associée à d'autres critères (notamment la bonne foi), une influence déterminante dans le conflit qui s'élève entre deux acquéreurs

(44) C'est aussi, au moins théoriquement, le cas dans l'hypothèse précédente (v. n° 1635). Mais la situation s'y prête beaucoup moins en pratique. Les vices de la possession relèvent de l'appréciation souveraine des juges du fond, Crim. 28 oct. 1991, Bull. Crim. n° 383, D. 1993. som. com. Robert, 34.

(45) V. par ex. pour la possession des archives d'un homme de lettres décédé par son secrétaire, T.G.I. Paris 19 sept. 1984, G. P. 1985. I. som. 32.

(46) V. en ce sens une analyse dont on admirera la pureté : Civ. 21 octobre 1929, D. 1931.1.56 : « attendu que la présomption de propriété édictée par l'article 2279 au profit du possesseur du meuble corporel ne peut être invoquée que par celui dont la possession possède les qualités de régularité requises par la loi ; que si l'héritier revendiquant certains meubles ayant appartenu à son auteur vient à établir que la possession du défendeur à la revendication est entachée d'un vice, ledit défendeur cesse d'être protégé par la disposition de l'article 2279 et a la charge de prouver le fait juridique qui aurait pu faire passer les choses revendiquées du patrimoine du défunt dans son patrimoine personnel » ; *adde*, Civ. 1re, 21 févr. 1956, D. 56.287 ; 2 mars 1976, D. 77.353, n. Donnier ; T.G.I. Bordeaux, 20 mars 1978, D. 78.390, n. Diener.

successifs d'un même meuble corporel (47). Le conflit n'est caractérisé que dans l'hypothèse où les **deux antagonistes tiennent leurs droits d'un même auteur** (qu'il faut donc supposer, quant à lui, de mauvaise foi). Un marchand de tableaux cède la propriété d'une toile à un premier acquéreur ; la toile reste (en dépôt) entre les mains du vendeur jusqu'à une livraison éventuelle ; un deuxième acquéreur se présente qui, de bonne foi, offre un prix plus élevé et emporte la toile ; l'attribution de la propriété de cette toile successivement vendue par la même personne à deux acquéreurs successifs est à trancher. **L'article 1141 du Code civil donne la préférence à celui des acquéreurs qui, de bonne foi, entre le premier en possession.** La dernière fonction de la possession (lorsqu'elle est de bonne foi) est de donner la priorité à celui qui, en ce cas, peut s'en prévaloir.

1 **Explication de la règle.** L'explication théorique de cette règle positive offre un **intérêt spéculatif.** Pour les uns, la règle de l'article 1141 dérogerait au principe énoncé à l'article 1138 du Code civil. La propriété qui, en principe, se transmet par le seul échange des consentements, ne le serait pas ici par exception : seule l'entrée en possession emporterait transfert de la propriété (permanence du droit romain dans nos institutions civiles, ce serait une façon de dire que, jusqu'à la tradition de la chose, la propriété n'est pas transférée).

Pour d'autres, la possession a la vertu de départager deux acquéreurs successifs, parce qu'elle est comparable à l'accomplissement d'une formalité de publicité. Les tenants de cette thèse développent un parallèle séduisant entre la valeur de la publicité pour les immeubles et, pour les meubles, celle de la tradition, ces deux mesures d'exécution matérielle étant considérées comme des conditions d'opposabilité aux tiers du transfert de propriété (dans cette thèse, la propriété aurait bien été transmise par le premier contrat, mais elle ne serait pas opposable aux tiers, faute de l'accomplissement d'une formalité, la tradition réelle).

On peut préférer y voir une application pure et simple de l'article 2279 du Code civil. Pour peu qu'on veuille reprendre le schéma de base de l'article 2279, on peut ramener le conflit de l'article 1141 au type ordinaire de conflit entre véritable propriétaire et acquéreur *a non domino* que suppose l'article 2279.

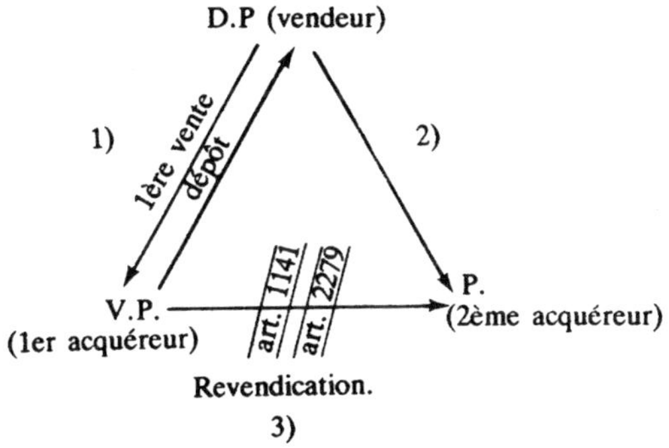

Le véritable propriétaire (V. P.), le revendiquant, est le premier acquéreur auquel la propriété a été transmise, conformément au principe de l'art. 1138. Le détenteur précaire (D. P.) auquel le premier acquéreur laisse en dépôt la toile qu'il n'enlève pas, est le vendeur (l'on assiste, sur sa tête, à une *interversion de titre :* jusqu'alors propriétaire, il garde, à un autre titre, la chose dont il en est constitué dépositaire). Le possesseur (P), second acquéreur, est l'acquéreur *a non domino*, qui, en tant que possesseur de bonne foi, peut opposer au revendiquant (le premier acquéreur) les dispositions concordantes de l'art. 1141 et de l'art. 2279.

(47) Comp. plus haut, n° 1076.

BIBLIOGRAPHIE

BAUDRY-LACANTINERIE et TISSIER, *De la prescription,* n° 816 s. ; PICARD, PLANIOL et RIPERT, *Les Biens,* n° 367 s. ; ESMEIN, AUBRY et RAU, II, 7e éd., § 183 ; CARBONNIER, T. III, 227, ABDEL-BAKI, *Du rôle de la possession en matière mobilière,* th. Paris, 1943.

CHAPITRE II
RÔLE DE L'ACCESSION ET DE L'OCCUPATION EN FAIT DE MEUBLES CORPORELS

2 Dans l'appropriation des meubles corporels, **l'accession** et **l'occupation** remplissent d'inégales fonctions, surtout si l'on prolonge la comparaison d'un parallèle avec le régime foncier.

Bien que consacrée par la loi comme mode d'acquisition (C. civ. art. 712, 546) et régie par treize dispositions particulières détaillées (C. civ. art. 565 à 577), **l'accession** ne joue, en matière mobilière, qu'un rôle insignifiant qui contraste avec l'importance qu'elle revêt en matière immobilière (v. plus haut n° 1389 s.) ; et c'est en partie parce que, jouant à contresens de la possession, elle est neutralisée par elle.

Sans application aux immeubles, l'occupation prend, pour les meubles relativement plus de relief ; et c'est sans doute parce qu'elle s'appuie, largement, sur la possession. Pourtant, elle ne figure pas à l'inventaire légal des différentes manières dont on acquiert la propriété (C. civ. art. 711 et 712) et l'article 713 (reprise de l'art. 539) énonce en général : « *Les biens* qui n'ont pas de maître appartiennent à l'État ». Mais une interprétation consacrée (comp. *supra,* n° 412) restreint la règle aux immeubles et, par tradition jamais contredite, reconnaît **l'occupation** comme mode spécifique d'acquisition de la propriété mobilière. Tous ces avantages relatifs n'assurent malgré tout à l'occupation qu'une portée modeste et précaire, même si on lui rattache, mode voisin, **l'invention.**

SECTION I L'ACCESSION DE MEUBLE À MEUBLE (1)

L'acquisition d'un meuble par droit d'accession est prévue par la loi en diverses hypothèses minutieusement réglementées. Mais la portée d'ensemble des prévisions légales demande à être précisée.

(1) V. *supra,* n° 1058, 1064.

§ 1. HYPOTHÈSES PRÉVUES PAR LA LOI

1663 À la base, l'accession suppose toujours, qu'à un meuble appartenant à une personne vient s'incorporer, pour former un tout, une valeur fournie par une autre (meuble ou main-d'œuvre) et donne à l'apporteur principal vocation à s'approprier le tout, sauf à désintéresser le maître ou le fournisseur de l'apport accessoire. Cependant l'incorporation s'opère sous différentes formes et dans des circonstances qui ne donnent pas toujours à l'accession son jeu.

A. CAS D'INCORPORATION

La loi en distingue trois (2).

1664 **a) L'adjonction.** C'est la réunion en un tout de deux choses, distinctes et reconnaissables, appartenant à deux propriétaires différents (dans une bague, pierre et monture ; dans une montre, boîtier et mécanisme ; bateau construit avec des éléments d'un autre) (C. civ. art. 566).

b) La spécification. Elle consiste, pour une personne, à forger un objet en appliquant son travail (façon, art, main-d'œuvre) à une matière appartenant à autrui (C. civ. art. 570).

c) Le mélange (ou confusion). C'est l'union, par amalgame, de matières appartenant à des propriétaires différents (art. 573).

B. RÈGLES D'ATTRIBUTION

1665 **a) Principe.** L'apporteur de l'élément principal (matière ou travail) devient, par accession, propriétaire de l'élément accessoire (donc du tout) : C. civ. art. 566, 570, 571, 573, 574.

Mais il doit indemniser l'apporteur de l'élément accessoire, sur le pied de la valeur de celui-ci (matière ou main-d'œuvre) à la date du remboursement (art. 566, 570, 571, 572, 574, 576 : l. 17 mai 1960) et peut être condamné à des dommages-intérêts complémentaires, si c'est lui qui a employé la matière d'autrui (art. 577).

b) Obstacle de circonstances. Si, compte tenu des présomptions de la loi (art. 567, 568, 569), aucun élément ne peut être tenu pour principal, le produit de l'incorporation, restant la chose commune des deux intéressés, est licité au profit commun (art. 575) sauf si la chose se prête, sans inconvénient, à une séparation (art. 573, al. 2).

c) Prérogatives du propriétaire dont la matière a été employée à son insu. Victime des agissements d'autrui, ce dernier bénéficie sous diverses conditions, du droit de choisir une solution plus adéquate (séparation, art. 568, restitution par équivalent ou en valeur, art. 576).

(2) Avec quelle verve Demolombe présente-t-il, dans les trois cas, le « fait à régler » : « J'avais un diamant, Paul l'a attaché au pommeau de son épée ; une broderie, Paul l'a attachée à son manteau ; un cadre, Paul y a placé un tableau » (c'est l'adjonction, n° 186). « J'avais un lingot d'or, un orfèvre en fait un flambeau ; une pièce de bois, un menuisier en fait une table ; un bloc de marbre, un statuaire en a fait un Apollon... » (c'est la spécification, n° 196) ; « Le blé qui m'appartenait, a été, sans son consentement, confondu avec le blé de Paul..., ou bien c'est mon vin qui a été mêlé avec son vin » (mélange ou confusion, n° 202). *Trait. de la distinction des biens,* T. II. Le droit en exemples, pour l'école et le plaisir.

§ 2. PORTÉE DES PRÉVISIONS DE LA LOI

a) Intérêt pratique. Il est très faible. Supplétives, les solutions légales sont écartées lorsque le sort de la chose formée par la réunion de deux apports provenant de personnes différentes est réglé par la convention. Même à défaut de convention, le jeu de l'accession est tenu en échec par celui de la possession, lorsque les conditions d'application des art. 2279 s. sont réunies.

b) Valeur symbolique. Les cas énoncés par la loi sont destinés à servir « **d'exemple** au juge pour se déterminer, dans les cas non prévus, suivant les circonstances particulières » (C. civ. art. 565, al. 2). Cette **invitation au raisonnement analogique** est, en méthode pure, une belle attitude législative (mais facile, dira-t-on, compte tenu du peu d'intérêt pratique). Le procédé s'ennoblit encore, lorsqu'on sait le ressort que la loi donne à la valeur exemplaire des solutions qu'elle énonce : le droit d'accession « **est entièrement subordonné aux principes de l'équité naturelle** » (art. 565, al. 1) : Renvoi légal exprès à l'équité (3) qui doit inspirer l'interprète dans l'extension — et peut-être la correction — des prévisions de la loi. (V. Pierre-Yves Gautier, *L'accession mobilière en matière d'œuvres de l'esprit : vers une nouvelle querelle des Proculiens et des Sabiniens,* D. 1988, chron. 152.)

SECTION II L'OCCUPATION ET L'INVENTION

S'il existe des meubles sans maître, il y en a de moins en moins. C'est le droit civil qui fait rêver avec ses catégories du fond des âges (*res nullius*, *res derelictae*, tresor, epaves) et les règles prometteuses qui permettent l'acquisition de telles choses par occupation *(res nullius, res derelictae),* par invention (trésor) ou couvrent par d'autres voies leur appréhension (épaves).

Les « lois particulières » sont moins généreuses. Elles évincent l'occupation et l'invention ou les enserrent. Elles retiennent ou réglementent. Or elles se multiplient. Le droit spécial est en progrès, le droit commun résiduel.

§ 1. L'EMPRISE DES LOIS SPÉCIALES

Elle se traduit par un accroissement des prérogatives de l'État, au bénéfice des droits de la collectivité. Il y a dans l'occupation et l'invention un ressort primitif de possessivité, un relent de violence privée et un soupçon de vandalisme qui ne sont pas pour plaire à la puissance publique. D'où le refoulement de l'impulsion privée par le droit régalien ou des lois de police.

A. LES LOIS RÉGALIENNES

Paralysant le jeu de l'occupation ou de l'invention, elles transfèrent à l'État le produit de l'opération (de la découverte). En excluant, pour les biens qu'elles déterminent, le jeu de ces modes d'acquisition, elles soustraient de tels biens à l'appropriation individuelle de l'occupant ou de l'inventeur, mais suivant des modalités différentes.

---

(3) Cette référence vaut un salut, au moins pour qui croit que l'équité est au juriste ce qu'est le nord au navigateur. V. *Le règne discret de l'analogie,* Mélanges Colomer, 129 s. et « *L'art du droit* »... 331.

a) Les épaves maritimes. Ce sont tous les biens perdus par l'effet d'un événement de me (naufrage, tempête, collision). Même s'ils ont été jetés à la mer (pour délester l'embarcation), ils n sont pas assimilés à des choses abandonnées (qui seraient au premier occupant). Bien mieux, le épaves de ce genre sont soustraites au droit commun des épaves, étant acquises à l'État, après u certain délai, si le propriétaire ne les a pas réclamées (l. 24 nov. 1961, d. 26 déc. 1961) (4). Dan l'ensemble des épaves maritimes *lato sensu,* les **navires et engins flottants abandonnés** dans les eau territoriales et les eaux intérieures sont soumis à un régime plus strict (au moins, pour les navires, s'il atteignent une certaine taille : vingt-cinq tonneaux ou plus), car ils constituent un grave danger pour l navigation, et une source de pollution. D'où : une définition large de l'abandon (celui-ci résulte d l'absence d'équipage à bord ou de l'inexistence de mesures de garde et de manœuvre, définition légal qui englobe *res derelictae* et autres épaves, sans autre qualification nécessaire), la déchéance des droit du propriétaire après mise en demeure de faire cesser l'état d'abandon, et la vente au profit de l'État sous réserve, pour la cargaison, de la revendication de ceux qui y ont droit (l. 3 juill. 1985, D. 1985 lég., 363 ; d. 6 oct. 1987, D. 1987, lég., 418).

b) Les trouvailles archéologiques. Ce sont des trésors qui, en raison de leur intérêt scientifique historique et culturel, ne sont pas abandonnés au droit commun du trésor. Ces vestiges du pass constituent, pour un pays, un patrimoine archéologique qu'il est essentiel de conserver et donc d soustraire au jeu ordinaire de l'appropriation individuelle et aux risques de vandalisme. Pa prérogative régalienne, l'État peut déposséder les particuliers (propriétaire, inventeur) du profit de leu découverte, pour se l'approprier. Il est vrai qu'il est tenu, pour cette expropriation, d'indemniser le intéressés (v. T.G.I. du Mans, 7 sept. 1999, J.C.P. 2000.II.10258, n. crit. C. Saujot, s'agissant d'u trésor monétaire de 152 monnaies gauloises attribué selon les règles de l'art. 716, mais qui aurait pu donner lieu à la revendication de l'État moyennant indemnité par application de la loi du 27 sept. 1941 réglementant les fouilles archéologiques, en raison de leur caractère artistique). L'État peut même interdire au propriétaire de procéder à des fouilles ou (et) y procéder d'office (v. plus haut, n° 1382). Le patrimoine archéologique est d'ailleurs protégé par la loi pénale. V. C. Saujot-Besnier, *La protection pénale des vestiges terrestres*, chron. jur. Rev. archéol. Ouest, 16, 1999, 227 s. V. *supra*, n° 1382, l'incidence de la loi du 17 janv. 2001, sur l'accession, dans le cas de trouvailles issues des opérations d'archéologie préventive (D. 2001, lég. 437).

B. LES LOIS DE POLICE

1671 Elles n'ont pas pour objet d'exclure l'occupation, dans le principe, mais seulement d'en réglementer l'exercice. Indirectement, cette réglementation aboutit, toutefois, ou peut aboutir à restreindre la portée pratique du mode d'acquisition.

a) Réglementation de la chasse et de la pêche. (C. rur. art. 365 s., 401 s.). Elle laisse s'opérer par la prise ou la capture (occupation) l'acquisition du gibier et du poisson, *res nullius* (V. *supra*, n° 1056). Mais les restrictions qu'elle impose à la chasse et à la pêche (quant au temps, au lieu, aux moyens, aux espèces protégées, etc.) font voir la précarité de ce genre d'activité, au moins pour les amateurs.

b) Lois sur les déchets. La loi du 15 juill. 1975 n'affecte pas, directement, la règle selon laquelle les déchets (notamment les déchets de ménage), choses abandonnées *(res derelictae)* (5) appartiennent au premier occupant. Cependant les obligations qu'elle met, pour leur élimination, à la charge de celui qui les produit (art. 2 et 13) et les pouvoirs qu'elle donne aux communes, pour cette opération (art. 12 s.) relèguent à l'arrière-plan, loin derrière ces préoccupations d'hygiène, d'environnement et de récupération (6), l'industrie des chiffonniers. La loi du 13 juillet 1992 renforce cette tendance et soumet à des règles spéciales deux catégories particulières de déchets qui ne répondent pas à la notion de « *res derelictae* » mais à de nouveaux critères spécifiques (déchets dits « ultimes » et déchets spéciaux dits dangereux, art. 1er).

(4) V. E. du Pontavice, *Les épaves maritimes, aériennes et spatiales en droit français.*

(5) La définition qu'en donne l'art. 1 embrasse pour finir « plus généralement tout bien meuble abandonné ou que son détenteur destine à l'abandon ».

(6) V. plus haut, n° 1056.

§ 2. LA VOCATION DU DROIT COMMUN

Le droit civil maintient, résiduellement, que l'occupation fait acquérir la propriété des choses mobilières qui n'appartiennent à personne *(res nullius)* (7) ou que leur propriétaire a (volontairement) abandonnées *(res derelictae)*. Il laisse une place, en dehors des lois spéciales, à l'acquisition du **trésor** et des **épaves,** suivant des modalités diverses.

A. LE TRÉSOR

L'article 716 C. civ. règle l'attribution du trésor (al. 1) et en donne la définition (al. 2), ordre législatif qu'inverse l'exposé didactique.

a) Définition du trésor. « Le trésor est toute chose cachée ou enfouie sur laquelle personne ne peut justifier sa propriété et qui est découverte par le pur effet du hasard » (al. 2).

— **« Le trésor est » :** C'est une définition légale (8). En fallait-il une pour un mot qui, chez tous, fait courir l'imagination (vers des cassettes ou des sacs d'écus, des lingots d'or ou des pierreries à poignée) ? Le pouvoir d'évocation du terme a seulement dispensé le législateur d'énoncer dans la définition des éléments d'évidence (v. ci-dessous), comme si la définition était, surtout, l'occasion d'apporter des précisions techniques contingentes qu'on ne pourrait suppléer.

— **« Toute chose » :** C'est presqu'une façon de parler : le trésor peut être or, argent, en lingot, pièces ou billets, bijoux, objets décoratifs, valeurs et titres, documents, manuscrits et grimoires, etc. Très générale, la formule l'est trop. Mais précisément les restrictions qu'elle appelle sont d'évidence. Il faut entendre : 1) une chose **précieuse ;** 2) une chose **mobilière,** non un immeuble par nature (traces d'habitat ancien qui échappera au tiers inventeur et même au propriétaire du fonds, si l'aire est classée site archéologique) ni un immeuble par destination (dallage enfoui ou statue emmurée) qui sont des éléments du fonds (9) ; 3) une chose **qui a été appropriée** (non une richesse naturelle, pépite d'or ou pierre dans son gîte, éléments du tréfonds). Faut-il que la chose soit ancienne ? La valeur du trésor peut tenir à son antiquité. Mais la loi ne l'exige pas. Une liasse de billets récents peut être un trésor, si elle répond aux autres éléments de la définition (10) : c'est-à-dire si elle a, par quelque événement extraordinaire, perdu tout lien avec son passé (équivalent de l'ancienneté).

— **« Cachée ou enfouie » :** Y aurait-il trésor sans mystère ? Le trésor est une chose invisible et inconnue que l'on découvre. Peu importe où : dans les poutres, placards, murs ou plafonds d'un immeuble, le fond secret d'un meuble, entre les pages d'un livre ou sous un tas de charbon (autre triangle d'or). Il peut aussi avoir été dissimulé intentionnellement (dans une cachette) ou enfoui par l'effet de travaux ou de désordres (ruines, tremblements de terre, bombardement). Peu importe la cause qui l'a pérennisé dans l'ombre (mort, fuite

---

(7) V. pour des airelles, T.G.I., Montbrison, 3 févr. 1972, J.C.P. 72.IV.123 (mais le propriétaire du terrain sur lequel elles avaient été cueillies ne commet pas un vol s'il les reprend entre les mains de celui qui les avait ramassées !).

(8) V. *Les définitions dans la loi, in* Études offertes à J. Vincent, 77 s. et *« L'art du droit... »*, 259.

(9) Paris 20 nov. 1877, S. 78.2.293, D. 78.2.197 ; Req. 13 déc. 1881, 5.82.1.255, D. 82.1.55.

(10) La vétusté n'est pas exigée : v. Lyon, 29 oct. 1970, D. 71.522, n. Prévault.

précipitée, oubli, non-révélation du secret, etc.) (11). L'exigence du caractère intentionnel de l'enfouissement n'a pas d'assise rationnelle et ne ressort d'ailleurs pas expressément de la loi. Les difficultés de la preuve d'une telle intention introduisent des complications inutiles (comp. T.G.I. du Mans, 7 sept. 1999, cit. n° 1670). En revanche, l'intention d'abandonner un bien exclurait la qualification de trésor. Le trésor n'est pas une chose abandonnée. C'est d'ailleurs ce que démontre l'enfouissement volontaire mais aussi l'enfouissement forcé qui résulte, dans les circonstances évoquées, d'un cas fortuit ou d'une force majeure, cause étrangère.

— **« Sur laquelle personne ne peut justifier sa propriété ».** C'est un élément de base. Par définition, le trésor est un bien sans lien, à la dérive du temps, une chose sans maître qui en a eu un, mais qui n'en a plus. Condition à coup de théâtre : si la chose découverte est reconnue comme appartenant à une personne, elle doit lui revenir (elle échappe aux règles d'attribution de l'art. 716, al. 1) ; c'est la **règle de fond**. A charge pour celui qui la revendique de justifier, par tous moyens, de sa propriété ; c'est la **règle de preuve** (12). Cependant la preuve à rapporter est la propriété même du trésor, non celle de la chose qui le contient : celui qui a été propriétaire de l'immeuble ou du meuble dans lequel le trésor a été trouvé ne prouve pas sa propriété sur le trésor (13). La revendication est recevable même si plus de trente ans se sont écoulés depuis que le trésor a été enfoui (14) : **la propriété même mobilière ne se perd pas par le non-usage** ; l'action en revendication est imprescriptible (et ici elle ne se heurte ni à la prescription acquisitive ni à l'art. 2279 car la possession de l'inventeur, si l'on admet qu'il y a possession, est équivoque). L'action ne s'éteint que trente ans après la découverte (et non trois ans, car le possesseur n'est pas de bonne foi).

---

(11) Le respect dû aux sépultures exclut qu'un objet trouvé dans une tombe soit considéré comme trésor, mais seulement s'il y avait sépulture repérable (non pour des découvertes faites dans des terrains non affectées aux sépultures, sans profanation). Comp. Bordeaux 21 mars 1899, S. 1900.2.103.

(12) V. Rouen, 6 juill. 1954, D. 54.763 (preuve faite : statue à l'inventaire). L'affaire, délicate, ne va pas sans jonglerie juridique : Versailles, 25 sept. 1987, D. 1989, somm. com. A. Robert, 31. **La preuve est libre** : T.G.I. Cusset, 26 nov. 1998, D. 99.IR. 14 (V. aussi note suivante). Sans surprise, l'affirmation (en matière de saisie) que la propriété d'un bien, meuble ou immeuble, se prouve par tous les moyens (Civ. 1re, 11 janv. 2000, D. 2001.J.890, n. A. Donnier) confirme la **valeur générale (en toute matière) du principe de la liberté de la preuve du droit de propriété,** principe qui gouverne la revendication du trésor (comp. *supra*, n° 1612 s.).

(13) Ainsi le vendeur d'immeuble, ou l'héritier de l'ancien propriétaire : Paris, 18 déc. 1950, D. 51.144, Civ. 1re 25 oct. 1955, D. 56.som.27 ; J.C.P. 56.IV.166 (rej.). Qui prétendrait le contraire n'aurait chance d'aboutir qu'en prouvant que le fonds est la propriété immémoriale de ses ancêtres et que le trésor a été caché par eux. Comp. T.G.I. Cusset, cité ci-dessus : Les époux, anciens propriétaires d'une cuisinière dans laquelle l'acquéreur de celle-ci avait découvert les lingots d'or qu'ils y avaient cachés (et oubliés !) ont été reconnus propriétaires de ces lingots (ce qui excluait qu'on puisse y voir un trésor) sur la preuve qu'ils avaient eu la possession continue et ininterrompue de la cuisinière dont ils étaient les acquéreurs originaires et sur la production d'une facture constatant l'achat des lingots (heureux que l'or n'ait pas fondu). Dans un litige comparable, le vendeur d'une cuisinière d'occasion dans laquelle avaient été découverts, lors de la vente, des lingots d'or et un sac de pièces d'or, a été considéré comme justifiant de sa propriété sur le magot (référence à la liberté de la preuve) : Civ. 1re, 19 nov. 2002, J.C.P. 2003.IV.1057.

(14) C'est toute l'affaire de la « rue Mouffetard » : 2 812 des 3 356 louis d'or, découverts étant entourés dans le testament d'un écuyer de Louis XV, les 84 héritiers du testateur ont fait reconnaître sur ce lot leur propriété imprescriptible, l'autre lot formant un trésor : Trib. civ. Seine, 1er juin 1949, D. 49.550, n. Ripert. Comp. (en un autre type de conflit) Paris, 30 mars 1990, J.C.P. 1990.II.21584, n. J. F. Barbieri, décision dont le postulat est que l'action en revendication mobilière échappe à la prescription extinctive (la demande recevable est cependant déclarée mal fondée car elle se heurte à la possession).

— **« Et qui est découverte par le pur effet du hasard ».** Par évocation, cela pourrait signifier que le trésor est un don de fortune (auquel le vieillard de la fable avait voulu substituer labour et labeur). Mais faudrait-il entendre, plus précisément, qu'il n'y a plus trésor s'il s'agit d'un bien que l'on a trouvé en le cherchant ? Faut-il nécessairement que la découverte soit fortuite ? Rationnellement les circonstances de la découverte n'entrent pas dans la définition du trésor (il y a bien des chercheurs de trésor). Aussi bien cette condition s'efface-t-elle lorsqu'un objet précieux est trouvé dans un fonds par le propriétaire même de celui-ci (c'est pour lui un trésor, qu'il l'ait ou non cherché). La condition intervient comme règle d'attribution du trésor, mais seulement dans le cas où l'inventeur est un autre que le propriétaire du fonds (et encore pourrait-on, même en ce cas, la neutraliser, en la disant toujours accomplie, à l'idée que c'est un hasard irréductible qui fait trouver le trésor que l'on cherche, la convention d'investigation étant un contrat aléatoire). Néanmoins, dans un cas atypique où la découverte de monnaies anciennes avait eu lieu en deux temps, pour un premier lot au hasard d'une promenade, pour le second grâce aux fouilles de spécialistes, l'ensemble des pièces a été considéré comme formant un seul trésor (T.G.I. du Mans, 7 sept. 1999, J.C.P. 2000.II.10258, n. C. Saujot). La fouille complémentaire pouvait être rattachée à la découverte initiale dont elle était une suite et une conséquence et les spécialistes en service commandé ne pouvaient être qualifiés d'inventeurs en pareille circonstance (est-ce une décision d'espèce, en faveur de flâneurs chômeurs ?).

b) Attribution du trésor :

1° **« La propriété du trésor appartient à celui qui le trouve sur son propre fonds »** (art. 716, al. 1, 1re phrase).

— « Celui qui le trouve dans son propre fonds » : c'est l'indication du cas. Dans cette hypothèse, celui qui trouve (inventeur) est aussi propriétaire du fonds : cumul de titres, addition de deux qualités, c'est le fondement d'une attribution intégrale exclusive. Trois précisions : *« son »*, il s'agit du propriétaire actuel (non de son auteur : Civ. 25 oct. 1955, préc.) ; *sur* son fonds : ce peut être dans le fonds lui-même (immeuble) ou dans un meuble dont il est propriétaire (qu'il soit ou non propriétaire du local dans lequel se trouve ce meuble) ; *« trouve » :* il n'y a pas à distinguer selon que le propriétaire a ou non cherché le trésor.

— « La propriété du trésor appartient à » : la loi règle le profit du trésor. En ce cas, tout le trésor (la propriété de tout le trésor) est attribué en entier au propriétaire — inventeur, seul intéressé, à double titre. Juridiquement, la loi règle le mode d'acquisition du trésor (c'est le titre du livre III). Ici l'acquisition procède de la conjonction de deux causes : l'invention et l'accession (15). Mais à quel titre s'opère l'accession ? Ce qui est sûr c'est que le trésor — non renaissant — n'est pas un fruit (c'est bien le lot du propriétaire, du nu-propriétaire, non celui de l'usufruitier ou du locataire). Si le fonds est propre, ce n'est pas un revenu, mais un fragment de propre. Si le fonds est commun, le trésor l'est aussi.

2° « Si le trésor est trouvé dans le fonds d'autrui, il appartient pour moitié à celui qui l'a découvert, et pour l'autre moitié au propriétaire du fonds » (art. 716, al. 2, 2e phrase).

— « Si... dans le fonds d'autrui » : dans cet autre cas, deux intéressés distincts sont en présence : celui qui est propriétaire du fonds dans le quel le trésor a été découvert (mais qui ne l'a pas découvert) ; celui qui a, par hasard, trouvé le trésor (mais qui n'est pas propriétaire du fonds) : Ce sont deux titres incomplets mais complémentaires. Positivement, deux intérêts légitimes à concilier ; d'où deux droits distincts *(jus inventionis ; jus soli).*

(15) Part du fonds *ou* du tréfonds.

« Dans » : faut-il l'opposer à « sur » ? Ce serait une exagération littérale : peu importe que la découverte ait été faite dans l'immeuble ou dans un meuble (et même par un artisan chargé de réparer le meuble dans son atelier). Encore faut-il, dans tous les cas, que la présence du tiers inventeur chez autrui soit, par sa cause, légitime (parenté, invitation, prêt louage, usufruit, contrat de construction, de réparation, etc.).

— « Il appartient pour moitié..., pour l'autre... propriétaire du fonds ». La loi institue en ce cas le principe d'un **partage** : celui-ci a lieu **moitié-moitié** et en nature (16). Ce qui exclut (c'est une réflexion en législation) l'attribution exclusive (à l'un ou à l'autre), le partage inégal (au profit de l'un ou de l'autre) et l'attribution préférentielle sauf indemnisation en valeur. Égalité forfaitaire et parfaite qui est l'image de *l'équité*, de l'équité naturelle (comp. art. 565, al. 1) : d'où la transaction qui s'impose, lorsqu'on ne peut peser les mérites. L'effet du hasard est pur. C'est une grâce. Chacun reçoit, pour partie, ce don de fortune. Les deux titres qui réclament (l'invention et la propriété) n'ont rien à voir avec le mérite (17). Hétérogènes, ils sont ici dissociés. Les deux modes d'acquisition du trésor jouent distinctement et disjointement au profit de bénéficiaires différents : d'un côté la part acquise *jure inventionis*, de l'autre la part acquise *jure soli.* Cette dernière est partie du fonds (ou du meuble : et propre ou commune comme lui). La part de l'inventeur (marié sous un régime de communauté) n'est pas un revenu du travail. Mais, sous tous les régimes serait-elle pas, en mariage (union pour le meilleur), un don de ménage (don du ciel au ménage) ? (*Les régimes matrimoniaux*, Thémis, P.U.F., n° 42 *in fine.*)

— C'est en ce cas, que remonte, du second au premier alinéa, la règle d'attribution : le tiers-inventeur n'a aucune part dans le trésor qu'il a — non pas trouvé par hasard — mais cherché, *motu proprio*, chez autrui. Il ne peut davantage y prétendre s'il l'a découvert au cours de recherches commandées ou autorisées par le propriétaire du fonds ; mais il a droit, en ce cas, à la rémunération convenue. Critiquable en législation (v. Carbonnier, note J.C.P. 1949.4976) cette condition pourrait être neutralisée (v. ci-dessus a) *in fine)*, ou, à tout le moins, strictement interprétée (18) : un ordre vague de recherches ou la réserve de ce qui pourrait être trouvé ne suffiraient pas à priver l'inventeur de sa part et l'on a par ailleurs proposé de laisser leur part d'inventeur, même s'il y a eu recherche, à tous ceux qui, titulaires d'un droit de jouissance sur le fonds (usufruitier, preneur) en tireraient un droit de recherche (Picard, Planiol et Ripert, T. III, *Les Biens*, n° 608). Pour éluder la frustration de l'inventeur qui a eu « la main », ne pourrait-on soutenir qu'il a, pour moitié, enrichi sans cause le propriétaire du fonds ? (19). Ici resurgit, par interférence, le mérite de la découverte. Il y a décidément dans l'attribution du trésor une question philosophique.

(16) Chacun étant propriétaire d'une part, celui qui soustrait la part de l'autre, s'expose aux peines du vol, sans cependant perdre sa part : Crim. 3 mars 1894, S. 1895.1.157 ; Limoges, 14 mai 1903, S. 1904.2.196, D. 1904.2.21 ; Rouen, 3 janv. 1853, S. 1853.2.335.

(17) Découvrir n'est même pas reconnaître la valeur de la découverte. A droit à la part de l'inventeur celui qui, trouvant un objet dont il ignore la valeur, le confie ou le laisse aux mains d'un autre : Trib. Villefranche-sur-Saône, 11 févr. 1954, G. P. 54.1.401 ; Rennes, 9 janv. 1951, D. 51.443. L'invention n'est ni la possession, ni la science ; *adde.* Lyon, 30 oct. 1970, D. 71.522, n. Prévault (où l'ignorance empêche d'admettre la renonciation).

(18) Comp. Riom, 8 déc. 1938. G. P. 39.1.374 ; Paris 9 nov. 1948. J.C.P. 49.4976, note Carbonnier.

(19) Rien ne semble avoir réveillé les prétentions du souverain (l'État) à la propriété du trésor. Comp. Loysel (Instituts coutumières, E. de Laurière, n° 279, p. 285 : « Le Roi applique à soi la fortune et treuve d'or » et l'ancien proverbe allemand : « Tout trésor enfoui en terre plus avant que ne peut atteindre la charrue appartient au souverain ».

B. LES ÉPAVES

Les épaves sont des objets **perdus** par leur propriétaire et **retrouvés** par un autre que lui. Ce sont des objets de toutes sortes dont leur propriétaire a involontairement perdu la possession (objets oubliés ou égarés, animaux échappés) et dont un autre a pris possession (*lato sensu*, avec ou sans volonté d'appropriation). Ce qui est sûr c'est que le tiers-rapporteur n'acquiert l'épave ni par invention (ce n'est pas un trésor) ni par occupation, car l'épave n'est pas, par nature, *res nullius* (il s'agit d'un effet personnel, d'un animal domestique) et par hypothèse n'a pas été volontairement abandonnée (elle peut seulement avoir été laissée par force, comme un véhicule en panne au cours d'un exode) (20).

La question (21) est de savoir si, lorsqu'il se représente au bout de quelque temps, le véritable propriétaire est toujours en droit de se faire restituer l'objet perdu (à supposer qu'il en ait retrouvé la trace et qu'il justifie de sa propriété), ou s'il risque de se heurter soit aux prérogatives de l'autorité publique, soit aux droits que le tiers aux mains duquel se trouve l'objet aurait acquis d'une autre source.

Pour certaines épaves (épaves maritimes, épaves fluviales trouvées dans les rivières du domaine public), la question est résolue par des lois spéciales (22). Pour les autres (épaves terrestres, objets trouvés dans les cours d'eau non navigables ni flottables), la solution relève du droit civil, mais non sans l'interférence de règlements administratifs.

a) La réclamation à l'administration

Lorsque le propriétaire réclame l'objet perdu à l'administration entre les mains de laquelle cet objet avait été déposé (23), il en obtiendra, sur justification, la remise, si celui-ci s'y trouve encore, ou le prix, s'il a été vendu aux enchères publiques, au moins en général (car de nombreuses lois spéciales, tout en prévoyant la vente aux enchères du bien, limitent le temps pendant lequel le prix peut être reversé, notamment pour les objets non réclamés aux douanes, entreprises de transport, etc.). Mais il peut se faire que, suivant un usage bien connu, l'administration ait, au bout d'un certain temps sans réclamation (un an et un jour) remis l'objet, sur sa demande, à celui qui l'avait trouvé.

b) La revendication à l'encontre d'un particulier

S'agissant par hypothèse d'un meuble perdu, la revendication de l'épave est ouverte, conformément au droit commun, contre le tiers aux mains duquel l'objet se trouve, mais dans des conditions qui varient selon l'origine de sa possession.

1° Le tiers a l'objet entre ses mains pour l'avoir retrouvé, déclaré et régulièrement conservé ou recouvré (conformément aux règlements de la police) : considéré (libéralement) comme un possesseur de bonne foi, il est en droit d'opposer au revendiquant la

---

(20) Sur la question épineuse des objets abandonnés au cours de l'exode 1940, v. Mlle Vandamme, *Contribution à l'étude de la revendication des épaves terrestres*, R.T. 1943.157.

(21) Lorsque, de lui-même, le tiers rapporte à son propriétaire l'objet qu'il a trouvé, il a droit soit à la récompense promise, soit, à défaut de promesse, au remboursement de ses frais (gestion d'affaires).

(22) V. plus haut, n° 1670.

(23) De nombreux règlements de police prévoient l'obligation, pour celui qui trouve un objet, de déclarer sa trouvaille et parfois de le déposer.

prescription de trois ans à compter du jour de la perte ou du vol (art. 2279, al. 2) (mai avant l'expiration de ce temps, la revendication est ouverte, même si l'administration lui remis l'objet, simple transfert de possession).

2° Le tiers a, sans le déclarer, conservé l'objet qu'il avait retrouvé : contre lui, qui est d mauvaise foi (sachant bien qu'il ne tient pas la chose du propriétaire et ne bénéficiant pa des circonstances atténuantes qu'apporterait l'observation des règlements) la revendicatio du propriétaire est ouverte pendant trente ans. Il risque même d'être considéré comm voleur, s'il a manqué sciemment à une obligation de déclaration et appréhendé l'objet ave l'intention de se l'approprier.

3° Le tiers a acquis de bonne foi le bien de l'inventeur, de l'acquéreur de l'épave ou d'u intermédiaire (sans savoir qu'il s'agissait d'une épave) : tiers acquéreur de bonne foi il n'es exposé à la revendication que pendant trois ans (C. civ. art. 2279, al. 2).

BIBLIOGRAPHIE

PICARD, PLANIOL et RIPERT, T. III, *Les Biens,* n° 589 s., ESMEIN, AUBRY et RAU, T. II, 7e éd., § 201 JACQUEY, *Le trésor,* th. Lille, 1913 ; MALABARD, *La notion d'épave,* th. Paris 1939 ; M. RÉMOND GOUILLOUD, *Ressources naturelles et choses sans maître,* D. 1985, chron. 27 ; J. GUILBAUD et P. L BIHAN, *La pêche et le droit,* Litec, 3e éd. 1988. C. SAUJOT, *Fouilles archéologiques,* J.-Cl. pénal, 3 1997 ; *Les vestiges terrestres immobiliers et mobiliers : qualification et propriété,* Rev. archéo ouest 15, 1998, 209 s. ; C. GARCIN, *La protection du patrimoine culturel sous-marin depuis la lo* n° 89-874 du 1er déc. 1999, ALD 1990, n° 15, 135 et 16, 139.

TITRE III
LES PROPRIÉTÉS INCORPORELLES

8 Tous les droits — même les droits réels — sont, en eux-mêmes, incorporels. Mais nombre d'entre eux portent sur des choses tangibles, meubles ou immeubles : propriété d'un véhicule, usufruit d'un immeuble, etc. Ils sont corporels par l'objet sur lequel ils portent directement.

D'autres droits n'ont **pour objet aucune chose tangible**. Ils sont incorporels même par l'objet auquel ils s'appliquent : **ce sont des biens purement incorporels.**

9 **L'immatérialité de leur objet** emporte *deux conséquences* que l'on retrouve, invariables, dans chacun de ces biens :

— La classification des meubles et des immeubles prend, en ce qui les concerne, un caractère artificiel. Puisque tous les biens sont meubles ou immeubles et que les biens incorporels ne peuvent attendre, de leur objet, leur classement naturel dans aucune de ces deux catégories, ils l'ont arbitrairement reçu de la loi : ce sont **des meubles par détermination de la loi**.

— Ne donnant par hypothèse aucune prise à une appréhension effective, au pouvoir brut d'une détention matérielle, ces meubles incorporels sont soumis à des régimes juridiques fort divers, mais dont le trait commun, par une différence spécifique avec les meubles corporels, est de ne faire **aucune part à la possession** (proprement dite) (1).

0 Là s'arrêtent leurs points communs. **Ensemble hétéroclite**, le groupe des meubles incorporels rassemble des biens de nature radicalement différente.

---

(1) Que la notion consacrée de la possession ne soit pas appropriée aux meubles incorporels est un article de la doctrine classique. Sur le rappel de ce principe et le tempérament marginal que lui apporte la jurisprudence en accordant un succédané de la protection possessoire à la personne morale qui exploite une œuvre contre des tiers contrefacteurs, v. Fr. Pollaud-Dulian, *De la prescription en droit d'auteur*, R.T. 1999, 585 s. Au demeurant, depuis que la protection possessoire est accordée au détenteur précaire (contre tout autre que celui de qui il tient ses droits, C. civ., art. 2282, al. 2) l'octroi d'un tel avantage n'implique pas que son bénéficiaire soit un véritable possesseur. Il reste (on l'a vu, *supra*, n° 1137) que si, par une dilatation (une dénaturation ?) du concept, on dématérialise la possession, en définissant le pouvoir de fait qui la caractérise comme une maîtrise intellectuelle, on retrouve, par bribes, en fait de meubles incorporels et selon la nature de chacun, des effets comparables à ceux de la possession proprement dite. V. la thèse précitée d'A. Pelissier (n° 1137). Il s'agit plutôt d'un jeu d'équivalences partielles. La possession immatérielle de choses intangibles est une notion du second degré.

— Certains sont des droits personnels, des **droits de créance**. Incorporels, ils le sont même si la prestation due au créancier est un meuble corporel (somme d'argent, marchandises à livrer), car ce ne sont pas des droits sur les choses, mais à l'encontre d'une personne qui doit telle ou telle chose. Leur étude relève du *droit des obligations*.

— Construits sur le modèle des droits réels, d'autres constituent de véritables propriétés que l'on nomme **propriétés incorporelles**. Au moins repère-t-on, en elles, certains des traits inhérents au droit réel (l'opposabilité *erga omnes*) ou, plus spécialement, au droit de propriété (l'exclusivité des prérogatives qu'elles confèrent à leur titulaire). Là encore, cependant, règne la plus **grande diversité**. Certaines propriétés incorporelles relèvent du **droit commercial** ; ainsi le **fonds de commerce**, entité incorporelle distincte des éléments corporels (équipement, marchandises) ou incorporels (clientèle, droit au bail) qui le composent. D'autres, objet d'une **branche particulière du droit**, se regroupent sous le terme générique de **propriété industrielle,** propriété incorporelle englobant les brevets d'invention et connaissances techniques, les dessins et modèles, les marques de fabrique, de commerce ou de service et les appellations d'origine. Dans le Code de la propriété intellectuelle où figurent désormais les dispositions qui la régissent, après celles qui gouvernent la propriété littéraire et artistique, la propriété industrielle apparaît donc avec celle-ci, comme l'une des deux espèces de **propriété intellectuelle** (l. du 1er juill. 1992). Dans l'ensemble des propriétés incorporelles, le droit civil des biens s'attache cependant à un autre regroupement et retient d'une part celles qui sont liées à l'exercice d'une activité professionnelle non commerciale : **offices ministériels** (2) et **clientèles civiles** (v. n° 878), d'autre part la **propriété littéraire et artistique**. Pour l'ensemble de ces propriétés incorporelles, **l'immatérialité de leur objet** est comme compensée par l'importance essentielle dont se charge **la personnalité de leur titulaire,** la valeur économique de ces biens étant directement fonction de la valeur personnelle de ceux qui sont à leur tête ou à leur origine : propriétés liées au travail de l'homme ou nées de son travail.

(2) V. plus haut, n° 954.

CHAPITRE UNIQUE
LA PROPRIÉTÉ LITTÉRAIRE ET ARTISTIQUE

Bases constantes : Sous ce titre, la propriété d'un auteur sur son œuvre est, depuis longtemps (1), consacrée (comme parfois la plus sacrée) et les idées maîtresses fixées. La propriété reconnue à l'auteur, sur sa création, est une protection à double fin : une finalité financière, patrimoniale, d'ordre pécuniaire, l'exploitation de l'œuvre, source de profit ; une finalité supérieure, extrapatrimoniale, d'ordre moral, la défense de l'œuvre, émanation de la personnalité. La loi réserve à l'auteur, sa vie durant, le **profit pécuniaire** de son œuvre et veille au **respect de sa personnalité :** deux aspects irréductibles et constamment conjugués dans le droit de propriété littéraire et artistique.

Concrètement, la loi cherche à protéger l'auteur dans deux ordres de rapports : contre les tiers qui utilisent son œuvre sans son accord (not. les contrefacteurs) et contre ceux qui, dans les relations contractuelles, sont placés en position de force (les contrats conclus entre l'auteur et ceux qui diffusent ses œuvres ne se font pas toujours à parties égales).

Données nouvelles : La protection des auteurs répond aussi aux préoccupations nouvelles nées de transformations radicales. Ainsi a-t-il d'abord fallu compter avec l'apparition de **nouvelles formes d'expression artistique.** À l'origine, on ne protège guère que les écrivains, les compositeurs et les peintres. Aujourd'hui, l'éclatement des formes d'art et des modes d'expression produit une profusion inouïe d'œuvres nouvelles et complexes (dont l'œuvre cinématographique n'est qu'un exemple entre d'autres). D'où la nécessité d'adapter la protection des droits d'auteur à la diversification des modes d'expression de la création moderne.

L'autre défi vient de la **révolution technique des moyens de diffusion et de reproduction.** La technique moderne fait, en cette branche, des progrès si foudroyants (de fixation, de retransmission, etc. par les moyens les plus divers) que l'œuvre échappe à son auteur :

(1) Les lois révolutionnaires paraissent aujourd'hui modestes : le décret sur les spectacles des 13-19 janv. 1791 interdit la représentation sur aucun théâtre public des ouvrages des auteurs vivants sans le consentement formel et par écrit de ceux-ci ; le décret des 19-24 juill. 1793 confère aux auteurs le droit exclusif de vendre, faire vendre, distribuer leurs ouvrages sur tout le territoire de la République et d'en céder la propriété. Mais les ouvrages deviennent une propriété publique 5 ans après la mort de l'auteur, durée portée à 10 ans en 1793. V. Jacques Boncompain, *La révolution des auteurs, naissance de la propriété intellectuelle* (1773-1815), Fayard, 2002 (où Beaumarchais apparaît comme un pionnier du droit d'auteur).

produit stocké dont il ne peut maîtriser les utilisations secondaires. La mise en ligne des œuvres sur le réseau internet pose des problèmes à la propriété intellectuelle.

Ayant entrepris, dès le début du siècle, un effort d'adaptation, la jurisprudence a fait œuvre prétorienne. Ce travail avait ses limites. Il a eu sa consécration.

La loi du 11 mars 1957 sur la propriété littéraire et artistique a constitué pendant plus de 35 ans la **charte du droit des auteurs.** Elle a été modifiée, dans sa teneur, par une **loi du 3 juillet 1985** (2) qui, entre autres retouches ou adaptations, a surtout mis l'accent sur les œuvres audiovisuelles. Plus novatrices et non incorporées au texte de la loi de 1957, certaines dispositions de la même loi de 1985 ont accordé des protections particulières à tout ce qui gravite autour de l'œuvre de l'auteur, au premier rang, l'interprétation de l'artiste puis, dans un voisinage plus lointain, les phonogrammes et vidéogrammes, et même, par rattachement, à des créations d'un autre ordre, les logiciels. Toutes ces dispositions ont été **codifiées** par la **loi du 1er juillet 1992**. Elles forment désormais, dans le nouvel ordre que leur a donné cette codification formelle, la première partie de la partie législative du **code de la propriété intellectuelle,** sous le titre de la propriété littéraire et artistique, laquelle englobe le droit d'auteur (livre I, art. L. 111-1 à L. 132-33) et les droits voisins du droit d'auteur (livre I, art. L. 211-1 à L. 216-1). V. V.-L. Benabou, V. Varet, I.R.P.I., dir. Françon, *La codification de la propriété intellectuelle*, Doc. franc., 1998.

Dans cet ensemble, la primauté appartient toujours à la protection des droits des auteurs sur leurs œuvres, à la protection du **droit d'auteur :** son étude sommaire (3) invite à prendre une idée du **domaine** et de la **nature** de cette protection légale de référence. Les **protections complémentaires** (droits voisins) ou rattachées (logiciels) appellent une présentation particulière brève (3 §).

§ 1. DOMAINE DE LA PROTECTION : L'ŒUVRE ET L'AUTEUR

1683 La loi protège « les droits des auteurs sur toutes les œuvres de l'esprit, quels qu'en soient le genre, la forme, l'expression, le mérite ou la destination » (art. L. 112-1). Formule très générale : la loi protège toute **œuvre de l'esprit** en la personne de son **auteur.** La délimitation du domaine de la protection découle de la définition de l'œuvre et de l'attribution de la qualité d'auteur.

(2) Pour le commentaire de cette loi, V. Plaisant, J.C.P. 1986.I.3230, Edelman, A.L.D. 1986, 15 et 95, Mollet-Vieville, G. P. 1985, Doct. 580. V. les décrets d'application du 3 janv. 1986 (J.O. 9 janv.) et du 14 mars (J.O. 16 mars).

(3) Dans cette matière raffinée, la maîtrise n'appartient qu'aux ouvrages et études de haute spécialisation ; H. Desbois, *Le droit d'auteur en France,* 3e éd., 1978 ; Escarra, Rault et Hepp, *La doctrine française du droit d'auteur*, 1937 ; Cl. Colombet, *Propriété littéraire et artistique*, Précis Dalloz, 9e éd, 1999 ; Grands principes du droit d'auteur et des droits voisins dans le monde, approche de droit comparé, Litec Unesco, 1990 ; R. Dumas, *Propriété littéraire et artistique,* P.U.F. Coll. Thémis, 1987 ; Françon, *La propriété littéraire et artistique,* « Que sais-je ? ». Dessemontet, *Le droit d'auteur*, CEDIDAC, Lausanne, 1999. *Adde* Catherine Blaizot-Hazard, *Les droits de propriété intellectuelle des personnes publiques en droit français,* th. Paris II, 1989. La littérature s'est aujourd'hui enrichie de l'ouvrage original et fondamental de Pierre-Yves Gautier, *Propriété littéraire et artistique,* P.U.F. 3e éd. 1999 et, sous la plume d'A. Lucas et d'H.-J. Lucas, d'un véritable *Traité de la propriété littéraire et artistique* (Litec 2e éd. 2001).

A. L'ŒUVRE DE L'ESPRIT

La loi n'en énonce pas directement de définition. Très détaillée, l'énumération qu'elle en donne (art. 112-2) permet cependant, associée à d'autres notations, de s'élever à une notion générale.

a) Énumération légale

« Sont considérées, notamment, comme œuvres de l'esprit au sens du présent code : 1° les livres, brochures et autres écrits littéraires, artistiques et scientifiques ; 2° les conférences, allocutions, sermons, plaidoiries et autres œuvres de même nature ; 3° les œuvres dramatiques ou dramatico-musicales ; 4° les œuvres chorégraphiques, etc. ». Enrichie et remodelée en 1985, numérotée en 1992, l'énumération légale suggère que tous les fruits de l'activité créatrice de l'esprit humain sont susceptibles de constituer une œuvre de l'esprit, au sens de la loi, une œuvre protégée : sa mise en ordre et son caractère énonciatif le confirment.

1° Classification des œuvres : Le regroupement classique des œuvres citées permet de les reclasser en trois catégories (trilogie à contester, dans une théorie de l'art, plus que dans un ordre juridique).

— **Les créations littéraires** (la littérature proprement dite). Tous les écrits littéraires, quels qu'en soient la forme et la matière, le genre et le sujet (romans, essais philosophiques, écrits poétiques, pièces de théâtre) sont, au sens de la loi, des œuvres de l'esprit.

— **Les créations artistiques.** Aux « Lettres » s'ajoute le groupe protéiforme des « Arts ». Tous — majeurs ou mineurs, simples ou composés — sont également protégés : œuvres musicales (4), arts plastiques (peinture, sculpture, architecture, gravure), œuvres cinématographiques, œuvres chorégraphiques, etc. À ce palmarès sont désormais cités « les numéros et tours de cirques » ainsi que « les œuvres graphiques et typographiques », jeux et prouesses d'artistes qui, avant 1985, n'étaient pas exclus mais seulement non mentionnés. Plus encore qu'à l'illustration des espèces, la loi nouvelle a travaillé au remodelage des genres. Les œuvres cinématographiques sont toujours citées mais désormais comme espèce du genre des œuvres audiovisuelles, qui englobe toutes les séquences animées d'images (sonorisées ou non), remise en place, qui vaut consécration du petit écran sans oubli du muet. Séquences figées (*a contrario*), les œuvres photographiques et œuvres assimilées ont aussi leur promotion générique, puisque la loi n'exige plus qu'elles aient un caractère artistique ou documentaire (l'art souffle où il veut). Art sur art, la photographie d'un tableau est une œuvre protégeable si la démarche de son auteur révèle en lui un créateur (Paris, 26 sept. 2001, D. *Dr. aff.* 2001, 3279).

— **Les sciences et travaux.** Il s'agit d'œuvres utilitaires dans leur fin première. (Ce n'est pas affirmer que ce genre de travaux soient dépourvus de qualités littéraires ; mais l'intention qui les fait naître n'est pas littéraire). Ces travaux regroupent les publications scientifiques de tous ordres (dans les sciences exactes ou dans les sciences politiques et morales, y compris les publications juridiques). Encore faut-il préciser, pour les premières, que les travaux ne sont pas ici protégés en tant que découvertes (objet de propriété

(4) V. M. Gautreau, *La musique et les musiciens en droit privé français,* P.U.F. 1970, préface G. Cornu ; A. Bertrand, *La musique et le droit : de Bach à internet,* Litec, 2002.

industrielle) mais en tant qu'œuvres littéraires et artistiques. (Le terme de « propriété littéraire et artistique » est donc, dans le code de la propriété intellectuelle, très général et le mot « littéraire » amphibologique ; dans un sens précis, il désigne les œuvres littéraires, dans un sens large, il englobe toutes les publications, recherches, études, essais dans tous les domaines de l'esprit humain). Dans la même catégorie, entrent des œuvres orales (conférences, sermons, allocutions, plaidoiries) et divers travaux proches des arts plastiques ou appliqués (cartes, plans, croquis, illustrations, en matière de géographie, de topographie ou d'architecture, etc.). V. X. Strubel, *La protection des œuvres scientifiques en droit d'auteur français*, Éd. CNRS, 1997.

1686 **2° Caractère de l'énumération :** L'énumération de l'art. L. 112-2 n'est ni exhaustive ni limitative. Même dans sa profusion, elle demeure **indicative,** ouverte (« notamment », précise le texte). L'invention est encore possible. La protection légale s'étendrait *ipso jure* (sans qu'il soit nécessaire de modifier la loi) à toute forme d'art nouvelle. Les chemins de la création sont libres. Ils sont, par avance, virtuellement protégés (5). Entre autres illustrations, l'éclairage de la grande arche de la Défense a été reconnue comme la création originale de l'éclairagiste (T.G.I Créteil, 3 mars 1998, inéd.) et la décoration florale du Pont-Neuf celle de son réalisateur (Civ. 1re, 6 févr. 2001), de même que naguère son « emballage » par Christo. L'originalité d'un plan de cimetière lui a valu la protection de la loi (Paris, 22 juin 1999, D. 1999.IR.229).

Raison supplémentaire de sauter de l'énumération à la définition.

b) Notion générique

À partir de l'énumération légale, diverses indications, dans la loi, font reconnaître **l'œuvre de l'esprit** à la réunion de deux éléments constitutifs, l'un d'ordre intellectuel (un **apport**), l'autre d'ordre formel (un **support**) (6), c'est-à-dire l'un au travers de l'autre, la conception à travers sa réalisation.

1687 **1° Une création intellectuelle :** L'œuvre est, à sa source, une **création de l'esprit.** Elle naît d'une pensée créatrice (acte intellectuel) : produit d'une **conception** (art. L. 111-2), fruit de l'esprit, c'est une création intellectuelle (art. L. 113-7). C'est bien à sa source que la propriété littéraire et artistique est une propriété intellectuelle.

Mais ce trait d'origine est indépendant de la *valeur de l'œuvre.* Ce n'est pas le mérite d'une œuvre qui attire, sur elle, la protection de la loi (La pièce la plus morne, le roman le plus plat, les vers les plus méchants sont protégés, aussi bien qu'une œuvre géniale) (art. L. 112-1).

Faut-il au moins que l'œuvre soit *originale ?* La loi, spécialement, l'exige du titre d'une œuvre (c'est plus facile à vérifier) pour que celui-ci bénéficie d'une protection particulière

---

(5) Ainsi notamment, dès avant la loi de 1985, pour les vidéogrammes (lorsqu'ils ne sont pas des copies). V. vidéogrammes et droit français, Ch. Stora, G. P. 1982.II.Doct.447. Pour les données informatisables, V. Banques de données et droit d'auteur, rapport de synthèse P. Catala, publications de l'IRPI, Coll. Le Droit des affaires, Litec 1986 (et *infra*, n° 1704). La protection légale s'étend à la publicité. V. Emmanuelle Parent, *Le droit d'auteur sur les créations publicitaires,* th. Paris II, 1989. *Limites* : une collection d'automobiles réunies en un musée n'est pas une œuvre de l'esprit (elle n'en mérite pas moins une protection appropriée). Paris, 25 mai 1988, G. P. 1988.II, som., 443.

(6) Qui viennent, naturellement, dans la boutade de Sacha Guitry devant son œuvre : « Je l'ai conçue et réalisée moi-même ».

(art. 5). Mais l'œuvre elle-même, dès qu'elle existe, est **présumée originale**, jusqu'à ce que la preuve du contraire soit rapportée. Quand il y a lieu de s'y référer, le critère de fond est qu'il n'y a pas œuvre, s'il n'y a pas **œuvre personnelle**. « Chaque artiste, en tant que créateur, doit exprimer ce qui lui est propre » (Kandinsky, *Du spirituel dans l'art et dans la peinture en particulier*, p. 132). Par définition, l'œuvre de l'esprit postule un **apport** de l'auteur. C'est à cette condition qu'elle répond à sa définition : une **émanation de la personnalité** (7).

2° Une réalisation : L'œuvre de l'esprit n'est réputée créée que si elle est réalisée (art. L. 111-2). La réalisation est ce qui lui donne son existence, ce qui la fait **« œuvre »**. Mais encore ?

D'un mot, la réalisation de l'œuvre s'opère, sous un mode ou un autre, par son **expression**. **L'œuvre se réalise en s'exprimant**. Tant qu'elle ne s'est pas exprimée, elle n'est pas œuvre, mais projet ou idée. La réalisation seule marque le passage de la conception à l'œuvre par l'expression. Il faut, pour que l'œuvre existe, que, sous une forme ou une autre, la conception s'extériorise, qu'elle prenne corps hors l'esprit de son auteur, qu'elle existe en dehors de lui, qu'elle ait **pris forme** (8). C'est la forme née de l'expression qui donne l'être à l'œuvre. Avant, elle est de l'ordre potentiel des **agenda**, après, au rang actuel des **opéra**.

Là encore, cependant, il importe de dissiper diverses confusions.

Réalisation n'est pas *achèvement* (art. L. 111-2). Une œuvre inachevée peut être réalisée, au sens de la loi, et protégée comme *œuvre* de l'esprit. Le point final n'est pas le critère formel, le sceau, qui ferait descendre sur l'œuvre terminée, la protection légale (par exception, l'article L. 121-5, précise à quelles conditions l'œuvre audiovisuelle est réputée achevée).

De même, *la divulgation publique* n'est pas nécessaire à la réalisation. La communication de l'œuvre au public n'est pas ce qui lui donne son existence. Même lors d'une « première » (audition, interprétation, etc.), l'œuvre — hors le cas d'improvisation en public — est exprimée avant d'être publiée.

Concrètement, la réalisation varie dans son mode d'une espèce à l'autre de création de l'esprit : Pour chacune, elle correspond à un mode spécifique par lequel la création s'exprime. Pour la littérature, la réalisation s'opère, en général, par expression écrite (9). Dans les arts plastiques, elle passe par la fabrication d'un objet matériel (dessin, toile, statue ; mais il n'est pas nécessaire que toute la concrétisation soit faite par l'artiste même, si le modèle sorti de ses mains est reproduit par des procédés qui n'exigent pas son

---

(7) V. S. Hans, *Originalité et droit d'auteur,* th. Paris I, 1991. C'est assez souvent à propos des œuvres de collaboration, s'agissant de la contribution respective des coauteurs, que la notion d'apport est considérée (et contestée). v. *infra*, n° 1692, note 11.

(8) **L'exigence d'une mise en forme est générale :** Dans l'interprétation des règles relatives à la diffusion des données publiques, une distinction s'affirme entre les données brutes, sans mise en forme originale, qui ne sont en principe la propriété de personne *(res nullius)* et les données élaborées qui, en raison de la valeur ajoutée par l'administration, sont susceptibles d'appropriation intellectuelle (Circ. 14 févr. 1994, G. P. 1994.I. 11-12 mars). *Adde* T.G.I. Paris 14 juin 2002, J.C.P. 2002.IV.2624 : relève du domaine de l'idée, non de la « création formalisée », la méthode d'analyse des cours boursiers qui se borne à combiner des indicateurs connus, sans organisation formelle. Les idées sont de libre parcours.

(9) Une œuvre parlée, sans le secours d'un écrit (discours, entretiens, paroles dictées, etc.), peut cependant être enregistrée et fixée autrement que par écrit.

intervention ; les reproductions de l'œuvre sont protégées comme le modèle). Pour la musique, la réalisation peut prendre corps par l'écriture. Mais une œuvre musicale existe pour peu qu'elle soit exécutée et enregistrée sur un support quelconque. La notation musicale n'est pas le support nécessaire de la création musicale. Celle-ci est réalisée dès qu'elle a une existence sonore enregistrée. (De même un ballet n'a pas, nécessairement, à être fixé par écrit, Une création chorégraphique réglée est protégée ; de même une méthode d'enseignement). Autant d'œuvre, autant de forme, autant de mode d'expression, mais il faut une forme fixée, une expression accomplie. Pour que l'œuvre existe, il faut, mais il suffit que l'auteur ait donné **un support à son apport ;** réalisation que postule le terme même d'œuvre *(opus).*

Un arrêt donne une illustration de cette analyse à propos d'une idée de publicité demeurée à l'état de simple proposition, en affirmant que la protection d'une idée comme œuvre de l'esprit suppose la création de l'œuvre, **par la réalisation**, même inachevée, de la **conception** de l'auteur (Civ. 1re, 17 oct. 2000, J.C.P. 2000.IV.2780). Encore une structure dualiste, **spiritus** et **opus**.

Hors-série : le billet de banque. La reproduction, dans une revue de numismatique, de billets de banque, n'étant pas une contrefaçon monétaire, ne tombe évidemment pas sous le coup de la loi pénale qui réprime la fausse monnaie (C. pén. art. 442-1 s.). Pourrait-elle être une contrefaçon littéraire à laquelle la Banque de France pourrait s'opposer en vertu des art. L. 122-4 et 335-2 C.P.I. ? La Cour de cassation l'a exclu (Civ. 1re, 5 févr. 2002, D. *Dr. aff.* 2002, 1128, n. Gridel). Pourtant, les images qui ornent les billets sont des créations de l'esprit. Mais ce rattachement est neutralisé par la fonction primordiale dévolue aux billets de banque, mode de paiement légal. De la part de la Banque de France, établissement public, leur émission et leur mise en circulation à cette fin, les affectent à l'intérêt général et constituent un service public. D'où l'incompatibilité entre cette activité régalienne et la protection littéraire. Cependant, l'image monétaire est la propriété du souverain monétaire (plaisir de lire *L'imagerie des monnaies,* Carbonnier, *Flexible droit,* 10e éd. 2001, p. 393 s.).

B. LA QUALITÉ D'AUTEUR

Le bénéficiaire de la protection est celui auquel la loi reconnaît **la qualité d'auteur**.

a) Principe

1690 La loi édicte une présomption de paternité littéraire. « La qualité d'auteur appartient, sauf preuve contraire, à celui ou à ceux **sous le nom de qui l'œuvre est divulguée** » (art. L. 113-1). L'auteur d'une œuvre est censé être la personne (10) sous le nom de laquelle l'œuvre est divulguée. Légale, cette présomption n'est cependant pas irréfragable.

b) Complications

1691 **1° Preuve contraire :** Lorsque la présomption ne correspond pas à la réalité, l'auteur véritable est en droit de se manifester et de faire valoir ses droits à charge d'administrer la preuve de sa paternité (cette revendication de paternité naturelle appliquée aux œuvres de l'esprit est libre).

(10) Personne physique, en principe. Une personne morale ne peut être investie à titre originaire des droits de l'auteur que dans le cas où une œuvre collective, créée à son initiative, est divulguée sous son nom (art. L. 113-8, 113-9 et 113-5). V. Civ. 1re 17 mars 1982, Bull. I, n° 116, p. 101.

2º Paternité plurale : La participation de plusieurs à la création d'une œuvre peut revêtir diverses formes qui commandent l'attribution de la qualité d'auteur.

— **Œuvre de collaboration.** Elle a plusieurs **coauteurs** sur la tête desquels reposent les droits de propriété littéraire et artistique. Objet d'une espèce de copropriété, elle est la **propriété commune des coauteurs** (art. L. 113-3 ; sur l'irrecevabilité opposée à l'action individuelle d'un coauteur pour la défense de ses intérêts patrimoniaux, v. Civ. 1re, 4 oct. 1988, D. 1989, 482, note crit. P.-Y. Gautier).

Parfois, les coauteurs ont collaboré de telle manière qu'il n'est pas possible de discerner, dans l'œuvre commune, l'apport de chacun (Journal des Goncourt, œuvres de Jérôme et Jean Tharaud) : ils ne peuvent l'exercer que d'un commun accord. D'autres fois, la contribution personnelle de chacun apparaît distinctement. Chacun peut alors, sauf convention contraire, exploiter séparément la sienne, sans toutefois porter préjudice à l'exploitation (d'un commun accord) de l'œuvre commune (art. L. 113-3) (11). Dans le genre, l'œuvre audiovisuelle est l'objet de dispositions particulières (art. L. 113-7 s., notamment quant à l'attribution de la qualité d'auteur). La qualité d'auteur de l'œuvre audiovisuelle a été déniée à un chef cuisinier dont les compositions culinaires avaient été enregistrées à son « piano », car il n'était pas établi qu'il eût contribué aux opérations de conception, tournage et montage de l'œuvre audiovisuelle elle-même (Civ. 1re, 5 févr. 2002, *Pet. aff.* 9 juill. 2002, nº 136, p. 16 s.).

— **Œuvre collective** (art. L. 113-2). Elle est aussi le produit de la participation de personnes multiples qui apportent, chacune, leur contribution. Mais l'œuvre collective est animée et assumée par une seule personne physique ou morale (un éditeur). Les droits de l'auteur reposent non sur la kyrielle des collaborateurs, mais sur la tête « du promoteur littéraire » qui a pris l'initiative de la publication (ex. un dictionnaire).

3° **Œuvres anonymes** (auxquelles sont, sous ce rapport, assimilées les œuvres publiées sous un *pseudonyme*). Par hypothèse, elles ne peuvent être protégées sous le nom de leur véritable auteur (sauf si le pseudonyme ne laisse aucun doute sur l'identité de l'auteur, art. L. 113-6, *in fine*). Elles sont néanmoins protégées. Seulement l'exercice des droits d'auteur est attribué par la loi à l'éditeur ou à la personne qui a pris l'initiative de la publication, en attendant le jour éventuel où l'auteur véritable, révélant son identité, fait valoir ses droits, à charge de justifier de sa qualité (art. L. 113-6). (V. J.-Chr. Saint-Pau, *L'anonymat et le droit*, th. Bordeaux, 1998, dact.).

4º Œuvre composite. C'est une œuvre nouvelle créée à partir d'une œuvre préexistante qu'elle incorpore, sans le concours de l'auteur de l'œuvre originaire (art. L. 113-2). À défaut de concours entre les deux auteurs (et donc d'œuvre commune), l'œuvre composite se distingue radicalement de l'œuvre en collaboration et de l'œuvre collective, lesquelles, sous des modalités diverses, forment une seule et même œuvre d'ensemble, produit de contributions associées. L'adaptation à la scène ou à l'écran d'œuvres littéraires en est un exemple courant. Lorsque l'œuvre d'inspiration n'est pas tombée dans le domaine public, peuvent surgir des difficultés. L'œuvre composite appartient à celui qui l'a réalisée. Mais la loi (art. L. 113-4) réserve les droits de l'auteur de l'œuvre préexistante (l'exploitation de

(11) Les litiges ne manquent pas entre coauteurs qui se fâchent (brouille qui survint, après l'*Ami Fritz* et tant d'œuvres communes, entre Erckmann et Chatrian). *Auctor auctoris lupus*... L'un des protagonistes assez souvent conteste en l'autre la qualité de coauteur. Au dessinateur qui veut se débarrasser du dialoguiste, un arrêt répond que les personnages ont bien pris figure de leurs efforts conjoints, caractérisant la collaboration comme un travail concerté et créatif conduit en commun (Civ. 1re 2 déc. 1997, G.P. 98.I.Pan.43). Il n'y a pas à tenir compte de l'importance et du mérite des apports respectifs, précise un autre arrêt : est bien coauteur qui n'apporte à un guide qu'un seul chapitre (Civ. 1re 2 avril 1996, G.P. 97.I.Pan.24). Aussi bien, peut-être, le seul bon.

l'œuvre nouvelle n'est possible qu'avec l'autorisation de ce dernier). Lorsqu'il l'a donnée, celui-ci conserve d'ailleurs le droit de reprendre librement l'exploitation de l'œuvre d'origine, mais à la condition de ne pas révoquer son autorisation, c'est-à-dire de ne pas interdire aux auteurs de l'œuvre composite de poursuivre, de leur côté, l'exploitation de celle-ci (Civ. 1re, 10 mars 1993, G.P. 1993.II.Pan.189).

§ 2. NATURE DE LA PROTECTION : LE DROIT D'AUTEUR

La protection de la loi consiste à consacrer le droit de l'auteur sur son œuvre, à consacrer **le droit d'auteur,** c'est-à-dire la **propriété de l'auteur sur son œuvre,** droit spécifique doté de plusieurs **attributs.**

A. LE DROIT DE PROPRIÉTÉ INCORPORELLE DANS SON ENSEMBLE

1693 Sur son œuvre, l'auteur est investi d'un droit (subjectif) que la loi qualifie de propriété. Il est propriétaire de son œuvre. L'article L. 111-1 précise : « L'auteur d'une œuvre jouit sur cette œuvre, du seul fait de sa création, d'un **droit de propriété incorporelle exclusif et opposable à tous ».**

En qualifiant elle-même ce droit, en le consacrant comme **une propriété** (12), la loi, en toute cohérence, lui imprime les caractères spécifiques qui le font reconnaître comme tel, au sein des droits réels. Par son opposabilité *erga omnes,* la propriété littéraire et artistique apparaît bien comme une espèce de droit réel (v. plus haut, n° 992) ; par l'exclusivité dont l'auteur jouit, en plénitude, sur son œuvre, comme une espèce de propriété pleine et entière (v. n° 1034).

1694 L'originalité de cette propriété, parmi les autres, tient à son **caractère incorporel.** L'auteur a, sur son œuvre, un droit incorporel, quelle que soit la nature de l'œuvre (ouvrage littéraire, composition musicale, dessin, gravure, toile, vitrail, sculpture) : que l'œuvre créée soit immatérielle (air de musique) ou tangible (statue de pierre). **La propriété littéraire et artistique est une propriété incorporelle, une propriété intellectuelle, une propriété toujours et purement immatérielle quel que soit le caractère de l'œuvre créée.**

Les attributs du droit incorporel feront comprendre que celui-ci demeure invariable quel que soit le caractère (corporel ou non) du fruit de la création. Sans doute n'est-il cependant pas superflu de marquer d'emblée la dissociation en raisonnant, précisément, sur les arts plastiques (sculpture, peinture, etc.) dans lesquels, par hypothèse, l'œuvre se concrétise par un objet matériel. En ce cas, **la propriété incorporelle est distincte et indépendante de la propriété de l'objet matériel** (art. L. 111-3).

C'est ce qui apparaît dans les deux hypothèses concevables. Lorsque l'auteur de l'œuvre conserve entre ses mains (et pour lui) l'objet matériel qu'il a créé, se trouvent alors réunies sur sa tête celle de l'objet matériel et le droit d'auteur (qui lui permet, notamment,

(12) V. à ce sujet la construction doctrinale d'un auteur belge, M. Recht : *le droit d'auteur, une nouvelle forme de propriété* (1969) (de propriété utile, concédée, rétrocédée à l'auteur par l'État investi du domaine éminent par la publication de l'œuvre).

d'exposer cette œuvre sans la vendre, d'en autoriser la photographie et la reproduction, etc.).

La distinction ressort plus manifestement lorsque l'auteur de l'œuvre cède l'objet créé à un tiers (le peintre vend une toile). Le dédoublement des droits correspond alors à un dédoublement de titulaires : l'acquéreur devient propriétaire de l'objet matériel, mais la propriété incorporelle demeure, sauf convention contraire, sur la tête de l'auteur. Elle n'est pas transmise à l'acquéreur, du seul fait de l'acquisition (sauf s'il s'agit d'un ayant cause à titre universel, art. L. 111-3, al. 2, art. L. 123-4, al. 2 et 3). D'où diverses conséquences.

L'acquéreur de l'objet n'a pas le droit d'en tirer un profit distinct de la jouissance personnelle qu'il en a (il n'est pas maître d'organiser une exposition publique payante ni d'autoriser la photographie de l'objet et de percevoir des droits de reproduction). Ayant seulement la jouissance personnelle de l'objet, il n'a, sur l'œuvre, aucun droit d'exploitation.

Privé de la propriété de l'objet cédé, l'auteur conserve, corrélativement, sur l'œuvre, son monopole d'exploitation (à la condition toutefois de ne pas gêner, dans sa jouissance, le propriétaire de l'objet matériel). Un peintre pourrait ainsi faire photographier la toile vendue chez l'acquéreur et l'exploiter en tant qu'œuvre d'art, tout en respectant la propriété de l'objet matériel (le propriétaire de l'objet ne doit pas abuser de sa propriété pour empêcher l'auteur d'exercer son droit de divulgation ; art. L. 111-3, al. 3).

Le propriétaire de l'objet doit encore respecter le droit moral de l'auteur. Il ne pourrait (limitation de son *abusus* sur l'objet matériel) la dénaturer, la mutiler (13). Survivant à l'aliénation, le droit moral continue à planer sur l'œuvre et donne à l'artiste la faculté de veiller au respect de l'intégrité de celle-ci.

C'est une invitation à approfondir le contenu original de la propriété incorporelle ainsi isolée. Or, suivant une **dualité** aujourd'hui consacrée, la loi distingue, dans la propriété littéraire et artistique, **deux séries d'attributs** : le droit de propriété incorporelle comporte des **attributs d'ordre intellectuel et moral,** et des **attributs d'ordre patrimonial** (art. L. 111-1, al. 2).

B. LES ATTRIBUTS D'ORDRE INTELLECTUEL ET MORAL

Ils forment, par leur réunion, ce qu'il est convenu d'appeler **le droit moral** (14) de l'auteur : qualification qui voudrait exprimer que, même si elle introduit une valeur pécuniaire, dans le patrimoine de son auteur, l'œuvre de l'esprit conserve l'empreinte et l'attache de la personne dont elle émane. À travers l'œuvre (qui est l'homme) c'est la

(13) A été condamné à des dommages-intérêts, l'acquéreur d'un réfrigérateur décoré par Bernard Buffet, qui, sans le consentement de ce dernier, avait découpé en morceaux des panneaux de l'appareil (Civ. 1er juill. 1965, G. P. 1965.II.126).

(14) V. sur la conception française du droit moral, H. Desbois, article aux Mélanges Dabin, II, p. 519 s. ; Kayser, article R.T., 1971, 480 s. ; P. Sirinelli, *Le droit moral de l'auteur et le droit commun des contrats,* th. Paris II, 1985. **Sur le droit au respect,** v. Patricia Sénéchal, *Origine et évolution du droit au respect de l'œuvre en droit français*, th. Paris II, 1989 ; D. Giocanti, *Le droit au respect de l'auteur en droit français,* th. Paris II, 1989. *Adde,* une facette particulière de la protection : « *L'auteur face à l'intégration de son œuvre dans une base de données doctrinales : De l'écrit à l'écran* », Sirinelli, D. 1993. chron. 323. V. aussi L. Bochuberg, *Les citations en propriété intellectuelle : étude de droit comparé* (France et pays anglo-saxons), th. Paris I, 1992.

personnalité du créateur que protège la loi : finalité d'où découlent les prérogatives attachées au droit moral et le régime à lui appliquer.

a) Prérogatives attachées au droit moral

Le droit moral fonde, pour l'auteur, un droit au respect, un droit de divulgation et un droit de repentir.

1° Le droit au respect. « L'auteur jouit du droit au respect de son nom, de sa qualité et de son œuvre » (art. L. 121-1). Dans cet amalgame, sans doute faut-il d'abord mettre hors série le droit, pour l'auteur, de faire respecter sa paternité (sa qualité d'auteur). L'auteur d'une œuvre a toujours le droit de se faire reconnaître comme le créateur véritable de celle-ci, de dissiper la confusion, si l'œuvre est attribuée à un tiers (15).

En cas d'atteinte à l'intégrité de son œuvre (citations tronquées, œuvre mutilée), l'auteur est en droit de faire respecter sa création. L'œuvre achevée ne peut être l'objet d'aucune modification, sans l'assentiment de l'auteur. Il appartient enfin à celui-ci de défendre son œuvre contre les plagiats et les contrefaçons. Plus équivoque, le droit au respect de son nom semble recouvrir d'une part le droit de faire connaître l'œuvre sous son nom (de prendre et d'abandonner un pseudonyme, de garder et de lever l'anonymat), d'autre part celui de faire respecter sa réputation, en cas d'atteinte à son honneur d'auteur.

L'amour-propre d'auteur a cependant des limites (coutumières et raisonnables). La loi réserve, dans leur exercice normal et suivant les lois du genre, les droits de la critique, de l'information, de la recherche et même ceux de l'humour. L'auteur qui livre son œuvre au public prend des risques. La loi met critiques d'art, critiques littéraires, auteurs de caricatures, de parodies et de pastiches, commentateurs, polémistes, journalistes, chercheurs, à l'abri de susceptibilités exagérées en les fondant à exercer ces activités sur les œuvres publiées sans que l'auteur soit en droit de le leur interdire (art. L. 122-5). L'idée plus générale est que le respect dû à l'œuvre ne lui garantit cependant pas une intangibilité absolue (notamment de la part du maître de l'ouvrage, s'il a du moins des raisons légitimes d'apporter à l'œuvre des modifications mineures. V. sur les limites raisonnables du droit moral d'un facteur d'orgue, C.E. 14 juin 1999, J.C.P. 1999.II.10209, concl. J.-D. Combrexelle). L'œuvre est une valeur en soi, mais elle a une fonction (pour celui qui l'a commandée).

2° Le droit de divulgation. C'est à l'auteur seul qu'appartient le droit de divulguer son œuvre. La décision de la livrer au public (ou d'en interdire la publication) est, pour lui, une prérogative discrétionnaire (art. L. 121-2). C'est à sa seule initiative que la publicité peut être donnée à l'œuvre, suivant le procédé de son choix (16). De son vivant, le créateur est seul maître de la divulgation et de ses modalités. Après sa mort, le droit de divulguer ses œuvres posthumes est exercé conformément à ses dernières volontés et, à défaut (de précision ou d'interdiction), par les personnes et aux conditions que détermine la loi

---

(15) Un libraire expose dans sa vitrine des ouvrages luxueusement reliés dont il est propriétaire, en mettant en évidence une carte où apparaît son nom ; l'auteur des reliures a fait reconnaître que, si le libraire n'est pas tenu d'indiquer le nom du créateur, il ne peut créer de confusion sur la personnalité de l'auteur, Civ. 1re, 21 janv. 1961, G. P. 1961.I.406. Attente au droit moral de l'auteur d'une maquette de décor d'autobus, le carrossier qui reproduit cette maquette accompagnée de sa signature (sans indication du nom de l'auteur) : Angers 10 sept. 2001, J.C.P. 2002.IV.2846.

(16) Sous réserve de règles spéciales à l'œuvre audiovisuelles (art. L. 121-2, 121-6, 132-23, 132-24).

(art. L. 121-2, al. 2). De la part d'un héritier, la décision ou le refus de publier une œuvre de l'auteur décédé est susceptible d'abus. Le droit de divulgation *post mortem* n'est pas absolu (Civ. 1re, 24 oct. 2000, D. aff. 2001.918, à propos du refus opposé par le neveu d'Antonim Artaud à la publication du 26e tome des œuvres de celui-ci). Ce droit « doit s'exercer au service de l'œuvre en accord avec la personnalité et la volonté de l'auteur telle que révélée et exprimée de son vivant ». C'est une application de l'art. L. 121-3 C.P.I., qui donne pouvoir au juge d'ordonner les mesures appropriées au moins « en cas d'abus *notoire* dans l'usage ou le non usage du droit de divulgation de la part des représentants de l'auteur décédé ».

3° Le droit de repentir ou de retrait. Lorsque l'auteur conserve entre ses mains le fruit de sa création, il peut banalement (en vertu du droit commun de la propriété) détruire une œuvre qu'il renie (application simple de *l'abusus* du propriétaire).

Mais la loi, de façon exceptionnelle, lui réserve un droit de repentir et de retrait lorsqu'il a cédé son œuvre à un tiers, investi du droit de l'éditer ou de la reproduire. L'auteur tire, de son droit moral, le pouvoir de retirer l'œuvre du public et d'interdire au cessionnaire du droit d'exploitation l'exercice de ce droit (art. L. 121-4). Le droit moral l'emporte sur le respect du contrat.

Toutefois, le créateur ne peut exercer cette prérogative qu'à la charge d'indemniser au préalable le cessionnaire du droit de reproduction ou de représentation (et de lui donner priorité, s'il revient sur son repentir).

Exorbitant, ce privilège ne doit pas être étendu au-delà des limites de la loi. L'auteur n'a pas de repentir à exercer sur l'œuvre plastique qu'il a cédée. Il perd, en aliénant l'objet, le droit de le détruire ou même de le modifier (17). Introduit chez l'acquéreur, il ne peut effacer sa signature (18).

b) Régime juridique du droit moral

Il porte la marque du même souci de protéger la personnalité de l'auteur. Le droit moral est un **droit de la personnalité,** non une valeur du patrimoine.

— Le droit est (exclusivement) **attaché à la personne** de son auteur (art. L. 121-1, al. 2). Il figure au nombre de ceux que les créanciers (de l'auteur) ne peuvent pas exercer, par la voie oblique (C. civ. art. 1166).

— La loi le proclame **perpétuel, inaliénable, imprescriptible** (art. L. 212-2 C.p.i.). Hors commerce, le droit moral ne peut être l'objet ni d'une renonciation, ni d'une cession entre vifs (19). Il ne s'éteint ni par le non-usage, ni à la mort du créateur. Héréditaire (c'est un aspect de sa perpétuité), il se transmet aux héritiers ab intestat de l'auteur, lequel est cependant libre, par testament, d'en conférer l'exercice à un tiers. Le temps passant, le vœu

(17) Sous réserve, marginalement, pour un peintre (point discuté) du droit d'apporter une retouche à son œuvre, sans esprit vexatoire.

(18) Ce que Vlaminck avait voulu faire, considérant que l'œuvre n'était pas authentique, Paris, 19 avril 1961, J.C.P. 61.II.12183, n. R. Savatier.

(19) La jurisprudence fait respecter le caractère inaliénable du droit moral. Principe d'ordre public, l'inaliénabilité du droit s'oppose à ce que l'artiste abandonne au cessionnaire, de façon préalable et générale, l'appréciation exclusive des utilisation, diffusion, adaptation, retrait, adjonction et changement qu'il déciderait. Soc. 10 juill. 2002, J.C.P. 2003.II.10.000, n. Caron ; Civ. 1re, 28 janv. 2003, J.C.P. 2003.IV.1494 ; Paris, 29 juin 2001, *Bull. inf. C. de cass.* 2002, n° 555, n° 465.

de perpétuité risque de demeurer pieux, encore que le zèle à défendre les œuvres du passé puisse toujours se réveiller (20).

— Sous tous les régimes matrimoniaux, nonobstant toute stipulation contraire, le droit moral repose invariablement sur la tête de son auteur (ou sur celle de l'époux auquel de tels droits ont été transmis). N'appartenant pas aux droits du patrimoine, il échappe radicalement à la distinction des biens propres et des biens communs (ce qui exclut qu'il puisse tomber en communauté) et pareillement à la qualification de bien propre et de bien personnel. Hors régime, c'est une prérogative individuelle d'ordre extrapatrimonial.

C. LES ATTRIBUTS D'ORDRE PATRIMONIAL

On les réunit sous le nom de **droit pécuniaire.** C'est l'élément qui, radicalement différent du droit moral auquel la loi l'associe pour constituer la propriété littéraire et artistique, y introduit des considérations patrimoniales.

a) Principes

1697 **1° Définition du droit pécuniaire :** Le droit pécuniaire est, pour l'auteur, sa vie durant, le **droit exclusif d'exploiter** son œuvre. On le nomme **monopole d'exploitation**. Figurant dans le patrimoine de son titulaire, ce monopole confère à celui-ci le droit de faire, de son œuvre, une source de revenus, d'en tirer tout le profit pécuniaire qu'il peut (art. L. 123-1).

La connexion est évidente entre les attributs patrimoniaux de la propriété littéraire et l'article 544. Ces attributs d'ordre pécuniaire correspondent aux droits de jouissance et de disposition du propriétaire : l'auteur d'une œuvre peut jouir de son œuvre (en retirer tous les revenus). Il peut en disposer. Par ce droit exclusif, la propriété littéraire et artistique s'égale à la pleine propriété, liberté de tirer d'un bien (d'une œuvre) toute son utilité économique.

1698 **2° Originalité des modes d'exploitation :** Le droit pécuniaire prend, ici, plus concrètement, son originalité. L'exploitation pécuniaire d'une œuvre s'opère de façon spécifique. Les modes d'exploitation de la propriété littéraire et artistique sont principalement **la représentation et la reproduction.**

La première consiste dans la communication directe de l'œuvre en public (art. L. 122-2) par voie de diffusion, projection, représentation, récitation, présentation, etc.

La reproduction consiste dans la fixation matérielle de l'œuvre par tout procédé qui permet ensuite de la communiquer de façon indirecte au public (art. L. 122-3).

La production audiovisuelle est l'objet, depuis 1985, de précisions spéciales. Le contrat de production audiovisuelle qui lie le producteur aux auteurs d'une œuvre audiovisuelle est soumis à des règles particulières (art. L. 132-24 s.). V. not. sur l'épuisement des droits d'une chaîne de télévision, T.G.I. Strasbourg, 16 nov. 2001, *D. aff.* 2002, p. 405.

---

(20) La Société des gens de lettres s'est attachée, dans un procès célèbre, à défendre la mémoire de Laclos afin d'empêcher un cinéaste de donner, pour titre, à son film « Les liaisons dangereuses ». Sur le caractère héréditaire du droit moral, v. Civ. 1re, 11 janv. 1989, D. 1989.308, n. Edelman ; Sylviane Durrande, *Les « héritiers » du droit au respect,* D. 1989, chron. 189. À un descendant de Victor Hugo qui soutenait que le roman de François Cerésa, *Cosette ou le temps des illusions,* portait atteinte au droit moral de son ancêtre, le T.G.I. de Paris a dénié qualité pour agir (12 sept. 2001). D'où les réflexions d'Agnès Lucas-Schloetter, sur « la prétendue perpétuité du droit moral », *Dr. fam.* 2002.6.

b) Mise en œuvre

1° Le droit pécuniaire est cessible : Il est dans le commerce. L'auteur en dispose librement.

La loi règle dans le détail les diverses modalités de cession (art. L. 131-1 s.).

On ne peut ici qu'évoquer les contrats les plus importants : le **contrat de représentation** (accord en vertu duquel le créateur autorise un tiers à représenter son œuvre à des conditions déterminées, art. L. 132-18 s.) ; le **contrat d'édition** (contrat correspondant pour la reproduction de l'œuvre, art. L. 132-1).

En dehors des contrats conclus par l'auteur même, un contrat général de représentation permet aux organismes professionnels d'auteurs et compositeurs (notamment la S.A.C.E.M.) de traiter au nom des auteurs dont les œuvres sont au répertoire, avec les entreprises de spectacles (pour la représentation de ces œuvres).

2° Valeur patrimoniale : le droit pécuniaire a un destin familial dont décide le droit patrimonial de la famille, notamment celui des régimes matrimoniaux et des successions. Il représente une valeur pécuniaire à compter dans les règlements matrimoniaux et successoraux.

Cependant, la loi ne règle par aucune disposition particulière (point essentiel discuté) le sort du monopole d'exploitation sous le régime légal de la communauté. L'article L. 121-9, al. 2 ne concerne que les produits pécuniaires provenant de l'exploitation d'une œuvre, lorsqu'ils sont acquis pendant le mariage (21).

À la mort de l'auteur, le droit pécuniaire passe à ses héritiers. Mais il n'est pas perpétuel. En règle générale, il s'éteint cinquante ans après l'expiration de l'année civile au cours de laquelle l'auteur est décédé (art. L. 123-1 et 123-2, comp. art. L. 123-3 et 123-4). Par exception, cette durée est de soixante-dix ans pour les compositions musicales, avec ou sans paroles (art. L. 123-1 s.). Passé ce délai, l'œuvre tombe dans le domaine public. Nul n'a plus le monopole de son exploitation. Elle appartient à la culture universelle : à qui veut, à tout vent.

§ 3. PROTECTIONS COMPLÉMENTAIRES OU RATTACHÉES

Elles ont été instituées par la loi du 3 juillet 1985 soit autour du droit des auteurs sur des droits voisins, soit par rattachement aux œuvres de l'esprit d'une création d'une nature particulière, les logiciels (art. L. 112-2, 13°). Elles figurent désormais dans le code de la propriété intellectuelle.

(21) V. *Les régimes matrimoniaux,* Thémis, 40, 42, 45. Fr. Pollaud-Dulian, *Droits des auteurs, droits moraux, Régimes matrimoniaux et successions, in* Juris-cl. 2000, propriété littéraire et artistique, fasc. 1225 ; *adde*, du même auteur, *La durée du doit d'auteur*, R.I.D.A., avr. 1998, p. 83. V. *Defrénois* 2001, p. 1093 s., extraits des actes du colloque « La propriété littéraire et artistique et le droit patrimonial de la famille » (Grimaldi, Olivier *et al.*).

A. LA PROTECTION DES DROITS VOISINS

Elle était dans l'air pour l'interprète (22) et même pour les vidéogrammes. En s'engageant dans cette voie, la loi nouvelle proclame son souci de ne pas porter atteinte aux droits des auteurs (art. L. 211-1). Mais, dans la composition des intérêts, les rapports de force joueront sur l'articulation des droits. Dans la maquette légale, les droits voisins du droit d'auteur ont été construits sur le modèle du droit d'auteur mais comme des diminutifs, réduits à quelques prérogatives spécifiques.

a) Le droit de l'artiste sur son interprétation

L'artiste-interprète ou exécutant (23), celui qui représente, chante, récite, déclame, joue (ou exécute de toute autre manière) une œuvre littéraire ou artistique (y compris un numéro de variétés, de cirque ou de marionnettes) jouit sur son interprétation d'un droit voisin du droit d'auteur qui contient deux sortes de prérogatives :

— un droit moral inaliénable, imprescriptible et attaché à sa personne (mais transmissible à ses héritiers pour la protection de l'interprétation et la mémoire du défunt) (art. L. 212-2).

— des droits patrimoniaux, correspondant au monopole d'exploitation, qui sont assis sur l'exigence d'une autorisation écrite de l'artiste-interprète pour la fixation, la reproduction ou la communication au public de sa prestation (ou pour toute utilisation séparée du son et de l'image) et sur son droit à rémunération pour cette autorisation (art. L. 212-3) et qui durent cinquante ans (art. L. 211-4). L'existence d'un contrat de travail n'emporte pas dérogation à la jouissance de ces droits. La cession de ceux-ci a pour mesure ce qui est prévu au contrat (Civ. 1re, 6 mars 2001, J.C.P. 2002.II.10014, n. Pollaud-Dulian).

Mais le contrat conclu entre l'artiste et un producteur pour la réalisation d'une œuvre audiovisuelle est soumis à des règles spéciales (art. L. 212-4).

b) La protection des phonogrammes, des vidéogrammes et des programmes des entreprises de communication audiovisuelle

1702 La loi confère des droits voisins du droit d'auteur au producteur de phonogrammes (art. L. 213-1) ou de vidéogrammes (art. L. 215-1) et aux entreprises de communication audiovisuelle pour la reproduction de leurs programmes (art. L. 216-1). Le droit voisin donne à son titulaire, pour cinquante ans (art. L. 211-4), des droits patrimoniaux reposant, suivant des modalités variables, sur l'exigence d'une autorisation préalable du producteur ou de l'entreprise (art. L. 213-1, 215-1 et 216-1). Cependant les phonogrammes publiés à des fins de commerce sont soumis à un système de licence légale (art. L. 214-1) et la loi a institué une rémunération pour copie privée des phonogrammes et vidéogrammes (art. L. 311-1 s.).

(22) V. M. Gautreau, thèse précitée.

(23) Par opposition à l'artiste de complément considéré comme tel par les usages professionnels (art. L. 211-1).

B. LA PROTECTION DES LOGICIELS (24)

3 Le logiciel est considéré comme une œuvre de l'esprit (art. L. 112-2, 13°), mais selon des modalités particulières qu'établit l'article L. 113-9. Ces modalités traduisent l'origine et la destination « industrielle » du logiciel.

La qualité d'auteur s'infléchit. Les droits reconnus aux auteurs appartiennent, sauf stipulation contraire, à l'employeur lorsque le logiciel est créé par un ou plusieurs employés dans l'exercice de leurs fonctions (même règle pour les agents de l'État, art. L. 113-9 *in fine*).

Quant à la protection de l'œuvre, du plus large côté elle se restreint, mais sur un point se renforce. Elle ne dure que vingt-cinq ans à compter de la création du logiciel (art. L. 123-5) et ne comporte ni droit de repentir ou de retrait, ni, sauf stipulation contraire, droit de s'opposer à l'adaptation du logiciel (dans la limite des droits que l'auteur a cédés, art. L. 121-7). En revanche, la loi interdit à l'utilisateur, par dérogation à l'article L. 122-5, 2°, toute reproduction ou toute utilisation d'un logiciel non expressément autorisée par son auteur ou ses ayants droit (art. L. 122-6). À tout pirate, salut !

C. LA PROTECTION DES BASES DE DONNÉES

4 Transposant en droit français une directive européenne (25), une loi du 1er juillet 1998 introduit dans le code de la propriété intellectuelle la protection juridique des bases de données. C'est une réglementation détaillée.

a) Bases de données et droit d'auteur

Dans la définition qu'en donne l'article L. 112-3 *in fine,* la base de données est un « recueil d'œuvres, de données ou d'autres éléments indépendants, disposés de manière systématique ou méthodique, et individuellement accessibles par des moyens électroniques ou par tout autre moyen ».

La spécialité de ce type de recueil tient à son mode d'utilisation, à l'accessibilité de ses éléments constitutifs par des procédés techniques appropriés, en laquelle résident son utilité et sa vulnérabilité (si l'on songe à tous les usagers potentiels). D'où, on le verra, l'originalité de son mode de protection (b). Cependant une base de données n'est que l'espèce d'un genre, au même titre que les autres recueils d'œuvres (anthologie etc. v. art. L. 112-3). Et c'est en tant que **recueil d'œuvres** qu'elle est saisie par le droit d'auteur. D'où deux précisions marquées dans le même article. La protection du recueil ne touche en rien au droit d'auteur qui porte sur les éléments qu'il réunit (les œuvres originales). La

---

(24) V., après la loi du 3 juill. 1985, J. Huet, D. 85, chron., 281, M. Vivant, J.C.P. 1985.I.3208, A. Chavanne, Rev. jur. com. 1986. 204 ; *adde,* dans l'important numéro spécial « Droit de l'informatique » par Ph. Gaudrat, *L'étude approfondie de la protection des logiciels par le droit d'auteur*, Rev. trim. Cour d'appel de Versailles, nos 18-19, août-décembre 1990 et plusieurs thèses : F. Pouget, *Protection des logiciels par la loi du 3 juillet 1985,* Paris II, 1987 ; Ph. Mallea, *Protection juridique des logiciels,* Paris V, 1988 ; R. Kazzaz, *Les mécanismes de sanction du droit privatif sur le logiciel : l'action en contrefaçon,* Montpellier I, 1990. Comp. relativement à la loi du 11 mars 1957, Ass. Plén. 7 mars 1986, D. 86. 405.

(25) Directive 96/9/CE du Parlement européen et du Conseil du 11 mars 1996, D. 96. lég. 129. ; l. n° 98-536, 1er juill. 1998, J.C.P. 98.III.20122.

protection propre du recueil est subordonnée à la condition qu'il constitue, lui-même, une création intellectuelle par le choix ou la disposition des matières (ce qui renvoie au système ou à la méthode qui y préside). Elle s'articule avec les droits du producteur de la base de données.

b) Droits des producteurs de bases de données

Le contenu de la base de données est l'objet d'une protection particulière dont le titulaire (et la cheville ouvrière) est le producteur de la base, c'est-à-dire la personne qui prend le risque et l'initiative des investissements qu'elle implique.

Indépendante du droit d'auteur ou des autres droits qui portent sur la base de données ou l'un de ses éléments constitutifs, cette protection distincte laisse jouer celles qui résultent de tels droits.

Cependant le promoteur n'en bénéficie que si la constitution, la vérification ou la présentation du contenu de la base atteste, de sa part, d'un investissement financier, matériel ou humain *substantiel* (art. L. 341-1) (26).

L'essentiel est de comprendre que la protection du contenu de la base consiste ici à en régler l'accessibilité, c'est-à-dire à déterminer les modalités licites de son utilisation. La loi ne le fait pas directement, mais en traçant la marge de manœuvres du producteur. Elle énumère les utilisations que le producteur est en droit d'interdire et celles qu'il ne peut interdire, lorsque la base de donnés est mise à la disposition du public. La distinction de ce qu'il lui est permis ou interdit d'interdire obéit à des critères combinés particulièrement lâches. Exemples. Permis d'interdire : l'extraction par transfert sur un autre support de la totalité ou d'une partie qualitativement ou quantitativement *substantielle* du contenu de la base (art. L. 342-1) ou encore la réutilisation répétée et systématique de parties qualitativement et quantitativement *non substantielles*, lorsque ces opérations excèdent *manifestement* les conditions d'utilisation *normale* de la base (art. L. 342-2). Interdit d'interdire : l'extraction ou la réutilisation d'une partie *non substantielle*, appréciée de façon quantitative ou qualitative, du contenu de la base, si celle-ci est à la disposition du public (art. L. 342-3).

Si l'on observe que la référence au caractère substantiel revient aussi à propos de l'investissement originaire (art. L. 341-1) ou d'un nouvel investissement (art. L. 342-5) que la notion s'apprécie sous divers rapports en se combinant avec d'autres critères aussi flous, on devine quel ondoiement d'interprétations animera les litiges que son application suscitera (en attendant qu'une thèse soit consacrée à la notion de substantiel dans la protection juridique des bases de données, sous le double rapport de la qualité et de la quantité et dans la contemplation des notions d'excès manifeste et d'utilisation normale)...

(26) La protection (ou du moins les droits prévus à l'art. L. 342-1) dure au moins **quinze ans** après l'achèvement de la fabrication de la base de données ou de sa mise à la disposition du public, et quinze ans de plus en cas de nouvel investissement. En réalité et plus précisément, la protection expire quinze ans après le 1er janvier de l'année qui suit l'un ou l'autre de ces événements (art. L. 342-5).

INDEX

N.B. : les nombres renvoient aux numéros, non aux pages.

A

B

E

F

G

H

I

J

L

M

N

O

P

Q

R

S

TABLE DES MATIÈRES

COLLECTION DOMAT

Conseil éditorial

Jean Combacau
Pierre-Laurent Frier
Rémy Libchaber
Pierre Mayer
Serge Sur

DROIT PRIVÉ

Jean-Bernard AUBY et Hugues PÉRINET-MARQUET	**DROIT DE L'URBANISME ET DE LA CONSTRUCTION** ▪ (6e éd.).
Jean BART	**HISTOIRE DU DROIT PRIVÉ** de la chute de l'Empire romain au XIXe siècle
Alain BÉNABENT	**DROIT CIVIL** Les obligations ▪ (8e éd.).
Alain BÉNABENT	**DROIT CIVIL** Les contrats spéciaux ▪ (5e éd.).
Thierry BONNEAU	**DROIT BANCAIRE** ▪ (4e éd.).
Rémy CABRILLAC	**DROIT CIVIL** Les régimes matrimoniaux ▪ (4e éd.).
Gérard CORNU	**DROIT CIVIL. TOME 1** Introduction ▪ Personnes ▪ Biens (11e éd.).
Gérard CORNU	**DROIT CIVIL. TOME 2** La famille ▪ (8e éd.).
Gérard CORNU	**LINGUISTIQUE JURIDIQUE** ▪ (2e éd.).
Françoise DEKEUWER-DÉFOSSEZ et Édith BLARY-CLÉMENT	**DROIT COMMERCIAL** Actes de commerce ▪ Commerçants ▪ Fonds de commerce ▪ Consommation ▪ Concurrence ▪ (7e éd.).
Michel FROMONT	**DROIT ALLEMAND DES AFFAIRES** Droit des obligations et des biens. Droit commercial et du travail.

Jean GAUDEMET	**DROIT PRIVÉ ROMAIN** ▪ (2e éd.).
Jacques HÉRON † Thierry LE BARS	**DROIT JUDICIAIRE PRIVÉ** ▪ (2e éd.).
Paul LE CANNU et Jean-Philippe DOM	**DROIT ET FISCALITÉ DES SOCIÉTÉS** ▪ (2e éd.)
Pierre MAYER et Vincent HEUZÉ	**DROIT INTERNATIONAL PRIVÉ** ▪ (7e éd.).
Antoine MAZEAUD	**DROIT DU TRAVAIL** ▪ (3e éd.).
Michel MENJUCQ	**DROIT INTERNATIONAL ET EUROPÉEN DES SOCIÉTÉS**
Roger PERROT	**INSTITUTIONS JUDICIAIRES** ▪ (10e éd.).
Frédéric POLLAUD-DULIAN	**DROIT DE LA PROPRIÉTÉ INDUSTRIELLE**
Corinne SAINT-ALARY-HOUIN	**LE DROIT DES ENTREPRISES EN DIFFICULTÉ** ▪ (4e éd.).
Romuald SZRAMKIEWICZ	**HISTOIRE DU DROIT DES AFFAIRES**

DROIT PUBLIC

Pierre AVRIL et Jean GICQUEL	**DROIT PARLEMENTAIRE** ▪ (2e éd.).
Michel BORGETTO et Robert LAFORE	**DROIT DE L'AIDE ET DE L'ACTION SOCIALES** ▪ (4e éd.).
Jean BOULOUIS	**DROIT INSTITUTIONNEL DE L'UNION EUROPÉENNE** ▪ (6e éd.).
François BURDEAU	**HISTOIRE DE L'ADMINISTRATION FRANÇAISE** XVIIIe-XXe siècles ▪ (2e éd.).
René CHAPUS	**DROIT ADMINISTRATIF GÉNÉRAL.** **T. 1** (15e éd.) Service public ▪ Police ▪ Responsabilité ▪ Actes ▪ Organisation et justice administratives ▪ Séparation des autorités administratives et judiciaires ▪ Conflits d'attribution. **T. 2** (15e) Fonction publique ▪ Domaine public ▪ Travaux publics ▪ Expropriation.
René CHAPUS	**DROIT DU CONTENTIEUX ADMINISTRATIF** ▪ (10e éd.).
Jean COMBACAU et Serge SUR	**DROIT INTERNATIONAL PUBLIC** ▪ (5e éd.).
Louis DUBOUIS et Claude BLUMANN	**DROIT MATÉRIEL DE L'UNION EUROPÉENNE** ▪ (2e éd.)

Pierre-Laurent FRIER	**PRÉCIS DE DROIT ADMINISTRATIF ▪ DEUG**
Jean GAUDEMET	**LES INSTITUTIONS DE L'ANTIQUITÉ ▪** (7e éd.).
Jean GAUDEMET	**LES NAISSANCES DU DROIT ▪** (3e éd.).
Jean GAUDEMET	**SOCIOLOGIE HISTORIQUE** Les maîtres du pouvoir.
Paul-Marie GAUDEMET et Joël MOLINIER	**FINANCES PUBLIQUES** **T. 1** (7e éd.) Politique financière ▪ Budget et Trésor. **T. 2** (6e éd.) Fiscalité.
Jean GICQUEL	**DROIT CONSTITUTIONNEL** **ET INSTITUTIONS POLITIQUES ▪** (18e éd.).
Gilles J. GUGLIELMI et Geneviève KOUBI	**DROIT DU SERVICE PUBLIC**
Marcel MORABITO	**HISTOIRE CONSTITUTIONNELLE** **DE LA FRANCE, 1789-1958 ▪** (7e éd.).
Jacques ROBERT et Jean DUFFAR	**DROITS DE L'HOMME** **ET LIBERTÉS FONDAMENTALES ▪** (7e éd.).
Raphaël ROMI	**DROIT ET ADMINISTRATION DE L'ENVIRONNEMENT ▪** (4e éd.).
Dominique ROUSSEAU	**DROIT DU CONTENTIEUX CONSTITUTIONNEL ▪** (6e éd.).
Jacques ZILLER	**ADMINISTRATIONS COMPARÉES**

POLITIQUE

Francis BALLE	**MÉDIAS ET SOCIÉTÉS ▪** (10e éd.).
Philippe BRAUD et François BURDEAU	**HISTOIRE DES IDÉES POLITIQUES** **DEPUIS LA RÉVOLUTION ▪** (2e éd.).
Yves MÉNY et Yves SUREL	**POLITIQUE COMPARÉE ▪** (6e éd.).
Roger-Gérard SCHWARTZENBERG	**SOCIOLOGIE POLITIQUE ▪** (6e éd.).
Serge SUR	**RELATIONS INTERNATIONALES ▪** (2e éd.).

GESTION

Jérôme CABY, Alain COURET et Gérard HIRIGOYEN	**INITIATION À LA GESTION ▪** (3e éd.).

Montchrestien - E.J.A.
31, rue Falguière, 75741 Paris Cedex 15
Dépôt légal : septembre 2003
N° d'éditeur : 1682

Imprimé en France. — JOUVE, 11, bd de Sébastopol, 75001 Paris